Leitfaden Alg II / Sozialhilfe

von A - Z

Stand 1. Oktober 2016

DVS

Tacheles e.V. (Hrsg.)
Leitfaden Alg II / Sozialhilfe von A - Z
29. Auflage, Stand 1. Oktober 2016

Autoren:
Frank Jäger, Tacheles e.V., Sozialberater, Referent für Sozialrecht und -politik
(www.frank-jaeger.info)
Harald Thomé, Tacheles e.V., Sozialberater, Referent für Arbeitslosen- und Sozialhilfe-recht
(www.harald-thome.de)

Bearbeiter:
- Nadine Austermann (Lektorin)
- Georg Classen, Flüchtlingsrat Berlin
  (Asylbewerber und Ausländer)
- Rechtsanwalt Helge Hildebrandt
  (Anwälte, Beratungshilfe und Prozesskostenhilfe)
- und weitere UnterstützerInnen

Der Leitfaden kostet je Exemplar **15,00 Euro**
(einschließlich Versandkosten)

Bestellungen
Bitte ausschließlich über DVS. Wie und was Sie sonst noch bestellen können,
finden Sie auf Seite 670

Beratung zu Problemen mit Alg II / Sozialhilfe
Wie und wo Sie zu Problemen mit Alg II, HzL/ GSi der Sozialhilfe beraten werden können,
finden Sie unter dem Stichwort ⇨Beratung auf S. 669
Suchen Sie am besten zunächst im Tacheles-Adressverzeichnis unter
www.my-sozialberatung.de nach einer Beratungsstelle in Ihrer Nähe.

Tacheles e.V.
Rudolfstr. 125
42285 Wuppertal
www.tacheles-sozialhilfe.de
info@tacheles-sozialhilfe.de
Tel.: 0202/ 31 84 41
Fax: 0202/ 30 66 04
(Tacheles e.V. ist ein Verein für Erwerbslose und SozialhilfebezieherInnen.)

Verlag
DVS
Schumannstr. 51
60325 Frankfurt
info@dvs-buch.de
Tel./Fax: 069/ 74 01 69
Onlinebestellung: www.dvs-buch.de

+++ Änderungen zum 1.1.2018 nach Stichworten +++

Regelsätze

Alg II, HzL/GSi der Sozialhilfe

1. Regelsätze (Regelbedarfe) ab 1.1.2018 und Warmwasserpauschale* (bei dezentraler Bereitung des Warmwassers mit Strom; **WW**)

Regel-bedarfs-stufe/RB	Person	in €	WW in €
1	Alleinstehende / Alleinerziehende	416	9,57
2	Partner / in	374	8,60
3	Volljährige im Haushalt	332	7,64
4	14-17 jährige	316	4,42
5	6-13 jährige	296	3,55
6	0-5 jährige	240	1,92

* *oder auf* Nachweis *in tatsächlicher Höhe*
⇨Regelsatz Tab. 1; ⇨Warmwasser 2.2

Die **Regelbedarfsstufe 1** gilt auch für Volljährige, die mit anderen Personen in einer Wohngemeinschaft leben, und für behinderte Menschen, die mit Angehörigen in einem Haushalt leben.

Stufe 3 gilt für volljährige Kinder unter 25 Jahren in einer SGB II-Bedarfsgemeinschaft und für erwachsene SGB XII-Beziehende, die in einer **stationären Einrichtung** untergebracht sind.

Rundfunk- und Fernsehgebühren

Ab dem **1.1.2017** ist die **Befreiung** von der Rundfunkbeitragspflicht **rückwirkend für 3 Jahre** möglich, wenn die Voraussetzungen dafür vorlagen, jedoch kein Antrag gestellt wurde. Außerdem gilt die gesetzliche Vermutung, dass bei 2jähriger Vorbefreiungszeit und Stellung eines Folgeantrags auf Leistungen die Befreiungsvoraussetzungen für ein weiteres Jahr vorliegen (§ 2 Abs. 4 Rundfunkstaatsvertrag neu).

Umzug

Nachsendeauftrag und **Telefonanschluss:** Ziehen Alg II-Beziehende um und ist der Umzug erforderlich, haben Jobcenter auch die Bereitstellungskosten eines neuen Telefon- und Internetanschlusses sowie die Kosten eines Nachsendeauftrags bei der Post zu übernehmen (BSG 10.8.2016 – B 14 AS 58/15 R).

Unterhaltsvorschuss (UVG)

Mit dem neuen Unterhaltsvorschussgesetz wurde zum **1.7.2017** die Begrenzung der **UVG-Bezugsdauer** auf 6 Jahren abgeschafft und die Höchstaltersgrenze von 11 **auf 17 Jahre** angehoben. Die neuen UVG-Beträge sind nach Altersgruppen gestaffelt und berechnen sich nach dem Mindestunterhalt (§ 1612a BGB) abzüglich des Kindergeldes für ein und zwei Kinder (ab 1.1.2018: 194 €). Sie betragen:

für Kinder im Alter…	in € mtl.
- bis zu 5 Jahren	154
- von 6 bis 11 Jahren	205
- von 12 bis 17 Jahren	273

Der neue Zuschuss sollte zügig beantragt werden denn der **Antrag** wirkt nur noch auf den Beginn des letzten Monats **vor** dem Monat der Antragstellung zurück. Da eine Verdopplung der Leistungsberechtigten erwartet wird ist bei Neuanträgen im 2. Halbjahr 2017 und darüber hinaus mit langen Wartezeiten zu rechnen.

Für Kinder über 12 Jahren gelten besondere Regelungen. Sie haben UVG-Anspruch, wenn

- sie entweder **keine** Leistungen nach dem SGB II beziehen bzw. die Hilfebedürftigkeit durch das UVG **vermieden** werden kann **oder**
- der Elternteil mit Ausnahme des Kindergeldes über Einkommen gem. § 11 Abs. 1 Satz 1 SGB II in Höhe von **mindestens 600 €** ohne Berücksichtigung der Absetzbeträge (§ 11b SGB II) verfügt.

Die zweite Voraussetzung soll für den Elternteil ein Anreiz bieten, die verbleibende Einkommenslücke zur Beendigung der Hilfebedürftigkeit durch **Erwerbsarbeit** zu schließen. Ob das in der Praxis gelingen wird, bleibt abzuwarten. Zudem können Probleme mit anderen vorrangigen Leistungen entstehen und es drohen Rückforderungen, wenn Kinder Einkommen erzielen.

Vermögen

HzL/GSi der Sozialhilfe

Im Entschließungsantrag vom 2.12.2016 (BT-Drs. 18/10528) hat der dt. Bundestag das BMAS aufgefordert, das SGB-XII-**Schonvermögen** in der Verordnung zu § 90 Abs. 2 Nr. 9 SGB XII (d. sog. Barbetrag) **auf 5.000 €** für **jede** erwachsene Person und zusätzlich **500 €** für jedes im Haushalt überwiegend unterhaltene minderjährige Kind zu erhöhen.

Ab **1.1.2017** soll das erhöhte Schonvermögen nach der Härtefallregelung des § 90 Abs. 3 SGB XII gewährt werden. Die kann auch rückwirkend noch durchgesetzt werden.

Ab **1.4.2017** wird die Erhöhung auf Grundlage einer neuen Barbetragsverordnung (BAMS) gewährt.

Diese neuen Vermögenfreigrenzen gelten ab 1.4.2017 auch bei der ⇨ **Beratungshilfe** und bei der ⇨ **Prozesskostenhilfe** (3.1.2).

Frank Jäger, Stand: 18.12.2017

+++ Änderungen zum 1.1.2018 nach Stichworten +++

Ältere Menschen

Zu 2.2.1. Wann ist der Bezug einer **vorgezogenen Altersrente nicht zumutbar**?

Die zum 1.1.2017 geänderte Unbilligkeitsverordnung erhält einen neuen Unbilligkeitsgrund – **Hilfebedürftigkeit im Alter**. *„Unbillig ist die Inanspruchnahme, wenn Leistungsberechtigte dadurch hilfebedürftig im Sinne der [... GSi] werden würden...“.* Dies sei *„insbesondere“* anzunehmen, wenn der Betrag in Höhe von 70% der bei Erreichen des Regelrentenalters (§ 7a SGB II) zu erwartenden monatlichen Rente niedriger ist als der zum Zeitpunkt der Entscheidung über die Unbilligkeit maßgebende Alg II-Bedarf (§ 6 UnbilligkeitsV). *„Insbesondere“* heißt, dass auch andere Fallkonstellationen möglich sind und im Rahmen einer Ermessensentscheidung durch das Jobcenter geprüft werden müssen.

Die Formulierung, dass durch die vorzeitige Altersrente mit Abschlägen bei Erreichen des Regelrentenalters GSi-Bezug ausgelöst werden muss, ist missverständlich und lässt eine andere Deutung zu: Die vorzeitige Verrentung wäre nicht unbillig, wenn die Rente so niedrig ist, dass sie ohnehin mit HzL und später GSi aufgestockt werden muss. Durch die im zweiten Satz formulierte Obergrenze des zu erwartenden Rentenniveaus stellt die Bundesregierung jedoch klar, dass auch niedrigere Rentenansprüche unter den Unbilligkeitsgrund fallen.

Tipp Sollte Ihr Jobcenter anderer Meinung sein und Sie mit der Aussicht auf eine niedrigere Rente zur Antragstellung auffordern, legen Sie ⇨Widerspruch ein.

Ausländer

EU-Bürger,

- deren Aufenthaltsrecht sich lediglich zum Zweck der Arbeitssuche ergibt und die **keiner** mindestens geringfügigen Tätigkeit als Selbständige oder Beschäftigte nachgehen, oder
- deren Aufenthaltsrecht sich als Sorgeberechtigte eines Kindes in schulischer oder beruflicher Ausbildung begründet, (⇨1.3 ff.)

haben keinen Anspruch auf SGB II-Leistungen. Diese Personen sollen ab sofort i.d.R. nur noch ***„Überbrückungsleistungen“* der HzL** für Bedarfe für Ernährung, Körper- und Gesundheitspflege, Unterkunft sowie zur Behandlung akuter Erkrankungen und Schmerzzustände einschl. Arznei- und Verbandmittel sowie Leistungen bei Schwangerschaft und Mutterschutz erhalten. Die Leistungen sollen innerhalb von zwei Jahren **für max. einen Monat** erbracht werden. Aufgrund besonderer Umstände werden Leistungen im Einzelfall über den Zeitraum von einem Monat hinaus gewährt (§ 23 Abs. 3 SGB XII neu).

Erst ein Aufenthalt im Bundesgebiet von **mindestens fünf Jahren** beginnend mit einer wirksamen Meldung beim Einwohnermeldeamt begründet in den o.g. Fällen einen regulären Anspruch auf SGB II- und SGB XII-Leistungen.

Angemessene **Kosten für die Rückreise** können zusätzlich als **Darlehen** erbracht werden (§ 23 Abs. 3a SGB XII neu).

Tipp 1 Die Neuregelung zum Ausschluss von EU-Bürgern ist bei Sozialgerichten verfassungs- und europarechtlich umstritten. Zudem ordnen Gerichte häufiger an, BürgerInnen aus Unterzeichnerstaaten des Europäischen Fürsorgeabkommens (EFA) dauerhafte und ungekürzte Leistungen der HzL zu erbringen. Werden Leistungen vom Jobcenter oder Sozialamt versagt, kann ein Antrag auf ⇨einstweilige Anordnung beim Sozialgericht gestellt werden. Es ist zu empfehlen, den jeweiligen anderen Träger beiordnen zu lassen

Tipp 2 EU-Bürger/innen, die als Arbeitnehmer oder Selbständige einer Beschäftigung nachgehen – **5 Std/Woche Arbeitszeit** können hier ausreichen (u.a. LSG Bayern 6. 2.2017 - L 11 AS 887/16 B ER) – haben Anspruch auf SGB II-Leistungen.

Behinderte Menschen

Ab dem 1.1.2017 treten umfassende Änderungen durch das **Bundesteilhabegesetz** stufenweise in Kraft. Ab 2017 werden z.B. das Partnereinkommen bei Leistungen der Eingliederungshilfe nicht mehr berücksichtigt und ein zusätzlicher **Vermögensfreibetrag** für die Lebensführung und die Alterssicherung in Höhe von 25.000 € eingeführt. Dieser steigt 2020 auf 50.000 € an.

GSi

Regelsatz von Menschen mit Behinderung im Haushalt und in Einrichtungen (⇨Regelsätze).

Bescheid

GSi der Sozialhilfe

Über den Anspruch auf GSi kann ab dem **1.7.2017 vorläufig** für den Zeitraum von *„höchstens“* 6 Monaten **entschieden** werden, wenn zur Feststellung der Anspruchsvoraussetzungen oder der Höhe der Leistung voraussichtlich längere Zeit erforderlich ist. Am Ende des sechsmonatigen Zeitraums erfolgt eine abschließende *„Abrechnung“*. Fehlende Mitwirkung kann hier zum nachträglichen Entzug der Leistungen führen. (§§ 44 Abs. 3 u. 44a SGB XII neu; ⇨Bescheid 3.5 ff. zum SGB II).

+++ Änderungen zum 1.1.2018 nach Stichworten +++

Nach endgültiger Abrechnung können **Überzahlungen** in mtl. Raten in Höhe von 5% des maßgeblichen Regelsatzes (Rb 1: 416 € = 20,80 €) mit der Leistung aufgerechnet werden (§ 44b SGB XII neu).

Erwerbstätige

__Korrektur__ **3.1 Aufwandsentschädigung/ „Übungsleiterpauschale“** (3. Abs.): Üben Sie nebeneinander eine Erwerbstätigkeit **und** eine ehrenamtliche bzw. nebenberufliche Tätigkeit aus, können Sie zunächst den 100-€-Grundbetrag für das Erwerbseinkommen und **darüber hinaus** das Einkommen aus der zusätzlichen ehrenamtlichen bzw. nebenberuflichen Tätigkeit in tatsächlicher Höhe absetzen. Allerdings ist der Absetzbetrag für **beide** Einkommen auf **max. 200 €** mtl. beschränkt (§ 11b Abs. 2 Satz 3 Nr. 1 SGB II).

Grundsicherung

Kann bei Leistungsberechtigten der GSi beim **Übergang in die Rente** der Bedarf zum Lebensunterhalt nicht gedeckt werden, weil die Rente erst am Monatsende zufließt, ist auf Antrag ein **Überbrückungsdarlehen** zu gewähren. Dieses ist ab dem Folgemonat in Raten zu 5% des Eckregelsatzes (Rb 1: 409 € = 20,80 €) zurückzuzahlen. Die Tilgung des Darlehens ist auf die Höhe des halben Regelsatzes (Rb 1: 208 €) beschränkt (§ 37a SGB XII neu; gültig ab 1.7.2017).

Kindergeld

Das Kindergeld wird zum **1.1.2018 um 2 €** angehoben:

Kindergeld ab 1.1.2017 für	**in Euro mtl.**
- das 1. und 2. Kind jeweils ……	….... 194
- das 3. Kind ……………..........	…… 200
- das 4. und alle weiteren Kinder	…… 225

Der **Kinderfreibetrag** (steuerlicher Absetzbetrag pro Kind/Jahr) wurde zum 1.1.2018 auf **7.428 €** erhöht.

Kinderzuschlag

Der max. Kinderzuschlag wird zum **1.1.2017** von 160 € auf mtl. **170 €** pro Kind angehoben.

Krankenversicherung

HzL/GSi der Sozialhilfe

Der überarbeitete § 32 SGB XII sieht vor, die Beiträge zur Kranken- und Pflegeversicherung als Bedarfe nach dem SGB XII zu berücksichtigen, wenn sie nicht nach § 82 Abs. 2 SGB XII vorrangig vom Einkommen abgesetzt werden können.

Die Direktzahlung der Beiträge an die Krankenkasse ist neu in § 32a SGB XII geregelt (Beides ab **1.1.2018** gültig).

Mehrbedarfe

(§ 21 SGB II/ § 30 SGB XII ab 1.1.2018)

a) Schwangerschaft ab der 13. Woche (17% des maßgeblichen Regelsatzes/Regelbedarfs)	**in €**
- Alleinstehende/ Alleinerziehende………………….	 70,72
- Partner/in ………………………	 63,58
- Volljährige im Haushalt der Eltern ……………………….	 56,44
- Minderjährige im Haushalt der Eltern ……………………….	 53,72
b) Alleinerziehende mit einem Kind unter 7 J. / 2-3 Kindern unter 16 J. (36%)	......149,76**
oder für jedes mindj. Kind 12% insgesamt max. 60 %.................	....je 49,92** 249,60**
c) behinderte Menschen unter den Voraussetzungen des § 21 Abs. 4 SGB II / § 30 Abs. 4 SGB XII	**35%** des maßgeblichen Regelsatzes 145,60**
d) Bei medizinisch notwendiger **kostenaufwändiger Ernährung** (10% bzw. 20% des Eckregelsatzes oder in angem. Höhe)	.... 41,60** bzw. 83,20**
e) gehbehinderte, voll Erwerbsgeminderte oder **RentnerInnen** (InhaberInnen des SB-Ausweis, Merkzeichen **„G“**)	17% des maßgeblichen Regelsatzes 70,72**
f) unabweisbarer, laufender besonderer Bedarf, der erheblich abweicht (§ 21 Abs. 6 SGB II; ⇨ Härtefallregelung)	nach individuellem Bedarf
g) Warmwassererwärmung (§ 21 Abs. 7 SGB II / § 30 Abs. 7 SGB XII)	**⇨Regelsätze**

***bei RB 1: 416 €*

Miete

GSi der Sozialhilfe

Neuregelung der Berücksichtigung von Bedarfen für **Unterkunft und Heizung** nach dem Vierten Kapitel des SGB XII für erwachsene Leistungsberechtigte, die in der Wohnung mit Angehörigen, in einer Wohngemeinschaft oder in einer *„sonstigen Unterkunft“* wohnen (§ 42a SGB XII neu; gültig ab 1.7.2017):

Für Leistungsberechtigte, die mit ihren **Angehörigen** in deren Wohnung wohnen, wird ein **pauschaler Wohnkostenbetrag** ohne Nachweis anerkannt, wenn kein Mietvertrag besteht.

+++ Änderungen zum 1.1.2018 nach Stichworten +++

Dieser ergibt sich aus der Differenz der örtlich angemessenen Unterkunftskosten für eine Haushaltsgröße, unter Einbeziehung der leistungsberechtigten Person, abzüglich der angemessenen Unterkunftskosten für eine Haushaltsgröße ohne Einbeziehung der leistungsberechtigten Person (Differenzbetrag). Von den gesamten **Heizkosten** wird der prozentuale Anteil übernommen, der dem Verhältnis des pauschalen Wohnkostenbetrags (Differenzbetrag) zu den angemessenen Unterkunftskosten des Gesamthaushalts entspricht.

Besteht in **Wohngemeinschaften** kein eigener Mietvertrag, werden die Unterkunftskosten kopfanteilig anerkannt, die für einen entsprechenden Mehrpersonenhaushalt angemessen sind. Liegt ein Mietvertrag vor, werden wie bisher die Kosten maximal bis zu den angemessenen Unterkunftskosten eines Einpersonenhaushalts übernommen.
Die jeweils angemessenen Unterkunftskosten werden auch übernommen, wenn Leistungsberechtigte alleine oder mit weiteren Personen vorübergehend in einer **„sonstigen Unterkunft"**, d.h. in Pensionen, Ferienwohnungen, Wohnwagen auf Campingplätzen oder in Notquartieren untergebracht sind.

Übergangsregelung für Leistungsberechtigte, deren Unterkunftskosten **vor dem 1.7.2017** nach § 35 SGB XII anerkannt worden sind: Hier werden bei Bedarf höhere Kosten als angemessen anerkannt (§133b SGB XII).

Zu 3.7.1 Nach Auffassung des BSG ist eine **Feststellungsklage gegen eine Kostensenkungsaufforderung möglich**, um überprüfen zu lassen, ob ein Umzug überhaupt möglich oder zuzumuten ist. Nur durch eine Klage auf Feststellung des Nichtbestehens einer Kostensenkungsobliegenheit könne effektiver Rechtschutz gewährleistet werden. Allerdings soll die Feststellungsklage das **letzte Mittel** sein, nachdem Verhandlungen mit dem Jobcenter gescheitert sind, und sie muss substanziell begründet sein; allgemeine Behauptungen reichen nicht aus (15.6.2016 – B 4 AS 36/15 R). Endlich ist es möglich, sich gegen die Kostensenkungspflicht zu wehren, bevor die Unterkunftskosten sechs Monate nach der Kostensenkungsaufforderung gesenkt werden.

Mietnebenkosten

Alg II

Zu 3.1 Jobcenter müssen nach einem **Umzug** die **Nebenkosten-Nachzahlungen** der nicht mehr bewohnten Wohnung übernehmen.

Das BSG hat seine bisherige Rechtsprechung korrigiert und festgestellt, dass eine Betriebskostennachzahlung auch für eine nicht mehr bewohnte Wohnung zu übernehmen ist. Eine Nichtübernahme *„würde faktisch wie eine Umzugssperre wirken, weil Alg II-Empfänger bei unzureichenden Nebenkostenvorauszahlungen dem Risiko, Schulden zu machen, ausgesetzt wären"*. Auch kommt es für den Übernahmeanspruch nicht darauf an, ob das Jobcenter zur Anmietung der neuen Wohnung eine Zusicherung gegeben hat. (BSG 30.3.17 - B 14 AS 13/16 R)

Diese Entscheidung ist auch auf die **HzL und GSi** der Sozialhilfe übertragbar.

Ortsabwesenheit

GSi der Sozialhilfe

Bisher konnten Bezieher/innen von GSi sich für längere Zeit im Ausland aufhalten, wenn sie ihren gewöhnlichen Aufenthalt am Sitz des Grundsicherungsträgers hatten.

Seit dem **1.7.2017** führt ein **länger als vierwöchiger Auslandsaufenthalt** zum Verlust des Anspruchs. Nach Ablauf der vierten Woche bis zur nachgewiesenen Rückkehr besteht **kein** Anspruch auf Leistungen. Mehrere wiederholte, kürzer als vierwöchige Auslandsaufenthalte im Jahr sind für den Anspruch auf GSi unschädlich.

Pfändung

Neue Pfändungsfreigrenzen:
Ab **1.7.2017** erhöhen sich die Pfändungsfreigrenzen. Für Alleinstehende ohne zu berücksichtigende unterhaltsberechtigte Personen erhöht sich der unpfändbare Betrag von 1.073,88 € **auf 1.133,80 €** mtl. Für die erste unterhaltsberechtigte Person im Haushalt erhöht sich der unpfändbare Betrag von 404,16 € **auf 426,71 €**, für jede weitere unterhaltsberechtigte Person von 225,34 € **auf 237,73 €**.

Die neuen Grenzen gelten auch beim Schutz des Einkommens auf dem **P-Konto**.

Die Tabelle mit allen Pfändungsfreigrenzen (lt. BGBl I S. 750 (Nr. 18)) beim Infodienst Schuldnerberatung: http://tinyurl.com/me4nasq

Räumung

Zu 4.1 Kosten der Räumungsklage: Das Landessozialgericht Baden-Württemberg hat entschieden, dass ein Jobcenter die Kosten einer Räumungsklage dann zu tragen hat, wenn es einem Leistungsberechtigten zu Unrecht die Leistungen versagt, dadurch Mietrückstände entstehen und der Vermieter daraufhin Räumungsklage erhebt (27.6.2017 – L 9 AS 1742/14).

Vorwort

Das *„Neunte Gesetz zur Änderung des Zweiten Buches Sozialgesetzbuch – Rechtsvereinfachung …“*, kurz *„Rechtsvereinfachungsgesetz“* genannt, wurde hektisch in den letzten Sitzungen von Bundestag und Bundesrat vor der Sommerpause 2016 verabschiedet und ist in wesentlichen Teilen bereits **zum 1.8.2016 in Kraft** getreten. Der Titel „Rechtsvereinfachungsgesetz“ ist allerdings genauso irreführend wie die im Laufe des Gesetzgebungsverfahrens verwendete Bezeichnung *„Entbürokratisierungsgesetz“*. Nicht zuletzt unter Berücksichtigung der zahlreichen Änderungen, die sich durch das gesamte Gesetz ziehen, wurde dieser Leitfaden etwa 100 Seiten dicker als die Ausgabe vom letzten Jahr. Weil wir den Propagandabegriff der Bundesregierung in diesem Ratgeber nicht wieder und wieder reproduzieren wollen, verwenden wir im Text die abgekürzte und neutralere Bezeichnung „Neuntes SGB-II-Änderungsgesetz“, wobei es sich tatsächlich nicht um die neunte, sondern nach Inkrafttreten des sogenannten *„Integrationsgesetzes“* zum 6.8.2016 bereits um die 79. Änderung des SGB II seit 2005 handelt.

Allen, die sich regelmäßig mit der Materie beschäftigen (müssen), ist bekannt, dass Sozialgesetze ein ständiger Reparaturbetrieb sind. Der Blick auf die Entwicklung des SGB II in den vergangenen zehn Jahren führt aber deutlich vor Augen, wie auf der Seite der Leistungsberechtigten Rechtsansprüche und die Möglichkeiten soziale Rechte durchzusetzen stetig abgebaut werden. Auf der anderen Seite wird es Jobcentern immer leichter gemacht, Existenz sichernde Leistungen zu kürzen, zu streichen oder unter Vorbehalt zu stellen und insgesamt den Druck auf ihre „Kunden“, die *wir* Leistungsbeziehende nennen, zu erhöhen. Eine Entwicklung, die im Übrigen in abgeschwächter Form auch bei der Sozialhilfe zu erkennen ist. Das Neunte SGB-II-Änderungsgesetz macht hier keine Ausnahme. Zwar sucht man vergeblich nach einer systematischen Zielsetzung der Gesetzesnovelle, doch aus der Perspektive der Leistungsberechtigten präsentiert sich neben ein paar winzigen Verbesserungen und einigen kosmetischen Änderungen ein Sammelsurium von Verschärfungen, die vor allem den reibungslosen Geschäftsbetrieb der Arbeitslosenbürokratie gewährleisten und das Interesse des Kapitals nach indirekten Leistungskürzungen befriedigen sollen: Einschränkung von Darlehen und Vorschüssen, Existenzsicherung unter Vorbehalt, Ausweitung der Mitwirkungspflichten und der zugehörigen Druckmittel, erweiterte Voraussetzungen für Jobcenter, Ersatzansprüche geltend zu machen, – sozusagen die Ausweitung der Sanktionen durch die Hintertür – und ein Instrumentarium der vorläufigen Leistungsentscheidung, das einseitig auf die Bedürfnissen der Verwaltung zugeschnitten ist und Leistungsbeziehende ihrer Rechte beraubt, sind wesentliche Punkte dieser Agenda.

Doch in der Gesamtschau der Entwicklung seit Erscheinen des letzten Leitfadens im Sommer 2015 machen die Hartz-IV-Verschärfungen nur einen kleinen, fast untergeordneten Teil der Entwicklung im Rechts- und Sozialsystem und in der Gesellschaft aus. Seit dem Sommer der offenen Grenzen und unter dem Eindruck hunderttausender Geflüchteter, die hier Schutz vor Bürgerkrieg, Vertreibung und offener Anfeindung auf ihren Fluchtwegen gesucht haben, hat sich die öffentliche Debatte um 180 Grad gedreht. Aus der „Willkommenskultur“ wurden Angst und Unsicherheit, aus der Solidarität wurde Ablehnung und Ausgrenzung… Auch wenn der Diskurs (noch) nicht die gesellschaftliche Mehrheit repräsentiert; Populismus und Schwarz-Weiß-Denken, Ablehnung von Fremdartigem, das Schüren von Hysterie und (Terror) Ängsten haben längst die Oberhand gewonnen und beeinflussen Politik, Gesetzgebung und Gesellschaft – nicht nur in Deutschland: Den drastischen Einschränkungen des Asylrechts, dem Ausbau von Sanktionen und der Einschränkung von Leistungen für Asylsuchende und Arbeit suchende Europäer stehen hierzulande die Verschärfung des Ausländer- und Melderechts und die Abschottung nationaler Grenzen gegenüber. Darüber hinaus erleben wir den Ausbau der Festung Europa, die Renaissance des Nationalismus sowie die Missachtung von

Menschenrechten durch die Staaten der Europäischen Union… Egal auf welcher Ebene und in welchem (Teil-)Bereich man die Entwicklung betrachtet; überall geht sie einher mit der Einschränkung individueller Rechte auf der einen Seite und der Verdrängung rechtsstaatlicher Prinzipien durch Schaffung allmächtiger Bürokratien und der Schärfung von Abschreckungsmechanismen auf der anderen Seite.

Unter dem Einfluss der Ereignisse war es für uns oft schwer, uns auf das Wesentliche zu beschränken, das diesen Leitfaden ausmacht. Wir haben uns dennoch bemüht mit Nachdruck und der nötigen Sorgfalt, die zahlreichen Änderungen u.a. durch das Neunte SGB-II-Änderungsgesetz und ihre praktischen Auswirkungen auf das Leistungsrecht und die Möglichkeiten individuelle Rechte durchzusetzen, in diesen Leitfaden einzuarbeiten. Auch die oben beschriebenen Verschärfungen des Asylrechts und bei Sozialleistungen für Geflüchtete und Ausländer wurden, soweit in diesem Rahmen möglich, bis zu den Änderungen durch das *„Integrationsgesetz"* berücksichtigt. Dadurch ist der Leitfaden erneut dicker geworden. Wir hoffen, dass es uns trotz größeren Umfangs gelungen ist, die vielen, aus Sicht der Leistungsberechtigten komplizierter gewordenen Gesetze und Normen so verständlich darzustellen, damit **Sie** umfassend über Ihre **Ansprüche** auf Sozialleistungen **informiert** werden und diese gegenüber Jobcentern und Sozialämtern wirksam **durchsetzen** können.

Wir wollen mit diesem Leitfaden dazu beitragen und dazu ermutigen,
- dass Erwerbslose selbstbewusst ihre noch existierenden Rechte durchsetzen und sich gegen die fortschreitende Entrechtung und Zumutungen der Jobcenter/ Sozialämter wehren,
- dass sie bei SozialberaterInnen, Anwältinnen und Anwälten die parteiische Unterstützung für die rechtliche Gegenwehr erhalten, die sie dringend benötigen,
- dass sich Erwerbslose lokal organisieren und gemeinsam ihre Interessen vertreten und
- dass solidarische Bündnisse zwischen Erwerbslosen, Beschäftigten, aber auch von länger hier lebenden und neu zugereisten Menschen sowie anderen vom Sozialabbau betroffenen Gruppen geschmiedet werden, die dem sozialen Kahlschlag und Lohndumping den Kampf ansagen.

Wir danken unseren Partnerinnen, den (volljährigen) Kindern, KollegInnen und FreundInnen, die uns für den Leitfaden den Rücken freigehalten haben und/ oder uns bei dieser Arbeit unterstützten.

1. Oktober 2016
Frank Jäger, Harald Thomé

Vorwort

Das *„Neunte Gesetz zur Änderung des Zweiten Buches Sozialgesetzbuch – Rechtsvereinfachung …“*, kurz *„Rechtsvereinfachungsgesetz“* genannt, wurde hektisch in den letzten Sitzungen von Bundestag und Bundesrat vor der Sommerpause 2016 verabschiedet und ist in wesentlichen Teilen bereits **zum 1.8.2016 in Kraft** getreten. Der Titel „Rechtsvereinfachungsgesetz“ ist allerdings genauso irreführend wie die im Laufe des Gesetzgebungsverfahrens verwendete Bezeichnung *„Entbürokratisierungsgesetz“*. Nicht zuletzt unter Berücksichtigung der zahlreichen Änderungen, die sich durch das gesamte Gesetz ziehen, wurde dieser Leitfaden etwa 100 Seiten dicker als die Ausgabe vom letzten Jahr. Weil wir den Propagandabegriff der Bundesregierung in diesem Ratgeber nicht wieder und wieder reproduzieren wollen, verwenden wir im Text die abgekürzte und neutralere Bezeichnung „Neuntes SGB-II-Änderungsgesetz“, wobei es sich tatsächlich nicht um die neunte, sondern nach Inkrafttreten des sogenannten *„Integrationsgesetzes“* zum 6.8.2016 bereits um die 79. Änderung des SGB II seit 2005 handelt.

Allen, die sich regelmäßig mit der Materie beschäftigen (müssen), ist bekannt, dass Sozialgesetze ein ständiger Reparaturbetrieb sind. Der Blick auf die Entwicklung des SGB II in den vergangenen zehn Jahren führt aber deutlich vor Augen, wie auf der Seite der Leistungsberechtigten Rechtsansprüche und die Möglichkeiten soziale Rechte durchzusetzen stetig abgebaut werden. Auf der anderen Seite wird es Jobcentern immer leichter gemacht, Existenz sichernde Leistungen zu kürzen, zu streichen oder unter Vorbehalt zu stellen und insgesamt den Druck auf ihre „Kunden“, die *wir* Leistungsbeziehende nennen, zu erhöhen. Eine Entwicklung, die im Übrigen in abgeschwächter Form auch bei der Sozialhilfe zu erkennen ist. Das Neunte SGB-II-Änderungsgesetz macht hier keine Ausnahme. Zwar sucht man vergeblich nach einer systematischen Zielsetzung der Gesetzesnovelle, doch aus der Perspektive der Leistungsberechtigten präsentiert sich neben ein paar winzigen Verbesserungen und einigen kosmetischen Änderungen ein Sammelsurium von Verschärfungen, die vor allem den reibungslosen Geschäftsbetrieb der Arbeitslosenbürokratie gewährleisten und das Interesse des Kapitals nach indirekten Leistungskürzungen befriedigen sollen: Einschränkung von Darlehen und Vorschüssen, Existenzsicherung unter Vorbehalt, Ausweitung der Mitwirkungspflichten und der zugehörigen Druckmittel, erweiterte Voraussetzungen für Jobcenter, Ersatzansprüche geltend zu machen, – sozusagen die Ausweitung der Sanktionen durch die Hintertür – und ein Instrumentarium der vorläufigen Leistungsentscheidung, das einseitig auf die Bedürfnissen der Verwaltung zugeschnitten ist und Leistungsbeziehende ihrer Rechte beraubt, sind wesentliche Punkte dieser Agenda.

Doch in der Gesamtschau der Entwicklung seit Erscheinen des letzten Leitfadens im Sommer 2015 machen die Hartz-IV-Verschärfungen nur einen kleinen, fast untergeordneten Teil der Entwicklung im Rechts- und Sozialsystem und in der Gesellschaft aus. Seit dem Sommer der offenen Grenzen und unter dem Eindruck hunderttausender Geflüchteter, die hier Schutz vor Bürgerkrieg, Vertreibung und offener Anfeindung auf ihren Fluchtwegen gesucht haben, hat sich die öffentliche Debatte um 180 Grad gedreht. Aus der „Willkommenskultur“ wurden Angst und Unsicherheit, aus der Solidarität wurde Ablehnung und Ausgrenzung… Auch wenn der Diskurs (noch) nicht die gesellschaftliche Mehrheit repräsentiert; Populismus und Schwarz-Weiß-Denken, Ablehnung von Fremdartigem, das Schüren von Hysterie und (Terror) Ängsten haben längst die Oberhand gewonnen und beeinflussen Politik, Gesetzgebung und Gesellschaft – nicht nur in Deutschland: Den drastischen Einschränkungen des Asylrechts, dem Ausbau von Sanktionen und der Einschränkung von Leistungen für Asylsuchende und Arbeit suchende Europäer stehen hierzulande die Verschärfung des Ausländer- und Melderechts und die Abschottung nationaler Grenzen gegenüber. Darüber hinaus erleben wir den Ausbau der Festung Europa, die Renaissance des Nationalismus sowie die Missachtung von

Menschenrechten durch die Staaten der Europäischen Union… Egal auf welcher Ebene und in welchem (Teil-)Bereich man die Entwicklung betrachtet; überall geht sie einher mit der Einschränkung individueller Rechte auf der einen Seite und der Verdrängung rechtsstaatlicher Prinzipien durch Schaffung allmächtiger Bürokratien und der Schärfung von Abschreckungsmechanismen auf der anderen Seite.

Unter dem Einfluss der Ereignisse war es für uns oft schwer, uns auf das Wesentliche zu beschränken, das diesen Leitfaden ausmacht. Wir haben uns dennoch bemüht mit Nachdruck und der nötigen Sorgfalt, die zahlreichen Änderungen u.a. durch das Neunte SGB-II-Änderungsgesetz und ihre praktischen Auswirkungen auf das Leistungsrecht und die Möglichkeiten individuelle Rechte durchzusetzen, in diesen Leitfaden einzuarbeiten. Auch die oben beschriebenen Verschärfungen des Asylrechts und bei Sozialleistungen für Geflüchtete und Ausländer wurden, soweit in diesem Rahmen möglich, bis zu den Änderungen durch das „*Integrationsgesetz*" berücksichtigt. Dadurch ist der Leitfaden erneut dicker geworden. Wir hoffen, dass es uns trotz größeren Umfangs gelungen ist, die vielen, aus Sicht der Leistungsberechtigten komplizierter gewordenen Gesetze und Normen so verständlich darzustellen, damit **Sie** umfassend über Ihre **Ansprüche** auf Sozialleistungen **informiert** werden und diese gegenüber Jobcentern und Sozialämtern wirksam **durchsetzen** können.

Wir wollen mit diesem Leitfaden dazu beitragen und dazu ermutigen,

- dass Erwerbslose selbstbewusst ihre noch existierenden Rechte durchsetzen und sich gegen die fortschreitende Entrechtung und Zumutungen der Jobcenter/ Sozialämter wehren,
- dass sie bei SozialberaterInnen, Anwältinnen und Anwälten die parteiische Unterstützung für die rechtliche Gegenwehr erhalten, die sie dringend benötigen,
- dass sich Erwerbslose lokal organisieren und gemeinsam ihre Interessen vertreten und
- dass solidarische Bündnisse zwischen Erwerbslosen, Beschäftigten, aber auch von länger hier lebenden und neu zugereisten Menschen sowie anderen vom Sozialabbau betroffenen Gruppen geschmiedet werden, die dem sozialen Kahlschlag und Lohndumping den Kampf ansagen.

Wir danken unseren Partnerinnen, den (volljährigen) Kindern, KollegInnen und FreundInnen, die uns für den Leitfaden den Rücken freigehalten haben und/ oder uns bei dieser Arbeit unterstützten.

1. Oktober 2016
Frank Jäger, Harald Thomé

Gebrauchsanweisung

1. Orientieren Sie sich über das Stichwortverzeichnis
Es enthält alle behandelten Themen und prägnante Suchbegriffe. Im Hauptteil werden alle wichtigen **Themen in alphabetischer Reihenfolge** behandelt. Diese finden Sie im Stichwortverzeichnis **fett gedruckt**. Das Zeichen ⇨ verweist auf andere Stichworte und Unterkapitel. **Nutzen Sie die Querverweise!**

2. Inhaltsübersichten und Überschriften bieten Orientierung innerhalb einzelner Kapitel
Alle längeren Beiträge zu einzelnen Themen sind mit einer Inhaltsübersicht ausgestattet. Hier können Sie sich bei der Klärung konkreter Fragen orientieren und **auf Unterthemen direkt zugreifen**. Bei „kleineren" Kapiteln haben wir darauf verzichtet. Dort können Sie die Überschriften schnell „überfliegen", um sich einen Überblick zu verschaffen.

3. Im **Teil I** des Leitfadens finden Sie Stichworte zu den Sozialleistungen und damit zusammenhängenden Fragen, im **Teil II** Problemstellungen und Stichworte zum Vorgehen gegenüber den zuständigen Behörden und zur Durchsetzung Ihrer Rechte.

4. Wie Sie die Höhe Ihrer Leistung berechnen können, finden Sie unter ⇨**Bedarfsberechnung**.

5. Die Höhe der Regelsätze/ *„Regelbedarfe"*
finden Sie unter dem Stichwort ⇨Regelsätze, auch Regelleistungen oder seit 2011 offiziell *„Regelbedarfe"* genannt.

6. Die Sozialhilfe ist ab 2005 in **drei Teile** zerfallen: **Alg II** („Hartz IV") nach dem Sozialgesetzbuch II (SGB II) sowie Hilfe zum Lebensunterhalt (**HzL**) und Grundsicherung im Alter und bei Erwerbsminderung (**GSi**), beides Leistungen der Sozialhilfe (SGB XII). Der Leitfaden behandelt diese Teile in den jeweiligen Stichworten **gemeinsam**, sofern Gemeinsamkeiten weiter bestehen. Sind die Regelungen unterschiedlich, finden Sie bei den jeweiligen Themen **besondere Abschnitte für Alg II, HzL/ GSi der Sozialhilfe**. Wir haben in dieser Auflage durchgängig den Begriff **Hilfe zum Lebensunterhalt (HzL)** verwendet, weil der *„alte"* Begriff Sozialhilfe zu Missverständnissen führt. Als Leistungen der Sozialhilfe bezeichnet man alle SGB-XII-Leistungen.

7. Die Behörde: Die ⇨Zuständigkeiten sind mit der Aufsplitterung der Leistungen ebenfalls völlig zersplittert. (Jobcenter, Optionskommunen, Arbeitsagenturen, Sozialamt usw.) Deswegen nennen wir die zuständige Verwaltung der Einfachheit halber oft „die Behörde"/ „das Amt", auch wenn die Jobcenter, die sich aus VertreterInnen von AA und Kommune zusammensetzen, schon privatrechtlich organisiert sind.

8. Die Paragraphen
Um Ihnen die eigene Recherche zu erleichtern und Sie in die Lage zu versetzen, die entsprechenden Vorschriften z.B. in Behördenschreiben zu benennen bzw. zu zitieren, haben wir Aussagen über und Zitate von Rechtsnormen mit genauen Angaben zu den jeweiligen Paragraphen (§§) im Gesetz versehen. Da das Sozialrecht ein ständiger Reparaturbetrieb mit laufenden Änderungen ist, wurden die §§ nach neuer Rechtslage **ab 2016** mit **„neu"** gekennzeichnet. Das gilt sowohl für neue Gesetzesformulierungen als auch für „alte" Textpassagen, die im Gesetz an eine neue Stelle gerückt sind.

7. Die Urteile

Rechtskräftige Urteile oder Beschlüsse gelten zunächst nur für den Einzelfall bzw. den jeweiligen Zuständigkeitsbereich der Gerichte.

Urteile der Bundesgerichte, z.B. des Bundessozial-, Bundesverwaltungs- oder Bundesarbeitsgerichts, sind keine Gesetze. Sie bedeuten nur, dass bei einem Verfahren bis dorthin wahrscheinlich eben diese Entscheidung fallen wird. Nur deshalb halten sich Behörden von sich aus an höchstrichterliche Urteile, wenn Sie es überhaupt tun.

Urteile der Sozialgerichte finden Sie im Internet, vor allem unter www.sozialgerichtsbarkeit.de und bei www.tacheles-sozialhilfe.de ⇨Newsticker. Sie können aber auch einfach das Aktenzeichen bei Google eingeben. Oder Sie finden sie in den genannten Fachzeitschriften. Sie können Urteile auch unter Angabe des Datums oder Aktenzeichens auch beim jeweiligen Gericht bestellen. Allerdings müssen Sie Kopierkosten zahlen. Zugänglich sind Urteile teilweise auch über die Internetseiten der Gerichte.

8. Beratung

Wenden Sie sich möglichst an die nächstgelegene Beratungsstelle, Erwerbslosen- und/ oder Sozialhilfeinitiative. Adressen finden Sie über die Internetadressen im Anhang (www.my-sozialberatung.de). Unter ⇨Beratung können Sie auch nachlesen, wie Sie das Beratungsangebot von Tacheles e.V. in Wuppertal, AG TuWas in Frankfurt/ Main und anderen Orten nutzen können.

Inhalt

Stichwortverzeichnis

(Fettgedruckt sind die Stichworte des Leitfadens mit Seitenzahlen; ⇨verweist auf andere Stichworte)

Helfen Sie uns, den Zugriff auf einzelne Stichwörter zu verbessern.
Teilen Sie uns Stichwörter und Begriffe mit, die Sie in diesem Verzeichnis vergeblich gesucht haben.
(Tacheles e.V., Rudolfstraße 125, 42285 Wuppertal; Fax: 0202/ 30 66 04; Email: info@tacheles-sozialhilfe.de)

Abkürzungsverzeichnis

a.A. anderer Ansicht
AA Agentur für Arbeit
ABM Arbeitsbeschaffungsmaßnahmen
Abs. Absatz
Abt. Abteilung (der EVS)
AG Amtsgericht
AGH Arbeitsgelegenheiten
Alg Arbeitslosengeld (I)
Alg II-V Verordnung zur Berechnung von Einkommen und Vermögen bei Alg II/ Sozialgeld
Alhi Arbeitslosenhilfe
AO Abgabenordnung
ArbG Arbeitsgericht
ARGE Arbeitsgemeinschaften zwischen AA und Sozialämtern, jetzt **Job center**
Art. Artikel
AsylbLG Asylbewerberleistungsgesetz
AsylG Asylgesetz
AufenthG Aufenthaltsgesetz
Az. Aktenzeichen
BA Bundesagentur für Arbeit (zusam men mit Nummerierung: Fachliche Hin weise der BA ⇨Literatur)
BAB Berufsausbildungsbeihilfe
BAföG Berufsausbildungsförderungsgesetz
BAG Bundesarbeitsgericht
BAG-SHI Bundesarbeitsgemeinschaft der Erwerbslosen- und Sozialhilfeini tiativen
BAMF Bundesamt für Migration und Flüchtlinge
BEEG Gesetz zum Elterngeld und zur Elternzeit
BerHG Beratungshilfegesetz
BeschV Verordnung über die Beschäfti gung von Ausländerinnen und Ausländern
BFH Bundesfinanzhof
BG Bedarfsgemeinschaft
BGB Bürgerliches Gesetzbuch
BGBl. Bundesgesetzblatt
BGH Bundesgerichtshof
BHO Bundeshaushaltsordnung
BMAS Bundesministerium für Arbeit und Soziales
BMFSFJ Bundesministerium für Familie, Senioren, Frauen und Jugend
BMG Bundesmeldegesetz
BORA Berufsordnung der Rechtsanwäl tinnen und Rechtsanwälte
BR-Drs. Bundesrats-Drucksache
BSG Bundessozialgericht
BSHG Bundessozialhilfegesetz
BT-Drs. Bundestags-Drucksache
BüMA Bescheinigung über die Meldung als Asylsuchender
BVerfG Bundesverfassungsgericht
BVerfGE Bundesverfassungsgericht (Ent scheidungen)
BVerwG Bundesverwaltungsgericht
BVerwGE Bundesverwaltungsgericht (Ent scheidungen)
bzw. beziehungsweise
d.h. das heißt
DV Deutscher Verein für öffentliche und private Fürsorge
DPWV Deutscher Paritätischer Wohl fahrtsverband
DT Düsseldorfer Tabelle
EAO Erreichbarkeitsanordnung
EFA Europäisches Fürsorgeabkommen
EinV Eingliederungsvereinbarung
ESF Europäischer Sozialfonds
EStG Einkommensteuergesetz
EuGH Europäischer Gerichtshof
EVS Einkommens- und Verbrauchs stichprobe
f., ff. folgende Seite(n)
FamRZ Zeitschrift für das gesamte Fami lienrecht
FAZ Frankfurter Allgemeine Zeitung
FEVS Fürsorgerechtliche Entscheidungen der Verwaltungs- und Sozialgerichte
FM Fallmanager (⇨pAp)
FR Frankfurter Rundschau
FreizügG/EU Freizügigkeitsgesetz EU
FRL Frankfurter Richtlinien
FTD Financial Times Deutschland
GA Geschäftsanweisung
GG Grundgesetz
ggf. gegebenenfalls
GSi Grundsicherung im Alter und bei Erwerbsminderung
HEGA Handlungsempfehlung Geschäftsan weisung der Bundesagentur für Arbeit
Hrsg. Herausgeber

HzL Hilfe zum Lebensunterhalt (Sozialhilfe)
IAB Institut für Arbeitsmarkt- und Berufsforschung
IDAS Informationsdienst der Diakonie für ambulante Sozialarbeit
i.d.R. in der Regel
info also Informationen zum Arbeitslosen- und Sozialhilferecht
i.V. in Verbindung
LG Landgericht
LHO Landeshaushaltsordnung
LPK Lehr- und Praxiskommentar
LSG Landessozialgericht
MiLoG Mindestlohngesetz
mtl. monatlich
NDV Nachrichtendienst des Deutschen Vereins
NDV-RD NDV-Rechtsdienst
NJW Neue Juristische Wochenschrift
Nr. Nummer
NRW Nordrhein-Westfalen
NVwZ Neue Zeitschrift für Verwaltungsrecht
o.ä. oder ähnliches
OLG Oberlandesgericht
OVG Oberverwaltungsgericht
pAp persönlicher Ansprechpartner (Arbeitsvermittler/ Fallmanager)
PSA Personalserviceagentur
Rbs Regelbedarfsstufe
RdNr. Randnummer
RL Richtlinie
Rz. Randziffer
SG Sozialgericht
SGB Sozialgesetzbuch
SGB I Allgemeiner Teil
SGB II Grundsicherung für Arbeitsuchende
SGB III Arbeitsförderung
SGB V Gesetzliche Krankenversicherung
SGB VI Gesetzliche Rentenversicherung
SGB IX Rehabilitation und Teilhabe behinderter Menschen
SGB X Verwaltungsverfahren
SGB XII Sozialhilfe
SGG Sozialgerichtsgesetz
SHR Sozialhilferichtlinien
s.o. / s.u. siehe oben / siehe unten
SoVD Sozialverband Deutschlands
SZ Süddeutsche Zeitung
u.a. und anderes mehr, unter anderem
usw. und so weiter
VG Verwaltungsgericht
VGH Verwaltungsgerichtshof
vgl. vergleiche
VO Verordnung
VV RVG Vergütungsverzeichnis Rechtsanwaltsvergütungsgesetz
VwGO Verwaltungsgerichtsordnung
VwV Verwaltungsvorschrift zum AufenthG und zum FreizügG/EU
VwVfG Verwaltungsverfahrensgesetz
WoGG Wohngeldgesetz
z.B. zum Beispiel
ZfF Zeitschrift für das Fürsorgewesen
ZfSH/SGB Zeitschrift für Sozialhilfe und Sozialgesetzbuch
ZKG Zahlungskontengesetz
ZPO Zivilprozessordnung
z.T. zum Teil

So berechnen Sie Ihren Bedarf an Alg II*, HzL/ GSi der Sozialhilfe

(Das Zeichen ⇨ verweist auf das entsprechende Stichwort)

Bedarf	Herr/Frau XY	PartnerIn	Kind** (1.- 4.)	Kind**	**Gesamt-bedarf**
1. ⇨Regelsätze/ Regelleistungen					
2. ⇨Mehrbedarf Weiterer Mehrbedarf					
3. Unterkunftskosten (⇨Miete;⇨Eigenheim) **3.1 ⇨Heizkosten**					
4. Beiträge zur ⇨Kranken-, ⇨Pflege-,⇨Renten-versicherung (nur bei HzL/GSi der Sozialhilfe möglich)					
5. Einzelbedarf/ Gesamtbedarf					

Die Summe von 1.- 4. ergibt die Einzelbedarfe bzw. den Gesamtbedarf der ⇨Bedarfsgemeinschaft

⇨Einkommen	Herr/Frau XY	PartnerIn	Kind**	Kind** (1.- 4.)	**Gesamt-bedarf**
6. Erwerbseinkommen netto (⇨Erwerbstätige; ⇨Selbständige)					
7. Weitere Einkommen 7.1 Rente 7.2 Alg I 7.3 ⇨Unterhalt 7.4 ⇨Kindergeld 7.5 Sonstige E.					
8. Gesamteinkommen					

⇨**Einkommen**	Herr/Frau XY	PartnerIn	Kind	Kind (1.- 4.)	**Gesamt-eink.**
9. Vom Einkommen abzuziehen: 9.1 „Werbungskosten" (⇨Erwerbstätige) 9.2 Freibetrag für ⇨Erwerbstätige 9.3 ⇨Altersvorsorge Freiwillige Beiträge 9.4.1 zur ⇨Krankenvers. 9.4.2 zur ⇨Pflegevers. 9.4.3 zur ⇨Rentenvers./ ⇨Altersvorsorge 9.5 angemessene private Versicherungen 9.6 KfZ-Haftpflicht (⇨Einkommens-bereinigung 1.2) **9. Summe 9.1 bis 9.6**					
10. bereinigtes Einkommen (8. minus 9.)					
Alg II, HzL/GSi der Sozialhilfe (5. minus 10.)					

+ bei Bedarfsgemeinschaften mit Kindern **„Leistungen zur Bildung und Teilhabe"** (⇨ SchülerInnen 5.1)
+ ⇨**einmalige Beihilfen**
+ **Zuschüsse** zur privaten Alterssicherung bzw. Kranken- und Pflegeversicherung bei **Selbständigen**

* Die „AlgII - Leistung" (SGB II) für nicht erwerbsfähige Kinder bis zur Vollendung des 15. Lebensjahres und für Personen mit einer vorübergehenden ⇨Erwerbsminderung heißt ⇨Sozialgeld.

** Bei der **Prüfung der Hilfebedürftigkeit** von ⇨Bedarfsgemeinschaften mit Kindern müssen die nachfolgenden Beträge für **Bedarfe von SchülerInnen und Kindern in Kindertagesstätten** berücksichtigt werden:
- **plus** mtl. **3 €** für Ausflüge in Schulen und Kindertagesstätten,
- **plus** ggf. die **Kosten** einer mehrtägigen Klassenfahrt, die **auf die folgenden sechs Monate** nach Antragstellung **verteilt** werden,
- **minus** Ersparnis durch Mittagsverpflegung in Schulen/ Kindertagesstätten, in Höhe von 1 **€** pro Schul-/ Kindergartentag.

(§ 5a Alg II-V)

Der Aufschlag für mehrtägige Klassenfahrt und der Abzug für Verpflegung dürfen nur berücksichtigt werden, wenn die Bedarfe tatsächlich anfallen.

Teil I

ALGII, HzL/GSi der Sozialhilfe von A-Z

Aids-Erkrankte/ HIV-Infizierte

Sie können als HIV-infizierter bzw. an Aids erkrankter Mensch Alg II/ Sozialgeld oder Hilfe zum Lebensunterhalt (HzL) bzw. Grundsicherung (GSi) der Sozialhilfe bekommen.

a. Solange Sie als ⇨erwerbsfähig oder teilweise erwerbsgemindert gelten, haben Sie Anspruch auf **Alg II**.

b. Wenn Sie durch die Behörde zwar als nicht erwerbsfähig eingestuft werden, aber von der Rentenversicherung **nicht** als dauerhaft **und** voll ⇨erwerbsgemindert anerkannt sind, haben Sie Anspruch auf **HzL** der Sozialhilfe.

c. Sind Sie aber nicht dauerhaft voll erwerbsgemindert **und** leben mit einem erwerbsfähigen Partner oder einem 15 bis 24jährigen Kind zusammen in einer ⇨Bedarfsgemeinschaft, erhalten Sie ⇨**Sozialgeld** nach dem SGB II.

d. Wenn Sie von der Rentenversicherung als dauerhaft **und** voll erwerbsgemindert anerkannt sind oder das gesetzliche Rentenalter erreicht haben, haben Sie Anspruch auf ⇨**Grundsicherung** im Alter und bei dauerhafter Erwerbsminderung (GSi).

So sieht die *„Hilfe aus einer Hand"* aus, die uns mit der Hartz-IV-Reform versprochen wurde.

1.1 Regelsatzerhöhung

HzL/GSi der Sozialhilfe

Wenn Sie einen erhöhten Hygienebedarf haben (durch Fieber, Pilzbefall, Hautausschläge, Schweißausbrüche usw.), brauchen Sie mehr Körperpflegemittel und Wäsche als im Regelsatz vorgesehen.

Beziehen Sie HzL/ GSi, kann der Regelsatz aufgrund des **überdurchschnittlichen Bedarfs** erhöht werden (§ 27a Abs. 4 Satz 1 SGB XII), z.B. um eine mtl. Hygienepauschale von 20,45 € (SG Berlin 22.3.2005 - S 49 SO 204/05). Darlehen sind nicht vorgesehen.

Wenn Sie Essen auf Rädern benötigen und die Ausgaben den im Regelsatz vorgesehenen Ernährungsanteil übersteigen, kann ebenfalls eine Erhöhung des Regelsatzes notwendig sein.

Ebenso, wenn Sie eine ⇨Haushaltshilfe benötigen.

Alg II

Die individuelle Erhöhung der Alg-II-Leistung in Form eines Mehrbedarfszuschlages ist möglich, wenn *„im Einzelfall ein unabweisbarer, laufender, nicht nur einmaliger besonderer Bedarf besteht"* (§ 21 Abs. 6 SGB II). Diese sogenannte ⇨**Härtefallregelung** wurde durch ein Urteil des Bundesverfassungsgerichts über die Verfassungsmäßigkeit der ⇨Regelsätze am 9.2.2010 eingeführt (1 BvL 1, 3, 4/09) und 2011 als Mehrbedarf nach § 21 Abs. 6 SGB II in das Gesetz aufgenommen.

Kosten für z.B. einen erheblichen Hygienebedarf, nicht verschreibungspflichtige Medikamente, Fahrten zu Ärzten oder Behandlungen und Haushaltshilfen bei körperlich stark beeinträchtigten Personen können im Rahmen der Härtefallregelung übernommen werden.

Nach Ansicht der BA ist es Leistungsberechtigten *„vorrangig zumutbar, einen höheren Bedarf in einem Lebensbereich durch geringere Ausgaben in einem anderen Lebensbereich auszugleichen"* (BA 21.34). Ein solcher Bedarf wäre demnach unabweisbar, wenn er **nicht** *„durch die Zuwendungen Dritter [z.B. Kranken- oder Pflegekasse, Angehörige usw.] sowie unter Berücksichtigung von Einsparmöglichkeiten"* gedeckt ist (§ 21 Abs. 6 Satz 2 SGB II). Bei der Entscheidung sind aber immer die Besonderheiten des Einzelfalles zu berücksichtigen (BA 21.34).

Die BA hat in Ihren Durchführungshinweisen eine Positivliste für besondere Bedarfe veröffentlicht (BA 21.37). Diese Liste umfasst u.a. Hygieneartikel bei ausgebrochener HIV-Infektion sowie Putz-/ Haushaltshilfe für körperlich stark beeinträchtigte Personen. Sie ist nicht abschließend!

Tipp 1 Welche mtl. Aufwendungen erheblich sind und wann ein besonderer/ atypischer Bedarf vorliegt, ist im Gesetz nicht ausdrücklich geregelt. Es ist nicht zulässig, den Mehrbedarf von der Überschreitung einer allgemeinen Bagatellgrenze von z.B. 10% der Regelleistung abhängig zu machen (BSG

A

4.6.2014 - B 14 AS 30/13 R). Gegen ablehnende Bescheide können Sie ⇨Widerspruch und ⇨Klage einlegen.

Tipp 2 Für einen Antrag nach der Härtefallregelung sollten Sie sich von Ihrem Arzt eine Bescheinigung über die Notwendigkeit der Mehraufwendungen besorgen.

Kritik

Die Härtefallregelung ist unzureichend, weil sie nach dem Willen der Bundesregierung nur bei erheblicher und dauerhafter Unterdeckung des Bedarfs greift. Einmalige krankheitsbedingte Aufwendungen sind von ihr genauso wenig umfasst wie geringfügige Bedarfslagen, z.B. laufende Kosten zu Beginn einer Erkrankung oder bei minder schwerem Krankheitsverlauf.

1.2 Ein Mehrbedarf bei Gehbehinderung

in Höhe von 17% des für Sie geltenden Regelsatzes steht Ihnen zu, wenn Sie nach Rentenrecht voll erwerbsgemindert sind oder das Rentenalter erreicht haben, Leistungen nach SGB XII beziehen
und über einen Schwerbehindertenausweis mit Merkzeichen „G" oder „aG" verfügen (§ 30 Abs. 1 SGB XII).
Das gilt im SGB II **nur** für voll erwerbsgeminderte Bezieher von Sozialgeld mit Schwerbehindertenausweis mit Merkzeichen „G" oder „aG" (§ 23 Nr.4 SGB II).

1.3 Mehrbedarf für kostenaufwendige Ernährung (⇨Krankenkostzulage)

Nach den *„Empfehlungen des Deutschen Vereins zur Gewährung von Krankenkostzulagen in der Sozialhilfe"* (DV, Dezember 2014, 10) steht an Aids erkrankten Personen eine Zulage in Höhe von 10% ihres Regelsatzes zu, wenn ihre Erkrankung einen schweren Verlauf nimmt oder besondere Umstände vorliegen. Diese Empfehlungen werden von den Leistungsträgern und den Sozialgerichten herangezogen. Ein darüber hinausgehender Ernährungsbedarf muss vom Leistungsbeziehenden selbst nachgewiesen werden.
Nach Ansicht des DV ist eine Krankenkostzulage regelmäßig zu gewähren,
wenn der Body-Mass-Index (BMI) infolge der Krankheit unter 18,5 liegt oder
ein krankheitsbedingter Gewichtsverlust von mehr als 5% innerhalb von drei Monaten vorliegt.
Die Kritik dazu finden Sie unter ⇨Krankenkostzulage.

Tipp 1 Leiden Sie unter starkem Gewichtsverlust, sollten Sie diesen von Ihrem Arzt dokumentieren lassen.

Tipp 2 Verlangt die Behörde ein ärztliches Attest, das eine kostenaufwendige Ernährung oder einen besonderen Bedarf bescheinigt, muss sie die entsprechenden Gebühren übernehmen (BA 21.26 f.). Stellen Sie vorher einen Antrag.

1.4 Höhere Unterkunftskosten

Für Ihre Wohnung müssen unter Umständen auch unangemessene ⇨Mieten übernommen werden, wenn Ihnen ein Umzug *„nicht möglich oder nicht zuzumuten ist"* (§ 22 Abs. 1 Satz 3 SGB II; § 35 Abs. 2 Satz 2 SGB XII).
Ist Ihre Wohnung für Sie ungeeignet (z.B. feucht, kalt), haben Sie Anspruch auf eine geeignete Wohnung und die Finanzierung des ⇨Umzugs. Sie haben ggf. auch höhere ⇨Heizkosten aufgrund Ihres krankheitsbedingt höheren Wärmebedarfs.

1.5 Einmalige Beihilfen

Kosten für einmalige Anschaffungen können als *„unabweisbarer Bedarf"* (z.B. Ersatzbeschaffung einer defekten Waschmaschine) nur als Darlehen übernommen werden. Sie werden von der laufenden Leistung wieder abgezogen. (§ 24 Abs. 1 SGB II, § 37 Abs. 1 und 4 SGB XII; ⇨Einmalige Beihilfen 3).

Tipp Beantragen Sie schriftlich, dass diese Rückforderungsansprüche von der Behörde erlassen werden, weil *„deren Einziehung nach Lage des Einzelfalles unbillig wäre."* Das geht nur bei Alg-II-/ Sozialgeldbezug (§ 44 SGB II).

Die **Deutsche AIDS-Stiftung** gewährt auf schriftlichen Antrag einmalige Beihilfen für bedürftige HIV-positive und an Aids erkrankte Menschen in Not. Wenden Sie sich an die örtliche Aids-Hilfe oder an die Aids-Stiftung direkt (s.u.). Stiftungsmittel sind regelmäßig kein anzurechnendes Einkommen. *„Soweit nicht im Einzelfall andere Erkenntnisse offensichtlich sind, ist hiervon bei Zuwendungen der Freien Wohlfahrtspflege auszugehen.“* (BA 11.105) Leistungen nach dem HIV-Hilfe-Gesetz sind ebenfalls anrechnungsfrei zu stellen (BA 11.86; ⇨Einkommen 2. ff.).

2. Beiträge zur ⇨Krankenversicherung und Zusatzbetrag

3. Leistungen zur Pflege
HIV-Infizierte im klinischen Stadium 2b (ARC) oder Aids-Vollbild-Erkrankte haben regelmäßig Anspruch auf Leistungen der Pflegeversicherung (SGB XI), wenn sie bei einzelnen Verrichtungen des täglichen Lebens Unterstützung brauchen. Reichen die Leistungen der Pflegeversicherung nicht aus, können unter Umständen zusätzliche Leistungen der Hilfe zur Pflege (§§ 61-66 SGB XII) vom Sozialamt erbracht werden.
Sind Sie volljährig **und** ⇨pflegebedürftig, beschränkt sich die ⇨Unterhaltspflicht Ihrer Eltern bei Bezug von Hilfe zur Pflege auf maximal 32,08 €, bei Bezug von HzL der Sozialhilfe auf 24,68 € monatlich (§ 94 Abs. 2 SGB XII; Stand: 2016).

4. Vorbeugende Gesundheitshilfe
Seit 1999 gehört der **Aids-Test** zu den Kassenleistungen, wenn die Krankheitszeichen auf eine Infektion hindeuten. In vielen Gesundheitsämtern wird der Test anonym und kostenlos oder gegen eine geringe Gebühr durchgeführt.
Im Rahmen der vorbeugenden Gesundheitshilfe (§ 47 Satz 1 SGB XII) müssen Kosten für einen Aids-Test bei Personen einer Risikogruppe übernommen werden, denn er dient der *„Früherkennung von Krankheiten“*. Kassenleistungen sind hier jedoch immer vorrangig in Anspruch zu nehmen.
Kondome werden von den Gesundheitsämtern vielerorts kostenlos ausgegeben oder als freiwillige Leistung der Städte und Kreise über deren Sozialbehörden.

5. Eingliederungshilfe für Menschen mit Behinderung (§§ 53-60 SGB XII)
Ist die Krankheit ausgebrochen, können Sie bei erheblichen gesundheitlichen Einschränkungen Eingliederungshilfe beantragen. Diese umfasst Hilfsmittel wie Autolifter, Diktiergeräte usw. sowie alles, was zur Linderung der Behinderung beiträgt, wie etwa Beschaffung und Erhaltung einer behindertengerechten Wohnung oder Hilfen zur Teilnahme am Leben in der Gemeinschaft. Unter Letzteres fallen z.B. Dienstleistungen, wie Ambulant Betreutes Wohnen oder eine Assistenz zur Freizeitgestaltung.

6. ⇨Haushaltshilfe
Wenn Sie aufgrund Ihrer Krankheit den Haushalt **vorübergehend** nicht mehr weiterführen können, können Sie die Kostenübernahme für eine Haushaltshilfe nach § 70 SGB XII beim Sozialamt beantragen.
Benötigen Sie **dauerhaft** eine Hilfe bei der Haushaltsführung, kann der Bedarf
bei BezieherInnen von HzL und GSi der Sozialhilfe durch eine Erhöhung des Regelsatzes (§ 27a Abs. 4 Satz 1 SGB XII; ⇨1.1),
bei BezieherInnen von Alg II/ Sozialgeld im Rahmen der Härtefallregelung (§ 21 Abs. 6 SGB II; ⇨1.1) übernommen werden.
Bei ⇨**Pflegebedürftigen** ist der Bedarf vorrangig durch Leistungen der Pflegeversicherung (SGB XI) oder durch ergänzende Hilfe zur Pflege (7. Kapitel SGB XII) zu decken (⇨3.).

7. Zuzahlungen im Krankheitsfall
Therapiepflichtige HIV-Erkrankte und Personen mit dem Vollbild Aids müssen als chronisch Kranke im Jahr „nur“ 1% ihres jährlichen Bruttoeinkommens bzw. des aufs Jahr hochgerechneten Regelsatzes aufbringen. Sammeln Sie alle Belege bis zum Erreichen der *„Belastungsgrenze“* und beantragen Sie bei der Krankenkasse die **Befreiung** von der Zuzahlung.
Die Belastungsgrenze für Chroniker bei AlgII/ Sozialhilfe beträgt 48,48 € bei einem Regelsatz von 404 €, nicht chronisch Erkrankte zahlen im Krankheitsfall 96,96 € zu.

Forderungen
Höhere Regelsatzanteile für gesunde Ernährung und medizinische/ hygienische Versorgung!
Erhöhung der Regelleistung auch bei leicht erhöhtem krankheitsbedingtem Bedarf entsprechend der Härtefallregelung!

A

Information
Deutsche AIDS-Stiftung, www.aids-stiftung.de
Leitfaden Sozialhilfe für Menschen mit Behinderungen und bei Pflegebedürftigkeit von A-Z, AG TuWas (Hrg.), 9. Aufl., Frankfurt 2011, ⇨Bestellung s. Anhang

Aids-Beratungsstellen in Deutschland können über die Deutsche AIDS-Hilfe, Bundesgeschäftsstelle, Wilhelmstraße 138, 10963 Berlin, angefragt werden (Tel. 030/30 69 00 87-0, www.aidshilfe.de, email: dah@aidshilfe.de).

Alleinerziehende

Jede fünfte Familie mit minderjährigen Kindern ist inzwischen eine Einelternfamilie. 2013 lebten in Deutschland über 1,6 Mio. Alleinerziehende (1996: 1,3 Mio.) mit über 2,2 Mio. Kindern (1996: 2 Mio.; Ergebnisse Mikrozensus 2013, www.destatis.de). 628.389 Alleinerziehende bezogen im Jahresdurchschnitt 2014 Alg II (BA Jahresbericht Arbeitsmarkt 2014, 116).

1.1 Wer ist alleinerziehend?

Alleinerziehende sind *„Personen, die mit einem oder mehreren minderjährigen Kindern zusammenleben und allein für deren Pflege und Erziehung sorgen"* (§ 21 Abs. 3 SGB II; § 30 Abs. 3 SGB XII).
Sie müssen also nicht Mutter oder Vater des Kindes, ja nicht einmal mit ihm verwandt sein, um als alleinerziehend zu gelten. Sie müssen auch nicht das Sorgerecht haben oder volljährig sein. Entscheidend ist das *„Zusammenleben"* mit und *„alleine Erziehen"* einer Person.
„Ein ‚alleinerziehender' Hilfeempfänger sorgt ... dann nicht allein für die Pflege und Erziehung, wenn ihn eine andere Person so nachhaltig bei der Pflege und Erziehung des Kindes unterstützt, wie es sonst der andere Elternteil zu tun pflegt." (OVG Lüneburg 08.7.1997 - FEVS 1998, 24)
Allein bedeutet nicht, dass außer Ihnen kein weiterer Mensch (z.B. Lehrer, Kindergärtnerin, Eltern, Geschwister, *„Super Nanny"* usw.) Ihre Kinder erzieht oder *„pflegt"*. Wenn Ihr Kind in den Kindergarten, die Schule und den Kinderhort geht (oder zu Hause vorm Fernseher sitzt), sind Sie weiterhin der alleinerziehende Elternteil.

Beziehen Sie Leistungen zum Lebensunterhalt, haben Sie **Anspruch** auf einen **Mehrbedarfszuschlag** für Alleinerziehende (§ 21 Abs. 3 SGB II; § 30 Abs. 3 SGB XII; ⇨2.2). Der steht Ihnen nach herrschender Rechtsprechung zu, *„wenn der hilfebedürftige Elternteil während der Betreuungszeit von dem anderen Elternteil, Partner oder einer anderen Person nicht in einem Umfang unterstützt wird, der es rechtfertigt, von einer nachhaltigen Entlastung auszugehen. Entscheidend ist danach, ob eine andere Person in **erheblichem Umfang** bei der Pflege **und** Erziehung mitwirkt".* (BSG 12.11.2015 - B 14 AS 23/14 R, Rz. 14)

Sie haben diesen Anspruch,
- wenn Ihr Partner im Gefängnis sitzt (SG Trier 25.6.12 – S 4 AS 239/12 ER),
- schwer krank oder pflegebedürftig ist (VG Bremen 27.2.2008 - S 3 K 447/06),
- länger im Krankenhaus/in Kur ist oder
- an einem anderen Ort arbeitet und dort einen zweiten Haushalt führt.

SGB II und SGB XII machen keine Zeitangaben, ab wann Alleinerziehung vorliegen kann. Es kann sich auch um kürzere bzw. befristete Zeiträume handeln.

Sie haben außerdem Anspruch,
- wenn Sie mit einem **Freund** zusammenleben, der sich nur unwesentlich oder gar nicht an der Erziehung und Pflege Ihres Kindes beteiligt (VG Stuttgart 10.12.2001 - info also 2003, 41 ff.). Das gilt vor allem, wenn **keine** eheähnliche Gemeinschaft besteht (SG Düsseldorf 18.4.2005 - S 23 AS 104/05 ER).
- wenn der geschiedene oder getrennt lebende Elternteil regelmäßig sein **Umgangsrecht** wahrnimmt (SG Lüneburg 31.5.2007 - S 24 AS 82/07), auch wenn er im gleichen Wohnhaus wohnt (SG Berlin 14.2.2006 - S 104 AS 271/06 ER), **solange Sie den maßgeblichen Anteil von Pflege und Erziehung leisten,**
- wenn Sie in einer **Haushaltsgemeinschaft** oder im ⇨Frauenhaus leben, aber in der Pflege und Erziehung Ihrer Kinder **nicht** oder nur **in geringem Umfang** von Ihren MitbewohnerInnen unterstützt werden (OVG Lüneburg 8.7.21997 - FEVS 38, 209).

Das LSG Berlin-Brandenburg meint, Einkaufen, Kochen und Wäsche waschen (also Beteiligung an der *„Pflege")* für das Kind eines Partners würde dessen Mehrbedarf für Alleinerziehung ausschließen (16.6.2006 - L 14 14B 1138/05 AS ER). **Aber:** Die Beteiligung an der Erziehung ist ausschlaggebend, nicht die hauswirtschaftliche Versorgung. Es heißt alleinerziehend, nicht alleinversorgend.

Deshalb erziehen Sie alleine,
- wenn Sie nur in einer **Wohngemeinschaft** leben,
- wenn Sie durch eine **Haushaltshilfe** unterstützt werden (OVG Lüneburg - FEVS 29, 117),
- wenn Sie mit einem minderjährigen **und** mit einem volljährigen Kind in einem Haushalt wohnen (SG Münster 01. 3.2007 - S 16 AS 199/06) oder
- wenn Sie mit einem Kind im **Haushalt ihrer Eltern** und/oder
- mit dem Kind zusammen mit Ihren **Geschwistern** wohnen (für die letzten beiden Punkte: BSG 23.8.2012 - B 4 AS 167/11 R)

Es ist nicht entscheidend, dass sich andere Personen an der Kinderbetreuung hätten beteiligen können.
Erst wenn die Eltern der Mutter *„für mindestens gleiche Teile des Tages mit der Erziehung oder Pflege betraut sind"*, gelten Mütter nicht mehr als alleinerziehend (SG Oldenburg 16.1.2007 - S 45 1800/06; ⇨3.1). Das gilt auch für Väter.

SchülerInnen, **Studierende** und **Auszubildende**, die ihr Kind allein erziehen, haben ebenfalls Anspruch auf den Mehrbedarf für Alleinerziehende (§ 27 Abs. 2 SGB II; ⇨Studierende 3.1).

Tipp Selbst wenn Sie als Studierende keinen Anspruch auf Alg-II- oder Sozialhilfeleistungen zum Lebensunterhalt haben, können Sie den Mehrbedarfszuschlag und Leistungen für Ihr Kind i.d.R. beim Jobcenter beantragen.

1.2 Gemeinsame Sorge und Mehrbedarf?
Haben die getrennt lebenden Eltern das gemeinsame Sorgerecht und **teilen** sich die Erziehung des Kindes/der Kinder **zu gleichen Teilen** (Wechselmodell), ist der Mehrbedarf für Alleinerziehende jeweils anteilig bei jedem Elternteil zu berücksichtigen.
Das BSG geht davon aus, dass der Mehrbedarfszuschlag hälftig aufgeteilt wird, wenn ein Kind im Wechsel z.B. eine Woche beim Vater und eine Woche bei der Mutter lebt und die Eltern auch die Erziehungskosten zu gleichen Teilen übernehmen (3.3.2009 - B 4 AS 50/07 R).
Das OLG Koblenz spricht von einem solchen Wechselmodell, wenn sich die Eltern die Erziehungs- und Betreuungszeiten außerhalb der Kita teilen (3.7.2008 - 11 WF 547/078).

Als Orientierung für die Beurteilung, ob ein Elternteil alleinerziehend ist, können unterhaltsrechtliche Entscheidungen herangezogen werden. Liegt **kein** Wechselmodell mit ausgeglichenen Betreuungszeiten und Verantwortlichkeiten vor, muss im Einzelfall geprüft werden, wer *„das deutliche Schwergewicht der Betreuung"* und die *„Hauptverantwortung für das Kind"* trägt (OLG Schleswig Urteil vom 27.2.2008, 10 UF 212/07). Diesem Elternteil stünde dann auch der Mehrbedarf für Alleinerziehende zu.
Wenn z.B. ein Elternteil sein Kind **nur an zwei Tagen** die Woche betreut, hat der andere Elternteil Anspruch auf den ungeminderten Mehrbedarfszuschlag für Alleinerziehende (LSG Niedersachsen-Bremen 13.5.2008 - L 9 AS 119/08 R, zitiert nach Geiger 2014, 211). Auch wenn der Elternteil zu **40%** für die Betreuung verantwortlich ist, steht ihm nach Ansicht des LSG Schleswig-Holstein kein anteiliger Mehrbedarf zu (23.3.2011 - L 11 AS 40/09, zitiert nach Geiger 2014, 211). Schließlich komme eine anteilige Zuerkennung des Mehrbedarfs für Alleinerziehende nicht in Betracht, wenn sich die getrennt lebenden Eltern *„die Pflege und Erziehung des Kindes nicht* ***in etwa hälftig teilen****"* (BSG 11.2.2015 - B 4 AS 26/14 R).

Eine **zeitweise mtl. Anerkennung** eines Mehrbedarfszuschlages ist zudem **ausgeschlossen**, wenn sich das Kind etwa nur **vorübergehend** überwiegend beim umgangsberechtigten Elternteil aufhält, wie es z.B. ausnahmsweise in einzelnen Ferienmonaten auftreten kann. *„Mit dem Merkmal der alleinigen Sorge ... ist die Anerkennung des Mehrbedarfs wegen Alleinerziehung nicht an einen besonderen zeitlichen Umfang der*

A

Kinderbetreuung geknüpft, sondern daran ausgerichtet, ob die Verantwortung für die dem Kindeswohl gerecht werdende Versorgung allein bei einer Person liegt.“ (BSG 12.11.2015 - B 14 AS 23/14 R, Rz. 18)

1.3 Pflegegeld nach § 39 SGB VIII

Auch Pflegemütter, die allein ein Pflegekind versorgen, betreuen und Pflegegeld erhalten, haben Anspruch auf den Mehrbedarfszuschlag (BSG 27.1.2009 - B 14/7b AS 8/07 R).

Alg II/Sozialhilfe

2.1 Regelsatz

Wenn Sie alleinerziehend sind, beträgt Ihr Regelsatz **immer 100%**, d.h. 404 € (§ 20 Abs. 2 SGB II). Das gilt auch für alleinerziehende junge Erwachsene unter 25 Jahren, auch dann, wenn sie im Haushalt ihrer Eltern leben und wenn sie noch minderjährig sind. Die volle Regelleistung wird auch für Alleinerziehende gezahlt, die in einer Bedarfsgemeinschaft mit einem Partner leben, der **nicht** leiblicher Elternteil ist **und** sich nicht gleichermaßen an der Erziehung des Kindes beteiligt (SG Düsseldorf 18.4.2005 - S 23 AS 104/05).

2.2 Mehrbedarfszuschlag für Alleinerziehende

Sie erhalten einen Mehrbedarfszuschlag von 36% Ihres Regelsatzes, d.h. 145,44 €, wenn Sie mit

- einem Kind **unter** sieben Jahren **oder**
- zwei oder drei Kindern unter 16 Jahren zusammenleben.

Sie erhalten einen Mehrbedarfszuschlag von 12% Ihres Regelsatzes, d.h. 48,48 € **für jedes Kind**,
wenn Sie mit

- einem Kind **über** sieben Jahren **oder**
- einem Kind unter 16 und einem oder mehreren Kindern zwischen 16 und 18 Jahren oder
- einem Kind unter 18 Jahren zusammenleben

Wenn Sie vier Kinder haben, liegt Ihr Mehrbedarf bei 4 x 12% = 48% des Regelsatzes (193,92 €).
Wenn Sie fünf und mehr Kinder haben, erhalten Sie 60% des Regelsatzes (242,40 €). **60%** ist die **Höchstgrenze** für den Mehrbedarf für Alleinerziehende.

Wenn Sie **Hilfe zum Lebensunterhalt** (HzL) oder **Grundsicherung** der Sozialhilfe beziehen, gelten die Mehrbedarfszuschläge nur, *„soweit kein abweichender Bedarf besteht“* (§ 30 Abs. 3 SGB XII). Wenn Sie z.B. mit zwei oder drei Kindern unter sieben Jahren zusammenleben, kann Ihnen ein höherer Mehrbedarfszuschlag zustehen (VG Hannover 13.6.1989 - info also 1/90).

2.3 Erhöhte Wohnungsgröße oder Mietkosten?

Weil nach den landesrechtlichen Ausführungsbestimmungen des Gesetzes über soziale Wohnraumförderung (WoFG) Alleinerziehenden eine größere Wohnfläche zusteht, galt das nach Ansicht des LSG Berlin-Brandenburg (29.7.2008 - L 14 B 248/08 AS ER) und des LSG Niedersachsen Bremen (27.7.2010 - L 12 AS 77/06) auch für Alg-II-/ Sozialhilfebeziehende. (⇨Miete 2.1 ff.)
Das **BSG** hat diese Auffassung in einem Urteil zurückgewiesen. Demnach sei es egal, ob zwei Erwachsene oder Mutter mit Kind eine Wohnung bewohnen. Beim Bezug von Leistungen richte sich die „angemessene“ Wohnfläche nach der Zahl der betroffenen Bewohner. Abweichungen könne es nur unter Berücksichtigung des **Einzelfalles** geben, wenn aus individuellen, etwa gesundheitlichen Gründen mehr Wohnraum erforderlich ist. (BSG 22.8.2012 - B 14 AS 13/12 R)

Tipp 1 Wenn Sie als Alleinerziehende eine größere Wohnung beanspruchen wollen, müssen Sie den Einzelfall darlegen. Das (*„schwierige“*) Alter der Kinder, plus Erkrankung/en oder andere Umstände können ggf. einen erhöhten Wohnraumbedarf ergeben.
Tipp 2 Wenn Sie zum ⇨Umzug aufgefordert werden, weil Ihre Wohnung zu groß/ zu teuer ist, können Sie sich unter Umständen darauf berufen, dass ein Umzug nicht zumutbar oder unwirtschaftlich wäre (⇨Miete 3.7.1).

3.1 Die Unterhaltspflicht der Eltern

entfällt gegenüber deren schwangeren Kindern und gegenüber deren Kindern, die ihr eigenes Kind bis zur Vollendung des sechsten Lebensjahres betreuen, **immer** (§ 33 Abs. 2 Nr. 3 SGB II; § 94 Abs. 1 Satz 4 SGB XII).

Das gilt auch, wenn Sie das 25. Lebensjahr noch nicht vollendet haben **und**

im Haushalt Ihrer Eltern wohnen (§ 9 Abs. 3 SGB II) **oder**

Ihre Erstausbildung noch nicht abgeschlossen haben (§ 33 Abs. 2 Nr. 3 SGB II).

(⇨Unterhaltspflicht; *„Hartz IV-Sonderunterhaltspflicht“* der Eltern gegenüber unter 25-Jährigen ⇨Jugendliche und junge Erwachsene)

Schwangere und Eltern, die ein eigenes Kind unter sechs Jahren betreuen, dürfen demnach nicht auf Unterhaltsleistungen der eigenen Eltern verwiesen werden.

Freiwillige Unterhaltszahlungen der Eltern zählen dagegen immer als Einkommen und werden auf das Alg II oder HzL/ GSi der Sozialhilfe angerechnet (⇨Einkommen 1.1).

3.2 Die Arbeitspflicht

ist für Alleinerziehende eingeschränkt. Ab wann und in welchem Umfang Arbeit zumutbar ist, finden Sie unter dem Stichwort ⇨Arbeit 1.3.6 ff.

3.3 Kindergarten und Krippe

Sie können die Übernahme der Kosten der Kinderbetreuung beim Jugendamt beantragen (⇨Kinder), bzw. die Kosten als Werbungskosten vom Arbeitseinkommen absetzen (⇨Erwerbstätige).

3.4 Umgangsrecht des getrennt lebenden Elternteils

Näheres finden Sie unter ⇨Umgangskosten

Kritik

Seit Jahren arbeiten Hartz IV-Parteien daran, Alleinerziehende daran zu hindern, neue Beziehungen aufzunehmen oder Familien zu gründen. Sie wollen die Partner einer neuen Beziehung möglichst frühzeitig zum vollen Unterhalt für sie und ihre Kinder heranziehen (⇨eheähnliche Gemeinschaft) und spätestens nach einjährigem Zusammenleben (in der Praxis schon nach dem Zusammenziehen) den Stiefelternteil zwingen, auch für alle Kinder aus früheren Beziehungen des Partners voll einzustehen (⇨Bedarfsgemeinschaft). Dadurch wird die Bereitschaft, neue Partnerschaften einzugehen, massiv beeinträchtigt. Wie viel € man aus dem neuen Partner herausholen kann, ist der wichtigste Maßstab, unter dem die Hartz IV Parteien menschliche Beziehungen betrachten.

Familienfreundlich geben sie sich nur noch beim Elterngeld für Erwerbstätige. Das Elterngeld für Hartz-IV-Familien ohne Hinzuverdienst hat die schwarz-gelbe Bundesregierung zum 1.1.2011 abgeschafft. Kinder sind hier offensichtlich unerwünscht. Das trifft besonders Alleinerziehende, die aufgrund fehlender Kinderbetreuung keiner Erwerbstätigkeit nachgehen können.

Information

Verband alleinerziehender Mütter und Väter (VAMV)
Bundesverband, Hasenheide 70, 10967 Berlin, Tel. 030/69 59 78-6, www.vamv.de
Informationsbroschüren: www.vamv.de/publikationen.html

Ältere Menschen

1. Leistungen

BezieherInnen von Altersrente und vergleichbaren Ruhestandsbezügen (Beamtenpensionen und Knappschaftsausgleichsleistungen) haben **keinen** Anspruch auf Alg II (§ 7 Abs. 4 SGB II).

Menschen, die das gesetzliche Rentenalter erreicht haben (vgl. § 7a SGB II und § 41 Abs. 2 SGB XII), haben regelmäßig den vorrangigen Anspruch auf ⇨**Grundsicherung im Alter** (GSi), wenn die Rente nicht zum Leben reicht.

Angebote der städtischen **Altenhilfe** haben das Ziel, alten Menschen eine möglichst selbständige Teilhabe am Gemeinschaftsleben zu sichern. Die Altenhilfe nach § 71 SGB XII umfasst daher ganz unterschiedliche Leistungen. Angebote der Kommunen, die über die Pflichtberatung für ältere Menschen hinausgehen, sind freiwillig, d.h. es besteht kein Rechtsanspruch.

A

Über die örtliche Altenhilfe können Sie z.B.
- Informationen zum Bezug von Essen auf Rädern erhalten,
- sich in Fragen des **altersgerechten Wohnens** beraten lassen,
- evtl. kostenlose bzw. verbilligte **Urlaubs- und Freizeitangebote** wahrnehmen,
- sich evtl. Ihre **Wohnung** altersgerecht einrichten lassen oder
- evtl. mit einem örtlichen **Sozialpass** kostenlos bzw. verbilligt öffentliche Einrichtungen bzw. den öffentlichen Nahverkehr nutzen (⇨Sozialpass; auch bei der Deutschen Bahn gibt es Ermäßigungen).

Erkundigen Sie sich bei der zuständigen Stadtverwaltung, dem Bürgerbüro oder in einer Sozialberatungsstelle. In vielen Kommunen können Sie sich über ein örtliches Senioren- oder Bürgertelefon über Leistungen der Altenhilfe informieren. Beratungsangebote, die mit Pflege, Heimaufnahme oder altersgerechten Diensten zu tun haben, werden von den sogenannten **Pflegestützpunkten** erbracht.

Leistungen der Altenhilfe werden nicht auf die Grundsicherung angerechnet.

2. ⇨Rentenversicherung

2.1 Beim Übergang vom Alg II in die Rente

Anspruch auf Alg II besteht **bis zur Vollendung** des Monats, in dem das reguläre Rentenalter erreicht wurde (§ 7 Abs. 1 Nr. 1 i.V. mit § 7a SGB II).

Trotzdem entsteht eine **Bedarfsdeckungslücke**, weil das letzte Alg II i.d.R. am Ende des Monats **vor** dem letzten Monat des Leistungsbezugs ausgezahlt wird, während die erste Rente am Ende des Monats **nach** Eintritt in die Rente fließt. In diesem Fall können Sie beim Sozialamt/ Grundsicherungsamt ein **Darlehen** beantragen, um die Bedarfsdeckungslücke abzupuffern (§ 38 SGB XII).

Tipp 1 Frage Sie zunächst bei Ihrem Jobcenter nach, ob Sie dort auf Kulanz ein Darlehen erhalten. Sie sparen sich unter Umständen den Gang zum Sozialamt, haben darauf aber keinen Rechtsanspruch.

Tipp 2 Vereinbaren Sie schriftlich eine Tilgung des Darlehens, die Ihrer finanziellen Leistungsfähigkeit entspricht.

Beim Übergang von Alg II in eine **vorgezogene Altersrente** (⇨2.2) erlischt die Anspruchsberechtigung auf Alg II erst bei **Bezug der Rentenleistung** (§ 7 Abs. 4 SGB II). Das Jobcenter darf nicht einfach die Leistungen einstellen, wenn der Rentenversicherungsträger die vorgezogene Altersrente per Bescheid bewilligt hat, sondern erst, wenn diese tatsächlich zugeflossen ist. (SG Berlin 15.1.2016 - S 149 AS 119/16 ER; a.A. LSG Rheinland-Pfalz 17.8.2015 - L 3 AS 370/15 B ER)

2.2 Zwangsverrentung älterer Arbeitsloser

Beziehen Sie Alg II, kann das Jobcenter Sie ab Vollendung des 63. Lebensjahres auffordern, einen Antrag auf vorgezogene Altersrente mit Abschlägen zu stellen (§ 12a SGB II - vorrangige Leistungen). Kommen Sie dieser Aufforderung nicht nach, **kann** das Amt für Sie den Rentenantrag auch gegen Ihren Willen stellen. Wird die Frühverrentung durch den Rentenversicherungsträger bewilligt, drohen Ihnen lebenslängliche Rentenabschläge bis zu 8,7%, die sich mit der Rente ab 67 schrittweise auf bis zu 14,4% summieren.

2.2.1 Wann ist vorgezogener Rentenbezug nicht zumutbar?

Eine Zwangsverrentung ist nach Auffassung des Bundesarbeitsministeriums ***„unbillig“*, d.h. nicht zumutbar** wenn:
- diese zum Verlust von Alg-Ansprüchen führen würde,
- eine abschlagsfreie Rente bevorsteht,
- bei Ausübung einer Erwerbstätigkeit ein *„entsprechend“* hohes Einkommen erzielt wird und
- die Aufnahme einer Erwerbstätigkeit in Aussicht steht

(BMAS, UnbilligkeitsV vom 14.4.2008).

Diese Aufzählung ist nach Auffassung des BSG **abschließend**. Weitere Unbilligkeitsfälle sind demnach nur denkbar wenn ein ***„atypischer Härtefall“*** vorliegt. (BSG 19.8.2015 - B 14 AS 1/15 R)

Hierüber hat das Jobcenter durch Ausübung des pflichtgemäßen ⇨Ermessens zu entscheiden: Es **kann** *„den Antrag stellen sowie Rechtsbehelfe und Rechtsmittel einlegen“* (§ 5 Abs. 3 Satz 1 SGB II) oder auch nicht.

Wann ein solcher Härtefall vorliegt, darüber hat das BSG sich leider nicht konkret geäußert, sondern nur **Hinweise** gegeben. Eine atypische Unbilligkeit, die vorgezogene Altersrente mit Abschlägen beantragen zu müssen, **kann** demnach unter Umständen vorliegen, wenn Ihre Rente nicht den Bedarf zum Lebensunterhalt deckt und Sie bis zum Erreichen des Regelrentenalters bzw. eines Rentenanspruchs Ihrer Partnerin/ Ihres Partners auf **Hilfe zum Lebensunterhalt** (HzL) der Sozialhilfe angewiesen wären,

a. jedoch zuerst fast Ihr ganzes SGB-II-Schonvermögen (z.B. Kfz) verbrauchen müssten, um überhaupt einen Anspruch auf HzL zu haben (⇨Vermögen), oder

b. wenn Ihre erwachsenen Kinder zum Unterhalt herangezogen würden, wenn Sie HzL beantragen müssten (⇨Unterhaltspflicht).

Weiter kann einen Unbilligkeit vorliegen, wenn

c. Alg II und **Krankengeld** bezogen wird. Hier würde mit der Zwangsverrentung der Krankengeldanspruch verloren gehen.

d. der Leistungsbezuges durch Erzielung eines **einmaligen Einkommens** (z.B. Erbschaft) unterbrochen wird,

e. die oder der **Partner/in** innerhalb der nächsten 6 Monate eine **Beschäftigung** mit bedarfsdeckendem Einkommen aufnimmt und dies glaubhaft dargelegt werden kann, (vgl. c. bis e. Geiger 2014, 170 f.)

f. durch den Bezug der vorzeitigen Altersrente die Erzielung von **Rentenansprüchen** vereitelt würde, was bei Personen der Fall sein kann, die Angehörige pflegen, **oder**

g. bei Ausübung eines Minijobs die ungünstigeren Erwerbstätigenfreibeträge der Sozialhilfe zum Einkommensverlust führen würden (LSG NRW 19.5.2015 - L 7 AS 260/14 B ER; nach dem BSG-Urteil vom 19.8.2015 eher fraglich).

Nach den strikten Vorgaben des BSG ist davon auszugehen, dass sowohl Jobcenter als auch Rechtsprechung bei der Frage der Unbilligkeit sehr **strenge Maßstäbe** anlegen werden.

Der Zwang zur geminderten Altersrente ist grundsätzlich dann **zumutbar**, wenn
- deren Zahlbetrag der Rente **über** dem Alg-II-Bedarf liegt (LSG Sachsen Anhalt 19.8.2014 - L 4 AS 159/14 B ER) oder
- die mit Abschlägen verbundene Zwangsverrentung **künftig** zu **SGB-XII-Bezug** führen könnte (BSG, ebenda).

Tipp Auch wenn Sie die genannten Voraussetzungen nicht erfüllen, können Sie sich gegen eine Zwangsverrentung wehren **oder** das Verfahren zumindest hinauszögern.

Wenn das Jobcenter Sie schriftlich **per Bescheid** auffordert, einen Rentenantrag zu stellen, können Sie unter Umständen ⇨Widerspruch einlegen, weil eine **Zwangsverrentung unbillig** wäre. Das kann der Fall sein, wenn eine der oben aufgeführten Voraussetzungen erfüllt ist.
Ziel dieses Verfahrens könnte sein, als *„Härtefall“* anerkannt zu werden. Außerdem können Sie nur gewinnen, nämlich Zeit: Jeder Monat, den Sie später in Zwangsrente geschickt werden, erhöht Ihre Rente bis zum Lebensende um 0,3%.

2.2.2 Ermessenentscheidung

Das Jobcenter darf Sie erst auffordern, einen Rentenantrag zu stellen, wenn es im Rahmen einer ⇨**Ermessensentscheidung** geprüft hat, ob eine vorgezogene Altersrente für Sie eine unbillige Härte bedeuten würde, d.h. mit außergewöhnlichen Nachteilen verbunden wäre. Wird im Bescheid, mit dem Sie aufgefordert werden einen Rentenantrag zu stellen, das Ermessen **nicht begründet**, ist die Aufforderung **rechtswidrig**. (LSG NRW 12.1.2015 - L 19 AS 2211/14 B ER; LSG Sachsen-Anhalt 10.12.2014 - L 2 AS 520/14 B ER; LSG Berlin-Brandenburg 05.11.2014 - L 25 AS 2731/14 B ER)

Tipp Über die Aufforderung, einen Rentenantrag zu stellen, entscheiden die Jobcenter i.d.R. nach „Schema F“. Legen Sie dann Widerspruch ein, wenn kein Ermessen ausgeübt wurde und es an einer entsprechenden Begründung mangelt.

A

2.2.3 Verfahrensregeln

Unterschreiben Sie keine ⇨ **Eingliederungsvereinbarung,** in der Sie verpflichtet werden, eine Rente mit Abschlägen zu beantragen. Wird diese Vereinbarung dann durch einen Verwaltungsakt eingesetzt, können Sie Widerspruch einlegen, denn die Verpflichtung, eine vorrangige Sozialleistung zu beantragen, darf seit dem **1.8.2016** nicht mehr in die Eingliederungsvereinbarung aufgenommen werden.

Wenn das Amt Sie auffordert, Ihren **Rentenverlauf zu klären**, lassen Sie sich viel Zeit und fordern Sie ggf. schriftlich eine Fristverlängerung.

Die Aufforderung, den Rentenantrag selbst zu stellen, ist ein **Verwaltungsakt** (BSG 16.12.2011 - B 14 AS 138/11 B), gegen den Sie Widerspruch einlegen und Klage erheben können. **Widerspruch und Klage** entfalten grundsätzlich **keine aufschiebende Wirkung** (§ 39 Nr. 1 SGB II).

Tipp Die aufschiebende Wirkung müssen Sie vom zuständigen Sozialgericht per ⇨**einstweiliger Anordnung** verfügen lassen. Das gilt bei allen oben genannten Widerspruchsverfahren.

Die Einsetzung der aufschiebenden Wirkung durch das Sozialgericht wird allerdings nur Erfolg haben, wenn
- unter Umständen eine unbillige Härte vorliegt und eine Zwangsverrentung nicht zugemutet werden kann (⇨2.2.1) **oder**
- das Jobcenter bei der Entscheidung das Ermessen nicht pflichtgemäß ausgeübt hat (⇨2.2.2).

Erst wenn Sie sich weigern, den Rentenantrag selbst zu stellen, **kann das Jobcenter die Antragstellung an Ihrer Stelle vornehmen** (§ 5 Abs. 3 SGB II). Bei einer Weigerung, den Antrag zu stellen, darf das Jobcenter die Leistungen jedoch **nicht** wegen fehlender Mitwirkung versagen (LSG NRW 10.2.2014 - L 19 AS 54/14 B ER).

Sollten Sie erfahren, dass das Amt Ihre Rente hinter Ihrem Rücken bereits beantragt hat, schreiben Sie an den Rentenversicherungsträger und nehmen Sie den Rentenantrag vorsorglich zurück.

Tipp Gegen eine vom Jobcenter vorgenommene Rentenantragstellung können Sie gegen das Jobcenter mit Widerspruch vorgehen, da dies im weiteren Sinn ein Verwaltungsakt darstellt. Sie müssen zudem beim Sozialgericht die Herstellung der aufschiebenden Wirkung beantragen (s.o.). Wird dem stattgegeben, muss das Jobcenter den Rentenantrag zurückziehen (LSG Berlin-Brandenburg 16.12.2014 - L 5 AS 2740/14 B ER).

Die Rücknahme der Rentenantragstellung mit Hilfe eines Widerspruchs stellt bei einer **rechtswidrigen Aufforderung** durch das Jobcenter, den Rentenantrag zu stellen, einen **wirksamen Verzicht** auf Leistungen nach § 46 Abs. 1 SGB I dar (LSG Hessen 24.5.2011 - L 7 AS 88/11 B ER; LSG Sachsen 3.11.2010 - L 7 AS 677/10 B ER). Sie erhalten dann keine Rente und haben weiterhin Anspruch auf Alg II.

Wird ein vom Jobcenter gestellter **Rentenantrag abgelehnt** oder wird die Altersrente **versagt**, weil Sie gegenüber dem Rentenversicherungsträger Ihren **Mitwirkungspflichten** nicht nachgekommen sind – z.B. erforderliche Dokumente nicht eingereicht haben –, darf das Jobcenter Ihre Leistungen nicht kürzen oder ganz entziehen. Eine entsprechende, zum **1.1.2017** in Kraft tretende Regelung, die Leistungsberechtigte bei Androhung der Leistungsversagung zur Mitwirkung gegenüber vorrangigen Leistungsträgern verpflichten soll, ist nicht auf die vorzeitige Inanspruchnahme einer Rente wegen Alters anzuwenden. (§ 5 Abs. 3 Sätze 3 bis 6 SGB II neu)

Tipp Werden Ihnen trotzdem die Leistungen versagt, können Sie Widerspruch einlegen und dessen aufschiebende Wirkung mit einer einstweiligen Anordnung vom Sozialgericht einsetzen lassen.

3. Zur Eingliederung

älterer und behinderter Erwerbsloser in Arbeit können Lohnzuschüsse (§§ 88 f. SGB III) gezahlt werden. Liegen besondere „*Vermittlungshemmnisse*“ vor, ist eine Beschäftigungsförderung nach §16e SGB II möglich (⇨Arbeit, 2.).

Altersvorsorge
(private)

1.1 Riester-Rente als Vermögen geschützt

Für jeden Bezieher von **Alg II** und **Hilfe zum Lebensunterhalt** (HzL) der Sozialhilfe in der ⇨Bedarfsgemeinschaft ist eine staatlich geförderte Altersvorsorge einschließlich ihrer Erträge als Vermögen geschützt. Die förderungsfähige Höchstgrenze beträgt bei der Riester-Rente 2.100 Euro pro Jahr (§ 10a Abs. 1 EStG). Das gilt allerdings nur, solange Sie den Vertrag nicht vorzeitig kündigen und verwerten (§ 12 Abs. 2 Nr. 2 SGB II; § 90 Abs. 2 Nr. 2 SGB XII).

Darunter fallen alle Altersvorsorgeverträge, die ab 1.1.2002 staatlich gefördert werden, seien es private Altersvorsorgeverträge (u.a. in Form einer ⇨Lebensversicherung, von Fonds- oder Banksparplänen usw.) oder Altersvorsorge nach dem Betriebsrentengesetz (Pensionsfonds, Pensionskassen oder Direktversicherungen; ⇨4.).

1.2 Rürup-Rente ebenfalls geschützt

Ab 1.1.2005 gibt es die sogenannte Rürup-Rente. Hier sind Beiträge bis zu 20.000 € im Jahr zu 82% steuerlich absetzbar (Stand: 2016; bis 2025 auf 100% ansteigend). Sie wird als Leibrente im Rentenalter bis zum Ende des Lebens ausgezahlt und ist nicht kündbar. Stirbt der Versicherte vorher, ist das Geld verloren. Eine Rürup-Rente ist nicht verwertbar (BA 12.7), selbst wenn das hier angesparte Alterssicherungsvermögen den geschützten Betrag von 750 € pro Lebensjahr übersteigt, führt das nicht zum Leistungsausschluss. Das gilt auch für Personen, die HzL der Sozialhilfe oder GSi wegen Erwerbsminderung beziehen und das Regelrentenalter noch nicht erreicht haben. Erst im Rentenalter wird die Leibrente als ⇨Einkommen angerechnet.

Alg II

2. Zusätzliches Altersvorsorgevermögen

Beim Alg II ist zusätzliche Altersvorsorge (oft ⇨Lebensversicherungen) für Sie und Ihren Partner bis jeweils 750 € pro Lebensjahr geschützt. Das gilt aber nur, *„soweit der Inhaber sie (die Rentenansprüche) vor dem Eintritt in den Ruhestand auf Grund einer unwiderruflichen vertraglichen Vereinbarung nicht verwerten kann"* (§ 12 Abs. 2 Nr. 3 SGB II). *„Ein Ausschluss der Verwertung vor dem 60. Lebensjahr reicht aus."* Ist ein früherer Rentenbeginn zu erwarten, genügt auch ein früher Zeitpunkt. (BA 12.19) Vorsorgevermögen, das diesen Freibetrag übersteigt, ist zu verwerten.

Tipp Schließen Sie ggf. vertraglich mit Ihrer Versicherung die Verwertung des geschützten Altersvorsorgevermögens vor Eintritt in den Ruhestand aus. Das ist nach § 168 des Gesetzes über den Versicherungsvertrag möglich.

Fehlt ein solcher Verwertungsausschluss, müssen Sie den Vertrag kündigen und das Vermögen oberhalb Ihres geschützten Barvermögens verwerten. Eine Verwertung ist i.d.R. nicht zumutbar, wenn der Rückkaufwert der Versicherung mehr als 10% unter den von Ihnen eingezahlten Beträgen liegt (BA 12.34; Näheres ⇨Vermögen 3.1.1).

Mit **Ablauf des Verwertungsausschlusses**, wenn Sie das 60. Lebensjahr erreichen, müssen Sie die Alterssicherungsanlage bis zum Erreichen des Regelrentenalters verlängern oder erneut eine Anlage mit Verwertungsausschluss vereinbaren (BA 12.20).

Wenn eine kurzfristige Anlage der Altersvorsorge mit Verwertungsausschluss für fünf bis sieben Jahre aus wirtschaftlichen oder sonstigen Gründen nicht möglich oder zumutbar ist, greift die **Härtefallregelung** (§ 12 Abs. 3 Satz 1 Nr. 6 SGB II).

Tipp Sie müssen dann das Altersvorsorgevermögen z.B. auf einem Festgeldkonto so anlegen, damit die Absicht erkennbar ist, es für den Ruhestand nutzen zu wollen. Dann ist Ihr Vorsorgevermögen bis zur Rente geschützt. (BA 12.20a)

3. Von der Versicherungspflicht befreit?

Wenn Sie nach § 6 SGB VI von der Versicherungspflicht befreit und Alg-II-berechtigt sind, sind *„als für die Altersvorsorge bestimmt bezeichnete Vermögensgegenstände in angemessenem Umfang"* geschützt (§ 12

A

Abs. 3 Nr. 3 SGB II). Davon profitiert aber nur ein stark eingeschränkter Personenkreis. Es muss **klar erkennbar** sein, dass das Vermögen der Alterssicherung dient. Es kann eine Lebensversicherung sein, aber z.B. auch eine nicht selbst genutzte Immobilie. Selbständigen hatte die frühere Bundesanstalt ohne Prüfung bis zu 300.000 DM (153.390 €) zugestanden.
In einem Berechnungsbeispiel hält das LSG Baden-Württemberg einen Betrag für angemessen, der bei Renteneintritt die Höhe von ca. 279.531 € erreicht (27.2.2009 - L 12 AS 3486/08; fortgeschrieben mit dem Rentenwert (West) auf dem Stand ab 01.07.2016: Rentenwert 30,45 € x 45 Beitragsjahre x 204 Monate=17 Jahre Rentenbezug). Bei unter 65Jährigen reduziert sich dieser Betrag pro Jahr bis zum Renteneintritt um 1/45 oder 6.211,80 €. (Eicher SGB II, § 12 Rz. 89)
Der genannte angemessene Altersvorsorgebetrag stimmt in etwa mit dem Pfändungsschutz für privates Alterssicherungsvermögen überein, der Personen ohne ausreichenden gesetzlichen Rentenversicherungsschutz gewährt wird. Nach § 851c Zivilprozessordnung (ZPO, zuletzt angepasst 2013) sind bei Renteneintritt 256.000 € pfändungsfreies Alterssicherungsvermögen vorgesehen. Bei jüngeren Personen reduziert sich der pfändungsfreie Betrag dem Lebensalter entsprechend (§ 851c Abs. 2. ZPO).

4. Betriebsrente

Betriebliche Altersvorsorge bleibt als **Vermögen** außer Betracht, wenn sie ausschließlich arbeitgeberfinanziert und ein Zugriff auf sie vor Eintritt des Versorgungsfalls nicht möglich ist. Das ist bei Direktversicherungen, Pensionsfonds und -kassen immer der Fall. Ist sie arbeitnehmerfinanziert, wird zumindest für den selbst finanzierten Teil der betrieblichen Altersvorsorge geprüft werden, ob eine Verwertung möglich ist (BA 12.6).
Beiträge zur betrieblichen Altersvorsorge, die direkt vom Bruttolohn abgezogen werden, werden nicht als Einkommen an das Alg II angerechnet, soweit sie 30 € mtl. nicht übersteigen. Liegt der mtl. Beitrag darüber und haben Sie die Betriebsrente schon vor dem Alg-II-Bezug abgeschlossen, ist Ihnen eine Schonfrist bis zur ersten rechtlichen Änderungsmöglichkeit des Rentenvertrages einzuräumen, damit Sie die Rentenbeiträge an die 30-Euro-Grenze anpassen können. (BSG 9.11.2010 - B 4 AS 7/10 R)

5. Härtefall

Auch Ersparnisse oberhalb des Vermögensfreibetrags können als Härtefall geschützt sein, wenn es Rücklagen zur Altersvorsorge sind, Sie kurz vor dem Rentenalter stehen und keine ausreichende Rente beziehen würden (§ 12 Abs. 3 Nr.6 SGB II; BA 12.36).

6. Beiträge zur Altersvorsorge vom Einkommen absetzen

- zur Absetzung der Beiträge für **Rürup-Rente** oder anderer **Altersvorsorge bei Selbständigen** ⇨Einkommensbereinigung 1.3
- zur Absetzung der Beiträge für **Riester-Rente** ⇨Einkommensbereinigung 2.

7. Gesetzliche ⇨Rentenversicherung

Kritik

Bis zum Dezember 2010 waren Alg-II-BezieherInnen rentenversichert. Sie erwarben aber nach der letzten Rentenkürzung 2007 nach einem Jahr gerade noch einen lächerlichen Rentenanspruch von mtl. 2,09 €. Zum Januar 2011 hat die CDU/CSU/FDP-Bundesregierung die Rentenzahlungen für „Hartz IV-Abhängige" komplett gestrichen. Diese Kürzung stand unter dem Motto „*Die Grundpfeiler unserer Zukunft stärken*" und soll in den Jahren 2011 bis 2014 7,2 Mrd. € einsparen helfen (Meldung v. 7.6.2010, www.bundesregierung.de). Um die Krise zu meistern, werden Arbeitslose zur Kasse gebeten. Das hat bei der Altersvorsorge seit 1999 Tradition: Die für Langzeitarbeitslose pro Jahr gezahlten durchschnittlichen Rentenbeiträge sind seitdem in vier Schritten von 2.500 € auf Null gefahren worden (vgl. P. M. Schröder, BIAJ Kurzmitteilung vom 11.6.2010). Für die Zukunft von Arbeitslosen haben die regierenden Parteien eben nicht besonders viel übrig.
Um Rentenkürzungen mit einer privaten Minirente auszugleichen, hat die Bundesregierung im April 2010 den Freibetrag für Altersvorsorge von 250 auf 750 € pro Lebensjahr erhöht. Dabei haben nur wenige Alg-II-Neuantragsteller überhaupt noch so „viel" privates Alterssicherungsvermögen, um von dieser Erhöhung auf 48.750 € pro Partner zu profitieren.
Versicherungskonzerne fordern diese Anhebung schon lange. Sie sind am Ausbau des

privaten Marktes und an gesetzlichen Armutsrenten finanziell interessiert. Die Riester-Rente (September 2012 ca. 15,6 Mio. Verträge) verschafft den Versicherungskonzernen Milliarden an Beitragseinnahmen. Die Bundesregierung förderte die Anlage nach eigener Aussage bis Anfang 2010 mit 6,5 Mrd. €.

Alg-II- bzw. HzL-BezieherInnen haben weder von der gesetzlichen noch von der privaten Altersvorsorge viel zu erwarten. Vor allem GeringverdienerInnen und Personen, die länger im Leistungsbezug sind, werden im Alter größtenteils auf die ⇨Grundsicherung angewiesen sein. Eine Zunahme der Altersarmut zeichnet sich bereits ab. So stieg die Zahl der BezieherInnen von Leistungen der Grundsicherung, die das Regerentenalter erreicht haben, von 257.734 Ende 2003 auf 527.352 im September 2015 (www.destatis.de).

Selbst Durchschnittsverdienende können aufgrund von lückenhaften Beitragszeiten im Alter zu BezieherInnen von Grundsicherung werden. Eine staatlich geförderte Riesterrente löst sich dann in Luft auf, weil sie voll auf die Leistung angerechnet wird.

Tipp Private Vorsorge, die nur staatliche Leistungen ersetzt, sie aber nicht übersteigt, macht keinen Sinn. Rechnen Sie Ihre Rentenansprüche durch und überprüfen Sie, ob sich die „private Vorsorge" für Sie überhaupt lohnt.

HzL der Sozialhilfe

8. Altersvorsorge nur im Härtefall

Alleinstehende ältere Erwerbslose mit verminderter Leistungsfähigkeit können vom Alg II in die Sozialhilfe abgeschoben werden (⇨Erwerbsfähigkeit). Alterssicherungsvermögen ist aber in der Sozialhilfe nicht vorgesehen. Beziehenden von HzL der Sozialhilfe steht nur ein Vermögensfreibetrag von 1.600 € vor Vollendung des 60. Lebensjahres zu, 2.600 € danach. (⇨Vermögen)

Tipp Wenn Sie kurz vor der Verrentung stehen oder nur vorübergehend im Bezug von Hilfe zum Lebensunterhalt sind, können Sie einen Härtefall geltend machen, um Ihr Alterssicherungsvermögen zu schützen (§ 90 Abs. 3 Satz 1 SGB XII).

Kritik

Die Ungleichbehandlung beim Vermögen von Leistungsberechtigten in unterschiedlichen Leistungssystemen verstößt gegen den Gleichbehandlungsgrundsatz (Art. 3 GG). Das hat aber die Hartz IV-Parteien bislang nicht gestört. Sie haben die unterschiedliche Behandlung von Alg-II- und Sozialhilfebeziehenden (HzL und GSi) durch gesetzliche Maßnahmen sogar noch verschärft. Motto: Teile und herrsche!

Arbeit/Eingliederung

Alg II

„Erwerbsfähige Leistungsberechtigte und die mit ihnen in einer Bedarfsgemeinschaft lebenden Personen haben in eigener Verantwortung alle Möglichkeiten zu nutzen, ihren Lebensunterhalt aus eigenen Mitteln und Kräften zu bestreiten. Erwerbsfähige Leistungsberechtigte müssen ihre Arbeitskraft zur Beschaffung des Lebensunterhalts für sich und die mit ihnen in einer Bedarfsgemeinschaft lebenden Personen einsetzen." (§ 2 Abs. 2 SGB II)

Inhaltsübersicht:

A

leistungen (Vermittlungsbudget, Vermittlungs- und Aktivierungsgutschein), Trainingsmaßnahmen, Vorbereitung auf den Hauptschulabschluss, Eingliederungszuschüsse für besondere Zielgruppen etc.

2.3.1 f. Programme zum *„Abbau von Langzeitarbeitslosigkeit"*

3. Wenn Sie „zumutbare Arbeit" ablehnen...
4. Sozialhilfe: Wann ist Arbeit zumutbar?

1.1 Wer gilt als *„leistungsberechtigt"*?

Das SGB II dehnt nicht nur die ⇨Bedarfsgemeinschaft auf Personen aus, die gar nicht unterhaltspflichtig sind, es macht auch jedes erwerbsfähige Mitglied dieser Bedarfsgemeinschaft zum *„Leistungsberechtigten"* (vormals *„Hilfebedürftigen"*), wenn die Bedarfsgemeinschaft insgesamt Anspruch auf Leistungen hat (⇨Bedarfs-/ Einzelberechnung).

Wenn eine vierköpfige Familie Anspruch auf 400 € Alg II hat, werden auch Eltern, die mit Erwerbsarbeit ihren Lebensunterhalt selbst bestreiten können, zu Leistungsberechtigten ernannt, weil sie den Lebensunterhalt der beiden Kinder in der Bedarfsgemeinschaft nicht voll decken können.

Dann werden sie vom Gesetz angehalten, *„in eigener Verantwortung alle Möglichkeiten zu nutzen, ihren Lebensunterhalt aus eigenen Mitteln und Kräften zu bestreiten"* (s.o.). Das aber tun sie sowieso schon Tag für Tag.

„Ein Wechsel der Arbeitsstelle ist zumutbar, wenn damit die Hilfebedürftigkeit nicht nur vorübergehend verringert oder beendet wird." (BA 10.34) Wenn Löhne nicht einmal reichen, den Lebensunterhalt des Nachwuchses zu bestreiten, wird es den Arbeitskräften selbst angelastet. Aber: *„Die Reduzierung der Hilfebedürftigkeit muss zur neuen Arbeit und den damit verbundenen persönlichen und finanziellen Veränderungen in einem angemessenen Verhältnis stehen."* (BA ebenda)

Tipp Sind Sie erwerbstätig und dadurch ausreichend auf dem Arbeitsmarkt integriert, müssen Sie i.d.R. keine ⇨Eingliederungsvereinbarung (EinV) abschließen. Sollten Sie dennoch in die Eingliederungsmühlen der Behörde geraten, legen Sie ggf. ⇨Widerspruch ein.

Wenn Sie als **Alg-I-Beziehender** aufstockend Alg II bekommen, gelten Sie auch als erwerbsfähiger Leistungsberechtigter. Trotzdem ist ab dem **1.1.2017** die **Agentur für Arbeit** für alle Leistungen zur Eingliederung zuständig (§ 5 Abs. 4 SGB II neu i.V. mit § 22 Abs. 4 Satz 5 SGB III neu).

Vor diesem Stichtag sind (waren) es i.d.R. die Jobcenter.

Die wichtigsten Eingliederungsleistungen, die Ihnen als Aufstocker erbracht werden, finden Sie unter ⇨2.2 f.

1.2.1 Vorrang der eigenen Arbeitssuche?

Das SGB II nennt sich Grundsicherung für **Arbeitssuchende.** ***„In eigener Verantwortung alle Möglichkeiten nutzen"*** bedeutet, dass Sie Alg II im Prinzip nur bekommen, wenn Sie Arbeit suchen. Die Einschränkung besteht darin, dass die Arbeitssuche und auch die gefundene Arbeit selbst zumutbar sein müssen.

Als Vertreter der Behörde schließt Ihr „persönlicher Ansprechpartner", kurz pAp, oder Arbeitsvermittler mit Ihnen eine ⇨Eingliederungsvereinbarung (EinV) ab. In ihr soll festgelegt werden, *„welche Bemühungen erwerbsfähige Leistungsberechtigte in welcher Häufigkeit zur Eingliederung in Arbeit mindestens unternehmen müssen und in welcher Form diese Bemühungen nachzuweisen sind..."* (§ 15 Abs. 2 Nr. 2 SGB II neu).

Die EinV *„soll regelmäßig, spätestens jedoch nach Ablauf von sechs Monaten, gemeinsam überprüft und fortgeschrieben werden"* (§ 15 Abs. 3 Satz 1 SGB II neu).

Tipp Wenn die Behörde Ihnen sofort ungeeignete Arbeitsangebote unterbreitet, sollten Sie sich auf den Vorrang der eigenen Arbeitssuche berufen und diesen zunächst für den in der EinV festgelegten Zeitraum durchzusetzen.

Trotzdem müssen Sie weiterhin auf alle Stellen- und Maßnahmenangebote des Jobcenters **reagieren**, denn seit 1.8.2016 gilt der **Grundsatz:** *„Bei der Beantragung von Leistungen nach diesem Buch sollen* ***unverzüglich*** *Leistungen zur Eingliederung in Arbeit ...* ***erbracht werden****."* (§ 3 Abs. 2 Satz 1 SGB II neu)

1.2.2 *„Sofortangebote"* schon bei Antragstellung?

Auch wenn die Sofortangebote für bestimmte Zielgruppen (§ 15a SGB II alt) ab dem **1.8.2016** aus dem SGB II gestrichen wurden, leben sie im Grundsatz des § 3 Abs. 2 SGB II neu weiter. Nur dass dies jetzt für alle gilt, die Leistungen beantragen, und dass es sich auf alle Eingliederungsmaßnahmen bezieht, die das SGB II bereithält.

Was dabei herauskommen wird, ist derzeit noch nicht vorhersehbar. Schon bei den „alten" Sofortangeboten war die Praxis bundesweit sehr uneinheitlich. Für die meisten Antragsteller/innen wird es darauf hinauslaufen, dass sie schon mal eine Eingliederungsvereinbarung abschließen müssen, bevor der Antrag auf Leistungen überhaupt bearbeitet wird. Da man beim Erstkontakt jedoch keine „passgenauen", Vereinbarungen abschließen kann, die auf individuelle Bedürfnisse der Antragsstellenden zugeschnitten sind, wird es sich um allgemeingültige Textbausteine handeln.

Tipp Unterschreiben Sie daher vorschnell keine Eingliederungsvereinbarung und machen Sie sich erst mal schlau.

Inwieweit bei der Antragstellung für **bestimmte Zielgruppen** (z.B. junge Antragsteller, Hochschulabsolventen, Arbeitslose ohne Anspruch auf Alg I) Ein€Jobs oder Trainingsmaßnahmen *„erbracht werden"* hängt oft von der „Geschäftspolitik" der jeweiligen Jobcenter ab. Solche „Maßnahmen" hatten schon immer das Ziel, *„die Bereitschaft des Hilfesuchenden zur Arbeitsaufnahme zu prüfen"* (BT-Drs 16/1410, 21). *„Mit solchen Schritten kann eine Konzentration der Mittel auf die wirklich Bedürftigen erreicht werden."* (SPD-Experte Brandner, FTD 19.04.2006)

Als **Abschreckungsinstrument** wird die *„unverzügliche"* Erbringung von *„Leistungen zur Eingliederung in Arbeit"*, die bisher als „Sofortangebote" gehandelt wurde, weiter Bestand haben.
Das heißt aber nicht, dass die Behörde berechtigt ist, statt Geld zu zahlen, Sie nur auf Arbeitsmöglichkeiten zu verweisen. Sie verlieren Ihren Anspruch auf Alg II selbst dann nicht, wenn Sie sofort einen Ein€Job oder eine andere Stelle zugewiesen bekommen.

1.2.3 Jugendliche und junge Erwachsene unter 25 Jahren

Der Grundsatz der *„unverzüglichen"* Förderung durch die Behörde gilt auch hier. Neben den *„Leistungen zur Eingliederung in Arbeit"* sollen Jobcenter *„bei fehlendem Berufsabschluss ... insbesondere die Möglichkeiten zur Vermittlung in eine Ausbildung ... nutzen"* (§ 3 Abs. 2 Satz 2 SGB II neu).
Näheres unter ⇨Jugendliche 2.

1.2.4 ⇨Bewerbungen

1.2.5 Hilfebedürftige ohne Geld wegschicken,

...wenn Sie eine Stelle finden könnten?

Diese schon früher bei einigen Sozialämtern verbreitete Praxis ist rechtswidrig. Sie führt uns zurück in die Zeit vom Mittelalter bis Anfang des 20. Jahrhunderts, in der Arbeitsfähige generell von Fürsorge ausgeschlossen waren.

Alg II darf Hilfebedürftigen nur verweigert werden, wenn ihr Einkommen ihren Bedarf bzw. ihr verwertbares ⇨Vermögen die Freibeträge übersteigt, nicht aber, weil sie Arbeit finden **könnten**.
Die Leistung kann allenfalls **gekürzt** werden, wenn zumutbare Eigenbemühungen nicht eingehalten (⇨Bewerbungen) und zumutbare Arbeiten oder Maßnahmen abgelehnt bzw. abgebrochen werden (⇨Sanktionen).

Tipp Gegen ablehnende Bescheide können Sie ⇨Widerspruch einlegen und die Behörde mit einer ⇨einstweiligen Anordnung zur Zahlung verpflichten. Auch eine mündliche Ablehnung ist ein Verwaltungsakt (Bescheid). Wenn Sie es ausdrücklich verlangen, muss das Jobcenter aufgrund der mündlichen Ablehnung einen schriftlichen Bescheid erlassen. (§ 33 Abs. 2 Satz 2 SGB X)

...wenn Sie im folgenden Monat den ersten Lohn erwarten?

Das ist ebenfalls rechtswidrig. Alg II muss weitergezahlt werden. Ihr Lohn ist erst in

A

dem Monat ⇨Einkommen, in dem er eingeht (BA 11.5). Das gilt z.B., wenn Sie eine Arbeit aufnehmen und der erste Lohn im Folgemonat gezahlt wird.

1.3 Zumutbare Arbeit

Nicht alle BezieherInnen von Alg II müssen Arbeit suchen. Und Sie müssen auch nicht jede Arbeit zu jeder Bedingung annehmen. Die Bundesregierung bemüht sich jedoch, die Zumutbarkeiten in diese Richtung auszudehnen.

1.3.1 Qualifikation

Für Alg-II-Bezieher gilt:
„Eine Arbeit ist nicht allein deshalb unzumutbar, weil
1. sie nicht einer früheren beruflichen Tätigkeit entspricht, für die die erwerbsfähige leistungsberechtigte Person ausgebildet ist oder die früher ausgeübt wurde,..." oder
„2. sie im Hinblick auf die Ausbildung der erwerbsfähigen leistungsberechtigten Person als geringerwertig anzusehen ist." (§ 10 Abs. 2 SGB II)
Alg-II-Bezieher genießen also keinen Qualifikationsschutz.

Unzumutbar ist nur eine Arbeit, durch die *„die künftige Ausübung der bisherigen überwiegenden Tätigkeit wesentlich erschwert würde, weil die bisherige Tätigkeit besondere körperliche Anforderungen stellt*" (§ 10 Abs. 1 Nr. 2 SGB II).
Ein arbeitsloser Konzertpianist darf nicht in den Steinbruch abkommandiert werden, wohl aber ins Archiv einer Bibliothek.

Dennoch spielt die Qualifikation eine bedeutende Rolle.
Die Behörde soll mit Ihnen eine ⇨Eingliederungsvereinbarung (EinV) abschließen, die bestimmt, welche Leistungen Sie zur Eingliederung in Arbeit erhalten (§ 15 Abs. 1 SGB II).
„Bei den Leistungen zur Eingliederung in Arbeit sind ... die Eignung ... der erwerbsfähigen Leistungsberechtigten zu berücksichtigen." (§ 3 Abs. 1 Nr. 1 SGB II) Bei der Feststellung der Eignung soll das *„Kundenprofil*" ermittelt werden. *„Eine sorgfältige Standortbestimmung des Hilfebedürftigen, die alle Stärken und Schwächen identifiziert und daraus folgende Handlungserfordernisse aufzeigt, ist **zwingende Grundlage** für eine erfolgreiche Eingliederungsstrategie.*" (BA 15.1)
Qualifikation und Fähigkeiten sowie deren Erhaltung und Entwicklung gehören zu den Grundlagen, die bei der EinV berücksichtigt werden müssen.
Mit dem Neunten SGB-II-Änderungsgesetz wurden erstmals qualitative Mindeststandards für den Abschluss einer EinV ins Gesetz aufgenommen: Demnach sollen Jobcenter *„unverzüglich zusammen mit jeder erwerbsfähigen leistungsberechtigten Person die für die Eingliederung erforderlichen beruflichen und persönlichen Merkmale, berufliche Fähigkeiten und die Eignung feststellen (Potenzialanalyse)*" (§ 15 Abs. 1 Satz 1 SGB II neu).

Tipp Drängen Sie darauf, dass Ihre *„beruflichen Fähigkeiten*" und Qualifikationen bei konkreten Schritten zur *„Eingliederung*" berücksichtigt werden. Überlegen Sie selbst, welche Ihrer Fähigkeiten und Qualifikationen bei der Arbeitssuche eine Rolle spielen sollten und machen Sie Vorschläge.

Bei jugendlichen Arbeitslosen soll der Erwerb einer schulischen bzw. beruflichen Ausbildung sogar gefordert bzw. unterstützt werden, weil *„eine Qualifikation für ihren weiteren beruflichen Lebensweg und zur Vermeidung von Langzeitarbeitslosigkeit eine besondere Bedeutung hat*" (Begründung zum Gesetzesentwurf BT-Dr. 15/1516, 51). Es wäre ein Widerspruch, wenn Ihre bereits **erworbene Qualifikation** keine Rolle spielen sollte, aber die künftige Qualifikation eine besondere Bedeutung für die **Beendigung der Arbeitslosigkeit** hat.

Da Sie zunächst einmal selbst Arbeit suchen können bzw. müssen (⇨1.2.1), suchen Sie natürlich bevorzugt Stellen, die Ihrer Qualifikation entsprechen.

Umgekehrt gilt: *„Reichen die beruflichen Qualifikationen bzw. Erfahrungen für die Ausübung der Beschäftigung nicht aus, ist die **Tätigkeit unzumutbar**.*" (BA 10.6)

1.3.2 Beschäftigungsort und Wohnort

Jede Arbeit ist zumutbar, auch wenn *„der Beschäftigungsort vom Wohnort der er-*

werbsfähigen leistungsberechtigten Person weiter entfernt ist als ein früherer Beschäftigungs- oder Ausbildungsort,..." (§ 10 Abs. 2 Nr. 3 SGB II)

Diese Regelung entspricht der des SGB III für BezieherInnen von Alg I, aber erst seit Mitte 2014 wird sie auch tatsächlich auf das Alg II/ SGB II angewendet.

Zumutbar sind demnach **Pendelzeiten**:

- bis zu insgesamt 2,5 Stunden Hin- und Rückfahrt (vorher 3) bei einer Arbeitszeit von mehr als sechs Stunden und
- insgesamt 2 Stunden (vorher 2,5) bei einer Arbeitszeit unter sechs Stunden (§ 140 Abs. 4 SGB III).

Wenn in einer Region längere Pendelzeiten üblich sind, dann auch längere. Allerdings können längere Pendelzeiten auch aus wirtschaftlichen Gründen unzumutbar sein. (BA 10.31).

Umzüge in Wohnorte außerhalb des zumutbaren Pendelbereichs sind für Alg-I- wie Alg-II-Bezieher nach drei Monaten Arbeitslosigkeit „*in der Regel zumutbar*", es sei denn ein „*wichtiger Grund*" steht dem entgegen (§ 140 Abs. 4 Satz 6 SGB III; BA 10.27). „*Ein wichtiger Grund kann sich insbesondere aus familiären Bindungen ergeben.*" (§ 140 Abs. 4 Satz 7 SGB III) Die besondere Situation von Ehe- und Lebenspartnern, Kindern, pflegebedürftigen Angehörigen usw. kann einen Umzug unzumutbar machen. Ebenso das Alter, der Gesundheitszustand oder ortsgebundene Aktivitäten (z.B. Ehrenämter usw.).

Wenn Sie umziehen müssen, kann die Behörde Ihnen eine **Umzugskostenbeihilfe** aus dem sogenannten Vermittlungsbudget in unbestimmter Höhe bewilligen (§ 44 Abs. 1 SGB III i.V. mit § 16 SGB II). Bis 2008 gab es hier mal bis zu 4.500 €, jetzt werden ohne weitere Rechtsgrundlage 2.000 € als Obergrenze genannt (Leitfaden für Arbeitslose 2015, 64).

Eine Beschäftigung, die „*vorübergehend eine getrennte Haushaltsführung erfordert*", ist ebenfalls zumutbar (§ 140 Abs. 5 SGB III).

1.3.3 Höhe des Lohns

„*Erwerbsfähige Leistungsberechtigte und die mit ihnen in einer Bedarfsgemeinschaft lebenden Personen müssen alle Möglichkeiten zur Beendigung oder Verringerung ihrer Hilfebedürftigkeit ausschöpfen.*" (§ 2 Abs. 1 Satz 1 SGB II)

Dazu gehören nicht nur sozialversicherungspflichtige Arbeitsverhältnisse, sondern auch Minijobs, Gelegenheitsarbeiten oder selbständige Tätigkeiten. Befristete Jobs sind zumutbar. „*Alle Möglichkeiten*" bedeutet aber nicht, dass Sie für 3 € die Stunde putzen gehen müssen.

1.3.3.1 Zumutbarkeit von untertariflicher Bezahlung – tariflicher/ gesetzlicher Mindestlohn

Die Arbeitslosenverwaltung zwingt Arbeitslose schon seit Jahren zu Lohndumping. Je niedriger der zumutbare Lohn ist, desto besser für Unternehmen. Hartz IV fördert diese Entwicklung, weil Niedriglöhne, die nicht zum Leben reichen, durch Alg II aufgestockt werden.

Wenn Sie Arbeit in Betrieben aufnehmen, die **tarifgebunden** sind, sind untertarifliche Löhne nicht zumutbar. Die entsprechenden Tarife gelten auch für Sie.

Wenn Sie Arbeit in Branchen aufnehmen, in denen Mindestlöhne gelten, haben Sie Anspruch auf den entsprechenden **Mindestlohn**.

gültig 01-12/2016	**Mindestlöhne (in €) Ungelernte**		**Gelernte**	
	West	Ost	West	Ost
Bau	11,25	11,05	14,45	--
Dachdecker	12,05	--		
Gebäudereiniger (innen)	9,80*	8,70*		
Maler, Lackierer	10,10**	10,10**	13,10**	11,30**
Pflege	9,75	9,00		
gültig:	*ab 03/2016**05/2016 – 04/2017			
(Quelle: WSI-Tarifarchiv, Stand: 05/2016, www.boeckler.de/pdf/ta_mindestloehne.pdf)				

A

Tipp Bevor Sie eine Stelle zu einem möglicherweise untertariflichen oder *„sittenwidrigen"* Lohn annehmen, bitten Sie um Bedenkzeit, damit Sie sich z.B. bei der zuständigen **Gewerkschaft** nach dem Tariflohn/Mindestlohn, dem ortsüblichen Lohn bzw. dem Lohnniveau in Ihrer Region erkundigen können. Sie können auch das Tarifarchiv des WSI-Instituts im Internet nutzen (http://www.boeckler.de/index_wsi_tarifarchiv.htm).

Sollten Sie von der Behörde unter Androhung von Kürzungen gezwungen werden, eine untertarifliche Bezahlung in tarifgebundenen Bereichen anzunehmen, können Sie die Arbeit als unzumutbar ablehnen. Sie können die Arbeit aber auch annehmen und nach der Einstellung Ihre Tarifansprüche gegen den Arbeitgeber gerichtlich durchsetzen (BAG 28.03.2000 - 1ABR 16/99), was leichter ist, wenn Sie gewerkschaftlich organisiert sind.

In Unternehmen, die **nicht tarifgebunden** sind, sind alle Löhne zumutbar, sofern sie nicht unter dem **gesetzlichen Mindestlohn von 8,50 €** (bis 31.12.2016) bzw. **8,84 €** (ab 1.1.2017) liegen (§ 1 MiLoG; Ausnahmen s.u.) oder sittenwidrig sind – z.B. dort, wo der Mindestlohn nicht gilt.

Sittenwidrig ist ein Lohn, wenn er in einem *„auffälligen Missverhältnis zu der Leistung"* steht (§ 138 Abs. 2 BGB).
Das ist nach Auffassung des Bundesarbeitsgerichts der Fall, wenn die Entlohnung nicht einmal 2/3 eines in der betreffenden Branche und Wirtschaftsregion üblicherweise gezahlten Tariflohns beträgt (BAG 22.4.2009 - 5 AZR 436/08). *„Die Üblichkeit der Tarifvergütung kann [laut BAG] angenommen werden, wenn mehr als 50 % der Arbeitgeber eines Wirtschaftsgebiets tarifgebunden sind oder wenn die organisierten Arbeitgeber mehr als 50 % der Arbeitnehmer eines Wirtschaftsgebietes beschäftigen."* (nach Leitfaden für Arbeitslose 2013, 157) *„In Bereichen, in denen keine einschlägigen Tarifverträge existieren, sind ggf. verwandte Tarifverträge als Vergleichsmaßstab heranzuziehen."* (BA 10.3)

Vergleichsgrundlage für Sittenwidrigkeit sind die Tariflöhne des jeweiligen Wirtschaftszweigs, nicht die Tariflöhne der Branche (BAG, s.o.). Für Beschäftigte in Leiharbeitsfirmen gilt also nicht der Tariflohn der Branche des Entleihbetriebs, sondern der Tariflohn bzw. übliche Lohn in der Leiharbeitsbranche.

Sittenwidrige Löhne sind **Lohnwucher** und dieser ist **strafbar**. *„Wer die Zwangslage ... eines anderen dadurch ausbeutet, dass er sich oder einem Dritten ... Vermögensvorteile versprechen oder gewähren lässt, die in einem auffälligen Missverhältnis zu der Leistung stehen, wird ... bestraft."* (§ 291 Abs. 1 Satz Nr. 3 Strafgesetzbuch) Sie können in diesem Fall das Unternehmen verklagen, das Ihnen den Hungerlohn zahlt.

Tipp Machen Sie Ihren Arbeitsvermittler darauf aufmerksam, dass er sich strafbar macht, wenn der Lohn der Ihnen angebotenen Stelle sittenwidrig sein sollte. Sie könnten ihn wegen Beihilfe zum Lohnwucher verklagen.

Jobcenter können von Arbeitgebern, die ihren Beschäftigten gesetz- oder tarifwidrige Löhne zahlen, Entschädigungen fordern, wenn die Beschäftigten aufgrund des Niedriglohns auf aufstockendes Alg II angewiesen sind. Die Behörde kann nur die Differenz zum rechtmäßigen Lohn einfordern, abzüglich der Absetzbeträge und des Erwerbstätigenfreibetrages (⇨Einkommensbereinigung) sowie des rechtmäßigen Lohnanteils, der über dem Alg II liegt. (LAG Mecklenburg Vorpommern 2.11.2010 - 5 Sa 91/10) Diese Lohnanteile stehen dem Arbeitnehmer zu, wenn er die Forderung gegenüber dem Arbeitgeber durchsetzt.

1.3.3.2 Der gesetzliche Mindestlohn gilt nicht bei

- diversen Praktika (§ 22 Abs. 1 Satz 1 Nr. 1-3 MiLoG),
- Teilnehmenden einer Einstiegsqualifizierung (§ 54a SGB III),
- minderjährigen Beschäftigten ohne abgeschlossene Berufsausbildung (§ 22 Abs. 2 MiLoG),
- Auszubildenden und ehrenamtlich Tätigen (§ 22 Abs. 1 3 MiLoG),
- Langzeitarbeitslosen, die länger als ein Jahr arbeitslos sind, für die ersten sechs Monate der Beschäftigung (§ 22 Abs. 4 MiLoG),

- allgemeinverbindlichen Tariflöhnen und tariflichen Mindestlöhnen nach dem Arbeitsnehmer-Entsendegesetz, die 8,50 € unterschreiten (§ 24 Abs. 1 MiLoG; befristet bis 31.12.2017) und
- Zeitungszusteller/innen (§ 24 Abs. 2 MiLoG; befristet bis 31.12.2016).

Forderungen

Verpflichtung der Unternehmen, bei der Meldung offener Stellen die Lohnhöhe zu nennen!

Verpflichtung der Jobcenter, vor der Vermittlung von Amts wegen zu prüfen, ob Lohnwucher/ Unterschreitung des Mindestlohns vorliegt!

Keine Ausnahmen beim gesetzlichen Mindestlohn bei regulären Arbeitsverhältnissen!

1.3.3.3 Zumutbarkeit von Minijobs und geringfügiger Beschäftigung

Sie müssen auch Minijobs oder andere geringfügige Beschäftigungen annehmen. Das führt ja zur *„Verringerung Ihrer Hilfebedürftigkeit"* (§ 2 Satz 1 SGB II).

Bei Minijobs ist die Arbeitszeit nicht vorgeschrieben. Es ist z.B. zulässig, 20-25 Stunden wöchentlich zu arbeiten. Allerdings gilt auch bei Minijobs regelmäßig der **Mindestlohn** von 8,50 € (8,84 € ab 2017) pro Stunde. Bei einem max. Monatslohn von 450 € ergibt das eine maximale mtl. Arbeitszeit von knapp 53 Stunden.

1.3.3.4 Lohnwucher schon bei Löhnen unterhalb des Alg-II-/ Sozialhilfeniveaus?

Löhne unterhalb von Alg II/ Sozialhilfe entsprechen nach Meinung des arbeitgeberfreundlichen Bundesarbeitsgerichts und der Hartz-IV-Parteien den guten Sitten des Kapitals. Lohnwucher liegt aber nach Meinung anderer Gerichte schon vor, wenn der Lohn für eine Vollzeitstelle noch unter dem Sozialhilfebedarf eines Alleinstehenden liegt (SG Berlin 27.2.2006 - S 77 AL 742/05; SG Fulda 17.3.2004 - S 1 AL 77/03; ArbG Bremen 30.8.2000 - 5 Ca 5151/5198/00).

Unserer Meinung nach ist Lohnwucher bei Vollzeitjobs auch dann gegeben, wenn der **Nettolohn** unter dem Alg-II-Bedarf eines Alleinstehenden inklusiv Freibetrag liegt. Das wären im Durchschnitt etwa 1.060 € (760 € Leistung plus 300 € Freibetrag bei 1.200 € Bruttolohn). Alles andere würde bedeuten, dass Unternehmen Löhne zahlen dürfen, mit denen sie Erwerbstätige hilfsbedürftig machen. Maßstab könnte auch die **Pfändungsfreigrenze** eines Alleinstehenden sein. Dann wären Nettolöhne unterhalb der Pfändungsfreigrenze von 1.073,88 € immer Lohnwucher.

Auch der neue Mindestlohn garantiert nicht, dass der Alg-II-Bedarf eines Alleinstehenden vom Einkommen eines Vollzeitjobs gedeckt ist, weil sich dieser auf den **Brutto**lohn bezieht. Gerade in Städten mit hohen Unterkunftskosten, reicht ein Mindestlohn von 8,50 € dazu nicht aus.

1.3.3.5 Vorrang von Lohnarbeit, durch die Sie aus der Alg-II-Bedürftigkeit herauskommen?

„Das Recht des Sozialgesetzbuchs ... soll dazu beitragen, ... den Erwerb des Lebensunterhalts durch eine frei gewählte Tätigkeit zu ermöglichen." (§ 1 Abs. 1 SGB I) Schöne Worte.

Auch der erste Satz des SGB II lautet:

„Die Grundsicherung für Arbeitssuchende soll ... dazu beitragen, dass sie [die erwerbsfähigen Leistungsberechtigten] ihren Lebensunterhalt unabhängig von der Grundsicherung aus eigenen Mitteln und Kräften bestreiten können." (§ 1 Abs. 2 Satz 1 SGB II)

Wenn Ihnen unter Androhung von Kürzungen untertarifliche Arbeit bzw. Minijobs oder ⇨ Arbeitsgelegenheiten aufgezwungen werden, trägt das nicht dazu bei, dass Sie Ihren Lebensunterhalt **unabhängig** von der Grundsicherung bestreiten können. Sie würden in eine Lage gezwungen, in der Sie sich **nicht selbst helfen** können. Was heißt hier noch *„Hilfe zur Selbsthilfe"*? Wichtiger als ihre Unabhängigkeit von Alg II ist das Interesse von Kapital **und** Hartz-IV-Parteien an Lohndumping und Kostensenkungen, denn Niedriglöhne und mickrige Sozialleistungen befördern sich gegenseitig.

Letztlich dienen Jobs, mit denen Sie Alg-II-abhängig bleiben, nicht Ihrer Eingliederung.

Die Eingliederung soll sie ja nicht abhängig, sondern unabhängig von Alg II machen. Dennoch werden Sie unter Androhung von ⇨Sanktionen gezwungen, solche Jobs anzunehmen.

1.3.4 Zumutbarkeit von Leiharbeit

„Die Arbeit bei einer Zeitarbeitsfirma (Personalleasing) ist zumutbar, auch wenn erstmals eine solche Arbeit ausgeübt wird." (BA 10.32) Die *„Vermittlung in ein Leiharbeitsverhältnis, das den Vorgaben des AÜG [Arbeitnehmerüberlassungsgesetz] entspricht, [ist] einem Arbeitslosen nicht generell - also ohne Berücksichtigung besonderer Umstände des Einzelfalles - nicht zuzumuten"* (BSG 8.11.2001 - B 11 AL 31/01 R).

Tipp Unzumutbar kann Leiharbeit aber sein, wenn gesetzliche Mindestbestimmungen, z.B. bei Lohnfortzahlung, Urlaub usw., vor allem aber beim Lohn selbst, nicht eingehalten werden. Prüfen Sie, ob der Lohn untertariflich oder sittenwidrig ist (⇨1.3.3.1 f.).

1.3.5 Zumutbarkeit abhängig von körperlicher, geistiger oder seelischer Verfassung

Jede Arbeit ist zumutbar, es sei denn, Sie sind *„körperlich, geistig oder seelisch nicht in der Lage"*, sie auszuüben (§ 10 Abs. 1 Nr.1 SGB II).
Wenn Sie einen Bandscheibenvorfall hatten, können Sie nicht beim Spargelstechen eingesetzt werden. Wenn Sie schwerhörig, gehbehindert, schwer asthmakrank oder zu alt sind usw., sind Sie für bestimmte Arbeiten nicht geeignet. Das gleiche kann gelten, wenn Sie unter starken Ängsten leiden.
Inwieweit das alles der Fall ist, kann durch ärztliche Untersuchungen festgestellt werden. Verweigern Sie diese, kann der Regelsatz um 10% gekürzt werden (⇨Sanktionen).

1.3.6 Zumutbarkeit und Kindererziehung

Leistungsberechtigten ist jede Arbeit zumutbar, es sei denn, dass *„...die Ausübung der Arbeit die Erziehung ihres Kindes oder des Kindes ihrer Partnerin oder ihres Partners gefährden würde..."* (§ 10 Abs. 1 Nr. 3 SGB II)
Das hängt vom Alter des Kindes und der Art seines Betreuungsbedarfs ab.

Allgemein aber gilt, dass Arbeiten wie Schichtarbeit, Wochenendarbeit, Bewerbungstraining in den Sommerferien, wenn Kindergärten geschlossen sind, oder Bewerbungen für das ganze Bundesgebiet, insbesondere für Alleinerziehende, nicht zumutbar sind. Es wird aber immer wieder versucht.

1.3.6.1 Betreuungspersonen mit Kindern unter drei Jahren

ist Arbeit nicht zumutbar (BA 10.13; OVG NW 17.5.2001, ZfS 2001, 333 f.). In einer Familie *„kann sich [aber nur] ein Partner/ eine Partnerin wegen der Kinderbetreuung auf die Unzumutbarkeit der Arbeitsaufnahme berufen."* (BA 10.13)
Das gilt auch, wenn Sie noch **weitere** Kinder haben, die älter sind als drei Jahre. Sie beziehen dann zwar Grundsicherung für Arbeitssuchende, müssen aber als Betreuungsperson weder Arbeit suchen noch eine Eingliederungsvereinbarung unterschreiben.

1.3.6.2 Betreuungspersonen mit Kindern zwischen drei und sechs Jahren

ist Halbtagstätigkeit bzw. stundenweise Tätigkeit zumutbar, wenn ihr Kind anderweitig betreut wird.
„...die Erziehung eines Kindes, das das dritte Lebensjahr vollendet hat, ist in der Regel nicht gefährdet, soweit seine Betreuung in einer Tageseinrichtung oder in Tagespflege ... oder auf sonstige Weise sichergestellt ist; die zuständigen kommunalen Träger sollen darauf hinwirken, dass erwerbsfähigen Erziehenden vorrangig ein Platz zur Tagesbetreuung des Kindes angeboten wird..." (§ 10 Abs.1 Nr. 3 SGB II)
Wenn Ihr Kind also einen Kindergarten besucht, ist es Ihnen zuzumuten, in der Zeit, in der es betreut wird, arbeiten zu gehen. Wenn Ihr Kind betreut wird und Sie sich dennoch weigern, zumutbare Arbeit anzunehmen, müssen Sie mit Kürzungen rechnen (VGH BW 11.10.1999, FEVS 2000, 426).

Die Behörde soll darauf hinwirken, dass Ihnen ein Platz zur Tagesbetreuung angeboten wird.
Was aber passiert, wenn Sie mit der Art der angebotenen Betreuung (Tagesmutter) oder

dem Kindergarten (z.B. einer bestimmten Konfession etc.) nicht einverstanden oder der Meinung sind, dass Sie Ihr Kind bis zum Schulalter selbst großziehen wollen? Im Grundgesetz heißt es: *„Pflege und Erziehung der Kinder sind das natürliche Recht der Eltern und die zuvörderst ihnen obliegende Pflicht.“* (Art. 6 Abs. 2 GG) Dieses Grundrecht ist im Vorschulalter nicht durch eine gesetzliche Kindergartenpflicht bzw. Betreuungspflicht durch Tagesmütter eingeschränkt. Der Arbeitsvermittler darf nicht versuchen, Ihnen gegen Ihren Willen einen Ganztagskindergartenplatz aufzuzwingen. Nur Sie haben ein Aufenthaltsbestimmungsrecht für Ihr Kind. Daraus folgt, dass das Amt Ihnen nicht den Regelsatz kürzen darf, wenn Sie Ihren Erziehungspflichten in der von Ihnen gewählten Art nachkommen. Im SGB II sind daher auch keine Kürzungen vorgesehen, wenn Sie ein Angebot an Kinderbetreuung nicht annehmen oder sich weigern, Dritte wie z.B. Großmutter, Eltern, Freunde, Bekannte usw. zu fragen, ob sie die Betreuung sicherstellen.

Die Behörde versucht jedoch, Ihnen indirekt eine **Betreuungspflicht** aufzuzwingen: *„Die Kinderbetreuung durch Dritte ist gewährleistet, wenn nachweislich Kinderbetreuungsplätze z. B. in einer Kindertagesstätte zur Verfügung stehen.“* (BA 10.13)

Die Jobcenter gehen also davon aus, dass die vorgehaltenen Betreuungsangebote Ihnen und Ihrem Kind zuzumuten sind. Wenn Sie dann ein Jobangebot für die durch das Amt gewährleistete Betreuungszeit ablehnen, können Sie sanktioniert werden.

Aber: *„Mitunter ist die Betreuung und Erziehung des Kindes durch Dritte (ganz oder teilweise) aus besonderen Gründen ausgeschlossen.“* Und: *„Ein erhöhter Betreuungsbedarf kann bei verhaltensauffälligen Kindern bestehen, z. B. bei hyperaktiven Kindern.“* (BA 10.13.)

Tipp Legen Sie im Einzelnen schriftlich dar, warum Sie ein solches Betreuungsangebot nicht annehmen können, oder warum ein bestimmtes Angebot für Ihr Kind nicht geeignet ist. Legen Sie, falls vorhanden, entsprechende Atteste vor.

Die Betreuung minderjähriger oder behinderter Kinder fällt unter die Leistungen *„für die Eingliederung ... in das Erwerbsleben“* (§ 16a Nr. 1 SGB II). Auch wenn Ihr Arbeitsvermittler verlangen könnte, dass Sie die Suche nach einem Kindergartenplatz nachweisen, darf eine solche Verpflichtung nicht in eine ⇨Eingliederungsvereinbarung aufgenommen werden. Eine entsprechende EinV wäre rechtswidrig und damit nichtig (§ 58 Abs. 2 Nr. 1 SGB X).

1.3.6.3 Betreuungspersonen mit Kindern im schulpflichtigen Alter

ist eine Halbtagstätigkeit zumutbar (VGH HE 31.8.1992, FEVS 1994, 25 ff.; OVG HH FEVS 1991, 205; VGH BW 18.5.1998, IDAS 2/99 I.2.2).

Alleinerziehenden mit einem 9jährigen Kind war früher regelmäßig nur eine Halbtagsarbeit zumutbar (BVerwG 17.05.1995, FEVS 1996, 12). Der Bundesgerichtshof verschärft nun den Druck und verpflichtet Alleinerziehende mit **einem** Grundschulkind in aller Regel zu einer Vollzeittätigkeit, wenn eine Betreuungsmöglichkeit besteht (BGH 15.6.2011 - XII ZR 94/09).

Zumutbar hin oder her. Eine feste Altersgrenze, ab der **Vollzeitarbeit** zumutbar ist, gibt es nicht. Die Erziehung Ihres Kindes kann auch *„gefährdet“* sein, wenn es älter als 12 oder 15 Jahre ist. Das ist ggf. durch Attest oder eine Stellungnahme eines Lehrers/ Sozialarbeiters nachzuweisen.

Erziehungsschwierigkeiten, Versetzungsprobleme usw. stehen der Vollzeitarbeit entgegen. Hier muss eine Entscheidung unter Berücksichtigung des Einzelfalls getroffen werden.

Bei **drei und mehr** Kindern im schulpflichtigen Alter ist Arbeit i.d.R. nicht zumutbar (VGH BW FamRN 1999, 409, 410). Das hängt heutzutage aber auch von den persönlichen und örtlichen Verhältnissen ab (LPK SGB II, § 10, Rz. 20).

1.3.7 Zumutbarkeit und Pflege

Jede Arbeit ist zumutbar, es sei denn, dass *„die Ausübung der Arbeit mit der Pflege einer oder eines Angehörigen nicht vereinbar wäre und die Pflege nicht auf andere Weise sichergestellt werden kann...“* (§ 10 Abs.1 Nr. 4 SGB II)

Wie viel Stunden Arbeit pro Tag als zumutbar gelten, hängt vom Grad der Pfle-

A

gebedürftigkeit des Angehörigen ab. Bei Pflegestufe 0 hält die BA Vollzeitarbeit für zumutbar, bei Pflegestufe I (mindestens 90 Minuten Pflegezeit pro Tag) ebenfalls. Bei Schwerpflegebedürftigen (Pflegestufe II; Pflegezeit mindestens 3 Stunden tägl.) halten die *„BA-Experten"* bis zu sechs Stunden Erwerbsarbeit pro Tag für zumutbar. Bei Schwerstpflegebedürftigen (Pflegestufe III; Pflegezeit von mindestens 5 Stunden) ist keine Erwerbsarbeit zumutbar. (BA 10.18)

Diese Richtlinien sind lebensfremd. Bei Pflegestufe I kann die zeitliche Belastung bis unter drei Stunden, bei Pflegestufe II bis unter fünf Stunden am Tag reichen. Die Zeit, in der Pflegebedürftige (insbesondere Personen mit erhöhtem Betreuungsaufwand) beaufsichtigt werden müssen, ist in den Pflegezeiten nicht enthalten. Bei Pflegestufe II ist dreimal täglich Pflege zu verschiedenen Tageszeiten gefordert. Die als zumutbar geltenden Arbeitszeiten sind mit all dem nicht zu vereinbaren. Daher gibt die BA zu, dass sich *„bei Pflegestufe I bis III [...] aus der Pflege Einschränkungen hinsichtlich Dauer, Lage und Verteilung der Arbeitszeit ergeben [können]"* (BA ebenda).

Tipp Weisen Sie individuelle Einschränkungen und die tatsächliche Pflegezeit nach und bestehen Sie auf eine einzelfallbezogene Entscheidung darüber, ob und wie viel Arbeit Ihnen wann zuzumuten ist.

Häusliche Pflege durch andere zu erbringen, zählt ebenfalls zu den Leistungen der Eingliederung in das Erwerbsleben (§ 16a Nr. 1 SGB II). Sie können aufgefordert werden, Pflege zu organisieren, um mehr arbeiten zu können. Auch das ist von Sanktionen bedroht. Es ist aber unzumutbar, einem Pflegebedürftigen gegen seinen Willen ambulante Pflege aufzuzwingen.

1.3.8 Wichtige Gründe, die der Arbeitsaufnahme entgegenstehen

Jede Arbeit ist zumutbar, es sei denn, dass *„der Ausübung der Arbeit ein sonstiger wichtiger Grund entgegensteht"* (§ 10 Abs. 1 Nr. 5 SGB II).

Wichtige Gründe sind u.a.:

- Die angebotene Arbeit ist wegen **Lohnwuchers** sittenwidrig.
- Trotz Tarifbindung oder vorgeschriebenem Mindestlohn soll **untertariflich** gearbeitet werden.
- Arbeiten verstoßen gegen **andere** gesetzliche Regelungen, z.B. das Arbeitszeit-, Jugendschutz- oder das Arbeitsstättengesetz usw.
- Sie lehnen ein Arbeitsangebot ab, weil Sie zu Ihrem Partner an einen anderen Wohnort ziehen wollen.
- Sie treten in wenigen Wochen ohnehin eine **neue Stelle** an oder **beenden** aus anderen Gründen die **Arbeitslosigkeit** (BA 10.22).
- Sie betreuen einen Schwerpflegebedürftigen und wollen eine bis zu sechsmonatige Pflegezeit nach dem Pflegezeitgesetz in Anspruch nehmen (BA 10.22).
- Sie besuchen noch die **Schule** (⇨SchülerInnen; BA 10.22 f.).
- Sie wollen Ihre (Zweit-)**Ausbildung** beenden (BA 10.22).
- Sie treten eine **Erstausbildung** an, weil Sie noch keine Berufsausbildung haben (BA 10.22).
- Sie beginnen eine berufsvorbereitende Bildungsmaßnahme (BA 10.22).
- Sie unterliegen nach Beendigung der Schulzeit bis 18 der **Berufsschulpflicht** und das steht einer Arbeit entgegen (BA 10.23).
- Sie absolvieren einen **Jugendfreiwilligendienst/ Bundesfreiwilligendienst** oder einen Dienst in einem entsprechenden Programm (BA 10.22).
- Sie können als Angehöriger einer bestimmten Volksgruppe, Religionsgemeinschaft oder eines anderen Kulturkreises eine bestimmte Beschäftigung aufgrund **kultureller oder religiöser Konflikte** nicht ausüben(BA 10.22).
- Sie wollen als **Prostituierte/r** ihren Beruf nicht weiter ausüben (BA 10.22).
  Einen Druck, der Prostitution nachzugehen, gibt es seitens der BA (noch?) nicht. Man muss sich allenfalls auf dem allgemeinen Arbeitsmarkt prostituieren.

„Der Auffangtatbestand der Nummer 5 [sonstiger wichtiger Grund] ist restriktiv [eingeschränkt] anzuwenden", weil die

persönlichen Interessen hinter den Interessen der Allgemeinheit, die die Arbeitslosen aus Steuermitteln finanziert, *„grundsätzlich"* zurückstehen müssen (BT-Dr. 15/1516, 53).

Die BA setzt das in ihren Durchführungshinweisen wie folgt um: *„Aufgrund der Finanzierung der Leistungen aus Steuermitteln, müssen die persönlichen Interessen des eHb [erwerbsfähigen Hilfebedürftigen] gegenüber den Interessen der Allgemeinheit grundsätzlich zurückzustehen."* (BA 10.30)

2. Leistungen der Eingliederung in Arbeit

Eingliederungsleistungen sind fast nur **„Kann-Leistungen"**, die im Ermessen des Arbeitsvermittlers liegen. ⇨Ermessen auszuüben, bedeutet nicht, Entscheidungen im rechtsfreien Raum zu treffen, sondern Möglichkeiten abzuwägen, mit denen der angegebene Zweck des Gesetzes, die Eingliederung in den *„Ersten Arbeitsmarkt"*, erreicht werden kann.

Wenn jedoch der Arbeitsvermittler **„Eingliederungsmaßnahmen"** in der EinV vorschreibt, sind Sie gezwungen, sie anzunehmen, wollen Sie keine Kürzungen des Regelsatzes riskieren.

2.1 „Eingliederungsleistungen" des SGB II

Mit dem *„Gesetz zur Neuausrichtung der arbeitsmarktpolitischen Instrumente"* wurden die Eingliederungsleistungen des SGB II zum 1.1.2009 ergänzt und in den §§ 16 bis 16g SGB II neu geordnet. Zum 1.4.2011 wurden im Zuge der sogenannten *„Instrumentenreform"* die Eingliederungsleistungen des SGB III *„gestrafft"* und umstrukturiert sowie SGB-II-Leistungen eingeschränkt. Mit dem *„Neunten SGB-II-Änderungsgesetz"* wurden zum 1.8.2016 Leistungen neu formuliert und z.T. ergänzt, ohne hierfür die notwendigen Haushaltsmittel einzuplanen.

Während der Bundeshaushalt im Jahr 2005 noch ca. 9,6 Mrd. € für Eingliederungsleistungen nach dem SGB II (inkl. Bundesprogramme) vorsah, waren es 2010 noch 6,35 Mrd. € und 2016 3,6 Mrd. € (ohne Mittel für Geflüchtete). *„Gestrafft"* wurden vor allem die Ausgaben für solche Leistungen.

2.1.1 kommunale Eingliederungsleistungen (§ 16a SGB II)

Die kommunalen Träger können Leistungen erbringen (und finanzieren), *„die für die Eingliederung der oder des erwerbsfähigen Leistungsberechtigten in das Erwerbsleben erforderlich sind..."* (§ 16a SGB II)

Der Gesetzgeber nennt hier abschließend: Angebote zur Betreuung minderjähriger oder behinderter Kinder (⇨1.3.6.2) oder häusliche Pflege von Angehörigen (⇨1.3.7), Schuldnerberatung, psychosoziale Betreuung und Suchtberatung (ebenda).

Der Arbeitsvermittler kann solche *„Leistungen"* in einer EinV verordnen.

2.1.2 Einstiegsgeld (§16b SGB II)

„Zur Überwindung der Hilfebedürftigkeit kann erwerbsfähigen Leistungsberechtigten bei Aufnahme einer sozialversicherungspflichtigen oder selbständigen Erwerbstätigkeit ein Einstiegsgeld erbracht werden, wenn dies zur Eingliederung in den allgemeinen Arbeitsmarkt erforderlich ist." (§ 16b SGB II neu)

Das Einstiegsgeld wird als anrechnungsfreier Zuschuss zum Arbeitslosengeld II erbracht. 2014 wurde 12.055 Mal *„Einstiegsgeld"* bewilligt, 3.409 Mal für Selbständige und 8.646 Mal für Lohnabhängige (BA, Arbeitsmarkt 2014, Nürnberg 2015, Quelle auch der folgenden Zahlen).

Einstiegsgeld soll **Selbständige** unterstützen, allerdings mit mickrigen Beträgen. Bei neu eingestellten sozialversicherungspflichtig Beschäftigen kann es in Form eines **Lohnzuschusses** erbracht werden, wenn die neue Beschäftigung 15 Wochenstunden überschreitet.

Über die **Höhe** des Einstiegsgelds entscheidet i.d.R. der Arbeitsvermittler. Er soll dabei die Dauer der Arbeitslosigkeit und die Größe der Bedarfsgemeinschaft berücksichtigen (§ 16b Abs. 2 SGB II). Der Grundbetrag soll 50% der maßgeblichen Regelleistung betragen. Bei längerer Arbeitslosigkeit oder besonderen Vermittlungshemmnissen soll dieser um 20% der Regelleistung erhöht werden. Außerdem erhöht sich der Zuschuss mit jedem zusätzlichen Mitglied der Bedarfsgemeinschaft um 10% auf max. 100% der Regelleistung (§1 Einstiegsgeld-Verordnung - ESGV). Abhängig vom Alg-II-Träger kann Einstiegsgeld auch

in Form einer Pauschale erbracht werden, die 75% der Regelleistung nicht übersteigen darf (§ 2 ESGV).
Der Zuschuss soll höchstens für 24 Monate gezahlt werden. Die Förderentscheidung soll einmalig für den gesamten Bewilligungszeitraum getroffen werden, um den Geförderten Planungssicherheit zu geben. Bei längeren Förderzeiträumen als 6 Monaten kann das Einstiegsgeld auch degressiv (abschmelzend) oder stufenweise gemindert bewilligt werden, um z.B. bei Selbständigen den Anreiz zur Gewinnerzielung zu erhöhen. Endet die Erwerbstätigkeit oder wird sie nicht mehr hauptberuflich ausgeübt, entfällt das Einstiegsgeld. (BA, Arbeitshilfe zu § 16b SGB II, 20)

Das Einstiegsgeld kann auch erbracht werden, wenn die Hilfebedürftigkeit durch oder nach Aufnahme der Erwerbstätigkeit entfällt (§ 16b Abs. 1 Satz 2 SGB II). Wenn Sie aufgrund von Einkommen aus der Hilfebedürftigkeit herausfallen, soll es trotzdem bis zum Ende des zuvor bewilligten Zeitraumes gezahlt werden.

Tipp Lassen Sie sich nicht mit einer Förderdauer von 6 Monaten abspeisen. Das reicht nicht, um eine Existenz zu gründen oder auf dem „Ersten Arbeitsmarkt" Fuß zu fassen. Lassen Sie sich über die Dauer und Höhe des Einstiegsgeldes einen schriftlichen Bescheid ausstellen.

2.1.3 Eingliederung von Selbständigen (§ 16c SGB II)

Zur Aufnahme einer selbständigen, hauptberuflichen Tätigkeit können Leistungen in Form von **Zuschüssen oder Darlehen** gewährt werden, *„wenn zu erwarten ist, dass die selbständige Tätigkeit wirtschaftlich tragfähig ist und die Hilfebedürftigkeit durch die selbständige Tätigkeit innerhalb eines angemessenen Zeitraums dauerhaft überwunden oder verringert wird."* (§ 16c Abs. 1 Satz 1 SGB II) Um das nachzuweisen, sollten Sie eine Stellungnahme bei einer fachkundigen Stelle, z.B. der IHK oder einer Unternehmens- bzw. Steuerberatung einholen.

Liegen diese Fördervoraussetzungen vor, können zur Beschaffung von *„notwendigen und angemessenen"* Sachgütern Darlehen und Zuschüsse erbracht werden. Das war 2014 3.190 Mal der Fall. **Zuschüsse** sind auf max. **5.000 €** begrenzt. (§ 16c Abs. 1 Satz 2 SGB II)

Tipp 1 Ein Darlehen kann für Ihre Existenzgründung eine erhebliche Belastung darstellen. Beantragen Sie ausdrücklich den Zuschuss.

Tipp 2 Darlehen oder Zuschuss für die Existenzgründung schließen eine Förderung mit Einstiegsgeld nach § 16b SGB II (⇨2.1.2) nicht aus.

Daneben können seit 2012 Selbständige *„durch geeignete Dritte durch Beratung oder Vermittlung von Kenntnissen und Fertigkeiten gefördert werden"*. (§ 16c Abs. 2 SGB II) Hierbei handelt es sich **nicht** um berufliche Weiterbildung, sondern um die Vermittlung spezieller Kenntnisse für Selbständige etwa im Rahmen eines **Existenzgründerkurses** (z.B. Vermittlung von Grundlagen des Steuerrechts, der Buchhaltung und des Marketings).

2.1.4 ⇨Arbeitsgelegenheiten (Ein€Jobs) (§16d SGB II)

2.1.5 Alg-II-Kombilohn (§ 16e SGB II)

Der frühere Beschäftigungszuschuss wurde 2012 gekürzt und in **Förderung von Arbeitsverhältnissen** umbenannt. **Arbeitgeber** können den Zuschuss beantragen, wenn sie langzeitarbeitslose Personen einstellen, die mindestens ein Jahr arbeitslos sind (§ 18 Abs. 1 SGB III). Diese Personen müssen bereits erfolglos eine sechsmonatige Aktivierungsphase hinter sich, gleich mehrfache *„Vermittlungshemmnisse"* in sich und eine schlechte Prognose vor sich haben. Eine Beschäftigung auf dem allgemeinen Arbeitsmarkt soll voraussichtlich für die Dauer der Förderung nicht möglich sein. (§ 16e Abs. 3 Nr. 1-3 SGB II)
Das Jobcenter zahlt für die Schaffung eines vollzeitigen, sozialversicherungspflichtigen Arbeitsplatzes einen **Lohnzuschuss bis zu 75% des Arbeitsentgelts** (inklusive Arbeitgeberanteil der Sozialversicherung). Seit **1.8.2016** können Arbeitgebern auf Antrag im Rahmen der Förderung *„die erforderlichen Kosten einer notwendigen **sozialpädagogischen Betreuung** erstattet werden"* (§ 16e Abs. 2 Satz 5 SGB II neu).

Ein **Anspruch auf Alg I** wird durch diese Beschäftigung **nicht** erworben.
Eine Qualifizierungspauschale und ein einmaliger Zuschuss für die Einrichtung des Arbeitsplatzes wurden 2012 gestrichen, tarifliche bzw. ortsübliche Entlohnung ist seitdem keine Voraussetzung mehr für den Zuschuss. 2014 wurde bundesweit 4.262 Mal mit dem Instrument Beschäftigungszuschusses gefördert.

Die **Höhe** und **Dauer** der Beschäftigungsförderung hängt vom Einzelfall ab und richtet sich nach der Leistungsfähigkeit des Arbeitnehmers.

- Die Förderhöhe kann bei entsprechender Minderleistung bis zu maximal 75 Prozent des Arbeitslohns betragen. *„Wird die Leistungsfähigkeit höher eingeschätzt (z. B. 50 Prozent), ist der Zuschuss entsprechend niedriger (z. B. auf 50 Prozent) festzulegen.“* (BA Fachliche Hinweise § 16e SGB II, 15)
- Der Zuschuss darf innerhalb von 5 Jahren **maximal 24 Monate** für einen Arbeitnehmer geleistet werden (§ 16e Abs. 3 Nr. 4 SGB II).

Relevante **Vermittlungshemmnisse** können sein:
lange Arbeitslosigkeit, fehlender Schulabschluss, fehlender Berufsabschluss, mangelnde Sprachkenntnisse bzw. Analphabetismus, vermittlungsrelevante gesundheitliche Einschränkungen, Einschränkungen aufgrund von Alter oder Biographiebrüchen, prekäre Wohnsituation oder Schuldenprobleme (BA Arbeitshilfe zu § 16e SGB II, 10/2010, 12). Die Liste ist nicht abschließend. Nicht das bloße Vorliegen zwei dieser Merkmale ist ausschlaggebend, ob tatsächliche Vermittlungshemmnisse bestehen, sondern die konkrete Situation der oder des jeweiligen Betroffenen (ebenda, 11).

Um die **Nachrangigkeit** der Förderung gegenüber regulärer Beschäftigung zu gewährleisten, wurde ein Sonderkündigungsrecht eingeführt: Geförderte Beschäftigte können das Arbeitsverhältnis fristlos beenden, sobald sie auf dem ersten Arbeitsmarkt eine Arbeit oder Ausbildung aufnehmen bzw. vermittelt bekommen (§ 16e Abs. 4 SGB II).

2.1.6 Freie Förderung (§ 16f SGB II)

Die SGB-II-Träger können Eingliederungsmittel für Förderleistungen einsetzen, *„um die Möglichkeiten der gesetzlich geregelten Eingliederungsleistungen durch freie Leistungen zur Eingliederung in Arbeit zu erweitern“* (§ 16f Abs.1 SGB II). Dabei dürfen andere gesetzliche Eingliederungsleistungen nicht umgangen oder aufgestockt werden. Lediglich bei Langzeitarbeitslosen und unter 25Jährigen mit schweren Vermittlungshemmnissen dürfen Eingliederungsleistungen durch Mittel der freien Förderung umgangen bzw. aufgestockt werden. (§ 16f Abs. 2 SGB II)
Hier gibt es Ermessenspielräume für individuelle Förderung, z.B.

- Finanzierung des Führer- bzw. Personenbeförderungsscheins,
- Reparatur oder Beschaffung eines Pkw,
- Übernahme des Mietanteils fürs Atelier bei Alg-II-beziehenden Künstlern (BSG 23.11.2007 - B 11b AS 3/05 R) oder
- Förderung von Projektstellen.

2.1.7 Leistungen bei Wegfall der Hilfebedürftigkeit (§ 16g SGB II)

Entfällt die Hilfebedürftigkeit, **kann** eine Eingliederungsleistung weiter gewährt werden, wenn es wirtschaftlich erscheint und **Aussicht auf einen erfolgreichen Abschuss** besteht. (§ 16g Abs. 1 SGB II neu) Die Vorschrift, nach der die Förderung als Darlehen erbracht werden soll, entfällt zum **1.8.2016**.
Dafür wird im zweiten Absatz klargestellt, dass *„zur nachhaltigen Eingliederung in Arbeit“* alle hier aufgeführten SGB II-Eingliederungsleistungen inklusive kommunaler Leistungen und Maßnahmen zur beruflichen Stabilisierung (Coaching; § 45 Abs. 1 Satz 1 Nr. 5 SGB III) *„bis zu sechs Monate nach Beschäftigungsaufnahme auch erbracht werden, wenn die Hilfebedürftigkeit“* aufgrund des erzielten Einkommens beendet wurde. Für diese Nachförderungsphase sollen Sie eine Eingliederungsvereinbarung abschließen. (§ 16g Abs. 2 SGB II neu) Das bedeutet eine deutliche Verbesserung und Klarstellung gegenüber der Vorgängerregelung.

2.1.8 Förderung schwer zu erreichender junger Menschen (§ 16 h neu)

Während in der Regierungskoalition keine Einigkeit darüber bestand, mit dem Neun-

A

ten SGB-II-Änderungsgesetz wenigstens die verschärften ⇨Sanktionen für unter 25jährige zu entschärfen, war man einig, den jungen Menschen, die mit dem Fördern und Fordern ihre Schwierigkeiten haben, demonstrativ die Hand zu reichen.

Ab dem 1.8.2016 können Jobcenter jungen, unter 25jährigen Alg-II-Beziehenden Leistungen erbringen, um deren situationsbedingte Schwierigkeiten zu überwinden
„1. eine schulische, ausbildungsbezogene oder berufliche Qualifikation abzuschließen oder anders ins Arbeitsleben einzumünden und
2. Sozialleistungen zu beantragen und anzunehmen."
Zu diesem Zweck können *„zusätzliche Betreuungs- und Unterstützungsleistungen"* erbracht werden damit Alg II in Anspruch genommen wird, *„erforderliche therapeutische Behandlungen eingeleitet werden und an Regelangebote dieses Buches zur Aktivierung und Stabilisierung und eine frühzeitige intensive berufsorientierte Förderung herangeführt wird."* (§ 16h Abs. 1 SGB II neu)

Die genannten Leistungen sollen bereits erbracht werden, wenn die Anspruchsvoraussetzungen **voraussichtlich** vorliegen oder *„eine Leistungsberechtigung dem Grunde nach besteht"*. Damit die Förderung niedrigschwellig einsetzen kann, können Leistungen ohne Antragstellung gewährt werden. (§ 16h Abs. 2 SGB II neu)
Über die Leistungserbringung sollen sich Jobcenter und Jugendamt abstimmen (§ 16h Abs. 3 SGB II neu).

Ob Jobcenter die Jugendlichen und jungen Erwachsenen, die zuvor oft infolge von Null-Sanktionen und damit einhergehendem Wohnungsverlust aus dem Leistungsbezug hinausbefördert wurden, mit bislang noch nicht konzipierten Betreuungs- und Unterstützungsleistungen wieder ins Alg II und in die Förderung holen können, bleibt abzuwarten. Ebenso unklar ist, wie solche Maßnahmen trägerübergreifend von Jobcenter und Jugendamt organisiert werden sollen. Eines dagegen ist bereits abzusehen: Weil keine zusätzlichen Mittel für die *„Förderung schwer zu erreichender junger Menschen"* bereitgestellt werden, müssen die erforderlichen Mittel von der freien Förderung und dem Beschäftigungszuschuss nach § 16e SGB II abgezogen werden.

2.1.9 Gemeinsames Budget für Kombilohn, freie Förderung und den neuen § 16h

Für die Förderung von Arbeitsverhältnissen nach § 16e SGB II, die freie Förderung nach § 16f SGB II und die Förderung der jungen Leistungsberechtigten nach § 16h SGB II dürfen die Jobcenter zusammen 20% ihrer Eingliederungsmittel ausgeben (§ 46 Abs. 2 Satz 2 SGB II neu).

2.2 Eingliederungsleistungen nach dem SGB III

Viele Leistungen zur Eingliederung aus dem SGB III sind Alg-II-Beziehenden regelmäßig als Kann-Leistung zugänglich. Dies ist in § 16 SGB II in Verbindung mit den jeweiligen SGB-III-Normen geregelt. Diese Leistungen zahlt jedoch nicht die Arbeitslosenversicherung (zwecks Schonung der Arbeitgeberbeiträge), sondern der Bund (§ 46 Abs. 1 SGB II).
Die wichtigsten Leistungen werden nachfolgend aufgeführt:

Zusätzlich zu den hier beschriebenen SGB-III-Eingliederungsleistungen können **Alg-I-Bezieher**, die **aufstockend Alg II** beziehen und für deren Beratung, Vermittlung und Förderung ab **1.1.2017** die **Agentur für Arbeit allein zuständig** ist, den (Existenz-) Gründungszuschuss beantragen (§§ 93, 94 SGB III).

Tipp Fragen Sie bei Bedarf Ihren Arbeitsvermittler.

2.2.1 Berufsberatung

Die Jobcenter haben allen Alg-II-Berechtigten Berufsberatung für Arbeitnehmer und Auszubildende anzubieten, die ihre Neigung, Eignung und Leistungsfähigkeit berücksichtigt. Die Eignung kann mit Einverständnis der Erwerbslosen durch ärztliche oder psychologische Gutachten festgestellt werden. Bei Schülern kann die Berufsorientierung unterstützt werden. (§§ 29 ff. SGB III)

2.2.2 Vermittlung

Die Jobcenter sind für die Arbeitsvermittlung der Alg-II-Berechtigten zuständig (nach den Regeln der §§ 35 ff. SGB III).

Neben den **Arbeitsangeboten** der Jobcenter sind zwei weitere SGB-III-Vermittlungsleistungen wichtig:

2.2.2.1 Vermittlungsbudget

Finanzielle Hilfen bei der Stellensuche können nach § 16 Abs. 1 SGB II i.V. mit § 44 SGB III erbracht werden. Seit 2009 gibt es dieses sogenannte Vermittlungsbudget, aus dem Kosten erstattet werden können, die bei der Suche und Aufnahme einer Beschäftigung anfallen. Kosten werden aber nur übernommen, wenn die Förderung *„notwendig"* ist. Darüber entscheidet der Arbeitsvermittler.

Leistungen aus dem Vermittlungsbudget sind vage formuliert, es fehlt an konkreten finanziellen Vorgaben und die Bewilligung erfordert eine bürokratische Einzelfallprüfung. Letztlich führt die gesetzliche Unklarheit zur Beschneidung von Ansprüchen und zu Kürzungen bei den Eingliederungsleistungen. Das Vermittlungsbudget ersetzt eine Reihe von Regelungen zur Übernahme der Kosten für die Stellensuche und zur Anbahnung einer Beschäftigung. Diese alten Leistungen, die zum Januar 2009 aus dem SGB III gestrichen wurden, können unserer Meinung nach weiterhin als **Orientierung** für das Vermittlungsbudget herangezogen werden.

Frühere Leistungen für Vermittlung und Stellensuche:
- für **Bewerbung**sunterlagen wie Mappe, Kopien, Foto und Porto bis 260 € pro Jahr, in der Regel 5 € pro nachgewiesener Bewerbung (§ 45 Satz 2 Nr. 1 SGB III alt; manche Jobcenter zahlen inzwischen nur pauschal 3 bis 4 € oder nachgewiesene Kosten),
- für **Fahrten** zur Arbeitsagentur bzw. Jobcenter sowie
- für Fahrten zu **Vorstellungsgesprächen** bis 130 € pro Fahrt (§ 45 Satz 2 Nr. 2 SGB III alt),
- für **Arbeitskleidung** oder Werkzeuge, die für eine neue Arbeit angeschafft werden müssen, bis 260 € pro Jahr (§§ 53 Abs. 2 Nr. 2, 54 Abs. 2 SGB III alt).

Tipp Wenn Sie als Alg-II-Bezieher Bewerbungskosten nicht vorstrecken können, beantragen sie einen Vorschuss.

Frühere Mobilitätshilfen zur Aufnahme einer Beschäftigung in Entfernung zum Wohnort:
- für Fahrten zum Antritt einer Arbeit bis 300 € pro Jahr (§§ 53 Abs. 2 Nr. 3a, 54 Abs. 3 SGB III alt),
- für tägliche Fahrten zwischen Wohnung und Arbeitsstelle sechs Monate lang bis zu 260 € pro Monat (§§ 53 Abs. 2 Nr. 3b, 54 Abs. 4 SGB III alt),
- für getrennte, doppelte Haushaltsführung sechs Monate lang bis zu 260 € pro Monat (§§ 53 Abs. 2 Nr. 3c, 54 Abs. 5 SGB III alt) und
- für die notwendigen Umzugskosten bis 4.500 € (§§ 53 Abs. 2 Nr. 3d, 54 Abs. 6 SGB III alt; inzwischen werden 2.000 € genannt).

Tipp Anträge auf Erstattung von Kosten der Stellensuche und der Arbeitsaufnahme sollen schriftlich gestellt werden, bevor die Kosten anfallen. Orientieren Sie sich an den genannten Beträgen.

Darüber hinaus können im Rahmen des Vermittlungsbudgets übernommen werden:
- Kosten für Nachweise (z.B. Gesundheitszeugnisse, Lizenzen),
- Kosten für die Verbesserung des Erscheinungsbildes (z.B. Friseurkosten, Bekleidung oder Zahnsanierung) und
- sonstige in Frage kommende Kosten.

2.2.2.2 Aktivierungs- und Vermittlungsgutschein

Sind Sie länger als 6 Wochen arbeitslos und wurden innerhalb einer Frist von 3 Monaten nicht vermittelt oder in Maßnahmen aktiviert, kann Ihnen das Jobcenter als *„Leistung zur Eingliederung"* einen Aktivierungs- und Vermittlungsgutschein aushändigen. Damit können Sie
- die Dienste eines zugelassenen privaten Arbeitsvermittlers in Anspruch nehmen,
- eine Aktivierungs- oder Eingliederungsmaßnahme bei einem zugelassenen Träger oder
- eine betriebliche Aktivierungsmaßnahme bei einem Arbeitgeber absolvieren.

(§ 16 Abs. 1 SGB II i.V. mit § 45 Abs. 4-7 SGB III)

Dem früheren Vermittlungsgutschein wurden also noch Aktivierungsmöglichkeiten angehängt. Sie bekommen dann den Gutschein für Ihre Trainingsmaßnahme (⇨2.2.4) in die Hand gedrückt.
Der Vermittlungsgutschein in Höhe von 2.000 € (bei Langzeitarbeitslosen und behinderten Arbeitslosen 2.500 €) gilt für jeweils 3 Monate. Er wird an den Vermittler übergeben, wenn dieser eine versicherungspflichtige Stelle von mindestens 15 Wochenstunden vermittelt.

Kritik
Private Arbeitsvermittlung wurde 2002 legalisiert. Sie gilt „Arbeitsmarktreformern" als effiziente Alternative zur „schwerfälligen" Arbeitslosenverwaltung. 2006 haben 29.700 Arbeitslose mit einem Vermittlungsgutschein eine Arbeit gefunden, die sie länger als sechs Monate ausübten. Laut Bundesrechnungshof lag die durchschnittliche Dauer der vermittelten Beschäftigungsverhältnisse bei sieben Monaten. Gerade lang genug, um die Gebühr zu kassieren (FR 16.9.2006). Das IAB fand heraus, dass sich die Arbeitsmarktchancen der Geförderten durch die Beauftragung Dritter im Bereich der Vermittlung kaum verbessern (IAB-Kurzbericht 11/2011, 2). Die privaten Vermittler bringen es also genauso wenig wie die BA.
Der Vermittlungsgutschein dient Unternehmen dazu, Kosten der Personalrekrutierung auf staatlich bezahlte Makler zu verlagern. Um das zu fördern, hat die Bundesregierung die Regelung bis auf weiteres verlängert. Außerdem verschwinden die Empfänger der Gutscheine vorübergehend aus der Arbeitslosenstatistik. 2014 waren das 39.580 Personen.

2.2.3 Bewerbungskosten (⇨ Bewerbungen)

2.2.4 Trainingsmaßnahmen – Null-€-Jobs

Ihr Arbeitsvermittler kann Sie zu Trainingsmaßnahmen abkommandieren, die Ihre *„berufliche Eingliederung durch*
1. Heranführung an den Ausbildungs- und Arbeitsmarkt,
2. Feststellung, Verringerung oder Beseitigung von Vermittlungshemmnissen,
3. Vermittlung in eine versicherungspflichtige Beschäftigung,
4. Heranführung an eine selbständige Tätigkeit oder
5. Stabilisierung einer Beschäftigungsaufnahme

unterstützen" (§ 45 Abs. 1 Satz 1 SGB III).

Solche Maßnahmen haben höchst unterschiedliche Inhalte und Zielsetzungen. Bis Ende 2008 war ihre **Maßnahmendauer** auf zwölf Wochen beschränkt. Ab 2009 muss die Dauer der Maßnahme nur noch *„ihrem Zweck und ihrem Inhalt entsprechen"*. Maßnahmen zur Vermittlung beruflicher Kenntnisse dürfen die Dauer von **8 Wochen** und betriebliche Maßnahmen (kostenlose Praktika) die Dauer von **6 Wochen** nicht überschreiten. (§ 45 Abs. 2 SGB III) Bei langzeitarbeitslosen unter 25jährigen Alg-II-Beziehenden mit besonderen Vermittlungshemmnissen kann die Dauer der betrieblichen Praktika auf bis zu **12 Wochen** verlängert werden (§ 46 Abs. 3 Satz 2 SGB II). Während der Trainingsmaßnahme zahlt das Jobcenter Alg II weiter und zusätzlich eine Fahrtkostenpauschale.

Maßnahmen zur Unterstützung der Arbeitssuche und Vermittlung oder Maßnahmen zur Vermittlung von Kenntnissen, die eine Vermittlung oder Weiterbildung erleichtern, werden meist bei Beschäftigungsträgern durchgeführt.

Die häufigsten Trainingsmaßnahmen sind
- ca. zweiwöchige Bewerbungstrainings oder umfangreichere Maßnahmen, in denen Arbeitslose bei der Arbeitsplatzsuche beraten und unterstützt werden sollen,
- Kurse, um kurzfristig behebbare Qualifikationsdefizite abzubauen (z.B. Computerlehrgänge, Internetkurse etc.),
- Kurse zur Vorbereitung einer Existenzgründung,
- Maßnahmen zur Überprüfung der Mitwirkung am *„Integrationsprozess"* und
- immer öfter betriebliche Praktika.

Die **Qualität** dieser Maßnahmen lässt häufig zu wünschen übrig. Das liegt an den oft zweifelhaften Zielen und Inhalten, aber auch an der Zusammensetzung der Kurse: Sie werden nicht selten mit Teilnehmern unterschiedlicher Qualifikation und Interessen gefüllt. Immer häufiger werden auch Trainingszentren eingerichtet, um die Arbeitsbereitschaft und -fähigkeit der Teilnehmenden zu prüfen. Hier steht die Abschreckung im Vordergrund.

Durch ein unentgeltliches **betriebliches Training** entsteht kein Arbeitsverhältnis. Zweck der betrieblichen Maßnahme darf es daher nicht sein, überwiegend Arbeit zu leisten, für die sonst normaler Lohn gezahlt werden müsste. Eine Trainingsmaßnahme ist außerdem unzumutbar, wenn mehr als die Hälfte des Unterrichtsangebots den Arbeitslosen krass unterfordert, z.B. wenn Sie als Fachmann wochenlang Anfängerwissen vorgesetzt bekommen. Dann dient das „*Training*" nicht der Verbesserung der Eingliederungsaussichten (LSG Hessen 24.3.2003 – L 6/10 AL 1404/01). Es ist vielmehr ein Mittel, Sie zum Abbruch zu provozieren und dann Ihre Leistungen zu kürzen.

Tipp Legen Sie Widerspruch gegen solche Willkürakte ein. Trainingsmaßnahmen sind Leistungen der Eingliederung in Arbeit. Auch sie müssen also *„zur Vermeidung oder Beseitigung, Verkürzung oder Verminderung der Hilfebedürftigkeit für die Eingliederung erforderlich"* sein (§ 3 Abs. 1 SGB II). Und sie müssen die *„individuelle Lebenssituation"* berücksichtigen (§ 3 Abs. 1 Satz 2 SGB II).

Kritik

Die Null-€-Jobs werden oft von Betrieben genutzt, die keine Absicht haben, jemanden einzustellen. Arbeitslose, die an Trainingsmaßnahmen teilnehmen, gelten seit 2004 nicht als arbeitslos. Seit dem wurden viele Mio. Menschen trainiert. 2014 absolvierten über 1.2 Mio. Arbeitslose ein Training, davon ca. 800.000 Alg-II-Beziehende. Sie trainierten nicht zuletzt für die Statistik.

2.2.5 Berufliche ⇨ Weiterbildung (Umschulung)

Lesen Sie hier nach zum Thema **Bildungsgutschein** und zum nachträglichen Erwerb eines **Hauptschulabschlusses**.

2.2.6 Eingliederungszuschüsse – Lohnsubventionen

Lohnzuschüsse nach dem SGB III, sogenannter Kombilohn, wird Arbeitgebern gezahlt, wenn sie Erwerbslose unterschiedlicher Zielgruppen einstellen. Diese Leistungen stehen auch Alg-II-BezieherInnen zu.

2.2.6.1 Für schwer Vermittelbare

„Arbeitgeber können zur Eingliederung von Arbeitnehmerinnen und Arbeitnehmern, deren Vermittlung wegen in ihrer Person liegender Gründe erschwert ist, einen Zuschuss zum Arbeitsentgelt zum Ausgleich einer Minderleistung erhalten (Eingliederungszuschuss)." (§ 88 SGB III)

Der Lohnzuschuss (in % des berücksichtigungsfähigen Arbeitsentgelts) beträgt unabhängig vom Alter der Geförderten

- max. 50% des Arbeitsentgelts für eine Dauer von **12 Monaten** bei schwer vermittelbaren Personen, z.B. gering Qualifizierten, Berufsrückkehrerlnnen oder jüngeren ArbeitnehmerInnen mit abgeschlossener außerbetrieblicher Ausbildung (§ 89 SGB III),
- max. 70% im 1. Jahr und max. 60% im 2. Jahr für eine Dauer von **24 Monaten** bei schwerbehinderten oder sonstigen behinderten Menschen und
- max. 70% im 1. und 2. Jahr, danach jährlich eine Absenkung um 10%, mindestens jedoch 30% des Arbeitsentgelts für eine Dauer von **60 Monaten** bei besonders betroffenen schwerbehinderten Menschen,
- max. 70% im 1. und 2. Jahr, danach jährlich eine Absenkung um 10%, mindestens jedoch 30% des Arbeitsentgelts für eine Dauer von **96 Monaten** bei besonders betroffenen schwerbehinderten Menschen über **55 Jahre.**

(§ 90 SGB III)
(Näheres zu Kapitel 2.2.6.1: Leitfaden für Arbeitslose 2015, 589 ff.)

2.2.6.2 Für ⇨ Jugendliche und junge Erwachsene

gibt es besondere Leistungen zur Eingliederung, z.B. ausbildungsbegleitende Hilfen, außerbetriebliche Ausbildung, Lohnzuschüsse für junge Menschen mit „Vermittlungshemmnissen" (⇨ Jugendliche und junge Erwachsene, 3.1 ff).

A

2.2.6.3 Für erwerbsfähige ⇨behinderte Menschen

gibt es ebenfalls spezielle Lohnzuschüsse und Eingliederungsleistungen (⇨Behinderte Menschen, 2.).

Kritik

2014 wurden im Jahresdurchschnitt Eingliederungszuschüsse an 71.440 Personen gezahlt, davon in 38.649 Fällen an ehemalige Alg-II-Bezieher (einschl. Menschen mit Behinderungen). Mit Lohnzuschüssen für Langzeitarbeitslose werden heute *„großenteils Schwervermittelbare gefördert, die andernfalls kaum eine Chance hätten"*. Auch die BA erwartet daher durch dieses Instrument keine zusätzliche Beschäftigung, weil ohne den Kombilohn *„vermutlich Arbeitnehmer ohne Vermittlungshemmnis eingestellt worden wären (Substitutionseffekt)"*. (BA, Arbeitsmarkt 2013, Nürnberg 2014, 41)

2.3.1 Programm zum Abbau von Langzeitarbeitslosigkeit

Das ESF-Bundesprogramm *„zur Eingliederung langzeitarbeitsloser Leistungsberechtigter nach dem Zweiten Buch Sozialgesetzbuch (SGB II) auf dem allgemeinen Arbeitsmarkt"* soll arbeitsmarktferne langzeitarbeitslose Alg-II-Beziehende *„nachhaltig"* in den allgemeinen Arbeitsmarkt integrieren. Gefördert werden sollen von 2014 bis 2020 insgesamt 30.000 Arbeitslose mit 885 Mio. €, davon über die Hälfte aus ESF-Mitteln. (Förderrichtlinie zum ESF-Bundesprogramm, 19.11.2014, www.bmas.de; Quelle auch für die nachfolgenden Angaben)

Gefördert werden können Arbeitslose wenn sie

- zwei Jahren ohne Unterbrechung arbeitslos sind,
- das 35. Lebensjahr vollendet haben,
- über keinen oder keinen verwertbaren Berufsabschluss verfügen und
- voraussichtlich nicht auf andere Weise in den allgemeinen Arbeitsmarkt eingegliedert werden können.

Eine sogenannte ***„Intensivförderung"*** erhalten Arbeitslose, wenn sie darüber hinaus

- in den letzten fünf Jahren arbeitslos und ohne Tätigkeit (z.B. geringfügige Beschäftigung) waren und
- mindestens ein weiteres, *„in ihrer Person liegendes Vermittlungshemmnis"* (z.B. gesundheitliche Einschränkungen, Behinderung, fehlender Schulabschluss, über 50 Jahre alt, mangelnde Sprachkenntnisse) aufweisen.

Bei der Intensivförderung können Förderdauer und -höhe angehoben werden.

Die zwei bis dreijährige Förderung ist in die Einstiegs-, Stabilisierungs-, Leistungs- und Nachbeschäftigungsphase mit unterschiedlicher Förderungsintensität und -höhe gegliedert. Im Rahmen der Förderung kommen folgende **Maßnahmen** in Frage:

- *„Betriebsakquisiteure"*, die Arbeitgeber gezielt für die Einstellung der Arbeitslosen gewinnen und entsprechend beraten,
- *„Coaching"* der Teilnehmenden nach Beschäftigungsaufnahme,
- arbeitsplatzbezogenen Qualifizierungsmaßnahmen, Förderung von Grundkompetenzen und zusätzlich sozialpädagogische Betreuung,
- Mobilitätshilfe, wie Pendelkosten im ersten Monat und
- Lohnkostenzuschuss für Arbeitgeber, entsprechend der „Minderleistung" der geförderten Person. Die Förderhöhe variiert je nach Förderphase sowie Regel- und Intensivförderung.

Welche Leistungen wie lange und in welcher Höhe bewilligt werden, soll individuell je nach Förderbedarf entschieden werden.

2.3.2 Bundesprogramm: *„Soziale Teilhabe am Arbeitsmarkt"*

Ziel des bis 2018 laufenden, auf 10.000 Plätze begrenzten Programms ist *„die Schaffung von Teilhabe für sehr arbeitsmarktferne Personen"* und Verbesserung ihrer Chancen auf dem allgemeinen Arbeitsmarkt. Dafür will das Arbeitsministerium 450 Mio. € ausgeben. (www.bmas.de; Quelle auch für die nachfolgenden Angaben)

Die **Förderung** konzentriert sich auf langzeitarbeitslose Personen, die

- gesundheitliche Einschränkungen haben **oder**

- in Bedarfsgemeinschaften mit Kindern leben **und** deshalb besonderer Förderung bedürfen.

Gefördert werden sollen **Arbeitsverhältnisse**, die zusätzlich und wettbewerbsneutral sind und im öffentlichen Interesse liegen. Die Förderung im Rahmen eines **Festkostenzuschusses** beträgt bei 30 Wochenstunden 1.320 Euro, das entspricht dem gesetzlichen Mindestlohn von 8,50 €. Ein Einstieg in geförderte Beschäftigung ist auch mit geringerer Stundenzahl möglich und soll stufenweise erhöht werden. Die am Programm teilnehmenden Jobcenter werden über einen „Teilnahmewettbewerb" ermittelt, entsprechende Konzepte konnten bis Mitte 2015 eingereicht werden.

Kritik

Ob Sie von diesem oder jenem Programm profitieren, hängt auch davon ab, ob sich das für Sie zuständige Jobcenter für das ESF-/ Bundesprogramm beworben und den Zuschlag bekommen hat. Mit Blick auf den hohen Anteil Langzeitarbeitsloser unter den SGB-II-Leistungsberechtigten sind 40.000 geförderte Personen im Zeitrahmen von vier bis sechs Jahren geradezu lächerlich. Gesetzlich normierte Eingliederungsleistungen werden finanziell ausgetrocknet und durch befristete Programme ersetzt, z.B. um EU-Mittel effizienter ausschöpfen zu können. Die Maßnahmenbündel, die vor Ort entstehen, sind beliebig und unzureichend, ihre Qualität ist kaum zu kontrollieren. Davon profitieren Arbeitgeber, die Lohnzuschüsse einstreichen, und die Anbieter diverser Akquise-, Coaching-, Bildungs-, Betreuungs- und Beschäftigungsmaßnahmen, die sich damit eine goldene Nase verdienen.

3. Wenn Sie „zumutbare Arbeit" ablehnen ...

„Leistungen zur Eingliederung in Arbeit" sind Kann-Leistungen, die im Ermessen Ihres Arbeitsvermittlers liegen. Sie haben **keinen Anspruch** darauf.

Bietet Ihr Vermittler Ihnen aber einen Maßnahme- oder Arbeitsplatz an, so ist das ein **Angebot, das sie nicht ablehnen können**. Bei Ablehnung oder Abbruch einer Beschäftigung drohen Ihnen sonst harte „Geldstrafen" (⇨Sanktionen).

4. Sozialhilfe

Hilfe zum Lebensunterhalt (HzL) oder Grundsicherung im Alter und bei Erwerbsminderung (GSi) der Sozialhilfe beziehen i.d.R. Personen,

- die nicht erwerbsfähig sind, d.h. die weniger als drei Stunden am Tag auf dem allgemeinen Arbeitsmarkt arbeiten können, oder
- die das Regelrentenalter erreicht haben.

Dennoch unterliegen manche Sozialhilfebezieher der Arbeitspflicht.

„Können Leistungsberechtigte durch Aufnahme einer zumutbaren Arbeit Einkommen erzielen, sind sie hierzu sowie zur Teilnahme an einer erforderlichen Vorbereitung verpflichtet." (§ 11 Abs. 3 Satz 4 SGB XII)

Diese Arbeitsobliegenheit zielt z.B. auf Personen ab, die in einer Werkstatt für behinderte Menschen arbeiten oder arbeiten könnten.

4.1 Arbeit ist nicht zumutbar,

- wenn Sie wegen Erwerbsminderung, **Krankheit**, Behinderung oder Pflegebedürftigkeit hierzu nicht in der Lage sind (§ 11 Abs. 4 Nr. 1 SGB XII),
- wenn Sie das **Rentenalter** erreicht haben (§ 11 Abs. 4 Nr. 2 SGB XII),
- wenn der Tätigkeit ein sonstiger **wichtiger Grund** entgegensteht (§ 11 Abs. 4 Nr. 3 SGB XII, vgl. dazu ⇨1.3.8) und
- wenn die geordnete **Erziehung** eines Kindes gefährdet wäre (§ 11 Abs. 4 Satz 2 SGB XII). Die Regelungen für Kindererziehende entsprechen denen im SGB II (⇨1.3.6).

*„Auch sonst sind die Pflichten zu berücksichtigen, die den Leistungsberechtigten durch die **Führung eines Haushalts** oder die **Pflege eines Angehörigen** entstehen."* (§ 11 Abs. 4 Satz 4 SGB XII)

Ein€Jobs oder Ähnliches sind für SozialhilfebezieherInnen nicht vorgesehen.

4.2 Wenn Sie zumutbare Arbeit ablehnen...

gibt es auch bei der HzL/ GSi Strafen in Form von Regelsatzkürzungen (⇨Sanktionen).

A

Kritik

Die offizielle Zahl der Erwerbstätigen stieg vom Jahr 2000 bis 2013 um 2,45 Mio. Personen. Als Erwerbstätige werden nach neueren statistischen Kriterien alle Personen zwischen 15 und 74 Jahren gerechnet, die mindestens 1 Stunde (!) die Woche arbeiten, also auch jobbende RentnerInnen und SchülerInnen oder die zunehmende Zahl von Selbständigen in mehr oder weniger prekären Unternehmungen. Die Zahl der sozialversicherungspflichtig Beschäftigten stieg im gleichen Zeitraum um ca. 1,4 Mio., die der Vollzeitbeschäftigten fiel um 2,12 Mio. und die der Teilzeitbeschäftigten stieg um 3,57 Mio. Personen an. (BA, Arbeitsmarkt in Deutschland - Zeitreihen bis 2013) Der Anstieg von prekären Jobs, Leiharbeit, Teilzeit- und Minijobs sowie die Verdopplung der Nebenjobs machen den maßgeblichen Anteil an den Erfolgsmeldungen vom Arbeitsmarkt aus.

Reicht der Lohn nicht zum Leben, werden Einkommen mit Alg II, Kinderzuschlag und/ oder Wohngeld aufgestockt. Andererseits verfestigt sich auch nach der Krise die Zahl der Langzeitarbeitslosen auf hohem Niveau. An ihrer Wiedereingliederung hat das Kapital kein wirkliches Interesse. Deshalb werden Eingliederungsleistungen massiv zusammengestrichen. Deswegen sind es „Kann“-Leistungen.

Das wichtigste Ziel der Hartz-Reformen ist es, die Arbeitslosigkeit verstärkt zu nutzen, um das Lohnniveau der Beschäftigten insgesamt zu senken.

„Jeder findet Arbeit, wenn man zulässt, dass der Lohn weit genug fällt, denn je weiter er fällt, desto attraktiver wird es für die Arbeitgeber, Arbeitsplätze zu schaffen, um die sich bietenden Gewinnchancen auszunutzen.” (H. W. Sinn, Ist Deutschland noch zu retten, München 2003, 93-94)

Darum geht es bei der Hartz-IV-Reform und ihrer Fortentwicklung, nicht um den Kampf gegen „Faulenzer“, die den Beschäftigten auf der Tasche liegen. Um dem entgegen zu wirken, braucht es ein Bündnis zwischen Erwerbslosen und Beschäftigten, damit Arbeitslose nicht als Lohndrücker gegen die Beschäftigten eingesetzt werden.

Je mehr Arbeitskräfte überflüssig werden, desto dringender wird ein gesetzlicher Mindestlohn, der deutlich über dem Armutsniveau von Alg II/ Sozialhilfe liegt und dem Fall der Löhne nach unten Schranken setzt. 8,50 €/ 8,84 € gesetzlicher Mindestlohn mit Ausnahmeregelungen reichen hierzu nicht aus.

Und desto dringender wird auch eine Grundsicherung, die den „Überflüssigen” ein halbwegs anständiges Leben ermöglicht, ohne dass sie für etwas bestraft werden, das sie nicht zu verantworten haben.

Forderungen

Wenigstens 10 € brutto die Stunde lohnsteuerfrei als gesetzlicher Mindestlohn!

Wenigstens 500 € Eckregelsatz!

Erhöhung der Unterkunftskosten für Leistungsberechtigte!

Arbeitsgelegenheiten (Ein€Jobs)

„Für erwerbsfähige Leistungsberechtigte, die keine Arbeit finden können, sollen Arbeitsgelegenheiten geschaffen werden. Werden Gelegenheiten für im öffentlichen Interesse liegende, zusätzliche Arbeiten gefördert, ist den erwerbsfähigen Leistungsberechtigten zuzüglich zum Arbeitslosengeld II eine angemessene Entschädigung für Mehraufwendungen zu zahlen…” (§ 16d SGB II)

Es gibt nur noch **Arbeitsgelegenheiten gegen Mehraufwandsentschädigung** (⇨3.1; Ein€Jobs).

- Sozialversicherungspflichtige Arbeitsgelegenheiten (⇨2.1; zum Auslaufmodell) und
- Arbeitsbeschaffungsmaßnahmen/ ABM

wurden abgeschafft.

Seit 2010 werden die Eingliederungsmittel des Bundes kontinuierlich zurückgefahren. Darunter haben auch die bei den Kommunen so beliebten Arbeitsgelegenheiten (AGH) stark „zu leiden“.

Auch wenn die AGH gegen Mehraufwandsentschädigung in den letzten Jahren stark eingeschränkt wurde, birgt die Bewilligungspraxis viele Problemfelder, die hier etwas ausführlicher dargestellt werden sollen.

Inhaltsübersicht:
1. Arbeitsgelegenheiten AGH – letztes Mittel (Nachrangigkeit)
2. Sozialversicherungspflichtige Varianten der AGH
3. Ein€Jobs (AGH-MAE)
darunter: Erforderlichkeit, Zumutbarkeit, Arbeitszeiten und Maßnahmendauer, Höhe der Mehraufwandsentschädigung (MAE), Qualifizierung
3.3 Zusätzlichkeit von Ein€Jobs
3.4 f. Ein€Jobs: *„im öffentlichen Interesse"* liegend, Wettbewerbsneutralität
4. Möglichkeiten der Gegenwehr
darunter: Anspruch auf Vergütung/ Festeinstellung
4.3 f. Heranziehung nur über eine Eingliederungsvereinbarung, Mindeststandards
4.6 ff. Weitere Möglichkeiten der Gegenwehr
5. Eingliederungsbilanz
6. Kritik an Ein€Jobs
Forderungen
Information

1. Arbeitsgelegenheiten (AGH) – letztes Mittel

AGH sind nicht die erste und einzige *„Leistung der Eingliederung in Arbeit" sondern „immer* ***nachrangig*** *gegenüber Vermittlung in Arbeit oder Ausbildung, Qualifizierung und anderen Eingliederungsinstrumenten."* (BA, Fachliche Hinweise zu Arbeitsgelegenheiten nach § 16d SGB II, 11/2013, 7; im Folgenden zitiert als „BA AGH") Zuerst sind alle Möglichkeiten auszuschöpfen, selber Arbeit zu suchen bzw. mit Hilfe von Eingliederungsmaßnahmen nach SGB III und SGB II eine Erwerbstätigkeit aufzunehmen (⇨Arbeit 1.2.1ff.).

„Wenn eine Erwerbstätigkeit auf dem allgemeinen Arbeitsmarkt in absehbarer Zeit nicht möglich ist, hat die erwerbsfähige leistungsberechtigte Person eine ihr angebotene zumutbare Arbeitsgelegenheit zu übernehmen." (§ 2 Abs. 1 Satz 3 SGB II) Die Behörde muss also eine Prognose stellen, ob Sie in absehbarer Zeit keine Arbeit auf dem allgemeinen Arbeitsmarkt finden können (SG Berlin 27.6.2005, info also 2005, 277f.). Als „absehbare Zeit" gilt ein Zeitraum von mindestens 6 Monaten im Alg-II-Bezug (Eicher SGB II, § 2 Rz. 15).

Tipp Prüfen Sie, ob das auf Sie zutrifft. Fragen Sie Ihren Arbeitsvermittler, wieso eine Arbeitsaufnahme für Sie nicht möglich sein soll. Fragen Sie, welches Ermessen er ausgeübt hat, Ihnen die zahlreichen Eingliederungsmaßnahmen nahe zu bringen. Denn auch das eröffnet Möglichkeiten, eine Stelle auf dem allgemeinen Arbeitsmarkt zu finden.

Die **Nachrangigkeit** des Ein€Jobs gilt seit 2012 auch beim Sofortangebot für Jugendliche und junge Erwachsene unter 25 Jahren, das bei der Antragstellung unterbreitet werden soll (§ 3 Abs. 2 SGB II neu; ⇨Jugendliche 2.), und bei älteren über 58jährigen Arbeitslosen.

2. Sozialversicherungspflichtige Arbeitsgelegenheiten

wurden in den vergangenen 11 Jahren massiv abgebaut. Der Hartz IV Reform selbst fielen 200.000 AGH der Entgeltvariante nach dem alten Bundessozialhilfegesetz (BSHG) zum Opfer.

2.1 Neue = alte Entgeltvariante (AGH E)

An Stelle der BSHG-Entgeltvariante wurde mit der Hartz-IV-Reform vorübergehend eine andere Form sozialversicherungspflichtiger Arbeitsgelegenheiten geschaffen, die sogenannte AGH E. 2010 waren dort im Jahresdurchschnitt immerhin noch 46.458 Personen sozialversicherungspflichtig beschäftigt. Doch die AGH E wurde zum 1. April 2012 **abgeschafft**. Bereits bewilligte Maßnahmen liefen in Abwicklung weiter; Stand Dezember 2014: 97 Teilnehmende (BA Statistik, Einsatz von AGH 2014, Tab. 1.1., 1.2). Inzwischen dürften auch diese „abgewickelt" sein.

2.2 Arbeitsbeschaffungsmaßnahmen (ABM)

wurden zum Januar 2009 für Alg-II-BezieherInnen abgeschafft und kurzzeitig durch die AGH E ersetzt. 2012 wurden die ABM auch im Bereich des SGB III ersatzlos gestrichen.

3. Ein€Jobs

An die Stelle sozialversicherungspflichtiger Jobs traten die billigeren ***„Arbeitsgelegen-***

A

heiten gegen Mehraufwandsentschädigung" (AGH MAE), sogenannte Ein€Jobs. Im Jahresdurchschnitt 2010 gab es noch 259.700 solcher „Jobs". Insgesamt traten 2010 740.828 Personen Ein€Jobs an (BA Statistik, ebenda). Die massiven Kürzungen beim Eingliederungsbudget und die gesetzlichen Einschränkungen vom April 2012 schlagen aber auch auf die „Maßnahme" Ein€Job durch: Im Februar 2016 waren es nur noch 66.628 bei 20.001 Zugängen (BA Monatsbericht 2/2016, 86).

Ein€Jobber müssen sich zwar um reguläre Arbeit bemühen, sie fallen aber aus der Arbeitslosenstatistik heraus und werden als Erwerbstätige gezählt.
Ein€Jobs begründen **kein Arbeitsverhältnis** im Sinne des Arbeitsrechts. Es wird kein Lohn gezahlt. Deshalb gibt es auch weder Weihnachtsgeld, Urlaubsgeld, Lohnfortzahlung im Krankheitsfall noch andere betriebliche Sozialleistungen. Es werden keine Beiträge zur Sozialversicherung abgeführt. (§ 16d Abs. 7 Satz 2, SGB II) Ein€JobberInnen sind über Alg II sozialversichert. Sie arbeiten ohne Lohn als staatlich anerkannte Schwarzarbeiter und können mangels Kündigungsschutz jederzeit gefeuert werden.
Nach dem Bundesurlaubsgesetz steht Ihnen aber ein **Mindesturlaub** von zwei Tagen je Beschäftigungsmonat zu. Es gelten die allgemeinen Vorschriften über den **Arbeitsschutz** (Mutterschutz, Jugendarbeitsschutz, Arbeitsstättenverordnung, Unfallverhütungsvorschriften usw.) und Sie sind über den Träger **unfallversichert** (BA AGH, 24).

3.1 Ist der Ein€Job für Ihre Eingliederung erforderlich?

Denn zunächst gilt: *„Leistungen zur Eingliederung in Arbeit ..., mit denen die Aufnahme einer Erwerbstätigkeit auf dem allgemeinen Arbeitsmarkt unmittelbar unterstützt werden kann, haben Vorrang gegenüber der Zuweisung in Arbeitsgelegenheiten."* (§ 16d Abs. 5 SGB II; ⇨1.)

Die Teilnahme an einer AGH soll in einer ⇨ **Eingliederungsvereinbarung** festgehalten werden. Sollte Ihr Arbeitsvermittler für Sie einen Ein€Job vorsehen, muss er sich dazu äußern, warum gerade Sie dafür geeignet sind und wie dieser dazu beiträgt, Sie dauerhaft einzugliedern. Fragen Sie ihn also. Denn: Es *„ist darzulegen, welches individuell unter Berücksichtigung der persönlichen und fachlichen Eignung auf den erwerbsfähigen Hilfebedürftigen bezogene Eingliederungskonzept mit der Maßnahme und der individuell festgelegten Maßnahmendauer verfolgt wird (Integrationsstrategie)."* (BA AGH, 20)
Arbeitsgelegenheiten bzw. Eingliederungsvereinbarungen, die diese Voraussetzungen für Ihre Eingliederung nicht berücksichtigen, sind rechtswidrig. *„Die Praxis der ARGE, Langzeitarbeitslosen Eingliederungsmaßnahmen ohne ein konkretes, individuell auf sie bezogenes Eingliederungskonzept zuzuweisen, ist nach Auffassung des Vorsitzenden der Kammer 53 rechtlich nicht haltbar."* (Pressemeldung SG Hamburg 30.11.2005 zum Verfahren SG Hamburg S 53 AS 1088/05)
Laut Begründung zum Gesetzesentwurf geht es um eine *„maßgeschneiderte Ausrichtung der Eingliederungsleistungen auf den erwerbsfähigen Hilfebedürftigen."* (BR-Drs. 558/03, 101) Wenn Ihnen der Anzug nicht passt, ist er nicht maßgeschneidert. Das gilt auch für Ein€Jobs.

Als „erforderlich" gelten solche Jobs aber auch, um die **Beschäftigungsfähigkeit** wiederherzustellen und darüber die Eingliederung indirekt zu fördern. Hier geht es um die Gewöhnung an Zeitstrukturen, Arbeitsbelastung usw.

Tipp Wenn Sie in dieser Hinsicht keine Probleme haben, wenn Sie also „beschäftigungsfähig" sind, sind Ein€Jobs für Sie nicht erforderlich. Wenn Sie schon geringfügig beschäftigt sind, wenn Sie gerade erst Ihre Stelle verloren haben und kürzer als ein halbes Jahr arbeitslos sind oder wenn Sie eine Stelle konkret in Aussicht haben, ist Ihre Beschäftigungsfähigkeit nicht eingeschränkt. Somit ist in diesen Fällen ein Ein€Job zu Ihrer Eingliederung nicht erforderlich.

Wenn Sie als Alg-I-**Aufstocker** auf ergänzendes Alg II angewiesen sind, sollen Ihnen keine Ein€Jobs zugewiesen werden (BA AGH, 20).

3.2 Ist der Ein€Job zumutbar?

Wenn Ihnen Arbeit nicht zumutbar ist, sind es auch Arbeitsgelegenheiten nicht. (Ausführlich zur Zumutbarkeit ⇨Arbeit 1.3 ff.)

3.2.1 Arbeitszeit

Die Arbeitszeit bei Ein€Jobs ist gesetzlich nicht festgelegt.

Das Bundessozialgericht setzt bei Ein€Jobs keine starren Arbeitszeitgrenzen. Der **zeitliche Umfang** der Maßnahme ist unter Berücksichtigung ihrer Erforderlichkeit im Einzelfall mit Blick auf die geforderten Eigenbemühungen zur beruflichen Eingliederung und die besonderen Belastungen der TeilnehmerInnen festzulegen. Die häufig geforderte Beschäftigungszeit von **30 Stunden** wöchentlich ist dabei unbedenklich, wenn der Ein€Jobber dazu gesundheitlich in der Lage ist. (16.12.2008 - B 4 AS 60/07 R)

Tipp Wenn Sie der Ansicht sind, dass in Anbetracht Ihrer persönlichen Belastungen (gesundheitliche Einschränkungen, Kinderbetreuung, Pflege usw.) die Arbeitszeit zu umfangreich ist, um sich auf dem ersten Arbeitsmarkt bewerben zu können, verlangen Sie eine Herabsetzung der Stunden.

Bei der Beurteilung, ob Ihnen genug Zeit zur Jobsuche bleibt, spielt auch der tägliche **Arbeitsweg** eine Rolle. Bei einer Wochenarbeitszeit von 30 Stunden zuzüglich einer täglichen Wegezeit von 90 Minuten kann eine ernsthafte Stellensuche schon erheblich eingeschränkt sein (LSG Rheinland-Pfalz 18.3.2008 - L 3 AS 127/08).

Termine, die Sie für Bewerbungen auf dem allgemeinen Arbeitsmarkt brauchen, haben Vorrang. Sie können auch den Ein€Job selbst jederzeit „kündigen", wenn Sie etwas Besseres auf dem ersten Arbeitsmarkt gefunden haben. Dann brauchen Sie keine „Leistung zur Eingliederung" mehr.

3.2.2 Dauer der Maßnahme

Alg-II-Beziehenden *„dürfen innerhalb eines Zeitraums von fünf Jahren* ***nicht länger als insgesamt 24 Monate*** *in Arbeitsgelegenheiten zugewiesen werden"* (§ 16d Abs. 6 Satz 1 SGB II). Vor Hartz IV waren es maximal drei Monate.

Mit der Höchstdauer von 24 Monaten soll sichergestellt sein, dass *„kein dauerhafter Einsatz in AGH erfolgen kann"* (BA AGH, 16). Zwei Jahre sind scheinbar nicht dauerhaft.

Wenn aber die Beschäftigungsfähigkeit weiterhin erhalten und wiedererlangt werden muss **und** sichergestellt ist, dass Leistungen zur Eingliederung in den ersten Arbeitsmarkt vorrangig sind, können Alg-II-Bezieher *„nach Ablauf der 24 Monate* ***bis zu zwölf weitere Monate*** *in Arbeitsgelegenheiten zugewiesen werden..."* (§ 16d Abs. 6 Satz 3 SGB II neu). Das gilt **seit 1.8.2016** und dürfte auf so gut wie jeden Ein€Jobber zutreffen. Die Bundesregierung hätte auch in Satz 1 die Höchstdauer auf 36 Monate erhöhen können.

Tipp Die Dauer der Maßnahme hängt auch von der Haltung des Arbeitsvermittlers, der „Geschäftspolitik" des örtlichen Jobcenters, **vor allem** aber von der **Art der Maßnahme** und der **individuellen Integrationsstrategie** ab (BA AGH, 20) Lassen Sie sich Ziel und Strategie von Ihrem Fallmanager darlegen.

Bundesweit hat sich eine Regeldauer von 6 bis 12 Monaten eingestellt. Die Regierung hat aber schon die Weichen für die Verlängerung der AGH gestellt.

Ein€Jobs für ältere Alg-II-BezieherInnen, die vor April 2012 bewilligt wurden, dürfen generell länger als 24 Monate dauern (§ 78 SGB II).

3.2.3 Höhe der Mehraufwandsentschädigung (MAE)

Auch über die Höhe der MAE steht nichts im Gesetz. Sie soll „angemessen" sein. Früher galt sie als angemessen, wenn sie „nicht unter 1 €" lag (BA Arbeitshilfe 2005, 8). Die neuen Fachlichen Hinweise der BA ab 2009 verzichten auf konkrete Vorgaben. Die örtlichen Träger können die Höhe der MAE selbst regeln. Es darf auch weniger als 1 € die Stunde sein. Das war 2010 bei 1,3% der Ein€Jobs der Fall. Der Durchschnitt lag im ersten Halbjahr 2010 allerdings bei **1,27 €**. (BA Sonderbericht AGH 2010, Tab. 5.2) Inzwischen sind auch höhere Sätze wie **1,75 €** pro Stunde keine Seltenheit.

Bei Krankheit, Urlaub oder an Feiertagen/ Wochenenden wird keine MAE gezahlt, sondern nur Alg II (⇨4.5).

„Die Mehraufwandsentschädigung, die alle Aufwendungen im Zusammenhang mit der Teilnahme an AGH MAE abdeckt, kann dem Teilnehmer als pauschalierte Leistung gewährt werden." (BA AGH, 17)

Sie ist also kein „Arbeitsanreiz", kein Betrag zu Ihrer freien Verfügung, sondern dient nur der **Entschädigung** für den Mehraufwand, den Sie wegen Ihrer Arbeit haben. Von dem einen € pro Stunde sollen Sie alle Aufwendungen für **Arbeitskleidung** und **Fahrtkosten** zur Arbeit, für den Mehraufwand an Verpflegung und Getränken, für Körperreinigung und zusätzliche Wäsche bezahlen. Einen Anspruch auf Erhöhung der MAE haben Sie nur, wenn Sie dem Träger nachweisen, dass ihre Arbeitsaufwendungen die MAE übersteigen. (BSG 13.11.2008 - B 14 AS 66/07 R)

Ist der Träger dann nicht bereit, die MAE entsprechend anzuheben, liegt nach unserer Auffassung ein **wichtiger Grund** vor, die Arbeitsgelegenheit **abzulehnen**. Geld mitbringen, geht nicht.

Tipp Die Träger der Ein€Jobs erhalten vom Jobcenter eine *„Maßnahmenkostenpauschale"*, für *„die unmittelbar im Zusammenhang mit der Verrichtung von [AGH-]Arbeiten ... erforderlichen Kosten, einschließlich der Kosten, die bei besonderem Anleitungsbedarf für das erforderliche Betreuungspersonal entstehen."* (§ 16d Abs. 8 SGB II) Regen Sie an, dass auch die Fahrtkosten aus der Maßnahmekostenpauschale getragen werden. Das steht im Ermessen des Trägers, er muss es aber nicht tun (BSG, ebenda). In Frankfurt, Wuppertal und anderen Städten wird z.B. die Monatskarte für den öffentlichen Nahverkehr (noch) übernommen.

Da Alg II plus MAE weder als Arbeitseinkommen noch überhaupt als Einkommen gilt, können Werbungskosten, Versicherungen oder die KfZ-Haftpflicht nicht vom ⇨Einkommen abgezogen werden.

3.2.4 Qualifizierung?

„AGH dienen der Erhaltung und Wiedererlangung der Beschäftigungsfähigkeit und der Erzielung von Integrationsfortschritten für eine Integration in den allgemeinen Arbeitsmarkt." (BA AGH, 11)

Qualifizierung selbst ist im Rahmen von Ein€Jobs kein Ziel mehr. Deshalb hat die Bundesregierung 2012 auch die dafür vorgesehenen Mittel gestrichen.

Überwiegend wird das Ausüben der Tätigkeit selbst schon als Qualifizierung betrachtet. Eine **zusätzliche** Qualifizierung **kann** das Jobcenter im Rahmen von anderen Eingliederungsleistungen (insbesondere nach § 16 Abs. 1 SGB II i.V. mit § 45 SGB III; ⇨Arbeit 2.2.4) *„vor, während oder nach einer AGH"* erbringen (ebenda). Stellen Sie bei Bedarf einen Antrag.

3.3 Ein€Jobs müssen zusätzlich sein

„Arbeiten sind zusätzlich, wenn sie ohne die Förderung nicht, nicht in diesem Umfang oder erst zu einem späteren Zeitpunkt durchgeführt würden. Arbeiten, die auf Grund einer rechtlichen Verpflichtung durchzuführen sind ..., sind nur förderungsfähig, wenn sie ohne die Förderung voraussichtlich erst nach zwei Jahren durchgeführt würden." (§ 16d Abs. 2 SGB II) 2012 wurden Kriterien für Zusätzlichkeit von Ein€Jobs erstmals ins Gesetz aufgenommen. Weitere mögliche Einsatzbereiche sind *„Naturkatastrophen und sonstige außergewöhnlichen Ereignisse"* (ebenda).

„...Arbeiten, die zur Wahrnehmung von Verkehrssicherungspflichten gehören (z.B. Schneeräumung von Verkehrswegen, Zurückschneiden von Gehölzen, die Verkehrswege beeinträchtigen)", sind genauso wenig zusätzlich und als Ein€Job förderfähig wie *„Pflichtaufgaben im Rahmen der Pflegeversicherung oder zwingend anfallende Arbeiten (z. B. Betten wechseln und sterilisieren, waschen und umbetten von Patienten)."* (BA AGH, 12) Achten Sie darauf!

Tipp Ob eine Regelaufgabe einer Verwaltung oder Kommune durch Ein€Jobs ersetzt wurde, können Sie (außer durch eigene Beobachtung) auch über den zuständigen Betriebs- oder Personalrat herausfinden. Wegen der Eingruppierung in Lohngruppen sind sämtliche Aufgaben und Arbeitsplätze im Tarifvertrag festgelegt. Hier gilt das Kriterium „zwei Jahre ungefördert" (§ 16d Abs. 2 SGB II).

Kritik

Ein€Jobs werden von den Regierungskosmetikern als „Zusatzjobs" bezeichnet. Sie sind zusätzlich, eben weil sie „Zusatzjobs" heißen. Die offizielle Definition der Zusätzlichkeit macht es möglich, Billigkräfte auf Arbeitsplätzen einzusetzen, für die das vorher vorhandene, tariflich beschäftigte Personal abgebaut wurde.

Arbeiten im Kindergarten, in Schulen und Hochschulen, Jugendzentren und Pflegeeinrichtungen, Sportstätten und öffentlichen Einrichtungen werden nicht dadurch zusätzlich, dass Pflegesätze, Zuschüsse oder Budgets gekürzt werden und notwendige Arbeiten nicht mehr erledigt werden können. Wenn z.B. in öffentlichen Schwimmbädern nicht im erforderlichen Umfang geputzt werden kann, weil vor zwei Jahren Stammpersonal abgebaut wurde, verrichten die dort eingesetzten Ein€Jobber offiziell zusätzliche Arbeit.

Wenn kostenlose Ein€Jobber zum Einsatz bereitstehen, wird der Abbau von tariflich bezahlten Vollzeitbeschäftigten im öffentlichen Dienst und bei Einrichtungen der Wohlfahrtsverbände insgesamt gefördert. Das Kriterium „zwei Jahre ungefördert" ist dabei kaum geeignet, Zusätzlichkeit sicherzustellen, da dieses kaum überprüft werden kann.

3.4 Ein€Jobs müssen *„im öffentlichen Interesse"* sein,

nicht mehr „gemeinnützig", wie es vor Hartz IV im BSHG hieß.

„Arbeiten liegen im öffentlichen Interesse, wenn das Arbeitsergebnis der Allgemeinheit dient." (§ 16 d Abs. 3 Satz 1 SGB II) Allerdings reicht *„die Beschäftigung von erwerbsfähigen Leistungsberechtigten allein ... nicht aus, um das öffentliche Interesse zu begründen"* (BA AGH, 14). Immerhin!

„Einnahmen infolge von durch die AGH ausgeübten Arbeiten, schließen alleine noch kein öffentliches Interesse und damit eine Förderung aus ...", sondern erst, „wenn es sich um überwiegend erwerbswirtschaftliche auf Gewinn gerichtete Arbeiten handelt" (ebenda). Ein€Jobs – ggf. als Arbeitnehmerverleih – in der Privatwirtschaft sind nach den Fachlichen Hinweisen der BA nicht grundsätzlich ausgeschlossen, wenn es sich dabei nur um „Maßnahmen" handelt.

Im Gegensatz dazu hält das LAG Düsseldorf Versuche, AGH in der Privatwirtschaft zu installieren, für rechtswidrig (LAG Düsseldorf 25.2.2005 - 9 Sa 1843/04; gleicher Ansicht: LPK SGB II 2011, § 16d; Rz. 14).

Kritik

Der Begriff „öffentliches Interesse" stößt die Tür zur Nutzung billiger Arbeitskraft durch private und sonstige Träger weit auf. Handeln nicht auch private Unternehmen im Interesse der Allgemeinheit, die Arbeiten für die öffentliche Hand verrichten? Z.B. Gartenbaubetriebe, Verkehrsbetriebe, Baubetriebe, Unternehmen, die im Gesundheitssektor, Sport usw. tätig sind? Mehr und mehr werden Tätigkeiten, die früher von der öffentlichen Hand organisiert wurden, Privatunternehmen überlassen. Dient im Kapitalismus nicht angeblich allein das private Interesse an Profit dem Interesse der Allgemeinheit?

3.5 Neues Kriterium: Wettbewerbsneutralität

„Arbeiten sind wettbewerbsneutral, wenn durch sie eine Beeinträchtigung der Wirtschaft infolge der Förderung nicht zu befürchten ist und Erwerbstätigkeit auf dem allgemeinen Arbeitsmarkt weder verdrängt noch in ihrer Entstehung verhindert wird." (§ 16d Abs. 4 SGB II)

Schöne Worte. Das Kriterium „wettbewerbsneutral" wurde 2012 **zusätzlich** zur Zusätzlichkeit (⇨3.3) mit ins Gesetz aufgenommen. Es soll die Zusätzlichkeit im Bereich der privaten Wirtschaft abdecken. Es ist schon bezeichnend, dass zwei Begriffe, die für den Arbeitsmarkt exakt die gleiche Bedeutung haben, als Dopplung in den § 16d SGB II eingefügt wurden. Nach dem Motto: Man muss es nur oft genug wiederholen, dann wird man uns die guten Absichten schon irgendwann abkaufen.

Kritik

Straßenreinigen, Heckenschneiden und Laubkehren in Grünanlagen oder Friedhöfen, Schwimmbäder putzen, Sportanlagen pflegen, Wäschereiarbeiten im Krankenhaus, Ausleihe in Bibliotheken, Hausmeistertätigkeiten in Schulen usw. sind keine zusätzliche/

A

wettbewerbsneutrale Arbeiten. Egal, ob sie vorher durch den öffentlichen Dienst oder ein privates Unternehmen erledigt wurden.
Wenn neben Ihnen jemand die gleiche Arbeit für normalen Lohn verrichtet, kann Ihre Arbeit nicht zusätzlich/ wettbewerbsneutral sein.
Wenn Ihre Arbeit eine (gestrichene) Planstelle ersetzt oder Sie auf einer (nicht besetzten) Planstelle arbeiten, kann man nicht von Zusätzlichkeit/ Wettbewerbsneutralität reden. Ebenso wenig bei Urlaubs-, Krankheits- und Schwangerschaftsvertretungen oder beim Einsatz als Streikbrecher (BA, AGH, 15).

Der Bundesrechnungshof stellte 2010 fest, *„dass insbesondere kommunale Körperschafen Arbeitsgelegenheiten dazu nutzen, ihren – meist auf ein Minimum reduzierten – regulären Personalkörper zu ergänzen, um ihre Aufgaben trotz einer oftmals schwierigen Haushaltslage in gewohntem Umfang erfüllen zu können. Ähnliches gilt für Maßnahmenträger aus dem sozialen und Weiterbildungsbereich..."* Öffentlich geförderte Beschäftigung verdrängt *„nicht nur im sozialen oder öffentlichen Bereich, sondern auch auf dem allgemeinen Markt für Güter und Dienstleistungen reguläre Beschäftigung"* und benachteiligt ungeförderte Unternehmen. (Bericht über die Prüfung der Arbeitsgelegenheiten und Leistungen der Beschäftigungsförderung (§§ 16d und 16 e SGB II), 12.8.2010, 43)

Die schwarz-gelbe Bundesregierung und die damalige Arbeitsministerin von der Leyen wussten, dass Ein€Jobs massenhaft reguläre Arbeit verdrängen. Ihnen kam die Kritik des Rechnungshofs gelegen, um 2012 mit verschärften gesetzlichen Kriterien für die Vergabe von AGH die Reißleine zu ziehen. Ziel des Bundes ist es, seine Ausgaben für Eingliederung drastisch herunterzufahren.
Das Argument, den Missbrauch der Kommunen bei den Ein€Jobs und Verdrängungseffekte auf dem Arbeitsmarkt einschränken zu wollen, ist allerdings durchsichtig. Der Bund ist Maßgeblich an der Trockenlegung der kommunalen Haushalte beteiligt und hat durch Steuersenkungen und Privatisierungspolitik dem Kahlschlag bei der öffentlichen Daseinsfürsorge sowie im Sozial- und Bildungsbereich Vorschub geleistet. Es ist also kein Wunder, dass sich klamme Städte und Landkreise an den (noch) verfügbaren Eingliederungsmitteln des Bundes bedienen, um ihre Versorgungslöcher mit billigen Ein-Euro-Arbeitskräften zu stopfen.

4. Möglichkeiten der Gegenwehr

Wenn Sie den Abschluss einer ⇨Eingliederungsvereinbarung (EinV) ablehnen, weil Sie den darin angebotenen Ein€Job für rechtswidrig halten, werden die hier vorgesehenen Pflichten i.d.R. per Eingliederungsverwaltungsakt (⇨Bescheid) eingesetzt. Wenn Sie den Job dann nicht antreten, kann der Arbeitsvermittler Sie mit ⇨Sanktionen belegen.

Tipp 1 Wenn Sie die Eingliederungsvereinbarung nicht unterzeichnen und die Einsetzung per Verwaltungsakt abwarten, haben Sie günstigere Voraussetzungen der Gegenwehr.

Tipp 2 Achtung! Wenn Sie sich konsequent gegen rechtswidrige Ein€Jobs wehren wollen, bleibt Ihnen nach der überwiegenden Meinung der Rechtsprechung als letztes Mittel nur der Abbruch der Maßnahme mit dem Risiko einer Sanktion. Bereiten Sie sich gut vor und wägen Sie Ihre Chancen ab. Sie sollten im Vorfeld Beratung durch einen Verband, eine Initiative, Beratungsstelle oder einen Anwalt einholen.

Sie haben verschiedene Möglichkeiten Ihr Recht durchzusetzen:

a. Sie können die Zulässigkeit der Job-Zuweisung durch einen ⇨Widerspruch gegen den Eingliederungsverwaltungsakt überprüfen lassen. Dieser Widerspruch hat keine aufschiebende Wirkung. Bei Ablehnung des Widerspruchs können Sie vor dem Sozialgericht klagen.
Damit Sie während des laufenden Verfahrens keinen Nachteil haben, z.B. weil Sie den Ein€Job nicht antreten und daher mit einer Sanktion zu rechnen haben, müssen Sie die Anordnung der aufschiebenden Wirkung des Widerspruchs mit einer ⇨einstweiligen Anordnung beim Sozialgericht beantragen (§ 86b Abs. 1 Nr. 2 SGG). Wird die aufschiebende Wirkung durch das Gericht angeordnet, darf für die Dauer des Verfahrens keine Kürzung vorgenommen werden. In der Regel wird die Eilbedürftig-

keit einer Entscheidung im Rahmen einer einstweiligen Anordnung von den Sozialgerichten aber erst anerkannt, wenn der Regelsatz um 30% gekürzt worden ist.
Um das Risiko einer Sanktion zu vermeiden, können Sie auch den Ein-€Job vorerst antreten und die Entscheidung im Widerspruchsverfahren abwarten.

b. Sie können die Eingliederungsverwaltungsakt hinnehmen aber den Ein€Job selbst nicht antreten bzw. abbrechen. Wenn Ihr Regelsatz dann aufgrund einer ⇨Sanktion gekürzt wird, können Sie Widerspruch gegen den Sanktionsbescheid einlegen und bei Bedarf klagen. Sie sollten dann die aufschiebende Wirkung des Widerspruchs mit einer einstweiligen Anordnung beantragen (s.o.). Wird Ihrem Antrag vor Gericht stattgegeben, darf keine Leistungskürzung vorgenommen werden, solange die Rechtmäßigkeit der Sanktion im Rahmen von Widerspruch und Klage überprüft wird.

c. Wenn die Ein€Job-Zuweisung von Ihrer Behörde als Verwaltungsakt eingestuft wird, können Sie schon gegen diese Zuweisung mit Widerspruch und Klage vorgehen (⇨b.). Den Verwaltungsakt erkennen Sie an der Rechtsfolgenbelehrung.

d. Sie können auch den Ein€Job beginnen, ihre Arbeitsaufträge und Einsatzgebiete protokollieren und, wenn die Stelle tatsächlich nicht „im öffentlichen Interesse liegend" bzw. zusätzlich/ wettbewerbsneutral ist oder die Arbeitsbedingungen unzulässig sind, die Arbeit einstellen. Gegen die darauf folgende Sanktion legen Sie Widerspruch ein und lassen die Zulässigkeit der Maßnahme ggf. gerichtlich überprüfen (⇨b.).

e. Weicht die zu verrichtende Tätigkeit von der Zuweisung ab, sollten Sie nach Arbeitsaufnahme Ihre Arbeitsaufträge und Einsatzgebiete protokollieren, um nachzuweisen, dass Sie nicht zusätzlich sind bzw. zum normalen Betriebsablauf gehören. Dann müssen Sie Ihren Arbeitsvermittler darauf hinweisen, dass die Ihnen abverlangte Arbeit nicht durch die Zuweisung gedeckt ist. Wenn die Behörde darauf nicht reagiert, können Sie die Zulässigkeit der Ein€Job-Zuweisung mit einer Feststellungsklage (§ 55 Abs. 1 Nr. 1 SGG) vor dem Sozialgericht überprüfen lassen.

Besonders in den Fällen **b.** und **c.** müssen Sie konfliktfreudig sein und möglichst ein finanzielles Polster im Hintergrund haben (z.B. Schonvermögen), um mögliche Leistungskürzungen zu überbrücken. Wenn Sie nicht anhand eindeutiger Belege glaubhaft machen können, dass der Job selbst, die damit verbundene Eingliederungsvereinbarung (⇨4.3) oder Zuweisung (⇨4.4) rechtswidrig sind, wird es schwer sein, eine einstweilige Anordnung vor Gericht und damit die aufschiebende Wirkung von Widerspruch und Klage durchzusetzen.

Wenn Sie sich gegen eine bestimmte Zuweisung zur Wehr setzen, sind Sie während des laufenden Verfahrens nicht vor andern Ein€Job-Angeboten sicher, wenn diese durch eine Eingliederungsvereinbarung oder einen Eingliederungsverwaltungsakt gedeckt sind.

4.1 Anspruch auf tarifliche Vergütung?

Ein€Jobs begründen **kein Arbeitsverhältnis**. Arbeitsrechtliche Ansprüche gegenüber dem Maßnahmenträger erwerben Sie nach Ansicht des Bundesarbeitsgericht (BAG) auch dann nicht, wenn Sie im Rahmen der Maßnahme eine **reguläre Tätigkeit** ausgeübt haben, die nicht den Maßgaben des § 16 Abs. 3 Satz 2 SGB II entspricht (BAG 26.9.2007 - 5 AZR 857/06). Das soll einer Klagewelle auf reguläre **Lohnzahlung** oder **Festeinstellung** bei den Arbeitsgerichten einen Riegel vorschieben.

Ein€Jobber sind also in einem öffentlichrechtlichen Rechtsverhältnis „gefangen". Lohn- oder Kündigungsschutzklagen vor den Arbeitsgerichten sind nur auf Grundlage eines privatrechtlichen Arbeitsverhältnisses (⇨4.2) möglich.
Die Zuständigkeit liegt demnach im Regelfall bei den **Sozialgerichten**. Hier haben Klagen gegen den SGB-II-Träger auf einen „***Wertersatz***" Aussicht auf Erfolg, wenn der Ein€Jobber nachweisen kann, dass die Maßnahme nicht zusätzlich/ wettbewerbsneutral war und durch die Tätigkeit ein Vermögensvorteil entstanden ist.

A

Auch das **BSG** sieht die Möglichkeit eines Wertersatzes im Rahmen des **öffentlich-rechtlichen Erstattungsanspruch** z.B. wenn die rechtlichen Voraussetzungen für eine AGH MAE nicht erfüllt sind, weil es z.B. an der Zusätzlichkeit/ Wettbewerbsneutralität mangelt, oder die Zuweisung an sich schon rechtswidrig war.
Wurde im Rahmen des Ein€Jobs z.B. eine „nicht zusätzliche", d.h. reguläre Tätigkeit ausgeübt, entsteht ein fiktiver Vermögensvorteil beim Jobcenter, welches die Zuweisung zum Maßnahmenträger veranlasst hat. Der Maßnahmenteilnehmer hat dann einen öffentlich-rechtlichen Erstattungsanspruch in Form eines Wertersatzes gegenüber dem Jobcenter. Zur Ermittlung der **Höhe der Erstattung** muss der reguläre Tariflohn der im gleichen Zeitraum erhaltenen **MAE plus Alg-II-Leistung** (inklusive der Aufwendungen für Kranken und Pflegeversicherung) gegenübergestellt werden. Die Differenz ist als Wertersatz zu erstatten. (BSG 13.4.2011 - B 14 AS 98/10 R u. B 14 AS 101/10R; 27.8.2011 - B 4 AS 1/10 R)
Konkret hat das BSG im Fall eines Umzugshelfers und einer Raumpflegerin bei einem Wohlfahrtsverband einen Wertersatz anerkannt.
Sie müssen allerdings das Jobcenter rechtzeitig auf die rechtswidrigen Umstände Ihres Ein€Jobs hinweisen. Erst wenn dort keine Konsequenzen gezogen werden, können Sie den Erstattungsanspruch geltend machen. (BSG 22.8.2013 - B 14 AS 75/12 R; nach Geiger 2014, 632)

Tipp 1 Prüfen Sie, ob sich eine Klage auf Wertersatz überhaupt lohnt. Ermitteln Sie für den streitigen Zeitraum den Netto-Tariflohn für die entsprechende Teilzeitbeschäftigung (gemessen an der Arbeitszeit der AGH) und stellen Sie dem die im Zeitraum gezahlten SGB-II-Leistungen gegenüber.(MAE, Alg II, KV/PV). Nur wenn die Lohnforderung höher ausfällt, muss das Jobcenter erstatten.

Tipp 2 Wenn Sie beim Sozialgericht einen **Wertersatz** einklagen wollen, sollten Sie die Art Ihrer Tätigkeit und ihren Umfang möglichst täglich protokollieren, um nachzuweisen, dass die Arbeiten nicht zusätzlich sind. Wenn Sie auf tarifliche Vergütung klagen, müssen Sie damit auch nachweisen, inwieweit Ihre Arbeit die Tatbestandsmerkmale der angestrebten Vergütungsgruppe erfüllt.

Kritik
Auch mit der neuen Rechtsprechung des BSG im Rücken wird es für ausgebeutete Ein€Jobber in rechtswidrigen Arbeitsgelegenheiten nicht leicht sein, Erstattungsansprüche gegen das Jobcenter durchzusetzen. Letztlich müssen sie den Beweis führen, dass eine Zuweisung rechtswidrig war oder eine reguläre Arbeit ausgeübt wurde. Wenn Ein€Jobber eine „Maßnahme" vorzeitig abbrechen oder gar nicht erst antreten, wird ihnen die Leistung gekürzt. Das Risiko tragen sie alleine, denn sie sind i.d.R. darauf angewiesen, dass ein Gericht die Rechtswidrigkeit der Maßnahme feststellt und die Sanktion im Eilverfahren aufhebt.
Ob letztlich beim öffentlich-rechtlichen Erstattungsanspruch überhaupt ein nennenswerter Wertersatz herauskommt, sollten Sie vorab prüfen.

4.2 Anspruch auf Festeinstellung?

Als Ein€Jobber können Sie **keinen Anspruch** auf Festeinstellung durchsetzen, weil im Normalfall kein privatrechtliches Arbeitsverhältnis begründet wird (⇨4.1, BAG, ebenda).

Sie können auf Festeinstellung klagen, wenn kein öffentlich-rechtliches, sondern ein **privatrechtliches Arbeitsverhältnis** begründet worden ist. Haben Sie **zusätzlich** zur Zuweisung der Alg-II-Behörde einen **unbefristeten Vertrag** mit dem Maßnahmenträger abgeschlossen, der als Arbeitsvertrag gewertet werden kann, besteht nämlich ein unbefristetes Arbeitsverhältnis, das nur durch eine Kündigung beendet werden kann (ArbG Leipzig 24.3.2000, info also 2001, 36 ff.; ArbG Berlin info also 1990, 35).

Ein **faktisches Arbeitsverhältnis** zwischen Ein€Job-Träger und Ein€Jobber entsteht auch **ohne Vertrag**,
- wenn die vom Maßnahmenträger zugewiesene Arbeit nicht mit der Zuweisung bzw. dem Einsatzplan übereinstimmt **und**
- sich der Maßnahmenträger durch den maßnahmewidrigen Einsatz dem Reglungskreis des § 16d SGB II entzieht.

Der Ein€Job-Träger *„kann sich hier nicht darauf berufen, es habe am Willen zum Vertragsschluss gefehlt“* (Geiger 2014, 633).

Wenn das Beschäftigungsverhältnis nicht deutlich gegenüber den Arbeitsverhältnissen abgegrenzt ist, die der Maßnahmenträger als Arbeitgeber des ersten Arbeitsmarktes geschlossen hat, entsteht ein faktisches Arbeitsverhältnis (BAG 7.7.1999, ZfSH/SGB 2000, 683).

Selbst wenn der Arbeitgeber Ihre Dienste nicht mehr in Anspruch nimmt, besteht dennoch ein Arbeitsverhältnis mit Anspruch auf das ortsübliche oder tarifliche Entgelt.

„Kommt der Dienstberechtigte mit der Annahme der Dienste in Verzug, so kann der Verpflichtete für die in Folge des Verzugs nicht geleisteten Dienste die vereinbarte Vergütung verlangen, ohne zur Nachleistung verpflichtet zu sein.“ (§ 615 BGB)

Ob unter gleichen Voraussetzungen eine **Lohnklage** zulässig ist, ist umstritten, da das BAG die Zuständigkeit für Ein€Jobs mit Ausnahme von Kündigungsschutzklagen bei den Sozialgerichten sieht (BAG 17.1.2007 - 5AZB 43/06, nach M. Hannes, Soziale Sicherheit 10/2007, 355).

Die Autoren vertreten demgegenüber die Ansicht, dass beim Vorliegen eines faktischen Arbeitsverhältnisses eine Lohnklage vor dem Arbeitsgericht zulässig ist und auch Chancen hat.

Tipp Wer auf Festeinstellung klagen will, muss dem Maßnahmenträger mit Ablauf des faktischen Arbeitsverhältnisses schriftlich seine Arbeitskraft anbieten und binnen Monatsfrist Klage einreichen.

4.3 Heranziehung nur über eine ⇨Eingliederungsvereinbarung

„Die Teilnahme an einer AGH wird entweder mit einer konkreten und den Erfordernissen an die Bestimmtheit der AGH ... entsprechenden individuellen Eingliederungsvereinbarung, die mit der/dem Teilnehmer/-in vor Maßnahmeeintritt abgeschlossenen wurde, bzw. mit dem diese Eingliederungsvereinbarung ersetzenden Verwaltungsakt ... festgelegt.“ (BA AGH, 22)

Die Zuweisung in Ein€Jobs ist zumindest nach Meinung des SG Berlin nur rechtmäßig, wenn eine Eingliederungsvereinbarung (EinV) abgeschlossen wurde (27.6.2005 - S 37 AS 4507/05 ER).

Es muss ferner eine „Potentialanalyse“ (früher „Profiling“) stattgefunden haben und die Frage geprüft worden sein, ob besondere Probleme bei der Eingliederung in den Arbeitsmarkt bestehen. Der Ein€Job muss nämlich für Sie erforderlich sein (⇨ 3.1).

Fehlt beides oder kommt eine EinV nicht rechtmäßig zustande, können Sie sich weigern, den Ein€Job anzutreten, ohne dass Sanktionen rechtmäßig wären.

4.4 Heranziehung nur bei Bestimmtheit der Zuweisung

Wenn Ihnen Arbeitsinhalte, wöchentliche Arbeitszeit und ihre Verteilung, Höhe der Mehraufwandsentschädigung sowie Dauer des Arbeitseinsatzes nicht vorab mitgeteilt werden, ist die Zuweisung unbestimmt und deswegen rechtswidrig (BSG 16.12.2008 - B 4 AS 60/07; BVerwG 10.2.1983, FEVS 32, 265).

Nur wenn das Angebot bestimmt ist, können Erwerbslose **prüfen**, ob die angebotene Arbeit nach den Bestimmungen des SGB II abgelehnt werden darf, ohne eine Kürzung des Regelsatzes befürchten zu müssen (LSG Hamburg 11.7.2005 - L 5 B 16/05 ER AS).

Es ist also rechtswidrig, wenn das Jobcenter Sie ohne nähere Angaben einer Einsatzstelle zuweist. Sie müssen prüfen können, ob der Ein€Job angemessen, erforderlich und geeignet ist. Wenn nicht, können Sie dagegen vorgehen (⇨4. ff.).

4.5 Fortzahlung der MAE bei Krankheit und Urlaub?

Ein€JobberInnen haben **keinen** gesetzlichen Anspruch auf Zahlung der Mehraufwandsentschädigung (MAE) bei Krankheit und Urlaub. Bezüglich des Urlaubsentgelts ist das klar geregelt (§ 16d Satz 2 3.Halbsatz SGB II).

Tipp Bei Krankheit müssen Sie sich dennoch umgehend beim Maßnahmenträger arbeitsunfähig melden, weil Sie sonst den Abbruch der Maßnahme und eine Sanktion riskieren.

Kritik

Obwohl die MAE als Entschädigung für den arbeitsbedingten Mehraufwand gezahlt wird,

A

vertreten wir die Auffassung, dass sie auch bei Krankheit, an gesetzlichen Feiertagen und während des Urlaubs gezahlt werden müsste, wie in einem „ordentlichen" Arbeitsverhältnis.

Arbeitsverhältnisse zweiter Klasse sind auch im öffentlich-rechtlichen Rechtsverhältnis nicht akzeptabel. Krankheiten treten oft in unmittelbarem Zusammenhang mit der verrichteten Arbeit auf. Die Streichung der MAE führt dann zur doppelten Bestrafung. Auch der Erholungsurlaub ist dazu bestimmt, die Regeneration der Arbeitskraft zu unterstützen. Der Anspruch auf Erholung leitet sich direkt aus der Arbeitsbelastung ab. Das gilt für privatrechtliche Arbeitsverhältnisse genauso wie für öffentlich-rechtliche Arbeitsgelegenheiten. Wie soll denn ein Ein€Jobber den Mehraufwand für die Regeneration seiner Arbeitskraft im Erholungsurlaub aufbringen? Über den Regelsatz ist dieser Bedarf jedenfalls nicht abgedeckt. Dafür muss die Mehraufwandsentschädigung weiter zur Verfügung stehen.

Wer seine Arbeitskraft unter unwürdigen Bedingungen einbringt, wird nicht eingegliedert, sondern an den Rand gedrängt. Das läuft dem erklärten Zweck der Eingliederung über Ein€Jobs zuwider. Eine derartige Diskriminierung kann aber nur politisch, nicht juristisch bekämpft werden.

4.6 Andere Möglichkeiten der Gegenwehr

Personalräte können, bei *„Entscheidungen zur Abgrenzung der Einsatzbereiche und der dort anfallenden Tätigkeiten unter dem Gesichtspunkt der Zusätzlichkeit"* mitbestimmen (BVerwG 26.1.2000 - 6 P 2/99 NVwZ 2000, Heft 10, 1182-4). Das gilt auch für Ein€Jobs (VG Mainz 24.6.2005 - 5 K 193/05; SG Oldenburg 22.6.2005 - 9 A 1738/05). Die Beschäftigung von Ein€Jobbern ist **mitbestimmungspflichtig**. Das geht u.a. auch aus § 77 Abs. 2a Hessisches Personalvertretungsgesetz hervor (entsprechende Regelungen auch in anderen Bundesländern). Ohne Zustimmung des Personalrats dürfen Ein€Jobber nicht eingestellt werden. Ein€Jobs sind zwar keine Arbeitsverhältnisse, die entsprechenden Personen werden aber in die Dienststellen eingegliedert und verüben weisungsgebundene Tätigkeiten (BAG 2.10.2007 - 5 ATR 857/06).

Tipp Personalräte, die der Einrichtung von Ein€Jobs für Regelaufgaben zustimmen, fördern den Personalabbau. Personalräte sollten Übersichten über die Stellenentwicklung an den Einsatzstellen der Ein€Jobber anfertigen, um nachzuweisen, dass diese „Jobs" Ausdruck des Personalabbaus sind, statt diesen zu fördern.

Betriebsräte haben das Recht, Personalplanungsunterlagen anzufordern (§ 92 BetrVG). Aus diesen muss hervorgehen, in welchen Funktionen und mit wie vielen Stunden welche Arbeitnehmer beschäftigt sind. Hieraus ergeben sich Anhaltspunkte, ob neu geschaffene Ein€Jobs zusätzlich sind oder nicht. Arbeitgeber sind auch verpflichtet, den Betriebsrat über die Planung der Arbeitsgelegenheiten zu informieren (§ 90 Abs. 1 Nr. 4 BetrVG). Der Betriebsrat kann seine Zustimmung zur Einstellung eines Alg-II-Beziehers verweigern, wenn seine Tätigkeit nicht zusätzlich ist. Das Mitbestimmungsrecht schließt auch Beschäftigte ein, die keine Arbeitnehmer des Betriebs sind. Auch für Leiharbeitnehmer ist der Betriebsrat zuständig, obwohl sie nicht Arbeitnehmer des aufnehmenden Betriebes sind. Wird der Betriebsrat nicht informiert bzw. beteiligt, kann er die Entfernung des Beschäftigten aus dem Betrieb erwirken (§ 101 BetrVG). (nach Klaus Stähle, Ein-€-Jobs im Betrieb/ Handlungsmöglichkeiten für Betriebsräte, http://arch.tacheles-sozialhilfe.de/harry/view.asp?ID=1406)

Betriebs- und Personalräten wird das Mitbestimmungsrecht bei der Einstellung von Ein€Jobbern inzwischen sowohl vom BAG (ebenda) als auch vom BVerwG zugestanden (21.3.2007 - 6 P 4/06 und 6 P 8/06). Mitarbeitervertretungen in **evangelischen** Einrichtungen wird ein Mitbestimmungsrecht eingeräumt, in **katholischen** jedoch (noch) nicht (Geiger 2014, 634).

4.7 SGB-II-Jobs – Verstoß gegen das Grundgesetz?

Sie verurteilen Zwangsarbeit und denken an das Grundgesetz, das in Art. 12 erklärt: *„Niemand darf zu einer bestimmten Arbeit gezwungen werden, außer im Rahmen einer herkömmlichen allgemeinen, für alle gleichen öffentlichen Dienstleistungspflicht."*

Die Hüter der Verfassung sehen dadurch aber nicht Arbeitsgelegenheiten mit Mehraufwandsentschädigung (in Weimar: Pflichtarbeit) ausgeschlossen, sondern nur Arbeitslager, wie sie die Nazis betrieben (BVerfG 8.7.1982 - 1 BvR 735.82).

Arbeitsgelegenheiten gelten nicht als Zwangsarbeit, da Sie nicht mit Polizeigewalt erzwungen werden. Die ökonomische Gewalt mit der Drohung des Hungers und der Obdachlosigkeit durch Entzug der Existenzsicherung verbietet das GG nicht.

4.8 SGB-II-Jobs – Verstoß gegen das ILO-Abkommen?

Die Internationale Arbeitsorganisation (ILO) hat in ihrem Übereinkommen Nr. 29 vom 28.6.1930 ebenfalls ein Verbot der Zwangsarbeit verfügt. Das Übereinkommen wurde als Gesetz am 13.6.1957 in der BRD in Kraft gesetzt.

Als Zwangsdienst wird *„jede Art von Arbeit- und Dienstleistung (bezeichnet), die von einer Person unter Androhung irgendeiner Strafe verlangt wird und für die sie sich nicht freiwillig zur Verfügung gestellt hat."*

Die alte „Gemeinnützige Arbeit" galt aber in der deutschen Rechtsprechung noch nie als Zwang. Sie gilt als „Hilfsangebot", das die Selbsthilfe fördern soll (BVerwGE 129 und 132). Die neuen SGB-II-Jobs gelten als Leistung zur Eingliederung, die die Persönlichkeitsentwicklung fördern sollen, nicht als Zwang.

Ein von der Böckler-Stiftung in Auftrag gegebenes Gutachten kommt dagegen zum Ergebnis, dass die Heranziehung zu AGH MAE *„zumindest in zahlreichen Fällen zu einem Verstoß gegen das von Deutschland ratifizierte Übereinkommen (Nr. 29) über Zwangsarbeit"* führt (Max Kern, Zur Frage der Vereinbarkeit von Recht und Praxis der Arbeit nach § 16 Abs. 3 SGB II i.V. mit § 31 SGB II mit dem IAO-Übereinkommen (Nr. 29) über Zwangs- oder Pflichtarbeit, 2008, 80).

5. Eingliederungsbilanz

In § 54 SGB II wird eine Eingliederungsbilanz gefordert. Die Wirkung der verschiedenen Maßnahmen soll erforscht werden (§ 55 SGB II). Es muss eine Bilanz erstellt werden, in welcher Weise Ein€Jobs der Eingliederung gedient haben. Wenn sich zeigt, dass Sie diesem Ziel nicht entsprechen, sind sie abzuschaffen.

Im Berichtsjahr 2014 wird die „Eingliederungsquote" bei Arbeitsgelegenheiten nach § 16d SGB II (Beschäftigung schaffende Maßnahmen) bundesweit mit 10% beziffert. Die Quote stellt den Anteil der Personen dar, die zwischen Juli 2013 und Juni 2014 aus Arbeitsgelegenheiten ausgeschieden waren und sechs Monate später eine sozialversicherungspflichtige Beschäftigung einschließlich Mini Job ausgeübt hatten, gegenüber allen Personen, die im gleichen Zeitraum aus AGH ausgeschieden waren. Allerdings waren nur 6% der ausgeschiedenen Personen „ohne Folgeförderung" sozialversicherungspflichtig beschäftigt. (BA Eingliederungsbilanzen, 2014, Tab. 6)

Gerade weil die Ein€Jobs mit Integration auf dem ersten Arbeitsmarkt so gut wie nichts zu tun haben, haben Arbeitsmarktkosmetiker der BA den Namen „Beschäftigung schaffende Maßnahmen" für sie kreiert. Das ist zumindest ehrlicher als frühere Bezeichnungen, z.B. „INjobs" = „Integrationsjobs".

Beschäftigung schaffende Maßnahmen sind für sich genommen schon die Eingliederung. Sie *„bieten schwervermittelbaren Arbeitslosen eine grundsätzlich zeitlich befristete Tätigkeit und geben ihnen damit die Möglichkeit, ihre Beschäftigungsfähigkeit zu erhalten oder wiederherzustellen; die Eingliederung in den „Ersten Arbeitsmarkt" ist dabei nicht primäres Ziel."* (BA Arbeitsmarkt 2011, 48)

Beschäftigungsfähigkeit sichern fast ohne Aussicht auf Beschäftigung? Die BA hat sich schon von den Paragrafen-Phrasen des SGB II verabschiedet. Sie entwickelt eigene Definitionen. Wie soll aber die Beschäftigungsfähigkeit erhalten werden, wenn die Ein€Job nach sechs bis zwölf Monaten beendet sind?

Die Eingliederungsquote von **allen** SGB-II-MaßnahmenteilnehmerInnen in Erwerbstätigkeit betrug 2014 übrigens 30,6% und immerhin 26,9% der hier Eingegliederten fanden eine Beschäftigung ohne Folgeförderung durch das Jobcenter (BA Eingliederungsbilanzen 2014, Tab. 6, ohne die Förderung Selbständiger).

6. Kritik an Ein€Jobs

Schon die alte Pflichtarbeit gegen Mehraufwandsentschädigung (MAE, genannt „Hilfe zur Arbeit") sollte *„für eine bessere Eingliederung des Hilfe Suchenden in das*

Arbeitsleben geeignet sein" (§ 19 Abs. 1 Satz 3 BSHG). War sie aber nicht. Herbert Jacobs stellte fest, dass nur etwa 20-30% der SozialhilfearbeiterInnen der Sprung auf reguläre Stellen gelang. Es waren überwiegend Personen mit abgeschlossener Berufsausbildung, Arbeitskräfte unter 34 Jahre und Personen mit kurzem Sozialhilfebezug (NDV 3/2000, 78 f.). Sie wären vermutlich meist auch ohne „Hilfe zur Arbeit" aus dem Bezug ausgeschieden.

Die heutigen Eingliederungsquoten sind erheblich niedriger als die er 80er und 90er Jahre (⇨5). Kein Wunder, denn die Langzeitarbeitslosigkeit ist gestiegen und das Interesse, Langzeitarbeitslose einzugliedern, hat nachgelassen.

Als Grund für die weitgehende Reduzierung von ABM-Maßnahmen und Maßnahmen beruflicher Weiterbildung sowie für die Abschaffung sozialversicherungspflichtiger Sozialhilfe-Beschäftigung wurde angegeben, die Eingliederungsquote habe nur bei 30-50% gelegen.

Bei der Ein€Jobs ist die Eingliederungsbilanz noch wesentlich schlechter als bei ABM oder Umschulungen. Die Streichung dieser „Jobs" wird aber nicht verlangt, sie werden lediglich zurückgefahren. Würde das Gesetz ernst genommen, müsste man die meisten Ein€Jobs für rechtswidrig erklären.

Unternehmensvertreter sehen Ein€Jobs als Abarbeiten der Unterstützung bzw. als abschreckende Testjobs zur Prüfung der **Arbeitsbereitschaft** an, statt als Vorbereitungsjobs auf den ersten Arbeitsmarkt (Deutscher Industrie- und Handelskammertag, Mehr Chancen am Arbeitsmarkt, Berlin 2006, 2). Offensichtlich halten sie nichts vom Eingliederungsziel des SGB II.

Die **wirklichen Aufgaben** der Ein€Jobs sind unserer Ansicht nach:

1. den Abbau sozialversicherungspflichtiger Arbeitsplätze im öffentlichen Dienst und bei sozialen Einrichtungen abzufedern und zu fördern.
2. die Tarife im öffentlichen Dienst und allgemein anzugreifen (Arbeit ohne „Lohnnebenkosten", Tarife und Kündigungsschutz wie bei den Ein€Jobs, das ist der Traum jedes Arbeitgebers),
3. die staatlichen Personalausgaben, Zuschüsse und Pflegesätze für soziale Einrichtungen zu senken.
4. Arbeitslose abzuschrecken, um Sozialausgaben zu sparen, (erfahrungsgemäß lehnen 10-20% der Arbeitslosen solche „Hilfen" ab) und mit all dem
5. einen Beitrag für die Kommunen und Kreise zu leisten, Steuerausfälle in Folge der massiven Gewinnsteuersenkungen aufzufangen sowie
6. den Noch-Erwerbstätigen zu drohen, was auf sie als Arbeitslose zukommen kann, wenn sie nicht spuren, Armutslöhne nicht akzeptieren und ihre Entlassung riskieren.

Erwerbslose gewinnen Ein€Jobs häufig positive Seiten ab. Für sie können Ein€Jobs kurzfristig eine **Erleichterung** darstellen. Sich wenigstens ein paar Monate etwas mehr leisten zu können, mehr unter Leute zu kommen und unter Umständen etwas Neues zu lernen, ist nicht das Schlechteste. Wenn auch noch ihre Motivation und ihre Fertigkeiten berücksichtigt werden, kann man auch aus solchen Arbeiten eine gewisse Befriedigung ziehen. Die Erfahrung aber zeigt, dass die Befriedigung im Laufe der Zeit abnimmt, wenn man inzwischen die dritte oder vierte Maßnahme durchlaufen hat, ohne dass sich die Perspektiven verbessert hätten. Man erkennt, dass Qualifikation und Arbeitskraft ohne Gegenleistung ausgenutzt werden. Auch das produziert Frust.

Eine **Chance**, eine Stelle in den Einsatzbereichen zu bekommen, hat man i.d.R. nicht, denn Staat und Wohlfahrtsverbände bauen Personal ab, statt einzustellen. Deshalb ist Enttäuschung vorprogrammiert, wenn man Hoffnungen mitbringt.

Wenn Ein€Jobs überwiegend eine Chance wären, hätte man auf die Sanktionsandrohung bei Ablehnung der „Maßnahme" verzichten können.

Auch die **Träger** haben ein starkes Interesse, die Ein-€-Stellen ohne Rücksicht auf die Eingliederungschancen der Arbeitslosen zu besetzen. Sie können damit die Lücken stopfen, die sinkende Zuschüsse und Personalabbau hinterlassen haben. Das, nicht die Eingliederung, ist ihr Hauptzweck.

Die Jobber sind für die Träger kostenlos. Sie bekommen eine Pauschale, die im Bundesdurchschnitt pro Teilnehmer und Monat im Jahr 2014 359 € betrug. Die Pauschale dient vor allem dazu, die Mehraufwandsentschädigung auszuzahlen und den Betreuungs- und Sachkostenaufwand zu decken. Weil die durchschnittliche Mehraufwandsentschädigung für die Teilnehmer ca. 119 € mtl. beträgt, bleiben durchschnittlich 241 € pro Teilnehmer und Monat beim Träger hängen. (BA Statistik, Einsatz von AGH 2014, Tab. 4) Hinzu kommt die geleistete Arbeitstätigkeit.

Ob der Ein€Job für Ihre Eingliederung erforderlich ist, hängt entscheidend davon ab, ob die in der Maßnahme geforderten Tätigkeiten und Qualifikationen überhaupt nachgefragt werden. Das wäre nur möglich, wenn offene Stellen in den entsprechenden Bereichen angeboten würden. Wenn in den Einsatzbereichen in der Vergangenheit **Stellen abgebaut** und durch AGH ersetzt wurden, können die Ein€Jobs nicht der Eingliederung in Arbeit dienen. Sie stopfen nur die Lücken, die beim Personalabbau in den Kommunen entstanden sind. Hier wurde nämlich die Zahl der Vollzeitbeschäftigten von 1995 bis 2014 um ca. 411.700 Personen auf nur noch 871.400 Personen abgebaut (www.destatis.de).

Forderungen

Abschaffung der Ein€Jobs!

Ersetzung der befristeten SGB-II-Jobs durch unbefristete, sozialversicherungspflichtige Arbeitsverhältnisse!

Tarifliche Bezahlung öffentlicher Arbeitsplätze für ehemalige Arbeitslose und deren Finanzierung durch Rücknahme der Gewinnsteuersenkungen!

Solange die SGB-II-Jobs nicht abgeschafft sind:

Es ist unzumutbar, dass jeder Alg-II-Bezieher selber prüfen muss, ob die ihm zugewiesene Arbeit zusätzlich ist. Und das unter der Drohung, ihm die Leistung zu kürzen, weil ein Widerspruch gegen eine Sanktion keine aufschiebende Wirkung hat. Die Zusätzlichkeit jedes Arbeitsplatzes muss vorher festgestellt werden. Dabei müssen Personalräte, Gewerkschaften und Organisationen von Erwerbslosen mitwirken.

Fortzahlung der MAE bei Krankheit und Urlaub (⇨4.5)!

Keine Anwendung von SGB-II-Sanktionen

Solange Kommunen und Wohlfahrtsverbände Ein€Jobs als Hilfsmittel des Personalabbaus missbrauchen, hat die Kürzung von Alg II bei Weigerung, Ein-Euro-Arbeit zu leisten, den Charakter eines Zwangsmittels zur Durchsetzung von Lohndumping.

Information

BA, Fachliche Hinweise: Arbeitsgelegenheiten (AGH) nach § 16d SGB II, Stand: 11/2013, http://www.harald-thome.de/sgb-ii---hinweise.html

Herbert Jacobs, Wie wirksam ist die „Hilfe zur Arbeit?" NDV 3/2000, 77-84

Utz Krahmer, Helga Spindler, Rechtliche Maßstäbe für die Erbringung von Arbeitsgelegenheiten für Arbeitssuchende nach § 16 Abs. 3 SGB II, NDV 1/2005 oder http://tacheles-sozialhilfe.de/startseite/aktuelles/d/n/1348/

Günther Stahlmann (Hrsg.) u.a., Recht und Praxis der Ein-€-Jobs – Beschäftigungsverhältnisse ohne Arbeitsvertrag nach dem SGB II (Handbuch), Frankfurt/M 2006

Praxis und neue Entwicklungen bei 1-Euro-Jobs; DGB (Arbeitsmarkt aktuell Nr. 04/2009), www.sozialpolitik-aktuell.de/tl_files/sozialpolitik-aktuell/_Kontrovers/HartzIV/DGB_Arbeitsmarkt_Aktuell_0409.pdf

Arbeitslose

1.1 Meldung bei der Agentur für Arbeit

Auch wenn Sie keinen Anspruch auf Alg I oder Alg II haben, sollten Sie sich arbeitslos melden, wenn Sie arbeitslos sind.

- Die Meldung ist Voraussetzung für die Anerkennung von Anrechnungszeiten in der Rentenversicherung. Diese zählen als Wartezeiten. Bei Ansprüchen auf eine Rente wegen Erwerbsminderung muss z.B. eine Wartezeit von fünf Jahren erfüllt sein.
- Arbeitslose, die das 18. aber noch nicht das 21. Lebensjahr vollendet haben, müssen sich arbeits- bzw. ausbildungssuchend melden, um Anspruch auf Kindergeld zu haben (§ 2 Abs. 2 Nr. 1 Bundeskindergeldgesetz).

- Wenn Sie sich nicht arbeitssuchend melden, verschwindet wieder ein Arbeitsloser aus der offiziellen Statistik. Wollen Sie das?

1.2 Ansprüche an die Arbeitslosenversicherung

Ansprüche an die Arbeitslosenversicherung gelten erst ab dem Tag der Antragstellung. Zuständig ist die örtliche **Agentur für Arbeit**.

Sie haben **Anspruch auf Arbeitslosengeld** (Alg I)
- für ein halbes Jahr, wenn Sie innerhalb der letzten 24 Monate mindestens 12 Monate versicherungspflichtig gearbeitet haben,
- für 8 Monate, wenn Sie innerhalb der letzten 24 Monate 16 Monate beitragspflichtig gearbeitet haben,
- für 10 Monate, wenn Sie innerhalb der letzten 24 Monate 20 Monate beitragspflichtig gearbeitet haben und
- für ein Jahr, wenn Sie die gesamten 24 Monate beitragspflichtig gearbeitet haben.

Über 50jährige haben nach ununterbrochenem Versicherungspflichtverhältnis einen Anspruch auf Alg I für 15 Monate, wenn sie zuvor 30 Monate beitragspflichtig gearbeitet haben,
über 55jährige für 18 Monate, wenn sie zuvor 36 Monate beitragspflichtig gearbeitet haben und
über 58jährige für 24 Monate, wenn sie zuvor 48 Monate beitragspflichtig gearbeitet haben.

Wichtig! Nach Auslaufen Ihres Alg I **oder** wenn dieses unterhalb des Existenzminimums liegt (⇨Bedarfsberechnung), haben Sie auf ⇨Antrag **Anspruch auf Arbeitslosengeld II** (Alg II).

Kritik

Trotz leichter Anhebung der Bezugsdauer für Alg I für ältere Arbeitslose zum Januar 2008 wurde die Alg-I-Bezugsdauer im Zuge der Hartz-Reformen insgesamt herabgesetzt. Das soll die Arbeitgeberbeiträge zur Arbeitslosenversicherung senken, um Profite zu steigern. Die Verkürzung der Bezugsdauer von Alg I soll Erwerbslose schneller in den bitteren Genuss der Sozialhilfeleistung Alg II bringen. So steigt der Druck auf Arbeitslose und Beschäftigte, Arbeit zu Armutslöhnen anzunehmen.

1.3 Alg I reicht nicht: aufstockendes Alg II beantragen

Wenn Alg I nicht reicht, um Sie und ggf. Ihre Familie zu ernähren, können Sie zunächst versuchten, den Bedarf zu Lebensunterhalt zu decken, indem Sie ⇨**Wohngeld** unter Umständen in Kombination mit dem ⇨**Kinderzuschlag** beantragen.
Reicht auch das aller Voraussicht nicht aus, stellen Sie am besten mit dem Alg I auch gleich beim Jobcenter einen Antrag auf Alg II. Das nennt sich **Alg II aufstocken**. Auch über eine **Sperrzeit** von der Arbeitsagentur können Sie sich als Alg-II-Aufstocker retten, auch wenn Ihr Alg-II-Anspruch gleich mitgekürzt wird (⇨2.2).

Wenn Sie als Alg-I-Bezieher aufstockend Alg II bekommen, ist ab dem **1.1.2017** die **Agentur für Arbeit** für **alle** Leistungen zur Eingliederung zuständig (§ 5 Abs. 4 SGB II neu i.V. mit § 22 Abs. 4 Satz 5 SGB III neu). Vor diesem Stichtag sind (waren) es i.d.R. die Jobcenter. Näheres unter ⇨Arbeit 2.2 f.

2.1 Arbeitslosengeld II/Alg II

ist keine Lohnersatzleistung. Sie trägt den Namen Arbeitslosengeld zu Unrecht. Sie ist eine modernisierte Sozialhilfe für Arbeitslose und Niedrigverdienende.
Sie müssen weder sozialversicherungspflichtig beschäftigt gewesen sein, um Anspruch auf Alg II zu haben noch eine Anwartschaftszeit erfüllen. Sie müssen vorher auch keinen Anspruch auf Alg I gehabt haben. Sie müssen nur ⇨**erwerbsfähig, hilfebedürftig** und zwischen **15 Jahren** und dem **Rentenalter** alt sein, sowie ihren gewöhnlichen Aufenthalt in Deutschland haben. Das unterscheidet Alg II von der alten Arbeitslosenhilfe. Zuständig für Alg II sind die **Jobcenter**, mancherorts auch unter anderem Namen.

Tipp Verbrauchen Sie nicht Ihre Ersparnisse bzw. Ihren letzten Lohn, bevor Sie einen Alg-II-Antrag stellen. Beides ist als ⇨Vermögen innerhalb bestimmter Grenzen geschützt. Machen Sie keine Schulden, um

Zeiten ohne Leistungen zu überbrücken. Die ersetzt ihnen keiner. Ausnahme: Wenn Sie eine andere Sozialleistung erhalten (Kindergeld, Krankengeld, Wohngeld, Unterhaltsvorschuss usw.), die Ihren Bedarf zum Lebensunterhalt nicht deckt, können Sie Ansprüche auf Alg II auch noch rückwirkend geltend machen (wiederholte ⇨Antragstellung, ⇨Bedarfsberechnung).

2.2 Alg II während Sperrzeiten von Alg I?

Sperrzeiten sind das schärfste Druckmittel der Arbeitsagentur. Ihr Arbeitslosengeld kann bis zu 12 Wochen gesperrt werden. Die Anspruchsdauer vermindert sich um die Sperrzeit. 2014 wurden 718.704 Sperrzeiten gegen Bezieher von Alg I verhängt.

In diesem Fall haben Sie **Anspruch auf Alg II**, allerdings in der ersten Stufe um 30% gekürzt (§ 31 Abs. 2 Nr. 3 und 4 SGB II). Bei unter 25jährigen werden die Leistungen in der ersten Stufe bereits um 100% gekürzt, d.h. es werden nur die Unterkunftskosten gezahlt. Die Regelungen über weitere Kürzungen gelten entsprechend.

Das gekürzte Alg II wird **ab dem Eintritt der Sperrzeit** gezahlt, nicht erst ab dem Folgemonat (§ 31b Abs. 1 Satz 2 SGB II).

Das Jobcenter kann das für die Dauer der Sperrzeit gewährte Alg II zurückfordern (Kostenersatz; ⇨Rückforderung 3.1).

Bei Alg II selbst gibt es keine Sperrzeiten. Hier heißt das ⇨**Sanktionen** bzw. im Juristendeutsch *„Absenkung und Wegfall"*. Wenn Sie zumutbare Arbeit usw. ablehnen, wird die Leistung zuerst gekürzt und danach unter bestimmten Bedingungen gestrichen.

Tipp Versuchen Sie, Sperrzeiten oder Sanktionen mit einem ⇨Widerspruch vom Tisch zu bekommen. Arbeitslose nehmen sie häufig hin, auch wenn sie rechtswidrig sind. Immerhin waren von den 2013 eingelegten Widersprüchen gegen Alg-II-Sanktionen 37% ganz oder teilweise erfolgreich, von den gegen Sanktionen gerichteten Klagen 41% (Antwort der Bundesregierung vom 5.7.2015 auf eine Anfrage der Fraktion DIE LINKE).

Widersprüche schieben die Sperrzeit nicht auf. Wenn Ihr Widerspruch aber erfolgreich war, bekommen Sie Arbeitslosengeld nachgezahlt.

3.1 Arbeitslosenzahlen

Viele Arbeitslose tauchen in den offiziellen Statistiken der Arbeitslosenverwaltung nicht auf. Mit Inkrafttreten des *„sechsten SGB III Änderungsgesetzes"* im Januar 2008 wurden die Arbeitslosenzahlen erneut bedeutend reduziert. Alle über 58-jährigen Erwerbslosen werden aus der Statistik gestrichen, die ein Jahr lang SGB-II-Leistungen beziehen, ohne dass ihnen eine sozialversicherungspflichtige Beschäftigung angeboten wurde (§ 53a Abs. 2 SGB II). Außerdem können ab 2008 die über 63-Jährigen Alg-II-BezieherInnen mit Abschlägen in die Zwangsrente geschickt werden (§ 12a SGB II, ⇨Ältere Menschen). Bei gleichzeitig verlängerter Lebensarbeitszeit bedeutet der erzwungene Renteneintritt für ältere Erwerbslose eine schmerzhafte Rentenkürzung.

Ebenfalls nicht in den Arbeitslosenzahlen enthalten sind über eine Mio. arbeitslose, arbeitsuchende *„MaßnahmeteilnehmerInnen"*, Erwerbslose, die vorübergehend keine Arbeit suchen können (z.B. arbeitsunfähig Erkrankte, Krankengeldbezieher, Kindererziehende und Pflegende) sowie alle älteren Arbeitslosen, die die 58er-Regelung unterzeichnet haben. Ganz zu schweigen von den „Nicht-Gemeldeten", der sogenannten „stillen Reserve"

3.2 Information

Arbeitslosenprojekt TuWas, Leitfaden für Arbeitslose (2015), Der Rechtsratgeber zum SGB III, Stand 1.8.2015, Fachhochschulverlag, Kleiststr. 10, 60318 Frankfurt, Fax: 069/1533-2840, www.fhverlag.de

Koordinierungsstelle gewerkschaftlicher Arbeitslosengruppen, Ratgeber *„Erste Hilfe bei (bevorstehender) Arbeitslosigkeit"* (8/2015), Broschüre, DIN A5, 40 S., Bestellung: www.erwerbslos.de/medienbestellung.html

Weitere Bücher ⇨Anhang Literatur

Mit laufenden Informationen versorgt Sie die online Zeitschrift für Erwerbslose und alle anderen ***quer***, www.also-zentrum.de/zeitschrift-quer.html

3.3 Beratung

Ein umfassendes Verzeichnis mit Beratungsstellen finden Sie u.a. auf der Internetseite von Tacheles e.V.: unter: www.tacheles-sozialhilfe.de/adressen/default.aspx (⇨Beratung)

3.4 Internet

www.tacheles-sozialhilfe.de (Erwerbslosen- und Sozialhilfeverein Tacheles, Wuppertal)
www.erwerbslos.de (Koordinierungsstelle gewerkschaftlicher Arbeitslosengruppen)
www.arbeitsagentur.de ⇨Bürgerinnen & Bürger ⇨Arbeitslosigkeit

3.5 Adressen

von Arbeitslosengruppen/-zentren sowie Beratungsmöglichkeiten finden Sie im Anhang.

3.6 Interessenvertretung selbst gründen!

Unabhängige Beratung und Unterstützung für Arbeitslose sind vielerorts kaum noch zu finden. Deshalb sollten sich Arbeitslose zusammenschließen, um solidarische Selbsthilfe zu organisieren. Diese beginnt mit der gegenseitigen Unterstützung als ⇨Beistand bei Ämterterminen und geht bis zur selbstorganisierten Beratungsinitiative. Bilden Sie freie Gruppen und versuchen Sie mit Mitstreiterinnen bei einer Kirchengemeinde, Gewerkschaft, der Kommune usw. einen Raum aufzutreiben. Die Koordinierungsstelle gewerkschaftlicher Arbeitslosengruppen und Tacheles e.V. unterstützen solche Initiativen mit Tipps, Beratungswissen und möglichen regionalen Ansprechpartnern (⇨3.4).

Asylbewerber
(Asylbewerberleistungsgesetz)

Asylbewerber, Ausländer mit **Duldung** und **ausreisepflichtige Ausländer** ohne legalen Aufenthalt („Illegale“) können an Stelle der Sozialhilfe (nach dem SGB XII) bzw. Alg II (nach dem SGB II) nur Leistungen nach Asylbewerberleistungsgesetz (AsylbLG) beanspruchen (§ 1 AsylbLG). Voraussetzung ist wie bei den anderen Existenzsicherungsleistungen auch insbesondere die materielle Bedürftigkeit, d.h. kein ausreichendes Einkommen und Vermögen (§ 7 AsylbLG).

Inhaltsübersicht:

1. Menschenwürdige Existenzsicherung - Grundrecht auch für Asylsuchende

Das Bundesverfassungsgericht (BVerfG) erklärte – in Fortsetzung seiner Argumente im Urteil vom 9.2.2010 (1 BvL 1/09) zu den Hartz-IV-Regelsätzen – mit Urteil vom 18.7.2012 (1 BvL 10/10) auch die Leistungssätze des AsylbLG für verfassungswidrig. Die seinerzeit gegenüber der Sozialhilfe und dem Alg II um mehr als 30% gekürzten Grundleistungen nach § 3 AsylbLG seien evident unzureichend. Das Grundrecht auf ein menschenwürdiges Existenzminimum aus Art. 1 und Art. 20 Grundgesetz stehe deutschen und ausländischen Staatsangehörigen, die sich in Deutschland aufhalten, gleichermaßen zu. Es umfasse neben der physischen Existenz auch ein Mindestmaß an Teilhabe am gesellschaftlichen, kulturellen und politischen Leben sowie die Sicherung der Möglichkeit zur Pflege zwischenmenschlicher Beziehungen. Art.1 Abs. 1 GG begründe diesen Anspruch als Menschenrecht (BVerfG 18.7.2012 - 1 BvL 10/10, Leitsätze 1 und 2).

Migrationspolitische Erwägungen, die Leistungen für Flüchtlinge niedrig zu halten, um Anreize für Wanderungsbewegungen zu vermeiden, rechtfertigten von vornherein kein Absenken der Leistungen unter das physische und soziokulturelle Existenzminimum. Das BVerfG stellt klar: *„Art. 1 Abs. 1 GG in Verbindung mit Art. 20 Abs. 1 GG* *verlangt, dass* ***das Existenzminimum in jedem Fall und zu jeder Zeit sichergestellt sein muss"*** und: *„Die in Art. 1 Abs. 1 GG garantierte* ***Menschenwürde ist migrationspolitisch nicht zu relativieren."*** (BVerfG ebenda, Rz. 120, 121).

1.1 AsylbLG-Novellen 2015 und 2016

Erst zum 1. März 2015 wurde das AsylbLG novelliert, um das **BVerfG-Urteil umzusetzen**. Kurz darauf folgten weitere, die Ansprüche erneut in verfassungsrechtlich fragwürdiger Weise einschränkender Novellen.

Zum **1. März 2015** wurde mit dem ***„Gesetz zur Änderung des AsylbLG und des SGG"*** die Bedarfe und die jährliche Anpassung der Grundleistungsbeträge nach § 3 AsylbLG an die Maßgaben zu den Alg-II-Regelsätzen angeglichen. Die Beträge wurden etwa 10% unter den Alg-II-Regelsätzen festgesetzt, weil der Bedarf an Hausrat und Möbeln (nach AsylbLG ggf. separat zu beantragen) und bestimmte medizinische Bedarfe nicht berücksichtigt wurden (⇨3.2 f.). Nach 15 Monaten Aufenthaltsdauer (zuvor: 48 Monate Leistungsbezugsdauer) können unter bestimmten Voraussetzungen gemäß § 2 AsylbLG Leistungen in Höhe und Umfang der Sozialhilfe nach SGB XII und eine vollwertige Gesundheitskarte beansprucht werden (⇨7. ff.). Für die ersten 15 Monate gilt die eingeschränkte medizinische Versorgung nach §§ 4 und 6 AsylbLG (⇨3.4 ff.).

Ebenfalls zum **1. März 2015** wurde durch das ***„Rechtsstellungsverbesserungsgesetz"*** der Sachleistungsvorrang nach § 3 AsylbLG auf Asylsuchende beschränkt, die in einer Asylaufnahmeeinrichtung nach § 44 AsylG wohnen. Im Anschluss können in Gemeinschaftsunterkünften oder Wohnungen vorrangig Regelsätze in bar zur Selbstversorgung beansprucht werden, und die Residenzpflicht (Verbot ohne Genehmigung innerhalb Deutschlands zu reisen) wird durch Wohnsitzauflagen ersetzt. Im Gegenzug wurden Serbien, Bosnien und Mazedonien zu *„sicheren Herkunftsstaaten"* erklärt.

Zum **24. Oktober 2015** wurden mit dem ***„Asylpaket I"*** das Asylrecht und das AsylbLG erneut novelliert. Auch Kosovo, Albanien und Montenegro wurden zu *„sicheren Herkunftsstaaten"* erklärt.

Die Pflicht in einer **Aufnahmeeinrichtung** zu wohnen – und damit auch das **Sachleistungsprinzip** des AsylbLG, die Beschränkung der Bewegungsfreiheit auf den Landkreis, das absolute Arbeitsverbot und das Verbot eine Wohnung zu beziehen – gelten seitdem statt für drei für **maximal sechs Monate** ab Asylgesuch. Ausländer aus sicheren Herkunftsländern können auch darüber hinaus verpflichtet werden, dauerhaft in einer Aufnahmeeinrichtung zu leben.

Zudem wurde mit dem *„Asylpaket I"* die Möglichkeit geschaffen, den **Barbetrag für den persönlichen Bedarf** (das „Taschengeld") teilweise oder ganz durch Sachleistungen zu ersetzen und auf diese Weise neu ankommenden Asylsuchenden **jegliches Bargeld zu entziehen.**

Schließlich wurde der Katalog der **Sanktionen** für Geduldete und Ausreisepflichtige nach **§ 1a AsylbLG** umfassend erweitert (⇨6. f.). Die Leistungskürzung wurde auf etwa 50% des Regelbedarfs definiert, was wegen Unterschreitung des menschenwürdigen Existenzminimum **verfassungswidrig** sein dürfte (⇨3.2).

Ab **17. März 2016** wurde mit dem ***„Asylpaket II"*** die Möglichkeit *„**besonderer Aufnahmeeinrichtungen**"* für beschleunigte Asylverfahren mit eingeschränktem Rechtsschutz geschaffen (§§ 5 Abs. 5 und 30a AsylG). Leistungsrechtlich sind die Einrichtungen den Aufnahmeeinrichtungen nach § 44 AsylG gleichgestellt.

Der in den Grundleistungsbeträgen enthaltene **Barbetrag** nach § 3 Abs. 1 AsylbLG wurde um bis zu **10 €/ Monat gekürzt**, für Kinder unter 6 Jahren um 6 €, u.a. wegen der Möglichkeit an einem Integrationskurs teilzunehmen. Das gilt unabhängig davon, ob ein Kurs verfügbar ist und ob man am Kurs teilnimmt.

Zudem wurden **Kürzungen für Asylsuchende** nach § 1a AsylbLG eingeführt. Bis zur Ausstellung des *„Ankunftsnachweises"* am Zuweisungsort sollen nur das *„Unabweisbare"*, d.h. gekürzte Leistungen nach § 1a AsylbLG gezahlt werden. Die Kürzungen unterschreiten das menschenwürdige Exis-

A

tenzminimum und sind auch willkürlich, weil Asylsuchende auf die Ausstellung des Ankunftsnachweises in der Regel keinen Einfluss haben.

Mit dem seit **6. August 2016** geltenden ***„Integrationsgesetz"*** wurden **Wohnsitzauflagen für anerkannte Flüchtlinge** eingeführt. Außerhalb des Zuweisungsortes gibt es in der Regel nur noch dann Alg II oder Sozialhilfe, wenn am neuen Wohnort Arbeit oder Ausbildung gefunden wurde (⇨Ausländer). Die Möglichkeit **Arbeit** aufzunehmen wurde für Asylbewerber und Geduldete erleichtert. Bereits nach drei Monaten (seit **6. August 2016 geänderter § 32 BeschV** mit Anlage Arbeitsagenturbezirke, bisher: nach 15 Monaten), frühestens jedoch ab Entlassung aus der Aufnahmeeinrichtung kann – außer in Mecklenburg-Vorpommern und einigen Regionen Bayerns und NRWs – eine Arbeitserlaubnis **ohne Vorrangprüfung** beantragt werden, also unabhängig davon, ob Deutsche oder ausländische Arbeitssuchende mit sicherem Aufenthalt für die Arbeitsstelle vermittelbar wären. Allerdings wird weiter per Arbeitserlaubnisantrag geprüft, ob die Arbeitsbedingungen (Entlohnung etc.) korrekt sind.
Asylsuchende werden nach §§ 5 und 5a AsylbLG umfassend zu **Arbeitsdiensten** herangezogen. Die Werbungskosten wie Fahrtkosten usw. bereits enthaltende „Mehraufwandsentschädigung" wurde von 1,05 € auf in der Regel 80 Cent/ Stunde gekürzt.
Zudem wurden **weitere ⇨ Sanktionen** (Kürzungen) **für Asylsuchende** nach **§ 1a AsylbLG** eingeführt, auch für die Weigerung am Integrationskurs (§ 5b AsylbLG, ab 1.1.2017) teilzunehmen, wenn ein Kursplatz angeboten wird. Auch diese Kürzungen sind nach unserer Auffassung **verfassungswidrig**.

2. Welche Ausländer fallen unter das AsylbLG?

2.1 Asylbewerber (§ 1 Abs. 1 Nr. 1 und 7 AsylbLG)

Asylbewerber mit *„Aufenthaltsgestattung"* für die Dauer des Asylverfahrens beim Bundesamt für Migration und Flüchtlinge (BAMF) und bei den Verwaltungsgerichten (§ 1 Abs. 1 Nr. 1 AsylbLG). Für den Anspruch **reicht das „Asylgesuch"** bei einer Aufnahmestelle oder der Polizei, eine förmliche „BüMA", Ankunftsnachweis oder Aufenthaltsgestattung ist nicht erforderlich. Auch ohne die genannten Dokumente gilt durch das Asylgesuch der **Aufenthalt als gestattet**, das oft erst später ausgestellte Dokument Aufenthaltsgestattung hat nur „deklaratorischen Charakter" (§ 55 Abs. 1 AsylG). Leistungsberechtigt sind auch Asylfolgeantragsteller (§ 1 Abs. 1 Nr. 7 AsylbLG).

2.2 Ausländer mit *„Duldung"* (§ 1 Abs. 1 Nr. 4 AsylbLG)

Eine *„Duldung"* erhalten Ausländer, deren Abschiebung aus rechtlichen, tatsächlichen (fehlende Flugverbindung; fehlende Reisedokumente etc.), aus politischen oder humanitären Gründen, wegen einer beruflichen Ausbildung oder wegen eines Aufenthaltsrechts des Partners oder der Kinder derzeit ausgesetzt oder unmöglich ist (§ 60a AufenthG).

2.3 Ausreisepflichtige Ausländer (§ 1 Abs. 1 Nr. 5 AsylbLG)

Leistungen nach AsylbLG erhalten auch Ausländer, die *„ausreisepflichtig"* sind, z.B. weil
- ihre Duldung abgelaufen ist,
- sie eine *„Grenzübertrittsbescheinigung"*, *„Passeinzugsbescheinigung"* oder ein ähnliches Papier besitzen,
- sie „illegal" eingereist sind, sich bei der Ausländerbehörde melden, aber keinen Asylantrag stellen (ggf. Umverteilung nach § 15a AufenthG),
- sie in Abschiebehaft sitzen oder aus der Abschiebehaft entlassen wurden,
- ihr legaler Aufenthaltstitel oder legaler Touristenaufenthalt abgelaufen ist,
- sie z.B. wegen Straftaten ausgewiesen wurden und die Ausreisefrist abgelaufen ist, und/ oder
- sie aus anderen Gründen ohne Kenntnis der Behörden „illegal" in Deutschland leben.

Ausreisepflichtige Ausländer fallen auch unter das AsylblG, wenn sie nie einen Asylantrag gestellt haben. Beantragt ein „illegaler" Ausländer Leistungen, muss das Sozialamt die Polizei oder Ausländerbehörde informieren („Denunziationsparagraph", § 87 AufenthG). Ein Antrag hat nur dann Sinn, wenn die Ausländerbehörde den Ausländer nicht abschieben kann oder darf, z.B. weil für das Herkunftsland ein Abschiebestopp besteht oder wegen Schwangerschaft oder Krankheit Haft- und Reiseunfähigkeit besteht.

Tipp Ein Leistungsanspruch *„ausreisepflichtiger"* Ausländer besteht auch ohne Duldung. Die Ausländerbehörde müsste aber in vielen der o.g. Fälle eine Duldung erteilen. Fragen Sie eine Flüchtlingsberatung oder einen ausländerrechtlich erfahrenen ⇨Anwalt.

2.4 Ausländer mit Aufenthaltserlaubnis aus humanitären Gründen (§ 1 Abs. 1 Nr. 3 AsylbLG)

Tipp: Prüfen Sie im Aufenthaltstitel, welcher Paragraf und Absatz des AufenthG dort eingetragen ist! Ausländer mit Aufenthaltserlaubnis haben in der Regel Anspruch auf Alg II bzw. HzL/ GSi.
Sie fallen nur in **wenigen Ausnahmefällen** unter das AsylbLG:

Ausländer mit Aufenthaltserlaubnis nach **§ 23 Abs. 1 AufenthG** oder **§ 24 AufenthG** fallen unter das AsylbLG, wenn ihnen die Aufenthaltserlaubnis **wegen des Krieges im Heimatland** erteilt wurde. Das betrifft derzeit über bestimmte Landesaufnahmeprogramme aufgenommene Flüchtlinge aus Syrien. Aufgenommene Flüchtlinge (auch Syrer) mit anderem Aufenthaltstitel, z.B. nach § 23 Abs. 2 oder 4 AufenthG, haben Anspruch auf Alg II bzw. HzL/ GSi. Ausländer mit Aufenthaltserlaubnis nach § 23 Abs. 1 AufenthG aufgrund einer humanitären *„Altfallregelung"* oder ***„Bleiberechtsregelung"*** haben ebenfalls Anspruch auf Alg II bzw. HzL/ GSi, weil Grund der Aufenthaltserteilung ein langjährig geduldeter Voraufenthalt war, nicht aber der Schutz vor einem aktuellen Krieg im Herkunftsland.
Unter das **AsylbLG** fallen auch Ausländer mit Aufenthaltserlaubnis nach **§ 25 Abs. 4 Satz 1 AufenthG** (vorübergehende humanitäre Gründe), aber nicht mit Aufenthaltserlaubnis nach § 25 Abs. 4 Satz 2 AufenthG (dauerhafte humanitäre Gründe).

Im Regelfall **nicht** unter das AsylbLG fallen Ausländer mit Aufenthaltserlaubnis nach **§ 25 Abs. 5 AufenthG.** Sie fallen nur unter das AsylbLG, wenn die Feststellung des Abschiebehindernisses weniger als 18 Monate zurückliegt. In der Praxis werden Aufenthaltserlaubnisse nach § 25 Abs. 5 erst nach mehr als 18 Monaten Duldung erteilt, so dass mit der Aufenthaltserlaubnis auch Anspruch auf Alg II bzw. HzL/ GSi besteht. Die Frist zählt ab der ersten Duldung (Feststellung des Abschiebungshindernisses).
Kinder mit Aufenthaltserlaubnis nach § 25 Abs. 5 haben vor Ablauf der 18 Monate Anspruch auf Alg II/ HzL, wenn ein Elternteil ebenfalls eine Aufenthaltserlaubnis besitzt und Alg II bzw. HzL/ GSi bezieht (§ 1 Abs. 3 Satz 2 AsylbLG).
Staatsangehörige der **Türkei** fallen mit den o.g. Aufenthaltserlaubnissen nicht unter das AsylbLG. Sie haben nach dem Europäischem Fürsorgeabkommen EFA (⇨Ausländer 1.4) mit einer Aufenthaltserlaubnis stets Anspruch auf HzL/ GSi oder Alg II (LSG NRW 22.1.2013 - L 6 AS 1033/12 B).

2.5 Ausländer in Bedarfsgemeinschaft mit Alg II/Sozialhilfeberechtigten

Ausländer, die nach ihrem Aufenthaltsstatus unter das AsylbLG fallen, erhalten in der Regel auch dann **keine** HzL/ GSi oder Alg II, wenn sie in Bedarfsgemeinschaft mit einer Person leben, die Sozialhilfe oder Alg II erhält.

Tipp Nach ihrem Status unter das AsylbLG fallende (z.B. geduldete oder asylsuchende) **Familienangehörige anerkannter** und subsidiär geschützter **Flüchtlinge** können entgegen dem Wortlaut des AsylbLG HzL/ GSi oder Alg II beantragen. Sie haben gemäß Art. 23 i.V. mit Art. 29 EU-Richtlinie Flüchtlingsschutz (RL 2011/95/EU) bei den Existenzminimumleistungen Anspruch auf Gleichbehandlung mit Inländern (LSG NRW 27.2.2012 - L 20 AY 48/08).

2.6 Zeitpunkt des Wechsels der Leistungsberechtigung AsylbLG - SGB II/ SGB XII

Von der Flüchtlingsanerkennung bis zur Ausstellung des entsprechenden Aufenthaltstitels dauert es oft Monate. Anspruch auf Alg II (bzw. auf HzL/ GSi) besteht bei Flüchtlingsanerkennung (Asylrecht Art. 16 GG,

A

Flüchtlingsschutz § 3 AsylG, subsidiärer Schutz § 4 AsylG) **ab Zustellung des Anerkennungsbescheids des BAMF**, auch wenn noch kein Aufenthaltstitel vorliegt oder noch eine Klage auf besseren Status läuft. Die Betroffenen sind gemäß § 25 Abs. 2 Satz 2 AufenthG zu behandeln, als hätten sie bereits den Aufenthaltstitel (Erlaubnisfiktion; vgl. BA, Wissensdatenbank SGB II, www.arbeitsagentur.de/web/content/DE/Veroeffentlichungen/WissensdatenbankSGBII/index.htm ⇨§ 7 SGB II ⇨Asylberechtigte, Nr. 070065).

Ausländer, die sich legal mit **Visum zum Familiennachzug** zu Flüchtlingen oder zur **Aufnahme als Flüchtlinge** hier aufhalten, haben ab Einreise Anspruch auf Alg II, hilfsweise auf Hilfe zum Lebensunterhalt nach dem 3. Kapitel SGB XII. Das Visum erfüllt keinen Tatbestand nach § 1 Abs. 1 oder 2 AsylbLG. Wegen des humanitären Aufenthaltszwecks gilt auch nicht der Anspruchsausschluss für die ersten 3 Monate (LSG Niedersachsen-Bremen 19.9.2014 - L 11 AS 502/14 B ER, info also 2015, 266, www.fluechtlingsinfo-berlin.de/fr/docs/C2685.pdf; SG Berlin 16.7.2015 - S 175 AS 13627/15 ER, www.fluechtlingsinfo-berlin.de/fr/docs/C2686.pdf).

In **anderen Fällen** wechselt die Leistungsberechtigung zum SGB II/ SGB XII erst mit Erteilung eines Aufenthaltstitels, der nicht unter § 1 Abs. 1 AsylbLG fällt.

2.7 Welche Ausländer fallen nicht unter das AsylbLG?

- Ausländer mit **Aufenthaltserlaubnis** nach allen hier nicht genannten §§ des AufenthG, mit ***„Fiktionsbescheinigung“*** wenn diese als *„erlaubter Aufenthalt“* gilt, mit Erlaubnis zum Daueraufenthalt EG/ EU oder **Niederlassungserlaubnis**.
- Ausländer, die sich legal als **Touristen** aufhalten. Der Anspruch beschränkt sich jedoch i.d.R. auf unabweisbare Leistungen in unvorhersehbaren Notfällen (⇨Ausländer 2.4).
- Ausländer, die sich legal mit **Visum** zum Familiennachzug oder zur Aufnahme als Flüchtlinge hier aufhalten, s.o. (BA 7.2e).
- **Unionsbürger** und ihre Familienangehörigen (⇨Ausländer 1.3).

Die genannten Ausländer haben Anspruch auf Alg II bzw. HzL/ GSi der Sozialhilfe.

3.1 Sach- und Geldleistungen nach § 3 AsylbLG in Aufnahmeeinrichtungen, Gemeinschaftsunterkünften und Wohnungen

Leistungsrechtlich zu unterscheiden ist zwischen der ***„höchstens“*** **sechs Monate** ab Asylgesuch zulässigen Unterbringung in einer zentralen **Aufnahmeeinrichtung** des Landes (§ 44 AsylG), einer anschließenden Unterbringung in einer kommunalen **Gemeinschaftsunterkunft** (§ 53 AsylG) und einer sonstigen Unterkunft (z.B. **Mietwohnung**, Pension, Ferienwohnung).

Asylsuchende in einer Aufnahmeeinrichtung erhalten **Sachleistungen** (Vollverpflegung, Kleidung und Hygienebedarf) und **Taschengeld** (§ 3 Abs. 1 AsylbLG). Leistungsberechtigte in *Gemeinschaftsunterkünften* und sonstigen Unterkünften erhalten in der Regel die **vollen Grundleistungsbeträge in bar** zur Selbstversorgung (§ 3 Abs. 2 AsylbLG; ⇨Tabelle 3.2).
Asylsuchende sind nach § 47 AsylG *„verpflichtet, bis zu sechs Wochen, längstens jedoch bis zu sechs Monaten“* ab Asylgesuch in einer Aufnahmeeinrichtung zu wohnen. Aufnahmeeinrichtungen werden in den Bundesländern zentral geschaffen. Neu ankommende Asylsuchende stellen dort das Asylgesuch, werden nach Quoten bundesweit an die zuständige Aufnahmeeinrichtung und später landesintern auf die Kommunen umverteilt.
Die zuständige Behörde kann gemäß §§ 47 bis 50 AsylG eine **Entlassung aus der Aufnahmeeinrichtung** vor Ablauf der Sechsmonatsfrist vornehmen, auch für Ausländer aus sicheren Herkunftsländern, z.B. durch Umverteilung auf eine Kommune. Eine Entlassung ist auch bei zwingenden in der Person des Asylsuchenden liegenden Gründen möglich, z.B. aus schwerwiegenden gesundheitlichen Gründen (§ 49 Abs. 2 AsylG).

Asylsuchende aus ***„sicheren Herkunftsländern“*** können auch über 6 Monate hinaus bis zur Abschiebung bzw. Flüchtlingsanerkennung verpflichtet werden, in einer Aufnahmeeinrichtung zu leben. Sichere Herkunftsländer sind derzeit Serbien, Bosnien-Herzegowina, Mazedonien, Kosovo, Albanien, Montenegro, Ghana und Senegal.

Die Bundesregierung möchte auch Marokko, Algerien und Tunesien zu sicheren Herkunftsländern erklären, was bei Redaktionsschluss dieses Leitfadens noch offen war. Flüchtlinge in *Aufnahmeeinrichtungen* dürfen nicht arbeiten und es gilt Residenzpflicht, für jedes Verlassen des Landkreises muss eine Erlaubnis beantragt werden. Asylsuchende in *Gemeinschaftsunterkünften* dürfen in der Regel den Landkreis ohne Erlaubnis vorübergehend verlassen, müssen dabei aber sicherstellen, dass sie kurzfristig (täglich) postalisch erreichbar sind. Sie können auf Antrag meist auch eine Arbeitserlaubnis erhalten. Für Geduldete, die vorwerfbar ihre Abschiebung verhindern, kann ein Arbeitsverbot verfügt werden. Residenzpflicht für Geduldete gilt nur noch, wenn „konkrete Maßnahmen" der Abschiebung „bevorstehen", nicht bei schuldhafter Verhinderung derselben.

3.2 Die Grundleistungen nach § 3 AsylbLG

Die folgenden Regeln gelten **nicht** für länger als 15 Monate hier lebende Leistungsberechtigte, die in der Regel Leistungen nach § 2 AsylbLG beanspruchen können (⇨7.).

Während der Unterbringung in einer Aufnahmeeinrichtung für Asylbewerber (§ 44 AsylG) wird der *„notwendige Bedarf an Ernährung, Unterkunft, Heizung, Kleidung, Gesundheitspflege und Gebrauchs- und Verbrauchsgütern des Haushalts"* **(physisches Existenzminimum)** durch **Sachleistungen** gedeckt, d.h. Lebensmittelpakete, Hygienepakete, Kleidungsgutscheine usw. (§ 3 Abs. 1 AsylbLG; EVS Abt. 1, 3, 4, 6).

Bei Unterbringung in einer **Gemeinschaftsunterkunft (§ 53 AsylG)**, einem Hostel oder einer Pension, einer Notunterkunft für Wohnungslose, einer Wohnung oder sonstigen Unterkunft ist auch in den ersten sechs Monaten des Aufenthaltes in der Regel das Sachleistungsprinzip nicht anwendbar, da es sich nicht um eine *„Aufnahmeeinrichtung"* im Sinne des § 44 AsylG handelt. Folglich können dort der **Grundleistungsbeträge** nach § 3 Abs. 1 und 2 **in bar** beansprucht werden.

Die **Sachleistungsversorgung** endet mit Auszug aus der Aufnahmeeinrichtung, in der Regel also spätestens nach sechs Monaten. Die Bedarfe für Ernährung und Getränke, Kleidung und Schuhe, Verbrauchsgüter des Haushalts (Haushaltsenergie) und Gesundheitspflege sind dann in bar auszuzahlen. Nur in begründeten Ausnahmefällen (fehlende Küchen, kein Umbau möglich, keine freien Plätze in Unterkünften mit Selbstversorgung) sind nach § 3 Abs. 2 AsylbLG Sachleistungen über sechs Monate hinaus zulässig.

Leistungsberechtigte erhalten nach § 3 Abs. 1 AsylbLG zusätzlich einen *„Geldbetrag zur Deckung des notwendigen persönlichen Bedarfs"* **(soziokulturelles Existenzminimum)** als „Taschengeld" bzw. **Barbetrag** (⇨Tabelle). Der Barbetrag soll die Bedarfe an Verkehr (Fahrtkosten), Nachrichtenübermittlung (Post, Telefon), Freizeit, Unterhaltung und Kultur, Bildung, den Warenwert von Gaststättendienstleistungen sowie sonstige Waren und Dienstleistungen einschließlich Körperpflege decken (EVS Abt 7, 8, 9, 11, 12).

Mit dem seit 24.10.2015 geltenden ***„Asylpaket I"*** wurde die Möglichkeit geschaffen, in Aufnahmeeinrichtungen und Gemeinschaftsunterkünften den **persönlichen Bedarf** (das „Taschengeld" für Fahrgeld, Kommunikation usw.) teilweise oder ganz als **Sachleistung** zu erbringen. Auf diese Weise könnte man neu ankommenden Asylsuchenden **jegliches Bargeld entziehen**. Nach § 3 Abs. 1 und 2 AsylbLG *„soll"* in Aufnahmeeinrichtungen (§ 44 AsylG) und *„kann"* in Gemeinschaftsunterkünften (§ 53 AsylG) der persönliche Bedarf in Form von Sachleistungen ersetzt werden, wenn dies mit vertretbarem Verwaltungsaufwand möglich ist. Es handelt sich um keine Sanktion (dazu weiter unten), sondern um eine auf alle Asylsuchenden anwendbare Regelung. In der Praxis erweist sich die Regelung als kaum umsetzbar, es gibt aber entsprechende Versuche und Planungen in Bayern (Landkreis Erding) und im Sozialministerium Baden-Württemberg. Berlin stellt für die ersten drei Monate eine ÖPNV-Monatkarte aus und zieht dafür den Mobilitätsbedarf nach EVS (25,50 € für Alleinstehende) vom Taschengeld ab.

Wir halten die Neuregelung für **verfassungswidrig**, da laut BVerfG-Urteil zum AsylbLG zum Existenzminimumsbedarf auch die soziale und gesellschaftliche Teilhabe und die Pflege persönlicher Beziehungen gehört (Information, Kommunikation, Fahrkosten, Mobiltelefonie und Internet, Bildungsbedarf usw.). Diese Bedarfe sind persönlicher Natur und nur nach individueller, freier und ggf. spontaner Entscheidung zu befriedigen, was unter den aktuellen gesellschaftlichen Bedingungen nur am Markt über das Tauschmittel Geld realisierbar ist.

Die **Grundleistungsbeträge** nach § 3 Abs. 1 und 2 AsylbLG entsprechen den nach dem Regelbedarfsermittlungsgesetz für das SGB II/ SGB XII ermittelten Bedarfen (BT-Drs. 18/2592, 21). Der Gesundheitspflegebedarf (Abt. 6 EVS) wurde jedoch nur zur Hälfte berücksichtigt, da nach § 4 AsylbLG Zuzahlungen entfallen und auch rezeptfreie Medikamente beansprucht werden können. Der laufende Bedarf an Hausrat (Abt. 5 EVS) wurde gestrichen, da er gesondert zu erbringen ist (§ 3 Abs. 2 Satz 4 AsylbLG).

Mit dem ***„Asylpaket II“*** wurden zudem bestimmte Teilhabebedarfe gestrichen, u.a. die Position „Bildung“ sowie Fernsehgeräte, Computer und Software, anteilig Abt. 9 und komplett Abt. 10 EVS, weil diese in den Sammelunterkünften zur Verfügung stünden (BT-Drs. 18/7538, 21). Im Ergebnis wurde der Bargeldbedarf nach § 3 Abs. 1 AsylbLG (das Taschengeld) nochmals um bis zu **10 € pro Person und Monat gekürzt**, für Kinder bis 6 Jahre um 6 € pro Monat.

Die Bedarfssätze nach **§ 3 Abs. 1** und **Abs. 2 AsylbLG**, also das soziokulturelle (persönlicher Bedarf, Barbetrag bzw. Taschengeld) und das physische Existenzminimum (Ernährung, Kleidung, Haushaltsenergie, Gesundheitspflege) werden **addiert** (§ 3 Abs. 2 Satz 5 AsylbLG) und ergeben die **Grundleistungsbeträge**, die in der Regel nach spätestens sechs Monaten in bar auszuzahlen sind. Die Grundleistungsbeträge sind nach denselben Maßgaben wie die ⇨Regelsätze **jährlich anzupassen**.

Tabelle Grundleistungen nach § 3 AsylbLG seit 17.3.2016 in €

	Stufe 1 Alleinstehende Alleinerziehende	Stufe 2 je 90 % bei Partnern	Stufe 3 80 % HA* ab 18	Stufe 4 14–17 Jahre	Stufe 5 6–13 Jahre	Stufe 6 0-5 Jahre
soziokulturelles Existenzminimum **§ 3 Abs. 1 AsylbLG**	135	122	108	76	83	79
physisches Existenzminimum Bedarfe **§ 3 Abs. 2 AsylbLG**	219	196	176	200	159	135
Grundleistung § 3 Abs. 1 und 2 **gesamt**	**354**	**318**	**284**	**276**	**242**	**214**
zum Vergleich: Regelsatz SGB II/XII/ § 2 AsylbLG	404	364	324	306	270	237

*Haushaltsangehöriger

Zusätzlich zu den Grundleistungsbeträgen sind zu erbringen:

- **Unterkunft** und Heizung, ggf. Miete (§ 3 Abs. 2 Satz 4 AsylbLG),
- Erstausstattungen und laufende Leistungen für **Hausrat** und Möbel, **Bettwäsche** und Handtücher (§ 3 Abs. 2 Satz 4 AsylbLG),
- der Bedarf an Reinigungs- und **Waschmit-**

tel ist als Teil der EVS-Position „Hausrat" ebenfalls zusätzlich zu leisten (§ 3 Abs. 2 Satz AsylbLG ⇨3.3)
- neu einreisende Asylsuchende können eine **Erstausstattung** an **Kleidung** und Schuhen als Sachleistung oder Gutschein beanspruchen (§ 3 Abs. 1 AsylbLG).
- bei **Schwangerschaft und Geburt** Erstausstattungen an Kleidung, Kinderwagen usw. (§ 3 Abs. 1 AsylbLG)
- **medizinische Leistungen** (§§ 4 und 6 AsylbLG)
- Sonderbedarfe bei **Krankheit, Behinderung** und **Pflegebedürftigkeit** (§ 6 AsylbLG)
- Kinder, Jugendliche und junge Erwachsene haben ggf. Anspruch auf das **Bildungs- und Teilhabepaket**, z.B. Schulmaterial, Lernförderung, Ausflüge, Klassenfahrten, Schul- oder Kitamittagessen, ggf. Fahrtkosten zur Schule, Vereinsbeiträge usw. (§ 3 Abs. 3 AsylbLG i.V. mit § 34 f. SGB XII; ⇨SchülerInnen)
- Kosten **verwaltungsrechtlicher Mitwirkungspflichten** (§ 6 AsylbLG; ⇨3.5)

3.3 Kosten der Sammelunterkunft, Miete für eine Wohnung, Mietnebenkosten, Möbel und Hausrat

Zusätzlich zu den Grundleistungen sind nach § 3 AsylbLG die *Kosten für Unterkunft, Heizung und Hausrat* zu übernehmen.

Unterkunft und Hausrat werden nach Entlassung aus der Aufnahmeeinrichtung *„als **Geld- oder Sachleistung**"* erbracht (§ 3 Abs. 2 AsylbLG). Der für die Unterkunft geltende Sachleistungsvorrang wurde zum 1.3.2015 abgeschafft. Das Sozialamt hat daher eine **Ermessensentscheidung** über die Unterbringung in einer als *„Geldleistung"* geltenden Mietwohnung zu treffen. Zwar sehen manche Landesaufnahmegesetze und für Asylsuchende auch § 53 AsylG die Unterbringung in Gemeinschaftsunterkünften als Regelfall vor. Dabei ist die Ausländerbehörde nach § 53 AsylG stets zu einer einzelfallbezogenen Ermessensabwägung der privaten Interessen des Asylbewerbers mit dem öffentlichen Interesse verpflichtet. Das bundesrechtlich vorgeschriebene Ermessen kann nicht durch Landesrecht ausgehebelt werden.

Bei **Anmietung einer Wohnung** durch AsylbLG-Berechtigte sind die „angemessene" Mietkosten sowie Hausrat und Möbel vom Sozialamt zu übernehmen (§ 3 Abs. 2 AsylbLG).

Aus **politischen Gründen** (Abschreckung potentieller Asylsuchender) verweigern manche Länder und Kommunen Asylsuchenden generell die Anmietung von Wohnungen und damit deren Integration in die Aufnahmegesellschaft, knüpfen diese an zusätzliche Voraussetzungen (besondere Schutzbedürftigkeit; Mindestaufenthaltsdauer von 12 Monaten usw.) oder an Atteste dass die Gemeinschaftsunterkunft wegen Krankheit unzumutbar ist. Spätestens dann besteht auch ein Rechtsanspruch auf Übernahme der Miete, ebenso im Falle einer Leistungsberechtigung nach § 2 AsylbLG. Berlin ermöglicht seit 2003 AsylbLG-Berechtigten nach drei Monaten generell die Anmietung von Wohnungen, ebenso Bremen seit 2013 (zu den Konditionen in Berlin www.ejf.de/einrichtungen/migrations-und-fluechtlingsarbeit/fluechtlingsberatung.html).

Werden die Kosten einer **Mietwohnung** übernommen, müssen als *„Kosten der Unterkunft"* neben der ⇨**Miete** auch die ⇨**Mietneben-** und ⇨**Heizkosten**, Neben- und Heizkosten**nachzahlungen**, ggf. die Miet⇨**kautionbzw. Genossenschaftsanteile** und ggf. dem Mieter in rechtlich zulässiger Weise vertraglich auferlegte ⇨**Renovierungen** übernommen werden. Nach der Systematik der AsylbLG-Grundleistungsbeträge sind bei dezentraler Warmwasserbereitung wie im SGB II/ SGB XII zusätzlich die ⇨**Warmwasser**kosten zu übernehmen. Hingegen muss der Haushaltsstrom (ohne Warmwasser und Heizung) wie nach SGB II/ SGB XII im Regelfall aus den Grundleistungsbeträgen nach § 3 Abs. 2 AsylbLG selbst bezahlt werden.

Da **„Hausrat"**– anders als beim SGB II/ SGB XII – nicht in den Grundleistungsbeträgen enthalten ist, besteht in Wohnungen ebenso wie in Gemeinschaftsunterkünften zusätzlich zu den Grundleistungsbeträgen nicht nur Anspruch auf Erstausstattungen, sondern auch auf den laufenden Ergänzungsbedarf an Hausrat. Im Sinne der Bedarfsermittlung der Grundleistungen nach Maßgabe der Abt. 5 EVS umfasst dies auch den laufenden Bedarf an **Putz- und Waschmitteln**.

Bei Anmietung einer **Wohnung** kann eine Erstausstattung an Hausrat und Möbeln

A

beantragt werden, wie Herd, Kühlschrank, Waschmaschine, Betten, Stühle, Tische, Schränke, Kochtöpfe, Geschirr, Besteck, Handtücher, Bettwäsche usw. (⇨Hausrat). Für den laufenden Ergänzungsbedarf kann eine Erhöhung der Grundleistungsbeträge um die Bedarfsposition Abt. 5 EVS (Hausrat) beantragt werden, (in etwa) für Erwachsene 31 €, für Kinder von 0 - 5 Jahren 15 €, für Kinder von 6 - 13 Jahren 13 € und für Jugendliche von 14 - 17 Jahren 16 €.

Zum *„Hausrat"* gemäß Abt. 5 EVS (vgl. BT-Drs. 17/3404, 54) gehören auch *„Verbrauchsgüter für die Haushaltsführung"* wie **Putz- und Reinigungsmittel**. Der in den ⇨Regelsätzen hierfür enthaltene Anteil beträgt (in etwa) für Erwachsene 3,62 € sowie 1,31 € für Kinder von 0 - 5 Jahren, 1,64 € für Kinder von 6 - 13 Jahren und 2,49 € für Jugendliche von 14 - 17 Jahren.

In **Gemeinschaftsunterkünften** wird der Bedarf an Hausrat einschließlich Bettwäsche und Handtüchern durch den Wohnheimbetreiber als **Sachleistung** erbracht. Neben Erstausstattungen ist auch laufender Ergänzungsbedarf zu übernehmen, z.B. für defektes Geschirr und Kochgerät. Auch Spül-, Putz- und Waschmittel (und die zugehörigen Gerätschaften) sind kostenfrei bereitzustellen. Bedarfe, die die Gemeinschaftsunterkunft nicht stellt, können beim **Sozialamt** beantragt werden (z.B. bei fehlender Waschmaschine die Kosten für den Waschsalon).

Der Bedarf für **Haushaltsenergie** wird in einer Gemeinschaftsunterkunft von den Grundleistungsbeträgen nach § 3 Abs. 2 AsylbLG abgezogen. Die Kürzung entspricht den in den SGB-II-/ SGB-XII-Regelsätzen enthaltenen Energiekostenanteilen nach Abt. 4 EVS (⇨Strom).

3.4 Medizinische Versorgung (§§ 4 und 6 AsylbLG)

Die hier beschriebene medizinische Versorgung gilt **nicht** für länger als 15 Monate hier lebende Leistungsberechtigte, die in der Regel Anspruch auf eine vollwertige Gesundheitskarte einer Krankenkasse haben (§ 2 AsylbLG i.V. mit § 264 Abs. 2 SGB V; ⇨7).

Nicht unter § 2 AsylbLG fallende Berechtigte erhalten je nach Bundesland entweder Krankenscheine des Sozialamts oder eine AsylbLG-Gesundheitskarte (s.u.), womit gemäß § 4 Abs. 1 und § 6 Abs. 1 AsylbLG eine Krankenbehandlung nur beansprucht werden kann:

- bei **akuten** Erkrankungen,
- bei **akut behandlungsbedürftigen** Erkrankungen,
- bei Erkrankungen, die mit **Schmerzen** verbunden sind, und
- bei Erkrankungen, deren Behandlung **zur Sicherung der Gesundheit unerlässlich** ist.

Die Behauptung, **nur akute** Krankheiten seien nach AsylbLG zu behandeln, **ist falsch**. Unterbleibt z.B. bei Diabetes die Behandlung, wird die chronische Krankheit sofort akut. Eine strenge Unterscheidung zwischen **chronischer** und akuter Krankheit ist medizinisch meist nicht möglich. Maßstab kann daher immer nur der **akute Behandlungsbedarf** sein. Dabei ist eine Behandlung chronischer Krankheiten regelmäßig zur Sicherung der Gesundheit (§ 6 AsylbLG) unerlässlich. Auch aus Artikel 1, 2 und 20 GG (Menschenwürde, Recht auf Leben und körperliche Unversehrtheit, Sozialstaatsprinzip), der ärztlichen Ethik und nicht zuletzt aus den Menschenrechten folgt ein Behandlungsanspruch bei allen hierzulande behandelbaren Krankheiten.

Ohne Einschränkung in gleichem Umfang wie für gesetzlich Krankenversicherte sind nach dem Wortlaut des AsylbLG zu erbringen:

- alle Leistungen bei **Schwangerschaft** und Entbindung, einschl. Hebammenhilfe (Geburtsvorbereitung, Nachsorge) und Vorsorge (§ 4 Abs. 2 AsylbLG),
- alle empfohlenen **Vorsorgeuntersuchungen**, z.B. Zahnvorsorge, Kinderuntersuchungen, Krebsvorsorge, Gesundheitsuntersuchung etc. (§ 4 Abs. 1 Satz 2 AsylbLG) und
- alle empfohlenen **Schutzimpfungen** (www.rki.de ⇨Kommissionen ⇨Ständige Impfkommission ⇨Empfehlungen), bei drohender Abschiebung auch im Hinblick auf den nötigen Schutz im Herkunftsland (§ 4 Abs. 1 Satz 2, § 4 Abs. 3 Satz 2 AsylbLG).

Auf **Zahnersatz** besteht nach AsylbLG nur Anspruch, wenn dies *„aus medizinischen*

Gründen unaufschiebbar" ist (§ 4 Abs. 1 AsylbLG). Das ist der Fall, wenn bei Nichtbehandlung Folgeschäden am Gebiss oder gar am Magen drohen. Zumindest muss ein „Gebiss" in einfacher Ausfertigung zur Verfügung gestellt werden. Die normale Zahnbehandlung (Karies, Wurzelentzündung, Zahnfleischerkrankung usw.) ist uneingeschränkt zu gewähren, da es sich um akute oder schmerzhafte Erkrankungen handelt oder die Behandlung zur Sicherung der Gesundheit (Zahnerhalt) unerlässlich ist.

Zu den Leistungen nach AsylbLG gehören auch Heil- und **Hilfsmittel** wie Brillen, Hörgeräte, Prothesen, Rollstühle, orthopädische Schuhe, Physiotherapie usw., ggf. als *„sonstige zur Genesung, zur Besserung oder zur Linderung von Krankheiten oder Krankheitsfolgen erforderliche Leistungen"* (§ 4 Abs. 1 Satz 1 und 6 Abs. 1 AsylbLG).

Als **zur Sicherung der Gesundheit unerlässliche Leistungen** nach § 6 AsylbLG kommen zudem in Frage u.a.:

- zur Diagnostik, ärztlichen Aufklärung sowie Psychotherapie nötige Dolmetscherkosten,
- Leistungen zur ambulanten und stationären Pflege behinderter und pflegebedürftiger Menschen,
- Eingliederungsleistungen für behinderte Kinder
- Eingliederungsleistungen für Erwachsene zur sozialen und psychischen Eingliederung, aufgrund dem durch das Integrationsgesetz eröffneten Zugang zu Arbeit und Integrationskursen ggf. auch zur schulischen und beruflichen Eingliederung,
- psychotherapeutische Behandlung,
- Mehrkosten für besonderen Ernährungsbedarf bei Krankheit oder Schwangerschaft,
- Schwangerschaftsverhütung und Vorsorge gegen sexuell übertragbare Krankheiten.

Eine Untersuchung und **Diagnosestellung** durch einen Arzt – und damit auch die Ausgabe eines **Krankenscheins** – ist zur Klärung des Behandlungsbedarfs immer unerlässlich. Ein medizinisch nicht qualifizierter Sachbearbeiter darf – ohne ärztliche Untersuchung – keine negative Entscheidung über Krankenscheine bzw. medizinische Leistungen treffen.

Unterschiede zwischen dem auf das *„Maß des Notwendigen"* (§ 12 Abs. 1 SGB V) beschränkten Anspruch gesetzlich Krankenversicherter und dem Anspruch AsylbLG-Berechtigter lassen sich weder medizinisch, noch ethisch oder menschenrechtlich rechtfertigen (Eichenhofer, Gesundheitsleistungen für Flüchtlinge, ZAR 5-6/2013, 169, www.zar.nomos.de/fileadmin/zar/doc/Aufsatz_ZAR_13_5-6.pdf). Verweigert ein Arzt eine notwendige Behandlung, kann er wegen Verstoßes gegen die Berufsordnung von der Ärztekammer belangt werden. Ärzte und Sachbearbeiter können sich wegen unterlassener Hilfeleistung auch **strafbar** machen.

Ein ⇨**Schwangerschaftsabbruch** ist keine Leistung nach AsylbLG. AsylbLG-Bezieherinnen können aber als nicht gesetzlich krankenversicherte Frauen die Kostenübernahme mit einem Einkommensnachweis (AsylbLG-Bescheid) gemäß § 19 i.V. mit § 21 Abs. 1 „Schwangerschaftskonfliktgesetz" bei einer **gesetzlichen Krankenkasse** am Wohnort beantragen. Die zu diesem Zweck frei wählbare Kasse muss „unverzüglich" den Kostenübernahmebescheid ausstellen. Das Bundesland erstattet dann der Krankenkasse die Kosten.

Hamburg, Bremen, Berlin und **Schleswig-Holstein** und einzelne Kommunen in **NRW** haben Verträge mit Gesetzlichen Krankenkassen gemäß § 264 Abs. 1 SGB V über die Ausgabe von speziellen **Gesundheitskarten nach §§ 4 und 6 AsylbLG** geschlossen. In Brandenburg und Thüringen wird das System diskutiert, Sachsen, Bayern, Baden-Württemberg und Sachsen-Anhalt lehnen es ab. Die ambulante und stationäre Behandlung wird über die AsylbLG-Gesundheitskarte weitgehend nach den Maßgaben für gesetzlich Krankenversicherte erbracht. Genehmigungspflichtig ist in der Praxis nur, was auch bei gesetzlich Versicherten geprüft wird, z.B. Zahnersatz oder Psychotherapien. Rechtlich besteht allerdings kein erweiterter Anspruch. Eilantrag, Widerspruch und Klage wegen verweigerter Behandlung richten sich gegen die Krankenkasse, man sollte sich aber auch bei der Sozialbehörde beschweren und diese im Sozialgerichtsverfahren *„beiladen"* lassen (§ 75 SGG).

A

Tipp Mancherorts werden nach AsylbLG rechtswidrig nur *„unabweisbare"* oder *„lebensnotwendige"* Behandlungen gewährt. Behandlungen, die zur Sicherung der Gesundheit unerlässlich sind, werden verschleppt oder verweigert, ebenso Impfungen, die Behandlung durch Fachärzte, kostenaufwändige Diagnostik (MRT), Hilfsmittel, Prothesen usw. Hier sollten alle Mittel zur Durchsetzung genutzt werden (Rechtsmittel, politische Gremien, Öffentlichkeit usw.).

3.4.1 Keine Zuzahlungen und Eigenleistungen

Das AsylbLG enthält – anders als die gesetzliche Krankenversicherung – **keine** Rechtsgrundlage für Zuzahlungen und Eigenleistungen. Daher dürfen auch **keine Zuzahlungen** verlangt werden (Ausnahme: Leistungsberechtigte nach § 2 AsylbLG; ⇨7). Krankenhäuser, Apotheken, Krankentransporte usw. können ihre Leistungen nach §§ 4 und 6 AsylbLG zu 100% mit dem Sozialamt abrechnen. Verlangen sie dennoch eine Zuzahlung, kassieren sie doppelt und machen sich wegen Abrechnungsbetrugs strafbar.
Die Leistungsberechtigung ergibt sich aus dem Eintrag des Sozialamts auf dem AsylbLG-Krankenschein bzw. der AsylbLG-Gesundheitskarte. Der Arzt **muss** dies **auf dem Rezept vermerken**, das mit dem Sozialamt abzurechnen ist. Das genügt den Apotheken usw. für die volle Erstattung.

Auch für **Brillen**, Hörgeräte, Physiotherapie, orthopädische Schuhe, Zahnersatz, Dolmetscherkosten, Fahrten zur ambulanten Krankenbehandlung, rezeptfreie Medikamente usw. muss man – anders als gesetzlich Versicherte – **keine Eigenleistung** erbringen, vorausgesetzt die medizinische Notwendigkeit liegt vor. **Zahnärzte** müssen nach § 4 AsylbLG – ebenso wie für SGB II/ XII und § 2 AsylbLG Berechtigte (vgl. § 55 Abs. 2 SGB V) – stets eine **zuzahlungsfreie** Behandlungsvariante anbieten.

3.5 Sonstige Leistungen (§ 6 AsylbLG)

„Sonstige Leistungen können insbesondere gewährt werden, wenn sie im Einzelfall zur Sicherung des Lebensunterhalts oder der Gesundheit unerlässlich, zur Deckung besonderer Bedürfnisse von Kindern geboten oder zur Erfüllung einer verwaltungsrechtlichen Mitwirkungspflicht erforderlich sind." (§ 6 Abs. 1 Satz 1 AsylbLG)
In Frage kommen neben den o.g. medizinischen Leistungen u.a. Erstausstattungen bei **Schwangerschaft** und **Geburt**, Eingliederungshilfen für **behinderte** Kinder und Erwachsene, Leistungen zur ambulanten oder stationären **Pflege** (aber kein pauschales Pflegegeld), Bestattungskosten sowie **Pass**beschaffungskosten für Geduldete (auch zum Verbleib in Deutschland) einschließlich Fahrt zur Botschaft (OVG Sachsen 3.6.2008 - 4 A 144/08).

Zu den Kosten verwaltungsrechtlicher Mitwirkungspflichten zählen auch **Kosten der Mitwirkung im Asylverfahren** nach § 15 AsylG, z.B. die Beschaffung und Übersetzung von Dokumenten.
Achtung: Während des Asylverfahrens und nach Flüchtlingsanerkennung ist jeder Kontakt zu Behörden des Herkunftslandes (auch zur Passbeschaffung) zu unterlassen, da dies zur Ablehnung des Asylantrags bzw. zum Widerruf des Flüchtlingsschutzes führen kann!

Besonders schutzbedürftige Asylsuchende wie behinderte und schwer kranke Menschen, Schwangere und Alleinerziehende, Minderjährige und Ältere, Traumatisierte und Folteropfer haben gemäß § 6 AsylbLG i.V. mit Artikel 19 ff. *„Asylaufnahmerichtlinie"* (RL 2013/33/EU) Anspruch auf die *„erforderliche medizinische oder sonstige Hilfe, einschließlich erforderlichenfalls einer geeigneten psychologischen Betreuung"*. **Psychotherapien, Therapien und Hilfsmittel für Menschen mit Behinderung** sind dann im *„erforderlichen"* Umfang, also nach den gleichen Maßstäben wie für Deutsche zu erbringen. Bei der Eingliederungshilfe für Behinderte gilt dies für Kinder und Jugendliche in jedem Fall, ebenso für Erwachsene zur sozialen und psychischen Eingliederung, nach Ermessen aber auch zur Eingliederung in Integrationskurse, Arbeit und Bildung.

4. Gemeinnützige Arbeit, Integrationskurse, Programm FIM (§§ 5, 5a, 5b AsylbLG)

§§ 5, 5a, 5b AsylbLG und die zugehörigen Sanktionen sind seit Inkrafttreten des ***„Inte-***

grationsgesetzes" auch auf Leistungsberechtigte nach **§ 2 AsylbLG** anwendbar (§ 2 Abs. 1 Satz 1 AsylbLG neu).

Für eine „Aufwandsentschädigung" von **80 Cent/ Stunde** können Leistungsberechtigte, die nicht mehr im schulpflichtigen Alter sind, nach § 5 AsylbLG zu Arbeitsgelegenheiten in Asylunterkünften, bei kommunalen und gemeinnützigen Trägern verpflichtet werden. Eine Arbeitserlaubnis ist dafür nicht nötig. Die Aufwandsentschädigung betrug seit 1993 2 DM/ Stunde bzw. 1,05 €/ Stunde Sie wurde mit dem „Integrationsgesetz" ab 6.8.2016 auf 80 Cent/ Stunde gesenkt.

Die Aufwandsentschädigung beinhaltet den **Mehraufwand** (Werbungskosten) für Fahrtkosten usw., nur wer nachweislich einen höheren Mehraufwand für die Tätigkeit hat, bekommt eine höhere Aufwandsentschädigung ausgezahlt (§ 5 Abs. 2 AsylbLG). Die Tätigkeit muss zusätzlich sein, darf keine regulären Arbeitskräfte ersetzen. Für die Heranziehung gelten dieselben Voraussetzungen wie bei Ein€Jobs (⇨Arbeitsgelegenheiten).

Die Regelung und Sanktionen gelten nach dem neuen § 5a AsylbLG auch für die von der Bundesagentur für Arbeit verwalteten 100.000 Arbeitsgelegenheiten für Asylbewerber im Programm ***„Flüchtlingsintegrationsmaßnahmen"*** (FIM). § 5a enthält anders als § 5 keine Konkretisierung der Höhe der Mehraufwandsentschädigung und keine Aussage zur Ausnahme von der Arbeitserlaubnis- und Sozialversicherungspflicht.

Der ebenfalls neue, ab 1.1.2017 geltende § 5b AsylbLG sieht vor, dass die Sozialbehörde Asylbewerber, bei denen voraussichtlich ein rechtmäßiger dauerhafter Aufenthalt zu erwarten ist (§ 44 Abs. 4 AufenthG) zum ***„Integrationskurs"*** verpflichten kann. Dies betrifft nach Auffassung der Bundesregierung bei Redaktionsschluss dieses Leitfadens nur Asylsuchende aus Iran, Irak, Eritrea, Somalia und Syrien, andere nicht. Ein Anspruch auf Teilnahme am Kurs besteht nur im Rahmen verfügbarer freier Plätze.

Die Tätigkeiten und der Integrationskurs können aus ***„wichtigem Grund"*** wie zeitliche Unvereinbarkeit mit weiterführenden Integrations-, Bildungs- oder Beschäftigungsangeboten, Schulbesuch, berufliche Ausbildung, Studium, Erwerbsarbeit, Kinderbetreuung, Erwerbsunfähigkeit, Krankheit, Rentenalter etc. abgelehnt werden (§ 5 Abs. 3, § 5a Abs. 2 und § 5b Abs. 2 AsylbLG, jeweils i.V. mit § 11 Abs. 4 SGB XII).

Solange Leistungsberechtigte gemeinnützige Arbeit, FIM oder Integrationskurs ***„unbegründet"*** ablehnen, wird die Leistung auf das Niveau des § 1a Abs. 2 AsylbLG gekürzt. Diese ⇨**Sanktionen** verstoßen gegen das Grundrecht auf menschenwürdiges Existenzminimum (⇨6).

5. Einsatz von Einkommen und Vermögen (§ 7 AsylbLG)

§ 7 AsylbLG ist nicht auf Leistungsberechtigte nach **§ 2 AsylbLG** anwendbar, für die die Einkommens- und Vermögensfreibeträge des SGB XII gelten.

Verfügbares Einkommen und Vermögen des Leistungsberechtigten, seiner im Haushalt lebenden **Familienangehörigen** und des **eheähnlichen Partners** sind vorrangig einzusetzen. **Seit März 2015** gilt nach § 7 Abs. 5 AsylbLG ein **Vermögensfreibetrag von 200 €** pro Leistungsberechtigten und jeden im Haushalt lebenden Familienangehörigen. Nicht angerechnet werden Vermögensgegenstände, die zur Ausbildung oder Erwerbstätigkeit unentbehrlich sind (soweit zutreffend Kfz usw.).

Hat ein Familienangehöriger Anspruch auf Existenzsicherung nach § 2 AsylbLG, Alg II, HzL oder GSi der Sozialhilfe, BAföG usw., muss ihm dieser Anspruch inklusive seiner Einkommens- und Vermögensfreibeträge **ungekürzt** erhalten bleiben.

Umstritten ist, ob das Einkommen und Vermögen aller in ⇨**Haushaltsgemeinschaft** lebenden Familienangehörigen (Onkel, Schwester, Großeltern etc.) herangezogen werden darf, und wie hoch ggf. der Selbstbehalt dieser Angehörigen ist. Viele Gerichte gehen davon aus, dass es nur auf das Einkommen und Vermögen des **Ehepartners und der Kinder** ankommt, nicht jedoch weiterer Familienangehöriger (LSG Niedersachsen-Bremen 29.6.2007 - L 11 AY 80/06).

Erwerbstätige Flüchtlinge können einen **„Freibetrag"** in Höhe von 25% ihres Einkommens beanspruchen, maximal jedoch

A

50% der Grundleistungsbetrags der erwerbstätigen Person (§ 3 AsylbLG), bei Alleinstehenden also bis zu 50% von 354 € (177 €). Der Rest wird auf die AsylbLG-Leistungen angerechnet. Neben Steuern und Sozialabgaben sind die mit der Erzielung des Einkommens verbundenen notwendigen Ausgaben wie Fahrtkosten und Arbeitsmittel vom Einkommen abzusetzen (§ 7 Abs. 3 AsylbLG; ⇨Einkommensbereinigung). Der Freibetrag wird aus dem monatlichen Bruttoeinkommen errechnet. Er steht für jeden Monat der Erwerbstätigkeit zu, unabhängig davon in welchem Monat das erzielte Einkommen tatsächlich zufließt.

Erwerbstätige Flüchtlinge müssen die **Kosten der Unterbringung** in Gemeinschaftsunterkünften *„in angemessener Höhe"* erstatten, wenn nach Deckung ihres Eigenbedarfs ein Restbetrag verbleibt und eine rechtlichen Mindestanforderungen genügende kommunale Gebührensatzung o.ä. existiert. Die Gebühr muss gemessen an den Maßstäben des örtlichen Wohnungsmarkts „angemessen" sein, Erstattungen für Kosten der Sozialbetreuung etc. dürfen nicht verlangt werden.

Wie bei Alg II/ Sozialhilfe wird **Schmerzensgeld** (§ 7 Abs. 5 AsylbLG) sowie **Pflegegeld** der Pflegeversicherung (§ 13 Abs. 5 Satz 1 SGB XI) nicht als Einkommen bzw. Vermögen angerechnet. Auch Leistungen der **Stiftung Mutter und Kind** dürfen nicht angerechnet werden (§ 5 MuKiStiftG). Anrechnungsfrei sind auch Entschädigungsrenten für **Gewaltopfer** und weitere Leistungen nach Bundesversorgungs- und Bundesentschädigungsgesetz (§ 7 Abs. 2 AsylbLG). Mit Ausnahme der „Aufwandsentschädigungen" für Arbeitsdienste nach §§ 5 oder 5a AsylbLG gelten auch **Aufwandsentschädigungen** (z. B. für ehrenamtliche Tätigkeit) als Einkommen. Nicht angerechnet werden Fahrtkostenzuschüsse zum Integrationskurs (§ 7 Abs. 2 Nr. 7 AsylbLG).

6. Sanktionen und Kürzungen (§§ 1a, 5 bis 5b und 11 AsylbLG)

Mit den AsylbLG-Novellen 2015 und 2016 wurde eine **Reihe neuer Sanktionsgründe** eingeführt, die bei „missbräuchlichem Verhalten" Leistungskürzungen zur Folge haben. Die Sozialbehörde muss die Kürzung begründen und den vorgeworfenen Tatbestand mit Rechtsgrundlage nennen.

Die genannten Sanktionen sind auch auf Leistungsberechtigte nach **§ 2 AsylbLG** anwendbar.

Will man gegen die Kürzung vorgehen ist zu prüfen, ob der angegebenen **Kürzungsgrund** vorliegt. Zu prüfen ist auch der **Aufenthaltsstatus**, da nach dem Gesetzeswortlaut manche Kürzungsgründe nur auf Ausländer mit Duldung und/ oder vollziehbar Ausreisepflichtige ohne Duldung (abgelaufene Ausreisefrist, abgelaufene Duldung usw.), andere nur auf Asylbewerber im Asylverfahren (mit Aufenthaltsgestattung) und/ oder Asylfolgeantragsteller anwendbar sind. Zudem ist die nach dem AsylbLG zulässige **Dauer** und **Höhe** der jeweiligen Kürzung zu beachten.

Geduldete die missbräuchlich eingereist sind oder ihre Abschiebung verhindern

a. **§ 1a Abs. 1 AsylbLG**, anwendbar nur auf Geduldete und vollziehbar Ausreisepflichtige (bisher: § 1a Nr. 1 AsylbLG), die **nach Deutschland eingereist** sind, **um hier Leistungen** nach AsylbLG bzw. Sozialhilfe zu erhalten, wenn außer dem Leistungsbezug keine anderen Einreisemotive von erheblichem Gewicht vorliegt. Wenn der prägende Fluchtgrund Krieg und/ oder Angst um Leib, Leben oder Freiheit war, trifft dies nicht zu, auch wenn kein Asylantrag gestellt oder dieser abgelehnt wurde. Eine Einreise zur Familienzusammenführung spricht ebenfalls gegen das Motiv des Sozialhilfebezugs (vgl. zum SGB XII ⇨Ausländer 2.4.). Da das Verhalten rückwirkend nicht mehr zu ändern ist, endet die Kürzung nach 6 Monaten (§ 14 AsylbLG).
b. **§ 1a Abs. 3 AsylbLG,** anwendbar nur auf Geduldete und vollziehbar Ausreisepflichtige (bisher: § 1a Nr. 2 AsylbLG), deren **rechtlich zulässige,** zumutbare und technisch mögliche **Abschiebung** aufgrund eines **gegenwärtigen missbräuchlichen Verhaltens** des Ausländers **nicht vollzogen** werden kann. Das ist der Fall, wenn man derzeit eine an sich mögliche und zulässige Abschiebung z.B. durch nachweislich falsche Angaben zur Identität, fehlende

Mitwirkung bei der Passbeschaffung usw. verhindert. Kein Kürzungsgrund liegt vor, wenn zu einem früheren Zeitpunkt falsche Angaben gemacht oder der Pass vernichtet wurde, man inzwischen aber die Identität offenlegt und sich um Papiere bemüht. Ebenfalls kein Kürzungsgrund liegt vor, wenn auch im Falle der Mitwirkung eine Abschiebung nicht möglich oder nicht zulässig wäre oder aus humanitären oder politischen Gründen nicht vorgenommen würde (Krankheit, Schwangerschaft, Krankheit Angehöriger, faktischer Abschiebestopp für Kriegs- und Krisengebiete usw., aktuell z.B. Syrien, Somalia, Irak und Afghanistan), oder wenn die Mitwirkung unmöglich oder unzumutbar ist (Vertretung des Herkunftslandes weigert sich Papiere auszustellen). Voraussetzung ist zudem die Übernahme der Passbeschaffungskosten (Fahrt zur Botschaft, Passkosten) durch das Sozialamt. Ausländerbehörde oder Sozialamt müssen vor der Kürzung die geforderten Mitwirkungshandlungen unter Fristsetzung konkret benannt haben. Kein Tatbestand nach § 1a Abs. 3 AsylbLG liegt vor, wenn ein Ausländer sich lediglich weigert, freiwillig auszureisen, obwohl ihm dies möglich und zumutbar wäre (BSG 17.6.2008, B 8/9b AY 1/07 B). Die Kürzung endet, wenn die geforderte Mitwirkung z.B. bei der Passbeschaffung nachgeholt wird. Auch bei Weigerung, gegenüber der Botschaft des Herkunftslandes für die Passbeschaffung eine Erklärung über die Bereitschaft zur freiwilligen Rückkehr abzugeben, ist eine Kürzung unzulässig (BSG 30.10.2013 - B 7 AY 7/12 R).

c. **§ 1a Abs. 2 AsylbLG,** anwendbar nur auf vollziehbar Ausreisepflichtige ohne Duldung, für die ein **Ausreisetermin** und eine **Ausreisemöglichkeit konkret feststeht**, ab dem auf den Ausreisetermin folgenden Tag. Die Kürzung ist nicht anwendbar, wenn die Ausreise aus Gründen, die der Ausländer nicht zu vertreten hat, nicht möglich war (fehlende Reiseverbindung, Krankheit, Reiseunfähigkeit, familiärer Schutz usw.). Es müssen *„ein Ausreisetermin und eine Ausreisemöglichkeit feststehen"*. Damit ist nicht der Ablauf der Ausreisepflicht gemeint. Laut Gesetzesbegründung (BT-Drs. 18/6386, 13) sind nur Personen gemeint *„die unter keinen Umständen für ein Bleiberecht in Betracht kommen"*. Den Personenkreis des § 1a Abs. 2 AsylbLG dürfte es eigentlich nicht geben, da stets eine Duldung zu erteilen ist, solange die Abschiebung nicht durchgeführt wird. *„Es entspricht der gesetzgeberischen Konzeption ..., einen vollziehbar ausreisepflichtigen Ausländer bei Vorliegen der Voraussetzungen entweder unverzüglich abzuschieben oder ihn zu dulden. ... Da der Ausländer auch zu dulden ist, wenn er die Entstehung des Hindernisses ... zu vertreten hat ..., ist keine Konstellation vorstellbar, in der der Ausländer nicht einen Anspruch auf Erteilung einer Duldung hätte."* (BVerfG 6.3.2003 - 2 BvR 397/02) Zu prüfen ist daher ggf. auch, ob eine Duldung einklagbar ist.

Gesichertes Aufenthaltsrecht in anderen EU-Staaten

d. **§ 1a Abs. 4 Satz 1 AsylbLG,** anwendbar nur auf Asylbewerber und auf vollziehbar Ausreisepflichtige ohne Duldung, für die *„nach einer Verteilung durch die Europäische Union ein anderer Mitgliedstaat oder ein am Verteilmechanismus teilnehmender Drittstaat ... zuständig ist"*. Gemeint sind die 160.000 Flüchtlinge, die im Rahmen des ***„Relocation-Programms"*** der EU **aus Griechenland und Italien** in andere EU-Staaten umverteilt werden sollen (nur 3000 wurden von November 2015 bis Juli 2016 tatsächlich in andere EU-Staaten übernommen). Sanktioniert werden Geflüchtete, die sich entgegen einer „Relocation-Verteilentscheidung" der EU in Deutschland aufhalten. Nicht gemeint sind Flüchtlinge, für die nach der Dublin-III-Verordnung ein anderer EU-Staat zuständig ist. Die Anwendung der Reglung auf **„Dublin-Fälle"** ist rechtswidrig (LSG Berlin-Brandenburg 19.5.2016 - L 15 AY 23/16 B).

e. **§ 1a Abs. 4 Satz 2 AsylbLG,** anwendbar nur auf Asylbewerber und auf vollziehbar Ausreisepflichtige ohne Duldung, denen von **einem anderen EU-Staat** oder am Dublin-Verfahren teilnehmenden Staat **Flüchtlingsschutz** oder ein **anderes Aufenthaltsrecht** gewährt wurde, wenn dieses Aufenthaltsrecht fortbesteht. Dies betrifft

A

Flüchtlinge, die z.B. in Polen oder Italien eine humanitäre Aufenthaltserlaubnis besitzen oder dort als Flüchtlinge anerkannt sind. Nicht gemeint sind auch hier **„Dublin-Fälle“**, die anderswo zwar Asyl beantragt aber dort noch kein Aufenthaltsrecht haben, und für deren Asylverfahren nach der Dublin-III-Verordnung ein anderer EU-Staat zuständig ist.

Fehlende Mitwirkung im Asylverfahren

f. § 1a Abs. 5 Nr. 1 AsylbLG, anwendbar nur auf Asylbewerber und Asylfolgeantragsteller, die ihrer Mitwirkungspflicht nach § 15 Abs. 2 Nr. 4 AsylG nicht nachkommen (**Nichtvorlage des Passes**). Die Kürzung endet, wenn der Pass vorgelegt wird. Die Kürzung ist unzulässig, wenn der Asylbewerber die Nichtvorlage des Passes nicht zu vertreten hat oder ihm dies aus wichtigem Grund nicht möglich ist. **Achtung:** Asylsuchende dürfen unter keinen Umständen während des laufenden Asylverfahrens oder nach Flüchtlingsanerkennung Kontakt zu den Behörden oder der Botschaft des Herkunfts- und Verfolgerstaates aufnehmen! Tun sie dies, kann der Asylantrag abgelehnt oder der Flüchtlingsschutz aufgehoben werden. Eine Passbeschaffung darf daher von Asylbewerbern grundsätzlich nicht verlangt werden. Die Kürzung kann somit nur angewandt werden, wenn das Sozialamt nachweislich Kenntnis davon hat, dass der Asylsuchende im Besitz eines Passes ist, diesen aber nicht vorlegt. Dieser Nachweis dürfte kaum möglich sein.

g. § 1a Abs. 5 Nr. 2 AsylbLG, anwendbar nur auf Asylbewerber und Asylfolgeantragsteller, die ihrer Mitwirkungspflicht nach § 15 Abs. 2 Nr. 5 AsylG nicht nachkommen (**Nichtvorlage von Urkunden** oder sonstigen Unterlagen, die der **Klärung der Identität** dienen). Die Kürzung endet, sobald die Unterlagen vorgelegt werden. Die Kürzung ist unzulässig, wenn der Asylbewerber die Nichtvorlage nicht zu vertreten hat oder ihm dies aus wichtigem Grund nicht möglich ist. Auch hier gilt: Asylsuchende dürfen während des Asylverfahrens keinen Kontakt zu Behörden oder Botschaft des Herkunftsstaates zur Beschaffung oder Beglaubigung von Dokumenten (auch Zeugnisse, Heirats- und Geburtsurkunden etc.) aufnehmen. Die Kürzung kann nur angewandt werden, wenn das Sozialamt nachweisen kann, dass die Person im Besitz von Dokumenten ist, diese aber nicht vorlegt. Auch dieser Nachweis dürfte kaum möglich sein.

h. § 1a Abs. 5 Nr. 3 AsylbLG, anwendbar nur auf Asylbewerber und Asylfolgeantragsteller, die den **Termin** zur förmlichen **Asylantragstellung beim BAMF** ohne wichtigen Grund nicht wahrnehmen. Die Kürzung endet bei Nachholung des Termins.

i. § 1a Abs. 5 Nr. 4 AsylbLG, anwendbar nur auf Asylbewerber und Asylfolgeantragsteller, die sich **weigern, Angaben** über ihre **Identität oder Staatsangehörigkeit** zu machen (§ 30 Abs. 3 Nr. 2 AsylG). Die Kürzung endet sobald die Angaben gemacht werden.

Verweigerte Arbeits- und Integrationsmaßnahmen

j. § 5 Abs. 4 AsylbLG, anwendbar auf alle Leistungsberechtigten nach AsylbLG, die eine **Arbeitsgelegenheit ablehnen**, ohne einen wichtigen Grund dafür zu haben. Die Kürzung endet, sobald die Teilnahmebereitschaft (wieder) besteht. (⇨4).

k. § 5a Abs. 3 AsylbLG, anwendbar auf Asylbewerber, Personen mit Aufenthaltserlaubnis nach § 1 Abs. 1 Nr. 3 AsylbLG und Folgeantragsteller, die nicht aus einem sicheren Herkunftsland kommen, wenn sie sich ohne wichtigen Grund weigern, eine zumutbare **Flüchtlingsintegrationsmaßname (FIM) aufzunehmen oder fortzuführen**. Die Kürzung endet, sobald die Teilnahmebereitschaft (wieder) besteht. (⇨4.).

l. § 5b Abs. 2AsylbLG, anwendbar auf Asylbewerber mit voraussichtlich erfolgreichem Asylantrag, die sich ohne wichtigen Grund weigern, einen zumutbaren **Integrationskurs aufzunehmen und ordnungsgemäß fortzuführen**. Die Kürzung endet, sobald die Teilnahmebereitschaft (wieder) besteht. (Inkrafttreten zum 1.1.2017; ⇨4.).

Aufenthalt außerhalb des Zuweisungsortes

m. § 11 Abs. 2 AsylbLG, anwendbar auf alle Leistungsberechtigten nach AsylbLG, die sich **außerhalb des Zuweisungsortes** *„einer asyl- oder ausländerrechtlichen räumlichen Beschränkung zuwider aufhalten“*. Die Einschränkung gilt nicht für Asylbewerber und Geduldete, die (z.B. nach Entlassung aus der Aufnahmeeinrichtung oder aufgrund einer Reiseerlaubnis) ihren Zuweisungsort vorübergehend legal verlassen. Leistungsberechtigte, die sich unerlaubt außerhalb des Zuweisungsortes aufhalten, können von der für den tatsächlichen Aufenthaltsort zuständigen Sozialbehörde nur eine Reisebeihilfe zum Zuweisungsort beanspruchen. Nur in begründeten Ausnahmefällen sind weitere Leistungen möglich. **Achtung:** Der Anspruch gegen die Sozialbehörde am Zuweisungsort besteht – fortbestehende Bedürftigkeit vorausgesetzt – unverändert weiter. Wegen vorübergehender Ortsabwesenheit kann die Sozialbehörde am Zuweisungsort nicht einfach den Regelsatz einstellen oder die Kosten für eine Krankenbehandlung außerhalb des Zuweisungsortes verweigern.

n. § 11 Abs. 2a AsylbLG, anwendbar auf neue Asylsuchende und Folgeantragsteller, die aus selbst zu vertretenden Gründen noch **keinen Ankunftsnachweises** nach § 63a AsylG besitzen. Sanktioniert werden sollen Asylsuchende, die sich der asylrechtlichen Registrierung oder Umverteilung entziehen. Der Ankunftsnachweis wird gemäß § 63a AsylG im Falle der Umverteilung auf ein anderes Bundesland erst in der dortigen Aufnahmeeinrichtung ausgestellt. Wer aus wichtigem Grund (z.B. Reiseunfähigkeit) einer Umverteilung nicht sofort nachkommt, hat das Fehlen des Ankunftsnachweises nicht zu vertreten und daher Anspruch auf volle Leistungen. Das gilt auch, wenn sich aufgrund behördlicher Verzögerungen die Umverteilung oder die Ausstellung des Ankunftsnachweises verzögert. Die Einschränkung gilt gemäß § 11 Abs. 2a AsylbLG auch dann nicht, wenn der Ankunftsnachweis noch fehlt, aber bereits eine erkennungsdienstliche Behandlung nach AsylG erfolgt ist und der Asylsuchende bereits von der Aufnahmeeinrichtung, in die er zugewiesen wurde, aufgenommen wurde.

6.1 Leistungshöhe bei Kürzungen nach §§ 1a, 5 bis 5b und 11 AsylbLG

Bei der Kürzung nach **§ 1a Abs. 1** ist die Höhe der Kürzung nicht näher definiert, Anspruch besteht auf die ***„im Einzelfall unabweisbar gebotenen Leistungen“.*** Nach der bisherigen Verwaltungspraxis und Rechtsprechung wurde der persönliche Bedarf (Taschengeld) teilweise oder auch ganz gestrichen, die übrigen Leistungen nach AsylbLG wurden weiter gewährt. Zu beachten ist der Verhältnismäßigkeitsgrundsatz, wonach die Kürzung aufgrund eines später nicht mehr korrigierbaren Verhaltens (hier: missbräuchliche Einreiseabsicht) auf **maximal 6 Monate** begrenzt ist (§ 14 AsylbLG).

Bei Kürzungen nach **§ 1a Abs. 2 bis 4, §§ 5 bis 5b und § 11 Abs. 2a AsylbLG** verweist der Gesetzestext jeweils auf das in § 1a Abs. 2 definierte Leistungsniveau. Danach sind Leistungsberechtigten nur noch *„Leistungen zur Deckung ihres Bedarfs an* ***Ernährung, Unterkunft einschließlich Heizung, Körper- und Gesundheitspflege****“* zu gewähren. Die Leistungen sollen als Sachleistungen erbracht werden. Legt man die nach dem Regelbedarfsermittlungsgesetz fortgeschriebenen Geldwerte nach § 3 AsylbLG zugrunde, für Ernährung nach EVS-Abt. 1 (143,82 €), für Gesundheitspflege Nr. 38 u. 40 aus EVS-Abt. 6 (7,29 €), und für Körperpflege Nr. 75 bis 80 aus EVS-Abt. 12 (25,02 €), entspricht dies einer **Kürzung** der Leistung in Höhe von 354 € um gut **50%** auf **176,13 €.**

Die ***medizinische Versorgung*** wird nach § 1a Abs. 2 AsylbLG auf die Leistungen nach § 4 AsylbLG beschränkt. Kleidung, Gebrauchs- und Verbrauchsgüter des Haushalts sollen nur bei Vorliegen besonderer Umstände gewährt werden. Komplett ausgeschlossen wird der gesamte ***persönliche Bedarf*** (u.a. Mobilität, Kommunikation, soziokulturelle Teilhabe), der Bildungs- und Teilhabebedarf sowie die zur ***Sicherung des Lebensunterhaltes und der Gesundheit unabweisbaren*** Leistungen nach § 6 AsylbLG.

Die zu § 1a AsylbLG vorliegende **Rechtsprechung** bezieht sich auf die Kürzung des **Barbetrages** zum persönlichen Bedarfs („Taschengeld"). Eine Reihe von Sozialgerichten ist der Auffassung, dass diese Kürzung verfassungswidrig sei, da laut BVerfG-Urteil vom 18.7.2012 zum AsylbLG *„das Existenzminimum in jedem Fall und zu jeder Zeit sichergestellt sein muss"* und *„die in Art. 1 GG garantierte Menschenwürde ... migrationspolitisch nicht zu relativieren"* ist (BVerfG ebenda, Rz. 120 f.), und eben auch der persönliche Bedarf zum verfassungsmäßig garantierten Existenzminimum gehöre (LSG NRW 24.4.2013 - L 20 AY 153/12 B ER; LSG Bayern 24.1.2013 - L 8 AY 4/12 B ER; LSG Berlin-Brandenburg, 10.12.2013 - L 15 AY 23/13 B ER; LSG Rheinland-Pfalz 27.3.2013 - L 3 AY 2/13 B PKH; LSG Hessen 6.1.2014 - L 4 AY 19/13 B ER; a.A.: LSG Sachsen Anhalt 19.6.2014 - L 8 AY 15/13 B ER, LSG Niedersachsen-Bremen, 18.2.2014 - L 8 AY 70/13 B ER, LSG Thüringen, 17.1.2013 - L 8 AY 1801/12 B ER).

Nach der **Neufassung** des § 1a, der §§ 5 bis 5b und des § 11 Abs. 2a werden der Regelbedarf um die Hälfte gekürzt und die Leistungen nach § 6 ganz gestrichen. Rechtsprechung dazu lag bei Redaktionsschluss noch nicht vor. Die Norm ist angesichts des Umfangs der Regelsatzkürzung offensichtlich **verfassungswidrig**. Zudem müssen immer auch aufstockende Leistungen nach § 6 AsylbLG bei individuellen Sonderbedarfen wie z.B. chronischen Erkrankungen möglich sein (vgl. BVerfG 9.2.2010 - 1 BvL 1/09, zu den Hartz-IV-Regelsätzen). Das ergibt sich für besonders schutzbedürftige Asylsuchende auch aus dem Europarecht (Art 21 EU-Asylaufnahme-Richtlinie, RL 2013/33/EU).

Die Regelungen sind auch deshalb verfassungswidrig, weil infolge gestrichener Leistungen für Mobilität und Kommunikation die geforderte **Mitwirkung** de facto unmöglich gemacht wird. Die Kürzungen für ***Asylbewerber*** verstoßen zudem gegen die EU-Asylaufnahme-Richtlinie (RL 2013/33/EU). Die Richtlinie definiert in Artikel 20 einen abschließenden Katalog zulässiger Kürzungstatbestände. Die im AsylbLG genannten Kürzungsgründe gehören mit Ausnahme einer nach Fristsetzung versäumten Wahrnehmung von Terminen (§ 11 Abs. 2a AsylbLG) nicht dazu. Die EU-Aufnahmerichtlinie verlangt in diesem Fall zudem eine objektive, einzelfallbezogene Entscheidung unter Berücksichtigung des Verhältnismäßigkeitsprinzips über die Höhe der Kürzung. Die gesetzliche Regelung verbietet aber die Ausübung von Ermessen (mit Ausnahme der Leistungen für Hausrat und Kleidung). Auch daher ist die Regelung europarechtswidrig.

Minderjährige sind entgegen dem Gesetzeswortlaut von allen Einschränkungen nach §§ 1a, 5 bis 5b und 11 AsylbLG auszunehmen, da sie ein Fehlverhalten ihrer Eltern nicht zu vertreten haben. Kinder dürfen nicht in „Sippenhaftung" genommen werden, das Verhalten der Eltern darf den Kindern nicht zugerechnet werden (BSG 28.5.2015 - B 7 AY 1/14 R, Vergleich). Minderjährige können daher reguläre Leistungen nach §§ 3 und 6 bzw. § 2 AsylbLG einschließlich des Bildungs- und Teilhabepakets beanspruchen, auch wenn ihre Eltern einer Leistungseinschränkung unterliegen.

7. Nach 15 Monaten Leistungen in Höhe der Sozialhilfe (§ 2 AsylbLG)

Leistungsberechtigte nach AsylbLG erhalten **ab dem 1.3.2015** gemäß § 2 AsylbLG *„abweichend von den §§ 3 und 4 sowie 6 bis 7 AsylbLG"* Leistungen in entsprechender Anwendung des **SGB XII**, *„wenn sie sich **seit 15 Monaten** ohne wesentliche Unterbrechung im Bundesgebiet aufhalten und die Dauer des Aufenthalts nicht rechtsmissbräuchlich selbst beeinflusst haben."*

Art und Umfang der Leistungen nach § 2 AsylbLG richten sich nach dem SGB XII. Dies beinhaltet die Hilfe zum Lebensunterhalt (HzL) nach dem 3. Kapitel SGB XII und die *„Hilfen in besonderen Lebenslagen"* (5. - 9. Kapitel SGB XII) einschließlich Passkosten (⇨Ausländer 2.6). Auch die **Einkommens- und Vermögensfreibeträge** der Sozialhilfe sind anzuwenden. Unabhängig von ihrer Erwerbsfähigkeit haben Leistungsberechtigte nach § 2 AsylbLG jedoch keinen Anspruch auf Alg II (§ 7 Abs. 1 SGB II). Weil es sich rechtlich weiterhin um Leistungen nach AsylbLG handelt, bleibt auch das Verwaltungsverfahren des AsylbLG anwendbar (§§ 7a bis 13 AsylbLG; VwVfG anstelle des SGB I/X).

Leistungsberechtigte nach § 2 AsylbLG erhalten insbesondere ungekürzte **Regelsätze in bar**, **Mehrbedarfszuschläge**, **Erstausstattungen**, die Kosten für eine **Mietwohnung**, und nach § 264 Abs. 2 SGB V eine **Gesundheitskarte** durch eine vom Leistungsberechtigten frei zu wählende Krankenkasse. Mit der Gesundheitskarte können sie die gleichen Leistungen wie gesetzlich Krankenversicherte beanspruchen, jedoch keine Leistungen der Pflegeversicherung. Pflegebedürftige haben nach § 2 Anspruch auf Pflegesachleistungen und ggf. Pflegegeld nach § 61 ff. SGB XII.
Vereinzelt werden zwecks **Abschreckung** gemäß § 2 Abs. 2 AsylbLG weiter **Sachleistungen in Gemeinschaftsunterkünften** erbracht. Das ist rechtswidrig. Zulässig wäre dies nur wegen der besonderen Verhältnisse der einzelnen Unterkunft, z.B. weil dort keine Kochgelegenheiten geschaffen werden können.

7.1 Rechtsmissbräuchliche Beeinflussung der Aufenthaltsdauer?

Leistungen nach § 2 AsylbLG sind auch nach 15 Monaten ausgeschlossen, wenn der Leistungsberechtigte *„die Dauer des Aufenthaltes rechtsmissbräuchlich selbst beeinflusst“* hat (§ 2 Abs. 1 AsylbLG). Das ist z.B. der Fall, wenn ein **ausreisepflichtiger Ausländer** sich geweigert hat, bei der Passbeschaffung mitzuwirken, oder falsche Angaben zu seiner Identität gemacht hat. Dabei soll auch ein bereits länger zurückliegendes Verhalten zum dauerhaften Verlust des Anspruchs nach § 2 führen (BSG 17.6.2008 - B 8/9b AY 1/07 R). Wir halten diese dauerhafte Kürzung auf das Leistungsniveau der §§ 3 bis 7 AsylbLG für unvereinbar mit dem AsylbLG-Urteil des BVerfG vom 18.7.2012.

Wenn ein geduldeter Ausländer **freiwillig ausreisen könnte**, dies aber nicht tut, ist dies laut BSG (ebenda) **nicht** als rechtsmissbräuchliche Beeinflussung der Aufenthaltsdauer zu werten. Asylbewerbern und Ausländern mit Aufenthaltserlaubnis kann nicht unterstellt werden, dass sie ihre Aufenthaltsdauer rechtsmissbräuchlich beeinflussen, da sie lediglich ihr Grundrecht auf Asyl nutzen bzw. ihnen ein Aufenthaltsrecht durch die Aufenthaltserlaubnis zugestanden wurde.
Ein rechtsmissbräuchliches Verhalten muss ferner der Leistungsberechtigte selbst zu verantworten haben. Ein Verhalten der Eltern kann deshalb **nicht zum Ausschluss ihrer Kinder** von Leistungen nach § 2 AsylbLG führen.

Allerdings führt eine **Leistungseinschränkung** nach §§ 1a, 5 bis 5b oder 11 AsylbLG (⇨6.) zum Ausschluss von Leistungen nach § 2 AsylbLG.

7.2 Welche Zeiten werden angerechnet?

Maßgeblich ist nach der seit 1. März 2015 geltenden Neufassung des § 2 AsylbLG allein die **Aufenthaltsdauer in Deutschland**, nicht die Dauer des Leistungsbezugs nach AsylbLG. Kurzfristige Auslandsaufenthalte zählen nicht als Unterbrechung, ebenso Strafhaft (LSG Bayern 13.4.2015 - L 8 AY 6/15 B ER), Kirchenasyl oder Untertauchen ohne Verlassen der Bundesrepublik.

7.3 Anmieten von Wohnungen

Spätestens nach § 2 AsylbLG muss die Anmietung von Wohnungen genehmigt und die ⇨Miete nach den für die Sozialhilfe geltenden Maßstäben übernommen werden. Dies gilt auch für die Übernahme von ⇨Kautionen und Genossenschaftsanteilen.
Bei Asylbewerbern muss man ggf. zusätzlich bei der Ausländerbehörde beantragen, eine in die Aufenthaltsgestattung eingetragene Auflage zur Wohnsitznahme in einer Gemeinschaftsunterkunft (§ 53 AsylG) aufzuheben.

Information

www.einwanderer.net ⇨Übersichten und Arbeitshilfen der GGUA Flüchtlingshilfe zum AsylbLG
www.fluechtlingsrat-berlin.de ⇨Gesetzgebung: Rechtsprechung und Arbeitshilfen zum AsylbLG
www.asyl.net Beratungsadressen, Asylmagazin, Rechtsprechungsdatenbank
www.ecoi.net Datenbank mit Herkunftsländerinfos

Ausländer

1. Arbeitslosengeld II (Alg II)

Grundsätzlich haben Ausländer den gleichen Anspruch auf Alg II wie Deutsche. Sie müssen im Alter zwischen 15 Jahren und dem Rentenalter sowie ⇨erwerbsfähig und hilfebedürftig sein und ihren „gewöhnlichen Aufenthalt" in Deutschland haben. Auslandsaufenthalte bis zu drei Wochen im Jahr sind mit Zustimmung des Jobcenters erlaubt (§ 7 Abs. 4a SGB II; ⇨Ortsabwesenheit).

Ausländer, die diese Voraussetzungen erfüllen, sind dennoch in den unter 1.1 bis 1.6 genannten Fällen ggf. vom Alg II ausgeschlossen. Sie können dann aber unter Umständen Sozialhilfe (HzL) beanspruchen (⇨2.5).

Inhaltsübersicht

Das Aufenthaltsrecht von „Drittstaatsangehörigen" (Ausländern aus Nicht-EU-Ländern) einschließlich ausländischer Familienangehöriger von Deutschen richtet sich nach dem Aufenthaltsgesetz (AufenthG). Die Angaben im „Aufenthaltstitel" (Titel, Paragraf, erlaubte Erwerbstätigkeit, ggf. Auflage zum Wohnort) sind wichtig für die Prüfung Ihrer Ansprüche auf Sozialleistungen.

Das Aufenthaltsrecht der Unionsbürger (EU-Angehörige) und ihrer (auch aus Drittstaaten stammenden) Familienangehörigen richtet sich nach dem Freizügigkeitsgesetz/EU (FreizügG/EU). Die sozialrechtlichen Ansprüche der Unionsbürger und ihrer Familienangehörigen gelten auch für Norweger, Isländer, Liechtensteiner und Schweizer. Unionsbürger benötigen keinen Aufenthaltstitel (⇨1.3).

1.1 Ausländer ohne gewöhnlichen Aufenthalt in Deutschland, Ausländer mit Visum

Die Voraussetzung des *„gewöhnlichen Aufenthalts"* (§ 7 Abs. 1 Satz 1 Nr. 4 SGB II) ist bei legal hier lebenden Ausländern normalerweise erfüllt. **Es genügt**, dass das Aufenthaltsrecht perspektivisch auf einen längerfristigen, jedoch keineswegs zwingend auch dauerhaften Aufenthalt in Deutschland abzielt. Ausreichend ist z.B. ein Visum zum Familiennachzug oder als aufgenommener Flüchtling, eine *„Fiktionsbescheinigung"* (§ 81 AufenthG, wenn der Aufenthalt laut Bescheinigung als „erlaubt" gilt), ein befristeter Aufenthaltstitel oder ein entsprechendes Aufenthaltsrecht als Unionsbürger.

Ausländer, die sich aufgrund eines **Visums zum Familiennachzug** oder zur **Aufnahme als Flüchtlinge** absehbar dauerhaft hier aufhalten, haben ab Einreise Anspruch auf Alg II bzw. Sozialgeld (hilfsweise auf HzL nach dem 3. Kapitel SGB XII), auch der Anspruchsausschluss für die ersten drei Monate gilt dann nicht (LSG Niedersachsen-Bremen 19.9.2014 - L 11 AS 502/14 B ER, info also 2015, 266; SG Berlin 16.7.2015 - S 175 AS 13627/15 ER)

Vom Alg II **ausgeschlossen** sind ausländische **Touristen** (visumsfrei oder mit Touristenvisum) und Saisonarbeitnehmer. Sie erfüllen die Voraussetzung des *„gewöhnlichen Aufenthalts“* nicht, können in unabweisbaren Notfällen aber Leistungen nach SGB XII beanspruchen (⇨2.).

1.2 Ausschluss für Leistungsberechtigte nach dem AsylbLG

Kein Alg II erhalten Ausländer, die nach ihrem Aufenthaltsstatus unter das AsylbLG fallen. Das betrifft vor allem Asylsuchende, geduldete und „illegal“ hier lebende Ausländer (⇨Asylbewerber).

Anerkannte Flüchtlinge haben ab Zustellung des BAMF-Anerkennungsbescheids Anspruch auf Alg II, nicht erst ab Ausstellung des Aufenthaltstitels (⇨Asylbewerber 2.6).

1.3 Ausschluss für EU-Bürger, deren *„Aufenthaltsrecht sich allein aus dem Zweck der Arbeitssuche ergibt“* (§ 7 Abs. 1 Satz 2 SGB II)

Der von den Sozialleistungsträgern häufig falsch angewandte Ausschluss trifft vor allem als „Arbeitssuchende“ **neu eingereiste Unionsbürger** (EU-Bürger), die hier noch kein Aufenthaltsrecht z.B. als Arbeitnehmer, Selbständige oder Familienangehörige besitzen. Unter Umständen kann dann hilfsweise Sozialhilfe beantragt werden (⇨2.5). Der Ausschluss gilt auch für drittstaatsangehörige Hochschulabsolventen mit Aufenthaltserlaubnis zur Arbeitssuche (§ 16 Abs. 4 AufenthG), nicht jedoch für Ausländer mit humanitärem Bleiberecht (§§ 23a, 25a, 25b AufenthG) und alle anderen arbeitsuchenden Drittstaatsangehörigen.

Zu prüfen ist bei Unionsbürgern stets, ob sie ein Aufenthaltsrecht aus anderen Gründen als nur der *„Arbeitsuche“* besitzen. **Arbeitnehmer** (auch Minijobber), Selbständige, deren Familienangehörige sowie arbeitslos gewordene „Verbleibeberechtigte“ besitzen ein nicht allein auf der *„Arbeitsuche“* beruhendes Freizügigkeitsrecht. Sie können für sich und ihre Familienangehörigen (s.u.) Alg II einschließlich Krankenversicherung beanspruchen.

Die Gültigkeit des Ausschlusses vom Alg II für Unionsbürger mit Aufenthaltsrecht nur aufgrund der *Arbeitsuche* ist **rechtlich umstritten**, dazu weiter unten.

Exkurs: Das Aufenthaltsrecht der Unionsbürger - Aufenthaltszwecke nach dem FreizügG/EU

Für den Alg II-Anspruch ist zu prüfen, ob ein Unionsbürger nach FreizügG/EU und EG-Richtlinie 2004/38/EG (Unionsbürger-RL) ein anderes Aufenthaltsrecht als *„nur zur Arbeitsuche“* besitzt.

Unionsbürger benötigen keinen Aufenthaltstitel. Ihr Aufenthaltsrecht ist „deklaratorisch“. Sie besitzen dieses Recht, wenn sie einen der im Folgenden erläuterten Freizügigkeitstatbestände erfüllen. Sie erhalten – genauso wie Deutsche – nur eine normale **Anmeldebescheinigung** von der Meldebehörde. Die frühere *„Freizügigkeitsbescheinigung“* ist abgeschafft. Bestätigungen über das Aufenthaltsrecht werden nicht mehr erteilt (Ausnahme: das in der Regel nach fünf Jahren erworbene Daueraufenthaltsrecht wird auf Antrag bescheinigt, s.u.). Im Zweifel ist daher zu prüfen, ob und welches Aufenthaltsrecht sich aus den tatsächlichen Lebensumständen des Unionsbürgers ergibt.

Drittstaatsangehörige (auch anerkannte Flüchtlinge) mit Aufenthaltserlaubnis eines anderen EU-Staates fallen nicht unter das FreizügG/EU. **Familienangehörige** von hier lebenden Unionsbürgern haben hingegen auch als Drittstaatsangehörige ein Aufenthaltsrecht nach dem FreizügG/EU (z.B. die kenianische Ehefrau des kroatischen Minijobbers). Aus Drittstaaten kommende Familienangehörige von Unionsbürgern erhalten auf Antrag eine *„Aufenthalts-*

karte nach FreizügG/EU". Auch Schweizer erhalten eine Aufenthaltskarte. Aufenthaltsrecht und Leistungsansprüche können auch ohne dieses Dokument bestehen.
Die hier erläuterten Aufenthaltsrechte der Unionsbürger gelten für alle Angehörigen **aller EU-Länder**, auch Rumänien, Bulgarien, Kroatien, und gleichermaßen auch für Ausländer aus **Norwegen, Island, Liechtenstein** und der **Schweiz.**

A. Unionsbürger besitzen ein Aufenthaltsrecht aus anderen Gründen als „*nur zur Arbeitsuche*" und dürfen vom Alg II nicht ausgeschlossen werden,

- als „***Arbeitnehmer***" oder „***Selbständige***", wenn sie eine nicht nur völlig untergeordnete oder nebensächliche Berufstätigkeit ausüben (§ 2 Abs. 2 FreizügG/EU). Dafür reichen nach der Rechtsprechung des EuGH eine Tätigkeit von mindestens ca. 8 Wochenstunden und ein Einkommen von mtl. ca. 200 € bis 300 € (LSG Schleswig-Holstein 11.11.2015 - L 6 AS 197/15 B ER; BA 7.8). Bei 8 Wochenstunden ist i.d.R. von Arbeitnehmerstatus auszugehen. Ein Minijob oder eine selbständige Tätigkeit in entsprechendem Umfang ist ausreichend. Der Nachweis einer Kranken- bzw. Sozialversicherung ist nicht erforderlich. Der Verkauf einer Obdachlosenzeitung ist laut BSG „*dem Betteln gleichgestellt*" und keine Erwerbstätigkeit (BSG 3.12.2015 - B 4 AS 44/15 R), dies dürfte auch für Pfandflaschensammeln gelten.
- als „***Verbleibeberechtigte Arbeitnehmer** oder **Selbständige***", wenn sie **unfreiwillig arbeitslos** geworden sind (befristeter Arbeitsvertrag; Kündigung durch Arbeitgeber; kein Gewinn mehr aus der selbständigen Tätigkeit erzielbar), **mindestens ein Jahr** in Deutschland tätig waren, und sich bei Arbeitsagentur bzw. Jobcenter **arbeitssuchend gemeldet** haben. Sie gelten dann weiterhin **dauerhaft** als Arbeitnehmer oder Selbständige (§ 2 Abs. 3 FreizügG/EU).
- als „***Verbleibeberechtigte Arbeitnehmer** oder **Selbständige***", wenn sie **weniger als ein Jahr** in Deutschland tätig waren, unfreiwillig arbeitslos geworden sind und sich arbeitssuchend gemeldet haben (s.o.). Sie gelten dann **für mindestens sechs Monate** als verbleibeberechtigte Arbeitnehmer oder Selbständige (§ 2 Abs. 3 FreizügG/EU) und sind daher für diese Zeit auch Alg-II-berechtigt. Nach Ablauf der sechs Monate besteht das Aufenthaltsrecht weiter, wenn die Unionsbürger nachweisen können, dass sie weiterhin Arbeit suchen und eine begründete Aussicht haben, eingestellt zu werden (§ 2 Abs. 2 Nr. 1a FreizügG). Ggf. sollte man die **Arbeitsuche dokumentieren**, und ggf. auch das eigenständige **Aufenthaltsrecht der Kinder** zum Schulbesuch nach Artikel 10 EU-VO 492/2011 geltend machen. Es darf keine automatische Aufenthaltsbeendung erfolgen.
- als **Familienangehörige eines Unionsbürgers**, die als **Kinder** unter 21 Jahren, als Ehepartner oder eingetragener Lebenspartner bei einem Unionsbürger leben, der z.B. als **Arbeitnehmer** ein Aufenthaltsrecht nach FreizügG/EU besitzt (§ 3 Abs. 2 Nr. 1 FreizügG/EU). Für das Aufenthaltsrecht ist es nicht nötig, dass der Lebensunterhalt der Familienangehörigen gesichert ist. Bei **Trennung vom Ehepartner** erlischt ein abgeleitetes Aufenthaltsrecht z.B. als nicht erwerbstätiger Familienangehöriger eines Arbeitnehmers erst mit Rechtskraft der Scheidung. Wenn man eine angemessene Zeit (mind. sechs Monate) zusammengelebt hat (und somit nicht von einer Scheinehe auszugehen ist), spielt in der Folge das Getrenntleben keine Rolle. Das abgeleitete Aufenthaltsrecht erlischt nicht, wenn die Ehe bis zur Scheidung mindestens drei Jahre bestanden hat, davon mindestens ein Jahr in Deutschland, oder das Sorgerecht für ein hier lebendes Kind übertragen wird (§ 3 Abs. 5 FreizügG/EU, Art. 13 UnionsbürgerRL).
- als **weitere Familienangehörige eines Unionsbürgers**, wenn sie sich hier als Kinder ab 21 Jahren oder weitere Verwandte in auf- oder absteigender Linie (Großeltern, Enkel usw.) aufhalten, und der Unionsbürger, von dem sie das Aufenthaltsrecht ableiten, oder dessen Ehegatte aus seinem Einkommen einen maßgeblichen Teil zu ihrem Unterhalt beiträgt, z.B. ca. 500 € mtl. (§ 3 Abs. 2 Nr. 2 FreizügG/EU; Nr. 3.2.2.1 VwV-FreizügG/EU; LSG NRW 28.5.2015 - L 7 AS 372/15 B ER, sieht bereits einen Unterhaltsbetrag von 100 € als ausreichend an). Ergänzender Sozialleistungsbezug ist dann möglich.

- als **Kind** eines Unionsbürgers und als dessen **Elternteil**, der die Sorge für sein Kind ausübt auch dann, wenn der Unionsbürger keinen anderen Freizügigkeitstatbestand erfüllt, solange das Kind hier eine **Schule oder Ausbildung** besucht, oder wenn sie ihr Aufenthaltsrecht als Familienangehörige nach **Tod oder Wegzug des Unionsbürgers** von dessen Aufenthaltsrecht ableiten (§ 3 Abs. 4 FreizügG/EU, Art. 12 UnionsbürgerRL). Kinder von (ehemaligen) Arbeitnehmern haben nach Art. 10 EU-VO 492/2011 (VO zur Freizügigkeit der EU-Arbeitnehmer) Anspruch auf Teilnahme am Schulunterricht und Durchlaufen einer Berufsausbildung. Eltern(-teile) haben dann ein Aufenthaltsrecht zur Ausübung der elterlichen Sorge, das nicht von der Sicherung des Lebensunterhaltes abhängt (EuGH 23.2.2010 - C-480/08, „*Teixeira*“). Solange ein Kind die Schule besucht oder eine Ausbildung absolviert, besteht ein **Aufenthaltsrecht für Eltern und Kind**; der Ausschluss vom Alg II/ Sozialgeld greift nicht (BSG 3.12.2015 - B 4 AS 43/15 R). Die Bundesregierung will diesen SGB-II-Anspruch aber streichen (⇨ 1.3.5).
- als **Unionsbürger mit „Daueraufenthaltsrecht“**, die mindesten **fünf Jahre** freizügigkeitsberechtigt in Deutschland gelebt haben. Für die Frist zählen alle einen Freizügigkeitstatbestand im Sinne des FreizügG/EU erfüllende erlaubten Aufenthalte, auch vor EU-Beitritt des betreffenden Landes. Eine Bescheinigung über das Daueraufenthaltsrecht erhält man bei der Ausländerbehörde auf Antrag. Die Bescheinigung ist „deklaratorisch“, das Daueraufenthaltsrecht besteht nach den fünf Jahren auch ohne Bescheinigung. Erwerbsunfähige erhalten das Daueraufenthaltsrecht bereits früher (§ 4a FreizügG/EU). Der Daueraufenthalt erlischt nach einer Abwesenheit aus Deutschland von mehr als zwei Jahren. Vor Erreichen des Daueraufenthaltsrechts sind Abwesenheiten bis sechs Monate, in begründeten Fällen bis zwölf Monate unschädlich (§ 4a FreizügG/EU).
- als **„nicht Erwerbstätige“**, wenn sie sich **selbst finanzieren** können und eine ausreichende **Krankenversicherung** haben (§ 4 FreizügG/EU). Das betrifft z.B. Studierende, Rentner, sowie andere aus eigenen Mitteln lebende Unionsbürger, sowie deren Familienangehörige. Ein Sozialleistungsbezug darf in diesen Fällen keine *„automatische Ausweisung“* zur Folge haben (Art. 14 Abs. 4 Unionsbürger-RL). Ein Verlust des Aufenthaltsrechts tritt nicht ein, wenn Alg II oder Sozialhilfe *„nicht unangemessen“* in Anspruch genommen werden, etwa bei vorübergehenden Notlagen wie Schwangerschaft, Krankheit oder Frauenhaus. Hat der Unionsbürger bei der Anmeldung erklärt, über ausreichend Mittel für den Lebensunterhalt zu verfügen, steht dies dem Sozialhilfe- oder Alg-II-Anspruch nicht entgegen.
- aufgrund der ***„Meistbegünstigungsklausel“*** des § 11 FreizügG/EU, wenn sie kein Aufenthaltsrecht nach FreizügG/EU, aber ein **Aufenthaltsrecht nach Aufenthaltsgesetz** (AufenthG) beanspruchen könnten, z.B. **als Ehepartner** Deutscher oder von Drittstaatsangehörigen, oder als **Elternteil eines deutschen Kindes** (§§ 28, 29 AufenthG). **Beispiel:** Das BSG (30.1.2013 - B 4 AS 54/12 R) hat einen **Anspruch auf Alg II** für eine **schwangere Bulgarin** anerkannt, die weder auf Arbeitssuche noch erwerbstätig war und auch kein anderes Freizügigkeitsrecht besaß, weil sie ein Aufenthaltsrecht nach Aufenthaltsgesetz besaß: Der griechische Kindsvater lebte mehr als acht Jahre in Deutschland und hatte die Vaterschaft anerkannt. Wegen Aufenthaltsdauer und Daueraufenthaltsrecht des Kindsvaters erwirbt das Kind durch Geburt in Deutschland (auch) die deutsche Staatsangehörigkeit (§ 4 Staatsangehörigkeitsgesetz). Aufgrund der Vorwirkungen des ab Geburt bestehenden Aufenthaltsrechts als Mutter eines deutschen Kindes (§ 28 AufenthG) besteht bereits während der Schwangerschaft ein nicht allein auf der Arbeitsuche beruhendes, familiäres Aufenthaltsrecht nach § 7 AufenthG und somit auch ein SGB-II-Anspruch.

B. Aufenthaltsrechte ohne SGB-II-Anspruch besitzen Unionsbürger,

- als neu eingereiste Unionsbürger und dürfen sich **bis zu 3 Monate ohne jeden Aufenthaltsgrund** hier aufhalten. Einzige Voraussetzung ist ein Personalausweis oder Pass. Sie dürfen sich auch als Dienstleister mit Wohnsitz in einem anderen EU-

A

Staat oder Empfänger von Dienstleistungen (z.B. Touristen) hier aufhalten. In beiden Fällen ist Alg II **ausgeschlossen**, wenn kein weiterer Aufenthaltsgrund besteht.

- als neu eingereiste Unionsbürger sowie nach **weniger als zwölf Monaten** Erwerbstätigkeit unfreiwillig arbeitslos gewordene Unionsbürger (§ 2 Abs. 3 FreizügG/EU). Sie dürfen sich bis zu sechs Monate zum **Zweck der Arbeitssuche** in Deutschland aufhalten. Darüber hinaus dürfen sie sich aufhalten, wenn sie nachweisen können, dass sie weiterhin Arbeit suchen und begründete Aussicht haben, eingestellt zu werden (§ 2 Abs. 2 Nr. 1a FreizügG/EU). Ist dies der einzige Aufenthaltsgrund, ist nach § 7 Abs. 1 SGB II der Alg-II-Anspruch ausgeschlossen.

Der Aufenthaltsgrund von Unionsbürgern kann sich jederzeit ändern. Maßgeblich sind immer die tatsächlichen Verhältnisse. Nimmt z.B. ein Student nebenbei eine Erwerbstätigkeit auf, ändert sich sein Aufenthaltsgrund ggf. zum „Arbeitnehmer" (⇨1.7).

Verlust des Aufenthaltsrechts: Die Ausländerbehörde (nicht das Jobcenter oder Sozialgericht) kann nach Anhörung des Betroffenen durch schriftlichen Bescheid den Verlust des Aufenthaltsrechts feststellen. Eine Verlustfeststellung ist z.B. denkbar, wenn keines der o.g. Freizügigkeitsrechte (mehr) besteht oder das Freizügigkeitsrecht allein auf § 4 FreizügG/EU beruht und Sozialleistungen nach SGB II/ SGB XII „unangemessen" (über kurzfristige, akute Notlagen hinaus) in Anspruch genommen wurden (Art. 14 Abs. 1 und 3 Unionsbürger-RL).
Solange keine Verlustfeststellung erfolgt, gilt die rechtliche Vermutung, dass Unionsbürger ein legales Aufenthaltsrecht besitzen: *„Es entspricht der gesetzlichen Konzeption des Freizügigkeitsrechts, von der Rechtmäßigkeit des Aufenthalts auszugehen, solange die Ausländerbehörde nicht von ihrer Möglichkeit Gebrauch gemacht hat, den Verlust oder das Nichtbestehen des Aufenthaltsrechts nach § 5 Abs. 4 FreizügG/EU festzustellen ..."* (BSG 19.10.2010 - B 14 AS 23/10 R).

Bei der Verlustfeststellung („administrative Ausweisung") mangels Freizügigkeitstatbestand gilt – anders als bei der Ausweisung wegen schwerer Straftaten (§ 6 FreizügG/EU) – kein Wiedereinreiseverbot. Auch die „übermäßige" Inanspruchnahme von Sozialleistungen führt zu keiner Einreisesperre.
Das Freizügigkeitsrecht kann nach einer „administrativen Ausweisung" – auch sofort! – jederzeit durch eine erneute Einreise neu in Anspruch genommen werden, um sofort ein neues, in den ersten drei Monaten voraussetzungslos mögliches Aufenthaltsrecht, im Anschluss z.B. als Arbeitsuchender oder Arbeitnehmer zu begründen (Nr. 7.2.1 VwV FreizügG/EU, Art. 15 Abs. 3 Unionsbürger-RL). Da somit die Verlustfeststellung wenig effektiv ist, verzichten die meisten Ausländerbehörden darauf. Unter keinen Umständen ist wegen Sozialleistungsbezugs gegen Arbeitnehmer, Selbständige, Arbeitsuchende, verbleibeberechtigte Arbeitnehmer oder Selbständige und deren Familienangehörige eine administrative Ausweisung möglich (Art. 14 Unionsbürger-RL).

1.3.1 Europa- und verfassungsrechtliche Zulässigkeit des Ausschlusses bei Aufenthalt *„nur zur Arbeitsuche"*

Die europarechtliche Zulässigkeit des Alg-II-Ausschlusses von Unionsbürgern mit Aufenthaltsrecht nur zur Arbeitsuche war lange Zeit umstritten. Der **EuGH** (15.9.2015 - C-67/14, *„Alimanovic"*) hat nun den Leistungsausschluss im SGB II unter Hinweis auf die Unionsbürger-Richtlinie für rechtmäßig erklärt. Nach Art. 14 Abs. 4 und Art. 24 Abs. 2 der Richtlinie kann der Anspruch auf *„Sozialhilfe"* und somit laut EuGH auch auf Alg II ausgeschlossen werden, wenn ein Unionsbürger *„**allein zum Zweck der Arbeitsuche eingereist**"* ist, oder in den ersten drei Monaten noch kein weiteres Aufenthaltsrecht besitzt.
In einem weiteren Urteil hat der EuGH (11.11.2014, C-333/13, *„Dano"*) bestätigt, dass der Ausschluss erst recht für Personen gilt, die **weder Arbeit suchen noch ein sonstiges Freizügigkeitsrecht** besitzen, auch wenn die

Ausländerbehörde dies noch nicht förmlich festgestellt hat.

Vor allem **neu einreisende** Unionsbürger, die noch nie in Deutschland gearbeitet und hier auch keine bleibeberechtigten Familienangehörigen und daher **kein anderes Aufenthaltsrecht** als nur zur Arbeitssuche und/ oder nur das bedingungslose Aufenthaltsrecht für die ersten drei Monate besitzen, haben demnach keinen Alg-II-Anspruch. Dies gilt ebenfalls für Unionsbürger, die gar keinen Tatbestand für ein Freizügigkeitsrecht erfüllen.

Zu prüfen ist nach der Rechtsprechung des BSG beim Ausschluss von SGB-II-Leistungen ggf. (trotz Erwerbsfähigkeit) ein Anspruch auf **Sozialhilfe** (HzL und Krankenhilfe) für Unionsbürger aus Staaten des **Europäischen Fürsorgeabkommens** (⇨1.3.3), für andere Unionsbürger ein Anspruch auf Sozialhilfe aus dem **Grundrecht auf ein menschenwürdiges Existenzminimum** (⇨2.5).

1.3.2 Kein Ausschluss länger hier lebender Unionsbürger

Art. 24 Abs. 2 Unionsbürger-RL schließt Unionsbürger von „Sozialhilfe" aus, deren Aufenthaltsrecht sich lediglich aus 14 Abs. 4 Buchstabe b Unionsbürger-RL ergibt. Art. 14 Abs. 4 b regelt den Aufenthalt von Unionsbürgern, die ***„eingereist sind, um Arbeit zu suchen"***. Der Ausschluss greift daher nicht, wenn ein **anderer Einreisezweck**, ein längerer Voraufenthalt und/ oder ein anderes Aufenthaltsrecht als zur Arbeitsuche vorlag (LSG Hamburg 11.10.2012 - L 4 AS 266/12 B/ER).

1.3.3 Ansprüche von Unionsbürgern aus Staaten des Europäischen Fürsorgeabkommens (EFA)

Das EFA wurde von **Belgien, Dänemark**, Deutschland, **Estland, Frankreich, Griechenland, Irland, Island, Italien, Luxemburg, Malta, Niederlande, Norwegen, Portugal, Schweden, Spanien, Türkei** und **Großbritannien** unterzeichnet. Diese Länder haben vereinbart, Ausländer aus den Unterzeichnerstaaten mit erlaubtem Aufenthalt bei der Sozialhilfe wie Inländer zu behandeln. Der Ausschluss wegen Aufenthalts nur zur Arbeitsuche gilt daher nicht. Mit **Österreich** besteht ein bilaterales Fürsorgeabkommen, das ebenfalls Gleichbehandlung mit Inländern garantiert, anders als das EFA aber Sozialhilfe bei Einreise zwecks Hilfebezugs ausschließt (LSG Mecklenburg-Vorpommern 7.3.2012 - L 8 B 489/10 ER).

Die Bundesregierung erklärte am 19.12.2011 einen ***„Vorbehalt"*** **zum EFA** und erkennt Alg-II-Ansprüche nach dem Abkommen nicht mehr an. Der Vorbehalt gilt aber nicht für das SGB XII. Durch den EFA-Vorbehalt vom Alg-II-Anspruch ausgeschlossene Unionsbürger können daher trotz Erwerbsfähigkeit HzL und Krankenhilfe nach **SGB XII** beanspruchen (BSG 3.12.2015 - B 4 AS 59/13 R, ⇨2.5)

1.3.4 Eilanträge „nur Arbeitsuchender" Unionsbürger beim Sozialgericht

Das BSG hat Unionsbürgern **aus EFA-Staaten**, die wegen Aufenthaltsrechts allein zur Arbeitssuche vom Alg II ausgeschlossen sind, einen Sozialhilfeanspruch nach SGB XII zugesprochen (⇨1.3.3). Darüber hinaus hat das BSG auch Unionsbürgern, die **nicht aus EFA-Staaten kommen**, nach sechs Monaten Aufenthalt aufgrund des Grundrechts auf ein menschenwürdiges Existenzminimum Ermessensleistungen der Sozialhilfe nach dem SGB XII zugesprochen (⇨2.5). Viele **Sozialgerichte weigern sich** jedoch, die Rechtsprechung des BSG umzusetzen, so dass die Erfolgsaussichten im Eilverfahren ungewiss sind.

Unabhängig davon kann im Eilverfahren natürlich geltend gemacht werden, dass das **Aufenthaltsrecht** des Klägers nicht allein auf der Arbeitssuche, sondern auch auf anderen Gründen beruht (⇨1.3).

Ansprüche auf Alg II, hilfsweise Sozialhilfe sind in der Praxis nur im Eilverfahren beim Sozialgericht durchsetzbar. Man sollte im Verfahren gegen das Jobcenter stets die Beiladung des Sozialhilfeträgers beantragen, im Verfahren gegen Sozialhilfeträger die Beiladung des Jobcenters (§ 75 SGG). Der **Sozialhilfeantrag** gilt an dem Tag als gestellt, an dem das Alg II beantragt wurde (§ 16 Abs. 2 SGB I i.V. mit § 28 SGB X; § 18 SGB XII, BSG 3.12.2015 - B 4 AS 59/13 R). Lehnt das Sozialamt ab, muss das Jobcenter auf Antrag vorläufige Leistungen

A

erbringen (§ 43 Abs. 1 SGB I), die Zuständigkeit kann dann später behördenintern geklärt werden (§ 102 SGB X).

Da ggf. ein Sozialhilfeanspruch nur im Ermessensweg besteht, sollten die **Unabweisbarkeit der Leistungen** und die **Unzumutbarkeit einer Rückkehr** begründet werden. Neben der Sicherung der Unterkunft und der Gewährung des Regelsatzes gehören ggf. auch die **Hilfe bei Krankheit** (Beiträge für die gesetzliche Pflichtkrankenversicherung, hilfsweise Krankenhilfe vom Sozialamt nach § 264 Abs. 2 SGB V i.V. mit § 48 SGB XII), die **Mietschuldenübernahme** (LSG Berlin-Brandenburg 30.6.2011 - L 25 AS 535/11 B ER) und die Hilfe bei **Obdachlosigkeit** sowie ggf. **Rückkehrhilfen** zu den unabweisbaren Leistungen.
Zu beachten sind stets – auch europarechtlich – beim Verweis auf eine eventuelle **Rückkehrmöglichkeit** als Alternative zum Sozialleistungsbezug der **Verhältnismäßigkeitsgrundsatz** (Erwägungsgründe Nr. 16 sowie Art. 14 Abs. 3 UnionsbürgerRL) und die Besonderheiten des **Einzelfalles**, z.B. Unzumutbarkeit der Rückkehr bei **Krankheit, Schwangerschaft,** drohende **familiäre Gewalt** (LSG NRW 27.6.2007 - L 9 B 80/07 AS ER) oder **in Aussicht stehendes Aufenthaltsrecht** durch die Geburt eines Kindes (BSG 30.1.2013 - B 4 AS 54/12 R).

1.3.5 Neue Anspruchseinschränkungen für Unionsbürger – geplante Gesetzesänderung

Die Bundesregierung plant, den Ausschluss in § 7 SGB II und § 23 SGB XII für Unionsbürger/innen mit Aufenthaltsrecht allein **zur Arbeitsuche** zu erweitern auf Unionsbürger/innen **ohne Aufenthalts- und Freizügigkeitsrecht** und auf Unionsbürger/innen, deren Aufenthaltsrecht sich allein aus dem **Aufenthaltsrecht ihrer Kinder** zum Schulbesuch oder zur Ausbildung nach Art. 10 EU VO 492/2011 ergibt.

Alle drei Gruppen sollen keine Leistungen nach SGB II erhalten. Stattdessen sollen sie nach SGB XII nur einmal innerhalb von zwei Jahren eine **einmalige Leistung** für **bis zu vier Wochen** die Regelsatzanteile für Ernährung und Körperpflege, sowie Unterkunft und Akutkrankenbehandlung und auf Antrag darlehensweise die Kosten der **Rückfahrt** in das EU-Herkunftsland erhalten. Das Leistungsniveau entspricht § 1a Abs. 2 AsylbLG (⇨Asylbewerber 6.), der Anspruch wird aber auf 4 Wochen beschränkt. Nur in **begründeten Ausnahmefällen** (z.B. Reiseunfähigkeit) sollen weitere Leistungen sowie Leistungen über vier Wochen hinaus gewährt werden.

Erst nach **fünf Jahren** mit **Meldeadresse** nachgewiesenem, gewöhnlichem Aufenthalt in Deutschland sollen Unionsbürger dann unabhängig vom Aufenthaltsgrund und -recht einen uneingeschränkten Anspruch auf Leistungen nach SGB II und nach SGB XII erhalten.

Die **verfassungs- und europarechtliche Zulässigkeit** der geplanten neuen Ausschlüsse ist fraglich. Um Leistungen und Krankenhilfe zu erhalten, könnten Unionsbürger/innen eventuell versuchen, bei der Ausländerbehörde den Verlust ihrer Freizügigkeit förmlich feststellen zu lassen, um dann als „vollziehbar Ausreisepflichtige" Leistungen nach AsylbLG zu erhalten (§ 1 Abs. 1 Nr. 5 AsylbLG).

1.4 Ausschluss für Ausländer für die ersten 3 Monate ab Einreise

Der Ausschluss in § 7 Abs. 1 Satz 2 Nr. 1 SGB II sollte laut Gesetzesbegründung **Unionsbürger** ausschließen, die sich bis zu drei Monate ohne weiteren Aufenthaltsgrund hier aufhalten dürfen. Der Ausschluss gilt nach seinem eindeutigen Wortlaut allerdings **auch für Drittstaatsangehörige**. Maßgeblich für die Dreimonatsfrist ist der (ggf. durch Tickets, eidesstattliche Versicherung usw. nachzuweisende) Tag der **tatsächlichen Einreise**, nicht die Vorsprache bei der Meldestelle, Ausländer-, Sozialbehörde usw.

Der Ausschluss gilt nach seinem Wortlaut **nicht**
- für Ausländer, die eine **Erwerbstätigkeit** ausüben, und deren Familienangehörige, sowie
- für aufgenommene bzw. anerkannte **Flüchtlinge** mit Aufenthaltserlaubnis aus **humanitären Gründen** (§§ 22 bis 26 AufenthG).

Der Ausschluss gilt auch nicht für zu Flüchtlingen mit Aufenthaltserlaubnis nach §§ 22 bis 26 AufenthG **nachgezogene Familienangehörige**. Hat die Bezugsperson einen Aufenthaltstitel nach §§ 22 bis 26 AufenthG, sind auch ihre Angehörigen mit Visum zum Familiennachzug oder Aufenthaltserlaubnis aus familiären Gründen nicht vom Leistungsausschluss für die ersten drei Monate erfasst. Die BA erläutert in ihren „Fachlichen Hinweisen", dass sich der Anspruch der Familienangehörigen insoweit vom Recht der Bezugsperson ableitet (BA 7.5 f.; LSG Niedersachsen-Bremen 19.9.2014 - L 11 AS 502/14 B ER, info also 2015, 266; SG Berlin 16.7.2015 - S 175 AS 13627/15 ER).

Der Ausschluss gilt im Hinblick auf Art. 6 GG und den im Wortlaut des Gesetzes unklar definierten Personenkreis auch nicht für zu **Deutschen nachgezogene Familienangehörige** (BSG 30.1.2013 - B 4 AS 37/12 R). Die Argumentation des BSG-Urteils ist auf zu **Unionsbürgern** nachziehende Familienangehörige übertragbar.

Vom Ausschluss betroffene Ausländer können hilfsweise einen Anspruch auf **HzL der Sozialhilfe** geltend machen. Im SGB XII gilt kein Anspruchsausschluss für die ersten drei Monate (⇨2.5).

1.5 Ausschluss für Ausländer mit Arbeitsverbot

Der Besitz einer Arbeitserlaubnis ist für den Alg-II-Anspruch nicht erforderlich. Als erwerbsfähig gelten Ausländer, wenn ihnen die Aufnahme einer Beschäftigung erlaubt ist oder erlaubt werden könnte. Dabei ist die rechtliche Möglichkeit, eine Beschäftigung vorbehaltlich einer Zustimmung der Agentur für Arbeit aufzunehmen, ausreichend. (§ 8 Abs. 2 SGB II)

Somit reicht auch ein nachrangiger Zugang zum Arbeitsmarkt, wenn eine Arbeitserlaubnis voraussetzt, dass für den Job keine bevorrechtigten (deutschen usw.) Arbeitssuchenden vermittelbar sind. Auf die Chance vor Ort tatsächlich eine Arbeitserlaubnis zu erhalten kommt es nicht an.

a. **Unionsbürger**, auch Rumänen, Bulgaren, seit 1.7.2015 auch Kroaten, sowie die Bürger Norwegens, Islands, Lichtensteins und der Schweiz dürfen ohne Arbeitserlaubnis Beschäftigungen jeder Art aufnehmen. Zu prüfen bleibt aber der Ausschluss vom Alg II als **nur Arbeitsuchende** (⇨1.3).

b. **Drittstaatsangehörige** mit **Aufenthaltserlaubnis** besitzen nach dem Aufenthaltsgesetz fast immer eine unbeschränkte Erwerbserlaubnis, zumindest aber einen begrenzten Arbeitsmarktzugang. § 8 Abs. 2 SGB II schließt auch sie nicht vom Alg II aus.

c. **Drittstaatsangehörige** mit **Visum** zum Familiennachzug oder zur Aufnahme als Flüchtlinge können einen Aufenthaltstitel mit unbeschränkter Erwerbserlaubnis beanspruchen. Sie haben daher – anders als z.B. Ausländer mit Touristenvisum (sogenanntes *„Schengenvisum"*) – ebenfalls die rechtliche Möglichkeit zu arbeiten.

Fazit: Ausgeschlossen sind nur Ausländer mit **absolutem Arbeitsverbot**. Das sind – neben manchen ohnehin unter das AsylbLG fallenden Ausländern – vor allem **Touristen** aus Drittstaaten. In akuten Notfällen können diese Ausländer aber Sozialhilfe nach dem 3. und 5. Kapitel SGB XII beanspruchen (⇨2.4). **Sozialgeld**-Beziehende (voll erwerbsgeminderte Ehepartner, Kinder unter 15) können wegen fehlender Arbeitserlaubnis nicht vom Alg II ausgeschlossen werden, da Erwerbsfähigkeit für das Sozialgeld nicht gefordert ist.

1.6. Neue und bestehende Wohnsitzregelungen

1.6.1 Neu ab August 2016: Wohnsitzregelung für anerkannte Flüchtlinge

Das *„Integrationsgesetz"* führt ab 6.8.2016 eine *„Wohnsitzregelung"* für Geflüchtete ein, die **als Asylberechtigte, Flüchtlinge** oder **subsidiär Schutzberechtigte anerkannt** werden (Aufenthaltserlaubnis nach § 25 Abs. 1 oder 2 AufenthG) oder nach **§ 22, § 23** oder **§ 25 Abs. 3 AufenthG** erstmals eine Aufenthaltserlaubnis erhalten oder **seit 1. Januar 2016 die Anerkennung** als Flüchtling oder eine der genannten Aufenthaltserlaubnisse **erhalten haben** (§ 12a AufenthG neu).

A

Diese Flüchtlinge werden – angeblich zum Zweck ihrer besseren „Integration" – für drei Jahre, gerechnet ab dem Tag ihrer Anerkennung oder Erteilung der Aufenthaltserlaubnis, verpflichtet in dem **Bundesland** ihren **Wohnsitz** zu nehmen, dem sie für das Asylverfahren oder Aufnahmeverfahren zugewiesen wurden. Die Verpflichtung gilt bis zum Ablauf der für den Flüchtling geltenden Frist auch für nachziehende Familienangehörige.
Ein unter die Regelung fallender Flüchtling, der in einer vorübergehenden Unterkunft wohnt, kann darüber hinaus binnen sechs, maximal zwölf Monaten nach Anerkennung oder Aufnahme zwecks Versorgung mit angemessenem **Wohnraum** und/ oder zur Förderung seiner **nachhaltigen Integration** verpflichtet werden, **innerhalb des Bundeslandes** seinen Wohnsitz an einem anderen, bestimmten Ort zu nehmen. Die Wohnsitzregelung tritt am 5.8.2019 außer Kraft (Art. 8 Integrationsgesetz).

Antrag auf Aufhebung der Wohnsitzregelung:
Die Regelung gilt nicht oder ist auf Antrag aufzuheben, wenn der **Flüchtling**, sein **Ehegatte** oder sein minderjähriges **Kind** eine **sozialversicherte Beschäftigung** mit mindestens 15 Stunden wöchentlich und einem Einkommen von mindestens dem durchschnittlichen Miet- und Regelbedarf ausübt (ca. 712 Euro/ Monat, BT-Drs. 18/8615, 44) oder an einem anderen Ort aufnimmt. Dies gilt ebenso, wenn der Flüchtling, sein Ehegatte oder minderjähriges Kind an einer **Berufsausbildung**, einem **Studium,** einer berufsvorbereitenden Maßnahme oder einem Studienkolleg teilnimmt. Die Verpflichtung ist dann für die ganze Familie (Ehepartner und minderjährige Kinder) aufzuheben (§ 12a Abs. 1 und Abs. 5 AufenthG).
Eine Wohnsitzregelung ist gemäß § 12a Abs. 5 AufenthG auf Antrag zur **Vermeidung einer Härte** zu ändern, wenn nach Einschätzung des Jugendamtes Maßnahmen nach Kinder- und Jugendhilfegesetz beeinträchtigt würden (z.B. Kita, Hort, Einzelfallhilfe nach SGB VIII), aus dringenden persönlichen Gründen die Übernahme durch ein anderes Land zugesagt wurde oder aus **sonstigen Gründen** vergleichbare unzumutbare Einschränkungen entstehen.

Zwar nennt das Gesetz – anders als in der Entwurfsfassung – die **Anmietung einer** angemessenen **Wohnung** an einem anderen Ort nicht mehr als Grund, um die Wohnsitzregelung aufzuheben. Dies sollte aber im Hinblick auf das mit dem Gesetz gemäß der Rechtsprechung des EuGH zu Wohnsitzregelungen für anerkannte Flüchtlinge verfolgte **Ziel der „Integration"** als **„Härtegrund" anerkannt** werden.

Rückwirkung:
Die Wohnsitzregelung gilt nach ihrem Wortlaut auch rückwirkend für Flüchtlinge, die **nach dem 1. Januar 2016 anerkannt** wurden und bei Inkrafttreten am 6.8.2016 **bereits in einem anderen Bundesland** wohnen. Sie werden durch § 12a Abs. 7 AufenthG verpflichtet, in das Land ihres Asylverfahrens zurückzuziehen.
Zumindest ein Teil der Bundesländer verzichtet auf die rückwirkende Anwendung der Wohnsitzregelung. So ist laut *„VAB – Verfahrenshinweise der Ausländerbehörde Berlin"* Nr. A. 12a.7. eine *„praktische Anwendung der Regelung problematisch bis unmöglich"*. Es sei *„nicht verhältnismäßig und angemessen, Betroffene die rechtmäßig nach Berlin zugezogen sind"* und hier *„einen neuen Lebensmittelpunkt gefunden haben, zu verpflichten an den Ort der Erstzuweisung zurückzukehren"*. Insoweit sei *„regelmäßig ein Härtefall anzunehmen. Daher wird auf eine rückwirkende Anwendung verzichtet"* („sonstige Härte"; § 12a Abs. 5 Satz 1 Nr. 2 c AufenthG).
Auch das Niedersächsische Ministerium für Inneres und Sport geht davon aus, dass es *„regelmäßig weder verhältnismäßig noch der Integration förderlich [ist], die Betroffenen zu verpflichten, einen Wohnort im Bundesland der Erstzuweisung zu nehmen"*, und bittet die Ausländerbehörden in Niedersachsen ***„grundsätzlich"***, auf eine rückwirkende Anwendung zu verzichten. (Hinweise zur Wohnsitzbeschränkung auf das Land Niedersachsen bei anerkannten und aufgenommenen Flüchtlingen gem. § 12a Abs. 1 AufenthG, 31.08.2016).

Nach der **Härteregelung** des § 12a Abs. 5 AufenthG sollte ggf. auch unabhängig von der Frage der Rückwirkung ein Verbleib am Zuzugsort ermöglicht werden, wenn die Flüchtlinge sonst ihre **Wohnung** oder andere wichtige **soziale Bezüge** (z.B. Schulbesuch der Kinder) verlieren würden.

Anspruch auf Alg II:
Örtlich **zuständig** ist der Träger nach SGB II, in dessen Gebiet der Leistungsberechtigte nach § 12a AufenthG **seinen Wohnsitz zu nehmen hat** (§ 36 Abs. 2 SGB II neu). Bei Personen, die einer Wohnsitzregelung nach § 12a AufenthG unterliegen, bestimmt sich die Angemessenheit der Miete nach den Maßgaben für den Zuweisungsort (§ 22 Abs. 1a SGB II). Für den Anspruch auf Alg II selbst gilt keine Beschränkung.

Kritik
Es ist umstritten, ob die Wohnsitzregelung nach dem neuen § 12a AufenthG mit **internationalem Recht** (Genfer Flüchtlingskonvention, EU-Richtlinie Flüchtlingsschutz) vereinbar ist, zumal sehr zweifelhaft ist, ob das laut EuGH ggf. zulässige **Ziel einer besseren „Integration"** durch die Regelung erreicht wird (EuGH 1.3.2016 - C-443/14, C-444/14). Erst die freie Wohnsitzwahl ermöglicht es, sich dort niederzulassen, wo etwa Verwandte Wohnung oder Job vermitteln können. Studien zeigen, dass die ersten Jahre des Aufenthalts für die nachhaltige Integration in den Arbeitsmarkt entscheidend sind. Zwingt man die Menschen zum Verbleib in Regionen mit hoher Arbeitslosigkeit, ist dies integrationspolitisch kontraproduktiv.

1.6.2 Wohnsitzauflagen nach § 12 AufenthG bei humanitärer Aufenthaltserlaubnis

Die Ausländerbehörden verbieten Ausländern mit Aufenthaltserlaubnis aus humanitären Gründen (§§ 22, 23a, 24 oder 25 Abs. 4 bis 5 AufenthG) durch „Wohnsitzauflagen" gemäß § 12 AufenthG den Umzug an einen anderen Ort, solange sie auf Sozialleistungen nach SGB II, SGB XII oder AsylbLG angewiesen sind (VwV zu § 12 AufenthG).
Die Wohnsitzauflage **ist aufzuheben**, wenn der Ausländer woanders eine Arbeit findet, die ein Einkommen ohne Leistungen nach SGB II, SGB XII oder AsylbLG absehbar dauerhaft sichert. Für die Umzugserlaubnis sind ein Arbeitsvertrag und die Zustimmung der Ausländerbehörde am neuen Wohnort nötig. Ein Leistungsbezug von maximal 10% des Lebensunterhalts für die Bedarfsgemeinschaft wird laut VwV hingenommen.

Anspruch auf Alg II:
Ausländer, die unter Verstoß gegen eine im Aufenthaltstitel eingetragene „Wohnsitzauflage" nach § 12 AufenthG an einen anderen Ort umziehen, erhalten dort nur die *„nach den Umständen unabweisbar gebotene"* Sozialhilfe (§ 23 Abs. 5 SGB XII; ⇨2.7). Beim Alg II gilt keine Beschränkung, maßgeblich ist allein der gewöhnliche (nach erfolgtem Umzug also der neue) Aufenthaltsort (§ 36 Abs. 1 SGB II; SG Hildesheim 22.3.2010 - S 43 AS 420/10 ER).

Kritik
Die VwV zu § 12 AufenthG verstößt gegen die Maßgaben des SGB II zur Arbeitsmarktintegration, da sie eine Aufnahme nur teilweise existenzsichernder Erwerbstätigkeiten, Ausbildungen und Qualifizierungen be- und verhindert und so Hilfebedürftigkeit befördert, statt sie zu beenden. Sie dürfte verfassungswidrig sein, da sie weder zweck- noch verhältnismäßig ist.

Tipp Die Wohnsitzauflagen können Sie rechtlich anfechten. Gute Aussichten haben Sie, wenn Sie anderswo eine nur teilweise existenzsichernde Arbeit, Ausbildung oder Qualifizierung finden.

1.7 Ausländische Studierende

haben unter denselben eingeschränkten Bedingungen Anspruch auf Leistungen nach dem SGB II und XII wie deutsche ⇨Studierende. Eine auf 120 ganze bzw. 240 halbe Tage im Jahr beschränkte Arbeitserlaubnis (⇨1.5) steht dem Anspruch nicht entgegen (LSG Rheinland-Pfalz 12.2.2010 - L 1 SO 84/09 B ER).
Ein zum Studium erteiltes Aufenthaltsrecht von **Drittstaatsangehörigen** (§ 16 AufenthG) wird jedoch gefährdet, wenn sie oder ihre Angehörigen Leistungen in Anspruch nehmen. Aber: *„Die Inanspruchnahme einzelner Hilfen nach SGB II oder XII ist in seltenen Ausnahme-*

fällen [aufenthaltsrechtlich] unschädlich, etwa bei Studierenden aufgrund einer Schwangerschaft.“ (Nr. 2.3.1.1 VwV AufenthG)

Das Aufenthaltsrecht von **Unionsbürgern** mit Freizügigkeitsrecht zu Studienzwecken (§ 4 FreizügG/EU) ist bei nur vorübergehender Inanspruchnahme von Sozialleistungen (z.B. wegen Schwangerschaft) nicht in Gefahr, möglicherweise aber bei längerfristigem, unangemessenem Leistungsbezug (Leistungen in erheblichem Umfang über mehr als ca. sechs Monate, EuGH 19.9.2013 - C-140/12, *„Brey“*). Aufenthaltsrechtlich unproblematisch ist für Studierende auch aus Nicht-EU-Ländern der Bezug der in § 2 Abs. 3 AufenthG genannten Sozialleistungen (Kindergeld, Kinderzuschlag, Unterhaltsvorschuss, Stipendien, BAföG usw.; ⇨5).

Tipp Nimmt ein Student aus einem EU-Land nebenbei (auch) eine regelmäßige **Erwerbstätigkeit** von mindestens ca. acht Stunden/ Woche auf, ändert sich sein Aufenthaltsgrund vom „nicht Erwerbstätigen“ zum „Arbeitnehmer“, und es entsteht ein **Bafög-Anspruch**, wenn die übrigen (auch für Deutsche geltenden) Voraussetzungen erfüllt sind (Änderung § 8 Abs. 1 Nr. 3 BAföG ab 1.1.2015).

1.8 Sieben Tipps, die für den Alg-II-Anspruch zu beachten sind

Tipp 1 Prüfen Sie, ob auf Sie als Unionsbürger ein **anderes Aufenthaltsrecht** als *„nur zur Arbeitsuche“* zutrifft. Prüfen Sie, ob Sie wenigstens für eine gewisse Zeit einen Minijob finden und *„Arbeitnehmer“* werden können.

Tipp 2 Ergänzend zum **Minijob** oder zur entsprechenden **selbständigen Tätigkeit** (mindestens ca. 8 - 10 Stunden/ Woche, mtl. mindestens ca. 200 - 300 €) kann ein Unionsbürger für sich und **alle Angehörigen** (Kinder unter 21 und Ehepartner) Alg II einschließlich Krankenversicherung beanspruchen.

Tipp 3 Ehepartner und Kinder (bis 21 Jahre) von Arbeitnehmern/ Selbständigen haben ein **Aufenthaltsrecht als Familienangehörige.** Auch ohne selbst erwerbstätig zu sein, begründet sich ihr Aufenthalt nicht (allein) in der Arbeitsuche. Ein Aufenthaltsrecht als „Familienangehörige“ kann sich auch aus dem Schulbesuch der Kinder ergeben. Auch nach Trennung vom erwerbstätigen Partner besteht das Aufenthaltsrecht als Familienangehöriger in vielen Fällen weiter.

Tipp 4 Wenn Sie kein anderes Aufenthaltsrecht als nur zur Arbeitsuche besitzen, können Sie versuchen, anstelle des Alg II einen Sozialhilfe-Anspruch durchzusetzen, weil der Ausschluss gegen das Grundrecht auf ein **menschenwürdiges Existenzminimum** und ggf. das **EFA** verstößt (⇨2.5; ⇨Einstweilige Anordnung).

Tipp 5 Vor allem in **unabweisbaren akuten Notlagen** (Krankheit, Schwangerschaft, Frauenhaus, Obdachlosigkeit), bei Unzumutbarkeit der Rückkehr, erwartetem Aufenthaltsrecht z.B. infolge der Geburt eines Kindes ist für vom Alg II ausgeschlossene Ausländer ein Anspruch auf HzL der Sozialhilfe und Krankenhilfe nach SGB XII zu prüfen (⇨2.5).

Tipp 6 Als Familienangehörige zu Deutschen, Unionsbürgern oder Flüchtlingen nachgezogene Drittstaatsangehörige können auch in den **ersten 3 Monaten des Aufenthaltes** Alg II beanspruchen, auch wenn sie nur ein Visum und noch keine Aufenthaltserlaubnis besitzen (⇨1.4).

Tipp 7 ⇨**Asylbewerber**, Geduldete und Ausländer **ohne** legalen Aufenthalt fallen unter das **AsylbLG**. Sie können kein Alg II erhalten, wohl aber Leistungen nach AsylbLG.

2. Sozialhilfe

⇨Grundsicherung im Alter und bei Erwerbsminderung (GSi)
nach dem 4. Kapitel SGB XII kann eine zunehmende Zahl von Ausländern mit *„gewöhnlichem Aufenthalt“* im Inland beanspruchen (§ 41 SGB XII; ⇨2.1).

Sozialhilfe zum Lebensunterhalt (HzL) nach dem 3. Kapitel SGB XII und Krankenhilfe nach dem 5. Kapitel SGB XII kommen für Ausländer auch in Frage, wenn sie trotz Erwerbsfähigkeit aufgrund der für Ausländer geltenden Sonderregelungen vom SGB II ausgeschlossen sind (⇨2.5). Die Sozialhilfe ist dann als nachrangige Hilfe zu prüfen.

Sozialhilfe in besonderen Lebenslagen nach dem 5. bis 9. Kapitel SGB XII können Ausländer wie Deutsche ggf. auch zusätzlich zum Alg II beanspruchen.

2.1 Weitgehende Gleichstellung von Ausländern und Deutschen

Ausländer, die sich **tatsächlich** im Inland aufhalten, haben Anspruch auf **HzL der Sozialhilfe, Krankenhilfe** einschließlich Hilfe bei Schwangerschaft sowie **Hilfe zur Pflege** (§ 23 Abs. 1 Satz 1 SGB XII). Da der tatsächliche Inlandsaufenthalt reicht, ein *„gewöhnlicher Aufenthalt"* (⇨1.1) nicht gefordert ist, ist z.B. auch Krankenhilfe an Touristen in unvorhergesehenen Notlagen zu gewähren (⇨2.4). Da ausreisepflichtige Ausländer unter das AsylbLG fallen (⇨Asylbewerber), ist ein legaler Aufenthalt gefordert.

Ausländer, die sich mit einem (befristeten oder unbefristeten) Aufenthaltstitel **absehbar auf Dauer in Deutschland** aufhalten werden, können über HzL, Krankenhilfe und Hilfe bei Schwangerschaft sowie Hilfe zur Pflege hinaus sämtliche Hilfearten der **Sozialhilfe in besonderen Lebenslagen** nach 5. bis 9. Kapitel SGB XII beanspruchen, z.B. Wohnungslosenhilfe oder Eingliederungshilfe für Menschen mit Behinderung (§ 23 Abs. 1 Satz 4 SGB XII). Ein absehbarer Daueraufenthalt ist ausländerrechtlich der Regelfall. Ausländer ohne absehbaren Daueraufenthalt, wie z.B. Touristen, oder Erwerbsaufenthalte nach § 18 AufenthG, wenn nach der Beschäftigungsverordnung (BeschV) eine Verlängerung ausgeschlossen ist (z.B. Au Pair), erhalten über § 23 Abs. 1 Satz 1 SGB XII hinausgehende Hilfen nur als Ermessensleistungen. Insbesondere bei der Eingliederungshilfe für behinderte Kinder, beim Frauenhausaufenthalt und den Bestattungskosten dürfte jedoch das Ermessen auf Null reduziert sein.

Anspruch auf **Grundsicherung im Alter und bei Erwerbsminderung** haben Ausländer mit *„gewöhnlichem Aufenthalt"* im Inland. Diese Voraussetzung ist gegeben, wenn Ausländer sich absehbar auf Dauer in Deutschland aufhalten. Steht der *„gewöhnliche Aufenthalt"* in Frage, ist zumindest Sozialhilfe nach dem 3. Kapitel SGB XII zu leisten. Da nach § 41 SGB XII (anders als bei der HzL nach § 23 Abs. 1 SGB XII) der gewöhnliche (überwiegende) Inlandsaufenthalt ausreicht, kann die Grundsicherung bei vorübergehendem Auslandsaufenthalt weiterbezogen werden (SG Duisburg 12.8.2011 - S 2 SO 175/09, info also 2012, 180; ⇨Ortsabwesenheit 2. f.).

Keinen Sozialhilfeanspruch haben Ausländer mit Aufenthaltsrecht nur zur Arbeitsuche sowie Ausländer die eingereist sind, um hier Sozialhilfe zu erhalten. In beiden Fällen ist jedoch die Gewährung (unabweisbarer) Sozialhilfe als Ermessensleistung zu prüfen (⇨2.3, 2.4).

2.2 Leistungsberechtigte nach dem AsylbLG

Unter das AsylbLG fallende Ausländer sind vom SGB XII ausgeschlossen. Sie können unter bestimmten Voraussetzungen **nach 15 Monaten** Aufenthaltsdauer gemäß § 2 AsylbLG Leistungen im Umfang der HzL des SGB XII, eine vollwertige Krankenversichertenkarte nach § 264 Abs. 2 SGB V und bei Bedarf Sozialhilfe in besonderen Lebenslagen nach SGB XII erhalten (⇨Asylbewerber 7. ff.). Auch wenn kein Daueraufenthalt absehbar ist, sind ggf. Eingliederungshilfe für behinderte Menschen und Wohnungslosenhilfe als Ermessensleistungen zu prüfen (⇨2.1). Anerkannte Flüchtlinge können ab Zustellung des BAMF-Bescheids statt AsylbLG-Leistungen Alg II bzw GSi beanspruchen, nicht erst ab Ausstellung des Aufenthaltstitels (⇨3.)

2.3 Ausländer, deren „Aufenthaltsrecht sich allein aus dem Zweck der Arbeitssuche ergibt"

haben gemäß § 23 Abs. 3 SGB XII **keinen** Anspruch auf Sozialhilfe, ggf. aber auf Leistungen der Sozialhilfe nach **Ermessen**. Zunächst ist zu prüfen, ob ein anderes Aufenthaltsrecht besteht, dann ist die Ausschlussklausel nicht anwendbar (⇨1.3).

Auf Ausländer aus Unterzeichnerstaaten des **EFA** ist die Ausschlussklausel nicht anwendbar (⇨1.3.3). Ein Anspruch nach dem EFA erfordert allerdings eine gültige Aufenthaltserlaubnis bzw. eine materielle Freizügigkeitsberechtigung (z.B. zur Arbeitssuche) nach dem FreizügG/EU. Fehlt dies, ist Hilfe zum Lebensunterhalt als Ermessensleistung zu gewähren, im Falle eines verfestigten Aufenthalts (länger als sechs Monate) ist das Ermessen laut BSG auf Null reduziert (BSG B 4 AS 59/13 R, 3.12.2015).

Im Hinblick auf § 1a AsylbLG, wonach ausreisepflichtige Ausländer zumindest **„unabweisbare“ Leistungen** erhalten (⇨Asylbewerber 6.), sind als **Ermessensleistungen** auch nach SGB XII zumindest unabweisbare Krankenbehandlung, Unterkunft und Heizung (ggf. Obdachlosenunterbringung) sowie Ernährung, Kleidung und Körperpflegebedarf sicherzustellen. Die Kosten der Rückkehr können ebenfalls beansprucht werden, wenn der Ausländer dies wünscht und nicht über ausreichend Mittel verfügt.

Maßstab bei der Ermessensausübung ist, ob angesichts der Umstände (z.B. hier legal lebende Angehörige der Kernfamilie, bleibeberechtigte schwangere Partnerin, bleibeberechtigter Kindsvater, erwartetes Aufenthaltsrecht durch erwartetes Kind, betreuungsbedürftige Kinder, soziale Bindungen und bisherige Aufenthaltsdauer in Deutschland, Krankheit, Reiseunfähigkeit, fehlende soziale Hilfen und mögliche Gefährdung im Herkunftsland) eine Rückkehr ins Herkunftsland zumutbar erscheint. Ist eine **Rückkehr** derzeit **unmöglich bzw. unzumutbar**, entspricht die „unabweisbare Hilfe“ dem Umfang der regulären Sozialhilfe.

2.4 Einreise zum Zweck des Sozialhilfebezugs

Ausländer, die nach Deutschland eingereist sind, um hier Sozialhilfe zu erlangen, haben keinen Anspruch auf Sozialhilfe. Voraussetzung ist, dass dieser Grund für den **Einreiseentschluss prägend** war. Es reicht nicht, dass der Sozialhilfebezug nur billigend in Kauf genommen wurde. Die vor allem auf **Touristen** anwendbare Regelung soll eine **missbräuchliche Einreise** zum Sozialhilfebezug verhindern und auf eine Rückkehr hinwirken. Ist die Einreise erfolgt, um Sozialhilfe zu erhalten, ist dennoch über Sozialhilfe nach **Ermessen** zu entscheiden (⇨2.3).

Das Sozialamt ist für das Vorliegen einer **missbräuchlichen Einreiseabsicht** beweispflichtig. Der Antragsteller hat aber die prägenden Motive seiner Einreise darzulegen. Ist jemand vor allem wegen **Gefahr für Leib und Leben** im Heimatland, zur Herstellung der **familiären Gemeinschaft** in Deutschland oder wegen einer **Arbeitsplatzzusage** eingereist, greift der Ausschluss nicht. War der Lebensunterhalt im Herkunftsland gesichert, oder ist die Notlage **unvorhergesehen** (z.B. durch einen Unfall) bzw. erst einige Zeit nach Einreise eingetreten, spricht auch dies gegen eine missbräuchliche Einreiseabsicht.

Auch **Touristen** haben in unvorhergesehenen **Notfällen** (z.B. Unfall, Krankheit) Anspruch auf Sozialhilfe. Sie sind mangels gewöhnlichen Aufenthalts vom Alg II ausgeschlossen (⇨1.1). Ist die erlaubte Aufenthaltsdauer abgelaufen, werden Touristen aus Drittstaaten ausreisepflichtig und können Leistungen nach AsylbLG beanspruchen, wobei die Anspruchseinschränkung ebenfalls gilt (§ 1a AsylbLG, ⇨Asylbewerber 6.).

Ausländer, die sich zur **Behandlung einer Krankheit** nach Deutschland begeben haben, erhalten Krankenhilfe nur zur Behebung eines akut lebensbedrohlichen Zustandes oder für eine unaufschiebbare und unabweisbar gebotene Behandlung einer schweren oder ansteckenden Erkrankung (§ 23 Abs. 3 Satz 2 SGB XII).

Unionsbürgern kann Sozialhilfe gemäß Art. 24 Abs. 2 Unionsbürger-RL nur vorenthalten werden, wenn sie sich in den ersten 3 Monaten ohne weiteren Aufenthaltsgrund, oder darüber hinaus nur zur Arbeitsuche aufhalten dürfen. Auf Unionsbürger, die ein anderes Freizügigkeitsrecht besitzen, ist der Ausschlussgrund Einreise zum Sozialhilfebezug nicht anwendbar, da die Unionsbürgerrichtlinie dies nicht Ausschlussgrund nennt (⇨1.3). Für Ausländer aus Unterzeichnerstaaten des **EFA** mit Freizügigkeitsrecht oder Aufenthaltserlaubnis ist die Ausschlussklausel ebenfalls nicht anwendbar (⇨1.3.3, ⇨2.5).

2.5 HzL der Sozialhilfe bei Ausschluss vom Alg II,

Das **Bundessozialgericht** hat nach den EuGH-Urteilen *„Dano“* und *„Alimanovic“* zum Alg II bestätigt, dass ein regulärer

Leistungsanspruch nach SGB II und nach SGB XII für nur zur Arbeitsuche Freizügigkeitsberechtigte ausgeschlossen ist (BSG B 4 AS 44/15 R, B 4 AS 59/13 R, 3.12.2015).

Eine verfassungskonforme Auslegung erfordert laut BSG aber die Prüfung der **Sozialhilfe im Ermessensweg** (§ 23 Abs. 1 Satz 3 SGB XII). Ab dem **sechsten Monat des Aufenthalts** umfasst dies laut BSG regelmäßig die Gewährung von HzL nach dem 3. Kapitel SGB XII. Der Ausschluss Erwerbsfähiger von der Sozialhilfe § 21 SGB XII stehe dann Leistungsansprüchen nach SGB XII nicht entgegen. Der Sozialhilfeträger müsse sich die Kenntnis des Jobcenters von der Hilfebedürftigkeit zurechnen lassen (§ 18 SGB XII), Sozialhilfe ist dann rückwirkend ab dem Tag der Antragstellung auf Alg II zu leisten. Ebenso ist Krankenhilfe zu gewähren.

Die Sicherung des menschenwürdigen Existenzminimums ist – auch wenn Ausschlussgründe nach SGB II oder XII vorliegen – aus verfassungsrechtlichen Gründen geboten. Nach dem AsylbLG-Urteil des BVerfG muss das menschenwürdige Existenzminimum in jedem Fall und zu jeder Zeit sichergestellt sein. Das Grundrecht steht deutschen und ausländischen Staatsangehörigen gleichermaßen zu, die in Art. 1 GG garantierte Menschenwürde ist migrationspolitisch nicht zu relativieren (BVerfG 18.7.2012 - 1 BvL 10/10; 1 BvL 2/11).

Allerdings folgen derzeit viele Sozialgerichte **nicht** den Maßgaben des BSG. Das Sozialgericht Mainz hat die Frage erneut dem BVerfG vorgelegt (SG Mainz 18.4.2016 - S 3 AS 149/16). Trotz bestehender Bedenken will die Bundesregierung jetzt den Sozialhilfeanspruch gesetzlich weiter einschränken (⇨2.6).

Unionsbürger aus EFA-Staaten können **regulär** HzL und Krankenhilfe der **Sozialhilfe** beanspruchen (BSG 3.12.2015 - B 4 AS 59/13 R; ⇨**1.3.3**). Zwar erklärte die Bundesregierung 2011 einen *„Vorbehalt"* zum EFA und erkennt Alg-II-Ansprüche nach dem Abkommen nicht mehr an, der Vorbehalt gilt aber nicht für das SGB XII. Die in § 23 SGB XII enthaltenen Einschränkungen für nur Arbeitssuchende und zwecks Leistungsbezugs Eingereiste sind daher für Ausländer aus EFA-Staaten nicht anwendbar. Der Anspruch erfordert jedoch einen legalen Aufenthalt, d.h. das Vorliegen eines Freizügigkeitstatbestandes, z.B. zur Arbeitssuche. Fehlt dies, bleibt es bei der Sozialhilfe als Ermessensleistung.

Näheres zur **Rechtsdurchsetzung** ⇨**1.3.4**

2.6 Neue Anspruchseinschränkungen für Unionsbürger – geplante Gesetzesänderung

Die Bundesregierung plant als Reaktion auf die Rechtsprechung des BSG, die Leistungen nach SGB II/ SGB XII für Unionsbürger/innen mit Aufenthaltsrecht allein zur Arbeitsuche, Unionsbürger/innen ohne Freizügigkeitsrecht und Unionsbürger/innen mit Aufenthaltsrecht nur zum Schul-/ Ausbildungsbesuch ihrer Kinder für die ersten 5 Jahre des Aufenthalts auf eine vierwöchige Überbrückungs- und Rückkehrhilfe zu beschränken (⇨1.3.5).

2.7 Räumliche Beschränkung der Sozialhilfe. Wohnsitzregelung und Wohnsitzauflagen

Ziehen Ausländer entgegen einer **Wohnsitzregelung** oder **Wohnsitzauflage** nach § 12 oder § 12a AufenthG (⇨1.6) um, darf der am tatsächlichen Aufenthaltsort zuständige Sozialhilfeträger nur die nach den Umständen des Einzelfalls gebotene Leistung erbringen. Unabweisbar geboten ist regelmäßig eine Reisebeihilfe an den zugewiesenen Wohnort. Nur wenn besondere Umstände (zum Beispiel Reiseunfähigkeit) vorliegen, sind weitergehende Leistungen zu gewähren, z.B. auch Krankenhilfe.

Das Gleiche gilt, wenn ein Ausländer mit Aufenthaltstitel *ohne Wohnsitzauflage* nach §§ 23a, 24 oder 25 Abs. 4 oder 5 AufenthG umzieht. Der Sozialhilfebezug ist dann auf das Bundesland beschränkt, *„in dem der Aufenthaltstitel erstmals erteilt worden ist"* Nur in Härtefällen können Leistungen am Zuzugsort beansprucht werden, etwa bei Familienzusammenführung oder *„vergleichbar wichtige Gründen"* (§ 23 Abs. 5 SGB XII). Infrage kommen z.B. Pflege Angehöriger oder die Betreuung durch ein psychosoziales Behandlungszentrum.

A

2.8 Passkosten

Anders als Deutsche und Unionsbürger, für die ein Personalausweis ausreicht, sind Drittstaatsangehörige nach § 3 AufenthG verpflichtet, einen gültigen Pass zu besitzen, um sich legal in Deutschland aufzuhalten. Passkosten für Ausländer gehören daher zum sozialen Existenzminimum bzw. notwendigen Lebensunterhaltsbedarf (OVG Sachsen 3.6.2008 - 4 A 144/08). Manche EU-Staaten stellen Personalausweise nur am Herkunftsort aus, manche kennen keine Personalausweise, so dass ggf. auch Unionsbürger Passkosten beanspruchen können (LSG Niedersachsen-Bremen 20.7.2012 - L 9 AS 563/12 B ER, Passkosten nach § 73 SGB XII für Briten).

Die Kosten für die Fahrt zu Botschaft bzw. Konsulat und den Pass betragen oft mehrere 100 €. In Einzelfällen sind zur Passbeschaffung auch Reisen ins Herkunftsland nötig. Verstöße gegen die Passpflicht sind nach § 95 Abs. 1 Nr. 1 AufenthG strafbar. Da ein Reisepass für Deutsche nicht zum sozialhilferechtlichen Existenzminimum zählt, sind Passkosten nicht im Regelsatz enthalten (LSG Sachsen 22.8.2007 - L 3 AS 114/06 NZB).

Mit dem Regelsatz-Urteil des BVerfG vom 9.2.2010 wurde für fortlaufende atypische Sonderbedarfe eine Auffangregelung getroffen (§ 21 Abs. 6 SGB II), nicht aber für **atypische einmalige Bedarfe**. Der Verweis auf ein Darlehen (§ 24 Abs. 1 SGB II bzw. § 37 SGB XII) als Vorschuss auf den Regelbedarf ist problematisch, weil diese „Lösung" das Problem nur aufschiebt und offen lässt, wovon schlussendlich der Bedarf zu decken ist (so aber: LSG NRW 22.7.2010 - L 7 B 204/09 AS und 25.2.2011 - L 19 AS 2003/10 B).

Mangels Auffangregelung im SGB II bleibt für Berechtigte nach SGB II, SGB XII und § 2 AsylbLG nur die Gewährung einer einmaligen **Beihilfe des Sozialamts für Passkosten nach § 73 SGB XII** (LSG Niedersachsen-Bremen ebenda; LSG NRW 23.5.2011 - L 20 AY 19/08; Hammel, InfAuslR 2012, 137). Leistungsberechtigte nach AsylbLG können die Passkosten nach § 6 AsylbLG beanspruchen (⇨Asylbewerber 3.4).

Ist der Pass abgelaufen, erlöschen Aufenthalts- und Arbeitserlaubnis. Geht so der Arbeitsplatz verloren, tritt erst recht Bedürftigkeit ein. Auch darum sollten Passkosten vom Sozialleistungsträger übernommen werden.

3. Zeitpunkt des Leistungswechsels vom AsylbLG zum SGB II/XII für anerkannte Flüchtlinge

Anerkannte Flüchtlinge können ab Zustellung des BAMF-Anerkennungsbescheids anstelle der AsylbLG-Leistungen Alg II bzw. GSi beanspruchen, nicht erst ab Ausstellung des Aufenthaltstitels (⇨Asylbewerber 2.6).

4. Neu: Regelsatzkürzung in Gemeinschaftsunterkünften mit Vollverpflegung

Für Leistungsberechtigte in einer Gemeinschaftsunterkunft ohne Selbstversorgungsmöglichkeit (Vollverpflegung mangels Koch- und Kühlmöglichkeit), können **ab August 2016** die Regelsatzanteile für **Ernährung** und **Haushaltsenergie** als Sachleistung erbracht werden (§ 65 Abs. 1 SGB II).

Daraus ergibt sich eine Kürzung des SGB II-Regelsatzes bzw. des Sozialgeldes

1. für Alleinstehende um 156 €,
2. bei den übrigen Erwachsenen um 140 €,
3. bei Kindern von 0 bis unter 6 Jahren um 83 €,
4. bei Kindern von 6 bis unter 14 Jahren um 106 € und
5. bei Jugendlichen von 14 bis unter 18 Jahren um 137 €.

Die Regelung gilt für Aufnahmeeinrichtungen, Not- und Gemeinschaftsunterkünfte für Flüchtlinge, nicht aber für Krankenhäuser usw. Die Ernährung ist bei Abwesenheit während des Tages, z.B. wegen eines Behördentermins, aufgrund von Erwerbstätigkeit oder der Teilnahme an einem Integrationskurs auch außerhalb der Gemeinschaftsunterkunft zur Verfügung zu stellen, z.B. durch **Lunchpakete** (BT-Drs. 18/8909, 34).

Nehmen von der Kürzung betroffene Kinder und Jugendliche am **Mittagessen in Schule** oder **Kita** teil, sind über die Leistungen für Bildung und Teilhabe die gesamten Kosten des Mittagessens zu übernehmen, ohne die sonst übliche Zuzahlung von 1 €/ Tag (§ 65 Abs. 1 Satz 5 SGB II; ⇨SchülerInnen).

Es handelt sich um eine bis Dezember 2018 befristete Übergangsregelung aufgrund der aktuell prekären Flüchtlingsunterbringung. Eine Fortschreibung der Kürzungsbeträge erfolgt nicht. Das Jobcenter hat dem **Betreiber der Unterkunft** die Kürzungsbeträge zu erstatten. Die Beträge decken aber bei weitem nicht die wegen des damit verbundenen zusätzlichen Sach- und Personalaufwands sehr viel höheren Kosten der Betreiber für die Bereitstellung einer angemessenen Vollverpflegung.

5. Nichtverlängerung der Aufenthaltserlaubnis bei Inanspruchnahme öffentlicher Mittel?

Bereits ein **Anspruch** auf Sozialleistungen nach SGB II, SGB XII oder AsylbLG kann für **Drittstaatsangehörige** negative aufenthaltsrechtliche Folgen haben. Von Nachteil ist bereits die Bedürftigkeit. Darauf, ob die Sozialleistungen auch tatsächlich bezogen werden, kommt es in der Regel nicht an. Bei unzureichender Lebensunterhaltssicherung ist die Ablehnung eines besseren Aufenthaltsrechts oder die Nichtverlängerung einer Aufenthaltserlaubnis möglich. Hingegen ist die Voraussetzung der Lebensunterhaltssicherung erfüllt, wenn das Einkommen mindestens den Alg-II-Bedarf deckt.

„Der Lebensunterhalt eines Ausländers ist gesichert, wenn er ihn einschließlich ausreichenden Krankenversicherungsschutzes ohne Inanspruchnahme öffentlicher Mittel bestreiten kann." (§ 2 Abs. 3 Satz 1 AufenthG)

Nicht als Inanspruchnahme öffentlicher Mittel gelten dabei der Bezug von **Kindergeld, Kinderzuschlag, Elterngeld, Ausbildungsförderung** nach SGB III, **BAföG** oder „Meister-BAföG", öffentlichen Mitteln, die auf Beitragsleistungen beruhen (Rente, Alg I, Krankengeld) oder die gewährt werden, um den Aufenthalt im Bundesgebiet zu ermöglichen (Stipendien), und Leistungen nach **Unterhaltsvorschussgesetz** (§ 2 Abs. 3 Satz 2 AufenthG).

Leistungen nach **SGB II, SGB XII** und **AsylbLG** gelten hingegen als **aufenthaltsrechtlich schädlich**, da sie nicht auf Beiträgen beruhen.

Umstritten ist, ob die **Freibeträge** für Erwerbstätige beim Alg II (§ 11b SGB II) das erforderliche Einkommen erhöhen. Laut BVerwG bleiben für **Aufenthaltserlaubnisse aus familiären Gründen** die Freibeträge nach § 11b SGB II außer Betracht (16.11.2010 - 1 C 20.09). Für Werbungskosten kann auf Nachweis ein geringerer Betrag als der 100-€-Grundfreibetrag angesetzt werden.

Der Bezug von **Wohngeld** ist aufenthaltsrechtlich von Nachteil, wenn der Lebensunterhalt im Sinne des SGB II/ SGB XII ohne diese Leistung nicht gesichert wäre (BVerwG 29.11.2012 - 10 C 4.2012). Die VwV zu § 2 Abs. 3 AufenthG, die Wohngeld im jedem Fall für schädlich erklärt, ist insoweit obsolet.

Tipp Das AufenthG sieht zahlreiche Ausnahmen vor, die trotz Inanspruchnahme öffentlicher Mittel die Erteilung oder Verlängerung Ihres Aufenthaltsrechts ermöglichen (⇨5.4 ff.). Wenden Sie sich ggf. an eine Migrations- oder Flüchtlingsberatungsstelle, da die Regelungen hier nicht umfassend dargestellt werden können und teils auch regional unterschiedlich ausgelegt werden.

5.1. Unionsbürger und ihre Familienangehörigen

Mangels Freizügigkeitstatbestands und/ oder wegen übermäßiger Inanspruchnahme von Sozialleistungen durch am Arbeitsmarkt „inaktive" Unionsbürger ist eine Ausweisung theoretisch zwar denkbar, in der Praxis aber selten und auch wenig effektiv, da sie mit keiner Wiedereinreisesperre verbunden werden darf (⇨1.3).

5.2. Keine Ausweisung von Drittstaatsangehörigen wegen Sozialhilfebezugs

Mit der Neuregelung des Ausweisungsrechts zum 1. Februar 2016 wurden die Ausweisungsgründe (eine Ausweisung bewirkt die Aufhebung einer noch gültigen Aufenthaltserlaubnis) *„Bezug von Sozialhilfe"* und „Bezug von Jugendhilfe" aus dem AufenthG gestrichen. Die in der Praxis relevantere Nichtverlängerung einer befristeten Aufenthaltserlaubnis wegen fehlender Lebensunterhaltsicherung ist aber weiterhin möglich (⇨5.).

A

5.3. Ermessen bei der Aufenthaltsverlängerung für Drittstaatsangehörige

Grundsätzlich ist Ermessen auszuüben, wenn eine Aufenthaltsgenehmigung verlängert werden soll. Gegen eine Nichtverlängerung spricht

- ein voraussichtlich nur kurzer Bezug von Leistungen, d.h. weniger als sechs Monate,
- die Inanspruchnahme von nur einmaligen Beihilfen,
- der Bezug lediglich von Leistungen nach dem 5. bis 9. Kapitel SGB XII, da diese Leistungen anders als Alg II, HzL und GSi nicht der „Lebensunterhaltssicherung" dienen (⇨2.1).

Bei der Verlängerung kommt es vor allem auf die künftig zu erwartende Situation an (Prognose).

5.4. Ausländer aus der Türkei

Arbeitnehmer aus der Türkei sind nach dem **Assoziationsabkommen ARB 1/80 EWG-Türkei** vor Nichtverlängerung ihrer Aufenthaltserlaubnis geschützt, wenn sie in Deutschland mindestens vier Jahre regulär als Arbeitnehmer beschäftigt waren und weiter Arbeitnehmer sind. Dafür reicht eine regelmäßige, nicht völlig unbedeutende Beschäftigung (z.B. ein Minijob mit zehn Stunden/ Woche). Zeiten der Arbeitslosigkeit über mindestens sechs Monate sind unschädlich.

Auch nicht erwerbstätige **Kinder** unter 21 Jahren und **Ehepartner des Arbeitnehmers** sind durch den ARB 1/80 EWG-Türkei vor Nichtverlängerung ihrer Aufenthaltserlaubnis geschützt, ältere Kinder nur, wenn diesen Unterhalt gewährt wird. Solange der Schutz nach ARB 1/80 besteht, ist Sozialleistungsbezug aufenthaltsrechtlich unschädlich.

Keine Gefahr der Nichtverlängerung besteht nach **Europäischem Fürsorgeabkommen (EFA)** (⇨1.3.3) für Türken, die vor dem 55. Lebensjahr eingereist sind und mehr als fünf Jahre in Deutschland leben bzw. nach dem 55. Lebensjahr eingereist sind und mehr als zehn Jahre hier leben.

Tipp Da die Ausländerbehörden hier häufig Fehler machen, empfiehlt sich bei Bedarf eine anwaltliche Beratung.

5.5. Drittstaatsangehörige mit Aufenthaltserlaubnis

Unabhängig vom Sozialleistungsbezug verlängert werden Aufenthaltserlaubnisse von Ausländern, die

- mit einem deutschen Ehepartner und/ oder ihrem deutschen minderjährigen Kind zusammenleben (§ 28 Abs. 1 AufenthG),
- als minderjähriges Kind bei den Eltern leben, wenn beide Eltern oder der allein sorgeberechtigte Elternteil sich mit Aufenthaltserlaubnis oder Niederlassungserlaubnis bzw. Erlaubnis zum Daueraufenthalt EG/EU in Deutschland aufhalten (§ 34 Abs. 1 AufenthG), oder
- als Flüchtling einen Aufenthaltstitel nach §§ 24, 25 Abs. 1, 2, 3, 4a oder 4b AufenthG besitzen oder beanspruchen können (§ 5 Abs. 3 AufenthG).

5.6 Eigenständiges Aufenthaltsrecht der Ehepartner

Die Verlängerung der Aufenthaltserlaubnis der Ehepartner von Drittstaatsangehörigen steht bei Bedürftigkeit nach SGB II/ SGB XII im Ermessen (§ 30 Abs. 3 AufenthG). Sind gemeinsame Kinder vorhanden, deren Aufenthalt nicht wegen Sozialleistungsbezugs beendet werden kann, oder hat der andere Partner eine Niederlassungserlaubnis bzw. Erlaubnis zum Daueraufenthalt EG/EU, fällt die Ermessenentscheidung i.d.R. zugunsten einer befristeten Verlängerung aus. Maßgeblich ist, ob der nachgezogene Ehepartner durch Erwerbstätigkeit zum Familieneinkommen beiträgt.

Nach einer Trennung wird die Aufenthaltserlaubnis der Ehepartner von Drittstaatsangehörigen oder Deutschen für mindestens ein Jahr trotz Sozialleistungsbezugs verlängert, wenn das Aufenthaltsrecht seit mindestens 3 Jahren bestanden hat (§ 31 AufenthG).

5.7 Eigenständiges Aufenthaltsrecht der Kinder

Die Aufenthaltserlaubnis für Kinder von Drittstaatsangehörigen ist trotz Sozialleistungsbezugs zu verlängern, solange ein personensorgeberechtigter Elternteil eine Aufenthaltserlaubnis, Niederlassungserlaubnis oder Erlaubnis zum Daueraufenthalt EG/EU besitzt und das Kind mit ihm in familiärer Lebensgemeinschaft lebt. Kinder können trotz Sozialleistungsbezugs eine unbefristete Niederlassungserlaubnis beanspruchen, wenn sie zum Zeitpunkt ihres 16. Geburtstags seit fünf Jahren eine Aufenthaltserlaubnis besitzen. Das Gleiche gilt, wenn sie volljährig sind, seit fünf Jahren eine Aufenthaltserlaubnis besitzen, über ausreichende Deutschkenntnisse (GER A 2) verfügen und sich in einer anerkannten Schul- oder Berufsausbildung befinden. Solange die genannten Voraussetzungen nicht erfüllt sind, steht die Verlängerung der Aufenthaltserlaubnis bei Sozialleistungsbezug im Ermessen der Ausländerbehörde (§§ 34, 35 AufenthG). Bei Kindern mit türkischer Staatsangehörigkeit ist zusätzlich das Assoziationsabkommen EWG-Türkei zu beachten (⇨5.4).

5.8 Flüchtlinge und Drittstaatsangehörige mit Aufenthaltserlaubnis aus humanitären Gründen

Aufenthaltserlaubnisse nach § 24, § 25 Abs. 1, 2 oder 3; § 25 Abs. 4a, § 25 Abs. 4b AufenthG werden gemäß § 5 Abs. 3 AufenthG **unabhängig** von der Bedürftigkeit nach SGB II/ SGB XII erteilt und verlängert.

Die Erteilung und Verlängerung einer Aufenthaltserlaubnis nach §§ 22, 23, 23a, 25 Abs. 4, 5, 25a, 25b AufenthG steht bei Bedürftigkeit nach SGB II/ SGB XII oder AsylbLG **im Ermessen** der Ausländerbehörde, § 5 Abs. 3 AufenthG.

Für die Verlängerung gilt grundsätzlich der gleiche Maßstab wie bei der Erteilung. Keine Gefahr der Nichtverlängerung besteht, wenn ein dauerhafter Sozialleistungsbezug von der Ausländerbehörde in Kauf hingenommen wurde (z.B. Bleiberecht nach § 25b Abs. 3 AufenthG für alte, kranke oder behinderte Menschen).

Eine Verlängerung kann ausgeschlossen sein, wenn Voraussetzung der Aufenthaltserlaubnis die künftige eigenständige Sicherung des Lebensunterhaltes war. Dies betrifft viele Altfallregelungen für ehemals Asylsuchende und Geduldete. Nach § 25b AufenthG (Aufenthaltsgewährung bei nachhaltiger Integration) und den Altfallregelungen aus 2006/ 2007 ist in der Regel eine **intensive Arbeitsuche** nachzuweisen.

5.9 Drittstaatsangehörige mit Aufenthaltsgestattung, Duldung, Grenzübertrittsbescheinigung

Hier kann möglicherweise eine **Abschiebung** drohen, die Bedürftigkeit spielt dafür aber in der Regel keine Rolle.

Tipp Für die Beantragung eines Bleiberechts nach einer Altfall- oder Härtefallregelung sind jedoch Erwerbs- und Ausbildungsbemühungen wichtig.

5.10 Aufenthaltserlaubnis für Drittstaatsangehörige zum Studium oder zur Erwerbstätigkeit

Bei Aufenthaltserlaubnissen nach §§ 16 bis 21 AufenthG droht grundsätzlich eine **Nichtverlängerung bei Bedürftigkeit**. Dies gilt auch bei Sozialleistungsbezug für Angehörige, z.B. Kinder ausländischer Studierender.

Im Hinblick auf den verfassungsrechtlichen Schutz des ungeborenen Lebens sind aufenthaltsrechtliche Sanktionen während der Schwangerschaft und der Betreuung kleiner Kinder umstritten. Ein kurzzeitiger Sozialleistungsbezug und der Bezug einmaliger Leistungen anlässlich von Schwangerschaft und Geburt sollten nicht zur Aufenthaltsbeendigung führen (VwV AufenthG Nr. 2.3.1.1).

Information

www.fluechtlingsrat-berlin.de ⇨Gesetzgebung: Arbeitshilfen zum Sozial- und Aufenthaltsrecht für Migranten

GGUA Flüchtlingshilfe, www.einwanderer.net ⇨Übersichten und Arbeitshilfen

Auszubildende

Oft reicht Auszubildenden die Ausbildungsvergütung nicht zum Leben. Sie können sie aber mit Berufsausbildungsbeihilfe (ggf. Ausbildungsgeld) und bei Bedarf Alg II aufstocken.

1. Berufsausbildungsbeihilfe (BAB)

wird nach den §§ 56 - 72 SGB III gezahlt

- für die erste Berufsausbildung in einem staatlich anerkannten Ausbildungsberuf, egal ob betrieblich oder außerbetrieblich,
- für eine betriebliche Altenpflegeausbildung,
- ausnahmsweise für eine Zweitausbildung, wenn dadurch eine Eingliederung erwartet werden kann,
- für berufsvorbereitende Maßnahmen, z.B. das Berufsgrundbildungsjahr, Maßnahmen, die mit einem Betriebspraktikum verbunden sind, oder die Vorbereitung des nachträglichen Erwerbs eines Hauptschulabschlusses (§§ 51 ff. SGB III).

Menschen mit Behinderung, die an einer Berufsausbildung oder berufsvorbereitenden Maßnahme einschließlich einer Grundausbildung teilnehmen, haben statt des Anspruchs auf BAB Anspruch auf **Ausbildungsgeld.** Das gilt auch für behinderte Menschen, die eine individuelle betriebliche Qualifizierung im Rahmen einer unterstützten Beschäftigung absolvieren oder eine Maßnahme im Eingangsverfahren oder Berufsbildungsbereich einer Werkstatt für behinderte Menschen, wenn kein Anspruch auf Übergangsgeld besteht (§ 122 SGB II; ⇨1.3)

1.1 Anspruch auf BAB haben

- **volljährige** Auszubildende, die **nicht** im Haushalt der Eltern oder eines Elternteils wohnen (Ausnahme: Azubis mit Behinderung, Azubis, die in der Wohnung der Eltern zur Untermiete wohnen und einen eigenen Haushalt führen),
- Azubis **unter 18 Jahren**, die nicht im Haushalt der Eltern wohnen, wenn die Ausbildungsstätte von der Wohnung der Eltern mehr als eine Stunde Fahrtzeit entfernt ist.

Azubis **unter 18 Jahren** bekommen **außerdem** BAB,

- wenn sie selbst ein Kind haben oder verheiratet sind oder
- wenn schwerwiegende soziale Gründe gegen das Wohnen im Haushalt der Eltern sprechen.

(§ 60 SGB III)

1.2 Die Höhe des BAB

orientiert sich am BAföG-Satz für Studierende.

Sie beträgt **ab 1.8.2016**:

- Bei Ausbildung **372 €** mtl. plus **166 €** Unterkunftskosten. Übersteigen die tatsächlichen Unterkunftskosten diesen Betrag, sind sie um max. **84 €** mtl. zu erhöhen (abweichende Sätze bei Unterbringung mit Verpflegung und bei Förderung im Ausland; § 61 SGB III i.V. mit § 13 Abs. 1 Nr. 1 BAföG). Hinzu kommen Kosten für Ausbildungsbedarf, z.B. Arbeitskleidung, Fahrtkosten, Kinderbetreuung usw. Azubi-Vergütung, Einkommen von Ehepartnern und einzusetzendes Einkommen der Eltern werden angerechnet. **Kindergeld** wird auf BAB **nicht** angerechnet.
- Bei berufsvorbereitenden Bildungsmaßnahmen **231 €** mtl., wenn Sie bei den Eltern

wohnen. Bei Unterbringung außerhalb der Wohnung der Eltern **418 €** plus Unterkunftskosten, die **65 €** mtl. übersteigen, maximal jedoch **83 €** (abweichende Sätze bei Unterbringung mit Verpflegung; § 62 SGB III i.V. mit § 12 Abs. 1 Nr. 1 BAföG). Dazu kommen Lehrgangsgebühren, Lernmittel usw. Diese BAB bei berufsvorbereitenden Bildungsmaßnahmen ist nicht vom Einkommen der Berechtigten und ihrer Eltern abhängig (§ 71 Abs. 4 SGB III).

Tipp Haben Sie Anspruch auf BAB/ Ausbildungsgeld und wohnen nicht bei Ihren Eltern, können Sie sich von der ⇨Rundfunkgebühr befreien lassen.

1.3 Höhe des Ausbildungsgeldes

Die Höhe des Ausbildungsgeldes variiert je nach Maßnahme, Alter und Wohnsituation behinderter Auszubildender. Sie ist geregelt

- bei Berufsausbildung in § 123 SGB III,
- bei berufsvorbereitenden Bildungsmaßnahmen, bei unterstützter Beschäftigung und bei Grundausbildung in § 124 SGB III und
- bei Maßnahmen in anerkannten Werkstätten in 125 SGB III.

Information

Arbeitslosenprojekt TuWas, Leitfaden für Arbeitslose, Frankfurt 2015,
- BAB: 469 - 486
- Ausbildungsgeld: 574 f.

2. Anspruch auf Alg II, wenn Ausbildungsvergütung und BAB nicht reichen

2.1 Abschaffung des generellen Leistungsausschlusses für Auszubildende

Mit dem Neunten SGB-II-Änderungsgesetz wurde **ab dem 1.8.2016** der Leistungsausschluss für Auszubildende, *„deren Ausbildung ... dem Grunde nach"* BAB-förderungsfähig ist (§ 7 Abs. 5 SGB II alt), aufgehoben. Das ist eine deutliche Verbesserung gegenüber der alten Regelung. Für bestimmte Auszubildende, ⇨SchülerInnen und ⇨Studierende besteht der Leistungsausschluss jedoch fort.

Bis zum 31.7.2016 hatten von Alg II ausgeschlossene Auszubildende lediglich einen Anspruch auf Leistungen nach § 27 SGB II ⇨2.2.3 ff.

Früher galten alle **SGB-II-Leistungen**, die Auszubildende erhalten haben, *„nicht als Arbeitslosengeld II"* (§ 27 Abs. 1 Satz 2 SGB II), was u.a. bedeutete, dass durch den Leistungsbezug nicht automatisch der Krankenversicherungsschutz hergestellt werden konnte. Heute vertritt der Gesetzgeber die Auffassung *„durch den Bezug von Arbeitslosengeld II kommt [bei allen Auszubildenden] grundsätzlich auch die Anwendung von § 22 Absatz 8 SGB II"* – die Übernahme von Miet- und Energieschulden durch das Jobcenter – in Betracht (BT-Drs. 18/8041, 44; ⇨2.4). Ob das im Bedarfsfall auch für die Übernehme von Beiträgen für die Kranken- und Pflegeversicherung gilt, hat der Gesetzgeber offen gelassen. Diese Frage kann im Zweifel nur vor Gericht geklärt werden.

2.1.1 Wer hat Anspruch auf aufstockendes Alg II?

Breits **vor** den Gesetzesänderungen konnten Auszubildende Alg II beanspruchen,

- die bei ihren Eltern oder einem Elternteil wohnen oder
- die unter 18 Jahre alt sind und **nicht** bei den Eltern wohnen **und** deren Ausbildungsstätte weniger als eine Stunde Fahrtzeit von der elterlichen Wohnung entfernt ist. (§ 7 Abs. 6 Nr. 1 SGB II alt i.V. mit § 60 SGB III).
- Außerdem haben Auszubildende, deren **berufliche ⇨ Weiterbildung** über das SGB III z.B. mit einem Bildungsgutschein gefördert wird, grundsätzlich Anspruch auf Alg II (BSG 30.08.2010 - B 4 AS 97/09 R; LSG NRW 30.11.2010 - L 6 AS 35/09, eine Verkürzung der Regelausbildungsdauer aufgrund von Vorkenntnissen wird dann verlangt).

Mit Wirkung zum 1.8.2016 haben alle Auszubildenden in Berufsausbildung oder in einer berufsvorbereitenden Bildungsmaßnahme Anspruch auf Alg II, sofern sie nicht beim Ausbilder, in einem Wohnheim oder einem Internat untergebracht sind. Alg-II-Anspruch haben jetzt z.B. auch Auszubildende in einer Zweitausbildung, die regelmäßig eine BAB-Förderung ausschließt.

Tipp Aufstockende SGB-II-Leistungen stehen auch den Auszubildenden zu, deren BAB aufgrund von Elterneinkommen abgelehnt wurde. Lassen Sie sich nicht vom Jobcenter abwimmeln!

A

2.1.2 Keinen Anspruch auf Alg II haben Auszubildende

deren Ausbildung dem *„Grunde nach förderungsfähig“* ist,

- die eine Berufsausbildung absolvieren, wenn sie beim Ausbilder *„mit voller Verpflegung untergebracht“* sind (§ 61 Abs. 2 SGB III),
- die eine Berufsausbildung oder eine berufsvorbereitenden Bildungsmaßnahme absolvieren, wenn sie *„mit voller Verpflegung in einem Wohnheim oder einem Internat untergebracht“* sind (§§ 61 Abs. 3 und 62 Abs. 3 SGB III),
- die als Menschen mit Behinderung eine Berufsausbildung absolvieren,
  * *„bei Unterbringung in einem Wohnheim, Internat, bei der oder dem Ausbildenden oder in einer besonderen Einrichtung für behinderte Menschen“* (123 Abs. 1 Nr. 2 SGB II) oder
  * *„bei anderweitiger Unterbringung und Kostenerstattung für Unterbringung und Verpflegung“* (123 Abs. 1 Nr. 3 SGB II),
- die als Menschen mit Behinderung eine berufsvorbereitende Bildungsmaßnahmen oder Unterstützte Beschäftigung oder eine Grundausbildung absolvieren,
  * *„bei anderweitiger Unterbringung außerhalb eines Wohnheims oder Internats und Kostenerstattung für Unterbringung und Verpflegung“* (124 Abs. 1 Nr. 3 SGB II) oder
  * *„Bei Unterbringung in einem Wohnheim, Internat oder in einer besonderen Einrichtung für behinderte Menschen“* (§ 124 Abs. 3 SGB II).

(§ 7 Abs. 5 SGB II)

2.2 SGB-II-Leistungen für Auszubildende

2.2.1 Auszubildende mit Anspruch auf Alg II (⇨2.1.1)

deren Ausbildungsvergütung und BAB nicht reichen, um den Bedarf zum Lebensunterhalt zu decken, können zusätzlich Alg II beantragen und Leistungen aufstocken. Der Bedarf zum Lebensunterhalt berechnet sich nach den Regelungen des SGB II (⇨Bedarfsberechnung). Dabei wird der maßgebliche ⇨Regelsatz (ggf. der ⇨Mehrbedarf) plus der angemessenen Unterkunftskosten (⇨Miete) dem bereinigten Gesamteinkommen gegenübergestellt. Zum ⇨Einkommen gehört neben der Ausbildungsvergütung und dem BAB auch das Kindergeld oder die Unterhaltszahlung der Eltern. Die ⇨Einkommensbereinigung ist nach § 11b SGB II vorzunehmen.

Ausbildungsvergütung ist wie Einkommen ⇨Erwerbstätiger zu bereinigen und anzurechnen (§ 11b Abs. 2 Sätze 1-3 SGB II neu). Wird keine Ausbildungsvergütung erzielt, ist vom BAB ein Betrag von „mindestens“ 100 € für Versicherungsbeiträge, geförderte Altersvorsorge und Werbungskosten bzw. ausbildungsbedingte Kosten abzusetzen. Nachgewiesene höhere Kosten können in tatsächlicher Höhe berücksichtigt werden. (§ 11b Abs. 2 Satz 4 SGB II neu; ⇨Erwerbstätige 2.2 ff., 2.3 ff.)

Beim BAB sind Leistungen für sonstige Aufwendungen wie Bekleidungspauschale (mtl. 13 €), Beiträge für freiwillige Kranken- und Pflegeversicherung (z.B. bei berufsvorbereitenden Praktika) und Kinderbetreuungskosten (mtl. 130 €) nicht als Einkommen zu berücksichtigen.

Das ⇨**Vermögen** von Auszubildenden wird unter Abzug des Schonvermögens nach § 12 SGB II berücksichtigt.

Der **Zuschuss zu den** (nicht gedeckten) **Unterkunftskosten** (§ 27 Abs. 3 SGB II alt) wurde **zum 1.8.2016 abgeschafft**, durch die generelle Möglichkeit aufzustocken ersetzt und der Kreis der Anspruchsberechtigten wurde erweitert. Hierdurch entfällt die komplizierte und fehleranfällige Berechnung des Wohnkostenzuschusses.

Allerdings können nach der Neuregelung die Eltern bei Leistungsfähigkeit zum Unterhalt herangezogen werden, wenn die/ der Auszubildende *„das 25. Lebensjahr noch nicht vollendet und die Erstausbildung noch nicht abgeschlossen“* hat (§ 33 Abs. 2 Nr. 2 b SGB II; ⇨Unterhaltspflicht 3.1 ff.).

Tipp Klären Sie Ihre Azubi-KollegInnen über den möglichen SGB-II-Anspruch auf. Die Behörden behandeln ihn oft als „Geheimsache“.

Unterkunfts- und Heizkosten werden nicht übernommen, wenn Sie **ohne Zustimmung** des Jobcenters **vor** Vollendung des 25. Lebensjahres aus der elterlichen Wohnung **ausgezogen** sind oder wenn Sie als Auszubildender vor Beantragung der Leistung in der Absicht um- bzw. ausgezogen sind, die Voraussetzungen für den Leistungsbezug herbeizuführen (§ 22 Abs. 5 SGB II). Dann wird auch Ihr Regelsatz auf 324 € mtl. beschränkt (§ 20 Abs. 3 SGB II).

2.2.2 Alg-II-Bezug bei Ausbildungsaufnahme

Auszubildende mit Anspruch auf Alg II können **ab dem 1.8.2016** bei Ausbildungsaufnahme auch vorübergehend überbrückend SGB-II-Leistungen beantragen, wenn die Ausbildungsvergütung erst im Folgemonat fließt oder es voraussichtlich längere Zeit dauert, bis das BAB bewilligt und ausgezahlt wird. Das Jobcenter kann dann einen **Anspruch** auf das zu erwartende BAB bei der Arbeitsagentur **auf sich überleiten**. Das nachgezahlte BAB wird dann direkt an das Jobcenter gezahlt. Das ist jedoch nur in Höhe des auf den Alg-II-Bedarf anzurechnenden Einkommens möglich.

Tipp Verlangen Sie vom Jobcenter einen Bescheid, welche BAB-Ansprüche übergeleitet und wie diese berechnet wurden. Liegt Ihr mtl. Einkommen über dem Alg-II-Bedarf steht der darüber liegende Anteil der BAB-Nachzahlung Ihnen zu.

2.2.3 SGB-II-Leistungen für Auszubildende, die vom SGB-II-Bezug ausgeschlossen sind?

Ja, die gibt es. Auszubildende, die keinen Anspruch auf aufstockendes Alg II haben, können nach § 27 SGB II **zusätzliche Leistungen** nach dem SGB II für **nicht ausbildungsgeprägte Bedarfe** beanspruchen, die nicht im BAB-/ BAföG-Satz berücksichtigt sind. Darüber hinaus stehen unter Umständen **Darlehen** in besonderen Lebenslagen zu Verfügung.
Dieser Abschnitt gilt auch für ⇨**SchülerInnen** und ⇨**Studierende**, die vom SGB-II-Bezug ausgeschlossen sind.

2.2.3.1 Mehrbedarfszuschläge

„Leistungen werden in Höhe der Mehrbedarfe nach § 21 Absatz 2, 3, 5 und 6 ... erbracht, soweit die Mehrbedarfe nicht durch zu berücksichtigendes Einkommen oder Vermögen gedeckt sind." (§ 27 Abs. 2 SGB II)
Das betrifft ⇨Mehrbedarf bei ⇨Schwangerschaft, ⇨Alleinerziehenden, ⇨Krankenkost und nach der ⇨Härtefallregelung.
Näheres auch unter ⇨Studierende 3.1 ff.

2.2.3.2 Einmalige Beihilfen

„Leistungen werden ... in Höhe der Leistungen nach § 24 Absatz 3 Nummer 2 erbracht, soweit die Mehrbedarfe nicht durch zu berücksichtigendes Einkommen oder Vermögen gedeckt sind." (§ 27 Abs. 2 SGB II)
Das betrifft lediglich **Erstausstattungen** für Bekleidung (⇨Kleidung) sowie ⇨**Schwangerschaft und Geburt**. Auch hier ist Einkommen und Vermögen einzusetzen, da es sich um einen einmaligen „Mehrbedarf" handelt.

Erstausstattungen für die **Wohnung** (§ 24 Abs. 3 Nr. 1 SGB II) sind für Auszubildende **nicht** vorgesehen, selbst wenn sie zum Zweck der Ausbildung aus dem Elternhaus ausgezogen sind. Ebenso wenig sind einmalige Beihilfen *„für Anschaffung und Reparaturen für orthopädische Schuhe, Reparaturen von therapeutischen Geräten und Ausrüstungen sowie die Miete von therapeutischen Geräten"* (§ 24 Abs. 3 Nr. 3 SGB II) für Auszubildende erforderlich, obwohl beides zur Sicherung des menschenwürdigen Existenzminimums dazugehört.

2.2.3.3 Besondere Härtefälle

„Leistungen können für Regelbedarfe, den Mehrbedarf nach § 21 Absatz 7, Bedarfe für Unterkunft und Heizung, Bedarfe für Bildung und Teilhabe und notwendige Beiträge zur Kranken- und Pflegeversicherung ***als Darlehen*** *erbracht werden, sofern der Leistungsausschluss nach § 7 Absatz 5 eine besondere Härte bedeutet."* (§ 27 Abs. 4 Satz 1 SGB II)
Das gilt ab **1.1.2018** vor allem für Auszubildende, die **keinen Anspruch aufstockendes Alg II** haben, weil sie z.B. Ausbildungsgeld oder BAB beziehen und in einem Internat untergebracht sind. Auch hier sind aufgrund des stark eingeschränkten BAB/ Ausbildungsgelds Bedarfe oft ungedeckt. Gerade

solche Auszubildende können i.d.R. auch nicht auf einen Zuverdienst verwiesen werden wie ⇨Studierende (1.1).
Näheres unter ⇨Studierende 3.3

„Besondere Härten" sind dann gegeben,

- wenn der Ausbildungsabbruch übermäßig hart wäre, weil **nachweislich** Aussichten bestehen, dass der Abschluss der Ausbildung **in absehbarer Zeit** erfolgt **und** *„wenn der Lebensunterhalt während der Ausbildung durch ... BAföG-/ SGB-III-Leistungen oder [mit] anderen finanziellen Mittel[n] ... gesichert war, die kurz vor Abschluss der Ausbildung entfallen"* (BSG 6.9.2007 - B 14/7b AS 28/06 R). Wenn also z.B. ein verdienender Lebenspartner während der Ausbildung auszieht oder Eltern keinen Unterhalt mehr zahlen können.
- wenn eine Unterbrechung *„der bereits weit fortgeschrittenen und bisher kontinuierlich betriebenen Ausbildung"* aufgrund von **Behinderung** oder **Erkrankung** erfolgt (ebenda).
- wenn aufgrund besonderer sozialer oder persönlichkeitsbedingter Problemlagen *„die Ausbildung objektiv belegbar die* ***einzige*** *Zugangsmöglichkeit zum Arbeitsmarkt darstellt"* (ebenda; BSG 6.9.2007 - B 14/7b AS 36/06 R).

Alg II bei Härtefällen gibt es für Auszubildende **nur als Darlehen**.

Tipp Beantragen Sie ggf., dass das Jobcenter Ihnen die Rückzahlung des Darlehens erlässt. Das kommt in Betracht, *„wenn deren Einziehung [der Forderung] nach Lage des einzelnen Falles unbillig wäre"* (§ 44 SGB II). Das ist unserer Ansicht bei besonders erschwerten Bedingungen während oder nach der Ausbildung der Fall, z.B. aufgrund von Erkrankung oder Behinderung.

2.2.3.4 Alg-II-Darlehen bei Ausbildungsaufnahme

„Für den Monat der Aufnahme einer Ausbildung können Leistungen ... [als Darlehen] erbracht werden." (§ 27 Abs. 3 Satz 4 SGB II neu)
Dieses Darlehen können Sie zur Überbrückung beantragen, wenn die erste Ausbildungsvergütung oder BAB voraussichtlich am Monatsende ausgezahlt wird und Ihr Bedarf zum Lebensunterhalt damit gedeckt ist.

Tipp Wenn Sie nicht genau wissen, ob Ihre Einkünfte am Monatsende zufließen und ausreichen, um den Alg-II-Bedarf zu decken, können Sie als Auszubildende/r zur Überbrückung ab dem 1.8.2016 **vorsorglich** aufstockendes Alg II beantragen. Zufließende Einkommen werden dann im Zuflussmonat angerechnet.

2.3 Weitere Ansprüche auf nicht-ausbildungsgeprägten Bedarf

(Dieser Abschnitt gilt auch für SchülerInnen und Studierende.)
Neben Mehrbedarfszuschlägen, Leistungen nach der Härtefallregelung (⇨2.2.3.1) und Erstausstattung für Bekleidung und bei Schwangerschaft und Geburt (⇨2.2.3.2), die als nicht ausbildungsgeprägter Bedarf gelten und auch bei Auszubildenden **ohne SGB-II-Anspruch** zu übernehmen sind, haben Sie unter Umständen Anspruch auf Leistungen nach dem **Fünften bis Neunten Kapitel SGB XII**. Das sind alle Sozialhilfeleistungen, die keine Leistungen zur Sicherung des Lebensunterhalts sind, z.B.

- Eingliederungshilfe für behinderte Menschen,
- Hilfe zur Pflege,
- Hilfe zur Weiterführung des Haushalts usw. sowie
- ggf. Leistungen der Jugendhilfe nach dem SGB VIII.

2.4 Schuldenübernahme zur Wohnraumsicherung

Leistungen, i.d.R. als **Darlehen**, für Auszubildende, SchülerInnen und Studierende können erbracht werden, wenn ⇨Mietschulden aufgelaufen sind und **Wohnungslosigkeit** droht oder unter bestimmten Voraussetzungen bei Energieschulden und einer bevorstehenden **Energiesperre** (⇨Mietschulden; ⇨Strom).
Die Übernahme der Mietschulden von Menschen in Ausbildung ist nach Ansicht des LSG Berlin-Brandenburg nicht gerechtfertigt, wenn das Jobcenter zuvor den Zuschuss zu den Unterkunftskosten gezahlt hat und trotzdem Mietschulden aufgelaufen sind

(2.6.2010 - L 5 AS 557/10 B ER). Allerdings muss eine solche Entscheidung immer die Umstände des Einzelfalles berücksichtigen.

Mit Wirkung zum 1.8.2016 sind für Leistungen zur Wohnraumsicherung von Auszubildenden, die **kein aufstockendes Alg II beziehen**, nach § 36 SGB XII die **Sozialämter zuständig**. Das resultiert aus der Streichung des alten § 27 Abs. 5 SGB II, in dem die Miet- und Energieschuldenübernahme für **alle** Menschen in Ausbildung durch die Jobcenter geregelt war.
Auszubildende, SchülerInnen und Studierende, die **aufstockendes Alg II beziehen**, erhalten nach Auffassung der Bundesregierung Alg II *„für den Bedarf für Unterkunft und Heizung"*. Demnach ist die Voraussetzung zur Erbringung von Leistungen zur Wohnraumsicherung nach § 22 Abs. 8 SGB II gegeben; die **Jobcenter sind zuständig** (⇨2.1).

3.1 Auszubildende sind Erwerbstätige

(BVerwG 16.2.1972, FEVS 19, 281)
Ihr Einkommen wird bereinigt wie bei ⇨Erwerbstätigen. Ihnen steht auch der **Freibetrag** für Erwerbstätige zu. Fahrt-, Werbungskosten und Versicherungspauschale werden zusätzlich vom Einkommen abgezogen, soweit sie den 100-€-Grundfreibetrag übersteigen (BA 11.93, ⇨2.2.1).

3.2 Ausbildungsvergütung nicht zum Unterhalt der Eltern einsetzen

Azubi-Vergütung darf ebenso wenig wie BAB oder BAföG zum Unterhalt anderer Haushaltsangehöriger herangezogen werden. Das gilt, wenn Sie noch mit Eltern und Geschwistern zusammenwohnen. Nur das nicht zur Bedarfsdeckung des Auszubildenden benötigte ⇨**Kindergeld** darf beim kindergeldberechtigten Elternteil (⇨3.3) als Einkommen auf das Alg II angerechnet werden.

3.3 ⇨Kindergeld

Wenn Sie **volljährig** sind, ist Kindergeld grundsätzlich Einkommen der Eltern (BVerwG 17.12.2003 - Rechtsdienst der Lebenshilfe 3/04, 120).
Wenn das Kindergeld an ein nicht im Haushalt der Eltern lebendes Kind weitergeleitet wird, wird es nicht bei den Eltern angerechnet und zählt zum Einkommen des Kindes (§ 1 Abs. 1 Nr. 8 Alg II-V).
Die Eltern können **immer** veranlassen, dass das Kindergeld direkt an das Kind ausgezahlt wird (§ 48 SGB I). Die Familienkasse kann das Kindergeld **auf Antrag** auch direkt an Sie auszahlen.

Kritik

Wohnen Auszubildende noch bei ihren Eltern, werden sie auf deren Unterhaltszahlungen verwiesen, wenn die Ausbildungsvergütung nicht zum Leben reicht. Sind sie bereits ausgezogen, reicht die Berufsausbildungsbeihilfe oft nicht aus, um Lebensunterhalt und Unterkunft zu finanzieren. Das liegt daran, dass die Unterkunftssätze, die nach dem BAföG bemessen werden, zu niedrig sind. Auszubildende haben seit 1.8.2016 die Möglichkeit, beim Jobcenter aufstockendes Alg II zu beantragen, was gegenüber dem alten Zuschuss zu den Unterkunftskosten eine deutliche Verbesserung darstellt. Von dieser Regelung ausgenommen sind allerdings alle Auszubildenden, die in Wohnheimen, Internaten oder beim Arbeitgeber untergebracht sind und verköstigt werden. Das trifft sehr häufig Menschen mit Behinderung, die Ausbildungsgeld für eine Ausbildung z.B. in Berufsbildungswerken beziehen und nicht einmal ein angemessenes Taschengeld, geschweige denn die Mietkosten für die eigene Wohnung gezahlt bekommen.

Forderungen

BAB auch für Auszubildenden, die zu Hause wohnen!
BAB unter Berücksichtigung angemessener Unterkunftskosten!
Die Möglichkeit der Alg-II-Aufstockung für alle Auszubildenden, deren Existenzminimum nicht gedeckt ist!

(2.6.2010 - L 5 AS 5570/09 ER). Allerdings muss eine solche Entscheidung immer die Umstände des Einzelfalles berücksichtigen.

Mit Wirkung zum 1.8.2016 sind für Leistungen zur Wohnraumsicherung von Auszubildenden, die kein aufstockendes Alg II beziehen, nach § 36 SGB XII die Sozialämter zuständig. Das resultiert aus der Streichung des alten § 27 Abs. 5 SGB II, in dem die Miet- und Energieschuldenübernahme für alle Menschen in Ausbildung durch die Jobcenter geregelt war.
Auszubildende, Schüler*innen und Studierende, die ergänzendes Alg II beziehen, erhalten nach Auffassung der Bundesregierung Alg II, *„für den Bedarf für Unterkunft und Heizung"*. Demnach ist die Voraussetzung zur Erbringung von Leistungen zur Wohnraumsicherung nach § 22 Abs. 8 SGB II gegeben: die Jobcenter sind zuständig (➔ 2.1).

3.1 Auszubildende sind Erwerbstätige

(BSG [illegible] 2011)
Ihr Einkommen wird bereinigt wie von ➔ Erwerbstätigen. Ihnen steht auch der Freibetrag für Erwerbstätige zu. Fahrt-, Werbungskosten und ausbildungsbedingte Aufwendungen können nur vom Einkommen abgezogen werden, wenn sie den 100-€-Grundfreibetrag übersteigen (➔ Einkommen 3.1).

3.2 Ausbildungsvergütung nicht zum Unterhalt der Eltern einsetzen

Azubi-Vergütung darf ebenso wenig wie BAB oder BAföG zum Unterhalt anderer Haushaltsangehöriger herangezogen werden. Das gilt, wenn Sie noch mit Eltern und Geschwistern zusammenwohnen. Nur das nicht zur Bedarfsdeckung des Auszubildenden benötigte ➔ Kindergeld darf beim kindergeldberechtigten Elternteil (➔ 3.3) als Einkommen auf das Alg II angerechnet werden.

3.3 ➔ Kindergeld

Wenn Sie volljährig sind, ist Kindergeld grundsätzlich Einkommen der Eltern (BVerwG 17.12.2003 - Rechtsdienst der Lebenshilfe 2004, 120).
Wenn das Kindergeld an ein nicht im Haushalt der Eltern lebendes Kind weitergeleitet wird, wird es nicht bei den Eltern angerechnet und zählt zum Einkommen des Kindes (§ 1 Abs. 1 Nr. 8 Alg II-V).
Die Eltern können immer veranlassen, dass das Kindergeld direkt an das Kind ausgezahlt wird (§ 74 EStG). Die Familienkasse kann das Kindergeld auf Antrag auch direkt an Sie auszahlen.

Kritik
Wohnen Auszubildende noch bei ihren Eltern, werden sie auf deren Unterhaltsleistungen verwiesen, wenn die Ausbildungsvergütung nicht zum Leben reicht. Sind sie bereits ausgezogen, reicht die Berufsausbildungsbeihilfe oft nicht aus, um Lebensunterhalt und Unterkunft zu finanzieren. Das liegt daran, dass die Unterkunftssätze, die nach dem BAföG bemessen werden, zu niedrig sind. Auszubildende haben seit 1.8.2016 die Möglichkeit, ihre Unterkunftskosten mit aufstockendem Alg II zu beantragen, was gegenüber dem alten Zuschuss zu den Unterkunftskosten eine deutliche Verbesserung darstellt. Von dieser Regelung ausgenommen sind allerdings alle Auszubildenden, die in Wohnheimen, Internaten oder beim Arbeitgeber untergebracht sind und verköstigt werden. Das trifft v.a. häufig Menschen mit Behinderung, die Ausbildungsgeld für eine Ausbildung z.B. in Berufsbildungswerken beziehen und nicht einmal ein angemessenes Taschengeld, geschweige denn die Mietkosten für eine eigene Wohnung gezahlt bekommen.

Forderungen
BAB auch für Auszubildende, die zu Hause wohnen!
BAB unter Berücksichtigung angemessener Unterkunftskosten!
Die Möglichkeit der Alg-II-Aufstockung für alle Auszubildenden, deren Existenzminimum nicht gedeckt ist!

Bedarfs-/Einzelberechnung

1. Wer ist leistungsberechtigt/hilfebedürftig?

HzL/GSi der Sozialhilfe

„Hilfe zum Lebensunterhalt [HzL] ist Personen zu leisten, die ihren notwendigen Lebensunterhalt nicht oder nicht ausreichend aus eigenen Kräften und Mitteln bestreiten können. ... Bei nicht getrennt lebenden Ehegatten oder Lebenspartnern sind das Einkommen und Vermögen beider Ehegatten oder Lebenspartner gemeinsam zu berücksichtigen." (§ 27 Abs. 1 und Abs. 2 Satz 2 SGB XII)

Entsprechendes gilt für die Grundsicherung (GSi) (§19 Abs. 2 SGB XII).

Daraus folgt umgekehrt, dass jemand, dessen Einkommen und Vermögen seinen Sozialhilfebedarf übersteigt, keine Leistungen erhält, folglich auch kein Sozialhilfeempfänger ist.

„Nach § 11 Abs. 1 BSHG [dem Vorläufer von §§ 19 und 27 SGB XII] hat jeder einzelne Hilfesuchende einen eigenen Anspruch auf Hilfe. Daran ändert sich auch nichts, wenn eine Familie hilfebedürftig ist." (BVerwG 22.10.1992 - NDV 1993, 239 ff.)

Und: *„Als sozialhilfeberechtigt ist ...* ***nicht*** *eine ‚Bedarfsgemeinschaft' mehrerer sozialhilfebedürftiger Personen anzusehen"* (ebenda), sondern eben jeder Einzelne.

1.1 Vorteil der Einzelberechnung

Die vom Bundesverwaltungsgericht vorgeschriebene Einzelberechnung hat für Sie dann Vorteile, wenn Ihr Einkommen wenigstens Ihren Sozialhilfebedarf deckt (⇨2. Bedarfsberechnung).

Einkommen und Vermögen, das Ihren Bedarf bzw. Ihr Schonvermögen übersteigt, wird zwar für nicht getrennt lebende Ehegatten oder Lebenspartner bzw. ihre minderjährigen unverheirateten Kinder *„berücksichtigt"*, wenn diese ihren Lebensunterhalt nicht eigenständig decken können. Dadurch werden Sie selbst aber nicht zum Hilfebedürftigen. Sie unterliegen damit weder den Pflichten, die das Sozialamt einfordern kann, noch den Sanktionen.

Tipp Wenn Sie Einkommen unter dem Sozialhilfebedarf haben, ist die Einzelberechnung allerdings nur überflüssige Arbeit.

1.2 Antrag nur für die sozialhilfeberechtigten Haushaltsangehörigen stellen

Wenn Sozialämter trotz eindeutiger Rechtslage keine Einzelberechnung anerkennen, sollten Sie nur einen Antrag für die sozialhilfeberechtigten Haushaltsangehörigen stellen. Wenn z.B. nur ein Ehegatte und die minderjährigen Kinder sozialhilfeberechtigt sind, sollte der Ehegatte nur für sich und die Kinder einen Antrag stellen.

Da Sie einen Rechtsanspruch auf Einzelfallberechnung haben (⇨1.), haben Sie auch Anspruch auf einen entsprechenden Bescheid (OVG HH 26.2.1993, FEVS 1994, 429 ff.).

Alg II

„Hilfebedürftig ist, wer seinen Lebensunterhalt nicht oder nicht ausreichend aus dem zu berücksichtigenden Einkommen und Vermögen sichern kann ..." (§ 9 Abs. 1 SGB II)

„Bei Personen, die in einer Bedarfsgemeinschaft leben, sind auch das Einkommen und Vermögen des Partners zu berücksichtigen. Bei unverheirateten Kindern, die mit ihren Eltern oder einem Elternteil in einer Bedarfsgemeinschaft leben und die ihren Lebensunterhalt nicht aus eigenem Einkommen oder Vermögen sichern können, sind auch das Einkommen und Vermögen der Eltern oder des Elternteils und dessen ... Partnerin oder ... Partners zu berücksichtigen." (ebenda)

Im Gegensatz zum SGB XII erklärt das SGB II Sie auch dann für hilfebedürftig, wenn Sie es gar nicht sind, wenn Sie also Ihren eigenen Lebensunterhalt selbst bestreiten können, aber nicht den Ihres Partners und/oder den der unter 25jährigen Kinder im Haushalt.

Näheres ⇨2.2

Die Hartz-IV-Architekten möchten Sie damit allen Pflichten des SGB II unterwerfen, Sie vor allem in die Pflicht nehmen, alles zu tun, um die Hilfsbedürftigkeit der ⇨**Bedarfsgemeinschaft** zu verringern oder zu beseitigen (Grundsatz des Forderns: § 2 Abs. 1 SGB II).

2. Beispiel Bedarfsberechnung

Eva und Max S. haben eine 4jährige Tochter Doris. Max ist arbeitslos geworden und bekommt mtl. 866 € Arbeitslosengeld I. Eva arbeitet nicht. Miete/NK und Heizung betragen mtl. 630 €.

2.1 Wie der (Einzel-)Bedarf berechnet werden <u>müsste</u>

A) Bedarf	Alg II Max S.	Alg II Eva S.	Sozialgeld Doris S.	Gesamtbedarf
Regelsatz	364,00 €	364,00 €	237,00 €	965,00 €
+Miete	210,00 €	210,00 €	210,00 €	630,00 €
	(574,00 €)	574,00 €	447,00 €	(1.595,00 €)
Anrechnung KiG*	(574,00 €)	574,00 €	257,00 €*	(1.405,00 €)
zu berücks. Bedarf	-	**574,00 €**	**257,00 €***	**831,00 €**
-B) Einkommen	836,00 €**		(190,00 €)*	gesamt
Mehreinkommen	262,00 €***			
Bedarfsanteil	0%	69,1%	30,9%	100%
Einkommen	-	181,04 €***	80,96 €***	262,00 €
C) Leistung				gesamt
=A - B		392,96 €	176,04 €	**569,00 €**

* ⇨Kindergeld (KiG) ist Einkommen des Kindes und reduziert den Bedarf des jeweiligen Kindes (hier um 190 €, Stand: 2016).
** Das ⇨Einkommen von Max wurde pauschal um 30 € für private Versicherungen bereinigt (hätte Max ein Kfz, könnte er zusätzlich die Kfz-Haftpflichtversicherung absetzen). Weitere Absetzbeträge kommen nicht in Frage, weil es sich nicht um Erwerbseinkommen handelt (⇨Einkommensbereinigung).
*** Das von Max einzusetzende Einkommen von 262 € wird im Verhältnis des jeweiligen Bedarfs von Eva und Doris zum Gesamtbedarf pro Kopf aufgeteilt (Bedarfsanteilsmethode, BA 9.48). 574 € für Eva im Verhältnis zum Gesamtbedarf von 831 € sind 69,1%; 257 € Bedarf für Doris machen 30,9% des Gesamtbedarfs aus. Mit diesen Prozentsätzen wird das Mehreinkommen aufgeteilt.

Max‘ Einkommen übersteigt seinen Bedarf um 262 €. Er ist nicht hilfebedürftig. Sein Bedarf wird bei der Ermittlung des Gesamtbedarfs nicht berücksichtigt und ist deshalb in Klammern gesetzt. Der zu berücksichtigende Gesamtbedarf (von Eva und Doris) beträgt **831 €**.
Max S. hat also keinen Alg II-Anspruch. **Sollte man meinen**, wenn man wie früher den Einzelbedarf ausrechnet.

2.2 Wie der Bedarf seit der „Hartz-Reform“ berechnet werden <u>soll</u>

Bundesregierung und Behörden rechnen ganz anders. Sie behandeln die Bedarfsgemeinschaft quasi als Gesamtperson.
„Ist in einer Bedarfsgemeinschaft nicht der gesamte Bedarf aus eigenen Kräften und Mitteln gedeckt, gilt jede Person der Bedarfsgemeinschaft im Verhältnis ihres eigenen Bedarfs zum Gesamtbedarf als hilfebedürftig, dabei bleiben Bedarfe nach § 28 außer Betracht.“ (§ 9 Abs. 2 Satz 3 SGB II) Das nennt sich **„Bedarfsanteilsmethode“**.

Als (neuer) Gesamtbedarf gilt jetzt **1.405 €**, da der Bedarf von Max miteinbezogen wird.
Max' Einkommen gilt nicht mehr als sein persönliches Einkommen, sondern als Einkommen der Bedarfsgemeinschaft und wird auf deren Mitglieder verteilt (horizontale Berechnung).

A) Bedarf	Alg II Max S.	Alg II Eva S.	Sozialgeld Doris S.	Gesamtbedarf-
Regelsatz	364,00 €	364,00 €	237,00 €	965,00 €
+Miete	210,00 €	210,00 €	210,00 €	630,00 €
Indiv. Bedarf	574,00 €	574,00 €	257,00 €*	**1.405,00 €**
B) Einkommen (bereinigt)				gesamt 836,00 €
Bedarfsanteil**	40,85%	40,85%	18,3%	100,00%
Einkommen***	341,51 €	341,50 €****	152,99 €	836,00 €
C) Leistung = A - B	232,49 €	232,50 €	104,01 €	gesamt **569,00 €**

* 447 € minus 190 € Kindergeld (Stand: 2016)
** Verhältnis des individuellen Bedarfs zum Gesamtbedarf
*** nach diesem Verhältnis auf die Personen aufgeteiltes Gesamteinkommen
**** Ausgleich Rundungsungenauigkeit

Max ist plötzlich „hilfebedürftiger" als seine Tochter, obwohl er mit seinem Einkommen über seinem individuellen Bedarf liegt und daher überhaupt nicht hilfebedürftig ist.
Wenn ihm Hilfebedürftigkeit aufgezwungen wird, unterliegt er wie ein „*erwerbsfähiger Leistungsberechtigter*" allen Pflichten nach dem SGB II. So muss er sich z.B. vor einer ⇨Ortsabwesenheit beim Jobcenter abmelden. Ab dem 1.1.2017 kann ihn das Jobcenter allerdings nicht mehr nach Herzenslust fordern und fördern. Als Bezieher von Arbeitslosengeld I hat ihn die Bundesregierung ab dem Stichtag für alle aktiven Leistungen zur Eingliederung der Bundesagentur für Arbeit zugeteilt. Seine Frau Eva hingegen wird bei den gängigen Eingliederungsleistungen, der „schlechteren Behörde", dem Jobcenter unterstellt.

Noch absurder wird es, wenn Sie als Erwerbstätiger zwar sich selbst unterhalten können, nicht aber andere Angehörige in der Bedarfsgemeinschaft. Dann wären Sie ebenfalls hilfebedürftig. Auch wenn Sie Vollzeit arbeiten, müsste das Jobcenter alles dran setzen, Sie in den Arbeitsmarkt einzugliedern. Viel Spaß!

Kritik

Einzelberechnungen entwickeln sich mit dem SGB II zur Parodie.
Wenn Ehegatten/ Lebenspartner Einkommen haben, das sie unabhängig von Alg II macht, wird eine Einzelberechnung **nicht** angestellt, um das ihren Bedarf übersteigende Einkommen auf die übrigen Haushaltsangehörigen zu verteilen, sie wird als Fiktion angestellt, um den Grad der Hilfebedürftigkeit von „*Nicht-Hilfebedürftigen*" zu bestimmen.
Mit dieser Verrücktheit wird vor allem die **Verteilung der Kosten** zwischen Bund und Kommunen geregelt (BA 9.49a). Der Bund zahlt Regelsätze, Mehrbedarfe voll und trägt von den Unterkunftskosten nur ca. ein Drittel (§ 46 SGB II). Das zu berücksichtigende Einkommen und Vermögen der Hilfebedürftigen mindert zuerst die Zahlungen des Bundes. Wenn das Einkommen des Nichthilfebedürftigen zuerst diesem selbst zu Gute käme (vertikale Berechnung), könnte der Bund es sich nicht vollständig zum Ausgleich seiner Kosten unter den Nagel reißen. Erst wenn sich der dominante Bund bedient hat, profitieren die Kommunen vom Einkommensrest.
Durch die Leistungen für **Bildung und Teilhabe** (⇨SchülerInnen 5.1; § 28 SGB II) ist diese Bedarfsberechnung noch komplizierter geworden. Die Leistungen für Kinder und SchülerInnen werden erst nach Abschluss der „normalen" Berechnung nach der „Bedarfsanteilsmethode" als Bedarf des jeweiligen Kindes zugeordnet und berücksichtigt (BA 9.49a). Viel Spaß beim Nachrechnen!

3. Aus Einzelanspruch folgt nicht Einzelberechnung

Das Bundesverfassungsgericht (25.9.1992 - 2 BvL 5/91, 2 BvL 8/91, 2 BvL 14/91) hat es ausdrücklich verboten, *„einen Einsatzpflichtigen durch Entzug der für seinen eigenen Lebensunterhalt notwendigen Mittel selbst sozialhilfebedürftig zu machen. Eine solche Auslegung würde gegen das Grundrecht auf Achtung und Schutz der Menschenwürde* (Art. 1 Abs. 1 GG) *verstoßen, weil sie denjenigen, der sich selbst helfen könne, verpflichtete, seine Mittel für andere einzusetzen, mit der Folge, dass er dadurch selbst mittellos werde und dadurch auf staatliche Hilfe angewiesen sei.*" (SG Schleswig 13.6.2006 - S 9 AS 834/05)

„Der in der verwaltungsgerichtlichen Rechtsprechung ... zur Sozialhilfe entwickelte Grundsatz eines Individualanspruchs gilt auch im Leistungssystem des SGB II." (Ebenda)

Auch nach unserer Ansicht wird ein Nichthilfebedürftiger (z.B. Max S.) nicht selbst bedürftig, wenn er als Bevollmächtigter für die Bedarfsgemeinschaft Anträge (nach § 38 SGB II) stellt.

Nach der Auffassung des Hartz-IV-Gesetzgebers aber schon: Die Hartz-IV-Parteien wollen, *„dass künftig einheitlich die Leistungsberechnung für ... Familien in der Regel gemeinsam erfolgt und die Leistungsberechnung nur dann für einzelne Familienmitglieder durchgeführt wird, wenn zum Beispiel minderjährigen Kindern ausreichend eigenes Einkommen und Vermögen zur Verfügung steht.*" Die Fiktion, dass jede Person einer Bedarfsgemeinschaft im Verhältnis ihres Bedarfs zum Gesamtbedarf als hilfebedürftig gilt, hat den Zweck, die Verteilung der Einkommen in einer Bedarfsgemeinschaft zwischen Bund und Kommunen zu regeln. Wenn Sie dazu genutzt wird, nichthilfebedürftige Personen in Hilfebedürftige zu verwandeln (wie Max S. in unserem Beispiel), ist sie nach alter Rechtsprechung jedenfalls verfassungswidrig.

Auch im SGB II gibt es einen **individuellen Leistungsanspruch**. Das hat das BSG in einem Urteil am 7. November 2006 betont (B 7b AS 8/06 R). Daraus ergibt sich auch, dass Aufrechnungen/ Rückforderungen nur bei dem erfolgen können, der zu Unrecht Leistungen bezogen hat und nicht bei der gesamten Bedarfsgemeinschaft (SG Koblenz 14.6.2006 - S 11 AS 305/05). Das gleiche gilt bei Sanktionen. Sie werden nur gegen den verhängt, der gegen SGB-II-Pflichten verstoßen hat und nicht gegen die gesamte Familie.

Gleichzeitig hat das BSG an der *„neuen*" Bedarfsanteilsmethode nicht gerüttelt, da der Gesetzgeber (s.o.) sie ausdücklich gewollt habe. Damit ist die **Einzelberechnung im SGB II tabu**.

Umstritten und **verfassungsrechtlich bedenklich** ist die Bedarfsanteilsmethode allerdings, wenn die Person, die ihren Bedarf mit eigenen Einkommen decken kann, dem Hartz-IV-Reglement unterworfen wird. Wenn sie z.B. eine Eingliederungsvereinbarung unterzeichnen oder sanktioniert werden sollen. Diesem Problem soll laut BSG *„durch – eine ggf. verfassungskonforme – Auslegung Rechnung getragen werden*" (BSG, ebenda), was bedeutet, bei diesem Personenkreis auf Eingliederungsvereinbarungen, Sanktionen etc. zu verzichten.

Tipp Wenn das Jobcenter Sie trotzdem in die Mangel nimmt, können Sie Widerspuch einlegen und dagegen klagen.

4.1 Einzelberechnung in Mischhaushalten

In einigen Haushalten leben BezieherInnen von **Alg II und Grundsicherung (GSi)** der Sozialhilfe wild durcheinander. Die BA musste hier einräumen, dass mit der Definition der Hilfebedürftigkeit durch das SGB II auch Beziehende von Sozialhilfe zu SGB-II-Beziehern werden, wenn sie mit Alg-II-Beziehern in einer Bedarfsgemeinschaft leben. Das wird aber an anderer Stelle des Gesetzes (u.a. in § 7 Abs. 1 oder Abs. 4 SGB II) klar ausgeschlossen. Daher kann die *„Bedarfsberechnung*" nach ⇨2.2 trotz fehlender gesetzlicher Grundlage hier nicht gelten. Folglich muss, wenn jemand Altersrente oder Rente wegen voller Erwerbsminderung auf Dauer bezieht, der Bedarf so berechnet werden wie unter ⇨2.1. Nur das den Bedarf „überschießende" Einkommen des Rentners darf bei der SGB-II-Bedarfsgemeinschaft angerechnet werden (BA 9.50).

Das müsste für alle gelten, die sich selbst unterhalten können, nicht nur für Rentner!

4.2 Bedarfsberechnung für minderjährige Kinder

Alg II und HzL/GSi der Sozialhilfe

Minderjährige Kinder zählen nur dann zur Bedarfsgemeinschaft, wenn sie unverheiratet sind und *„den notwendigen Lebensunterhalt aus ihrem Einkommen oder Vermögen nicht bestreiten"* können (§ 27 Abs. 2 Satz 2 SGB XII; vergleichbar § 9 Abs. 2 Satz 2 SGB II).
Verheiratete minderjährige Kinder müssen immer einzeln berechnet werden.

Wenn unter 25jährige im Ergebnis einer Einzelberechnung ihren notwendigen Lebensunterhalt selbst beschaffen können, weil ihr Einkommen (z.B. Unterhalt, Azubi-Vergütung, Kindergeld usw.) höher ist als ihr Bedarf, sind sie ebenfalls kein Teil der Bedarfsgemeinschaft mehr.
Achtung! Das übersteigende Einkommen darf dann – mit Ausnahme des Kindergeldes – nicht für den Lebensunterhalt der Eltern eingesetzt werden.

Beispiel
Der 17jährige Martin lebt im Haushalt seiner Eltern, die beide Alg II beziehen. Er verfügt als Azubi über eine um Absetzbeträge und den Erwerbstätigenfreibetrag bereinigte Azubi-Vergütung von 550 € im Monat (⇨Einkommensbereinigung). Miete, Neben- und Heizkosten betragen 600 € im Monat. Martin hätte „dem Grunde nach" Anspruch auf Alg II, weil er bei den Eltern wohnt und deshalb seine Ausbildung nicht BAB-förderungsfähig ist (⇨Auszubildende).

Bedarfsberechnung Martin	
Regelsatz Haushaltsangehöriger 17 Jahre	306,00 €
+ Mietanteil 1/3	200,00 €
= Bedarf Martin	506,00 €
bereinigter Nettolohn	550,00 €
+ Kindergeld	190,00 €
= Einkommen	740,00 €

Martin hat keinen Alg-II-Anspruch. Er muss das nicht zur Deckung seines Bedarfs benötigte Kindergeld in Höhe von 190 € an den kindergeldberechtigten Elternteil weitergeben, kann aber das seinen Bedarf übersteigende Azubi-Einkommen von **44 €** (sowie Absetz- und Freibeträge) für sich behalten. Beim kindergeldberechtigten Elternteil wird das Kindergeld als Einkommen angerechnet, muss aber zuvor bereinigt werden, z.B. um die Versicherungspauschale von 30 € (⇨Einkommensbereinigung).

4.3 Bedarfsberechnung für volljährige Kinder

Sozialhilfe

Volljährige Kinder **im Haushalt** bedürftiger Eltern müssen in Sozialhilfehaushalten immer einzeln berechnet werden, da sie kein Teil der Einsatzgemeinschaft mehr sind. Sie müssen also einen eigenen Antrag stellen. Ihr Regelsatz ist dann auf 100%, (404 €) zu erhöhen, wenn Sie sich am Haushalt beteiligen, d.h., wenn ein Mindestmaß an eigener Haushaltsführung vorhanden ist (BSG 23.7.2014 B 8 SO 14/13 R, B 8 SO 31/12 R, B 8 SO 12/13 R; ⇨Regelsatz).
Haben sie eigenes Einkommen und Vermögen, darf es nicht voll zum Lebensunterhalt ihrer Eltern herangezogen werden. Volljährige Kinder leben gegebenenfalls in einer ⇨**Haushaltsgemeinschaft** mit ihren Eltern. Übersteigt ihr Einkommen und Vermögen ihren Bedarf bzw. die Schongrenzen, kann allenfalls vermutet werden, dass sie ihren Eltern etwas zuwenden.

Alg II

Bis zum 1.8.2006 galten Volljährige, die im Haushalt ihrer Eltern wohnen, als allein stehend und bekamen den vollen Regelsatz. Seitdem gelten sie wie Minderjährige als Teil der Bedarfsgemeinschaft und haben bis zum 25. Lebensjahr nur Anspruch auf 324 € (⇨Jugendliche 1.2). Eine Einzelberechnung wird nicht durchgeführt.
Wenn sie allerdings – wie oben der 17jährige Martin (⇨4.2) – eigenes Einkommen und Vermögen haben, mit dem sie ihren Bedarf selbst decken können, oder wenn sie verheiratet sind, sind unter 25jährige Erwachsene **kein Teil** der Bedarfsgemeinschaft mehr. Dann ist eine Einzelberechnung notwendig (§ 9 Abs. 2 SGB II).

B

Ab 25 Jahre gelten volljährige Kinder im Haushalt der Eltern immer als alleinstehend, sind kein Teil der Bedarfsgemeinschaft mehr und haben Anspruch auf den vollen Regelsatz.

4.4 Bedarfsberechnung für im Haushalt lebende Kinder, die schwanger sind oder ein Kind unter 7 Jahren haben

„Lebt eine Person bei ihren Eltern oder einem Elternteil und ist sie schwanger oder betreut ihr leibliches Kind bis zur Vollendung des 6. Lebensjahres, werden Einkommen und Vermögen der Eltern oder des Elternteils nicht berücksichtigt." (§ 19 Abs. 4 SGB XII; entsprechend § 9 Abs. 3 SGB II)

In diesen Fällen muss immer eine Einzelfallberechnung gemacht werden. Einkommen und Vermögen der Eltern spielen keine Rolle (BA 9.46).

4.5 Einzelberechnung für getrennt lebende Ehegatten

Eine Bedarfsgemeinschaft kann nur bei nicht getrennt lebenden Ehegatten bestehen, die gemeinsam wirtschaften.

Wenn Ehegatten

- in ihrer Wohnung getrennt leben (OVG NI, FEVS 37, 324) oder
- vorübergehend getrennt leben, z.B. wenn die Frau im Frauenhaus ist bzw. der Mann im Gefängnis,

muss jeder Ehegatte einzeln berechnet werden.

Forderungen

Generelle Einzelberechnung von Leistungen nicht nur im SGB XII, sondern auch im SGB II!

Vollständige Übernahme der Alg-II-Kosten durch den Bund!

Bedarfsgemeinschaft

„Bei Personen, die in einer Bedarfsgemeinschaft leben, sind auch das Einkommen und Vermögen des Partners zu berücksichtigen." (§ 9 Abs. 2 Satz 1 SGB II)

„Grundsätzlich wird unabhängig von etwaigen Unterhaltsansprüchen nach dem BGB ... von jedem Mitglied der Bedarfsgemeinschaft erwartet, dass es sein Einkommen und Vermögen zur Deckung des Gesamtbedarfs aller Angehörigen der Bedarfsgemeinschaft einsetzt." (BA 7.55)

Das Einkommen aller Angehörigen der Bedarfsgemeinschaft wird ihrem Gesamtbedarf gegenübergestellt. *„Ist in einer Bedarfsgemeinschaft nicht der gesamte Bedarf aus eigenen Kräften und Mitteln gedeckt, gilt jede Person der Bedarfsgemeinschaft im Verhältnis des eigenen Bedarfs zum Gesamtbedarf als hilfebedürftig..."* (§ 9 Abs. 2 Satz 3 SGB II)

1.1 Wer gehört zur Bedarfsgemeinschaft (BG)?

Grundsätzlich alle, die dieser im Sozialrecht geregelten gesteigerten ⇨Unterhaltspflicht unterliegen und in einem Haushalt zusammenleben. Nur sie sind gesetzlich verpflichtet, ihr Einkommen und Vermögen in vollem Umfang füreinander einzusetzen und niemand sonst.

Bei HzL und GSi der Sozialhilfe heißt die BG streng genommen **„Einstandsgemeinschaft"**, wir nutzen in diesem Stichwort jedoch der Einfachheit halber meist den Begriff Bedarfsgemeinschaft bzw. die Abkürzung BG.

Zur BG gehören **neben erwerbsfähigen Leistungsberechtigten** auf jeden Fall:

- **Eltern** oder Elternteile, die mit ihren unter 25jährigen unverheirateten Kindern zusammenleben (§ 7 Abs. 3 Nr. 2 SGB II; in Bezug auf minderjährige Kinder: § 27 Abs. 2 Satz 3 SGB XII). Zu den Ausnahmen dazu ⇨2.1 ff.
- *„die nicht dauernd getrennt lebende[n]"* **Ehegatten**, ⇨Lebenspartner **oder** die in ⇨eheähnlicher Gemeinschaft lebenden **Partner** (§ 7 Abs. 3 Nr. 3a - c SGB II; § 27 Abs. 2 Satz 2 SGB XII und § 20 SGB XII).
- die zum Haushalt gehörenden unverheirateten **Kinder unter 25 Jahren**, *„soweit sie die Leistungen zur Sicherung ihres Lebensunterhalts nicht aus eigenem Einkommen und Vermögen beschaffen können"* (§ 7 Abs. 3 Nr. 4 SGB II; entsprechend in Bezug auf minderjährige Kinder: § 27 Abs. 2 Satz 3 SGB XII).

Eine sogenannte **„Mischbedarfsgemeinschaft"** bilden Ehegatten, Elternteile, Le-

benspartner (bei eingetragenen Lebenspartnerschaft), wenn sie unter unterschiedliche Leistungsgesetze fallen, z.B. erwerbsfähige SGB-II-BezieherInnen zusammen mit ihren nicht erwerbsfähigen, GSi beziehenden Partnern (BSG 16.10.2007 - B 8/9b SO 2/06 R).
Zur Berücksichtigung von Einkommen und Vermögen der Partner ⇨Grundsicherung 1.5

Eine SGB-II-Bedarfsgemeinschaft bilden auch Personen, die wie ⇨Azubis oder ⇨Studierende **keinen vollen Anspruch** auf Leistungen nach dem SGB II haben, zusammen mit ihren nicht erwerbsfähigen unter 15jährigen Kindern im Haushalt. Deren Kinder haben dann Anspruch auf ⇨Sozialgeld.

1.2 ⇨Eheähnliche Gemeinschaft

Partner einer eheähnlichen Gemeinschaft, egal ob gleichen oder verschiedenen Geschlechts, werden so behandelt, als ob sie Eheleute wären und bilden folglich eine BG (§ 20 SGB XII, für GSi: § 43 Abs. 1 SGB XII).
„Zur Bedarfsgemeinschaft gehören ... 3. eine Person, die mit der erwerbsfähigen leistungsberechtigten Person in einem gemeinsamen Haushalt so zusammenlebt, dass nach verständiger Würdigung der wechselseitige Wille anzunehmen ist, Verantwortung füreinander zu tragen und füreinander einzustehen." (§ 7 Abs. 3 Nr. 3c SGB II)

Alg II

Um möglichst viele unverheiratete Paare in eine eheähnliche „**Einstandsgemeinschaft**" zu pressen, wurden ins SGB II feste Kriterien aufgenommen, bei denen das Jobcenter eine solche Gemeinschaft **vermuten** darf.
Die Vermutung greift, *„wenn Personen*
1. länger als ein Jahr zusammenleben,
2. mit einem gemeinsamen Kind zusammenleben,
3. Kinder oder Angehörige im Haushalt versorgen oder
4. befugt sind, über Einkommen oder Vermögen der anderen zu verfügen."
(§ 7 Abs. 3a SGB II)
Diese Vermutung muss durch Sie **widerlegt** werden.

Wenn allerdings keines dieser Kriterien zutrifft, sind Sie regelmäßig **keine** eheähnliche Gemeinschaft und dürfen das im ⇨Antrag auf Leistungen keinesfalls ankreuzen.
Auch wenn Sie z.B. länger als ein Jahr zusammenwohnen, kann es sein, dass Sie mit der zweiten „Person" zusammen eine **Wohngemeinschaft** bilden. Dann müssen Sie einen geeigneten Nachweis über getrennte Lebens- und Wirtschaftsbereiche erbringen, damit das Jobcenter Ihnen das glaubt.

HzL/GSi der Sozialhilfe

Hier bilden Partner nur dann eine eheähnliche Einstandsgemeinschaft, wenn sie **tatsächlich** ihr **gesamtes** Einkommen und Vermögen für ihren wechselseitigen Unterhalt einsetzen. Der gemeinsame **Wille**, füreinander einzustehen ist hier entscheidend. Nur dann kann man sie Ehegatten gleichstellen. Wollen Partner das nicht, sind sie ggf. eine Haushalts- oder Wohngemeinschaft, und brauchen die eheähnliche Gemeinschaft im Antrag auch nicht anzukreuzen.
Näheres und Kritik dazu unter ⇨eheähnliche Gemeinschaft

2. Wer gehört nicht zu einer BG?

- Dauernd getrennt lebende Ehegatten und Lebenspartner – ausschlaggebend dafür ist der nach außen erkennbare Trennungswille (BSG 18.2.2011, B 4 AS 49/09 R), nicht die räumliche Trennung,
- zusammenlebende Personen, die sich finanziell nicht unterstützen (in Abgrenzung zur eheähnlichen Gemeinschaft ⇨1.2),
- über 25jährige Kinder (⇨3.2),
- minderjährige und volljährige Kinder bis zum Alter von 25 Jahren,
  * die ein eigenes Kind versorgen,
  * die verheiratet sind oder mit einem Partner in Einstandsgemeinschaft zusammenleben oder
  * die ihren *„Lebensunterhalt aus eigenem Einkommen oder Vermögen bestreiten"* können.

(BA 7.66)

Aber: *„Einkommen und Vermögen der zur Bedarfsgemeinschaft gehörenden unverheirateten Kinder sind nicht auf den Bedarf der Eltern anzurechnen."* (BA 9.44)

Bei unter 25jährigen **Schwangeren** und Personen, die ihr leibliches **Kind bis zum Alter von sechs Jahren** betreuen und im Haushalt der Eltern leben, entfällt die ⇨Unterhaltspflicht der Eltern (§ 33 Abs. 2 Nr. 3 SGB II; § 94 Abs. 1 Nr. 4 SGB XII). Werdende und junge Mütter werden auch aus der Unterhaltsverpflichtung der BG herausgenommen (§ 9 Abs. 3 SGB II; § 19 Abs. 4 SGB XII). Der volle Regelsatz fällt diesen aber erst zu, wenn sie als Erwerbsfähige mit dem eigenen Kind im Haushalt der Eltern eine **eigene** BG bilden (§ 7 Abs. 3 Nr. 1 u. 4 SGB II).

Ferner gehören **nicht** zur BG:
in einem Haushalt zusammen lebende
- Großeltern und Enkelkinder,
- Onkel und Tanten, Nichten und Neffen,
- Pflegekinder und Pflegeeltern,
- ohne Eltern zusammenlebende Geschwister,
- sonstige Verwandte und Verschwägerte,
- Freunde oder Freundinnen bzw.
- nicht verwandte Personen.

Nur bezogen auf **Sozialhilfe** (SGB XII):
- Stiefeltern im Verhältnis zu ihren Stiefkindern und
- eheähnliche Partner im Verhältnis zu den Kindern des Partners, die aus einer anderen Beziehung stammen.

Diese Personen gehören allenfalls zu einer **⇨Haushaltsgemeinschaft**.

Alg II

3. Ausweitung der Unterhaltsverpflichtung innerhalb der BG

Mit der Hartz-IV-Reform wurden per Gesetz massenhaft Bedarfsgemeinschaften (mit gesteigerter Unterhaltspflicht) geschaffen, deren Mitglieder nach bürgerlichem Recht überhaupt nicht oder jedenfalls nicht in gesteigertem Maße zueinander unterhaltspflichtig sind. Der Begriff „Bedarfsgemeinschaft“ als erweiterte Unterhaltsgemeinschaft wird seitdem schleichend im Sozialrecht eingeführt (vgl. u.a. § 5 WoGG und § 240 Abs. 4 Satz 4 SGB V). Wehren Sie sich gegen eine überzogene Ausweitung der BG!

3.1 Erwerbsfähige Personen in Wohngemeinschaften

„Zur Bedarfsgemeinschaft gehören 1. die erwerbsfähigen Hilfebedürftigen...“ (§ 7 Abs. 3 Nr. 1 SGB II) und *„2. als Partner der erwerbsfähigen Hilfebedürftigen...*
c) eine Person, die mit dem erwerbsfähigen Hilfebedürftigen in einem gemeinsamen Haushalt so zusammenlebt, dass nach verständiger Würdigung der wechselseitige Wille anzunehmen ist, Verantwortung füreinander zu tragen und füreinander einzustehen.” (§ 7 Abs. 3 Nr. 3c SGB II)

Damit wird den Jobcentern ermöglicht, nicht nur „eheähnliche” Gemeinschaften und nicht eingetragene Lebenspartnerschaften, sondern auch ⇨Wohngemeinschaften zu Bedarfsgemeinschaften zu erklären. Deren „erwerbsfähige Hilfebedürftige” müssten dann ihr gesamtes Einkommen und Vermögen wechselseitig füreinander einsetzen. Damit werden auch Personen zu Hilfebedürftigen gemacht, die zwar ihren eigenen Lebensunterhalt bestreiten können, nicht aber den, der in ihrer Bedarfsgemeinschaft lebenden Personen (⇨Bedarfsberechnung 2.1).
Was soll der Unsinn? Kriterium für eine Bedarfsgemeinschaft darf ausschließlich die gesteigerte ⇨Unterhaltspflicht sein oder der freie Wille, sich so zu verhalten wie ein gesteigert Unterhaltspflichtiger, auch wenn man es nicht ist.

Nach einem Jahr des Zusammenlebens greift die Vermutung, dass Freunde/ Freundinnen füreinander einstehen, als wären sie verheiratet. Dann sollen Sie selbst nachweisen, dass es nicht so ist (⇨1.2; Näheres ⇨eheähnliche Gemeinschaft 1.3.2).

3.2 Eltern im Verhältnis zu ihren volljährigen, unverheirateten Kindern

Solange sie das 25. Lebensjahr noch nicht vollendet haben, gehören Kinder, die im Haushalt ihrer Eltern wohnen, zur Bedarfsgemeinschaft (§ 7 Abs. 3 Nr. 2 SGB II). Damit werden Volljährige unter dem Bruch des BGB (§ 1603 Abs. 2) wie Minderjährige behandelt (Näheres ⇨Jugendliche und junge Erwachsene 1.2).
Voraussetzung hierfür ist allerdings, dass die unter 25jährigen Erwachsenen gemeinsam mit ihren Eltern wirtschaften, d.h. einen **gemeinsamen Haushalt** führen und **nicht** in einer **Wohngemeinschaft** zusammenleben (LSG Bayern 4.5.2007 - L 7 AS 392/06).

3.3 Stiefeltern im Verhältnis zu den Kindern ihrer Ehegatten bis zum 25. Lebensjahr

„Zur Bedarfsgemeinschaft gehören ... 4. die dem Haushalt angehörenden unverheirateten Kinder der in den Nummern 1 bis 3 genannten Personen, wenn sie das 25. Lebensjahr noch nicht vollendet haben, soweit sie die Leistungen zur Sicherung des Lebensunterhalts nicht aus eigenem Einkommen und Vermögen bestreiten können." (§ 7 Abs. 3 Nr. 4 SGB II; ebenso § 9 Abs. 2 Satz 2 SGB II)

Unter die Nummern 1 bis 3 fallen erwerbsfähige Hilfebedürftige, Eltern oder Elternteile **und** ihre Lebensgefährten (Ehegatten, eingetragene Lebenspartner). Die BA erklärt deshalb in ihren Hinweisen ausdrücklich, dass unter 25jährige Stiefkinder und der Stiefelternteil eine BG bilden (BA 9.26).

Das war vor Hartz IV rechtswidrig. Nur *„Verwandte in gerader Linie sind verpflichtet, einander Unterhalt zu gewähren"* (§ 1601 BGB; ebenso BVerwG 26.11.1998, NDV-RD 1999, 52; BSG 29.3.2001 - B 7 AL 26/00 R). Stiefeltern gehörten ebenso wenig dazu, wie Onkel und Tanten. Sie waren mit ihren Stiefkindern lediglich verschwägert und nur im Rahmen einer ⇨Haushaltsgemeinschaft eingeschränkt zum Unterhalt verpflichtet.

In der Neufassung des § 9 Abs. 2 SGB II zum 1.8.2006 wird ausdrücklich erklärt, dass Einkommen und Vermögen des in der Bedarfsgemeinschaft lebenden Partners eines Elternteils für dessen unverheiratete Kinder zu *„berücksichtigen"* sind. Darunter verstehen die Hartz-IV-Parteien die gesteigerte Heranziehung zum Unterhalt. Die Große Koalition hat den „Rechtsbruch per Gesetz" noch ausgeweitet: Die Bedarfsgemeinschaft der Stiefeltern mit ihren Stiefkindern wurde auf volljährige Kinder bis zur Vollendung des 25. Lebensjahres ausgedehnt.

Damit ist auch gemeint, dass nicht titulierte ⇨ **Unterhalt**szahlungen gegenüber den **eigenen**, getrennt lebenden **Kindern** hinter der „Zwangsunterhaltsverpflichtung" für die unter 25jährigen im Haushalt lebenden **Kinder des Partners** zurückstehen müssen. Da macht die neue Partnerschaft richtig Freude.

Das **Bundessozialgericht** (BSG) hat am 13.11.2008 die Verfassungswidrigkeit der Stiefelternhaftung verneint und die von zahlreichen Sozialgerichten geäußerten Bedenken verworfen. *„Der Gesetzgeber darf bei der Gewährung von Sozialleistungen unabhängig von bestehenden bürgerlichrechtlichen Unterhaltspflichten die Annahme von Hilfebedürftigkeit davon abhängig machen, ob sich für den Einzelnen typisierend aus dem Zusammenleben mit anderen Personen Vorteile ergeben, die die Gewährung staatlicher Hilfe nicht oder nur noch in eingeschränktem Umfang gerechtfertigt erscheinen lassen."* (BSG - B 14 AS 2/08 R; im Gefolge LSG NRW 29.10.2009 - L 9 AS 24/08 und BSG 23.5.2013 - B 4 AS 67/11 R)

Wir bleiben dennoch bei unserer Auffassung: Im Sozialhilferecht wurde eine derart übersteigerte Unterhaltspflicht 1998 noch als Verletzung der Menschenwürde angesehen (BVerwG, s.o.). Sozialgerichte befanden u.a. eine *„verfassungswidrige Überspannung des Einkommenseinsatzes"* (SG Oldenburg, 11.1.2007 - S 44 AS 1265/06 ER), die *„willkürliche Schlechterstellung gegenüber SGB XII-Leistungsberechtigten"* oder eine *„Familien sprengende Einstandshaftung"* (SG Berlin 20.12.2006 - S 37 AS 11401/06 ER).

Unsere frühere **Empfehlung**, gegen die gesteigerte Unterhaltspflicht mit Widerspruch und Klage vorzugehen, müssen wir nach der BSG-Entscheidung korrigieren. Die Rechtsprechung folgt im „Normalfall" dem BSG. Daher bleibt letztlich abzuwarten, wie das Bundesverfassungsgericht darüber entscheidet. Eine bisher vorliegende Beschwerde war nicht hinreichend begründet und wurde nicht zur Entscheidung angenommen. (29.5.2013 - 1 BvR 1083/09).

Zu weiteren **ungeklärten Rechtsfragen** im Zusammenhang mit dem Steifelternunterhalt s. Geiger 2014, 86 f.

3.4 Eheähnliche Partner im Verhältnis zu den bis zu 25-jährigen Kindern des Partners

Auch Partner in einer ⇨eheähnlichen Gemeinschaft oder einer nicht eingetragenen Lebenspartnerschaft, unter Umständen

B

sogar enge Freunde gehören zu den Personen, mit denen die im Haushalt lebenden unverheirateten Kinder unter 25 Jahren eine Bedarfsgemeinschaft bilden sollen (§ 7 Abs. 3 Nr. 3c SGB II, ⇨3.1).

Eheähnliche Partner werden auf diese Weise faktisch zu Stiefeltern gemacht. Dass die auferlegten Unterhaltsansprüche zivilrechtlich nicht einklagbar sind, interessiert weder Bundesregierung noch BA. Der Bruch des BGB wurde ja gesetzlich vollzogen.

Wenn der gesteigerte Stiefelternunterhalt in einer Ehe verfassungswidrig ist (⇨3.3), gilt das schon lange für ein Konstrukt in einer „eheähnlichen" Gemeinschaft. Durch das Urteil des BSG sind aber auch in dieser Konstellation die Chancen, auf dem Klageweg aus der überzogenen Unterhaltspflicht herauszukommen, erheblich eingeschränkt worden. Es bleibt abzuwarten, wie und wann das BVerfG darüber entscheidet (Empfehlung ⇨3.3).

4.1 Wer vertritt eine Bedarfsgemeinschaft?

Näheres unter ⇨Bevollmächtigte 2.

4.2 „*Sippenhaftung*" innerhalb der BG

Im Fall einer ⇨Sanktion

5. Temporäre Bedarfsgemeinschaft bei Ausübung des Umgangsrechts

Näheres unter ⇨Umgangskosten 2.

Kritik

Im SGB XII als direktem Nachfolger des BSHG wird der gemeinsame Einsatz des gesamten Einkommens und Vermögens auf Ehegatten mit ihren minderjährigen, unverheirateten Kindern und auf eingetragene Lebenspartner beschränkt (§ 19 Abs. 1 SGB XII). Hier nennt sich das „Einsatzgemeinschaft".

Das SGB II dehnt den vollen Einsatz des Einkommens und Vermögens füreinander auf alle Haushalte aus, in denen Erwachsene und unter 25jährige Kinder zusammenleben. Diesem Ziel dient der neu eingeführte Begriff der Bedarfsgemeinschaft. Er lässt die „Familiennotgemeinschaft" der Weimarer Republik und des Nationalsozialismus wiederaufleben. Sie sollte dazu beitragen, die Folgen der Weltwirtschaftskrise auf die Familien abzuwälzen.

Die „Gemeinschaft" wird heute sogar auf Haushalte ausgedehnt, die gar keine Familie sind (⇨3.1). Die BG führt dazu, dass die Arbeitslosenverwaltung alles Einkommen oberhalb des Alg-II-Bedarfs zur Verringerung ihrer eigenen Kosten beschlagnahmt. Ohne Rücksicht darauf, ob die oder der Zwangsverpflichtete seine eigenen Verpflichtungen noch erfüllen kann (z.B. Unterhaltszahlungen für die eigenen Kinder, Kreditverpflichtungen usw.).

Das beeinträchtigt nicht zuletzt die Entstehung neuer Patchwork-Familien. Besonders alleinerziehende Frauen, die relativ häufig auf Alg II angewiesen sind, werden bei der Partnersuche benachteiligt, weil die „Partner und Stiefväter in spe" von überzogenen Unterhaltspflichten abgeschreckt werden oder sich nach kurzer Zeit wieder verabschieden.

Information

Dietrich Schoch, Einsatz-, Bedarfs-, Haushaltsgemeinschaft in der Sozialhilfe in: Ralf Rothkegel (Hrsg.), Sozialhilferecht, Baden-Baden 2005, 305-321

Udo Geiger, Aktuelle Entwicklungen bei den Leistungen der Grundsicherung für Arbeitsuchende. Bedarfsgemeinschaften, Familien, Paare, in: H. Bauer/Ch. Büchner/F. Brosius-Gersdorf (Hrsg.), KWI Schriften 4 – Hartz IV im Umbruch, Potsdam 2010, 93 ff.

Forderungen

Ersatzlose Streichung der Konstruktion der Bedarfsgemeinschaft im SGB II!

Stattdessen vollständige Übertragung des § 19 Abs. 1 SGB XII ins SGB II!

Individuelle Ansprüche erfordern die Einzelberechnung des Bedarfs!

Behinderte Menschen

„Menschen sind behindert, wenn ihre körperliche Funktion, geistige Fähigkeit oder seelische Gesundheit mit hoher Wahrscheinlichkeit ***länger als sechs Monate*** *von*

dem für das Lebensalter typischen Zustand abweichen und daher ihre Teilnahme am Leben in der Gesellschaft beeinträchtigt ist." (§ 2 Abs. 1 SGB IX)

1. Sozialhilfe

1.1 Eingliederungshilfe für behinderte Menschen

können Personen bekommen, die durch eine Behinderung im Sinne des SGB IX *„wesentlich in ihrer Fähigkeit, an der Gesellschaft teilzuhaben, eingeschränkt oder von einer solchen wesentlichen Behinderung bedroht sind ..."* (§ 53 Abs. 1 SGB XII). Sie müssen also nicht nur behindert, sondern wesentlich behindert sein. (Leistungsberechtigung ⇨Einkommensgrenzen)

Der **Begriff der Behinderung** ist bewusst weit gefasst, dabei kann es sich sowohl um eine körperliche, geistige als auch seelische Behinderung handeln. Unter Letzteres fallen chronische psychische Erkrankungen, Persönlichkeitsstörungen und Suchterkrankungen.

Ob Ihnen Leistungen der Eingliederungshilfe zur **Teilhabe am Arbeitsleben**, zur **Teilhabe am Leben in der Gemeinschaft** oder zur **medizinischen Rehabilitation** zustehen und welche Leistungen von welchem Träger in Betracht kommen, können Sie bei den zuständigen **Reha-Servicestellen** erfahren (www.reha-servicestellen.de; ⇨Informationen).

Leistungen der Eingliederungshilfe für Menschen mit Behinderung, die vom Sozialhilfeträger erbracht werden, können z.B. sein:

- Hilfen zur angemessenen Schulausbildung und heilpädagogische Maßnahmen, um Schulbesuch zu ermöglichen,
- Hilfen zur schulischen Ausbildung für Beruf, Hochschule und sonstige angemessene Tätigkeit,
- Leistungen zur Teilhabe am Arbeitsmarkt, z.B. zur Erhaltung oder Erlangung eine Arbeitsplatzes, Mobilitätshilfen usw.,
- Leistungen im Arbeitsbereich der Werkstätten,
- Hilfen zum selbstbestimmten Leben in betreuten Wohnmöglichkeiten, z.B. im Wohnheim, in einer WG, in Familienpflege oder im ambulant betreuten Wohnen,
- Hilfen für die Schaffung einer behindertengerechten Wohnung,
- Hilfsmittel: Blindenuhren, Zusatzgeräte für Kfz, Sprachübungsgeräte usw. oder
- Assistenz zur Teilhabe am Leben in der Gemeinschaft.

(§ 54 SGB XII; diese Liste ist nicht abschließend)

1.2 Mehrbedarf zur Teilhabe am Arbeitsleben

Ein ⇨**Mehrbedarfszuschlag** in Höhe von **35%** des für Sie maßgebenden Regelsatzes steht Ihnen zu, wenn Sie im Rahmen der Eingliederungshilfe

- Hilfe zu einer angemessenen Schulbildung,
- Hilfe zur schulischen Ausbildung für einen angemessenen Beruf, einschließlich des Besuchs einer Hochschule oder
- Hilfe zur Ausbildung für eine sonstige angemessene Tätigkeit erhalten,

soweit nicht im Einzelfall ein abweichender Bedarf besteht (§ 30 Abs. 4 SGB XII i.V. mit § 54 Abs. 1 Satz 1 Nr. 1 bis 3 SGB XII).

Der Mehrbedarf kann auch nach Beendigung der Maßnahmen gezahlt werden, insbesondere innerhalb einer Einarbeitungszeit.

1.3 Mehrbedarf für erwerbsgeminderte oder ältere Menschen mit Gehbehinderung

AltersrentnerInnen **oder** voll erwerbsgeminderte Personen mit einer **Gehbehinderung** (Merkzeichen G oder aG) haben Anspruch auf einen ⇨**Mehrbedarf** von **17%** des maßgebenden Regelsatzes (§ 30 Abs. 1 Nr. 2 SGB XII). Diesen Mehrbedarfszuschlag müssen Sie gesondert beantragen.

2. Alg II

2.1. Leistungen zur Eingliederung

nach dem **SGB II und SGB III** können natürlich auch von erwerbsfähigen behinderten Menschen, die Alg II beziehen, beansprucht werden (⇨Arbeit).

B

Im SGB III gelten Menschen als behindert, *„deren Aussichten, am Arbeitsleben teilzunehmen oder weiter teilzuhaben, wegen Art und Schwere ihrer Behinderung im Sinne von Abs. 2 Satz 1 des Neunten Buches [s.o.] nicht nur vorübergehend wesentlich gemindert sind und die deshalb Hilfen zur Teilhabe am Arbeitsleben benötigen, einschließlich lernbehinderter Menschen. (2) Behinderten Menschen stehen Menschen gleich, denen eine Behinderung mit den in Absatz 1 genannten Folgen droht*" (§ 19 SGB III).

Leistungen zur **Teilhabe am Arbeitsleben** nach dem **SGB III** können erwerbsfähigen behinderten Menschen, die Alg II beziehen, auch unter begünstigenden Bedingungen erbracht werden (§ 16 Abs. 1 Satz 3 SGB II).
Das sind u.a.
- vermittlungsunterstützende Leistungen (§§ 115 Nr. 1, 116 Abs. 1 SGB III),
- Förderung der beruflichen Ausbildung (§§ 115 Nr. 2, 116 Abs. 2 SGB III; ohne Berufsvorbereitung und BAB),
- Förderung beruflicher Weiterbildung (§§ 115 Nr. 3, 116 Abs. 2 und 5 SGB III),
- besondere Maßnahmen der beruflichen Aus- und Weiterbildung in Werkstätten für behinderte Menschen, wenn aufgrund der Behinderung keine andere Möglichkeit besteht, wieder am Arbeitsleben teilzuhaben. Dazu zählen u.a. Maßnahmen in Berufsförderungs- oder Berufsbildungswerken. (§ 117 SGB III) Übernommen werden hier für Alg-II-Beziehende die Teilnahmekosten für eine Maßnahme. Dazu gehören die Lehrgangskosten, Lernmittel sowie Arbeitsausrüstung und -bekleidung, Kosten für Unterkunft und Verpflegung, Reisekosten, Kosten für Haushaltshilfe und Kinderbetreuung und eingliederungsbegleitende Dienste (§§ 118 Satz 1 Nr. 3, 127, 128 SGB III) Diese Leistungen können auch als trägerübergreifendes persönliches Budget erbracht werden (§ 118 Satz 2 SGB III).

Nähere Infos: Leitfaden für Arbeitslose 2015, 541-560

2.2 Einen Mehrbedarfszuschlag

erhalten erwerbsfähige behinderte Menschen, die Alg II beziehen, ab dem 15. Lebensjahr, wenn sie
- Leistungen zur Teilhabe am Arbeitsleben nach § 33 SGB IX (⇨2.2.1),
- sonstige Leistungen zur Erlangung eines geeigneten *„Platzes im Arbeitsleben"* (⇨2.1) oder
- Eingliederungshilfen für Schul- und Beruf- und sonstige Ausbildung nach § 54 Abs. 1 Satz 1 Nr. 1 bis 3 des SGB XII (⇨3; entspricht den hier aufgeführten Teilhabeleistungen zuzüglich der Hilfen zur Ausbildung für eine angemessene Tätigkeit)

erhalten (§ 21 Abs. 4 SGB II).
Der Mehrbedarf beträgt **35%** des für Sie maßgebenden Regelsatzes.

Um ihn zu erhalten, müssen Sie den Bewilligungsbescheid des jeweiligen Rehabilitationsträgers vorlegen, der die Leistungen nach § 33 SGB IX etc. erbringt (BA 21.20). Reha-Träger für Leistungen zur Teilhabe am Arbeitsleben können außer der Bundesagentur für Arbeit z.B. sein: die Rentenversicherung, die Unfallversicherung oder die öffentliche Jugendhilfe.

Der Mehrbedarf kann übergangsweise auch **nach Beendigung** der Eingliederungsleistung insbesondere während der Einarbeitung weiter geleistet werden. *„Die Dauer sollte drei Monate nicht überschreiten."* (BA 21 22)

2.2.1 Eingliederungs- und Teilhabeleistungen

...für die Sie einen **Mehrbedarfszuschlag** bekommen (können), sind unklar definiert. Die Gewährungspraxis ist alles andere als bundesweit einheitlich.

Ab 1.8.2016 sind Leistungen nach § 33 Abs. 3 Nr. 2 und 4 SGB IX definitiv ausgeschossen (§ 21 Abs. 4 SGB II neu). Das trifft zu auf behinderte Auszubildende, die eine Maßnahme der Berufsvorbereitung einschließlich einer wegen der Behinderung erforderlichen Grundausbildung oder eine berufliche Ausbildung absolvieren **und** bei ihren Eltern wohnen. Diese waren **zuvor** nicht auf die Leistungen nach § 27 SGB II beschränkt, wie Auszubildende, die **nicht** bei den Eltern wohnen, und konnten den Mehrbedarfszuschlag beanspruchen.

Leistungen zur Teilhabe am Arbeitsleben nach § 33 SGB IX, die noch einen Mehrbedarf auslösen, können z.B. sein:
- vermittlungsunterstützende Maßnahmen,
- individuelle betriebliche Qualifizierung im Rahmen unterstützter Beschäftigung,
- berufliche Anpassung und Weiterbildung bei Erlangung eines schulischen Abschlusses,
- Förderung der Selbständigkeit,
- sonstige Hilfen zur Aktivierung von Selbsthilfepotentialen und
- psychologische und pädagogische Hilfen.

Sie müssen allerdings zwingend in Bezug zur Eingliederung in Erwerbstätigkeit stehen. (Eicher SGB II, § 21 Rz. 44)

„Die Anwendung des § 33 SGB IX schließt auch die zu ihrer näheren Ausführung ergangenen Einzelregelungen in den § 34 - 43 SGB IX ein." (BA 21.16)

Darunter fallen u.a.:
- Ausbildungszuschüsse, Eingliederungszuschüsse, unterstützte Beschäftigung (§§ 34 und 38a SGB IX) oder befristete Probebeschäftigungen – Arbeitgeber können z.B. die Kosten für eine dreimonatige Probebeschäftigung behinderter Menschen ersetzt bekommen, wenn dadurch die Möglichkeit der Teilhabe am Arbeitsleben verbessert wird (§ 46 Abs. 1 SGB III),
- Leistungen in Einrichtungen der beruflichen Rehabilitation wie Berufsförderungswerke usw. (§ 35 SGB IX) und
- Leistungen im Eingangs- und Berufsbildungsbereich einer Werkstatt für behinderte Menschen (§ 40 SGB IX).

B

3. Sozialgeld

Anspruch auf ⇨Sozialgeld haben voll erwerbsgeminderte Personen, die mit erwerbsfähigen Hilfebedürftigen in einer Alg-II-Bedarfsgemeinschaft leben.

Behinderte Menschen, die Sozialgeld beziehen und das 15. Lebensjahr vollendet haben, haben Anspruch auf einen **Mehrbedarf**, wenn sie Hilfe zu einer angemessenen Schulbildung bzw. einer schulischen Ausbildung für einen angemessenen Beruf einschließlich des Besuchs einer Hochschule im Rahmen der **Eingliederungshilfe für behinderte Menschen** erhalten, nicht jedoch bei Hilfe zur Ausbildung für eine angemessene Tätigkeit (§ 23 Abs. 1 Nr. 2 und 3 SGB II i.V. mit § 54 Abs. 1 Nr. 1 und 2 SGB XII).

Der Mehrbedarf beträgt ebenfalls **35%** des maßgebenden Regelsatzes.

Im SGB II wie in der Sozialhilfe gibt es einen **Mehrbedarf** von **17%** der maßgebenden Regelleistung für **voll erwerbsgeminderte** SozialgeldbezieherInnen, die einen **Schwerbehindertenausweis** mit **Merkzeichen „G"** oder **„aG"** besitzen (§ 23 Abs. 1 Nr. 4 SGB II, ⇨1.3).

4. Höhe des Mehrbedarfszuschlags

Der Mehrbedarf bezieht sich immer auf den maßgebenden ⇨Regelsatz.

	Maßgebender Regelsatz in €*	**17%** Mehrbedarf in €*	**35%** Mehrbedarf in €*
Alleinstehend/ Alleinerziehend	404	68,68	141,40
Partner	364	61,88	127,40
18 bis 24jährige	324	55,08	113,40
15 bis 17jährige	306	52,02	107,10

(*Stand: 2016)

5. Grundsicherung (GSi)

Wenn Sie über 18 Jahre alt und dauerhaft voll erwerbsgemindert sind, haben Sie Anspruch auf ⇨Grundsicherung.

Einer Feststellung der dauerhaften vollen Erwerbsminderung durch den Rentenversicherungsträger bedarf es nicht, wenn *„der Fachausschuss einer Werkstatt für behinderte Menschen über die Aufnahme in eine Werkstatt oder Einrichtung eine*

Stellungnahme ... abgegeben hat und der Leistungsberechtigte [dann] kraft Gesetzes ... als voll erwerbsgemindert gilt" (§ 45 Satz 3 Nr. 3 SGB XII).
Behinderte und voll erwerbsgeminderte Menschen, die dauerhaft in einer Werkstatt aufgenommen sind, erhalten demnach regelmäßig GSi der Sozialhilfe.

6. Kindergeld für Menschen mit Behinderung
Näheres unter ⇨Kindergeld 2.2, 4.3

7. Geschütztes Bausparvermögen für Wohnraum von behinderten oder pflegebedürftigen Menschen
Geschützt ist ein
„Vermögen, solange es nachweislich zur baldigen Beschaffung oder Erhaltung eines Hausgrundstückes von angemessener Größe bestimmt ist, soweit dies zu Wohnzwecken behinderter oder pflegebedürftiger Menschen dient oder dienen soll und dieser Zweck durch den Einsatz oder die Verwertung des Vermögens gefährdet würde..."
(§ 12 Abs. 3 Nr. 5 SGB II; fast wortgleich § 90 Abs. 2 Nr. 3 SGB XII)
Blinde Menschen wurden im alten BSHG ebenfalls erwähnt. Sie fallen jetzt unter den Begriff behinderte Menschen (§ 53 Abs. 1 SGB XII). Die behinderten und pflegebedürftigen Menschen können gem. § 16 Abs. 5 SGB X auch entfernte Verwandte sein, die nicht der Bedarfsgemeinschaft angehören.

Nicht nur Neubau oder Erwerb, sondern auch Um- und Ausbau, Instandsetzung, Modernisierung und Sanierung eines Hauses ist mit dem Begriff *„Beschaffung und Erhaltung eines Hausgrundstücks"* gemeint.
Außer einem Bausparvertrag sind auch andere Formen eines Vermögens, die dem oben genannten Zweck dienen, geschützt, z.B. Vermögen aus Lebensversicherungen oder Sparvermögen.
Vom ausgezahlten Bausparvermögen müssen die Arbeitnehmer-Sparzulage plus Sparprämien abgezogen werden, die bei vorzeitiger Auflösung zurückverlangt werden. Ebenso Steuern, die nachgezahlt werden müssen (OVG Münster 17.1.2000, NDV-RD 4/2000, 74).
Der behinderte oder pflegebedürftige Mensch muss selbst nicht hilfebedürftig sein. Das Vermögen muss nur nachweislich seinen Wohnzwecken dienen.
Unter „baldiger" Beschaffung versteht die BA einen Zeitraum bis zu einem Jahr (BA 12.31). Eine konkrete zeitliche Begrenzung gibt es allerdings nicht, wenn die zielgerichtete realistische Planung bereits eingesetzt hat (LPK SGB II, Rz. 12.59).

Information
Leitfaden Sozialhilfe für Menschen mit Behinderungen und bei Pflegebedürftigkeit von A-Z, AG TuWas (Hrg.), 9. Aufl., Frankfurt 2011, ⇨Bestellung s. Anhang
BAG SELBSTHILFE von Menschen mit Behinderung und chronischer Erkrankung und ihren Angehörigen e.V. (BAG SELBSTHILFE e. V.), Kirchfeldstr. 149, 40215 Düsseldorf, Tel: 0211/3 10 06-0, E-Mail: info@bag-selbsthilfe.de, www.bag-selbsthilfe.de

Bestattungskosten

„Die erforderlichen Kosten einer Bestattung werden übernommen, soweit den hierzu Verpflichteten nicht zugemutet werden kann, die Kosten zu tragen." (§ 74 SGB XII)

Das gilt, wenn mittellose Menschen, z.B. Beziehende von Alg II, GSi und HzL der Sozialhilfe sterben und die zur Übernahme von Bestattungskosten Verpflichteten diese nicht zahlen können.

1.1 Erforderliche Kosten der Bestattung
sind die Kosten einer ortsüblichen Bestattung. Was ortsüblich ist, bestimmt sich nach der jeweiligen Friedhofssatzung (LSG NRW 30.10.2008 – L 9 SO 22/07; VGH Baden -Württemberg 19.12.1990 – 6 S 1639/90).
Wenn diese Holzkreuze ohne Grabeinfassung zulässt, wird wie bei den Armengräbern der 50er Jahre ein Holzkreuz für ortsüblich gehalten (OVG Niedersachsen 4. 3.1998 - 4 O 5592/95).
Sind **Holzkreuze** in den Anschaffungs- und Unterhaltungskosten teurer als **Grabplatten**, hält das OVG Niedersachsen eine Grabplatte mit Namensinschrift für notwendig.
Der VGH Baden-Württemberg (FEVS 1992, 380f.) betrachtet einen angemessenen **Grabstein** immer als erforderlich. Auf jüdischen Friedhöfen ist nichts anderes möglich (VG Hannover 7.7.1998 - 15A 2895/98).

Zur ortsüblichen Bestattung gehören auch die Kosten für Leichenschau, Leichenbeförderung, Grabgebühren, Sargträger, Sarg, Kranz und Blumen (für 118 € - so VG Göttingen - 2A 2523/97, FR 10.8.2000; für 51 € nach VG Hannover 6.6.2000 - 3A 5028/99), Zurechtmachen der Leiche und die Kosten der Grabstätte incl. Erstbepflanzung, einfacher Grabstein, Einäscherungskosten, Urne usw. (SG Aachen 28.4.2009 - S 20 SO 88/08).

Eine schlichte Erdbestattung kann mit 500 bis 1.800 € zu Buche schlagen. Die Preise schwanken erheblich nach Bestattungsunternehmen und Region. Die durchschnittlichen Bestattungskosten liegen laut Stiftung Wahrentest bei 7.000 €.

Die **Angemessenheit** der Bestattungskosten darf vom Sozialamt nicht nach Maßgabe pauschaler Vergütungssätze begrenzt werden, sondern ist individuell zu ermitteln. Hinterbliebene sind angesichts der besonderen Situation nicht verpflichtet, unterschiedliche Angebote bei Bestattungsunternehmen im erweiterten Umkreis einzuholen, um das billigste auszuwählen. *„Vielmehr müssen alle Kostenansätze akzeptiert werden, die sich nicht außerhalb der Bandbreite eines wettbewerbsrechtlich orientierten Marktpreises bewegen.“* (BSG 25.8.2011 - B 8 SO 20/10 R)

Das VG Göttingen hält auch eine *„bescheidene"* **Todesanzeige** (51 € für eine 5x9 cm große Annonce) für erforderlich (2A 2523/97 s.o.). Anderer Ansicht ist der VGH Hessen (10.2.2004, info also 6/2004, 276), jedenfalls in Bezug auf eine großstädtisch geprägte Region, wenn das dort nicht ortsüblich ist.

Die **Überführung eines Toten ins Ausland** ist nur dann erforderlich, wenn z.B. am Sterbeort keine Beerdigung nach islamischem Brauchtum möglich und üblich ist (OVG Hamburg 21.2.1992, FEVS 1993, 66 f.). Eine entsprechende Bestattung dürfte inzwischen auch im Inland möglich und zumutbar sein.

1.2 Nicht erforderlich

ist die Übernahme der Kosten, der laufenden **Grabpflege** (LSG NRW 21.9.2006 - L 20 B 63/06 SO NZB) sowie Todesanzeigen, Danksagungen, **Leichenschmaus**, Anreisekosten und **Bekleidung** (BSG ebenda), wenn sie die ortsüblichen Kosten überschreiten. Nur in Bayern werden die Gebühren für einen Geistlichen vom Staat übernommen.

Ist die Grabpflege in der Friedhofssatzung jedoch ausdrücklich vorgeschrieben, soll das Sozialamt entsprechende Kosten übernehmen (Spranger in ZfSH/SGB 1998, 334f.).

1.2.1 Reisekosten, Trauerkleidung, Grabschmuck, Bewirtungskosten

für Hinterbliebene und Trauergäste sind pauschal im ⇨Regelsatz enthalten.

Sie können im Einzelfall nur als ⇨Darlehen übernommen werden, wenn ein „unabweisbarer" (§ 24 Abs. 1 SGB II) oder *„unabweisbar gebotener"* (§ 37 Abs. 1 SGB XII) Bedarf besteht. Nach Meinung des Deutschen Bundestages sollen Sie aber aus Ihrem Regelsatz vorsorglich schon mal Beträge für die Kosten von Beerdigungen ansparen.

Für Angehörige ersten Grades kommt für die Reisekosten zur Beisetzung auch eine Zuschuss-Übernahme durch das Sozialamt als *„Hilfe in sonstigen Lebenslagen“* in Betracht (§ 73 SGB XII; LSG Niedersachsen Bremen 19.6.2008 - L 7 AS 613/06; a.A. LSG NRW 16.7.2012 - L 20 SO 40/12).

1.3 Feuerbestattung und anonyme Bestattung durch das Sozialamt

Sozialämter gehen immer mehr dazu über, verstorbene SozialhilfebezieherInnen, für die sie die Bestattungskosten voll tragen müssen, einäschern und – zum Teil im Ausland – anonym begraben zu lassen. Das ist nach dem Feuerbestattungsrecht rechtswidrig. Der Wille der Verstorbenen bzw. der Angehörigen ist ausschlaggebend (Tade Matthias Spranger in ZfF 6/2000, 323-327; VG Hannover 16.9.1997, info also 1998, 88).

Tipp Geben Sie noch zu Lebzeiten eine entsprechende Willenserklärung schriftlich mit Unterschrift ab, und informieren Sie Ihre Angehörigen/ Bekannten darüber.

2.1 Wer ist zur Übernahme der Bestattungskosten verpflichtet?

Verpflichtete sind in erster Linie die Erben (§ 1968 BGB). Sie müssen die erforderlichen Bestattungskosten, die die Erstattungen aus ⇨Sterbegeldversicherungen überschreiten, aus dem Nachlass decken. Dabei steht Ihnen kein Vermögensfreibetrag zu (BVerwG 4.2.1999, FEVS 51, 5).

B

Sind Bestattungsverpflichtete mittellos und haben das **Erbe ausgeschlagen**, weil Sie keine Informationen über die Vermögenswerte des Verstorbenen hatten – und keine Schulden erben wollten –, kann die Tragung der Kosten nicht verlangt werden. Haben Erben von Ihrem Gestaltungsrecht der Erbausschlagung Gebrauch gemacht, muss das Sozialamt die Bestattungskosten übernehmen. Die Erbausschlagung bewirkt, dass die Erbschaft nicht zugefallen ist und nicht auf die vorrangig einzusetzenden Nachlasswerte zugegriffen werden kann. (SG Karlsruhe 30.10.2015 - S 1 SO 1842/15)

Reichen Sterbegeld und Nachlass nicht aus oder ist kein Nachlass bzw. kein Erbe vorhanden, sind als Nächste die ⇨**Unterhaltspflichtigen** verpflichtet, die Bestattung zu zahlen (§§ 1615 Abs.2 und 1360a Abs.3 BGB).
Wer darüber hinaus zu den Verpflichteten gehört, ist in den Bestattungsgesetzen der Länder geregelt. In NRW sind die „Hinterbliebenen" in folgender Reihenfolge verpflichtet, die Kosten zu tragen: Ehegatten, Lebenspartner, volljährige Kinder, Eltern, volljährige Geschwister, Großeltern und volljährige Enkelkinder (§ 8 Gesetz über das Friedhofs- und Bestattungswesen NRW vom 4. Juni 2003). Demnach können z.B. auch Geschwister als Verwandte zweiten Grades **vorranging** zur Übernahme der Bestattungskosten **verpflichtet** sein (LSG Hessen 6.10.2011 - L 9 SO 226/10). Erst wenn die der Reihe nach vorrangig Verpflichteten ausfallen oder nicht leistungsfähig sind, geht die Verpflichtung auf die nachrangig Verpflichteten über.

2.2 In welcher Höhe ist Verpflichteten die Übernahme der Bestattungskosten zumutbar?

Wenn Ihr bereinigtes ⇨Einkommen unter der ⇨Einkommensgrenze nach § 85 SGB XII liegt, ist es Ihnen nicht zumutbar, die Bestattungskosten zu tragen. Liegt Ihr Einkommen darüber, ist es zumutbar, das übersteigende Einkommen *„in angemessenem Umfang"* einzusetzen (§ 87 Abs.1 SGB XII). Dabei können Sie für sich und ihre unterhaltsberechtigten Angehörigen *„besondere Belastungen"* (ebenda) berücksichtigen (⇨Unterhaltspflicht), z.B. sind Schuldverpflichtungen absetzbar.
Außerdem ist der Einsatz von Vermögen unterhalb der Freibeträge nicht zuzumuten (⇨Vermögen 3.).

Wenn ein schweres vorwerfbares Fehlverhalten des Verstorbenen gegenüber dem Verpflichteten vorliegt, z.B. aufgrund sexueller Misshandlung, schwerer Körperverletzung oder grober Verletzung der Unterhalsverpflichtungen, besteht i.d.R. ein Härtefall, der Sie von der Kostenübernahme entbindet, auch wenn ein hohes Einkommen oder Vermögen vorhanden ist (LSG Hamburg 20.11.2014 - L 4 SO 22/12).
Nahe Verwandte müssen hingegen Beerdigungskosten auch dann übernehmen, wenn das Verhältnis zu dem Verstorbenen zerrüttet war (OVG Niedersachsen 19.5.2003 - 8 ME 76/03) oder wenn es an Kontakt bzw. Nähe zwischen dem Verstorbenen und den Bestattungspflichtigen fehlte (VGH Mannheim vom 19.10.2004 - 1 S 681/04; zu beiden Kriterien: LSG Hessen ebenda).

Sind die erforderlichen Bestattungskosten höher als die Summe aus Sterbegeldversicherung, Nachlass sowie aus Unterhaltspflichten, muss das Sozialamt die Differenz übernehmen.

2.3 Welches Sozialamt ist für die Kostenübernahme zuständig?

Für Bestattungskosten ist das Amt zuständig, das *„bis zum Tod der leistungsberechtigten Person Sozialhilfe leistete, in den anderen Fällen der Träger der Sozialhilfe, in dessen Bereich der Sterbeort liegt"* (§ 98 Abs. 3 SGB XII).

2.4 Kostenübernahme nur bei Antrag vor der Beerdigung?

Es ist rechtswidrig, wenn Sozialämter die Bestattungskosten nur zahlen, wenn **vor** der Beerdigung ein Antrag gestellt wurde.
Die Kostenübernahme ist *„ein sozialhilferechtlicher Anspruch eigener Art"*. Es reicht im Notfall aus, wenn Sie das Sozialamt nach der Beerdigung informieren (BVerwG 5.7.1997, NDV-RD 1997, 129 f.). Das kann innerhalb eines Zeitraums von bis zu sechs Wochen geschehen.

2.5 Wenn Sie eine Bestattung in Auftrag geben, ohne verpflichtet zu sein,
bleiben die Bestattungskosten (möglicherweise) an Ihnen hängen (VG Aachen 21.3.2006 - 2 K 1862/04; OVG Schleswig 18.3.1999, FEVS 51, 231 ff.). Sie müssten sich zwecks Erstattung der Kosten an die Verpflichteten halten. Nur diese haben Anspruch auf die Übernahme der Bestattungskosten durch das Sozialamt.

2.6 Zuständigkeit der Ordnungsbehörde?
Wenn keine Verpflichteten vorhanden sind, oder diese nicht rechtzeitig für die Bestattung sorgen, übernimmt die Ordnungsbehörde die Kosten. Es muss schließlich eine Bestattungsfrist je nach Bundesland zwischen 4 und 14 Tagen eingehalten werden. Lassen sich nachträglich Verpflichtete ermitteln, wird **Kostenersatz** von ihnen gefordert.

3. Rücklagen für die Beerdigung: geschütztes Vermögen?

Sozialhilfe
Sozialämter wollen in wachsendem Maße auf Gelder zugreifen, die Sie in Form eines **Grabpflege-** oder **Bestattungsvorsorgevertrages** angelegt haben. Das eingezahlte Geld ist aber nicht verfügbar, da es i.d.R. unkündbar vertraglich gebunden ist. Zudem ist ein Bestattungsvorsorgevertrag *„Schonvermögen im Sinne der Härtefallregelungen“* nach § 90 Abs. 3 SGB XII (BSG 18.3.2008 - B 8/9b SO 9/06 R, Rz. 22; BVerwG 11.12.2003 - 5 C 84.02, FEVS 56, 302 ff; vgl. BT-Drs. 16/239, 10, 15, 17).
Hier sind auch Beträge angemessen, die über den Kosten einer „Sozialamtsbestattung“ liegen. Das SG Düsseldorf hat zusammengestellt, was *„instanzgerichtlich“* als angemessenes Bestattungsvorsorgevermögen anerkannt wurde: Die Beträge liegen zwischen 3.200 € und 7.000 €. (23.3.2011 - S 17 SO 57/10)

Das sollte auch gelten, wenn Sie sich aus der Sozialhilfe Geld „vom Munde absparen“, um einen Vorsorgevertrag zu finanzieren.

Achtung! Eine normale ⇨Sterbegeldversicherung wird regelmäßig nicht als Härtefall-Schonvermögen anerkannt, da solche Verträge vorzeitig aufgelöst werden können und eine zweckentsprechende Verwendung der Mittel nicht gewährleistet ist.
Näheres unter ⇨Sterbegeldversicherung/Bestattungsvorsorge

Alg II
Bei Alg II muss eine Vermögensrückstellung für eine würdevolle Bestattung *„kurz vor dem Rentenalter“* nicht aufgelöst werden, z.B. ein Bestattungssparbuch, ein Treuhandvermögen oder ein Grabpflegevertrag. Sie gilt als Härtefall nach § 12 Abs. 3 Nr. 6 SGB II. (BA 12.36) Das Rentenalter beginnt für die BA schon mit 60 Jahren. (BA 12.19)

Information
Aeternitas - Verbraucherinitiative Bestattungskultur, Ratgeber Sozialbestattung, 2014, http://www.aeternitas.de/inhalt/downloads
Eike Westermann, Begriffe des Verpflichteten und der Zumutbarkeit gemäß § 15 BSHG, ZfF 5/2001, 105-108

Forderung
Angemessene Rücklagen für Beerdigungen müssen immer geschütztes Vermögen sein!

Bewerbungen

Im SGB II gibt es keine Aussage, wie viele Bewerbungen Sie monatlich nachweisen müssen. Das wäre auch unsinnig. Wie viele Bewerbungen sinnvoll sind, hängt von konkreten Bedingungen des Einzelfalls, den persönlichen Verhältnissen, der individuellen Arbeitsfähigkeit, der Arbeitsmarktlage und den Erfolgsaussichten von Bewerbungen ab. Die Anforderungen an Bewerbungsnachweise dürfen *„nicht überspannt werden“* (BVerwG 17.05.1995, NDV-RD 1996, 62). Die BA schrieb hierzu in einer älteren Geschäftsanweisung: *„Bemühungen sind **individuell** auf die Person und die vorliegenden Umstände abzustimmen. Das gilt auch für die ggf. geforderte Anzahl von Bewerbungen.“* (BA GA 28/2006, 2) Das gilt noch immer.

Tipp Pauschal von jedem Arbeitslosen 10, 15 oder sogar 30 Bewerbungen monatlich oder 5 Bewerbungen wöchentlich zu verlangen, ist Rechtsbruch. Verlangen Sie, dass die Anzahl der Bewerbungen individuell auf Ihre Verhältnisse abgestimmt wird.

B

1. Persönliche Verhältnisse und Arbeitsmarktchancen

„Gesundheitliche Einschränkungen physischer und psychischer Art", z.B. Schwerbehinderung und Alter, (VG Hannover 26.6.2000, ZfF 6/2001, 133) ferner Familienstand, bisherige Dauer der Arbeitslosigkeit, Vor- und Ausbildung, individuelle Kenntnisse und Fähigkeiten usw. müssen berücksichtigt werden.
Es ist unsinnig, von 59-jährigen Bauarbeitern Bewerbungen zu verlangen, als ob Ihnen die Erwerbswelt noch offen stehen würde.
Es ist unsinnig, von Schwerbehinderten Bewerbungen zu verlangen, als wären sie nicht behindert.
Es ist unsinnig, von Alleinerziehenden mit Schulkindern Bewerbungen zu verlangen, als wären ihre Arbeitsmöglichkeiten nicht eingeschränkt.
Wer geringere Chancen auf dem Arbeitsmarkt hat, kann das auch nicht ausgleichen, indem er sich doppelt so häufig bewirbt.
Ein Maßstab für Arbeitsmarktchancen ist die Zahl Ihrer bisherigen Bewerbungen. Wenn Sie sich schon 200mal beworben und kaum Rückmeldungen hatten, ist es unsinnig, Ihnen 10 Bewerbungen pro Monat abzuverlangen.
Das SG Berlin *„hält es für nicht zumutbar, einem ernsthaft um Eingliederung bemühten Arbeitsuchenden, woran hier keine Zweifel bestehen, die Verpflichtung aufzubürden, sein Monatspensum mit aussichtslosen Blindbewerbungen aufzufüllen"* (12.5.2006 - S 37 AS 11713/05).

2. Pauschal allenfalls wenige Bewerbungen monatlich

Unter all diesen Bedingungen muss die Zahl der pauschal (d.h. ohne Rücksicht auf den Einzelfall) zumutbaren Bewerbungen relativ gering ausfallen, z.B. drei Bewerbungen monatlich (OVG Lüneburg FEVS 52, 185; VG Hannover 12.2.1998, info also 1998, 80 ff.; drei bis zehn: BVerwG 98, 203).
Auch eine einzige Bewerbung im Monat kann schon ausreichend sein. Neun Bewerbungen in einem Jahr hielt das BVerwG im konkreten Fall eines Alleinerziehenden für ausreichend (BVerwG 17.5.1995, NDV-RD 1996,62).
Zwischen drei bis zehn Bewerbungen pro Monat werden als adäquat erachtet (Eicher § 15 Rz. 45 mit Bezug auf BVerwGe 98, 203, 209). Das SG Berlin jedoch hat eine starre Mindestzahl an Bewerbungen als rechtswidrig bezeichnet (SG Berlin ebenda). Mehr als 10 Bewerbungen pro Monat können nicht verlangt werden, da die Bewerbungskosten für über 10 Bewerbungen/Monat nicht aus dem Regelsatz finanziert werden können (LSG Berlin-Brandenburg 28.8.2007 - L 25 B 1024/07 AS).
Anhaltspunkt für die Anzahl der Bewerbungen *„kann z.B. die Anzahl der unterbreiteten Vermittlungsvorschläge sein"* (BA 15, Anlage, 4.1).

Eine allgemeingültige Richtschnur über die Höhe der Bewerbungsauflagen ist hier nicht möglich. Die meisten Landesozialgerichte halten aber **2 bis 4 Bewerbungen pro Monat** auch bei Personen mit eingeschränkten Vermittlungschancen für zumutbar.

Tipp Rechnen Sie Ihrem Fallmanager vor, wie viele offene Stellen in Ihrem AA-Bezirk auf wie viele Arbeitslose kommen. Das könnte eventuellen Übereifer dämpfen. Arbeitgeber werden abgeschreckt, wenn Ihnen dank Jobcenter massenweise Bewerbungen ins Haus flattern, nur weil Arbeitslose ihre Pflicht tun müssen. Anhaltspunkt für eine sinnvolle Zahl von Bewerbungen kann auch sein, wie viele Bewerbungen Sie finanzieren können (⇨3.).

3. Bewerbungskosten

Alg-II-Empfänger *„können aus dem **Vermittlungsbudget** der Agentur für Arbeit bei der Anbahnung oder Aufnahme einer versicherungspflichtigen Beschäftigung gefördert werden"* (§ 16 Abs. 1 SGB II i.V. mit § 44 Abs.1 SGB III; ⇨Arbeit 2.2.2.1). Bewerbungskosten fallen auch darunter, Sie haben darauf allerdings keinen Rechtsanspruch. Bis 2009 war für Bewerbungskosten ein Betrag von 260 € jährlich gesetzlich vorgesehen (§ 46 Abs.1 SGB III alt). Da in den Regelungen zum neuen Vermittlungsbudget konkrete Angaben über Bewerbungskosten fehlen, sollten Sie sich an den alten Beträgen orientieren.

Bewerbungskosten bestehen aus Kosten für Lichtbilder, Beglaubigungen, Gesundheitszeugnisse, Bewerbungsmappen, Kosten des Besuchs eines Internetcafes, für Telefongespräche mit Arbeitgebern bzw. Bewerbungsfaxe, Umschlag, Porto usw. Alle Kosten müssen belegt werden.

Die Behörde kann Bewerbungskosten pauschal mit **5 €** pro Bewerbung abgelten, wenn die Bewerbung nachgewiesen wird (§ 3 Abs. 1 und 2 der BA-Anordnung zur Unterstützung der Beratung und Vermittlung, 2003 - A-UBV). Das galt auch für **Onlinebewerbungen** (§ 4 A-UBV). Allerdings verliert die BA über die Höhe der Pauschale aus dem Vermittlungsbudget neuerdings kein Wort mehr (BA GA 44.15, 44.33).

Bei Bewerbungskosten von 5 € pro Bewerbung und einer max. Förderung von 260 € jährlich steht Ihnen nur Geld für höchstens 52 Bewerbungen im Jahr oder 4-5 Bewerbungen im Monat zur Verfügung. Wenn Ihre Bewerbungsmappen aufwendiger sind und z.B. im Durchschnitt 7,50 € kosten, könnten Sie sich nur 35 Bewerbungen oder 3 Bewerbungen monatlich leisten.

Bewerbungskosten können gesenkt werden, wenn Sie auf Kosten des Jobcenters Bewerbungen fotokopieren und verschicken können. Wenn Sie keine konkreten Bewerbungskosten nachweisen können, weil Sie sich von zu Hause online bewerben, wird eine pauschale Übernehme der Kosten immer häufiger von den Jobcentern abgelehnt.

Tipp Weisen Sie Ihren Fallmanager darauf hin, dass die Zahl der verlangten Bewerbungen finanziell zumutbar sein muss. *„Die erwerbsfähige leistungsberechtigte Person darf nicht zu einer unzumutbaren Belastung verpflichtet werden."* (BA 15.18)

Die BA schreibt eine verbindliche Kostenerstattungsregelung für in der ⇨Eingliederungsvereinbarung (EinV) ausgemachte schriftliche Bewerbungen vor:

„So sollte beispielsweise ergänzend eine Kostenerstattungsregelung ... für verbindlich vereinbarte schriftliche Bewerbungen vereinbart werden." (BA 15.18)

Aber auch ohne EinV müssen sich die Eigenbemühungen immer am Förderbetrag orientieren. Werden Bewerbungen von Ihnen verlangt, ohne Ihnen die Kosten zu ersetzen, wird Ihr Regelsatz umso mehr gekürzt, je mehr Sie sich bewerben. Sie werden für Ihre Bemühungen bestraft. So raubt man Motivation.

Tipp Sie müssen die Bewerbungskosten vorlegen, obwohl sie nicht im Regelsatz enthalten sind. Oft werden sie erst Monate später erstattet, wenn überhaupt. Weisen Sie Ihren Fallmanager darauf hin, dass Sie nicht monatelang vorlegen können. Fordern Sie, dass Bewerbungskosten monatlich erstattet werden.

Da Bewerbungskosten mit der (zukünftigen) Erzielung eines Einkommens notwendig verbundene Ausgaben sind (§ 11 Abs. 2 Nr. 5 SGB II), können sie auch von Ihrem Erwerbseinkommen (über 400 € brutto) abgesetzt werden (⇨Einkommensbereinigung).

4. Reisekosten zu Vorstellungsgesprächen

Im Regelsatz sind 20,56 € für Fahrten mit öffentlichen Verkehrsmitteln enthalten und 2,23 € für Reisen.

Kosten für Fahrten zur Berufsberatung, Vermittlung, Eignungsfeststellung und zu Vorstellungsgesprächen konnten früher im Rahmen der Mobilitätshilfen übernommen werden. Heute ist eine Übernahme aus dem **Vermittlungsbudget** möglich (§ 44 Abs. 1 SGB III, ⇨Arbeit 2.2.2.1). Übernachtungen und Tagegelder können ebenfalls bezahlt werden.

Tipp 1 Beantragen Sie die Übernahme von Bewerbungskosten, Fahrtkosten und anderen mit dem Vorstellungsgespräch verbundene Kosten unbedingt **bevor** sie entstehen. Anderenfalls kann das Jobcenter die Erstattung ablehnen.

Tipp 2 Sie können auf Antrag eine Monatskarte für den Nahbereich bezahlt bekommen, wenn mit einer ausreichend hohen Zahl von Bewerbungen in dem entsprechenden Monat zu rechnen ist (§ 5 A-UBV). Fahrten müssen Sie nachweisen.

5. In welcher Form Bewerbungen nachweisen?

Die Behörde muss mit Ihnen in der EinV festlegen, in welcher Form Sie Ihre Bewerbungen nachweisen müssen (§ 15 Abs. 1 Satz 2 Nr. 2 SGB II).

„*Als Nachweis für Bewerbungen kann das Anschreiben dienen, ein Antwortschreiben oder Stempels des Arbeitgebers ist nicht notwendig.*" (BA 15, Anlage, 4.1) Ausreichend ist z.B. auch die Dokumentation von Mails. Als Nachweise schriftliche Ablehnungen von Unternehmen bzw. einen Stempel des Arbeitgebers zu verlangen, hat keine gesetzliche Grundlage und ist reine Schikane. Unterbleibt – wie so oft – die förmliche Ablehnung oder weigert sich das Unternehmen den Bewerbungsnachweis zu stempeln, ist das kein Beleg dafür, dass Sie sich nicht beworben haben. Ein sanktionsbewährter Verstoß liegt immer nur dann vor, wenn der Verstoß in Ihrem Einflussbereich liegt.

Um Bewerbungsnachweise zu erbringen, können Sie sich einen einfachen Vordruck für Bewerbungsbescheinigungen anfertigen, den Sie selbst abzeichnen. Er sollte den Namen des Unternehmens, den Ansprechpartner, das Datum der Anfrage/ Bewerbung und den Grund der Ablehnung enthalten.
Nachweise wären Ihre Schreiben, auch monatliche Standardanfragen bei immer denselben Unternehmen, Notizen über Telefonanrufe und Anfragen, Vorstellungsgespräche, Firmenkontakte, entsprechende Emails usw.

Zum **Bewerbungsprozess** kann auch gehören, dass Sie Stellen suchen, aber in Zeitungen oder Internet keine finden, auf die Sie sich hätten bewerben können. Auch das müssten Sie dokumentieren.

6. Kürzung des Regelsatzes bei nicht erfüllten Bewerbungsauflagen

Wenn Sie die Bewerbungsauflagen der ⇨Eingliederungsvereinbarung trotz schriftlicher Belehrung über die Folgen oder deren Kenntnis ohne wichtigen Grund nicht erfüllen, wird Ihr Regelsatz für drei Monate um 30% gekürzt (§ 31 Abs. 1 Nr. 1 SGB II; ⇨Sanktionen), bei unter 25jährigen wird er komplett gestrichen.

Sanktionen können nur ausgesprochen werden, wenn das Maß der geforderten Eigenbemühungen in einer EinV festgehalten worden sind (VG Bremen 15.11.2005 - S 2 V 2149/05).
Sie dürfen nicht sanktioniert werden, wenn Sie unter Druck eine EinV abgeschlossen haben, in der überzogene Bewerbungsbemühungen gefordert werden, deren Kosten nicht mehr von der Bewerbungskostenerstattung (nach § 44 Abs. 1 SGB III) gedeckt sind. Die Regelleistung ist so eng bemessen, dass damit nicht auch noch zusätzliche Bewerbungskosten finanziert werden können (vgl. BSG 6.12.2007 - B 14/7b AS 50/06 R zu Fahrtkostenerstattung, so auch LPK SGB II, § 15 Rz. 29).

Tipp Fehlen Ihnen die Mittel für Bewerbungen, ist das ein wichtiger Grund, warum Sie die vereinbarten Pflichten nicht erfüllen können.

Das sieht auch das BSG so: Es erklärte Sanktionen wegen nicht erfüllter Bewerbungsauflagen für rechtswidrig, weil in der ⇨Eingliederungsvereinbarung zwar Bewerbungsbemühungen festgelegt waren, jedoch keine Übernahme der Bewerbungskosten. „*Denn die sanktionsbewehrten Verpflichtungen des Klägers zu den in den Vereinbarungen bestimmten Bewerbungsbemühungen sind unangemessen im Verhältnis zu den vom Jobcenter übernommenen Leistungsverpflichtungen zur Eingliederung in Arbeit.*" (23.6.2016 - B 14 AS 30/15 R, Medieninformation Nr. 12/16 vom 23.6.2016)

Vorsicht!
Vergessen Sie kein einziges Bewerbungsgespräch, auch wenn Sie 50 Bewerbungen laufen haben. Das Bundessozialgericht meint, dass so etwas unentschuldbar wäre und eine Sperrzeit erforderlich sei (BSG - B 11 AL 67/03 R nach FR 15.7.2004).
Also lieber nur so viele Bewerbungen, wie vorgeschrieben werden, damit Sie den Überblick nicht verlieren.

7. Bewerbungstraining

In der Eingliederungsvereinbarung kann auch die Teilnahme an einem Bewerbungstraining gefordert werden (⇨Arbeit 2.2.4). Um eine Kürzung des Alg II zu vermeiden, müssen Sie dem nachkommen, auch wenn Sie schon genug trainiert worden sind.

Kritik

Die Arbeitslosigkeit ist von 150.000 im Jahr 1971 auf knapp 3 Mio. 2013 gestiegen. Ursache war nicht, dass sich Arbeitslose zu wenig beworben hätten. Vielmehr hat die Nachfrage des Kapitals nach der Ware Arbeitskraft im Zuge der technologischen Entwicklung und wachsender Flexibilität der Produktion erheblich abgenommen. Arbeitslose werden in der Wirtschaft nur beschäftigt, wenn irgendjemand daraus privaten Gewinn schlagen kann.

Auf durchschnittlich 2,9 Mio. registrierte Arbeitslose kamen 2014 nur 461.802 der BA gemeldete offene sozialversicherungspflichtige Stellen. Nur jede zweite offene Stelle wird von Arbeitslosen besetzt. Und die gehen in erster Linie an die „arbeitsmarktnahen" Alg-I-Bezieher.

Viele Langzeitarbeitslose sind überdurchschnittlich „zu alt", d.h. über 45 Jahre, gesundheitlich eingeschränkt, psychisch krank, schwerbehindert, gering qualifiziert usw. Sie gelten als „Minderleister" mit „Vermittlungshemmnissen" und stehen auch bei den Jobcentern ganz hinten an.

Überzogene Bewerbungsbemühungen, bei denen sich Leistungsbeziehende von vorn herein für den Papierkorb bewerben, um nicht sanktioniert zu werden, sind nicht nur teuer. Sie kosten auch vergebliche Zeit und Mühen und führen nicht selten in die Frustration. In solchen Fällen steht nicht die Eingliederung in Arbeit im Vordergrund, sondern das Kürzen der Leistungen und Disziplinierung.

Forderungen

Keine pauschalen Bewerbungsauflagen!

Vollständige Übernahme aller Bewerbungskosten durch die Behörde!

Deutsche im Ausland

Alg II

Alg I Bezieher können zum Zweck der **Arbeitssuche** für drei Monate in EU-, EWR-Staaten oder die Schweiz reisen und dort Leistungen beziehen (eine Verlängerung auf bis zu 6 Monate ist nach ⇨Ermessen möglich). Ein dreimonatiger Leistungsbezug zwecks **Arbeitssuche** im Ausland ist auch möglich, wenn Ihnen Alg I **und** ergänzendes Alg II zusteht. Jedoch kann nur das Alg I ins Ausland mitgenommen werden, nicht das Alg II (BSG 18.1.2011 - B 4 AS 14/10 R).

Tipp Zum Bezug des Alg I im Ausland sollen sie rechtzeitig vor der geplanten Abreise ins Gastland bei der Arbeitsagentur die Mitnahme-Bescheinigung „Portable Document (PD) U2" beantragen. Diese soll zeitnah ausgestellt werden. Danach brauchen Sie nur noch von Ihrer Krankenkasse eine „Europäische Krankenversicherungskarte". (Informationen: Leitfaden für Arbeitslose 2015, 120 ff.; BA Broschüre: „Arbeitslosengeld und Auslandsbeschäftigung", Stand: Januar 2016, 20 ff.)

Wenn Sie Ihren gewöhnlichen Aufenthalt in Deutschland haben und sich zum Zweck der **Erwerbstätigkeit** zeitweilig **im Ausland** aufhalten, können Sie aufstockendes Alg II beziehen (BA 7.3).

Alle anderen, die Alg II beziehen, können bestenfalls nach Abmeldung beim Arbeitsvermittler für drei Wochen pro Jahr im Ausland eine **genehmigte Abwesenheit/ „Urlaub"** in Anspruch nehmen (⇨Ortsabwesenheit 1. ff.). Die Regelungen zur Erreichbarkeit gelten nicht für Personen, die nicht arbeitslos sind (BA 7.113), z.B. sozialversicherungspflichtig Beschäftigte.

HzL/GSi der Sozialhilfe

„Deutsche, die ihren gewöhnlichen Aufenthalt im Ausland haben, erhalten keine Leistungen." (§ 24 SGB XII)
Ausnahmen gibt es nur, wenn das wegen einer *„außergewöhnlichen Notlage unabweisbar ist"* und zugleich eine Rückkehr nach Deutschland nicht möglich ist, wegen

- Pflege und Erziehung eines Kindes, das aus rechtlichen Gründen im Ausland bleiben muss,
- längerfristiger stationärer Betreuung oder Schwere der Pflegebedürftigkeit oder
- hoheitlicher Gewalt, z.B. bei strafrechtlichen Ermittlungen (§ 24 Abs. 1 Nr. 1 und 3 SGB XII).

Bei **vorübergehendem Auslandsaufenthalt** ⇨Ortsabwesenheit 2.

Kritik
Sozialhilfe konnte bis 31.12.2003 auch an Deutsche im Ausland gezahlt werden. Sie war für diejenigen gedacht, die im Ausland nicht nur vorübergehend ihren Lebensmittelpunkt hatten und dort arm wurden (BVerwG 31.8.1995, NJW 1996, 1977 ff.).
In der Krise 1992/93 heizten Politiker und Medienkonzerne die Stimmung gegen „Sozialhilfe unter Palmen" kräftig an und schafften den Anspruch 1995 faktisch ab. Sozialhilfe konnte nur noch *„in besonderen Notfällen"* gezahlt werden, d.h. wenn eine Heimkehr aufgrund eines bedeutenden Gesundheitsschadens oder der Gefährdung einer angemessenen Schulbildung nicht zumutbar war (BVerwG 05.6.1997, FEVS 1998, 98). Soziale Bindungen spielten keine Rolle.
In der nächsten Krise ab 2001 brauchte man weiteres Futter für Stimmungsmache. BILD und Bundesregierung fanden es in *„Florida-Rolf"*, der nichts weiter getan hatte, als mit Hilfe von Verwaltungsgerichten trotz stark erschwerten Bedingungen Ansprüche durchzusetzen. Der Kampf gegen Rolf J. endete damit, dass nahezu allen Deutschen im Ausland die Sozialhilfe gestrichen wurde. 2010 bezogen nur noch 476 Personen, darunter 170 Inhaftierte, Sozialhilfeleistungen im Ausland (BMAS, Übersicht über das Sozialrecht, 2012/2013, 721).
Die Hetzkampagne gegen *„Florida-Rolf"* bereitete letztlich auch Hartz IV den Boden, die Abschaffung der Arbeitslosenhilfe und die Kürzung der Sozialhilfe. In Wirklichkeit ging es darum, die „Sozialhilfe für Deutsche im Inland" zusammenzustreichen.

D

Eheähnliche Gemeinschaft
(Einstandsgemeinschaft)

2014 lebten in Deutschland über 2,83 Mio. Paare in nicht-ehelichen Lebensgemeinschaften, d.h. fast 13,9% aller Paare (www.destatis.de; eigene Berechnung).

Jedes fünfte Paar trennt sich bereits nach zwei Jahren. Nach sechs Jahren besteht die Hälfte der „eheähnlichen" Gemeinschaften nicht mehr. Etwa die Hälfte der „eheähnlichen" Gemeinschaften mündet in eine Ehe (Sartorius, in Rothkegel, Sozialhilferecht, 2005, 326).

Inhaltsübersicht:

Hilfe zum Lebensunterhalt (HzL)

„Personen, die in eheähnlicher oder lebenspartnerschaftsähnlicher Gemeinschaft leben, dürfen hinsichtlich der Voraussetzungen sowie des Umfangs der Sozialhilfe nicht besser gestellt werden als Ehegatten. § 39 [⇨ Haushaltsgemeinschaft] gilt entsprechend." (§ 20 SGB XII)

Grundsicherung (GSi)

„Einkommen und Vermögen des nicht getrennt lebenden Ehegatten oder Lebenspartners sowie des Partners einer eheähnlichen oder lebenspartnerschaftsähnlichen Gemeinschaft, die dessen notwendigen Lebensunterhalt ... übersteigen, sind zu berücksichtigen." (§ 43 Abs. 1 Satz 2 SGB XII)

Alg II

„Zur Bedarfsgemeinschaft gehören ... eine Person, die mit der erwerbsfähigen leistungsberechtigten Person in einem gemeinsamen Haushalt so zusammenlebt, dass nach verständiger Würdigung der wechselseitige Wille anzunehmen ist, Verantwortung füreinander zu tragen und füreinander einzustehen." (§ 7 Abs. 3 Nr. 3c SGB II)

Das gesamte Einkommen und Vermögen eheähnlicher und auch *„lebenspartnerschaftsähnlicher"* PartnerInnen (⇨5.) wird wie bei Ehegatten auf den Bedarf des Partners angerechnet. Darüber hinaus wird dieses Einkommen im SGB II auch auf den Bedarf der Kinder des Partners angerechnet.

Der Verweis auf ehe- oder lebenspartnerschaftsähnliche Gemeinschaften als Grundlage für eine Einstandsgemeinschaft (wie im SGB XII) ist aus dem SGB II entfernt worden. Die neue Formulierung erlaubt daher streng genommen auch, enge Freundinnen und Freunde heranzuziehen, die in einer Wohngemeinschaft leben. *„Darauf, ob zwischen den Partnern geschlechtliche Beziehungen bestehen, kommt es nicht an."* (BMAS 9.5.2006 auf eine Kleine Anfrage, BT-Drs. 16/1328, 5)

1. Was ist eine eheähnliche Gemeinschaft?

Das BSG knüpft an das Bestehen einer eheähnlichen Gemeinschaft drei Voraussetzungen, die nach der Rechtsprechung des BVerfG und des BSG *„kumulativ"*, d.h. angehäuft, vorliegen müssen: *„Es muss sich 1. um Partner handeln, die 2. in einem gemeinsamen Haushalt zusammenleben, und zwar 3. so, dass nach verständiger Würdigung der wechselseitige Wille anzunehmen ist, Verantwortung füreinander zu tragen und füreinander einzustehen."* Erst wenn **objektiv** festgestellt ist, ob 1.

eine Partnerschaft sowie 2. eine Wohn- und Wirtschaftsgemeinschaft vorliegt, kann 3. die **subjektive** Voraussetzung des *„Einstehens- und Verantwortungswillens"* geprüft werden. (BSG 23.8.2012 - B 4 AS 34/12 R, Rz. 14)

E

1.1 Erste objektive Voraussetzung: Partnerschaft

„Von dem Bestehen einer Partnerschaft ... ist auszugehen, wenn eine gewisse Ausschließlichkeit der Beziehung gegeben ist, die keine vergleichbare Lebensgemeinschaft daneben zulässt." Außerdem muss eine *„rechtlich zulässige Möglichkeit der Heirat bzw. Begründung einer Lebenspartnerschaft"* bestehen. Bei der Prüfung dieses Kriteriums sind z.B. sexuelle Beziehungen, anderweitige partnerschaftliche Bindung und das gemeinsame Auftreten außerhalb des häuslichen Bereichs zu berücksichtigen. (BSG ebenda, Rz. 20)

Liegt keine Partnerschaft vor, handelt es sich um eine reine ⇨Wohngemeinschaft (WG) und nicht um eine Einstandsgemeinschaft (LSG Sachsen 18.12.2008 - L 7 B 737/08 AS-ER).

Wenn Sie darlegen, dass Sie keine Partner sind und mit Ihrem Mitbewohner z.B. in einer WG **räumlich getrennt** zusammen**wohnen**, greift die Vermutung nicht. Eine räumliche Trennung liegt vor, wenn durch entsprechende Aufteilung der Zimmer jedem eine Privatsphäre ermöglicht wird. Wenn Sie mit mehreren Personen in einer WG zusammenwohnen, wird die Vermutung, dass eine eheähnliche Einstandsgemeinschaft vorliegt, regelmäßig keinen Bestand haben. Denkbar wäre allenfalls eine Wohngemeinschaft mehrerer Paare.

Ein klares Indiz gegen eine eheähnliche Gemeinschaft sind natürlich Beziehungen zu dritten Partnern, die regelmäßig in die Wohnung zu Besuch kommen (LSG Thüringen 20.2.2007 - L7 AS 942/06 R).

1.2 Zweite objektive Voraussetzung: Wohn- und Wirtschaftsgemeinschaft

1.2.1 ⇨Wohngemeinschaft

Im Gegensatz zur Ehe setzt eine eheähnliche Gemeinschaft *„zwingend"* ein *„Zusammenleben"* in einer Wohngemeinschaft (WG) voraus (BSG ebenda, Rz. 22).

Wenn Sie getrennte Wohnungen haben, spricht das trotz einer Liebesbeziehung gegen eine eheähnliche Gemeinschaft (OVG Sachsen 29.6.2000, FEVS 52, 223). Wenn Sie Besuche von einem Mann haben, wenn jemand bei Ihnen übernachtet, wenn Sie ein Doppelbett haben, in dem jemand schlafen könnte, wenn Zeichen früherer Besuche eines nicht gleichgeschlechtlichen Wesens aufgespürt werden (Bekleidung oder Hygieneartikel), wenn Sie mit jemanden in Urlaub fahren, wenn Sie eine Wochenendbeziehung pflegen (SG Berlin 13.6.2005 - S 37 AS 3125/05 ER), bedeutet das nicht, dass Sie mit dieser Person in einer Wohnung zusammenleben.

Eine eheähnliche Gemeinschaft liegt auch dann nicht vor, wenn Sie ein gemeinsames Kind mit einer Person haben, die getrennt von Ihnen lebt und das Kind und damit auch Sie nur besucht (OLG Köln 19.10.2001 - 25 WF 185/01).

Allerdings kann eine eheähnliche Gemeinschaft auch bei getrennten Wohnungen (z.B. innerhalb eines Hauses) bestehen, wenn man gemeinsam den Haushalt führt und gemeinsam wirtschaftet (OLG Koblenz 29.3.2004 - 13 UF 567/03). Eine eheähnliche Gemeinschaft setzt immer eine Haushaltsgemeinschaft voraus.

1.2.2 Gemeinsames Wirtschaften in einer ⇨Haushaltsgemeinschaft

Eine Ehe kann bestehen, ohne dass gemeinsam gewirtschaftet wird (BSG 18.2.2010 - B 4 AS 49/09 R), eine eheähnliche Gemeinschaft nicht. Ohne Haushalts- und Wirtschaftsgemeinschaft (⇨WG 1.2) kein eheähnliches Verhältnis (BSG ebenda).

Ein reines Untermietverhältnis schließt eine Haushaltsgemeinschaft (BA 9.9) und damit eine eheähnliche Gemeinschaft aus (LSG Baden Württemberg 5.12.2005 - L 8 AS 3441/05 ER-B). *„Ein ‚Wirtschaften aus einem Topf', wie dies für eine Haushaltsgemeinschaft kennzeichnend ist, [kann] nicht angenommen werden ..., wenn einer dem anderen Mietzins zahlen muss. Stellt ein Leistungsträger nach dem SGB II die Wirksamkeit eines (Unter-)Mietvertrages nicht in Frage, sondern gewährt er den Mietzins als Kosten der Unterkunft, kann er das Zusammenleben zweier Personen auch nicht als Haushaltsgemeinschaft werten."* (Ebenda; info also 2/2006, 89) *„Eine*

Haushaltsgemeinschaft liegt nicht vor, wenn zwar eine Wohnung gemeinsam bewohnt, jedoch selbständig und getrennt gewirtschaftet wird." (BA 9.9)

Voraussetzung für eine Haushaltsgemeinschaft ist, dass die Mitbewohner *„aus einem Topf"* wirtschaften (BSG 23.8.2012 - B 4 AS 34/12 R, Rz. 21). *Die Anforderungen an das gemeinsame Wirtschaften gehen daher über die gemeinsame Nutzung von Bad, Küche und ggf. Gemeinschaftsräumen hinaus. Auch der in Wohngemeinschaften häufig anzutreffende gemeinsame Einkauf ... aus einer von allen Mitbewohnern zu gleichen Teilen gespeisten Gemeinschaftskasse begründet noch keine Wirtschaftsgemeinschaft.*" (BSG ebenda, Rz. 23)

Indiz für eine **Wirtschaftsgemeinschaft** kann die gemeinsame Verfügung über ein einziges Konto sein bzw. eine gegenseitige Kontovollmacht oder die Befugnis, über Einkommen und Vermögen des Partners tatsächlich verfügen zu können (vgl. auch § 7 Abs. 3a Nr. 4 SGB II). Die gemeinsame Verfügung über ein Auto kann als Indiz für Eheähnliches angenommen werden (LSG Berlin-Brandenburg 2.3.2006 - L 14 B 18/06 AS ER). Auch der gemeinsame Kauf einer Immobilie kann ein Indiz für gemeinsames Wirtschaften sein oder mehrere gemeinsame Wohnungswechsel (LSG Niedersachsen-Bremen 30.5.2005 - L 8 AS 95/05 ER).

Geeignete Nachweise, dass **keine** Haushalts- und Wirtschaftsgemeinschaft besteht, wären z.B.

- ein erfüllter Untermietvertrag (LSG Sachsen 22.1.2008 - L 3 B 359/07 AS-ER)
- mtl. Geldüberweisungen für die Miete auf das Konto des Mitbewohners (LSG Baden-Württemberg 12.1.2006 - L 7 SO 5532/05 ER-B) und/oder
- getrennte Bankkonten und keine weiteren finanzielle Verflechtungen.

Wohn- und Wirtschaftsgemeinschaft alleine begründen aber immer noch keine eheähnliche Gemeinschaft, sondern nur eine **Haushaltsgemeinschaft**. Hier kann nur vermutet werden, dass Ihr Partner Sie unterstützt, allerdings nur bei Bezug von **HzL** der Sozialhilfe (§ 39 SGB XII). Bei Bezug von **GSi** ist ausdrücklich bestimmt, dass nichts vermutet werden darf (§ 43 Abs. 6 SGB XII neu).

Das **SGB II** kennt eine solche Vermutung nur bei Verwandten oder Verschwägerten (§ 9 Abs. 5 SGB II). Also dürfte bei einer Haushaltsgemeinschaft von Partnern eigentlich gar nicht vermutet werden, dass Zahlungen fließen.

1.3 Dritte subjektive Voraussetzung: Verantwortungs- und Einstandsgemeinschaft

Gemeinsam wohnen und wirtschaften von Partnern, ist **keine** ausreichende Bedingung für eine eheähnliche Gemeinschaft. Beide objektive Kriterien müssen aber zuerst festgestellt werden, bevor das Dritte Kriterium geprüft wird. (BSG ebenda, Rz. 25)

Eine eheähnliche Gemeinschaft liegt **nur** vor, *„wenn zwischen den Partnern so enge Bindungen bestehen, dass von ihnen ein gegenseitiges Einstehen in den Not- und Wechselfällen des Lebens erwartet werden kann [Verantwortungs- und Einstehensgemeinschaft]"* (BVerfG 17.11.1992 - 1 BvL 8/87).

Wenn eine Verantwortungs- und Einstandsgemeinschaft **nicht** existiert, sind Mann und Frau auch dann keine eheähnliche Gemeinschaft, wenn sie gemeinsam wohnen und wirtschaften (OVG Niedersachsen 26.1.1998, FEVS 1998, 545 f.; OVG Saarlouis 3.4.1998, FEVS 1998, 557 f.). Es kommt also nicht in erster Linie darauf an, ob man unter einem einzigen Wohnsitz angemeldet ist (BVerfG 2.9.2004 - 1 BvR 1962/04), einen gemeinsamen Eintrag im Telefonbuch hat, einen gemeinsamen Mietvertrag hat (LSG Sachsen-Anhalt 6.4.2006 - L 2 B 14/06 AS ER), ob man gemeinsam kocht und isst (LSG Niedersachsen-Bremen 9.3.2006 - L 9 AS 86/06) oder die Wäsche gemeinsam wäscht (LSG Hessen 16.3.2006 - L 7 AS 23/06 ER), ob der Kühlschrank getrennte Fächer hat, die Badutensilien getrennt aufbewahrt werden oder die Wohnung gemeinschaftlich genutzt wird (SG Gelsenkirchen 15.3.2007 - S 11 AS 43/07 ER).

„Dass gemeinsam gekocht, geputzt und eingekauft wird, hält der Senat bei freundschaftlichen Beziehungen ebenso für üblich, wie die ermittelte Tatsache, dass offenbar auch Wäsche von beiden in gemeinsamen Waschgängen gereinigt wird." (LSG Hessen, ebenda) Allein aus einem freundschaftlichen Zusammenleben in einer Zweckgemeinschaft ergibt sich noch nicht die Vermutung, dass Unterhalt in vollem Umfang wie in

einer Ehe geleistet wird (LSG NRW 25.6.2012 - L 19 AS 1397/11).

Andererseits können eheähnliche Partner ebenso wie Ehe- oder Lebenspartner in einer (noch) gemeinsamen Wohnung dauerhaft getrennt leben, wenn sie ihre Beziehung aufgelöst haben und jemand nicht auszieht, weil noch keine andere bezahlbare Wohnung zu finden ist. Die *„Trennung von Tisch und Bett*" ist auch innerhalb einer Wohnung möglich (BGH 24.10.2001 - XII ZR 284/99). *„Dem hilfebedürftigen Partner muss es ... zumindest für eine Übergangszeit, in der er eine neue Wohnung sucht, möglich sein, in der bisherigen gemeinsamen Wohnung zu verbleiben, ohne dass er dadurch seinen Hilfeanspruch verliert."* (OVG Lüneburg 20.3.2006 - S1 B 89/06) Dann kann man keine Einstandsgemeinschaft mehr erwarten.

Wie kann man nun anhand geeigneter **Indizien** (Hinweistatsachen) feststellen, ob ein gegenseitiges Einstehen erwartet werden kann? Nach dem Wortlaut des von der Großen Koalition verschärften Gesetzes löst jedes der unter **1.3.2 bis 1.3.5** genannten Kriterien für sich genommen die **Vermutung** aus, dass eine Verantwortungs- und Einstandsgemeinschaft existiert, dass also die Zusammenlebenden voll füreinander und für die Kinder des Partners aufkommen müssen. Doch zunächst wird erläutert, welche Kriterien diese Vermutung **nicht** auslösen.

1.3.1 *„Enge Bindungen"*

Vor dem Urteil des Bundesverfassungsgerichts von 1992 wurde die Wohn- und Wirtschaftsgemeinschaft als ausschlaggebend für eine ehe(ähn)liche Gemeinschaft angesehen. Auf innere Bindungen kam es nicht an. Diese Auffassung ist jetzt verfassungswidrig (Leitsatz Nr. 3 des Urteils des BVerfG, ebenda).
Nicht wenige Ermittler, Medien, Behörden und Minister riechen das Eheähnliche dennoch schon, wenn sie Spuren eines andersgeschlechtlichen Wesens entdecken: Warum stehen in der Wohnung eines Junggesellen Damenschuhe am Bett? Warum hängen Frauen- und Herrenwäsche gemeinsam auf der Leine? Warum kocht eine alleinstehende Frau acht Liter Linsensuppe? Die FAZ findet das höchst verdächtig (FAZ 7.6.2003, 9). Andere schließen aus der Existenz eines Doppelbettes oder aus einem in Unterhose angetroffenen Mann auf eine faktische Ehe.
Das ehemalige Bundesministerium für Wirtschaft und Arbeit unter W. Clement bezeichnete Alg-II-Bezug als *„Sozialmissbrauch"*, wenn vermutliche sexuelle Beziehungen und *„gefühlte"* Wirtschaftsgemeinschaften bestehen (Vorrang der Anständigen - Gegen Missbrauch, *„Abzocke"* und Selbstbedienung im Sozialstaat, August 2005).
Ein paar Richter des LSG NRW hielten im selben Geist eine eheähnliche Gemeinschaft für gegeben, weil ein Mann in Unterhose in der Wohnung einer Frau angetroffen wurde (12.5.2005 - L 9 B 12/05 AS ER).
Verfassungsrechtlich ist es jedoch unzulässig, Nachforschungen über das Intimleben von Partnern anzustellen (BVerfG ebenda; BVerwG 07.4.1995 - 5B 36.94; LPK SGB XII, § 20 Rz. 19). Außerdem verstößt das gegen den ⇨Datenschutz. Falls intime Beziehungen dennoch bekannt geworden sind, können sie allerdings ein Anhaltspunkt für innere Bindungen sein (LSG Sachsen 5.7.2007 - L 3 AS 32/06).

1.3.2 *„langjähriges Zusammenleben"*

Das Bundesverfassungsgericht wertet *„langjähriges Zusammenleben"* (ebenda) als Indiz für eine Verantwortungs- und Einstandsgemeinschaft. Vor die eheähnliche Gemeinschaft ist gewissermaßen eine Probezeit geschaltet. Das Zusammenleben muss ***„auf Dauer angelegt"*** sein (ebenda). Der Partner muss (wie in einer Ehe) ein **Lebens**gefährte und nicht nur ein Jahres-, Monats-, Wochen-, oder Nachtgefährte sein.
Häufig erkennen Behörden diese Vorgaben des Bundesverfassungsgerichts nicht an, obwohl sie laut Grundgesetz Gesetzescharakter haben. Sie unterstellen immer wieder schon **beim Einzug** eines Partners oder **nach wenigen Monaten** des Zusammenlebens eine eheähnliche Gemeinschaft.

Seit 2006 ist im **SGB II** gesetzlich geregelt, dass **nach einem Jahr** des Zusammenlebens *„ein wechselseitiger Wille"* vermutet werden darf, füreinander einzustehen (§ 7 Abs. 3a Nr. 1 SGB).
Seit wann aber ist einjähriges Zusammenleben das *„langjährige Zusammenleben"*, wie es das Bundesverfassungsgericht fordert? *„Langjährig"* bedeutet immer **mehrere** Jahre.

Der Bundesgerichtshof urteilte demzufolge, dass man frühestens nach 2-3 Jahren beurteilen könne, ob Partner nur probeweise zusammenleben oder eine verfestigte Gemeinschaft bilden (BGH 12.3.1997, NJW 1997, 1851).
Das Bundessozialgericht forderte eine dreijährige Dauer der Beziehung als Voraussetzung (BSG 29.4.1998 - B 7 AL 56/97 R). Da eine Ehe erst dann unwiderlegbar gescheitert ist, wenn die Ehegatten drei Jahre getrennt leben (§ 1566 Abs. 2 BGB), dürften im Umkehrschluss eheähnliche Verhältnisse erst nach drei Jahren angenommen werden.
Diese Grenze ist allerdings nach Auffassung des BSG keine absolute zeitliche Mindestgrenze (u.a. BSG 17.10.2002 B 7 AL 96/00). *„Bei einem Zusammenleben von kürzerer Dauer als drei Jahren [können] andere Umstände von gleichem Gewicht an die Stelle der bisherigen Dauer der Beziehung treten ...“* (BSG 17.10.2002 - B 7 AL 72/00; ⇨1.3.3 ff.; ⇨2.3)

Die schwarz-rote Bundesregierung erklärte fürs Alg II die Jahresfrist zur Regel, obwohl sie nach Auffassung des BSG allenfalls eine Ausnahme sein kann, wenn besondere *„Umstände von gleichem Gewicht“* vorliegen. Das Kriterium „ein Jahr zusammenleben“ ist seitdem ausreichend, um die Einstandsgemeinschaft zu unterstellen, ohne weitere „Hinweistatsachen“ berücksichtigen zu müssen.

1.3.3 gemeinsame Kinder im Haushalt

Ein gemeinsames Kind (BVerwG 20.1.1977, FEVS 25, 278) wird als Hinweistatsache für eine eheähnliche Gemeinschaft genommen. Dieses Indiz hat die Bundesregierung in § 7 Abs. 3a Nr. 2 SGB II nun als festes Kriterium definiert: *„Ein wechselseitiger Wille, ... füreinander einzustehen, wird vermutet, wenn Partner ... mit einem gemeinsamen Kind zusammenleben ...“*
Dass ein nur kurz zusammenwohnendes Paar ein gemeinsames Kind erwartet, genügt nicht, um die *„Vermutungsregel“* auszulösen (LSG Hamburg 28.1.2008 - L 5 B 21/08 ER AS). Es müssen weitere Kriterien außer der **Schwangerschaft** vorliegen.

1.3.4 gemeinsame Versorgung von Kindern und Angehörigen

Als Kriterium für die Vermutung, dass Zusammenwohnende füreinander einstehen (sollen), wurde außerdem in das Gesetz aufgenommen *„Kinder oder Angehörige im Haushalt [zu] versorgen“* (§ 7 Abs. 3a Nr.3 SGB II). Schon die Versorgung von Kindern des Partners, die nicht die eigenen sind, begründet diese Sonderunterhaltspflicht für Erwerbslose. Für die Versorgung eines pflegebedürftigen Elternteils des Partners im gemeinsamen Haushalt gilt das Gleiche.
Wenn jemand demnach mit einer alleinerziehenden Frau zusammenzieht, ist er aufgrund der Kinder im Haushalt schneller zwangsverheiratet, als wenn zwei kinderlose Menschen zusammenziehen. Soll das abschrecken, Beziehungen zu alleinerziehenden Frauen und Männern einzugehen? Voller Unterhalt für das Kind des Partners hat in dieser Konstruktion sogar Vorrang vor den nicht titulierten Unterhaltszahlungen an das eigene Kind, mit dem man nicht zusammenlebt (⇨Bedarfsgemeinschaft 3.3 f.).
Spricht es umgekehrt etwa gegen eine eheähnliche Gemeinschaft, wenn keine gemeinsamen Kinder vorhanden sind und keiner der Partner ein Kind aus einer anderen Beziehung hat?
Das Zusammenleben mit dem Kind (oder pflegebedürftigen Angehörigen) in einem Haushalt kann für die Konstruktion einer Bedarfsgemeinschaft nicht ausreichen. Der Gesetzgeber spricht hier ausdrücklich von **versorgen**. Das bedeutet, dass man **maßgeblich** – nicht nur gelegentlich – an der Versorgung beteiligt ist (LSG Sachsen-Anhalt 17.11.2009 - L5 AS 385/09 B ER; ⇨Alleinerziehende).

1.3.5 Gemeinsames Verfügen über Einkommen und Vermögen

Das BVerfG nannte als weitere Voraussetzung für eine eheähnliche Gemeinschaft auch die *„Befugnis, über Einkommen und Vermögensgegenstände des Partners zu verfügen“*.
Auch das wurde von der schwarz-roten Bundesregierung als Kriterium für die Vermutung, dass eine Einstandsgemeinschaft vorliegt, ins SGB II aufgenommen: *„Ein wechselseitiger Wille, ... füreinander einzustehen, wird vermutet, wenn Partner ... befugt sind, über Einkommen und Vermögen des anderen zu verfügen“* (§ 7 Abs. 3a Nr. 4 SGB II). Wenn das (z.B. über eine Kontovollmacht)

nicht gegeben ist, spricht das gegen eine Einstandsgemeinschaft, da sich der Partner nicht einfach das vom anderen nehmen kann, was er zum Leben braucht. Wenn regelmässige Zahlungen für die anteilige Miete und sonstige Aufwendungen auf dem Konto des Mitbewohners eingehen, spricht auch das gegen eine eheähnliche Gemeinschaft (LSG NRW 25.6.2012 - L 19 AS 1397/11; LSG Baden-Württemberg 12.1.2006 - L 7 SO 5532/05 ER-B).

E

1.4 Die wichtigste Voraussetzung wäre: Freiwillige Sicherung des gemeinsamen Lebensunterhalts, vorrangig vor den eigenen Bedürfnissen und Verpflichtungen

„Die Bundesregierung geht von den vom Bundesverfassungsgericht aufgestellten Voraussetzungen für das Bestehen einer eheähnlichen Gemeinschaft aus." Das behauptete sie zumindest (BMAS am 9.5.2006 in der Antwort auf eine Kleine Anfrage BT-Drs. 16/1328).

Teilweise stimmt das sogar, denn das Gericht hat erklärt, dass sich eine eheähnliche Gemeinschaft *„in der Verwaltungspraxis nur anhand von **Indizien** feststellen"* lasse (BVerfG 17.11.1992, ebenda). Gemeint sind die unter 1.3.2 ff. genannten Hinweistatsachen, die – mit Ausnahme des *„langjährigen Zusammenlebens"* – in das SGB II aufgenommen wurden.

Das BVerfG widerspricht sich aber letztlich selbst, denn es stellt auch fest, dass entscheidend für die eheähnliche Gemeinschaft nicht Indizien sind, nach denen eine Unterstützung erwartet werden kann, sondern ob diese Unterstützung tatsächlich erfolgt.

„Nur wenn sich die Partner einer Gemeinschaft so sehr füreinander verantwortlich fühlen, dass sie zunächst den gemeinsamen Lebensunterhalt sicherstellen, bevor sie ihr persönliches Einkommen zur Befriedigung eigener Bedürfnisse verwenden, ist ihre Lage mit derjenigen nicht dauernd getrennt lebender Ehegatten im Hinblick auf die verschärfte Bedürftigkeitsprüfung vergleichbar." (Ebenda)

Hier geht es nicht um Indizien, sondern um reale Zahlungen, die ausschließlich vom **Willen** der Beteiligten abhängen.

Die Einstandsgemeinschaft ist aufgelöst (oder besteht nicht), wenn ein Partner sein Einkommen und Vermögen ausschließlich zur Befriedigung eigener Bedürfnisse oder zur Erfüllung eigener Verpflichtungen verwendet. (Ebenda)

Letztlich entscheidend ist also nicht die innere Bindung, die zu der Annahme bzw. der Erwartung führt, dass der eine den anderen voll unterstützt (§ 7 Abs. 3 Nr. 3c SGB II), sondern die reale Unterstützung.

Die Bundesregierung dagegen beschränkt sich auf **Erwartungen**, unabhängig davon, ob die Unterstützung real geleistet wird oder nicht. Das senkt die Ausgaben. Das LSG Berlin-Brandenburg unterstützt das: *„Maßgeblich ist allein, ob sie [die Partner] in Verhältnissen leben, welche eine solche Unterstützung erwarten lassen."* (2.3.2006 - L 14 B 18/06 AS ER)

Nach Auffassung des Bundesverfassungsgerichts jedoch liegt keine *„eheähnliche"*, d.h. mit einer Ehe vergleichbare Gemeinschaft vor, wenn jemand sein Einkommen und Vermögen **zunächst für seine Bedürfnisse** verwendet, **bevor** er seinen Partner unterstützt.

„Die Ehegatten sind einander verpflichtet, durch ihre Arbeit und mit ihrem Vermögen die Familie angemessen zu unterhalten."

Die eheähnliche Gemeinschaft kann also nur dann gegeben sein, wenn die Unterhaltspflicht durch freiwillige tatsächliche Leistungen ersetzt wird. Deshalb *„können Leistungen nur dann entfallen, wenn sie durch andere Leistungen in gleicher Höhe tatsächlich ersetzt werden"* (SG Düsseldorf, 19.5.2005 - S 35 AS 112/05 ER, vor der Gesetzesänderung 2006).

Die eheähnliche Gemeinschaft begründet keinen einklagbaren Unterhaltsanspruch. Deshalb kann jemand nicht auf das Einkommen eines anderen verwiesen werden, wenn dieser nicht zahlt. *„Eine ‚eheähnliche Gemeinschaft' kann daher nur angenommen werden, wenn die Partner ausdrücklich bestätigen [finanziell] – auch in Zukunft – füreinander einstehen zu wollen, denn nur so ist das Kriterium der ‚Eheähnlichkeit', das in Anlehnung an § 1360 BGB ein gegenseitiges ‚Unterhalten' fordert, erfüllt."* (SG Dresden 18.5.2005 - S 23 AS 175/05 ER, vor der Gesetzesänderung 2006)

Leider entspricht die „fortschrittliche“ Rechtsprechung vergangener Tage schon lange nicht mehr den finanziellen Interessen von Kapital, Regierung, Bundestag und Behörden.

2. Zwangsverehelichung per Gesetz

HzL/Grundsicherung der Sozialhilfe

Hier gelten (noch) die unter 1. ff. beschriebenen Beurteilungskriterien zur Feststellung, ob eine eheähnliche Einstandsgemeinschaft vorliegt oder nicht. Neben den entsprechenden Indizien muss vor allem der **innere Wille** vorhanden sein, Einkommen und Vermögen vorrangig für den Partner anstatt für eigene Bedürfnisse einsetzen zu wollen. Das SGB XII enthält keine gesetzlich normierten Positivkriterien, nach denen die Behörde das Vorliegen einer eheähnlichen Gemeinschaft vermuten darf. Ob eine solche Gemeinschaft vorliegt, dafür trägt das **Sozialamt** die **Beweislast**.

Tipp Häufig legen Sozialämter bereits die verschärften Maßstäbe an, die gesetzlich erst beim Alg II zum Tragen kommen (s.u.). Streicht Ihnen das Sozialamt z.B. mit der Begründung die Leistung, Sie würden länger als ein Jahr mit Ihrem Partner zusammenleben und der könnte nun schließlich für Sie aufkommen, müssen Sie sich mit ⇨Widerspruch und ggf. ⇨einstweiliger Anordnung dagegen wehren.

Alg II

Die „herrschende Meinung“ zur eheähnlichen Gemeinschaft, die das BVerfG und die Rechtsprechung geformt haben, hat die schwarz-rote Bundesregierung mit der zweiten **Hartz-IV-Verschärfung** über den Haufen geworfen. Seit Sommer 2006 wird bei SGB-II-Leistungsberechtigten „Kraft“ **Vermutung** der Behörde die **freiwillige Bereitschaft**, für den anderen einstehen zu wollen, ersetzt durch den **Zwang** es zu tun, sobald feststehende Kriterien erfüllt sind.

„*Ein wechselseitiger Wille, Verantwortung füreinander zu tragen, und füreinander einzustehen, wird* ***vermutet****, wenn Partner*

1. länger als ein Jahr zusammenleben,

2. mit einem gemeinsamen Kind zusammenleben,

3. Kinder oder Angehörige im Haushalt versorgen oder

4. befugt sind, über Einkommen oder Vermögen des anderen zu verfügen.“

(§ 7 Abs. 3a SGB II)

Eigene Verpflichtungen, wie z.B. Unterhalt an ein leibliches Kind aus einer anderen Beziehung, Schulden usw. sind dann bedeutungslos und die Bedürfnisse eines Partners und ggf. seiner Kinder haben regelmäßig Vorrang, sobald Sie als Paar z.B. „nur“ ein Jahr zusammenleben. Dann greift die Vermutung, dass Partner füreinander einstehen und Sie müssen beweisen, dass diese nicht zutrifft. Dabei reicht es nicht aus, darzulegen, dass Sie dem Partner keinen Unterhalt leisten, sondern Sie müssen anhand von **äußeren Tatsachen** glaubhaft machen, dass der **innere Wille** nicht vorhanden ist, für den anderen einzustehen. Das ist die Quadratur des Kreises.

Allerdings dürfen an diesen „*Gegenbeweis nicht so hohe Anforderungen gestellt werden, dass er im Ergebnis unmöglich wird ... Dies ergibt sich aus verfassungsrechtlicher Sicht auch schon daraus, dass das BVerfG in seinem Urteil vom 9. Februar 2010 [1 BvL 1/09 u.a., Rz. 136] nochmals darauf hingewiesen hat, dass Hilfesuchende nicht auf Ansprüche gegen andere verwiesen werden dürfen, die sie nicht durchsetzen können, weil ihnen insoweit kein subjektives Recht zur Seite steht.*“ (Landessozialgericht Niedersachsen-Bremen 12.12.2011 - L 11 AS 79/11 B ER)

„*... die Vermutung ist als widerlegt anzusehen, wenn nach verständiger Würdigung der wechselseitige Wille der Partner anzunehmen ist, keine Verantwortung füreinander zu tragen und nicht füreinander einzustehen.*“ (LSG Sachsen 24.7.2007 - L 3 B 198/07 AS-ER; 9.1.2008 - L 3 B 552/07 AS-ER; nach Geiger 2014, 79)

2.1 Umkehr der Beweislast

Grundsätzlich gilt für Träger von Sozialleistungen: „*Die Behörde ermittelt den Sachverhalt von Amts wegen.*“ (§ 20 Abs. 1 SGB X) „*Die Behörde hat alle für den Einzelfall bedeutsamen, auch für die Beteiligten günstigen Umstände zu berücksichtigen.*“ (§ 20 Abs. 3 SGB X)

Früher hatte das Amt die Beweislast dafür, ob jemand tatsächlich sein Einkommen und Vermögen vorrangig für den Partner ausgibt oder nicht. So argumentierte auch das BVerwG (24.6.1999 - 5 B 114/98).

Heute haben Jobcenter bei unverheirateten Paaren die ausdrückliche Genehmigung des Gesetzgebers, diese Amtsermittlungspflicht außer Acht zu lassen. Aufgrund des bloßen Zusammenlebens zweier Partner können nach starren Kriterien Alg-II-Leistungen versagt werden. Heute liegt die Beweislast bei den betroffenen Paaren, die diese behördliche Unterhaltsvermutung zu widerlegen haben.

Dieser Rückschritt trat am 1.8.2006 mit dem „*Fortentwicklungsgesetz*" in Kraft, in dessen Begründung es heißt: „*Die Vermutung kann vom Betroffenen widerlegt werden. Ausreichend ist nicht die Behauptung, dass der Vermutenstatbestand nicht erfüllt sei; erforderlich ist, dass der Betroffene darlegt und nachweist, dass alle Kriterien des § 7 Abs. 3a nicht erfüllt werden bzw. die Vermutung durch andere Umstände entkräftet wird.*" (BT - Drs. 16/1410, 19)

Alle **Kriterien** für das Vorliegen einer Einstandsgemeinschaft nicht zu erfüllen, ist auf die Dauer unmöglich. Spätestens wenn Partner **länger als ein Jahr** zusammenleben, ist ein Kriterium erfüllt und man wird von den „Standesbeamten" des Jobcenters gegen seinen Willen verheiratet.

Die **Vermutung**, nach einem Jahr faktisch eine Ehe eingegangen zu sein, kann allein durch die Erklärung, das nicht zu **wollen**, nicht entkräftet werden, sondern letztlich nur „*durch andere Umstände*". Hierin besteht die Umkehr der Beweislast: Ihnen wird ein „*innerer Wille*" angedichtet, der durch äußeren Umstand gegeben sein soll, egal ob Sie ihn in sich tragen oder nicht.

2.2 Die Vermutung einer Verantwortungs- und Einstandsgemeinschaft greift erst

wenn die unter ⇨1.1 und ⇨1.2 beschriebenen **objektiven Voraussetzungen** (Partnerschaft sowie Wohn- und Wirtschaftsgemeinschaft) erfüllt sind. Erst dann können zur Vermutung der **subjektiven Voraussetzung** (Verantwortungs- und Einstandsgemeinschaft) die unter ⇨2. beschriebenen Kriterien herangezogen werden.

2.3 Eheähnlich schon nach kurzem Zusammenleben?

„*Bei Partnern, die kürzer als ein Jahr zusammen leben, können nur besonders gewichtige Gründe die Annahme einer Einstandsgemeinschaft im Sinne von § 7 Abs. 3 Nr. 3c SGB II rechtfertigen.*" (LSG NRW 4.7.2007 - L 19 B 56/07 AS ER)

Ein **wichtiger Grund** für die Vermutung einer Einstandsgemeinschaft kann – selbst wenn keines der unter 2. genannten Kriterien zutrifft – vorliegen,

- wenn beide Partner ihr Vermögen für den Kauf eines gemeinsamen Kfz zusammenlegen,
- wenn einer für den anderen Schulden zurückzahlt (LSG NRW 7.2.2007 - L 1 B 45/06 AS ER),
- bei Begünstigung des Partners in einer Versicherungspolice (LSG Sachsen 13.9.2007 - L 2 B 312/07 AS-ER),
- wenn die Wohnung für das Zusammenleben umgebaut wird (VGH Baden-Württemberg 14.4.1997 - FEVS 48, 29) oder
- wenn ein Partner für den anderen und dessen Kind in der Vergangenheit freiwillig für den Unterhalt aufgekommen ist (LSG Niedersachsen-Bremen 9.5.2012 - L 13 AS 105/11).

2.4 Zwangsverehelichung bei der Antragstellung

In der Jobcenter-Praxis kommt es immer wieder vor, dass Paare **vom ersten Tag des Zusammenzuges** an als eheähnliche Einstandsgemeinschaft behandelt werden.

Oft passiert das, weil aus Unwissenheit im **Antragsformular** angegeben wird,

- dass man mit der Partnerin/ dem Partner „*in einer Verantwortungs- und Einstehensgemeinschaft („eheähnliche Gemeinschaft")*" lebt (Hauptantrag 2.), ohne zu wissen, was das überhaupt bedeutet. Hier sollten Sie das Kreuz nur setzen, wenn Sie tatsächlich mit der anderen Person „*aus einem Topf wirtschaften*", d.h. eine Wohn- **und** Wirtschaftsgemeinschaft (Haushaltsgemeinschaft) bilden und sie als Partner **füreinander einstehen** wollen.

Oder

- das im *Haushalt (eine)* „*weitere Person/en*" wohnt/ wohnen „*die nicht zur Bedarfsge-*

*meinschaft, jedoch zur **Haushaltsgemeinschaft** gehört/ gehören"* (Hauptantrag 2.2).
Wurde die erste Frage mit *„Ja"* beantwortet, sollen Sie in der *„**Anlage VE** - Verantwortungs- und Einstehensgemeinschaft"* angeben, ob eine der unter ⇨2. erläuterten Kriterien zutrifft. Trifft keiner der der Kriterien zu, haben Sie Gelegenheit zu erklären, dass Sie mit Ihrer Partnerin/ Ihrem Partner (oder einfach nur Mitbewohner/in) **nicht** in einer Einstandsgemeinschaft zusammenleben und **warum nicht**.

Tipp Hier sollten Sie möglichst keine Angaben machen. Sie müssen sich nicht erklären, wenn die Vermutungsregelung nicht greift und Ihr Partner sein Einkommen und Vermögen nicht **vorrangig für Sie** einsetzen will, bevor er **seine eigenen** Bedürfnisse und Verpflichtungen erfüllt.

Falls Sie die Ausfüllhinweise der BA zur Hand haben, werden Sie ebenfalls in die Falle gelockt: *„Trotz der Vermutungsregelung ist es nicht ausgeschlossen, dass auch andere äußere Tatsachen das Vorliegen einer Verantwortungs- und Einstehensgemeinschaft begründen können. ... Hierzu kann es erforderlich sein, weitere Daten zu erheben."* (Ausfüllhinweise der BA zum Antragsvordruck Arbeitslosengeld II, AH.01.2016, 6)
Es fragt sich nur, wann die Ermittlungsverpflichtung der Behörde ausgelöst wird. Die gemeinsame Nutzung einer Wohnung ist nicht ausschlaggebend, sondern das **partnerschaftliche Verhältnis** und **gemeinsames Wohnen und Wirtschaften** *„aus einem Topf"*.

Ohne weitere, besonders gewichtige Gründe (s.o.) wird regelmäßig davon auszugehen sein, dass eine Einstandsgemeinschaft **frühestens nach einem Jahr vorliegt** und eine entsprechende Vermutung des Jobcenters ins Leere läuft.

2.4.1 Antrag falsch ausgefüllt?

Was Sie unter Haushaltsgemeinschaft, Verantwortungs- und Einstandsgemeinschaft oder eheähnlicher Gemeinschaft verstehen und was die herrschende Rechtsauffassung ist, kann völlig verschieden sein.

„Soweit sich der Antragsteller selbst als in eheähnlicher Gemeinschaft lebend ansieht, hat dies isoliert betrachtet, kaum Bedeutung, da zu dieser Feststellung eine juristische Wertung unter Beachtung der Rechtsprechung erforderlich ist, die juristischen Laien regelmäßig nicht abverlangt werden kann." (LSG NRW 21.12.2005 - L 19 B 81/05 AS ER; ebenso 17.2.2006 - L 19 B 85/05 AS ER)

Tipp Haben Sie bei der Antragstellung irrtümlich angekreuzt, Sie bilden mit dem Mitbewohner eine Haushaltsgemeinschaft oder erklärt, Sie wären eine *„Einstehensgemeinschaft"*, ohne sich der rechtlichen Tragweite der Begriffe bewusst zu sein, und wollen aber Ihr Einkommen und Vermögen nicht voll füreinander einsetzen, können Sie Ihre Erklärung jederzeit wieder zurückziehen.

2.5 Was tun, wenn das Amt die Zahlung streicht, weil Sie länger als ein Jahr zusammenleben?

Wenn Ihr Partner gegen seinen und Ihren Willen mit Ihnen zwangsverheiratet wird, müssten Sie erklären, dass er die ihm unterstellten Pflichten nicht anerkennt und Sie keine Zahlungen oder keine ausreichenden Zahlungen von ihm bekommen. Wenn Sie über kein oder kein ausreichendes Einkommen verfügen, muss die Behörde grundsätzlich Leistungen erbringen.
Sie darf Sie nicht durch voreilige Leistungseinstellung einer **Notlage aussetzen**. Demnach muss das Amt zuvor die **Gewissheit** haben, dass Ihre Existenz (und ggf. die Ihrer Kinder), der Krankenversicherungsschutz usw. durch tatsächliche Unterhaltsleistungen des Partners sichergestellt sind. Ist eine solche Gewissheit nicht zu erreichen, ist die Leistung **zumindest** vorläufig nach § 328 SGB III zu bewilligen (LSG NRW 6.9.2007 - L 20 B 136/07 AS ER; LSG Berlin-Brandenburg 5.9.2006; nach Geiger 2014, 83.).

Haben Sie die Vermutung widerlegt, dass eine Einstandsgemeinschaft vorliegt, und können konkreten Tatsachen, die dies belegen, nicht ermittelt werden, trägt das Jobcenter die Beweislast, dass Sie nicht mehr auf Leistungen zum Lebensunterhalt angewiesen sind (LSG Sachsen 7.1.2011 - L7 AS 115/09; ebenda).

Tipp Wenn sich die Behörde dennoch weigert zu zahlen, müssten Sie eine ⇨einstweilige Anordnung vor Gericht beantragen. Das geht allerdings erst, wenn Sie Ihre bereiten Mittel zum Lebensunterhalt bereits verbraucht haben, z.B. weil Not-Darlehen von Dritten nicht weiter gezahlt werden und/ oder Ihr „Schonvermögen" aufgebraucht ist.

E

Selbst wenn Ihre Freundin/Ihr Freund Ihnen im Rahmen der **Nothilfe** anstelle des Amts einen Vorschuss zahlt bzw. Ihre Mietzahlungen stundet, ist damit noch nicht bewiesen, dass jetzt die Einstandsgemeinschaft besteht. *„Die Intention, bedarfsdeckende Leistungen ... nur vorschussweise im Wege der ‚Nothilfe' anstelle des Sozialhilfeträgers zu erbringen, ist unvereinbar mit der Annahme einer eheähnlichen Gemeinschaft."* (BVerwG 17.5.1995. NJW 1995, 2803 in Bezug auf Sozialhilfe; SG Freiburg 21.7.2006 - S 9 AS 3120/06 ER in Bezug auf Alg II)
Ansonsten könnten Jobcenter eine eheähnliche Gemeinschaft erzwingen, indem sie einfach bei allen Zusammenwohnenden nach einem Jahr die Leistungen einstellt und dadurch den Partner zwingt, z.B. die Mietzahlungen zu stunden oder Unterhalt zu leisten.

Tipp Wenn eine Behörde offensichtlich nur den **Auszug** des Mitbewohners/ Partners als Beweis dafür akzeptiert, dass keine faktische Ehe existiert, kann dieser damit drohen, aus der gemeinsamen Wohnung auszuziehen. Die Behörde müsste dann zumindest zeitweise die volle Miete zahlen und müsste für spätere Umzugskosten aufkommen, weil die Wohnung dann für Sie zu groß ist. Sie hätte dann Ihr Zusammenwohnen erfolgreich verhindert und würde auf den höheren Kosten sitzen bleiben. Das Gleiche gilt, wenn Sie aus der Wohnung des Partners ausziehen. So können Sie der Behörde die möglichen Folgen ihres Handelns deutlich vor Augen führen.

2.6 Versagung der Leistung aufgrund fehlender Mitwirkung?

Wenn das Amt mit welcher Begründung auch immer **feststellt**, dass eine Einstandsgemeinschaft vorliegt und Sie auffordert, Nachweise über das Einkommen und Vermögen des vermeintlichen Partners einzureichen, können Sie möglicherweise diese Nachweise gar nicht erbringen. Vielleicht ist Ihr Partner/ Mitbewohner der Ansicht, dass er nicht gesetzlich zum Unterhalt und zur Offenlegung seiner persönlichen Verhältnisse verpflichtet ist. Wenn er die geforderten Nachweise nicht freiwillig herausrückt, haben Sie keinen Zugang zu Dokumenten.

Tipp Legen Sie gegenüber der Behörde schriftlich dar, dass ihr Partner nicht bereit ist, Ihnen seine persönlichen Unterlagen zur Vorlage beim Amt auszuhändigen. Das kann auch als Indiz dafür gewertet werden, dass keine eheähnliche Gemeinschaft besteht.

Sie haben dann alles Mögliche getan, um Ihre Mitwirkungspflichten zu erfüllen. Die Behörde darf Ihnen dann nicht mit Verweis auf § 66 SGB I (Folgen fehlender Mitwirkung) Leistungen versagen (LSG Niedersachsen-Bremen 14.1.2008 - L 7 AS 772/07 ER).
Das Jobcenter muss also zunächst das Vorliegen einer eheähnlichen Gemeinschaft **feststellen**, um daraufhin die Auskunft direkt **beim Partner** einzuholen (LSG Bayern 29.5.2006 - L7 B 235/06 AS ER). Näheres ⇨6.1

3. Statt eheähnlicher Gemeinschaft, allenfalls Haushaltsgemeinschaft?

Wenn Ihr Partner sein Einkommen und Vermögen nicht voll für Sie einsetzen will, Sie aber gemeinsam wohnen und wirtschaften, bilden Sie keine Verantwortungs- und Einstandsgemeinschaft, also keine eheähnliche Gemeinschaft. Sie sind allenfalls eine ⇨Haushaltsgemeinschaft.

Alg II
Auf dieser Grundlage kann bei Alg-II-Beziehenden aber nur dann *„vermutet"* werden, dass Sie materiell unterstützt werden, wenn Sie mit einem Verwandten oder Verschwägerten zusammenleben (§ 9 Abs. 5 SGB II). Ein Freund ist aber noch lange kein Verwandter, erst recht kein Verschwägerter. Deshalb darf gar nichts vermutet werden, wenn Sie keine eheähnliche Gemeinschaft sind.

Sozialhilfe / HzL
Im § 20 SGB XII, der die eheähnliche Gemeinschaft regelt, steht als zweiter Satz:

„§ 39 gilt entsprechend" (⇨Einleitung des Stichworts).

Im § 39 SGB XII steht klipp und klar: *„Soweit ... die nachfragende Person von den Mitgliedern der Haushaltsgemeinschaft keine ausreichenden Leistungen zum Lebensunterhalt erhält, ist ihr Hilfe zum Lebensunterhalt zu gewähren."* (§ 39 Satz 2 SGB XII)

Das ist korrekt: Nur in dem Maße, wie der Partner Sie tatsächlich unterstützt, kann die Hilfe für Sie gekürzt werden.

GSi

Bei Bezug von **GSi** ist ausdrücklich bestimmt, dass die Unterhaltsvermutung innerhalb einer Haushaltsgemeinschaft nicht zum Tragen kommt: *„§ 39 Satz 1 ist nicht anzuwenden."* (§ 43 Abs. 6 SGB XII neu).

4. Volle „Unterhaltspflicht" für die Kinder des Partners?

Laut SGB II bilden eheähnliche Partner auch eine **Bedarfsgemeinschaft** mit den Kindern ihrer Partnerin/ ihres Partners. Sie sollen ihr Einkommen und Vermögen voll für diese einsetzen, bis sie 25 Jahre alt geworden sind. Schlagen Sie nach unter ⇨Bedarfsgemeinschaft, 3.3 f.

5. Eheähnliche Gemeinschaften von gleichgeschlechtlichen Lebenspartnern

Unter Lebenspartnern sind im SGB II und SGB XII nur gleichgeschlechtliche Lebenspartner nach dem Lebenspartnerschaftsgesetz zu verstehen (§ 33b SGB I).

„Zwei Personen gleichen Geschlechts begründen eine Lebenspartnerschaft, wenn sie gegenseitig ... erklären, miteinander eine Partnerschaft auf Lebenszeit führen zu wollen. ... Die Erklärungen werden wirksam, wenn sie vor der zuständigen Behörde erfolgen." (§ 1 Abs. 1 Lebenspartnerschaftsgesetz) Die Lebenspartner sind dann zum gegenseitigen Unterhalt verpflichtet, als ob sie Ehegatten wären (§§ 1360a und b BGB).

Konsequenterweise wurde die Konstruktion eheähnliche Gemeinschaft mit der Neufassung des SGB II/ XII zum 1.8.2006 auch auf **nicht eingetragene** gleichgeschlechtliche Partnerschaften als ***„lebenspartnerschaftsähnliche Gemeinschaften"*** angewandt (§ 7 Abs. 3 Nr. 3c SGB II; § 20 SGB XII). Für die Grundsicherung im Alter gilt das seit 2011 (§ 43 Abs. 1 SGB XII).

Alle gleichgeschlechtlichen Personen, die länger als ein Jahr in einer Zweier-Wohngemeinschaft zusammenleben, könnten demnach unter **Verdacht** geraten, eine *„lebenspartnerschaftsähnliche Gemeinschaft"* zu bilden. Wenn einer der zusammen wohnenden Personen auf Alg II angewiesen ist, müsste diese ggf. gegenüber dem Jobcenter offenbaren, ob sie eine homosexuelle Beziehung führt oder nicht, um den Verdacht zu bestätigen oder zu **entkräften**. Damit laufen auch solche Wohnformen – wie zuvor die eheähnliche Gemeinschaft – Gefahr, von „Sozialdetektiven" überprüft zu werden. Das würde aber dem Urteil des BVerfG vom 17.11.1992 zuwiderlaufen, in dem ausdrücklich erklärt wird, dass sexuelle Beziehungen nicht erforscht werden dürfen. Sozialdaten über Ihr Sexualleben dürfen nur erhoben werden, wenn Sie dem zustimmen (§ 67b Abs. 1 SGB X).

Tipp Bevor das Jobcenter von einer gleichgeschlechtlichen *„lebenspartnerschaftsähnlichen Gemeinschaft"* ausgeht, müssen **konkrete Hinweise** vorliegen, die es rechtfertigen Sie mit den entsprechenden Fragen zu konfrontieren. Ein „Bauchgefühl" des Sachbearbeiters reicht hierzu nicht aus. Bestehen Sie auf einen **begründeten** Feststellungsbescheid, dass eine Einstandsgemeinschaft vorliegt.

6.1 Auskunftspflicht des Partners über dessen Einkommen und Vermögen

Auskunftspflichtig sind Partner, wenn sie angeben, eine eheähnliche Gemeinschaft zu führen. Wenn eine Person erklärt, keine eheähnliche Gemeinschaft mit einem Mitbewohner zu bilden, gehört sie weder einer Haushaltsgemeinschaft an (nur bei Verschwägerten und Verwandten) noch einer Bedarfsgemeinschaft mit ihrem Mitbewohner. Dann gilt: *„Weder dieser [der Mitbewohner] noch sie selbst sind daher zu Angaben über ihre [gemeinsamen] persönlichen Verhältnisse verpflichtet."* (BVerfG 2.9.2004 - 1 BvR 1962/04)

Indem SPD/ CDU Alg-II-Beziehende ab 1.8.2006 nach einem Jahr Zusammenleben zu einer eheähnlichen Bedarfsgemeinschaft zwangsverheiraten, wollen sie auch die Auskunftspflicht auf alle Personen ausdehnen, die länger als ein Jahr zusammenleben. *„Sind Einkommen oder Vermögen des Partners zu berücksichtigen [das ist der Fall, weil nach einem Jahr eine Bedarfsgemeinschaft unterstellt wird], haben 1. dieser Partner ... der Agentur für Arbeit auf Verlangen hierüber Auskunft zu erteilen ...*" (§ 60 Abs. 4 SGB II).

E

Wenn die Einstandsgemeinschaft nach einem Jahr einfach unterstellt wird und Ihnen die Existenzmittel entzogen werden, übt das allerdings einen realen Zwang aus: Ihr Partner wäre gezwungen, seine finanziellen Verhältnisse offen legen, um nachzuweisen, dass er eigene vorrangige Bedürfnisse und Verpflichtungen hat, die er zuerst befriedigt, und somit nicht einem Verheirateten gleichgestellt werden kann.
Wenn Ihr Partner über seine Einkommens- und Vermögensverhältnisse aber keine Auskunft geben will, weil er eine Einstandsgemeinschaft wie in einer Ehe bestreitet, darf Ihnen allein wegen der fehlenden Mitwirkung des Partners Alg II **nicht** versagt werden (⇨2.5). Der hilfebedürftige Partner selbst kann nicht dazu verpflichtet werden, über die Einkommens- und Vermögensverhältnisse der mit ihm zusammenlebenden Person Auskunft zu geben (LSG Niedersachsen-Bremen 14.1.2008 - L 7 AS 772/07 ER).

Die Behörde muss zuerst die Einstandsgemeinschaft **feststellen**, bevor sie vom Partner direkt Auskunft verlangen kann (LSG Bayern 29.5.2006 - L7 B 235/06 AS ER; VG Breisgau 8.4.2003 - 8 K 672/01).
Zur Feststellung der Einstandsgemeinschaft kann das Jobcenter den Partner/ Mitbewohner nach § 12 Abs. 2 SGB X zur Überprüfung der Leistungsvoraussetzungen hinzuziehen und nach § 21 Abs. 2 SGB X verpflichten, Tatsachen und Beweismittel anzugeben. Außerdem kann der vermeintliche Partner vom Jobcenter auch als Zeuge vernommen werden (BSG 16.5.2007 - B 11b AS 37/06 B; nach Geiger 2014, 81).
Werden Auskünfte über die persönlichen Verhältnisse des Partners **nicht freiwillig** herausgegeben, muss das Jobcenter zur Durchsetzung der Auskunftspflicht die folgenden Voraussetzungen für ein nachvollziehbares Feststellungs- und Auskunftsverfahren erfüllen:

a) Das Rechtsverhältnis „Verantwortungs- und Einstehensgemeinschaft" muss unter Würdigung der maßgeblichen Hinweistatsachen und Tatbestandsvoraussetzungen von der Behörde durch einen widerspruchsfähigen Verwaltungsakt festgestellt werden.
b) Der hilfebedürftige Partner muss die Einwilligung erteilen, dass Auskünfte vom nichthilfebedürftigen Partner eingeholt werden können. Diese Einwilligung kann im Rahmen der Mitwirkungspflicht (§§ 60 ff. SGB I) durch die Behörde eingefordert werden.
c) Die Auskunfts- und Mitwirkungspflicht des vermeintlich unterhaltspflichtigen Partners nach § 60 Abs 4 Satz 1 Nr. 1 SGB II muss durch einen Verwaltungsakt bekannt gemacht, und kann bei fortgesetzter Weigerung auf dem Weg der Verwaltungsvollstreckung durchgesetzt werden.
d) Kommt der zur Auskunft verpflichtete Partner der Aufforderung nicht nach, droht ihm ein **Bußgeld** bis zu 2.000 € (§ 63 Abs. 2 SGB II).

Auch im Rahmen der ⇨Haushaltsgemeinschaft gibt es eine Auskunftspflicht, aber nur wenn *„unwiderlegt vermutet wird, dass Sie Leistungen zum Lebensunterhalt an andere Mitglieder der Haushaltsgemeinschaft erbringen"* (§ 117 Abs. 1 Satz 3 SGB XII; ähnlich § 60 Abs. 2 SGB II i.V. mit § 7 Abs. 3a SGB II). Das gilt bei Alg II allerdings nur zwischen Verwandten und Verschwägerten.

6.2 ⇨Hausbesuche

tragen nicht dazu bei, festzustellen, ob eine eheähnliche Gemeinschaft existiert, d.h. ob auf Freiwilligkeit beruhende Unterstützungsleistungen tatsächlich gezahlt werden, die der gesetzlichen Unterhaltspflicht entsprechen (LSG Hessen 29.6.2005 - L 7 AS 1/05 ER und 21.7.2005 - L 7 AS 29/05 ER; SG Düsseldorf 22.4.2005 - S 35 AS 119/05 ER).
Sie sind ungeeignet, das Bestehen einer eheähnlichen Gemeinschaft zu belegen (SG Lüneburg 20.4.2006 - S 25 AS 385/06 ER; LSG Sachsen-Anhalt 22.4.2005 L 2 B 9/05 AS ER).

Die Ablehnung eines Hausbesuchs darf folglich auch nicht als Eingeständnis einer eheähnlichen Gemeinschaft gewertet werden oder eine **Leistungsversagung** aufgrund fehlender Mitwirkung nach sich ziehen. Sie ist durch das Grundrecht der Unverletzlichkeit der Wohnung gedeckt. (LSG Baden-Württemberg 22.1.2008 - L 7 AS 6003/07 ER-B; SG Lübeck 14.2.2008 - AS 106/08 ER).

Tipp Wenn die Behörde Sie aber mit Nachweisverpflichtungen überzieht, weil Sie eine Einstandsgemeinschaft mit einem Mitbewohner vermutet, können Sie eine „*Inaugenscheinnahme*" ihrer Wohnung auch **offensiv** dazu **nutzen**, den Verdacht auszuräumen. Wenn die räumliche Aufteilung und getrennte Privatsphären in der Wohnung offensichtlich auf eine Wohngemeinschaft hindeuten, können Sie einen Hausbesuch zur Klärung einfordern. Vereinbaren Sie mit der Behörde einen Termin, ziehen Sie eine Person Ihres Vertrauens als Zeugen hinzu, nehmen Sie Einblick in das Prüfprotokoll und lassen Sie sich möglichst eine Kopie davon aushändigen.

6.3 Ermittlungen über Befragungen Dritter

Die Behörde darf ohne Ihr Einverständnis und ohne Ihr Wissen nicht bei Nachbarn, Freunden, Vermietern usw. Ermittlungen dazu anstellen, ob Sie in einer eheähnlichen Gemeinschaft leben (SG Düsseldorf 23.11.2005 - S 35 AS 343/05 ER).

Tun Ermittler das dennoch, erheben sie unbefugt Sozialdaten. Das ist ordnungswidrig und kann mit einem Bußgeld bis zu 300.000 € geahndet werden (§ 85 Abs. 2 Nr. 1 und Abs. 3 SGB X). Grundsätzlich sind Befragungen Dritter und verdeckte Ermittlungen durch Sozialdetektive rechtswidrig (OVG Thüringen 25.11.2010 - 8 KO 527/08).

Das LSG NRW sah eine Observation allerdings als zulässig an, wenn datenschutzrechtliche Vorgaben eingehalten und weniger belastende Maßnahmen keine belastbaren Erkenntnisse einbringen (8.6.2012 - L 12 AS 201/11 B ER; nach Geiger 2014, 80).

Information

Christian Armborst, Verfahrensfragen zur Auskunftspflicht nichtehelicher Partner, info also 4/2007, 147

Franke Brosius-Gersdorf, Bedarfsgemeinschaft im Sozialrecht – Nichteheliche und nichtlebenspartnerschaftliche Lebensgemeinschaften als Verantwortungs- und Einstandsgemeinschaften in den Not- und Wechselfällen des Lebens, NZS 2007 Heft 8, 410

Ulrich Sartorius, Eheähnliche Gemeinschaft in: Ralf Rothkegel (Hrsg.), Sozialhilferecht, Baden-Baden 2005, 326-332

Kritik

„*Künftig muss es [für eine Einstandsgemeinschaft] genügen, wenn zwei zusammen leben und sich Bett und Schrank teilen.*" So stellt sich Peter Clever, Mitglied der Hauptgeschäftsführung der Bundesvereinigung der Deutschen Arbeitgeberverbände (BDA), die eheähnliche Gemeinschaft der Zukunft vor (focus Nr. 1/2006). Clever ist auch Vize-Vorsitzender des Verwaltungsrats der Bundesagentur für Arbeit.

Aber: „*Es sind mittlerweile viele Fälle bekannt, in denen Männer und Frauen über viele Jahre zusammen leben, ohne eine Not- und Einstehensgemeinschaft zu bilden. Während früher das Zusammenleben von Mann und Frau stets die Vermutung einer „Einstehensgemeinschaft" erlaubt haben mag, ist die Annahme von der gesellschaftlichen Realität nicht mehr gedeckt.*" (LSG Niedersachsen-Bremen 6.3.2006 - L 9 AS 89/06)

Der Standpunkt des Kapitals ist reaktionär (rückwärtsgewandt), weil das seinem ökonomischen Interesse nützt: Da es für Arbeitskräfte, die es aussortiert, nicht „unterhaltspflichtig" gemacht werden will, hat es das Interesse, die Unterhaltspflichten der Lohnabhängigen untereinander maximal auszudehnen. Je weniger der Staat für Erwerbslose ausgibt, desto mehr können Gewinnsteuern gesenkt werden.

Zwar kennen die Urteile des Bundesverfassungsgerichts von 1992 und 2004 und das Bürgerliche Gesetzbuch keine Unterhaltspflicht für Nichtverheiratete, denn Unterhalt zwischen nicht verheirateten Paaren kann nur auf Freiwilligkeit beruhen. Um aber die Folgen der Arbeitslosigkeit auf die Lohnabhängigen verlagern zu können und den Bezug von Alg II/ Sozialhilfe so ungenießbar wie möglich zu machen, haben Bundesregierung und Bundestag die fehlende Unterhaltspflicht durch behördliche Leistungsverweigerung ersetzt, die den Unterhalt erzwingen soll. Das fördert Trennungen von Paaren bzw., dass Paare erst gar nicht zusammenziehen.

Die Konstruktion der eheähnlichen Gemeinschaft richtet sich vor allem gegen Frauen. Sie werden rechtlos gestellt, indem sie und ihre Kinder auf einen Unterhaltsanspruch verwiesen werden, den sie gar nicht haben. Ein Grund für die Zunahme eheähnlicher Gemeinschaften ist der Umstand, dass Trennungen einfacher sind als bei Ehen und nicht mit gegenseitigen Unterhaltszahlungen belastet werden. Die Zunahme eheähnlicher Gemeinschaften ist eine indirekte Kritik an der jetzigen Form der Ehe. Auf zwei Ehen, die geschlossen werden, kommt heute mehr als eine, die geschieden wird. 1960 gab es nur eine Scheidung auf zehn Ehen.

Eheähnliche Gemeinschaften sind trotz der Vorteile bei Scheidung im Allgemeinen nicht besser, sondern schlechter gestellt als Ehen.

1. Sie werden steuerlich als unverheiratet eingestuft. So etwas wie „*Ehegattensplitting*" gibt es bei eheähnlichen Gemeinschaften nicht. Die Summen, mit denen Alg-II-/Sozialhilfe-Partner unterstützt werden, können bestenfalls steuerlich geltend gemacht werden (BFH 21.9.1993 zur Sozialhilfe NJW 1994, 2811; BFH 30.7.1993 - 111 R 3 8/92 zur Arbeitslosenhilfe; ebenso das Bundesministerium für Finanzen in einem Schreiben vom 28.3.2003 - IV C4 - S 2285 - 16/03).
2. Eheähnliche Partner werden von der Krankenkasse nicht familienversichert, sodass zusätzliche Kosten für Krankenversicherung entstehen.
3. Eheähnliche Gemeinschaften stehen nicht wie die Ehe unter dem Schutz des Grundgesetzes. Sie profitieren demnach nicht von einer Vielzahl weiterer rechtlicher und materieller Privilegien und Schutznormen, die sich durch unsere Rechtsystem ziehen.

Wer sich bewusst gegen die Institution „Ehe" und ihre Vorteile entscheidet oder sich bezüglich einer eingegangenen Bindung noch nicht sicher ist, darf auf der anderen Seite nicht mit Unterhaltspflichten überzogen werden, die sich einzig aus dem bürgerlich-rechtlichen Vertrag der Eheschließung ergeben.

Forderungen

Da die Konstruktion „*eheähnliche Gemeinschaft*" die Bildung fester Partnerschaften und auf Liebe gegründeter Ehen aus kleinlichen finanziellen Erwägungen stört, ist sie abzuschaffen!

Die Bundestagsabgeordneten, die dieses für Erwerbslose und Arme geltende Gesetz beschlossen haben, haben für sich selbst beschlossen, dass bei der Festsetzung ihrer Bezüge nicht geprüft werden darf, ob eine eheähnliche Gemeinschaft besteht (SZ 10./11.2005). Gleichstellung von Erwerbslosen und Armen mit Bundestagsabgeordneten!

Eigenheim/ Eigentumswohnung

1. Kosten der Unterkunft bei Eigenheim/ Eigentumswohnung

Wenn Sie in einem Eigenheim oder einer Eigentumswohnung wohnen, müssen wie bei Mietwohnungen zunächst die *„tatsächlichen Aufwendungen"* als Unterkunftskosten anerkannt werden (⇨Miete).

Inhaltsübersicht:

1.1 Angemessene und unangemessene Kosten für das Eigenheim

Wenn die tatsächlichen Aufwendungen nicht **angemessen** sind, gilt wie bei Mietwohnungen, dass sie solange zu übernehmen sind, *„wie es ... nicht möglich oder nicht zuzumuten ist, durch einen Wohnungswechsel, durch Vermieten oder auf andere Weise die Aufwendungen zu senken, in der Regel jedoch längstens für sechs Monate"* (§ 22 Abs. 1 Satz 3 SGB II; entsprechend: § 35 Abs. 2 Satz 2 SGB XII).

Bei **unangemessen** hohen Kosten von Eigenheimen kann die Frist **im Ausnahmefall** auf 12 Monate erweitert werden (SG Aurich 18.10.2005 - S 25 AS 167/05; SG Aurich 15.12.2005 - S 15 AS 341/05 ER).

Mit Blick auf die **Gleichbehandlung** von Immobilienbesitzern und Mietern schreibt das BSG allerdings auch bei unangemessenen Kosten für selbstgenutztes Wohneigentum eine **„Regelhöchstfrist"** zur Kostensenkung von 6 Monaten vor (BSG 19.9.2008 - B 14 AS 54/07 R, in Bezug auf unangemessene Heizkosten). Nur *„in seltenen Ausnahmefällen"* können die tatsächlichen Kosten für einen längeren Zeitraum übernommen werden, etwa wenn die Unmöglichkeit nachgewiesen wird, eine alternative Unterkunft zu beziehen, oder wenn ein Wohnungswechsel subjektiv unzumutbar ist (BSG 23.8.2011 - B 14 AS 91/10 R; ⇨Umzug).

„Die Kosten der Unterkunft werden wie in der Sozialhilfe in tatsächlicher, angemessener Höhe berücksichtigt...", heißt es in der Gesetzesbegründung zum SGB II (BT-Dr. 15/1516, 57). Was als **angemessene Aufwendungen** bei Eigenheimen in der Sozialhilfe anerkannt wird, ist im § 7 der Verordnung zu § 82 SGB XII geregelt. Dieser gilt auch für das SGB II (BSG 7.7.2011 - B 14 AS 51/10 R; Eicher SGB II, § 22 Rz. 26).

Dieser Paragraf bestimmt, wie Einnahmen aus Vermietung und Verpachtung berechnet und welche Kosten dabei als **notwendige Ausgaben** anerkannt werden. Diese notwendigen Ausgaben sollten auch bei Eigenheimbesitzern als Unterkunftskosten anerkannt werden. Die Durchführungshinweise der BA nehmen dazu nicht Stellung, weil im SGB II die Kommunen und Landkreise für die Festlegung der angemessenen Unterkunftskosten zuständig sind.

Bei selbst genutztem Wohneigentum liegen die als Vermögen geschützten Haus- bzw. Wohnungsgrößen über den *„angemessenen"* Wohnungsgrößen von Mietwohnungen (⇨3. f.). Hier entsteht ein **„Wertungswiderspruch"** zwischen geschütztem Vermögen und den auf kleinere Wohneinheiten ausgerichteten angemessenen Unterkunftskosten. Bei Alg-II-Beziehern ist z.B. bei einem Vierpersonenhaushalt ein freistehendes Eigenheim bis 130 m² als geschütztes Vermögen anerkannt (BSG 16.5.2008 - B 11b AS 37/06 R). Die angemessene Größe einer Mietwohnung würde aber nur (abhängig vom Bundesland) 85-95 m² betragen. Das LSG Niedersachsen-Bremen meinte dazu, dass beim Wohneigentum die der tatsächlichen Wohnungsgröße entsprechenden angemessenen Unterkunftskosten anerkannt werden müssen (8.6.2006 - L7 AS 443/05 ER). Viele Sozialgerichte teilten diese Ansicht.

Dem hat das **BSG widersprochen**: *„Art. 3 Abs. 1 GG (Gleichbehandlungsgrundsatz) ist dagegen tangiert, wenn es um die Übernahme der Unterkunftskosten von Mietern einerseits und Haus- bzw. Wohnungseigentümern andererseits geht, etwa im Hinblick auf die Höhe der Kaltmiete einerseits und der Darlehenskosten andererseits sowie im Bezug auf die Heizungs- und sonstigen Nebenkosten. Im Rahmen der Angemessenheitsprüfung bei § 22 Abs. 1 SGB II wird eine Privilegierung von Eigentümern gegenüber Mietern nicht zu rechtfertigen sein."* (BSG 7.11.2006 - B 7b AS 2/05)

Die **Vermögen**sprivilegierung führt also nicht zur gleichzeitigen Privilegierung bei den **laufenden Kosten** der Unterkunft (BSG 2.9.2009 - B 14 AS 32/07). Demnach werden, wenn sich die sonstigen laufenden Kosten des Eigenheims im Rahmen der Angemessenheit für Mietwohnungen bewegen, regelmäßig höhere Tilgungskosten (Zinsen und Gebühren; ⇨1.2.1) den Rahmen der angemessenen Unterkunftskosten sprengen.

Kritik

Mit dem **„*Wohn-Riester*"** unterstützt die Bundesregierung ab 1. Januar 2008 Riester-Sparer beim Erwerb oder der Tilgung von Wohneigentum zur Alterssicherung. Hartz IV-Parteien, die das Eigenheim fördern, fordern von Arbeitslosen, dass sie ihre eigenen vier Wände als Alterssicherung aufgeben, weil die über der Angemessenheit liegenden Tilgungskosten beim Alg II nicht mehr übernommen werden.

Angemessenheitskriterien für die Unterkunftskosten von **Mietwohnungen** sind dem BSG zufolge für alle nachfolgend aufgeführten Betriebskosten von Immobilieneigentum als **Obergrenze** maßgebend. Doch bei der Beurteilung der angemessenen Unterkunftskosten von Wohneigentum müssen auch die Besonderheiten des Einzelfalles eine Rolle spielen.

„Unter Berücksichtigung der Tatsache, dass die Inanspruchnahme von Arbeitslosengeld II nach der Intention des Gesetzgebers in aller Regel vorübergehender Natur ist, lassen die Ausführungen des BSG Abweichungen zu.“ (BA 12.26)

Das meint die BA in Bezug auf die **Vermögensfreigrenzen** bei geschütztem Wohneigentum. Das gilt **nicht** automatisch für die Übernahme der **laufenden** Unterkunftskosten bei Wohneigentum (s.o.), **kann** aber im Einzelfall berücksichtigt werden.

1.2 Als notwendig anzuerkennende Ausgaben (nach § 7 der VO zu § 82 SGB XII):

1.2.1 Schuldzinsen

und dauernde Lasten (z.B. Erbpacht; SG Duisburg 10.1.2006 - S 2 AS 98/05 ER; SG Oldenburg 6.4.2006 - S 46 AS 764/05) jedoch in Anlehnung an den Kosten einer angemessenen Mietwohnung (BSG, ebenda; BSG 15.4.2008 - B 14/7b AS 34/06).

1.2.2 Grundbesitzsteuern und sonstige öffentliche Abgaben

z.B. Kanalgebühren, Straßenreinigung, Müllabfuhr, Anliegerbeiträge (BSG 7.11.2006 - B 7b AS 8/06 R),

1.2.3 Versicherungsbeiträge

Gebäudebrandversicherung, Diebstahl-, Haftpflichtversicherung gegen Feuer-, Sturm- und Wasserschäden usw. (ebenda).

1.2.4 Erhaltungsaufwand

„Als Bedarf für die Unterkunft werden auch unabweisbare Aufwendungen für Instandhaltung und Reparatur bei selbst bewohntem Wohneigentum im Sinne des § 12 Absatz 3 Satz 1 Nummer 4 anerkannt, soweit diese unter Berücksichtigung der im laufenden sowie den darauf folgenden elf Kalendermonaten anfallenden Aufwendungen insgesamt angemessen sind.“ (§ 22 Abs. 2 Satz 1 SGB II) Das gilt ab April 2011 beim Alg II und ist eine Klarstellung der bisherigen Rechtsprechung, die eine Übernahme notwendiger Reparaturen im Rahmen des Erhaltungsaufwandes anerkennt. Erhaltungsaufwand wird nur in Form **einmaliger Beihilfen** erbracht, wenn die Maßnahmen **notwendig** sind.

1.2.4.1 Was gehört zum Erhaltungsaufwand?

Nur die Ausgaben für Instandsetzung und Instandhaltung gehören zu den anzuerkennenden Kosten der Unterkunft, nicht die Ausgaben für Verbesserungen.

„Die Abgrenzung von wertsteigernden Erneuerungsmaßnahmen zum Erhaltungsaufwand ist am Kriterium der Notwendigkeit zu messen: Ist die Maßnahme notwendig und entspricht sie den Grundsätzen der Wirtschaftlichkeit und Sparsamkeit [§ 3 Abs. 2 S. 3 SGB II], handelt es sich um einen Erhaltungsaufwand.“ (SG Leipzig 15.11.2005 - S 9 AS 855/05 ER) Das kann auch bedeuten, dass z.B. bei Erneuerung einer Heizanlage eine Instandsetzung mit moderner Technik mangels anderer Möglichkeiten ebenfalls als Erhaltungsaufwand gelten muss.

Notwendige **Reparaturen** müssen, insoweit sie der *„Instandhaltung und Instandsetzung“* dienen, **in voller Höhe** als Unterkunftskosten anerkannt werden, soweit sie angemessen sind. Wenn Sie also Ihre defekte Heizungsanlage (z.B. einen Ölbrenner) für 1.100 € wieder instand setzen müssen, gehört das zum notwendigen Erhaltungsaufwand (SG Leipzig 28.11.2006 - S 19 AS 1714/06 ER) oder ein neuer Warmwasserboiler für 900 € (LSG Baden-Württemberg 26.5.2009 - L 12 AS 575/09). Zum Erhaltungsaufwand gehören z.B. die Instandsetzung des Dachs, der beschädigten Fassade, des Kamins usw. Es handelt sich hier nicht um Vermögensbildung, sondern um notwendige Aufwendung, um die Bewohnbarkeit Ihrer Unterkunft auf Dauer sicherzustellen.

1.2.4.2 Erhaltungsaufwand in welcher Höhe?

Alg II

Der Gesetzgeber geht davon aus, dass die Kosten für Instandhaltung/ Instandsetzung **angemessen** sind, wenn sie **zusammen** mit den **laufenden** Unterkunftskosten **für ein Jahr** die im Jahr anfallenden Kosten einer entsprechenden „angemessenen" Mietwohnung nicht übersteigen (§ 22 Abs. 2 Satz 1 SGB II). *„Übersteigen unabweisbare Aufwendungen für Instandhaltung und Reparatur den Bedarf für die Unterkunft nach Satz 1, kann der kommunale Träger zur Deckung dieses Teils der Aufwendungen ein Darlehen erbringen, das dinglich gesichert werden soll."* (§ 22 Abs. 2 Satz 2 SGB II; ⇨Miete 2. ff.)

Beispiel:

Die laufenden Kosten für das Eigenheim der vierköpfigen Familie Schmidt betragen pro Jahr **5.400 €** (450 € x 12). Für einen vierköpfigen Haushalt erkennt das Jobcenter insgesamt **7.560 €** (630 € x 12) jährlich als „angemessene" Unterkunftskosten an. Die Schmidts müssen für eine **erforderliche** Instandsetzung ihres Dachs **3.000 €** zahlen. Das Jobcenter bewilligt eine **Beihilfe** für Instandsetzung in Höhe von **2.160 €** (7.560 € - 5.400 €). Um die vollen Reparaturkosten zahlen zu können, bekommen die Schmidts zusätzlich ein ⇨**Darlehen** von **840 €** bewilligt, das mit 10% des Regelsatzes aufgerechnet wird. Aufgrund des geringen Betrags und der ⇨Aufrechnung verzichtet das Amt auf eine dingliche Sicherung der Forderung (z.B. Eintrag ins Grundbuch).

HzL/GSi der Sozialhilfe

Im SGB XII wurde auf eine entsprechende Regelung für Instandhaltung/ Instandsetzung verzichtet. Das BSG hatte zuvor dargelegt, dass § 7 Abs. 2 Satz 2 der VO zu § 82 SGB XII (Bereinigung von Mieteinnahmen um einen pauschalen Erhaltungsaufwand) zur Ermittlung von Instandsetzungskosten nicht geeignet ist. *„Berücksichtigungsfähig sind hingegen tatsächliche Aufwendungen für eine Instandsetzung oder Instandhaltung, soweit diese nicht zu einer Verbesserung des Standards des selbstgenutzten Eigenheims führen und sie angemessen sind."* (BSG 3.3.2009 - B 4 AS 38/08 R) Die Entscheidung zum Alg II ist auf die aktuelle Rechtslage in der Sozialhilfe anzuwenden.

1.2.4.3 Erhaltungspauschale bei Eigentumswohnungen

Das BSG vertritt die Auffassung, dass bei selbstgenutztem Wohneigentum nur Erhaltungsaufwand in Höhe des **tatsächlichen** Bedarfs geltend gemacht werden kann (ebenda). Das **freiwillige** Ansparen einer Erhaltungspauschale ist daher nicht möglich. Ob eine Erhaltungspauschale anerkannt wird, die als mtl. **Zwangsabgabe** von einer Eigentümergemeinschaft gefordert wird, ließ das BSG in diesem Urteil offen.

Eine Erhaltungspauschale wird bei Eigentumswohnungen häufig im Rahmen des mtl. abzuführenden *„Hausgeldes"* von **allen** Wohnungseigentümern gefordert. Wenn die Hauskosten inklusive der geforderten Erhaltungspauschale nicht die „angemessenen" Kosten einer entsprechenden Mietwohnung überschreiten, müssten diese mit Blick auf die Gleichbehandlung anerkannt werden. Anderenfalls wäre der betroffene Wohnungseigentümer gezwungen, sich bei der Eigentümergemeinschaft zu verschulden. Daher wird Erhaltungsaufwand im Zuge einer solchen mtl. **Instandhaltungsrücklage** bei Eigentumswohnung regelmäßig **anerkannt** (LSG Saarland 13.4.2010 - L 9 AS 18/09, LSG NRW 3.7.2009 - L 12 B 42/09 AS; LSG Baden-Württemberg 26.1.2007 - L 12 AS 3932/06, mit Differenzierung in Erhaltungsaufwand und Wertsteigerung). Als Erhaltungsaufwand kann auch eine von der Eigentümerschaft mehrheitlich beschlossene **Sonderumlage** für die Instandsetzung zum Gemeinschaftseigentum gehörender, baufälliger Balkone übernommen werden (LSG NRW 28.2.2013 - L 7 AS 506/11).

1.2.5 Sonstige Aufwendungen für Bewirtschaftung

(§ 7 Abs. 2 Nr. 5 der VO zu § 82 SGX XII)

wie Wassergeld, Schornsteinreinigung, Allgemeinstrom (z.B. Treppenhausbeleuchtung in Mehrfamilienhäusern), Entgelte für Hausverwalter, Wartungskosten für die Heizungsanlage, Müllabfuhr, Straßenreinigung usw. werden **in tatsächlicher Höhe** als notwendig anerkannt. **Ohne Nachweis** werden sie nur in Höhe von 1% der Jahresroheinnahmen, d.h. des ortsüblichen Mietwerts übernommen.

E

Tipp Achten Sie darauf, Grundsteuer, Versicherungsbeiträge und, bei einer Zwangsabgabe, die Erhaltungspauschale im Antrag auf Alg II/ Sozialhilfe anzugeben. Nicht alle Aufwendungen werden im Antrag als Teil der nachzuweisenden Kosten der Unterkunft abgefragt. Sonst müssen Sie sie aus Ihrem Regelsatz bezahlen.

2.1 Schuldentilgung als Unterkunftskosten?

Raten zur **Tilgung** von Eigenheimschulden werden i.d.R. nicht als Unterkunftskosten anerkannt. *„Die Leistungen nach dem SGB II sind auf die aktuelle Existenzsicherung beschränkt und sollen nicht der Vermögensbildung dienen."* (BSG 7.11.2006 - B 7b AS 8/06 R)
Nach § 22 Abs. 1 SGB II sind die tatsächlichen Aufwendungen für Unterkunft und Heizung zu übernehmen, soweit diese angemessen sind (entsprechend § 35 Abs. 1 Satz 2 SGB XII). Die Tilgungs**kosten** (Zinsen) gehören zu den tatsächlichen Aufwendungen. Wird aber die Tilgung an sich über einen längeren Zeitraum nicht anerkannt, werden Sie ggf. früher oder später gezwungen sein, das Wohneigentum aufzugeben, selbst wenn die tatsächlichen Aufwendungen inklusive Tilgung für das Eigenheim „angemessen" sind.
Nur in **besonderen Ausnahmefällen** lässt das BSG die Übernahme von Tilgungsraten im Rahmen der Unterkunftskosten zu, *„wenn es um die Erhaltung von Wohneigentum geht, dessen Finanzierung im Zeitpunkt des Bezugs von Grundsicherungsleistungen bereits weitgehend abgeschlossen"* ist (16.2.2012 - B 4 AS 14/11 R). Dann sei lediglich noch eine Restschuld abzutragen und der Aspekt der privaten Vermögensbildung trete in den Hintergrund (BSG 7.7.2011 - B 14 AS 79/10 R).
Das BSG hat in einem Fall entschieden, dass die Tilgung zusammen mit den laufenden Kosten der Unterkunft dann übernommen werden soll, wenn *„bei einer relativ geringen Belastung durch Darlehenszinsen und einer vergleichsweise hohen Tilgungslast das selbst genutzte Wohneigentum bereits weitgehend finanziert ist und es deshalb nicht um den Aufbau, sondern um den Erhalt bereits bestehender Vermögenswerte geht"* (18.6.2008 - B 14/11b AS 67/06 R).

Ein weiterer Umstand, der eine Übernahme der Tilgungslaste als Zuschuss rechtfertigt, ist neben der Feststellung, dass die **Finanzierung der Immobilie weitgehend abgeschlossen** ist, die absehbar **vorübergehende Dauer** des Leistungsbezuges. Das ist etwa der Fall, wenn der Bezug einer Altersrente bevorsteht, und künftige Tilgungsraten mit den zu erwartenden höheren Renteneinnahmen bestritten werden können. (BSG 3.12.2015 - B 4 AS 49/14 R)

Tipp Prüfen Sie nach, welche Unterkunftskosten die Behörde bei einer vergleichbaren Mietwohnung anerkennt. Bestehen Sie auf der Anerkennung der mtl. Tilgung, wenn Ihre Unterkunftskosten **inklusive** Tilgung die Kosten einer „angemessenen" Mietwohnung nicht übersteigen. Das ist erfolgsversprechend, wenn die Finanzierung des Wohneigentums weitgehend abgeschlossen bzw. der Leistungsbezug vorübergehender Natur ist **und** durch Übernahme der Tilgung die Unterkunft dauerhaft gesichert werden kann.

Wenn Sie wegen Nicht-Anerkennung der Tilgung im Rahmen der laufenden Unterkunftskosten in **Zahlungsrückstand** geraten infolge dessen der Wohnungsverlust durch Zwangsversteigerung droht, können rückständige Tilgungsbeträge auch als ⇨**Darlehen** übernommen werden (BVerwG 24.04.1975, FEVS 23, 445).
Schulden *„sollen übernommen werden, wenn dies gerechtfertigt und notwendig ist und sonst Wohnungslosigkeit einzutreten droht"* (§ 36 Abs. 1 SGB XII; entsprechend § 22 Abs. 8 Satz 2 SGB II).
Eine darlehensweise Übernahme der Eigenheimschulden bei Zahlungsrückstand kommt aber allenfalls in Betracht, wenn die Finanzierung der Immobilie weitgehend abgeschlossen ist und die Unterkunft dadurch dauerhaft gesichert werden kann.
Näheres unter ⇨**Mietschulden**

Kritik

Die Nicht-Anerkennung der Tilgung führt zu einer mehr oder weniger massiven Senkung des Regelsatzes. Eigenheimbesitzer können in ihrem geschützten Eigenheim entweder eine Hungerexistenz weit unterhalb des Alg II/ Sozialhilfeniveaus fristen oder, wenn sie das nicht mehr aushalten, die Bedienung des Kredits einstellen. Dann wird der Kredit fällig, es folgt die Zwangsversteigerung und die Eigenheimbesitzer in spe sind gezwungen, in eine Mietwohnung umzuziehen.

Vorteil für die Behörde: Ein vormals geschütztes ⇨Vermögen verwandelt sich in einen Geldbetrag, dessen Verwertung vorrangig verlangt wird.

2.2 Angemessene ⇨Heizkosten

Bei der Berücksichtigung von Eigenheimen/ Eigentumswohnungen als Schonvermögen (⇨3. f.) ist eine größere Wohnfläche angemessen als bei Mietwohnungen (⇨Miete 2.1.3). Deswegen wurden **früher** die **angemessenen Heizkosten** in diesem Rahmen für die tatsächliche Wohnfläche anerkannt (LSG Niedersachsen-Bremen 8.6.2006 - L 7 AS 443/05 ER).

Inzwischen gilt aber auch bei den Heizkosten die **Gleichbehandlung** von Eigenheimbesitzern und Mietern. Allerdings nicht in Form einer **Gesamtbetrachtung** der Unterkunftskosten, bei der man erhöhte Heizkosten mit niedrigeren sonstigen Bewirtschaftungskosten des Eigenheims ausgleichen könnte.

„Die ... am Einzelfall orientierte Angemessenheitsprüfung für die Heizkosten hat grundsätzlich getrennt von der Prüfung der Angemessenheit der Unterkunftskosten zu erfolgen.“ (BSG 2.7.2009 - B 14 AS 33/08 R)

Damit orientieren sich auch die Richtwerte für die Heizkosten der i.d.R. größeren Eigenheime an den Quadratmeterzahlen einer Mietwohnung, die für die jeweilige Bedarfsgemeinschaft angemessen wäre. Um die Kosten auf das angemessene Maß zu senken, wären Sie ggf. gezwungen, ihre Unterkunft nur zum Teil zu beheizen.

Näheres unter ⇨Heizkosten 3.3

Unter Umständen setzen sich andere Kriterien durch:

Seit April 2011 ist es Kommunen und Kreisen erlaubt, die örtlich angemessenen Unterkunftskosten in **Satzungen** zu regeln und diese auch unter Einbeziehung angemessener Heizkosten als ***„Gesamtangemessenheitsgrenze“*** zu bestimmen (§ 22b Abs. 1 Satz 3 SGB II; derzeit sind solche Satzungen aufgrund landesrechtlicher Bestimmungen in Berlin, Hessen und Schleswig-Holstein möglich; ⇨Miete 2.5.1). Eine solche Satzung wäre regelmäßig auch für die Unterkunftskosten bei HzL und GSi der Sozialhilfe gültig.

Mit Inkrafttreten des Neunten SGB-II-Änderungsgesetzes **zum 1.8.2016** ist *„zur Beurteilung der Angemessenheit der Aufwendungen für Unterkunft und Heizung ... die Bildung einer Gesamtangemessenheitsgrenze zulässig“* (§ 22 Abs. 10 SGB II neu). Jeder Kommune/ jeder Landkreis kann selbst entscheiden, ob von der Möglichkeit Gebraucht gemacht wird.

Ist das in Ihrer Stadt/ Ihrem Landkreis der Fall dann wäre es Mietern **und Wohneigentümern** möglich, höhere Heizkosten durch niedrigere sonstige laufende Unterkunftskosten auszugleichen. Diese Regelung wurde jedoch (noch) **nicht** in das Sozialhilferecht (SGB XII) übernommen. Daher ist es derzeit unwahrscheinlich, dass die angemessenen Unterkunftskosten im Rahmen einer Gesamtangemessenheitsgrenze bestimmt werden.

Tipp Fragen Sie bei der Kommune/ dem Landkreis nach, ob eine solche Änderung bei den Unterkunftskosten geplant ist.

Stromkosten für den Betrieb von **Heizpumpe und Brenner** gehören zu den Heizkosten und sind in tatsächlicher Höhe zu übernehmen, soweit die Heizkosten insgesamt im Vergleich zu einer entsprechenden Mietwohnung angemessen sind. Entweder die Stromkosten können mittels Ablesegerät in tatsächlicher Höhe ermittelt werden oder sie sind anhand einer *„realitätsnahe[n] Schätzung des Energieanteils, der auf die Heizung entfällt“* festzulegen. (BSG 7.7.2011 - B 14 AS 51/10 R; ⇨Heizkosten 7.3)

Stromkosten für die **Gartenpflege** und die **Außenbeleuchtung** eines Eigenheims sind dagegen Haushaltstrom und vom Regelsatz zu zahlen (BSG, ebenda).

3. Hausbesitz als Vermögen

Ihr Eigenheim bzw. Ihre Eigentumswohnung ist für die Behörde Vermögen.

Alg II
Geschützt ist
*„ein selbst genutztes Hausgrundstück von **angemessener** Größe oder eine entsprechende Eigentumswohnung"* (§ 12 Abs. 3 Nr. 4 SGB II).
„Das Vermögen ist mit seinem Verkehrswert zu berücksichtigen." (§ 12 Abs. 4 SGB II) Und zwar zum Zeitpunkt des Antrags.

HzL/GSi der Sozialhilfe
Geschützt ist ein angemessenes Hausgrundstück,
„das von der nachfragenden Person oder einer anderen in den § 19 Abs. 1 bis 3 genannten Person [d.h. seinem Ehegatten bzw. Lebenspartner und minderjährigen, unverheirateten Kindern] allein oder zusammen mit Angehörigen ganz oder teilweise bewohnt wird und nach ihrem Tod von ihren Angehörigen bewohnt werden soll. Die Angemessenheit bestimmt sich nach der Zahl der Bewohner, dem Wohnbedarf [zum Beispiel behinderter, blinder oder pflegebedürftiger Menschen], der Grundstücksgröße, der Hausgröße, dem Zuschnitt und der Ausstattung des Wohngebäudes sowie dem Wert des Grundstücks einschließlich des Wohngebäudes." (§ 90 Abs. 2 Nr. 8 SGB XII)

3.1 Selbst genutzt?
Geschützt ist bei **Alg II** nur Wohneigentum, das Sie **selbst bewohnen**.
Bei **HzL/ GSi** der Sozialhilfe ist es in diesem Fall ebenfalls **geschützt**.
Dies gilt auch dann, wenn es neben Ihrem Ehe- oder Lebenspartner bzw. Ihren minderjährigen Kindern von anderen **Angehörigen** bewohnt wird, die nicht zur Einstandsgemeinschaft (⇨Bedarfsgemeinschaft) gehören. Außerdem, wenn Sie in ein Pflegeheim kommen und Ihr Ehepartner oder Ihre minderjährigen Kinder noch im Eigenheim leben.

Die **Einbeziehung von Angehörigen**, die nicht zur Einstandsgemeinschaft gehören, ist bei der Sozialhilfe ein Vorteil gegenüber dem Alg II. Durch die Einbeziehung weiterer Bewohner erhöht sich die angemessene Wohnfläche eines geschützten Eigenheims (⇨3.3). Das Wohnen leistungsberechtigter Personen mit Angehörigen „unter einem Dach" kann **auch bei Alg-II-Bezug** entsprechend berücksichtigt werden, z.B. wenn sich die Angehörigen für den Erhalt der Immobilie selbst verschuldet haben oder ebenfalls auf Leistungen zum Lebensunterhalt nach den SGB II oder SGB XII angewiesen sind. In diesem Fall stellt die Verwertung des gemeinsam bewohnten Eigenheims eine besondere Härte dar. (§ 12 Abs. 3 Satz 1 Nr. 6 SGB II; BSG 12.12.2013 - B 14 AS 90/12 R)

Geschützt ist Ihr Wohneigentum im **Alg-II-/ HzL-/ GSi**-Bezug auch, wenn Sie **es nicht selbst bewohnen,** aber andere Personen dort lebenslanges **Nießbrauchrecht** (Wohnrecht) besitzen. Hier ist der Verkauf auf absehbare Zeit regelmäßig ausgeschlossen (BSG 6.12.2007 - B14/7b AS 46/06 R). Allerdings kann eine **Beleihung** in Betracht kommen (BSG 12.7.2012 - B 14 AS 158/11 R). Das Darlehen müssten Sie dann vorrangig zum Lebensunterhalt verbrauchen.

Daraus folgt umgekehrt bei **HzL-/ GSi**-Bezug:
Nicht geschützt ist
Ihr Haus- oder Wohneigentum, wenn „nur" Ihr volljähriges Kind ggf. mit eigener Familie darin wohnt oder es „nur" von Brüdern, Schwestern, Enkeln oder Tanten bewohnt wird. Ebenso ist es nicht geschützt, wenn Sie es alleine bewohnt haben und nun dauerhaft in einem Heim leben müssen.
Allerdings kann die Verwertung eine besondere Härte bedeuten (§ 90 Abs. 3 SGB XII).

Nicht geschützt sind ferner bei Bezug von **Alg II/ HzL/ GSi**:
- Zweitwohnungen oder ein (Ferien-)haus, das Sie nicht bewohnen.
  Das trifft insbesondere ausländische Familien hart, wenn sie angeben, in ihrer Heimat ein Haus zu besitzen. Besondere Lebensverhältnisse von ausländischen Familien können einen Härtefall darstellen (§ 12 Abs. 3 Nr. 6 SGB II; § 91 Abs. 3 SGB XII). Das könnte der Fall sein, wenn Sie im Alter zurückkehren wollen oder wenn Ihre Eltern in Ihrem Haus wohnen. Aber auch dann, wenn der Marktpreis des Hauses in Ihrem Herkunftsland um mehr als 10% unter seinem Kaufpreis liegt.

- bei einem Zweifamilienhaus der Teil des Hauses, den Sie nicht selbst bewohnen.
- Grundstücke, die nicht Wohnzwecken dienen (nicht gewerblich genutzte Äcker, Wiesen, unbebaute Grundstücke usw.).

3.2 Sind Sie nur Miteigentümer

eines Hauses, ist bei der Prüfung der Angemessenheit *„nur auf den aufgrund des Miteigentumsanteils als Wohnstatt genutzten Teil des Grundstücks abzustellen"* (BVerwG 25.6.1992, ZfSH/SGB 1993, 78).

3.3 Angemessene Wohnfläche

Alg II

Das BSG hat am 7.11.2006 die Angemessenheitsgrenzen für selbst genutztes Wohneigentum konkretisiert (B 7b AS 2/05). In Anlehnung an das 2. Wohnungsbaugesetz hat es einer vierköpfigen Haushaltsgemeinschaft eine **Eigentumswohnung** mit einer Wohnfläche von bis zu **120 m²** zugestanden. Analog dazu erfolgt die Orientierung bei angemessenem **Hausbesitz** bei **130 m²** Wohnfläche (BSG 16.5.2007 - B 11b AS 37/06 R). Für jede **weitere** Person im Haushalt erhöht sich die Wohnfläche um **20 m²**.

Neu an der Regelung ist die Reduzierung der angemessenen Wohnfläche bei kleineren Haushalten. Bei drei Personen im Haushalt werden demnach **20 m²**, bei nur zwei Personen **40 m²** vom Ursprungswert **abgezogen**.

Untergrenzen für angemessenen Wohnraum von Ein- und Zweipersonenhaushalten sind **80 m²**/Eigentumswohnungen und **90 m²**/Eigenheime.

Wenn die Haus-/Wohnungsgröße diese Grenzen nicht übersteigt, entfällt eine Überprüfung der Angemessenheit.

„Die genannten Größen sind allerdings nicht als Grenzwerte zu verstehen; maßgeblich sind die Lebensumstände im Einzelfall, wie z. B. Familienplanung oder voraussichtliche Dauer der Hilfebedürftigkeit. Die aufgeführten Werte orientieren sich am Durchschnittsfall. Dies bedeutet, dass eine Überprüfung der Leistungsfälle, bei denen die Angemessenheit bislang anerkannt wurde, nicht zwingend erforderlich ist." (BA 12.26)

Tipp An den *„Lebensumständen"* orientieren heißt auch, dass die Wohnfläche eines „familiären" Wohneigentums weiter als angemessen gilt, wenn die Kinder als Erwachsene die elterliche Wohnung längst verlassen haben (Eicher SGB II, § 12 Rz. 92). Ein ehemaliges Eigenheim mit 130 m² Wohnfläche für eine 4köpfige Familie gilt demnach noch als angemessen, wenn nur noch die Eltern darin wohnen.

Ein weiterer Bewertungsmaßstab bei der Angemessenheit des geschützten Wohneigentums berücksichtigt das **Stadt-Land-Gefälle**: Das SG Koblenz betrachtet nicht statisch die Quadratmeterzahl von Immobilie und Boden, sondern bezieht den Verkehrswert mit ein. Danach kann bei einem Eigenheim in ländlichem Raum mit unterdurchschnittlichem Verkehrswert eine Überschreitung der angemessenen Fläche zugelassen werden. (SG Koblenz 3.5.2007 - S 11 AS 187/06)

HzL/GSi der Sozialhilfe

Angemessen ist hier ein Eigenheim, wenn ein Haushalt mit bis zu vier Personen bis zu 130 m² hat und eine Eigentumswohnung bis zu 120 m² (§ 39 Abs. 1 II. WoBauG).

Bei **pflegebedürftigen** Personen kommen **20%** der Wohnfläche hinzu (§ 39 Abs. 1 und § 82 II. WoBauG). **RollstuhlfahrerInnen** haben einen zusätzlichen Flächenbedarf von **15 m²** (BVerwG 1.10.1992, NDV 1993, 238).

Für jede weitere Person im Haushalt erhöht sich die Fläche um 20 m². Wenn weniger Personen im Haushalt leben, kann die angemessene Fläche um 20 m² pro Person verringert werden, also bei drei Personen auf 110 m² usw. (s.o.).

Alg II und Hzl/GSi der Sozialhilfe

Wenn besondere persönliche Gründe (Krankheit, Behinderung) oder berufliche Bedürfnisse vorliegen (z.B. gewerbliche Werkstatt), kann die angemessene Wohnfläche überschritten werden.

Zweifamilienhäuser werden bis 200 m² Wohnfläche staatlich gefördert, sind i.d.R. aber nicht geschützt. Wenn allerdings eine achtköpfige Familie beide Wohnungen bewohnt, ist die Gesamtgröße des Hauses angemessen.

3.4 Angemessene Grundstücksfläche

Alg II

„Eine Grundstücksfläche von 500 qm im städtischen und von 800 qm im ländlichen Bereich ist in der Regel als angemessen anzusehen. Darüber hinaus sind auch höhere Werte als angemessen anzuerkennen, wenn diese in Bebauungsplänen festgelegt sind." (BA 12.27a)

HzL/GSi der Sozialhilfe

Der Deutsche Verein (DV) übernimmt in seinen Empfehlungen vom 15.12.2015 erstmals die bei Alg II gültigen Beträge (s.o.). Allerdings kann geprüft werden, ob *„ein Grundstück für eine weitere Bebauung teilbar und wirtschaftlich selbständig verwertbar ist"*. (Empfehlungen des DV für den Einsatz von Einkommen und Vermögen in der Sozialhilfe, DV 25/15, Rz. 222)

3.5 Angemessener Verkehrswert

Alg II

Bei Alg II ist eine Prüfung der Angemessenheit eines Hausgrundstücks *„entbehrlich"*, wenn die angemessene Wohnfläche bzw. die angemessene Grundstücksgröße im konkreten Fall nicht überschritten wird (BA 12.26; ⇨3.3; ⇨3.4). Im Alg-II-Antrag brauchen Sie dann keine Angaben über den Verkehrswert zu machen.

Der Verkehrswert des Hausgrundstücks spielt nur dann eine Rolle, wenn die angemessenen Flächen überschritten werden.

Der Verkehrswert kann durch ein Verkehrswertgutachten (nicht älter als drei Jahre), durch Bodenwertrichttabellen (bei unbebauten Grundstücken) oder Auskünfte aus der Kaufpreissammlung der Gutachterausschüsse bei den Katasterämtern (bei bebauten Grundstücken) festgestellt werden. Hier werden die Kaufpreise vergleichbarer Immobilien bzw. Grundstücke registriert.

Die Kosten dafür hat die Behörde zu tragen (⇨Kostenerstattung 4.).

„Bei der Feststellung des Werts einer Immobilie sind dingliche Belastungen (Grundschuld, Hypotheken und Nießbrauch) zu berücksichtigen. Andere Verbindlichkeiten bleiben außer Betracht." (BA 12.41)

HzL/GSi der Sozialhilfe

Wenn ein Haus- oder Wohneigentum von der Größe bzw. Grundstücksfläche angemessen ist, ist damit anders als beim Alg II nicht automatisch auch der Verkehrswert geschützt. Dieser kann trotzdem unangemessen hoch, also teilweise ungeschützt sein (OVG Bremen 17.10.1996, FEVS 1997, 443). Als Maßstab für die Angemessenheit des Verkehrswerts dienen die Verhältnisse am Wohnort. Der Verkehrswert muss sich im unteren Bereich der Verkehrswerte vergleichbarer Häuser am Wohnort halten, nicht im Landesdurchschnitt (BVerwG 17.1.1991 und 01.10.1992, NDV 1993, 237).

„Als Anhalt können für jeden Quadratmeter der anzuerkennenden Wohn- und Grundstücksfläche die im Bereich des örtlichen Trägers der Sozialhilfe üblichen Baukosten (Gesamtkosten ohne Baugrundstück) sowie die aus der einschlägigen Kaufpreissammlung ersichtlichen Bodenrichtwerte ... herangezogen werden." (DV 25/15, Rz. 224) Die üblichen Baukosten können beim Bauamt erfragt werden.

„Der Hilfesuchende, der Sozialhilfe für sein Leben am Wohnort begehrt, darf nicht deshalb abgewiesen werden, weil er an einem anderen Ort billiger leben könnte." (BVerwG 17.1.1991, FEVS 41, 269)

Der Deutsche Verein meint, dass beim Einsatz des Immobilienvermögens *„vom Verkehrswert ... [auszugehen ist], wobei Belastungen des Grundstücks außer Betracht bleiben."* (DV 25/15, ebenda)

Tipp Aufgrund der kleinlichen Angemessenheitsprüfung in der Sozialhilfe kann es vorkommen, dass ein nichterwerbsfähiger Miteigentümer eines Hauses in stärkerem Maße herangezogen werden müsste als seine erwerbslose Partnerin, die Alg II bezieht. Bestehen Sie darauf, dass einheitlich die Regeln des SGB II angewandt werden, weil die Verwertung eine unbillige Härte darstellen würde (§ 90 Abs. 3 SGB XII).

4. Verwertung des unangemessenen Teils

„Der Begriff der Verwertbarkeit ist ein rein wirtschaftlicher und beurteilt sich sowohl nach den tatsächlichen als auch nach den rechtlichen [z.B. Besitz-] Verhältnissen." (BSG 22.3.2012 - B 4 AS 99/11 R) *„Tatsächlich*

nicht verwertbar sind Vermögensgegenstände, für die in absehbarer Zeit kein Käufer zu finden sein wird, etwa weil Gegenstände dieser Art nicht (mehr) marktgängig sind oder weil sie, wie Grundstücke infolge sinkender Immobilienpreise, über den Marktwert hinaus belastet sind.“ (BSG 6.12.2007- B 14/7b AS 46/06 R; ⇨Vermögen 1.2.3 ff.)

Alg II

Der Teil des Hausgrundstücks, der die angemessene Größe übersteigt, wird mit dem entsprechend errechneten Wert (Verkehrswert minus Verbindlichkeiten pro m²) bewertet.

„Ist die Größe einer selbst genutzten Immobilie nicht angemessen, ist die Verwertung von eigentumsrechtlich abtrennbaren Gebäude- oder Grundstücksbestandteilen vorrangig durch Verkauf oder Beleihung zu verlangen, z.B. durch Bildung in sich abgeschlossener Eigentumswohnungen." (BA 12.27)

Eine Abtrennung und der dann folgende Verkauf des abgetrennten Teils sind in der Realität meist nicht möglich. Bleibt die **Beleihung**. Sie müssten dann Ihren Lebensunterhalt auf Kreditbasis bestreiten und dafür auch noch Zinsen zahlen. Vorteil wäre, dass Sie das verwertete Vermögen nicht so ausgeben müssen, als wären Sie Leistungsbezieher (⇨Vermögen 3.1.2).

Alg II/ Sozialhilfe kann auch bis zur Höhe des ungeschützten Vermögens als ⇨**Darlehen** gezahlt werden, solange der unangemessene Teil nicht verwertet werden kann.
Das Darlehen *„kann davon abhängig gemacht werden, dass der Anspruch auf Rückzahlung dinglich oder in anderer Weise gesichert wird."* (§ 91 Satz 2 SGB XII; entsprechend § 24 Abs. 5 Satz 2 SGB II) Es ist zulässig, ein Darlehen zum Lebensunterhalt abzulehnen wenn Sie die Eintragung ins Grundbuch verweigern (BSG 22.3.2012 - B 4 AS 99/11 R).
Kosten, die aus einer dinglichen Sicherung entstehen, hat die Behörde zu tragen, Gutachterkosten ebenfalls (§ 64 Abs. 2 SGB X i.V. mit § 21 SGB X).
Solange Sie in Ihrem „unangemessenen" Haus wohnen bzw. Angehörige, die Nutzungsrechte haben, kann das Haus oder Teile davon i.d.R. nicht verkauft, d.h. verwertet werden. Hier ist zunächst zu prüfen, ob eine Beleihung möglich ist. Kommt das nicht in Frage, bedient sich die Behörde nach Ihrem Tode aus dem Erbe.

HzL/GSi der Sozialhilfe

Wenn Ihr Eigenheim oder Ihre Eigentumswohnung nicht als angemessenes Schonvermögen anerkannt wird, muss der unangemessene Teil grundsätzlich verwertet werden. Der angemessene Teil bleibt geschützt. Allerdings kann die Verwertung aufgeschoben werden, in dem die Leistung bis zur Höhe des zu verwertenden Vermögens auf ⇨Darlehensbasis gezahlt wird. Das Darlehen kann dinglich gesichert werden (§ 91 SGB XII). Auch eine Beleihung der Immobilie kann unter Umständen verlangt werden.

Forderungen

Anerkennung von Tilgungszahlungen im Rahmen des Gleichstellungsprinzips von Mietern und Eigenheimbesitzern bei angemessenen Kosten des Eigenheims!
Anerkennung der vollen Kosten der Unterkunft inklusive Heizung bei geschützten, selbst bewohnten Eigenheimen!
Übertragung der „günstigeren" SGB-II-Regelungen zum Vermögensschutz von Wohneigentum auf die Sozialhilfe!

Eingliederungsvereinbarung (EinV)

Die Eingliederungsvereinbarung ist der Dreh- und Angelpunkt des ***„Fordern und Fördern"*** von Alg-II-Beziehenden.
Für die Behörde gilt:
„Die Agentur für Arbeit soll im Einvernehmen mit dem kommunalen Träger mit jeder erwerbsfähigen leistungsberechtigten Person ... die für ihre Eingliederung erforderlichen Leistungen vereinbaren (Eingliederungsvereinbarung)." (§ 15 Abs. 2 SGB II neu)
Für Sie gilt:
„Eine erwerbsfähige leistungsberechtigte Person muss aktiv an allen Maßnahmen zu ihrer Eingliederung in Arbeit mitwirken, insbesondere eine Eingliederungsvereinbarung abschließen." (§ 2 Abs. 1 Satz 2 SGB II) **Weigern**

Sie sich, eine EinV zu unterzeichnen, droht **keine** unmittelbare **Strafe** mehr, allerdings kann das Jobcenter den Inhalt der Vereinbarung als **Eingliederungsverwaltungsakt** erlassen. Die hierin festgelegten Pflichten wären dann ebenfalls für Sie bindend, wenn Sie keinen ⇨Widerspruch gegen den Verwaltungsakt einlegen.

E

Immerhin kann der Regelsatz **nicht mehr** in einer ersten Stufe um 30% gekürzt werden (§ 31 Abs. 1 Nr. 1a SGB II alt). Diese Strafandrohung für den Fall, dass Sie nicht „freiwillig" unterschreiben, wurde 2011 aus dem Sanktionsparagraphen gestrichen. Der **Zwang**, einen Vertrag abzuschließen, obwohl es die **Freiheit** noch gibt, Verträge abzuschließen, war *„mit der grundgesetzlich geschützten Vertragsautonomie (Art. 2 Abs. 1 GG) unvereinbar"* (Berlit in: LPK SGB II, 3. Aufl., 2009, § 31 Rz. 14).

Beziehen Sie **Sozialhilfe**, soll das Sozialamt eine schriftliche ***„Leistungsabsprache"*** (§ 12 SGB XII) bis zu vier Wochen nach dem Zahlungsbeginn ausarbeiten und unterschreiben lassen, in der ggf. Wege zur Überwindung der Notlage und Möglichkeiten der aktiven Teilnahme in der Gemeinschaft gemeinsam festgelegt werden sollen. Die Leistungsabsprache ist eine freiwillige Absprache, die nicht mit Geldstrafen erzwungen werden kann. Wenn eine solche Absprache getroffen wurde, haben Sie nicht mit Sanktionen zu rechnen, wenn Sie sich nicht an das Vereinbarte halten. Die Leistungsabsprache wird in der Praxis der Existenzsicherung kaum angewendet, daher richtet sich dieses Stichwort an Leistungsberechtigte nach dem SGB II.

Inhaltsübersicht:

Alg II

1.1 Was wird in der EinV „vereinbart"?

„In der Eingliederungsvereinbarung soll bestimmt werden,

1. welche Leistungen zur Eingliederung in Ausbildung oder Arbeit nach diesem Abschnitt die leistungsberechtigte Person erhält,

2. welche Bemühungen erwerbsfähige Leistungsberechtigte in welcher Häufigkeit zur Eingliederung in Arbeit mindestens unternehmen sollen und in welcher Form diese Bemühungen nachzuweisen sind.

3. wie Leistungen anderer Leistungsträger in den Eingliederungsprozess einbezogen werden." (§ 15 Abs. 1 Satz 2 SGB II neu)

Mit dem Neunten SGB-II-Änderungsgesetz wurde der Paragraph 15 generalüberholt.
Neu **ab 1.8.2016** ist insbesondere

- die Stärkung der Ausbildung durch Aufnahme als mögliches Förderinstrument,
- die Einbeziehung von Leistungen anderer Träger und
- die Streichung des Passus, der bestimmte, dass vorrangige Sozialleistungen anderer Träger beantragt werden sollen.

Eine weitere, unter Umständen nützliche Konkretisierung ist, dass die EinV insbesondere bestimmen kann, *„in welche Tätigkeiten oder Tätigkeitsbereiche die leistungsberechtigte Person vermittelt werden soll"* (§ 15 Abs. 1 Satz 2 SGB II neu).

Damit wird zumindest auf dem Papier der Fokus wieder deutlich in Richtung Eingliederung verlagert und die Verpflichtung zur Beantragung vorrangiger Leistungen aus der EinV verbannt. Auch wenn Letzteres nach herrschender Rechtsprechung nicht mehr sanktioniert werden durfte, haben Jobcenter durch entsprechende Vereinbarungen weiterhin versucht, Druck insbesondere zur Beantragung von Rente auszuüben.

Zudem gilt **seit 1.8.2016** ein neuer § 56 Abs. 1 SGB II, der die Aufnahme der Anzeige- und Bescheinigungspflicht der **Arbeitsunfähigkeit** in die EinV normiert (⇨1.1.5).

1.1.1. Leistungen der Eingliederung in Arbeit

Die EinV darf sich nur noch auf Leistungen der Eingliederung in Arbeit beziehen, nicht aber auf Leistungen zum Lebensunterhalt und damit im Zusammenhang stehende Mitwirkungspflichten (BSG 22.9.2009 - B4 AS 13/09 R).
Gegenstand der EinV dürfen ferner nur Ermessensleistungen (Kann-Leistungen) sein, nicht Pflichtleistungen. Das ergibt sich daraus, dass die EinV ein ⇨öffentlich-rechtlicher Vertrag ist, für den die entsprechenden Vorschriften gelten (§ 53 Abs. 2 SGB X; ⇨3.1).

Die Leistungen zur Eingliederung in Arbeit sind i.d.R. Kann-Leistungen und ausführlich in den Stichworten ⇨Arbeit 2. ff; ⇨Arbeitsgelegenheiten, ⇨Behinderte, ⇨Jugendliche 3.1 ff. und ⇨Weiterbildung aufgeführt. Es versteht sich, dass nur zumutbare Arbeit vereinbart werden darf (⇨Arbeit 1.3 ff.).
Personen ohne abgeschlossene Berufsausbildung sollten die EinV unter Umständen nutzen, um dem Jobcenter Maßnahmen zur Förderung der Aufnahme und des erfolgreichen Abschusses einer Ausbildung abzutrotzen.

1.1.2 Bemühungen zur Eingliederung in Arbeit,

die in der EinV festzulegen sind, sind insbesondere eigene ⇨Bewerbungen und Bewerbungen auf Stellenangebote des Jobcenters.

Sie können aber auch **soziale Maßnahmen** betreffen: Die EinV kann die Verpflichtung zur Schuldnerberatung, psychosozialen Beratung, Suchtberatung usw. als *„Leistung zur Eingliederung in Arbeit"* vorsehen, ebenso wie Unterstützung bei Kinderbetreuung und häuslicher Pflege. Allerdings nur, wenn der finanziell zuständige kommunale Träger zustimmt.
Auch Sie sollten mit einem solchen Angebot einverstanden sein. Wenn Sie z.B. mit einer Beratung und Unterstützung gegen Ihr Einverständnis „zwangsbetreut" werden sollen, wird das in der Regel nicht zum Erfolg führen. Zwischen Ihnen und der Beratungsstelle wird kaum das nötige Vertrauensverhältnis entstehen. Achtung! Die Beratungsstelle darf unter Umständen Informationen an das Jobcenter weitergeben (§§ 18 Abs. 1 Satz 1 und 61 Abs. 1 SGB II).

Tipp Sie müssen in diesem Fall keine „Schweigepflichtentbindung" unterschreiben, denn die Datenweitergabe von Dritten an das Jobcenter ist grundsätzlich freiwillig und hängt von Ihrer Zustimmung ab (BA 15.10c; ⇨Datenschutz). Sie können eine Weitergabe von Daten auch auf bestimmte Aspekte beschränken, die dort schriftlich festgehalten werden können.

Eine Schweigepflichtentbindung darf kein Bestandteil der Eingliederungsvereinbarung sein, die Nichtunterzeichnung darf nicht sanktioniert werden (BA 15.10d).

1.1.3 Integrationskurse

sollen in der EinV vorgeschrieben werden, wenn Ausländer mit frischer Aufenthaltserlaubnis oder Aufenthaltstitel nach § 23 Abs. 2 AufenthG oder Spätaussiedler nicht ausreichend deutsch sprechen (BA 15.26). Die Ausländerbehörde kann, angeregt durch den Arbeitsvermittler/ Fallmanager eine Verpflichtung dazu aussprechen (§ 44a AufenthG).

1.1.4 Schadenersatz – nicht mehr!

Bis zum 31.7.2016 durften in einer EinV mögliche Schadensersatzansprüche des Jobcenters vereinbart werden:
„Wird in der Eingliederungsvereinbarung eine Bildungsmaßnahme vereinbart, ist auch zu regeln, in welchem Umfang und unter welchen Voraussetzungen die oder der erwerbsfähige Leistungsberechtigte

schadenersatzpflichtig ist, wenn sie oder er die Maßnahme aus einem von ihr oder ihm zu vertretenden Grund nicht zu Ende führt.“ (§ 15 Abs. 3 SGB II alt)

E

Diese Regelung wurde gestrichen. **Ab 1.8.2016** dürfen Sie beim Abbruch einer Bildungsmaßnahme nicht zusätzlich zur drohenden ⇨Sanktion mit einer festgelegten Schadensersatzforderung belangt werden. Bei grob fahrlässigem oder vorsätzlichem Verhalten, das zum Abbruch einer Maßnahme führt, kann das Jobcenter Schadensersatz ggf. über einen Ersatzanspruch geltend machen (⇨Rückforderung 3.1).

1.1.5 Anzeige- und Bescheinigungspflicht der Arbeitsunfähigkeit

Seit 1.8.2016 gilt:

„Die Agentur für Arbeit soll erwerbsfähige Leistungsberechtigte, die Leistungen zur Sicherung des Lebensunterhalts beantragt haben oder beziehen, in der Eingliederungsvereinbarung oder in dem diese ersetzenden Verwaltungsakt ... verpflichten,

1. eine eingetretene Arbeitsunfähigkeit und deren voraussichtliche Dauer unverzüglich anzuzeigen

und

2. spätestens vor Ablauf des dritten Kalendertages nach Eintritt der Arbeitsunfähigkeit eine ärztliche Bescheinigung über die Arbeitsunfähigkeit und deren voraussichtliche Dauer vorzulegen. § 31 Absatz 1 findet keine Anwendung.“ (§ 56 Abs. 1 SGB II neu)

Die bisher für **alle** erwerbsfähigen Leistungsberechtigte geltende **allgemeine Anzeige- und Bescheinigungspflicht** der Arbeitsunfähigkeit soll demnach in die EinV bzw. den Eingliederungsverwaltungsakt aufgenommen werden. Satz 2 stellt jedoch klar: Die Nichterfüllung dieser Pflicht darf **keine** ⇨Sanktionen (§ 31 Abs. 1 SGB II) nach sich ziehen.

Nach der Gesetzesbegründung wird damit lediglich *„die Anzeige- und Bescheinigungspflicht bei Arbeitsunfähigkeit flexibilisiert.“* (BT-Drs. 18/8041, 58) Bislang unterlagen alle erwerbsfähigen Alg-II-Beziehenden dieser Verpflichtung – auch über 15jährige SchülerInnen, Mütter, die ein Kind unter drei Jahren betreuen und Personen, die einem Vollzeitjob nachgehen. Künftig müssen sich nur diejenigen beim Jobcenter krankmelden, die dem Eingliederungsprozedere tatsächlich zur Verfügung stehen. Das macht Sinn und entlastet die Verwaltung.

Tipp Machen Sie Ihren Arbeitsvermittler darauf aufmerksam, wenn er Ihnen Sanktionen androht.

1.2 Leistungen zur Eingliederung müssen erforderlich sein

Einerseits sollen Jobcenter mit jedem Alg-II-Beziehenden eine EinV abschließen, andererseits aber nur, wenn Eingliederungsleistungen überhaupt erforderlich sind.

„Leistungen zur Eingliederung in Arbeit können erbracht werden, soweit sie zur Vermeidung oder Beseitigung, Verkürzung oder Verminderung der Hilfebedürftigkeit für die Eingliederung erforderlich sind. Bei den Leistungen zur Eingliederung sind 1. die Eignung, 2. die individuelle Lebenssituation, insbesondere die familiäre Situation, 3. die voraussichtliche Dauer der Hilfebedürftigkeit und 4. die Dauerhaftigkeit der Eingliederung der erwerbsfähigen Hilfebedürftigen zu berücksichtigen.“ (§ 3 Abs. 1 Satz 2 SGB II)

Eine Eingliederungsvereinbarung soll also entgegen § 15 Abs. 2 SGB II neu nicht mit jedem abgeschlossen werden.

1.2.1 Wer muss keine Eingliederungsvereinbarung abschließen?

Sie brauchen keine EinV abzuschließen,

- wenn Sie bereits eine ggf. längerfristige Zusage für einen Arbeits- oder Ausbildungsplatz in der Tasche haben,
- wenn Sie innerhalb von etwa 8 Wochen eine Stelle antreten werden,
- wenn eine Erwerbstätigkeit vorübergehend nicht zumutbar ist, z.B. wenn Sie Kinder unter drei Jahren haben bzw. Ihren Familienpflichten nachkommen,
- wenn Sie schwerstpflegebedürftige Angehörige pflegen,
- wenn noch geprüft wird, ob Sie überhaupt erwerbsfähig sind,
- wenn Sie Jugendlicher in Vollzeitschulpflicht oder

- unter 25jähriger in einer allgemein- oder berufsbildenden Schule sind, vorausgesetzt, Sie stehen nicht kurz vor dem Ende der Schulausbildung (s.u.),
- wenn Sie nicht in der Lage sein sollten, die Folgen einer EinV zu überschauen, z.B. bei Sucht- und psychischen Erkrankungen, mangelnder Auffassungsgabe usw.

In all diesen Fällen sind Leistungen zur Eingliederung nicht erforderlich. Sie werden aus der Arbeitslosenstatistik entfernt, da Sie keine Arbeit suchen. In der Regel wird alle sechs Monate überprüft, ob die oben genannten Voraussetzungen noch vorliegen.

Erforderlich ist eine Eingliederungsvereinbarung regelmäßig auch dann nicht, wenn Sie schon **auf dem allgemeinen Arbeitsmarkt tätig** sind, denn das ist die allgemeine Definition der BA für den Erfolg der Eingliederung (⇨1.2.2; ⇨Arbeitsgelegenheiten 5.).

SchülerInnen sollen frühzeitig vor der Schulentlassung durch das Jobcenter bei Berufsorientierung und -beratung sowie Bewerbungs- und Vermittlungsbemühungen unterstützt werden. Das ist aber erst erforderlich, wenn Ihr Schulabschluss in weniger als 18 Monaten bevorsteht. Hier können bestenfalls die Teilnahme an einer Berufsberatung der Arbeitsagentur oder, bei bislang erfolglosen Eigenbemühungen, angemessene Bemühungen um einen Ausbildungs- bzw. Studienplatz und deren Nachweise in die EinV aufgenommen werden. Die Vorlage von Zeugnissen kann nur auf freiwilliger Basis erfolgen. (BA 15, Anlage, 4)
*„Der Abschluss einer EinV mit einem erwerbsfähigen **Minderjährigen** bedarf der Zustimmung des gesetzlichen Vertreters“*, die/ der zuvor über die Rechtsfolgen belehrt werden muss (BA 15.9).

Tipp Prüfen Sie, ob in Ihrem konkreten Fall überhaupt *„Leistungen“* zur Eingliederung in Arbeit erforderlich sind. Wenn keine erforderlich sind, können Sie dem Verlangen widersprechen, eine EinV abzuschließen.

1.2.2 EinV, wenn Sie Ihren Lebensunterhalt selbst bestreiten können?

Auch wenn Ihr Einkommen (z.B. aus Erwerbsarbeit) ausreicht, um Ihren eigenen Lebensunterhalt zu bestreiten, werden Sie mit Zusammenwohnenden in eine ⇨Bedarfsgemeinschaft gepresst und dadurch mit dem Stempel *„leistungsberechtigt“* versehen (früher hieß das *„hilfebedürftig“*; ⇨Einzelberechnung).
Im SGB II steht: *„Die Agentur für Arbeit soll ... mit jeder erwerbsfähigen leistungsberechtigten Person ... die für ihre Eingliederung erforderlichen Leistungen vereinbaren (Eingliederungsvereinbarung).“* (§ 15 Abs. 2 Satz 1 SGB II neu)

Trifft das auch zu für Vollzeitbeschäftigte, die zweifelsfrei eingegliedert sind?
Sind solche Vereinbarungen *„erforderlich“*, wenn Sie trotz eingeschränkter Leistungsfähigkeit schon einer Teilzeitbeschäftigung nachgehen?
Ja: *„Eine Arbeit ist nicht allein deshalb unzumutbar, weil ... sie mit der Beendigung einer Erwerbstätigkeit verbunden ist ...“* (§ 10 Abs. 2 Nr. 5 SGB II)
Das Jobcenter kann Sie also unter Umständen zwingen, einen Job aufzugeben, um einen besser bezahlten aufnehmen zu können. Damit würden Sie vielleicht die Hilfebedürftigkeit Ihrer Bedarfsgemeinschaft verringern oder beenden.

Tipp 1 Lassen Sie sich anhand Ihres „Profiling“ (Potenzialanalyse) schriftlich darlegen, warum ein solcher Schritt und die damit verbundenen Bewerbungsbemühungen erforderlich und erfolgversprechend sind, um die Hilfebedürftigkeit zu verringern oder zu beenden.

Tipp 2 Achten Sie darauf, dass Sie nicht einen sicheren Job für ein paar Euro mehr gegen einen unsicheren, befristeten, eintauschen müssen. Das steht Ihrer Eingliederung entgegen und gehört auch nicht in eine EinV.

Tipp 3 Sind Sie bereits beschäftigt, haben Sie weniger Zeit, um sich zu bewerben. Das muss bei der Anzahl der festgelegten Bewerbungen berücksichtigt werden.

Außerdem gilt: *„Ist die erwerbsfähige leistungsberechtigte Person bereits auf dem Arbeitsmarkt integriert ... und bezieht sie ergänzend Leistungen nach dem SGB II, kann ggf. auf den Abschluss einer EinV verzichtet werden“* (BA 15, Anlage, 3).

1.3 Wenn der Abschluss einer EinV unvermeidbar ist oder Sie selbst eine abschließen wollen

1.3.1 Voraussetzung: „Profiling"/ „Potenzialanalyse"

E

„Die Agentur für Arbeit soll unverzüglich zusammen mit jeder erwerbsfähigen leistungsberechtigten Person die für die Eingliederung erforderlichen beruflichen und persönlichen Merkmale, berufliche Fähigkeiten und die Eignung feststellen (Potenzialanalyse). Die Feststellungen erstrecken sich auch darauf, ob und durch welche Umstände die berufliche Eingliederung voraussichtlich erschwert sein wird." (§ 15 Abs. 1 SGB II neu)

Nur *„unter Berücksichtigung der Feststellungen nach Absatz 1"* darf das Jobcenter mit Ihnen eine EinV überhaupt abschließen (§ 15 Abs. 2 Satz 1 SGB II neu). Ein umfassendes und systematisches **„Profiling"** *(„Potenzialanalyse")* im Rahmen eines Beratungsgesprächs muss unverzüglich durchgeführt werden und hat jeder EinV vorauszugehen. Sie müssen erdulden, dass eine solche Potenzialanalyse ggf. im Auftrag des Jobcenters von einem Maßnahmenträger durchgeführt wird (§ 62 Abs. 2 Nr. 2 SGB II).

Tipp Es ist rechtswidrig, wenn Sie bei Erstantragstellung sofort eine EinV unterschreiben sollen. Erst muss die Potenzialanalyse durchgeführt werden, dann kann auf dieser Grundlage eine EinV abgeschlossen werden. Berufen Sie sich darauf.

Das „Profiling" teilt Sie Klassen zu:

- Marktkunde (uneingeschränkt vermittelbar),
- Beratungskunde (mit Fördern und Fordern vermittelbar) und
- Betreuungskunde (mittelfristig unvermittelbar; Vermittlungshemmnisse sind erst zu beseitigen).

Das wurde früher offen so benannt, heute tituliert die BA diese dreiteilige Klassifizierung als *„Formen/ Varianten der Aktivierung bzw. Strategieauswahl"* und *„Profillage I bis III"* (BA 15, Anlage, 2 f.).

Tipp Vom Ergebnis des „Profiling" hängen die Auflagen und Eingliederungsmaßnahmen des Jobcenters ab. Wenn Sie mit Ihrer Einstufung in einer *„Profillage"* nicht einverstanden sind, können Sie Einwände dagegen geltend machen und eine darauf basierende EinV nicht unterzeichnen.

1.3.2 Mindeststandards beim Abschuss einer EinV

Wenn die Potenzialanalyse als Grundlage fehlt oder unzureichend durchgeführt wurde und Ihnen im Rahmen des **Aushandlungsprozesses** kein individuelles, aus der Analyse abgeleitetes Angebot gemacht wird, ist das Verfahren schon unzulässig.

Ein vorgefertigtes oder aus Textbausteinen zusammengesetztes Standardformular, das Ihnen als EinV zur Unterschrift vorgelegt wird, ist nach vorherrschender Meinung der Sozialgerichte rechtswidrig (LSG NRW 7.2.2008 - L 7 B 201/07 AS ER; SG Nürnberg 24.5.2007 - S 20 AS 465/07; SG Hamburg 23.4.2007 - S 12 AS 820/07; SG Braunschweig 15.12.2005 - S 19 AS 866/05).

Auch die **„Angebote"**, auferlegten **Pflichten** und geforderten Nachweise für Eigenbemühungen müssen klar in der EinV bestimmt sein. Das gilt auch für Ein€Jobs. Hier müssen der Maßnahmenträger, Arbeitszeit, Tätigkeit und Aufwandsentschädigung benannt werden (SG München 18.6.2008 - S 19 AS 923/08).

Tausenden Arbeitslosen werden bundesweit immer noch im Massenverfahren – teilweise sogar auf Massenveranstaltungen – vorgefertigte, nicht auf die individuellen Bedürfnisse abgestimmte Eingliederungsvereinbarungen zur Unterschrift vorgelegt. Hier können Sie sich wehren (⇨3.6).

Eine EinV muss immer verhandelbar sein. Sie müssen also Gelegenheit haben, **eigene Vorschläge** zu unterbreiten oder einen Alternativentwurf als Verhandlungsgrundlage vorzulegen. Ihr Angebot darf niemals unbegründet vom Tisch gefegt werden.

Außerdem dürfen **keine Bewerbungsauflagen** in eine EinV aufgenommen werden, **ohne** die Übernahme von **Bewerbungskosten** durch das Jobcenter verbindlich **zu regeln**. Ein Verstoß gegen solche unzureichende Auflagen darf vom Jobcenter nicht sanktioniert werden (BSG 23.6.2016 - B 14 AS 30/15 R).

Tipp 1 Versuchen Sie, realistische **Ziele** und eine realistische Selbsteinschätzung zu entwickeln. Überlegen Sie, welche „Leistung" dazu dienen könnte, Ihre Chancen auf dem Arbeitsmarkt zu verbessern und welche Bemühungen zur Eingliederung in Arbeit wie gefördert werden könnten (⇨Bewerbungen). Machen Sie Ihrem Arbeitsvermittler/ Fallmanager Vorschläge und verhandeln Sie mit ihm. Warten Sie nicht, bis sich jemand etwas für Sie ausdenkt. Je mehr Sie einbringen können, desto eher werden Maßnahmen nicht mit Strafen gegen Ihren Willen durchgesetzt. **Fordern Sie also die Eingliederungsleistungen**, die Ihrer Meinung nach für Sie geeignet sind. Sie finden diese unter den Stichworten: ⇨Arbeit 2. ff., ⇨Arbeitsgelegenheiten, ⇨Behinderte, ⇨Jugendliche 3.1 ff. und ⇨Weiterbildung.

Nicht alle Eingliederungsleistungen sind unserer Meinung nach sinnvoll. Ein€Jobs oder überflüssige Trainingsmaßnahmen z.B. lehnen wir ab.

Tipp 2 Sie können trotz gültiger EinV **zusätzlich** einen Antrag auf eine **Eingliederungsleistung** stellen und eine verbindliche Entscheidung darüber verlangen. Bei Ablehnung können Sie mit Widerspruch und ggf. Klage dagegen vorgehen.

2. Wer schließt mit wem die Vereinbarung?

„Die Agentur für Arbeit ... soll einen persönlichen Ansprechpartner für jede erwerbsfähige leistungsberechtigte Person und die mit dieser in einer Bedarfsgemeinschaft lebenden Personen benennen." (§ 14 Abs. 3 SGB II neu)

Ihr *„persönlicher Ansprechpartner"*, kurz **pAp**, schließt mit Ihnen die Vereinbarung ab. Ihr Schicksal hängt von den Fähigkeiten, der Qualifikation und dem Einfühlungsvermögen einer einzigen Person ab, die vom SGB II mit weitreichenden Befugnissen ausgestattet wurde. Anders als im SGB XII gibt es für den pAp im SGB II keine Qualifikationsanforderungen. Er muss weder von seiner Person her geeignet sein, noch über eine entsprechende Ausbildung verfügen, wie es im § 6 SGB XII vorgeschrieben ist. Er kann also auch befristet beschäftigt sein und z.B. aus dem Ordnungsamt stammen.

Mit jedem erwerbsfähigen Hilfebedürftigen sollen die Jobcenter die für die *„Eingliederung erforderlichen Leistungen"* vereinbaren (§ 15 Abs. 2 Satz 1 SGB II neu). Das gilt auch, wenn mehrere erwerbsfähige Hilfebedürftige in einer Bedarfsgemeinschaft zusammen leben.

Mit nichterwerbsfähigen Mitgliedern einer Bedarfsgemeinschaft (z.B. Kindern unter 15 Jahren; GSi-Empfängern) kann keine EinV abgeschlossen werden, da sie keine *„Leistungen zur Eingliederung in Arbeit"* erhalten können.

In einer EinV kann aber auch vereinbart werden, *„welche Leistungen die Personen erhalten, die mit dem erwerbsfähigen Hilfebedürftigen in einer Bedarfsgemeinschaft leben. Diese Personen sind hierbei zu beteiligen"* (§ 15 Abs. 4 SGB II neu). Das bezieht sich vor allem auf die Übernahme von Kosten für Kinderbetreuung bzw. die häusliche Pflege, wenn damit die Eingliederung der Erwerbsfähigen in das Erwerbsleben gefördert oder ihre Hilfebedürftigkeit verringert werden kann (§ 7 Abs. 2 SGB II; § 16a Nr. 1 SGB II).

Tipp Sie haben das Recht, zu den Verhandlungen über eine EinV einen ⇨Beistand mitzunehmen.

3.1 EinV – öffentlich-rechtlicher Vertrag

Die Eingliederungsvereinbarung ist ein ⇨öffentlich-rechtlicher Vertrag. Die Behörde kann mit erwerbsfähigen Hilfebedürftigen einen solchen Vertrag schließen, anstatt einen Verwaltungsakt zu erlassen (§ 53 Abs. 1 SGB X). Die EinV ist dem Verwaltungsakt gewissermaßen vorgeschaltet.

Da Sie einen Vertrag schließen, müssen Sie **verhandeln**, wenn Sie ein Ergebnis erzielen wollen, dass Sie auch tatsächlich unterschreiben können. Sie müssen sich also Gedanken darüber machen, was in der EinV Ihrer Meinung nach drinstehen soll, damit Sie unterschreiben können (⇨1.3).

Wenn Sie die EinV als „Vertragspartner" eines öffentlich-rechtlichen Vertrags unterschreiben, können Sie nachher dagegen **keinen Widerspruch** einlegen. Das könnten Sie nur, wenn die EinV ein Verwaltungsakt wäre, der Ihnen gegenüber erlassen wurde (⇨4.1). Sie müssen also **vor** Abschluss dieses Vertrags widersprechen, wenn Sie eine festgelegte Maßnahme nicht für geeignet halten und versuchen, sich mit Ihrem pAp auf einen **Kompromiss** zu einigen.

E

Tipp 1 Sie müssen **nicht sofort** unterschreiben. Ihnen ist eine **Bedenkzeit** einzuräumen, damit Sie sich geeignete Eingliederungsangebote überlegen können. In der Rechtsprechung wird eine *„angemessene Überlegungsfrist"* vorausgesetzt (LSG Baden-Württemberg 16.4.2008 - L 7 AS 1398/08 ER-B; LSG NRW 7.2.2008 - L 7 B 201/07; LSG Berlin Brandenburg 28.11.2005 - L 10 B 1293/05 AS ER). Eine Woche muss mindestens drin sein, um das zu überschlafen bzw. Rat einzuholen.

Tipp 2 Bringen Sie im persönlichen Gespräch gegenüber dem pAp Ihre Vorstellungen in die **Verhandlung** ein und versuchen Sie ihn zu überzeugen. Sie können dazu auch einen Beistand Ihres Vertrauens hinzuziehen bzw. bei Nichteinigung eine Beratung und Entscheidung durch den Vorgesetzten des Fallmanagers verlangen (LPK SGB II, § 15 Rz. 19). Das Ende der Verhandlungsphase muss der pAp durch Vorlage eines konkreten **Abschlussangebots** signalisieren. Machen Sie sich eigene Notizen zum Verlauf der Verhandlung.

Tipp 3 Wenn Sie eine **EinV unterschrieben** haben und zu der Auffassung gelangen, dass eine Vereinbarung rechtswidrig ist, auf Sie nicht mehr zutrifft oder unzumutbar ist, können Sie schriftlich die EinV ganz oder teilweise aufkündigen bzw. eine **Änderung** beantragen. Z.B. wenn Sie mit 20 Bewerbungen im Monat die Unternehmer in Ihrem strukturschwachen Landkreis nerven sollen und in unserem Leitfaden lesen, dass allenfalls fünf bis acht ⇨Bewerbungen zulässig sind.

Tipp 4 Sie müssen eine rechtswidrige oder unzumutbare EinV gar **nicht unterzeichnen**. Dann können Sie gegen den die EinV ersetzenden Verwaltungsakt ⇨Widerspruch einlegen.

Tipp 5 Wenn der pAp Sie **unter Druck gesetzt** und zur Unterzeichnung einer EinV genötigt hat, Sie aber deren Inhalte nicht akzeptieren können, ist es möglich, die Rechtmäßigkeit anschließend im Rahmen einer **Feststellungsklage** vor Gericht überprüfen lassen (SG München 18.6.2008 - S 19 AS 923/08; SG Hamburg 21.2.2007 - S 53 AS 352/07 ER; LSG Bayern 15.1.2007 - L 7 B 889/06 AS ER).

3.2 Für wie lange wird die EinV abgeschlossen?

*„Die Eingliederungsvereinbarung soll regelmäßig, **spätestens** jedoch nach Ablauf von **sechs Monaten**, gemeinsam überprüft und fortgeschrieben werden. Bei jeder folgenden Eingliederungsvereinbarung sind die bisher gewonnenen Erfahrungen zu berücksichtigen."* (§ 15 Abs. 3 Satz 1 u. 2 SGB II neu)
„Soll" heißt, dass in Ausnahmefällen auch eine längere Laufzeit festgelegt werden kann, falls eine Änderung der Situation in absehbarer Zeit nicht zu erwarten ist. Diese *„Ermessenserwägung"* ist im Einzelfall zu begründen (BSG 14.2.2013 - B 14 AS 195/11/R).

In der seit **1.8.2016** gültigen Fassung wurde aus der starren sechsmonatigen Laufzeit einer EinV eine sechsmonatige Regelhöchstdauer. *„Spätestens"* danach muss überprüft und fortgeschrieben werden. Ob das an der derzeitigen Praxis der Jobcenter etwas ändert, ist fraglich.
Das macht es für Sie jedoch einfacher, eine Anpassung der EinV **vor** Ablauf der sechs Monate zu verlangen, wenn Änderungsbedarf besteht. Nach Abschluss eines öffentlich-rechtlichen Vertrages können Sie dessen **Anpassung** verlangen, wenn sich die Verhältnisse so wesentlich geändert haben, dass es Ihnen nicht mehr zuzumuten ist, am Vertrag festzuhalten (§ 59 Abs. 1 SGB X).

Tipp Sollte sich herausstellen, dass z.B. die Anforderungen an Bewerbungen unerfüllbar sind, sollten Sie eine Änderung der EinV verlangen, um ⇨Sanktionen zu vermeiden. Formulieren und begründen Sie die Anpassung am besten als Antrag.

3.3 Rechtsanspruch auf Leistungszusagen

Sind bestimmte Maßnahmen zur Eingliederung in der EinV vereinbart, gelten sie als bewilligt. *„Die EinV ist für beide Vertragsparteien verbindlich..."* (BA 15.2), auch für die Behörde.

Das zwingt das Jobcenter zur Vorsicht, da die Eingliederungsleistungen immer nur abhängig vom jeweiligen Eingliederungsbudget und dessen Kassenstand angeboten werden können. Und dieses Budget ist seit 2010 kontinuierlich geschrumpft (⇨Kritik).

4.1 Sie können sich nicht einigen – EinV als Verwaltungsakt

„Soweit eine Vereinbarung nach Absatz 2 nicht zustande kommt, sollen die Regelungen [vor allem Eingliederungsleistungen und Eigenbemühungen] durch Verwaltungsakt getroffen werden." (§ 15 Abs. 3 Satz 3 SGB II neu)

Leistungen zur Eingliederung und der Umfang der Eigenbemühungen können also auch **ohne Ihre Zustimmung** verfügt werden.

„Nicht zustande kommen" bedeutet in diesem Fall, dass zumindest eine Einigung im Gespräch gesucht wurde und Sie den Abschluss **abgelehnt** haben (BSG 14.2.2013 - B 14 AS 195/11 R). Der Verwaltungsakt (VA) setzt **nicht** voraus, dass Sie die Ablehnung einer EinV **verschuldet** haben.

Allerdings hat das Jobcenter vor Erlass des Eingliederungsverwaltungsakts den Versuch zu unternehmen, mit Ihnen konsensual eine Eingliederungsvereinbarung abzuschließen. Ferner trägt es die Beweislast dafür, zunächst mit entsprechenden Verhandlungen auf ein Zustandekommen der EinV hingewirkt zu haben. (SG Köln 07.12.2015 - S 37 AS 3523/15 ER)

Weitere Gründe, eine Eingliederungsvereinbarung durch einen VA zu ersetzen, können in der Person des Erwerbslosen liegen: Wenn z.B. die Personen unter Betreuung steht, Analphabet ist oder eine seelische oder geistige Behinderung hat (SG Lüneburg 4.4.2007 - S 24 AS 342/07 ER).

4.2 Mindestanforderungen an den „Eingliederungsverwaltungsakt"

Als Verwaltungsakt muss die gescheiterte EinV inhaltlich hinreichend bestimmt sein (§ 33 Abs. 1 SGB X; ⇨Bescheid 3.1). Ist dort lediglich geregelt, dass Sie *„alle verfügbaren Möglichkeiten und Initiative nutzen sollen, um die Hilfebedürftigkeit zu beenden"*, fehlt es an Bestimmtheit; der Bescheid ist rechtswidrig (LSG NRW 9.9.2014 - L 7 AS 1220/14 B ER). Der Verwaltungsakt muss folglich auch die Leistungen, die Sie erhalten sollen und den Umfang der Eigenbemühungen **konkret** benennen sowie die Form, in der sie nachzuweisen sind. Er muss auch das ⇨Ermessen begründen, das zur Entscheidung für eine bestimmte Eingliederungsleistung geführt hat. Und auch hier gilt: Keine Bewerbungsauflagen ohne verbindliche Regelung der Übernahme von Bewerbungskosten (BSG 23.6.2016 - B 14 AS 30/15 R).

4.3 Keine Sanktion bei Weigerung

Da die Weigerung, eine EinV zu unterzeichnen, **seit 2011** nicht mehr sanktioniert werden darf, haben Sie nichts zu befürchten, wenn Sie mit dem „Angebot" des Jobcenters nicht einverstanden sind. Sie können es ablehnen und abwarten, bis ein **„Eingliederungsverwaltungsakt"** erlassen wird. Dann können Sie gegen den Verwaltungsakt ⇨Widerspruch einlegen, weil z.B. die geforderten Eigenbemühungen so umfangreich sind, dass Sie sie kaum erfüllen können.

Ist der Verwaltungsakt allerdings **rechtskräftig**, weil Sie keinen Widerspruch eingelegt haben (oder das Widerspruchs- und Klageverfahren verloren haben), sind die im Eingliederungsverwaltungsakt festgelegten Pflichten für Sie **bindend**. Wenn Sie sie nicht einhalten, droht Ihnen eine ⇨**Sanktion**!

4.4 Widerspruch gegen den Eingliederungsverwaltungsakt – keine aufschiebende Wirkung

Seit 2009 hat der Widerspruch gegen eine EinV, die als Verwaltungsakt erlassen wurde **keine** aufschiebende Wirkung mehr (§ 39 Nr. 1 SGB II). Sie müssen also trotz eingelegter Rechtsmittel die im Verwaltungsakt festgelegten Pflichten erfüllen, sonst drohen Sanktionen.

Tipp Wenn Sie allerdings eine Verpflichtung, die hier geregelt ist, für unzumutbar halten und dagegen Widerspruch einlegen, können Sie zunächst beim Jobcenter und bei Ablehnung beim **Sozialgericht** beantragen, die aufschiebende Wirkung des Widerspruchs **anordnen** zu lassen (⇨Widerspruch 5.2).

5.1 Mindestanforderungen an Eingliederungsvereinbarungen

An das rechtmäßige Zustandekommen einer EinV sind folgende Voraussetzungen geknüpft:

E

a. Eine EinV muss auf der Grundlage eines qualifizierten **„Profilings"** getroffen werden und individuell auf Ihre Situation zugeschnitten sein (⇨1.3.1).

b. Auf das „Profiling" folgt der **Aushandlungsprozess**. Hier sind Ihre begründeten Veränderungsvorschläge zu berücksichtigen. Es darf nicht starr an einer vorgefertigten Vereinbarung festgehalten werden. Zur Verhandlungsphase gehört, dass Ihnen eine angemessene **„Überlegungsfrist"** eingeräumt wird. Das Ende der Verhandlungsphase muss durch den pAp durch die Vorlage eines Abschlussangebots deutlich gemacht werden. (⇨1.3.2; ⇨3.1)

c. Die festgelegten Pflichten müssen in einem **angemessenen Verhältnis** zur Gegenleistung des Jobcenters stehen. Ist in einer EinV eine Gegenseitigkeit nicht erkennbar, kann eine Pflichtverletzung keine Sanktionen nach sich ziehen. (LSG Niedersachsen-Bremen 12.1.2012 - L 7 AS 242/B).

d. Die Vereinbarungen, Maßnahmenangebote und Nachweispflichten müssen klare Festlegungen enthalten, sie müssen **inhaltlich hinreichend bestimmt** sein (LPK SGB II, § 15 Rz. 24 ff.; ⇨1.3.2).

5.2 Strafen

Haben Sie eine EinV abgeschlossen oder wird die Vereinbarung per Verwaltungsakt eingesetzt, wird bei über 25jährigen jede Verletzung der *„in der Eingliederungsvereinbarung festgelegten Pflichten"* mit einer Kürzung in der ersten Stufe von 30% geahndet (§ 31 Abs. 1 Nr. 1 SGB II; ⇨Sanktionen). Das bedeutet eine Geldstrafe von 363,60 €, verteilt auf drei Monate. Bei unter 25jährigen wird die Regelleistung in der ersten Stufe gleich um 100% gekürzt.

Sanktionen sind nicht möglich, wenn Sie einen *„wichtigen Grund"* haben, die in der EinV festgelegten Pflichten nicht zu erfüllen (§ 31 Abs. 1 Satz 2 SGB II).

Ein **wichtiger Grund** liegt z.B. vor,

- wenn Sie sich verpflichten sollen, auch bei Krankheit an einer Trainingsmaßnahme teilzunehmen (SG Hamburg 27.1.2006 - S 56 AS 10/06 ER),
- wenn Sie sich mit der EinV zu einer ärztlichen Untersuchung zur Feststellung Ihrer Erwerbsfähigkeit verpflichten sollen (LSG Rheinland-Pfalz 5.7.2007 - L 9 ER 175/07 AS, nach Geiger 2014, 655),
- wenn Sie gegen Ihren Willen zur Durchführung einer Heilbehandlung oder Schuldner- bzw. Suchtberatung verpflichtet werden sollen, da hier Freiwilligkeit vorausgesetzt werden muss (SG Braunschweig 11.9.2006 - S 21 AS 962/06 ER; nach Geiger 2014, 655),
- wenn Sie Ihre Bewerbungsauflagen nicht erfüllen konnten, weil die Übernahme der Bewerbungskosten nicht verbindlich geregelt wurde (BSG 23.6.2016 - B 14 AS 30/15 R) oder
- wenn die Mindestanforderungen an Form und Inhalt der EinV nicht erfüllt sind (LSG Baden Württemberg 22.1.2007 - L 13 AS 4160/06 ER-B; ⇨5.1).

Legen Sie ⇨Widerspruch ein!

6. Übersicht Rechtsdurchsetzung

Aus der im *„partnerschaftlichen Umgang"* zu entwickelnden Eingliederungsvereinbarung ist im rauen Jobcenteralltag ein **Eingliederungsdiktat** geworden. Das Eingliederungsverfahren weist jedoch in der Praxis so viele Mängel auf, dass es erhebliche Spielräume zur rechtlichen Gegenwehr eröffnet.

a. Fehlt es an einem **„Profiling"** (Potenzialanalyse), auf dessen Grundlage eine EinV erlassen wird, ist das Verfahren von vorn herein rechtswidrig.

b. Nutzen Sie die Möglichkeit zu **verhandeln** und unter günstigen Bedingungen eine Ihren Interessen entgegenkommende EinV zu vereinbaren (⇨1.3.2).

c. Ist die EinV rechtswidrig, unzumutbar oder nicht mehr aktuell, können Sie schriftlich eine **Änderung** beantragen (⇨3.1 f.).

d. Ist die EinV unter Druck zustande gekommen und rechtswidrig, unzumutbar bzw. formal oder inhaltlich mangelhaft, können Sie sie mit einer **Feststellungs⇨ klage** überprüfen lassen (⇨3.1).

e. Ist die EinV rechtswidrig, unzumutbar bzw. formal oder inhaltlich mangelhaft, sollten Sie diese erst gar **nicht unterzeichnen**.

Wird sie dann als Verwaltungsakt erlassen, können Sie ⇨**Widerspruch und** ⇨**Klage** erheben. Sie müssen beantragen, die aufschiebende Wirkung von Widerspruch und Klage anordnen zu lassen (⇨4.4).

f. Gegen eine Sanktion aufgrund der Nichterfüllung einer EinV oder eines Eingliederungsverwaltungsaktes können Sie ebenfalls ⇨**Widerspruch und** ⇨**Klage** erheben und einen Antrag auf Anordnung der aufschiebenden Wirkung stellen (⇨4.3; ⇨5.2).

Kritik

Die hohe Zahl der Alg-II-Beziehenden ist nicht vornehmlich auf überlastete Arbeitsvermittler, eine schlecht organisierte Arbeitslosenverwaltung und erst recht nicht auf zu große Milde gegenüber den Arbeitslosen zurückzuführen. Sie ist vor allem Ergebnis der sinkenden Nachfrage des Kapitals nach der Ware Arbeitskraft. Der frühere Wirtschaftsmanager und heutige BA-Präsident Frank J. Weise gab zu, dass etwa eine Million Menschen auch mit Arbeitsmarktpolitik und *„viel Bemühen"* nicht ohne Weiteres in Arbeit gebracht werden können (Spiegel-Online 15.9.2006).

Die BA kümmere sich aber in erster Linie um diejenigen Arbeitslosen, bei denen mit möglichst geringem Einsatz die Dauer der Zahlungen verkürzt werden könne. So Volker Hielscher vom Institut für Sozialforschung und Sozialwirtschaft in Saarbrücken, nachdem er 200 Beschäftigte der BA interviewt hatte. (FR 21.3.2006)

Die zweigeteilte Arbeitslosenverwaltung verstärkt diesen Trend. Die Arbeitsagenturen kümmern sich um die schnell vermittelbaren „guten" Alg-I-beziehenden Arbeitslosen, die die Wirtschaft zum flexiblen Ausgleich von Überkapazitäten an der einen und erhöhter Nachfrage an der anderen Stelle benötigt. Die „Guten" profitieren in erster Linie vom erhöhten Bedarf an Arbeitskräften während des Aufschwungs.

Die Jobcenter dagegen sind für die „schlechten", die schwer vermittelbaren Alg-II-BezieherInnen zuständig. Hier bewirkt die stabile Konjunktur nur kosmetische Statistikeffekte. Langzeitarbeitslose mit so genannten „Vermittlungshemmnissen" bleiben gänzlich auf der Strecke.

Die Eingliederungsvereinbarung wurde 2005 mit dem Ziel eingeführt, einen *„partnerschaftlichen Umgang zwischen Agentur für Arbeit und erwerbsfähigen Hilfebedürftigen"* zu gewährleisten (BT-Drs. 15/1728, 14). Inzwischen ist sie eines der wichtigsten Instrumente, um Druck auf Erwerbslose auszuüben. 2015 wurden 980.115 SGB-II-Sanktionen verhängt und 170 Mio. € an Leistungen entzogen (BA, Statistik SGB II; Sanktionen, 04/2016; BMAS, Antwort auf eine Anfrage der Fraktion DIE.LINKE im Bundestag, 21.4.2016). Allein 101.094 Personen wurden 2015 sanktioniert, weil sie die in der EinV festgelegten Pflichten nicht erfüllt haben (sollen). Auch andere „Sanktionstatbestände" basieren oft auf dem Instrument „Eingliederungsvereinbarung". Medienwirksam eingeführt als Mittel, um die Eigenverantwortung im „Aktivierungsprozess" einzufordern, wird sie zur Qual für alle Betroffenen und oft zum Mittel, den Regelsatz zu kürzen oder ganz zu streichen.

Einkommen

Einkommen und ⇨Vermögen werden angerechnet, wenn Sie Alg II oder HzL/ GSi der Sozialhilfe beziehen wollen (§ 9 Abs. 1 SGB II; § 2 Abs. 1 SGB XII).

Einkommen darf nur angerechnet werden,

- wenn es um notwendige Ausgaben **bereinigt** worden ist (⇨Einkommensbereinigung) und
- wenn es tatsächlich vorhanden ist und Sie darüber **verfügen** können (⇨1.3 ff.).

Inhaltsübersicht:

E

gendienst, Zuwendungen der Wohlfahrtspflege, Zuwendungen anderer, Ferienjobeinkommen, Trinkgeld, Einnahmen aus Kapitalvermögen, Geschenke usw.

3. Laufende oder einmalige Einnahmen?

3.1 Laufende Einnahmen

E

3.2 Einmalige Einnahmen wie Weihnachts- oder Urlaubsgeld, Nachzahlungen, Lohnsteuerrückerstattungen, Erbschaften usw. darunter: Einmaliges Einkommen vorzeitig verbraucht

3.3 Einmaliges Einkommen trifft laufendes Einkommen

4. Abgrenzung Einkommen und Vermögen

5. Einkommen und Vermögen in einer „gemischten" Bedarfsgemeinschaft

6. Datenabgleich

1.1 Was gehört zum Einkommen?

Bis zum 31.7. 2016 gab es beim Alg II und HzL/ GSi der Sozialhilfe bei der Bewertung von Einkommen **einheitliche Maßstäbe**: Zum Einkommen gehören ***„Einnahmen"*** bzw. ***„alle Einkünfte" „in Geld oder Geldeswert"*** (§ 11 Abs. 1 Satz 1 SGB II alt; § 82 Abs. 1 SGB XII).

Mit dem Neunten SGB-II-Änderungsgesetzt wurde mit Wirkung **zum 1.8.2016** der Einkommensbegriff beim **Alg II** eingeschränkt: *„Als Einkommen zu berücksichtigen sind Einnahmen in Geld ..."* (§ 11 Abs. 1 Satz 1 SGB II neu). Das ist eine Verbesserung, weil Sacheinnahmen, *„Einnahmen in Geldeswert"*, in gewissem Umfang von der Anrechnung freigestellt werden. Angerechnet werden nach der neuen Regelung allerdings *„Einnahmen in Geldeswert, die im Rahmen einer Erwerbstätigkeit des Bundesfreiwilligendienstes oder des Jugendfreiwilligendienstes zufließen"* (§ 11 Abs. 1 Satz 2 SGB II neu). Wir müssen demnach bei *„Einnahmen in Geldeswert"* genauer zwischen Alg II und Sozialhilfe unterscheiden.

Alg II, HzL/ GSi der Sozialhilfe

1.1.1 Zu Einnahmen in Geld gehören

- Einkommen aus nichtselbstständiger ⇨**Erwerbstätigkeit**, aus ⇨**selbstständiger** Tätigkeit,
- Kurzarbeitergeld (behandelt wie Einkommen aus Erwerbstätigkeit),
- Insolvenzgeld (BSG 13.5.2009 - B 4 AS 29/08 R),
- Arbeitslosengeld I (Alg I),
- Krankengeld (BSG 27.9.2011 - B 4 AS 180/10 R), Krankenhaustagegeld (BSG 18.1.2011 - B 4 AS 90/10 R),
- Renten, auch Verletztenrente ist in vollem Umfang als Einkommen zu rechnen (BSG 5.9.2007 - B 11 AS 15/06 R; ⇨2.2),
- Zinsen und andere Kapitalerträge (soweit sie die Freibeträge übersteigen),
- ⇨Kindergeld,
- ⇨Unterhaltsvorschuss bzw. Unterhaltszahlungen,
- BAföG, Bundesausbildungsbeihilfe (BAB) und Reisekosten zur Teilhabe am Arbeitsleben nach §127 Abs. 1 Satz 1 SGB III (§ 11a Abs. 3 Nr. 3 bis 5 SGB II neu),
- Überbrückungsgeld nach der Haftentlassung von ⇨Strafgefangenen
- ⇨Wohngeld, sofern Sie es erhalten usw.

Also i.d.R. alles, was an Geld zufließt und zum Lebensunterhalt zur Verfügung steht.

1.1.2 Einnahmen in Geldeswert

Alg II

Bei Sachbezügen wie Kost und Logis, z.B. einem Sonntagsbraten bei den Eltern, Krankenhausverpflegung usw. oder Geschenken (⇨2.9.7) wurde beim Alg II schon vor der Gesetzesänderung meist ein Auge zugedrückt. Vieles wurde anrechnungsfrei gestellt. Ansonsten galt:

„Sonstige Einnahmen in Geldeswert sind mit ihrem Verkehrswert als Einkommen anzusetzen. Ist die Einnahme in Geldeswert auch als Teil des Regelbedarfs nach § 20 des Zweiten Buches Sozialgesetzbuch berücksichtigt, ist als Wert der Einnahme in Geldeswert höchstens der Betrag anzusetzen, der für diesen Teil in dem maßgebenden Regelbedarf enthalten ist." (§ 2 Abs. 6 Alg II-V alt; ⇨Regelsatz)

Seit 1.8.2016 müssen Sacheinahmen unterschiedlich bewertet werden, je nachdem ob sie „im Rahmen einer Erwerbstätigkeit, des Bundesfreiwilligendienstes oder des Jugendfreiwilligendienstes zufließen" oder nicht. Fließen Sacheinnahmen nicht im Rahmen einer beruflichen Tätigkeit zu, werden sie im Zuflussmonat wertmäßig nicht mehr als Einkommen angerechnet und können wie ⇨Vermögen behandelt werden. Solche

Sachbezüge sind im Rahmen des Schonvermögens anrechnungsfrei zu stellen.
Das gilt beispielsweise für
- ein angemessenes Kfz, als Geschenk/ Erbe eines Verwandten,
- eine angemessene selbstgenutzte Eigentumswohnung, als Geschenk/Erbe der Eltern,
- ein Sportfahrrad, als Geschenk eines Freundes, der es nicht mehr benötigt oder
- eine Waschmaschine, als Geschenk von Bekannten, weil die alte kaputt gegangen ist.

Zur Anrechnung einer geldwerten Einnahmen als ⇨Vermögen 2. ff., 6.

Die Anrechnung von Sacheinnahmen bereitete Jobcentern in der Vergangenheit viel Mühe, da es oft schwierig und aufwendig ist, den Verkehrswert einer Einnahme in Geldeswert zu ermitteln. Die Nichtberücksichtigung von Sacheinnahmen als Einkommen entspricht der Lebenswelt von Leistungsberechtigten und ist als Maßnahme zum Bürokratieabbau zu begrüßen. Schade nur, dass diese „Rechtsvereinfachung" nicht auch für die HzL und GSi der Sozialhilfe gilt.

Stehen Sachbezüge im Zusammenhang mit einer beruflichen Beschäftigung, sind sie weiterhin als geldwerte Einnahmen anzurechnen. Das gilt für Lohnbestandteile in Geldeswert, wie vom Arbeitgeber bereitgestellte Verpflegung, Mobiltelefone, Kfz-Nutzung usw.
Für Verpflegungsleistungen werden pro Tag 1% des Eckregelsatzes, 4,04 € berücksichtigt, bei Teilverpflegung entfallen darauf jeweils 40% auf das Mittags- und Abendessen sowie 20% auf das Frühstück (§ 2 Abs. 5 Alg II-V).
„Sonstige Einnahmen in Geldeswert sind mit ihrem Verkehrswert als Einkommen anzusetzen." (§ 2 Abs. 6 Alg II-V)

Tipp Sie müssen sich ggf. mit dem Jobcenter über die Bewertung nicht näher definierter Sachbezüge beim Alg II auseinandersetzen. Verlangen Sie immer einen nachvollziehbaren Beleg, wie ein Sachwert bemessen wurde.

HzL/GSi der Sozialhilfe

Die Bewertung von Sachbezügen wird auf der Grundlage der Sozialversicherungsentgeltverordnung (SvEV; § 17 Abs. 1 Nr. SGB IV) vorgenommen (§ 2 der VO zu § 82 SGB XII).
Bei Sozialhilfeleistungen können im Gegensatz zum Alg II auch private Verpflegung oder Krankenhauskost leistungsmindernd angerechnet werden (⇨Krankheit 4.3).

1.2 Pflicht, vorrangige Leistungen zu beantragen

Die Behörde fordert Sie auf, Anträge auf vorrangige Einkommen zu stellen (Kindergeld, Wohngeld, Unterhaltsvorschuss, Alg I usw.), sofern Sie es nicht schon gemacht haben.
Ob Sie einen ⇨Antrag auf vorrangige Leistungen stellen müssen, kann **seit 1.8.2016 nicht mehr** in der ⇨Eingliederungsvereinbarung bestimmt werden. Dafür gelten **ab dem 1.1.2017** für die Beantragung vorrangiger Sozialleistungen verschärfte ⇨**Mitwirkungspflichten**. Das Jobcenter kann Ihnen dann Leistungen ganz oder teilweise versagen, wenn Sie Ihren Mitwirkungspflichten beim vorrangigen Leistungsträger nicht nachkommen und Ihr Antrag dort deshalb abgelehnt wird (§ 5 Abs. 3 Sätze 3 bis 5 SGB II neu).

1.3 Einkommen nur anrechenbar, wenn verfügbar

1.3.1 Unterhaltsansprüche

sind nur Einkommen, wenn tatsächlich gezahlt wird (BVerwG 24.3.1965). Das Gleiche gilt für ⇨Kindergeld. Steht es nicht zur Verfügung, darf es nicht angerechnet werden (BSG 2.7.2009 - B14 AS 75/08 R).

1.3.2 Künftiges Einkommen

Wenn Einkommen erst **in einigen Tagen oder Wochen** zufließt, darf Ihnen Alg II/ Sozialhilfe nicht mit der Begründung verweigert werden, dass Sie doch Einkommen zu erwarten hätten (OVG Lüneburg 21.12.1999 - NDV-RD 2/2000, 36).

Beispiel: Wenn Sie zum 1.6. eine Arbeit aufnehmen und am 5.7. die erste Lohnzahlung bekommen, muss Alg II im Juni weitergezahlt werden. Der Lohn kann erst im Juli auf Ihren Bedarf angerechnet werden (BA 11.5).

1.3.3 Vermögenswirksame Leistungen (Arbeitgeberanteil)

sind zweckbestimmte Einnahmen und kein Einkommen (BA 11.20), weil sie nicht ausgezahlt werden und damit nicht zur Deckung des Bedarfs bereitstehen.

1.3.4 Gepfändetes Einkommen

ist kein Einkommen (BVerwG 15.12.1977 - FEVS 26, 99), da es nicht verfügbar ist (⇨Pfändung).

E

1.3.5 Titulierte bzw. notariell beurkundete ⇨Unterhaltszahlungen

sind vom Einkommen abzusetzen (§ 11b Abs. 1 Nr. 7 SGB II). Das dafür verwendete Einkommen ist nicht verfügbar.

1.3.6 Abgetretene Einkünfte

(z.B. Steuerrückzahlungen), die Sie an Gläubiger schon längere Zeit (mind. sechs Monate) **vor** Beginn des Leistungsbezuges wirksam abgetreten haben, sind nicht verfügbar und dürfen nicht angerechnet werden (OVG NRW - info also 4/2000, 222).

1.3.7 Einkommen, das Sie schon wieder ausgegeben haben

Wenn Sie trotz Leistungsbezug z.B. mit einer Steuererstattung Schulden zurückgezahlt haben, darf die Steuererstattung nicht fiktiv für mehrere Monate als Einkommen angerechnet werden. Das Jobcenter hat vorrangig das Existenzminimumm sicher zu stellen. Wurde das Einkommen vorsätzlich ausgegeben (*„sozialwidriges Verhalten“*) kann Kostenersatz gefordert werden. (BSG 29.11.2012 - B 14 AS 33/12 R; ⇨Rückforderung 3.1).

Beim **Alg II** gilt **ab 1.1.2017**: Wenn Sie eine einmalige Einnahme **vorzeitig verbraucht** haben und deshalb Alg II beantragen müssen, sollen Leistungen nur als **Darlehen** erbracht werden (§ 24 Abs. 4 Satz 2 SGB II neu). Fraglich ist allerdings, wie bewertet wird, wann ein Einkommen vorzeitig verbraucht wurde oder nicht.

1.3.8 Einkommen, das Ihre Bank mit Kontoüberziehungen verrechnet,

ist ebenfalls kein verfügbares Einkommen und somit nicht anrechenbar. So das OVG NRW im Falle einer Gehaltsnachzahlung, die die kontoführende Bank zum Ausgleich des überzogenen Dispos verrechnet hatte (26.2.1999 - info also 4/2000, 222f.).

Das trifft zu, wenn Sie das Konto überzogen haben, um sich selbst zu helfen und keine Leistungen in Anspruch zu nehmen. Es trifft aber **nicht** zu, wenn Sie eine während des Alg-II-Bezuges zugeflossene Erbschaft auf ein überzogenes Girokonto einzahlen, um den Überziehungskredit zu tilgen (BSG 29.4.2015 - B 14 AS 10/14 R).

1.3.9 Fiktives Einkommen z.B. aus Kriminalität

Es ist rechtswidrig, jemanden, der mehrfach wegen Diebstahls straffällig geworden ist, Alg II zu verweigern und ihm zu unterstellen, er könne doch seinen Lebensunterhalt aus Diebstählen bestreiten (LSG Hessen 7.12.2005 - L 7 AS 81/05 ER).

2. Was wird nicht als Einkommen angerechnet?

2.1 Leistungen nach SGX II/SGB XII selbst

(§ 11a Abs. 1 Nr. 1 SGB II; § 82 Abs. 1 SGB XII).

Einmalige Leistungen oder Mehrbedarfe dürfen nicht auf den Regelsatz angerechnet werden, weil sie andere Bedarfe befriedigen.

Aus demselben Grund dürfen alle Leistungen des Fünften bis Neunten Kapitels des SGB XII (z.B. Hilfe zur Pflege, Eingliederungshilfe für behinderte Menschen usw.) nicht auf den Regelsatz von Alg II, HzL/ GSi der Sozialhilfe angerechnet werden.

Nachzahlungen von Alg II/ Sozialhilfe aufgrund von Widerspruch und Klage dürfen ebenfalls nicht angerechnet werden. Das gilt auch für Nachzahlungen aufgrund von **Korrekturen** durch die Behörde, z.B. bei vorläufig bewilligten Leistungen.

2.2 Grundrenten

nach dem **Bundesversorgungsgesetz** (BVG) und nach Gesetzen, die eine entsprechende Anwendung des BVG vorsehen (z.B. Grundrenten für Contergangeschädigte, Wehrdienst- oder Zivildienstopfer, Impfgeschädigte, Opfer von Gewalttaten usw.; § 11a Abs. 1 Nr. 2 SGB II).

Kommt aufgrund des Bezugs einer **Verletztenrente** der Anspruch auf eine Grundrente zum Ruhen, ist diese in Höhe der Grundrente anrechnungsfrei zu stellen (BSG 29.4.2015 - B 14

AS 10/14 R). Demzufolge ist auch bei Alg II und GSi der Sozialhilfe neuerdings Verletztenrente, die Angehörige der Nationalen Volksarme beziehen, bis zur Höhe der entsprechenden Grundrente nach dem BVG anrechnungsfrei zu stellen (§ 1 Abs. 3 Alg II-V neu; § 43 Abs. 3 SGB XII neu; Bundeswehrangehörige erhalten anstelle der Verletztenrente eine Grundrente).

2.3 Renten und Beihilfen

nach dem **Bundesentschädigungsgesetz für Opfer der Nazis** (BEG) bis zur Höhe der Grundrente, genauso Entschädigungsrenten und -leistungen nach dem Gesetz über Entschädigung für NS-Opfer der ehemaligen DDR, bis zur Hälfte **und Entschädigungsleistungen für SED-Opfer** nach dem SED-Unrechtsbereinigungsgesetz die als Ausgleichsunterstützung und Haftentschädigung gezahlt werden (§ 11a Abs. 1 Nr. 3 SGB II; BA 11.86).

2.4 ⇨Schmerzensgeld

Auch andere **Entschädigungen** *„wegen eines Schadens, der kein Vermögensschaden ist"* sind anrechnungsfrei. (§ 11a Abs. 2 SGB II) Hierunter fallen z.B. auch Ausgleichszahlungen, die Alg-II-Berechtigte wegen einer Diskriminierung im Rahmen eines Bewerbungsverfahrens erhalten (BSG 22.8.2012 - B 14 AS 164/11 R).

Angespartes Schmerzensgeld ist auch als ⇨Vermögen geschützt. Erzielen Sie aber mit angespartem Schmerzensgeld Zinsen, sind diese als Einkommen anzurechnen (BSG 22.8.2012 - B 14 AS 103/11 R).

2.5 ⇨Elterngeld

Wird seit Januar 2011 als Einkommen **angerechnet**.

Es ist nur **bis höchstens 300 € anrechnungsfrei**, wenn die elterngeldberechtigte Person zuvor erwerbstätig war. Allerdings **nur** in Höhe des Erwerbseinkommens, das Sie durchschnittlich in den zwölf Monaten vor der Geburt erzielt haben. Die Höhe des zu berücksichtigenden, durchschnittlichen Einkommens können Sie dem Elterngeldbescheid entnehmen.

Alle Elterngeldbezieher, die vor der Geburt **kein** Erwerbseinkommen erzielt haben, gehen seit 2011 leer aus.

Mutterschaftsgeld wird bis 300 € dem Elterngeld gleichgestellt. Der 300 € übersteigende Teil wird dann auf Alg II angerechnet, d.h. Sie dürfen, wenn Sie zuvor Erwerbseinkommen erzielt haben, bis zu 300 € Mutterschaftsgeld statt des Elterngeldes behalten.

2.6 Leistungen der Stiftungen

„Mutter und Kind" bzw. *„Familie in Not"*. (⇨Schwangerschaft)

2.7 Rentenerhöhungen aufgrund einer Kindererziehungsleistung

für Frauen der Jahrgänge 1921 West (1927 Ost) und älter, sind für jedes Kind in Höhe des zweifachen aktuellen Rentenwerts bei Sozialhilfeleistungen anrechnungsfrei zu stellen (§ 294 ff. SGB VI). Ab 1.7.2016 sind das mtl. 60,90 € (West) und 57,32 € (Ost).

Frauen der Geburtsjahrgänge nach 1921 werden dadurch nicht benachteiligt, sagt das BVerfG.

2.8 Zweckbestimmte Leistungen,

die einem anderen Zweck als Alg II/ Sozialhilfe dienen, sind kein Einkommen (§ 11a Abs. 3 Satz 1 SGB II; § 83 Abs. 1 SGB XII).

Z.B.:

2.8.1 Aufwandsentschädigungen

für Ehrenamtliche gehören zwar ab 2011 zum Einkommen, sind aber nach besonderen Regeln zu bereinigen. ⇨Erwerbstätige 3.1.

2.8.2 Aufwendungsersatz und Erziehungsbeitrag bei Pflegekindern

Das Pflegegeld für die **Vollzeitpflege** (§ 39 SGB VIII) besteht aus einem **Aufwendungsersatz** für den notwendigen Lebensunterhalt des Kindes und einem **Erziehungsbeitrag**. Die Höhe des Erziehungsbeitrags variiert je nach Betreuungsaufwand und soll die *„Kosten der Erziehung"* abdecken.

Der Aufwendungsersatz zählt nicht als Einkommen von Pflegeeltern der Vollzeitpflege.

Der Erziehungsbeitrag für das erste und zweite Pflegekind zählt ebenfalls nicht. Beim dritten Pflegekind werden 75% und ab dem vierten Pflegekind 100% des Erziehungsbeitrages als Einkommen angerechnet (§ 11a Abs. 3 Nr. 1 SGB II; BA 11.98 ff.).

Aber: *„Leistungen, die nach § 23 SGB VIII für die **Kindertagespflege** erbracht werden, sind als Einkommen zu berücksichtigen, ... Es handelt sich in der Regel um Einnahmen aus selbständiger Arbeit ... "* (BA 11.102). Und die können Sie höchstens nach § 11b SGB II und § 3 Alg II-V bereinigen (⇨Selbständige; ⇨Einkommensbereinigung).

E

2.8.3 Aufwendungen für Jugend- und Bundesfreiwilligendienst

Taschengeld für Absolventen des „Freiwilligen Sozialen Jahrs" und für sogenannte „Bufdis", das einen Freibetrag von **200 €** übersteigt wird i.d.R. als Einkommen angerechnet (§ 11b Abs. 2 Satz 5 SGB II neu).
Näheres unter ⇨Erwerbstätige 3.2

2.8.4 Arbeitsförderungsgeld

in Werkstätten für Behinderte (26 €; §; 43 SGB IX, § 82 Abs. 2 Nr. 5 SGB XII),
Blindenführhundegeld (BA 11.89) und **Blindengeld** nach den Landesblindengeldgesetzen sowie **Gehörlosengeld** (BA 11.90)

2.8.5 Leistungen nach dem HIV-Hilfe-Gesetz (BA 11.86)

2.8.6 Eingliederungshilfen für Spätaussiedler

aus der ehemaligen UdSSR werden als zweckbestimmte Einnahme nicht als Einkommen angerechnet (BA 11.89).

2.9.1 Zuwendungen der Wohlfahrtspflege

sind anrechnungsfrei, *„soweit sie die Lage der Hilfeempfänger nicht so günstig beeinflussen, dass daneben Leistungen nach diesem Buch nicht gerechtfertigt wären"* (§ 11a Abs. 4 SGB II; entsprechend: § 84 Abs. 1 SGB XII). Darunter fallen auch Zuwendungen von Sozialvereinen, ebenso von **„Tafeln"**, unabhängig davon, ob sie einem Wohlfahrtsverband angeschlossen sind. Auch sie ergänzen Alg-II-/ Sozialhilfeleistungen und ersetzen sie nicht.
Es gilt für die Sozialhilfe die **Vermutung**, dass solche Einkommen nicht zu berücksichtigen sind, wenn die Einnahmen die nach Einkommensteuerrecht (gemäß § 3 Nr. 26, 26a EStG) freizustellenden Beträge nicht übersteigen (LPK SGB XII, § 84 Rz. 4). Das sind immerhin **200 € im Monat**.
Beim Alg II sollte das auch gelten. Die BA hatte eine Grenze in entsprechender Höhe in ihren „alten" Durchführungshinweisen noch genannt.
Auch **„Motivationsprämien"** der freien Wohlfahrtspflege sind anrechnungsfrei zu stellen (BSG 28.2.2013 - B 8 SO 12/11 R; BA 11.106).

2.9.2 Zuwendungen anderer,

ohne dass diese eine rechtliche oder sittliche Zuwendungspflicht haben, sollen nicht angerechnet werden, soweit dies eine besondere Härte wäre (§ 84 Abs. 2 SGB XII; entsprechend § 11a Abs. 5 Nr. 1 SGB II).
Das trifft z.B. zu auf:

2.9.2.1 Pflegegeld

in Höhe der Zuwendungen, die eine sozialhilfebeziehende Pflegeperson vom Pflegebedürftigen erhält (BVerwG 4.6.1992 - NDV 1993, 27; § 13 Abs. 5 Satz 1 SGB XI). Das gilt auch für Alg-II-BezieherInnen, die als Pflegeperson nicht steuerpflichtige Einnahmen für Leistungen der Grundpflege und der hauswirtschaftlichen Versorgung haben (§ 1 Abs. 1 Nr. 4 Alg II-V). Pflegegeld soll der Erhaltung der Pflegebereitschaft dienen. Damit wäre eine Anrechnung nicht zu vereinbaren.

2.9.2.2 Stiftungsmittel, freiwillige Werksbeihilfen von Betrieben usw.

2.9.3 Einkommen aus „Ferienjobs"

von SchülerInnen allgemeinbildender oder berufsbildender Schulen ist privilegiert, wenn es

- **1.200 €** nicht übersteigt **und**
- aufgrund einer Beschäftigung **in den Schulferien** erzielt wurde.
- Anrechnungsfrei sind nur Beschäftigungen **bis** zu einer Dauer von **4 Wochen** pro Kalenderjahr (§ 1 Abs. 4 Alg II-V).

Dabei spielt es keine Rolle, ob die Einnahmen während der Schulferien zugeflossen sind oder nicht.
Bei den 4 Wochen werden Erwerbstätigkeiten mit einem Einkommen, das pro Monat unter dem Grundfreibetrag von 100 € mtl. liegt,

nicht mitgezählt (§ 11b Abs. 2 Satz 1 SGB II).
Achtung: Der 1.200 € übersteigende Teil unterliegt den Regeln der Einkommensbereinigung von Erwerbseinkommen (⇨Erwerbstätige). Wird für die 1.200 € insgesamt eine längere Beschäftigung ausgeübt, ist nur das Einkommen privilegiert, dass in den ersten 4 Wochen erzielt wurde. (BA 11.127)

2.9.4 Trinkgeldeinnahmen

sind *„grundsätzlich"* nicht anzurechnen (SG Karlsruhe, 30.3.2016 - S 4 AS 2297/15). Allerdings wurde hier wegen grundsätzlicher Bedeutung der Frage die Berufung zugelassen.

2.9.5 Einmalige Einnahmen

bis **10 € monatlich** für jedes Mitglied der Bedarfsgemeinschaft (§ 1 Abs. 1 Nr. 1 Alg II-V). Falls Sie mal ein paar Euros auf der Straße finden, brauchen Sie es nicht anzugeben, sehr großzügig! Das gilt **nicht** für die Sozialhilfe.

2.9.6 Einnahmen aus Kapitalvermögen

- bei **Alg-II**-Bezug, soweit sie **100 € pro Jahr** nicht übersteigen (§ 1 Abs. 1 Nr. 3 Alg II-V neu) und
- bei Bezug von **GSi** der Sozialhilfe, soweit sie **26 € pro Jahr** nicht übersteigen (§ 43 Abs. 2 SGB XII neu), gilt **nicht** bei HzL.

2.9.7 Geschenke und Zuwendungen Dritter,

die ohne *„eine rechtliche oder sittliche Pflicht"* erbracht werden, ...
„soweit sie die Lage der Hilfeempfänger nicht so günstig beeinflussen, dass daneben Leistungen nach diesem Buch nicht gerechtfertigt wären" (§ 11a Abs. 5 Nr. 2 SGB II; BA 11.108; entsprechend § 84 Abs. 2 SGB XII).
Als Beispiele werden genannt: *„gesellschaftliche Preise zur Ehrung von Zivilcourage, Ehrengaben ... zum Altersjubiläum, zur Lebensrettung, Spenden aus Tombolas für bedürftige Menschen ..., Begrüßungsgelder für Neugeborene, Zuwendungen aus dem Fonds Heimerziehung West oder Ost zum Ausgleich von Folgeschäden aus einer Heimunterbringung in den Jahren 1949 - 1975/90"* (BA 11.108). Darüber hinaus beeinflussen aber i.d.R. auch Geschenke zu gewöhnliche Anlässen Ihre Lage *„nicht so günstig"*, dass das Jobcenter sie Ihnen gleich von Ihren Leistungen abziehen kann.

Geldgeschenke für Minderjährige anlässlich der **Firmung, Kommunion, Konfirmation** oder vergleichbarer religiöser Feste sowie der Jugendweihe, soweit sie das Kinderschonvermögen in Höhe von **3.100 €** nicht überschreiten (§ 1 Abs. 1 Nr. 12 Alg II-V). Das gilt **nicht** für die Sozialhilfe.

3. Laufende oder einmalige Einnahmen?

3.1 Laufende Einnahmen

sind monatliche Einnahmen wie Lohn, Alg I, Renten usw.

Alg II
„Laufende Einnahmen sind in dem Monat zu berücksichtigen, in dem sie zufließen." (§ 11 Abs. 3 SGB II)
Wenn Sie ein **laufendes Erwerbseinkommen** aus sozialversicherungspflichtiger (⇨Erwerbstätige) oder selbständiger Beschäftigung erzielen, ist dieses oft schwankend, d.h. der tatsächliche Anspruch kann erst festgestellt werden, nachdem Sie das Einkommen erzielt und dem Jobcenter nachgewiesen haben.
„Über die Erbringung von Geld- und Sachleistungen ist vorläufig zu entscheiden, wenn 1. ein Anspruch auf Geldleistungen dem Grunde nach besteht und zur Feststellung seiner Höhe voraussichtlich längere Zeit erforderlich ist ..." (§ 41a Abs. 1 Satz 1 Nr. 1 SGB II neu) Das ist bei schwankenden Einkommen immer der Fall. Das Jobcenter muss deshalb einen **vorläufigen ⇨Bescheid** (3.5 ff) über Ihre Leistungen erlassen. Der Bewilligungszeitraum wird dann i.d.R. von einem Jahr auf **sechs Monate** verkürzt (§ 41 Abs. 3 Nr. 1 SGB II neu).

„Die vorläufige Leistung ist so zu bemessen, dass der monatliche Bedarf der Leistungsberechtigten zur Sicherung des Lebensunterhalts gedeckt wird ..." (§ 41a Abs. 2 Satz 2 SGB II neu) Dabei muss das Jobcenter das **voraussichtliche Einkommen** der Bedarfsgemeinschaft berücksichtigen und bei

Erwerbseinkommen den 100-€-Grundfreibetrag; der Erwerbstätigenfreibetrag kann dabei ganz oder teilweise unberücksichtigt bleiben (⇨Erwerbstätige 2.3 f.). *„Hierbei sind **die im Zeitpunkt der Entscheidung bekannten und prognostizierten Verhältnisse** zugrunde zu legen.“* (§ 41a Abs. 2 Satz 2 SGB II neu).

E

Bei sozialversicherungspflichtig Beschäftigten und bei ⇨Selbständigen wird bei der vorläufigen Bewilligung i.d.R. ein **Durchschnittseinkommen** zugrunde zu legen sein. Als Orientierung dafür kann das durchschnittliche Einkommen des letzten Bewilligungszeitraums oder das erste Einkommen im Bewilligungszeitraum dienen. Bei der Festlegung können Sie **angehört** werden. Bestehen Sie darauf! *„Größere Einkommensschwankungen sind jedoch zu berücksichtigen. Ein Durchschnittseinkommen würde in diesen Fällen in Monaten mit deutlich geringerem Einkommen zu einer Bedarfsunterdeckung führen.“* (BA 41a.19)

Tipp 1 Machen Sie Ihre Sachbearbeiter darauf aufmerksam, wenn Schwankungen mit niedrigem Einkommen zu erwarten sind und achten Sie darauf, dass die tatsächlichen Einkommensverhältnisse berücksichtigt werden.

Tipp 2 Wenn Ihr Einkommen geringer ausfällt, als vorausgesagt, sollten Sie beim Jobcenter die Anpassung des vorläufigen Bescheides an die geänderten Einkommensverhältnisse beantragen, damit der Bedarf zum Lebensunterhalt gedeckt ist (§ 48 Abs. 1 Satz 1 Nr. 1 SGB X).

Das Jobcenter **entscheidet abschließend** über den Bewilligungszeitraum *„sofern die vorläufig bewilligte Leistung nicht der abschließend festzustellenden entspricht oder die leistungsberechtigte Person eine abschließende Entscheidung beantragt“* (§ 41 Abs. 3 Nr. 1 SGB II neu) Das sollte von Amts wegen erfolgen, sobald sich die Einkommensverhältnisse sowohl zu Ihren Gunsten als auch zu Ihren Ungunsten verändert haben. Je nachdem, ob Ihr Einkommen über oder unter dem vorläufigen Schätzwert liegt, wird Alg II zurückgefordert oder nachgezahlt.

Tipp Im zweiten Fall sollten Sie unbedingt darauf drängen, dass das Jobcenter abschließend entscheidet, oder selbst eine abschließende Entscheidung **schriftlich beantragen**, damit die Ihnen zustehenden Leistungen auch bewilligt und nachgezahlt werden.

Wird über einen vorläufigen Bescheid nicht **innerhalb von einem Jahr** nach Ablauf des Bewilligungszeitraums abschließend entscheiden, **gilt** dieser **automatisch als abschließend festgesetzt**. Sie können dies verhindern, indem Sie innerhalb der Jahresfrist selbst die abschließende Entscheidung unter Berücksichtigung der tatsächlichen Einkommensverhältnisse beantragen. (§ 41a Abs. 5 SGB II neu)

Tipp Damit Sie die Leistungen erhalten, die Ihnen zustehen und der Erwerbstätigenfreibetrag, der bei der vorläufigen Entscheidung unterschlagen wird, auch tatsächlich berücksichtigt wird, sollten Sie im Zweifelsfall innerhalb der Jahresfrist selbst eine abschließende Entscheidung beantragen.

Entscheidet das Jobcenter nach Ablauf des Bewilligungszeitraums abschließend, sind Sie **verpflichtet** *„die geforderten **leistungserheblichen Tatsachen nachzuweisen**“* – i.d.R. durch lückenlose Vorlage der Lohnabrechnung oder sonstiger Einkommensnachweise. Kommen Sie dem *„nicht vollständig oder trotz angemessener Fristsetzung und schriftlicher Belehrung über die Rechtsfolgen nicht fristgemäß nach“*, entscheidet das Jobcenter nur über die Monate, für die entsprechende Nachweise vorgelegt wurden. Fehlen für einzelne Monate die Einkommensnachweise, *„wird festgestellt, dass ein Leistungsanspruch nicht bestand“*. (§ 41a Abs. 3 Satz 2 bis 4 SGB II neu) Letzteres bedeutet, dass die vorläufige Bewilligung zurückgenommen und für die entsprechenden Monate gewährte Leistungen zurückgefordert werden (⇨Rückforderung)

Tipp 1 Lassen Sie es nicht soweit kommen! Heben Sie alle Einkommensnachweise auf und reichen Sie sie rechtzeitig ein.

Tipp 2 Reichen Sie immer nur eine Kopie – niemals das Original! – ein und lassen Sie sich für eingereichte Unterlagen immer eine Eingangsbestätigung geben.

Bei der abschließenden Entscheidung sind die Ihnen vorläufig erbrachten Leistungen auf die Ihnen tatsächlich zustehenden anzurechnen. **Überzahlungen**, die in einzelnen Monaten entstanden sind, können **mit Nachzahlungen** aus anderen Monaten **verrechnet** werden. (§ 41a Abs. 6 SGB II neu) Achten Sie im Vorfeld darauf, dass Sie am Ende des Abrechnungszeitraums nicht drauflegen müssen.

Alg-II-Anträge wirken auf den Monatsanfang zurück (§ 37 Abs. 2 Satz 2 SGB II). Das bedeutet, dass auch Einkommen, die Sie im gleichen Monat **vor** der Antragstellung erzielt haben, auf das Alg II **angerechnet** werden.

Tipp Es kann sich für Sie lohnen, wenn Sie in einem Monat ein höheres Einkommen erwarten, den Neuantrag auf Alg II auf den Folgemonat zu verschieben, wenn so das zugeflossene Einkommen als ⇨Vermögen gewertet wird.

HzL und GSi der Sozialhilfe

„Bei der Berechnung der Einkünfte ist von den monatlichen Bruttoeinnahmen auszugehen.“ (§ 3 Abs. 3 Satz 1 der VO zu § 82 SGB XII neu) Auch hier sind laufende Einkommen zu bereinigen (Erwerbstätige ⇨2.3.2) und in tatsächlicher Höhe in dem Monat zu berücksichtigen, in dem sie zufließen. Da die Häufigkeit jedoch geringer ist, dass schwankende Erwerbseinkommen aus sozialversicherungspflichtiger oder selbständiger Beschäftigung vorliegen, verzichtet man hier auf die detaillierten und komplizierten Regelungen der vorläufigen Bewilligung von Leistungen.

Liegen Einkommensverhältnisse vor, die vom ursprünglichen Bewilligungsbescheid abweichen, werden die Bescheide i.d.R. im Folgemonat aufgehoben und an die tatsächlichen Verhältnisse angepasst (§ 48 Abs. 1 Satz 1 SGB X). Auch hier gilt, dass Sie alle Einkommensnachweise aufheben und rechtzeitig einreichen müssen.

3.2 Als einmalige Einnahmen gelten

- in größeren Zeitabständen zufließende Einnahmen, z.B. Erwerbseinkommen oder jährlich **wiederkehrende Arbeitsentgelte** wie Weihnachts- oder Urlaubsgeld (BA 11.11),
- **Rückzahlungen** von **Forderungen** oder **Nachzahlungen von Gehalt/ Sozialleistungen**,
- **Lohnsteuerrückerstattung** (BSG 16.12.2008 - B 4 AS 49/08 R; 30.9.2008 - B 4 AS 29/07 R),
- Glücksspielgewinne,
- **Erbschaften**, soweit sie in Geld und **nicht** in Geldeswert zufließen sowie
- Jubiläumszuwendungen, **Abfindungen** oder Leistungsprämien (BA 11.11).

Alg II

Seit dem 1.8.2016 werden auch einmalige, für einen Monat vor dem Zufluss erbrachte Zahlungen **aus einem laufenden Anspruch**, wie Nachzahlungen von Lohn, Renten, Arbeitslosen-, Kinder-, Krankengeld usw., als einmalige Einnahmen behandelt (§ 11 Abs. 3 Satz 2 SGB II neu).

Bis zum 31.7.2016 zufließende Nachzahlungen wurden nach der Rechtsprechung des BSG (17.07.2014 - B 14 AS 25/13 R; 24.4.2015 - B 4 AS 32/14 R) wie laufende Einnahmen behandelt. Das führte i.d.R. zu einer für Leistungsbeziehende günstigeren Einkommensanrechnung lediglich im Zuflussmonat und ermöglichte, Werbungskosten und den Erwerbstätigenfreibetrag mehrfach zu berücksichtigen.

Kritik

Die Bundesregierung hat mit der Gesetzesänderung die Rechtsprechung des BSG ausgehebelt und einseitig die Anrechnungsregeln zu Lasten der Alg-II-Beziehenden verschoben. Während Nachzahlungen für einen laufenden Anspruch nun auf sechs Monate verteilt verschärft angerechnet werden, wurden keine Vorkehrungen für den Fall getroffen, dass laufende Ansprüche (z.B. Kindergeld) nachträglich wegfallen und zurückgezahlt werden müssen. Obwohl die Leistungen unter Anrechnung des Einkommens gewährt wurden, das nachträglich wegfällt, gibt es keine Korrekturpflicht des SGB-II-Trägers für die Vergangenheit. Leistungsberechtigte bleiben auf z.T. erheblichen Forderungen sitzen.

„Abweichungen vom strikten Zuflussprinzip aus Gerechtigkeitsgründen muss es in beide Richtungen geben, ansonsten leidet hier extrem das Gerechtigkeitsempfinden.“ (Bernd Eckhardt, sozialrecht justament 4/2016, 19)

E

Unserer Ansicht nach sind **Nachzahlungen** von Lohn, Renten und anderen Einkommen, die aus einem Zeitraum vor Eintreten der Hilfebedürftigkeit resultieren, ebenso wie **Rückzahlungen** von Darlehen oder **Lohnsteuerrückerstattungen** dem Vermögen zuzurechnen. Ansprüche auf Geldzahlungen, die noch nicht befriedigt sind, sind Forderungen und damit Vermögen, wenn die Forderung vor dem Bedarfszeitraum von Alg II/ Sozialhilfe schon bestanden hat.
Das Bundessozialgericht erkennt zwar an, dass bei Forderungen die Einnahmen in aller Regel aus bereits bestehenden Rechtspositionen erzielt werden, das ändere aber nichts an dem tatsächlichen **Zufluss** im jeweiligen Monat. Grundsätzlich interessiere nicht das *„Schicksal der Forderung*”, sondern dass *„allein mit den tatsächlich zur Verfügung stehenden Geldmitteln ... der grundsicherungsrechtlich relevante **Bedarf** durch den Leistungsempfänger **gedeckt** werden kann*” (BSG 12.11.2007 - B 14 AS 132/07 B). Das BSG knüpft damit an die sozialhilferechtliche Abgrenzung von Einkommen und Vermögen der Rechtsprechung von BVerwG und BSG an (⇨4.).

Tipp Wenn Sie aber Ihre auf Forderungen bestehende Rechtspositionen bereits einige Zeit **vor dem Leistungsbezug** abgetreten oder verkauft haben, z.B. um bestehende Schulden zu tilgen, steht Ihnen der nachgezahlte Betrag nicht mehr zum Lebensunterhalt zur Verfügung. Um unnötige Diskussionen mit dem Amt zu vermeiden, sollten Abtretungen möglichst direkt an den Empfänger fließen.

Alg II

„Einmalige Einnahmen sind in dem Monat, in dem sie zufließen, zu berücksichtigen“ (§ 11 Abs. 3 SGB II)
Ausnahme: Alg II ist für diesen Monat schon ausgezahlt worden, was sehr oft der Fall ist. Dann wird die einmalige Einnahme im Folgemonat berücksichtigt (§ 11 Abs. 3 Satz 3 SGB II neu).
„Entfiele der Leistungsanspruch durch die Berücksichtigung in einem Monat, ist die einmalige Einnahme auf einen Zeitraum von sechs Monaten gleichmäßig aufzuteilen und monatlich mit einem entsprechenden Teilbetrag zu berücksichtigen.“ (§ 11 Abs. 3 Satz 4 SGB II neu). Das gilt entsprechend für **laufende Einnahmen**, *„die in größeren als monatlichen Zeitabständen zufließen“* (§ 11 Abs. 2 Satz 3 SGB II).
Das bedeutet, dass das Einkommen **sechs Monate** lang verteilt auf Ihr Alg II angerechnet wird.

Bei „höheren” Beträgen, z.B. einer Erbschaft (⇨Erbe 2.1) oder Abfindung, kann es sein, dass Ihr **Gesamtbedarf** zum Lebensunterhalt (inklusive Krankenversicherungsbeträge) durch das Einkommen länger als sechs Monate **gedeckt** ist. Dann verlieren Sie den Anspruch auf Alg II, die Leistungen werden versagt. In diesem Fall müssen Sie den Leistungsausschluss und die damit verbundenen Belastungen, z.B. durch die freiwillige **Krankenversicherung** in Kauf nehmen.
Nach **Ablauf der sechs Monate** „dürfen“ Sie wieder neu Leistungen beantragen (Neuantrag). Falls Ihr vor sechs Monaten zugeflossenes Einkommen noch nicht vollständig verbraucht ist, dürfen Sie den Rest im Rahmen des für Sie vorgesehenen **Schon⇨vermögens** (5.1) behalten.

Wird die einmalige Einnahme **über mehrere Monate verteilt angerechnet**, sind Steuern, Sozialversicherungsbeiträge, die mit der Einkommenserzielung verbundenen Kosten und (bei Erwerbseinkommen, Weihnachts- oder Urlaubsgeld) der Erwerbstätigenfreibetrag ***„vorweg abzusetzen“*** (§ 11b Abs. 1 Satz 2 SGB II; ⇨Erwerbstätige).
In den **darauffolgenden Monaten** können vom verteilten Einkommensbetrag also nur noch die Versicherungspauschale, ggf. Kfz-Haftpflichtversicherung und die laufenden Kosten für Altersvorsorgebeiträge, wie Riesterrente abgesetzt werden.

HzL und GSi der Sozialhilfe

*„Einmalige Einnahmen, bei denen für den **Monat des Zuflusses** bereits Leistungen ohne*

*Berücksichtigung der Einnahme erbracht worden sind, werden im **Folgemonat** berücksichtigt.“* (82 Abs. 4 Satz 1 SGB XII neu) Wie beim Alg II wird neuerdings auch in der Sozialhilfe das Einkommen **verteilt auf sechs Monte** angerechnet, wenn der Leistungsanspruch durch die Berücksichtigung in einem Monat wegfallen würde. Allerdings ist *„in begründeten Einzelfällen ... der Anrechnungszeitraum angemessen zu verkürzen“*. (82 Abs. 4 Satz 2 SGB XII neu)
Bei Einkommen aus nichtselbständiger Arbeit sind *„Sonderzuwendungen, Gratifikationen und gleichartige Bezüge und Vorteile, die in größeren als monatlichen Zeitabständen gewährt werden, ... wie einmalige Einnahmen zu behandeln.“* (§ 3 Abs. 3 Satz 2 der VO zu § 82 SGB XII neu).

Andere Einkünfte, die weder Erwerbseinkommen, Einkommen aus Kapitalvermögen noch aus Vermietung und Verpachtung sind, die nicht mtl. oder mtl. in unterschiedlicher Höhe erzielt werden, sind *„als Jahreseinkünfte zu berechnen“* (§ 8 Abs. 1 der VO zu § 82 SGB XII). D.h. sie werden **auf zwölf Monate verteilt** als Einkommen angerechnet. Das Einkommen ist entsprechend zu bereinigen (§ 82 Abs. 2 SGB XII). Das trifft z.B. auf Aufwandsentschädigungen zu, die halbjährlich oder jährlich ausgezahlt werden.

3.2.1 Einmaliges Einkommen vorzeitig verbraucht – Neuantrag vor Ablauf der Sechsmonatsfrist

Wenn Ihnen Alg II verwehrt wurde, weil Sie Ihren Gesamtbedarf (inklusive freiwillige Krankenversicherung) mit Ihrem einmaligen Einkommen sechs Monate lang decken sollen, kann es sein, dass das Geld schon vor Ablauf der Frist verbraucht ist. In diesem Fall dürfen Ihnen bei **Neuantrag**stellung existenzsichernde Leistungen **nicht** vorenthalten werden.

Nach Ansicht des **BSG** ist die Behörde verpflichtet, das **Existenzminimum sicherzustellen**, selbst wenn die Einmalzahlung eigentlich leistungsmindernd (für sechs Monate) hätte angerechnet werden müssen (BSG 12.12.2013 - B 14 AS 76/12 R und 29.11.2012 - B 14 AS 33/12 R). Das Jobcenter muss zunächst Leistungen gewähren und kann dann ggf. prüfen, ob eine ⇨Sanktion aufgrund von Verminderung von Einkommen und Vermögen (§ 31 Abs. 2 Nr. 1 SGB II) oder ein Kostenersatz wegen *„sozialwidrigem Verhalten“* (⇨Rückforderung 3.1) in Betracht kommt (BSG 17.10.2013 - B 14 AS 38/12 R).

Tipp Sollten Ihnen dennoch mit der Begründung, der vorzeitige Verbrauch des Einkommens schließe einen Sozialhilfe-/Alg-II-Anspruch aus, Leistungen vorenthalten werden, sollten Sie ⇨Widerspruch einlegen und – falls Ihnen die Mittel zum Lebensunterhalt fehlen – eine ⇨einstweilige Anordnung beim Sozialgericht beantragen.

Alg II

Mit dem Neunten SGB-II-Änderungsgesetz wurde mit Wirkung **zum 1.1.2017** eingeführt, dass bei vorzeitigem Verbrauch einer einmaligen Einnahme **Leistungen nur noch als Darlehen** erbracht werden sollen (§ 24 Abs. 4 Satz 2 SGB II neu). Die Entscheidung, ob ein Einkommen ***„vorzeitig verbraucht“*** wurde oder nicht und wie lange es stattdessen hätte reichen müssen, hängt allerdings von subjektiven Wertungen ab.
Kostenersatz z.B. kann nur gefordert werden, wenn Leistungsberechtigte *„vorsätzlich oder grob fahrlässig“* den SGB-II-Leistungsbezug herbeiführen (§ 34 Abs. 1 Satz 1 SGB II neu). Eine **Sanktion** kann nur verhängt werden, wenn *„Einkommen und Vermögen in der Absicht vermindert“* wurde, den Leistungsbezug herbeizuführen (§ 31 Abs. 2 Nr. 1 SGB II). Ob wegen vorzeitigen Verbrauchs Alg II nur als Darlehen gewährt, wegen vorsätzlichen oder grob fahrlässigen Verhaltens Kostenersatz gefordert oder wegen absichtlichen „Geldausgebens“ eine Sanktion verhängt werden kann, hängt vom Sachverhalt ab. Die Behörde muss prüfen, ob Sie das einmalige Einkommen sinnvoll und nach wirtschaftlich Gesichtspunkten ausgegeben oder ob Sie es verschleudert haben und die Entscheidung begründen.

Ein **Anspruch auf Alg II** würde unserer Auffassung nach bestehen,
- wenn Sie Einkommen für eine teure **und** notwendige Reparatur ihres Kfz aufgewendet haben,

- wenn Sie eine Beschäftigung aufnehmen und **dafür** ein angemessenes Kfz zur Bewältigung des Arbeitsweges benötigt haben,
- wenn Sie aus dem Einkommen eine Nachzahlung für Energielieferungen bestritten haben,
- wenn Sie eine teure Ersatzbeschaffung eines Hauhaltgeräts oder eines Möbelstücks bestreiten mussten,
- wenn das Einkommen (oberhalb der Pfändungsschutzgrenze) von einem Gläubiger von Ihrem Konto gepfändet wurde (⇨Pfändung) oder
- wenn Sie aufgrund besonderer Umstände (Umzug, Krankheit, Spielsucht, Existenzgründung usw.) erhöhte Ausgaben tätigen mussten.

Fraglich wäre der Sachverhalt z.B.,
- wenn Sie *„freiwillig"* Schulden zurückgezahlt haben oder
- eine sinnvolle, aber nicht unbedingt erforderliche Anschaffung tätigen.
  Sanktion, Kostenersatz bzw. Darlehensgewährung wären **wahrscheinlich**,
- wenn Sie das einmalige Einkommen z.B. auf einer Luxusreise vorsätzlich/ grob fahrlässig verschleudert oder es verschenkt haben (⇨Schenkung).

Tipp Sammeln Sie Belege, mit denen Sie nachweisen können, dass Sie Ihr einmaliges Einkommen sinnvoll für erforderliche Anschaffungen ausgegeben haben.

HzL und GSi der Sozialhilfe
Eine dem Alg II entsprechende Sanktions- und Kostenersatzregelung findet sich auch im SGB XII (§ 26 Abs. 1 Nr. 1 SGB XII; § 104 Satz 1 SGB XII). Die Darlehensgewährung bei vorzeitigem Verbrauch jedoch nicht.
Näheres unter ⇨Sanktionen und ⇨Rückforderung

Kritik
Die Behörden haben das Interesse, einen möglichst hohen Teil Ihrer Einnahmen zu kassieren. Deshalb die Erfindung, Einnahmen fiktiv auf sechs Monate zu verteilen, ob sie noch vorhanden sind oder nicht. Selbst wenn Sie aus dem Bezug herausgefallen sind, werden Sie daran gehindert, Ihre Einnahmen so auszugeben, wie Sie es wollen. Jobcenter und Sozialamt wollen Sie vielmehr dazu zwingen, Einnahmen, die Sie von Alg II/ Sozialhilfe unabhängig machen, über einen längeren Zeitraum so einzuteilen, als wenn Sie von Alg II/ Sozialhilfe leben müssten. Nicht selten werden Anträge auf Leistungen rechtswidrig gar nicht entgegen genommen oder abgelehnt, wenn Einkommen *„vorzeitig"* verbraucht wurde. Mit Sanktionen und Kostenersatzforderungen sind die Behörden schnell zur Stelle. Noch einfacher macht es das Recht Jobcentern künftig mit der Darlehensgewährung. Das nennt sich dann *„Rechtsvereinfachung"*.

3.3 Einmaliges Einkommen trifft laufendes Einkommen

Alg II
Beide Einkünfte werden zusammengerechnet. Wenn der Bedarf für einen laufenden Monat aufgrund der zusätzlichen einmaligen Einnahme gedeckt ist, erfolgt eine **Verteilung des Einmaleinkommens** auf sechs Monate (⇨3.2).

Fallen Sie aber in dem Monat, in dem das einmalige Einkommen zufließt, oder während des sechsmonatigen Verteilzeitraums allein aufgrund eines **laufenden (Erwerbs-) Einkommens** aus dem Leistungsbezug heraus, **entfällt die Verteilung** des einmaligen Einkommens auf sechs Monate. Da Sie im Monat, in dem das laufende Einkommen zufließt, nicht mehr bedürftig sind, verwandelt sich das einmalige Einkommen bei Antragstellung im Folgemonat in ⇨Vermögen. (BSG 30.9.2008 - B 4 AS 29/07 R)

4. Abgrenzung Einkommen und ⇨Vermögen
Einkommen ist *„alles, was jemand in der Bedarfszeit wertmäßig dazu erhält, und Vermögen das, was er in der Bedarfszeit bereits hat."* (BverwG 18.2.1999, FEVS 51, 1; BA 12.2) Das ist die sogenannte Zuflusstheorie.
Als Bedarfszeit wird der Monat gerechnet, in dem Sie den Antrag stellen (BVerwG 22.4.2004, info also 2004, 224 ff.).
Im SGB II heißt es: *„Laufende Einnahmen [und einmalige Einnahmen] sind für den Monat zu berücksichtigen, in dem sie zufließen."* (§ 11 Abs. 2 u. 3 SGB II)

Aber: Einnahmen, die **vor** dem Monat der Antragstellung zugeflossen sind, sind ⇨Vermögen.

Beispiel: Sie bekommen am 28. Januar Ihren letzten Lohn oder das letzte Arbeitslosengeld I für Januar ausgezahlt und stellen am 1. Februar einen Antrag auf Arbeitslosengeld II. Dann zählt der nicht verbrauchte Teil des Alg I bzw. Lohns nicht als Einkommen für Februar, sondern ist Vermögen.
Stellen Sie den Antrag auf Alg II aber noch am 28. Januar, sind Ihr Lohn bzw. das Alg I Einkommen. Der Bedarfszeitraum, in dem das Einkommen angerechnet wird, fällt hier auf den 1. Januar zurück (§ 37 Abs. 2 Satz 2 SGB II).

Tipp 1 Überlegen Sie sich, wann es am günstigsten ist, den **Antrag** zu stellen. Wenn Sie erst im Monat **nach** Eingang von Zahlungen Alg II/ Sozialhilfe beantragen, können Sie z.B. Schulden (überzogenes Girokonto usw.) vorrangig begleichen bzw. die Zahlungen als Vermögen behalten.

Tipp 2 Achten Sie darauf, dass **Forderungen** gegenüber Dritten, die aus der Zeit **vor** dem Alg-II-/ Sozialhilfebezug stammen, Ihnen **vor** Beginn oder **nach** Ende des Bezugsmonats zufließen. Ansonsten werden Sie als Einkommen behandelt, obwohl sie eigentlich Vermögen oder unschädliches Einkommen sind.

5. Einkommen und Vermögen in einer „gemischten" Bedarfsgemeinschaft

Näheres unter ⇨Grundsicherung 1.5

6. ⇨Datenabgleich

Die Behörde überprüft spätestens alle drei Monate im Wege des automatisierten Datenabgleichs, ob und in welcher Höhe Sie z.B.
- Leistungen der Bundesagentur für Arbeit,
- der Sozialhilfe,
- der Unfall- oder Rentenversicherung,
- sozialversicherungspflichtige Einkommen bzw. Einkommen aus geringfügiger Beschäftigung bezogen haben oder
- Freistellungsaufträge für Zinseinnahmen haben

(§ 52 SGB II; § 118 SGB XII).

Einkommensbereinigung

Wenn ⇨Einkommen an Alg II und HzL/ GSi der Sozialhilfe angerechnet wird, ist es grundsätzlich zuvor zu bereinigen. Das anzurechnende Einkommen vermindert sich also um Geldbeträge, die Ihnen für bestimmte Zwecke belassen werden.
Voraussetzung für die Absetzbarkeit ist aber in jedem Fall, dass Sie ein ⇨Einkommen erzielen, worin auch immer es besteht. Es kann Erwerbseinkommen sein, Unterhalt, eine andere Sozialleistung oder Einkünfte in Geldeswert (z.B. vom Arbeitgeber zur Verfügung gestelltes Essen, Kfz usw. oder bei HzL/ GSi der Sozialhilfe geerbte Sachwerte).

Reicht Ihr Einkommen nicht aus, um z.B. alle Versicherungen abzusetzen, *„können Restbeträge auch vom Einkommen anderer volljähriger Mitglieder der Bedarfsgemeinschaft abgesetzt werden"* (BA 11.137). Das gilt nur für Alg II.

Die besonderen Regelungen, mit denen **Erwerbseinkommen** bereinigt werden, finden Sie
- für **Einkommen aus nichtselbstständiger Arbeit** unter dem Stichwort ⇨**Erwerbstätige**,
- für **Einkommen aus selbstständiger Arbeit** unter dem Stichwort ⇨**Selbstständige**.

Die folgenden Absetzmöglichkeiten gelten für **alle**, die Einkommen beziehen, ob sie Erwerbseinkommen haben oder sonstige Einkommen.

1.1 Beiträge zu angemessenen öffentlichen oder privaten Versicherungen

„Vom Einkommen sind abzusetzen ... Beiträge zu öffentlichen oder privaten Versicherungen oder ähnlichen Einrichtungen, soweit diese Beiträge gesetzlich vorgeschrieben oder nach Grund und Höhe angemessen sind..." (§ 11b Abs. 1 Nr. 3 SGB II; ebenso: § 82 Abs. 2 Nr. 3 SGB XII)

Alg II
Beiträge für angemessene **private Versicherungen** werden pauschal mit **30 €** vom Einkommen **jedes volljährigen Mitglieds** einer Bedarfsgemeinschaft abgegolten (§ 6 Abs. 1 Nr. 1 Alg II-V). **Pauschal** abgegolten bedeutet: Auch wenn Sie keine Versicherungen abgeschlossen haben, können Sie trotzdem 30 € behalten, um eventuell Versicherungen abzuschließen. Sie können das Geld natürlich auch für andere Zwecke ausgeben.

Minderjährige Leistungsbeziehende, können die 30-€-Versicherungspauschale nur von ihrem Einkommen absetzen, wenn diese eine *„entsprechende Versicherung abgeschlossen"* haben, die *„nach Grund und Höhe angemessen"* ist (§ 6 Abs. 1 Nr. 2 Alg II-V). Dabei genügt es, wenn das Kind Begünstigter einer von den Eltern abgeschlossenen Versicherung ist (BSG 10.5.2011 - B 4 AS 139/10 R). Was hier angemessen ist, ist im Einzelfall zu entscheiden. Die BA sieht z.B. unter bestimmten Voraussetzungen eine Unfallversicherung für ein Kind als notwendig an (BA 11.135). Eine Zusatzkrankenversicherung käme höchstens in Frage, wenn beim Kind entsprechende gesundheitliche Risiken vorliegen (BSG 16.2.2012 - B 4 AS 89/11 R).
Unangemessene Versicherungen für Minderjährige sind:
- eine Privathaftpflichtversicherung für 2jährige (SG Chemnitz 11.11.2010 - S 35 AS 1612/10, Kinder sind i.d.R. über die Familienhaftpflichtversicherung abgesichert),
- einen Ausbildungsversicherung (LSG Bayern 25.6.2010 - L 7 AS 404/10 B ER) oder
- eine fondsgebundene Kinderrentenversicherung (BSG ebenda; Aufzählung nach Geiger 2014, 471).

Es ist rechtswidrig, wenn die Versicherungspauschale nur vom Erwerbseinkommen abgezogen wird. Sie muss **von jedem Einkommen** abgezogen werden, also auch von Kindergeld, Unterhalt, Alg I usw.
Mehr als die Pauschale wird nicht anerkannt. Unter die Pauschale fallen auch Beiträge zu einer ⇨**Sterbegeldversicherung**.
Unfallversicherungen von Selbständigen fallen wie Pflichtbeiträge zur gesetzlichen Sozialversicherung nicht unter die 30-€-Pauschale und sind darüber hinaus vom Einkommen absetzbar (BA 11.130). Für die **Kfz**-Haftpflicht (⇨1.2) gilt das Gleiche.

Tipp Kindergeld **als Einkommen des Kindes** ist um die Versicherungspauschale zu bereinigen, wenn Ihr Kind eigene **angemessene** Versicherungen abgeschlossen hat. Wird das nicht zur Bedarfsdeckung des Kindes benötigte Kindergeld **bei den Eltern** als **Einkommen** angerechnet, ist es dort um die Versicherungspauschale zu bereinigen. Das ist z.B. bei volljährigen Kindern oder Kindern, für die Unterhalt gezahlt wird, oft der Fall. Erfolgt keine Bereinigung, legen Sie Widerspruch ein bzw. stellen Sie einen Überprüfungsantrag nach § 44 SGB X (⇨Nachzahlung 3.1).

HzL/GSi der Sozialhilfe
Hier gibt es keinen Pauschbetrag. Jede einzelne Versicherung wird geprüft, ob sie dem Grunde nach angemessen ist.

Beiträge zu einer **Haftpflicht**versicherung sind vom Einkommen abzusetzen (BVerwG 28.05.2003 - NDV-RD 2004, 6; OVG NRW 12.12.2001 - info also 2002, 266). Das gilt auch, wenn Sie die Versicherung während des Sozialhilfebezugs abschließen.
Das Gleiche gilt für eine **Hausrat**versicherung (OVG NI - FEVS 42, 104, 108).
Sie können also nicht einfach die Übernahme der Haftpflicht- bzw. Hausratversicherung beantragen, sondern profitieren nur von der Möglichkeit, Beiträge abzusetzen, wenn Sie ein Einkommen erzielen. Versicherungsbeiträge gelten nämlich nicht als Teil des notwendigen Lebensunterhalts und werden von der Behörde nicht gezahlt (OVG NRW 12.12.2001 - info also 2002, 266; LSG Baden-Württemberg 30.6.2005 - L8 AS 2374/05 ER-B).

Die Ungleichbehandlung von Personen mit und ohne Einkommen wird **nicht** als verfassungswidrig betrachtet (BVerwG 28.5.2003, NJW 2004, 87ff.).

Beiträge zu **Rechtsschutz**versicherungen können als angemessen absetzbar sein, insbesondere wenn Sie Mietprozesse zu dem Zweck führen, Miete oder Mietnebenkosten zu senken oder eine Kündigung zu verhindern. Auch hier gilt, dass die direkte

Übernahme vom Sozialamt in der Regel abgelehnt wird (OVG NI 28.02.2001 - FEVS 52, 476 ff.; VGH Hessen - FEVS 37, 316). Hauptargument ist, dass es die ⇨Prozesskostenhilfe (PKH) gibt. Wenn jedoch die PKH erschwert wird, gilt das nicht mehr.

Beiträge zu einer **Unfall**versicherung **können** als angemessen akzeptiert werden und sind damit absetzbar (OVG NI - FEVS 1992, 104 ff. und 28.2.2001 FEVS 52, 476 ff.).
Auch Beiträge zur **Bestattungsvorsorge** sind dem Grunde nach angemessen. Allerdings nicht bei einem 36jährigen, so das BVerwG (27.6.2002 - NDV-RD 2004, 6). Er hat ja noch Zeit.

Von 100 Haushalten haben 78 eine Hausrat-, 70 eine private Haftpflichtversicherung, 43 eine Rechtsschutz- und 42 eine private Unfallversicherung (Welt am Sonntag 26.02.2006).

Forderung

Angemessene Beiträge für Hausrat- und Haftpflichtversicherungen sind als Bedarf im Regelsatz anzuerkennen!

1.2 Kfz-Haftpflichtversicherungen

sind gesetzlich vorgeschriebene private Versicherungen.

Alg II

Bei Alg-II-Beziehern wird eine Kfz-Haftpflicht als dem Grunde nach angemessen anerkannt. Die Beiträge sind *„in nachgewiesener Höhe vom Einkommen absetzbar"* (BA 11.132; § 11b Abs. 1 Nr. 3 SGB II). Unter die gesetzlich vorgeschriebenen Versicherungen fallen auch Motorrad- oder Mofaversicherungen. Teilkaskoversicherungen sind **nicht** gesetzlich vorgeschrieben. Von der Kfz-Haftpflichtversicherung ist ein Zwölftel des nachgewiesenen Jahresbeitrags monatlich vom Einkommen abzusetzen (§ 6 Abs. 1 Nr. 3 Alg II-V neu). Das gilt auch, wenn Sie nur Halter des Kfz sind, nicht aber dessen Eigentümer (LSG Niedersachsen-Bremen, 12.5.2016 - L 11 AS 941/13).
Dass ein Kfz/ Motorrad/ Mofa für die Fahrt zur Arbeit notwendig ist, ist keine Voraussetzung für die Absetzbarkeit der Versicherungen. Sie müssen aber ein Einkommen haben, von dem Sie die Haftpflichtversicherung absetzen können. Haben Sie keins, können Sie nichts absetzen. So entsteht finanzieller Druck, einen Job anzunehmen, um z.B. das Auto halten zu können.

HzL/GSi der Sozialhilfe

Das Bundesverwaltungsgericht hat es abgelehnt, die Kfz-Versicherung als abzugsfähig anzuerkennen, nur weil sie *„gesetzlich vorgeschrieben"* sei. Ein angemessenes Kfz wird, anders als beim Alg II, nicht als Schon⇨vermögen anerkannt. Es müsse *„aus der Sicht der das Sozialhilferecht prägenden Grundsätze ein Bedürfnis"* danach bestehen (BVerwG 04.06.1981 - FEVS 29, 372 f.).
Ein *„Bedürfnis"* kann vorliegen, wenn Sie z.B. mangels öffentlicher Verkehrsmittel ein Auto brauchen, um Ihr behindertes Kind zu Untersuchungen zu fahren oder in Einrichtungen, die es betreuen. In Bezug auf Kinder eines Sozialhilfebeziehers, die den Kindergarten nicht mit öffentlichen Verkehrsmitteln erreichen konnten, hat das OVG Lüneburg die Absetzbarkeit der Kfz-Haftpflicht bejaht (FEVS 39, 419 ff.).
Ein Bedürfnis kann auch bei einer besonderen Lebenslage bestehen (LPK SGB XII, § 82 Rz. 81). Insbesondere wenn BezieherInnen von HzL und GSi behindert sind oder ohne Auto notwendige ärztliche Behandlungen nicht oder nur unter unzumutbaren Bedingungen wahrnehmen können.

1.3 Sozialversicherungsbeiträge und freiwillige Altersvorsorge

Alg II

Personen, die nicht pflichtversichert sind, z.B. Selbständige und Freiberufler, können Beiträge zur gesetzlichen/ privaten Kranken-, Pflege und ⇨Rentenversicherung *„in nachgewiesener Höhe"* vom Einkommen absetzen (BA 11.136). Wenn Sie zu den entsprechenden Beitragsarten bereits einen Zuschuss vom Jobcenter (§ 26 SGB II) erhalten, mindert dieser den Absetzbetrag (⇨Krankenversicherung 2.).

Oft werden bei Selbstständigen Beiträge für **Kranken- und Pflegeversicherung** nur in Höhe der gesetzlichen gedeckelten KV/ PV-Beiträge für Alg-II-Beziehende vom Jobcenter anerkannt, obwohl sie etwa doppelt so hoch sind. Diese Benachteiligung gegenüber Lohnabhängigen, bei denen die Beiträge in voller Höhe vom Bruttoeinkommen absetzbar sind, wurde vom BSG als rechtswidrig eingestuft (18.1.2011 - B 4 AS 108/10 R).

E

Tipp Machen Sie die tatsächlichen Beiträge der privaten KV/ PV, unter Umständen den Zusatzbeitrag und die Selbstbeteiligung im Wahltarif der KV geltend und setzen Sie die Anteile, die über dem halben Basistarif der pKV bzw. der ermäßigten PV liegen, vom Einkommen aus Selbständigkeit ab (§ 11b Abs. 1 Nr. 3 a SGB II).

Auch Beiträge zu Lebensversicherungen, die der **Alterssicherung** dienen, sind als angemessene Versicherungen abzugsfähig, wenn eine Pflichtversicherung nicht besteht (BA 11.136) oder nicht ausreicht, um im Alter unabhängig von Sozialhilfe zu leben (VGH Hessen - FEVS 37, 316). Das gilt auch für Beiträge, die für eine Rürup-Rente gezahlt werden.
Beiträge für eine Lebensversicherung, die **nur** der Vermögensbildung aber nicht der Altersvorsorge dient, werden grundsätzlich nicht anerkannt (BVerwG NDV 1989, 205). Dafür müssen aber konkrete Anhaltspunkte bestehen.
Renten- und private Altersvorsorgebeiträge von Selbständigen und Freiberuflern werden auf ihre Angemessenheit geprüft. Als Orientierung für den angemessenen Beitrag dient der vollständige Beitrag zur gesetzlichen Rentenversicherung in Höhe von 18,7% (2016) des Erwerbseinkommens. (BA 11.136a)

HzL der Sozialhilfe

Pflichtbeiträge zur **Kranken-, Pflege- und Rentenversicherung** und Arbeitsförderung sind vom Einkommen abzusetzen (§ 82 Abs. 2 Nr. 2 SGB XII).
Freiwillige Beiträge zu einer ⇨**Rentenversicherung** sind ebenfalls abzugsfähig, wenn kein ausreichender Versicherungsschutz besteht (§ 82 Abs. 2 Nr. 3 SGB XII). Unter solchen Voraussetzungen können ausnahmsweise auch die Beiträge vom Sozialamt übernommen werden, wenn dadurch der Anspruch auf eine Alterssicherung erfüllt werden kann, der künftige Sozialhilfeleistungen mindert (§ 33 SGB XII).

Bei den meisten HzL-Beziehenden, z.B. bei gKV-Pflichtversicherten oder freiwillig Weiterversicherten werden die **KV/ PV-Beiträge** aber vom Sozialamt übernommen (§ 32 SGB XII) oder die Krankenversorgung wird im Rahmen der Hilfe zur Gesundheit sichergestellt, sodass eine Absetzung der Beträge nicht mehr in Betracht kommt.

GSi

Auch in der Grundsicherung werden die **KV/ PV-Beiträge** i.d.R. wie bei der HzL übernommen (§ 42 Nr. 4 SGB XII i.V. mit § 32 SGB XII).
Erzielen Sie aber Einkommen (i.d.R. Rente), gelten dieselben Regeln für die Absetzung von Sozialversicherungsbeiträgen und privater Altersvorsorge **wie bei der HzL**.

2. Geförderte Beiträge zur Altersvorsorge

Da Ihr Riester-Vermögen geschützt ist, können Sie auch Beiträge zur Riester-Rente während des Alg II-, HzL-/ GSi-Bezugs von Ihrem Einkommen absetzen.
„*Vom Einkommen sind abzusetzen ... geförderte Altersvorsorgebeiträge nach § 82 des Einkommensteuergesetzes, soweit sie den Mindesteigenbetrag nach § 86 des Einkommensteuergesetzes nicht überschreiten.*" (§ 11b Abs. 1 Nr. 4 SGB II; ebenso: § 82 Abs. 2 Nr. 3 SGB XII)
Der Mindesteigenbetrag bei der Riesterrente beträgt 4% des beitragspflichtigen Vorjahreseinkommens (abzüglich der jährlichen Grundzulage von 154 € plus 300 € für jedes nach dem 1.1.2008 geborenes Kind/ 185 € für jedes davor geborene Kind). Er beginnt bei Ledigen mit Jahreseinkommen bis 5.350 € bei mtl. 5 € (60 €/Jahr) geht bis mtl. 162,17 € (1946 €/Jahr) bei einem Jahreseinkommen von 48.650 €. Die neue Alg II-Verordnung schreibt ab 1.8.2016 vor, dass „*ein Betrag in Höhe von 3 Prozent des Einkommens, mindestens 5 Euro*", für eine Riesterrente abzusetzen ist; „*der Prozentwert mindert sich um 1,5 Prozentpunkte je zulageberechtigtes Kind im Haushalt ...*" (§ 6 Abs. 1 Nr. 4 Alg II-V).
Haben Sie ein Bruttoarbeitseinkommen unter 400 €, sind die Beiträge zur Riester-Rente schon im Grundfreibetrag von 100 € enthalten (⇨Erwerbstätige 2.3.1).

3. Sonstige notwendige Ausgaben

„Vom Einkommen sind abzusetzen ... die mit der Erzielung des Einkommens verbundenen notwendigen Ausgaben" (§ 11b Abs. 1 Nr. 5 SGB II; ebenso § 82 Abs. 2 Nr. 4 SGB XII).

Es heißt Einkommen, nicht Erwerbseinkommen. Notwendige Ausgaben können also von **jedem** Einkommen abgesetzt werden, *„wenn die Zielrichtung der Aufwendung mit der Einkunftsart in einer Beziehung steht"* (BSG 27.9.2011 - B 4 AS 180/10 R).

Zu den notwendigen Ausgaben, die nicht unmittelbar mit Einkommen ⇨Erwerbstätiger in Verbindung stehen, gehören:

3.1 Beiträge zu Gewerkschaften und Sozialverbänden

Beiträge zu **Gewerkschaften** und **Berufsverbänden** müssen nicht nur vom Einkommen absetzbar sein, wenn Sie lohnabhängig sind, sondern auch wenn Sie arbeitslos geworden sind. Sie sind z.B. bei Bezug einer Erwerbsminderungsrente vom Einkommen „Rente" abzusetzen (BSG ebenda).

Das gilt auch, wenn Sie Grundsicherung beziehen. Gewerkschaftsbeiträge und Beiträge zu **Sozialverbänden** wie VdK oder SoVD sind immer absetzbar, wenn Sie Rentner sind (⇨Grundsicherung 1.2.2).

Beiträge zu **Erwerbslosen- und Sozialhilfegruppen** sollten allgemein ebenfalls absetzbar sein, ggf. auch Beiträge und Gebühren von Sozialberatungsstellen. Diese Ausgaben dienen der *„Erzielung, Sicherung und Erhaltung der Einnahmen"*, also dem Zweck, den die BA für die Anerkennung der *„notwendigen Aufwendungen"* voraussetzt (BA 11.145). Auch wenn Alg II bzw. HzL/ GSi der Sozialhilfe selbst nicht als Einkommen zählen, sind diese Aufwendungen mit der Erzielung **vorrangiger** Einkommensarten (Minijob, Selbständigkeit, Erwerbsminderungsrente, Kindergeld usw.) notwendig verbundene Ausgaben. Versuchen Sie es!

3.2 Weitere mit der Erzielung von Einkommen verbundene Ausgaben

Neben den klassischen „Werbungskosten" bei Erwerbseinkommen gibt es andere Kostenarten, die mit bestimmten Einkommen verbunden sein können, z.B.

- Büro- und Portokosten bei Mieteinnahmen,
- Verfahrenskosten beim Erstreiten einer Abfindung,
- Anwaltskosten bei der Durchsetzung vorrangiger Unterhalts- bzw. Leistungsansprüche oder
- der Ihnen vorliegende **Leitfaden**. Er ist Fachliteratur, die dazu beiträgt, vorrangige Leistungsansprüche durchzusetzen und sich das dafür notwendige Wissen anzueignen.

4. Unterhaltsverpflichtungen

können vom Einkommen abgesetzt werden (§ 11b Abs. 1 Nr. 7 SGB II).

Näheres unter ⇨Unterhalt für Kinder 1.2

5. Ausbildungsbedarf beim BAföG/ BAB/Ausbildungsgeld

Bei ⇨SchülerInnen, ⇨Studierenden und ⇨Auszubildenden,

- die **aufstockende SGB-II-Leistungen** oder
- ein **Härtefalldarlehen** beziehen/ beantragen,

muss bei der Berechnung des SGB-II-Anspruchs eine ⇨Bedarfsermittlung vorgenommen werden. Hierbei ist vom Einkommen „Ausbildungsförderung" bzw. der Reisekostenerstattung bei Teilhabe am Arbeitsleben der **ausbildungsbedingte Bedarf abzusetzen.**

Seit dem 1.8.2016 wird das mit einem **Pauschalbetrag** von **mtl. 100 €** abgegolten, falls keine **höheren Ausgaben** nachgewiesen werden. Werden z.B. Fahrtkosten, Kosten für Ausbildungsmaterial und Arbeitskleidung auf Nachweis geltend gemacht, sind alle nach § 11b Abs. 1 Nr. 1 bis 5 SGB II möglichen Absetzbeträge zusätzlich zu berücksichtigen, wenn diese nicht bereits im Rahmen eines Erwerbseinkommens oder einer Aufwandsentschädigung abgesetzt wurden. (§ 11b Abs. 2 Satz 4 SGB II neu)

Allerdings werden beim Nachweis höherer Ausbildungskosten Kosten für **Schulgeld** und **Studiengebühren** nach bisheriger BSG-Rechtsprechung **nicht anerkannt**.

Kritik

Die mit dem Neunten SGB-II-Änderungsgesetz eingeführten Absetzbeträge führen bei Auszubildenden, SchülerInnen und Studierenden zu erheblichen Einbußen gegenüber der bis zum 31.7.2016 gültigen Regelung. Diese sah ohne Nachweis höherer Kosten immerhin einen Absetzbetrag für den ausbildungsbedingten Bedarf in Höhe von 20% des maßgeblichen BAföG-Satzes vor, der ab dem 1.8.2016 bei 108,80 € und 129,80 € liegen würde. Darüber hinaus konnten u.a. die 30-€-Versicherungspauschale, Beiträge für Riesterrenten und gesetzlich vorgeschriebene Versicherungen abgesetzt werden.

E

6. Aufwandsentschädigung/ „Übungsleiterpauschale"

Näheres unter ⇨Erwerbstätige 3.1

7. Aufwendungen der Freiwilligendienste

„Freiwilliges Soziale Jahr" (Jungendfreiwilligendienst) und „Bundesfreiwilligendienst"
Näheres unter ⇨Erwerbstätige 3.2

Einkommensgrenzen

BezieherInnen von Alg II oder Hilfe zum Lebensunterhalt (HzL)/ Grundsicherung (GSi) der Sozialhilfe haben unter Umständen **Anspruch** auf weitere Sozialhilfeleistungen der

- Hilfe zur Gesundheit,
- Eingliederungshilfen für behinderte Menschen,
- Hilfe zur Pflege,
- Hilfe zur Überwindung besonderer sozialer Schwierigkeiten,
- Hilfe zur Weiterführung des Haushalts,
- Altenhilfe,
- Blindenhilfe,
- auf Übernahme der Bestattungskosten und
- Hilfen in sonstigen Lebenslagen

nach dem Fünften bis Neunten Kapitel des SGB XII (früher: *„Hilfe in besonderen Lebenslagen"*).

Anspruch haben auch Personen, deren Einkommen **über** dem Bedarf von Berechtigten von Alg II, GSi und HzL liegt.
Maßgeblich dafür ist eine **Einkommensgrenze** (§ 85 Abs. 1 SGB XII). Sie beträgt 2016:

- **804 € Grundbetrag** für die „nachfragende Person" (doppelter „Eck"⇨Regelsatz) **plus**
- **283 € Familienzuschlag** für nicht getrennt lebende Ehegatten/ Lebenspartner und von ihnen überwiegend unterhaltene Personen (70% des Eckregelsatzes) **plus**
- die ***„Aufwendungen für die Unterkunft,*** *soweit diese den der Besonderheit des Einzelfalles angemessenen Umfang nicht übersteigen"* (§ 85 Abs. 1 Nr. 2 SGB XII neu). Mit dieser Neuregelung zum 1.1.2016 bestimmte die Bundesregierung, dass nur die Kosten der Unterkunft **ohne Heizkosten** anzuerkennen sind. Damit neutralisiert sie die Rechtsprechung des BSG, das bei der alten Formulierung *„Kosten der Unterkunft"* die **Heizkosten** bei der Bemessung der Einkommensgrenze miteinbezog (Bruttowarmmiete; BSG 25.3.2013 - B 8 SO 8/12 R; ⇨Kritik).

Mehrbedarfszuschläge sind **nicht** vorgesehen.

Die (kalten) Unterkunftskosten sollten i.d.R. als angemessen anerkannt werden. Es gelten nicht die niedrigen Angemessenheitsgrenzen von Alg II, HzL und GSi.

Ihr ⇨**Einkommen** wird **bereinigt** abzüglich besonderer Belastungen (z.B. Schuld- oder Unterhaltsverpflichtungen, selbst zu tragende Behandlungskosten usw.). Der Freibetrag für Erwerbstätigkeit wird nicht anerkannt. Er gilt nur für die Hilfe zum Lebensunterhalt und die GSi (§ 82 Abs. 3 Satz 1 SGB XII; ⇨Erwerbstätige).
Wenn Sie mit Ihrem so berechneten Einkommen **unter** der Einkommensgrenze liegen, haben Sie in der Regel vollen Anspruch auf die oben genannten Leistungen. Wenn Sie **darüber** liegen, müssen Sie einen **Kostenbeitrag** in „angemessenem Umfang" zahlen (§ 87 Abs. 1 Satz 1 SGB XII).

Kritik

Die allgemeine Einkommensgrenze der früheren Hilfen in besonderen Lebenslagen soll angeblich eine Lebensführung oberhalb des Sozialhilfebedarfs ermöglichen. Es verbleibt aber bestenfalls nur eine geringe Differenz. Denn nach dem Gesetz werden

Mehrbedarfszuschläge sowie der Erwerbstätigenfreibetrag nicht anerkannt und nur die „angemessenen", nicht die tatsächlichen Unterkunftskosten. Vor allem wenn Sie Erwerbseinkommen erzielen, liegt Ihre Einkommensgrenze nicht viel höher als, das Niveau der HzL/ GSi.

Um das Bild abzurunden, wurden die Familienzuschläge 2005 von 80% auf 70% gesenkt, so dass sie noch unter dem Regelsatz von über 14-jährigen Haushaltsangehörigen liegen. Je größer die Familie, desto tiefer rutscht die Einkommensgrenze in Richtung Sozialhilfeniveau. Hilfebeziehende und ihre Angehörigen werden stärker herangezogen, um die Haushaltslöcher ein bisschen zu stopfen, die durch die massive Gewinn- und Einkommenssteuersenkungen für Besserverdienende gerissen wurden.

Aufgrund gestiegener Energiepreise sind Heizkosten inzwischen zur zweiten Miete mutiert. Deren Aberkennung durch die Bundesregierung zum Januar 2016 führt zu einer erneuten drastischen Senkung der Einkommensgrenze. Auf der einen Seite werden die im System der Unterkunftskosten systematisch verorteten Heizkosten aberkannt, was zu erheblichen materiellen Einbußen führt, auf der anderen Seite warten betroffene Familien seit Jahren vergeblich auf das Bundesteilhabegesetz, mit dem die Bundesregierung Verbesserungen in Aussicht stellt. Die gezielte Neutralisierung der Rechtsprechung des BSG, das zu Recht die alte Rechtslage ohne Berücksichtigung der Heizkosten als *„systemwidrig"* bezeichnet hatte (BSG ebenda), offenbart eine Kontinuität der Politik verschiedener Bundesregierungen, wenn es darum geht, Sozialhilfeleistungen in kleinlicher Weise zusammenzustreichen. Die Erwartungen an das Bundesteilhabegesetz, das die Eingliederungshilfen für Menschen mit Behinderung neu ordnen soll, sollten daher nicht zu hoch angesetzt werden. Geht es doch vor allem um die Neuordnung der Finanzen, nicht um die Entlastung der Leistungsberechtigten und ihrer Familien.

Information

Leitfaden Sozialhilfe für Menschen mit Behinderungen und bei Pflegebedürftigkeit von A-Z, AG TuWas (Hrg.), 9. Aufl., Frankfurt 2011, ⇨Bestellung s. Anhang

Einmalige Beihilfen, unabweisbarer Bedarf

Seit 1.1.2005 sind nahezu alle Leistungen, die früher in der Sozialhilfe als einmalige Beihilfen gezahlt wurden, pauschaliert im ⇨Regelsatz von Alg II und HzL/ GSi der Sozialhilfe enthalten. Die Bundesregierung erwartet, dass Sie davon während des Leistungsbezuges Rücklagen bilden.

Inhaltsübersicht:

1.1 Einmalige Beihilfen über den Regelsatz hinaus

gibt es nur noch für

- Erstausstattungen für die **Wohnung** einschließlich **Haushaltsgeräte** (§ 24 Abs. 3 Nr. 1 SGB II; § 31 Abs. 1 Nr. 1 SGB XII; ⇨Hausrat); bei jungen Erwachsenen bis 25 Jahren aber nur, wenn der **Auszug** erlaubt wurde (⇨Jugendliche); für **Kinder/ Jugendliche**, wenn ein Erstausstattungsbedarf nicht vom Regelsatz umfasst ist (⇨Kinder 2.2.1, Jungendbett statt Kindergitterbett),
- Erstausstattungen für **Bekleidung** (⇨Kleidung),

- Erstausstattungen bei ⇨**Schwangerschaft und Geburt** (§ 24 Abs. 3 Nr. 2 SGB II; § 31 Abs. 1 Nr. 2 SGB XII)
- *„Anschaffung und Reparatur von* ***orthopädischen Schuhen, Reparaturen von therapeutischen Geräten und Ausrüstungen*** *sowie die* ***Miete von therapeutischen Geräten****"* (§ 24 Abs. 3 Nr. 2 SGB II; § 31 Abs. 1 Nr. 3 SGB XII; ⇨4.),
- eintägige **Ausflüge** in Schule oder Kindertagesstätte, aber nur als Gutschein oder Direktzahlung (§ 28 Abs. 2 Nr. 1 SGB II; § 34 Abs. 2 Nr. 1 SGB XII; ⇨SchülerInnen 5.1 ff.),
- mehrtägige **Klassenfahrten** im Rahmen der schulrechtlichen Bestimmungen und entsprechende Fahrten bei Kindern, die eine Kita besuchen (§ 28 Abs. 2 Nr. 2 SGB II; § 34 Abs. 2 Nr. 2 SGB XII; ⇨SchülerInnen 5.1 ff.).

Einmalzahlungen für ⇨**Heizkosten** bei Ofen- oder Ölheizung, ⇨**Kautionen**, Maklergebühren, ⇨**Miet**schulden, Heiz- und Betriebskosten**nachzahlungen** (⇨Mietnebenkosten), ⇨**Renovierungen** bei Auszug/ Einzug, Kleinreparaturen, ⇨**Umzug**skosten und Wohnungsbeschaffungskosten sind keine einmaligen Beihilfen, sondern *„Leistungen für [die] Unterkunft"* (§ 22 SGB II; § 35 SGB XII). Sie haben einen Anspruch darauf, dass Unterkunftsleistungen **zusätzlich** zur Regelleistung übernommen werden.

Tipp Stellen Sie immer schriftlich einen Antrag auf Kostenübernahme bevor Sie den Bedarf decken.

1.2 Frühere einmalige Beihilfen, jetzt im Regelsatz

Im Regelsatz soll jetzt der gesamte, über den Bedarf an Erstausstattungen hinausgehende Aufwand für frühere einmalige Beihilfen enthalten sein, z.B.

- ⇨**Hausrat und Möbel** wie Waschmaschine, Toilettenschrank, Kinderbadewanne, Spiegel, Wäscheständer, Fön usw.; Garderobe, Kleiderständer und Haken, Betten, Tisch, Schulschreibtisch mit Lampe und Stuhl, Laufstall, Kinderhochstuhl; Herd, Kühlschrank, Küchenschrank, Hängeschrank, Unterteile, Küchentisch, -stühle (auch für Besuch), -eckbank, Spüle, Abfalleimer usw., Geschirr-, Hand-, Küchen- und Wischtücher, Tischdecken, Kochtöpfe, Bratpfanne, Ess- und Kaffeeservice, Gläser, Besteck, Schüsseln, Küchenset, Handfeger, Schrubber, Besen; Kleiderschrank, Betten (Ausnahme ⇨1.1), Sprungrahmen, Lattenroste, Matratzen, Federbetten, Decken, Kopfkissen, Bettwäsche; Wohnzimmerschrank, Couch, Esstisch, Stühle (auch für Besuch), Sessel, Polstermöbel; Gardinen oder Rollos und Lampen, Bügeleisen, Bügelbrett, Nähmaschine, Staubsauger und Staubsaugerbeutel, Teppichboden, Aufwendungen für einen Waschsalon usw. sowie
- **Transportkosten und Reparaturen** von Haushaltsgeräten, Möbeln oder kleinere Reparaturen in der Wohnung (Instandhaltung der Wohnung, seit 2011 auch Schönheitsreparaturen) und Werkzeug;
- ⇨**Kleidung und Schuhe** sowie deren Reparaturkosten (Instandsetzung) und Kleiderbedarf bei besonderen Anlässen (Hochzeit, Krankenhaus usw.),
- **Gebrauchsgüter von längerer Gebrauchsdauer** und höherem Anschaffungswert wie Fahrrad, Fernseher usw. (auch Modem und Zimmerantenne bei Umstellung auf digitales Fernsehen) oder
- **Spielzeug**, z.B. Dreirad oder Roller, Lego-Basisbaukasten, Spielesammlung, Bilderbücher, Kinderposter, Babypuppen, Konstruktionsspielzeug usw. sowie
- einmalige Beihilfen für **besondere Anlässe** wie Bewirtungskosten bei runden Geburtstagen ab 70, Hochzeit (auch Eheringe usw.), Kommunion/ Konfirmation, Jugendweihe, Taufe oder Beerdigung,
- Fahrtkosten zu **Hochzeiten**, Kommunion/ Konfirmation, runden Geburtstagen ab 70, zu Verwandten, die ernstlich erkrankt sind, zum monatlichen Besuch von nächsten Angehörigen in einer JVA, zur Teilnahme an Bestattungen von Ehegatten und Verwandten in gerader Linie oder zur Familienheimfahrt anlässlich des Weihnachtsfestes,
- **Passgebühren**, Passbilder, Gebühren für Personalausweis, sonstige Gebühren.

(Vgl. Abc einmaliger Leistungen in: LPK-BSHG, Baden-Baden 2003, 355-357)

Tipp Gebühren für einen **Personalausweis** *„können"* für SGB-II-/ SGB-XII-Beziehende erlassen werden (§ 34 Nr. 8 PAuswG i.v. mit § 1 Abs. 6 PAuswGebV). Das gilt auch für den **Reisepass** (§ 20 Abs. 2 PaßG i.V. mit § 17 PassV). Nehmen Sie einen aktuellen Bewilligungsbescheid als Nachweis mit und fragen Sie bei der Meldestelle nach.

Im Regelsatz sind übrigens Kosten für einen Personalausweis in Höhe von mtl. **0,28 €** zum Ansparen vorgesehen (BT-Drs. 17/3404, 63; Stand 2016). Daher müssen Sie der Meldestelle unter Umständen besondere finanzielle Belastungen nachweisen, um von der Gebühr befreit zu werden.

2. Ansparen statt Beihilfen beziehen

BezieherInnen von Alg II, HzL/ GSi der Sozialhilfe sollen, um ihren Bedarf zu decken, Beträge für die früheren einmaligen Beihilfen ansparen. Diese sollen jetzt im Regelsatz enthalten sein. Wie hoch diese Beträge im Einzelnen sind, wird überwiegend geheim gehalten. Soweit sie bekannt wurden, finden Sie sie unter dem Stichwort ⇨Regelsatz 2.2.

Sie sollen also Beträge in unbekannter Höhe für noch nicht bekannte Bedarfe ansparen. Am besten in vielen kleinen Sparbüchsen.

„Über die Verwendung der zur Deckung des Regelbedarfs erbrachten Leistungen entscheiden die Leistungsberechtigten eigenverantwortlich, dabei haben sie das Eintreten unregelmäßig anfallender Bedarfe zu berücksichtigen." (§ 20 Abs. 1 Satz 4 SGB II; sinngemäß § 27a Abs. 3 Satz 3 SGB XII)

Daraus leitet sich unserer Ansicht nach keine gesetzliche Verpflichtung ab, für (unbekannte) Bedarfe der Zukunft (unbekannte) Beträge anzusparen (SG Aurich 6.12.2005 - S 25 AS 254/05 ER). Werden Keine Rücklagen für *„unregelmäßig anfallende Bedarfe"* gebildet, können Sie nicht bestraft werden (LPK SGB XII, § 27a Rz. 17).

2.1. Schutz des „Ansparvermögens"

Alg II

Da man Sie schlecht zum Sparen auffordern kann, um Ihnen dann das Gesparte als nicht geschütztes Vermögen wieder abzunehmen, dürfen Sie bis zu 750 € pro Angehörigen der Bedarfsgemeinschaft ansparen, ohne dass dieser Betrag als Vermögen angerechnet wird. *„Da davon ausgegangen wird, dass der Leistungsberechtigte aus dieser Regelleistung Ansparungen für größere Anschaffungen, wie z.B. für Haushaltsgeräte oder den Wintermantel, erbringt, müssen diese Ansparungen konsequenterweise bei der Vermögensanrechnung unberücksichtigt bleiben."* (BT-Drs. 15/1516, 53)

HzL/GSi der Sozialhilfe

Hier müssen Leistungsbeziehende auch ansparen. Aber es gibt **keinen zusätzlichen Schutz** ihres Ansparvermögens. Also passen Sie auf, dass das Sozialamt Ihre Ansparungen nicht als „Vermögen" einkassiert.

Wenn Sie nachweislich von den laufenden Leistungen zum Lebensunterhalt Rücklagen für unregelmäßig anfallende Bedarfe bilden und dadurch Ihr Schonvermögen (⇨Vermögen 3.) überschritten wird, stellt die Verwertung dieses „Ansparvermögens" eine **Härte** dar (§ 90 Abs. 3 SGB XII; LPK SGB XII, § 90 Rz. 91; a.A. LSG Bayern 21.11.2014 - L 8 SO 5/14). Warum sollten Sie durch das eigenverantwortliche Bilden von Rücklagen für größere Anschaffungen schlechter gestellt werden, als Beziehende von Sozialhilfe, deren Schonvermögen noch nicht ausgeschöpft ist?

2.2 Bezugsdauer langt nicht, um anzusparen

Der Posten „*Waschmaschine*" wird mit 1,30 € im Regelsatz veranschlagt (⇨Regelsatz 2.2). Wenn eine Gebrauchsdauer von zehn Jahren und dieselbe Regelsatzhöhe unterstellt wird, hätte man zehn Jahre nach Antragstellung 156 € angespart. Was aber, wenn der Bedarf schon nach einem oder zwei Jahren auftritt?

Die Bundesregierung ging bei ihren Kostenberechnungen davon aus, dass Alg-II-Bezieher durchschnittlich 11 Monate im Bezug sind. Das traf 2004 auf die BezieherInnen von Arbeitslosenhilfe zu. Im Juni 2015 waren etwa 23% der Alg-II-Beziehenden bis zu einem Jahr im Bezug; 46% dagegen länger als vier Jahre (BA, Arbeitsmarkt in Zahlen – Statistik der Grundsicherung für Arbeitsuchende, Verweildauern im SGB II, Juni 2015) – viel Zeit zum Ansparen.

Doch auch wer die Zeit hätte, im Leistungsbezug anzusparen, die für größere Anschaffungen benötigten Summen kommen nicht zusammen. Bei den Experimenten zur Pauschalierung der Sozialhilfe, die 2001 bis 2003 durchgeführt wurden, konnte nur rd. 1/3 der Haushalte überhaupt etwas ansparen (BAG-SHI Rundbrief 02/2004, 14).

E

Wenn Beziehende von Alg II, HzL/ GSi der Sozialhilfe eine Waschmaschine oder andere Dinge kaufen müssen, die sie gar nicht ansparen konnten, führt das zu einer massiven indirekten Regelsatzsenkung.

3. Darlehen bei unabweisbarem Bedarf
Da einmalige Bedarfe in einem Regelsatz enthalten sein sollen, aus dem sie aber nur schwer bezahlt werden können, haben die Hartz-IV-Parteien Darlehen vorgesehen.

Alg II
„Kann im Einzelfall ein vom Regelbedarf zur Sicherung des Lebensunterhalts umfasster und nach den Umständen unabweisbarer Bedarf nicht gedeckt werden, erbringt die Agentur für Arbeit bei entsprechendem Nachweis den Bedarf als Sachleistung oder als Geldleistung und gewährt der oder dem Leistungsberechtigten ein entsprechendes Darlehen." (§ 24 Abs. 1 Satz 1 SGB II)
Um zu bekräftigen, dass die 404 € reichen müssen, wurde der Satz hinzugefügt: *„Weitergehende Leistungen sind ausgeschlossen."* (§ 24 Abs. 1 Satz 3 SGB II)

Zuvor müssen Sie allerdings versuchen, den Bedarf durch Einsatz Ihres **Schon ⇨vermögens**, des Schonvermögens Ihres Kindes und des „Ansparvermögens" (750 € pro Person, s.o.) zu decken (⇨3.2).

HzL/GSi der Sozialhilfe
„Kann im Einzelfall ein von den Regelsätzen umfasster und nach den Umständen unabweisbar gebotener Bedarf auf keine andere Weise gedeckt werden, sollen auf Antrag hierfür notwendige Leistungen als Darlehen erbracht werden." (§ 37 Abs. 1 SGB XII)

3.1 Was ist ein unabweisbarer Bedarf?
Dass Sie einfach nur zu wenig Geld haben, reicht nicht. Ihr Bedarf muss unabweisbar sein, d.h. nicht aufschiebbar. Wenn Sie z.B. im Dezember einen Wintermantel brauchen und im Hochsommer einen Kühlschrank, oder wenn eine Alleinerziehende mit zwei Kleinkindern eine Waschmaschine braucht, ist der Bedarf unabweisbar.
In der Rechtsprechung wird oft die Auffassung vertreten, dass ein notwendiger Bedarf erst unabweisbar ist, wenn seine Befriedigung dazu führt, dass das Regelsatzniveau um 20% – also etwa 80 € – unterschritten wird (LSG NRW 14.7.2006 - L 1 B 23/06 AS ER, LSG Hessen 11.4.2006 - L9 AS 43/06 ER). Das LSG Niedersachsen-Bremen geht schon bei 10% Bedarfsunterdeckung von einem unabweisbaren Bedarf aus (30.1.2006 - L 9 AS 7/06 ER). Eine solche Entscheidung darf aber nicht pauschal erfolgen, sondern muss immer unter Würdigung sämtlicher Umstände des Einzelfalles getroffen werden (Eicher SGB II, § 24 Rz. 54).

3.2. Bedarf aus dem Vermögen decken?

Alg II
Ist der Bedarf als unabweisbar anerkannt, müssen Sie zuerst auf Ihr ⇨ Vermögen zurückgreifen, bevor ein Anspruch auf ein Darlehen besteht. Das gilt seit 1.4.2011 für fast alle Darlehen beim Alg-II-Bezug (§ 42a Abs. 1 Satz 1 SGB II; Ausnahme: Darlehen zur Wohnraumsicherung nach § 22 Abs. 8 SGB II, hier bleibt das „Ansparvermögen" verschont).
Vorrangig zu verbrauchen sind also,
- der altersabhängige **Grundfreibetrag** von mind. 3.100 € bzw. **150 € pro Lebensjahr** für Volljährige (§ 12 Abs. 2 Satz 1 Nr. 1 SGB II),
- der **Grundfreibetrag** für minderjährige **Kinder** in Höhe von 3.100 € (§ 12 Abs. 2 Satz 1 Nr. 1a SGB II) und
- das **Ansparvermögen** in Höhe von **750 €** jedes Darlehensnehmers (§ 12 Abs. 2 Satz 1 Nr. 4 SGB II).

Sie müssen also auch das Vermögen einsetzen, dass Ihnen bei der Antragstellung noch für Sie und Ihre Bedarfsgemeinschaft als Schonvermögen anerkannt wurde.

Tipp Beantragen Sie das Darlehen für einen unabweisbaren Bedarf am besten als Einzelperson, nicht aber für die ganze Bedarfsgemeinschaft. Damit reduzieren Sie ggf. den Einsatz des Schonvermögens und die Höhe, mit der das Darlehen mit Ihrem laufenden Regelsatz aufgerechnet wird (⇨3.5).

HzL/GSi derSozialhilfe
SozialhilfebezieherInnen haben keinen Freibetrag für notwendige Anschaffungen. Hier gibt es Versuche, Sie auf Ihr Schonvermögen zu verweisen, wenn Sie nicht genügend Geld für notwendige Anschaffungen haben. Das machen die Bundesregierung (BT-Drs. 15/1514, 61, zu § 38 SGB XII), aber auch Sozialämter und deren MitarbeiterInnen. Das ist rechtswidrig. Denn *„Sozialhilfe darf nicht abhängig gemacht werden vom Einsatz oder der Verwertung ... kleiner Barbeträge"* (§ 90 Abs. 2 Nr. 9 SGB XII; LPK SGB XII, § 37 Rz. 6). Genau dazu aber werden Sie aufgefordert, wenn das Schonvermögen für einen unabweisbaren Bedarf an Hausrat angegriffen werden soll.

Tipp Wehren Sie sich dagegen, wenn Sie anderes mit Ihrem Vermögen geplant haben.

3.3 Nicht auf *„andere Weise"*, d.h. nicht durch Gebrauchtwarenlager und Kleiderkammern gedeckt

Es ist grundsätzlich zumutbar, dass Sie Ihren Bedarf mit gebrauchten, gut erhaltenen Möbeln und Hausratsgegenständen befriedigen (BVerwG 14.3.1991, FEVS 41, 397; LSG Rheinland-Pfalz 12.5.2005 - L 3 ER 45/05 AS; SG Dresden 29.5.2006 - S 23 AS 802/ER) und mit gebrauchter Kleidung (OVG Lüneburg 15.3.2005, FEVS 57, 15 ff.).
Laut BVerwG *„darf der Hilfeempfänger - nicht zuletzt aus Gründen der Sparsamkeit im Umgang mit öffentlichen Haushaltsmitteln - auch auf ihm zumutbare Sachleistungen verwiesen werden"* (ebenda). Das steht auch in der Gesetzesbegründung (BT-Drs. 15/1516, 57).
Der Regelsatz ist so knapp bemessen, dass gebrauchte Möbel und Kleidung ohnehin *„eigenverantwortlich"* gekauft werden müssen (⇨Sachleistungen), um über die Runden zu kommen.
Entscheidend für die Frage, was zulässig ist, ist letztlich, ob der Bedarf gedeckt ist. *„Das Wahl- und Wunschrecht des Hilfesuchenden wie das Auswahlermessen [Sachleistung oder nicht] des Sozialhilfeträgers sind daher nur auf solche Hilfealternativen bezogen, bei denen kein sozialhilferechtlicher Bedarf offen bleibt."* (BVerwG 2.9.2004 - 5 B 18.04)
Da die Hartz IV-Parteien die Nutzung von Gebrauchtwarenlagern und Kleiderkammern vor die Vergabe eines Darlehens vorgeschaltet haben, ist der Verweis nur in dem Maße zulässig, wie der Bedarf dadurch gedeckt werden kann. Die Gegenstände müssen *„in Bezug auf Qualität, Gebrauchstauglichkeit und hygienischen Zustand einwandfrei"* sein (OVG Lüneburg, ebenda). Kleidungsstücke müssen *„zeitgemäß gestaltet"* sein. Bei langlebigen Haushaltsgeräten sollte darauf geachtet werden, dass Sie nahezu neuwertig sind und einer günstigen Energieeffizienzklasse angehören. Wie sollen Sie sonst mit Ihrem Regelsatzanteil von 31,40 € Ihren Haushaltsstrom bezahlen können?
Ist der notwendige Bedarf nicht zu decken oder werden Waren aus nachvollziehbaren Gründen abgelehnt, kommt ein Darlehen für den Neukauf in Frage.

Der Verweis auf kostenlose Second-Hand-Lager der Wohlfahrtsverbände oder Ausgabestellen der Tafeln etc. darf nicht die Regel sein, da Zuwendungen der Wohlfahrtsverbände nicht auf Alg II/ Sozialhilfe angerechnet werden dürfen. *„Zuwendungen der freien Wohlfahrtspflege bleiben als Einkommen außer Betracht."* (§ 84 Abs. 1 SGB XII; entsprechend: § 11a Abs. 4 SGB II; ⇨Einkommen 2.9) Unter *„Wohlfahrtspflege"* sind auch andere freie gemeinnützige Träger zu verstehen (Hauck/Noftz SGB XII, § 84 Rz.4), z.B. das Tafelwesen.

Etwas anderes ist es, wenn Wohlfahrtsverbände in Kooperation mit dem Jobcenter/ Sozialamt ein Sozialkaufhaus betreiben bzw. wenn die Behörde einen direkten und erheblichen Einfluss auf die Second-Hand-Läden hat (VGH BW, FEVS 45, 258). In diesem Fall kann das Amt Sie vorrangig auf das Gebrauchtangebot verweisen.

3.4 Tilgung des Darlehens

Alg II
Rückzahlungsansprüche werden *„durch monatliche Aufrechnung in Höhe von 10 Prozent des maßgebenden Regelbedarfs getilgt"* (§ 42a Abs. 3 Satz 1 SGB II). Seit 1.4.2011 ist von jedem Darlehensnehmer der Bedarfsgemeinschaft ein **starrer Anteil von 10%** des jeweiligen Regelsatzes festgelegt, mit dem die Darlehensschuld aufgerechnet

wird. Bei dieser Entscheidung gibt es keinen Ermessensspielraum.
Spielraum gibt es aber gegebenenfalls bei der Frage, wie viele Personen aus der Bedarfsgemeinschaft als Darlehensnehmer auftreten. Danach richtet sich auch die Höhe der mtl. Tilgungsbeträge (⇨3.5, ⇨Darlehen 1.4 ff.).

E

HzL/GSi der Sozialhilfe
„Für die Rückzahlung des Darlehens ... können ... Teilbeträge bis zur Höhe von jeweils 5 vom Hundert der Regelbedarfsstufe 1 ... einbehalten werden.“ (§ 37 Abs. 4 SGB XII)
5% vom Eckregelsatz, d.h. 20,20 € sind die **Obergrenze**. Es liegt also im Ermessen des Sachbearbeiters, wie hoch die Rückzahlung des Darlehens festgesetzt wird. Dabei müssen Ihre Leistungsfähigkeit und besondere persönliche Situation berücksichtigt werden. Näheres unter ⇨Darlehen 2. ff.

3.5 Darlehen an einzelne Personen der Bedarfsgemeinschaft?

nur Alg II
„Darlehen können an einzelne Mitglieder von Bedarfsgemeinschaften oder an mehrere gemeinsam vergeben werden“ (§ 42a Abs. 1 Satz 2 SGB II). Diese Regelung schafft Spielraum beim Einsatz von Schonvermögen und bei der Höhe des mtl. Aufrechnungsbetrages. Sie enthält keine Ermächtigung für das Jobcenter zu bestimmen, ob das Darlehen an eine oder mehrere Personen vergeben wird.

Wenn Sie nur Ihren **eigenen Bedarf** decken müssen, weil Sie z.B. ein Darlehen für ein neues Bett oder eine neue Matratze benötigen, liegt es auf der Hand, dass Sie nur als einzelne Person ein Darlehen benötigen und als Darlehensnehmer auftreten. D.h. nur Ihr Schonvermögen muss – falls vorhanden – vorrangig herangezogen werden und auch die mtl. Tilgungsrate beschränkt sich auf 10% Ihres Regelsatzes. Die Regelsätze der Mitglieder der Bedarfsgemeinschaft werden hier bei der Höhe der Aufrechnung nicht berücksichtigt.

Auch wenn ein unabweisbarer Bedarf für **mehrere Mitglieder der Bedarfsgemeinschaft** mittels Darlehen gedeckt werden muss, ist es unserer Auffassung nach möglich, dass **nur eine Person** (als Haushaltsvorstand) das Darlehen beantragt und als Darlehensnehmer auftritt. Auf diese Weise kann ggf. das Schonvermögen der anderen geschont und die Tilgungsrate auf 10% des Regelsatzes des Darlehensnehmers beschränkt werden.
Falls das Jobcenter sich darauf nicht einlassen will, wäre es hilfsweise möglich, ein Darlehen für die ganze Familie nur über die Eltern laufen zu lassen. Die dürfen nämlich ohne Zustimmung des Familiengerichts auf ihre minderjährigen Kinder gar keine Schulden aufnehmen. Dann bliebe zumindest das Schonvermögen der (minderjährigen) Kinder verschont und die Tilgungsrate wäre geringer.

Achtung: Da die antragstellende Person i.d.R. bevollmächtigt ist, einen SGB-II-Antrag für die ganze Bedarfsgemeinschaft zu stellen, müssen Sie darauf achten, dass Sie das Darlehen unmissverständlich als einzelner Darlehensnehmer beantragen.
Näheres unter ⇨Darlehen 1.4 f.

4. Einmalige Beihilfe für kranke und behinderte Menschen

Seit 1.4.2011 werden Leistungen für *„Anschaffung und Reparatur von orthopädischen Schuhen, Reparaturen von therapeutischen Geräten und Ausrüstungen sowie die Miete von therapeutischen Geräten ...“* gesondert erbracht (§ 24 Abs. 3 Nr. 2 SGB II; § 31 Abs. 1 Nr. 3 SGB XII).
Sie müssen dafür einen extra Antrag stellen (§ 37 Abs. 1 SGB II). Jobcenter und Sozialamt übernehmen nur die **Eigenbeteiligung**, die über die gesetzlichen Zuzahlungen der Krankenversicherung hinausgeht.

4.1 Orthopädische Schuhe

„[Kranken-]Versicherte haben Anspruch auf Versorgung mit ... orthopädischen und anderen Hilfsmitteln, die im Einzelfall erforderlich sind, um den Erfolg der Krankenbehandlung zu sichern, einer drohenden Behinderung vorzubeugen oder eine Behinderung auszugleichen, soweit die Hilfsmittel nicht als allgemeine Gebrauchsgegenstände des täglichen Lebens anzusehen ... sind.“ (§ 33 Abs. 1 Satz 1 SGB V)

Zu den **Kassenleistungen** im Zusammenhang mit **orthopädischen Schuhen** gehören orthopädische Maßschuhe, Therapieschuhe, orthopädische Schuhzurichtung an Konfektionsschuhen und Diabetes adaptierte Fußbettung.
Sie haben ggf. einen Anspruch auf die Erstversorgung mit orthopädischen Maßschuhen, deren Änderung, Reparatur und die notwendige Ersatzbeschaffung.
Dazu gehören z.B.,
- alle 2 Jahre 2 Paar orthopädische Straßenschuhe,
- alle 4 Jahre 1 Paar orthopädische Hausschuhe (z.B. bei Rollstuhlfahrern soll ein zusätzliches Paar Hausschuhe bewilligt werden),
- alle 4 Jahre 1 Paar Sport- und Badeschuhe zur Übungsbehandlungen im Wasser oder zur Krankengymnastik oder für den Schulsport und
- 1 Paar orthopädische Interimsschuhe zur Versorgung während der frühen Krankheits- und Rehabilitationsphase.

Sie müssen für jeden dieser Spezialschuhe eine **Eigenbeteiligung** leisten, weil es sich dabei sowohl um medizinische Hilfsmittel handelt, als auch um Gebrauchsgegenstände des täglichen Lebens. Die Eigenbeteiligung beträgt **pro Paar Schuhe 76 €**. Diesen Betrag bekommen Sie als einmalige Beihilfe vom Jobcenter/ Sozialamt erstattet. Hinzu kommt ggf. die gesetzliche Zuzahlung in Höhe von 10 €, die nicht vom Amt übernommen wird. (BA 24.23)

4.2 Therapeutische Geräte

„Die Reparatur von therapeutischen Geräten und Ausrüstungen sowie die Miete von therapeutischen Geräten können als Sonderleistung erbracht werden." (BA 24.24)
Kassenleistungen und Leistungen eines Rehabilitationsträgers (z.B. der Unfallversicherung) sind hier immer vorrangig in Anspruch zu nehmen. Zu den Reparaturkosten gehört nach Ansicht der BA nicht der Austausch von Verschleißteilen, z.B. einer Batterie (ebenda).

Hinweise, was unter therapeutischen Geräten zu verstehen ist, gibt eine Sonderauswertung der EVS des Statistischen Bundesamtes. Hier sind u.a. aufgeführt: Elektrische und feinmechanische Gebrauchsgüter wie Hörgeräte, Massagegeräte, Bestrahlungsgeräte, Blutzucker und Blutdruckmessgeräte, Ultraschall- und Kontaktlinsenreinigungsgeräte, andere therapeutische Geräte und Ausrüstungen sowie Krankenfahrstühle und -betten (vgl. Fachserie 15, EVS 2003, Heft 7, S. 103, www.destatis.de). Keine Brille!

5. Leistungen für unabweisbare *„sonstige [atypische] Lebenslagen"*

„Leistungen können auch in sonstigen Lebenslagen erbracht werden, wenn sie den Einsatz öffentlicher Mittel rechtfertigen." (§ 73 SGB XII)

Bis zur Entscheidung des **BVerfG** zum Hartz-IV-⇨Regelsatz am 9.2.2010 konnten atypische Bedarfslagen auch von Alg-II-Beziehenden nach § 73 SGB XII übernommen werden. Mit der Regelsatzentscheidung hat das BVerfG eine solche *„Härtefallregelung"* im SGB II selbst eingeführt.
Inzwischen wurde die ⇨**Härtefallregelung** für *„unabweisbaren, laufenden, nicht nur einmaligen besonderen Bedarf"* (§ 21 Abs. 6 SGB II) ins Gesetz aufgenommen. Dennoch gibt es im SGB II eine **Regelungslücke** für der Höhe nach erheblich abweichende **einmalige Bedarfe**, die von den Regelsätzen nicht gedeckt sind. Diese Lücke kann unserer Auffassung nur über ergänzende Sozialhilfeleistungen nach § 73 SGB XII geschlossen werden.

Beispiele für solche einmalige Bedarfe sind:
- die Übernahme hoher Reisekosten für den Besuch naher Angehörigen bei einer besonderen Notlage,
- Passgebühren und -kosten bei Ausstellung im Ausland (LSG Berlin-Brandenburg 4.12.2006 - L 15 B 24/06 AY PKH) oder
- erhöhte Passbeschaffungskosten für Drittstaatsangehörige aufgrund persönlicher Vorsprache bei ihrer Botschaft/ ihrem Konsulat (LSG NRW 23.5.2011 - L 20 AY 19/08; LSG Niedersachsen-Bremen 2.12.2010 - L 8 AY 47/09 B).

Näheres zu Passkosten unter ⇨Ausländer 2.6

6.1 Zuschuss zu *„einmaligen Beihilfen"* für Nichtleistungsbezieher

Einmalige Beihilfen nach dem SGB II/ SGB XII können Sie auch bekommen,

E

wenn Sie **keinen Anspruch** auf laufende Alg-II- und HzL-/ GSi-Leistungen für den Lebensunterhalt, Unterkunft und Heizung haben, aber eine der oben genannten Erstausstattungen, eine Eigenbeteiligung für orthopädische Schuhe oder Kosten für Miete und Reparaturen therapeutischer Geräte *„aus eigenen Kräften und Mitteln nicht voll decken können"* (§ 24 Abs. 3 Satz 3 SGB II, ebenso § 31 Abs. 2 SGB XII bzw. § 42 Nr. 3 SGB XII).

E

Das galt bis zum 1.4.2011 auch, wenn Sie die Kosten für mehrtägige Klassenfahrten Ihrer Kinder nicht aus eigenem Einkommen bestreiten konnten. Da diese Kosten inzwischen im Rahmen der *„Leistungen für Bildung und Teilhabe"* erbracht werden (§§ 28 f. SGB II; ⇨SchülerInnen), stehen sie auch allen BezieherInnen von ⇨Wohngeld und ⇨Kinderzuschlag zu, die mit ihrem Einkommen i.d.R. knapp über dem Alg II oder der HzL/ GSi liegen.

Beispiel: Berechnung des Zuschusses
Nadja Schlau musste sich Hals über Kopf von ihrem erwerbslosen Mann trennen und ist mit ihrer sechsjährigen Tochter Ann-Katrin in eine eigene Wohnung gezogen. Da sie nur einen Teil der Wohnungsausstattung mitnehmen kann, hat sie einen Erstausstattungsbedarf in Höhe von 800 €. Das bereinigte Einkommen ihrer Bedarfsgemeinschaft (Nadjas Teilzeitjob sowie Ann-Katrins Kindergeld und Unterhaltsvorschuss) übersteigt deren Regelbedarf um 60 €. Die Behörde bewilligt die beantragte Erstausstattung in voller Höhe.

„In diesem Falle kann das Einkommen berücksichtigt werden, das Hilfebedürftige innerhalb eines Zeitraumes von bis zu 6 Monaten nach Ablauf des Monats erwerben, in dem über die Leistung entschieden worden ist." (§ 24 Abs. 3 Satz 4 SGB II; ebenso § 31 Abs. 2 Satz 2 SGB XII)

Der Monat der Entscheidung plus sechs weitere Monate ergeben insgesamt sieben Monate. Das überschießende Einkommen darf also bis zu sieben Mal angerechnet werden. Die Anrechnung ist eine Kann-Vorschrift. Die Behörde darf Ihr übersteigendes Einkommen nicht ohne Prüfung des Einzelfalls routinemäßig für sieben Monate anrechnen. Das ⇨Ermessen muss ausgeübt und begründet werden, besondere Bedarfslagen sind hier zu berücksichtigen.

Wenn Nadja Schlau die übersteigenden 60 € für sieben Monate einsetzen müsste, müsste sie **im ungünstigsten Fall** 7 x 60 € = 420 € als Eigenanteil in den Folgemonaten zurückzahlen. Den Rest von 380 € muss die Behörde als Beihilfe übernehmen.

Bei **Auszubildenden** und **Studierenden** wird im runderneuerten SGB II ausdrücklich darauf hingewiesen, dass sie Anspruch auf Erstausstallung für Bekleidung, Schwangerschaft und Geburt haben (§ 27 Abs. 2 SGB II). Warum sich dieser Anspruch nicht auf die anderen einmaligen Beihilfen des § 24 Abs. 3 SGB II bezieht, ist nicht nachvollziehbar. Gerade den Erstausstattungsbedarf für Wohnungen, der bei mittellosen Auszubildenden, Schüler/innen und Studierenden anlässlich des Ausbildungsbeginns häufig entsteht, wollen Sozial- und Bildungspolitiker/innen der Bundesregierung partout nicht als Bedarf anerkennen.

6.2 Darlehen für unabweisbaren Bedarf für Nichtleistungsbezieher

Da der überwiegende Teil der früheren einmaligen Beihilfen im Zuge der Hartz IV Reform durch die Möglichkeit der Darlehensvergabe (nach § 24 Abs. 1 SGB II und § 37 Abs. 1 SGB XII; s.o.) ersetzt wurde, drängt sich die Frage auf, wie akute Bedarfsspitzen (z.B. neue Waschmaschine) von Menschen gedeckt werden, die mit ihrem regelmäßigen Einkommen knapp über dem sozialhilferechtlichen Existenzminimum liegen?

Gemäß der unter 6.1. beschriebenen Regelung haben auch Personen, die dem SGB XII zuzuordnen sind, mit Einkommen knapp über dem Sozialhilfeniveau einen Anspruch auf ein Darlehen für unabweisbaren Bedarf, wenn dieser nicht aus dem verfügbaren Einkommen finanziert werden kann (LPK SGB XII, § 37 Rz. 3; Grube Wahrendorf SGB XII, § 37 Rz. 10). Der Anspruch ist durch Antrag beim zuständigen Sozialamt geltend zu machen und von diesem gemäß der in 3.1 dargelegten Kriterien zu prüfen. Die Höhe der Tilgungsraten richtet sich nach den nachgewiesenen Einkommensverhältnissen.

Der Anspruch auf ein Darlehen für Nichtleistungsbezieher mit einem Einkommen nur geringfügig über dem Alg-II-Bedarf ist nach dem Wortlaut des SGB II nicht vorgesehen. Dies führt zu einem *„verfassungsrechtlich bedenklichen“* Ergebnis (LPK SGB II, § 24 Rz. 7), weshalb die Autoren die Ansicht vertreten, dass nach verfassungskonformer Auslegung des § 24 Abs. 1 SGB II die Regelung entsprechend anzuwenden ist.

Kritik

Mit der Hartz-Reform 2005 wurde der Regelsatz der Sozialhilfe von 297 € um 48 € auf 345 € (West) erhöht. Der mtl. Erhöhungsbetrag als Pauschale für die weitgehende Abschaffung der einmaligen Beihilfen entsprach dem mtl. Durchschnittsbetrag, der in der Sozialhilfe für einmalige Beihilfen an Alleinstehende ausgezahlt wurde (16,2% des Regelsatzes). Der monatliche Durchschnittsbetrag für einmalige Beihilfen in der Sozialhilfe lag bei Familien mit Kindern um gut 2% darüber. Bei ihnen wurden mit der Hartz-Reform die Leistungen gekürzt. Einmalige Beihilfen waren in den Jahren zuvor schon erheblich zusammengestrichen worden. 1980 betrugen die einmaligen Beihilfen noch durchschnittlich 23,1% der laufenden Regelsätze.

Die damalige SPD/ Grünen-Regierung erklärte stolz: *„Damit [mit der Pauschalierung der einmaligen Beihilfen] haben die Bezieherinnen und Bezieher von Sozialhilfe mehr Möglichkeiten, über die Verwendung des Geldes selbst zu bestimmen.“* (info also 2004, 190) Mehr Selbstbestimmung über weniger Geld.

Auch die BezieherInnen von GSi bekamen mit der neuen Pauschale weniger. Bis Ende 2004 bekamen sie rd. 342 € (297 € plus 15% des Regelsatzes) und konnten diesen Betrag zusätzlich mit einmaligen Beihilfen aufstocken. Mit Hartz IV fiel diese Möglichkeit weg.

Hauptzweck der Einbeziehung der einmaligen Beihilfen in den Regelsatz ist die Senkung der Kosten.

Die fast vollständige Pauschalierung des früheren Kleidergelds hat gewiss ein paar Vorteile: Sie müssen keine Quittungen mehr vorlegen. Es gibt keine Karenzzeit von 6 Monaten mehr, in der man kein Kleidergeld bekommt. Es gibt keine Gutscheine mehr. Man wird nicht mehr zu Kleiderkammern geschickt, in denen man das findet, was man nicht braucht…

Die entwürdigende Gängelung ist aber ersetzt worden durch die *„Freiheit“*, Beträge ansparen zu müssen, die im Bedarfsfall niemals reichen. Pauschalen für einmalige Beihilfen sind im Prinzip sinnvoll. Sie bringen aber nur dann mehr Selbstbestimmung, wenn sie erheblich höher sind als die heutigen Beträge.

Forderungen

Gesetzliche Öffnungsklausel für Sonderbedarfe als einmalige Beihilfen, z.B. für Kühlschränke, Waschmaschinen oder Brillen!

Erlass von Darlehen, wenn sich Leistungsbeziehende wiederholt und hoch verschulden müssen, um unabweisbare Bedarfslagen zu decken!

Erstausstattung für Wohnungen von Auszubildenden, Schüler/innen und Studierenden!

Erhöhung des Regelsatzes auf mindestens 500 €!

Elterngeld

1. Leistungen für Kinderbetreuung

Am 1.1.2007 wurde mit dem Gesetz zum **Elterngeld** und zur **Elternzeit** (BEEG) das Elterngeld eingeführt. Es gilt für alle Kinder, die ab diesem Datum geboren wurden und ersetzt das bisherige Erziehungsgeld.

Zum 1.8.2013 wurde nach kontroverser öffentlicher Debatte das **Betreuungsgeld** für Eltern eingeführt, die Ihr Kind zwischen dem 15. und 36. Lebensmonat zu Hause betreuen. Allerdings wurde es bereits am 21.7.2015 vom Bundesverfassungsgericht (BVerfG) wieder für nichtig erklärt, da der Bund gar nicht die Gesetzgebungskompetenz habe, ein solches Gesetz zu erlassen.

Seit dem 1.7.2015 gibt es mit dem **„ElterngeldPlus“** eine Teilzeitvariante des Elterngeldes, mit flexiblen und verlängerten Bezugszeiten. Ebenfalls seit 1.7.2015 greift schließlich eine **flexiblere Variante** der **Elternzeit**.

Deutschland liegt mit 160 verschiedenen Zuwendungen für Familien ausgabenmäßig weltweit auf einem Spitzenplatz (SZ 25./26.7.2015). Angesichts dieser Fülle von Leistungen und Regelungen, die Erziehung und Betreuung von Babys und Kindern ermöglichen sollen, sollte man meinen, Deutschland wäre ein kinderfreundliches Land.

E

2.1 Anspruch auf Elterngeld

Elterngeld und „ElterngeldPlus" bekommen Sie **nach der Geburt** von Kindern und Mehrlingen, wenn Sie

- Ihren Wohnsitz bzw. gewöhnlichen Aufenthalt in Deutschland haben,
- mit Ihrem Kind in einem Haushalt leben,
- die Betreuung und Erziehung dieses Kindes übernehmen und
- keiner oder keiner vollen Erwerbstätigkeit nachgehen, d.h. keiner durchschnittlichen wöchentlichen Arbeitszeit über 30 Stunden (§ 1 Abs. 1 BEEG).

Keinen Anspruch haben Personen, deren durchschnittliches zu versteuerndes Einkommen vor der Geburt des Kindes 250.000 € bzw. 500.000 € bei beiden Eltern übersteigt (§ 1Abs. 8 BEEG).

AusländerInnen, die freizügigkeitsberechtigt sind (aus den Mitgliedsstaaten der EU) sowie nicht freizügigkeitsberechtigte Ausländer mit einer Niederlassungserlaubnis, einer Aufenthaltserlaubnis (AE), die zur Erwerbstätigkeit berechtigt (mit bestimmten Ausnahmen) oder die sich seit mindestens fünf Jahren rechtmäßig und geduldet in Deutschland aufhalten, haben ebenfalls Anspruch (§ 1 Abs. 7 BEEG). Sie sollten sich von einer zuständigen Stelle beraten lassen.

Für **Adoptivkinder** wird Eltern- und Betreuungsgeld ebenfalls gezahlt, ebenso für **Stiefkinder**, wenn Sie diese betreuen und versorgen. **Verwandte bis zum dritten Grade** und ihre PartnerInnen können unter besonderen Voraussetzungen (Behinderung, Krankheit oder Tod der Eltern) Elterngeld erhalten, wenn sie statt der Eltern das Kind versorgen. (§ 1 Abs. 3, 4 BEEG)

Beziehen Sie Alg II oder HzL/ GSi der Sozialhilfe haben Sie auch einen Anspruch auf Eltern- und Betreuungsgeld, es wird aber als Einkommen angerechnet (⇨2.4).

2.2 Höhe und Bezugsdauer des Elterngeldes

Das Elterngeld beträgt 67% des durchschnittlichen Nettoeinkommens der letzten zwölf Monate vor Geburt des Kindes. Maximal werden 1.800 € Elterngeld gezahlt. (§2 Abs. 1 BEEG)

Liegt Ihr Nettoeinkommen unter 1.000 €, erhöht sich der Elterngeldbetrag schrittweise auf 100% bei 340 € Einkommen. Liegt Ihr Nettoeinkommen über 1.200 € verringert sich der Betrag schrittweise auf 65% bei 1.240 € Einkommen. (§2 Abs. 2 BEEG)

Das Erwerbseinkommen wird nach steuerrechtlichen Vorschriften ermittelt. Einmalige Einnahmen werden nicht berücksichtigt, jedoch regelmäßig vom Arbeitgeber gezahlte Umsatzprovisionen (BSG 10.2.2010 - B 10 EG 3/09 R).

Haben Sie vor der Geburt des Kindes **kein Erwerbseinkommen** erzielt, erhalten Sie den Sockelbetrag von **300 €**.

Leben Sie mit zwei Kindern unter drei Jahren oder mindestens drei Kindern unter 6 Jahren im Haushalt, bekommen Sie einen „Geschwisterbonus" von 10% des zustehenden Elterngeldes, mindestens jedoch 75 € (§ 2a Abs. 1 BEEG).

Bei Mehrlingsgeburten erhöht sich der Anspruch um 300 € für jedes weitere neu geborene Kind (§ 2a BEEG). Mehrlinge zählen allerdings nicht für den „Geschwisterbonus".

Das Elterngeld wird für 12 Monate gezahlt. Wenn der zweite Elternteil für mindestens zwei Monate seine Arbeitszeit auf wenigstens 30 Stunden reduziert, kommen zwei weitere Monate hinzu. Alleinerziehende haben auch ohne Partner Anspruch auf 14 Monate Elterngeld.

Eltern können selbst entscheiden, wer von ihnen wie lange Elterngeld bezieht (§ 4 Abs. 4 Satz 1 BEEG). Die 14 Monate Bezugsdauer können flexibel untereinander aufgeteilt werden.

2.3 Höhe und Bezugsdauer des „Elterngeld Plus"

Das aufgrund von **Teilzeitarbeit** wegfallende Einkommen wird wie beim normalen Elterngeld abhängig vom vorherigen Einkommen zu 65 bis 100 Prozent ersetzt (§ 2 Abs. 3 BEEG). Das „ElterngeldPlus" beträgt **maximal die Hälfte** des zustehenden Elterngeldes, das den Eltern ohne Teilzeiteinkommen nach der Geburt zustünde. Es wird **für den doppelten Zeitraum**, im Normalfall 24 Monate, gezahlt und kann folglich über den 14. Lebensmonat des Kindes hinaus bezogen werden. (§4 Abs. 3 BEEG)

Teilen sich die Eltern die Betreuung des Kindes und arbeiten **parallel** für vier Monate zwischen 25 und 30 Wochenstunden Teilzeit, erhalten sie jeweils **vier zusätzliche** „ElterngeldPlus"-Monate. Das nennt sich dann „Partnerschaftsbonus". (§4 Abs. 4 Satz 2 BEEG)

Auch bei **Alleinerziehenden,** die mit einer reduzierten Teilzeitbeschäftigung „ElterngeldPlus" beziehen können, verlängert sich der Anspruch um vier zusätzliche Monate, wenn sie in mindestens vier aufeinanderfolgenden Monaten zwischen 25 und 30 Wochenstunden arbeiten. Den Bonus gibt es also auch ohne Partner.

Bezugszeiten von Elterngeld und „ElterngeldPlus" sind frei kombinierbar (§2 Abs. 3 Satz 3 BEEG).

2.4. Elterngeld – anrechenbares Einkommen

Wenn Sie Alg II oder HzL/ GSi der Sozialhilfe beziehen, wird Elterngeld seit 2011 in voller Höhe als Einkommen angerechnet. Es ist dann allerdings wie normales Einkommen zu bereinigen, also um Versicherungspauschale, Kfz-Haftpflichtversicherung und Sozialversicherungszusatzbeiträge (⇨Einkommensbereinigung).

Ausnahme! Haben Sie aber **vor der Geburt des Kindes Erwerbseinkommen erzielt**, bleibt Elterngeld in Höhe des im Jahr zuvor durchschnittlich erzielten Erwerbseinkommens **bis zu 300 €** im Monat unberücksichtigt (§ 10 Abs. 5 BEEG). Sie dürfen es trotz Alg-II-/ Sozialhilfebezuges behalten. Bei „ElterngeldPlus"-Bezug verringern sich die Beträge um die Hälfte. Jobcenter/ Sozialamt legen für das anrechnungsfrei zu stellende Einkommen das im **Elterngeldbescheid** festgelegte **durchschnittliche Jahreseinkommen** zugrunde.

3. Elternzeit – Auszeit für Kinderbetreuung

Betreuen und erziehen ArbeitnehmerInnen ihr Kind selbst, haben bis zur Vollendung des dritten Lebensjahres des Kindes Anspruch auf **36 Monate** Elternzeit. Das gilt für beide Eltern. Mit Zustimmung des Arbeitgebers können sie bis zu **zwölf Monate** der Elternzeit auf die Zeit zwischen dem dritten und dem achten Geburtstag des Kindes übertragen. (§ 15 BEEG)
Während der Elternzeit besteht i.d.R. **Kündigungsschutz**. Dieser beginnt mit der Anmeldung der Elternzeit, frühestens jedoch acht Wochen vor deren Beginn. (§ 18 Abs. 1 BEEG)

Elternzeit kann für ein oder beide Elternteile auch als **Teilzeitbeschäftigung** zwischen 15 und 30 Wochenstunden gewährt werden. Das ist möglich in Betrieben ab 15 Beschäftigten und wenn betriebliche Gründe dem nicht entgegenstehen.

Bei Geburten ab dem 1.7.2015 können Eltern
- **24 Monate** Elternzeit **zwischen dem dritten und achten Geburtstag** des Kindes einsetzen. Eine Zustimmung des Arbeitgebers ist nicht mehr erforderlich wenn die Zeiten mindestens 13 Wochen vor dem dritten Geburtstag des Kindes angemeldet wurden.
- die Elternzeit auf **drei** statt bisher zwei **Zeitabschnitte** pro Elternteil verteilen,
- dem Wunsch auf **Teilzeitbeschäftigung** mehr Nachdruck verleihen, weil Arbeitgeber diese nur noch mit dringenden betrieblichen Gründen ablehnen können.

4. Betreuungsgeld: nach weniger als 2 Jahren abgeschafft

Das Betreuungsgeld, im Volksmund auch ***„Herdprämie"*** genannt, wurde zum 1.8.2013 nach lautstarken politischen Auseinandersetzungen geschaffen und mit Wirkung zum 21.7.2015 sang- und klanglos aufgehoben. Es wurde als Bundesleistung durch das **Bundesverfassungsgericht** (BVerfG) für nichtig

E

erklärt, da eine solche Familienleistung Ländersache sei und der Bund damit seine Gesetzgebungskompetenzen überschritten habe. Weil alle bis zum 21.7.2015 bewilligten Anträge auf Betreuungsgeld für den gesamten, max. 22monatigen Bewilligungszeitraum noch ausgezahlt werden, wird die Leistung hier kurz dargestellt.

Anspruch auf Betreuungsgeld in Höhe von **150 €** mtl. (§ 4b BEEG) hatte bis zur Entscheidung des BVerfG **ein Elternteil**, wenn die Eltern für ihr Kind **keine** frühkindliche Betreuung in öffentlich bereitgestellten Kindertagesstätten oder anderen Einrichtungen in Anspruch nahmen (§ 4a Abs. 1 BEEG). Das bis 21.7.2015 bewilligte Betreuungsgeld konnte nach dem Elterngeldbezug vom **15. Lebensmonat** des Kindes an bezogen werden und wurde für maximal 22 Monate bis zur Vollendung des **36. Lebensmonats** gezahlt (§ 4 Abs. 1 BEEG). Elterngeld und Betreuungsgeld konnte i.d.R. nur nacheinander bezogen werden.
Hatten Eltern mehrere Kinder, die die Voraussetzungen erfüllen, konnte für jedes Kind Betreuungsgeld beantragt werden.

Wie das Elterngeld wurde auch das bis Juli 2015 bewilligte Betreuungsgeld bei Alg II, HzL und GSi der Sozialhilfe **als Einkommen angerechnet**, musste aber zuvor bereinigt werden (⇨2.4).

Die CSU und die bayerische Landesregierung, beides Befürworter des Betreuungsgeldes, haben inzwischen ein **Bayerisches Betreuungsgeldgesetz** als Leistung auf Landesebene eingeführt. Das am 21. Juni 2016 vom Landtag verabschiedete Gesetz ist am Folgetag in Kraft getreten. Es schließt nahtlos an die Bundesregelung an, d.h. Leistungen, die nach dem 21.7.2015 in Bayern beantragt wurden, sollen rückwirkend erbracht werden.
Infos unter www.zbfs.bayern.de ⇨Familie, Kinder und Jugend ⇨Bayerisches Betreuungsgeld

5. Antrag

Sie müssen den Antrag auf Elterngeld schriftlich und rechtzeitig stellen. Elterngeld wird rückwirkend nur für drei Monate **vor** Eingang Ihres Antrags gezahlt. (§ 7 Abs. 1 BEEG)
Elterngeldstellen finden Sie meistens bei den Behörden der Landkreise oder Kreisfreien Städte. Infos im Netz unter www.bmfsfj.de/BMFSFJ/familie,did=88966.html

Kritik

Das Elterngeld ist für Erwerbstätige ein gewisser Fortschritt. Es hat nicht mehr wie das Erziehungsgeld die Funktion, den Ausstieg aus der Erwerbsarbeit zu fördern. Es ist eine Lohnersatzleistung und gleicht Einkommensverluste bei Familiennettoeinkommen bis 2.600 € im ersten Lebensjahr des Kindes weitgehend aus. Was allerdings danach kommt, bleibt im Dunkeln. Mit „ElterngeldPlus" versucht die Regierung durch Streckung der Mittel eine zweijährige Teilzeitoption zu schaffen, die allerdings von der Arbeitswelt erst noch angenommen werden muss. Nach wie vor mangelt es vielerorts an bezahlbaren Krippen- und Ganztagsplätzen in Kindergärten und Schulen. Fraglich ist auch, ob der Lohnersatz hoch genug ist, um den Eltern wirklich eine freie Entscheidung zu ermöglichen.
Durch Elterngeld sollen *„positive Anreize zur Erwerbsarbeit gesetzt"* werden. Der Bedarf von Erwerbslosen sei mit Alg II allerdings ausreichend gedeckt (Pressemitteilung Bundesministerium für Familie, Senioren, Frauen und Jungend, 11.5.2006). Deshalb wird das Elterngeld Alg-II-beziehenden Eltern ab Januar 2011 **voll** auf die Leistung angerechnet, wenn sie vor der Geburt des Kindes keine Erwerbseinkünfte erzielt haben. Arbeitslose Eltern und ihre Kinder benötigen offenbar keine Förderung, sie verlieren durch die Anrechnung 3.600 €. Elterngeld ist eben nicht dazu gedacht, die Bereitschaft zu fördern, Kinder in die Welt zu setzen und zu erziehen, sondern die Bereitschaft, trotz Kindererziehung zu arbeiten.

Forderungen

Flächendeckender Ausbau von kostenlosen Ganztagskrippen, -kindergärten und -schulen!
Deutliche Erhöhung der Regelsätze von Eltern und Kindern!
Familienförderung, die allen Eltern ermöglicht frei zu entscheiden, wie sie ihre Kinder im Alter von 0 bis 3 Jahren betreuen möchten!

Information
Bundesministerium für Familie, Senioren, Frauen und Jugend (BMFSFJ), Elterngeld, ElterngeldPlus und Elternzeit - Das Bundeselterngeld- und Elternzeitgesetz, Broschüre, 138 Seiten, Stand: März 2016, http://www.bmfsfj.de/BMFSFJ/Service/themen-lotse,did=194764.html# (auch als PDF zum Herunterladen)
www.familien-wegweiser.de/Elterngeldrechner
www.bmfsfj.de (Bundesministerium für Familie, Senioren, Frauen und Jugend)

Erbe

Inhaltsübersicht:

1.1. Kostenersatz aus dem Nachlass von Alg-II-Beziehenden abgeschafft

Ab dem **1. August 2016** müssen Erben von SGB-II-Leistungsberechtigten nicht mehr befürchten, dass deren Nachlass zum Kostenersatz für bezogene SGB-II-Leistungen herangezogen wird. Mit dem Neunten SGB-II-Änderungsgesetz wurde dieser Paragraph (§ 35 II alt) **ersatzlos gestrichen**. Das ist eine deutliche Verbesserung.

Allerdings wurde die Regelung nicht abgeschafft, um die Erben zu schonen, sondern zur Verwaltungsvereinfachung für die Jobcenter. *„Die Vorschrift hat sich ... aufgrund erheblicher praktischer Probleme nur [als] schwer umsetzbar erwiesen."* (BT-Drs. 18/8041, 45) Weil ein Anspruch auf Alg II nur bis zur Erreichung der Regelrentenalters besteht, wurde der mit hohem Verwaltungsaufwand verbundene Kostenersatz regelmäßig nur geltend gemacht, wenn die Leistungsberechtigten vor Erreichen der Altersgrenze verstorben waren oder das Jobcenter zufällig im Einzelfall von deren Tod erfuhr. *„Diesem hohen Verwaltungsaufwand standen nur geringe Mehreinnahmen gegenüber."* (Ebenda, 46)

In Fällen, in denen das Jobcenter einen **Kostenersatz vor dem Stichtag 1.8.2016 geltend gemacht** hat, gilt weiterhin, dass Erben den Nachlass herausrücken müssen. Hier sind die unter 1.2 ff. beschriebenen Regelungen der Sozialhilfe mit z.T. abweichenden Bestimmungen (s. gekennzeichnete Textstellen oder Angaben in Klammern) anzuwenden.

1.2 SozialhilfebezieherInnen sterben – was passiert mit dem Nachlass?

Bei Bezug von Sozialhilfe wird Ihnen zu Lebzeiten ein geschütztes ⇨**Vermögen** zugestanden, z.B. Hausrat, ein selbstbewohntes Eigenheim, in Sonderfällen ein Auto oder ein bescheidenes Barvermögen.
Nach Ihrem Tode greift das Sozialamt auf das zu, was es Ihnen gerade noch gelassen hat. Es verlangt von den Erben des Leistungsbeziehers **Kostenersatz** für die bezogenen Sozialhilfeleistungen. Der Erbe muss den zum Zeitpunkt des Erbfalls vorhandenen Nachlass dafür einsetzen (§ 102 Abs. 1 SGB XII).
Aus seinem eigenen Vermögen muss der Erbe natürlich nichts zuzahlen.

Kostenersatz durch die Erben wird bei der **Hilfe zum Lebensunterhalt** (HzL) **und** den

Leistungen nach dem **Fünften bis Neunten Kapitel SGB XII** gefordert, u.a. bei Hilfe zur Pflege, Leistungen der Eingliederungshilfe oder der Bestattungshilfe.

Erben von BezieherInnen der **Grundsicherung im Alter** (GSi) müssen **keinen** Kostenersatz für vor dem Tod bezogene Leistungen aus dem Erbe zurückzahlen (§ 102 Abs. 5 SGB XII). Das gilt aber **nur** für GSi-Leistungen, nicht etwa für gleichzeitig bezogene Leistungen der Hilfe zur Pflege.

1.2.1 Vererbt werden kann nur, was Sie besitzen

Wenn Sie z.B. ein ⇨Eigenheim besitzen, das als Vermögen geschützt ist, und es bereits **zu Lebzeiten** an Ihre Kinder verschenken oder an den Ehegatten übertragen, gehört es nicht mehr zum Nachlass (⇨Schenkung). Mit dem Schonvermögen können Sie schließlich machen, was Sie wollen. Selbst wenn Sie es zurückfordern würden, wäre es wieder als Schonvermögen geschützt (LPK SGB XII, § 93 Rz. 33, a.A. Grube/ Wahrendorf SGB XII, § 93 Rz. 17 f.).
Das sollten Sie insbesondere als BezieherIn von HzL der Sozialhilfe überlegen, wenn Ihnen angemessenes selbstgenutztes **Wohneigentum** gehört. Durch eine Schenkung an die künftigen Erben bei Gewährung eines lebenslangen **Nießbrauchs** bzw. Wohnrechts (§ 1093 BGB) kann künftiger Kostenersatz der Erben unter Umständen ausgeschlossen werden. Ansonsten müsste es nach Ihrem Tode voll zum Ersatz der Kosten verwertet, also beliehen oder sogar verkauft werden.

Nach Ansicht von Wahrendorf (Grube/ Wahrendorf, ebenda) geht jedoch auch in diesem Fall der Rückübertragungs**anspruch** des verarmten Schenkers (§ 528 BGB) bereits zu Lebzeiten des Leistungsberechtigten nach § 93 SGB XII an das Sozialamt über. Demzufolge könne der Kostenersatzanspruch im Rahmen von monatlichen Zahlungen des Beschenkten realisiert werden. Und diese wären **nicht als Schonvermögen geschützt**.
Die Frage, ob ein Kostenersatz aus dem Erbe durch Übertragung eines geschützten Vermögens bereits zu Lebzeiten umgangen werden kann, ist umstritten und **höchstrichterlich noch nicht** geklärt. Um sich gegen eine anders lautende Entscheidung des Sozialamts zu wehren, müssten Sie das Risiko einer ⇨Klage auf sich nehmen.

1.2.2 Kosten zehn Jahre rückwirkend ersetzen!

Ersetzt werden müssen „nur" alle Kosten, die **innerhalb der letzten zehn Jahre** vor dem Erbfall aufgelaufen sind.
Das gilt auch für alte Kostenersatzansprüche bei Alg-II-Bezug, die **vor** dem 1.8.2016 geltend gemacht wurden. Hatten Leistungsbezieher bis zum Regelrentenalter Alg II bezogen, konnten Erben lediglich belangt werden, wenn die Leistungsbezieher **vor** dem 75. Lebensjahr gestorben waren.

1.2.3 In welcher Höhe wird Sozialhilfe zurückverlangt?

Ersetzt werden müssen Kosten für Sozialleistungen, die bei der Sozialhilfe die Bagatellgrenze von **2.424 €** übersteigen (§ 102 Abs. 1 S. 2 SGB XII; das Dreifache des Grundbetrags nach § 85 Abs. 1 SGB XII; ⇨Einkommensgrenze).
Beim alten Alg-II-Kostenersatz liegt diese Grenze bei 1.700 € (§ 35 Abs. 1 SGB II alt).

Wenn die innerhalb der letzten zehn Jahre erbrachten Leistungen für Beziehende von Sozialhilfe (Alg II) diese Grenzen überschreiten, verlangt die Behörde **ab** diesen Beträgen Ersatz für ihre Kosten.
Mehraufwandsentschädigungen für Ein€Jobs dürfen nicht zurückverlangt werden.

1.2.4 In welcher Höhe wird der Nachlass herangezogen?

Nachlass ist die Differenz zwischen dem in Geld ausgedrückten Wert des Besitzes und den **Nachlassverbindlichkeiten** (BVerwG 23.9.1982, FEVS 32, 177). Zu den Nachlassverbindlichkeiten gehören Schulden des Verstorbenen, Kosten für Nachlassverwaltung, Rechtsanwalt und Testamentsvollstreckung sowie die Erbschaftssteuer.
Die ⇨Bestattungskosten dürfen ebenfalls aus dem Nachlass bestritten werden (BSG 23.3.2010 - B 8 SO 2/09 R; VGH Bayern 15.7.2003, FEVS 53, 166; 31, 197; OVG Koblenz 5.4.2001, FEVS 52, 573 ff.).

Vom übrigen Nachlass bleiben **frei**:

- bei **Sozialhilfe** ein Erbe unter dem Betrag von **2.424 €**, auch wenn der Erstattungsbetrag die unter 1.3 genannte Bagatellgrenze überschreitet (§ 102 Abs. 3 Nr. 1 SGB XII),
- bei **Alg II** (alt) im Regelfall nichts,
- bei **Sozialhilfe 15.340 €** (Alg-II-Altfallregelung: 15.500 €) wenn der Erbe der Ehegatte/ Lebenspartner des verstorbenen Empfängers war **oder** mit ihm verwandt war **und** nicht nur vorübergehend bis zum Tode des Leistungsempfängers mit diesem in häuslicher Gemeinschaft gelebt **und** ihn gepflegt hat (§ 102 Abs. 3 Nr.2 SGB XII; § 35 Abs. 2 Nr. 1 SGB II alt).

Insgesamt bleibt beim Kostenersatz aus dem Nachlass eines Sozialhilfebeziehers also immer ein Selbstbehalt von 2.424 €.
Der Nachlass eines Alg-II-Beziehenden ist dagegen **vor August 2016** regelmäßig voll für alle gewährten Leistungen, inklusive der Kosten für Kranken- Pflege- und Rentenversicherung einzusetzen, die den Bagatellbetrag von 1.700 € übersteigen.

Lebten Partner/ Ehegatten getrennt, besteht keine Ersatzpflicht für die Kosten, die während des **Getrenntlebens** angefallen sind (§ 102 Abs. 1 Satz 3 SGB XII).

Gehört zum Nachlass Vermögen, das ein Sozialhilfebezieher zu seinen Lebzeiten verschwiegen hat, kann das Sozialamt das nicht angegebene Vermögen vom Erben komplett zurückfordern (VGH Bayern 12.1.2000, FEVS 52, 298 ff.; ⇨Rückforderung).

1.2 5 Wann muss der Kostenersatz geltend gemacht werden?

Die Behörde muss ihre Forderung **innerhalb von drei Jahren** nach dem Tode des Beziehers von Sozialhilfe (Alg II) gegenüber den Erben geltend machen. Danach erlischt der Anspruch auf Kostenersatz. (§ 103 Abs. 4 SGB XII; § 35 Abs. 3 SGB II alt)

1.2.6 Härtefall

Kostenersatz von den Erben soll nicht gefordert werden, *„soweit die Inanspruchnahme des Erben nach der Besonderheit des Einzelfalles eine besondere Härte bedeuten würde“* (§ 102 Abs. 3 Nr. 3 SGB XII; § 35 Abs. 2 Nr. 2 SGB II alt).

Nach dem Tod des Erblassers kann die Heranziehung des selbstgenutzten **Wohneigentums** zum Kostenersatz für bezogene Sozialleistungen für die Erben dann eine Härte bedeuten, wenn sie selbst darin wohnen möchten. Ein Härtefall kann z.B. vorliegen, wenn die Erben die Kinder des Erblassers sind und sie schon zu dessen Lebzeiten Geld oder Arbeitskraft zum Erhalt des Eigenheims investiert haben.

Kein Härtefall liegt z.B. vor, wenn die Erben die Eltern eines contergangeschädigten Sozialhilfebeziehers sind und der Nachlass insbesondere durch nicht anrechenbare Kapitalentschädigung sowie eine Rente der Stiftung „Hilfswerk für behinderte Kinder“ entstanden ist (BSG 23.10.2010 - B 8 SO 2/09 R).

2.1 Alg-II-/SozialhilfebezieherInnen erben

Erbt ein Sozialhilfebezieher von seinem Ehegatten oder von jemand anderem, muss er seine **früher bezogene Sozialhilfe** natürlich nicht daraus zurückzahlen (§ 102 Abs. 1, Satz 4 SGB XII). Das gilt auch für Alg-II-BezieherInnen. Das Erbe muss nur für die Zukunft eingesetzt werden.

2.1.1 Ist die Erbschaft Einkommen oder Vermögen?

Alg II/Sozialhilfe

Ein Erbe, das **vor dem Bezug** von Alg II/ Sozialhilfe zufließt ist ⇨**Vermögen** und ist im Rahmen der Vermögensfreibeträge geschützt. Das ist der Fall, wenn Sie erst im Monat, der auf den Zufluss des Erbes folgt, einen Antrag auf Sozialleistungen stellen. Ausschlaggebend ist in diesem Fall der **Zeitpunkt** zu dem der Erbfall eintritt – i.d.R. bei Ausstellung des Erbscheines –, nicht an dem die Erbschaft verwertbar ist.

Ein Erbe, das **während des Bedarfszeitraums** zufließt, wird demnach als **einmaliges** ⇨**Einkommen** bewertet und muss über einen längeren Zeitraum verteilt angerechnet werden. Die Erbschaft ist mit dem Erbfall Einkommen. *„Dieses Einkommen ist jedoch erst ab dem Zeitpunkt ... anzurechnen, zu* *dem der Vermögenszuwachs aus der Erbschaft tatsächlich zu realisieren war und ... als ‚bereite Mittel' zur Verfügung stand.“* (BSG 25.1.2012 - B 14 AS 101/11 R)

Das BSG folgt hier der ständigen Rechtsprechung bei der Unterscheidung von Einkommen und Vermögen: „*Einkommen i.S. des § 11 Abs. 1 SGB II ist grundsätzlich **alles** das, was jemand nach Antragstellung wertmäßig dazu erhält, und Vermögen das, was er vor Antragstellung bereits hatte. ... Nicht entscheidend ist das Schicksal [der Zweck] der [zugeflossenen] Forderung.*“ (BSG 28.10.2009 - B 14 AS 62/08 R)

Alg II

Demnach gilt ein Erbe als einmaliges Einkommen und ist auf einen **Zeitraum von sechs Monaten** verteilt anzurechnen (§ 11 Abs. 3 SGB II). Übersteigt das Erbe den Alg-II-Bedarf für sechs Monate, entfällt der Leistungsanspruch völlig. Sie können allerdings nach sechs Monaten erneut einen Antrag auf Alg II stellen. Der nicht zum Lebensunterhalt verbrauchte Teil Ihres Erbes ist dann **Vermögen** und ist im Rahmen der Vermögensfreibeträge geschützt.

HzL/GSi der Sozialhilfe

Auch bei der Sozialhilfe wird das Erbe auf einen längeren Zeitraum verteilt angerechnet. Der Verteilzeitraum beträgt bei einmaligen Einkommen ab Januar 2016 **sechs Monate** (§ 82 Abs. 4 SGB XII neu; zuvor 12 Monate, §§ 8 und 11 VO zu § 82 SGB XII). Danach ist der ggf. nicht verbrauchte Teil des Erbes Vermögen.

2.1.2 Erbschaft vorzeitig verbraucht

Ein Erbe darf über einen Verteilzeitraum hinweg nur bedarfsmindernd berücksichtigt werden, wenn es als bereites Mittel **zur Verfügung steht**, um den konkreten Bedarf im jeweiligen Monat zu decken. Ist es vorzeitig verbraucht, weil z.B. Schulden getilgt wurden, **müssen** Jobcenter Leistungen zum Lebensunterhalt gewähren (BSG 29.11.2012 - B 14 AS 33/12R; 12.12.2013 - B 14 AS 76/12 R). Das gilt auch für HzL und GSi der Sozialhilfe. Bei vorsätzlichem oder grob fahrlässigem Verbrauch kann die Behörde aber einen **Kostenersatz** geltend machen (⇨Rückforderung).

Alg II

Ab dem **1.1.2017 können** allerdings bei vorzeitigem Verbrauch von einmaligen Einnahmen, die über den Zeitraum von sechs Monaten angerechnet werden, **Leistungen** nur **als Darlehen** erbracht werden (§ 24 Abs. 4 Satz 2 SGB II neu). Die Möglichkeit der Jobcenter, Kostenersatz zu beanspruchen, würde folglich entfallen.

Ob bei vorzeitigem Verbrauch z.B. eines Erbes SGB-II-Leistungen darlehensweise erbracht werden, muss im Rahmen einer ⇨**Ermessen**sentscheidung entschieden und im Einzelfall begründet werden. Liegen **wichtige Gründe** für den vorzeitigen Verbrauch der Einnahme vor (z.B. Ersatzbeschaffung Waschmaschine, Reparatur Kfz usw.) müssen Sie diese dem Jobcenter darlegen.

Unklar ist weiter, was unter vorzeitigem Verbrauch einer einmaligen Einnahme zu verstehen ist. Ein Kostenersatzanspruch kann z.B. nur bei *„sozialwidrigem Verhalten“*, d.h. **vorsätzlichem oder grob fahrlässigem Verhalten**, das Hilfebedürftigkeit herbeiführt, geltend gemacht werden (§ 34 Abs. 1 Satz. 1 SGB II neu). Wenn Sie jedoch von Ihrem Erbe Leben und lediglich etwas mehr Geld zum Leben ausgeben, als Ihnen als SGB-II-Leistungsberechtigte/r zur Verfügung gestanden hätte, bedeutet das noch lange nicht, dass Sie sozialwidrig gehandelt haben.

Es ist damit zu rechnen, dass Jobcenter bei Beziehern von einmaligen Einnahmen, die einen Neuantrag vor Ablauf der Sechsmonatsfrist gestellt haben, Leistungen bis zur Erfüllung der Frist regelmäßig nur noch als Darlehen gewähren. Die Bundesregierung macht es den Behörden einfach, indem sie *„sozialwidriges Verhalten“* als Voraussetzung für eine Rückforderung von Leistungen klammheimlich gestrichen hat. Sie nennt das „Rechtsvereinfachung“ – für uns bedeutet es Entzug von Rechten. Damit wird die Rechtsprechung des BSG, das eine Gewährung von Leistungen als Beihilfe auch bei vorzeitigem Verbrauch von einmaligen Einnahmen gefordert hat (BSG ebenda), neutralisiert.

Tipp Jobcenter müssen Ermessen ausüben und die darlehensweise Gewährung von Leistungen begründen. Legen Sie ggf. Widerspruch und Klage ein. Nur über die Rechtsprechung kann einer ausufernden Darlehensgewährung Einhalt geboten werden.

2.1.3 Neue Alg-II-Regelung: geerbte Sachwerte kein Einkommen

Seit **August 2016** sind Sachen, die als Erbe zufließen, kein anzurechnendes ⇨Einkommen: *„Als Einkommen zu berücksichtigen sind Einnahmen in Geld..."* (§ 11 Abs. 1 Satz 1 SGB II neu; Streichung der Wörter *„oder Geldeswert"*).
Das gilt auch für ein **Erbe in Geldeswert**, etwa eine **Immobilie** oder ein **Kfz**. Eine Einnahme in Geldeswert ist im Folgemonat ⇨**Vermögen** und muss dann ggf. als Vermögen vorrangig zum Lebensunterhalt eingesetzt werden.

Fällt das Erbe in Geldeswert aber unter das **Schonvermögen**, ist es vor der Verwertung geschont. Auf diese Weise sind künftig ein selbst genutztes angemessenes ⇨**Eigenheim** oder ein angemessenes ⇨**Kraftfahrzeug**, welches Alg-II-Beziehende erben, vor dem Zugriff der Jobcenter geschützt. Auch Hausrat kann künftig im üblichen Rahmen geerbt werden, ohne dass dies leistungsrechtliche Probleme aufwirft.
Unter Umständen führt die Neuregelung zu einem verbesserten Erhalt des Familienvermögens beim Erben. Beziehern von Sozialhilfeleistungen wollte man diese bescheidene Verbesserung allerdings nicht zugestehen.

2.1.4 Sonderfall: Geerbte Immobilie

Alg II/Sozialhilfe
Problematisch ist die Bewertung des Erbes als anzurechnendes Einkommen bzw. im Folgemonat als vorrangig zu verwertendes Vermögen, bei geerbten **Immobilien**, die **nicht sofort verwertbar** sind. Wenn z.B. das Erbe aus dem Teil eines Hauses besteht, in dem noch Miterben wohnen.
Die Erbschaft ist nach der Entscheidung des BSG vom 25.1.2012 (B 14 AS 101/11 R) auch in dieser Konstellation erst bei möglicher Verwertung der Immobilie anzurechnen, wenn *„bereite Mittel"* zu realisieren sind.
„Während der Erbauseinandersetzung stehen ... keine ‚bereiten Mittel' zur Verfügung; erst nach Einigung über die Erbschaft ist eine Anrechnung der geerbten Sachwerte möglich." (BA 11.80)

2.2 Anspruch auf den Pflichtteil

Da das Erbe ein schuldrechtlicher Anspruch ist, kann ein Alg-II-/ Sozialhilfebezieher **nicht** vom Erblasser **enterbt werden**. Anspruch besteht immer auf einen Pflichtteil, d.h. auf die Hälfte des Werts des gesetzlichen Erbteils. Die Behörde kann den Anspruch auf den Pflichtteil **auf sich überleiten**.
Ein **Pflichtteilsverzicht** ist allerdings weder sittenwidrig noch unwirksam (BGH 19.1.2011 - IV ZR 7/10; ⇨2.3.2 f.).

2.3 Kann der Erblasser Vermögen vor dem Zugriff der Behörde schützen?

Der Erblasser, also der, der vererbt, kann frei verfügen, wem das Vermögen nach seinem Tode zufließen soll (Testierfreiheit). Das wird in einem Testament oder einem Erbvertrag geregelt.

2.3.1 Wie geht's nicht?

Die Verfügungsfreiheit ist durch die Pflichtteilsregelung eingeschränkt. Es ist zwecklos, das Erbe vor dem Zugriff der Behörde schützen zu wollen, indem der Erblasser den Alg II/ Sozialhilfe beziehenden Erben enterbt. Denn dieser hat auf jeden Fall **Anspruch auf den Pflichtteil**. Wenn erbberechtigte Alg-II-/ SozialhilfebezieherInnen einen Erbteil bekommen, der den Pflichtteil unterschreitet, können sie von den Miterben die Differenz zum Pflichtteil verlangen.
Sogar von **Schenkungen** des Erblassers im Zeitraum von bis zu zehn Jahren vor seinem Tode, kann rückwirkend ein Pflichtteil verlangt werden.
Alle diese Ansprüche des Alg II/ Sozialhilfe beziehenden Erben sind **zugleich** Ansprüche der Behörde.

2.3.2 „Berliner Testament": Erbverzicht möglich, aber sanktionierbar

Das sogenannte „Berliner Testament", mit dem sich Ehepartner gegenseitig als Alleinerben einsetzen, hat das Ziel, das Gesamtvermögen für einen Ehepartner zu erhalten, wenn der andere verstirbt. Damit dieses Testament wirksam wird, müssen die Kinder durch notarielle Beurkundung auf ihren Pflichtteil am Erbe verzichten.

E

In der Rechtsprechung und juristischen Literatur war es lange Zeit umstritten, ob ein solcher **Pflichtteilsverzicht** *„zu Lasten des Sozialhilfeträgers"* sittenwidrig und damit nichtig ist. Laut Bundesgerichtshof ist bei einem Pflichtteilsverzichts eines behinderten Kindes, das auf Leistungen nach dem SGB XII angewiesen ist, eine Sittenwidrigkeit jedoch nicht zu erkennen. Rechtsgeschäfte seien grundsätzlich aufgrund der verfassungsmäßig gewährleisteten Privatautonomie der Beteiligten solange wirksam, als sie nicht gegen entgegenstehende Gesetze verstoßen. (BGH ebenda).

Das Urteil ist vom Grundsatz auf andere Fallkonstellationen, z.B. Erwerbslose oder erwerbsgeminderte Menschen, **übertragbar**. Demnach entsteht kein Anspruch, den der Sozialhilfeträger/ das Jobcenter auf sich überleiten kann.

Allerdings hat der BGH ausgeführt, dass *„die pflichtwidrige Herbeiführung der eigenen Bedürftigkeit ... innerhalb des sozialrechtlichen Regelungssystems mit Leistungskürzungen sanktioniert werden"* kann (BGH ebenda; ⇨Sanktionen 4.1). Sollte der Träger von dieser Möglichkeit Gebrauch machen, wären eine **Kürzung** um 25 bis 30% des Regelsatzes und etwaige **Kostenersatzansprüche** denkbar, weil Hilfebedürftigkeit vorsätzlich herbeigeführt wurde (⇨Rückforderung 3.1). Entscheidungen der Sozialgerichte, ob solche drakonischen Maßnahmen insbesondere bei Menschen mit Behinderungen überhaupt rechtmäßig wären, liegen bislang noch nicht vor.

2.3.3 Wie geht's? „Behindertentestament"

Der Erblasser kann dem regelmäßig Sozialhilfe beziehenden Erben die Verfügung über das Erbteil entziehen. Damit hat auch die Behörde keinen Zugriff auf das Vermögen mehr.

1. Dazu muss er ihn als **Vorerben** einsetzen, der verpflichtet ist, die Substanz des Erbes für einen **Nacherben** zu erhalten (§ 2100 BGB) Voraussetzung dafür ist, dass der Vorerbe keine freien Entscheidungen treffen kann, die den Wert des Erbes vermindern. Er muss ein „nicht befreiter Vorerbe" sein. Der Vorerbe kann aufgrund der Beschränkungen, von denen er „nicht befreit" ist, nicht über das Erbe verfügen, der Nacherbe aber auch nicht. Der Nacherbe (z.B. ein Geschwister) braucht beim Tode des Sozialhilfe beziehenden, nicht befreiten Vorerben keinen Kostenersatz für dessen Sozialhilfe zu leisten. Er ist ja der Erbe des Erblassers, nicht des sozialleistungsbeziehenden Vorerben. Gleichzeitig kann der Vorerbe nicht über das Vermögen verfügen und durch dessen Verwertung nicht unabhängig von Sozialhilfe leben.
2. Zudem muss der Erblasser einen **Testamentsvollstrecker** einsetzen und damit dem Erben die Verfügung über das Erbe noch stärker entziehen (§ 2211 Abs. 1 BGB). Der Testamentsvollstrecker vollstreckt den Willen des Erblassers. Der Erblasser kann ausdrücklich anordnen, dass der Sozialhilfeträger nicht durch Nachlassmittel entlastet werden darf. Er kann zudem anordnen, dass dem Sozialhilfe beziehenden Vorerben entsprechende Mittel aus dem Erbe (z.B. Zinsen) zufließen, um die Kosten für Gesundheitsausgaben, Kuren, einen jährlichen Urlaub oder ein Hobby zu decken.

Der BGH hat das „Behindertentestament" zuletzt mit Urteil von Januar 2011 (ebenda) für rechtmäßig erklärt und darauf verweisen, dass der Gesetzgeber inzwischen länger als 20 Jahre Zeit gehabt hätte, auf die BGH-Rechtsprechung (BGH 21.3.1990 Monatsschrift des Deutschen Rechts 1990, 906; BGH 20.10.1993, NJW 1994, 248) zu reagieren und entsprechende Vorschriften im Sozialhilferecht zu ändern. Zudem wurde auch der Verzicht auf den Pflichtteil des Erbes als nicht sittenwidrig angesehen (⇨2.3.2) und die mögliche Anwendung dieser Testamentsform auf den Pflichtteil erweitert.

Offen ist aber, ob dies auch auf Nachlässe von erheblichem Wert anzuwenden ist.

Information

bvkm (Hrsg.), Katja Kruse/Günther Hoffmann, Vererben zugunsten behinderter Menschen, 6. Aufl. 2015, 33 ff., http://bvkm.de/wp-content/uploads/Vererben-2015-2.pdf

Kritik

Der **Kostenersatz** aus dem Erbe ist ein Altbestand der Rückzahlungspflicht für Fürsorgeleistungen, die es in den Anfängen der Bundesrepublik noch gab. Für Erben von Alg-II-Leizugsbeziehenden wurde das zum August 2016 abgeschafft, weil es Jobcentern übermäßigen Arbeitsaufwand und wenig Ertrag einbrachte. In der Sozialhilfe jedoch, bei der Leistungsberechtigte oft während des Leistungsbezugs versterben, wird das Relikt der Erbenhaftung gepflegt.
Theoretisch müssten Sozialämter bei jedem Wegfall des Bezugs durch Tod prüfen, ob jemand beerbt worden ist. Auch bei Wegfall des Bezugs aus anderen Gründen müssten Sozialämter bis zu zehn Jahre nach Ende des Bezugs prüfen, ob jemand verstorben ist und eine Erbschaft hinterlassen hat. Das würde in den Ämtern viele Arbeitsplätze schaffen. Aber es gibt nicht einmal eine Auskunftspflicht des potentiellen Erben oder des ehemaligen Leistungsbeziehers und so verlaufen die Behördenansprüche in der Praxis oft im Sande.

Die Bewertung und Anrechnung einer Erbschaft als **Einkommen** anstatt als Vermögen bestraft vor allem Erben kleinerer Barbeträge. Nur wenn man aus dem Leistungsbezug ausscheidet, eine Zeit lang von dem Erbe seinen Lebensunterhalt bestreitet und am Ende von sechs Monaten noch etwas davon übrig hat, kann man sein Schonvermögen durch den Restbetrag aufstocken.

Forderungen

Abschaffung des Kostenersatzes für Sozialhilfeleistungen aus dem Erbe!
Erbschaften, die während des Alg-II-/ Sozialhilfebezuges zufließen, sind als Vermögen zu bewerten!

Erwerbsfähigkeit

Ob Sie Alg II oder Hilfe zum Lebensunterhalt (HzL)/ Grundsicherung (GSi) nach dem SGB XII (Sozialhilfe) bekommen, hängt nicht davon ab, ob Sie dem Arbeitsmarkt zur Verfügung stehen, sondern in erster Linie davon, ob Sie erwerbsfähig sind oder nicht.

1. Anspruch auf Alg II – nur bei Erwerbsfähigkeit

Anspruch auf Alg II haben Sie nur, wenn Sie erwerbsfähig sind **und** das 15. Lebensjahr vollendet, aber noch nicht die Altersgrenze zum Eintritt in die Altersrente erreicht haben.

„Erwerbsfähig ist, wer nicht wegen Krankheit oder Behinderung auf absehbare Zeit außerstande ist, unter den üblichen Bedingungen des allgemeinen Arbeitsmarkts mindestens drei Stunden täglich erwerbstätig zu sein." (§ 8 Abs. 1 SGB II)

Erwerbsfähig ist also, wer aufgrund seines gesundheitlichen Zustands auf absehbare Zeit **imstande** ist, unter den üblichen Bedingungen des allgemeinen Arbeitsmarkts mindestens **drei Stunden** täglich zu arbeiten.

Auch Bezieher einer so genannten Arbeitsmarktrente, deren Leistungsvermögen auf eine Arbeitszeit unter 6 Stunden täglich verringert ist, gelten als erwerbsfähig im Sinne des SGB II.

„Allgemeiner Arbeitsmarkt" bedeutet, dass Sie in der Lage sein müssen, auf dem allgemeinen Arbeitsmarkt irgendetwas zu tun. Welchen Beruf Sie erlernt haben oder was Sie konkret gerne tun möchten, spielt dabei keine Rolle.

„Absehbare Zeit" ist ein Zeitraum von **sechs Monaten** (LPK SGB II, § 8 Rz. 17). Wer die Erwerbsfähigkeit nicht in diesem Zeitraum herstellen kann, ist nicht erwerbsfähig und hat nur Anspruch auf Hilfe zum Lebensunterhalt oder Grundsicherung in der Sozialhilfe bzw. auf Sozialgeld, wenn er mit einem Erwerbsfähigen in einer Bedarfsgemeinschaft lebt.

1.1 *„Krankheit oder Behinderung"*

heißt, dass Sie nur unter diesen Bedingungen als nicht erwerbsfähig anerkannt werden können. Soziale Umstände, die sich nicht in Krankheit oder Behinderung äußern, zählen nicht.

Schwierig wird es, wenn Sie körperlich leistungsfähig sind, aber Drogen- oder Alkoholsucht, Depressionen, Neurosen, Psychosen und andere psychische Erkrankungen oder

Störungen einer Arbeitsaufnahme entgegenstehen. Immerhin gehen über ein Viertel aller Renten wegen Erwerbsminderung auf psychische Erkrankungen zurück.

Bei solchen Krankheiten oder Behinderungen ist entscheidend, ob von Ihnen innerhalb des nächsten halben Jahres eine *„zumutbare Willensanstrengung"* erwartet werden kann, mehr als drei Stunden täglich arbeiten zu gehen (LPK SGB II, § 8 Rz. 11; vgl. BSG 6.9.2001 - B 5 RJ 42/00 R). Wenn z.B. Ihre Sucht, Ihre Ängste, Ihre Aggressionen oder Ihre Wahnvorstellungen Sie so beherrschen, dass Sie diese mit Ihrem Willen auf absehbare Zeit nicht ausreichend beeinflussen können, um mindestens drei Stunden täglich zu arbeiten, dann sind Sie nicht erwerbsfähig.

1.2 Beschäftigte in Werkstätten für behinderte Menschen (WfbM)

arbeiten zwar mehr als drei Stunden, sie werden von der BA aber ausnahmslos als voll erwerbsgemindert eingestuft (BA 8.6b). Sie haben daher i.d.R. keinen Anspruch auf Alg II. Selbst im Eingangs- und Berufsbildungsbereiche einer WfbM ist *„ohne weitere Prüfung ... bei diesem Personenkreis von einer fehlenden Erwerbsfähigkeit auszugehen"* (BA 8.6a). Dabei soll im Eingangsbereich der WfbM erst festgestellt werden, ob die Arbeit dort für die Beschäftigten das Richtige ist und ob eine dauerhafte Aufnahme in den Arbeitsbereich erfolgt.

Eine solche Verallgemeinerung halten wir für unzulässig, denn die Erwerbsminderung ist allein an sozialmedizinischen Kriterien im Einzelfall festzustellen (BSG 26.8.2008 - B8/9b S 16/07 R; LSG Rheinland-Pfalz 29.9.2009 - L 3 AS 24/08).

Ausschlaggebend ist dabei immer, ob die Personen *„wegen Art oder Schwere der Behinderung nicht auf dem allgemeinen Arbeitsmarkt tätig sein können"* (§ 43 Abs. 2 Satz 3 Nr. 1 SGB VI).

Tipp Arbeiten Sie im Berufsbildungsbereich einer Werkstatt und steht Ihre Eingliederung auf dem allgemeinen Arbeitsmarkt bevor, sollten Sie beim Jobcenter einen Antrag auf Alg II stellen. Beziehen Sie nämlich SGB-II-Leistungen, stehen Ihnen eine Reihe von Eingliederungsleistungen zur Verfügung (⇨Arbeit 2.).

Das LSG Hessen sah einen Anspruch auf Alg II z.B. nach einem Jahr Berufsbildungsbereich in einer WfbM begründet (14.4.2008 - L 7 AS 79/08 B ER).

1.3 Fehlende Erwerbsfähigkeit aufgrund des Aufenthalts in stationären Einrichtungen?

Alg II erhält nicht, *„wer in einer stationären Einrichtung untergebracht ist..."* Das gilt auch für Untersuchungs- und ⇨Strafgefangene in einem Gefängnis. (§ 7 Abs. 4 Satz 1, 2 SGB II)

Trotz Aufenthalt in einer stationären Einrichtung erhält jedoch Alg II,

1. *„wer voraussichtlich für weniger als sechs Monate in einem Krankenhaus ... untergebracht ist oder*
2. *wer in einer stationären Einrichtung untergebracht und unter den üblichen Bedingungen des allgemeinen Arbeitsmarktes mindestens 15 Stunden wöchentlich erwerbstätig ist"* (§ 7 Abs. 4 Satz 3 SGB II).

Alg-II-Bezug ist demnach weiter **möglich**

- während eines „normalen" Krankenhausaufenthalts (⇨Krankheit 4.3) oder einer medizinischen Rehabilitation,
- bei Personen, die in einem Wohnheim oder einer Haftanstalt untergebracht sind und einer regelmäßigen Erwerbstätigkeit nachgehen (⇨Strafgefangene 1.1) oder
- bei Personen die zwar in einer Einrichtung stationäre Leistungen erhalten und dort zwar formell aufgenommen, jedoch nicht im „engeren Sinne" untergebracht sind. Eine **stationäre Unterbringung** besteht **erst**, *„wenn der Träger der Einrichtung nach Maßgabe seines Konzeptes die Gesamtverantwortung für die tägliche Lebensführung und die Integration des Hilfebedürftigen übernimmt"* (BSG 5.6.2014 - B 4 AS 32/13 R). Das ist i.d.R. bei Einrichtungen für ⇨Wohnungslose (6.2) **nicht** der Fall.

1.4 Fehlende Erwerbsfähigkeit aufgrund eines Beschäftigungsverbots

Näheres unter ⇨Ausländer

2.1 Anspruch auf Hilfe zum Lebensunterhalt (HzL) – nur bei vorübergehender voller ⇨Erwerbsminderung

HzL der Sozialhilfe erhalten nur hilfebedürftige Personen, die vorübergehend (befristet)

nicht erwerbsfähig, d.h. nicht dauerhaft voll erwerbsgemindert sind.
Ausnahme: Vorübergehend voll erwerbsgeminderte Personen, die mit Erwerbsfähigen in einer Alg-II-Bedarfsgemeinschaft leben, erhalten vorrangig **Sozialgeld** nach dem SGB II.

2.2 Anspruch auf ⇨Grundsicherung (GSi) – nur bei dauerhafter voller Erwerbsminderung

GSi erhalten hilfebedürftige, nicht erwerbsfähige Personen nur, wenn sie *„unabhängig von der jeweiligen Arbeitsmarktlage voll erwerbsgemindert ... sind **und** [es] ... unwahrscheinlich ist, dass die volle Erwerbsminderung behoben werden kann"* (§ 41 Abs. 1 Nr. 2 SGB XII). Man nennt das auch unbefristete volle Erwerbsminderung.

3. Wer stellt die volle Erwerbsminderung fest?

Alg II/HzL der Sozialhilfe

„Die Agentur für Arbeit stellt fest, ob die oder der Arbeitsuchende erwerbsfähig ist. Der Entscheidung können widersprechen: 1. kommunale Träger, 2. ein anderer Träger, der bei voller Erwerbsminderung zuständig wäre oder 3. die Krankenkasse, die bei Erwerbsfähigkeit Leistungen der Krankenversicherung zu erbringen hätte.
... Im Widerspruchsfall entscheidet die Agentur für Arbeit, nachdem sie eine gutachterliche Stellungnahme eingeholt hat. ... Bis zu der Entscheidung über den Widerspruch erbringen die Agentur für Arbeit und der kommunale Träger bei Vorliegen der übrigen Voraussetzungen Leistungen der Grundsicherung für Arbeitsuchende." (§ 44a Abs. 1 SGB II)
Für die *„gutachterliche Stellungnahme"* wird i.d.R. der Rentenversicherungsträger hinzugezogen. Ansonsten wird über Ihren Kopf hinweg entschieden.

Tipp Sollten Sie mit dem Gutachten nicht einverstanden sein, können Sie erst gegen den ⇨Bescheid ⇨Widerspruch einlegen, der auf das Gutachten hin erlassen wird, z.B. gegen den Aufhebungsbescheid des Jobcenters.

Selbst wenn Sie Ihren Antrag beim falschen Leistungsträger gestellt haben und dieser Ihnen zu Recht Leistungen versagt, muss Ihnen der dann zuständige Träger rückwirkend Leistungen bis zum Tag der Erstantragstellung erbringen, wenn Sie dies beantragen (⇨Antragstellung 1.9).

HzL/GSi der Sozialhilfe

Wenn Sie das Rentenalter noch nicht erreicht haben und nicht erwerbsfähig, d.h. **nicht** dauerhaft voll erwerbsgemindert sind, haben Sie zunächst einmal **Anspruch auf HzL** der Sozialhilfe. Das Sozialamt wiederum kann den Rentenversicherungsträger ersuchen zu prüfen, ob bei Ihnen die Voraussetzungen für GSi wegen **dauerhafter** voller Erwerbsminderung (s.o.) vorliegen. *„Die Entscheidung des Trägers der Rentenversicherung ist für den ersuchenden Träger der Sozialhilfe bindend."* (§ 45 Satz 1, 2 SGB XII).

Behinderte Menschen, die auf Grundlage einer Stellungnahme des Fachausschuss einer WfbM dauerhaft zur Beschäftigung im Arbeitsbereich der Werkstatt aufgenommen werden, haben i.d.R. **Anspruch auf GSi**. Eine rentenrechtliche Feststellung der dauerhaften vollen Erwerbsminderung ist nicht erforderlich. (§ 45 Satz 3 Nr. 3 SGB XII)

Kritik

Die Frage, ob jemand erwerbsfähig ist oder nicht, entscheidet darüber, wer die Kosten trägt, Bund oder Kommunen.
Hier ist seit Hartz IV ein neuer Verschiebebahnhof entstanden. Das Sozialamt hat ein Interesse, möglichst viele Leistungsbeziehende ins Alg II oder in die Grundsicherung abzuschieben, weil hier Kosten vom Bund getragen werden.
Die Jobcenter und damit der Bund haben wiederum ein finanzielles Interesse daran, möglichst viele als nichterwerbsfähig, d.h. als nicht arbeitslos einzustufen. Das ist billiger und gut für die Arbeitslosenstatistik. Deshalb ist den Jobcentern die Prüfung übertragen worden, wer erwerbsfähig ist und wer nicht. Die Rentenversicherung wird nur beteiligt, wenn es zwischen den Beteiligten Streit gibt.

Unter dem Zuständigkeits- und Kostenfilter „Erwerbsfähigkeit" zerfallen zahllose Haushalte in Personen, die in wechselnden Kombinationen Alg II, HzL oder GSi der Sozialhilfe beziehen und damit unter die Regie verschiedener Behörden fallen. Dabei wurde Hartz IV einmal als *„Hilfe aus einer Hand"* angepriesen.

E

(Volle) Erwerbsminderung

hieß früher **Erwerbsunfähigkeit** und ist die Voraussetzung für den Bezug von **Hilfe zum Lebensunterhalt** oder **Grundsicherung** nach dem SGB XII.

- Sind Sie von der Rentenversicherung als **dauerhaft** (bzw. unbefristet) voll erwerbsgemindert anerkannt, haben Sie Anspruch auf ⇨Grundsicherung (GSi; § 19 Abs. 2 i.V. mit § 41 Abs. 1 SGB XII).
- Sind Sie nur **vorübergehend** (bzw. befristet) voll erwerbsgemindert, haben Sie Anspruch auf Hilfe zum Lebensunterhalt (HzL; § 19 Abs. 1 i.V. mit § 21 SGBXII).
- Sind Sie aber vorübergehend voll erwerbsgemindert **und** leben mit einem erwerbsfähigen Partner oder einem 15 bis 24jährigen Kind zusammen in einer **Bedarfsgemeinschaft**, erfüllen Sie die Anspruchsvoraussetzung für Leistungen nach dem SGB II. Dann erhalten Sie statt der Hilfe zum Lebensunterhalt vorrangig **Sozialgeld** nach §§ 19 Abs. 1 u. 23 SGB II (i.V. mit § 21 SGBXII).

1.1 Wer ist voll erwerbsgemindert?

Sie sind voll erwerbsgemindert, wenn Sie *„auf nicht absehbare Zeit außerstande sind, unter den üblichen Bedingungen des Arbeitsmarktes* ***mindestens drei Stunden täglich*** *erwerbstätig zu sein"* (§ 43 Abs. 2 SGB VI).

Das ist der Fall,

- wenn Sie **vorübergehend** oder auf **Dauer** eine Rente wegen voller Erwerbsminderung beziehen, aber auch,
- wenn Sie keine Rente beziehen, weil Sie *„auf absehbare Zeit"* zwar die gesundheitlichen Voraussetzungen für die volle Erwerbsminderung, aber nicht die versicherungsrechtlichen Voraussetzungen erfüllen (§ 8 Abs. 1 SGB II; ⇨Erwerbsfähigkeit).

Als voll erwerbsgemindert stuft die BA auch alle Beschäftigte ein, die in anerkannten **Werkstätten für behinderte Menschen** beschäftigt sind (§ 43 Abs. 2 Satz 3 Nr. 1 SGB VI; BA 8.6a ff.). Dieses Pauschalurteil ist nach unserer Auffassung für den Eingangs- und Berufsbildungsbereich der Werkstätten nicht zulässig (⇨Erwerbsfähigkeit 1.2).

Auch der **medizinische Dienst** der Arbeitsagentur kann durch Gutachten eine nicht dauerhafte volle Erwerbsminderung von länger als 6 Monaten prognostizieren (⇨Amtsarzt). Dann verlieren sie den Anspruch auf Alg II und bekommen HzL nach dem SGB XII oder Sozialgeld nach dem SGB II. Eine sechsmonatige **Arbeitsunfähigkeit** reicht für die Einstufung als voll erwerbsgemindert **nicht** aus.

1.2 Teilweise erwerbsgemindert

sind Personen, die in der Lage sind, unter den üblichen Bedingungen des Arbeitsmarktes **zwischen drei und unter sechs Stunden** zu arbeiten. Sie haben Anspruch auf **Alg II** (BA 8.4) und bei Vorliegen der Anspruchsvoraussetzungen auf ⇨Rente wegen teilweiser Erwerbsminderung.

2. Mehrbedarf für voll Erwerbsgeminderte

Bis zum Erreichen des Rentenalters steht Ihnen unter Umständen ein ⇨Mehrbedarf in Höhe von 17% des maßgebenden Regelsatzes zu. Aber nur dann, wenn die volle Erwerbsminderung rentenrechtlich anerkannt ist **und** wenn Sie zudem einen Schwerbehindertenausweis mit dem Merkzeichen „G" oder „aG" besitzen, Ihre Bewegungsfähigkeit also erheblich beeinträchtigt ist (§ 30 Abs. 1 SGB XII; § 23 Abs. 4 SGB II).

3. Renten wegen voller oder teilweiser Erwerbsminderung

erhalten Sie als Versicherte der gesetzlichen ⇨Rentenversicherung (4.), wenn Sie entsprechende Beitrags- und Wartezeiten erfüllen und die medizinischen Voraussetzungen vorliegen.

4. Arbeit

Wenn voll erwerbsgeminderte Bezieher von Sozialhilfe und GSi arbeiten, können Sie 30% ihres nicht bereinigten Einkommens behalten (§ 82 Abs. 3 SGB XII; ⇨Erwerbstätige 2.3.2).

Erwerbstätige

Knapp 1.2 Mio. Erwerbstätige bezogen im März 2016 ergänzendes Alg II. 191.000 der Aufstocker hatten im Dezember 2015 einen Vollzeitjob, 533.000 einen Minijob (BA Monatsbericht 07/2016, 25 f.).

Inhaltsübersicht:

1. Wer gilt als erwerbstätig?

Erwerbstätige sind alle, die ein Arbeitseinkommen haben, egal wie hoch es ist, egal, ob sie nichtselbständig oder selbständig arbeiten, ⇨Auszubildende, Minijobber oder Honorarkräfte sind.

Auch bei Kurzarbeit gelten Sie als erwerbstätig, **Kurzarbeitergeld** wird deshalb wie Erwerbseinkommen behandelt und bereinigt (BSG 14.3.2012 - B 14 AS 18/11 R).

Erwerbstätig sind Sie auch dann, wenn Ihre Arbeit nicht versicherungspflichtig bzw. steuerfrei ist.

Als Erwerbstätige werden nur Personen ab 15 Jahren anerkannt.

Zur **Anrechnung von Einkommen aus selbständiger Arbeit** schlagen Sie unter ⇨Selbständige nach.

Ehrenamtliche Tätigkeit ist keine Erwerbstätigkeit. Aufwandsentschädigungen für ehrenamtliche Tätigkeiten oder die sogenannte „Übungsleiterpauschale" werden aber ähnlich behandelt, wie Erwerbseinkommen. (Ehrenamtliche Tätigkeit ⇨3.1; „Übungsleiterpauschale" ⇨Selbständige).

Das gilt auch für das „Taschengeld", das Personen erhalten, die den Jugend- bzw. Bundesfreiwilligendienst absolvieren (⇨3.2).

E

2.1 Nachweis von ⇨Einkommen aus Lohnarbeit

Die Bundesregierung verlangt von Ihnen, dass Sie sich vom Arbeitgeber eine Bescheinigung ausfüllen lassen, auf der dieser Art und Dauer der Erwerbstätigkeit sowie die Höhe des Lohns anzugeben hat (§ 58 SGB II). Ihre Chefs sollen wissen, dass Sie Alg II beziehen. Die Behörden hoffen, dass Sie auf Alg II verzichten, damit ihre Firma nichts erfährt.

Sie sind verpflichtet dem Arbeitgeber diese Bescheinigung vorzulegen (§ 58 Abs. 2 SGB II) und Ihr Chef ist verpflichtet, sie auszufüllen und *„unverzüglich auszuhändigen"* (§ 58 Abs. 1 SGB II).

Kritik

Reichen Sie nur Ihre Lohn-, Gehaltsabrechnung und ggf. Ihren Arbeitsvertrag als Nachweis ein, haben Sie alle leistungsrelevanten Angaben belegt. Das ist auch die Meinung der Datenschutzbeauftragten. Das Jobcenter wird sich aber aufgrund der Gesetze aus Berlin damit nicht zufrieden geben. Für Hartz-IV-BezieherInnen gelten eben andere Regeln als für normale Bürger, für die gilt: Sozialdaten sind grundsätzlich beim Betroffenen zu erheben (§ 67a Abs. 2 SGB X; ⇨Datenschutz). Es sollen auch nur die Daten erhoben werden, die für die Leistungsgewährung erforderlich sind.

⇨Selbständige müssen seit 2006 keine Bescheinigung ihrer „Arbeitgeber", der Auftraggeber, mehr vorlegen. Das verstößt offensichtlich gegen den Datenschutz. Lohnabhängige müssten gleich behandelt werden. Sie könnten ihr Erwerbseinkommen problemlos durch Lohnabrechnungen, Arbeitsvertrag oder Kontoauszüge nachweisen.

Für die Bearbeitung Ihres Antrags braucht das Jobcenter keine Angaben über die Arbeitszeit, die Art der Beschäftigung und die Dauer des Arbeitsverhältnisses. Das ist überflüssig und könnte, falls erforderlich, auch durch Ihre eigenen Angaben ergänzt werden. Aber Ihnen glaubt man dort grundsätzlich nichts.

2.2 Anrechnung von Einkommen aus nichtselbständiger Arbeit

E

Ausgangspunkt für die Anrechnung von Erwerbseinkommen sind **alle erzielten Einnahmen** und Sachbezüge. Auch steuerfreie Zuschläge für Nacht-, Sonn- und Feiertage sind nach Auffassung des BSG voll anzurechnen (1.6.2010 - Az. B 4 AS 89/09 R). Zur Begründung wird ausgeführt, dass allein zweckgebundene Leistungen des Arbeitgebers anrechnungsfrei bleiben können. Der Zweck muss dabei außerhalb der allgemeinen Lebensführung liegen. Die Erschwernisse durch Nacht-, Sonn- und Feiertagsarbeit gehören offensichtlich zur allgemeinen Lebensführung von Erwerbstätigen.

Alg II
Bereinigung des Einkommens

Nicht das Bruttoeinkommen inklusive Zuschläge wird angerechnet, sondern das **bereinigte Nettoeinkommen**. Es wird berechnet, indem Sie vom Bruttoeinkommen die folgenden Beträge absetzen, d.h. abziehen:
- **Steuern** und
- **Sozialversicherungsbeiträge** (§ 11b Abs. 1 Nr. 1 und 2 SGB II),
- **Versicherungsbeiträge** zu öffentlichen oder privaten Versicherungen, **pauschal 30 €** (⇨Einkommensbereinigung 1.1),
- Beiträge zu gesetzlich vorgeschriebenen Versicherungen wie **Kfz-Haftpflicht** (⇨Einkommensbereinigung 1.2),
- Beiträge zur **Altersvorsorge** (⇨Einkommensbereinigung 2.),
- **Werbungskosten:** *„die mit der Erzielung des Einkommens verbundenen notwendigen Ausgaben"* (§ 11b Abs. 1 Nr. 5 SGB II); die Pauschale in Höhe von **15,33 €** wurde zum 1.8.2016 ersatzlos gestrichen, seitdem können Sie nur noch Werbungskosten in nachgewiesener Höhe geltend machen (⇨2.2.1) und
- **Fahrtkosten** zum Betrieb, **pauschal 0,20 €** pro Entfernungskilometer zum Arbeitsplatz oder mehr (⇨2.2.2).

Bei Einkommen **bis 400 €** brutto sind Werbungs- und Fahrtkosten sowie Versicherungs- und Altersvorsorgebeiträge im anrechnungsfreien **Grundfreibetrag** von **100 €** enthalten (⇨2.3.1). Sie können erst wie nachfolgend beschrieben abgesetzt werden, wenn das Einkommen **400 € übersteigt**.

2.2.1 Werbungskosten

wurden bei Einkommen aus nichtselbständiger Arbeit *„als mit seiner Erzielung verbundene notwendige Ausgaben"* pauschal mit 15,33 € abgezogen, *„soweit der erwerbsfähige Hilfebedürftige nicht höhere notwendige Ausgaben nachweist"* (§ 6 Abs. 1 Nr. 3 a Alg II-V alt). Diese Regelung gilt nur für Einkommen, die **bis zum 31.7.2016** zugeflossen sind, für den Zeitraum danach wurde die **Pauschale abgeschafft**. Die schwarz-rote Bundesregierung nennt es *„Rechtsvereinfachung"*, wenn Erwerbstätige ihre Werbungskosten nicht mehr pauschal geltend machen können. Wir nennen es Leistungskürzung.

Für Erwerbseinkommen, die **ab dem 1.8.2016** zugeflossen sind, können nur noch *„die mit der* Erzielung *des Einkommens verbundenen notwendigen Ausgaben"* (§ 11b Abs. 1 Nr. 5 SGB II) in nachgewiesener Höhe geltend gemacht werden. Sie müssen dann eine Gesamtaufstellung machen und die Ausgaben belegen. Zu den Werbungskosten gehören nicht nur die steuerlich anerkannten Werbungskosten, sondern alle mit der Erzielung, Sicherung und Erhaltung des Arbeitseinkommens verbundenen Aufwendungen (BA 11.145).

Zu den klassischen Werbungskosten, die mit der Erzielung des Einkommens verbunden sind, gehören:

2.2.1.1 Arbeitsmittel

wie Werkzeuge, Arbeitsmaterial, Arbeitskleidung, Bücher, IT/ Telefon.

2.2.1.2 Notwendige Aufwendungen bei doppelter Haushaltsführung

sind in voller Höhe anzuerkennen. Im SGB II (§ 11 Abs. 1 Nr. 5) ist eine Begrenzung der Höhe nicht vorgesehen. Die Miete des doppelten Haushalts ist in voller Höhe abzugsfähig (LSG Thüringen 8.3.2005 - L 7 112/05 ER).

Wenn Sie außerhalb Ihres Wohnortes beschäftigt sind und weder Umzug noch tägliche Rückkehr zumutbar sind, sind zu übernehmen

- die notwendigen Kosten der auswärtigen **Unterkunft**. Es gelten die Angemessenheitskriterien für Alleinstehende (BA 11.148).
- ohne Prüfung *„mindestens“* eine **Heimfahrt** im Monat bzw. zwei bei Ehepaaren/Lebenspartnern, jeweils in Höhe der Kosten für eine Bahnfahrt 2. Klasse (BA 11.150).
  Bei Paaren fördert das nicht gerade die Beziehung. Vier Heimfahrten pro Monat sind notwendig (LSG Thüringen, ebenda), auch bei eheähnlichen Gemeinschaften (SG Neubrandenburg 9.5.2006 - S 9 ER 7/06 AS).
- **Mehraufwand von 40 €** als Absetzbetrag, da der auswärts Beschäftigte als faktisch Alleinstehender eigentlich 404 € statt 364 € bekommen müsste (BA 11.149).

Unserer Meinung nach sind **beide** Ehegatten/Partner faktisch alleinstehend. Darum müsste jedem 404 € als Regelsatz zuerkannt werden. Legen Sie ggf. Widerspruch ein!

2.2.1.3 Mehraufwendungen für Verpflegung

können in Höhe von **6 €** pro Tag abgesetzt werden, wenn Sie nicht am regulären Arbeitsort beschäftigt sind und **mindestens zwölf Stunden** von Ihrer Wohnung abwesend sind (§ 6 Abs. 3 Alg II-V).

2.2.1.4 Ausgaben für Kinderbetreuung

Wenn Sie nur arbeiten können, wenn Ihr Kind betreut ist, sind die Gebühren für Kindergarten bzw. -krippe oder auch Tagespflege mit der Erzielung Ihres Einkommens *„verbunden“* und *„notwendig“*. Von daher müssen sie abgesetzt werden (BA 11.151; LSG Niedersachsen-Bremen 3.12.2009 - L 13/6 AS 8/06).

Als vorrangig wird jedoch angesehen, dass Gebühren und Beiträge ganz oder teilweise erlassen oder vom Jugendamt übernommen werden, wenn die Belastung den Eltern nicht zumutbar ist (§ 90 Abs. 3 SGB VIII; BA 11.151). Das ist bei Alg-II-Berechtigten i.d.R. der Fall.

2.2.1.5 Beiträge zu Gewerkschaften und Sozialverbänden

Näheres unter ⇨Einkommensbereinigung 3.1

2.2.2 Aufwendungen für Fahrten zwischen Wohnung und Arbeitsplatz

Es wird nicht mehr wie früher gefragt, ob das Auto notwendig ist, um zur Arbeit zu fahren.

„Als Pauschalbeträge sind abzusetzen ... bei Benutzung eines Kraftfahrzeuges für die Fahrt zwischen Wohnung und Arbeitsstätte für Wegstrecken zur Ausübung der Erwerbstätigkeit 0,20 Euro für jeden Entfernungskilometer der kürzesten Straßenverbindung, soweit der oder die erwerbsfähige Leistungsberechtigte nicht höhere notwendige Ausgaben nachweist“ (§ 6 Abs.1 Nr. 5 Alg II-V neu) Entfernungskilometer sind die Kilometer der Entfernung zwischen Wohnung und Arbeitsstätte (einfache Wegstrecke).

Sie können diese Aufwendungen auch dann geltend machen, wenn Sie mit einem geliehenen Pkw zur Arbeit fahren. Die *„Benutzung eines Kraftfahrzeugs“* zählt.

Beispiel:
Sie arbeiten im Monat 20 Tage. Sie haben 15 Entfernungskilometer zum Betrieb. Sie können also 3,00 € (15 x 0,20 €) pro Arbeitstag oder 60 € im Monat pauschal absetzen.

Die geltend gemachte **Entfernungspauschale** muss im Vergleich zu den bei der *„Benutzung eines zumutbaren öffentlichen Verkehrsmittels anfallenden Fahrtkosten“* **angemessen** sein (§ 6 Abs. 2 Alg II-V). Kfz-Kosten werden demnach nur bis zu einer bestimmten Obergrenze als angemessen anerkannt. Diese Grenze wäre nach alter Rechtsprechung zum BSHG überschritten, wenn die Kfz-Kosten **mehr als 30%** über den Kosten öffentlicher Verkehrsmittel liegen. In diesem Fall wären nur angemessene Kosten (ÖPNV-Kosten plus 30%) absetzbar.

Aber nicht nur die Kosten, sondern auch die Fahrtzeiten sind zu berücksichtigen. Wenn die Fahrtzeiten zur Arbeit mit dem Pkw erheblich geringer sind, sind auch höhere Pkw-Kosten angemessen (LSG Sachsen 15.9.2005 - L 3 B 44/05 AS-ER).

Wenn die Erwerbstätigkeit **ohne eigenen Pkw nicht möglich ist**, weil öffentliche Verkehrsmittel nicht nutzbar sind (früher Arbeitsbeginn, Schichtarbeit, flexible Ar-

E

beitszeiten, Einsatz im Kundendienst usw.) sind die Fahrtkosten in voller Höhe zu übernehmen (LSG Hessen 12.7.2006 - L 9 AS 69/06 ER), soweit *„höhere notwendige Ausgaben"* nachgewiesen werden.

Das LSG Hessen ermittelte die angemessenen Fahrtkosten mit der Formel *„Arbeitstage x Kilometer für Hin- und Rückfahrt x Durchschnittsverbrauch an Benzin pro 100 km geteilt durch 100 km x Benzinpreis"*. Der Verbrauch für den genutzten Pkw-Typ ergibt sich aus dem von der Deutschen Automobil-Treuhand herausgegebenen Leitfaden für Kraftstoffverbrauch und Co2-Emmissionen (aktuelle Ausgabe: www.dat.de/leitfaden/LeitfadenCO2.pdf).

Beispiel:
Einfache Entfernung 33 km
19 Arbeitstage x (33 km x 2) x 7,4 Liter macht 9.279,6
geteilt durch 100 ergibt 92,796
multipliziert mit 1,35 € macht 125,27€

Um die tatsächlichen Fahrtkosten zu ermitteln, können Sie natürlich auch ein Fahrtenbuch führen und die Tankbelege etc. sammeln (LSG NRW 19.7.2011 - L 19 AS 455/11 B).

Zusätzlich sind auch **Wartung**skosten, **TÜV**-Gebühren und **Reparatur**kosten zu 80% absetzbar (LSG Hessen ebenda; LSG Sachsen ebenda).

Ebenfalls die **Finanzierung**skosten für Ihr Kfz, wenn es zur Ausübung der Arbeit angeschafft wurde (LSG Hessen, ebenda, im konkreten Fall in Höhe von 177,54 €; gilt nicht für Kfz-Kauf im Alg-II-Bezug: LSG Hessen 27.11.2006 - L 9 AS 213/06 ER).

Wenn Sie Ihr Kind mit dem Auto in den **Kindergarten** bringen, um überhaupt arbeiten zu können, sind das keine Fahrten zwischen Wohnung und Arbeitsstätte. Es sind aber die *„mit der Erzielung des Einkommens verbundenen notwendigen Ausgaben"* (§ 11b Abs. 1 Nr. 5 SGB II). Folglich müssen die **zusätzlich** gefahrenen Kilometer voll absetzbar sein.

Für die Fahrten zwischen **mehreren Arbeitsstätten** werden – wenn die tatsächlichen Kosten nicht nachgewiesen werden können – die Wegstrecken von der Wohnung zur ersten Arbeitsstätte und von der letzten Arbeitsstätte zur Wohnung jeweils zur Hälfte berücksichtigt und die Wegstrecken zwischen den Arbeitsstätten voll.

Bei **wechselnden** Arbeitsstätten sind die tatsächlichen gefahrenen Kilometer, nicht die einfache Wegstrecke, mit 0,20 €/km abzusetzen. Das gilt auch für Leiharbeiter/innen. (Geiger 2014, 380)

Wenn Sie ein Arbeitseinkommen und ein Auto haben, muss die ⇨**Kfz**-Haftpflicht immer als gesetzlich vorgeschriebene Versicherung vom Nettoeinkommen abgezogen werden.

Tipp Benutzen Sie auf dem Weg zur Arbeit **öffentliche Verkehrsmittel**, können Sie anstelle der Fahrtkostenpauschale den Preis des jeweils günstigsten (Monats-) Tickets absetzen.

Kritik
2004 wurden bei Arbeitslosenhilfebeziehern und Ihren Partnern als Kilometerpauschale noch 0,30 € für jeden Entfernungskilometer anerkannt (2002 noch 0,36 €).
Das wären bei 15 Kilometern und 20 Arbeitstagen pro Monat pauschal 90 € und nicht 60 €, wie jetzt. Wollen Sie dagegen die tatsächlichen Kosten durch Fahrtenbuch belegen, ist das mit erheblichem Aufwand verbunden.

2.2.3 Absetzbeträge Sozialhilfe (HzL/GSi)

Bereinigung des Bruttoeinkommens
Vom Bruttoeinkommen werden wie bei Alg II die folgenden Beträge **abgesetzt** (§ 82 Abs. 2 SGB XII i.V. mit § 3 der VO zu § 82 SGB XII):

- Steuern und
- Sozialversicherungsbeiträge
- Versicherungsbeiträge zu angemessenen öffentlichen oder privaten Versicherungen (⇨Einkommensbereinigung 1.1). Die **Kfz-Haftpflicht** ist jedoch nur abzugsfähig, wenn ein Kfz erforderlich ist.
- Beiträge zur **Altersvorsorge** (⇨Einkommensbereinigung 1.3) und
- **Werbungskosten**: *„die mit der Erzielung des Einkommens verbundenen notwendigen Ausgaben"* (§ 82 Abs. 2 Nr. 4 SGB XII).

Dazu gehören:

a. **Arbeitsmittel** in Höhe von pauschal 5,20 €, soweit nicht höhere Aufwendungen nachgewiesen werden,
b. **notwendige Fahrtkosten zur Arbeitsstätte** in der Regel für das günstigste

(Monats-) Ticket bei öffentlichen Verkehrsmitteln. Ist z.B. ein Kfz notwendig, eine mtl. Pauschale von 5,20 €/km für die einfache Wegstrecke zum Arbeitsplatz, jedoch nicht mehr als für 40 km,

c. Beiträge zu **Gewerkschaften und Sozialverbänden** und

d. notwendige Aufwendungen bei **doppelter Haushaltsführung**, bis zu 130 € im Monat plus eine Heimfahrt im Monat. (§ 3 Abs. 4 bis 7 der VO zu § 82 SGB XII)

2.3 Freibetrag für Erwerbstätige

Die Regelsätze werden auf der Basis des Bedarfs von Nichterwerbstätigen festgesetzt. Da für Erwerbstätige ein höherer Bedarf an Ernährung, Körperpflege, Kosten für Kommunikation usw. angesetzt wird, hatten Sie im BSHG früher einen Mehrbedarfszuschlag wegen Erwerbstätigkeit. Daraus ist der heutige Freibetrag für Erwerbstätige entstanden. Erwerbstätige sind alle nichtselbständig und selbständig Beschäftigte.

2.3.1 Erwerbstätigenfreibetrag bei Alg-II-Bezug

„Bei erwerbsfähigen Hilfebedürftigen, die erwerbstätig sind, ist von dem monatlichen Einkommen aus Erwerbstätigkeit ein weiterer Betrag abzusetzen. Dieser beläuft sich
1. für den Teil des monatlichen Einkommens, das 100 € übersteigt und nicht mehr als 1.000 € beträgt, auf 20 Prozent und
2. für den Teil des monatlichen Einkommens, das 1.000 € übersteigt und nicht mehr als 1.200 € beträgt, auf 10 Prozent.
An Stelle des Betrags von 1.200 € tritt für erwerbsfähige Hilfebedürftige, die entweder mit mindestens einem minderjährigen Kind in Bedarfsgemeinschaft leben oder die mindestens ein minderjähriges Kind haben, ein Betrag von 1.500 €." (§ 11b Abs. 3 SGB II; ⇨Beispiele)

Das minderjährige Kind muss also nicht bei Ihnen wohnen. Außerdem hätte mit der Ausdehnung der Bedarfsgemeinschaft auf unter 25jährige Kinder im Haushalt der Eltern die Regelung entsprechend erweitert werden müssen. Das ist dem Gesetzgeber in zehn Jahren offensichtlich noch nicht aufgefallen.

I. Der Grundfreibetrag von 100 € bleibt immer anrechnungsfrei

„Bei erwerbsfähigen Hilfebedürftigen, die erwerbstätig sind, ist an Stelle der Beträge nach Absatz 1 Satz 1 Nr. 3 bis 5 ein Betrag von insgesamt 100 € monatlich vom Einkommen aus Erwerbsarbeit abzusetzen." (§ 11b Abs. 2 Satz 1 SGB II neu)

Die Pauschale soll alle Ausgaben für

- Beiträge zu öffentlichen und privaten ⇨Versicherungen, auch Kfz-Haftpflicht (Abs. 1 Satz 1 Nr.3),
- „riestergeförderte" ⇨Altersvorsorge (Abs. 1 Satz 1 Nr.4) und
- die mit der Erzielung des Einkommens verbundenen notwendigen Ausgaben wie Fahrtkosten, Arbeitsmittel, Gewerkschaftsbeitrag usw. (Abs. 1 Satz 1 Nr.5; ⇨2.2.6 ff.)

abdecken.

Diese Regelung gilt bei **Erwerbs**einkommen **bis 400 € brutto**. Mehr wird nicht anerkannt, auch wenn Ihre Werbungskosten höher sind. (Zur Sonderregelung, wenn Sie Erwerbseinkommen **und** eine Aufwandsentschädigung für ein Ehrenamt oder eine „Übungsleiterpauschale" beziehen, lesen Sie ⇨3.1.)

Wenn Sie aber Erwerbseinkommen und **sonstige** Einkommen haben, mit denen Sie **über 400 €** hinauskommen, sind diese Ausgaben in voller Höhe absetzbar, wenn sie 100 € übersteigen:

„Beträgt das monatliche Einkommen aus Erwerbstätigkeit mehr als 400 €, gilt Satz 1 [die Begrenzung der Absetzbeträge auf 100 €] nicht, wenn der erwerbsfähige Hilfebedürftige nachweist, dass die Summe der Beträge nach Absatz 1 Satz 1 Nr. 3 bis 5 den Betrag von 100 € übersteigt." (§ 11b Abs. 2 Satz 3 SGB II neu)

II. Vom Einkommensbetrag, der den 100-€-Grundfreibetrag übersteigt, bleiben frei

- 20% der Differenz bis zu einem Bruttoeinkommen von 1.000 € (max. 20% von 900 €),
- 10% ab 1.000 € bis 1.200 € brutto bzw. bis 1.500 € brutto, wenn Sie mindestens ein minderjähriges Kind haben (max. 10% von 200 € bzw. 500 € Differenzbetrag).

Beispiel: Minijob 400 €
Frau Klein hat einen Minijob von 400 € mtl. Sie arbeitet 4 Tage in der Woche je 3 bis 4 Stunden. Sie nutzt eine verbilligte Monatskarte. Da ihr Bruttoeinkommen die 400-€-Grenze nicht übersteigt, sind Fahrt- und Werbungskosten **immer** durch den 100 €-Grundfreibetrag abgedeckt.

	Betrag in €
Bruttoeinkommen	400,00
	=
Nettoeinkommen	400,00
minus **Grundfreibetrag**	**100,00**
	300,00
Freibetrag 20% von 300 €	**60,00**

Frau Klein behält den 100-€-Grundfreibetrag + 60 € Freibetrag = **160 €**.
Würde Ihr Minijobeinkommen über 400 € liegen, könnte Sie statt des 100-€-Grundbetrages die tatsächlichen Kosten absetzen, soweit entsprechende Kosten nachgewiesen werden können.

Beispiel: Vollzeitjob 1.200 € brutto
Herr Schwarz arbeitet 5 Tage in der Woche. Die Wohnung ist 20 km vom Betrieb entfernt. Er fährt mit dem Zug: Monatsticket 75 €. Er hat ein Kfz; die Kfz-Haftpflicht beträgt 40 €.

Betrag in €	
Bruttoeinkommen	1.200,00
Nettoeinkommen	920,93
minus **Absetzbeträge**	145,00
Versicherungen	30,00
Kfz-Haftpflicht	40,00
und Monatskarte	75,00
Netto bereinigt	**775,93**
Freibetrag (vom Bruttoeinkommen):	
20% von 100 bis 1.000 €	180,00
10% von 1.000 bis 1.200 €	20,00
minus	**200,00**
anzurechnendes Einkommen	**575,93**

Herrn Schwarz werden **345 €** seines Arbeitseinkommens **nicht** angerechnet. Lägen seine Versicherungs-, Werbungs- und Fahrtkosten unter dem 100-€-Grundfreibetrag, würde dieser anstatt der Absetzbeträge vom Nettoeinkommen abgezogen. Dann wären 300 € anrechnungsfrei.

Kritik
Der Freibetrag ist bei einem 400-€-Minijob niedriger als der frühere bei Arbeitslosenhilfe (165 € plus Versicherungen und Fahrtkosten). Und ebenfalls niedriger als nach der alten Sozialhilferegelung. Damals waren es insgesamt 172,50 € gewesen (⇨2.3.2).

Der Höchstbetrag des Freibetrags ist dafür für Alleinstehende, verglichen mit der alten Sozialhilfe von maximal der Hälfte des Regelsatzes (heute: 202 €) plus Absetzbeträge, auf jetzt 300 € gestiegen bzw. 330 €, wenn ein minderjähriges Kind unterhalten wird. *„Damit wird der Anreiz zur Aufnahme einer Arbeit erhöht"*, behauptet die Bundesregierung (Presseerklärung vom 8.7.2005).
In den 300 € sind aber der 100 €-Grundfreibetrag für reale Ausgaben für Versicherungen, Altersvorsorge und Werbungskosten enthalten. Nur 200 € dienen als Mehrbedarf für Arbeit bzw. als Arbeitsanreiz. Damals ein in paar € mehr wurden als bedeutende Verbesserung angepriesen. Denn Vorteile hat die neue Regelung im Wesentlichen nur dann, wenn man seine Versicherungen kündigt, keine private Altersvorsorge betreibt und möglichst keine Werbungskosten hat. Denn der 100-€-Grundfreibetrag bleibt ohne Nachweis frei.

2.3.1.2 Freibetrag bei Sozialgeldbeziehern unter 15 Jahren
Hier bleiben Einnahmen aus Erwerbstätigkeit bis zu 100 € frei (Grundfreibetrag; § 1 Abs. 1 Nr.9 Alg II-V).

2.3.2 Freibetrag bei Sozialhilfebezug (HzL/GSi)
„Bei der Hilfe zum Lebensunterhalt ist ferner ein Betrag in Höhe von 30 vom Hundert des Einkommens aus selbständiger und nichtselbstständiger Tätigkeit der Leistungsberechtigten abzusetzen", **höchstens** jedoch 50% des Regelsatzes oder 202 € (§ 82 Abs. 3 SGB XII). Die Höchstgrenze wurde Ende 2006 von der rot-

schwarzen Bundesregierung eingeführt, um den *„Missbrauch"* der leistungsgeminderten Erwerbsunfähigen zu begrenzen (BT-Drs. 16/2711, 9, 12).
Der Freibetrag beträgt 30% des **Brutto**einkommens (LPK SGB XII, § 82 Rz. 94; Grube/Wahrendorf SGB XII, 2012, § 82 Rz. 95).

Beispiel:
Herr Kling ist nicht erwerbsfähig und arbeitet 8 Stunden in der Woche als Zeitungsausträger. Er bekommt dafür 272 € im Monat. Auch er darf sein Einkommen bereinigen. Unterstellen wir, dass er keine Fahrtkosten zur Arbeit hat, aber 15 € mtl. für private Versicherungen aufwendet. Mit der Pauschale von 5,20 € für Arbeitsmittel und dem Versicherungsbeitrag kann er **20,20 €** vom Einkommen absetzen (⇨2.2.8). Er darf zudem den Freibetrag von 30% des Einkommens oder **81,60 €** behalten. **101,80 €** wären also anrechnungsfrei.

Kritik
Auch hier ist erheblich gekürzt worden. Voll Erwerbsgeminderte hatten in der alten Sozialhilfe 30% des Regelsatzes als Grundbetrag, zuletzt 89,10 €, plus einen Steigerungsbetrag von 25% für das Einkommen, das über den Grundbetrag hinausging. (Blinde und Schwerstbehinderte: 50% plus 25%). Herr Kling hätte damals 158,90 € anrechnungsfrei behalten dürfen. Heute liegt der Freibetrag bei 30% vom Einkommen, nicht vom Regelsatz. Früher brauchte man ein bereinigtes Einkommen von 89,10 €, um den Grundbetrag zu bekommen. Heute muss das Einkommen ca. 300 € betragen, um auf diesen Betrag zu kommen. Erwerbsgeminderte, die heute trotz gesundheitlicher Einschränkungen noch Leistung erbringen, werden von der „Leistungsgesellschaft" abgestraft.

2.4 Schwankende Erwerbseinkommen

Alg II
Ist Ihr Erwerbseinkommen nicht mtl. konstant, werden Leistungen **vorläufig** i.d.R. für sechs Monate bewilligt (§ 41a Abs. 1 Satz 1 Nr. 1 SGB II neu i.V. mit § 41 Abs. 3 Satz 2 SGB II neu).
Näheres unter ⇨Einkommen 3.1, ⇨Bescheid 3.5

2.4 Andere Einkommen
Hinweise zur Anrechnung von Weihnachtsgeld, Urlaubsgeld, Lohnsteuerrückzahlungen, vermögenswirksamen Leistungen usw. finden Sie unter dem Stichwort ⇨Einkommen.

3.1 Aufwandsentschädigung/ „Übungsleiterpauschale"
Vom Einkommen aus ehrenamtlicher bzw. nebenberuflicher Tätigkeit (z.B. als Übungsleiter), das den Charakter einer Aufwandsentschädigung hat, sind **statt des Grundfreibetrags** von 100 € ein Betrag in Höhe des Einkommens bis zu **200 € mtl. abzusetzen**. Können Sie **höhere**, mit der Tätigkeit verbundene **Kosten** nachweisen, sind diese in tatsächlicher Höhe vom Einkommen abzusetzen. (§ 11b Abs. 2 Satz 3 SGB II neu; sinngleich § 82 Abs. 3 Satz 4 SGB XII)

Unter diese Regelung fallen Aufwandsentschädigungen
- die nach **Bundes-** oder **Landesrecht** gezahlt werden (z.B. für Wahlhelfer; § 3 Nr. 12 Einkommensteuergesetz/EStG),
- für ehrenamtliche **Betreuer** nach § 1835a BGB (§ 3 Nr. 26b EStG),
- die im Rahmen einer **gemeinnützigen oder mildtätigen** Tätigkeit gezahlt werden oder von einer kirchlichen Organisation bzw. von Körperschaften des öffentlichen Rechts (§ 3 Nr. 26a EStG),
- für **Mitglieder kommunaler Vertretungen** und Ausschüsse, z.B. für politische Tätigkeiten im Stadtteilparlament (OVG Berlin 24.11.1988 - OVG 6 B 71.87) und
- steuerfreie Einnahmen aus nebenberuflicher Tätigkeit, z.B. als **Übungsleiter**, Ausbilder, Erzieher, Betreuer, aus nebenberuflicher künstlerischer Tätigkeit oder der Pflege alter, kranker oder behinderter Menschen bis zur Höhe von 2.400 € jährlich (§ 3 Nr. 26 Einkommensteuergesetz; ⇨Selbstständige 5.2).

Tipp Prüfen Sie, ob Ihr Einkommen aus Nebentätigkeit den oben genannten Vorgaben entspricht, Sie erhalten ggf. den erhöhten Absetzbetrag.

Üben Sie nebeneinander **Erwerbstätigkeit und ehrenamtliche** bzw. **nebenberufliche Tätigkeit** aus, sind Absetzbeträge für jede Tätigkeit **gesondert** anzusetzen und können

nebeneinander Anwendung finden. D.h. den erhöhten Grundbetrag in Höhe der Aufwandsentschädigung bis max. 200 € **und** den Grundbetrag für Erwerbseinkommen in Höhe des Erwerbseinkommens bis max. 100 €.
Können Sie für die jeweilige Einkommensarten **höhere** mit der Erzielung des Einkommens verbundene **Kosten** nachweisen, sind diese anstelle der **jeweiligen** Grundbeträge abzusetzen.
Der **Erwerbstätigenfreibetrag** beim Erwerbseinkommen steht Ihnen freilich weiterhin zu (⇨2.3.1; hier finden Sie auch, wann und wie höhere, nachgewiesene Kosten vom Erwerbseinkommen abzusetzen sind).

Mit der Neufassung des § 11b Abs. 2 Satz 3 SGB II wurde **mit Wirkung zum 1.8.2016** die Rechtsprechung des BSG (28.10.2014 - B 14 AS 61/13 R) in das Gesetz aufgenommen. In der alten Fassung war die Regelung derart unklar formuliert, dass Jobcenter beim Zusammentreffen von Erwerbseinkommen und Aufwandsentschädigungen oft nur einmal den erhöhten Grundbetrag von max. 200 € anerkannt haben. Das Problem dürfte sich nun erledigt haben.

3.2 Jugend- und Bundesfreiwilligendienst

Jugendliche bzw. junge Erwachsene, die ein sogenanntes **„freiwilliges Soziales Jahr“** (FSJ) absolvieren und Beschäftigte im **Bundesfreiwilligendienst** (Bufdis), sind sozialversichert und erhalten als Aufwandsentschädigung ein „Taschengeld“ sowie häufig freie Unterkunft und Verpflegung und ggf. Fahrtkostenerstattung. Sie haben Anspruch auf aufstockendes Alg II.
Vom Taschengeld dürfen Sie anstelle von 30-€-Versicherungspauschale (⇨1.1), ggf. Kfz-Haftpflichtbeiträge (⇨1.2), der Beiträge für Riesterrente und von Fahrt- und Werbungskosten (§ 11b Abs. 1 Nr. 3 bis 5 SGB II) einen Freibetrag von **bis zu 200 €** behalten (§ 11b Abs. 2 Nr. 3 bis 5 SGB II neu).

Mit Wirkung zum 1.8.2016 wurde die Möglichkeit **gestrichen**, auf Nachweis Kosten in **tatsächlicher Höhe** geltend zu machen, wenn sie 140 € mtl. übersteigen. (§ 1 Abs. 7 Alg II-V alt). Die Rechtsvereinfachung hat Vorrang.

Bei freier Voll**verpflegung** werden pro Arbeitstag 1% des Regelsatzes für die Sachzuwendung „Essen“ auf die Leistung angerechnet. Bei Teilverpflegung werden entsprechende Anteile hiervon abgezogen: für das Frühstück 20%, für das Mittag- und Abendessen jeweils 40%. (§ 2 Abs. 5 Alg II-V)
Bei freier **Unterkunft** werden natürlich keine Unterkunftskosten bezahlt, aber nur, wenn der Hauptwohnsitz aufgegeben wurde.

Information

www.pro-fsj.de
www.bmfsfj.de/BMFSFJ/freiwilliges-engagement,did=183816.html

Kritik

Der Staat muss die Lohnsteuer so festsetzen, dass *„kein Steuerpflichtiger ... infolge einer Besteuerung seines Einkommens darauf verwiesen wird, seinen existenznotwendigen Bedarf durch Inanspruchnahme von Staatsleistungen zu sichern“* (Bundesverfassungsgericht 10.11.1998 - NDV-RD 1999, 24).
Das Kapital aber darf die Löhne so festsetzen, dass sie aus Alg II und anderen Steuermitteln aufgestockt werden müssen.

Erwerbslose haben Interesse an höheren Freibeträgen, um sich zu den Armutsregelsätzen von 404 € etwas dazu zu verdienen. Dieses Interesse ist berechtigt, da erst ein Regelsatz von mindestens 500 € das heutige soziale Existenzminimum auf einem unteren Niveau decken würde. Es muss aber eine Regelung gefunden werden, die dem entgegenwirkt, dass das Interesse der Arbeitslosen am Zuverdienst vom Kapital ausgenutzt wird, um Lohnsenkungen durchzuführen und Alg II als Kombilohn zu nutzen.
Hierzu ist am ehesten die Anerkennung eines Grundfreibetrags geeignet, so wie er heute noch bei Alg I gilt (165 €). In Anlehnung an den neuen Freibetrag für ehrenamtlich tätige, „Übungsleiter“ und Freiwilligendienste wäre dieser **Grundfreibetrag** allerdings **auf 200 € zu erhöhen**. Darüber hinausgehende Arbeitseinkommen würden weitgehend angerechnet. Sinnvoll ist ein einheitlicher Grundfreibetrag in dieser Höhe aber **nur in Kombination** mit den nachstehenden Forderungen.

Forderungen

Gesetzlicher Mindestlohn von mindestens 10 € brutto lohnsteuerfrei die Stunde!
Regelsatzerhöhung auf mindestens 500 €!

Fahrtkosten

1. Im Regelsatz von Alg II/HzL/GSi enthalten?

Ja, im Regelsatz von 404 € sind 20,56 € enthalten. Damit dürfen Sie sich am öffentlichen Nahverkehr beteiligen. Pro Tag können Sie also 68 Cent verfahren. Hinzu kommen 2,23 € für „Reisen" und 2,65 € fürs Fahrrad inklusive Zubehör und Reparaturen.

Bis 1.7.1990 waren im Regelsatz des Haushaltsvorstandes noch 12 Einzelfahrscheine für Nahverkehrsmittel und eine Bahnfahrkarte für eine Hin- und Rückfahrt über 30 km im Wert von damals etwa 36 DM (18,41 €) enthalten. Gemessen an der Preisentwicklung ist das ein Absturz!

Fahrtkosten, die früher in der Sozialhilfe zusätzlich als ⇨einmalige Beihilfe genehmigt werden konnten, sollen Sie jetzt ebenfalls von den 20,56 € bestreiten.

2.1 Bei alten Menschen

können noch Fahrtkosten für Besuchsreisen im Rahmen der Altenhilfe übernommen werden, um ihnen *„die Verbindung mit nahestehenden Personen [zu] ermöglichen"* (§ 71 Abs. 2 Nr. 6 SGB XII).

2.2 Schule und Klassenfahrten

Sozialamt und Jobcenter müssen die Kosten einer mehrtägigen Klassenfahrt als einmalige Beihilfe übernehmen. Eintägige **Ausflüge** werden ab 2011 in Form von Gutscheinen/ Direktzahlungen (an die Schule) übernommen. In besonderen Fällen können auch Fahrtkosten zur Schule übernommen werden. Dies ist in den **Leistungen für Bildung und Teilhabe** geregelt (§§ 28 f. SGB II; §§ 34 f. SGB XII).

Näheres ⇨SchülerInnen

2.3 Fahrtkosten zum Besuch Ihrer getrennt lebenden Kinder

⇨Umgangskosten

2.4 Sonderbedarf an Fahrtkosten

Wenn Sie Fahrtkosten haben, um an Beerdigungen naher Angehöriger oder an der Hochzeit ihrer Kinder teilzunehmen, wenn Sie Ihren Partner oder nahe Angehörige im Krankenhaus besuchen wollen oder im Gefängnis usw., gibt es im SGB II und SGB XII die Möglichkeit, ein **Darlehen** zu bekommen, wenn der Bedarf als unabweisbar anerkannt wird (⇨einmalige Beihilfen 3.). Die Rückzahlung kann unter Umständen erlassen werden (⇨Darlehen 1.12).

Bei Bezug von HzL/ GSi der Sozialhilfe kann bei einer unabweisbaren, **regelmäßigen** und **erheblichen** Überschreitung des Bedarfs durch Fahrtkosten auch der **Regelsatz erhöht** werden (⇨Regelsatz 6.1). Das wären z.B. erhebliche Kosten für regelmäßige weitere Besuchsfahrten zu nahen Angehörigen im Gefängnis oder einer stationären Einrichtung.

Beim Alg II ist das im Rahmen der ⇨**Härtefallregelung** möglich.

Bei **einmaligen** höheren Fahrtkosten z.B. zur Beerdigung oder ans Sterbebett eines nahen Angehörigen kann vom Sozialamt eine Beihilfe **oder** ein Darlehen nach § 73 SGB XII gewährt werden.

2.5.1 Fahrtkosten zum Sozialamt

„Bei einem Verlangen des zuständigen Leistungsträgers nach § 61 [SGB I - Persönliches Erscheinen] sollen Aufwendungen nur in Härtefällen ersetzt werden." (§ 65a Abs. 1 Satz 2 SGB I)

Härtefälle liegen immer dann vor, wenn die Aufwendung wirtschaftlich nicht zumutbar ist. Mit Sicherheit ist das dann der Fall, wenn die Behörde weit entfernt liegt. (⇨Kostenerstattung 3.1)

2.5.2 Fahrtkosten zur Alg-II-Behörde

können auf Antrag übernommen werden, wenn LeistungsbezieherInnen zum Meldetermin vorgeladen wurden.

Tipp Es können immer die tatsächlichen Fahrtkosten geltend gemacht werden, auch wenn der Betrag unterhalb der „Bagatellgrenze" von 6 Euro liegt (BSG 6.12.2007 - B 14/7 b AS 50/06 R). Weisen Sie Ihren Arbeitsvermittler darauf hin. Kommen Sie mit dem Kfz zum Jobcenter, können nach dem Bundesreisekostengesetz 0,20 € je zurückgelegter Strecke geltend gemacht werden, und zwar auf der verkehrsgünstigsten Strecke (LSG Bayern 27.3.2012 - L 11 AS 774/10).

2.5.3 Fahrtkosten zur ⇨Weiterbildung (1.5)

2.5.4 Fahrtkosten zum Ein€Job
⇨Arbeitsgelegenheit (3.2.3)

3. Fahrtkosten anlässlich der Arbeit
- werden von den Behörden bei der Bereinigung des **Erwerbseinkommens** anerkannt (⇨Erwerbstätige, 2.2.2 f.) **oder**
- bei ⇨**Selbständigen** bei der Gewinnermittlung berücksichtigt.

4. ⇨Kraftfahrzeug

5. Verbilligte Monatskarten
In vielen Orten können Sie als BezieherIn von Alg II, HzL/ GSi der Sozialhilfe verbilligt Monatskarten für öffentliche Verkehrsmittel kaufen (⇨Sozialpass).

Forderungen
Nicht vom Regelsatz gedeckte Fahrtkosten zu besonderen Anlässen, müssen als einmalige Beihilfen, nicht als Darlehen übernommen werden!
Nulltarif bei der Nutzung des öffentlichen Nahverkehrs!

Frauenhaus

Jährlich suchen rund 30.000 bis 34.000 Personen (Frauen mit ihren Kindern) in einem der 353 Frauenhäuser und 41 Schutzwohnungen in Deutschland Schutz vor Misshandlungen durch ihre Ehemänner oder Lebens"partner" (BT-Drs. 17/10500, 13). Da nicht genug Kapazitäten vorhanden sind, mussten im Jahr 2011 in über 9.000 Fällen Schutzsuchende abgewiesen werden (ebenda, 15). Trotzdem haben Frauenhäuser keinen Rechtsanspruch auf Förderung und sind auf freiwillige Leistungen der Kommunen und Länder angewiesen.

1.1 Hilfe zum Lebensunterhalt
Über 90% der von Männergewalt betroffenen Frauen sind ⇨erwerbsfähig und bekommen Alg II.
Wenn Sie als nicht erwerbsfähig gelten, bekommen Sie Sozialhilfe.

1.1.1 Regelsatz

Alg II
Bei Alg-II-Anspruch bekommen Sie die Regelleistung von **404 €**, da Sie alleinstehend oder alleinerziehend sind (§ 20 Abs. 2 SGB II).
Die Leistung für Ihre unter 15-jährigen Kinder nennt sich ⇨Sozialgeld.
Auch bei kurzfristigem Bezug wird Alg II als **Beihilfe**, nicht als Darlehen gewährt.

Auch wenn Sie die **Energiekosten** im Frauenhaus nicht selbst zahlen, ist ein Abzug der ⇨Stromkosten vom Regelsatz nicht zulässig (BSG 24.11.2011 - B 14AS 151/10 R). Viele Frauenhäuser erheben aber inzwischen die Stromkosten gesondert direkt bei den Frauen.

HzL/GSi der Sozialhilfe
Wird das Frauenhaus als offene Einrichtung geführt, in der Sie selbst haushalten können, ist auch Sozialhilfebezieherinnen der volle Regelsatz (s.o) zu zahlen.
Wenn sich durch die Versorgung im Frauenhaus Ihr Bedarf zum Lebensunterhalt erheblich reduziert, kann das Sozialamt den Regelsatz entsprechend kürzen. Das wäre gerechtfertigt, wenn z.B. die Kosten für Ernährung und die Stromversorgung durch die Einrichtung getragen werden. In diesem Fall können der Anteil für Ernährung (⇨Regelsatz 2.3) und ⇨Strom gekürzt werden – müssen aber nicht.
Näheres und Kritik unter ⇨Krankheit 2.3

1.1.2 Mehrbedarf für Alleinerziehende
„Grundsätzlich kann davon ausgegangen werden, dass die Voraussetzungen für den Mehrbedarf vorliegen, wenn der Regelbedarf für Alleinstehende/ Alleinerziehende gezahlt wird und mindestens ein Kind im Haushalt lebt." (BA 21.8) Das gilt beim Alg II und i.d.R. bei der Sozialhilfe auch für den Aufenthalt im Frauenhaus (⇨Alleinerziehende 1.1).

1.1.3 Kosten der Unterkunft
Dazu kommen die Kosten der Unterkunft im Frauenhaus. Es gibt z.B. Tagesmietsätze, in denen Miete und Nebenkosten anteilig umgelegt werden. Diese sind von der Behörde zu übernehmen.

Bei besonderen Umständen können zusätzlich die anteiligen bzw. vollständigen Kosten für die Wohnung übernommen werden, aus der Sie geflüchtet sind. Das wäre z.B. möglich, wenn abzusehen ist, dass Sie (z.B. nach dem Auszug Ihres Mannes) dorthin zurückkehren.

Ziehen Sie nach dem Auszug Ihres Mannes in die alte Wohnung zurück, könnte sie nicht mehr als angemessen angesehen werden, da sie jetzt zu groß ist. Gerade wegen der Verarbeitung der Gewalterfahrung sollte es Ihnen nicht zugemutet werden, sich sofort um eine neue Wohnung zu kümmern (⇨Miete).

Wenn Sie die Wohnung aufgeben müssen, muss die Behörde die ⇨ **Umzugs**kosten übernehmen.

1.2 Psychosoziale Betreuung

„Die Erstattungspflicht [des zuständigen Alg-II-Trägers] erfasst auch die Aufwendungen für die psychosoziale Betreuung. Deren Bewilligung richtet sich für die Mutter unmittelbar nach § 16 Abs. 2 Nr. 3 SGB II. Die Bewilligung dieser Leistung an die Kinder erfolgte auf der Grundlage des § 7 Abs. 2 Satz 2 Nr. 2 SGB II." (SG Aachen 20.7.2007 - S 8 AS 17/07; LSG NRW 23.2.2010 - L 1 AS 36/09) Der Begriff der psychosozialen Betreuung ist dabei weit auszulegen (LSG Baden-Württemberg 21.10.2011 - L 12 AS 3169/10).

1.3 Leistungen bei Auszug in eine eigene Wohnung

Wenn Sie eine neue Wohnung beziehen und sich Ihr (Noch-)Gatte weigert, Ihnen Hausrat herauszurücken, ist der dadurch entstehende Bedarf als **Erstausstattung** für die Wohnung zu werten und als einmalige Beihilfe zu übernehmen (§ 24 Abs. 3 Nr. 1 SGB II; SG Aachen, ebenda).

Es handelt sich um einen dringenden Bedarf, der nicht dadurch abgebügelt werden kann, dass Frauen darauf verwiesen werden, gegen ihre frisch getrennten Männer zu klagen. Für die Kostenübernahme ist regelmäßig der Träger am neuen Wohnort zuständig, da es sich normalerweise nicht um einen *„frauenhaustypischen"* Bedarf handelt (LSG NRW 13.7.2011 - L 12 AS 2155/10).

2.1. Zuständigkeit

Um in der Trennungssituation unnötigen Stress zu vermeiden, können Sie Anträge bei der für den Ort des Frauenhauses zuständigen Behörde stellen, auch wenn das Frauenhaus nicht am Ort Ihres bisherigen gewöhnlichen Aufenthalts liegt. Der am bisherigen gewöhnlichen Aufenthaltsort zuständige Träger muss dem Träger am Ort des Frauenhauses die Kosten erstatten (§ 36a SGB II; LSG NRW ebenda; SG Karlsruhe 16.7.2008 - S 8 AS 4000/07).

2.2 Schnelle Hilfe

Die Behörde soll Anträge von Frauen, die von häuslicher Gewalt betroffen sind, bevorzugt bearbeiten und für eine schnelle Bewilligung von Leistung sorgen. Ggf. sind Ihnen Vorschüsse, bei nicht geklärten Ansprüchen vorübergehende Leistungen oder Darlehen zu gewähren. Bei Bedarf soll der Nachweis Ihrer Identität durch die Behörde unterstützt werden. Auch der Zugang zu psychosozialer Hilfe soll umgehend ermöglicht werden. Auf dem Amt sollen Frauen für Sie als persönliche Ansprechpartnerinnen zur Verfügung stehen. (DV, Empfehlungen des Deutschen Vereins zu Hilfeleistungen an von häuslicher Gewalt betroffene Frauen und ihre Kinder insbesondere im Rechtskreis des SGB II, 2008, 6 ff.; NDV 2008, 365 ff.)

2.3 Arbeitspflicht

Alg II hat als *„Grundsicherung für Arbeitssuchende"* die Eingliederung ins Erwerbsleben als Ziel. Das würde bedeuten, dass Frauen, die in Frauenhäuser geflüchtet sind, sofort Arbeit suchen müssten bzw., wenn sie unter 25 Jahre alt sind, sofort in eine Arbeit vermittelt werden.

Das würde die Verarbeitung der Gewaltsituation und ihre Lösung erschweren. Diese Situation zu verarbeiten, sollte für eine gewisse Zeit vorrangig sein.

Der Aufenthalt im Frauenhaus müsste im Bedarfsfall als *„wichtiger Grund"* anerkannt werden, der der Ausübung von Arbeit oder der Annahme eines *„Sofortangebots"* entgegensteht (§ 10 Abs. 1 Nr. 5 SGB II).

Die 14. Konferenz der Gleichstellungs- und FrauenministerInnen und -senatorInnen der Länder (GFMK) forderte am 5.10.2004, dass Arbeitsuche für drei Monate nicht zumutbar sein sollte (info also 6/2004, 282).

3.1 Unterhaltspflicht des getrennt lebenden Ehemannes

Alg II

Eine ⇨Bedarfsgemeinschaft mit dem verlassenen Ehemann liegt nicht mehr vor, wenn die Ehegatten *„dauernd getrennt leben". Das ist aber nur dann der Fall, wenn „zwischen ihnen keine häusliche Gemeinschaft besteht und der Ehegatte sie erkennbar nicht herstellen will, weil er die eheliche Lebensgemeinschaft ablehnt"* (§ 1567 BGB zum Getrenntleben). Solange die ins Frauenhaus geflüchtete Frau die eheliche Lebensgemeinschaft nicht ablehnt und nicht ausschließt, die häusliche Gemeinschaft wiederherstellen zu wollen, besteht die Bedarfsgemeinschaft eigentlich weiter.

Nach Auffassung der BA bilden Sie jedoch nach dem Umzug in ein Frauenhaus keine Bedarfsgemeinschaft mit Ihrem Ehemann mehr, weil sich darin der Wille zur Trennung ausdrücke (BA 7.56).

Es ist positiv, dass die BA über die enge Definition des BGB hinausgeht.

- Liegt keine Bedarfsgemeinschaft vor, kann ein gewalttätiger Ehepartner für die vor ihm geflüchtete Frau auch nicht mehr vertretungsberechtigt sein.
- Liegt keine Bedarfsgemeinschaft vor, tritt die Unterhaltspflicht ein (§ 33 Abs. 2 Nr. 1 SGB II).

Tipp Haben Sie keinen Zugriff auf ggf. bereits an den Mann ausgezahlte Leistungen, soll Ihr Bedarf aufgrund fehlender bereiter Mittel ab Antragstellung für den laufenden Monat neu festgesetzt und Alg II als Zuschuss bewilligt werden (DV, Empfehlungen, ebenda, 10).

Sozialhilfe

Den Unterhaltsanspruch überzuleiten, kann aber nach Meinung des Deutschen Vereins eine *„unbillige Härte"* sein, soweit *„die Zielsetzung der Leistungen im Frauenhaus in der Gewährung von Schutz und Zuflucht vor dem gewalttätigen Partner besteht und diese durch die Mitteilung der Hilfe an den Unterhaltspflichtigen gefährdet erscheint oder durch die Heranziehung eine durch die Frau angestrebte Versöhnung mit dem Partner vereitelt würde"* (Deutscher Verein, Empfehlungen zur Heranziehung Unterhaltspflichtiger in der Sozialhilfe, DV 35/13 AF III, 12.3.2014, Rz. 13).

„Von der Inanspruchnahme nach bürgerlichem Recht Unterhaltspflichtiger ist abzusehen, soweit dies den Erfolg der Hilfe gefährden würde." (§ 68 Abs. 2 Satz 2 SGB XII)

Der Erfolg der Hilfe wäre z.B. gefährdet, wenn die Unterhaltspflicht die Lösung der familiären Probleme erschweren würde oder die Frau nur zu Ihrem Mann zurückkehrt, um dessen Heranziehung zum Unterhalt zu vermeiden.

Deshalb haben Frauenhäuser oft ausgehandelt, dass die Behörden für eine gewisse Zeit auf Unterhaltsansprüche an den Mann verzichten oder sie zurückstellen.

Die GFMK empfiehlt, das Partnereinkommen im ersten Monat des Aufenthalts im Frauenhaus nicht heranzuziehen (info also 6/2004, 282).

3.2 Kostenersatz

Ehemänner, die ihre Frauen mit Gewalt und/ oder Gewaltandrohung aus der Wohnung vertreiben, können jedoch zum Ersatz der Kosten des Frauenhauses herangezogen werden, zumindest für die erste Zeit (VGH Baden-Württemberg 28.1.1998, FEVS 1999, 101 f.).

4. Männerhäuser

Es gibt in Deutschland inzwischen 3 Männerhäuser, in denen männliche Opfer häuslicher Gewalt Schutz finden. Sie sind das Pendant zu den Frauenhäusern und die oben beschriebenen Regelungen für schutzsuchende Frauen sind grundsätzlich auch auf von häuslicher Gewalt betroffene Männer anzuwenden.

Information und Adressen von Frauenhäusern

www.autonome-frauenhaeuser-zif.de (Zentrale Informationsstelle autonomer Frauenhäuser)
www.frauen-gegen-gewalt.de
www.frauenhauskoordinierung.de
http://maennerhaeuser.de

Grundsicherung (GSi)

1.1 Grundsicherung für ältere und voll erwerbsgeminderte Menschen

Personen, die das Regelrentenalter erreicht haben (§ 41 Abs. 2 SGB XII) und Personen über 18 Jahren, die *„voll erwerbsgemindert im Sinne des § 43 Abs. 2 des Sechsten Buches sind und bei denen unwahrscheinlich ist, dass die volle Erwerbsminderung behoben werden kann"* (§ 41 Abs. 3 SGB XII), können auf Antrag Grundsicherung erhalten (⇨Erwerbsfähigkeit).

Sie haben Anspruch auf Grundsicherung, wenn Sie

- das **Regelrentenalter** erreicht haben oder
- eine Erwerbsunfähigkeitsrente oder eine volle Erwerbsminderungsrente **auf Dauer** (unbefristet) haben oder
- die gesundheitlichen Voraussetzungen für die dauerhafte volle Erwerbsminderung erfüllen, aber nicht die versicherungsrechtlichen. Wenn Sie also in den letzten fünf Jahren vor Eintritt der Erwerbsminderung **keine** drei Jahre pflichtversichert waren, sowie insgesamt auch **nicht** die sogenannte „allgemeine Wartezeit" erfüllt haben (mindestens fünf Jahre pflichtversichert in der gesetzlichen Rentenversicherung). Die bindende Entscheidung trifft der Rentenversicherungsträger (§ 45 Abs. 1 Satz 2 SGB XII), nicht ein Amtsarzt. Oder wenn Sie
- in eine **Werkstatt** für behinderte Menschen aufgenommen worden sind (§ 45 Satz 3 Nr. 3 SGB XII) **und** *„wegen Art oder Schwere der Behinderung nicht auf dem allgemeinen Arbeitsmarkt tätig sein können"* (§ 43 Abs. 2 Satz 3 Nr. 1 SGB VI).

Anspruch auf Grundsicherung haben Personen *„mit **gewöhnlichem Aufenthalt im Inland**"* (§ 41 Abs. 1 SGB XII). Welche Behörde zuständig ist, lesen Sie unter ⇨Ortsabwesenheit 2.

1.2 Die Höhe der Leistungen

entspricht denen der Hilfe zum Lebensunterhalt (HzL) der Sozialhilfe.

Die Grundsicherung umfasst:

- *„die ⇨**Regelsätze** nach den Regelbedarfsstufen"* (§ 42 Nr. 1 SGB XII). Im Einzelfall kann der Bedarf zum Lebensunterhalt, jetzt *„Regelbedarf"*, abweichend festgelegt werden, wenn er *„erheblich vom durchschnittlichen Bedarf abweicht"* (§ 27a Abs. 4 SGB XII). D.h. er kann sowohl erhöht als auch gekürzt werden.
- den ⇨**Mehrbedarf** für RenterInnen bzw. voll erwerbsgeminderte Menschen, die einen Schwerbehindertenausweis mit dem Merkzeichen „G" bzw. „aG" besitzen, in Höhe von 17% des maßgebenden Regelsatzes,
- eine eventuelle ⇨Krankenkostzulage,
- einen eventuellen Mehrbedarf für ⇨behinderte Menschen, die Eingliederungshilfe für Schulbildung, schulische Berufsausbildung bzw. Ausbildung zu einer Tätigkeit bekommen,
- ⇨**einmalige Beihilfen** für Erstausstattungen für die Wohnung einschließlich Haushaltsgeräten sowie Erstausstattung für Bekleidung und Erstausstattungen bei Schwangerschaft und Geburt sowie für die Anschaffung von orthopädischen Schuhen und die Reparatur bzw. Miete für therapeutische Geräte und Ausrüstungen,
- Beiträge für ⇨Kranken- und Pflegeversicherung,(§ 42 Nr. 2 SGB XII)
- Leistungen für Bildung und Teilhabe für **Kinder** im Haushalt (§ 42 Nr. 3 SGB XII),
- angemessene *„Bedarfe"* für **Unterkunft** (⇨Miete) und ⇨Heizung (§ 42 Nr. 4 SGB XII neu) und
- ergänzende Darlehen, entsprechend den Regeln der HzL der Sozialhilfe (§ 42 Nr. 5 SGB XII; ⇨einmalige Beihilfen 3.1 ff.).

Darüber hinaus haben GSi-Bezieher natürlich auch Anspruch auf alle weiteren Hilfen nach dem SGB XII, also Eingliederungshilfe für ⇨behinderte Menschen, Hilfe zur Pflege, ⇨Haushaltshilfe usw.

Kritik

Ab 1924 wurde Klein- und Sozialrentnern sowie Erwerbsunfähigen (heute: voll Erwerbsgeminderten) ein Mehrbedarf von 25% zugestanden. Nach dem Krieg wurde er auf 30% erhöht, ab 1.1.1982 wieder auf 20% gesenkt. Seit dem 1.7.1996 haben CDU/ SPD-Regierungen den Mehrbedarf für RentnerInnen und erwerbsunfähige Menschen faktisch gestrichen, da sie ihn von Gehbehinderungen abhängig gemacht haben. Mit der Einführung der Grundsicherung 2003 gestand man älteren und erwerbsgeminderten Menschen immerhin wieder einen Zuschlag von 15% zu. Mit der Hartz-IV-Reform 2005 und der Eingliederung der Grundsicherung in die Sozialhilfe (SGB XII) hat ihn die rot-grüne Bundesregierung wieder kassiert. Die große Koalition der Kürzer dreht damit für diesen Personenkreis die Geschichte bis zu der Zeit vor 1924 zurück.

G

1.3 Grundsicherung nur auf Antrag

Um Grundsicherung zu erhalten, müssen Sie einen Antrag stellen (§ 44 Abs. 1 Satz 1 SGB XII neu). Der Anspruch auf Leistungen geht dann auf den **ersten Tag des Monats** zurück, in dem der Antrag gestellt wurde (§ 44 Abs. 2 Satz 1 SGB XII neu).
Einmalige Beihilfen (§ 31 SGB XII), die Übernahme von Vorsorgebeiträgen (§ 33 SGB XII), Leistungen für Bildung und Teilhabe (§§ 34 ff. SGB XII) und ergänzende Darlehen (§ 37 SGB XII) müssen gesondert beantragt werden (§ 44 Abs. 1 Satz 2 SGB XII neu).

Die Laufenden Leistungen der GSi werden **für ein Jahr bewilligt** (§ 44 Abs. 3 Satz 1 SGB XII neu). Nach Ablauf des Jahres müssen Sie einen **Folgeantrag** stellen. Das Sozialamt muss Ihre Leistungen dennoch weiterzahlen, wenn Sie es vergessen, die Voraussetzungen für GSi aber weiterhin erfüllen (BSG 29.9.2009 - B 8 SO 13/08 R).
Die in Gesetz und Rechtsprechung verankerte Voraussetzung der Kenntnis des Sozialhilfeträgers (§ 18 SGB XII) gilt auch bei der GSi. Allerdings müssen z.B. ⇨**Mehrbedarf**szuschläge oder erhöhte Bedarfe aufgrund von atypischen Bedarfslagen **gesondert beantragt** werden. (BSG 22.04.2016 - B 8 SO 5/15 R)

1.4 Ihr eigenes ⇨Einkommen und ⇨Vermögen

und das Ihres **Partners** werden genauso herangezogen bzw. „geschont" wie in der Sozialhilfe. Das trifft auch auf ⇨eheähnliche Gemeinschaften und gleichgeschlechtliche Lebenspartnerschaften zu. (§ 43 Abs. 1 SGB XII)

Ausnahme: Das Schonvermögen beträgt für über 60jährige oder voll erwerbsgeminderte Haushaltsvorstände 2.600 € statt 1.600 €.

Sind Sie RentnerIn, können Sie von Ihrer **Rente** absetzen:

- Pflichtbeiträge zur **Sozialversicherung** (§ 82 Abs. 2 Nr. 2 SGB XII),
- sowie Beiträge für *„angemessene"* oder *„gesetzlich vorgeschriebene"* **Versicherungen** (§ 82 Abs. 2 Nr. 3 SGB XII; z.B. Haftpflichtvers., Hausratvers. oder Kfz-Haftpflichtvers.),
- **Mitgliedsbeiträge** für den Sozialverband Deutschlands, den Verband der Kriegs- und Wehrdienstopfer (VdK) oder den Verband Volkssolidarität (BVerwG 27.1.1994, NDV 1994, 388 f.) und
- **Gewerkschaftsbeiträge** (BVerwG 4.6.1981, FEVS 29, 441).

Ihre Rente wird um die genannten Beträge bereinigt und erst dann an die Grundsicherung **angerechnet** (⇨Einkommensbereinigung).

Bei Einnahmen aus **Kapitalvermögen** dürfen Sie einen Betrag von **26 €** pro Jahr behalten, alles was darüber liegt, wird angerechnet (§ 43 Abs. 2 SGB XII neu). Der Betrag entspricht 1 % des maximalen Schonvermögens. Die Bundesregierung geht offensichtlich davon aus, dass die Europäische Zentralbank ihre Niedrigzinspolitik fortsetzt.

Verletztenrente von Angehörigen der Nationalen Volksarmee (NVA) wird bis zur Höhe der Grundrente nach dem BVG anrechnungsfrei gestellt. Damit werden versehrte ehemalige NVA-Soldaten, die eine solche Rente beziehen, versehrten ehemaligen Bundeswehrsoldaten gleichgestellt, die stattdessen eine z.T. anrechnungsfreie Rente nach dem BVG erhalten. Abhängig von der Minderung der Erwerbsfähigkeit (20% oder 10%) beträgt die Minderung 2/3 bzw. 1/3 der Mindestgrundrente. (§ 43 Abs. 3 SGB XII neu)

1.5 Einkommen und Vermögen in einer „gemischten" Bedarfsgemeinschaft

Aufgrund der sich ausschließenden Anspruchsvoraussetzungen für Alg II und Grundsicherung nach dem SGB XII kommt es immer wieder vor, dass voll erwerbsgeminderte GSi-Beziehende mit erwerbsfähigen Alg-II-berechtigten Partnern (ggf. mit Kindern) in einer **„Mischbedarfsgemeinschaft“** wohnen.

Die „strengeren“ Regeln für die Heranziehung von Einkommen und Vermögen nach §§ 82 und 90 SGB XII gelten dann nur für den Beziehenden von GSi.

Das **Alg II des Partners** ist zwar aufgrund der unterschiedlichen Regelungen der ⇨Einkommensbereinigung unter Umständen höher, es darf aber als zweckidentische existenzsichernde Leistung nicht als Einkommen auf die GSi der Sozialhilfe angerechnet werden. (BSG 9.6.2011 - B 8 SO 20/09 R)

Das Gleiche gilt für das höhere **Schonvermögen** von SGB-II-Berechtigten. Ihnen muss verbleiben, *„was [ihnen] im Sinne des SGB II nicht genommen werden dürfte“.* Das nach SGB-XII-Kriterien anzurechnende Vermögen des erwerbsfähigen Partners ist deshalb im Rahmen der **Härtefall**regelung als Schonvermögen anzuerkennen. (§ 90 Abs. 3 SGB XII; BSG 20.9.2012 - B 8 SO 13/11 R)

1.6 Keine Vermutung der Bedarfsdeckung durch andere Personen, wenn Sie in einer ⇨ Haushaltsgemeinschaft wohnen

Das Sozialamt darf nicht vermuten, dass Eltern oder andere Mitbewohner von Grundsicherungsbeziehern deren Miete zahlen oder dass diese für deren Lebensunterhalt aufkommen, wenn das Einkommen und Vermögen der Mitbewohnen die Schongrenzen übersteigt (§ 43 Abs. 6 SGB XII neu; Nichtanwendung des § 39 Satz 1 SGB XII).

2. Unterhaltspflicht

Die nicht gesteigerte Unterhaltspflicht wurde bei GSi weitgehend abgeschafft. Das ist ihr **wichtigster Vorteil** gegenüber der Sozialhilfe.

Unterhaltsverpflichtete Personen werden lediglich zum Unterhalt herangezogen, wenn ihr Jahreseinkommen **mindestens 100.000 €** vor Steuern beträgt (§ 43 Abs. 5 Satz 1 SGB XII neu). Auch bei zusammenlebenden, unterhaltsverpflichteten Eltern gilt diese Einkommensgrenze **pro Elternteil** (BSG 25.4.2013 - B 8 SO 21/11 R).

Daraus folgt, dass „normal“ verdienende erwachsene Kinder und Eltern regelmäßig **nicht** zum Unterhalt für die erwerbsgeminderten bzw. verrenteten Angehörigen ersten Grades herangezogen werden, wenn diese Grundsicherung beziehen.

Das Sozialamt darf ohne konkrete Hinweise, dass Unterhaltsberechtigte ein Einkommen in Höhe der Einkommensgrenze oder darüber erzielen, nicht routinemäßig **Einkommensnachweise** fordern, sondern nur *„Angaben verlangen, die Rückschlüsse über die Einkommensverhältnisse ... zulassen“*, z.B. deren berufliche Stellung usw. Es gilt nämlich die Vermutung, dass das Einkommen der Unterhaltsberechtigten unter 100.000 € liegt. (§ 43 Abs. 5 Sätze 2 u. 3 SGB XII neu)

Näheres ⇨Unterhaltspflicht 3.2 (im Vergleich dazu bei der Sozialhilfe ⇨Unterhaltspflicht 3.3)

3. Hilfe zum Lebensunterhalt (HzL) statt Grundsicherung?

Wer *„seine Bedürftigkeit in den letzten zehn Jahren ... vorsätzlich oder grob fahrlässig herbeigeführt“* (§ 41 Abs. 4 SGB XII neu) hat, hat keinen Anspruch auf GSi.

Das trifft zu, wenn Sie Vermögen **verschenken**, das bei der Grundsicherung einzusetzen wäre, z.B. ein Grundstück, ein nicht selbst bewohntes Haus, eine Ferienwohnung, Geldvermögen usw. (⇨Schenkungen).

Voraussetzung ist aber, dass jemand sein Vermögen vorsätzlich oder grob fahrlässig verschenkt. Zwischen Schenkung bzw. hohen Ausgaben und der späteren Bedürftigkeit muss ein ursächlicher Zusammenhang bestehen. Das dürfte umso schwerer nachzuweisen sein, je weiter die Angelegenheit zurückliegt. Ein ursächlicher Zusammenhang ist immer dann nicht gegeben, wenn Ihre Altersvorsorge zum Zeitpunkt der Schenkung ausreichend war.

Ausschluss der Grundsicherung bedeutet, dass der Betreffende keine Grundsicherung, sondern HzL der Sozialhilfe bekommt. Denn hier greift die erhöhte Unterhaltspflicht der Angehörigen. Ein paar Vorteile der Grundsicherung gehen Ihnen dann verloren.

Kritik

Die Grundsicherung (GSi) trat am 1.1.2003 mit dem Ziel in Kraft, ältere sowie dauerhaft voll erwerbsgeminderte Menschen unabhängig von Sozialhilfe zu machen.

Bis Ende 2004 betrug die Grundsicherung 297 € plus einer Pauschale von 44,55 € (15% vom Regelsatz), also 341,55 €. Bis Ende 2004 konnten GSi-Bezieher darüber hinaus einmalige Beihilfen der Sozialhilfe beantragen. Auch das war keine Unabhängigkeit von Sozialhilfe.

G

Ab 2005 sind einmalige Leistungen nicht mehr möglich. Der 15%ige Zuschlag fiel weg. Man bekommt 404 € und Schluss. Der Regelsatz ist unter Berücksichtigung der Preissteigerung heute noch immer geringer als das frühere Leistungsniveau vor 2005.

Durch die Einbeziehung von GSi in das SGB XII ist nun auch von offizieller Seite aufgegeben worden, Grundsicherungsberechtigte unabhängig von Sozialhilfe zu machen. Grundsicherung ist Sozialhilfe.

Die Arbeitgeberverbände (BDA) bezeichnen die Grundsicherung dennoch als „Sozialhilfe de luxe", weil die Unterhaltspflicht stark eingeschränkt ist. Dieser „Luxus" gilt allerdings nur für Leistungen zum Lebensunterhalt. Wenn alte Menschen in Heime kommen, sind die Kinder nach wie vor unterhaltspflichtig (⇨Unterhaltspflicht 3.3 ff.). Bei behinderten Menschen dagegen ist die Unterhaltspflicht auch bei Unterbringung in Einrichtungen stark zurückgefahren worden (⇨Unterhaltspflicht 4.).

Forderungen

Steuerfinanzierte Mindestrente in Höhe von 900 € statt GSi als Sozialhilfeleistung!

Vollständige Abschaffung der Unterhaltspflicht zwischen Eltern und volljährigen Kindern!

Information

Frank Ehmann, Grundsicherung im Alter und bei Erwerbsminderung, Rechtsratgeber, Fachhochschulverlag, Frankfurt 2014

„Härtefallregelung“

besonderer Bedarf

In seinem „*Regelsatzurteil*“ vom 9.2.2010 hat das Bundesverfassungsgericht (BVerfG) eine sogenannte „*Härtefallregelung*“ „*zur Sicherung eines unabweisbaren, laufenden, nicht nur einmaligen besonderen Bedarfs*“ gefordert. Weil sie bis dahin vom SGB II nicht erfasst war, sei sie „*zur Gewährleistung eines menschenwürdigen Existenzminimums ... zwingend zu decken...*“ (1 BvL 1/09, 1 BvL 3/09 und 1 BvL 4/09). Das Gericht hat deshalb mit sofortiger Wirkung angeordnet, „ *dass dieser Anspruch ... unmittelbar aus Art. 1 GG in Verbindung mit Art. 20 Abs. 1 GG zu Lasten des Bundes geltend gemacht werden kann*“ (Pressemitteilung BVerfG, 9.2.2010).

Die Sicherung des Anspruchs wurde durch das BVerfG angeordnet und die Bundesregierung hat ihn zum 2.7.2010 fast wortwörtlich ins SGB II übertragen, statt eine flexiblere Regelung nach dem Vorbild der Sozialhilfe (§27a Abs. 4 SGB XII) zu schaffen.

„*Bei erwerbsfähigen Leistungsberechtigten wird ein Mehrbedarf anerkannt, soweit im Einzelfall ein unabweisbarer, laufender, nicht nur einmaliger besonderer Bedarf besteht.*“ (§ 21 Abs. 6 Satz 1 SGB II)

Als „Härtefallregelung“ für nicht von den SGB-II-Leistungen umfasste Bedarfslagen wurde sie von der BA von vornherein zum Ausnahmezustand deklariert: „*Der zusätzliche Anspruch ist ... angesichts seiner engen und strikten Tatbestandsmerkmale auf wenige Fälle begrenzt.*“ (BA 21.32)

Richtig wäre gewesen, die Anspruchsvoraussetzungen für einen nicht näher bestimmten Bedarf ergebnisoffen auszulegen. Stattdessen wird die restriktive Gewährungspraxis für die neue Leistung von oben angeordnet. (Vgl. Klerks, info also 2010, 205)

1. Wann liegt ein Härtefall vor?

1.1 Was ist ein besonderer Bedarf?

Eine besondere Bedarfslage liegt vor, wenn sie durch den ⇨Regelsatz nicht abgedeckt ist. Das ist der Fall wenn sie

- aufgrund Ihrer Besonderheit nicht vom Regelsatz umfasst ist, weil die Art des Bedarfs nicht in nachweisbarem Umfang bei der Bemessung des Regelsatzes berücksichtigt wurde (z.B. Kosten für eine Haushaltshilfe, Besuchskosten von inhaftierten Angehörigen oder Kosten im Zusammenhang mit der Wahrnehmung des Umgangsrechts),
- zwar dem Grunde nach im Regelsatz berücksichtigt sind, aber aufgrund der atypischen Bedarfslage ein überdurchschnittlicher ⇨Mehrbedarf auftritt (z.B. krankheits- bzw. hygienebedingte Aufwendungen aufgrund einer schweren Erkrankung oder erhöhte Fahrtkosten aufgrund einer dauerhaften Behandlung).

H

1.2 Unabweisbarkeit des Bedarfs

„*Der Mehrbedarf ist unabweisbar, wenn er insbesondere nicht durch die Zuwendungen Dritter sowie unter Berücksichtigung von Einsparmöglichkeiten der Leistungsberechtigten gedeckt ist und seiner Höhe nach erheblich von einem durchschnittlichen Bedarf abweicht.*“ (§ 21 Abs 6 Satz 2 SGB II)

Das bedeutet, Sie müssen zunächst versuchen, den Bedarf durch **vorrangige Leistungen** anderer Träger, z.B. Kranken-, Pflegekasse, Rehabilitationsträger oder durch das Blindengeld abzudecken.

Auf freiwillige **Zuwendungen** von Wohlfahrtsorganisationen oder Angehörigen kann man Sie allerdings nicht verweisen, wenn hierzu keine gesetzliche Verpflichtung besteht. Sie müssen sich nicht vorrangig um Almosen bemühen, wenn solche Zuwendungen nicht ohne Ihr Zutun geleistet werden.

Welche **Einsparmöglichkeiten** im Regelsatz bestehen, ist umstritten. Gerade wenn der besondere Bedarf dauerhaft sein soll, kann man sie langfristig nicht darauf verweisen, den im Regelsatz enthaltenen **Ansparbetrag** (gut 50 €) aufzuwenden, weil damit die Unterdeckung bei unregelmäßig wiederkehrenden Bedarfslagen (Ersatzbeschaffung Hausrat, Bekleidung, Reparaturen, Dienstleistungen usw.) vorprogrammiert ist. Wenn Sie im Bedarfsfall gezwungen sind, dafür ein ⇨Darlehen aufzunehmen, wird dieses mit 10% des Regelsatzes aufgerechnet (⇨einmalige Beihilfen 3.) und der Verteilungsspielraum innerhalb des Regelsatzes reduziert sich auf Null.

Auch der Verweis auf den Einsatz des **Erwerbstätigenfreibetrages** ist nicht zu rechtfertigen. Dieser soll den höheren Bedarf von Erwerbstätigen decken und als Anreiz für die Ausübung einer Beschäftigung dienen. Auch die BA vertritt diese Auffassung (BA 21.34).

Unserer Meinung nach ist es ebenfalls nicht zulässig, Sie auf den vorrangigen Einsatz des **Anspar- und Schonvermögens** zu verweisen. Ein solcher ⇨**Vermögen**seinsatz würde Sie im Fall einer *„laufenden, nicht nur einmaligen besonderen"* Bedarfslage gegenüber anderen Leistungsberechtigten dauerhaft benachteiligen, denn Leistungen nach dem SGB II sollen ja gerade **nicht** von Einsatz von Schonvermögen und dem privilegierten Vermögen (§ 12 Abs. 2 u. 3 SGB II) abhängig gemacht werden. Das gilt im Übrigen auch für die anderen ⇨**Mehrbedarf**szuschläge, die ebenfalls besondere Bedarfslagen abdecken.

H

Entscheidend für diese Frage ist, wann das verfassungsrechtliche gebotene **soziokulturelle Existenzminimum** unterschritten wird, und Einsparmöglichkeiten in anderen Bedarfspositionen (z.B. Freizeit/ Unterhaltung/ Kultur oder Beherbergungs- und Gaststättendienstleistungen) ausgeschöpft sind. Auf der anderen Seite dürfen Sie durch die atypische Bedarfslage auch nicht dauerhaft von der Möglichkeit ausgeschlossen werden, z.B. soziale Beziehungen zu Ihrer Umwelt zu unterhalten.

Das BSG hat klargestellt, dass es bei der Höhe des mtl. Bedarfs **keine** allgemeine *„Bagatellgrenze"* von **10%** des monatlichen Regelsatzes gibt und **27,20 €** Fahrtkosten im Zusammenhang mit dem Umgangsrecht anerkannt (4.6.2014 - B 14 AS 30/13 R). Auch bei mtl. zusätzlichen Hygienekosten in Höhe von **20,45 €** sei im Rahmen der *„Ermessenserwägung"* eine *„Bagatellgrenze"* noch nicht unterschritten (BSG 19.8.2010 - B 14 AS 13/10 R). Das erkennt die BA inzwischen an: *„Eine allgemeine Bagatellgrenze in Höhe von 10% des Regelbedarfs ist im SGB II nicht festgelegt. Es ist daher eine Berücksichtigung der Umstände des Einzelfalls erforderlich."* (BA 21.34)

1.3 Laufender, nicht nur einmaliger Bedarf

Das BVerfG hat bei seinem Urteil zur „Härtefallregelung" vorgegeben, dass der Bedarf langfristig oder dauerhaft sein soll. Einmalige oder kurzfristig erhöhte Bedarfslagen scheiden laut Gericht daher aus. Für Sie besteht weiterhin eine Regelungslücke (⇨4.).
Der Bedarf muss demnach **regelmäßig** oder auch in größeren Zeitabständen **wiederkehrend** anfallen. Die BA geht davon aus, dass das erfüllt ist, wenn er in einem 6monatigen *„Bewilligungsabschnitt voraussichtlich mehrmals anfällt"* (BA 21.36).
Ob eine wiederkehrende Bedarfslage ggf. auch bei größeren Zeitabständen zwischen dem Entstehen des Bedarfs vorliegt, hängt unserer Ansicht nach vor allem von Art und Höhe des jeweiligen Bedarfs ab. Das LSG NRW hat eine solche Bedarfslage bei einer chronischen Augenerkrankung anerkannt, die zu einer kontinuierlichen Verschlechterung der Sehkraft führt und eine häufigere Anpassung der Sehschärfe notwendig macht. Die Anschaffung einer Brille sei in diesem Fall ein regelmäßig wiederkehrender Sonderbedarf, der dann im Rahmen der Härtefallregelung als Zuschuss zu übernehmen ist. (LSG NRW 12.6.2013 - L 7 AS 138/13 B)

2.1 Positivliste der BA

Da das Bundesministerium für Arbeit und Soziales eine sehr enge und einschränkende Auslegung der „Härtefallregelung" vorgibt, wurde von der BA eine kurze Liste mit Bedarfslagen erstellt, bei denen **zusätzliche Leistungen** in Frage kommen:

- Pflege- und Hygieneartikel, z.B. bei HIV-Infektion (BSG 19.8.2010 - B 14 AS13/10 R), Hautpflegemittel bei Neurodermitis (SG Bremen 28.2.2011 - S 22 AS 2474/10 ER),
- Putz-/ Haushaltshilfe für körperlich stark beeinträchtigte Personen (z.B. Rollstuhlfahrer) aber auch bei erheblicher Einschränkung nach einer OP (SG Stuttgart 7.7.2010 - S 24 AS 3645/10 ER) und
- angemessene Kosten zur Wahrnehmung des ⇨Umgangsrechts, vor allem Fahrtkosten, zusätzliche (Fahrt-) Kosten für die Begleitung der Kinder und Kosten für die

auswärtige Übernachtung des Elternteils (LSG Niedersachsen-Bremen 9.6.2010 - L 13 AS 147/10 B ER).

Diese Liste ist nicht abschließend. (BA 21.37)

2.2 Negativliste der BA

Damit keine Begehrlichkeiten aufkommen, hat die BA auch eine nicht abschließende Liste von Fallgestaltungen beigefügt, bei denen **keine** zusätzlichen Leistungen zu erbringen sind:
- Schulmaterialien und Schulverpflegung,
- Schülerfahrkarte,
- Nachhilfeunterricht,
- Bekleidung und Schuhe in Über- bzw. Untergrößen (a.A. LSG Berlin-Brandenburg ⇨2.3) und
- Kinderbekleidung im Wachstumsalter.

(BA 21.38)

Außerdem können andere *„Mehrbedarfe nach § 21 Abs. 2 bis 5 nicht im Rahmen der Härtefallregelung aufgestockt werden"* (BA 21.34).

Bei den oben genannten Bedarfslagen wird ein Anspruch nach der *„Härtefallregelung"* regelmäßig daran scheitern, dass ein Bedarf zu geringfügig oder nicht atypisch ist, von höchstrichterlicher Rechtsprechung ausgeschlossen wurde (wachstumsbedingter Kinderbedarf) oder inzwischen durch andere Leistungen, z.B. den *„Leistungen für Bildung und Teilhabe"* (§ 28 SGB II, seit 1.1.2011; ⇨SchülerInnen) abgedeckt ist.

2.3 Was gehört noch alles in die „Härtefallregelung"?

Neben den in der BA-Positivliste aufgeführten Bedarfslagen kommen Mehrbedarfszuschläge **unter anderem** bei folgendem Sonderbedarf in Betracht (vgl. u.a. Geiger 2012, 231 ff.):
- **Bekleidungsüber-** oder **Untergrößen** (LSG Berlin-Brandenburg 4.4.2011 - L 15 SO 41/11 NBZ, zur Sozialhilfe aber vergleichbar, entgegen der Ansicht der BA ⇨2.2),
- **Besuchskosten** bei Inhaftierung des Sohnes (LSG Bayern 10.7.2012 - L 7 AS 963/10, nach Geiger 2014, 249) oder der kranken Mutter in einer Einrichtung (BSG 20.4.2016 - B 8 SO 5/15 R; ⇨5.)
- **Betreuungskosten** bei Besuch einer kranken/ inhaftierten Partners,
- Kosten einer **Gehbehinderung**, soweit ein atypischer Bedarf nachgewiesen wird (BSG 18.2.2010 - B 4 AS 29/09 R),
- erhöhter **Energieverbrauch** wegen Waschzwangs (LSG Niedersachsen-Bremen 23.2.2011 - L 13 AS/09),
- Kosten besonderer **medizinischer Versorgung**, z.B. bei regelmäßigen Fahrtkosten (LSG NRW 19.3.2015 - L 6 AS 1926/14; SG Wiesbaden 11.10.2010 - S 23 AS 766/10 ER; zur Substitutionsbehandlung Suchterkrankter), für spezielle zuzahlungspflichtige Medikamente (LSG NRW 12.6.2010 - L 7 AS 701/10 B ER; LSG Sachsen-Anhalt 21.1.2010 - L 10KR 4/07) **nicht** dagegen bei kieferorthopädischer Behandlung, wenn die medizinisch notwendige Versorgung durch das Leistungsrecht der gesetzlichen Krankenversicherung sicher gestellt ist (BSG 12.12.2013 - B 4 AS 6/13 R) und
- mit der **Schulausbildung** verbundene Kosten, soweit diese nicht von den *„Leistungen für Bildung und Teilhabe"* (§ 28 SGB II) umfasst sind, z.B. vorübergehende Übernahme von Schulgeld, wenn kurz vor dem Abschluss ein Schulwechsel nicht mehr zuzumuten ist oder Kostenübernahme für einen Schulhelfer, falls kein Anspruch auf vorrangige Leistungen der Jugendhilfe besteht (VG Berlin 10.12.2010 - VG 18 L 312.10; LSG NRW 20.12.2013 - L 9 SO 429/13 B ER, nach Geiger 2014, 255, mit weiteren Nennungen).

2.4 Einzelentscheidung

Eine starre Fixierung auf Bedarfslisten ist allerdings wenig hilfreich, weil sie in der Gewährungspraxis davon ablenken, dass ein atypischer Bedarf sich gerade in Bezug auf Art und Fallgestaltung nicht von vornherein in Kategorien fassen lässt. Eine Entscheidung **muss** daher immer unter Berücksichtigung der **Besonderheiten des Einzelfalles** getroffen und entsprechend begründet werden (⇨Ermessen). Mangelt es hieran, können Sie gegen einen ablehnenden Bescheid ⇨Widerspruch einlegen.

Tipp Angesichts der restriktiven Verwaltungsvorgaben und eines relativ neuen Leistungsbereichs, über den die Sozialgerichte zu entscheiden haben, kann es aussichtsreich sein, vom Jobcenter abgelehnte Ansprüche mittels ⇨Klage durchzusetzen.

3. Antrag und Verfahren

Leistungen nach der „Härtefallregelung" sind **vom Grundantrag auf Alg II erfasst** (§ 37

Abs. 1 SGB II; wie z.B. Betriebskostennachforderungen: BSG 22.3.2010 - B 14 AS 6/09 R). Weil der besondere Bedarf nach Art und Höhe dem Jobcenter aber nicht bekannt sein kann, müssen Sie einen Antrag stellen und geeignete Nachweise für die Bedarfslage vorlegen.

Bei medizinisch begründetem Mehrbedarf wird ein entsprechendes ärztliches Attest benötigt. Die Übernahme der hierfür entstehenden Kosten können Sie beim Jobcenter beantragen (⇨Kostenersatz).

Der Bedarf kann unter Umständen **rückwirkend** auch für mehrere Bewilligungszeiträume erbracht werden, wenn Sie am Tag der Entstehung eines Anspruchs hilfebedürftig waren und entsprechende Aufwendungen nachweisen können. Außerdem darf Ihnen kein Nachteil entstehen, weil Sie auf dem Antragsformular versäumt haben anzukreuzen, dass ein *„unabweisbarer, laufender, nicht nur einmaliger besonderer Bedarf"* besteht (Alg-II-Hauptantrag, 3). Hier darf das Jobcenter nicht von einem Verzicht auf Leistungen ausgehen. Bei dieser Formulierung handelt es sich mithin um einen für *„rechtsunkundige Laien nicht ohne weiteres zu durchschauenden unbestimmten Rechtsbegriff"*, den Sie nicht verstehen müssen (LSG NRW 4.3.2014 - L 19 AS 1516/13 B).

Eine Bewilligung des Mehrbedarfs für den Zeitraum vor dem BVerfG-Urteil vom 9.2.2010 ist dagegen ausgeschlossen (BVerfG 24.3.2010 - 1 BvR 395/09).

Mehrbedarfe nach § 21 Abs. 6 SGB II sollen längstens für einen Bewilligungszeitraum (6 Monate) gewährt und i.d.R. endgültig bewilligt werden. Wenn Höhe und Dauer des Mehrbedarfs nicht abzusehen sind, kann auch ein **Vorschuss** nach § 42 SGB I erbracht werden. (BA 21.40)

Wenn Sie einen ausgezahlten Mehrbedarf nicht **zweckentsprechend verwenden**, kann das Jobcenter die Bewilligung widerrufen (§ 47 Abs. 2 Nr. 1 SGB X; BA 21.41).

Einen nachträglichen Nachweis über die zweckentsprechende Verwendung der Leistung dürfte allerdings nur in begründeten Fällen zu fordern sein. Sie müssen zuvor darauf hingewiesen werden, damit Sie entsprechende Belege sammeln können. Grundsätzlich dürfen Sie nicht unter Generalverdacht gestellt werden.

4. Regelungslücke: einmalige und kurzzeitige Bedarfe

Weil das BVerfG den Handlungsbedarf bei der „Härtefallregelung" ausdrücklich auf einen „laufenden, nicht nur einmaligen besonderen Bedarf" beschränkt hat und die Bundesregierung dem gefolgt ist, besteht eine Regelungslücke für der Höhe nach erheblich abweichende einmalige und kurzzeitige Bedarfe, die von den Regelsätzen nicht gedeckt sind.

Diese Lücke kann unserer Auffassung nach nur über ergänzende Sozialhilfeleistungen nach § 73 SGB XII geschlossen werden. Weil die BA ein Verweis auf Leistungen nach § 73 SGB XII mit Blick auf die neue Rechtslage ausschließt (BA 21.32), ist damit zu rechnen, dass auch die Sozialämter mauern und Sie Ihren Anspruch mit einer ⇨Klage durchsetzen müssen.

Beispiele für solche Bedarfslagen ⇨Einmalige Beihilfen 5.

5. Härtefallregelung in der Sozialhilfe: Regelsatzerhöhung

Zur Deckung eines atypischen, laufenden Bedarfs, der erheblich von einem durchschnittlichen Bedarf abweicht, kann bei HzL und GSi der Sozialhilfe der Regelsatz individuell erhöht werden (§ 27a Abs. 4 SGB XII; ⇨Regelsatz 6.1). Das ist grundsätzlich bei den gleichen Bedarfs- und Lebenslagen möglich wie beim Alg II (⇨2.1 ff.).

Zur Deckung der Fahrtkosten für Besuche bei einem erkrankten Elternteil können nach Ansicht des BSG sowohl der Regelsatz individuell erhöht, als auch Leistungen der Hilfe in sonstigen Lebenslagen (§ 73 SGB XII) erbracht werden. Dabei genügt die hinreichende Kenntnis des Sozialhilfeträgers, dass eine Bedarfslage möglicherweise vorliegt, um den Anspruch auszulösen (§ 18 SGB XII). (BSG 20.4.2016 - B 8 SO 5/15 R)

Forderungen

Keine Reduzierung der „Härtefallregelung" auf laufende, nicht nur einmalig auftretende Bedarfslagen!

Mehrbedarf auch bei geringfügiger Unterschreitung des Existenzminimums!

Haushalts-gemeinschaft

Alg II

„Leben Hilfebedürftige in Haushaltsgemeinschaft mit ***Verwandten*** *oder* ***Verschwägerten****, so wird vermutet, dass sie von ihnen Leistungen zum Lebensunterhalt erhalten, soweit dies nach deren Einkommen und Vermögen erwartet werden kann."* (§ 9 Abs. 5 SGB II)

Leben Sie „nur" mit Freunden zusammen, darf nicht vermutet werden, dass Sie von diesen unterstützt werden.

Hilfe zum Lebensunterhalt (HzL) der Sozialhilfe

„Lebt eine nachfragende Person [die Sozialhilfe beansprucht] gemeinsam mit anderen Personen in einer Wohnung oder in einer entsprechenden anderen Unterkunft, so wird vermutet, dass sie gemeinsam wirtschaften (Haushaltsgemeinschaft) und dass die nachfragende Person von [diesen] ... Leistungen zum Lebensunterhalt erhält, soweit dies nach ihrem Einkommen und Vermögen erwartet werden kann." (§ 39 Satz 1 SGB XII)

Mit *„anderen Personen"* sind Eltern, volljährige Kinder, Verwandte und Freunde gemeint, nicht aber Ehegatten, Lebenspartner und eheähnliche Partner.

Grundsicherung (GSi)

„§ 39 Satz 1 ist nicht anzuwenden." (43 Abs. 1 SGB XII)

Bei BezieherInnen von Grundsicherung, die mit anderen Personen in einer Haushaltsgemeinschaft leben, wird also nicht geprüft, ob sie Mittel zum Lebensunterhalt von ihnen bekommen.

Insbesondere für dauerhaft voll Erwerbsgeminderte ist das ein Fortschritt. 80% der behinderten Menschen, die in Werkstätten arbeiten, leben mit ihren Eltern bzw. Verwandten in einem gemeinsamen Haushalt. Ihr eigenständiger Anspruch wird gestärkt.

Inhaltsübersicht:

1.1 Was ist eine Haushaltsgemeinschaft?

Das bloße Zusammenwohnen reicht nicht aus. Sie müssen *„gemeinsam wirtschaften"* (§ 39 Abs. 1 SGB XII; ⇨Wohngemeinschaft 1.2). *„Eine Haushaltsgemeinschaft liegt nicht vor, wenn zwar eine Wohnung gemeinsam bewohnt, jedoch selbständig und getrennt gewirtschaftet wird. ... Bei Untermietverhältnissen, (studentischen) Wohngemeinschaften ... etc. wird in der Regel keine Haushaltsgemeinschaft bestehen."* (BA 9.9)

1.2 Was sind Verwandte?

Eltern im Verhältnis zu ihren Kindern sind Verwandte ersten Grades. Großeltern im Verhältnis zu ihren Enkeln sind Verwandte zweiten Grades. Tanten, Onkel, Neffen und Nichten, Cousins und Cousinen sind Verwandte dritten Grades.

1.3 ...und Verschwägerte?

Verschwägerte sind Schwiegereltern und -kinder, Stiefväter, -mütter bzw. Stiefkinder und Schwägerin oder Schwager.

H

Nur Verwandte ersten Grades sind unterhaltspflichtig (⇨Unterhaltspflicht), müssen also ihr über dem Selbstbehalt liegendes Einkommen einsetzen. Bei allen anderen (u.a. bei Schwiegereltern) kann nur vermutet werden, dass sie etwas zahlen. Sie müssen es aber nicht.
Die Bundesregierung hat beim Alg II allerdings mit dem Konstrukt der ⇨**Bedarfsgemeinschaft** eine Unterhaltsverpflichtung der Stiefeltern für die im Haushalt lebenden Kinder eingeführt.

H

1.4 ... andere Personen?

Das SGB XII dehnt die Unterhaltsvermutung auf alle Personen aus, mit denen Sie gemeinsam in einer Wohnung wohnen und wirtschaften (haushalten).
Nicht nur Verwandte und Verschwägerte (wie im SGB II und im früheren BSHG), sondern **alle Personen**, mit denen jemand zusammenwohnt, stehen unter dem Verdacht, dem Sozialhilfe beziehenden Mitbewohner etwas zuzustecken.

1.5 Was heißt „Leistungen zum Lebensunterhalt erhalten"?

Vom Regelsatz umfasster Bedarf

Erhalten Sie von Ihren Angehörigen ein **Taschengeld**, kann dieses grundsätzlich als Einkommen an die Leistung angerechnet werden.
Beziehen Sie **Alg II,** bleiben Sachzuwendungen i.d.R. unberücksichtigt. So darf kostenlose **Verpflegung** (BSG 18.6.2008 - B 14 AS 46/07 R) oder kostenloser **Strom** (BSG 24.11.2011 - B 14 AS 151/10 R) nicht mehr bedarfsmindernd an Ihr Alg II angerechnet werden.
In der **HzL** oder **Grundsicherung** (GSi) der Sozialhilfe sieht das anders aus. *„Im Einzelfall wird der individuelle Bedarf abweichend vom Regelsatz festgelegt..."* (§ 27a Abs. 4 SGB XII). Eine Kürzung der Regelleistung ist demnach erlaubt. Werden Sie von Verwandten **voll verpflegt**, können Ihnen der Ernährungsanteil des Regelsatzes von 143,44 € als abweichender Bedarf in Abzug gebracht werden. Bei kostenloser **Strom**nutzung sind es 31,40 €. Näheres unter ⇨Regelsatz

Tipp Wenn Sie gemeinsame Mahlzeiten angeben und plausibel erklären, dass Sie Ihren Angehörigen den finanziellen Gegenwert der Mahlzeiten erstatten, kann Ihnen keine geldwerte Leistung vom Regelsatz abgezogen werden.

Unterkunftskosten

Wenn Sie **kostenlos** bei Ihren Verwandten wohnen, werden Ihnen vom Amt keine Unterkunftskosten geleistet. Beteiligen Sie sich **anteilig** an den Kosten der Unterkunft, wird Ihnen nur der tatsächlich gezahlte Anteil vom Amt erstattet.
Sie haben allerdings **Anspruch** darauf, dass Ihnen die angemessenen Kosten der Unterkunft vom Amt erstattet werden, wenn diese Ihrem tatsächlichen Mietanteil entsprechen. Angemessen sind dabei die durch die Kopfzahl der Bewohner geteilten **warmen Unterkunftskosten** (BSG 23.11.2006 - B 11b AS1/06 R; ⇨Miete).

1.6 Widerlegung der Vermutung

In einer Haushaltsgemeinschaft können Personen leben, die einander unterhaltspflichtig sind oder auch nicht.
Wenn Sie nach bürgerlichem Recht unterhaltspflichtig sind, werden Sie i.d.R. im Rahmen der ⇨**Unterhaltspflicht** herangezogen. Werden Sie aufgrund **sozialrechtlicher Vorschriften** zum Unterhalt für Personen herangezogen, die mit Ihnen in einer Haushaltsgemeinschaft wohnen, können Sie die Unterhaltsvermutung widerlegen.

Sind Sie **nicht unterhaltspflichtig**, hängt es ausschließlich von Ihrer Bereitschaft ab, ob Sie eine Person in der Haushaltsgemeinschaft unterstützen. Wenn Sie es wollen und tatsächlich tun, vermindert sich der Bedarf des Hilfebedürftigen entsprechend Ihrer Unterstützung.
Wenn Sie **nicht** unterstützen wollen oder nach Ihrer Meinung nicht können, können Sie die Vermutung der Unterstützung durch eine eidesstattliche Versicherung widerlegen (BVerwG NDV 1966, 250).

Tipp Eine Haushaltsgemeinschaft besteht überhaupt nur dann, wenn gemeinsam gewirtschaftet wird. Gemeinsames Einkaufen von Lebensmitteln, anderen Bedarfsartikeln und eine gemeinsame Kasse, wie sie auch in

Wohngemeinschaften üblich ist, reicht hierzu nicht aus (BSG 27.1.2009 - B 14 AS 6/08 R, LSG Niedersachsen-Bremen 4.12.2008 - L 9 AS 467/09 ER).

2. Welche Personen sind zum Unterhalt verpflichtet?

2.1 Haushaltsgemeinschaft mit Unterhaltspflichtigen nach dem BGB

2.1.1. Alg II

1. Schritt: Wer ist unterhaltspflichtig?

- **Eltern gegenüber ihren unter 25jährigen Kindern**
  Bei Alg-II-Bezug bzw. der Überprüfung, ob Hilfebedürftigkeit eines unter 25jährigen nach SGB II vorliegt, werden die Eltern für die unter 25jährigen Kinder in ihrem Haushalt **gesteigert** in die Unterhaltspflicht genommen. Sie bilden mit den Kindern eine ⇨**Bedarfsgemeinschaft** (s. auch ⇨Jugendliche und junge Erwachsene).
- **Eltern gegenüber ihren über 25Jährigen Kindern**
  Erst wenn die „Kinder" im Haushalt der Eltern das **25. Lebensjahr vollendet** haben, werden sie nach dem SGB II wie Erwachsene behandelt. Sie bekommen dann den vollen Regelsatz und die mit ihnen in der **Haushaltsgemeinschaft** wohnenden Eltern sind für sie **nicht gesteigert** unterhaltspflichtig.
- **Volljährige Kinder gegenüber ihren Eltern**
  Leben volljährige Kinder, die ihren Lebensunterhalt mit eigenem Einkommen bestreiten können, zusammen mit den Alg-II-beziehenden Eltern in einem Haushalt, vermutet das Jobcenter eine **Haushaltsgemeinschaft** und geht von einer **nicht gesteigerten** Unterhaltspflicht der Kinder aus.

Tipp Von einer Haushaltsgemeinschaft zwischen Eltern und volljährigen „Kindern" kann nur ausgegangen werden, wenn über eine bloße Wohngemeinschaft hinaus der Haushalt in einer Wirtschaftsgemeinschaft geführt wird (BSG 18.2.2010 - B 14 AS 32/08 R, B 4 AS 5/09 R). Hierfür trägt das Jobcenter die Beweislast (BSG 27.1.2009 - B 14 AS 6/08 R).

2. Schritt: In welchem Umfang?

Liegt tatsächlich eine Haushaltsgemeinschaft mit entsprechender Unterhaltsverpflichtung der Eltern gegenüber über 25jährigen Kindern oder der volljährigen Kinder gegenüber deren Eltern (bzw. einzelner Elternteile) vor, wird die **Hälfte** des Einkommens der unterhaltsverpflichteten Person zum Unterhalt herangezogen, das **über dem Selbstbehalt** liegt.
Der Selbstbehalt ergibt sich für die **unterhaltsverpflichtete Person** aus
dem **doppelten Regelsatz** (§ 20 Abs. 1 Satz 1 SGB II),
also 808 €,
plus maßgeblicher ⇨Regelsatz für jede weitere mit der unterhaltsverpflichteten Person in einer „Bedarfsgemeinschaft" lebenden Person,
plus ggf. ⇨**Mehrbedarf**szuschläge,
plus Aufwendungen für **Unterkunft** und Heizung.

Das zu berücksichtigende ⇨**Einkommen** muss um die **Absetzbeträge** (§ 11 b SGB II) bereinigt werden. Bei Erwerbseinkommen jeder Person ist ein Erwerbstätigenfreibetrag (§ 11b Abs. 3 SGB II) in Abzug zu bringen. (§ 1 Abs. 2 Alg II-V; ⇨Einkommensbereinigung)
Da es sich im Rahmen der Haushaltsgemeinschaft um eine „Unterstützungserwartung" handelt, dürfen Sie darüber hinaus jegliche Versicherungsbeiträge, Kosten für Fort- und Weiterbildung, Unterhaltszahlungen, Sonderbedarfe, Zinsen und Tilgung für Kredite (SG Kassel 3.11.2009 - S 6 AS 733/07) usw. vom Einkommen abziehen.
Wenn das so ermittelte Einkommen Ihren Selbstbehalt übersteigt, verlangen die Jobcenter, dass Sie die Hälfte des Differenzbetrages als Unterhalt für Ihren Mitbewohner im Haushalt zahlen. Eine darüber hinausgehende Unterstützung darf nicht gefordert werden.

⇨**Vermögen** der unterhaltsverpflichteten Personen, die mit Hilfebedürftigen eine Haushaltsgemeinschaft bilden, soll in Höhe der Vermögensfreigrenzen nach § 12 SGB II geschützt sein, die auch für hilfebedürftige Personen im Alg-II-Bezug gelten (§ 3 Abs. 2 Alg II-V). Das ist im Sinne einer absoluten Untergrenze gemeint. *„Darüber hinausgehendes Vermögen begründet noch keine Leistungserwartung. Vielmehr scheidet sie* *bei Sachvermögen regelmäßig und bei Geldvermögen in der Regel aus"* (LPK SGB II, § 9 Rz. 57) Falls das Jobcenter vermutet, Vermögen sei in der Vergangenheit für den Unterhalt eingesetzt worden, *„lässt sich eine fehlende Verwertung jederzeit einfach nachweisen"* (Eicher SGB II, § 9 Rz. 103).

2.1.2 HzL der Sozialhilfe

1. Schritt: Wer ist unterhaltspflichtig?

- **Eltern** sind **ihren volljährigen Kindern gegenüber** in der Regel nur **nicht gesteigert** unterhaltspflichtig. **Ausnahme:** Eltern, in deren Haushalt noch Kinder zwischen 18 und 21 Jahren leben, die sich in der allgemeinen Schulausbildung befinden, sind noch **gesteigert** unterhaltspflichtig. Wohnen Sie also mit Ihrem volljährigen HzL-berechtigten Kind in einer Haushaltsgemeinschaft zusammen, werden Sie i.d.R. gemindert zum Unterhalt herangezogen.
- **Volljährige Kinder gegenüber ihren Eltern** Leben volljährige Kinder, die ihren Lebensunterhalt mit eigenem Einkommen bestreiten können, zusammen in einem Haushalt mit ihren Eltern (Elternteilen), die HzL der Sozialhilfe beziehen, vermutet das Sozialamt eine **Haushaltsgemeinschaft** und geht von einer **nicht gesteigerten** Unterhaltspflicht der Kinder aus.

2. Schritt: In welchem Umfang?

In beiden Fällen sollen nach dem Urteil des BVerwG vom 1.10.1998 die Empfehlungen des Deutschen Vereins über die Heranziehung **nicht gesteigert** Unterhaltspflichtiger zugrunde gelegt werden (NDV-RD 1999, 9 f.). Die Entscheidung bezieht sich auf die Leistungsfähigkeit eines Vaters gegenüber seinem erwachsenen Kind, das mit ihm in Haushaltsgemeinschaft lebt:

- Der Selbstbehalt von unterhaltspflichtigen **Eltern** gegenüber erwachsenen Kindern beträgt 1.300 € plus 1040 € für den Ehegatten (⇨Unterhaltspflicht 3.3.2; Düsseldorfer Tabelle B. VI.).
- Der Selbstbehalt von unterhaltspflichtigen volljährigen **Kindern** gegenüber ihren Eltern ist 1.800 € plus mindestens 1.480 € für den Ehegatten (⇨Unterhaltspflicht 3.3.3; Düsseldorfer Tabelle D. I.).

Liegt Ihr bereinigtes ⇨**Einkommen** darüber, können Sie nur mit der **Hälfte** des übersteigenden Einkommens zum Unterhalt herangezogen werden (⇨Einkommensbereinigung).

Haben Sie als nicht gesteigert unterhaltspflichtiges Mitglied einer Haushaltsgemeinschaft ein zu berücksichtigendes Einkommen unterhalb dieses Selbstbehalts, darf das Sozialamt keine Unterhaltsleistung mehr vermuten.

⇨**Vermögen** der unterhaltsverpflichteten Person im Haushalt ist nach den Regeln des bürgerlichen Unterhaltsrechts einzusetzen. D.h. ein Sachvermögen, insbesondere ein Eigenheim, wird regelmäßig nicht herangezogen, während Geldvermögen nur berücksichtigt wird, wenn es 12.500 €, in abgeschwächten Unterhaltsverhältnissen 25.000 bis 75.000 € (ohne Wohneigentum) nicht übersteigt. (LPK SGB XII, § 39 Rz. 18; Näheres: DV, Empfehlungen für die Heranziehung Unterhaltspflichtiger in der Sozialhilfe, DV 35/13 AF III, 12.3.2014, Rz. 98 ff.)

2.1.3. Kostenloses Wohnrecht?

Wenn Sie volljährig/ bei Alg-II-Bezug über 25jährig sind und im Haushalt Ihrer Eltern wohnen, darf nicht automatisch vermutet werden, dass diese über Ihren Unterhaltsbeitrag hinaus die Miete für Sie bezahlen. *„Vielmehr gehört der auf den Kläger [den Sozialhilfebezieher] entfallende Unterkunftsanteil zu dessen Lebensunterhalt."* (BVerwG ebenda) Das gilt erst recht bei Schwiegereltern, die ohnehin einen höheren Freibetrag beanspruchen können, bevor die Vermutung greift (⇨2.2).

2.2 Haushaltsgemeinschaft mit nicht unterhaltspflichtigen Personen

Alg II

„Ist der/ die Angehörige der leistungsberechtigten Person nicht zum Unterhalt verpflichtet, so reicht eine entsprechende schriftliche Erklärung des Angehörigen dann aus, wenn keine anderweitigen Erkenntnisse den Wahrheitsgehalt dieser Erklärung in Zweifel ziehen." (BA 9.35)

H

„Das Vorliegen einer Haushaltsgemeinschaft wird grundsätzlich durch die Erklärung des Hilfebedürftigen festgestellt. Bei eigenen Ermittlungen des Trägers ist die Verhältnismäßigkeit (Persönlichkeitsrechte) zu wahren." (BA 9.10)

Sie und nicht ihre Verwandten müssen sich äußern.

HzL der Sozialhilfe

Hier gilt dasselbe. *„Soweit nicht gemeinsam gewirtschaftet wird* ***oder*** *die nachfragende Person von den Mitgliedern der Haushaltsgemeinschaft keine ausreichenden Leistungen zum Lebensunterhalt erhält, ist ihr Hilfe zum Lebensunterhalt zu gewähren."* (§ 39 Satz 2 SGB XII)

Wenn Sie glaubhaft darlegen, dass getrennt gewirtschaftet wird und Sie nicht unterstützt werden, ist die Vermutung widerlegt.

Gibt es Zweifel an Ihrer Erklärung, spielt es eine Rolle, ob im Falle einer Anrechnung unterstellter Zahlungen der Familienfrieden zerstört oder die Haushaltsgemeinschaft sogar aufgelöst wird. Dadurch können noch höhere Kosten z.B. für einen Umzug entstehen. Eine Rolle bei der Entscheidung spielt auch die Intensität der Beziehung zwischen Antragsteller und Angehörigen, die Dauer der Haushaltsgemeinschaft usw.

2.2.1 Stiefelternunterhalt innerhalb des Haushalts

Alg II

Stiefeltern bilden mit Ihren nicht leiblichen unter 25jährigen Kindern im Haushalt eine ⇨Bedarfsgemeinschaft. Ihr Einkommen und Vermögen wird **gesteigert** herangezogen. Bei über 25jährigen entfällt jegliche Unterhaltspflicht der Stiefeltern.

HzL der Sozialhilfe

Stiefeltern sind mit den Kindern ihres Partners verschwägert. Sie bilden mit diesen eine Haushaltsgemeinschaft. Der **Selbstbehalt** beim **Einkommen** richtet sich nach dem bürgerlichen Unterhaltsrecht von Eltern gegenüber minderjährigen Kindern:

- 880 € für nicht erwerbstätige und
- 1.080 € für erwerbstätige Stiefväter und -mütter.

(Düsseldorfer Tabelle A. 5.)

Als geschütztes **Vermögen** wird ein Betrag von mindestens 12.500 € genannt (LPK SGB XII, § 39 Rz. 18).

3. Keine Unterstützung durch Mitbewohner

3.1 Mangelnde Leistungsfähigkeit widerlegt die Vermutung immer

Nur wenn Einkommen und Vermögen von Verwandten, Verschwägerten oder *„anderen Personen"* es erwarten lassen, dass sie Leistungen erbringen, dürfen Zahlungen überhaupt *„vermutet"* werden.

Die Vermutung ist von vorneherein widerlegt, wenn Sie **kein** Einkommen haben, das *„deutlich über den Leistungen zur Sicherung des Lebensunterhalts"* liegt (BA 9.32; BverwG 31.1.1968, FEVS 15, 134) und Ihr Vermögen **nicht** deutlich über den Vermögensfreigrenzen (d.h. bei der Sozialhilfe nicht mehr als 8.000 bis 12.500 €, LPK SGB XII, § 39 Rz. 18) liegt.

Wann die **Jobcenter** die Vermutung immer für widerlegt halten, finden Sie unter 2.1.1.

In der **Sozialhilfe** ist die Vermutung immer widerlegt, wenn Sie mit Ihrem bereinigten Einkommen unterhalb des Selbstbehalts bei nicht gesteigerter Unterhaltspflicht liegen (BverwG 1.10.1998, FEVS 49, 55; ⇨2.1.2).

Der Selbstbehalt bei Personen, die nicht unterhaltspflichtig sind, muss **immer** höher ausfallen als bei Unterhaltspflichtigen (VGH BW, FEVS 38, 256).

3.2 Tatsächliche Zahlungen entscheidend, nicht die Erwartung

Wenn Mitglieder einer Haushaltsgemeinschaft ein ausreichendes Einkommen über dem Selbstbehalt haben, um zum Lebensunterhalt des Hilfesuchenden beizutragen, darf die Behörde dennoch die Leistungen zum Lebensunterhalt für den Hilfesuchenden nicht automatisch ablehnen. Entscheidend ist, ob Sie zahlen wollen bzw. tatsächlich zahlen.

Häufig wird einfach die Unterstützung verweigert, weil sie erwartet wird, obwohl sie nicht erfolgt. Das ist rechtswidrig.

Alg II

„Ist der/ die Angehörige dem Hilfebedürftigen nicht zum Unterhalt verpflichtet, so reicht eine entsprechende schriftliche Erklärung des Angehörigen dann aus, wenn keine anderweitigen Erkenntnisse den Wahrheitsgehalt dieser Erklärung in Zweifel ziehen." (BA 9.35)

Aber: *„...wenn es sich bei dem Angehörigen um einen zum Unterhalt verpflichteten Elternteil des Hilfebedürftigen handelt"*, reicht eine solche Erklärung nach Auffassung der BA nicht aus. *„Zur Widerlegung der Vermutung müssen weitere nachvollziehbare und überprüfbare Tatsachen vorgetragen werden."* (BA 9.36)

Da nur noch die über 25jährigen *„Kinder"* mit den Eltern eine Haushaltsgemeinschaft bilden (die jüngeren werden ja in die ⇨Bedarfsgemeinschaft gezwungen), besteht keine gesteigerte Unterhaltspflicht. Damit hängt das Ausmaß der Unterstützung für Ihre über 25jährigen Kinder ausschließlich von Ihrem freien Willen ab. Der Unterhalt kann trotz auferlegter Beweislastumkehr nicht von der Alg-II-Behörde erzwungen werden.

HzL der Sozialhilfe

Leistungsberechtigte können die Unterhaltsvermutung widerlegen, wenn sie glaubhaft erklären, dass sie **keinen Unterhalt** von Mitbewohnern erhalten. Die Anforderungen an die Glaubhaftmachung *„dürfen nicht zu weit gefasst werden"*. Weil der Leistungsberechtigte selbst keine Möglichkeit hat, eine entsprechende Erklärung von den Haushaltsangehörigen zu erzwingen, muss sich der Sozialhilfeträger letztlich mit seiner Erklärung begnügen. Allerdings werden die Anforderungen an die Aussagekräftigkeit einer solchen Erklärung des Hilfesuchenden umso höher, *„je höher das Einkommen und Vermögen der Mitbewohner ist"*. (LPK SGB XII, § 39 Rz. 19)

Achtung: Der Sozialhilfeträger kann den Unterhalt von Haushaltsangehörigen praktisch erzwingen, indem er beantragte Leistungen nicht bewilligt. Nach der Rechtsprechung des BVerwG wird noch immer davon ausgegangen, dass die Mitbewohner im Haushalt, die in diesem Fall dem Leistungsberechtigten „Nothilfe" leisten, ihren Unterhaltspflichten im Rahmen der Haushaltsgemeinschaft nachkommen (BVerwG 23.2.1966, NDV 1966, 250). *„Es muss jedoch möglich sein, diese eventuell in der Vergangenheit zutreffende [Unterhalts-]Vermutung für die Zukunft zu widerlegen"* (LPK SGB XII, § 39 Rz. 20).

Tipp Der Mitbewohner im Haushalt sollte diesem Fall schriftlich erklären, dass sie/er künftig nicht mehr bereit ist, Nothilfe zu leisten und Ihnen Unterhalsleistungen zu gewähren.

4. Keine Unterhaltsvermutung im Rahmen der Haushaltsgemeinschaft

4.1 Wenn schwangere Kinder bzw. allein erziehende Kinder mit einem Kind bis zu 6 Jahren im Haushalt leben

Die Unterhaltsvermutung im Rahmen der Haushaltsgemeinschaft ist aufgehoben *„für Schwangere oder Personen, die ihr leibliches Kind bis zur Vollendung seines sechsten Lebensjahres betreuen und mit ihren Eltern oder einem Elternteil zusammenleben"* (§ 39 Nr. 1 SGB XII; entsprechend § 9 Abs. 3 SGB II). Einkommen und Vermögen der Eltern sind hier weder im Rahmen der Unterhaltspflicht noch der Haushaltsgemeinschaft anrechenbar.

4.2 Zusammen mit behinderten oder pflegebedürftigen Menschen im Haushalt (nur SGB XII)

Ebenso gilt die Befreiung der Mitwohnenden von der Unterhaltsverpflichtung auch, wenn die Leistungsberechtigten *„im Sinne des § 53 behindert oder im Sinne des § 61 pflegebedürftig sind und ... betreut werden; dies gilt auch, wenn die genannten Voraussetzungen einzutreten drohen und das gemeinsame Wohnen im Wesentlichen zum Zweck der Sicherstellung der Hilfe und Versorgung erfolgt"* (§ 39 Nr. 1 SGB XII).

5. Auskunftspflicht

„Auskunftspflichtig ... sind auch Personen, von denen nach § 39 trotz Aufforderung unwiderlegt vermutet wird, dass sie Leistungen zum Lebensunterhalt an andere Mitglieder der

Haushaltsgemeinschaft erbringen. Die Auskunftspflicht der Finanzbehörden ... erstreckt sich auch auf diese Personen." (§ 117 Abs. 1 Satz 3 SGB XII; sinngemäß auch § 60 Abs. 1 SGB II) D.h. auch das Finanzamt muss den Sozialbehörden bei Bedarf Bericht erstatten.

Alg-II-/ HzL-BezieherInnen haben keine Auskunftspflicht über Einkommen der Mitglieder der Haushaltsgemeinschaft, nur diese selbst. Das kann bedeuten, dass Verwandte, ggf. Bekannte, mit denen Sie zusammenwohnen, dazu aufgefordert werden, ihre Einkommens- und Vermögensverhältnisse offen zu legen (vgl. ⇨eheähnliche Gemeinschaft 6.1).

Tipp Widerlegen Sie in Ihrem Interesse durch Erklärung die Vermutung, dass Sie Unterhalt zahlen (⇨ 3.2), bevor Sie mit Bußgeldandrohung zur Auskunft über Ihre Einkommens- und Vermögensverhältnisse gezwungen werden.

Kritik

Zusammenlebende Personen werden immer mehr so behandelt, als ob sie unterhaltspflichtig wären. SGB II und SGB XII dehnen die Vermutung gegenüber dem früheren BSHG erheblich aus.

Die Beweislast ist umgekehrt worden (BT-Drs. 15/1514, 61). Sie müssen nun glaubhaft machen, dass Sie nichts erhalten bzw. Ihre Verwandten, dass sie nichts zahlen. Das gilt vor allem dann, wenn Sie in einer Haushaltsgemeinschaft mit Ihren Eltern bzw. erwachsenen Kindern wohnen. Ein bloßer Zweifel oder eine Erwartung der Behörde soll schon ausreichen, um Ihnen Leistungen zu versagen, wenn Sie den „Gegenbeweis" nicht antreten können.

Während die „Verantwortung" von Unternehmen abnimmt, für die Folgen der von ihnen verursachten Arbeitslosigkeit aufzukommen, werden vom Gesetzgeber private Verpflichtungen konstruiert, um soziale Risiken unter den Haushaltsangehörigen zu verteilen.

„Es wird davon ausgegangen, dass innerhalb einer Haushaltsgemeinschaft eine sittliche Pflicht, entsprechend dem Gedanken der Familiennotgemeinschaft, zur gegenseitigen Unterstützung besteht." (BA 9.21) Die 1920er und 30er Jahre lassen grüßen.

Forderungen

Abschaffung der Unterhaltspflicht innerhalb der Haushaltsgemeinschaft!

Anrechnung nur von Unterhalt, der tatsächlich und freiwillig gezahlt wird!

Haushaltshilfe

H

Wenn Sie Ihren Haushalt zeitweise nicht weiterführen können, können Sie eine Haushaltshilfe beanspruchen.

Alg II, HzL/GSi der Sozialhilfe

Wenn Sie krankenversichert sind, gelten zunächst die Bestimmungen der Krankenversicherung über Haushaltshilfen (§ 38 SGB V).

1. Haushaltshilfen über die Krankenkasse

Wenn Sie ins Krankenhaus, eine Mutter-Kind-Kur oder eine Reha-Einrichtung gehen, haben Sie Anspruch auf eine Haushaltshilfe.

Voraussetzung ist, dass Sie
- entweder ein behindertes Kind haben, das auf Hilfe angewiesen ist oder
- ein Kind, das jünger als 12 Jahre ist und
- keine im Haushalt lebende Person den Haushalt weiterführen kann (§ 38 Abs. 1 SGB V).

Haushaltshilfen sind auch dann notwendig, wenn die *„haushaltsführende Person"* aus medizinischen Gründen mit ihrem kranken Kind ins Krankenhaus eingewiesen worden ist.

Entweder stellen die Kasse, ein Wohlfahrtsverband oder Sie selbst eine Haushaltshilfe. Im letzten Fall sind die Kosten *„in angemessener Höhe"* zu erstatten. Für **Verwandte** und Verschwägerte bis zum 2. Grad werden keine Kosten erstattet. Die Kasse kann hier die erforderlichen Fahrtkosten und einen eventuellen Verdienstausfall zahlen, wenn das in einem angemessenen Verhältnis zu den Kosten steht, die sonst für eine Haushaltshilfe entstehen würden (§ 38 Abs. 4 SGB V). Für **private Haushaltshilfen** werden von den Kassen bis zu

10 € die Stunde gezahlt. Sie müssen nachweisen, dass Sie das Geld vorgestreckt haben. Die Kasse erstattet Ihnen dann die Kosten. Auch die Rentenversicherung erbringt die Kosten für eine Haushaltshilfe, wenn sie Träger der Maßnahme ist. Geht es auf Ihrem Konto ein, ist es natürlich kein Einkommen, sondern nur eine Kostenerstattung.

Eine Haushaltshilfe kommt auch in Frage, wenn Sie **nach einem Klinikaufenthalt,** z.B. aufgrund eingeschränkter Mobilität (Gips, Rollstuhl etc.), nicht in der Lage sind, Ihren Haushalt zu führen und dafür keine andere im Haushalt lebende Person zur Verfügung steht (§ 38 Abs. 2 SGB V).

2. Hilfe zur Weiterführung des Haushaltes (§ 70 SGB XII)

Wenn Sie nicht krankenversichert sind, oder krankenversichert sind, aber nach dem SGB V keinen Anspruch auf eine Haushaltshilfe haben,
„sollen" Sie Hilfe zur Weiterführung des Haushalts bekommen,
- wenn Sie Ihren Haushalt nicht mehr führen können,
- kein Haushaltsangehöriger da ist, der ihn weiterführen kann und
- die *„Weiterführung des Haushalts geboten ist"* (§ 70 SGB XII).

Anspruch auf eine Haushaltshilfe haben Sie z.B.,
- wenn Sie in Reha, ins Krankenhaus usw. gehen,
- wenn aus Sie aus einem anderen Grund (z.B. häusliche Gewalt) den Haushalt vorübergehend verlassen müssen **und**
- Ihre Kinder zu Hause versorgt werden müssen **oder**
- wenn Sie nur **vorübergehend** Bedarf an hauswirtschaftlicher Unterstützung haben (LSG NRW 16.9.2005 - L 20 B 9/05 SO ER).

Es gilt die entsprechende ⇨Einkommensgrenze. Wer darüber liegt, muss einen zumutbaren Eigenanteil leisten. Leistungen der Krankenkasse oder der Kinder- und Jugendhilfe (SGB VIII) sind immer **vorrangig**.
Für eine Haushaltshilfe sollen die angemessenen Aufwendungen übernommen werden (§ 70 Abs. 3 i.V. mit § 65 Abs. 1 SGB XII). Sie können in besonderen Fällen Ihr Kind auch bei Verwandten unterbringen, wenn das *„geboten ist"*. Diese haben dann Anspruch auf *„Übernahme der angemessenen Kosten"* (§ 70 Abs. 4 SGB XII).

Wenn Sie zu Hause leben und **dauerhaft** auf eine Hilfe zur Haushaltsführung angewiesen sind, weil einzelne, für den Haushalt wesentliche Aufgaben nicht mehr erfüllt werden können (Einkaufen, Wäsche waschen, Reinigung der Wohnung etc.), wird die Haushaltshilfe i.d.R. im Rahmen der Regelsatzerhöhung oder als Mehrbedarf (⇨3.) gewährt werden. In bestimmten Fällen kommen auch Leistungen der **„Hilfe zur Pflege"** in Betracht (§§ 61 ff. SGB XII; SG Oldenburg 30.5.2005 - S 2 SO 49/05 ER).

Allerdings kann bei nicht pflegebedürftigen Personen Hilfe zur Haushaltsführung **auch dauerhaft** erbracht werden, *„wenn durch die Leistungen die Unterbringung in einer stationären Einrichtung [z.B. Pflegeheim] vermieden oder aufgeschoben werden kann"* (§ 70 Abs. 1 Satz 3). Das kann abhängig von Ihrem Einkommen günstiger sein, als die unter 3.2 beschriebene Leistung, da Sie einen höheren Selbstbehalt haben, bevor Sie den Eigenanteil finanzieren müssen.

3.1 Regelsatzerhöhung/Mehrbedarf

HzL/GSi der Sozialhilfe

Können Sie auf Dauer nicht mehr selbst einkaufen, putzen, Fenster reinigen, kochen usw., aber sonst noch Ihren Haushalt im Wesentlichen selbst führen? Dann kann Ihr ⇨**Regelsatz** erhöht werden, wenn Sie GSi/HzL der Sozialhilfe beziehen. Denn Sie können dann einen Bedarf haben, der *„unabweisbar seiner Höhe nach erheblich von einem durchschnittlichen Bedarf abweicht"* (§ 27a Abs.4 SGB XII).
Z.B. wurde einem 80jährigen Mann, der sich keine warme Mahlzeit zubereiten kann, eine Regelsatzerhöhung von 150 € im Monat abzüglich eines Eigenanteils für *„Essen auf Rädern"* zugesprochen (SG Lüneburg, 22.2.2005 - S 23 SO 29/05 ER).

Die Regelsatzerhöhung darf nicht mit Ihrem Mehrbedarfszuschlag verrechnet werden (OVG Münster, info also 1992, 137).

Alg II

Wenn Sie als Alg-II-BezieherIn dauerhafte Unterstützung bei der hauswirtschaftlichen Versorgung benötigen (s.o.), kann Ihnen zur Deckung der Kosten ein Mehrbedarf nach der ⇨**Härtefallregelung** gewährt werden. Es besteht dann *„ein unabweisbarer, laufender, nicht nur einmaliger besonderer Bedarf“* (§ 21 Abs. 6 SGB II). Die BA hat eine *„Putz-/ Haushaltshilfe für körperlich stark beeinträchtigte Personen“* in ihre Positivliste für den Mehrbedarf aufgenommen (BA 21.37).

3.2 Haushaltshilfe der Sozialhilfe auch für Personen, die keine HzL/GSi beziehen

„Hilfe zum Lebensunterhalt kann auch Personen geleistet werden, die ihren notwendigen Lebensunterhalt aus eigenen Mitteln und Kräften bestreiten können, jedoch einzelne erforderliche Tätigkeiten nicht verrichten können.“ (§ 27 Abs. 3 Satz 1 SGB XII)

Das betrifft vor allem Personen, die ihren Lebensunterhalt mit Rentenleistungen gerade noch decken können, aber durch die Aufwendungen für eine dauerhafte Haushaltshilfe „bedürftig“ werden. Mit den *„erforderlichen Tätigkeiten“* ist nämlich die hauswirtschaftliche Versorgung gemeint, für die Hilfe gebraucht wird.

Diese Regelung erfolgt analog zur Regelsatzerhöhung von Hzl-/ GSi-BezieherInnen, die aufgrund der benötigten Haushaltshilfe einen erhöhten Bedarf haben (⇨3.1).

Tipp Stellen Sie beim Sozialamt einen Antrag und lassen Sie sich nicht mit dem Argument abweisen, Sie seien nicht hilfebedürftig.

„Von den Leistungsberechtigten kann ein angemessener Kostenbeitrag verlangt werden.“ (§ 27 Abs. 3 Satz 1 SGB XII) D.h. mit dem Einkommen, das den sozialhilferechtlichen Bedarf übersteigt, müssen Sie sich an den Kosten beteiligen. Prüfen Sie in diesem Fall, ob ein Antrag nach § 70 SGB XII für Sie nicht günstiger ist (⇨2.).

4. Haushaltshilfe für ⇨Pflegebedürftige Menschen

Pflegebedürftige, die Leistungen der Pflegeversicherung oder Hilfe zur Pflege nach dem SGB XII beziehen, werden im Rahmen der häuslichen Pflege auch hauswirtschaftlich versorgt.

Beratung, Hilfe und Infos

Leitfaden Sozialhilfe für Behinderte und Pflegebedürftige von A-Z, 9. Aufl., Frankfurt 2011, ⇨Bestellung s. Anhang

Infos zu Haushaltshilfen vor Ort erhalten Sie über Einrichtungen der Wohlfahrtsverbände und örtliche Pflegestützpunkte.

H

Hausrat

Der laufende Bedarf für **Ersatzbeschaffung** an Möbeln, Einrichtungsgegenständen und Hausrat soll für BezieherInnen von Alg II und HzL/ GSi der Sozialhilfe über den ⇨Regelsatz abgedeckt sein, nur die **Erstausstattung** nicht (⇨Einmalige Beihilfen).

Im Eckregelsatz sollen mtl. 11,28 € für Möbel und Einrichtungsgegenstände sowie 4,14 € für Kühlschränke, Waschmaschinen und andere Haushaltsgroßgeräte vorgesehen sein - Reparatur inklusive. Insgesamt also 135,36 € für Möbel und 49,68 € für Haushaltsgroßgeräte im Jahr. Unterstellen wir großzügig eine ab Antragstellung gegebene weitere durchschnittliche Haltbarkeit (Abschreibungsdauer) der Gesamteinrichtungsgegenstände von 10 Jahren, würde der erlaubte Wert der gesamten Wohnungseinrichtung 1.850,40 betragen. Entsprechend ärmlich dürfte die Wohnung ausgestattet sein.

Für Erstausstattungen und Erstanschaffungen ist im Regelsatz auf jeden Fall nichts drin. Deshalb müssen sie als **Beihilfe** zusätzlich zum Regelsatz gezahlt werden.

1.1 Was gehört zur Erstausstattung?

„Nicht vom Regelbedarf ... umfasst sind Bedarfe für 1. Erstausstattungen für die Wohnung einschließlich Haushaltsgeräten...“ (§ 24 Abs. 3 Satz 1 Nr. 1 SGB II; sinngemäß: § 31 Abs. 1 Nr. 1 SGB XII)

Nach der Gesetzesbegründung kommen Erstausstattungen vor allem in Frage
- nach einem Wohnungsbrand (BSG 19.08.2010 - B 14 AS 36/09),
- nach einer Haftentlassung (BSG 11.4.2011 - B 14 AS 53/10 R) oder
- aufgrund von *„außergewöhnlichen Umständen"* (BT-Drs. 15/1514, 60).

Die Hartz IV-Parteien wollen, dass möglichst der gesamte Einrichtungsbedarf normaler Arbeitslosenhaushalte aus dem Regelsatz gedeckt wird, es sei denn die Wohnung brennt ab.

H

Erstausstattungen sind aber auch **erforderlich**
- nach einer Trennung/ Scheidung (BSG 19.9.2008 - B 14 AS 64/07 R) bzw. nach Aufenthalt im ⇨Frauenhaus (LSG Berlin-Brandenburg 26.10.2006 - L 19 B 516/06 ER),
- bei erstmaliger Anschaffung von Hausrat (SG Gelsenkirchen 18.7.2006 - S 11 75/05 ER),
- bei Neugründung eines Haushalts nach dem Auszug bei den Eltern (SG Lüneburg 24.3.2005 - S 29 SO 78/05 ER) oder
- bei Heirat,
- wenn bei einem notwendigen Umzug Hausrat zerstört wird (BSG 1.7.2009 - B 4 AS 77/08 R),
- wenn infolge eines notwendigen Umzuges alte Möbel, z.B. aufgrund ihrer Größe, nicht mehr verwertbar sind (LSG NRW 23.2.2010 - L 1 AS 77/08 R; die Beweislast liegt beim Antragsteller),
- wenn aufgrund des Umzuges andere Geräte notwendig sind, z.B. Elektro- statt Gasherd (SG Braunschweig 7.3.2005 - S 18 AS 65/05 ER),
- bei einem Umzug in eine größere angemessene Wohnung, wenn notwendige Möbelstücke nicht vorhanden sind,
- bei einem Umzug aus einer Wohnung mit Einbauküche bzw. Teil- oder Vollmöblierung in eine Wohnung ohne Einrichtung (SG Aurich 6.12.2005 - S 25 AS 254/05 ER),
- bei Anmietung einer Wohnung durch Wohnungslose (BSG 23.3.2010 - B 14 AS 81/08 R) oder
- wenn die Geburt eines Kindes die Erstausstattung eines Kinderzimmers erforderlich macht (⇨Schwangerschaft) oder
- wenn bei Kindern/ Jugendlichen ein Erstausstattungsbedarf nicht vom Regelsatz umfasst ist (BSG 23.5.2013 - B 4 AS 79/12 R, Jungendbett statt Kindergitterbett; ⇨Kinder 2.2.1).

Außergewöhnliche Umstände, die eine Erstausstattung erfordern, sind z.B.:
- ein Rauswurf von Jugendlichen aus der elterlichen Wohnung,
- der Ausbruch einer Krankheit, die spezielle Ausstattungsgegenstände, etwa eine Bandscheibenmatratze erfordert (SG Münster 2.4.2007 - S 5 AS 55/07 ER),
- der Zuzug aus dem Ausland (BSG 27.9.2011 - B 4 AS 202/10 R),
- der Zuzug eines Kindes z.B. aus dem Heim oder von einer Pflegefamilie oder
- ein erfolgloser Suizidversuch, vor dem der Hausrat bereits entsorgt wurde (SG Düsseldorf 6.11.2009 - S 35 AS 206/07).

Grundsätzlich ist aber der Begriff Erstausstattung für die Wohnung, *„nicht zeitlich, sondern bedarfsbezogen zu verstehen."* (LSG Rheinland Pfalz 12.7.2005 - L 3 ER 45/05 AS). Voraussetzung ist also nicht, dass etwas zum ersten Mal im Leben angeschafft wird, sondern dass ein entsprechender Anlass besteht.
Der Begriff Erstausstattung umfasst *„wohnraumbezogenen Gegenstände ..., die eine geordnete Haushaltsführung und an den herrschenden Lebensgewohnheiten orientiertes Wohnen ermöglichen"* (BSG 16.12.2008 - B 4 AS 49/07 R; Eicher SGB II, § 24, Rz. 97).

Im Gesetzestext ist auch von Erstausstattung **für die** Wohnung die Rede, nicht von Erstausstattung **der** Wohnung. Erstausstattung **der** Wohnung bedeutet die komplette Erstausstattung nach dem Gesamtverlust der Ausstattung, Erstausstattung **für die** Wohnung schließt aber ein, dass einzelne notwendige Möbel oder Haushaltsgeräte nicht vorhanden sind und erstmalig angeschafft werden müssen. *„Besitzt ein Hilfebedürftiger ... zum Beispiel noch keine Waschmaschine, besteht insoweit ein bislang noch nicht gedeckter Bedarf, der erstmals zu befriedigen ist."* (Eicher SGB II, § 24, Rz. 91) Das gilt auch, wenn aus freier Entscheidung eine Wohnung bislang weitgehend unmöbliert war (BSG 20.8.2009 - B 14 AS 45/08 R; auch LSG Bayern 28.8.2006 - L 7 B 481/06 AS ER, für den Fall, dass Haushaltsgeräte oder Möbel beim Umzug in eine neue Wohnung nicht vorhanden sind).

Der Anspruch besteht also, wenn zum ersten Mal ein Kühlschrank, eine Waschmaschine (SG Gelsenkirchen 18.7.2005 - S 11 AS 75/05 ER), ein Herd oder Küchenschränke angeschafft werden müssen. Dazu gehört auch, *„die*

Ausstattung mit den erforderlichen Fußböden, Beleuchtungseinrichtungen, Rollos oder Vorhängen, Teppichen oder Teppichböden, ... sowie der gesamte Hausrat und die wohnungsbezogenen Gebrauchsgüter ..., die ... in Bevölkerungskreisen mit geringem Einkommen allgemein üblich sind" (SG Oldenburg 12.1.2006 s.o.).

Der **Fernseher** gehört allerdings nach Ansicht des BSG nicht mehr dazu (24.2.2011 - B 14 AS 75/10 R). Eine ⇨Renovierung auch nicht. Eine **Waschmaschine** ist dagegen *„für eine geordnete Haushaltsführung"* erforderlich (BSG 19.9.2008 - B 14 AS 64/07 R; auch bei Alleinstehenden, BVerwG 1.10.1998 - 5 C 19/97).

1.2 Bedarf selbst verschuldet?

Auch wenn Sie den Verlust von vorhandenem Hausrat durch **vorsätzliches** oder **grob fahrlässiges Verhalten** ohne wichtigen Grund verursacht haben, besteht ein Anspruch auf Übernahme einer Erstausstattung. Ausschlaggebend ist, dass *„der im SGB II zu deckende Bedarf grundsätzlich aktuell bestehen muss ..."*, dann ist er auch aktuell zu decken. (BSG 27.9.2011 - B 4 AS 202/10 R). Das gilt z.B., wenn Sie bei Verlust/ Räumung Ihrer Wohnung den Hausrat ohne wichtigen Grund aufgegeben haben.

Muss Ihre Wohnungseinrichtung infolge von Handlungen ersetzt werden, die auf Ihre gesundheitliche oder psychische Situation zurückzuführen sind, liegt kein Verschulden vor (SG Bremen 2.3.2010 - S 23 AS 257/10 ER, bei Verwahrlosung der Wohnung; SG Düsseldorf ebenda, erfolgloser Suizidversuch).

1.3 Notwendiger Bedarf

Zur notwendigen Erstausstattung einer Wohnung zählen in **Frankfurt/M** abhängig von Personenzahl und Wohnungsgröße (in Klammern die Beträge in €) z.B.:

Jeweils mit Rollrost u. Matratze: Einzelbett (132), Doppelbett (262), Etagenbett (231), Kinderbett (144); Bettdecke u. Kissen je Person (Erwachsene/ Kinder: 46), 2 Garnituren Bettwäsche m. Bettlaken je Person (Erwachsene: 39; Kinder: 42); Kleiderschrank (2-türig: 53; 3-türig: 97), Küchen-Unterschrank (65), - Hängeschrank (74), Spüle m. Unterschrank, Armatur, Siphon (269), Herd (234), Kühlschrank oder Kühl-Gefrier-Kombi (193), Küchenstuhl (14), Küchen- oder Esstisch (37) Töpfe, Geschirr, Besteck, Küchenutensilien (1. Pers.: 114; 2. Pers.: 20; 3. Pers.: 15), Lampen (Stück 13), Rollos oder Gardinen (insgesamt 213).

Als zusätzlicher Bedarf gilt in Frankfurt - abhängig vom Einzelfall:

Wohnkleiderschrank oder Wohnzimmerschrank (99), Couchgarnitur (167), Kippcouch (114), Couchtisch (44), Kinderschreibtisch mit Stuhl (ab 3 Kindern: 70), Kinderhochstuhl (40), Wickelauflage (18), Kleiderständer (29), Staubsauger (52), Bügeleisen (13), Bügelbrett (17), Waschmaschine (gebraucht: 214; neu: 306), Wäscheständer (9), Spiegel (9), Badezimmerablage (14), Badezimmerschrank (14), Nachtschrank (10), Bettlampe (6), Schuhschrank (41). (FRL SGB II § 24 Abs. 3 Satz 1 Nr. 1 u. 2, 24.08.2011, 4 f.)

Ein **PC** samt Zubehör gehört **nicht** zur Erstausstattung (LSG NRW 23.4.2010 - L 6 AS 297/10 B).

Für **Transportkosten** werden bis zu 5 Teilen 35 €, 6 bis 9 Teilen 65 €, ab 10 Teilen 90 € bewilligt. Notwendige Anschlussarbeiten werden mit 35-40 €/ Std. vergütet, notwendiger Aufbau von Möbeln pauschal: Tische, Kippcouch: je Stück 13 €; Schränke, Betten: je Stück 51 € (ebenda).

Tipp Bei o.g. Beträgen handelt es sich im bundesweiten Vergleich um „gehobenes" Preisniveau. Werden in Ihrer Kommune geringere Beträge gezahlt, können Sie diese vor Gericht überprüfen lassen. Hierzu müssen Sie zunächst ⇨Widerspruch einlegen.

Die Erstausstattung kann als

1.4 Sachleistung oder Geldleistung

gezahlt werden (§ 24 Abs. 3 Satz 5 SGB II). Das gilt auch für BezieherInnen von HzL/ GSi der Sozialhilfe (§ 10 Abs. 1 SGB XII).

Jedenfalls hat die Geldleistung Vorrang (Eicher SGB II, § 24, Rz. 60), denn Sachleistungsgewährung ist tendenziell diskriminierend (LPK SGB II, § 4, Rz. 9). Auch bei Sozialhilfe gilt: *„Geldleistungen haben Vorrang vor Gutscheinen und Sachleistungen"* (§ 10 Abs. 3 SGB XII).

Erstausstattung kann auch mit

H

1.5 Pauschalbeträgen

abgegolten werden (§ 24 Abs. 3, Satz 5 SGB II; ebenso § 31 Abs. 3 SGB XII).

Hamburg zahlt z.B. für die Erstausstattung eines 1-Personen-Haushalts 809 €, Kassel 959 €. In Wuppertal werden 1.170 € und in Erfurt 1.700 € gezahlt. Bei einer Geburt werden für „Baby-Hausrat und -mobiliar" (inkl. Kinderwagen) z.B. 307 € in Kassel und 266 bis 296 € in Wuppertal gezahlt.

H

„Bei der Bemessung der Pauschalbeträge sind geeignete Angaben über die erforderlichen Aufwendungen und nachvollziehbare Erfahrungswerte zu berücksichtigen." (§ 24 Abs. 3, Satz 6 SGB II; § 31 Abs. 3 Satz 2 SGB XII)

Die geeigneten Angaben müssten öffentlich sein, damit Sie nachvollziehen können, was zugestanden wird. Die Pauschalbeträge müssen tatsächlich ausreichen, um die notwendige Erstausstattung zu kaufen.

1.6 Gebrauchter Hausrat

ist grundsätzlich zulässig (u.a. LSG Mecklenburg-Vorpommern 12.2.2007 - L 8 B 150/06; ⇨Einmalige Beihilfen 3.3). V.a. bei Möbeln können Preise für gebrauchte Ware berücksichtigt werden (LSG Sachsen-Anhalt 24.11.2011 - L 2 AS 81/08).

Bei Elektrogeräten halten wir gebrauchte Geräte allerdings nicht für zumutbar. Da ihre Haltbarkeit geringer ist, tritt schneller ein Ersatzbedarf auf, der jetzt aus dem Regelsatz bestritten werden muss, aber kaum bestritten werden kann. Der überdurchschnittlich hohe Energie- und Wasserverbrauch gebrauchter Elektrogeräte führt ebenfalls zu einer indirekten Regelsatzsenkung.

2. Erstausstattung oder Ersatzbedarf?

Erstausstattungen sind immer als **Zuschuss/ Beihilfe** zu gewähren.

Der Ersatzbedarf aber soll im Regelsatz enthalten sein. Ist der Bedarf für eine **Ersatzbeschaffung** trotzdem ungedeckt (s.o.), ist er unter bestimmten Voraussetzungen als **Darlehen** zu übernehmen. Ausführlich dazu ⇨Einmalige Beihilfen 3.

Kritik

Was passiert, wenn der Ersatzbedarf nicht oder nicht vollständig mit dem Regelsatz abgedeckt ist?

Der Ersatzbedarf ist immer auf eine bestimmte durchschnittliche Gebrauchsdauer (Abschreibungszeitraum) eines Gegenstandes bezogen, außerdem auf einen als angemessen geltenden Wert. Wenn ein Hausratsgegenstand einen angemessenen Wert von 100 € und eine Haltbarkeit (bei Kleidung: Tragezeit) von z.B. zehn Jahren hat, ist der Ersatzbedarf jährlich 10 € oder mtl. 0,84 €. Nach Ablauf des vollen Abschreibungszeitraums steht der Ersatzbedarf an, nicht die Erstausstattung.

Für den Ersatzbedarf soll man ansparen. Voraussetzung dafür wäre zu wissen, wie viel und für was. Doch das wird nicht bekannt gegeben.

Es gibt keine gesetzliche Verpflichtung, aus dem Regelsatz eine bestimmte Summe anzusparen. *„Über die Verwendung der ... Leistung entscheiden die Leistungsberechtigten eigenverantwortlich; [aber!] dabei haben sie das Eintreten unregelmäßig anfallender Bedarfe zu berücksichtigen."* (§ 20 Abs. 1 Satz 3 SGB II). Im SGB II gibt es neuerdings die Verpflichtung sein Schonvermögen und alles Angesparte vorrangig für den Ersatzbedarf auszugeben (§ 42a Abs. 1 SGB II). Ansonsten gibt es dafür kein Darlehen.

In der Praxis ist es kaum möglich, den für den Ersatzbedarf vorgesehenen Betrag im Regelsatz ausreichend anzusparen. Wenn ein Ersatzbedarf in Höhe von 100 € zwei Jahre nach Antragstellung auftritt, hätten in unserem Beispiel rein rechnerisch nur 24 mal 0,84 Cent oder 20,16 € angespart werden können. Der Restbetrag muss als Darlehen gewährt werden. Sie werden gezwungen, in der Zukunft für die Vergangenheit anzusparen. So wird künftige Unterdeckung vorprogrammiert.

Forderungen

Offenlegung der für die Gegenstände des notwendigen Bedarfs (Hausrat/ Kleidung) anzusparenden Beträge!

Öffnungs- bzw. Härteklausel für Gewährung einmaliger Beihilfen in § 24 SGB II bzw. § 31 SGB XII!

Wiedereinführung von einmaligen Beihilfen für (neuwertige) langlebige Elektrohaushaltsgeräte der Energieeffizienzklasse A+! (⇨Strom)

Bemessung der Pauschalen und Beträge für Erstausstattungsbedarf orientiert am Wert neuwertiger Möbel und Gebrauchsgüter!

Heizkosten

Alg II, HzL/GSi der Sozialhilfe

„Bedarfe für ... Heizung werden in Höhe der tatsächlichen Aufwendungen erbracht, soweit diese angemessen sind." (§ 22 Abs. 1 Satz 1 SGB II; sinngleich für HzL der Sozialhilfe: § 35 Abs. 1 Satz 1 u. Abs. 2 Satz 1 SGB XII und GSi: § 42 Nr. 4 SGB XII)

Das gilt für alle Heizungsarten, ob Sie nun Zentralheizung haben oder Ihre Brennstoffe selber kaufen.

Zu den Heizkosten gehören **laufende** und **einmalige** Kosten der Heizung (BSG 16.5.2007 - B 7b AS 40/06 R). Sie umfassen Vorauszahlungen für Energie- und Fernwärmelieferungen, Kosten für Brennstoffe (z.B. Öl und Kohle) sowie Wartungs- und Instandhaltungskosten. Zu den Heizkosten gehören auch Nachzahlungen nach Ablauf eines Abrechnungszeitraumes.

Inhaltsübersicht:

1. Zentralheizung oder Etagenheizung

Zu den tatsächlichen Aufwendungen zählen hier vor allem die monatlichen Vorauszahlungen, aber auch die Heizkostennachzahlungen.

1.1 Monatliche Vorauszahlungen

Mietvertraglich vereinbarte Heizkostenvorauszahlungen müssen in aller Regel in der vom Vermieter veranschlagten Höhe anerkannt werden. Das Gleiche gilt für die monatlichen Abschlagszahlungen, die von den Energieversorgungsunternehmen verlangt werden. Das LSG NRW nimmt *„in Übereinstimmung mit der wohl absolut herrschenden Meinung an, dass sich die Angemessenheit der im Einzelfall nach § 22 SGB II zu übernehmenden Heizkosten regelmäßig aus der Höhe der vom Leistungsempfänger zu zahlenden Abschläge ergibt, solange keine Hinweise auf missbräuchliches Heizverhalten vorliegen"* (LSG NRW 21.12.2007 - L 19 B 157/07; vgl. Urteil des BSG 23.11.2006 - B 11b AS 3/06 R; LSG NRW 21.5.2007 - L 1 B 49/06 AS; LSG Hessen 5.9.2007 - L 6 AS 145/07 ER; LSG Niedersachsen-Bremen 15.12.2005 - L 8 AS 427/05).

1.2 Heizkostennachzahlungen

im Rahmen der Endabrechnung der Neben- bzw. Heizkosten durch den Vermieter/ Energieversorger **müssen** übernommen werden, wenn Sie zum **Zeitpunkt der Forderung leistungsberechtigt** sind (BVerwG 4.2.1988, NDV 1988, 282). Auch dann also, wenn Sie eine Nachzahlung aus einer Heizperiode bezahlen sollen, in der Sie noch kein Leistungsempfänger waren. Das gilt auch für Alg II. Grundsätzlich sind Nachzahlungen für Heizkosten jedoch nur für eine **Wohnung** zu übernehmen, **die aktuell genutzt wird.** Wenn Sie aber für eine **früher bewohnte Wohnung** eine Nachzahlung für einen Abrechnungszeitraum erhalten, in der Sie **als Leistungsbezieher** Unterkunftskosten erstattet bekamen, sind i.d.R. auch diese Nachforderungen vom Jobcenter/ Sozialamt zu übernehmen. Ein solcher Regelfall liegt vor, wenn die Behörde Sie aufgefordert hat, die Kosten der ehemaligen Wohnung durch einen Umzug in eine günstigere Wohnung zu senken (BSG 20.12.2011 - B 4 AS 9/11 R), oder wenn der Umzug aus einem anderen, von

H

Ihnen nicht zu vertretenden Grund erforderlich war. (⇨Mietnebenkosten 3.1). Für die letztgenannte Fallkonstellation liegt bisher noch keine Rechtsprechung des BSG vor.

Gegebenenfalls müssen die Nachzahlbeträge für Heizkosten für ehemals bewohnte Wohnungen anteilig auf den Zeitraum verteilt werden, in dem Sie keine Leistungen bezogen haben, und auf den Zeitraum, in dem Sie in Bezug von Leistungen standen. Der **Anteil** der Nachzahlung, der auf den Bezugszeitraum fällt, wird **übernommen**.

Zuständig ist immer der Träger, der zum Zeitpunkt der Fälligkeit Leistungen erbringt (BSG 22.3.2010 - B 4 AS 62/09 R).

Umgekehrt heißt das aber auch: Wenn Sie aus dem **Bezug ausgeschieden** sind und eine Nebenkostenabrechnung aus dem Zeitraum davor erhalten, haben Sie keinen Anspruch auf Übernahme (BSG 7.11.2006 - B 7b AS 8/06 R).

Da die Nachzahlung im Monat ihrer Fälligkeit allerdings in voller Höhe den Unterkunftskosten zuzuordnen ist, ist es möglich, dass Sie **im Monat der Nachforderung** zu geringe Mittel zum Leben haben und einen Neuantrag auf Alg II stellen können.

Tipp Erhöhen Sie ggf. die Vorauszahlungen wenigstens bis zur anerkannten Obergrenze, sodass möglichst geringe oder gar keine Nachzahlungen anfallen.

Nachzahlungen **während eines Bewilligungszeitraums**, die in den Bereich der Unterkunfts- und Heizkosten fallen, sind vom regulären Antrag auf SGB-II-Leistungen umfasst (BSG 22.3.2010 - B 4 AS 62/09 R) und somit **ohne gesonderten Antrag** zu übernehmen. Sie müssen vom Amt darauf hingewiesen werden, dass die Endabrechnung im Rahmen der Mitwirkungspflichten beim Jobcenter/ Sozialamt eingereicht werden muss.

1.3 Heizkostenguthaben

mindern die tatsächlichen Aufwendungen nach dem Monat, der auf die Rückerstattung des Guthabens folgt (§ 22 Abs. 3 SGB II). Sie werden kopfanteilig auf die Mitglieder der Bedarfsgemeinschaft verteilt und **als Einkommen** bei den Unterkunftskosten des Folgemonats **angerechnet** (Näheres ⇨Mietnebenkosten 3.2).

*„Eine **Bereinigung** des Einkommens nach § 11 Abs. 2 SGB II ist hingegen wegen der ausdrücklichen gesetzlichen Zuordnung zu den Aufwendungen der Unterkunft und Heizung **nicht** vorzunehmen.“* (BSG 22.3.2012 - B 4 AS 139/11 R)

Es lohnt sich also nicht, im Kalten zu sitzen, um Heizkosten zu sparen.

Problematisch wird es, wenn ein **Heizkostenguthaben, mit früheren Forderungen** des Vermieters **verrechnet** wird, und nicht ausgezahlt bzw. nicht der künftigen Miete gutgeschrieben wird. Steht das Guthaben nicht zur Bestreitung der Unterkunftskosten im Folgemonat zur Verfügung, darf die Behörde Ihnen die Leistungen **nicht** entsprechend **kürzen**. Einkommen darf nur angerechnet werden, wenn es tatsächlich zufließt. Haben Sie die Altforderungen vorsätzlich oder grob fahrlässig verursacht, kann das Amt einen Ersatzanspruch geltend machen (⇨Rückforderung).

Seit 1.8.2016 gilt beim Alg II: *„Rückzahlungen, die sich auf die Kosten für Haushaltsenergie oder **nicht anerkannte Aufwendungen** für Unterkunft und **Heizung** beziehen, bleiben außer Betracht.“* (§ 22 Abs. 3 2. Halbsatz SGB II neu)

Das bezieht sich auf Guthabenanteile, die Sie selbst aus dem Regelsatz finanziert haben, z.B. weil das Jobcenter nicht die vollen Heizkostenvorauszahlungen übernommen hat. In diesem Fall dürfen Sie den Anteil behalten, den Sie als „nicht anerkannte Aufwendungen“ aus dem Regelsatz gezahlt haben.

Wenn Sie **vor dem Alg-II-Bezug** sparsam geheizt haben, sodass aus Ihren (inzwischen vom Jobcenter anerkannten) Vorauszahlungen ein Guthaben entstanden ist, das während des Leistungsbezugs ausgezahlt wird, wird dieses **als Einkommen** auf die Unterkunftskosten **angerechnet**. Für die Anrechnung zählen allein die Verhältnisse im Zeitpunkt der Berücksichtigung. Das gilt auch, wenn das Guthaben von mehreren Personen „erwirtschaftet“ wurde, von denen zum Zeitpunkt der Auszahlung/ Gutschrift eine Person ausgezogen ist. Das Guthaben wird in voller Höhe den verbleibenden Personen zugerechnet. (BSG ebenda)

1.4 Besonderheiten bei anderen Heizarten

- Heizen sie mit **Strom** oder benötigen Sie zusätzlich Elektrizität zum Betrieb von Heizungspumpe und Zündung, schlagen Sie nach unter ⇨7.
- Heizen Sie mit **Öl, Holz oder Kohle**, benötigen Sie Brennstoffbeihilfen. Näheres unter ⇨8.

2 Was sind „angemessene" Heizkosten?

Die tatsächlichen Aufwendungen werden nur übernommen, soweit sie angemessen sind.

Die Angemessenheit der individuellen Heizkosten hängt von einer Vielzahl von Faktoren ab:

- der Wärmeisolierung des Gebäudes, der Höhe der Räume,
- der Lage der Wohnung (z.B. Dachgeschoss) und der Räume (Zahl der Außenwände),
- der Wohnfläche des Hauses (je größer, desto geringere Heizkosten pro m²),
- dem Wirkungsgrad der Heizung und ihrer Wartung,
- der Art der Heizenergie (z.B. ineffiziente Stromheizungen),
- der Zahl der Heiztage in der Heizperiode,
- der Höhe der Energiepreise usw.

Auf die meisten Faktoren haben Sie keinen Einfluss.

Auch der Umfang, in dem Haushaltsangehörige auf die Nutzung geheizter Räume angewiesen sind, muss eine Rolle spielen. Arbeitslose haben z.B. einen höheren Bedarf an Heizkosten als Berufstätige (SG Duisburg 3.8.2006 - S 23 SO 75/05), Familien mit Kindern einen höheren Bedarf als Familien ohne Kinder. Für ein schulpflichtiges Kind z.B. ist ein Raum zu berücksichtigen, in dem es Schularbeiten machen kann (OVG Niedersachsen, FEVS 33, 156).

Die Heizkosten hängen auch von Ihrem Alter (LSG NRW 29.6.2007 - L 20 B 90/07 AS) oder Ihrem Gesundheitszustand ab (z.B. bei Arthrose: OVG Berlin 23.1.1970, FEVS 17, 416), außerdem vom völlig unterschiedlichen subjektiven Temperaturempfinden (SG Aachen 1.2.2006 - S 11 AS 99/05).

Bei der Beurteilung der Angemessenheit muss die Behörde all diese besonderen Faktoren berücksichtigen (BSG 20.8.2009 - B 14 AS 65/08 R). Maßgeblich ist der **Einzelfall** (BSG 7.11.2006 - B 7b AS 18/06 R).

3. Unangemessenheit der Heizkosten

3.1 ...bei Unwirtschaftlichkeit

Die Unangemessenheit ist nicht schon dann gegeben, wenn ein Verbrauch überdurchschnittlich ist. In der Regel hat das objektive, von Ihnen nicht persönlich zu verantwortende Ursachen.

Unangemessen können die Kosten im Wesentlichen nur dann werden, wenn Sie zum Fenster raus heizen oder die Heizanlage *„unsachgemäß"* bedienen (LSG Niedersachsen-Bremen 08.02.2006 - L 7 AS 333/05 ER).

Nach Meinung der BA liegt dann unwirtschaftliches Verhalten vor, wenn ein Hartz-IV-Bezieher *„jede wirtschaftlich vernünftige Betrachtungsweise vermissen lässt und dadurch weitere Hilfebedürftigkeit auslöst"* (BA 31.23). Das spielt in der Praxis kaum eine Rolle, lenkt aber vom eigentlichen Problem ab: schlechte Bausubstanz, erneuerungsbedürftige Heizanlage usw.

Wenn Ihnen die Heizkosten gekürzt werden sollen, weil Sie Ihre Wohnung angeblich unwirtschaftlich beheizen, muss die Behörde Sie zuvor **schriftlich** darüber **belehren**, wie die Heizkosten gesenkt werden können.

Tipp Nutzen Sie in diesem Fall die Gelegenheit, Stellung zu nehmen und im **Einzelfall** darzulegen, welche Faktoren für den erhöhten Heizenergieverbrauch eine Rolle spielen.

3.2 ...bei zu großer Wohnung

Die Heizkosten gelten nicht automatisch als unangemessen, wenn die Wohnungsgröße unangemessen ist.

Zwar ist es vom Grundsatz her zulässig, dass die Behörde Heizkosten nur für die als angemessen betrachtete Wohnungsgröße bezahlt, die Ihnen als Leistungsbezieher/in zusteht. Das bedeutet aber nur, dass bei der Ermittlung der als **maximal** angemessen geltenden Heizkosten von der für Sie angemessenen Wohnungsgröße auszugehen ist (BSG 2.7.2009 - B 14 AS 36/08 R; ⇨4.1; ⇨Miete 2.1).

H

Eine **pauschale Kürzung** der Leistungen für die Heizkosten, in Höhe des Anteils der überschrittenen Wohnfläche ist unzulässig.
Beispiel: Wenn Ihre Wohnung 64 m² groß ist, Ihnen aber nur 45 m² zustehen, darf das Jobcenter nicht pauschal 30% (der Quadratmeteranteil über 45 m²) der tatsächlichen Heizkosten kürzen. Es muss Ihnen zumindest Heizkosten in der Höhe erstatten, die **maximal** bei einer 45-m²-Wohnung ungeprüft als angemessen übernommen werden.

H

Wenn das Jobcenter/ Sozialamt Ihnen aber den **Umzug** in eine zu große Wohnung **genehmigt**, ohne Sie darüber aufzuklären, dass Heizkosten ggf. nicht in voller Höhe übernommen werden, wäre das ein Verstoß gegen die Aufklärungs- und Beratungspflicht. In diesem Fall müssten die tatsächlichen Heizkosten auch dann übernommen werden, wenn Sie unangemessen sind (⇨Nachzahlung 1.).
Eine Begrenzung der Heizkosten darf nur vorgenommen werden, wenn Sie **ohne Zustimmung** in eine unangemessen große Wohnung gezogen sind, bereits **vor** dem Leistungsbezug dort gewohnt haben oder wenn angemessene Heizkosten sich in unangemessene erhöhen.

3.3 ...bei Beheizung eines ⇨Eigenheims

Alg-II-Beziehern steht z.B. bei einem Vierpersonenhaushalt je nach Bundesland eine 85-95 m²-**Mietwohnung** zu. Bei einem freistehenden **Eigenheim** wäre bei 4 Personen eine Wohnfläche bis 130 m² als geschütztes **Vermögen** anerkannt.
Aufgrund der vom BSG geforderten **Gleichbehandlung** von Mietern und Eigenheimbesitzern müssen allerdings nur die Heizkosten übernommen werden, die maximal bei einer 85-95 m²-Mietwohnung ungeprüft als angemessen übernommen werden (BSG, ebenda).
Da bei freistehenden Eigenheimen mit einer Baufläche unter 100 m² aber nicht auf die vom BSG eingeführten Grenzwerte des **bundesweiten Heizspiegels** (⇨4.1) zurückgegriffen werden kann, sind im Zweifelsfall bei kleineren Gebäuden Wärmegutachten zur Beurteilung der angemessenen Heizkosten zu erstellen (SG Lüneburg 16.2.2010 - S 45 AS 34 10 ER).

Unter Umständen setzen sich andere Kriterien durch:
Seit April 2011 ist es Kommunen und Kreisen erlaubt, die örtlich angemessenen Unterkunftskosten in **Satzungen** zu regeln und diese auch unter Einbeziehung angemessener Heizkosten als ***„Gesamtangemessenheitsgrenze“*** zu bestimmen (⇨Miete 2.5.1).
Außerdem ist mit Inkrafttreten des Neunten SGB-II-Änderungsgesetzes **zum 1.8.2016** *„zur Beurteilung der Angemessenheit der Aufwendungen für Unterkunft und Heizung ... die Bildung einer* ***Gesamtangemessenheitsgrenze*** *zulässig“* (§ 22 Abs. 10 SGB II neu; ⇨Miete 2.5.3). Jede Kommune/ jeder Landkreis kann selbst entscheiden, ob von der Möglichkeit Gebraucht gemacht wird.

Ist das in Ihrer Stadt/ Ihrem Landkreis der Fall dann wäre es Mietern **und Wohneigentümern** möglich, höhere Heizkosten durch niedrigere sonstige laufende Unterkunftskosten auszugleichen und umgekehrt. Die **Gesamtkosten** fürs Eigenheim würden sich dann an der **Bruttowarmmiete** für eine **angemessene Mietwohnung** orientieren, die der Haushaltsgröße (Personenzahl) entspricht. Das war bislang aufgrund der strikten Trennung von Unterkunfts- und Heizkosten nicht möglich (BSG, ebenda). Diese Regelung wurde jedoch (noch) **nicht** in das Sozialhilferecht (SGB XII) übernommen. Daher ist es derzeit unwahrscheinlich, dass die angemessenen Unterkunftskosten im Rahmen einer Gesamtangemessenheitsgrenze bestimmt werden.

Tipp Fragen Sie bei der Kommune/ dem Landkreis nach, ob eine solche Änderung bei den Unterkunftskosten geplant ist.

4.1. Prüfgrenze nach dem bundesweiten Heizspiegel

Bei der Erstattung angemessener Heizkosten in **zentral beheizten** Gebäuden geht das **BSG** von einer Prüfgrenze aus, bis zu deren Höhe die jeweiligen Heizkosten unbesehen vom Jobcenter übernommen werden müssen.
Erst wenn Ihre Heizkosten die **Prüfgrenze übersteigen**, haben Sie dem Jobcenter konkret darzulegen, warum Ihre Heizkosten über dem Grenzwert liegen und dennoch nach der

Besonderheit des Einzelfalles angemessen sind. Dabei können alle unter ⇨2. dargelegten Kriterien eine Rolle spielen. Wird Ihre Begründung von der Behörde angezweifelt, kommt zur Überprüfung Ihrer Angaben auch eine Besichtigung des Wohnhauses/ der Wohnung, ggf. der Heizanlage in Betracht.
Auch bei Überschreiten der Prüfgrenze ist also eine generelle Begrenzung der Heizkosten auf die Höhe der Prüfgrenze nicht erlaubt. Tragen Sie Gründe für erhöhte Heizkosten vor, muss eine Ermessensentscheidung im **Einzelfall** getroffen werden. (BSG, ebenda, Rz. 23; BSG 19.10.2010 - B 14 AS 15/09 R und 12.6.2013 - B 14 AS 60/12 R)
Bei der Festlegung der Prüfgrenze orientiert sich das BSG an dem **bundesweiten Heizspiegel** (www.heizspiegel.de), der von co2online gGmbH zusammen mit dem Deutschen Mieterbund herausgegeben wird. Dieser Heizspiegel differenziert nach Heizungsart (Öl, Gas und Fernwärme) und Größe des Wohnhauses. Die Verbrauchswerte werden jeweils in kWh pro m² pro Jahr oder € pro m² pro Jahr angegeben. Der Heizenergieverbrauch wird in vier Stufen, *„niedrig“*, *„mittel“*, *„erhöht“* und *„zu hoch“* unterteilt.
Das BSG sieht für die Ermittlung der Prüfgrenze vor, den jeweiligen Wert der Stufe ***„zu hoch“*** einzusetzen, weil davon auszugehen ist, dass Leistungsbeziehende, die auf das unter Preissegment des Wohnungsmarktes verwiesen werden, z.B. aufgrund der regelmäßig schlechteren Bausubstanz und/ oder der geringeren Effizienz der Heizanlage überdurchschnittliche Heizkosten haben. (BSG, ebenda)
Achtung: die Angaben im Heizspiegel beziehen sich seit 2014 auf die **Heizkosten inklusive Warmwasserbereitung**. Enthalten Ihre Heizkosten keine Warmwasserbereitung, müssen die berechneten Werte um 24 kWh/ 1,90 € angepasst werden.

So wird die Prüfgrenze bei Heizkosten ermittelt:
Zunächst müssen die Gesamtwohnfläche des Wohnhauses geschätzt und die Heizungsart bestimmt werden. Dann kann der Wert aus der jeweiligen Zeile des Heizspiegels unter der Stufe ***„zu hoch“*** abgelesen werden. Dieser Wert wird mit der jeweils für die Haushaltsgröße (Personenzahl) angemessenen Wohnungsgröße in m² multipliziert.

Beispiel: Die vierköpfige Familie Hitzig bewohnt eine mit 95 m² etwas zu große Wohnung in einem Achtfamilienhaus mit einer **Gesamtwohnfläche** von **800 m²**. Das Haus wird mit Fernwärme beheizt, die Warmwasserversorgung ist zentral und in den Heizkosten enthalten. Der Energieverbrauch liegt bei mtl. **1.630 kWh**, die Kosten bei mtl. **160,67 €**.
Laut bundesweitem Heizspiegel (2015), letzte Spalte, beträgt der Jahresverbrauchswert hier pro m² **210 kWh** und die Jahreskosten pro m² **20,70 €**. Die angemessene Wohnfläche für 4 Personen liegt hier bei **90 m²**.
Die Prüfgrenze berechnet sich:
90 m² x 210 kWh / 90 m² x 20,70 €
Sie liegt im Jahr bei: 18.900 kWh / 1.863,00 €
Sie liegt im Monat bei: 1.575 kWh / 155,25 €
Die Heizkosten der Hitzigs müssen ohne weitere Prüfung als angemessen anerkannt werden.
Ohne Kosten für Warmwasserversorgung müssten die Heizspiegelwerte angepasst werden:
210 kWh - 24 kWh = 186 kWh
20,70 € - 1,90 € = 18,80 €

In Ermangelung belastbarer Verbrauchserhebungen wird der Heizspiegel auch zur Ermittlung der Prüfgrenze von dezentralen Heizanlagen, z.B. **Gasetagenheizungen, Öl- und Gaseinzelöfen** usw. herangezogen. In diesem Fall sind immer die Heizspiegel-Werte der **kleinsten Gebäudefläche** zugrunde zu legen (BSG 12.6.2013 - B 14 AS 60/12 R). Da diese am höchsten ausfallen, sind die Werte in den meisten Fällen bedarfsdeckend.
Die im Heizspiegel angegebenen Werte beziehen sich auf Gebäudeflächen von mehr als 100 m². Dennoch kann auch bei Wohneinheiten/ Eigenheimen mit einer **Fläche unter 100 m²** der Heizspiegel-Wert der kleinsten Gebäudefläche als Prüfmaßstab zugrunde gelegt werden, wenn bei Überschreitung die Prüfung der Heizkosten unter Berücksichtigung der Besonderheiten des Einzelfalles möglich bleibt.

Auch bei anderen Heizenergiearten wie **Strom, Holz oder Solarenergie**, die im

H

Heizspiegel nicht gesondert aufgeführt sind, sind die Heizspiegel-Werte des teuersten Energieträgers bei der kleinsten Gebäudefläche zugrunde zu legen (BSG, ebenda). Bei Überschreitung wäre ebenfalls eine Einzelfallentscheidung durch das Jobcenter/ Sozialamt zu treffen.

45 Kommunen haben inzwischen einen **kommunalen Heizspiegel** mit regionalen Vergleichswerten veröffentlicht. Diese Werte werden dort zur Berechnung der Prüfgrenze herangezogen. Sie finden sie unter www.heizspiegel.de. In allen anderen Städten und Kreisen wird der bundesweite Heizspiegel herangezogen.

H

Werden die örtlichen Angemessenheitsgrenzen anhand der **Bruttowarmmiete** als ***„Gesamtangemessenheitsgrenzen"*** bestimmt (§ 22 Abs. 10 Satz 1 SGB II neu; ⇨3.3; ⇨Miete 2.5.3), *„kann für die Aufwendungen für Heizung der Wert berücksichtigt werden, der bei einer gesonderten Beurteilung der Angemessenheit der Aufwendungen für Unterkunft und der Aufwendungen für Heizung ohne Prüfung der Angemessenheit im Einzelfall höchstens anzuerkennen wäre."* (§ 22 Abs. 10 Satz 2 SGB II neu) Das sind regelmäßig Heizkosten in Höhe der aus dem Heizspiegel ermittelten Prüfgrenzen **plus** der angemessenen Bruttokaltmiete.

4.2 Sind Obergrenzen/Pauschalen für Heizkosten erlaubt?

Alg II
Viele Behörden zahlen Heizkosten nur bis zu bestimmten Höchstbeträgen. Das führt teilweise zur erheblichen **Senkung der Leistung**, da die übersteigenden Heizkosten aus dem Regelsatz gedeckt werden müssen. Dafür gab es **vor** April 2011 keine rechtliche Grundlage (BSG 16.5.2007 - B 7b AS 40/06 R; ⇨1.1).

Tipp Wenn die Behörde Ihre Heizkosten wegen Anwendung rechtswidriger Obergrenzen nicht vollständig übernommen hat, können Sie einen Überprüfungsantrag stellen (§ 44 SGB X) und die illegal einbehaltenen Beträge zurückverlangen. Rechtswidrige Bescheide sind aber nur rückwirkend bis zum Beginn des Vorjahres aufzuheben (⇨Nachzahlung 3.1).

Kommunale Satzung für Unterkunfts- und Heizkosten
Seit April 2011 können Kommunen und Landkreise unter bestimmten Voraussetzungen eine eigene Satzung für die Kosten der Unterkunft und Heizung erlassen, in denen auch Obergrenzen und Pauschalen für die Heizkosten (auch für Betriebskosten oder eine Bruttowarmmiete) festgelegt werden können (§ 22b Abs. 1 SGB II; entsprechend § 35a SGB XII).

Auch in einer kommunalen Satzung ist eine Festlegung der angemessenen Heizkostenobergrenzen/ -pauschalen an **Durchschnittsverbrauchswerten** allerdings nicht zulässig. *„Der Wärmebedarf ist von verschiedenen Faktoren abhängig und allein die Überschreitung von Durchschnittswerten kann die Unangemessenheit der Heizkosten nicht ohne weiteres begründen."* (LSG Niedersachsen-Bremen 15.12.2005, ebenda, ⇨2.)
Durchschnittswerte, die sich auf den Standard des gesamten Wohnungsbestandes beziehen, vernachlässigen die Lebenslage. Erwerbslose halten sich häufiger in der Wohnung auf als Erwerbstätige. Erwerbslose und Arme sind auch häufiger krank, behindert oder alt oder leben in Haushalten mit mehreren Kindern. Sie brauchen deshalb unter Umständen mehr Heizenergie.

Bei der **Ermittlung** von Obergrenzen bzw. Pauschalen muss die Kommune/ der Kreis auf geeignete statistische Datenerhebungen und -auswertungen zurückgreifen. Bei der Bemessung wird man – wie das BSG beim Setzen der Heizspiegel-Prüfgrenze – von einem überdurchschnittlichen Heizenergieverbrauch von Leistungsbeziehenden ausgehen müssen.
Die Methodik der Datengrundlage soll in die Begründung der Satzung einfließen. Die Werte sollen alle zwei Jahre überprüft und ggf. angepasst werden. (§ 22c SGB II) Das alles können Sie mit einem Normenkontrollantrag beim zuständigen LSG überprüfen lassen.
Näheres zur kommunalen Satzung unter ⇨**Miete** 2.5.1

4.3 Obergrenzen/Pauschalen nach der Wohngeldverordnung

Nach der neuen Satzungsregelung können Obergrenzen/ Pauschalen für die Angemessenheit der Miete inklusive Nebenkosten (ohne Heizkosten) auch nach der Wohngeldtabelle (§ 12 Abs. 1 WoGG) festgelegt werden, wenn kein geeignetes Datenmaterial vorliegt (§ 22c Abs. 1 Satz 2 SGB II). Auf die Festlegung der Heizkosten hat das jedoch keinen Einfluss.

Die in der Wohngeldverordnung (§ 6 Abs. 2 Nr. 1 WoGV) bestimmte Pauschale für Heizung in Höhe von 0,80 €/m² ist nicht mehr zeitgemäß, weil sie unter den Werten der WoGV von 1988 liegt (1,60 DM oder 0,82 €/m²). Stattdessen ist die anhand des aktuellen bundesweiten Heizspiegels ermittelte Prüfgrenze heranzuziehen (⇨4.1).

HzL/GSi der Sozialhilfe

5. Pauschalen und kommunale Satzung

„Leistungen für Heizung und zentrale Warmwasserversorgung [⇨Warmwasser] werden in tatsächlicher Höhe erbracht, soweit sie angemessen sind. Die Leistungen können durch eine monatliche ***Pauschale*** *abgegolten werden. Bei der Bemessung der Pauschale sind die persönlichen und familiären Verhältnisse, die Größe und Beschaffenheit der Wohnung, die vorhandenen Heizmöglichkeiten und die örtlichen Gegebenheiten zu berücksichtigen."* (§ 35 Abs. 4 SGB XII)

Heizkosten ***„können"*** pauschaliert werden, müssen aber nicht. I.d.R. wenden Sozialhilfeträger die gleichen Maßstäbe an wie die Jobcenter der Kommune/ des Kreises.

Pauschalen, mit denen angemessene Heizkosten auf Grundlage von Durchschnittswerten eines kommunalen Energieversorgers festgelegt werden, die keine ⇨**Ermessen**entscheidung mehr zulassen, wären jedenfalls rechtswidrig.

Die Pauschalierung von Heizkosten kann daher nur auf einer geeigneten Datengrundlage (z.B. örtlicher Heizspiegel) erfolgen **und** sie muss Ermessensspielräume im Einzelfall zulassen. Anderenfalls gelten die Vorgaben des BSG für die Ermittlung einer Prüfgrenze für angemessenen Heizkosten (⇨4.1).

Eine **kommunale Satzung** für die Kosten der Unterkunft und Heizung (⇨4.2), die eine Kommune/ ein Landkreis nach dem SGB II erlässt, ist automatisch auf das SGB XII anzuwenden, sofern sie auf die persönlichen Verhältnisse **älterer Menschen** abgestimmt ist. Hier wären Pauschalen unter strengen Vorgaben möglich (⇨Miete 2.5.1 f.).

6. Wenn die Heizkosten unangemessen sind

Alg II, HzL/GSi der Sozialhilfe

Sollten Heizkosten im Einzelfall unangemessen hoch sein, sind sie bei Alg-II-/ Sozialhilfe-Bezug *„solange zu berücksichtigen, wie es ... nicht möglich oder nicht zuzumuten ist, durch einen Wohnungswechsel, durch Vermieten oder auf andere Weise die Aufwendungen zu senken, in der Regel jedoch längstens für sechs Monate"* (§ 22 Abs. 1 Satz 4 SGB II).

Unangemessen hohe Heizkosten dürfen vom Amt aber erst nach **Aufklärung, Fristsetzung, konkreter Feststellung und Kostensenkungsaufforderung** auf den „angemessenen" Betrag gesenkt werden. Werden sie sofort gesenkt, müssten Sie sie aus dem Regelsatz zahlen und haben weniger zum Leben. Oder Sie müssten zur Kostensenkung im Winter die Heizung noch ein paar Grad herunterdrehen und frieren.

Das BSG gibt hierzu folgende Verfahrensschritte vor (12.6.2013 - B 14 AS 60/12 R):

a. Das Jobcenter/ Sozialamt muss Sie darüber **aufklären**, welche Heizkosten als angemessen gelten. Dann erhalten Sie zumindest Gelegenheit, **Stellung** zu **nehmen** und die Faktoren zu benennen, die in Ihrem Fall einen erhöhten Heizenergiebedarf zur Folge haben (⇨2.; ⇨4.1). Die Behörde muss dann im Rahmen ihrer **Amtsermittlungspflicht** (§ 20 SGB X) prüfen, ob Erhöhungsfaktoren in Frage kommen und ob die Heizkosten **im Einzelfall** angemessen sind.

b. Ist der Träger der Auffassung, Ihre Heizkosten seien unangemessen hoch, muss er Sie darüber in Kenntnis setzen, dass Sie durch **wirtschaftliches Heizen** eine Senkungen der Heizkosten auf das angemessene Maß herbeiführen sollen. Sie bekommen hierzu regelmäßig eine **Frist von einem Jahr** gesetzt, bis die kommende Abrechnungsperiode abgelaufen ist. Erst dann kann anhand des tatsächlichen Verbrauchs ermittelt werden, ob eine Kostensenkung durch Energieeinsparung erzielt werden konnte

H

oder ob fortgesetztes unwirtschaftliches Heizverhalten bzw. äußere Faktoren, z.B. mangelhafte Bausubstanz für die unangemessenen Heizkosten verantwortlich sind. Jobcenter/ Sozialamt müssen hierzu eine **konkrete Feststellung** treffen.

c. Erst wenn die Behörde festgestellt hat, dass **unwirtschaftliches Heizverhalten** Ursache der hohen Energiekosten ist, dürfen die vom Jobcenter/ Sozialamt übernommenen Heizkosten abgesenkt werden. Sind Sie aber der Ansicht, dass **äußere Faktoren** für die hohen Heizkosten verantwortlich sind, müssen Sie gegen den Absenkungsbescheid ⇨Widerspruch einlegen.

d. Da aber die Unangemessenheit der Heizkosten in den meisten Fällen auf äußere Faktoren, nämlich die **Beschaffenheit des Wohnhauses** oder **der Heizung** zurückzuführen ist, können die Kosten letztlich nur durch aufwendige Sanierungsmaßnahmen/ Reparaturen oder einen **Wohnungswechsel** auf das angemessene Maß gesenkt werden.

- Kommt eine **Behebung der Mängel** ohne ein zeit- und kostenaufwendiges Klageverfahren gegen den Vermieter in Betracht, muss Ihnen die Behörde die Fristen zur Kostensenkung einräumen, die nach dem Mietrecht für die Beseitigung von Mängeln gelten.
- Wurde festgestellt, dass für die Kostensenkung ein **Wohnungswechsel** erforderlich ist, muss Ihnen die Behörde ein Übergangszeitraum von **sechs Monaten** gewähren, um die Heizkosten durch einen ⇨Umzug in eine andere Wohnung zu senken.

Ein Wohnungswechsel soll allerdings nur verlangt werden, wenn dieser zu niedrigeren Gesamtkosten für die Unterkunft führt. Wäre ein **Umzug** insgesamt **unwirtschaftlich**, weil die hohen Heizkosten durch eine niedrige Bruttokaltmiete ausgeglichen werden können oder auf dem Wohnungsmarkt keine günstigen Wohnungen verfügbar sind, soll auf den Umzug verzichtet werden. In diesem Fall sind „unangemessene“ Heizkosten weiterhin durch die Behörde zu übernehmen. (BSG, ebenda)

7. Trennung von Haushalts- und Heizenergie

Hier finden Sie einige Beispiele, wenn mit Strom geheizt wird, die Heizanlage zusätzlich Elektrizität zum Laufen benötigt oder wenn andere Kostenfaktoren beim Heizen ins Spiel kommen (z.B. Grundgebühren für Gas).
Die Prüfgrenze bei Stromheizungen sieht das BSG bei Überschreiten der höchsten Heizspiegel-Werte des teuersten Energieträgers (⇨4.1). Darüber liegende Energiekosten sind im Rahmen einer Einzelfallentscheidung auf ihre Angemessenheit zu überprüfen (⇨2.).

7.1 Wenn Sie mit Strom heizen,

aber auch ⇨Warmwasser bereiten, kochen usw., müssen die Energiekosten sauber getrennt werden:
Im Rahmen der **Kosten für Unterkunft und Heizung** werden bei Alg II, HzL und GSi die im Zusammenhang mit dem Betrieb der **Heizung** stehenden Stromkosten (SG Freiburg 13.2.2006 - S 7 AS 2122/05; SG Hamburg 30.3.2005 - S 59 AS 107/05 ER) und, seit 2011, die Kosten für **Warmwasserbereitung** übernommen. Wenn die Wohnung teilweise mit zusätzlichen Stromgeräten beheizt werden muss, gehören auch diese Kosten zu den Heizkosten.
Haushaltsenergie (ohne Warmwasser mtl. 31,40 €; ⇨Strom) müssen Sie aus Ihrem ⇨Regelsatz zahlen. Der Stromgrundpreis soll bereits darin enthalten sein.

Ist der Stromverbrauch mangels entsprechender Stromzähler nicht in seine Anteile aufzuschlüsseln, können Sie den Verbrauch z.B. anhand von Geräteleistung und -laufzeit **schätzen** oder z.B. bei Nachtspeicheröfen **Erfahrungswerte** des Energieversorgers zugrunde legen. Das alles führt aber im Zweifelsfall zu nachteiligen Ergebnissen.

Die einzig „saubere“ Lösung: Abzug der Strompauschale für Haushaltsstrom

Von den gesamten Stromkosten entfallen bei Alleinstehenden **31,40 €** auf den **Regelsatz** und der **Rest** auf die Kosten für **Heizung und Warmwasser**, die die Behörde zu zahlen hat (zur Berechnung bei Bedarfsgemeinschaften ⇨Strom 1.).
Anders sind solche Energiekosten auch unter Berücksichtigung des Mehrbedarfs für

⇨Warmwasser nicht zu trennen. Auch ein Stromtarif, bei dem Haupt- und Nebentarifstrom getrennt berechnet werden, gibt oft keinen Aufschluss über den tatsächlichen Verbrauch von Heiz- und Haushaltsstrom. Er gibt in vielen Fällen nur an, wie viel günstigeren Nacht- und teureren Tagstrom Sie verbraucht haben.

7.2 Wenn Sie getrennte Stromzähler für Heizungs- und Haushaltsstrom haben,

können die Heizkosten in tatsächlicher Höhe ermittelt und vom Amt übernommen werden. Nur der Mehrbedarf für ⇨Warmwasser muss Ihnen zusätzlich zum Regelsatz erbracht werden, wenn Sie es dezentral mit Strom bereiten.

7.3 Ist Betriebsstrom der Gas- oder Ölheizung in den Stromkosten enthalten,

muss er herausgerechnet und den Heizkosten zugerechnet werden. Heizkosten bezahlt das Amt.

Der durchschnittliche Gesamtverbrauch einer **Gasetagenheizung** an Strom soll sich nach Auskunft der Firma Viessmann auf 500-700 kWh im Jahr belaufen. Legt man den mittleren Strompreis im März 2016 zugrunde, macht das ca. 153 € bis 214 € aus. Das LSG NRW berechnet 5% der Gaskosten für den Betriebsstrom einer Gasetagenheizung (26.3.2012 - L 19 AS 2051/11), bei einer **Zentralheizung** beträgt er nach Schätzungen 5-8% der Brennstoffkosten (LSG Baden-Württemberg 5.3.2011 - L 12 AS 2404/08). Das BSG sieht das bei der Heizanlage eines Eigenheims ebenso, lässt aber die Ermittlung des Betrags offen (7.7.2011 - B 14 AS 51/10 R).

Inzwischen haben viele Sozialgerichte einen pauschalen **5%-Aufschlag** für Betriebsstrom von Heizungen anerkannt, wenn die tatsächlichen Kosten nicht nachgewiesen werden können.

Tipp Mit preiswerten Zwischenzählern lässt sich der Stromverbrauch von Heizanlagen exakt ermitteln.

7.4 Aufteilung der Grundgebühren für Gas

Die sind seit dem 1990 nicht mehr im Regelsatz enthalten. Wenn Sie Ihre Haushaltsenergie inklusive Warmwasser vollständig über Strom abdecken, aber **mit Gas heizen**, muss also die Grundgebühr für Gas im Rahmen der Heizkosten erstattet werden (OVG Niedersachsen 12.12.2001 - 4 L 3946/00). Der Mehrbedarf für ⇨Warmwasser steht Ihnen dann zusätzlich zum Regelsatz zu.

Heizen und bereiten Sie Warmwasser mit Gas und benötigen Sie **zusätzlich** Gas zum **Kochen**, dann entfallen nicht nur die Gas-Grundgebühren auf die Heizkosten, sondern auch das Gas zum Kochen. *„Lässt sich ein Bezugspunkt für eine realitätsnahe Schätzung des Energieanteils, der für das Kochen in der Regelleistung enthalten sein soll, nicht finden, hat ein entsprechender Abzug von den Heizkosten ... zu unterbleiben."* (BSG 19.10.2010 - B 14 AS 50/10 R)

8. Tatsächliche Aufwendungen bei Brennstoffbeihilfen (Ofenheizung)

Auch hier sind die tatsächlichen Aufwendungen, die Sie für den Kauf von **Öl, Holz oder Kohle** haben, im Rahmen einer Einzelfallentscheidung als angemessen anzuerkennen, auch wenn sie über den Richtwerten der Behörden liegen (SG Würzburg 7.11.2005 - S 16 AS 146/05; SG Berlin 10.1.2006 - S 37 AS 10707/05 ER). Es sei denn, sie wären unwirtschaftlich, weil Sie nachweislich zum Fenster hinaus heizen.

Als Maßstab für die Zahlung der Beihilfe kann der Jahresdurchschnittsverbrauch des Vorjahres oder der Vorjahre gelten. *„In jedem Fall ist die Angemessenheit der Aufwendungen unter Betrachtung eines längeren Zeitraums zu prüfen, in der Regel eines Jahres."* (LSG Niedersachsen-Bremen 2.2.2006 - L 8 AS 439/05 ER)

Die Angemessenheit bestimmt sich nicht in erster Linie nach den Kosten. *„Maßgebend ist vielmehr der Verbrauch."* (ebenda)

Im **Internet** können Sie mit dem *„HeizCheck"* der Energieagentur co2online die Heizkosten bei Beheizung mit **Öleinzelöfen/ Stromöfen** ermitteln, wenn Sie Baujahr, Wohnungsgröße, Art und Lage des Hauses, Zahl der Nutzer usw. eingeben (www.co2online.de ⇨Service ⇨EnergiesparChecks ⇨HeizCheck). Diese Werte können bei Einzelöfen **Anhaltspunkte** auch für die Kosten anderer Brennstoffarten liefern, die als Heizkosten anerkannt werden müssen.

H

Die **tatsächlichen Aufwendungen** für den Verbrauch müssen dann erstattet werden, **wenn sie auftreten** (BSG 16.5.2007 - B 7b AS 40/60 R). Eine monatliche Erstattung in Form von Pauschalen würde zu Regelsatzsenkungen und/ oder Schulden führen, da man in Vorleistung treten muss. Deshalb ist es rechtswidrig, bei der Befüllung eines **Heizöltanks** mit einer größeren Menge Öl den Bedarf nur mit wenigen Monatspauschalen zu decken (LSG Bayern 17.3.2006 - L 7 AS 3/05).

Wurde Kohle oder Heizöl schon **vor** dem Leistungsbezug angeschafft, werden die Kosten nicht mehr erstattet, egal ob Sie noch damit heizen oder nicht. Erst wenn ein Bedarf im **Bewilligungszeitraum** entsteht, weil kein Brennmaterial mehr vorhanden ist, sind die tatsächlichen Aufwendungen für Heizmaterial zu erstatten. (BSG, ebenda)

Wenn Sie mit gefülltem Brennstofftank aus dem Leistungsbezug ausscheiden, ist das Pech fürs Amt. Um das zu vermeiden und weil Kosten nur für den **gegenwärtigen Heizbedarf** übernommen werden müssen, können Brennstofflieferungen für einen längeren Zeitraum auch zunächst als Darlehen zur Verfügung gestellt werden, das bei entsprechendem Brennstoffverbrauch in eine Beihilfe umgewandelt wird (LSG Sachsen-Anhalt 18.9.2009 - L 5 B 593/08 AS ER). Oder die Kosten werden auf die Mengen beschränkt, die voraussichtlich im jeweiligen Bewilligungszeitraum anfallen (LSG Sachsen 30.5.2011 - L 3 AS 342/11 B ER).

Tipp Sollte die Behörde Ihren gegenwärtigen Bedarf an Brennstoff nicht decken und Sie frieren lassen, sind Sie gezwungen, eine ⇨einstweilige Anordnung beim Sozialgericht zu beantragen. Hier müssen Sie vor Gericht nachweisen, dass der Brennstoffvorrat erschöpft ist oder nur noch wenige Tage reicht (LSG NRW 15.11.2010 - L 7 AS 1911/10 B ER).

9. Höhere Heizungskosten durch nicht genehmigtem ⇨Umzug (1.1)

Kritik

In einigen Kommunen/ Landkreisen werden Heizkosten immer noch nach Durchschnittswerten und/ oder mit festen Obergrenzen bewilligt. Im SGB II/ SGB XII ist das rechtswidrig. Erwerbslose und Arme wohnen in der Regel in unterdurchschnittlich ausgestatteten Wohnungen und haben deswegen überdurchschnittlichen Heizenergiebedarf. Werden Sie mit Durchschnittswerten abgefunden, ist das eine der zahlreichen Spielarten, den Regelsatz indirekt zu senken.

Forderungen

Anerkennung der tatsächlichen Heizkosten!

Übernahme der vollen Umzugskosten, wenn dieser zur Reduzierung der Heizkosten erforderlich ist!

Keine Deckelung der Heizkosten eines Eigenheims auf den Kosten kleinerer Mietwohnungen!

Jugendliche und junge Erwachsene

Inhaltsübersicht:

Alg II

1.1 Regelsatz plus Kosten der Unterkunft

Ab 15 Jahren gelten Jugendliche als ⇨erwerbsfähig und können damit Alg II beziehen. Das gilt auch, wenn ihre Eltern HzL/GSi der Sozialhilfe empfangen.

Sind Jugendliche ab 15 nicht erwerbsfähig und leben mit Alg-II-Berechtigten zusammen, bekommen sie ⇨Sozialgeld.

Jugendliche zwischen 15 und 18 müssen mit einem Regelsatz in Höhe von 306 € ihren mtl. Bedarf zum Leben decken.

Über 18 Jahre alten jungen Erwachsenen, die noch im Haushalt ihrer Eltern oder eines Elternteils wohnen, wurde der Regelsatz ab Juli 2006 von 100% auf 80% des Eckregelsatzes gekürzt. Sie wurden zurück in die ⇨Bedarfsgemeinschaft der Eltern geschickt. Ihr mtl. Regelsatz beträgt 324 €.

Der Prokopfanteil an den Gesamtausgaben des Haushalts für **Unterkunft, Nebenkosten und Heizung** gehört außerdem zum Bedarf von Jugendlichen und jungen Erwachsenen.

⇨ **SchülerInnen,** ⇨ **Studierende oder** ⇨**Auszubildende** haben nur unter bestimmten Bedingungen Anspruch auf Alg II. Näheres unter den entsprechenden Stichworten.

1.2 Junge Erwachsene bis zum Alter von 25 Jahren – Unterhaltspflicht der Eltern?

Bis zum 1.7.2006 bildeten volljährige Kinder im Haushalt ihrer Eltern eine eigene Bedarfsgemeinschaft. Das entsprach dem Bürgerlichen Gesetzbuch (BGB) und jahrzehntelanger Praxis in der Sozialhilfe. Ihre Eltern mussten für sie in der Regel keinen Unterhalt mehr zahlen. Das war ein Fortschritt gegenüber der alten Sozialhilfe. Nur gegenüber Kindern unter 25 Jahren, die ihre Erstausbildung noch nicht abgeschlossen haben, besteht die nicht gesteigerte ⇨Unterhaltspflicht weiter (§ 1610 Abs. 2 BGB).

Jetzt bilden Kinder zwischen 18 und 25, die noch **bei den Eltern wohnen,** mit ihren Eltern eine Bedarfsgemeinschaft. Eltern sollen mit ihrem gesamten Einkommen und Vermögen oberhalb ihres Alg-II-Bedarfs für ihre volljährigen Kinder einstehen (§ 9 Abs. 2 Satz 2 SGB II). Das BSG hält dies für verfassungsgemäß (BSG 19.10.2010 - B 14 AS 51/09 R). Volljährige werden damit minderjährigen Kindern gleichgestellt, für die eine **gesteigerte Unterhaltspflicht** der Eltern besteht.

Die **nicht gesteigerte Unterhaltspflicht** der Eltern für ihre unter 25jährigen Kinder, die **nicht im Haushalt leben**, wirkt im SGB II nur dann, wenn ein volljähriges Kind die Erstausbildung noch nicht abgeschlossen hat (§ 33 Abs. 2 Nr. 2 b SGB II). Unter 25jährige, die Ihre Ausbildung bereits abgeschlossen haben, müssten ihren Unterhaltsanspruch gegenüber den Eltern schon **freiwillig** geltend machen und den Unterhalt auch tatsächlich beziehen, damit das Jobcenter ihn bedarfsmindernd auf das Alg II anrechnen kann. Das Jobcenter darf sie aber **nicht** dazu **zwingen**!

Tipp Wenn Ihr unter 25jähriges Kind bereits einmal eine berufliche Erstausbildung begonnen und aus eigenem Antrieb abgebrochen hat, werden die Eltern aus dieser Unterhaltsverpflichtung entbunden. Sie können dann nicht mehr vom Jobcenter zum Unterhalt fürs Kind herangezogen werden. (Eicher, SGB II; § 33 Rz. 47, Verletzung der Ausbildungsobliegenheit)

Kritik

Die Ausdehnung der Bedarfsgemeinschaft auf das Verhältnis zwischen Eltern und volljährigen Kindern unter 25, die in ihrem Haushalt leben, bricht das BGB mit voller Absicht. Nach BGB sind Eltern nur *„ihren minderjährigen unverheirateten Kindern gegenüber verpflichtet, alle verfügbaren Mittel zu ihrem und der Kinder Unterhalt gleichmäßig zu verwenden. Den minderjährigen unverheirateten Kindern stehen volljährige unverheiratete Kinder bis zur Vollendung des 21. Lebensjahrs gleich, solange sie im Haushalt der Eltern oder eines Elternteils leben und sich in Schulausbildung befinden.“* (§ 1603 Abs. 2 BGB) Für ihre volljährigen Kinder müssen Eltern (mit der genannten Ausnahme) eben **nicht** alle ihre verfügbaren Mittel verwenden.

2006 hat eine SPD, CDU/ CSU-Bundesregierung durch eine dem BGB entgegenstehende „Sozial“gesetzgebung dem Staat finanzielle Vorteile in Höhe von rd. 500 Mio. € jährlich verschafft. Damit konnten Unternehmen durch Gewinnsteuersenkungen entlastet werden. Nach dem Motto, *„Familie soll für einander einstehen“* (Ex-Arbeitsminister Müntefering), werden Kosten für die hohe Zahl von jungen Erwachsenen, die von Unternehmen nicht gebraucht werden, auf ihre Familien verlagert.

1.3 Allgemeines Verbot des Auszugs bis zum Alter von 25 Jahren

„Sofern Personen, die das 25. Lebensjahr noch nicht vollendet haben, umziehen, werden ihnen Leistungen für Unterkunft und Heizung für die Zeit nach einem Umzug bis zur Vollendung des 25. Lebensjahres nur erbracht, wenn der kommunale Träger dies ***vor Abschluss*** *des Vertrages über die Unterkunft zugesichert hat.“* (§ 22 Abs. 5 SGB II)

Damit sich die Eltern dem aufgezwungenen Unterhalt nicht entziehen können, haben die Hartz-IV-Parteien den Auszug Volljähriger unter 25 Jahren aus der elterlichen Wohnung von der Genehmigung der Behörde abhängig gemacht. Auch hierin werden junge Erwachsene Minderjährigen gleichgestellt. Nur dass nicht das Jugendamt, sondern das Jobcenter die Erlaubnis zum Auszug erteilen muss.

Ziehen arbeitslose junge Erwachsene **ohne Genehmigung** des Jobcenters aus, erhalten sie
- bis zur Vollendung des 25. Lebensjahres nur einen Regelsatz von 324 € statt 404 €. (§ 20 Abs. 3 SGB II). Sie werden so gestellt, als ob sie noch bei ihren Eltern leben würden. Sie erhalten zudem bis zum 25. Geburtstag
- keine Kosten für Unterkunft und Heizung (§ 22 Abs. 5 Satz 1 SGB II),
- keine Beihilfe für die Erstausstattung der Wohnung (§ 24 Abs. 6 SGB II) und
- als SchülerInnen/ Auszubildende (§ 7 Abs. 5 u. 6 SGB II neu) keine aufstockende Leistungen für Unterkunft und Heizung (§ 22 Abs. 5 Satz 1 SGB II) und auch der Regelsatz wird auf 324 € begrenzt (§ 20 Abs. 3 SGB II; ⇨Auszubildende 2.2 ff.).

Wenn junge Erwachsene unter 25, die noch keine Alg-II-BezieherInnen sind, *„vor der Beantragung von Leistungen in der Absicht umziehen, die Voraussetzungen für die Gewährung der Leistungen herbeizuführen“*, werden ihnen ebenfalls keine Unterkunfts- und Heizkosten ersetzt (§ 22 Abs. 5 Satz 4 SGB II).

Im Extremfall kann das dazu führen, dass ein junger Erwachsener, der mit 18 „illegal“ auszieht, sieben Jahre lang mit einem gekürzten Regelsatz ohne Aussicht auf eine eigene Wohnung bleibt. Das sind die härtesten Strafen des „Strafgesetzbuches“ SGB II. Sonst laufen Sanktionen in der Regel nach drei Monaten aus.

1.4 Wann muss ein Auszug genehmigt werden?

Die Behörde ist zur Zusicherung verpflichtet, wenn

„1. der Betroffene aus ***schwerwiegenden sozialen Gründen*** *nicht auf die Wohnung*

der Eltern oder eines Elternteils verwiesen werden kann..." (§ 22 Abs. 5 Nr. 1 SGB II).

Schwerwiegende soziale Gründe können sein (vgl. u.a. Geiger 2014, 122):

- Rausschmiss – Eltern setzen ein volljähriges Kind vor die Tür, z.B. weil es ihre Bedingungen, eine Ausbildung zu suchen bzw. fortzuführen nicht erfüllt hat.
- unüberbrückbare persönliche Differenzen, die ein weiteres Zusammenleben unmöglich machen,
- eine dauerhaft gestörte Eltern-Kind-Beziehung (SG Hamburg 2.5.2006 - L 5 B 160/06 ER AS)
- massive Streitigkeiten mit dem Stiefvater (SG Dresden 3.11.2009 - S 10 AS 5249/09 ER).
- religiöser Übereifer der Eltern (SG Stade 22.4.2009 - S 28 AS 793/08),
- eine Suchterkrankung der Eltern (SG Nürnberg 2.11.2006 - S 19 AS 811/06 ER) oder des jungen Erwachsenen,
- sexuelle bzw. gewaltförmige Übergriffe,
- Straffälligkeit (eines Elternteils oder des Kindes),
- unzumutbare räumliche Unterbringung (SG Berlin 9.11.2007 - S 37 AS 8402/06),
- ein Zusammenleben mit Geschwistern in einer Wohnung, in der Geschlechtertrennung nicht möglich ist (Empfehlungen des DV zu § 22 Abs. 2 a SGB II, Berlin 12/2006, im Folgenden: DV 2006).

*„2. der Bezug der Unterkunft zur **Eingliederung in den Arbeitsmarkt** erforderlich ist..."* (§ 22 Abs. 5 Nr. 2 SGB II)

Voraussetzung ist, dass

- bei Aufnahme einer Ausbildung eine Fahrtzeit zur Arbeit von zwei Stunden für Hin- und Rückweg (von Haustür zu Haustür) überschritten wird (BA, GA BAB, 60.1.5),
- bei Aufnahme einer (Vollzeit-)Arbeit eine Fahrtzeit von 2,5 Stunden überschritten wird (BA 10.31),
- ein längeres Praktikum oder eine Bildungsmaßnahme die Arbeitsaussichten verbessern.

Das gilt unter Umständen auch bei einem Umzug in eine Region mit besseren Chancen auf dem Arbeitsmarkt.

*„3. ein sonstiger, **ähnlich schwerwiegender Grund** vorliegt."* (§ 22 Abs. 5 Nr. 3 SGB II)

Das ist z.B. der Fall, wenn

- ein unter 25-jähriger Kindsvater mit der Mutter/ Schwangeren eine Familie gründen will (DV 2006) oder
- generell, wenn zwei unter 25-Jährige heiraten und eine Familie gründen wollen. Ob eine Heirat Voraussetzung sein muss, ist allerdings umstritten.

Unter den oben genannten Voraussetzungen kann unter Umständen von einer Zusicherung der Behörde abgesehen werden, wenn es dem Jugendlichen *„aus wichtigem Grund **nicht zumutbar** war, **die Zusicherung einzuholen**"* (§ 22 Abs. 5 Satz 3 SGB II). Das wäre ggf. bei einem Auszug wegen schwerwiegender sozialer Gründe der Fall, wenn eine akute Bedrohungssituation herrscht.

Die Liste ist nicht abschließend. Es gibt kein Verbot für das Jobcenter, weitere Gründe anzuerkennen, z.B.:

- Ein erwachsenes Kind darf nicht bestraft werden, wenn die Eltern es **vor die Tür setzen**. Hier **muss** ein wichtiger Grund vorliegen. Wenn z.B. einfach der Wohnungstürschlüssel entzogen wird, ist i.d.R. nicht einmal Zeit, die Zusicherung des Jobcenters einzuholen.
- Eine Zusicherung kann auch erteilt werden, wenn die oder der Auszugswillige **demnächst 25** wird (DV 2006), usw.

Nach einem BSG Urteil vom 2.6.2004 (B 7 AL 38/03 R) dürfen an *„schwerwiegende Gründe"* keine strengeren Anforderungen gestellt werden, anderenfalls würde die drohende Leistungskürzung massiv in die Lebensführung der volljährigen Kinder und ihrer Eltern eingreifen (vgl. Geiger 2014, 120).

1.5 Wann muss ein Auszug nicht genehmigt werden?

Der Wortlaut des Gesetzes in § 22 Abs. 5 SGB II erfasst **alle** Umzüge von unter 25jährigen, auch von denen, die längst nicht mehr im Elternhaus wohnen.

Aus der Gesetzesbegründung geht aber eindeutig hervor, dass **nur** der **Erstauszug bei Bezug** oder **zum Bezug** von Alg II gemeint sein kann: *„Ursache hoher Kosten ist unter anderem der Erstbezug einer eigenen Wohnung durch Personen, die entweder bislang wegen Unterstützung innerhalb einer Haushaltsgemeinschaft keinen Anspruch hatten oder als Teil der Bedarfsgemeinschaft*

J

niedrigere Leistungen bezogen haben." (Ausschussdrucksache 16(11)80 vom 7.2.2006)

Kein Auszug nach § 22 Abs. 5 SGB II liegt vor:

- Wenn junge Erwachsene umziehen, die **zuvor** schon eine **eigene Wohnung** hatten. Sie brauchen für einen Umzug nicht die Erlaubnis des Jobcenters einzuholen. Unter 25jährige, die selbstständig leben, müssen nicht in den Haushalt ihrer Eltern zurückkehren, wenn sie arbeitslos und Alg-II-Beziehende werden.
- Wenn U25'er ausziehen, die nicht zur Bedarfsgemeinschaft (BG) der Eltern gehörten, weil sie ihren Lebensunterhalt durch **eigenes Einkommen** selbst bestreiten können (§ 7 Abs. 3 Nr. 4 SGB II). Wenn Sie also eine Arbeit finden, von der Sie sich selbst unterhalten können, können Sie ausziehen (vgl. Berlit, in: info also 2/2006, 54).
- Wenn eine unter 25jährige Frau **schwanger** ist oder ein **Kind bis zur Vollendung des 6. Lebensjahres** betreut. Hier entfällt die Unterhaltspflicht der Eltern (§ 9 Abs. 3 SGB II). Die junge Frau kann also frei wählen, ob sie Unterstützung der Eltern annimmt. (SG Berlin 19.6.2006 - S 103 AS 3267/06 ER; LSG Hamburg 2.5.2006 - L 5 B 160/06 ER AS)
- Wenn ein unter **25jähriges Paar**, egal ob verheiratet oder nicht, aus dem Elternhaus des einen Partners ausziehen möchte. Das Paar bildet eine eigene BG.
- Wenn ein U25'er von einem **getrennt lebenden Elternteil** zum anderen zieht.
- Wenn die **Eltern** aus der Wohnung **ausziehen** und ihr unter 25jähriges Kind in der Wohnung zurücklassen (LSG Schleswig-Holstein 19.3.2007 - L 11 B 13/07 AS ER; LSG Niedersachsen-Bremen 30.3.2007 - L 13 AS 38/07 ER).
- Wenn **nicht erwerbsfähige U25'er** aus dem Elternhaus ausziehen. Sie wechseln in die Sozialhilfe.

In diesen Fällen darf es **keine** Sanktionen geben!

Offen ist die Frage, ob unter 25jährige Kinder aus dem Alg-II-Elternhaus zu Verwandten ziehen können, die ihnen freies Wohnrecht einräumen. Hier kommt es trotz Erhöhung der Regelleistung von 324 € auf 404 € durch den Wegfall der Unterkunftskosten zur Leistungsersparnis.

2. Eingliederung in Arbeit

Laut Gesetz sind bei den Leistungen zur Eingliederung in Arbeit Neigung, individuelle Lebenssituation, voraussichtliche Dauer der Hilfebedürftigkeit und die Dauerhaftigkeit der Eingliederung zu berücksichtigen (§ 3 Abs. 1 SGB II). Das gilt auch für Jugendliche und junge Erwachsene.
Nicht wenige Verantwortliche betrachten es jedoch als „Verführung Minderjähriger", wenn junge Menschen überhaupt vom Staat Sozialleistungen bekommen, ohne zu arbeiten. Auch ihnen sind Arbeit und Ausbildung zunächst „nur" unter den allgemein geltenden Bedingungen zumutbar.
Wann und unter welchen Bedingungen Arbeit, Ausbildung oder Maßnahmen zur Eingliederung zumutbar sind, lesen Sie unter ⇨Arbeit 1.3 ff.

Trotzdem soll auch Jugendlichen und jungen Erwachsenen *„bei der Beantragung von Leistungen ... unverzüglich **Leistungen zur Eingliederung** ... erbracht werden. Bei fehlendem Berufsabschluss sind insbesondere die Möglichkeiten zur Vermittlung in eine Ausbildung zu nutzen."* (§ 3 Abs. 2 SGB II neu)
Das gilt **seit 1.8.2016 und** ist eine gewisse Verbesserung gegenüber der Vorgängerregelung, die vorsah, U25'er *„unverzüglich nach Antragstellung ... in eine Arbeit, eine Ausbildung oder eine Arbeitsgelegenheit zu vermitteln"*. (§ 3 Abs. 2 SGB II alt) Ein solches „Sofortangebot" bestand oft aus Trainingsmaßnehmen oder Arbeitsgelegenheiten, Ausbildungsplätze gab es so gut wie keine.
Jetzt stehen unter 25jährigen AntragsstellerInnen immerhin alle *„Leistungen zur Eingliederung"* zur Verfügung, von denen ⇨**Arbeitsgelegenheiten** immer **nachrangig** sind. Zudem wird am Grundsatz des **Vorrangs der Ausbildung**, der bereits in der alten Fassung des § 3 Abs. 2 SGB II Geltung hatte, festgehalten.
Obwohl diese mit der Gesetzesänderung zum 1.8.2016 aus dem SGB II gestrichen wurden, geht die Bundesregierung offensichtlich davon aus, dass *„die auf der Grundlage des § 15a [alt] erbrachten **Sofortangebote** zur Eingliederung in Arbeit ... erhalten [bleiben]. Satz 1 macht deutlich, dass die im jeweiligen Einzelfall notwendigen Ein-*

gliederungsleistungen unverzüglich erbracht werden sollen." (BT-Drs. 18/8041, 28) Achten Sie darauf, dass sie wirklich *„im Einzelfall notwendig"* sind.

Werden unter 25jährigen Antragstellenden *„unverzüglich Leistungen zur Eingliederung"* oder ein Ausbildungsplatz *„erbracht"* und **lehnen sie dies ab**, folgt eine ⇨**Sanktion**. Viele werden schon dadurch eingeschüchtert und verzichten von sich aus auf Alg II.
Ansonsten gesteht der Gesetzgeber allen Neuantragstellenden nicht zu, zunächst selbst nach ⇨Arbeit (1.2.1) zu suchen. Das trifft auch auf U25'er zu, die nach nicht verschuldetem Abbruch einer Ausbildung noch keinen Anspruch auf Alg I haben und Alg II beantragen müssen sowie auf Hochschulabsolventen und Schulabgänger allgemein.

Tipp 1 Bestehen Sie als Studienabsolvent darauf, dass Sie Zeit haben müssen, in Ihrem frisch erworbenen Beruf Arbeit zu suchen. Verlangen Sie dabei Unterstützung durch die Behörde. Alles andere würde bedeuten, dass Ihre Ausbildung für die Katz gewesen sein könnte und Sie Zeit und Geld verschwendet haben.

Tipp 2 Jugendliche zwischen 15 und 18 unterliegen zudem noch der Berufsschulpflicht. Arbeit ist also nur eingeschränkt zumutbar und nur, *„wenn sie der Berufsschulpflicht nicht entgegensteht"* (BA 10.23).

Stellen Eltern einen Alg-II-Antrag, haben alle **erwerbsfähigen Kinder** ab 15 Jahren ebenfalls Alg-II-Ansprüche. Gelten diese als ausbildungs- oder arbeitssuchend, sollen auch ihnen *unverzüglich Leistungen zur Eingliederung"* oder ein Ausbildungsplatz *„erbracht werden"*.

Tipp Bestehen Sie auf den Vorrang der *„Vermittlung in eine Ausbildung"* (⇨3.1.)

Welche Leistungen der Eingliederung in Arbeit nach dem SGB II und dem SGB III auch für junge Menschen zur Verfügung stehen, lesen Sie unter ⇨Arbeit 2. ff.

2.1. Förderung schwer zu erreichender junger Menschen (§ 16 h neu)

Unter welchen Voraussetzungen unter 25Jährige eine Förderung erhalten, um „eine schulische, ausbildungsbezogene oder berufliche Qualifikation abzuschließen oder anders ins Arbeitsleben einzumünden und ... Sozialleistungen zu beantragen und anzunehmen" lesen Sie unter ⇨Arbeit 2.1.8.

3.1 Vorrang der Ausbildung

In der Gesetzesbegründung zum Neunten SGB-II-Änderungsgesetz stellt die Bundesregierung klar *„dass - wie bisher - der Grundsatz Anwendung findet, dass die Vermittlung von Personen ohne Berufsabschluss primär in eine Ausbildung erfolgt. Dies wird im Wesentlichen junge Menschen unter 25 Jahre betreffen, die noch am Anfang des Berufslebens stehen."* (BT-Drs. 18/8041, 28)
Den Vorrang der Ausbildung vor Arbeit und *„Leistungen zur Eingliederung"* formuliert der folgende Satz: *„Bei fehlendem Berufsabschluss sind insbesondere die Möglichkeiten zur Vermittlung in eine Ausbildung zu nutzen."* (§ 3 Abs. 2 Satz 2 SGB II neu)
Erst Vermittlung in Ausbildung, **dann** alles Weitere und **zuletzt** Ein€Jobs (⇨4.).
Aber: *„Die Bestimmung verpflichtet die Bundesagentur nicht, eine Ausbildung aus eigenen Mitteln bereitzustellen, wenn eine Vermittlung in Ausbildung nicht möglich ist."* (BT-Drs. 15/1516, 51, in Bezug auf die Vorgängerregelung) Ein Recht auf Ausbildung oder Arbeit gibt es auch mit Hartz IV nicht.

Tipp Überlegen Sie sich, welche Berufsausbildung Sie machen wollen und warum Sie sich für geeignet halten. Machen Sie Ihrem Fallmanager bzw. Arbeitsvermittler Vorschläge.

Als junge Erwachsene ohne Berufsabschluss gelten übrigens auch solche, die zwar einen Berufsabschluss haben, aber schon mehr als vier Jahre eine an- oder ungelernte Tätigkeit verrichten (BT-Drs. 15/1516, 51).

Folgende **„Eingliederungsmaßnahmen"** zur Förderung der Ausbildung können nach § 16 Abs. 1 SGB II in Verbindung mit den jeweiligen Regelungen nach dem SGB III für Jugendliche gewährt werden.

3.1.1 Ausbildungsbegleitende Hilfen (abH)

Die Ausbildung von lernbeeinträchtigten oder sozial benachteiligten jungen Menschen kann durch ausbildungsbegleitende Hilfen (abH) während der Arbeitszeit gefördert werden. AbH gibt es auch, wenn ohne sie eine Ausbildung nicht begonnen werden kann. Gefördert werden dann z.B. Unterricht zum Abbau von Sprach- und Bildungsdefiziten sowie Nachhilfe in Fachpraxis und -theorie. Zudem kann sozialpädagogische Begleitung gewährt werden. (§ 75 SGB III)

J

2014 bekamen 42.385 Jugendliche und junge Erwachsene in Deutschland abH (BA, Arbeitsmarkt 2014, Nürnberg 2015, 129; Quelle für nachfolgende Teilnehmerzahlen). 2000 waren es noch fast 64.200 Personen.

3.1.2 Berufsausbildung in außerbetrieblichen Einrichtungen

Die Berufsausbildung lernbeeinträchtigter oder sozial benachteiligter junger Menschen, kann für ein Jahr in einer außerbetrieblichen Einrichtung gefördert werden, wenn diese

- auch mit ausbildungsfördernden Leistungen nicht in eine betriebliche Ausbildung vermittelt werden können **oder**
- nach Auflösung eines betrieblichen Ausbildungsverhältnisses eine Ausbildung nur außerbetrieblich fortsetzen können.

(§§ 76 Abs. 1 und 78 SGB III).

Die Arbeitsagentur (AA) erstattet dem Ausbildungsträger die Maßnahmenkosten sowie einen Zuschuss zur Azubi-Vergütung in Höhe von bis zu 316 € im ersten, 331,80 € im zweiten und 348,39 € im dritten Lehrjahr und den vom Träger zu zahlenden Gesamtsozialversicherungsbeitrag (§ 79 SGB III).

2014 nahmen 36.287 unter 25jährige eine solche Förderung in Anspruch. 2000 waren es 58.800.

3.1.3 Berufsausbildung für (schwer)-behinderte junge Menschen

Arbeitgeber von schwerbehinderten Auszubildenden können regelmäßig 80% der monatlichen Azubivergütung für das letzte Lehrjahr erstattet bekommen, **wenn die Aus- bzw. Weiterbildung sonst nicht zu erreichen ist**. Bei behinderten Menschen beträgt die Förderung unter denselben Bedingungen i.d.R. 60%.

Wenn schwerbehinderte Menschen nach der Ausbildung übernommen werden, kann für ein Jahr ein Eingliederungszuschuss von 70% des Arbeitsentgelts gezahlt werden. (§ 73 SGB III).

Tipp Der Antrag auf Förderung muss vor Abschluss des Ausbildungsvertrages gestellt werden.

Arbeitgeber können Zuschüsse für eine **behindertengerechte Ausgestaltung** des Ausbildungsplatzes erhalten, sofern das erforderlich ist, um die dauerhafte Teilhabe am Arbeitsleben zu erreichen (§ 46 Abs. 2 SGB III).

3.1.4 Eingliederungszuschuss für Arbeitslose mit *„Vermittlungshemmnissen"*

Die speziellen Qualifizierungs- und Eingliederungszuschüsse für unter 25jährige wurden ab 2013 ohne Altersbeschränkung im Arbeitgeberzuschuss für schwer Vermittelbare zusammengefasst.

Personen, *„deren Vermittlung wegen in ihrer Person liegender Gründe erschwert ist"* (§ 88 SGB III) können abhängig von den vorliegenden *„Einschränkungen"* für max. zwölf Monate einen Lohnzuschuss von bis 50% des Arbeitsentgelts erhalten (§ 89 SGB III).

3.2 Trainingsmaßnahmen (§ 45 SGB III)

Der Arbeitsvermittler kann unter 25jährige auch zu sogenannten *„Maßnahmen zur Aktivierung und beruflichen Eingliederung"* verpflichten. Hierunter fallen u.a. die *„Heranführung an den Ausbildungs- und Arbeitsmarkt"* (z.B. Bewerbungstraining, Maßnahmen zur Prüfung der Arbeitsbereitschaft) oder die *„Feststellung, Verringerung oder Beseitigung von Vermittlungshemmnissen"* (z.B. Training zur Vermittlung von Fertigkeiten und Fähigkeiten aber auch Potenzialanalyse/ „Profiling").

Betriebliche Trainingsmaßnahmen (Praktika) sind für U25'er mit *„Vermittlungshemmnissen"* auf 12 Wochen beschränkt (§ 16 Abs. 3 Satz 2 SGB II).

Die Behörde zahlt das Alg II weiter und zusätzlich eine Fahrtkostenpauschale.

Näheres unter ⇨Arbeit 2.2.4

2014 wurden bei unter 25jährigen 38.198 Trainingsmaßnahmen durchgeführt. 2000 waren es 7.100.

3.3 Nachholen des Hauptschulabschlusses jetzt § 81 Abs. 3

Alg-II-berechtigte junge Menschen ohne Schulabschluss haben einen Anspruch auf die Übernahme der Kosten einer Vorbereitung auf den nachträglichen Erwerb des **Hauptschulabschlusses** im Rahmen einer beruflichen Weiterbildungsmaßnahme (§ 81 Abs. 3 SGB III). Der Abschluss soll nach entsprechender Vorbereitung auf einer allgemeinbildenden Schule nachgeholt werden können.

4. Arbeitsgelegenheiten zur Qualifizierung?

Erst wenn alle Möglichkeiten ausgeschöpft sind, Ausbildung oder Arbeit zu finden, dürfen ⇨Arbeitsgelegenheiten/ **Ein€Jobs** ins Spiel kommen. Das gilt nicht zuletzt auch für Jugendliche ohne Berufsabschluss.

Bis zum 31.7.2016 galt: *„Können Leistungsberechtigte ohne Berufsabschluss nicht in eine Ausbildung vermittelt werden, soll die Agentur für Arbeit darauf hinwirken, dass die vermittelte Arbeit oder Arbeitsgelegenheit auch zur Verbesserung ihrer beruflichen Kenntnisse und Fähigkeiten beiträgt."* (§ 3 Abs. 2 Satz 2 SGB II alt)

Seit dem 1.8.2016 sollen bei fehlendem Berufsabschluss nachrangig zur Ausbildung *„Leistungen zur Eingliederung in Arbeit"* erbracht werden. Und bei diesen Leistungen stehen Ein€Jobs immer an letzter Stelle. *„Die Nachrangigkeit gilt somit auch für Jüngere unter 25 Jahren ... Dem entsprechend kann das Angebot auch zur Erfüllung des operativen Mindeststandards ‚Erstangebot U25' nur noch nachrangig genutzt werden."* (BA, Fachliche Hinweise zu Arbeitsgelegenheiten nach § 16d SGB II, 11/2013, 20)

Tipp Fordern Sie Ihren Arbeitsvermittler auf darzulegen, welches individuelle Eingliederungskonzept mit einer Ein€Job-„Maßnahme" verfolgt wird.

Die Zahl der Arbeitsgelegenheiten wurde seit 2009 stark reduziert. 2013 gab es nur noch 6.100 unter 25jährige Ein€Jobber, 2009 waren es noch 47.274.

5. Strafen

Die Strafen für Jugendliche und junge Erwachsene sind erheblich härter als die für Personen über 25 Jahre. Näheres unter ⇨**Sanktionen** 2.

Kritik

Statt das Kapital gesetzlich zu verpflichten, ausreichend Ausbildungsplätze zur Verfügung zu stellen, statt dafür zu sorgen, dass die Schulen bessere Qualifikationen und Kompetenzen vermitteln und vor allem für Kinder der unteren Einkommensschicht lebensnäher gestaltet werden, werden die arbeitslos gemachten jungen Menschen selbst zum Urheber ihrer Arbeitslosigkeit gestempelt.

Hartz IV droht Jugendlichen und jungen Erwachsenen, die Alg II beanspruchen, mit drakonischen Strafen und zwingt sie bis zum 25. Geburtstag im Elternhaus zu leben. Die Regierung bestraft sie mit Sonderregelungen für den Mangel an Interesse an ihrer Arbeitskraft und nicht die Verursacher, die Arbeitgeber.

„Sofortangebote", die jungen Menschen unterbreitet werden, haben vor allem das Ziel der *„Verhinderung der Antragsstellung"* (interne Anweisung der damaligen ARGE Wuppertal) und des Provozierens von Pflichtverletzungen, die sanktioniert werden. Dann ist der Zweck von Hartz IV erreicht, die offizielle Arbeitslosigkeit zu reduzieren. *„Die Regelung soll dazu beitragen, dass Arbeitslosigkeit junger Menschen und eine Gewöhnung an den Bezug von Sozialleistungen vermieden werden."* (BT-Drs. 15/1516, 51)

Forderungen

Kein Auszugsverbot für unter 25jährige!
Individuelle berufliche Aus- und Weiterbildung statt „Sofortangebote"!
Abschaffung verschärfter Sanktionsregelungen für U25'er!

Kaution
(Genossenschaftsanteile)

Alg II und HzL/GSi der Sozialhilfe

„*...Aufwendungen für eine Mietkaution und den Erwerb von Genossenschaftsanteilen können bei vorheriger Zusicherung durch den am Ort der neuen Unterkunft zuständigen kommunalen Träger als Bedarf anerkannt werden. Die Zusicherung soll erteilt werden, wenn der Umzug durch den kommunalen Träger veranlasst oder aus anderen Gründen notwendig ist und wenn ohne die Zusicherung eine Unterkunft in einem angemessenen Zeitraum nicht gefunden werden kann.*" (§ 22 Abs. 6 Sätze 1 und 2 SGB II neu; entsprechend § 35 Abs. 2 Sätze 5 und 6 SGB XII, ohne Erwähnung der Genossenschaftsanteile)

Seit Inkrafttreten des sogenannten „Rechtsvereinfachungsgesetzes" zum 1.8.2016 gelten im **SGB II** für **Genossenschaftsanteile** die gleichen Übernahmevoraussetzungen (⇨1.1) sowie Darlehens- und Rückzahlungsregelungen (⇨2.1 f.) wie für Mietkautionen. Das entspricht bis auf die Zuständigkeit (⇨4.) der herrschenden Rechtsprechung.

Nachfolgend werden die Regelungen für Genossenschaftsanteile nicht mehr gesondert erläutert.

1.1 Kaution oder Genossenschaftsanteile sollen übernommen werden

- wenn Sie von der Behörde **zum Umzug aufgefordert** wurden (§ 22 Abs. 6 Satz 2 SGB II neu; § 35 Abs. 2 Satz 6 SGB XII) oder
- wenn ein Umzug „*aus anderen Gründen notwendig ist*" (ebenda). Zur Notwendigkeit eines Umzugs aus anderen Gründen (⇨Umzug 1.2.2)

Kaution oder Genossenschaftsanteile werden nur übernommen,

- wenn der zuständige Träger die **vorherige Zusicherung** für deren Übernahme gegeben hat (§ 22 Abs. 6 Satz 1 SGB II neu; § 35 Abs. 2 Satz 5 SGB XII, ohne Angabe über die Zuständigkeit).

Diese Zusicherung wird regelmäßig nur erteilt,

- wenn die neue Miete „angemessen" ist (⇨Miete 2.) und
- wenn das am Ort der neuen Unterkunft zuständige Amt der Anmietung und der Übernahme der künftigen Kosten zugestimmt hat.

Ohne vorherige Zusicherung, haben Sie i.d.R. keinen Anspruch auf die Übernahme der Kaution.

Im Einzelfall kann die Zusicherung zur Übernahme der Kaution auch erteilt werden, wenn die **Miete über den Angemessenheitsgrenzen** liegt.

Das kann der Fall sein,

- wenn z.B. krankheitsbedingt eine größere Wohnung notwendig ist oder
- wenn die neue Miete nur knapp über den Angemessenheitsgrenzen liegt und Sie den Differenzbetrag selbst zahlen.

Tipp Machen Sie Ihren Sachbearbeiter darauf aufmerksam, dass eine volle Übernahme der künftigen Miete keine gesetzliche Voraussetzung für die Übernahme von Kaution/ Genossenschaftsanteilen ist. Auch wenn die neue Miete über den Angemessenheitsgrenzen liegt und die Differenz von Ihnen getragen wird, können Kaution oder Genossenschaftsanteile übernommen werden, wenn der Umzug notwendig war.

1.2 Generelle Ablehnung von Kautionen/ Genossenschaftsanteilen unzulässig?

Einige Behörden verweigern generell die Übernahme von Kautionen/ Genossenschaftsanteilen, da es am Ort genügend Wohnungen ohne Vorausleistungen gebe. Das trifft meist nicht zu und ist somit rechtswidrig. Die Übernahme einer Kaution darf nicht mit dem Hinweis verweigert werden, es gebe auch Wohnungen ohne Kaution (OVG Niedersachsensen 2.2.2000, FEVS 51, 477). Das würde Alg-II- und SozialhilfebezieherInnen auf einen sehr kleinen Teil des Wohnungsmarktes beschränken und die ohnehin schon schwierige Wohnungssuche weiter erschweren.

Tipp Fordern Sie die Behörde auf, Ihnen eine Liste von angemessenen Wohnungen vorzulegen, die frei sind und keine Vorausleistung erfordern. Kann sie eine Liste vorlegen, sollten Sie die Liste prüfen, Vermieter anru-

K

fen, fragen, ob sie auch an Alg-II-Bezieher vermieten und die Ergebnisse protokollieren. Wenn Sie sich um Wohnungen bewerben, sollten Sie die Ablehnungen dokumentieren. Fünf bis acht Nachweise mtl. über einen Zeitraum von zwei Monaten dürften ausreichen, um den Gegenbeweis antreten zu können. Dann muss die Behörde der Anmietung einer Wohnung mit Vorausleistung zustimmen.

Sanktionen können dazu führen, dass Unterkunftskosten ganz oder teilweise versagt werden. Angesichts dieses Risikos gehen Vermieter dazu über, Mietzahlungen von Alg-II-Beziehenden z.B. durch eine Kaution abzusichern.

K

2.1 Kautionen/Genossenschaftsanteile als ⇨Darlehen

HzL/GSi der Sozialhilfe

Mietkautionen **sollen** ab 1.1.2007 als zins- und tilgungsfreies Darlehen vergeben werden (§ 35 Abs. 2 Satz 5 SGB XII). Sie **können** im Einzelfall auch als Beihilfe erbracht werden.
Auch wenn die Rückforderung des Darlehens viele Jahre später für die Träger oft mit hohen Kosten verbunden ist, wird mittlerweile auch bei der Sozialhilfe das Prinzip der Darlehensvergabe durchgesetzt. Es wird gespart, koste es, was es wolle!
Bei **Genossenschaftsanteilen** ist diese Darlehensregelung für Kautionen ohne Einschränkung anwendbar.

Alg II

Vor dem 1.4.2011 wurden Mietkautionen wie in der Sozialhilfe als Darlehen erbracht bzw. in Form einer Garantieerklärung oder Bürgschaft des Jobcenters an den Vermieter geregelt.
Seit dem 1.4.2011 sollen Kautionen zwar weiterhin darlehensweise vergeben werden, **aber** nur noch, wenn zuvor das gesamte frei verfügbare **Schonvermögen** und der **Ansparbetrag** von 750 € pro Person dafür aufgewendet wurden (⇨Vermögen 3.). Das würde bedeuten, Sie und alle Mitglieder Ihrer ⇨Bedarfsgemeinschaft müssten zunächst die verfügbaren Konten – auch das Kindersparbuch – restlos plündern, bevor Ihnen ein Darlehen für die Kaution zusteht. (§ 42 a Abs. 1 Satz 1 SGB II)

Tipp 1 Versuchen Sie, anstatt einer Kautionszahlung die Sicherungsleistung an den Vermieter in Form einer Garantieerklärung oder Bürgschaft durch das Jobcenter zu regeln (⇨3.1). Mit dieser Variante wird Ihr Schonvermögen geschont. Sie haben darauf allerdings keinen Rechtsanspruch.

Tipp 2 Ein Darlehen für eine Mietkaution sollte i.d.R. an einzelne Mitglieder der Bedarfsgemeinschaft vergeben werden (§ 42 a Abs. 1 Satz 2 SGB II). Das liegt nahe, wenn Sie als Mieter alleine den **Mietvertrag unterzeichnet** haben. So bleibt ggf. das Schonvermögen der Angehörigen unangetastet (⇨Darlehen 1.4 f.).
Darlehen für die Mietkaution dürfen ohnehin nicht von Ihren minderjährigen Kindern aufgenommen werden (⇨Einmalige Beihilfe 3.5). Dann sollten Sie auch nicht gezwungen werden, das Vermögen Ihrer Kinder dafür einzusetzen.

2.2 Rückzahlung des Darlehens aus dem Regelsatz?

HzL/GSi der Sozialhilfe

Eine Tilgung des Kautionsdarlehens aus dem Regelsatz ist im SGB XII nicht vorgesehen und daher rechtswidrig.

Alg II

Vor dem 1.4.2011 durfte ein Darlehen für eine Kaution wie in der Sozialhilfe nicht während des Leistungsbezugs mit einer Einbehaltung aus dem Regelsatz (Aufrechnung) getilgt oder auf andere Weise zurückgefordert werden (u.a. LSG Hessen 29.1.2008 - L 9 AS 421/07 ER).
Seit dem 1.4.2011 gilt, dass Rückzahlungsansprüche aus sämtlichen Darlehen – auch für Kautionen – durch eine monatliche **Aufrechnung** in Höhe von **10%** der maßgebenden Regelsätze aller Darlehensnehmer getilgt werden müssen. Diese Aufrechnung ist durch einen schriftlichen Bescheid zu erklären. (§ 42 a Abs. 2 SGB II)

Tipp Auch hier ist es von Vorteil, wenn das Darlehen für eine Kaution nur **von einem** Mitglied der Bedarfsgemeinschaft, nämlich der Unterzeichnerin bzw. dem Unterzeichner des Mietvertrags, in Anspruch genommen wird (⇨2.1, Tipp 2). Auf diese Weise kann die Tilgung auf 10% des Regelsatzes des Darlehnsnehmers beschränkt werden und die Regelsätze der Angehörigen bleiben von Tilgungslasten verschont.

Das **BSG** hat Zweifel angemeldet, *„ob Mietkautionsdarlehen – jedenfalls bedingungslos – unter die Regelung des § 42 a Abs. 2 Satz 1 SGB II fallen“* – damit ist die monatliche Aufrechnung gemeint (29.6.2015 - B 4 AS 11/14 R; ⇨Kritik; ⇨Darlehen 1.4 f., 1.12).
Außerdem ist die monatliche Aufrechnung nicht auf Mietkautionsdarlehen anzuwenden, die **vor** dem 1.4.2011 gewährt wurden (BSG 25.6.2015 - B 14 AS 28/14 R).

Tipp Es sprechen viele Gründe dafür, dass die Sozialgerichte dem BSG folgen und die Anwendbarkeit der Aufrechnungsregelungen bei Mietkautionsdarlehen in Frage stellen. Legen Sie gegen die Aufrechnung eines Kautionsdarlehens Widerspruch ein und klagen Sie. Das ist erfolgversprechend, wenn mehr als ein eine Person der Bedarfsgemeinschaft von der Aufrechnung betroffen ist, erst recht, wenn es sich um minderjährige Kinder handelt.

Nach **Beendigung des Leistungsbezuges** werden alle noch nicht getilgten Forderungen des Jobcenters sofort und in voller Höhe fällig. Darunter fallen auch Darlehen für Kautionen und Genossenschaftsanteile. Über die Rückzahlung der noch ausstehenden Forderungen sollen Sie dann mit dem Jobcenter eine **Tilgungsvereinbarung** abschließen. (§ 42 a Abs. 4 SGB II)

Tipp Dabei sollen Ihre wirtschaftlichen Verhältnisse und Ihre Leistungsfähigkeit berücksichtigt werden.

Kritik
Die starre Aufrechnung einer Mietkaution mit 10% der Regelsätze aller Darlehensnehmer führt zur dauerhaften Unterschreitung des Existenzminimums. Eine Kaution gehört zu den Kosten der Unterkunft und ist im Regelsatz gar nicht berücksichtigt. Eine entsprechende Leistungskürzung über mehrere Monate, gar Jahre ist nicht mit dem Ansparkonzept des SGB II u.a. für wiederkehrende einmalige Bedarfe zu vereinbaren und deshalb nicht verfassungsgemäß (SG Berlin 30.9.2011 - S 37 AS 24431/11 ER; mehrere LSG haben inzwischen wegen verfassungsrechtlicher Bedenken Prozesskostenhilfe bewilligt; a.A. LSG Berlin-Brandenburg 12.3.2015 - L 20 AS 261/13). Das SG Kassel hat entscheiden, dass bei verfassungskonformer Auslegung der Norm der § 42 a Abs. 2 Satz 1 SGB II auf Mietkautionsdarlehen nicht anzuwenden ist (23.9.2015 - S 3 AS 174/15 ER).
Näheres unter ⇨Darlehen 1.12

2.3 Erhalt der Kaution während des Bezugs

Wird eine **vom Jobcenter** darlehensweise erbrachte Kaution während des Leistungsbezuges vom Vermieter ausgezahlt, sind die nicht bereits über Aufrechnung getilgten Restforderungen des Jobcenters sofort und in voller Höhe zurückzuzahlen (§ 42 a Abs. 3 Satz 1 SGB II). Das gilt auch für HzL/ GSi.

Wenn eine Kaution jedoch **von Ihnen** gezahlt wurde, z.B. weil Sie bei Einzug noch keine Leistungen bezogen haben, stellt sie ⇨Vermögen dar, wenn sie während des Leistungsbezugs zurückgezahlt wird. Im Bedarfszeitraum angesparte bzw. vor dem Leistungsbezug gezahlte Kautionen sind demnach bei Auszahlung im Rahmen der Vermögensfreigrenzen geschützt.

3.1 Garantieerklärung statt Kaution

Eine Garantie oder Bürgschaft der Behörde gegenüber dem Vermieter, dass eventuell anfallende Kosten bei Auszug übernommen werden, ist ebenfalls möglich.
Vorteil: Dadurch entfallen der Verbrauch von Schonvermögen und die Aufrechnung mit dem Regelsatz bei Inanspruchnahme eines Kautionsdarlehns (⇨2.1 f.).
Nachteil: Dadurch wird dem Vermieter bekannt, dass Sie Alg II/ Sozialhilfe beziehen.
In den meisten Fällen weiß das der Vermieter sowieso längst, weil entsprechende Vermieterbescheinigungen fürs Jobcenter eingeholt wurden. Wenn Sie es dennoch nicht wünschen, wäre die Garantieerklärung

K

ein Verstoß gegen das Sozialgeheimnis (§ 35 SGB I; ⇨Datenschutz) und ein Kautionsdarlehen vorzuziehen.

3.2 Auszahlung der Kaution direkt an den Vermieter?

Das ist nur zulässig, wenn Sie dem ausdrücklich zustimmen oder
wenn die zweckentsprechende Verwendung der Leistung nicht sichergestellt ist, z.B. weil

- aktuelle Miet- oder Energieschulden bestehen und aktenkundig sind,
- konkrete Anhaltspunkte vorliegen, dass es krankheits- oder suchtbedingt zu Zahlungsversäumnissen gekommen ist oder
- konkrete Anhaltspunkte vorliegen, dass eine im Schuldnerverzeichnis eingetragene Person die Mittel nicht zweckentsprechend verwendet.

(§ 22 Abs. 7 SGB II; entsprechend § 35 Abs. 1 SGB XII)

Wenn das nicht der Fall ist, verstößt die Direktüberweisung ebenfalls gegen das Sozialgeheimnis (⇨3.1). Ihnen wird unterstellt, die Kaution nicht zweckentsprechend weiterzuleiten.

Grundsätzlich muss die Behörde Sie schriftlich informieren, wenn Leistungen direkt an den Vermieter gezahlt werden.

4. Zuständigkeit

Alg II

Wenn Sie umziehen, ist **das bisherige örtliche Jobcenter** für die Genehmigung des Umzugs sowie die Übernahme der Umzugs- und Wohnungsbeschaffungskosten zuständig.
Für die Genehmigung und Übernahme der Mietkaution bzw. Genossenschaftseinteile ist jedoch **das Jobcenter des künftigen Wohnorts** zuständig (§ 22 Abs. 6 Satz 1 SGB II neu; ⇨Umzug).

HzL/GSi der Sozialhilfe

Hier ist die Behörde zuständig, in deren Zuständigkeitsbereich Sie sich tatsächlich aufhalten (§ 98 Abs. 1 SGB XII). Wird also die Kaution erst nach dem Einzug in die neue Wohnung fällig, ist der neue Leistungsträger zuständig, wenn nicht, dann der alte. Falls Sie beim falschen Leistungsträger den Antrag stellen, muss dieser das dem zuständigen Träger *„unverzüglich mitteilen"* (§ 18 Abs. 2 SGB XII).

Forderungen

Keine Aufrechnung der Kaution mit dem Regelsatz!
Keine Verwertung von Schonvermögen und Ansparbetrag vor Vergabe eines Kautionsdarlehens!

Kinder

Nach Angaben des Kinderschutzbundes leben in Deutschland über 2,5 Millionen Kinder in Einkommensarmut. Dies entspricht etwa 19 Prozent aller Personen unter 18 Jahren. In einigen deutschen Großstädten sind es schon mehr als ein Drittel aller Kinder. Hier ist die hohe Dunkelziffer von Kindern mit Sozialleistungsansprüchen, für die aber keine Leistungen beantragt wurden, noch nicht berücksichtigt.

1.1 Kinder unter 15 Jahren,

die mit **erwerbsfähigen** Leistungsberechtigten in einer ⇨Bedarfsgemeinschaft leben, bekommen das sogenannte ⇨**Sozialgeld** (§ 23 Abs. 1 i.V. mit § 77 Abs. 4 SGB II) in Höhe von

237 €	von 0 - 5 Jahren
270 €	von 6 - 13 Jahren
306 €	mit 14 Jahren

Kinder unter 15 Jahren dagegen, die mit **nicht erwerbsfähigen** Hilfebedürftigen in einem Haushalt leben, bekommen **Hilfe zum Lebensunterhalt** (HzL) der Sozialhilfe in derselben Höhe.

1.2 Kinder von 15 bis 18 Jahren

haben immer Anspruch auf Alg II, wenn sie ⇨**erwerbsfähig** sind (§ 7 Abs. 1 SGB II), egal mit wem sie in einem Haushalt zusammenleben.
Sie gelten aber als *„sonstige erwerbsfähige Angehörige der Bedarfsgemeinschaft"* und haben nur einen Anspruch auf Alg II in Höhe von 306 € (§ 20 Abs. 2 Satz 2 Nr. 1 i.V. mit § 77 Abs. 4 SGB II).
Ausnahme: *„Unverheiratete unter 25 Jahre alte Kinder mit eigenem Kind, die im Haushalt ihrer Eltern leben, bilden eine*

eigene Bedarfsgemeinschaft ... . Sie erhalten die volle Regelleistung ... . Auch bei ihnen ist der Mehrbedarf [⇨Alleinerziehende] anzuerkennen.“ (BA 21.9) Das gilt auch für minderjährige unverheiratete Kinder, die mit einem eigenen Kind im Haushalt der Eltern leben (21.10).

Kinder ab 15 Jahren, die **nicht erwerbsfähig** sind, haben nur Anspruch auf Sozialgeld, wenn sie mit erwerbsfähigen Hilfebedürftigen in Bedarfsgemeinschaft leben, sonst auf HzL der Sozialhilfe.

1.3 Kinder (junge Erwachsene) ab 18 Jahren,

die **erwerbsfähig** sind, leben seit Juli 2006 bis zur Vollendung des 25. Lebensjahres wieder in einer ⇨Bedarfsgemeinschaft zusammen mit ihren Eltern, wenn sie noch in deren Haushalt leben (§ 7 Abs. 3 Nr. 2, 4 SGB II; ⇨Jugendliche). Sie erhalten Alg II nur in Höhe von 324 € (§ 20 Abs. 2 Satz 2 i.V. mit § 77 Abs. 4 SGB II). Sind sie vorübergehend **erwerbsgemindert** eingestuft erhalten sie im Haushalt der Eltern lebend Sozialgeld in gleicher Höhe.

Junge Erwachsene, die nicht erwerbsfähig sind, können unter bestimmten Voraussetzungen HzL oder ⇨Grundsicherung (GSi) der Sozialhilfe erhalten (⇨Erwerbsminderung).

2.1 Bedarf von Kindern

Der (notwendige) **Lebensunterhalt** der Kinder umfasst neben den jeweiligen Regelsätzen auch Kosten für Unterkunft und Heizung, *„Leistungen für Bildung und Teilhabe“* und unter Umständen ein ⇨Mehrbedarf (§ 19 SGB Abs. 1 u. 2 SGB II; § 27a Abs. 1 SGB XII).

Unterkunftskosten müssen auf jede Person im Haushalt, ob Kind oder Erwachsener, kopfanteilig aufgeteilt werden (BSG 23.6.2006 - B 11b AS 1/06 R).

Als **Einkommen** des Kindes werden angerechnet: ⇨Unterhalt bzw. ⇨Unterhaltsvorschuss, ⇨Kindergeld, ggf. anteiliges ⇨Wohngeld und Einkünfte aus Nebenjobs.

2.2 ⇨Regelsätze und ⇨einmalige Beihilfen

Der notwendige Lebensunterhalt der Kinder wird nach Regelsätzen bemessen. Die Kinderregelsätze wurden 2011 erstmals anhand spezieller statistischer Auswertungen festgelegt (⇨Regelsatz 4.1). In den Regelsätzen sind seit 2005 nahezu alle früheren ⇨einmaligen Beihilfen enthalten. Für Kinder führte das zu erheblichen Kürzungen.

Beispiel: Im Regelsatz eines Kindes bis 14 Jahren waren bis 2010 Kosten für Fahrräder In Höhe von 1 € mtl. enthalten (60% des Anteils eines erwachsenen Alleinstehenden; im Kinderregelsatz 2011 können Kosten für Fahrräder gar nicht mehr ausgewiesen werden).

Vor 2005 wurden einmalige Beihilfen für Kinderfahrräder von Schulkindern von Gerichten anerkannt (z.B. VGH Hessen 4.12.2002 - 1 UE 1323/01 in Höhe von 66,50 €), ebenso für Fahrradhelm und Fahrradkindersitz. Nach der Abschaffung der einmaligen Beihilfen müsste man bei einem unterstellten Regelsatzanteil von mtl. 1 € für den Kaufpreis eins gebrauchten Kinderrades von der Geburt des Kindes an 5 1/2 Jahre ansparen und hätte dann immer noch keinen Helm. Das nächste Fahrrad wäre erst in der Pubertät fällig.

2.2.1 Jugendbett nicht von Regelsatz umfasst: einmalige Beihilfe

Ist ein dreieinhalbjähriges Kind zu groß für sein Kindergitterbett geworden, muss das Jobcenter ein Jugendbett mit Lattenrost als ***„Erstausstattung“*** (§ 24 Abs. 3 Satz 1 Nr. 1 SGB II) übernehmen. Nach Ansicht des BSG handelt es sich bei der erstmaligen Beschaffung eines Jugendbettes um eine Erstausstattung, die dem Grunde nach angemessen und nicht vom Regelsatz umfasst ist. (BSG 23.5.2013 B 4 AS 79/12 R)

Diese Entscheidung ist unter Umständen auch auf andere erstmaligen Bedarfe von Heranwachsenden übertragbar.

2.3 Leistungen für Bildung und Teilhabe

sind bei Kindern nicht bzw. nur geringfügig im Regelsatz enthalten und werden ab 2011 gesondert erbracht (§ 28 SGB II; § 34 SGB XII). Schlagen Sie nach unter ⇨SchülerInnen (5.1 ff.). Hierüber können Schulbedarfe gedeckt oder z.B. ein Zuschuss für Beiträge von Sport- und anderen Vereinen, für Musikunterricht oder auch Freizeiten beantragt werden.

3. Sie leben getrennt und Ihr Kind besucht Sie

Schlagen Sie nach unter ⇨Umgangskosten.

4. Kindergarten

Kinder haben zwischen dem dritten Lebensjahr und dem Schuleintritt Anspruch auf einen Kindergartenplatz. Die Übernahme der Kindergartenbeiträge bzw. die Freistellung davon müssen Sie beim Jugendamt/ der Kommune beantragen.
Alg II/ SozialhilfebezieherInnen steht i.d.R. ein kostenloser Halbtagsplatz zu, da sie immer unter der ⇨Einkommensgrenze liegen. Je nach Bundesland und kommunaler Gebührensatzung kann es allerdings Ausnahmeregelungen geben, die leistungsberechtigten Eltern eine Beteiligung an den Gebühren abverlangen.

K

Es ist zulässig, von BezieherInnen von HzL der Sozialhilfe einen Beitrag als häusliche Ersparnis zu verlangen, wenn Kinder im Kindergarten kostenlos zu Mittag essen (OVG Bremen 21.4.1998, FEVS 51, 521 ff.). Im SGB XII gibt es im Gegensatz zum SGB II einen Paragrafen, der eine Senkung des ⇨Regelsatzes erlaubt (§ 28 Abs. 1 Satz 2 SGB XII).

Nehmen Kinder in der Einrichtung an einer **kostenpflichtigen** gemeinschaftlichen **Mittagsverpflegung** teil, werden ein Teil der Kosten im Rahmen der Leistungen für Bildung und Teilhabe durch das Jobcenter bzw. das Sozialamt getragen (§ 28 Abs. 5 SGB II; § 34 Abs. 5 SGB XII; ⇨SchülerInnen). Sie müssen für Ihr Kind „nur" den Anteil zahlen, der fürs Mittagessen im Regelsatz vorgesehen ist – regelmäßig 1 € (⇨Regelsatz 4.4).

4.1 Reise einer Kindergartengruppe

Seit 2011 werden die tatsächlichen Kosten für eintägige (Schul-)**Ausflüge** und mehrtägige (Klassen-)**Fahrten** für SchülerInnen **und** Kinder in Kindertageseinrichtungen im Rahmen der Leistungen für Bildung und Teilhabe übernommen (§ 28 Abs. 2 SGB II; § 34 Abs. 2 SGB XII; ⇨SchülerInnen).

4.2 Kindergartenbeiträge als Werbungskosten absetzbar

⇨Erwerbstätige 2.2.1.4

5.1 Zumutbare Arbeit bei Kindererziehung

⇨Arbeit 1.3.6 ff.

5.2 Wenn Sie berufstätig sind und Ihr Kind krank wird,

müssen Sie unter Umständen selbst zu Hause bleiben, um Ihr Kind zu beaufsichtigen, zu betreuen oder zu pflegen. Dann haben Sie pro Kind und Elternteil zehn Tage Anspruch auf **Krankengeld** als Verdienstausfall (Alleinerziehende 20 Tage). Bei mehreren Kindern erhöht sich der Anspruch auf 25 bzw. 50 Tage. Das Krankengeld beträgt i.d.R. 90% des ausgefallenen Nettoarbeitsentgelts.
Voraussetzung ist,
- dass das kranke Kind jünger als 12 Jahre ist und keine im Haushalt lebende Person die Aufsicht, Pflege oder Betreuung übernehmen kann oder
- dass das kranke Kind behindert und auf Ihre Hilfe angewiesen ist.

Unter solchen Voraussetzungen haben Sie als Elternteil gegenüber Ihrem Arbeitgeber auch Anspruch auf unbezahlte **Freistellung** von der Arbeitsleistung. (§ 45 SGB V)

Werden Sie ins **Krankenhaus** eingeliefert, brauchen Sie ggf. eine ⇨**Haushaltshilfe**, um Ihre Kinder versorgen zu lassen.

Forderungen

Allgemeine Gebührenfreiheit für den Besuch von Krippen, Kindergärten, Horten und Schulen!
Sozialpass für Kinder aus Familien mit geringen Einkommen zur kostenlosen Benutzung von für ÖPNV, öffentlichen Sport- und Freizeiteinrichtungen sowie der Teilnahme an Ferienfreizeiten!
Vollständige Lernmittelfreiheit!

Kindergeld

Kindergeld wird als ⇨Einkommen auf Alg II/ HzL der Sozialhilfe angerechnet. Der Bedarf zum Lebensunterhalt Ihres Kindes soll mit seinem Regelsatz bereits abgedeckt sein.

Kindergeld wird in zwei Gesetzen geregelt. Für die meisten Bezieher gilt das **Einkom-**

mensteuergesetz (EStG), weil sie ihren Wohnsitz oder gewöhnlichen Aufenthalt im Inland haben und unbeschränkt steuerpflichtig sind (§ 62 Abs. 1 EStG, ⇨3.1). Für Anspruchsberechtigte mit Wohnsitz im Ausland, die in Deutschland lebende Kinder haben, oder einem Arbeitsplatz im Ausland, wird Kindergeld i.d.R. nach dem **Bundeskindergeldgesetz** (BKGG) gezahlt. Besteht ein Anspruch nach beiden Gesetzen ist das EStG vorrangig.

1.1 Wie hoch ist das Kindergeld?

Der Bundestag hat am 18. Juni 2015 beschlossen, das Kindergeld rückwirkend zum 1.1.2015 und ein zweites Mal zum **1.1.2016** zu erhöhen. Es gibt

	2015	ab 2016
- für das erste Kind	188 €	190 €,
- für das zweite Kind	188 €	190 €,
- für das dritte Kind	194 €	196 €,
- für jedes weitere Kind	219 €	221 €.

1.2 Für wen wird das Kindergeld gezahlt?

Deutsche Staatsangehörige, die Ihren Wohnsitz oder gewöhnlichen Aufenthalt in Deutschland haben oder dort steuerpflichtig sind, erhalten Kindergeld (§ 62 Abs. 1 EStG). Außerdem haben freizügigkeitsberechtigte **EU-Bürger** (§ 62 Abs. 1 EStG; § 17 BKGG) sowie **Asylberechtigte** und **anerkannte Flüchtlinge** Anspruch auf Kindergeld sowie **Ausländer,** die eine Niederlassungserlaubnis, eine Aufenthaltserlaubnis (AE) zum Zweck der Erwerbstätigkeit oder eine AE nach dem Aufenthaltsgesetz oder zum Familiennachzug haben (§ 62 Abs. 2 EStG; § 1 Abs. 3 BKGG). Kindergeld wird unabhängig von der Staatsangehörigkeit **für alle Kinder** gezahlt, die in Deutschland, einem Mitgliedstaat der EU oder des Europäischen Wirtschaftsraums ihren Wohnsitz oder gewöhnlichen Aufenthalt haben (Familienkasse, Merkblatt Kindergeld, 6 f.).

1.3 Wie lange wird Kindergeld gezahlt?

Kindergeld wird normalerweise bis zur Vollendung des **18. Lebensjahrs** gezahlt, ausbildungs- oder arbeitssuchend gemeldeten jungen Erwachsenen aber bis zum **21. Lebensjahr**.

Bis zur Vollendung des **25. Lebensjahres** wird Kindergeld gezahlt,

- während einer schulischen oder betrieblichen Berufsausbildung,
- in einer Übergangszeit von 4 Monaten zwischen zwei Ausbildungsabschnitten,
- wenn die Berufsausbildung mangels Ausbildungsplatzes nicht fortgesetzt werden kann und
- während eines sozialen oder ökologischen Jugendfreiwilligendienstes oder entsprechenden europäischen Freiwilligendiensten.

(§ 32 Abs. 4 Nr. 1, 2 EStG; § 2 Abs. 2 Nr. 1, 2 BKGG)

Für **über 25jährige** wird Kindergeld während Schul-, Berufsausbildung oder Studium verlängert gezahlt, wenn ein freiwilliger Wehrdienst bis zu drei Jahren, Grundwehr- oder Zivil- bzw. Entwicklungsdienst ausgeübt wurde, für den Zeitraum des gesetzlich vorgeschriebenen Grundwehr- bzw. Zivildienstes (§ 32 Abs. 5 EStG; § 2 Abs. 3 BKGG).

K

2.1 Berücksichtigung von Einkommen beim Kindergeld?

Seit 2012 wird für volljährige Kinder in Ausbildung das Kindergeld unabhängig vom Einkommen gezahlt. Allerdings fällt bei einer **Zweitausbildung** das Kindergeld weg, wenn das Kind neben der Ausbildung noch eine Erwerbstätigkeit von mehr als 20 Wochenstunden ausübt.

2.2 Menschen mit Behinderung

die sich **nicht selbst unterhalten** können, bekommen Kindergeld bis zum Lebensende, wenn die Behinderung vor dem 25. Lebensjahr entstanden ist (§ 32 Abs. 4 Nr. 3 EStG; § 2 Abs. 2 Nr. 3 BKGG). Dafür muss eine Behinderung vorliegen, die **ursächlich** dafür ist, dass sich behinderte Kinder nicht selbst unterhalten können. Das wird z.B. immer angenommen, wenn ein Schwerbehindertenausweis mit Merkzeichen „H“ vorliegt. Ein hoher Grad der Behinderung alleine genügt allerdings nicht für die Feststellung der Ursächlichkeit. Im Zweifel kann der medizinische Dienst der Arbeitsagentur zur Klärung eingeschaltet werden.

Übersteigt das bereinigte **Einkommen** des volljährigen behinderten Kindes den Grundbetrag von **8.652 €**, entfällt i.d.R. der Anspruch auf Kindergeld. Nachgewiesene behinderungsbedingte Ausgaben erhöhen den Grundbetrag (Familienkasse, Merkblatt Kindergeld, 21 f.).

3.1 Zweck des Kindergeldes

Kindergeld wird für unbeschränkt Steuerpflichtige nach dem Einkommensteuergesetz gezahlt (§§ 31 f. i.V. mit §§ 62 ff. EStG). Steuerpflichtige erhalten entweder Kindergeld oder den **Kinderfreibetrag**, wenn dieser zu höheren Beträgen führt. Nichtsteuerpflichtige erhalten **nur** Kindergeld.

K

Zweck des Kindergeldes *„ist die steuerliche Freistellung eines Einkommensbetrags in Höhe des Existenzminimums eines Kindes einschließlich der Bedarfe für Betreuung und Erziehung oder Ausbildung"*, nur soweit es hierfür nicht erforderlich ist, *„dient es der Förderung der Familie"* (§ 31 Satz 2 EStG).

Bei Bezug von Alg II oder HzL der Sozialhilfe fällt es immer der „Familienförderung" oder besser der „Förderung" der Staatsfinanzen zu, weil es strikt auf die Leistungen angerechnet wird. Zur eigentlich vorrangigen **Förderung des Kindes**, z.B. der Verwendung für Bildungs- und Schulbedarfe, steht dann nichts mehr zur Verfügung.

3.2 Schul- und Bildungskosten vom Kindergeld absetzen?

Leider nein. Das Bundesverfassungsgericht meint, dass die **volle** Anrechnung von Kindergeld als Einkommen im Sinne von § 11 Abs. 1 SGB II auf SGB-II-Leistungen verfassungsgemäß ist (11.3.2010 - 1 BvR 3163/09). Das gilt auch bei der Sozialhilfe.

4. Kindergeld als anzurechnendes Einkommen bei Alg II oder HzL/GSI der Sozialhilfe

Kindergeld als Einkommen mindert die jeweilige Leistung im Monat in dem es zufließt. Vor der Anrechnung muss es bei volljährigen Personen **bereinigt** werden (⇨Einkommensbereinigung).

Kindergeld ist in tatsächlicher Höhe dem jeweiligen Kind zuzuordnen. Ab dem **dritten Kind** wird die Summe der einzelnen Kindergelder (⇨1.1) auf jedes Kind kopfanteilig verteilt (BA 11.51).

Das ergibt ab 2016

bei **drei** Kindern	192,00 €,
bei **vier** Kindern	199,25 €,
bei **fünf** Kindern	203,60 € und
bei **sechs** Kindern	206,50 € pro Kind.

4.1 Kindergeld – wessen Einkommen?

Das Kindergeld der zur ⇨Bedarfsgemeinschaft (SGB XII: Einsatzgemeinschaft) gehörenden Kinder ist als Einkommen dem jeweiligen Kind zuzurechnen, *„soweit es bei dem jeweiligen Kind zur Sicherung des Lebensunterhalts ... benötigt wird"* (§ 11 Abs. 1 Satz 4 SGB II).

Darunter fallen auch *„Kinder"* bis zum Alter von **25 Jahren**, die mit Hartz IV in die SGB-II-Bedarfsgemeinschaft verfrachtet wurden (BA 11.50).

Einkommen und Vermögen der zur Bedarfsgemeinschaft gehörenden Kinder bis 25 sind demnach nicht auf den Bedarf der Eltern anzurechnen (BA 9.47). Das gilt jedoch nicht für den **Teil** des Kindergelds, den das Kind nicht für seinen Lebensunterhalt benötigt. Z.B. dann, wenn der Bedarf des Kindes durch Unterhalt plus Kindergeld plus andere Einkommen gedeckt ist (BA 11.50). Dann wird dieser Teil des Kindergeldes plötzlich wieder Einkommen der hilfebedürftigen Eltern.

Tipp Da Kindergeld ⇨Einkommen ist, können davon auch bestimmte Beträge abgesetzt werden (⇨Einkommensbereinigung).

Bei **Sozialhilfebeziehern** dagegen ist Kindergeld nur **minderjährigen** Kindern als Einkommen zuzurechnen, soweit es für den Lebensunterhalt gebraucht wird (§ 82 Abs.1 Satz 2 SGB XII). Bei **volljährigen** Kindern ist es grundsätzlich Einkommen der Eltern (§ 1 Abs. 1 Nr. 1 BKGG).

4.2 Kindergeld für Volljährige

Kindergeld für volljährige Kinder, die im Haushalt der Eltern wohnen, ist Einkommen der Eltern, wenn es nicht für den Lebensunterhalt des Kindes gebraucht wird.

Das gilt **nicht**, wenn Ihr volljähriges Kind **nicht mehr im Haushalt** lebt: *„nicht als Einkommen zu berücksichtigen ... [ist]*

Kindergeld für Kinder des Hilfebedürftigen, soweit es nachweislich an das nicht im Haushalt des Hilfebedürftigen lebende Kind weitergeleitet wird... " (§ 1 Abs. 1 Nr. 8 Alg II-V)
Das trifft auch für die Sozialhilfe zu.
Sie müssen z.B. durch **Überweisungsbeleg** nachweisen, dass Sie das Kindergeld an Ihr Kind weiterleiten.

Volljährige Kinder können auch selbst bei der Familienkasse einen sogenannten **Abzweigungsantrag** stellen, das Kindergeld direkt an sie auszuzahlen. Das geht, wenn Eltern Ihren Unterhaltspflichten *„mangels Leistungsfähigkeit"* nicht nachkommen können (§ 74 Abs. 1 Satz 3 EStG), und ist regelmäßig dann der Fall, wenn die Eltern Alg II/ HzL oder GSi der Sozialhilfe beziehen.
Das hat den **Vorteil**, dass Ihr Kind mehr Geld zum Leben hat und sich Ihre Alg-II-/ Sozialhilfeleistung entsprechend erhöht. Zudem hat Ihr erwachsenes Kind, sollte es selbst Leistungen beziehen, ggf. die Möglichkeit, Beträge vom eigenen Einkommen abzusetzen, z.B. die Versicherungspauschale von 30 € und weitere Absetzbeträge (⇨Einkommensbereinigung).

4.3 Abzweigungsantrag durch den Sozialleistungsträger?

Beziehen Sie Kindergeld für ein **volljähriges behindertes Kind**, das **nicht in Ihrem Haushalt** lebt und selbst auf Leistungen der Sozialhilfe angewiesen ist, darf der Anspruch auf Kindergeld nicht ungeprüft auf das Sozialamt übergeleitet werden (§ 93 SGB XII). Ob und in welcher Höhe ein Anspruch auf Kindergeld übergeht, muss die Familienkasse unter Berücksichtigung der Besonderheiten des Einzelfalles im Rahmen einer ⇨**Ermessens**entscheidung feststellen. Dabei sind Ihre tatsächlichen Aufwendungen, die Ihnen durch die Betreuung des Kindes entstehen, in nachgewiesener Höhe zu berücksichtigen.
„Entstehen dem Kindergeldberechtigten Aufwendungen für das volljährige behinderte Kind mindestens in Höhe des Kindergeldes, kommt eine Abzweigung an den Sozialleistungsträger nicht in Betracht." (BFH 9.2.2009 - III R 37/07)

4.4 Kindergeld nur anrechenbar, wenn es gezahlt wird

Kindergeld darf nur dann als Einkommen an HzL/ GSi der Sozialhilfe oder Alg II angerechnet werden, wenn es auch tatsächlich zufließt (OVG Münster 14.12.1987 - FEVS 38, 23; GSi: OVG Schleswig 8.1.2004 - 2 MB 168/03; ausführlich ⇨Einkommen).
Zur Anrechnung von Kindergeld an Alg II, wenn es für mehrere Monate nachgezahlt wird, lesen Sie ⇨Einkommen 3.2.

5. Anträge

auf Kindergeld stellen Sie bei der **Familienkasse** der zuständigen Agentur für Arbeit.

Information

Familienkasse/ Bundesagentur für Arbeit, Merkblatt Kindergeld, Stand Januar 2016 (in mehreren Sprachen), www.familienkasse.de
Bundeszentralamt für Steuern, Dienstanweisung zum Kindergeld nach dem Einkommensteuergesetz (DA-KG), Stand 2015, http://www.bzst.de ⇨Steuern National ⇨Kindergeld ⇨Familienkassen ⇨Dienstanweisung

Kritik

Wenn Kindergeld erhöht wird, ändert sich für Beziehende von Alg II und Sozialhilfe nichts. Es wird voll auf die Leistung angerechnet. Vom 1.1.1996 bis heute ist das Kindergeld für das erste Kind um 152,26 € erhöht worden, von 35,74 € (70 DM) auf 188 €, eine deutliche Einkommenserhöhung für Nicht-Sozialhilfebezieher. Die Erhöhung der Sozialhilferegelsätze für Kinder ist in dieser Zeit weit dahinter zurückgeblieben. Kinder von Armen sind dem „Sozialstaat" weniger wert als Kinder von Nicht-Armen.
Das Ganze ist rechtlich abgesegnet. Das BVerwG tröstete schon 1990 mit der leeren *„Hoffnung auf eine die Kindergeldanrechnung neutralisierende Anhebung des Regelsatzes"* (BVerwG 14.12.1990, info also 1991, 100). Darauf warten wir noch heute.

Der steuerliche Kinderfreibetrag beträgt nach der Erhöhung 2016 pro Kind 7.248 €. Das bringt bei einem Spitzensteuersatz von nur noch 42% pro Kind und Monat 253,68 €. Das sind stolze 63,68 € mehr als das Kindergeld für Geringverdienende.

Kinderzuschlag

Mit dem Alg II wurde im Zuge der Hartz Reform auch der Kinderzuschlag (§ 6a BKGG) als **vorrangige** Leistung eingeführt. Er ist für Eltern gedacht, die ihren Bedarf weitgehend mit eigenem Einkommen decken können und „nur" wegen des Bedarfs ihrer Kinder auf SGB-II-Leistungen angewiesen wären. Zusammen mit dem **Kindergeld** und ggf. einem ⇨**Wohngeld**anspruch soll der Kinderzuschlag (KiZ) das Familieneinkommen gerade so über das „Hartz-IV-Niveau" anheben.

K

Der Zuschlag beträgt ab **1. Juli 2016** pro Kind maximal **160 €** (zuvor 140 €). Er muss bei der **Familienkasse** der zuständigen Agentur für Arbeit beantragt werden und wird jeweils für 6 Monate bewilligt. Das Berechnungsverfahren ist sehr kompliziert.

1.1 Kinderzuschlag oder Alg-II-Bezug?

Der KiZ ist **vorrangig**, schließt also gleichzeitigen Alg-II-Bezug aus. Schließlich soll *„Hilfebedürftigkeit nach § 9 [SGB II] ... vermieden"* werden (§ 6a Abs. 1 Nr. 4 BKGG).
Sie dürfen vom Jobcenter aber nur auf den KiZ (ggf. inklusive Wohngeld) verwiesen werden, wenn die Hilfebedürftigkeit Ihrer Bedarfsgemeinschaft *„für einen zusammenhängenden Zeitraum von mindestens drei Monaten beseitigt würde"* (§ 12a Nr. 2 SGB II).

Allerdings kann der Zuschlag und mit ihm der Wegfall von Alg-II-Leistungen auch zu finanziellen Einbußen führen, weil z.B. die **GEZ-Befreiung**, der Anspruch auf einen ⇨Sozialpass entfällt oder die Befreiungsgrenzen für die **Zuzahlungen** bei der gesetzlichen **Krankenversicherung** viel ungünstiger ausfallen.
Außerdem kann bei unverheirateten Paaren der Versicherungsschutz bei der gesetzlichen **Krankenversicherung** wegfallen, wenn ein Partner sozialversicherungspflichtig arbeitet und der andere nicht mehr über Alg II krankenversichert ist. Dann müssen Sie beim Jobcenter einen Zuschuss zur freiwilligen ⇨Krankenversicherung beantragen.

Wenn kein Mitglied der Bedarfsgemeinschaft Alg II/ Sozialgeld erhält oder für den Zeitraum, in dem der KiZ beantragt wurde, auf SGB-II-Leistungen verzichtet wurde, werden bei der Prüfung, ob „SGB-II-Hilfebedürftigkeit" vermieden wird, ⇨**Mehrbedarfszuschläge** (§§ 21 und 23 Nr. 2 bis 4 SGB II) nicht berücksichtigt. Das kann dazu führen, dass z.B. Alleinerziehende mit Kinderzuschlag weniger haben als mit Alg II, weil deren Mehrbedarf entfällt. Das gleiche gilt für Personen, die durch eine ⇨Krankenkostzulage oder einen anderen Mehrbedarf im Alg II besser gestellt wären, als mit den KiZ.

1.2 „Kleines" Wahlrecht

Deshalb können Sie auch zwischen Alg II und dem Kinderzuschlag **wählen** und ggf. auf den Zuschlag verzichten. Ein Anspruch entfällt, wenn Sie KiZ *„wegen eines damit verbundenen Verlusts von anderen höheren Ansprüchen nicht geltend machen wollen"* (§ 6a Abs. 5 BKGG).
Es gibt streng genommen **zwei Verzichtsmöglichkeiten**:

1. Sie können **auf den KiZ verzichten**, wenn Sie aufgrund der Mehrbedarfszuschläge mit Alg II/ Sozialgeld besser dastehen. Das **muss** auch für *„andere höhere Ansprüche"* gelten, z.B. aufgrund von GEZ-Befreiung, Vergünstigungen durch Sozialpass oder Vorteile bei der Krankenversicherung. *„Mit der Regelung im neuen Absatz 5 Satz 1 sollen* ***insbesondere*** *Problemfälle gelöst werden, in denen ein ansonsten bestehender Anspruch auf den befristeten Zuschlag ... allein deshalb verloren geht, weil durch den Kinderzuschlag Hilfebedürftigkeit nach § 9 SGB II vermieden wird."* (BT Drs. 16/1410, 34) Der befristete Zuschlag wurde inzwischen abgeschafft. Der Gesetzgeber hat die Verzichtsmöglichkeit aber **nicht ausschließlich** auf *„Problemfälle"* mit dem befristeten Zuschlag begrenzt.
2. Sie können, obwohl aufgrund von Mehrbedarfszuschlägen weiterhin Hilfebedürftigkeit nach SGB II vorliegt, auf **SGB-II-Leistungen verzichten** und den KiZ beantragen (§ 6a Abs. 1 Nr. 4 BKGG). Das kann dann für Sie von Vorteil sein, wenn Sie vom Alg-II-Bezug und dem „Fördern und Fordern" des Jobcenters die Nase voll haben.

Wenn Sie den **Verzicht** erklären, muss die Familienkasse von Amts wegen das Jobcenter informieren. Einen solchen Verzicht können Sie jederzeit widerrufen.

Tipp Um zu prüfen, welche Leistung für Sie günstiger ist, sollten Sie eine unabhängige Vergleichsberechnung machen. Wenn Sie auf den KiZ verzichten, haben Sie rückwirkend Alg-II-Anspruch (⇨Antrag 1.9). Sie können auch beide Leistungen bei beiden Behörden beantragen, vergleichen, was günstiger ist, und dann wählen.

2.1 Wer hat Anspruch auf Kinderzuschlag

Sie erhalten den KiZ für Ihre im Haushalt lebenden unverheirateten Kinder unter 25 Jahren, wenn

- Sie Anspruch auf **Kindergeld** haben,
- Sie mit Ausnahme des Wohngeldes **und** des Kindergeldes über ein Einkommen (nach § 11 SGB II) von **mindestens 900 € bei Paaren** oder **600 € bei Alleinerziehenden** verfügen,
- Ihr Einkommen und Vermögen nach §§ 11 bis 12 SGB II mit Ausnahme des Wohngeldes höchstens Ihrem Hartz-IV-Bedarf **zuzüglich** des Ihnen zustehenden *„Gesamtkinderzuschlages"* entspricht **und**
- bei Ihrer Bedarfsgemeinschaft Hilfebedürftigkeit nach dem SGB II **vermieden** wird.

Der Anspruch auf den KiZ **entfällt**, *„für Zeiträume, in denen Sie zumutbare Anstrengungen unterlassen, Einkommen des Kindes [z.B. Unterhalt, Unterhaltsvorschuss] zu erzielen"* (§ 6a Abs. 3 BKGG).

2.2 Wie wird der KiZ berechnet?

Liegen die unter 2.1 genannten Anspruchsvoraussetzungen für den KiZ vor, wird in vier Schritten vorgegangen.

1. Zuerst wird anhand des Einkommens (Vermögens) eines jeden Kindes dessen Kinderzuschlag berechnet. Der addierte KiZ aller Kinder in einer Bedarfsgemeinschaft nennt sich *„Gesamtkinderzuschlag"*.
2. Dann wird der SGB-II-Bedarf der Eltern ermittelt und dem Elterneinkommen (Vermögen) gegenübergestellt.
3. Der Gesamtkinderzuschlag wird um das Elterneinkommen gemindert, das den SGB-II-Bedarf der Eltern übersteigt.
4. Zum Schluss muss eine SGB-II-Kontrollberechnung durchgeführt werden, um zu überprüfen, ob durch den KiZ die SGB-II-Hilfebedürftigkeit tatsächlich vermieden wird.

1. Schritt

Voraussetzung: Jedes **Kind** darf kein eigenes Einkommen erzielen (z.B. Unterhaltsleistung, Halbwaisenrente usw.) und kein verwertbares ⇨Vermögen über den Schonvermögensgrenzen besitzen, das **ausreicht**, um den mtl. Kinderzuschlag in Höhe von **160 €** zu decken.

Dieser maximale Kinderzuschlag wird dann um das mtl. Einkommen und zu berücksichtigende Vermögen des Kindes verringert. **Kindergeld und** der auf das Kind entfallende Anteil des **Wohngeldes** werden hierbei **nicht** berücksichtigt. Die Differenz ist der **individuelle Kinderzuschlag**.

Beispiel:

Ein vierjähriges Kind erhält einen mtl. Unterhaltsvorschuss in Höhe von 145 €.

160,00 €	max. Kinderzuschlag
– 145,00 €	Unterhaltsvorschuss
15,00 €	individueller Kinderzuschlag

Bei **mehreren Kindern** werden die individuellen Kinderzuschläge zum **Gesamtkinderzuschlag** der Familie addiert. (§ 6a Abs. 2 und 3 BKGG)

2. Schritt

Voraussetzung: Elternpaare müssen **mindestens** über 900 € und ein alleinerziehender Elternteil muss mindestens 600 € Einkommen **erzielen**.

Zur Bemessung des KiZ wird der elterliche SGB-II-Bedarf fiktiv aus den jeweiligen ⇨**Regelsätzen**, ⇨**Mehrbedarf**szuschlägen und einem festgelegten **Anteil** der Eltern an den **tatsächlichen**, nicht den „angemessenen" **Kosten der Unterkunft und Heizung** (KdU) ermittelt (BSG 14.3.2012 - B 14 KG 1/11 R). Der Anteil der elterlichen Unterkunftskosten beträgt bei:

K

Alleinerziehenden mit	elterlicher KdU-Anteil
1 Kind	76,64%
2 Kinder	62,13%
3 Kinder	52,24%
4 Kinder	45,06%
5 Kinder	39,62%

Elternpaaren mit	elterlicher KdU-Anteil
1 Kind	83,16%
2 Kinder	71,17%
3 Kinder	62,2%
4 Kinder	55,24%
5 Kinder	49,69%

Beispiel Elternbedarf:
Fünfköpfige Familie, Elternpaar, 3 Kinder; die warmen Unterkunftskosten betragen 800 €

728,00 €	Regelsätze der Eltern (2x364 €)
+ 16,74 €	Mehrbedarf ⇨**Warmwasser**bereitung (2x8,37 €)
+ 497,60 €	Unterkunftskosten (62,2% von 800 €)
1.242,34 €	Elternbedarf

Das Elterneinkommen und -vermögen wird nach den Regelungen der §§ 11-12 SGB II ermittelt und dem elterlichen Bedarf gegenübergestellt (⇨Einkommensbereinigung; ⇨Vermögen). **Wohngeld** wird dabei nicht berücksichtigt.
Das über dem Bedarf liegende Einkommen wird ermittelt. Dabei ist das Einkommen getrennt nach Erwerbseinkommen und anderen Einkommensarten zu ermitteln. Auf den elterlichen Bedarf werden **zuerst andere Einkünfte** und dann **Erwerbseinkommen** angerechnet.

3. Schritt
Das Einkommen und das ggf. mtl. einzusetzende Vermögen der Eltern darf den elterlichen Bedarf plus Gesamtkinderzuschlag (bei einem Kind der individuelle KiZ) nicht übersteigen. Die Summe aus Bedarf der Eltern und Gesamtkinderzuschlag bildet die **Einkommenshöchstgrenze**. Überschreitet das Elterneinkommen diese Grenze, besteht **kein Anspruch** auf den KiZ.
Ist dies nicht der Fall, **mindert** der den elterlichen Bedarf **übersteigende** Teil des Elterneinkommens den Gesamtkinderzuschlag.
Dabei wird bei **Erwerbseinkommen** für je **10 €** des Einkommensteils, der den elterlichen Bedarf übersteigt, der **Gesamtkinderzuschlag** um **5 €** verringert.
Andere Einkommen, die den elterlichen Bedarf übersteigen, mindern den Gesamtkinderzuschlag **in voller Höhe.** (§ 6a Abs. 4 BKGG)

4. Schritt
Der SGB-II-Bedarf der **Bedarfsgemeinschaft** muss ermittelt werden, um festzustellen, ob die SGB-II-Hilfebedürftigkeit durch den KiZ vermieden wird. Dabei werden die Mehrbedarfszuschläge nicht berücksichtigt. (§ 6a Abs. 1 Nr. 4 BKGG; ⇨Bedarfsberechnung)

Beispiel: KiZ für Elternpaar mit 2 Kindern
Frau Kurz hat ein nach SGB-II-Regeln bereinigtes **anzurechnendes** Erwerbseinkommen von **1.350 €**. Herr Kurz erzielt kein Einkommen. Das Elterneinkommen übersteigt 900 €. Ihr Sohn Karl (12 Jahre) und ihre Tochter Petra (9 Jahre) haben **kein** zu berücksichtigende Einkommen. Die Warmmiete inkl. Warmwasserbereitung beträgt **680 €**. Vermögen ist nicht vorhanden.

1. Gesamtkinderzuschlag:
für Karl und Petra = **320 €** (2x160)

2. Elternbedarf (fiktiv):
Die Warmmiete wird bei Eltern mit zwei Kindern zu **71,17%** angerechnet (s. Tab. 2.2).

Bedarf:	
Frau Kurz	364,00 €
Herr Kurz	364,00 €
71,17% der Miete	483,96 €
Bedarf (fiktiv)	**1.211,96 €**

3. Das bereinigte Einkommen in Höhe von **1.350 €** übersteigt den elterlichen Bedarf **1.211,96 €** (2.) um **138,04 €**. Je **10 €** des übersteigenden Einkommesn wird der Gesamtkinderzuschlag (1.) um **5 €** gemindert. Bei **130 €** (ausgehend von 138,04 €) ergibt das ein **Minderungsbetrag von 65 €**.

Gesamt-KiZ	320 €
Minderungsbetrag	- 65 €
KiZ-Anspruch	**255 €**

4. Die **SGB-II-Kontrollrechnung** sieht so aus:

SGB-II-Bedarf	
Regelsatz Eltern (2 x 364 €)	728 €
270 € Regelsatz Karl	270 €
270 € Regelsatz Petra	270 €
Warmmiete	680 €
Bedarf	**1.948 €**
Einkommen + KiZ	
Erwerbseinkommen	1.350 €
Kindergeld Karl	190 €
Kindergeld Petra	190 €
KiZ-Anspruch	255 €
Familieneinkommen	**1.985 €**

Familie Kurz liegt also mit dem KiZ **37 €** über dem SGB-II-Bedarf. Die werden größtenteils schon durch GEZ-Gebühr und erhöhte Zuzahlungen bei der gesetzlichen Krankenkasse aufgefressen. Jetzt ist Wohngeld gefragt, um das Einkommen von Familie Kurz aufzubessern.

Beispiel: KiZ für Alleinerziehende mit einem Kind

Frau Lang, alleinerziehend, erzielt ein nach SGB-II-Regeln bereinigtes **anzurechnendes** Erwerbseinkommen von **870 €**. Das Einkommen überschreitet die 600-Euro-Grenze. Ihre Tochter Petra, 16 Jahre, hat einen 160 € Minijob, d.h. nach SGB-II-Regeln **48 € anzurechnendes Einkommen**. Die Warmmiete inkl. Warmwasserbereitung beträgt **460 €**. Vermögen ist nicht vorhanden.

1. Individueller Kinderzuschlag:
160 € Kinderzuschlag für Petra abzüglich 48 € anzurechnendes Einkommen = **112 €**

2. Elternbedarf (fiktiv):
Die Warmmiete wird bei Alleinerziehenden mit einem Kind zu **76,64%** angerechnet (s. Tab. 2.2). Der Mehrbedarf für Alleinerziehende ist hier zu berücksichtigen.

Bedarf:	
Frau Lang	404,00 €
Mehrbedarf	48,48 €
76,64% der Miete	352,54 €
Bedarf (fiktiv)	**805,02 €**

3. Frau Lang liegt mit ihren **870 €** anzurechnendem Erwerbseinkommen **64,98 €** über ihrem Bedarf von 805,02 € (2.). Da es sich um Erwerbseinkommen handelt, wird Petras individueller Kinderzuschlag (1.) je **10 €** übersteigendem Einkommen um **5 €** gemindert. Bei **60 €** (ausgehend von 64,98 €) ergibt das einen **Minderungsbetrag von 30 €**.

individueller KiZ	112 €
Minderungsbetrag	- 30 €
KiZ-Anspruch	**82 €**

4. Die **SGB-II-Kontrollrechnung** (ohne Mehrbedarfszuschläge) sieht so aus:

Bedarf-SGB-II	
Regelsatz Frau Lang	404 €
Regelsatz Petra	306 €
Warmmiete	460 €
Bedarf	**1.170 €**
Einkommen + KiZ	
Erwerbseinkommen	870 €
Kindergeld	190 €
Minijob	48 €
KiZ	112 €
Familieneinkommen	**1.210 €**

Frau Lang und Paula haben mit dem KiZ lt. Kontrollrechnung **40 €** mehr. Würde der Mehrbedarf für Alleinerziehende in Höhe von 48,48 € zusätzlich berücksichtigt, stünden die beiden mit Alg II besser da. Hinzu kämen weitere Vergünstigungen beim SGB-II-Bezug (⇨1.1). Auch hier können finanzielle Nachteile nur durch zusätzlichen Wohngeld-Bezug ausgeglichen werden.

2.3 Vorläufige Bewilligung bei schwankenden Einkommen

Ab dem 1.8.2016 soll über die Bewilligung des Kinderzuschlags vorläufig entscheiden werden, wenn schwankendes laufendes Einkommen zu erwarten ist (§ 11 Abs. 5 BKGG neu). Die vorläufige Entscheidung erfolgt nach den Vorschriften des § 41 a SGB II (⇨Einkommen 3.1; ⇨Bescheid 3.5).

2.4 Aufhebung der Bewilligung von KiZ

Wird eine Bewilligung von Kinderzuschlag aufgehoben (§ 50 Abs. 1 SGB X), sind die Leistungen i.d.R. nicht zu erstatten, wenn der Bezug von KiZ den Bezug von SGB-II-Leistungen geschlossen oder gemindert hat (§ 11 Abs. 6 BKGG neu). Auch das gilt **ab dem 1.8.2016**.

3. Leistungen für Bildung und Teilhabe stehen auch allen kindergeldberechtigten Kindern zu,

- wenn sie in einem Haushalt leben, in dem **für mindestens ein Kind** ein **KiZ** gezahlt wird oder
- wenn sie in einem Haushalt leben, in dem **Wohngeld** bezogen wird (§ 6b Abs.1 BKGG).

Näheres dazu unter ⇨SchülerInnen 5.1

4.1 Beginn des Anspruchs

KiZ wird rückwirkend ab dem Monat der Antragstellung erbracht.

Wenn KiZ während des laufenden Bezugs von Alg II beantragt wird, und für diesen Monat bereits Leistungen erbracht worden sind, gilt der Antrag ab dem Folgemonat.

K

4.2 Übergang von Alg II zum KiZ

„Nur wenn mit hinreichender Sicherheit ein vorrangiger Anspruch auf KiZ (ggf. unter Berücksichtigung von Wohngeld) besteht, ist der Antrag auf Leistungen nach dem SGB II abzulehnen und der Kunde auf die Beantragung von KiZ ... hinzuweisen." (BA 12a.8) Das Jobcenter darf Sie also nicht auf Verdacht auf den vorrangigen KiZ verweisen, sondern muss eine Vergleichsberechnung anstellen.

Tipp Lassen Sie sich diese Berechnung aushändigen, um einen Vergleichsmaßstab zu haben.

Wenn Ihnen ohne den KiZ Mittel zum Lebensunterhalt fehlen, kann das Jobcenter bis zur Bewilligung des KiZ SGB-II-Leistungen in **Vorleistung** erbringen und einen Erstattungsanspruch (§ 104 SGB X) gegenüber der Familienkasse (ggf. der Wohngeldstelle) stellen.

*„Gleiches gilt zur **Vermeidung von Zahlungsunterbrechungen**, sofern sich ein KiZ-Anspruch während des laufenden Bezugs von Leistungen nach dem SGB II ergibt."* (BA 12a.8c).

Selbst wenn die vorläufigen Berechnungen des Jobcenters *„zutreffen und den Antragstellern Wohngeld und Kinderzuschlag zustehen sollte, rechtfertigt es dies nicht, den Antragstellern die bereits bewilligte Leistung zum Lebensunterhalt ohne verbindliche Prüfung anderer Leistungsansprüche zu entziehen"* (SG Dresden 7.11.2008 - S 5 AS 5410/08 ER).

Tipp Legen Sie ⇨Widerspruch ein, wenn die SGB-II-Leistungen einfach eingestellt werden und das Jobcenter Sie auf den KiZ verweist. Die Familienkasse braucht etliche Wochen, bis der KiZ bewilligt ist, das Wohngeldamt ebenso.

Kritik

Der 2005 eingeführte Kinderzuschlag soll das Ziel haben, *„Armut von Kindern zu vermindern"* (BT-Dr. 15/1516, 1). Und zwar dadurch, dass Kindergeld plus Zuschlag plus Wohngeldanteil *„den durchschnittlichen Bedarf von Kindern an Arbeitslosengeld bzw. Sozialgeld abdecken"* (ebenda, 3). Regelsätze plus einmalige Beihilfen sind aber für die Mehrzahl der Kinder mit der Hartz-IV-Reform gesenkt worden. Wie kann ein verringertes Leistungsniveau von Armen die Armut vermindern, bloß weil es in Form von Kindergeld plus Zuschlag plus Wohngeld abgedeckt wird?

Der Kinderzuschlag soll vermeiden, dass LohnarbeiterInnen „nur" wegen ihrer Kinder auf Alg II angewiesen sind. Er deckt damit auf, dass Löhne nicht einmal ausreichen, um den Nachwuchs von Arbeitskräften zu ernähren.

Der Kinderzuschlag wurde vor allem durch den immensen Prüfaufwand bekannt. Nur wenige Familien hatten überhaupt einen Anspruch. Von 2005 bis Ende 2007 wurden 993.787 Anträge auf den Zuschlag gestellt. Von diesen wurden ganze 121.613 bewilligt. 87,1% der Anträge wanderten in den Papierkorb. (BMFSFJ: Dossier Kinderzuschlag, April 2008) Ende 2007 wurden 100.000 Kindern in 36.000 Familien *„erreicht"*. Zu wenig für die damalige Familienministerin. Daraufhin wurde der KiZ zum Oktober 2008 *„weiterentwickelt"*. Die Anspruchsvoraussetzungen wurden mit dem Ziel erleichtert, weitere 150.000 Kinder aus Hartz IV herauszuholen. Nach Angaben des zuständigen Bundesministeriums für Familie, Senioren, Frauen und Jugend wurden Anfang 2012 durch den

Kinderzuschlag *„rund 300.000 Kinder und ihre Eltern erreicht“* (www.bmfsfj.de). Damit diese „Erfolgsstory“ nicht gänzlich durch die Kindergelderhöhung und erhöhte Regelsätze zunichte gemacht wird, hat der Bundestag im Juni 2015 beschlossen, den Zuschlag zum Juli 2016 um 20 € pro Kind zu erhöhen.

Das Berechnungsverfahren beim KiZ ist für Laien immer noch kaum nachvollziehbar. Die betroffenen Familien werden vom Jobcenter zur Familienkasse und notgedrungen zur Wohngeldstelle verwiesen, ohne dass wirklich etwas für sie herausspringt. Einziges Motiv, KiZ und Wohngeld zu beantragen, ist häufig, den Schikanen des Jobcenters zu entkommen.
Das alles ist aber nicht der Schlag gegen die Kinderarmut, den man vorgaukelt. Das ist die Bereinigung der Hartz-IV-Statistik und die weiterentwickelte Vertuschung der Armut von Familien mit Kindern.

Forderungen
Höhere Kinderregelsätze statt Kindergeldzuschlag!
Ein gesetzlicher Mindestlohn, mindestens 10 € pro Stunde – lohnsteuerfrei!

Information
www.kinderzuschlag.de (Agentur für Arbeit: Merkblatt Kinderzuschlag, Stand Januar 2016, Antragsformulare usw.)

Kleidung

Der laufende Bedarf für Kleidung, Wäsche, Schuhe und ihre Instandhaltung/ Reparatur soll in den Regelsätzen für Alg II und Hzl/ GSi der Sozialhilfe enthalten sein (§ 20 Abs. 1 SGB II; § 27a SGB XII; § 42 Nr. 1 SGB XII). Im ⇨Regelsatz (neu: „Regelbedarf“) eines alleinstehenden Erwachsenen von 404 € sind 25,51 € für Bekleidung und 8,43 € für Schuhe enthalten. Das sind 306 € bzw. 101 € im Jahr. Der Regelsatz soll ebenso wie die alten Kleiderpauschalen nach dem BSHG nur den Ersatzbedarf befriedigen, nicht die Grund- oder Erstausstattung selbst (BT-Drs. 15/1514, 59; VGH BW 3.11.1992 - info also 1993, 26 f.).

1.1 Erstausstattung nur bei Totalverlust der Kleidung?

„Nicht vom Regelbedarf nach § 20 umfasst sind Bedarfe für ... Erstausstattungen für Bekleidung und Erstausstattungen bei Schwangerschaft und Geburt...“ (§ 24 Abs. 3 SGB II; entsprechend § 31 Abs. 1 SGB XII)
Laut Gesetzesbegründung soll damit z.B. ein Bedarf nach dem **Gesamtverlust** der Kleidung durch einen Wohnungsbrand oder aufgrund **außergewöhnlicher Umstände** gemeint sein, wie z.B. bei starker krankheitsbedingter Gewichtszunahme oder -abnahme (LSG Hamburg 27.10.2011 - L 5 AS 342/10) oder Bekleidungsbedarf nach Haftentlassung (SG Chemnitz 20.9.2012 - S 29 AS 3229/12 ER) bzw. nach Beendigung der Wohnungslosigkeit (BT-Dr. 15/1514, 60). Auch Zuzug aus dem Ausland oder eine Flucht aus dem Haushalt wegen ehelicher Gewalt können einen Anspruch hervorrufen (FRL SGB II - § 24 Abs. 3 Satz 1 Nr. 1 und 2, 24.8.2011, 7). Ebenso Totalverlust nach einer Überschwemmung.

In Frankfurt werden für eine angeblich *„ausreichende Grundausstattung“* 300 € für über 14jährige und 240 € für unter 14jährige Personen zuerkannt. In Wuppertal sind es für Jugendliche und Erwachsene 425 €, für 7 bis 15jährige 350 €, und für unter 7jährige 290 €, während die Behörde in Berlin Frauen (ab 16 Jahren) 377 €, Männern (ab 16 Jahren) 357 €, 7 bis 15jährigen 347 € und unter 7jährigen 346 € für eine Erstausstattung zugesteht. (Weiter Beträge finden Sie unter: www.harald-thome.de/oertliche-richtlinien.html.)
Geeignete Angaben über Zusammenstellung, geforderte Qualität der Bekleidungsstücke und zugrunde gelegte Einzelpreise fehlen in den vorliegenden Richtlinien fast durchgehend. Die Unterschiede verdeutlichen, dass es scheinbar an einheitlichen, nachvollziehbaren Maßstäben fehlt.
Das BSG hielt bei einem haftentlassenen Mann 230 € für eine Bekleidungserstausstattung für angemessen (13.4.2011 - B 14 AS 53/10 R). Dabei kann z.T. auf den Kauf von Second-Hand-Ware verwiesen werden, da dies inzwischen allgemein üblich sei.

Zur Erstausstattung bei **Schwangerschaft** und **Geburt** schlagen Sie bitte unter ⇨Schwangerschaft nach.

1.2 Erstausstattung auch bei fehlenden Teilen der Grundausstattung

„Erstausstattung bedeutet nicht, dass der gesamte Bedarf an Bekleidung fehlte; es muss vielmehr ausreichen, dass wesentliche Teile benötigt werden, die wegen des damit verbundenen finanziellen Aufwandes eben nicht durch den Regelsatz zu decken sind" (Grube/Wahrendorf SGB XII, § 31 Rz. 9)

Das bedeutet:
Kleidungsstücke und Schuhe, die bei der notwendigen Grundausstattung an Bekleidung fehlen, gehören zum Bedarf an Erstausstattung und sind als Beihilfe zu bewilligen.

In Bezug auf Hausrat gibt es schon einige Entscheidungen, die unsere Auffassung stützen. Das BSG ist der Auffassung, *„dass sich der Anspruch [auf Erstausstattung der Wohnung] auch in diesen Fällen nicht notwendig stets auf eine komplette Ausstattung richtet. Welche Gegenstände benötigt werden, hängt vielmehr jeweils von den Besonderheiten des Einzelfalles ab."* (19.9.2008 - B 14 AS 64/07 R)

„Der Begriff der ‚Erstausstattungen' darf nicht zu eng ausgelegt werden, zumal es an einer Öffnungsklausel für Sondersituationen fehlt und somit die Gefahr steter Bedarfsunterdeckung besteht." (SG Dresden 29.5.2006 - S 23 AS 802/06 ER) Oder: *„Eine Erstausstattung der Wohnung [ist] sowohl dann gegeben, wenn der entsprechende Bedarf erstmalig auftritt als auch dann wenn er sich wegen außergewöhnlicher Umstände neu ergibt."* (SG Gelsenkirchen 18.7.2005 - S 11 AS 75/05 ER in Bezug auf die Anschaffung einer Waschmaschine)

Noch nicht geklärt ist in diesem Zusammenhang auch, ab welchen Kosten ein Teilausstattungsbedarf für Bekleidung als erheblich anzusehen ist.

1.3 Was gehört zur Grund- oder Erstausstattung?

1990 hat der Deutsche Verein seine Empfehlungen zur Erstausstattung letztmalig überarbeitet. Die Liste ist z.T. etwas überholt gibt aber Anhaltspunkte für eine notwendige Grundausstattung (VGH BW - FEVS 39, 247).

<table>
<tr><th colspan="5">Grundausstattung an Bekleidung</th></tr>
<tr><td>(in Klammern: durchschnittliche Tragezeit in Jahren)</td><td>Frauen</td><td>Männer</td><td>Mädchen + Jungen 7-15 Jahre</td><td>Mädchen + Jungen 2-6 Jahre</td></tr>
<tr><td></td><td></td><td></td><td colspan="2">beide</td></tr>
<tr><td>Wintermantel/Parka</td><td>1(4)</td><td>1(2)</td><td colspan="2">1(1)</td></tr>
<tr><td>Sommermantel</td><td>1(4)</td><td>2(2)</td><td colspan="2">1(1)</td></tr>
<tr><td>bzw. Regenmantel/Anorak</td><td></td><td></td><td colspan="2"></td></tr>
<tr><td>Regenschirm</td><td>1(5)</td><td></td><td colspan="2"></td></tr>
<tr><td>Kleid</td><td>2(3)</td><td></td><td colspan="2"></td></tr>
<tr><td>Anzug</td><td></td><td>1(4)</td><td colspan="2"></td></tr>
<tr><td>Rock/Hose</td><td>6(2)</td><td>4(2)</td><td>6(2)</td><td>8(1)</td></tr>
<tr><td>Jacke</td><td>3(4)</td><td>2(2)</td><td colspan="2">1(2)</td></tr>
<tr><td>Strickjacke</td><td>1(2)</td><td>6(2)</td><td colspan="2">8(1)</td></tr>
<tr><td>Pullover</td><td>3(2)</td><td>6(2)</td><td colspan="2">8(1)</td></tr>
<tr><td>Bluse</td><td>4(2)</td><td>5(1)</td><td colspan="2">8(1)</td></tr>
<tr><td>Ober-/Freizeithemd</td><td>5(1)</td><td>5(1)</td><td colspan="2">8(1)</td></tr>
<tr><td>Winterschuhe</td><td>1(4)</td><td>1(1)</td><td colspan="2">1(1)</td></tr>
<tr><td>Regenstiefel</td><td></td><td></td><td colspan="2">1(5)</td></tr>
<tr><td>Gummistiefel</td><td>1(1)</td><td>1(1)</td><td colspan="2"></td></tr>
<tr><td>Halbschuhe</td><td>2(2)</td><td>2(1)</td><td colspan="2">2(2)</td></tr>
<tr><td>Sandalen/Freizeitschuhe</td><td>1(1)</td><td>1(1)</td><td colspan="2">1(1)</td></tr>
<tr><td>Hausschuhe</td><td>1(2)</td><td>1(1)</td><td colspan="2">1(1)</td></tr>
<tr><td>Unterhemd/T-Shirt</td><td>7(2)</td><td>7(1)</td><td colspan="2">10(1)</td></tr>
<tr><td>Unterhose</td><td>7(1)</td><td>7(1)</td><td colspan="2">10(1)</td></tr>
<tr><td>Schlüpfer</td><td>7(1)</td><td>7(1)</td><td colspan="2">7(1)</td></tr>
</table>

Büstenhalter	2(1)				
Hüfthalter	2(2)				
(Woll-)Strumpfhose	2(2)		2(1)		4(1)
Nachtkleidung	3(2)	3(2)		4(1)	
Turnhose/-hemd				1(1)	
Turnschuhe	1(3)	1(2)		1(1)	
Badehose/Badeanzug	1(3)	1(2)		1(1)	
Bademütze	1(3)	1(2)		1(1)	
Bademantel	1(5)		1(2)		
Trainings-,Gymnastik-anzug	1(3)	1(4)	1(2)	1(1)	
Kittel	1(2)				
Reparatur/Reinigung (Chemische Reinigung)	6(1)				
(aus Günter Bäumerich und Lore Blosser-Reisen „Bekleidungs- und Heizungsbeihilfen", Kleinere Schriften des Deutschen Vereins Bd. 60, Frankfurt 1990)					

Frankfurt zahlt nur dann eine Erstausstattung für Bekleidung, wenn jemand für weniger als 2-3 Tage Oberbekleidung bzw. für weniger als eine Woche Unterwäsche zum Wechseln zur Verfügung hat. Zweifellos reicht eine Hose für 2-3 Tage. Mehr als eine braucht man also nicht zum Leben.

Tipp Prüfen Sie, ob Ihre Grundausstattung an Bekleidung ausreicht und stellen Sie eventuell einen Antrag auf Erstausstattung mit den Kleidungsstücken, die fehlen.

1.4 Erstausstattung bei Kindern wegen Wachstumsbedarf?

Kinder haben die natürliche Anlage zu wachsen. Deshalb entsteht unserer Meinung nach jedem Wachstumsschub ein neuer, erstmaliger Bekleidungsbedarf.

Das **BSG** sieht das anders: *„Entscheidend ist bezogen auf die Erstausstattung mit Bekleidung, ob auf Grund eines besonderen Umstandes erstmals ein Bedarf für die Ausstattung mit Bekleidung entsteht. ... Zwar entsteht mit jedem Wachstumsschritt bei Kindern ein Bedarf für ein bestimmtes Kleidungsstück in einer bestimmten Größe ‚erstmalig'. Gleichwohl gehört gerade bei Kindern die Notwendigkeit, Kleidungsstücke sowohl wegen des Wachstums als auch wegen des erhöhten Verschleißes in kurzen Zeitabschnitten zu ersetzen, zu dem* ***regelmäßigen Bedarf****."* (23.3.2010 - B 14 AS 81/08 R, Rz. 16)

Auch bei Änderung der Konfektionsgröße aufgrund eines Wachstumsschubes des Kindes liegt demzufolge kein Erstausstattungsbedarf vor. Der Bedarf ist aus dem Regelsatz zu decken.

Das trifft jedoch auf *„außergewöhnliches Größenwachstum"* nicht zu. In solchen Fällen kommt weiterhin die Gewährung einer Erstausstattung in Betracht. (BSG ebenda)

2. Sach- oder Geldleistung

Wie bei ⇨Hausrat können auch bei Erstausstattungen für Bekleidung Sachleistungen (i.d.R. ein Gutschein) oder Geldleistungen erbracht werden. Geldleistungen haben im SGB XII Vorrang vor Sachleistungen (§ 10 Abs. 3 SGB XII). Beim Alg II muss eine begründete Ermessensentscheidung über das „Wie" der Leistungen getroffen werden (BSG 19.8.2010 - B 14 AS 10/09 R).

Bei der Geldleistung sind **Pauschalen** möglich. Hier müssen aber geeignete Angaben über die erforderlichen Aufwendungen (⇨1.1) berücksichtigt werden (§ 24 Abs. 3 Satz 5 und 6 SGB II; sinngleich § 31 Abs. 3 SGB XII).

Tipp Beantragen Sie die Offenlegung der Einzelpositionen, aus denen die Bekleidungspauschale ermittelt wurde. Nur so können Sie nachprüfen, ob der Pauschalbetrag realitätsgerecht bemessen wurde.

3. Ersatzbedarf als Darlehen?

Wenn Sie rein rechnerisch gar nicht die Möglichkeit hatten, ausreichende Beträge für den Ersatzbedarf an Kleidung und Schuhen anzusparen, wird der nicht durch Ansparungen gedeckte Teil eines unabweisbaren Bedarfs

K

i.d.R. als **Darlehen** erbracht.
Näheres zu Ansparungen und Darlehen unter ⇨Einmalige Beihilfen (2. ff.; 3. ff).
In welchen Fällen unter Umständen ein **Zuschuss** für Erstausstattung gewährt werden muss, lesen Sie unter ⇨Hausrat 2.1.

Konto
(Basiskonto)

1.1 Recht auf ein Basiskonto (Guthabenkonto)

Mit dem neuen Zahlungskontengesetz wird ab 18.6.2016 ein Rechtsanspruch auf ein *„Basiskonto"* geschaffen (§§ 30 bis 45 ZKG). Das Recht gilt insbesondere für alle, die bisher kein eigenes Konto haben.

K

Außerdem profitieren Personen,
- die nachweisen, dass sie ihr bisheriges Konto im Soll gekündigt haben,
- die den Nachweis erbringen, dass sie das alte Konto wegen Aufrechnung nicht mehr nutzen können (⇨1.5) oder
- die eine Kontokündigung abwehren oder Leistungseinschnitte bei ihrem bisherigen Guthabenkonto (z.B. Verweigerung einer Zahlungskarte) vermeiden wollen und ihr bisheriges Konto als Basiskonto weiterführen möchten.

Verbraucher/innen können die kontoführende Bank frei auswählen. Alle Geldinstitute, die Zahlungskonten für Verbraucher anbieten, müssen auch ein Basiskonto einrichten.

1.2 Antragsberechtigte

„Verbraucher mit rechtmäßigem Aufenthalt in der Europäischen Union einschließlich Personen ohne festen Wohnsitz und Asylsuchende sowie Personen ohne Aufenthaltstitel, die aber aus rechtlichen oder tatsächlichen Gründen nicht abgeschoben werden können", haben Anspruch auf Einrichtung eines Basiskontos (§ 31 Abs. 1 Satz 2 ZKG). Der rechtmäßige Aufenthalt in der EU bezieht sich ausdrücklich auch auf ausländerrechtlich „Geduldete" (§ 2 Abs. 1 Satz 2 ZKG).
Zu den Personen ohne festen Wohnsitz zählen „Obdachlose" sowie Asylsuchende, die nach Registrierung durch die Erstaufnahmeeinrichtung noch keinen festen Wohnsitz haben, sich aber als Asylsuchende rechtmäßig in der EU aufhalten (BT-Drucks. 18/7204, S. 76). Da Letztgenannte oft über keine gültigen Ausweispapiere verfügen, soll eine Bescheinigung über die Meldung als Asylsuchender (BüMA) bzw. die Registrierungskarte einer Erstaufnahmeeinrichtung zur Einrichtung eines Basiskontos genügen.

Für die Kontoeröffnung genügt die Angabe einer postalischen Anschrift; eine Meldebescheinigung oder -adresse ist nicht erforderlich. Das heißt, die Erreichbarkeit über Angehörige, Freunde oder eine Beratungsstelle (z.B. der Wohnungslosenhilfe) reicht aus.

1.3 Antrag auf ein Basiskonto

Das Antragsformular zum Abschluss eines Basiskontovertrags ist nach dem Gesetz bundesweit einheitlich und muss von der Bank kostenlos zur Verfügung gestellt werden bzw. ist in elektronischer Form im Internet herunterzuladen (§ 33 Abs. 2 ZKG).

Die Bank ist verpflichtet, den Eingang des Antrags unter Beifügung einer Antragskopie zu bestätigen (§ 31 Abs. 2 Satz 2 ZKG). Damit lassen sich sowohl der Beginn der Bearbeitungsfrist und die Vollständigkeit der Antragsunterlagen belegen (aber auch ggf., dass Unterlagen nicht vollständig eingereicht wurden und der Antrag deshalb noch nicht bearbeitet werden kann).
Den Antrag muss die Bank unverzüglich bearbeiten. Bei Vollständigkeit der Unterlagen müssen Vertragsabschluss und die Freischaltung des Basiskonto spätestens innerhalb von 10 Geschäftstagen durchgeführt sein (§ 31 Abs. 2 Satz 1 ZKG). Allerdings zählt eine Bedenkzeit, die der Antragsteller eventuell selbst nach dem Vertragsangebot durch die Bank bis zur eigenen Vertragsannahme benötigt, bei der 10-Tage-Frist nicht mit.

1.4. Wann darf das Basiskonto verwehrt werden?

Die Bank darf einen Vertragsabschluss für ein Basiskonto nur aus den im Gesetz genannten Gründen ablehnen. Dazu zählen insbesondere, wenn

- ein Basiskonto oder ein Konto mit vergleichbaren Funktionen vorhanden und tatsächlich nutzbar ist (§ 35 Abs. 1 ZKG),
- der Antragsteller in der Vergangenheit bereits ein Basiskonto bei dieser Bank hatte, das aber innerhalb des letzten Jahres gekündigt wurde, weil der Antragsteller die Kontoführungsgebühren über eine Zeit von mehr als drei Monaten nicht zahlte und dieser Zahlungsrückstand mehr als 100 Euro betrug(§ 37 i.V. mit § 42 Abs. 3 Nr. 2 ZKG),
- der Antragsteller wegen einer früheren vorsätzlichen Straftat gegen das Bankinstitut, dessen Mitarbeiter oder Kunden verurteilt worden ist oder Geldwäsche bzw. Terrorismusfinanzierung verhindert werden sollen (§ 36 ZKG).

1.5. Wann darf ein Basiskonto nicht verweigert werden?

Eine negative SCHUFA-Auskunft, schlechte Bonität oder drohende Vollstreckungsmaßnahmen sind kein Ablehnungsgrund.

Ein Konto mit Nutzungsmöglichkeit ist <u>nicht</u> vorhanden, wenn das bestehende Zahlungskonto für Zahlungsaufträge blockiert ist,
- weil es gepfändet wurde und (z.B. beim Gemeinschaftskonto) keine Umwandlung in ein P-Konto möglich ist oder
- weil die kontoführende Bank beim P-Konto im Soll eingehende Lohngutschriften mit dem Sollstand verrechnet.

(vgl. BT-Drucks. 18/7204, S. 78).

Außerdem darf die Eröffnung eines Basiskontos nicht abgelehnt werden, *„wenn das Konto gekündigt wurde oder der Berechtigte von der Schließung dieses Zahlungskontos benachrichtigt wurde“* (§ 35 Abs. 1 Satz 3 ZKG). Der Verbraucher muss nicht die tatsächliche Kontoschließung abwarten, sondern es genügt der Zugangsnachweis seiner eigenen Kündigungserklärung (Rückschein oder Eingangsbestätigung der Bank) bzw. die Kündigung des alten Geldinstituts.

1.6 Basiskonto als ⇨P-Konto führen

Jedes bestehende Basiskonto muss auf Antrag jederzeit kostenlos in ein P-Konto umgewandelt werden (§ 850 k Abs. 7 ZPO).

Außerdem können Sie bereits zusammen mit der Eröffnung eines Basiskontos beantragen, dass dieses als Pfändungsschutzkonto geführt wird (§ 33 Abs. 1 Satz 3 ZKG). Das geht auch, wenn ihr altes, gekündigtes Konto ein P-Konto war/ ist. Da Sie jedoch nur über ein P-Konto verfügen dürfen, müssen Sie per Ermächtigung zur Kontenwechselhilfe (§§ 20 ff. ZKG) einen Stichtag bestimmen, ab dem ausschließlich das neue P-Konto gelten soll.

Tipp Durch einen Antrag auf Kontenwechselhilfe können Sie das abgebende Geldinstitut ermächtigen und gleichzeitig verpflichten, keine Gutschriften mehr anzunehmen und zugleich Ihrer neuen kontoführenden Bank alle für den laufenden Zahlungsverkehr relevanten Daten mitzuteilen, damit alle durch Sie autorisierten Zahlungsaufträge nach dem Wechsel nahtlos ausgeführt werden können. Gleichzeitig wird die neue kontoführende Bank autorisiert, z.B. die P-Konto-Funktion ab dem gewählten Stichtag auf das neue Konto zu übertragen.

1.7 Was muss ein Basiskonto leisten?

Das Konto muss Ihnen ermöglichen,
- Ein- und Auszahlungen in bar zu tätigen (auch an Geldautomaten),
- Lastschriften abzuwickeln,
- Überweisungen einschließlich Daueraufträgen auszuführen sowie
- eine Bankkarte als Zahlkarte zu nutzen

(§ 38 Abs. 2 ZKG).

Die Anzahl der Zahlungsgeschäfte darf bei Basiskonten nicht beschränkt werden (§ 38 Abs. 4 Satz 2 ZKG) und deren Nutzer dürfen bezüglich Bargeldautomaten, Online-Banking usw. nicht gegenüber anderen Kontoinhabern benachteiligt werden (§ 40 ZKG).

Eine Überziehungsmöglichkeit kann nur im Einzelvertrag vereinbart werden (§ 39 Satz 2 ZKG).

1.8 Was darf ein Basiskonto kosten?

Die im Basiskontovertrag getroffenen Vereinbarungen zur Entgelthöhe für einzelne Dienste müssen „angemessen“ sein. Bei der Bewertung der Angemessenheit sind insbesondere die *„marktüblichen Entgelte“* sowie das *„Nutzerverhalten zu berücksichtigen“* (§ 41 Abs. 2 Sätze 1 und 2 ZKG).

K

Kritik

Diese vage Gesetzesformulierung lässt den Geldinstituten viel Spielraum, die Entgelte eher unattraktiv zu gestalten, da sich an einkommensschwachen Basiskonto-Kunden sonst nicht allzu viel verdienen lässt. Damit hat der Gesetzgeber die sozialpolitische Zielsetzung des Basiskontos klar hinter die Interessen der Banken gestellt, und die Preisfindung letztlich dem Markt und dem Gewinnstreben der Kreditinstitute überlassen.

1.9 Kündigung des Basiskontos durch die Bank

a. Das Basiskonto kann ordentlich innerhalb einer Frist von 2 Monaten gekündigt werden, wenn
   - über mehr als 24 Monate kein Zahlungsvorgang ausgeführt wurde,
   - die persönlichen Voraussetzungen (⇨1.2) entfallen sind,
   - ein weiteres Zahlungskonto zur Verfügung steht oder
   - der Kontoinhaber eine Änderung des Basiskontovertrags (§ 675g BGB) ablehnt, die das Institut allen Basiskonten-Inhabern wirksam angeboten hatte

   (§ 42 Abs. 2 ZKG).

b. Es kan außerordentlich innerhalb einer Frist von 2 Monaten gekündigt werden, wegen
   - einer vorsätzlichen Straftat zum Nachteil der Bank, ihrer Mitarbeiter oder Kunden und
   - eines „nicht unerheblichen" Zahlungsrückstands von mehr als 100 € resultierend aus Kontoführungsentgelten oder Kosten über einen Zeitraum von mehr als drei Monaten, wenn abzusehen ist, dass aus der Führung des Basiskontos weitere Forderungen entstehen werden, deren Erfüllung nicht gesichert ist – was immer Letzteres auch heißen mag…

   (§ 42 Abs. 3 ZKG).

c. Eine außerordentliche fristlose Kündigung des Basiskontovertrages ist möglich, wenn der Kontoinhaber
   - das Konto vorsätzlich zu verbotenen Zwecken, wie Geldwäsche oder Finanzbetrug, nutzt oder
   - unzutreffende Angaben gemacht hat, um den Basiskontovertrag abschließen zu können und bei Vorlage der zutreffenden Angaben ein solcher Vertrag mit ihm nicht geschlossen worden wäre.

Eine Kündigung des Basiskontos durch das Geldinstitut muss schriftlich erfolgen, der Kündigungsgrund ist i.d.R. anzugeben. Außerdem sind die Stellen anzugeben, bei denen der Kontoinhaber Beschwerde gegen die Kündigung einlegen kann (§ 43 ZKG; ⇨1.10).

1.10 Rechtsschutz

Wenn das Geldinstitut Ihnen die Einrichtung eines Basiskontos trotz vollständiger Antragsunterlagen grundlos verweigert oder die Bearbeitung über die 10 Geschäftstage hinaus verzögert, sollten Sie das sogenannte BaFin-Verwaltungsverfahren beantragen (Formular auf www.bafin.de). Die BaFin kann die Bank Ihrer Wahl zur Kontoeröffnung zwingen und zugleich ein Bußgeld bis 300.000 EUR verhängen. Wird der Basiskonto-Vertrag grundlos gekündigt, werden einzelne Zahlungsdienste verweigert, Inhaber von Basiskonten gegenüber anderen Kunden diskriminiert oder stehen die Entgelte für Ihr Konto in keinem Verhältnis zur angebotenen Leistung, sollten Sie dies zunächst schriftlich bei der kontoführenden Bank reklamieren. Erfolgt darauf keine befriedigende Reaktion, ist eine Beschwerde bei der Bundesanstalt für Finanzdienstleistungsaufsicht (BaFin) der Weg, der am meisten Erfolg versprechen dürfte. Die BaFin ist für das Basiskonto im Besonderen und das Zahlungskontengesetz im Allgemeinen als Aufsichtsstelle zuständig (§ 46 Abs. 2 ZKG, ⇨1.11 Adressen).

Neben der BaFin-Beschwerde gibt es drei weitere Möglichkeiten, seine Rechte gegenüber dem Geldinstitut durchzusetzen:

a. eine ⇨einstweilige Anordnung beim Landgericht beantragen (§ 53 Abs. 3 ZKG). Hierzu können Sie ggf. ⇨Beratungshilfe und ⇨Prozesskostenhilfe in Anspruch nehmen.
b. die Schlichtungsstelle der Deutschen Bundesbank anrufen (§ 14 UKlaG) oder
c. die Beschwerdestelle des jeweiligen Bankenverbandes einschalten

(⇨1.11 Adressen).

Tipp Bevor Sie konkrete Schritte einleiten, sollten Sie sich z.B. in einer Verbraucherzentrale über Ihre Rechte und Rechtschutzmöglichkeiten als Verbraucher aufklären lassen.

1.11 Beschwerdestellen und Informationen

Bundesanstalt für Finanzdienstleistungsaufsicht (BaFin), www.bafin.de ⇨Verbraucher ⇨Beschwerden & Ansprechpartner

Deutsche Bundesbank – Schlichtungsstelle, Postfach 11 12 32, 60047 Frankfurt am Main, E-Mail: schlichtung@bundesbank.de

Beschwerdestelle des jeweiligen Bankenverbandes über Die Deutsche Kreditwirtschaft, www.die-dk.de ⇨Kontoführung ⇨Beschwerdestellen

Verbraucherzentrale, www.verbraucherzentrale.de

2.1 Kostenfreie Auszahlung der Leistung

Behörden *„sollen Geldleistungen kostenfrei auf ein Konto des Empfängers ... überwiesen oder, wenn der Empfänger es verlangt, kostenfrei an seinen Wohnsitz...“* übermitteln (§ 47 SGB I).

Eine klare Aussage. Weil man aber mit dem SGB II andere Gesetze einfach aufhebt, gilt das nur noch für BezieherInnen von HzL/ GSi der Sozialhilfe, nicht aber für Alg-II-Beziehende:

„Werden sie [die Geldleistungen] an den Wohnsitz oder gewöhnlichen Aufenthalt der Leistungsberechtigten übermittelt, sind die dadurch veranlassten Kosten abzuziehen. Dies gilt nicht, wenn Leistungsberechtigte nachweisen, dass ihnen die Einrichtung eines Kontos bei einem Geldinstitut ohne eigenes Verschulden nicht möglich ist.“ (§ 42 Abs. 3 Sätze 2 und 3 SGB II neu)

Sie müssten also **nachweisen, dass Sie kein Konto eröffnen können**, wenn Sie keins haben. Dazu verlangt das Jobcenter i.d.R. die Bescheinigung mehrerer Banken oder Sparkassen.

Mit Einführung des Zahlungskontengesetzes zum 18.06.2016, ist es einem Geldinstitut nur in außergewöhnlichen Fällen noch möglich, den Abschluss eines Vertrages über die Führung eines Basiskontos zu verweigern (⇨1.2 ff.). Demnach dürfte es künftig schwieriger sein, nachzuweisen, dass die Eröffnung eines Kontos bei einer örtlichen Bank nicht möglich ist.

Hat ein Hartz-IV-Bezieher nach Streitigkeiten mit der Bank sein **Konto gekündigt** und verlangt eine kostenfreie Barauszahlung, verwirkt er jedenfalls nach Ansicht des SG Gießen seinen Anspruch auf kostenfreie Barauszahlung (30.3.2009 - S 29 AS 801/06).

Einige Jobcenter sind dazu übergegangen, in dringenden Fällen eine **Barauszahlung am hauseigenen Automaten** zu ermöglichen. Das ist zu begrüßen, da die Auszahlung für Leistungsberechtigte kostenfrei ist.

2.2 Anonymisierte Auszahlung der Leistung

Aus den Überweisungen des Sozialamts darf nicht erkennbar sein, dass Sie Sozialhilfe beziehen (BVerwG 23.6.1994, info also 1995, 48). Es genügt, wenn ein anonymisiertes Aktenzeichen auf das Sozialamt verweist. Das gilt auch für Alg II.

Diese Vorgabe wird aber in der Praxis kaum beachtet, da für den Überweiser regelmäßig die Angaben „Jobcenter XY“ oder „Agentur für Arbeit“ verwendet werden, was eindeutig auf den Bezug von SGB-II-Leistungen hindeutet.

3. P-Konto

Näheres unter ⇨Pfändung (P-Konto) 2.

4. Konten bei Bezahldienstleistern

Zu den Konteninformationen, die Sie beim Antrag auf Alg II/ Sozialhilfe angeben müssen, gehören auch Auszüge von Paypal-Konten, Prepaid-Kreditkarten und vergleichbaren Bezahldienstkonten. Vor allem Jobcenter wollen überprüfen, ob solche Konten im Guthaben geführt werden und ob darüber Zahlungen eingehen.

Näheres unter ⇨Kontoauszüge 1.3

Information

Verbraucherzentrale, Fragen und Antworten zum Basiskonto, www.verbraucherzentrale.de/basiskonto-fragen

Bundesanstalt für Finanzdienstleistungsaufsicht (BaFin), Informationen zum Basiskonto, www.bafin.de/DE/Verbraucher/Bank/Produkte/Basiskonto/basiskonto_node.html

Kraftfahrzeug

1. PKW – Luxus

PKW gehören nicht zum notwendigen Lebensunterhalt der Armutsbevölkerung. Ihre Anschaffung wird also (zumindest i.d.R.) nicht mit Alg-II-/ Sozialhilfemitteln finanziert. Diese Entscheidung des Bundesverwaltungsgerichts von 1968 gilt bis heute (BVerwG 27.03.1968, NDV 1968, 198). Dennoch hat sich in diesen 48 Jahren etwas getan.

K

1.1 Anschaffung eines Kfz

Da das Schonvermögen von Alg II erheblich höher ist als in der Sozialhilfe, können Sie sich aus dem Schon⇨**vermögen** natürlich ein Kfz kaufen. Hier ist ein PKW meistens kein anzurechnendes Vermögen mehr.
Auch aus angespartem Einkommen (z.B. anrechnungsfreiem ⇨Schmerzensgeld) können Sie sich einen PKW leisten, jedenfalls während des Alg-II-Bezugs. Bei Sozialhilfebezug gibt es Probleme, weil die Vermögensfreigrenzen extrem niedrig sind (⇨2.).

Vom Jobcenter/ Sozialamt werden die Kosten der Anschaffung eines PKW nicht übernommen.

Ausnahmen:

- Im Rahmen der Eingliederungshilfe für behinderte Menschen kann aus Mitteln der Sozialhilfe ein PKW finanziert werden, wenn Sie wesentlich behindert sind und das Kfz dazu beiträgt, einen Beruf oder eine Tätigkeit auszuüben, am Leben in der Gemeinschaft teilzuhaben oder möglichst unabhängig von Pflege zu werden (§ 53 Abs. 3 SGB XII).
- Wenn Sie das Kfz benötigen, um eine selbständige Existenz aufzubauen (z.B. ein Kurierdienst), können Sie einen Zuschuss **oder** ein Darlehen als Eingliederungsleistung für ⇨Selbständige erhalten (BA, Fachliche Hinweise zu Leistungen zur Eingliederung von Selbständigen nach § 16 c SGB II, 15 ff.).
- Um den Weg zu einer in Aussicht stehenden Arbeit zu bewältigen, können Sie einen Zuschuss für ein Kfz im Rahmen der *„Freien Förderung"* erhalten (§ 16 f SGB II; BA Arbeitshilfe SWL - Hinweise zum [alten] § 16 Abs. 2 Satz 1 SGB II, August 2008, 7).

1.2 Führerschein

Wenn zwecks Arbeitsaufnahme zwingend ein Führerschein erforderlich ist, kann er im Rahmen der *„freien Förderung"* nach § 16 f SGB II übernommen werden (BA Arbeitshilfe ebenda).

1.3 Betriebskosten eines Kfz

Im Eckregelsatz ist kein Cent für die Betriebskosten eines Autos vorgesehen, für die Anschaffungskosten erst recht nicht.
Bei seiner Festsetzung zum Januar 2011 wurden alle Haushalte, die Ausgaben für Kraftstoffe und Schmiermittel hatten, aus der Referenzgruppe herausgenommen. Dabei lagen die durchschnittlichen mtl. Ausgaben unterer Verbrauchergruppen für Benzin, Öl, Reparaturen, Ersatzteile usw. in der EVS von 2003 schon bei 34 € (Tendenz steigend). Ein Großteil der Einkommensgruppe der EVS 2008 deckt ihren Mobilitätsbedarf überwiegend mit Pkw. Trotzdem erkennt die Bundesregierung für die Mobilität nur die Ausgaben für den öffentlichen Personennahverkehr der Personen als *„regelsatzrelevant"* an, die sich Autofahren offensichtlich nicht mehr leisten können (⇨ Regelsatz).

Tipp Kfz-Betriebskosten wie Steuern, TÜV, Reparaturen können, wenn nachgewiesen, über die 20-Cent-Entfernungskilometer hinaus vom **Erwerbseinkommen** abgesetzt werden. Voraussetzung: Kfz-Kosten müssen mit der Erzielung von Einkommen verbunden und *„notwendig"* sein (§ 6 Abs. 1 Nr. 3 b Alg II-Vo; ⇨Einkommensbereinigung).

Notwendige **Kfz-Reparaturen** können als *„weitere Leistungen"* der Eingliederung (heute: § 16f SBG II, *„Freie Förderung"*) *„zur Fortsetzung einer selbständigen Erwerbstätigkeit"* erbracht werden, *„wenn ein Eingliederungserfolg mit hinreichender Sicherheit vorhergesagt werden kann"* (BSG 1.6.2010 - B 4 AS 63/09 R). Das gilt auch bei der Aufnahme bzw. Fortsetzung einer sozialversicherungspflichtigen Beschäftigung.

2. Kraftfahrzeug als einzusetzendes Vermögen

Beim Bezug von Alg II/ Sozialhilfe ist ein Kraftfahrzeug grundsätzlich einzusetzendes ⇨Vermögen. Aber nur für den Eigentümer des Autos.

Sind Sie überhaupt Eigentümer des Autos?

Es wird unterschieden zwischen dem Eigentümer eines Kfz, der **im Kfz-Brief eingetragen** ist, und dem **Halter** des Autos, der über das Auto verfügt, d.h. es tatsächlich nutzt. Sie können also ein Auto nutzen, ohne sein Eigentümer zu sein. Wenn Sie nur Halter eines Kfz, nicht aber Eigentümer sind, ist das Kfz auch nicht ihr Vermögen und damit nicht verwertbar.

Es sei denn, Sie **schenken** das Auto der im Kfz-Brief eingetragenen Person erst und nutzen es dann (OVG RP FEVS 1997, 413 ff.). ⇨Schenkungen können zurückverlangt werden.

Zur Nutzung eines Autos, das nicht in Ihrem Eigentum ist ⇨4.

Alg II

„Ein angemessenes Kraftfahrzeug für jede in der Bedarfsgemeinschaft lebende erwerbsfähige Person" (§ 12 Abs. 3 Satz 1 Nr. 2 SGB II) ist nicht als Vermögen zu berücksichtigen. Das galt seit Ende 2001 für Arbeitslosenhilfebezieher, wurde für Alg-II-BezieherInnen übernommen und umfasst auch Motorräder, Mofas usw.

Jobcenter sollen die Angemessenheit eines Kfz nach den Vorgaben des BSG prüfen: *„Ist ein Verkaufserlös abzüglich ggf. noch vorhandener Kreditverbindlichkeiten von **maximal 7.500 €** (vgl. BSG vom 7.9.2007 - B 14/7b AS 66/06 R) erreichbar, ist eine Beurteilung, ob ein Kfz angemessen ist, entbehrlich."* (BA 12.24)

7.500 € ist aber **keine starre Grenze**.

Individuelle Lebensumstände z.B. bei einer Familie mit mehreren Kindern müssen berücksichtigt werden (Eicher, SGB II, § 12 Rz. 84). Als weitere besondere Umstände kämen in Frage: Repräsentatives oder geräumiges Fahrzeug aus beruflichen Gründen, Gehbehinderung usw.

Da **jeder** erwerbsfähige Hilfebedürftige ein angemessenes Kfz haben darf, können auch zwei Pkw in einer Bedarfsgemeinschaft geschützt sein. Wenn **ein** Pkw von **mehreren** Erwerbsfähigen genutzt wird, erhöht sich dadurch allerdings nicht der angemessene Kfz-Wert.

Der geschützte Vermögenswert des Pkw wird nicht auf den allgemeinen **Vermögensfreibetrag** (§ 12 Abs. 2 Nr. 1 SGB II) von 150 € pro Lebensjahr angerechnet. Der Betrag, um den der Wert des Kfz den angemessenen Wert (7.500 €) übersteigt, kann aber durch den **nicht genutzten** allgemeinen Vermögensfreibetrag abgedeckt werden (BA 12.24).

Beispiel: Ihr Vermögensfreibetrag beträgt mit 60 Jahren 9.000 € (60 x 150 €). Sie haben 7.000 € auf dem Sparbuch und den Freibetrag nicht voll ausgeschöpft. Ihr Auto darf demnach einen Wert von 9.500 € haben und um 2.000 € **über** der Angemessenheitsgrenze des BSG liegen.

Sie können den Wert Ihres Kfz über www.dat.de ⇨Online-Services ⇨Gebrauchtfahrzeugwerte kostenlos ermitteln. Lackschäden oder Beulen mindern den Wert eines Kfz im Übrigen erheblich.

Ob Ihr Kfz geschützt ist oder nicht, hängt nicht mehr davon ab, ob es für die Fahrt zur Arbeit notwendig ist. Eine berufliche Nutzung kann aber im Einzelfall eine Erhöhung der Angemessenheitsgrenze rechtfertigen.

HzL und GSi der Sozialhilfe

Bei der HzL dürfen Sie i.d.R. nur eine „Schrottkiste" im Wert von bis zu **1.600 €** besitzen.

BeziehrInnen von GSi und über 60jährige, die HzL beziehen; ist ggf. ein Kfz im Wert bis zu **2.600 €** erlaubt.

Der Wert des Kfz ist hier **Teil** des allgemeinen Vermögensfreibetrags. Übersteigt Ihr Geldvermögen **inklusive Auto** den Gesamtfreibetrag, besteht kein Sozialhilfeanspruch, bis der nichtgeschützte Wertanteil aufgebraucht ist. Der Erlös bleibt aber wenigstens bis zum Gesamtfreibetrag von 1.600 bzw. 2.600 € geschützt (BVerwG 19.12.1997, FEVS 48, 145).

Haben Sie Barvermögen z.B. in Höhe Ihres Freibetrags **und** ein Auto, so müssen Sie entweder das Kfz verkaufen oder zuerst ihr Barvermögen für den Lebensunterhalt einsetzen. Das gilt nicht, wenn die Verwertung für Sie oder Ihre Familie eine Härte bedeuten würde (§ 90 Abs. 3 SGB XII; z.B. vorübergehender Leistungsbezug).

Tipp Es empfiehlt sich also für voll erwerbsgeminderte oder ältere Inhaber eines Pkw-Vermögens, möglichst wenig Barvermögen zu besitzen.

Wenn Sie ein Auto mit einem nicht geschützten Wert auf **Kredit** finanziert und es der Bank als Sicherheit übereignet haben, ist es kein verwertbares Vermögen, solange der Kredit noch nicht abbezahlt ist. Sozialhilfe soll in einem solchen Fall auf Darlehensbasis bezahlt werden (§ 91 SGB XII).

K

Verkauf des Kfz-„*Vermögens*" als Härtefall (§ 90 Abs. 3 SGB XII)
Ein Auto zu verkaufen, wird normalerweise nicht als Härte angesehen. Nur außergewöhnliche Umstände können zur Anerkennung eines Härtefalls führen, mit dem Sie Ihr Auto retten können.
Ein Härtefall kann vorliegen,

a) wenn Sie nur vorübergehend Sozialhilfe beziehen.
Es *„soll vor allem verhindert werden, dass die Notwendigkeit, vorübergehend Sozialhilfe zu beziehen, zu einem wirtschaftlichen Ausverkauf und zu einer nachhaltigen sozialen Herabsetzung führt"* (BVerwG, FEVS 44, 177).
b) wenn Sie wegen Behinderung auf ein Kfz angewiesen sind (z.B. Schwerbehindertenausweis mit Merkzeichen „aG"; OVG Bautzen, Sozialrecht aktuell 3/1998, 23, 26; OVG HH, FEVS 46, 110),
c) wenn Sie Ihr Auto aus geschütztem Einkommen oder Vermögen beschafft haben z.B. aus Schmerzensgeld, Grundrenten usw.
d) wenn Sie auf dem Land wohnen und öffentliche Verkehrsmittel kaum vorhanden sind, um z.B. regelmäßig erforderliche Arztbesuche durchzuführen.

Sie verkaufen Ihr Kfz nicht, obwohl es einzusetzendes Vermögen ist?
Dann haben Sie keinen Anspruch auf Sozialhilfe. Solange verwertbares Vermögen nicht verwertet ist, ist es eben verwertbar und schließt den Bezug von Sozialhilfe aus (BVerwG 19.12.1997 NDV-RD 1998, 55). Das gilt auch für Alg II.

3. Halten eines Kfz unwirtschaftlich?
Wenn Sie Alg II oder HzL/ GSi der Sozialhilfe unwirtschaftlich verwenden, drohen Ihnen Kürzungen des Regelsatzes um 25% (Sozialhilfe) bzw. 30% (Alg II; ⇨Sanktionen).

Sozialhilfe

Wenn Sie ein Auto halten, kann Ihnen das als Unwirtschaftlichkeit ausgelegt werden. Wenn die tatsächlichen Kosten Ihres Autos die Ihnen dafür zur Verfügung stehenden Mittel deutlich übersteigen, kann vermutet werden, dass Sie über nicht angegebenes Einkommen verfügen (OVG NW 20.2.1998, FEVS 49, 37 f.). Man muss aber schon begründete Zweifel an Ihrer Hilfebedürftigkeit vorbringen, um Ihnen die Sozialhilfe zu versagen.

Sie müssen unter Umständen nachweisen, welche Kosten Ihr Auto verursacht und wie Sie diese finanzieren.
Zu den **Kosten Ihres Autos** gehören vor allem Haftpflicht, Kfz-Steuer sowie Betriebskosten und Reparaturkosten.
Wenn Versicherung und Steuer z.B. schon vor Beginn der Sozialhilfebedürftigkeit bezahlt waren, ist es kein Problem, aus Ihrem Regelsatz die laufenden Kosten für Benzin zu bestreiten. Vorausgesetzt, man fährt nicht zu oft und nicht zu weit.

Wenn Sie ein Einkommen erzielen, können Sie davon Versicherungsbeiträge absetzen, soweit sie *„gesetzlich vorgeschrieben"* sind (§ 82 Abs. 2 Nr. 3 SGB XII).
Aber: Sie können als HzL- oder GSi-Bezieher die Kfz-Haftpflichtversicherung **nur** vom Einkommen absetzen, wenn *„die Kfz-Haltung sozialhilferechtlich zu billigen ist"* (LPK SGB XII, § 82 Rz. 81; VGH Bayern 20.2.2006 - 12 BV 04.2223 - FEVS 58,129), z.B. bei kranken Menschen oder Menschen mit Behinderungen.

Trotzdem können Sie die Unterhaltungskosten Ihres Autos finanzieren aus:
- ⇨Mehrbedarfszuschlägen,
- nicht anrechenbarem ⇨Einkommen,

- Arbeitseinkommen,
- dem langsamen Verbrauch des Schonvermögens,
- dem Regelsatzanteil von **22,79 €** für *„fremde Verkehrsdienstleistungen"*,
- aus anderen Regelsatzanteilen. Sie haben eine gewisse Freiheit zu bestimmen, wofür Sie das Geld ausgeben (BVerwG 30.12.1996, FEVS 1997, 337 f.). Das Bundesverwaltungsgericht hielt im Jahr 2000 einen Betrag von bis zur Hälfte des Regelsatzanteils für persönliche Bedürfnisse für frei verfügbar. Auf 2004 bezogen waren das rund 52 € (29.12.2000 NJW 2001, 1958). Dazu kommen noch verfügbare 20 bis 30% der Regelsätze der Haushaltsangehörigen.

Nur wenn die realen Kosten der Kfz-Haltung höher sind als die frei aus Sozialhilfemitteln verfügbaren Summen, können Sie unter den Verdacht, Einkommen oder Vermögen zu verschweigen und/ oder unter den Verdacht der Unwirtschaftlichkeit geraten.

Ein Auto ist auf jeden Fall nicht von vornherein ein Beweis für Unwirtschaftlichkeit. *„Erst wenn durch das Halten des Kfz sich Schwierigkeiten in der Lebenshaltung des Hilfeempfängers und seiner Familie oder zusätzliche Belastungen des Trägers der Sozialhilfe ergeben"*, kann man von Unwirtschaftlichkeit sprechen (OVG NW 30.4.1990, info also 1992, 87; OVG Bremen, FEVS 37, 471; OVG Saarlouis FEVS 44, 29). Umgekehrt: Solange jemand aufgrund des Pkw nicht zusätzlich Sozialhilfe beantragt, verhält er sich nicht unwirtschaftlich (OVG NI 12.2.1997, FEVS 1997, 559; OVG Bremen, FEVS 1987, 471).

Alg II

Im Gegensatz zu SozialhilfebezieherInnen können Alg-II-BezieherInnen die Kfz-Haftpflicht immer „in nachgewiesener Höhe" von ihrem Einkommen absetzen (BA 11.132; ⇨Einkommensbereinigung).

Sie müssen allerdings dazu irgendein Einkommen haben.

Die Betriebskosten Ihres Autos sind also eher zu tragen als in der Sozialhilfe. Haben Sie kein Einkommen, stellt sich allerdings wieder die Frage, wie Sie Kfz-Haftpflicht und Betriebskosten zahlen können.

Aber:

- Z.B. ⇨Alleinerziehende haben Anspruch auf Mehrbedarfszuschlag, sodass auch Ausgaben für einen Pkw eher bestritten werden können.
- Es gelten höhere Vermögensfreibeträge als in der Sozialhilfe, so dass Betriebskosten eines Kfz (zumindest vorübergehend) hieraus aufgebracht werden können.
- Wenn Sie geringfügig ⇨erwerbstätig sind, können Sie die Betriebskosten Ihres Autos ggf. auch aus den Werbungskosten bzw. dem Freibetrag für Erwerbstätigkeit finanzieren.

Unwirtschaftlichkeit wegen Ihres Autos kann nur vorliegen, wenn Sie dabei *„jede wirtschaftlich vernünftige Betrachtungsweise vermissen [lassen] ... und dadurch weitere Hilfebedürftigkeit [auslösen]"* (BA 31.23). Das erlaubte Halten eines Kfz kann damit nicht gemeint sein.

K

4. Unentgeltliche Nutzung eines Autos als Einkommen?

Wenn Sie das Auto einer anderen Person regelmäßig **kostenlos nutzen**, darf das Sozialamt nicht den Regelsatz um den darin enthaltenen Betrag für Fahrtkosten (damals 23 DM = 12 €) kürzen (BVerwG 30.12.1996, FEVS 1997, 337 f.). Das gleiche gilt für Alg II. Die Regelsätze dürfen nicht wegen einer unwesentlichen Abweichung vom Durchschnittsverbrauch gekürzt werden (auch OVG NI 22.11.1995, info also 1996, 133 ff.). Erst recht darf nichts gekürzt werden, wenn Sie die Benzinkosten selbst tragen (VG Düsseldorf 26.10.2001, info also 2002, 124 f.).

Im Übrigen müssen Sie das Ausleihen eines Autos dem Sozialamt gar nicht mitteilen.

Wenn **Steuer und Versicherung** Ihres Kfz von einer anderen Person getragen werden, kann das nur dann als Einkommen angerechnet werden, wenn Ihnen das Geld dafür persönlich zufließt. Wenn die Beträge direkt an Versicherung bzw. Finanzamt überwiesen werden, sind sie nicht Ihr Einkommen.

Anders als beim Unterhalts- und Steuerrecht gibt es bei Alg II/ Sozialhilfe keine geldwerten Vorteile, die als Einkommen angerechnet werden können. Es sei denn, es sind Sachbezüge eines Arbeitnehmers (⇨Einkommen).

5. Datenüberprüfung von Kfz-Haltern
Um Eigentümer von Pkw und damit Vermögensbesitzer festzustellen, dürfen Sozialämter bei Kfz-Zulassungsstellen Daten über Sozialhilfebezieher *„zur Vermeidung rechtswidriger Inanspruchnahme von Sozialhilfe"* einholen, auch in Form einer Rasterfahndung, genannt *„automatisierter Datenabgleich"* (§ 118 Abs. 4 SGB XII). Die Jobcenter dürfen seit 2006 beim zentralen Fahrzeugregister Daten über die Halter von Pkw einholen (§ 52a Abs. 1 Nr. 1 SGB II). Näheres unter ⇨Datenabgleich

Kritik
Bis Ende 1997 mussten (arbeitslose) SozialhilfebezieherInnen jedes Kfz als Vermögen verkaufen, auch wenn es nur einen Wert von 250 € hatte. Für Alg-II-BezieherInnen ist der Besitz eines Autos weitgehend legalisiert worden. Das Missbrauchsgeschrei in Bezug auf „dicke" Autos hat deswegen stark nachgelassen.

Alg-II-Bezieher können ihr Auto meistens behalten. Die weitgehende Anerkennung eines Pkw als geschütztes Vermögen ist nicht Ausdruck von Großzügigkeit. Ein Pkw gehört heute bei Erwerbsfähigen zur Grundausstattung. Da der öffentliche Nahverkehr vor allem im ländlichen Bereich dank sinkender staatlicher Zuschüsse und Privatisierungen eingeschränkt wurde und weitere Strecken zur Arbeit zumutbar sind, steigt die Notwendigkeit für Arbeitslose, ein funktionsfähiges Auto als Verkehrsmittel zu haben.

Da Sie aber die Betriebskosten Ihres Pkw aus einem Regelsatz bezahlen müssen, in dem diese nicht drin sind, und da die Kfz-Haftpflicht nur abgezogen werden kann, wenn Sie ein Erwerbseinkommen über 400 € bzw. sonstiges Einkommen erzielen, führt der Besitz eines Autos zu einer indirekten Regelsatzsenkung und erzeugt darüber Druck, irgendeinen Billigjob anzunehmen, damit man das Auto überhaupt finanzieren kann. Die Legalisierung des Kfz bei der Grundsicherung für Arbeitssuchende ist also kein Zufall.

Gesunden und erwerbsfähigen Menschen wird ein Auto scheinbar großzügig zugestanden, nicht aber Erwerbsgeminderten. Wozu brauchen kranke, behinderte oder ältere Menschen in der Sozialhilfe, an denen mangels Erwerbsfähigkeit kein Arbeitgeber etwas verdienen kann, ein Auto? Maßstab ist der Nutzen, den Menschen für die Kapitalverwertung haben können, nicht die Anerkennung des menschlichen Bedürfnisses nach Mobilität.

Forderungen
Gleichstellung von Sozialhilfebeziehenden mit BezieherInnen von Alg II!
Aufnahme der Betriebskosten eines Pkw in den Regelsatz!

Krankenkostzulage

Hilfe zum Lebensunterhalt (HzL)/ Grundsicherung (GSi)

„Für Kranke, Genesende, behinderte Menschen oder von einer Krankheit oder Behinderung bedrohte Menschen, die einer kostenaufwändigen Ernährung bedürfen, wird ein Mehrbedarf in angemessener Höhe anerkannt." (§ 30 Abs. 5 SGB XII, bei GSi i.V. mit § 42 Nr. 2 SGB XII; ⇨Mehrbedarf)

Alg II

„Bei Leistungsberechtigten, die aus medizinischen Gründen einer kostenaufwändigen Ernährung bedürfen, wird einen Mehrbedarf in angemessener Höhe anerkannt." (§ 21 Abs. 5 SGB II)

1. Regelwerte bei Krankenkostzulagen
Grundlage für die Festsetzung des Mehrbedarfs sind die 2014 neu herausgegebenen *„Empfehlungen des Deutschen Vereins zur Gewährung von Krankenkostzulagen in der Sozialhilfe"* (DV 28/14). Sie aktualisieren die vorangegangenen Empfehlungen von 2008 in Bezug auf die neuere Rechtsprechung, erweitern deren Anwendungsbereich auf Kinder und Jugendliche sowie Nahrungsmittelintoleranzen und Mukoviszidose. Im Übrigen wird klargestellt, dass die Anerkennung eines Mehrbedarfs nur in Frage käme, *„wenn die für die fragliche Krankheit geeignete und notwendige Ernährung teurer ist als eine ‚allgemein empfohlene' Ernährung (‚Voll-*

kost'), die durch den Regelbedarf gedeckt ist" (DV 28/14, 5; ⇨Kritik).

Die BA erkennt diese Empfehlungen an. Eine **Abweichung** sei nur im Einzelfall, z.B. bei Nahrungsmittelunverträglichkeiten vorgesehen. Darüber soll unter Einbeziehung des ärztlichen Dienstes/ des zuständigen Gesundheitsamtes entschieden werden. (BA 21.23b)

1.1 Nahrungsmittelintoleranzen

- Laktoseintoleranz: i.d.R. ist keine kostenaufwendige Ernährung erforderlich, bei Kindern bis zum 6. Lebensjahr *„besteht im Einzelfall Prüfungsbedarf"* (DV 28/14, 9),
- Fruktosemalabsorbtion (Fruchtzuckerunverträglichkeit): *„ein Mehrbedarf besteht i.d.R. nicht"*, eine angeborene Fruktoseintoleranz kann dagegen einen Mehrbedarf erfordern, der im Einzelfall zu bestimmen ist (DV 28/14, 10),
- Histaminunverträglichkeit: *„hier ist eine Einzelfallprüfung vorzunehmen"* (ebenda).

1.2 Verzehrende Erkrankungen und gestörte Nährstoffaufnahme bzw. Nährstoffverwertung

Mehrbedarf: **40,40 €**/ 10% d. Eckregelsatzes (Regelbedarfsstufe 1, im Folgenden RS; DV 28/14, 12, Quelle für alle weiteren Mehrbedarfszuschläge)

Genannt werden folgende Erkrankungen:

- Krebs,
- HIV-Infektion/ AIDS,
- Multiple Sklerose,
- Colitis ulcerosa,
- Morbus Crohn,
- weitere Erkrankungen mit gestörter Nährstoffaufnahme bzw. Nährstoffverwertung

Da auch diese Erkrankungen diätetisch allgemein mit Vollkost zu behandeln sind, erkennt der DV einen krankheitsbedingten Mehrbedarf i.d.R. **nur *„bei schweren Verläufen"*** an, *„wenn*

- *der **BMI** [Body-Mass-Index] **unter 18,5** liegt (und das Untergewicht Folge der Erkrankung ist) oder*
- *ein schneller krankheitsbedingter **Gewichtsverlust** (über 5% des Ausgangsgewichts in den vorausgegangenen drei Monaten) zu verzeichnen ist.* Dass müssen Sie nachweisen!
- *„Der Krankheitsbedingte Gewichtsverlust bei Kindern und Jugendlichen bedarf einer individuellen Beurteilung."* (DV 28/14, 11).

Der BMI, auch Körpermassenindex genannt, setzt das Körpergewicht ins Verhältnis mit der Körpergröße. Wie er berechnet wird, finden Sie unter www.bzga-essstoerungen.de/index.php?id=208.

Normalgewichtige Personen haben einen BMI von 25 bis 18,5, leichtes Untergewicht besteht bei einem BMI von 18,5 – 17. Sind Sie übergewichtig und haben eine *„verzehrende Erkrankung"* muss die Krankheit länger an Ihnen zehren, bis Sie Anspruch auf den Mehrbedarf haben.

Tipp Dann müssen Sie Ihren Gewichtsverlust genau kontrollieren und vom Arzt dokumentieren lassen, damit Sie einen *„schnellen krankheitsbedingten Gewichtsverlust"* überhaupt nachweisen können.

Kritik

Diese Kriterien sind zynisch, nicht behördentauglich und werden den Bedürfnissen z.B. von fortgeschrittenen Krebs- oder HIV-Kranken nicht gerecht.

1.3 Mukoviszidose/zystische Fibrose

Mehrbedarf: **40,40 €**/ 10% d. RS

1.4 Niereninsuffizienz

die mit einer **eiweißdefinierten** Kost behandelt werden muss.

Mehrbedarf: **40,40 €**/ 10% d. RS

1.5 Niereninsuffizienz mit Dialysediät

Mehrbedarf: **80,80 €**/ 20% d. RS

1.6 Zöliakie/Sprue

Mehrbedarf: **80,80 €**/ 20% d. RS

Bei Glutensensitivität, einer Glutenunverträglichkeit ohne zöliakiespezifische Antikörper, *„ist eine Einzelfallprüfung erforderlich"* (DV 28/14, 11).

2. Abweichungen von den Empfehlungen

2.1 Andere Erkrankungen

Die Liste des Deutschen Vereins ist in Bezug auf die Erkrankungen nicht abschließend.

K

Eine Ablehnung mit der Begründung, die Erkrankung stehe nicht im *„Katalog des Deutschen Vereins"* ist nicht zulässig (DV 28/14,7).
„Maßgeblich ist stets der Betrag, mit dem der medizinisch begründete, tatsächliche Kostenaufwand für eine Ernährung ausgeglichen werden kann, die von der Regelleistung nicht gedeckt ist ... Er ist im Einzelfall im Wege der Amtsermittlung durch Einholung medizinischer und/ oder ernährungswissenschaftlicher Stellungnahmen oder Gutachten zu klären." (BSG 27.2.2008 - B14/7b AS 64/06 R)
Auch bei anderen Erkrankungen, z.B. bei Allergien (LSG Baden-Württemberg 2.1.2007 - L 13 AS 4100/06 PKH-B), Laktoseintoleranz (BSG 14.2.2013 - B 14 AS 48/12 R), Laktose- und Fruktoseintoleranz (LSG Hessen 21.3.2013 - L 6 AS 665/10) und Gelenkerkrankungen (SG Aachen 29.12.2005 - S 11 AS 110/05 ER) muss der Anspruch auf Mehrbedarf ergebnisoffen geprüft werden.

K

Tipp Wenn Sie einen Mehrbedarf geltend machen und das durch ein hausärztliches Attest belegen, muss die Behörde *„von Amts wegen"* ermitteln (BSG 22.11.2011 - B 4 AS 138/10 R; § 20 Abs. 1 SGB X, ⇨Beratung). Sie müssen sich natürlich zu den entsprechenden Untersuchungen bereiterklären.

Ein durch **psychische Zwangsstörungen** verursachtes Ernährungsverhalten, das mit dem Einkaufen von teilweise hochpreisigen Lebensmitteln und dem Wegwerfen der zum Teil ungenutzten Nahrungsmittel einhergeht, begründet jedoch **keinen Mehrbedarf**, da ein aus *„physiologischen Gründen objektiver Bedarf an einer besonderen Ernährung"* fehle (BSG 20.1.2016 - B 14 AS 8/15 R).

2.2 Abweichungen von den Regelwerten

sind möglich (z.B. bei Schluckbeschwerden, Nahrungsmittelunverträglichkeiten, Verdauungsstörungen, häufigem Erbrechen, Durchfall usw.). In diesen Fällen muss ggf. ein weiteres ärztliches Attest eingeholt werden.

2.3 Mehrere Krankheiten

„Liegen die Voraussetzungen für die Gewährung mehrerer Krankenkostzulagen gleichzeitig vor, ist durch ein ärztliches bzw. ernährungswissenschaftliches Gutachten zu klären, welcher ernährungsbedingte Mehrbedarf tatsächlich anfällt." (DV 28/14, 6)

Wenn mehrere Krankheitsmehrbedarfe bestehen, müssen **die real höheren Kosten**, welche ärztlich festgestellt werden, bezahlt werden (LSG Sachsen 26.1.2006 - L 3 B 299/05 AS-ER). Auch hier muss die Behörde den Sachverhalt von Amts wegen ermitteln. Sie darf Ihnen nicht die Beweislast aufbürden (BSG, ebenda).

2.4 Krankenkostzulagen bei Kindern

Die neuen Empfehlungen des DV beziehen sich auf Erwachsene, Kinder und Jugendliche. Weil es sowohl bei mehreren Erwachsenen, die in einem Haushalt zusammenleben, als auch bei Minderjährigen an einer ausreichenden Datenbasis zur Ermittlung der Höhe des Mehrbedarfs fehlt, sind die für einen alleinstehenden Erwachsenen maßgebenden **Euro-Beträge** auch als Richtwerte für alle Erwachsenen **und** Minderjährige anzuerkennen (DV 28/14, 11 f.; BA 21.23e).

3. Antragsverfahren

Sie sollen bei Erstantragstellung und bei Weiterbewilligung über den Zweck der Krankenkostzulage **aufgeklärt** werden. Der Mehrbedarf ist zwar vom **Antrag** auf Leistungen umfasst, Sie müssen jedoch ein Zusatzformular ausgehändigt bekommen – achten Sie darauf! Dieses muss der behandelnde Arzt ausfüllen. Er muss u.a. die Erkrankung nennen und die Notwendigkeit einer bestimmten Kostform bestätigen (BA 21.25). Die damit verbunden Kosten übernimmt das Jobcenter in *„angemessenem Umfang"*, derzeit 5,36 € (BA 21.27).
In Zweifelsfällen wird der ⇨ **Amtsarzt** eingeschaltet.
Sind zum Nachweis für eine bestimmte Krankenkost weitergehende **Kosten für ärztliche Gutachten** erforderlich, können diese auf Antrag übernommen werden (§ 65a Abs. 1 SGB I i.V. mit § 62 SGB I).

Diätzulagen sind regelmäßig auf 12 Monate befristet, auch wenn Krankheiten als unheilbar gelten. Dann müssen Sie das Zusatzformular erneut ausfüllen lassen.

Näheres über **andere medizinische Bedarfe** finden Sie unter dem Stichwort ⇨**Krankheit**.

Kritik
Krankenkostzulagen sind ab 1.1.1982 keine Leistung der Hilfe in besonderen Lebenslagen, sondern der Hilfe zum Lebensunterhalt. Das war die erste Kürzung. Die zweite kam 1997. Der *„notwendige Aufwand"* für die verschiedenen Typen der Diät war nach den damaligen Untersuchungen des Deutschen Vereins im Verhältnis zum Ernährungsaufwand im Regelsatz erheblich höher als die Krankenkostzulage, die festgesetzt wurde. SozialhilfebezieherInnen wurde erstmals ein *„Eigenanteil"* verordnet.
Immerhin gab es u.a. noch 25,56 € für Vollkost z.B. bei HIV-Infektion/ AIDS, Diabetes mellitus Typ I, Dickdarmschleimhaut-Geschwür, Krebs, Magengeschwür, Multiple Sklerose, Neurodermitis, Zwölffingerdarmgeschwür usw. Eine fortgeschrittene bzw. fortschreitende Erkrankung musste damals noch nicht nachgewiesen werden. Die Gesundheit durfte, zumindest ansatzweise, noch durch gesunde Ernährung erhalten werden.

Mit den Empfehlungen vom Oktober 2008 hat der Deutsche Verein (DV) dem *„aktuellen medizinischen-ernährungswissenschaftlichen Erkenntnisstand"* Rechnung getragen und die Krankenkostzulage für Vollwerternährung endgültig abgeschafft. Da einem Erwachsenen mit dem Regelsatzanteil für Ernährung von damals 3,85 € pro Tag angeblich schon eine gesunde Vollkost ermöglicht wurde, folgerte der DV, dass bei bestimmten Krankheitsbildern, vor allem bei Diabetes Mellitus, kein Mehraufwand für kostenaufwändige vollwertige Ernährung mehr anerkannt werden muss.
Der Eckregelsatz von 2016 enthält 4,78 € für Ernährung und Getränke pro Tag (ohne Verpflegung außer Haus: 0,27 €/Tag). Das sind im Schnitt 2,43 € zu wenig, um nach den Angaben des Forschungsinstituts für Kinderernährung mit gesunder Ernährung den Kalorienbedarf eines Erwachsenen sicherzustellen (⇨Regelsatz, 01/02 Nahrungsmittel/ Getränke/ Tabak). Auch wenn Bundesregierung und DV es versuchen schönzurechnen: Erwachsenen fehlen durchschnittlich 73 € im Monat für die gesunde, vollwertige, abwechslungsreiche Ernährung, die den Energiebedarf bei mittlerem Aktivitätsniveau deckt.

Diabetiker sollen jetzt ohne Zulage mit dem im Regelsatz enthaltenen Ernährungsanteil von mtl. 143,44 € eine kohlehydrat- und fettreduzierte Kost finanzieren, die z.B. aus magerem Fleisch, Fisch, Gemüse und Obst besteht. Sie sollen ausreichend Vollkornprodukte kaufen können, die reich an Ballaststoffen, Vitaminen und Mineralien sind. Das ist aber schon *„gesunden Armen"* nicht möglich.

Die mit allerlei Aufwand betriebenen Rechenkünste der staatlichen Armuts- und Ernährungsforschung haben vor allem das Ziel, Sozialleistungen zu senken. *„Für die Bemessung des Regelsatzes spielt hingegen der Energiebedarf keine unmittelbare Rolle, da ausschließlich auf die tatsächlichen Ausgaben unterster Einkommensschichten zurückgegriffen wird."* (DV 25/08, III.2, ⇨Information) Das stimmt. Der reale Energiebedarf und die Qualität der Ernährung sind gleichgültig. Das Statistik-Modell erfasst nur die tatsächlichen Ausgaben der Armutsbevölkerung für Ernährung. Solange Sozialgerichte diese Beträge zur Gewährleistung einer ausgewogenen, gesunden Vollkost anerkennen, haben Klagen von Diabetikern für Krankenkostzulagen keine Aussicht auf Erfolg (u.a. LSG Rheinland-Pfalz 16.3.2016 - L 6 AS 403/14; LSG Hamburg 19.3.2015 - L 4 AS 333/12; BSG 10.5.2011 - B 4 AS 100/10 R; LSG NRW 15.3.2010; L 19 (20) AS 50/09).

Forderungen
Anerkennung von Diätzulagen bei Diabetes Mellitus und anderen Erkrankungen, die eine ausgewogene Vollwertkost erfordern!

Information
Empfehlungen des Deutschen Vereins für die Gewährung von Krankenkostzulagen in der Sozialhilfe, DV 28/14, Dezember 2014 (www.deutscher-verein.de, ⇨Empfehlungen und Stellungnahmen)
Die „alten" DV-Empfehlungen von 2008 mit einer Begründung der Streichung des Mehrbedarfs für Vollwerternährung (zu finden unter www.harald-thome.de/media/files/Dies%20und%20das/DVMehrbedarfErnaehrung2008Oktober.pdf)
Zur Kritik an den DV-Empfehlungen (2008):

Rainer Roth, „Fördern“ durch Mangelernährung, Frankfurt/M 2009, 21 ff. (www.klartext-info.de/broschueren/foerdern-durch-mangelernaehrung-a5.pdf)

Krankenversicherung

Alg II

1.1 Gesetzliche Krankenversicherung (KV)

1.1.1 Pflichtversichert in der KV

sind alle BezieherInnen von Alg II, soweit sie als Minderjährige nicht über die Familienversicherung mitversichert sind. Der **Beitragssatz** in der KV beträgt 14,6%, hinzu kommt ein **Zusatzbeitrag**, der je nach Krankenkasse unterschiedlich ist. Der durchschnittliche Zusatzbeitragssatz liegt 2016 bei 1,1%.

K

Der Vorrang der **Familienversicherung** wurde zum 1.1.2016 abgeschafft (§ 5 Abs. 1 Nr. 2a SGB V). Beide Ehepartner oder die volljährigen Kinder in der Bedarfsgemeinschaft werden durch **Alg-II-Bezug** automatisch **pflichtversichert**. Ehepartner müssen sich dann nicht mehr entscheiden, wer pflicht- und wer familienversichert ist. Trennen sich die Partner kann das von Vorteil sein.
Den größten Vorteil dieser Regelung haben allerdings die Krankenversicherungsunternehmen durch höhere Beitragseinnahmen. Ob die neue Regelung mittelfristig zu einer Verringerung von Mitwirkungs- und Nachweispflichten von Leistungsberechtigten führt, bleibt abzuwarten.

Tipp Oft verlangen Krankenkassen von allen pflichtversicherten Mitgliedern der Bedarfsgemeinschaft eine individuelle **Befreiung** von **Zuzahlungen** im Krankheitsfall und jeweils das Erreichen der Belastungsgrenze. Berufen Sie sich auf § 62 Abs. 2 Satz 6 SGB V, der die Anwendung der Obergrenze von 96,96 € für die **gesamte Bedarfsgemeinschaft** vorschreibt. (⇨Krankheit 5.1)

Seit 1.4.2007 gilt die **gesetzliche Versicherungspflicht** (§ 5 Abs. 1 Nr. 13 SGB V). Nichtversicherte werden bei Alg-II-Bezug i.d.R. automatisch bei der Krankenkasse Mitglied, bei der sie zuletzt versichert waren.

Rückständige Beiträge müssen rückwirkend längstens bis zum 1.4.2007 vollständig nachgezahlt werden (⇨Kritik). Solche Forderungen der Krankenkassen werden aber während des SGB-II-Leistungsbezugs gestundet. Selbst wenn Sie deshalb bei der Kasse verschuldet sind, haben Sie während des Alg-II-Bezugs Anspruch auf den **vollen KV-Schutz** (§ 16 Abs. 3a Satz 2 zweiter Halbsatz SGB V). Das gilt auch für Beziehende von HzL/ GSi der Sozialhilfe.

Tipp Stellen Sie bei der Kasse vorsichtshalber einen Antrag auf Stundung bzw. Niederschlagung Ihrer Beitragsschulden. Sie vermeiden dadurch Tilgungszahlungen und hohe Zinsen.

Über das SGB II haben Pflichtversicherte **keinen Anspruch auf Krankengeld** (§ 44 Abs. 2 SGB V i.V. mit § 5 Abs. 1 Nr. 2a SGB V; BA 5.12). Pflichtversicherte, die nur ergänzendes Alg II zu Alg I oder zu einer sozialversicherungspflichtigen Beschäftigung beziehen, haben Anspruch auf Krankengeld. Hier entfällt die Pflicht-KV über den Alg-II-Bezug.

Endet die KV-Mitgliedschaft, sind Sie noch **einen Monat nachversichert** (§ 19 Abs. 2 SGB V). Innerhalb dieses Zeitraums müssen Sie sich freiwillig weiterversichern oder eine sozialversicherungspflichtige Tätigkeit aufnehmen. Ohne Anschlussversicherung entfällt die Nachversicherungszeit.

1.1.2 Nicht pflichtversichehrt sind

Personen, die **Sozialgeld** nach dem SGB II beziehen. Besteht kein Anspruch auf Familienversicherung, z.B. über den Partner, müssen Sozialgeldbeziehende bei der Krankenkasse einen Antrag auf freiwillige Weiterversicherung stellen. Das Jobcenter übernimmt dann die Beiträge für die KV (§ 26 Abs. 1 Satz 2 SGB II neu) und Pflegeversicherung (§ 26 Abs. 3 Satz 2 SGB II neu).

Nicht pflichtversichert **trotz Alg-II-Bezugs** sind Personen seit dem 1.1.2009, wenn sie vor dem Leistungsbezug

- privat krankenversichert waren (§ 5 Abs. 5a SGB V),
- weder gesetzlich noch privat krankenversichert waren **und**

* hauptberuflich selbständig waren (§ 5 Abs. 5, 5a SGB V) **oder**
* als Arbeiter, Angestellte, Beamte usw. von der Sozialversicherungspflicht befreit waren (§§ 5 Abs. 5a, 6 Abs. 1, 2 SGB V) oder

- über 55 Jahre alt sind **und** in den letzten fünf Jahren nicht gesetzlich krankenversichert waren **und**
  * mindestens in der Hälfte dieser Zeit als Arbeiter, Angestellte, Beamte usw. von der Sozialversicherungspflicht befreit waren **oder**
  * mindestens in der Hälfte dieser Zeit als hauptberuflich Selbständige nicht versicherungspflichtig waren (§§ 5 Abs. 5a, 6 Abs. 3a SGB V).

Diese Personen müssen sich **privat krankenversichern** (⇨1.3).

Wenn Sie Alg II auf **Darlehen**sbasis beziehen, sind Sie ebenfalls nicht pflichtversichert. Ebenso, wenn Sie nur ⇨einmalige Beihilfen beziehen (§ 5 Abs. 1 Nr. 2a SGB V). Sie müssen sich auf Antrag freiwillig versichern.

Schüler, Auszubildende und Studierende, die keine Regelleistung, aber einen Mehrbedarfszuschlag oder Zuschuss zu den Unterkunftskosten erhalten, sind nicht mehr über den Alg-II-Bezug pflichtversichert. Leistungen für Auszubildende nach § 27 SGB II gelten ab 2011 nicht mehr als Alg-II-Leistung (§ 27 Abs. 1 Satz 2 SGB II).

1.1.3. Überhaupt nicht krankenversichert sind

Leistungsberechtigte, denen das Alg II zu 100% gekürzt wurde (inklusive Kosten der Unterkunft). Bei solchen **Null⇨Sanktionen** zahlt das Jobcenter keine KV-Beiträge mehr, der Krankenversicherungsschutz wird unterbrochen. Hier haben Sie lediglich Anspruch auf eine **Notversorgung**. Nach Ablauf der Sanktion müssen Sie trotzdem die säumigen Beiträge nachzahlen, als wären sie durchgehend versichert gewesen.

Tipp Um selbst bei einer 100%-Sanktion noch im Bezug von Alg-II-Leistungen zu bleiben und damit den Anspruch auf Krankenversicherungsschutz zu wahren, sollten Sie unbedingt Sachleistungen beantragen (⇨Sanktion).

1.2 Zusatzbeitrag der gesetzlichen KV

Ab 2009 gibt es den **Einheitsbeitrag** bei der gesetzlichen KV. Preisunterschiede der Kassen werden dann über einen **Zusatz**beitrag erhoben (§ 242 SGB V). Zur Entlastung der Arbeitgeber wird der Zusatzbeitrag nur von den Versicherten gezahlt. Auch Erstattungen der Kassen an die Mitglieder sind ab 2009 nach dem neuen System möglich, wenn deren Ausgaben niedriger sind.

Die **Höchstgrenze** des Zusatzbeitrages ist nicht gesetzlich vorgeschrieben. 2016 erheben fast alle Kassen einen Zusatzbeitrag zwischen 0,3 und 1,5%, lediglich eine Kasse verzichtet darauf. Der vom Bund ermittelte durchschnittliche Zusatzbeitrag liegt 2016 bei 1,1%.

Für pflichtversicherte LeistungsbezieherInnen nach dem SGB II dürfen die Krankenkassen seit dem 1.1.2015 lediglich einen Zusatzbeitrag in Höhe des *„**durchschnittlichen Zusatzbeitrags**“* erheben (§ 242 Abs. 3 Nr. 1 SGB V). Dieser wird durch den Bund übernommen (§ 251 Abs. 4 SGB V) und belastet Sie nicht.

Ausnahme: Das gilt jedoch nicht, wenn Sie als **Aufstocker/in** sozialversicherungspflichtig beschäftigt sind. Hier können Sie die Erhöhung des Zusatzbeitrags umgehen, indem Sie von Ihrem **Sonderkündigungsrecht** Gebrauch machen und in eine Kasse wechseln, die keinen oder einen niedrigeren Zusatzbeitrag erhebt (§ 175 Abs. 4 Sätze 5-7 SGB V). Sie müssen dann vor Ablauf des Monats kündigen, in dem der neue bzw. erhöhte Zuschlag zum ersten Mal erhoben wird. Die Kasse muss Sie einen Monat vor der Erhöhung über Ihr Kündigungsrecht und die Höhe des durchschnittlichen Zusatzbeitragssatzes aufklären und auf die Übersicht des GKV-Spitzenverbandes über die Zusatzbeiträge aller Krankenkassen (www.gkv-zusatzbeitraege.de) hinweisen.

1.3 Private Krankenversicherung

Ab 1.1.2009 ist für privat krankenversicherte, nicht krankenversicherte oder von der Versicherungspflicht befreite Personen und ggf. ihren Familienangehörigen der Weg über Alg-II-Bezug in die gesetzliche

K

Krankenversicherung versperrt (§§ 5 Abs. 5a, 6 Abs. 3a SGB V; ⇨1.1.2). Sie sollten sich deshalb zum sogenannten ***„Basistarif“*** weiter privat krankenversichern bzw. die Aufnahme in den Basistarif der privaten Krankenversicherungen **beantragen**.

Tipp Prüfen Sie, ob Sie Ihre Kinder und sich ggf. über den Ehepartner in der gesetzlichen KV familienversichern können.

Der höchstmögliche Basistarif, der u.a. abhängig von der Versichertenzahl und -struktur von Versicherten erhoben wird, beträgt 2016 665,29 € (www.pkv.de). Für BezieherInnen von **Alg II** und **Sozialhilfe** wird nur die **Hälfte des Basistarifs**, also max. 332,65 €, erhoben. Hinzu kommen die halbierten Beiträge für die private Pflegeversicherung.

K

Von der Halbierung der Beiträge profitieren auch Personen, die über Einkommen verfügen und nur aufgrund des Beitrages der privaten Krankenversicherung hilfebedürftig werden (⇨2).

Sind Sie privatversichert und auf Alg II angewiesen, ist mit Wirkung zum 1.1.2017 geregelt, dass das Jobcenter einen Zuschuss zu Ihren Beiträgen zahlt. *„Der Zuschuss ist begrenzt auf die Höhe des nach § 152 Absatz 4 des Versicherungsaufsichtsgesetzes halbierten Beitrags für den Basistarif in der privaten Krankenversicherung, den Hilfsbedürftige zu leisten haben.“* (§ 26 Abs. 1 Satz 1 Halbsatz 2 SGB II neu) Die bisher existierende Deckungslücke für die Beiträge der privaten Kranken- und Pflegeversicherung wurde damit beseitigt, ein entsprechendes Urteil des Bundessozialgerichts vom 18.1.2011 (B 4 AS 108/10 R) gesetzlich umgesetzt.

Tipp Sind vor dem BSG-Urteil im Zeitraum vom 1.1.2009 bis 17.1.2011 aufgrund der Deckungslücke Beitragsschulden bei der privaten KV aufgelaufen, müssen Sie beim Versicherungsunternehmen einen Antrag auf Erlass bzw. Niederschlagung dieser Forderung stellen.

Haben Sie **Beitragsschulden** bei der privaten KV kann das Versicherungsverhältnis ruhend gestellt werden, damit Sie die Schulden schneller zurückzahlen. Sie sind dann weiterhin Mitglied, haben jedoch nur Anspruch auf eine Notversorgung im Krankheitsfall. Sobald Sie Alg II oder HzL/ GSi der Sozialhilfe beziehen, endet das Ruhen der Versicherung und Sie haben **vollen KV-Schutz** (§ 193 Abs. 6 VVG).

Sind Sie in einem **anderen Tarif** privat versichert und wechseln bei Alg-II-Bezug nicht in den Basistarif, muss das Jobcenter zumindest die Kosten in Höhe des halben Basistarifs übernehmen (LSG Bayern 19.7.2011 - L 8 SO 26/10; vgl. § 26 Abs. 1 Satz 1 Halbsatz 2 SGB II neu).

Tipp 1 Über dem halben Basistarif liegende Beiträge der privaten KV/PV können ggf. vom Erwerbseinkommen abgesetzt werden (BA 11.136, *„bis zur angemessenen Höhe“*; ⇨Einkommensbereinigung 1.3).

Tipp 2 Sind Sie nur vorübergehend auf Alg II angewiesen, sollten Sie sich gut überlegen, ob Sie als Privatversicherter von einem günstigeren in den teuren Basistarif wechseln. Entfällt die Hilfebedürftigkeit, zahlen Sie einen Krankenversicherungsbeitrag von bis zu 665,29 € mtl. – ein Wechsel in Ihren alten, günstigeren Tarif ist dann i.d.R. nicht mehr möglich.

1.3.1 Selbstbeteiligung von privat Krankenversicherten an den Gesundheitskosten

Grundsätzlich ist es Alg-II-Beziehenden, die privat Krankenversichert sind, zuzumuten **in den Basistarif** der pKV zu **wechseln**, um ohne Selbstbeteiligung eine Versorgung im Krankheitsfall sicherzustellen, die dem Leistungsumfang der gesetzlichen KV entspricht.

Solange Sie jedoch nicht durch das Jobcenter über die **Möglichkeit eines Wechsels** und die Folgen eines Verbleibs in Ihrem alten Tarif **beraten** wurden oder wenn ein Wechsel aus rechtlichen Gründen nicht möglich ist, kann ein Anspruch auf Übernahme der Zuzahlungen im Rahmen der Selbstbeteiligung bestehen. Eine Übernahme von Krankenbehandlungskosten ist dann im Rahmen der ⇨Härtefallregelung (§ 21 Abs. 6 SGB II) möglich, wenn diese auch durch eine gesetzliche KV übernommen worden wären. (BSG 29.4.2015 - B 14 AS 8/14 R)

2. Hilfebedürftigkeit allein durch Kranken- und Pflegeversicherungsbeiträge

Für Personen, die in der gesetzlichen KV **pflichtversichert** oder **freiwillig versichert** sind *„und die allein durch die Zahlung des Beitrags hilfebedürftig würden, wird ein Zuschuss zum Beitrag in Höhe des Betrages geleistet, der notwendig ist, um die Hilfebedürftigkeit zu vermeiden.“* (§ 26 Abs. 2 Satz 1 Nr. 1 SGB II neu).

Das gilt auch,

- wenn Sie **privat krankenversichert** sind (§ 26 Abs. 2 Satz 1 Nr. 2 SGB II neu).
- Außerdem werden die Beiträge für die gesetzliche oder private **Pflegeversicherung** übernommen, falls diese Zahlung Sie unter das Existenzminimum drückt (§ 26 Abs. 4 SGB II neu)

Der Zuschuss *„kann auch den **Zusatzbeitrag** zur gesetzlichen Krankenversicherung nach § 242 SGB V in der erforderlichen Höhe umfassen“* (BT-Drs. 18/8041, 42).

Beispiel: Ein unverheiratetes Paar gilt als ⇨**eheähnliche Gemeinschaft**. Der Partner verliert nach dem Bezug von Alg I den Krankenversicherungsschutz. Sein Antrag auf Alg II wird mit der Begründung abgelehnt, die erwerbstätige Partnerin müsse im Rahmen der ⇨Bedarfsgemeinschaft mit ihrem Einkommen für den arbeitslosen Partner aufkommen. Der Anspruch auf Alg II fällt bereits weg, wenn das Einkommen der Partnerin geringfügig über dem Gesamtbedarf liegt (⇨Bedarfsberechnung). Da bei unverheirateten Paaren kein Anspruch auf Familienversicherung besteht, muss der arbeitslose Partner sich freiwillig kranken- und pflegeversichern. Die beiden laufen Gefahr, durch die Beitragszahlungen unter das Existenzminimum zu rutschen. Der **Zuschuss** zur KV/PV soll das Paar oberhalb des Alg-II-Bedarfs halten und Hilfebedürftigkeit vermeiden.

HzL/GSi der Sozialhilfe

3.1 Beiträge für die Krankenversicherung

Sozialhilfe- und GSi-BezieherInnen sind grundsätzlich **nicht pflichtversichert** (§ 5 Abs. 8a SGB V).

Das Sozialamt übernimmt lediglich die Pflichtversicherungsbeiträge der KV/PV bei

- Pflichtversicherten, die über eigenes **Einkommen** verfügen, **und** nur aufgrund der Beiträge für die Kranken- und Pflegeversicherung **hilfebedürftig** nach dem Dritten und Vierten Kapitel SGB XII werden, wenn die KV-Beiträge durch die Krankenkasse angefordert und direkt an diese gezahlt werden (§ 32 Abs. 1, § 42 Nr. 2 SGB XII),
- Personen, die einen **Rentenantrag** stellen und sich bis zur endgültigen Entscheidung über die Rente in einer Krankenkasse pflichtversichern müssen (§ 189 SGB V) und
- Personen, die über den Bezug von Leistungen der **Rentenversicherung** in der gesetzlichen KV oder der KV der Landwirte pflichtversichert sind (§ 5 Abs. 1 Nr. 11 SGB V).

K

In vier weiteren Fällen werden KV-Beiträge vom Sozialamt übernommen:

a. Bei freiwilliger Weiterversicherung von aus der Pflichtversicherung ausgeschiedenen Personen als Pflichtleistung (§ 32 Abs. 1 Satz 1 SGB XII i.V. mit § 9 Abs. 1 Nr. 1 SGB V). Das ist der Fall, wenn Sie die letzten 12 Monate vor dem Ausscheiden pflichtversichert waren oder 24 Monate in den letzten fünf Jahren und sich innerhalb von drei Monaten freiwillig in der gesetzlichen KV weiterversichern.

b. Bei freiwilliger Weiterversicherung in allen anderen Fällen als „Kann-Leistung“ (§ 32 Abs. 2 Satz 1 SGB XII i.V. mit § 9 Abs. 1 Nr. 2 bis 8 SGB V).

c. Bei freiwilliger Weiterversicherung (siehe b.), wenn Sozialhilfe *„voraussichtlich nur für **kurze Dauer** zu leisten ist“*, d.h. bis zu 6 Monaten, soll der Sozialhilfeträger die Beiträge für die freiwillige Weiterversicherung übernehmen (§ 32 Abs. 2 Satz 2 SGB XII). Auf diese Weise wird der Anspruch auf freiwillige Weiterversicherung dauerhaft gesichert.

d. Bei privat Versicherten werden i.d.R. die *„angemessenen“* Aufwendungen übernommen, d.h. Beiträge in Höhe des halben Basistarifs der privaten KV (§ 32 Abs. 5 Satz 1 SGB XII; ⇨1.3).

Tipp Um den Anspruch auf die freiwillige Weiterversicherung zu wahren, müssen Sie den Antrag i.d.R. innerhalb von drei Monaten nach Beendigung der letzten KV stellen (§ 9 Abs. 2 SGB V). Lassen Sie die Frist verstreichen, steht Ihnen ggf. nur noch die private KV offen.

Werden die Beiträge für die gesetzliche oder private KV vom Sozialhilfeträger übernommen, werden auch die damit zusammenhängenden Beiträge der **Pflegeversicherung** gezahlt (§ 32 Abs. 3 SGB XII).

Fallen bei gesetzlich Versicherten **Zusatzbeiträge** (⇨1.2) an, sind auch diese in voller Höhe vom Sozialamt zu übernehmen (§ 32 Abs. 4 SGB XII).

3.2 *„Hilfen zur Gesundheit"*

BezieherInnen von HzL/ GSi der Sozialhilfe, die **nicht** in einer Krankenversicherung versichert sind (⇨3.1), erhalten eine **„Gesundheitskarte"** von einer Krankenkasse ihrer Wahl. Diese rechnet alle erbrachten Leistungen der Gesundheitsversorgung und -vorsorge plus 5% Verwaltungszuschlag quartalsweise mit dem Sozialamt ab. Die Kosten werden als „Hilfen zur Gesundheit" übernommen (Fünftes Kapitel SGB XII) und das Verfahren nennt sich **„Statusversicherung"** nach § 264 SGB V.

Die Kassen bekommen auf diese Weise die tatsächlichen Kosten für „teure", weil leistungsgeminderte und ältere Sozialhilfebeziehende erstattet. Die Leistungen der Hilfen zur Gesundheit entsprechen i.d.R. dem Leistungskatalog der gesetzlichen Krankenkassen. Es besteht freie Arztwahl.

Kritik

Die „Gesundheitsreform" 2007 hatte zum Ziel, alle Nichtversicherten in die gesetzliche oder private Krankenversicherung zurückzuholen. Alg-II- und Sozialhilfebeziehende denen ab 2009 der Weg zurück in die gesetzliche KV verschlossen bleibt, mussten deshalb bis zur Entscheidung des BSG (⇨1.3) mtl. mehr als ein Drittel ihres Regelsatzes für private KV-/ PV-Beitrage zuzahlen, anstatt damit ihren Lebensunterhalt zu bestreiten. Obwohl das höchste Gericht die Behörden im Januar 2011 zur Zahlung der vollen Beiträge verpflichtete, hat die große Koalition die gesetzliche Regelungslücke bei der Übernahme der privaten Versicherungsbeiträge erst mit Wirkung zum 1.1.2017 geschlossen. Rechtssicherheit von Leistungsberechtigten hat keine Priorität.

Nicht krankenversicherte Personen, denen gnädiger Weise der Weg in die gesetzliche KV eröffnet wird, haben rückständige Beiträge für Zeiten der Nichtversicherung bis längstens zum April 2007 nachzuzahlen. Für die Eintrittskarte in die KV müssen sie sich oft hoch verschulden. Wenn Betroffene diese Situation nicht selbst zu vertreten haben, sollen die Kassen nachzuzahlende Beiträge ermäßigen, stunden oder erlassen (§ 186 Abs. 11 Satz 3 SGB V). Eine Möglichkeit, von der sie nur selten Gebrauch machen. Dabei sollte schon Alg-II-/ Sozialhilfebezug allein Grund genug sein, säumige KV-Beiträge zu erlassen.

Die meisten Personen sind von den *„Hilfen zur Gesundheit"* der Sozialhilfe (Fünftes Kapitel SGB XII) ausgeschlossen. In Zeiten der Nichtversicherung, z.B. bei Null-Sanktionen, führt das oft zu schmerzhaften Situationen und Notlagen, weil die erforderliche Krankenversorgung ausbleibt. Kommunen und Kassen sparen so auf Kosten der Kranken. Diese bekommen bei akuten Schmerzzuständen bestenfalls eine Notbehandlung auf Pump.

Information

Claudia Mehlhorn, Zwei immer wiederkehrende Probleme aus der Sozialberatung: Zahnersatz und Beitragsschulden, http://www.tacheles-sozialhilfe.de/aktuelles/2012/Zahnersatz_und_Beitragsschulden.aspx

Forderungen

Pflichtversicherung in der KV für alle Beziehenden von Alg II und HzL/ GSi der Sozialhilfe!
Erlass rückständiger Beiträge bei Wiedereintritt in die gesetzliche KV!
Abschaffung der Zusatzbeiträge!
Keine Sanktionen, die zum Wegfall des KV-Schutzes führen!

Krankheit

Alg II

Wenn Sie krank werden, sind Sie arbeitsunfähig. Alg II wird weitergezahlt, unabhängig davon, ob Sie pflicht-, familien- oder privatversichert sind.

Inhaltsübersicht:

1.1 Anzeigepflicht

Sie müssen dem Jobcenter ***„unverzüglich"***, d.h. ohne schuldhaftes Zögern anzeigen, dass und wie lange Sie voraussichtlich krank sind (§ 56 Abs. 1 Satz 1 Nr. 1 SGB II). I.d.R. wäre das am ersten Tag der Krankheit, wenn Sie dazu in der Lage sind. Die Krankmeldung kann auch telefonisch erfolgen. Den Befund brauchen Sie dem Amt natürlich nicht zu nennen. Solange Ihre Arbeitsunfähigkeit nicht angezeigt ist, können Sie voll zur Vermittlung bzw. Eingliederung über Maßnahmen herangezogen werden.

Spätestens vor Ablauf des dritten Tages Ihrer Krankheit **müssen** Sie über die Arbeitsunfähigkeit eine **ärztliche Bescheinigung** vorlegen (§ 56 Abs. 1 Satz 1 Nr. 2 SGB II). Sind Sie nach Ablauf der bescheinigten Krankheitsdauer immer noch krank, müssen Sie eine neue Bescheinigung vorlegen. BezieherInnen von Sozialgeld sind nicht anzeigepflichtig.
Fällt das Ende der Abgabefrist auf das Wochenende oder einen Feiertag, endet die Frist mit Ablauf des nächsten Werktages.

Seit August 2016 soll die Pflicht, eine Arbeitsunfähigkeit unverzüglich anzuzeigen und spätestens am dritten Krankheitstag eine Arbeitsunfähigkeitsbescheinigung vorzulegen, in Ihrer **Eingliederungsvereinbarung** (EinV) festgelegt werden. Eine Sanktionierung nach § 31 Abs. 1 soll allerdings nicht erfolgen, wenn Sie dieser Verpflichtung nicht oder nicht rechtzeitig nachkommen. (§ 56 Abs. 1 SGB II neu). Dafür entfällt die allgemeine Anzeige- und Bescheinigungspflicht bei Arbeitsunfähigkeit für alle Alg-II-Beziehende. Sie müssen sich also nur beim Jobcenter krankmelden, wenn das in der EinV festgelegt wurde.
Näheres dazu ⇨Eingliederungsvereinbarung 1.1.5

Um die *„Missbrauchsmöglichkeiten im Zusammenhang mit dem Ausstellen einer Arbeitsunfähigkeitsbescheinigung"* einzuschränken, ist das Jobcenter *„berechtigt"* von Ihnen zu verlangen, die ärztliche Bescheinigung auch bei Erkrankungen vorzulegen, die kürzer als drei Tagen andauern (§ 56 Abs. Satz 1 SGB II; BA 56.5). Das Jobcenter müsste Sie allerdings innerhalb dieses kurzen Zeitraums entsprechend aufklären und über die Rechtsfolgen belehren (s.u.).

Wenn Sie die Arbeitsunfähigkeit nicht anzeigen, liegt keine Ordnungswidrigkeit nach § 63 SGB II oder eine Pflichtverletzung vor, die eine ⇨Sanktion nach § 31 SGB II zur Folge haben kann.
Weil Sie aber Ihren **Mitwirkungspflichten** nicht nachgekommen sind, kann Ihnen die Leistung bis zur Nachholung der Mitwirkung ganz oder teilweise versagt oder entzogen werden (§§ 60 ff. SGB I). Zuvor müssen Sie aber schriftlich auf die Folgen fehlender Mitwirkung hingewiesen werden und das Jobcenter muss Ihnen eine Frist zur Einreichung der Krankmeldung einräumen. (LPK SGB II, § 56 Rz. 8)

Wenn das Jobcenter Zweifel an der Richtigkeit Ihrer ärztlichen Bescheinigung hat, weil Sie z.B. mit Verweis auf eine Krankheit wiederholt nicht zu Meldeterminen oder Vorstellungsgesprächen erschienen sind, kann es den Medizinischen Dienst der Krankenkasse (MDK) mit einer Überprüfung Ihrer Arbeitsunfähigkeit beauftragen (§ 56 Abs. Satz 5 SGB II i.V. mit § 275 Abs. 1 Nr. 3 b und Abs. 1 a SGB V). Sie

K

müssen sich dann ggf. einer Untersuchung durch den MDK unterziehen.
Allein die Arbeitsunfähigkeitsbescheinigung begründet nach Ansicht des BSG keinen Nachweis eines gesundheitlichen Unvermögens, zu einem Meldetermin zu erscheinen (9.11.2010 - B 4 AS 27/10). Nicht zulässig ist in solchen Fällen dagegen die Vorlage einer sogenannten „Bettlägerigkeitsbescheinigung" zu verlangen.

Übrigens: Arbeitsunfähige Arbeitslose fallen aus der Arbeitslosenstatistik heraus, da sie dem Arbeitsmarkt nicht zur Verfügung stehen. Allein im November 2015 waren das 306.000 Personen (BA Monatsbericht 03/2016). Wenn Sie arbeitsunfähig krank werden, bekämpfen Sie also die Arbeitslosigkeit.

K

1.2 Unterschiedliche Maßstäbe für Arbeitsunfähigkeit

Seit Juli 2012 gilt: *„Erwerbsfähige Leistungsberechtigte, die Leistungen zur Sicherung des Lebensunterhalts nach dem SGB II ... beantragt haben oder beziehen, sind arbeitsunfähig, wenn sie krankheitsbedingt nicht in der Lage sind, mindestens drei Stunden täglich zu arbeiten oder an einer Eingliederungsmaßnahme teilzunehmen."* (§ 2 Abs. 3a Arbeitsunfähigkeits-Richtlinien) Der Gemeinsame Bundesausschuss aus Kassenärztlicher und Kassenzahnärztlicher Bundesvereinigung, Deutscher Krankenhausgesellschaft und GKV-Spitzenverband sowie das BMAS sind der Meinung, dass für Alg-II-Beziehende bei der Bewertung der Arbeitsunfähigkeit andere Maßstäbe gelten müssen, als für BezieherInnen von Alg I oder für „normale" Beschäftigte.

Kritik

Mit dieser Änderung wird der Hausarzt Ihres Vertrauens zum verlängerten Arm des Jobcenters. Er muss bei jeder Krankmeldung den Bewertungsmaßstab der vollen ⇨Erwerbsminderung zugrunde legen, oder bestens im Bilde sein, was Ihnen im Rahmen einer Eingliederungsmaßnahme alles abverlangt wird, wie fit Sie sein müssen für ein Vorstellungsgespräch, die Erfüllung Ihrer Bewerbungsauflagen oder für ein Gespräch mit dem Arbeitsvermittler vom Amt. Ärztliche Entscheidungsfreiheit wird ohne Not eingeschränkt, das Vertrauen zwischen Arzt und Patient wird belastet und Alg-II-Beziehende werden zu Patienten zweiter Klasse gestempelt.
Das alles entscheiden Spitzenfunktionäre des Gesundheitssystems gemeinsam mit dem Gesundheitsministerium hinter verschlossenen Türen unter dem Vorwand des „gefühlten Leistungsmissbrauchs". Dabei gibt es keine Belege, dass Alg-II-Berechtigte Krankmeldungen in auffälligem Maß nutzen, um sich Eingliederungspflichten zu entziehen. Ein „Bauchgefühl" genügt offensichtlich, um die Rechtsposition von Arbeitslosen in einem sensiblen Bereich einzuschränken. Das Parlament muss sich damit nicht einmal beschäftigen.

2. Krankengeld

Pflicht- oder familienversicherte Alg-II-Beziehende haben bei Arbeitsunfähigkeit keinen Anspruch auf Krankengeld (§ 44 Abs. 2 Nr. 1 SGB V). Das gilt auch für BezieherInnen von HzL/ GSi der Sozialhilfe.

3. Sozialhilfe – Hilfen zur Gesundheit

Sind Sie nicht krankenversichert und werden krank, haben Sie unter Umständen Anspruch auf Hilfen zur Gesundheit (§§ 47 - 52 SGB XII), wenn Ihr Einkommen unterhalb der entsprechenden ⇨Einkommensgrenze liegt. Da seit 2007 Versicherungspflicht in der Krankenversicherung besteht, sind die Gesundheitsleistungen der Sozialhilfe bei Nichtversicherten auf Akut- und Schmerzbehandlung beschränkt.

Hilfen zur Gesundheit entsprechend den Leistungen der gesetzlichen Krankenversicherung (§ 52 Abs. 1 SGB XII) erhalten auch Bezieher von Hilfe zum Lebensunterhalt und Grundsicherung der Sozialhilfe, die von der Krankenversicherungspflicht ausgenommen sind (§ 5 Abs. 8a SGB V) und weder in der gesetzlichen Krankenversicherung freiwillig (§ 9 SGB V) noch privat krankenversichert sind (⇨Krankenversicherung 3.1 f.).

4. Kassenleistungen bei Alg II/ Sozialhilfe

4.1 Arztwahl

Sie haben freie Arztwahl. Sie können sich auch von Heilpraktikern behandeln lassen, die von AOK & Co zugelassen sind (BVerwG

13.9.1984, FEVS 34, 181). Möglich sind auch psychotherapeutische Behandlungen durch dafür zugelassene Psychotherapeuten oder Vertragsärzte (§ 28 Abs. 3 Satz 1 SGB V).

Die **Praxisgebühr** wurde zum Januar 2013 abgeschafft. Sie können die 17,15 €, die Ihnen für *„Gesundheitspflege"* im ⇨Regelsatz zur Verfügung stehen, nun für Sinnvolleres ausgeben.
Vergünstigungen bei Ihrer Krankenkasse bekommen Sie ggf., wenn Sie sich zuerst von ihrem Hausarzt behandeln lassen.

4.2 Versorgung mit Medikamenten, Verband-, Heil- und Hilfsmitteln

Von der Kasse werden nur Kosten für verschreibungspflichtige Medikamente und Verbandmittel erstattet. Rezeptfreie Medikamente müssen Sie selbst bezahlen, auch wenn sie notwendig sind. Es führt also zur Regelsatzkürzung, wenn Sie ein bestimmtes Medikament, z.B. gegen Allergien brauchen.
Bei Arznei- und Verbandmitteln werden 10% der Kosten als Zuzahlung verlangt, höchstens 10 €, mindestens aber 5 €. Liegt der Preis unter 5 €, muss er voll bezahlt werden. Kinder unter 12 Jahren sind von Zuzahlungen weitgehend befreit. Über 12jährige müssen Zuzahlungen zu rezeptfreien Medikamenten leisten.

Tipp 1 Oft ist dasselbe Produkt sowohl verschreibungspflichtig als auch nicht-verschreibungspflichtig. Zuzahlungen für günstige Medikamente werden halbiert oder fallen weg, wenn ihr Preis 30% niedriger ist als der von den Kassen festgelegte Höchstpreis. Fragen Sie Ihren Arzt oder Apotheker.

Tipp 2 Leiden Sie unter einer chronischen Erkrankung, die laufende und erhebliche Ausgaben, z.B. für notwendige Medikamente, Verbandmittel oder Hautpflegeprodukte erfordert, können Sie einen ⇨Mehrbedarf geltend machen. Besteht ein *„unabweisbarer, laufender, nicht nur einmaliger besonderer Bedarf"*, der erheblich ist, ist Ihnen im Rahmen der ⇨**Härtefallregelung** ein Zuschlag zur Regelleistung zu gewähren (§ 21 Abs. 6 SGB II).

Das BSG hat die Härtefallregelung in Bezug auf den Bedarf an rezeptfreien Medikamenten allerdings auf wenige Sonderfälle beschränkt (z.B. Neurodermitis oder HIV-Erkrankungen mit besonderem Bedarf), da die gesetzlichen Krankenkassen in der Pflicht seien, das gesundheitliche Existenzminimum abzusichern (BSG 25.6.2011 - B 14 AS 146/10 R). Das Gericht geht davon aus, dass rezeptfreie Arzneimittel, die bei schweren Erkrankungen Therapiestandard seien, von der gesetzlichen Krankenversicherung übernommen werden. Sie müssen dann künftig die Kasse verklagen, nicht das Jobcenter.

Bei **Heilmitteln** z.B. Massage oder Krankengymnastik müssen Sie 10% der Kosten selbst tragen plus 10 € pro Verordnung.

Tipp Lassen Sie sich eine möglichst große Anzahl auf einmal verordnen.

4.2.1 Kosten einer neuen Brille?

Hilfsmittel wie Brillengestelle und -gläser trägt die Kasse, außer in Einzelfällen, nicht. Sie müssen demnach auch von Leistungsbeziehenden selbst gezahlt werden.

Ausnahme: Sie sind stark sehbehindert oder unter 18 Jahre alt. Bei stark sehbehinderten Menschen kommt die Übernahme der Kosten für eine Sehhilfe als Leistung zur Teilhabe am Arbeitsleben oder zur Teilhabe am Leben in der Gemeinschaft in Betracht (§§ 33 Abs. 8 Nr. 4 und 55 Abs. 2 Nr. 7 SGB IX; SG Oldenburg 12.10.2012 - S 22 SO 166/12 ER).

Kritik

Das Problem ist schon lange bekannt. *„Der Gesetzgeber belastet ... die Regelsätze mit Anteilen einmaliger Leistungen der Krankenhilfe und hat keinerlei Regelungen über eine etwaige Anpassung der Regelsätze getroffen."* (VGH Bay 02.09.2004, info also 2004, 265)
Das Bundesverfassungsgericht hat in seinem Beschluss vom 23.7.2014 Handlungsbedarf reklamiert, wenn es feststellt, dass *„eine Unterdeckung entstehen [kann], wenn Gesundheitsleistungen wie Sehhilfen weder im Rahmen des Regelbedarfs gedeckt werden können noch anderweitig gesichert sind"* (1 BvL 10/12, Rz. 120).
Bislang ist allerdings keine Abhilfe in Sicht. Daher werden kranke und gesundheitlich ein-

geschränkte Menschen auch 2016 weiterhin aufgrund von Zuzahlungen und Eigenbeteiligung mit Regelsatzkürzungen bestraft. Und diejenigen, die ihr Recht mittels Widerspruch und Klage durchsetzen wollen, werden mit einer völlig uneinheitlichen Rechtsprechung konfrontiert.

Einige Beispiele:

- *Die* Kosten für eine Brille und für Brillengläser sind (angeblich) im ⇨**Regelsatz** enthalten (LSG NRW 17.5.2005 - L 9 SO 10/05 B ER; ⇨Tipp 1).
- Auch als **Leistung zur Teilhabe** behinderter Menschen am Arbeitsleben (§ 16 Abs. 1 SGB II i.V. mit §§ 97ff. SGB III), kommt nach Ansicht des LSG Rheinland-Pfalz die Kostenübernahme einer Brille zur Ausübung einer Beschäftigung nicht in Betracht, wenn die Sehhilfe *„nicht nur für den Beruf, sondern auch im täglichen Leben zur Befriedigung elementarer Grundbedürfnisse benötigt“* wird (6.12.2008 - L 5 AS 422/08 B; ⇨Tipp 3).
- Das *Sozialgericht* Frankfurt legte jüngst die Anspruchsgrundlage weiter aus und verurteilte das Jobcenter zur Übernahme der Kosten für eine **Gleitsichtbrille** im Rahmen der Förderung aus dem **Vermittlungsbudget** (§ 16 SGB II i.V. mit § 44 SGB III). Erwerbsfähige Hilfebedürftige müssten uneingeschränkt für den allgemeinen Arbeitsmarkt zur Verfügung stehen und *„eine ausreichende Sehfähigkeit auch für die Ferne [ist] erforderlich, um unnötige Gefährdung für sich und andere nach Möglichkeit auszuschließen“*. Im vorliegenden Fall sei das Ermessen auf Null reduziert, weil die für die dauerhafte Eingliederung in das Erwerbsleben *„notwendige Sehhilfeversorgung“* nicht abgelehnt werden dürfe. (19.3.2016 - S 19 AS 141/13; ⇨Tipp 2)
- Nach Ansicht des LSG NRW kommt bei wiederkehrendem Bedarf die Übernahme der Kosten für eine Sehhilfe auch im Rahmen der **Härtefallregelung** nach § 21 Abs. 6 SGB II in Betracht (NRW 12.6.2013 - L 7 AS 138/13 B; ⇨Tipp 4).

Nach einem Urteil des LSG Rheinland-Pfalz muss der **Sozialhilfe**träger grundsätzlich nicht für die Kosten einer Gleitsichtbrille aufkommen. Das LSG hob hier die Entscheidung der Vorinstanz auf, die dem *Grundsicherungsbezieher* eine Beihilfe für die Anschaffung einer Gleitsichtbrille bewilligt hatte. Sozialhilfebeziehenden sei es zuzumuten, nach Bedarf eine günstigere Fern- und Nahbrille im Wechsel zu nutzen. Auch ein Darlehen für die Gleitsichtbrille scheide aus, da es sich nicht um einen unabweisbaren Bedarf handele. (23.7.2015 - L 5 SO 25/15

Tipp 1 Wenn Sie die Kosten für eine neue Brille nicht tragen können, können Sie regelmäßig ein **Darlehen** für einen von der Regelleistung umfassten, unabweisbaren Bedarf beantragen (LSG NRW 12.6.2013 - L 7 AS 138/13 B, Anschaffung Gleitsichtbrille; ⇨einmalige Beihilfe). Dieses wird dann mtl. mit 10% des Regelsatzes getilgt.

Tipp 2 Wenn Sie eine Brille benötigen, weil Sie ohne Sehhilfe aufgrund Ihres eingeschränkten Sehvermögens auf dem **allgemeinen Arbeitsmarkt** keine Beschäftigung finden können, beantragen Sie die Übernahme der Kosten aus dem **Vermittlungsbudget** (§ 16 SGB II i.V. mit § 44 SGB III; SG Frankfurt, ebenda).

Tipp 3 Wenn Sie eine Brille oder sonstiges Hilfsmittel **ausschließlich** zur Aufnahme oder Fortsetzung einer Arbeit, Ausbildung oder AGH benötigen, kann die Kostenübernahme im Rahmen der **Teilhabeleistungen** (§ 16 Abs. 1 SGB II i.V. mit §§ 97ff. SGB III; LSG Rheinland-Pfalz, ebenda) **oder** aus dem Vermittlungsbudget (§ 16 SGB II i.V. mit § 44 SGB III; SG Frankfurt, ebenda) in Frage kommen.

Tipp 4 Wenn Sie unter einer **chronischen Augenerkrankung** leiden, die zu einer kontinuierlichen Verschlechterung der Sehkraft führt, kann eine häufigere Anpassung der Sehschärfe notwendig sein. Die Anschaffung einer Brille ist dann ein regelmäßig wiederkehrender Sonderbedarf, der im Rahmen der ⇨**Härtefallregelung** nach § 21 Abs. 6 SGB II als Zuschuss zu übernehmen ist. (LSG NRW, ebenda)

Wir dürfen gespannt sein, wie sich die Rechtsprechung zum „Dauerthema“ Brille weiterentwickeln wird.

4.3 Krankenhausbehandlung

Sie haben die freie Wahl des Krankenhauses (§ 52 Abs. 2 SGB XII).

Als Krankenhäuser zählen stationäre Einrichtungen mit ständiger medizinischer und pflegerischer Versorgung, Vorsorge- und Rehabilitationseinrichtungen, Kuren sowie Mutter/ Vater-Kind-Kuren (§ 107 SGB V).

... bei Alg-II-Bezug

„Wer voraussichtlich für weniger als ***sechs Monate*** *in einem Krankenhaus ... untergebracht ist"* (§ 7 Abs. 4 SGB II), erhält weiter Leistungen nach dem SGB II.
Wenn also das Krankenhaus nach Ihrer Aufnahme feststellt, dass Sie voraussichtlich länger als sechs Monate untergebracht sein werden, haben Sie nach Erstellung der **Prognose** nur Anspruch auf Hilfe zum Lebensunterhalt (HzL) der Sozialhilfe. Ändert sich die Prognose während des Krankenhausaufenthalts zu Ihren Gunsten, können erneut Leistungen nach dem SGB II beantragt werden (BSG 6.9.2007 - B 14/7b AS 60/06 R).
Gibt es keine Prognose, können Sie nach sechsmonatiger Krankenhausbehandlung in die HzL geschoben werden. Davor sollte aber im Einzelfall abgesehen werden, wenn der Aufenthalt nur unerheblich länger ist.
Dauert die Krankenhausbehandlung über den Zeitraum der ursprünglichen Prognose hinaus an, sollen bereits bewilligte Alg-II-Leistungen weiter bis zum Endes des Bewilligungszeitraums erbracht werden (BSG, ebenda).

Wenn weiterhin Alg-II-Anspruch besteht, wird der volle Regelsatz weitergezahlt. Eine Kürzung der Regeleistung aufgrund der Ersparnis durch Krankenhausverköstigung ist rechtswidrig (BSG 18.6.2008 - B 14 AS 46/07 R).

... bei Bezug von HzL/GSi der Sozialhilfe

Grundsätzlich müssen Unterkunfts- und Heizungskosten weitergezahlt werden. Da aber z.B. Verpflegung und auch teilweise Kosten für Körperpflege vom Krankenhaus getragen werden, haben Sie keinen Anspruch auf die Weiterzahlung des vollen Regelsatzes.
Stattdessen umfasst *„der weitere notwendige Lebensunterhalt [in Einrichtungen] ... insbesondere Kleidung und einen angemessenen* ***Barbetrag*** *zur persönlichen Verfügung"* (§ 27 Abs. 2 SGB XII). Nach der Definition des § 13 Abs. 2 SGB XII gehören Krankenhäuser zu den stationären Einrichtungen (LSG Sachsen Anhalt 3.11.2011 - L 8 SO 30/10 B; Grube/Wahrendorf SGB XII, 2012, § 13 Rz. 28).

Als weiterer Bedarf im Krankenhaus werden demnach anerkannt:
- ein Taschengeld, der sogenannte Barbetrag. Er soll Ihren verminderten Bedarf im Krankenhaus decken und beträgt 27% des Eckregelsatzes von 404 €, also mtl. 109,08 €.
- der Bedarf an Kleidung, die im Krankenhaus getragen oder die nach dem Krankenhausaufenthalt benötigt wird und für die angespart werden muss, und
- weil die im Gesetz genannten Bedarfspositionen nicht abschießend sind, alle durch diese Beträge nicht gedeckten tatsächlichen laufenden Aufwendungen.

Darunter fallen:
- der im Regelsatz enthaltene Ansparbetrag für wiederkehrende oder nicht planbare Anschaffungen. Dieser beträgt etwa 16% des Regelsatzes, ca. 61 € (in Wuppertal werden hierfür z.B. inkl. Kleidungsbedarf 18% des Regelsatzes zusätzlich gewährt),
- *„Generalkosten"* des Haushalts für ⇨Strom, Telefongrundgebühr usw. (Wuppertal: 17% des Regelsatzes) und
- weitere nachgewiesene Kosten, z.B. für den Krankenhausaufenthalt benötigte Bekleidung, Koffer, Toilettenartikel etc.

Die Barbetragsregelung wird in der Literatur zu Recht als misslungen bezeichnet. Die Bemessung des tatsächlichen Bedarfs ist bei vorübergehendem stationären Aufenthalt kaum möglich und realitätsfremd. Eine Beschränkung der Leistung nur auf den Barbetrag deckt nicht den tatsächlichen Bedarf.
Deshalb kürzen die meisten Sozialhilfeträger den Regelsatz bei „normalem" Krankenhausaufenthalt aufgrund von *„häuslicher Ersparnis"* um den **Ernährungsanteil** (143,44 € bei 404 € ⇨Regelsatz). Auch das LSG NRW hält es für denkbar, *„dass bei einem Krankenhausaufenthalt von einem vollen Kalendermonat Einsparungen bis zu dem Betrag möglich sind, der im Regelsatz für Ernährung enthalten ist"* (23.2.2011 - L 12 SO 485/10).

Krankenhausaufenthalte von kurzer Dauer *„fallen ... als häusliche Ersparnis nicht ins Gewicht"* (Grube/Wahrendorf SGB XII, 2012, § 92a Rz. 10). Daher werden Kürzungen meist erst

K

bei Krankenhausaufenthalten vorgenommen, die länger als 5-7 Tage (oder noch länger) andauern.
Einige Sozialhilfeträger verzichten bei vorübergehenden Krankenhausaufenthalten ganz auf die Kürzung der Regelleistung und behandeln SGB XII-Beziehende wie Alg-II-Berechtigte.

Tipp Werden Sie im Krankenhaus auf den Barbetrag gekürzt, sollten Sie die Berücksichtigung weiterer Bedarfe für Bekleidung, Energieverbrauch (zu Hause), Kommunikation (Telefon- und Internetanschluss), Verderb von Lebensmitteln, Hygieneartikel usw. sowie den Ansparbetrag beantragen.

K

4.4 Zuzahlungen

Jeder Patient muss bei Klinikaufenthalten einen *„Eigenanteil"* von 10 € pro Tag für maximal 28 Tage zuzahlen. Das frisst Ihr Taschengeld bzw. den Regelsatz von Alg II völlig auf. Früher musste das Sozialamt diese Zuzahlungen im Rahmen der Krankenhilfe übernehmen (BVerwG 30.09.1993, NDV 1994, 150 f.). Der Sozialstaat hat das ab 2004 gestrichen. Theoretisch müssten Sie bei Eingang der Rechnung mit bis zu 280 € in Vorlage treten.
Die Befristung auf 28 Tage gilt für Krankenhausbehandlungen und Maßnahmen der Anschlussheilbehandlung. In der stationären Rehabilitation über die Rentenversicherung (DRV) sind die 10 €-Zuzahlung für bis zu 42 Tage zu leisten. Im Kalenderjahr bereits geleistete Zuzahlungen (z.B. für eine Krankenhausbehandlung) sind anzurechnen. Die Zuzahlungsbefreiung der Krankenversicherung gilt gegenüber der DRV nicht.

Bezieher von Alg II, HzL und GSi werden auf Antrag von der Zuzahlung befreit. Daher ...

Tipp 1 Stellen Sie sofort einen Befreiungsantrag. Zahlen Sie Zuzahlungen nur bis zur Höhe der Befreiungsgrenze (⇨5.1).

Tipp 2 BezieherInnen von Sozialhilfe, können bei Aufnahme in eine stationäre Einrichtung die darlehensweise Übernahme der Zuzahlungen bis zur Befreiungsgrenze beantragen (⇨5.2).

Tipp 3 Beantragen Sie bei einer medizinischen Rehabilitation über die Rentenversicherung eine Befreiung. Das Formular *„G160"* sollte Ihren Rehaunterlagen beiliegen. Falls nicht, ist es über das Internet zu beziehen.

4.5 Wochenendbesuch zu Hause

Wenn Sie am Wochenende aus der Klinik nach Hause dürfen (z.B. bei einer stationären Therapie), haben Sie Anspruch auf die Tagessätze der Sozialhilfe. Die Fahrtkosten dafür sollen ab 1.1.2005 im Regelsatz enthalten sein.

4.6 Fahrtkosten

für Krankentransporte von und zu Krankenhäusern sind Kassenleistungen. Sie müssen für jede Fahrt 10% der Kosten, höchstens 10 €, aber mindestens 5 € zuzahlen. Das gilt auch für Kinder und Jugendliche.
Fahrtkosten zur ambulanten Behandlung sind gestrichen, es sei denn, Sie haben eine dauerhafte Mobilitätseinschränkung (z.B. bestätigt durch einen Schwerbehindertenausweis mit Merkzeichen „aG", „Bl" oder „H") und die Genehmigung des Sozialamts/ der Kasse. Fahrten zur Dialyse bzw. krebsmedizinischen Bestrahlungen sind gnädige Ausnahmen.

4.7 Zahnersatz

bedeutet den Ersatz von Zähnen durch Kronen, Brücken, Prothesen sowie Implantaten. Die Kosten werden seit 1.1.2005 über Festzuschüsse der Krankenkasse getragen, die je nach Eintrag im Bonusheft 50 bis 65% der Kosten einer Regelversorgung abdecken. Füllungen sind kein Zahnersatz. Sie werden zu 100% finanziert.
BezieherInnen von Alg II und HzL/ GSi der Sozialhilfe erhalten im Rahmen der Härtefallregelung der KV für Zahnersatz Leistungen bis zur Höhe des doppelten Festzuschusses (§ 55 Abs. 2 SGB V). Damit sind die Kosten für die Regelversorgung (Zahnersatz nur aus Nichtedelmetall-Legierungen) in jedem Fall gedeckt. Das Gleiche gilt u.a. auch für BAföG-/ BAB-BezieherInnen oder Geringverdiener, deren mtl. Bruttoeinkommen 1.162 € bzw. bei einem Angehörigen 1.597,75 € plus 290,50 € für jeden weiteren Angehörigen nicht überschreitet.

Wählen Sie eine teurere Behandlung, müssen Ihnen zumindest die für die Regelversorgung bewilligten doppelten Festzuschüsse gewährt werden.

Tipp Fragen Sie Ihren Zahnarzt, ob Ihre Versorgung die von der Kasse anerkannte Regelversorgung übersteigt. Unterschreiben Sie keine Privatverträge über zusätzliche Zahnarztleistungen, bevor Sie nicht bei der Kasse nachgefragt und deren Zustimmung eingeholt haben.

Kritik
Für Zahnersatz kommen ab 1.7.2005 nur noch die Versicherten mit ihren Beiträgen auf. Sie zahlen dafür zusätzlich 0,4% ihres Bruttogehaltes, die Arbeitgeber zahlen gar nichts mehr, auch nicht die Hersteller von Süßwaren.

4.8 Zuzahlungen für orthopädische Schuhe

sind als ⇨**einmalige Beihilfe** (4.1) zu übernehmen.

4.9 Therapeutische Geräte und Ausrüstung

Hier sind Reparaturkosten bzw. Mietkosten therapeutischer Geräte und Ausrüstung als ⇨**einmalige Beihilfe** (4.2) zu übernehmen.

5.1 Begrenzung der Zuzahlungen

Zuzahlungen sind auf **2%** der jährlichen Bruttoeinnahmen begrenzt. Bei einem Bruttoeinkommen von z.B. 1.200 € mtl. oder 14.400 € jährlich müssen Sie bis zu 288 € zuzahlen. Bei Ausschöpfung des vollen Betrags ist das eine Lohnsenkung von rd. 3% Ihres Nettoeinkommens. Die Härtefallgrenze, unterhalb derer man von Zuzahlungen befreit war, wurde beseitigt.

Auch BezieherInnen von Alg II und HzL/ GSi der Sozialhilfe müssen zuzahlen. Für sie gilt der Regelsatz von 404 € als *„Bruttoeinnahme"*. Diese ***„Belastungsgrenze"*** für Zuzahlungen gilt für *„die **gesamte Bedarfsgemeinschaft**"* (§ 62 Abs. 2 Satz 6 SGB V), nicht für jede Person. Die Grenze gilt auch, wenn **mehrere pflichtversicherte Personen** in einer Bedarfsgemeinschaft leben, denn seit dem 1.1.2016 sind alle volljährigen Familienmitglieder im Alg-II-Bezug einzeln pflichtversichert.
Und sie gilt für alle *„Versicherten, die Leistungen zur Sicherung des Lebensunterhalts nach dem Zweiten Buch erhalten"* (ebenda), also auch für jeden, der zusätzlich zum Erwerbseinkommen noch ergänzendes Alg II bezieht.

Chronisch Kranke, die unter die „Chronikerregelung" der Krankenversicherung fallen, zahlen nur **1%** des Bruttoeinkommens bzw. des Eckregelsatzes.

BezieherInnen von Alg II/ Sozialhilfe müssen also generell 96,96 € bzw. 48,48 € pro Jahr vorlegen, bevor sie bei ihrer Kasse einen Antrag auf Befreiung stellen können. Im schlechtesten Fall müssen Sie innerhalb eines Monats mit 96,96 € oder 24% Ihres Regelsatzes in Vorkasse treten.

Tipp 1 Heben Sie alle Quittungen über Zuzahlungen auf. Wenn Sie Belege verlieren, erhöhen sich Ihre Zuzahlungen. Rechnen Sie die Belege zusammen, damit Sie wissen, wann die Belastungsgrenze erreicht ist. Stellen Sie sofort, wenn sie erreicht ist, bei Ihrer Kasse einen Befreiungsantrag. Zahlungen über die Belastungsgrenze hinaus werden rückerstattet.

Tipp 2 Oft verlangen Krankenkassen von allen pflichtversicherten Mitgliedern der Bedarfsgemeinschaft eine individuelle Befreiung von den Zuzahlungen und jeweils das Erreichen der Belastungsgrenze. Berufen Sie sich auf § 62 Abs. 2 Satz 6 SGB V, der die Anwendung der Obergrenze von 96,96 € für die gesamte Bedarfsgemeinschaft vorschreibt.

5.2 Darlehen für den jährlichen Zuzahlungsbetrag

erhalten Sie per Gesetz nur noch, wenn Sie Sozialhilfeleistungen (HzL/ GSi) in einer stationären Einrichtung, z.B. in einem Heim, beziehen. Das Sozialamt zahlt dann darlehensweise den jährlichen Zuzahlungsbetrag direkt an die Krankenkasse und Sie werden sofort von allen Zuzahlungen befreit. Das Amt tilgt das Darlehen, indem es Ihnen mtl. ein Zwölftel des jährlichen Zuzahlungsbe-

trages vom Regelsatz bzw. Barbetrag abzieht. (§ 37 Abs. 2-4 SGB XII)
Auf diese Möglichkeit hat das BSG auch bei Alg-II-Bezug verwiesen (22.4.2008 - B 1 KR 10/07 R; Darlehen nach § 24 Abs. 1. SGB II). Das sollte auch für alle SozialhilfebezieherInnen gelten, die sich nicht in einer stationären Einrichtung/ in einem Krankenhaus befinden (Darlehen nach § 37 Abs. 1 SGB XII).

Tipp Stellen Sie entsprechende Anträge, wenn innerhalb kürzester Zeit hohe Zuzahlungen anfallen.

6. Selbstbeteiligung von privat Krankenversicherten an den Kosten

⇨Krankenversicherung 1.3

K

7. Auslagen für Untersuchungen

Wenn Sie Auslagen haben für ärztliche oder psychologische Untersuchungen, die die Behörde von Ihnen verlangt, können Sie sich auf Antrag *„notwendige Auslagen"* (z.B. Attestkosten, Fahrtkosten zum Arzt, Kopierkosten usw.) sowie einen eventuellen Verdienstausfall in angemessenem Umfang ersetzen lassen (§ 65a SGB I).

Kritik

Langzeitarbeitslose sind etwa doppelt so oft krank wie vergleichbare Beschäftigte. Folge von Arbeits- und Lebensbedingungen, durch die Körper und Psyche schneller verschlissen werden. Menschen aus den untersten 20% der Einkommensgruppen in Deutschland sterben deshalb durchschnittlich 11 Jahre früher als Menschen aus den obersten 20% (G. Trabert, 27.6.2008, www.armut-gesundheit.de). An ihnen geht die demographische Entwicklung weitgehend vorbei.

Gleichzeitig werden der Leistungskatalog der gesetzlichen Krankenkassen schrittweise zurückgefahren und Zuzahlungen erhöht. Die Zweiklassenmedizin ist längst eingezogen in Arztpraxen und Krankenhäusern. Die schlechtere Gesundheit der Armutsbevölkerung wird mehr und mehr zu deren Privatsache damit Arbeitgeberbeiträge zur Sozialversicherung gesenkt oder wenigstens stabil gehalten und staatliche Ausgaben reduziert werden können.

Forderungen

Keine Zuzahlungen für BezieherInnen von Alg II und HzL/ GSi der Sozialhilfe!
Wiedereinführung einer Härtefallregelung, die das Existenzminimum freilässt!
Jobcenter/ Sozialämter müssen bei Zuzahlungen in Vorlage treten, damit nur maximal 2% bzw. 1% des Regelsatzes in jedem Monat für Zuzahlungen aufgebracht werden müssen!

Information

Unabhängige Patientenberatung Deutschland (UPD), Tel. (kostenfrei): 0800 – 01177-22, Mo-Fr 8 bis 22 Uhr, Sa bis 18 Uhr (Türkisch -23; Russisch -24; Mo-Sa 8 bis 18 Uhr), www.patientenberatung.de
Zuzahlungsfreie Arzneimittel unter www.gkv-spitzenverband.de (⇨Krankenversicherung ⇨Arzneimittel ⇨Zuzahlungsbefreiung)
Claudia Mehlhorn, Zwei immer wiederkehrende Probleme aus der Sozialberatung: Zahnersatz und Beitragsschulden, http://tacheles-sozialhilfe.de/startseite/aktuelles/d/n/1467/

Kur

(Rehabilitation)

1.1 Mutter-Vater-Kind-Kuren über die Kassen

Mütter (und Väter) haben gegenüber der Krankenversicherung Anspruch auf eine Müttergenesungskur, wenn sie aus medizinischen Gründen erforderlich ist (§§ 24, 40, 41 SGB V). Sie gilt als Vorsorgekur oder im Krankheitsfall als Reha-Kur. Mutter-Kind-Kuren sind zwar Kuren für Mütter, Kinder dürfen aber mitfahren.
Sie brauchen ein Attest Ihrer Hausärztin/ Ihres Hausarztes und die Zustimmung des Medizinischen Dienstes der Krankenkasse.

Die Bundestagsparteien erlauben Ihnen nur noch alle vier Jahre eine Kur, in der Regel für nur drei, bei medizinischer Indikation für vier Wochen.

Tipp Alle Versicherten, ob erwerbstätig oder arbeitslos, haben Anspruch auf eine Kur (*„Medizinische Vorsorgeleistung"* nach § 23

SGB V). Sie muss z.B. notwendig sein, damit eine *„Schwächung der Gesundheit, die in absehbarer Zeit voraussichtlich zu einer Krankheit führen würde, beseitigt wird"* oder damit Krankheiten verhütet werden oder ihre Verschlimmerung vermieden werden kann (§ 23 Abs. 1 und 2 SGB V).

1.2 Kuren allgemeinen

Krankenkassen erbringen *„aus medizinischen Gründen erforderliche ambulante Vorsorgeleistungen in anerkannten Kurorten"* (§ 23 Abs. 2 SGB V). Das ist jedoch oft nur noch möglich, wenn die ambulanten Therapiemöglichkeiten vor Ort ausgeschöpft sind oder als Anschlussheilbehandlung nach einem Krankenhausaufenthalt (⇨Rentenversicherung 5.1).

Tipp Wenn Sie unter gesundheitlichen Einschränkungen leiden oder davon bedroht sind, fragen Sie am besten Ihren Arzt, ob eine Kur für Sie infrage kommt.

2. Kuraufenthalt bei Alg-II-Bezug

Da Sie krankenversichert sind, zahlt die Kasse die Kur. Ab August 2006 sind Alg-II-Leistungen für diejenigen ausgeschlossen, die in einer stationären Einrichtung untergebracht sind (§ 7 Abs. 4 Satz 1 SGB II). **Aber:** *„Abweichend von Satz 1 erhält Leistungen nach diesem Buch, 1. wer voraussichtlich für weniger als sechs Monate in einem Krankenhaus (§ 107 des Fünften Buches) untergebracht ist..."* (§ 7 Abs. 4 Satz 3 SGB II; ⇨Krankheit 4.3).

Der § 107 SGB V definiert, was unter Krankenhäusern (Abs. 1) und was unter Vorsorge- und Rehabilitationseinrichtungen (Abs. 2) zu verstehen ist. Kurheime und Kuranstalten fallen unter Letzteres. *„Der Verweis ... auf den gesamten § 107 SGB V stellt klar, dass ein Aufenthalt in einer Vorsorge- oder Rehabilitationseinrichtung ... ebenfalls von dieser Ausnahmevorschrift erfasst wird."* (BA 7.92)

2.1 Verpflegungsanteil vom Regelsatz abziehen?

Eine solche Kürzung wäre rechtswidrig (§ 11 Abs. 1 Satz 1 SGB II neu; ⇨Einkommen 1.1.2; vorher BSG 18.6.2008 - B 14 AS 46/07 R). Falls das Jobcenter Ihre Leistungen trotzdem kürzt, legen Sie ⇨Widerspruch ein.

3. Kuraufenthalt bei Sozialhilfebezug

Sind Sie BezieherIn von HzL oder GSi und **nicht krankenversichert**, werden die Kosten der Kur über die *„vorbeugende Gesundheitshilfe"* vom Sozialamt getragen. Eine Kur wird nur bewilligt, wenn *„ohne diese nach ärztlichem Urteil eine Erkrankung oder ein sonstiger Gesundheitsschaden einzutreten droht"* (§ 47 Satz 2 SGB XII).

Beziehen Sie HzL oder GSi und sind in einer gesetzlichen oder privaten Krankenkasse **pflichtversichert**, werden die Kosten der Kur von der Krankenversicherung getragen.

3.1 Kürzung des Regelsatzes möglich

Während des Kuraufenthalts kann Ihnen der ⇨Regelsatz zum Lebensunterhalt gekürzt werden, weil *„ein Bedarf ganz oder teilweise anderweitig gedeckt ist..."* (§ 27a Abs. 4 Satz 1 SGB XII). Weil Sie in der Einrichtung verpflegt werden, kann Ihnen bestenfalls für die Dauer der Kur der Anteil am Regelsatz für Ernährung abgezogen werden. Das sind beim Alleinstehenden ausgehend von 404 € Regelsatz 143,44 € pro Monat. Weitergehende Einsparungen lassen sich i.d.R. nicht begründen und stehen etwaigen, durch die Kur verursachten Mehrausgaben gegenüber.

Näheres unter ⇨Krankheit 4.3

3.2 Unterkunftskosten

Während der Kur müssen die Kosten für Unterkunft und Heizung weitergezahlt werden.

4. Zuzahlungen

Pro Tag Kuraufenthalt sind 10 € fällig. Das gilt auch für Alg II-/ SozialhilfebezieherInnen. Die Härtefallregelung ist abgeschafft.

Beziehende von Alg II oder HzL/ GSi Sozialhilfe müssen also bei einem dreiwöchigen Aufenthalt 210 €, bei einem vierwöchigem 280 € vorstrecken. Aber nur dann, wenn Sie mit Ihren Zuzahlungen zu den Krankheitskosten die Belastungsgrenze von 2% des jährlichen Regelsatzes (96,96 €) noch nicht überschritten haben und die Kasse noch keine Bescheinigung über die Befreiung von Zuzahlungen ausgestellt hat.

Bei Rehamaßnahmen über die Rentenversicherung gibt es abweichende Regelungen für die Zuzahlung.

Tipp Versuchen Sie, erst dann in Kur zu fahren, wenn Sie bereits eine Bescheinigung über die Befreiung haben. Da abzusehen ist, dass Sie mit den Zuzahlungen für die Kur die Belastungsgrenze überschreiten, sollten Sie sich von Ihrer Krankenkasse schon vor der Kur eine Befreiungskarte ausstellen lassen. Hierzu müssen Sie vorab Ihren noch offenen Eigenanteil bis zum Erreichen der Belastungsgrenze dort einbezahlen.

5. Haushaltshilfe

Wenn Sie ohne ihre Kinder in Kur fahren müssen, können Sie für diese unter Umständen eine ⇨Haushaltshilfe beantragen.

K

6. Antrag

Kuren sollten sehr früh beantragt werden. Wenn Sie sicher sein wollen, dass es klappt, empfiehlt es sich, zwischen August und Oktober den Antrag für das folgende Jahr zu stellen.

Kritik

Seit 2007 ist die medizinische Rehabilitation eine Pflichtleistung der gesetzlichen Krankenversicherung. Seitdem sind die die Bewilligungszahlen auch der Mutter-Vater-Kind-Kuren wieder etwas im Aufwärtstrend. Dennoch ist die Bewilligungspraxis der Kassen bei Kuren allgemein sehr zurückhaltend. Informationen darüber sind eher rar. Kuren sind kein Urlaub, sondern dienen dazu, Erschöpfungszustände aus Kindererziehung, Hausarbeit zu beheben, Krankheiten vorzubeugen, bzw. zu lindern oder zur Rehabilitation nach einer Krankenhausbehandlung (hier kennt sich der Sozialdienst der Klinik i.d.R. bestens aus).

Sollte Ihr Kurantrag vom Medizinischen Dienst der Krankenkasse abgelehnt werden, legen Sie am besten Widerspruch ein. Stellen Sie weitere Anträge, wenn der vorige abgelehnt wurde. Die Hälfte derjenigen, die Widerspruch einlegen, hat damit Erfolg (FR 22.05.2004). Die Anbieter von Kuren unterstützen Sie dabei.

Information

Deutscher Arbeitskreis für Familienhilfe e.V, www.ak-familienhilfe.de: Infos, Vermittlung von Kuren für Mütter/Väter/Kinder

www.kur.org informiert über Mutter-Vater-Kind-Kuren und Anlaufstellen in Deutschland.

www.tk.de ⇨Leistungen ⇨Leistungen von A-Z ⇨Kuren, Vorsorge und Rehabilitation gibt einen brauchbaren Überblick zum Thema Kuren allgemein

Lebensversicherung

1. Riester-geförderte Lebensversicherungen geschützt

Das gilt für Alg-II- und SozialhilfebezieherInnen gelichermaßen (⇨Altersvorsorge 1.1).

2. Nicht Riester-geförderte Lebensversicherungen beim Alg II

Wenn Lebensversicherungen vor dem Eintritt in den Ruhestand gekündigt werden können, sind sie nur im Rahmen des allgemeinen Grundfreibetrags von 150 € pro Lebensjahr geschützt (⇨Vermögen). Ihre Verwertung stellt aber eine besondere Härte dar, wenn Sie sie kurz vor dem Rentenalter einsetzen müssten, obwohl Ihre Rente nicht ausreicht (BT-Drs. 15/1749, 32; Eicher, SGB II, § 12 Rz. 122).

Ist die **Verwertung** einer Lebensversicherung, also die Möglichkeit einer Kündigung vor Eintritt in den Ruhestand **vertraglich ausgeschlossen**, ist **zusätzlich** ein Rückkaufwert in Höhe von bis 750 € pro Lebensjahr geschützt (⇨Altersvorsorge 2.).

Für Personen, die nicht der Rentenversicherungspflicht unterliegen (Selbstständige in diversen Berufsgruppen), sind Lebensversicherungen in angemessenem Umfang geschützt. Welcher Umfang angemessen ist, hängt davon ab, ob die spätere Rente dem Niveau der gesetzlichen Rentenversicherung entspricht (⇨Altersvorsorge 3.).

3. Leistungen der Sozialhilfe

Lebensversicherungen sind für das Sozialamt ⇨Vermögen, das grundsätzlich verwertet werden muss, sofern es die kümmerlichen Vermögensfreibeträge übersteigt (Ausnahme: Riester-Vermögen).

3.1 Lebensversicherungen sind nur geschützt

... als Härtefall

Wenn die Auflösung einer Altersvorsorge-Lebensversicherung eine Härte wäre (§ 90 Abs. 3 SGB XII), ist sie geschützt.

„Dies ist bei der Leistung nach dem Fünften bis Neunten Kapitel ('Hilfen in besonderen Lebenslagen') insbesondere der Fall, soweit ... die Aufrechterhaltung einer angemessenen Alterssicherung wesentlich erschwert würde." (Ebenda)

Obwohl nicht ausdrücklich erwähnt, kann eine Härte auch bei Hilfe zum Lebensunterhalt vorliegen.

Bei ehemals Selbstständigen, die eine Lebensversicherung als Alterssicherung abgeschlossen haben, müsste sie als Härtefall geschützt sein. Die Alterssicherung würde durch die Auflösung *„wesentlich erschwert"*. Es wäre widersinnig, einerseits die Absetzbarkeit der Beiträge vom Einkommen anzuerkennen (⇨5.), andererseits aber die Verwertung als Vermögen zu verlangen.

Es gilt nicht als Härte, wenn Sie bei Auflösung der Lebensversicherung weniger als die Hälfte des eingezahlten Betrages zurückbekommen (BVerwG NDV-RD 1998, 53; BayLSG 14.6.2005 - L 11 B 206/05 SO ER). Bei SozialhilfebezieherInnen gilt das noch als wirtschaftlich, bei Alg-II-Beziehenden dagegen nicht (⇨4.1).

Tipp Wenn die sofortige Verwertung Ihrer Lebensversicherung nicht möglich ist oder eine Härte darstellt, soll Sozialhilfe auf ⇨Darlehensbasis (§ 91 SGB XII) gezahlt werden. Beantragen Sie ggf. ein solches Darlehen, um die vorzeitige Auflösung Ihrer Lebensversicherung abzuwenden.

Eine Härte ist z.B. gegeben, wenn Teilauszahlungen der Lebensversicherung in absehbarer Zeit anstehen (VGH Bayern 23.2.2000 - 12 C 99.1422).

Bekommen Sie vom Sozialamt darlehensweise Leistungen bis zur Höhe des Rückkaufwerts, können Sie ggf. die vorzeitige Verwertung der Versicherung und die damit verbundenen enormen Verluste vermeiden.

4. Wert der Lebensversicherungen = Rückkaufwert

Ob eine Lebensversicherung die Freibeträge übersteigt und angerechnet wird, hängt von ihrem Rückkaufwert ab. Der Rückkaufwert ist die Summe, die Ihnen die Versicherung nach Kündigung des Vertrages auszahlt. Den Rückkaufwert können Sie bei Ihrer Versicherung erfragen.

4.1 Alg II: Rückkaufswert

Wenn der Rückkaufwert um mehr als 10% unter der von Ihnen eingezahlten Summe

L

liegt, ist eine Verwertung der Lebensversicherung für Alg-II-Bezieher *„unwirtschaftlich"* (BA 12.34). Dann müssen Sie die Lebensversicherung nicht kündigen. Das trifft u.a. auf Verträge mit kurzer Laufzeit zu. Wenn Sie die Versicherung vor Ablauf von zwölf Jahren kündigen, fallen außerdem noch Steuern an, die den Rückkaufwert mindern.

Liegt der Rückkaufwert über Ihrem Freibetrag, können Sie ggf. eine vorzeitige „Teilkündigung" für die über dem Freibetrag liegende Summe vornehmen. Diese ist natürlich ebenfalls mit Verlusten verbunden.

4.2 Verwertung einer nicht geschützten Lebensversicherung

Wenn Sie **kein Alg II** bekommen, weil Ihre Lebensversicherung als verwertbares Vermögen gilt, können Sie einen höheren Erlös als den Rückkaufwert erzielen, wenn Sie Ihre Lebensversicherung an eine private Gesellschaft verkaufen, die die Versicherung übernimmt, weiter bedient und am Ende die Prämien usw. kassiert. Sie können sich die Lebensversicherung z.B. auch von Verwandten abkaufen lassen.

Sie können dann das Vermögen als „Nichtleistungsbezieher" verbrauchen und sich noch ein bisschen was vom Leben gönnen (⇨Vermögen 3.1.2). Sie müssen sich dann allerdings freiwillig kranken- und pflegeversichern.

5. Beiträge zu Lebensversicherungen vom Einkommen absetzbar?

Näheres unter ⇨Einkommensbereinigung

Kritik

Mehr als die Hälfte der Lebensversicherungsverträge werden nach Angabe des Bundes der Versicherten vor ihrem regulären Ablauf gekündigt. Nicht zuletzt dank Lohnsenkungen, Arbeitslosigkeit und vorrangiger Verwertung bei Alg II/ Sozialhilfe. Lebensversicherungen werden häufig mit Verlust aufgelöst. Man hat dann nur für die Profitzwecke von Allianz und Co. eingezahlt. Es geht um Milliarden, da sich die Rückkaufswerte schon 2003 auf 12,4 Mrd. € beliefen.

Lebensversicherungen lohnen sich kaum. Der Garantiezins von 1,25% (ab 2017 soll er auf 0,9% gesenkt werden; Stand: Mai 2016) fällt nur auf den Umfang der eingezahlten Beiträge an, nachdem Verwaltungskosten, Gebühren, Vertreterprovisionen und Rückstellungen für den Fall des vorzeitigen Todes usw. abgezogen sind. Der effektive Jahreszins liegt daher deutlich unter dem Garantiezins. Nur dank niedriger Inflationsrate von 0,3% in 2015 beleibt unter Umständen etwas hängen. Im Normalfall müssen Sie jedoch auf eine Gewinnbeteiligung setzen, die den Verlust ausgleicht.

Für arme Leute sind Lebensversicherungen sinnlos, wenn die Gesamtrente später niedriger ist als das Einkommen aus Grundsicherung im Alter. Dann sparen sie nur für den Staat. Das ist auch ein Zweck der privaten Altersvorsorge. Denn mit der privaten Altersvorsorge soll die Belastung der öffentlichen Hand nach Möglichkeit vermieden werden (BVerwG 27.6.2002 - 5 C 43/01).

Wenn Sie 40 Jahre alt sind, sind beim Alg II max. 36.000 € geschützt. Bis 60 kommen noch mal 18.000 € dazu. Damit erwerben Sie vielleicht einen Rentenanspruch von 350 € mtl. Prüfen Sie, ob sich das lohnt.

Allianz und Co. halten für eine vernünftige private Altersvorsorge 1.500 bis 2.000 € pro Lebensjahr für notwendig. Sie sind daran interessiert, die gesetzliche Rente weiter abzusenken, damit das für sie profitable Produkt „private Altersvorsorge" seinen Markt erweitern kann.

Besser als eine mickrige private Vorsorge aus sinkenden Löhnen und Grundsicherung für die Aufstockung sinkender Renten wäre eine gesetzliche Mindestrente, die deutlich über dem Sozialhilfeniveau liegt. Die Mindestrente müsste jeder beanspruchen können, unabhängig davon, wie lange er gearbeitet hat. Private Vorsorge wäre dann nur notwendig, wenn man dieses Niveau überschreiten will, aber nicht, um es überhaupt zu erreichen.

Information

Bund der Versicherten e.V., www.bundderversicherten.de (⇨Merkblätter ⇨Lebensversicherung)

Forderungen

Gleicher Schutz von Lebensversicherungen für Alg-II- und SozialhilfebezieherInnen!

Gesetzliche Mindestrente in Höhe von 1000 €!

Mehrbedarf

Mehrbedarfszuschläge bekommen

1.1 Alte Menschen im Rentenalter
(§ 30 Abs. 1 SGB XII; ⇨Grundsicherung) und

1.2 voll ⇨Erwerbsgeminderte über 18 und unter 65 Jahren,
die Sozialgeld (§ 23 Nr. 4 SGB II) oder HzL/ GSi der Sozialhilfe beziehen (§ 30 Abs. 1 Nr. 2 SGB XII). Die Erwerbsminderung muss durch die Rentenversicherung festgestellt sein.
Den Zuschlag bekommen Sie aber **nur**, wenn Sie **gehbehindert** sind und einen Schwerbehindertenausweis mit dem Merkzeichen **„G“** oder **„aG“** (nach § 69 Abs. 4 SGB IX) als Nachweis für die Behinderung vorlegen.

1.3 Werdende Mütter
ab der 13. ⇨**Schwangerschafts**woche (§ 21 Abs. 2 SGB II; § 30 Abs. 2 SGB XII).

1.4 ⇨Alleinerziehende,
die mit Kindern unter 18 Jahren zusammenleben (§ 21 Abs. 3 SGB II; § 30 Abs. 3 SGB XII).

1.5 ⇨Erwerbsfähige behinderte Menschen,
die **Alg II und** Leistungen zur Teilhabe am Arbeitsleben (nach § 33 SGB IX mit Ausnahme der Leistungen nach § 33 Abs. 3 Nr. 2 und 4 SGB IX) oder Eingliederungshilfe für behinderte Menschen (§ 54 Abs. 1 Satz 1 Nr. 1 bis 3 SGB XII) erhalten.
Der Mehrbedarf **kann** *„auch nach Beendigung der ... genannten Maßnahmen während einer angemessenen Übergangszeit, vor allem einer Einarbeitungszeit, angewendet werden.“* (§ 21 Abs. 4 Satz 2 SGB II) Die Dauer soll drei Monate nicht übersteigen (BA 21.22).
Wer „nur“ Alg II bezieht, behindert ist und arbeitet, bekommt keinen Mehrbedarf.

Für BezieherInnen von **HzL/ GSi der Sozialhilfe** und von **Sozialgeld** nach dem SGB II gibt es den Mehrbedarf, wenn sie Eingliederungshilfe für behinderte Menschen (§ 54 Abs. 1 Satz 1 Nr. 1 bis 3 SGB XII) erhalten (§ 30 Abs. 4 SGB XII; § 23 Nr. 2 und 3 SGB II ohne Leistungen nach § 54 Abs. 1 Nr. 3 SGB XII).

1.6 Kranke, genesende, behinderte oder von einer Krankheit oder Behinderung bedrohte Menschen,
wenn sie „aus medizinischen Gründen einer kostenaufwendigen Ernährung bedürfen“ (§ 21 Abs. 5 SGB II, § 30 Abs. 5 SGB XII). Näheres unter ⇨**Krankenkostzulage**

1.7 Personen, bei denen *„im Einzelfall ein unabweisbarer, laufender, nicht nur einmaliger besonderer Bedarf besteht“* (§ 21 Abs. 6 SGB II)
Dieser Zuschlag wurde 2010 neu ins SGB II aufgenommen und ist abhängig vom konkreten Bedarf festzulegen. Im SGB XII ist er nicht vorgesehen, weil hier die abweichende Erhöhung des ⇨Regelsatzes (6.1) möglich ist. Näheres unter ⇨**Härtefallregelung**

1.8 Haushalte, die ihr ⇨Warmwasser dezentral bereiten
Ab 2011 ist Warmwasser in den Unterkunftskosten. Den Mehrbedarfszuschlag gibt es i.d.R. bei Wasserbereitung mittels Haushaltsstrom. Die Höhe ist abhängig von den Personen in der Bedarfsgemeinschaft.

2. Höhe des Mehrbedarfs
Wie hoch die Mehrbedarfszuschläge sind, lesen Sie unter den jeweiligen ⇨Stichworten.
Mehrbedarfszuschläge sind mit Ausnahme der „Härtefallregelung“ Prozentanteile des maßgebenden Regelsatzes.

Alle Mehrbedarfszuschläge werden nebeneinander gewährt.
Ausnahme: der Mehrbedarf für behinderte Menschen (1.5) schließt den Mehrbedarf für voll erwerbsgeminderte Menschen (1.1/1.2) aus (§ 23 Nr. 4 SGB II; § 30 Abs. 4 Satz 2 SGB XII).

Die Gesamtsumme der unter 1.1 bis 1.6 genannten Mehrbedarfszuschläge darf 100% des maßgebenden Regelsatzes nicht überschreiten (§ 21 Abs. 8 SGB II; § 30 Abs. 6 SGB XII).

M

Miete

(Kosten der Unterkunft)

Inhaltsübersicht:

M

1.1 Zunächst: Miete in Höhe der tatsächlichen Aufwendungen

„Leistungen für die Unterkunft werden in Höhe der tatsächlichen Aufwendungen erbracht.“ (§ 35 Abs.1 Satz 1 SGB XII; für GSi § 42 Nr. 4 SGB XII) Im SGB II wird ergänzt: *„soweit diese angemessen sind“* (§ 22 Abs. 1 Satz 1 SGB II).

1.1.1 Leistungen für die Unterkunft

Leistungen für die Unterkunft sind nicht nur Mieten oder die Kosten eines ⇨Eigenheims, sondern auch

- Stellplatzkosten für einen Wohnwagen (VGH HE 3.9.1991, info also 1992, 30f.),
- Kosten eines Wohnmobils (BSG 17.6.2010 - B14 AS 79/09 R; Kfz-Steuer, Versicherung, Heizgas, Diesel, Wartung),
- Gebühren auf einem Campingplatz,
- reale Unterbringungskosten bei Dritten,
- Kosten einer Obdachlosenunterkunft (⇨Wohnungslose),
- Unterbringungskosten in einem ⇨Frauenhaus,
- im Notfall, Kosten einer Pension/ eines Hotels usw.

Also alle Aufwendungen, die mit der Nutzung einer Unterkunft in Zusammenhang stehen.

1.1.2 Garage

Die Kosten einer Garage werden nur als Unterkunftskosten anerkannt, wenn sie unvermeidbar sind. Das sind sie, wenn im Mietvertrag steht, dass nur Sie die Garage nutzen dürfen und niemand sonst und der Vermieter sich weigert, eine Teilkündigung vorzunehmen. In diesem Fall zählen sie zu den laufenden Kosten der Unterkunft. (BSG 7.11.2006 - B 7b AS 10/06 R; vgl. hierzu BSG zu Kabelgebühren, wenn mietvertraglich geregelt: 19.05.2009 - B4 AS 48/08 R; ⇨Rundfunk- und Fernsehgebühren).

Die Miete inklusive Garage ist also **zunächst** vollständig zu berücksichtigen, bevor im zweiten Schritt die „angemessenen“ Unterkunftskosten bestimmt werden (⇨2. ff.).

1.1.3 Tatsächliche Aufwendungen

bedeutet, dass nicht nur Mieten, sondern allgemein die tatsächlichen Kosten einer Unterkunft getragen werden müssen. Es kommt auch nicht darauf an, ob Sie dort polizeilich gemeldet sind oder überhaupt einen Miet- oder Nutzungsvertrag vorweisen können. In einer Unterkunft fallen auch ohne Mietvertrag Kosten an. Die tatsächlichen Aufwendungen sind entscheidend. Diese müssen Sie natürlich nachweisen. Wenn nicht über den Mietvertrag, dann mit aktuellen Überweisungsbelegen (Kontoauszügen) oder Quittungen.

Die Miete muss **zunächst immer in voller Höhe** übernommen werden (§ 22 Abs. 1 Satz 3 SGB II; § 35 Abs. 1 Satz 2 SGB XII), wenn

- Sie zum ersten Mal Alg II bzw. HzL/ GSi der Sozialhilfe beantragen und Ihre Wohnung über den Angemessenheitsgrenzen liegt (⇨2. ff.),
- Sie erst kurz vor dem Leistungsbezug in eine „unangemessen" teure Wohnung gezogen sind (BSG 17.12.2009 - B 4 AS 19/09 R),
- Sie z.B. nach einer Trennung plötzlich allein in einer 100 m² großen, zu teuren Wohnung leben oder
- Ihre angemessene Miete sich in eine unangemessene Miete verwandelt, weil
  * ein Kind ausgezogen,
  * ein Haushaltsangehöriger verstorben oder
  * die Miete erhöht worden ist.

1.2 Anteilige Unterkunftskosten

Wenn nur ein Teil der in einer Wohnung lebenden Personen Alg II/ Sozialhilfe beansprucht, werden die Kosten der Unterkunft in der Regel durch die Zahl der Bewohner geteilt, um die tatsächlichen Aufwendungen jeder einzelnen Person zu ermitteln (BSG 23.6.2006 - B 11b AS 1/06 R). Das ist die sogenannte **Kopfanteilsmethode**.

Eine Aufteilung der Miete nach der Quadratmeterzahl der genutzten Räume kann z.B. bei ⇨**Wohngemeinschaften** durch einen Untermietvertrag geregelt sein. Dann gilt die **vereinbarte Miethöhe**, soweit sie angemessen ist. (BSG 22.8.2013 - B 14 AS 85/12 R) Es wird oft verlangt, dass Sie den Hauptmietvertrag vorlegen. Wenn die Untermiete sowieso „angemessen" ist, ist das überflüssig. Wenn Ihr Vermieter sich weigert, Ihnen als Untermieter oder der Behörde seinen Mietvertrag vorzulegen, dürfen Ihnen daraus keine Nachteile erwachsen. Sie haben Ihre Mitwirkungspflicht nicht verletzt, weil die Vorlage des Hauptmietvertrags ja von der Mitwirkung eines anderen abhängt.

1.3 Untervermietung

Wenn Sie selbst Alg II beziehen und einen Untermieter haben, gilt: *„Einnahmen aus Untervermietung mindern die Kosten der Unterkunft."* (BA 11.75) Das gilt auch für HzL/ GSi der Sozialhilfe (OVG Niedersachsen 26.6.2002, FEVS 54, 546). Wenn Sie sich die Wohnung mit einem Untermieter teilen, ist es falsch, Ihnen nur die halbe Miete als Bedarf anzuerkennen, und gleichzeitig die Untermiete als Einkommen anzurechnen. Denn Sie haben ja gerade durch *„Vermieten"* die Anforderung des Amts erfüllt, *„die Aufwendungen [für die Unterkunft] zu senken"* (§ 22 Abs. 1 Satz 3 SGB II; § 35 Abs. 2 Satz 2 SGB XII), damit sie als „angemessen" anerkannt werden.
Mieteinnahmen aus möblierter Vermietung sind als *„Einkünfte aus Vermietung"* zu 70 bis 90% als Einkommen anzurechnen (§ 7 Abs. 4 der VO zu § 82 SGB XII). Das berücksichtigt, dass Sie als Vermieter auch für den Austausch und Ersatz defekter Möbel zuständig sind (⇨Einkommensbereinigung).

1.4 Zu Kosten bei Wohneigentum

schlagen Sie nach bei ⇨Eigenheim/ Eigentumswohnung.

2. Wann sind Mieten „angemessen"?

Im SGB II und SGB XII selbst steht dazu nichts.

2.1 Angemessene Wohnungsgrößen

„Bei der Wohnungsgröße ist die für Wohnberechtigte im sozialen Mietwohnungsbau anerkannte Wohnraumgröße zu Grunde zu legen ... Nach Aufhebung des Wohnungsbindungsgesetzes ist dabei auf die Wohnungsgrößen, die sich aus § 10 des Gesetzes über die soziale Wohnraumförderung vom 13. September 2001 (WoFG, BGBl I 2376) ergeben, abzustellen." (BSG 7.11.2006 - B 7b AS 18/06 R, Rz. 19; entsprechend u.a. 22.9.2009 B 4 AS 18/08 R)

Diese betragen (mit leichten Unterschieden in den einzelnen Bundesländern):
45-50 m² für eine Person,
60-65 m² für zwei Personen (2 Zi.-Whg.)
72-80 m² für drei Personen, (3 Zi.-Whg.)
84-95 m² für vier Personen, (4 Zi.-Whg.) und
10-15 m² für jede weitere Person.

Dies sind **Regelgrößen** nach den **Länderverordnungen** zur Durchführung der sozialen Wohnraumförderung. Sie erhöhen sich im Einzelfall bei Pflegebedürftigkeit, Behinderung, chronischer Krankheit (§ 5 WoBindG), aber auch nach **Einzelfallprüfung** unter Umständen bei Alleinerziehenden (BSG 16.4.2013 - B 14 AS 28/12 R), zukünftigem

M

Wohnraumbedarf, z.B. bei Schwangeren (LSG Niedersachsen Bremen 17.10.2006 - L 6 AS 556/06 ER; LPK SGB II, § 22 Rz. 45), Eltern, die ihr Umgangsrecht wahrnehmen und ihre Kinder häufig zu Besuch haben (BSG 17.2.2016 - B 4 AS 2/15 R) oder Haushalten mit erwachsenen Kindern, die über ein bedarfsdeckendes Einkommen verfügen (SG Oldenburg 31.10.2005 - S 47 AS 256/05 ER).

Die BA erkennt Regelwohnungsgrößen als angemessen an. Immer mehr Kommunen versuchen jedoch die „angemessenen" Wohnflächen nach unten zu definieren. Hier will man zu Lasten von Erwerbslosen Geld einsparen (⇨2.5.1).

Tipp Einige dieser **Erhöhungstatbestände** für angemessenen Wohnraum, z.B. bei der Wahrnehmung des Umgangsrechts, werden regelmäßig von den Jobcentern/ Sozialämtern nicht anerkannt. Sie müssen sie ggf. mit ⇨Widerspruch und ⇨Klage durchsetzen.

M

Auch **Kinder** unter **drei Jahren sind** entgegen der Meinung erfinderischer Ämter Personen und benötigen Wohnraum. Ob ein Umzug erforderlich ist, wird aber oft im Einzelfall unter Berücksichtigung von Schnitt und Größe der bisherigen Wohnung entscheiden.

In ⇨**Wohngemeinschaften** orientiert sich die angemessene Wohnungsgröße **jedes** Bewohners an der Größe für einen Alleinstehenden und nicht am Kopfanteil einer entsprechenden Bedarfsgemeinschaft (BSG 18.6.2008 - B 14/11b AS 61/06 R).

2.2 Wohnstandard

„Angemessen sind die Aufwendungen für eine Wohnung nur dann, wenn diese nach Ausstattung, Lage und Bausubstanz einfachen und grundlegenden Bedürfnissen genügt und keinen gehobenen Wohnstandard aufweist." (BSG 7.11.2006 - B 7b AS 18/06 R, Rz. 20)

Eine erste Orientierung über die am Wohnort marktüblichen Wohnungsmieten geben örtliche Mietspiegel.

2.2.1 Örtlicher Mietspiegel

Örtliche Mietspiegel sind der vorrangige Maßstab für die Frage, ob eine Miete angemessen ist (BSG, ebenda, Rz. 23; LSG Hessen 8.3.2006 - L 9 AS 59/05 ER; LSG Niedersachsen-Bremen 15.12.2005 - L 8 AS 427/05 ER; LSG Thüringen 7.7.2005 - L 7 AS 334/05 ER). Die Mietspiegel weisen die ortsüblichen Quadratmeterpreise aus, je nach Baualter des Hauses oder der Wohnung. Die für Sie zutreffende Grundmiete (Miete ohne Nebenkosten) richtet sich nach dem Baujahr Ihres Miethauses.

Nicht alle Kommunen führen Mietspiegel und nicht alle Mietspiegel erfüllen die qualitativen Voraussetzungen: Ein qualifizierter Mietspiegel muss z.B. alle 2-3 Jahre angepasst werden und erhält seine Glaubwürdigkeit durch die Beteiligung unterschiedlicher Interessenvertreter des Wohnungsmarktes an seiner Erstellung (SG Frankfurt/Oder 2.9.2010 – S 21 AS 375/10). Außerdem muss der gesamte zu bewertende Wohnungsmarkt abgebildet sein, Daten großer Wohnungsgesellschaften dürfen nicht überproportional vertreten sein.

Tipp 1 Falls an Ihrem Ort verfügbar, erhalten Sie den geltenden Mietspiegel bei der zuständigen Wohnungsbehörde, bei Meldestellen und Mietervereinen. Lokale Mietspiegel finden Sie auch im Internet über Suchmaschinen.

Tipp 2 Ob Ihre Mietkosten angemessen sind, können Sie von den Mitarbeitern der örtlichen Wohnungsbehörde überprüfen lassen, aber auch von Mietervereinen und Sozialberatungsstellen.

2.2.2 Mietpreisspiegel

Fehlt ein Mietspiegel, kann der Preisspiegel des Verbandes Deutscher Makler ein *„gewichtiger Anhaltspunkt"* sein (VGH BW 6.5.1997, info also 1997, 202).

2.2.3 Mietobergrenzen laut Wohngeldtabelle?

*„Nur soweit Erkenntnismöglichkeiten im lokalen Bereich nicht weiter führen, kann ein Rückgriff auf die Tabelle zu § 8 WoGG [jetzt § 12] ... in Betracht kommen. Bei einem Rückgriff auf Tabellen ... wird zu erwägen sein, ob **zu Gunsten** des Leistungsempfängers ein mögliche Unbilligkeiten der Pauschalierung ausgleichender **Zuschlag** (etwa von **10%** zu den Tabellenwerten...) in Betracht kommt."* (BSG, ebenda, Rz. 23)

Das entbindet allerdings das Gericht nicht davon, *„zunächst die angemessenen Unterkunftskosten anhand eines* ***vorrangigen*** *schlüssigen Konzepts zu ermitteln"*. Erst bei *„Ausfall von lokalen Erkenntnismöglichkeiten"* ist die Wohngeldtabelle **plus Sicherheitszuschlag** zugrunde zu legen. (BSG 12.12.2013 - B 4 AS 87/12 R; ⇨2.3.1 ff.)

Die Werte der Wohngeldtabelle beziehen sich auf die kalte **Miete** zuzüglich **Nebenkosten** und sind kein absoluter Maßstab, sondern allenfalls ein Anhaltspunkt (BSG 18.6.2008 - B 14/7b AS 44/06). Sie haben in erster Linie den Zweck, die staatlichen Ausgaben für Wohngeld zu regulieren und nicht, die tatsächliche Lage auf dem Wohnungsmarkt abzubilden. Deswegen sind sie auch von 2001 bis 2008 nicht erhöht worden, während die Mieten in selben Zeitraum um 10,6% angestiegen sind (Monatsberichte der Bundesbank, Juni 2008, 66*; Stat. Taschenbuch 2007, Tab. 6.2). Erst mit der Wohngeldreform 2009 wurden die Tabellenwerte um 8% erhöht. Bei der seit **1. Januar 2016** gültigen Wohngeldtabelle sollten nach Angaben des Bundesbauministeriums die Tabellenwerte um durchschnittlich 39% angehoben worden sein (www.bmub.bund.de). Eine Aussage, die einer Überprüfung offensichtlich nicht standhält (s. nachfolgende Tabellenwerte).

Das OVG Niedersachsen hielt wegen Nichtberücksichtigung der Mietsteigerung einen allgemeinen Aufschlag von 10% für notwendig (25.10.2001, FEVS 53, 218). Für das Rhein-Main-Gebiet erkannte der VGH Hessen die Werte der Wohngeldtabelle plus 25% noch als *„angemessen"* an (22.8.1995, NJW 1996, 672).

„Der Sicherheitszuschlag ist auch im Rahmen von § 12 WoGG erforderlich, da die in § 12 WoGG festgeschriebenen Werte ebenso wenig wie die in § 8 WoGG aF den Anspruch erheben, die realen Verhältnisse auf dem Markt zutreffend abzubilden." (12.12.2013 - B 4 AS 87/12 R) Vor diesem Hintergrund ist der vom BSG eingeführte **Sicherheitszuschlag von 10%** auch **nach** der Erhöhung 2016 als Richtwert für die Anhebung der Wohngeldtabellenwerte anzusehen.

M

Mietobergrenzen Miete nach § 12 Wohngeldgesetz in €*

	ab 01.01.2009 bis 31.12.2015		ab 1.1.2016	
In einem Haushalt mit	In Gemeinden mit Mieten der Stufe		In Gemeinden mit Mieten der Stufe	
einer Person	I	292	I	312
	II	308	II	351
	III	330	III	390
	IV	358	IV	434
	V	385	V	482
	VI	407	VI	522
zwei Personen	I	352	I	378
	II	380	II	425
	III	402	III	473
	IV	435	IV	526
	V	468	V	584
	VI	501	VI	633
drei Personen	I	424	I	450
	II	451	II	506
	III	479	III	563
	IV	517	IV	626
	V	556	V	695
	VI	594	VI	753

vier Personen	I	490	I	525
	II	523	II	591
	III	556	III	656
	IV	600	IV	730
	V	649	V	811
	VI	693	VI	879
fünf Personen	I	561	I	600
	II	600	II	675
	III	638	III	750
	IV	688	IV	834
	V	737	V	927
	VI	787	VI	1004
Mehrbetrag für jedes weitere Haushalts mitglied	I	66	I	71
	II	72	II	81
	III	77	III	91
	IV	83	IV	101
	V	88	V	111
	VI	99	VI	126
* inklusive kalter Nebenkosten (⇨Wohngeld)				

M

2.2.4 Mietobergrenzen in benachbarten Wohnorten?

Manche Alg-II-Träger verweisen auf Gemeinden mit günstigerem Mietniveau und ausreichendem Leerstand. Maßstab für die Angemessenheit ist *„in erster Linie"* der Mietpreis des Wohnortes (BSG 7.11.2006 - B 7b AS 18/06 R, Rz. 21). Die Behörde darf Sie i.d.R. nicht einfach zum Umzug in einen umliegenden Wohnort oder gar Landkreis mit günstigerem Mietniveau auffordern. Ausnahmen können bei kleineren Gemeinden bestehen.

„Bei der Bildung des räumlichen Vergleichsmaßstabs kann es - insbesondere im ländlichen Raum - geboten sein, größere Gebiete als Vergleichsgebiete zusammenzufassen, während in größeren Städten andererseits eine Unterteilung in mehrere kleinere Vergleichsgebiete ... geboten sein kann." (Ebenda)

Städte wie Augsburg, Freiburg, Kiel, Wilhelmshaven und Zweibrücken werden als einheitlicher Wohnungsmarkt (räumlicher Vergleichsmaßstab) gewertet. Aber auch Großstädte wie Berlin (LSG Berlin-Brandenburg 30.2.2010 - L 28 AS 1266/08), Dresden (SG Dresden 29.6.2010 - S 40 AS 390/09) und Essen (BSG 17.12.2009 - B 4 AS 27/09 R).

2.3.1 BSG: angemessene Miete = angemessener Quadratmeterpreis mal angemessene Wohnfläche

Die Aufwendungen (Bruttokaltmiete) für eine Unterkunft sind angemessen, wenn sie innerhalb des Produkts liegen, das sich ergibt, indem der angemessene **Quadratmeterpreis** (Wohnstandard)
bezogen auf einen räumlichen **Vergleichsmaßstab** (z.B. das gesamte Stadtgebiet)
mit der angemessenen **Wohnfläche** (nach den Wohnraumförderbestimmungen der Länder) multipliziert wird (BSG, ebenda, Rz. 20).
Das ist die sogenannte **Produktmethode**.

Den Quadratmeterpreis ermittelt das BSG je nach vorliegendem **Datenmaterial**:

- Liegen der Erhebung nur die Daten einfacher Wohnungen des Vergleichsraums zugrunde, soll die Angemessenheitsgrenze am oberen Wert der Mietpreisspanne festgelegt werden (BSG 22.9.2009 - B 4 AS 18/09 R).
- Erfasst die Erhebung den Gesamtwohnungsbestand, muss eine schlüssige Methode angewendet werden, mit der ein Quadratmeterpreis im unteren Preissegment (einfache Ausstattung, Lage und Bausubstanz) ermittelt wird, der gewährleistet, dass im konkreten Vergleichsraum eine angemessene Wohnung dieses Standards tatsächlich anzumieten ist (ebenda).

Auch wenn es unterschiedliche Ermittlungsmethoden zulässt, die zum beschriebenen Ergebnis kommen sollen, verlangt das BSG vom Leistungsträger für ein ***„schlüssiges Konzept“*** (ebenda):

- „Die Datenerhebung darf ausschließlich in dem genau eingegrenzten und muss über den gesamten Vergleichsraum erfolgen (keine Ghettobildung),
- es bedarf einer nachvollziehbaren Definition des Gegenstandes der Beobachtung, z.B. welche Art von Wohnungen - Differenzierung nach Standard der Wohnungen, Brutto- und Nettomiete (Vergleichbarkeit), Differenzierung nach Wohnungsgröße,
- Angaben über den Beobachtungszeitraum,
- Festlegung der Art und Weise der Datenerhebung (Erkenntnisquellen, z.B. Mietspiegel),
- Repräsentativität des Umfangs der eingezogenen Daten,
- Validität der Datenerhebung,
- Einhaltung anerkannter mathematisch-statistischer Grundsätze der Datenauswertung und
- Angaben über die gezogenen Schlüsse (z.B. Spannoberwert oder Kappungsgrenze)“.

Viele Kommunen und Landkreise haben Ihre angemessenen Unterkunftskosten nicht nach einem *„schlüssigen Konzept“* ermittelt, das einer Prüfung der Sozialgerichte standhält (u.a. BSG 16.6.2015 - B 4 AS 44/14 R, Breisgau-Hochschwarzwald; 22.3.2012 - B 4 AS 16/11 R, Rz. 15 f., Träger in Baden-Württemberg; BSG 20.12.2011 - B 4 AS 19/11 R, Rz. 21, Duisburg; BSG 23.8.2011 - B 14 AS 91/10 R, Rz. 24, Cuxhaven; BSG 22.9.2009 - B 4 AS 18/09 R, Rz. 18, Wilhelmshaven; BSG 18.6.2008 - B 14/7b AS 44/06 R, Rz. 7 und BSG 19.10.2010 - B 14 AS 50/10 R, Berlin).

Tipp Wenn die Behörde Ihre Unterkunftskosten nicht als angemessen anerkennt, ist es unter Umständen erfolgversprechend, sich mit ⇨Widerspruch und ⇨Klage zu wehren. Informieren Sie sich bei örtlichen ⇨**Beratung**sstellen oder ⇨Anwälten, ob es in Ihrer Kommune oder Landkreis ein anerkanntes schlüssiges Konzept zur Ermittlung der angemessenen Miete gibt.

2.3.2 Beispiele für die Produktmethode

a. Herr A. wohnt in einer **60-m²-Wohnung**. Der angemessene Quadratmeterpreis (Bruttokaltmiete) im Vergleichsraum beträgt nach dem Mietspiegel 7,59 €. Da für eine Person nur eine Fläche von 45 m² angemessen sein soll, gilt für die Wohnung eine Miete von 341,55 € als angemessen (7,59 € x 45 m²).
Da die Wohnung 60 m² groß ist, darf die Quadratmetermiete (inkl. Nebenkosten) max. **5,69 €** betragen, um die angemessene Miete von 341,55 € nicht zu überschreiten.

b. Würde Herr A. in einer **35-m²-Wohnung** wohnen, würde sich die angemessene Miete nicht verändern. Sie beruht nicht auf der konkreten Wohnfläche, sondern auf der allgemein als angemessen anerkannten Wohnfläche (45 m²; BSG, ebenda). Bei 35 m², dürfte der Quadratmeterpreis also bis zu **9,75 €** betragen, um noch innerhalb der angemessenen Bruttokaltmiete von max. 341,55 € zu bleiben. Je kleiner die Wohnung ist, desto mehr kann der Quadratmeterpreis den „abstrakt“ angemessenen Wert übersteigen (BVerwG 28.4.2005 - 5 C 15.04).

Fazit:

- Ist Ihre **Wohnungsgröße** unangemessen, können die Unterkunftskosten dennoch angemessen sein, wenn der Quadratmeterpreis geringer als angemessen ist. Das Problem könnte dann die Angemessenheit der ⇨Mietnebenkosten werden, vor allem der ⇨Heizkosten. Auch sie werden nach der angemessenen Wohnungsgröße bemessen.
- Ist Ihr Quadratmeterpreis unangemessen hoch, können die Unterkunftskosten dennoch angemessen sein, wenn die Wohnungsgröße unterhalb der angemessenen Fläche liegt.

2.4 Verfügbarkeit von Wohnungen – Maßstab für die Festsetzung der „Angemessenheitsgrenzen“

„Schließlich wird zu überprüfen sein, ob nach der Struktur des Wohnungsmarktes am Wohnort D. die Kläger tatsächlich auch die konkrete Möglichkeit haben, eine abstrakt als angemessen eingestufte Wohnung konkret auf dem Wohnungsmarkt anmieten zu können.“ (BSG 07.11.2006 - B 7b AS 18/06 R, Rz. 22; entsprechend BVerwG, ebenda)

Höhere als die als angemessen geltenden Mieten sind anzuerkennen, wenn es im

M

öffentlich geförderten Wohnraum solche Wohnungen nicht gibt (SG Köln 30.1.2006 - S 14 AS 41/05 ER).
Die Angemessenheit bestimmt sich letztlich daran, „*dass alle örtlich Alg-II-Beziehenden zu diesem Preis auch eine bedarfsgerechte und menschenwürdige Wohnung bekommen könnten. Es müssen daher zum als angemessen bestimmten Preis auch entsprechende Wohnungen verfügbar sein.*" (LSG Thüringen 7.7.2005 - L 7 AS 334/05 ER; LSG Hessen 8.3.2006 - L 9 AS 59/05 ER)

Mietspiegel erfassen aber nur Mieten bestehender Mietverhältnisse, **nicht** Mieten bei Neuvermietungen. Bei **Neuvermietung** sind die Mieten häufig höher als die Bestandsmieten. „*Es ist zu berücksichtigen, dass bei der Anmietung einer Wohnung der örtliche Mietspiegel in der Regel vom Vermieter überschritten wird.*" (VGH BW 5.7.1989 - 6 S 1242/88) Deshalb erkannte z.B. das OVG Lüneburg einen Aufschlag von 10% an, um die üblichen Aufschläge bei Neuvermietung aufzufangen (21.8.2002 - 4 ME 305/02).

M

Das Mietniveau von Neuvermietungen kann man z.B. anhand von Immobilienanzeigen feststellen, aber auch von freien Wohnungen bei Wohnungsbaugesellschaften.
Wenn Wohnungen inseriert werden oder frei sind, bedeutet das aber noch lange nicht, dass Arbeitslose, Sozialhilfebezieher und Rentner sie auch tatsächlich anmieten können. Arbeitslose können nicht die geforderten Gehaltsnachweise vorlegen, sind häufig in der Schufa negativ verzeichnet und werden in stärkerem Maß durch Vorurteile belastet als Beschäftigte. Genauso wie bei der Arbeitssuche, stehen Langzeitarbeitslose auch bei der Wohnungssuche hinten an. Von zehn freien „*angemessenen*" Wohnungen sind vielleicht nur drei für Alg-II-Beziehende konkret verfügbar.

Tipp Führen Sie bei der Wohnungssuche ein Protokoll, um nachzuweisen, dass preiswerter Wohnraum, der der Angemessenheit entspricht, für Sie nicht verfügbar ist.

Wohlfahrtsverbände könnten sich nützlich machen, indem sie örtlich Marktpreise von Mieten ermitteln. Lokale **Initiativen** wie Tacheles e.V. (noch zu BSHG-Zeiten) und 2006 der Runde Tisch zu den Auswirkungen der Hartz-Gesetze in Freiburg haben es geschafft, mit den Ergebnissen ihrer lokalen **Wohnungsmarktanalysen** erfolgreich Druck zur Erhöhung der örtlichen Angemessenheitsgrenzen auszuüben (www.harald-thome.de ⇨Download).
Das SG Düsseldorf hat ein **Sachverständigengutachten** darüber angefordert, wie viele Wohnungen konkret für Alg-II-/ Sozialhilfebeziehende verfügbar wären, wenn künftig nur noch Quadratmetermieten von 6,40 € inkl. Nebenkosten angemessen sein sollen (12.12.2005 - S 35 AS 349/05). Es sollte auch erhoben werden, wie viele Bewerber es für solche Wohnungen gibt. Sofort nachdem die Ergebnisse des Gutachtens bekannt wurden, wurden in Düsseldorf ab 1.5.2006 die Miethöchstsätze von 6,40 € inkl. Betriebskosten auf 7,35 € erhöht (inzwischen betragen sie 8.14 € bis max. 8,96 €; Stand: 01/2014).

Aus all dem folgt,
dass letztlich weder die Mietobergrenzen nach dem Wohngeldgesetz, noch örtliche Mietspiegel oder Mietpreisübersichten der Maklerverbände noch Auswertungen von Wohnungsangeboten in lokalen Zeitungen maßgeblich sind. Sie alle geben keinerlei Auskunft darüber, wie viele Wohnungen bei welchen Angemessenheitsgrenzen für Alg-II-/ Sozialhilfehaushalte frei und tatsächlich verfügbar sind. Das aber ist der entscheidende Maßstab (vgl. Putz, in: info also 3/2006, 129-131).

2.5 Wer legt die „Angemessenheit" der Miete fest?

Die kreisfreien Städte und die Landkreise sind für die Leistungen der Unterkunft und Heizung für Alg-II-BezieherInnen und damit auch für die entsprechenden Richtlinien zuständig (§ 6 Abs. 1 Nr. 2 SGB II). Dasselbe gilt für HzL/ GSi der Sozialhilfe.

„*Die umfassende Ermittlung der Daten sowie die Auswertung im Sinne der Erstellung eines schlüssigen Konzepts ist Angelegenheit des Grundsicherungsträgers und bereits für die sachgerechte Entscheidung im Verwaltungsverfahren notwendig.*" (BSG 17.12.2009 - B 4 AS

50/09 R). Darin müssen Kommunen und Kreise nachvollziehbar erläutern und belegen, dass geltende angemessene Mietgrenzen in Bezug auf **Vergleichsräume, Wohnungsgröße, Wohnstandard und Verfügbarkeit** ausreichend bemessen sind. Vor Gericht tragen sie die Beweislast.

Erst wenn wegen „*Erkenntnisausfalls*" **kein schlüssiges Konzept** ermittelt werden kann, „*ist zur Bestimmung der angemessenen Nettokaltmiete zuzüglich der kalten Betriebskosten ... auf den jeweiligen Höchstbetrag der Tabelle [nach § 8 WoGG], also die rechte Spalte, zurückzugreifen und ein ‚Sicherheitszuschlag' [in Höhe von 10%] einzubeziehen*" (BSG 22.3.2012 - B 4 AS 16/11 R).

2.5.1 Kommunale Satzung für Unterkunftskosten

Alg II

Mit dem „Regelbedarfsermittlungsgesetz" wurde seit April 2011 die Möglichkeit für Kommunen und Landkreise geschaffen, unter bestimmten Voraussetzungen eine Satzung zu erlassen, in der die Höhe der Kosten der Unterkunft und Heizung geregelt wird.

„*Die Länder können die Kreise und kreisfreien Städte durch Gesetz ermächtigen oder verpflichten, durch Satzung zu bestimmen, in welcher Höhe Aufwendungen für Unterkunft und Heizung in ihrem Gebiet angemessen sind.*" (§ 22a Abs. 1 Satz 1 SGB II)

Hier besteht sogar die Möglichkeit **Pauschalen** für die Unterkunftskosten zu erlassen, wenn Regelungen vorgesehen sind, die verhindern sollen, „*dass die Pauschalierung im Einzelfall zu unzumutbaren Ergebnissen führt*" (§ 22a Abs. 2 SGB II).

„*Die Bestimmung der angemessenen Aufwendungen für Unterkunft und Heizung soll die Verhältnisse des einfachen Standards auf dem örtlichen Wohnungsmarkt abbilden...*" und die Auswirkungen auf dem örtlichen Wohnungsmarkt berücksichtigen (§ 22a Abs. 2 SGB II).

In der Satzung ist zu bestimmen:

- „*welche Wohnfläche ... als angemessen anerkannt wird und*
- *in welcher Höhe die Aufwendungen für die Unterkunft als angemessen anerkannt werden.*" (§ 22b Abs. 1 SGB II)

Darunter fallen neben der Pauschalierung auch Angemessenheitsgrenzen für ⇨**Heiz- und** ⇨**Mietnebenkosten**, **Quadratmeterhöchstmieten** und **„Gesamtangemessenheitsgrenzen"** (Bruttowarmmietenkonzept; ⇨2.5.3).

„*Um die Verhältnisse des einfachen Standards auf dem örtlichen Wohnungsmarkt realitätsgerecht abzubilden, können die Kreise und kreisfreien Städte ihr Gebiet in mehrere Vergleichsräume unterteilen, für die sie jeweils eigene Angemessenheitswerte bestimmen.*" (§ 22b Abs. 1 SGB II)

Für Personen mit einem **besonderen Bedarf** für Unterkunft und Heizung **sollen** Sonderregelungen getroffen werden. Dies gilt insbesondere für Personen, die wegen einer Behinderung oder der Ausübung ihres Umgangsrechts einen erhöhten Raumbedarf haben. (§ 22b Abs. 3 SGB II)

Bei der **Ermittlung** von Obergrenzen bzw. Pauschalen muss die Kommune/ der Kreis auf qualifizierte Mietspiegel und Mietdatenbanken sowie geeignete örtliche statistische Datenerhebungen und -auswertungen zurückgreifen. „*Hilfsweise können auch die monatlichen Höchstbeträge ... des Wohngeldgesetzes berücksichtigt werden.*"

Die Methodik der Datengrundlage soll in die Begründung der Satzung einfließen. Die Werte sollen alle zwei Jahre überprüft und ggf. angepasst werden. (§ 22c SGB II)

Die neue Satzungsregelung tritt **nur in Kraft**, wenn die **Bundesländer** ihre Kommunen und Kreise per Gesetz ermächtigen, Satzungen zu erlassen. **Hessen** hat als erstes Bundesland im Juni 2011 ein entsprechendes Landesgesetz verabschiedet, **Berlin** folgte kurz danach und **Schleswig-Holstein** 2012. In anderen Bundesländern zeichnen sich derzeit keine entsprechenden Gesetzesinitiativen für kommunale Satzungen ab. Hier bleibt in Sachen Unterkunftskosten bis auf weiteres alles beim Alten.

Überprüfung der kommunalen Satzung

Erlässt eine Kommune/ ein Landkreis eine Satzung für Unterkunfts- und Heizkosten, kann jeder davon betroffene Leistungsberechtigte einen **Normenkontrollantrag** beim zuständigen LSG stellen. Das Gericht prüft die kommunalen Regelungen dann auf ihre Gültigkeit und kann sie ggf. für unwirksam erklären. Diese Entscheidung ist allgemeingültig. (§55a SGG)

Das LSG Berlin-Brandenburg hat die Berliner *„Wohnaufwendungenverordnung"* (WAV) vom 3.4.2012 und die dort vorgesehenen „Gesamtangemessenheitsgrenzen" in zwei Entscheidungen für unwirksam erklärt (25.4.2013 - L 36 AS 2095/12 NK; 4.9.2013 - L 36 AS 1414/12 NK). Die Ungültigkeit der WAV wurde inzwischen vom BSG bestätigt (4.6.2014 - B 14 AS 53/13 R).

Kritik

Mit der Möglichkeit Satzungen zu erlassen, bekommen klamme Kommunen und Kreise ein neues Instrument in die Hand, im Bereich der Unterkunftskosten zusätzliche Kürzungen vorzunehmen. Dadurch besteht die Gefahr einer indirekten Regelsatzkürzung, wenn LeistungsbezieherInnen gezwungen werden, Teile der Miete, Heiz- oder Nebenkosten aus dem Regelsatz zu zahlen. Es ist davon auszugehen, dass z.B. bei den „angemessenen" Wohnraumgrenzen oder den Obergrenzen für bestimmte Verbrauchswerte bestehende, durch BSG-Entscheidungen gefestigte Mindeststandards unterschritten werden und sich die Betroffenen mittels Normenkontrollantrag beim Landesozialgericht dagegen wehren müssen.

Unserer Auffassung nach haben die unter ⇨2. ff. beschriebenen **Mindestanforderungen** für die Bestimmung von angemessenen Mieten und Verbrauchswerten (⇨Heiz- und ⇨Mietnebenkosten) auch für Satzungen Gültigkeit. Das **BSG** fordert für die Ermittlung der Angemessenheitsgrenzen ein ***„schlüssiges Konzept"*** (⇨2.3.1). Bei der Überprüfung der Satzungen durch die LSG müssen die hier gewonnenen Erkenntnisse und Standards angewendet und weiterentwickelt werden, um bei Beziehenden von Alg II und HzL/ GSi der Sozialhilfe dauerhafte Bedarfsunterdeckung, Ghettobildung usw. auszuschließen.

HzL/GSi der Sozialhilfe

„Hat ein Kreis oder eine kreisfreie Stadt eine Satzung nach den §§ 22a bis 22c des Zweiten Buches erlassen, so gilt sie für Leistungen für die Unterkunft nach § 35 Absatz 1 und 2 des zuständigen Trägers der Sozialhilfe entsprechend, sofern darin ... Sonderregelungen für Personen mit einem besonderen Bedarf für Unterkunft und Heizung getroffen werden und dabei zusätzlich auch die Bedarfe älterer Menschen berücksichtigt werden." (§ 35a Satz 1 SGB XII)

Eine Satzung, die eine Kommune/ ein Landkreis nach dem SGB II erlässt, wird demnach **auf das SGB XII übertragen**, sofern sie auf die persönlichen Verhältnisse älterer Menschen abgestimmt ist. Das sollte auch für die besonderen Bedürfnisse von behinderten und kranken Menschen gelten, die häufig auf Leistungen der Sozialhilfe angewiesen sind. Bei der Berliner WAV vom 3.4.2012 waren solche besonderen Wohnbedarfe nicht konkret ausgeführt, daher wurde sie für das SGB XII für ungültig erklärt (BSG 17.10.2013 - B 14 AS 70/12 R).

2.5.2 Pauschalierung der Kosten der Unterkunft möglich?

HzL/GSi der Sozialhilfe

„Der Träger der Sozialhilfe kann für seinen Bereich die Leistungen für die Unterkunft durch eine monatliche Pauschale abgelten, wenn auf dem örtlichen Wohnungsmarkt hinreichend angemessener freier Wohnraum verfügbar und in Einzelfällen die Pauschalierung nicht unzumutbar ist. Bei der Bemessung der Pauschale sind die tatsächlichen Gegebenheiten des örtlichen Wohnungsmarkts, der örtliche Mietspiegel sowie die familiären Verhältnisse der Leistungsberechtigten zu berücksichtigen." (§ 35 Abs. 3 SGB XII)

Eine Pauschalierung der Unterkunftskosten in der Sozialhilfe war und ist **möglich**. Aufgrund angestrebter einheitlicher Regelungen bei der Gewährung von Unterkunftskosten im SGB II **und** SGB XII haben Sozialhilfeträger nach unseren Erkenntnissen von der Möglichkeit bislang keinen Gebrauch gemacht.

Das kann sich freilich mit der Einführung der **Satzung**sregelung im SGB II und mit der Möglichkeit zur Pauschalierung ändern.

Alg II
Mietpauschalen im SGB II waren bislang nicht möglich, weil das BMAS keine entsprechende Rechtsverordnung erlassen hatte (§ 27 Nr. 1 SGB II alt).

Mit der **kommunalen Satzung** ist es seit April 2011 möglich – sofern eine Kommune/ ein Kreis davon gebraucht macht – eine Pauschalierung von Unterkunftskosten zu regeln. Da eine Pauschale jedoch ein **Festbetrag** ist, der für die jeweilige angemessene Wohnungsgröße (abhängig von den Personen im Haushalt) **an alle** gezahlt werden muss, und diese Pauschale immer den **Bedarf des größten Teils** der Leistungsberechtigten **decken muss**, ist es fraglich, ob Leistungsträger überhaupt pauschalieren werden. Immerhin müssten sie auch allen Alg-II-Beziehenden mit geringeren Kosten für die Unterkunft den jeweils höheren Pauschbetrag für die Wohnung auszahlen. Das kann teuer werden. Die Festlegung von **Obergrenzen** für Miete, Heiz- und Nebenkosten wäre für die Träger lukrativer.
Auf der anderen Seite bedeutet eine Pauschalierung auch immer eine Vereinfachung der gerade im Bereich der Unterkunftskosten sehr arbeitsintensiven **Verwaltung**. Auch das bedeutet Kürzungen, allerdings zunächst mal für die Verwaltung.
Tendenzen in Richtung Pauschalierung sind bislang nicht zu erkennen.

2.5.3 Gesamtangemessenheitsgrenzen unter Einbeziehung der Heizkosten

Alg II
Mit Inkrafttreten des Neunten SGB-II-Änderungsgesetzes **zum 1.8.2016** ist *„zur Beurteilung der Angemessenheit der Aufwendungen für Unterkunft und Heizung ... die Bildung einer Gesamtangemessenheitsgrenze zulässig"* (§ 22 Abs. 10 SGB II neu; ⇨Heizung 4.1). Jeder Kommune/ jeder Landkreis kann nun auch **ohne** Erlass einer kommunalen Satzung selbst entscheiden, ob von der Möglichkeit Gebraucht gemacht wird.

Ist das in Ihrer Stadt/ Ihrem Landkreis der Fall, dann wäre es Mietern und Wohneigentümern möglich, höhere Heizkosten durch niedrigere sonstige laufende Unterkunftskosten auszugleichen und umgekehrt. Die Gesamtkosten fürs Eigenheim würden sich dann an der Bruttowarmmiete für eine angemessene Mietwohnung orientieren, die der Haushaltsgröße (Personenzahl) entspricht. Das war bislang aufgrund der strikten Trennung von Unterkunfts- und Heizkosten bei der Beurteilung der angemessenen Kosten nicht möglich.
Diese Regelung wurde jedoch (noch) nicht in das Sozialhilferecht (SGB XII) übernommen. Weil unterschiedliche Maßstäbe im SGB II und SGB XII nicht erwünscht sein werden, ist es derzeit unwahrscheinlich, dass kommunale Träger die angemessenen Unterkunftskosten im Rahmen einer Gesamtangemessenheitsgrenze bestimmen werden. Außerdem sind die Erfahrungen, die Berlin bei der Bestimmung der Angemessenheit nach dem „Bruttowarmmietekonzept" gemacht hat, für Kommunen/ Kreise nicht gerade ermutigend: Die Berliner *„Wohnaufwendungenverordnung"* wurde durch alle Gerichtsinstanzen hindurch für unwirksam erklärt (⇨2.5.1).

3. Möglichkeiten der Senkung einer unangemessenen Miete auf das „angemessene" Maß

3.1 ...wegen Mietpreisüberhöhung

„Unangemessen hoch sind Entgelte, die ... die üblichen Entgelte um mehr als 20 vom Hundert übersteigen, die in der Gemeinde oder in vergleichbaren Gemeinden ... vereinbart ... worden sind." (§ 5 Abs. 2 Wirtschaftsstrafgesetz) Mieten von mehr als 20% über den ortsüblichen Mieten zu verlangen, ist eine Ordnungswidrigkeit, die mit einer Geldbuße bis zu 50.000 € geahndet werden kann. Sie können den Teil der Miete einbehalten, der mehr als 20% über der ortsüblichen Vergleichsmiete liegt. Der Vermieter muss die Miete reduzieren und kann gezwungen werden, den Unterschiedsbetrag zurückzuerstatten.

Tipp Sind Sie gerade in eine Wohnung eingezogen, können Sie prüfen, ob die Miete bei Wiedervermietung 10% über das Niveau der ortsüblichen Vergleichsmiete angehoben wurde. In festgelegten Regionen mit angespanntem Wohnungsmarkt soll

M

dann die *„Mietpreisbremse“* wirken. Eine Erhöhung der Miete über dieses Niveau wäre unwirksam. (Infos: www.mietpreisbremse.bund.de/service/fragen-und-antworten)

3.2 ...wegen Mietwucher

Mietwucher liegt nach der herrschenden Rechtsprechung vor, wenn die gezahlte Miete um mehr als 50% über der ortsüblichen Vergleichsmiete liegt. Mietwucherer können mit einer Freiheitsstrafe bis zu drei Jahren bestraft werden.

Tipp Wenn die Sozialbehörde Sie trotz Verdacht auf Mietpreisüberhöhung oder Mietwucher wegen der Miethöhe unter Druck setzt, sollten Sie sich an die zuständige Wohnungsbehörde wenden.

3.3 ...wegen Mieterhöhung über den Mietspiegel hinaus

M

Ihre Miete kann sich durch Mieterhöhungen aus einer angemessenen in eine unangemessene Miete verwandeln. Wenn Ihr Vermieter Ihre Miete erhöhen will, geben Sie Ihre Zustimmung nicht sofort. Prüfen Sie vorher, ob die geforderte Miete dem Mietspiegel entspricht oder ob die Mieterhöhung andere gesetzliche Anforderungen nicht erfüllt. Sie müssen ggf. nur bis zur Höhe des Mietspiegels zahlen.

3.4 ...durch Mietminderung wegen Mängeln der Wohnung

Da Ihnen die Behörde nur die tatsächlichen Aufwendungen zahlt, vermindern sich diese auch, wenn Sie wegen Wohnungsmängeln die Miete mindern. Kommt es zu einem Prozess, den Sie verlieren, müsste die Behörde dann die Rückzahlung der Mietminderung als tatsächliche Kosten der Unterkunft übernehmen (§ 44 Abs. 1 Nr. 1 SGB X). Lassen Sie sich das vorsorglich schriftlich bestätigen.

Tipp Lassen Sie sich zu 3.1 bis 3.4 beim örtlichen Mieterverein über mögliche Schritte beraten. Verständliche Informationen erhalten Sie im Internet unter www.berliner-mieterverein.de ⇨Infomarkt & Mietrecht ⇨Infoblätter.

3.5 ...durch eine andere Einstufung des Baujahrs

Wenn Modernisierungen mit entsprechenden Mieterhöhungen stattgefunden haben, das Baujahr aber nicht verändert wird, wird unter Umständen auch die Angemessenheit Ihrer Miete zu niedrig eingestuft. Prüfen Sie, ob es Modernisierungen gab, die die Einstufung beeinflussen. Es gibt Kommunen/ Kreise, die bei den Angemessenheitsgrenzen nach Baujahresklassen des Hauses differenzieren.

3.6 ...durch Untervermietung

Wenn Ihre Wohnung groß genug und Untervermietung möglich (durch Erlaubnis des Vermieters) und zumutbar ist, können Sie untervermieten, wenn Sie die Wohnung nicht wechseln wollen (OVG Hamburg 13.7.1993, FEVS 1994, 409 ff.).

3.7 ...durch Wohnungswechsel

Eine unangemessene Miete wird meist nur übernommen, um Ihnen Zeit zu geben, eine angemessene Wohnung zu finden. Näheres unter ⇨**Umzug**

3.7.1 Wann ist ein Wohnungswechsel nicht zuzumuten?

Nach Kriterien, die in den Richtlinien der Kommunen für Unterkunftskosten oder von der Rechtsprechung entwickelt wurden, kann das der Fall sein, wenn

- Sie nachweislich (innerhalb der gesetzten Frist) keine angemessene Wohnung finden konnten,
- ihre Miete nur geringfügig über der Angemessenheitsgrenze liegt, z.B. um 65 € bei einem 3-Personenhaushalt (SG Oldenburg 5.7.2006 - S 49 AS 734/05),
- Sie schwer krank, behindert, pflegebedürftig oder psychisch krank sind (u.a. LSG Berlin-Brandenburg 27.3.2009 - L 14 AS 274/09 B ER: psychische Erkrankung),
- Sie unter Platzangst leiden (LSG NRW 20.7.2009 - L 7 B 182/09 AS),
- Sie suizidgefährdet sind (BVerfG 27.6.2005 - 1 BvR 224/05),
- Sie z.B. blind sind und sich in Ihrer bisherigen Umgebung sehr gut auskennen,
- Sie, z.B. als Erwerbsloser, nur vorübergehend Unterstützung erhalten (OVG Lüneburg, FEVS 29, 78),
- das Ende des Leistungsbezugs, z.B. aufgrund der Verrentung, bevorsteht (LSG NRW 17.4.2009 - L 19 B 75/09 AS ER),
- Sie schwanger sind (LSG Mecklenburg-Vorpommern 7.5.2009 - L 8 AS 57/08),

- Sie in Elternzeit sind,
- die sozialen Beziehungen Ihrer Kinder im Einzelfall gefährdet wären (SG Oldenburg 6.7.2006 - S 49 AS 734/05), diese mögliche Schulprobleme bekommen oder die Erziehungsprobleme größer werden,
- Sie nur einmalige Leistungen bzw. geringfügige Leistungen (10-12.50 € mtl.) von der Behörde bekommen,
- die Einsparungen an Miete in keinem angemessenen Verhältnis zu den Mehrkosten für Umzug, Renovierung, Kaution, Maklergebühren, Doppelmieten, Neuanschaffungen usw. stehen,
- wenn Sie Alg II auf Darlehensbasis beziehen,
- wenn eine Vielzahl von Leistungsberechtigten einer Siedlung umziehen müssten.

Tipp 1 Wenn wenige € Mietersparnis mit hohen zusätzlichen Kosten für Umzug, Auszugs- und Einzugsrenovierung, Kaution, doppelte Mietzahlungen, Wohnungssuche usw. verbunden sind, handelt die Behörde unwirtschaftlich. *„Eine Absenkung der ... unangemessenen Aufwendungen muss nicht gefordert werden, wenn diese unter Berücksichtigung der bei einem Wohnungswechsel zu erbringenden Leistungen unwirtschaftlich wäre.“* (§ 22 Abs. Satz 4 SGB II)

Tipp 2 Die Behörde würde auch Sie zur Unwirtschaftlichkeit zwingen, denn Sie haben beim Umzug Mehrausgaben. Außerdem stören sinnlose Umzüge Sie dabei, den Zweck der Grundsicherung für Arbeitssuchende zu erfüllen, nämlich Arbeit zu suchen (§ 1 Abs. 1, Satz 2 SGB II).

4. Senkung der Kosten

4.1 Ein halbes Jahr Frist, um unangemessene Mieten zu senken

„Soweit die Aufwendungen für die Unterkunft den der Besonderheit des Einzelfalles angemessenen Umfang übersteigen, sind sie als Bedarf des allein stehenden Hilfebedürftigen oder der Bedarfsgemeinschaft solange zu berücksichtigen, wie es allein stehenden Hilfebedürftigen oder der Bedarfsgemeinschaft nicht möglich oder nicht zuzumuten ist, durch einen Wohnungswechsel, durch Vermieten oder auf andere Weise die Aufwendungen zu senken, in der Regel jedoch längstens für sechs Monate.“ (§ 22 Abs. 1 Satz 3 SGB II; entsprechend: § 35 Abs. 1 Satz 2 u. 3 SGB XII)

Die **Sechsmonatsfrist** zur Senkung der Unterkunftskosten auf das angemessene Maß muss durch eine hinreichende **Aufklärung** der Behörde in Gang gesetzt werden. Darin ist darzulegen, *„in welcher Weise und in welcher Intensität sie (die Leistungsbezieher) nach einer billigeren Unterkunft suchen (müssen) und welche Nachweise sie dafür zu erbringen“* haben (LSG Bayern 26.10.2006 - L7 AS 90/06; ebenso: LSG Baden-Württemberg 30.1.2007 - L 8 AS 57755/06; LSG Rheinland-Pfalz 5.10.2006 - L 3 ER 187/06 AS). Schließlich können Sie nicht wissen, dass Sie Ihre Kosten senken sollen, wie und bis wann das von Ihnen verlangt wird und wie Sie das der Behörde gegenüber dokumentieren sollen.

Auch wenn die **Kostensenkungsaufforderung** kein Verwaltungsakt ist, der mit einem Widerspruch angegriffen werden kann, hat sie eine *„Aufklärungs- und Warnfunktion“* (BSG 07.11.2006 - B 7b AS 10/06 R). Es sind gewisse Anforderungen zu erfüllen, damit zumindest klar wird, was genau von Ihnen gefordert wird. Das BSG stellt allerdings keine erhöhten inhaltlichen oder formellen Anforderungen an das Aufforderungsschreiben (ebenda).

Da vermietbare Wohnungen in der Regel zu Preisen oberhalb des Mietspiegels angeboten werden, ist es durchaus möglich, dass Sie im geforderten Zeitraum keine angemessene Wohnung finden. Laut Gesetzestext sollen unangemessene Mieten solange übernommen werden, wie es Ihnen nicht möglich ist, die Aufwendungen zu senken.

Wenn es Ihnen trotz *„ernsthafter und intensiver Bemühungen“* (BVerwG 30.5.1996, info also 1996, 201) nicht gelingt, in sechs Monaten eine billigere Wohnung zu finden, muss Ihre Miete weiter übernommen werden (BVerwG 11.9.2000 - 5 C 9/2000).

Fragt sich nur, wie viele Monate sie ernsthaft und intensiv suchen müssen. Muss nicht irgendwann Schluss sein, mit der Suche nach einer Wohnung, die unter den vorgegebenen Konditionen nicht zu finden ist?

M

Tipp Wenn Sie sich nachweislich intensiv, aber erfolglos um eine neue Wohnung bemüht haben und Ihr Sachbearbeiter Ihnen nach einem halben Jahr trotzdem die Miete kürzt, sollten Sie ⇨Widerspruch einlegen und eine ⇨einstweilige Anordnung beantragen.

4.2 Nachweis der Wohnungssuche

Sie sollten sich beim Wohnungsamt als wohnungssuchend melden.
Fragen Sie Ihren Sachbearbeiter, wie viele Wohnungssuchnachweise er von Ihnen verlangt und in welcher Form er sie anerkennt. Legen Sie unbedingt ein **„Wohnungssuchprotokoll“** an, in dem Sie Ihre Suche dokumentieren (entsprechend der Bewerbungsnachweise; ⇨Bewerbungen).
Da drei bis 10 Bewerbungen um Arbeit im Monat zumutbar sind, gehen wir davon aus, dass je nach Wohnungsmarkt 5 bis 10 Nachweise zur Wohnungssuche genügen sollten. Erklären Sie, keine Wohnung zu finden, kann die Behörde den Gegenbeweis antreten, indem sie Ihnen eine einzige billigere und verfügbare Wohnung anbietet (BVerwG, info also 1996, 201). Die muss allerdings auch tatsächlich an Sie vermietet werden können.

Tipp Beantragen Sie ⇨Wohnungsbeschaffungskosten noch bevor die Kosten anfallen (Fahrtkosten, je nach Wohnungsmarkt Maklerkosten, Kosten für Zeitungen, Inserat usw.; ⇨Umzug).

4.3 Bei langen Kündigungsfristen Umzug nicht möglich

Bei Mietverhältnissen, die vor dem 1.9.2001 geschlossen wurden, **können** aufgrund von **Sondervereinbarungen** mit dem Vermieter längere Kündigungsfristen bis zu einem Jahr gelten. Liegt keine solche Vereinbarung vor, gilt die nach dem 1.9.2001 gültige Kündigungsfrist von drei Monaten.

Nehmen wir an, Sie haben für Ihre alte Wohnung eine Kündigungsfrist von einem Jahr. Vier Monate nach der Aufforderung durch das Amt finden Sie eine angemessene Wohnung, die Sie in zwei Monaten beziehen können. Wenn Sie sofort kündigen, haften Sie für alle Verluste, die dem Vermieter aus Ihrem vorzeitigen Auszug entstehen. Um das zu umgehen, müssten Sie sich mit Ihrem Vermieter einigen, ob er Sie früher aus dem Vertrag entlässt, wenn Sie z.B. einen Nachmieter stellen usw. Der Vermieter ist aber in seiner Entscheidung frei. Er kann auf der Einhaltung des Mietvertrags bestehen. Die Sechsmonatsfrist der Behörde wäre in diesem Fall hinfällig.

Auch wenn die Kündigungsfrist nur drei Monate beträgt, können Sie jedoch erst dann kündigen, wenn Sie eine neue Wohnung tatsächlich anmieten können. Offensichtlich geht die Bundesregierung bei ihrer Sechsmonatsfrist davon aus, dass Sie ohne Probleme innerhalb von drei Monaten eine neue Wohnung anmieten können und die geringst mögliche Kündigungsfrist haben. Die Frist von sechs Monaten ist lebensfremd und stellt Leistungsbeziehende, die umziehen müssen, vor große Schwierigkeiten.

Tipp Es gibt kein Sonderkündigungsrecht für Alg-II-Beziehende und kein Recht auf Vertragsbruch. Bestehen Sie also auf die Zusage, dass die doppelte Miete übernommen wird, falls Sie vor Ablauf der Kündigungsfrist umziehen müssen. Wird diese Zusage nicht erteilt, scheitert die Anmietung der neuen Wohnung, da sie gezwungen wären, die Doppelmiete aus dem Regelsatz zu zahlen. Näheres dazu ⇨Wohnungsbeschaffungskosten

4.4 Mieterhöhung aufgrund von Modernisierung löst neue Sechsmonatsfrist aus

Erhöht sich nach einer Modernisierungsmaßnahme die Miete, ist sie im Rahmen der Unterkunftskosten **in tatsächlicher Höhe** zu übernehmen (BSG 19.10.2010 - B 14 AS 2/10 R). Wird durch den Modernisierungszuschlag die Angemessenheitsgrenze überschritten, wird die sechsmonatige Frist zur Kostensenkung neu ausgelöst, allerdings nur, wenn ein ⇨Umzug mit Blick auf die entstehenden Kosten überhaupt „wirtschaftlich“ ist (§ 22 Abs. 1 Satz 4 SGB II). Die Übernahme der Mieterhöhung erfordert **keine vorherige Genehmigung** der Modernisierungsvereinbarung durch das Jobcenter (BSG 23.8.2012 - B 4 AS 32/12 R).

5.1 Kann die Mietzahlung eingestellt werden, wenn Sie eine „angemessene" Wohnung nicht nehmen?

Nein. Es muss wenigstens die als angemessen betrachtete Miete gezahlt werden. Denn: *„Leistungen für die Unterkunft ... werden in Höhe der tatsächlichen Aufwendungen erbracht, soweit sie angemessen sind."* (§ 22 Abs. 1 SGB II; sinngleich § 35 SGB XII)

Wenn jemand **nicht** aus einer unangemessenen in eine angemessene Unterkunft umzieht, obwohl er die Möglichkeit dazu hätte, müssen wenigstens die angemessenen Unterkunftskosten weiter gezahlt werden.

Sie können auch ohne Zusicherung der Behörde von einer Wohnung mit unangemessener Miete in eine Wohnung mit geringerer, aber immer noch unangemessen hoher Miete umziehen. Der angemessene Teil ist immer zu übernehmen (§ 35 Abs. 2 Satz 4 SGB XII; BVerwG 1.10.1998, FEVS 49, 150 ff.).

5.2 Differenz zwischen „angemessener" und unangemessener Miete selbst aufbringen

Sie können über die Verwendung Ihres Regelsatzes selbst bestimmen. Sie sind frei, auch den unangemessenen Teil der Miete daraus zu decken (SG Düsseldorf 25.2.2006 - S 35 AS 360/05 ER). Meist bewegen sich die Differenzen um 30 bis 90 € (junge welt 3.2.2006 über Berlin). Wenn Sie über Erwerbseinkommen, Mehrbedarfszuschläge usw. verfügen, können Sie die Differenz auch daraus decken.

Tipp Bedenken Sie aber, dass die Bezuschussung der Miete oft dauerhaft nötig ist und dass Sie sich dabei nicht finanziell übernehmen.

Es kann aber auch **jemand anderes** die Differenz zahlen. Ein Zuschuss der Eltern in Höhe von 200 € zu dem Zweck, den unangemessenen Teil der Miete zu decken, *„beeinflusst die Lage der Klägerin nicht so günstig, dass daneben Leistungen nach dem SGB II nicht gerechtfertigt wären."* (LSG Rheinland-Pfalz 6.11.2009 - L 5 AS 221/09). Er darf daher nicht als ⇨Einkommen angerechnet werden.

Tipp Damit solche Zuwendungen vom Jobcenter nicht als anzurechnendes Einkommen gewertet werden, ist es sinnvoll, dass die Summe vom „Spender" direkt und zweckbestimmt an den Vermieter gezahlt wird. Das LSG Rheinland-Pfalz (ebenda) hatte der Klägerin zwar die volle Verfügung über den Zuschuss der Eltern zugebilligt, aber man kann nie wissen, wie andere Gerichte urteilen.

6.1 Mietübernahme bei Antragstellung

Ab dem 1.4.2011 geht der Antrag auf Leistungen beim **Alg II** (bei der **GSi** schon vorher) auf den **Ersten eines Monats** zurück. Die Miete für diesen Monat ist dann voll zu berücksichtigen wie auch alle ⇨Einkommen, die Sie im Monat erzielen.

Bei **HzL der Sozialhilfe** beginnt der Anspruch auf Leistungen erst ab dem Tag, ab dem das Sozialamt von Ihrer Hilfebedürftigkeit erfährt. Die Miete muss dann nur anteilig für den Monat erbracht werden.

6.2 Miete direkt an Vermieter?

*„Soweit Arbeitslosengeld II für den Bedarf für Unterkunft und Heizung geleistet wird, ist es **auf Antrag** der leistungsberechtigten Person möglich, an den Vermieter oder andere Empfangsberechtigte zu zahlen.*

*Es **soll** an den Vermieter oder andere Empfangsberechtigte gezahlt werden, wenn die zweckentsprechende Verwendung durch die leistungsberechtigte Person nicht sichergestellt ist.*

Das ist insbesondere der Fall, wenn

1. *Mietrückstände bestehen, die zu einer außerordentlichen Kündigung des Mietverhältnisses berechtigen,*
2. *Energiekostenrückstände bestehen, die zu einer Unterbrechung der Energieversorgung berechtigen,*
3. *konkrete Anhaltspunkte für ein krankheits- oder suchtbedingtes Unvermögen der leistungsberechtigten Person bestehen, die Mittel zweckentsprechend zu verwenden, oder*
4. *konkrete Anhaltspunkte dafür bestehen, dass die im Schuldnerverzeichnis eingetragene leistungsberechtigte Person die Mittel nicht zweckentsprechend verwendet."* (§ 22 Abs. 7 SGB II; entsprechend § 35 Abs. 1 Satz 2 u. 3 SGB XII)

Auch bei Erwerbslosen, denen der Regelsatz **um** mindestens **60% gestrichen** wurde, soll

M

das Jobcenter die Miete und Heizkosten direkt an den Vermieter überweisen (§ 31a Abs. 3 Satz 3 SGB II; ⇨Sanktionen).

Tipp Sie sollten im Normalfall darauf bestehen, dass Sie die Unterkunftskosten ausgezahlt bekommen und eigenverantwortlich an den Vermieter überweisen. Dann haben Sie selbst die Kontrolle über Ihre Zahlungen und merken, wenn etwas schief läuft.

7. Beiträge für einen Mieterschutzbund

Wenn Sie sich gegen überhöhte Mieten oder Mietnebenkosten wehren, setzen Sie sich für die Interessen der Behörde ein. Haben Sie Erfolg, muss diese weniger zahlen. Das gilt auch für die Durchsetzung notwendiger Reparaturen und Maßnahmen zur Instandhaltung der Wohnung gegenüber Ihrem Vermieter. Können Sie damit die Bewohnbarkeit Ihrer Wohnung dauerhaft sicherstellen, entfallen die mit dem ⇨Wohnungswechsel verbundenen Kosten.

M

Tipp Beantragen Sie in diesen Fällen die Übernahme des Beitrags zu einem Mieterverein durch die Behörde. Wenn ein Beitritt sich für diese lohnt, zahlt sie ihn auch (so z.B. in Wiesbaden oder Hamburg). Das Sozialamt Darmstadt hatte z.B. mit dem Mieterverein eine Sondermitgliedschaft für Sozialhilfebeziehende vereinbart.

8. Nur in Wohnungen mit „angemessener" Miete umziehen?

Wenn Ihnen keine andere Wahl mehr bleibt als umzuziehen, müssen Sie Folgendes beachten:

HzL/GSi der Sozialhilfe

„Vor Abschluss eines Vertrages über eine neue Unterkunft haben Leistungsberechtigte den dort zuständigen Träger der Sozialhilfe ... in Kenntnis zu setzen. Sind die Aufwendungen für die neue Unterkunft unangemessen hoch, ist der Träger der Sozialhilfe nur zur Übernahme angemessener Aufwendungen verpflichtet, es sei denn, er hat den darüber hinausgehenden Aufwendungen vorher zugestimmt." (§ 35 Abs. 2 Satz 3 u. 4 SGB XII)

Sie müssen also **keine** vorherige Zustimmung zum Umzug selbst einholen, sondern nur das Sozialamt des Orts, an den Sie ziehen wollen, vom geplanten Umzug *„in Kenntnis setzen"*. Das sollten Sie auch wirklich tun. Denn nur so können Sie erfahren, ob das neue Sozialamt die Unterkunftskosten für angemessen hält (⇨2.).
Wenn Sie allerdings ⇨**Umzug**skosten bzw. ⇨Wohnungsbeschaffungskosten erstattet bekommen wollen, müssen Sie zuvor beim Sozialamt, das **bis** zum Umzug zuständig ist, einen Antrag stellen.

Tipp Verlassen Sie sich nicht darauf, dass das Sozialamt Ihres Herkunftsorts die Miete Ihrer Wohnung im Bereich eines anderen Sozialamts für angemessen erklärt und Ihre Umzugskosten übernimmt. Beantragen Sie die Übernahme der Kosten immer **vorher**. Lassen Sie sich alles **schriftlich** geben!

Hält das Sozialamt des Orts, in den Sie ziehen, die Miete für unangemessen und Sie ziehen trotzdem um, muss es nur die angemessene Miete zahlen.
Das gilt auch, wenn Sie das neue Sozialamt vor dem Umzug **nicht** informiert haben. Der angemessene Teil **muss** selbst dann berücksichtigt werden, wenn Sie die Differenz zur Gesamtmiete nicht dauerhaft tragen können (BVerwG 1.10.1998, BVerwGE 107, 239).

Wenn Sie die Differenz zur tatsächlichen Miete nicht zahlen können, können ⇨**Mietschulden** auflaufen. Diese werden nicht übernommen, wenn die Miete unangemessen ist. Irgendwann könnten Sie also geräumt werden (⇨Räumung).

Der Umzug in eine unangemessen teure Wohnung kann zulässig sein, wenn der Umzug unausweichlich und damit unaufschiebbar war, z.B. wenn Wohnungslosigkeit drohte und keine Alternativen bestanden (BVerwG 30.5.1996, info also 1996, 200).
Gründe können Feuchtigkeit, Kälte, Erkrankungen aufgrund der Beschaffenheit der alten Wohnung sowie Druck der Mitmieter sein. Sie müssten allerdings nachweisen, dass Sie trotz intensiver Bemühungen keine günstigere Wohnung finden konnten.

Tipp Auch hier gilt: lieber vorher die Zustimmung einholen, denn nur dann ist die Behörde auch verpflichtet, die unangemessene Miete zu tragen (§ 35 Abs. 2 Satz 4 SGB XII).

Alg II

„Vor Abschluss eines Vertrages über eine neue Unterkunft soll die leistungsberechtigte Person die Zusicherung des für die neue Unterkunft örtlich zuständigen kommunalen Trägers zur Berücksichtigung der Aufwendungen für die neue Unterkunft einholen. Der kommunale Träger ist zur Zusicherung verpflichtet, wenn die Aufwendungen für die neue Unterkunft angemessen sind." (§ 22 Abs. 4 SGB II neu)

Das gilt **seit 1.8.2016** und ist eine deutliche Verbesserung gegenüber der Vorgängerregelung. Demnach müssen Sie die Übernahme der künftigen Unterkunftskosen von dem Jobcenter **genehmigen** lassen, das **am Ort der neuen Wohnung** zuständig ist. Das macht Sinn. Bis zum 31.7.2016 war das Jobcenter am alten Wohnort für diese Genehmigung zuständig.

Außerdem **entfällt** die **Erforderlichkeit** des Umzuges als **Voraussetzung** für die Zusicherung der Übernahme künftiger Mietzahlungen. Es handelt sich lediglich um eine Vorsichtsmaßnahme, um sicherzustellen, dass die Kosten der neuen Wohnung auch tatsächlich angemessen sind und in voller Höhe übernommen werden.

Auch für die Übernahme der ⇨**Kaution** (Genossenschaftsanteile) müssen Sie beim **neuen** Jobcenter die Zusicherung einholen. Für die Genehmigung der mit dem ⇨**Wohnungswechsel**/ ⇨**Umzug** verbundenen Kosten ist wie bisher das **alte** Jobcenter zuständig. Voraussetzung für die Übernahme dieser Kosten, ist aber, dass der **Umzug erforderlich** ist. (§ 22 Abs. 6 SGB II neu)

8.1. Nicht erforderlicher Umzug in eine teurere Wohnung

nur Alg II

Ist ein Umzug **nicht erforderlich**, die neue Miete zwar angemessen, aber **höher** als die frühere Miete, werden Miete und Heizung **nur in Höhe der früheren Aufwendungen** gezahlt (§ 22 Abs. 1 Satz 2 SGB II neu). Das gilt auch, wenn Sie ohne Erlaubnis in eine unangemessene Wohnung umziehen. Die Latte der Angemessenheit wird gerade für diejenigen gesenkt, die in den billigsten und schlechtesten Wohnungen leben. Arbeitslose sollen sich nicht einmal im Rahmen angemessener Unterkunfts- und Heizkosten verbessern dürfen. Diese „Mietpreisbremse" für Alg-II-Beziehende gibt es schon seit August 2006 und sie gilt für die Dauer des Leistungsbezugs.

Tipp 1 Wenn Sie in einer unzumutbaren, billigen Wohnung wohnen, beantragen Sie die Anerkennung der **Erforderlichkeit** Ihres Umzuges (mögliche Gründe unter ⇨Umzug 1.1). Wenn das Amt die Notwendigkeit anerkennt, haben Sie Anspruch auf den angemessenen Mietpreis und die Übernahme der Umzugskosten.

Tipp 2 Die Beschränkung der Unterkunftskosten bei nicht erforderlichem Umzug auf die früheren Miet- und Heizkosten **entfällt**, sobald Sie aufgrund von Einkommenszufluss den Leistungsbezug für mindestens einen Monat unterbrechen (BSG 9.4.2014 - B 14 AS 23/13 R).

Das **Bundessozialgericht** hat die „lebenslange" Begrenzung der Unterkunftskosten allerdings eingeschränkt: Sie greift nur dann, wenn zum Zeitpunkt des nicht erforderlichen Umzugs **rechtmäßig ermittelte kommunale Angemessenheitsgrenzen** existierten, die auf Grundlage eines schlüssigen Konzepts festgelegt wurden (BSG 29.4.2015 - B 14 AS 6/14 R).

Ist das der Fall, dürfen die Leistungen für Unterkunft und Heizung nicht statisch auf die alten Aufwendungen zum Zeitpunkt **vor** dem Umzug begrenzt werden. Es hat vielmehr eine **Dynamisierung** orientiert an den Veränderungen der kommunalen Angemessenheitsgrenzen seit dem Vergleichszeitpunkt zu erfolgen, die berücksichtigt, *„dass sich zeitlich nachfolgende Anhebungen dieser Angemessenheitsgrenzen auf die Deckelung auswirken"*. (BSG 17.2.2016 - B 4 AS 12/15 R)

Tipp 1 Überprüfen Sie, ob die örtlichen Angemessenheitsgrenzen anhand eines schlüssigen Konzepts ermittelt wurden (⇨2.3 ff.). Wenn nicht, wäre die Deckelung von Beginn an rechtswidrig. Sie können den entsprechenden Kürzungsbescheid mit Hilfe eines Überprüfungsantrags bis zu vier Jahre rückwirkend angreifen (⇨Nachzahlung 3.1).

Tipp 2 Ist die Deckelung rechtmäßig, machen Sie Ihren Sachbearbeiter auf die erforderliche Dynamisierung Ihrer begrenzten Unterkunftskosten aufmerksam.

Ziehen Sie aber auf eigenen Wunsch, ohne Erforderlichkeit und Zusicherung der Behörde in einen **anderen Wohnort** um, der einem Wohnungsmarkt mit anderem Mietpreisniveau unterliegt, können Sie auch in eine Wohnung ziehen, die teurer ist als die alte. Sie haben in diesem Fall Anspruch auf eine Wohnung nach den **Angemessenheitskriterien des neuen Wohnortes**. (BSG 1.6.2010 - B 4 AS 60/09R)

Kritik

Der Staat trägt zum hohen Mietpreisniveau bei, indem er sich weitgehend aus dem Sozialen Wohnungsbau zurückgezogen hat. Der Bestand an Sozialwohnungen ist im Westen von 3.9 Mio. Wohnungen 1987 auf 1.8 Mio. 2001 zurückgegangen. Seitdem schrumpft der Bestand jährlich um ca. weitere 100.000 Wohnungen. Außerdem verkauft der Staat viele Wohnungen aus seinem Bestand an private Fonds, die damit ihre Rendite steigern wollen. All das treibt die Mieten nach oben.
Weil Kommunen ein Großteil der Unterkunftskosten für Alg-II- und HzL-Beziehende aufbringen müssen, haben sie ein Interesse, die Kosten zu senken. Deshalb werden Angemessenheitskriterien nach unten geschraubt.

Der Wohnungsmarkt aber bietet regelmäßig nicht genug zumutbare Unterkünfte, die der geforderten Angemessenheit entsprechen. Die Suppe muss eine immer größere Zahl Leistungsbeziehender auslöffeln, die ihre Miete aus dem Regelsatz finanzieren muß. Im Juni 2012 unterschritten bei 796.000 Bedarfsgemeinschaften die anerkannten Kosten die tatsächlichen Kosten für Unterkunft und Heizung. Im gleichen Monat wurden von den tatsächlichen Unterkunftskosten 51 Mio. € nicht von den Jobcentern übernommen. (BT-Drs. 17/11946, 7)
Die betroffenen Bedarfsgemeinschaften mussten demnach im Juni 2012 im Durchschnitt 64 € für die Miete selbst aufbringen.
Mit dem Druck auf die Unterkunftskosten, wird auch Druck aufgebaut, Billigjobs anzunehmen.

Forderungen

Die Angemessenheitsgrenzen müssen je nach Wohnungsmarkt um einem „Verfügbarkeitszuschlag" angehoben werden!
Bemessung der angemessenen Unterkunftskosten auf der Basis der bei Neuvermietungen zu zahlenden Mieten!

Information

Udo Geiger; Unterkunftskosten nach dem SGB II, 3. Aufl., Stand: 04/2015, Fachhochschulverlag, 471 S.
Deutscher Mieterbund, Das Mieterlexikon, Ausgabe 2015/2016, über 700 S., Bezug über den Buchhandel oder örtliche Mietervereine

Beratung

Örtliche Mietervereine und Verbraucherzentralen
Sozialberatungsstellen und Erwerbsloseninitiativen kennen sich i.d.R gut aus mit Unterkunftsproblemen von Leistungsbeziehenden.

Internet

www.mieterbund.de
(dort finden Sie auch ein bundesweites Adressverzeichnis für Beratungsstellen der Mietervereine)

Mietnebenkosten

gehören zu den Leistungen für die Unterkunft (§ 22 Abs. 1 Satz 1 SGB II; § 35 Abs. 1 Satz 1 SGB XII).

1. Was gehört zu den Nebenkosten (Betriebskosten)

Zu den Nebenkosten zählen die laut Betriebskostenverordnung (BetrKV Stand: 10.5.2012) zu zahlenden Betriebskosten, z.B. für Fahrstuhl, Gartenpflege, Gebäude-, Fußweg- und Schornsteinreinigung, Gemeinschaftsantenne oder Kosten der mtl. Grundgebühren für Breitbandanschlüsse, Grundsteuer, Hausbeleuchtung, Hausreinigung, Hausmeister, Reinigung und Wartung der Heizungsanlage, Müllabfuhr, Sach- und Haftpflichtversicherung des Vermieters, Straßenreinigung, Ungezieferbekämpfung und sonstige Betriebskosten.

Die Kosten für **Wasser** und **Abwasser** gehören zu den Nebenkosten und sind als Unterkunftskosten zu übernehmen.
Nebenkosten und mtl. Abschlags- bzw. Vorauszahlungen sind **im Mietvertrag vereinbart**. Da sie **unvermeidbar** sind, müssen sie übernommen werden, auch wenn einzelne Kosten nach SGB II oder SGB XII nicht als notwendig angesehen werden (LSG Niedersachsen-Bremen 15.12.2005 - L 8 AS 427/05 ER; SG Hannover 18.8.2005 - S 47 264/05; in Bezug auf **Kabelanschluss**: BVerwG 28.11.2001, info also 2002, 127 ff.; BSG 19.2.2009 - B 4AS 48/08 R, keine Übernahme, wenn nicht Mietvertraglich geschuldet).

Reparaturkosten und Verwaltungskosten sind **nicht** auf die Nebenkosten umlagefähig.
⇨**Stromkosten** sind schon im ⇨Regelsatz enthalten.
⇨**Heizkosten** werden gesondert abgerechnet.
⇨**Warmwasser**kosten werden im Rahmen der Unterkunfts- und Heizkosten erstattet oder gesondert als ⇨Mehrbedarf erbracht.

2.1 Angemessene Nebenkosten

Nebenkosten müssen in tatsächlicher Höhe übernommen werden, *„soweit diese angemessen sind"* (§ 22 Abs. Satz 1 SGB II; sinngleich: § 35 Abs. 1 Satz 1, Abs. 2 Satz 1 SGB XII).
Regelmäßig bilden die **durchschnittlichen „kalten" Nebenkosten zusammen** mit der **Grundmiete** den Maßstab für die angemessenen Unterkunftskosten und **nicht** die jeweiligen Einzelbestandteile (BSG 20.11.2011 - B 4 AS 19/11 R). Liegt Ihre tatsächliche **Bruttokaltmiete** deutlich darüber, sollen Sie diese auf das angemessene Maß absenken (⇨2.2).

Die meisten Bestandteile der Mietnebenkosten können in ihrer Höhe von Mietern nicht beeinflusst werden. Sie müssen also zunächst in der vom Vermieter geforderten Höhe anerkannt werden.

Tipp Bei deutlich erhöhten Abrechnungswerten ist es sinnvoll, Ihren Vermieter schriftlich zur Überprüfung der Abrechnung und Verbrauchswerte aufzufordern und ggf. einen Mieterverein einzuschalten (⇨Miete 7.). So können Sie gegenüber der Behörde nachweisen, dass Sie nicht untätig sind und einem Kostensenkungsverfahren entgegenwirken.

2.2 Betriebskostenspiegel

Zur Ermittlung „angemessener" Nebenkosten soll auf **regionale** bzw. **örtliche Betriebskostenübersichten** und die sich daraus ergebenden **Durchschnittswerte** zurückgegriffen werden. Ergeben sich jedoch konkrete Anhaltspunkte, *„dass die vom Deutschen Mieterbund für das gesamte Bundesgebiet aufgestellten Übersichten (Betriebskostenspiegel) das örtliche Niveau besser abbilden, kann auf diese zurückgegriffen werden."* (BSG 19.10.2010 - B 14 AS 50/10 R)
Der 2015 erschienene **bundesweite** Betriebskostenspiegel des Mieterbundes (www.mieterbund.de ⇨Service; differenziert nach West/Ost) aus dem Auswertungsjahr 2013 zeigt, dass bundesweit die „kalten" Mietnebenkosten mtl. im Schnitt bei **1,75 €/m²** liegen (3,26 € abzüglich 1,51 € Heiz- und Warmwasserkosten). Dieser **„kalte" Durchschnittswert**, der sämtliche Betriebskosten umfasst, hat als angemessen zu gelten, auch wenn bestimmte Kostenarten (z.B. Aufzug) bei Ihnen gar nicht anfallen.

Übersteigen Ihre Nebenkosten diesen Durchschnittswert, heißt das aber noch nicht, dass sie nicht mehr übernommen werden. In bestimmten Fällen ist es möglich, im **Einzelfall** höhere Nebenkosten anzuerkennen, z.B. bei krankheitsbedingt erhöhtem Wasserbedarf.
Außerdem bilden die kalten Nebenkosten **zusammen** mit der Grundmiete als **Bruttokaltmiete** den Betrag, nach dem die **Angemessenheit** der Unterkunftskosten **bewertet** wird. Höhere Nebenkosten können somit durch eine geringere Grundmiete ausgeglichen werden und umgekehrt. Erst wenn der Gesamtbetrag die örtlich zulässige **Angemessenheitsgrenze** überschreitet, kann man Sie zur Senkung der Unterkunftskosten auffordern. Sie bekommen dafür einen Übergangszeitraum von **sechs Monaten** eingeräumt. Näheres unter ⇨Mieten 4.; ⇨Heizkosten 6.

Seit 2011 ist es den Kommunen und Kreisen erlaubt im Rahmen einer kommunalen **Satzung** für Kosten der Unterkunft und Heizung Höchstwerte auch für die Nebenkosten festzulegen (§§ 22a bis 22c SGB II). Aber auch hier müssen die oben beschriebenen Standards zur Ermittlung eines Durchschnittswerts eingehalten werden. Näheres zur kommunalen Satzung ⇨Miete 2.5.1.

M

Zudem ist es **seit 1.8.2016** möglich, die Angemessenheit auf Grundlage der **Bruttowarmmiete** als ***„Gesamtangemessenheitsgrenze"*** zu bestimmen, in der die angemessene Bruttokaltmiete und angemessenen Heizkosten zusammengefasst werden (§ 22 Abs. 10 SGB II neu; ⇨Miete 2.5.3; ⇨Heizkosten 4.1).

2.3 Angemessenheit der Wasserkosten

Die Höhe des Wassergelds ist vom individuellen Verbrauch abhängig. Die Angemessenheit muss sich am Durchschnittsverbrauch orientieren. Dieser lag 2010 in Deutschland bei durchschnittlich 121 Liter pro Tag und Kopf oder 3,6 m³ im Monat bzw. 43,5 m³ im Jahr (www.umweltbundesamt.de).
Besonders in älteren Wohnhäusern werden die Kosten für Wasser/ Abwasser nicht auf die einzelnen Wohneinheiten umgelegt, weil es noch keine getrennten Wasseruhren gibt.

M

Ist das der Fall, können Sie nicht für einen überdurchschnittlichen Wasserverbrauch in Ihrem Wohnhaus verantwortlich gemacht werden. Sie können noch so viel Wasser sparen, wenn ein Nachbar seinen Wasserhahn niemals zudreht. Es muss bei den Wasserkosten – wie regelmäßig bei allen anderen Betriebskosten – immer Toleranzwerte geben, weil Durchschnittswerte dem **Einzelfall** nicht gerecht werden können.
Nicht zulässig ist es, wenn Behörden Wasserkosten isoliert auf ihre Angemessenheit hin überprüfen und ggf. kürzen. Vielmehr sollen die auf regionaler bzw. bundesweiter Datengrundlage ermittelten **durchschnittlichen „kalten" Nebenkosten** insgesamt zusammen mit der **Grundmiete** als **Maßstab für die angemessenen Unterkunftskosten** dienen, nicht einzelne Faktoren.

Manche Stadtwerke fordern bei Vertragsbeginn oder zu Beginn des Jahres einen höheren **Abschlag** für Wasser- oder auch Müllkosten in Höhe von mehreren hundert €. Die Behörde hat hier den gesamten Betrag zu übernehmen, unabhängig davon, wie lange Sie noch Hilfeempfänger sind. Maßgeblich ist der Zeitpunkt, an dem der Betrag fällig ist, nicht der Zeitraum, für den im Voraus zu zahlen ist.

3.1 Nachzahlungen am Ende des Abrechnungszeitraums

gehören ebenso wie die **Vorauszahlungen** zu den Kosten der Unterkunft (BVerwG 14.2.1988, BVerwGE 79, 46) und müssen **im Monat der Fälligkeit** übernommen werden (SG Lüneburg 15.3.2005 - S 23 S 75/05 ER; SG Hannover 3.3.2005 - S 51 SO 75/05 ER; OVG NRW 17.10.1988 - 8 A 1333/85).

Auch Nachzahlungen, die **Zeiträume vor dem Bezug** von Alg II/ Sozialhilfe betreffen, aber während des Leistungsbezugs eingehen, müssen i.d.R. übernommen werden. Allerdings nur, wenn Sie noch **in derselben Wohnung** wohnen, für die die Nachzahlung fällig wird. Ist das **Mietverhältnis** bereits **beendet**, gehört die betreffende Nachzahlung für einen Abrechnungszeitraum **vor** dem Bezug von Leistungen nicht zu den übernahmefähigen Unterkunftskosten. (BSG 25.6.2015 - B 14 AS 40/14 R)
Eine Nachforderung, die eine **ehemalige Wohnung** betrifft, kann ausnahmsweise dann übernommen werden, wenn Sie sowohl im Zeitpunkt der Entstehung der Kosten als auch im Zeitpunkt ihrer Fälligkeit **im Bezug von Alg II standen**. Außerdem muss die Aufgabe der betreffenden Wohnung im Rahmen einer **Kostensenkungsaufforderung** durch das Jobcenter erfolgt sein und der Nachzahlbetrag darf noch nicht gedeckt sein. (BSG 20.12.2011 - B 4 AS 9/11 R) Das sollte jedoch auch gelten, wenn der Umzug während Ihres Leistungsbezuges erfolgte und er aus anderen, nicht von Ihnen zu vertretenden Gründen **erforderlich** war (z.B. Krankheit, Behinderung, Vergrößerung der Bedarfsgemeinschaft usw.).

Nachzahlungen, die **nach dem Ende des Bezugs** eingehen, aber Zeiten des Bezugs betreffen, werden nicht übernommen (⇨Heizkosten 1.2 f.).

Nachforderungen für Nebenkosten müssen auch übernommen werden, wenn sie **später bei der Behörde eingereicht** werden. Auch eine neun Wochen verspätete *„Geltendmachung"* führt nicht dazu, dass aus der Forderung des Vermieters Schulden werden, für deren Übernahme strengere Voraussetzungen gelten (LSG Baden-Württemberg 15.3.2007

- L 12 AS 618/07 NZB; LSG Sachsen 3.4.2008 - L 3 AS 164/07, Jobcenter muss auch nach einem halben Jahr noch übernehmen).

Nachforderungen während eines Bewilligungszeitraums, die in den Bereich der Unterkunfts- und Heizkosten fallen, sind **vom** regulären **Antrag** auf SGB-II-Leistungen **erfasst** (BSG 22.3.2010 - B 4 AS 62/09 R). Sie müssen sie nicht gesondert beantragen. Die Behörde muss demnach die **Endabrechnung als Nachweis** für die tatsächlichen Aufwendungen für Unterkunft und Heizung routinemäßig von Ihnen einfordern.

Sie muss eine Nachzahlung auch übernehmen, wenn Sie sie schon an den Vermieter gezahlt haben, bevor sie dem Jobcenter/ Sozialamt vorgelegt wird (SG Frankfurt/M 18.8.2008 - S 26 AS 1333/07).

Tipp 1 Mit Hilfe eines **Überprüfungsantrages** (⇨Nachzahlung 3.1) können Nachforderungen aus zurückliegenden Bewilligungszeiträumen bis zu **einem Jahr** rückwirkend geltend gemacht werden, auch wenn sie schon Schulden geworden sind (LSG Sachsen, ebenda).

Tipp 2 Achten Sie darauf,
- dass die zu übernehmenden Vorauszahlungen im Rahmen der Angemessenheitskriterien so hoch sind, dass möglichst keine Nachzahlungen entstehen und
- dass Sie nur Endabrechnungen bezahlen, die innerhalb einer **Frist von 12 Monaten** eingegangen sind. Nach diesem Zeitraum ist eine Betriebskostennachforderung des Vermieters unwirksam. Wenn Sie sie schon bezahlt haben sollten, können Sie sie bis zu drei Jahre danach vom Vermieter zurückverlangen (BGH 18.1.2006 - VIII ZR 94/05).

3.2 Guthaben am Ende des Abrechnungszeitraums

Guthaben aus Endabrechnungen sind **Einkommen** und werden angerechnet. Sie mindern die Unterkunftskosten in dem Monat **nach** der Rückzahlung (§ 22 Abs. 3 SGB II). Das gilt auch, wenn das Guthaben aus einem Zeitraum **vor dem Leistungsbezug** stammt (BSG 22.3.2012 - B 4 AS 139/11 R; ⇨Heizkosten 1.3).

Zum 1.8.2016 wurde mit dem Neunten SGB-II-Änderungsgesetz eine Rechtsauslegung des BSG ausnahmsweise zu Gunsten von Alg-II-Beziehenden korrigiert: *„Rückzahlungen, die sich auf die Kosten für Haushaltsenergie oder **nicht anerkannte Aufwendungen** für Unterkunft und **Heizung** beziehen, **bleiben außer Betracht**.“* (§ 22 Abs. 3 2. Halbsatz SGB II neu)

Das bezieht sich auf Guthabenanteile, die Sie selbst aus dem Regelsatz finanziert haben, z.B. weil das Jobcenter nicht die volle Bruttokaltmiete übernommen hat. In diesem Fall dürfen Sie den Anteil behalten, den Sie als „nicht anerkannte Aufwendungen“ aus dem Regelsatz gezahlt haben.

Zu Guthaben, die sich auf Haushaltsenergie beziehen, lesen Sie ⇨**Strom** 2.4

Wird ein Betriebskostenguthaben vom Vermieter **gegen Mietrückstände aufgerechnet** und kann deshalb vom Mieter nicht oder nicht ohne weiteres auf rechtliche Weise realisiert werden, dürfen die *„existenznotwendigen Aufwendungen der Unterkunft und Heizung“* vom Jobcenter nicht gekürzt werden (BSG 16.5.2012 - B 4 AS 132/11 R).

Forderung
Übernahme der Mietnebenkosten einschließlich des Wassergelds in tatsächlicher Höhe!

M

Mietschulden

Mietschulden und daraus resultierende Wohnungsräumungen sind der häufigste Grund für Obdachlosigkeit.

1.1 Kündigung durch den Vermieter bei Mietschulden

Der Vermieter kann Ihnen **fristlos** kündigen, wenn
- Sie in zwei aufeinander folgenden Monaten die Miete entweder gar nicht zahlen oder insgesamt mehr als eine Monatsmiete schuldig bleiben (§ 543 Abs. 2 Nr. 3a BGB i.V. mit § 569 Abs. 3 Nr. 1 BGB),
- der Mietrückstand mindestens zwei Monatsmieten erreicht (§ 543 Abs. 2 Nr. 3b BGB) oder
- Sie die Kaution nicht zahlen oder bei Teilzahlungen mit der Kautionszahlung in Höhe von zwei Monatsmieten in Verzug sind (§ 569 Abs. 2a BGB).

Unter Miete ist die monatliche Warmmiete zu verstehen (Kaltmiete plus Nebenkostenvorauszahlungen). Rückständige Nebenkostennachzahlungen im Rahmen der Jahresendabrechnung berechtigen nicht zu einer fristlosen Kündigung.
Wenn die Kündigung wirksam wird, erlischt das Mietverhältnis. Statt der früheren Miete müssen Sie eine Nutzungsentschädigung mindestens in Höhe der vereinbarten Miete zahlen.

1.2 Sich mit dem Vermieter arrangieren

Auch wenn Sie die Miete nicht aufbringen können, kann der Vermieter von seinem Recht auf fristlose Kündigung absehen. Sie sollten die Hintergründe klarmachen, eine Tilgungsperspektive entwickeln und aufzeigen, dass künftige Mietzahlungen gesichert sind. Räumungen sind auch für Vermieter ein Ärgernis, bedeuten Stress und Kosten. Sie haben deswegen in der Regel ein Interesse an einer einvernehmlichen, gütlichen Regelung (⇨Räumung 3.1).

M

2.1 Die fristlose Kündigung ist/wird unwirksam

- wenn Sie den Mietrückstand vor dem Erhalt der Kündigung zahlen (§ 543 Abs. 2 Nr. 3 Satz 2 BGB).
- wenn Sie den Mietrückstand **innerhalb von zwei Monaten** zahlen, nachdem die **Räumungsklage** *„rechtshängig"* ist, d.h. nach der rechtskräftigen Zustellung der Klageschrift an Sie durch das Gericht oder
- wenn Sie in diesem Zeitraum dem Vermieter eine Erklärung einer öffentlichen Stelle (Sozialamt, Jobcenter) vorlegen, dass die rückständige Miete übernommen wird (§ 569 Abs. 3 Nr. 2 Satz 1 BGB).

Die Zusage muss sich auf die gesamten Mietrückstände beziehen, nicht auf künftige Mieten.

Vorsicht!

- Wenn Sie innerhalb der letzten zwei Jahre schon einmal wegen Mietschulden fristlos gekündigt wurden, bleibt trotz Nachzahlung eine **erneute** fristlose Kündigung wirksam (§ 569 Abs. 3 Nr. 2 Satz 2 BGB).
- Bei einer zweiten fristlosen Kündigung innerhalb von zwei Jahren kann der Mietrückstand durch das Amt **nur** übernommen werden, wenn das Mietverhältnis nachweislich fortgesetzt werden kann.
- Wenn Ihr Vermieter die fristlose Kündigung mit einer fristgerechten verbindet, kann durch die vollständige Zahlung der säumigen Miete innerhalb von zwei Monaten **nur** die fristlose Kündigung geheilt werden, **nicht** aber die fristgerechte (BGH 16.2.2005 - VII ZR 6/04).

Tipp Stecken Sie nicht den Kopf in den Sand, wenn Mietschulden auflaufen. Sie können ⇨**Räumung**en vermeiden. Wenn Sie nach einer Räumungsklage von der **Wohnraumsicherungsstelle** des Sozialamts angeschrieben werden, sprechen Sie unbedingt dort vor, wenn Sie eine Räumung verhindern wollen. Melden Sie sich nicht, geht das Amt davon aus, dass Sie sich selbst helfen.

2.2 Räumungsklage mit schriftlichem Vorverfahren

Die Räumungsklage durch Zahlung der Miete innerhalb von zwei Monaten abzuwenden, gilt nur bei Räumungsklagen ohne schriftliches Vorverfahren. Wenn dieses beantragt ist, müssen Sie dem Gericht innerhalb von zwei Wochen nach der Zustellung darlegen, wie Sie die Mietschulden zahlen wollen. Dabei können Sie erklären, dass Sie mit der zuständigen Behörde zwecks Übernahme Kontakt aufgenommen haben. Erklären Sie sich nicht, ergeht ein ***„Versäumnisurteil"*** und es kommt zur Räumung.

3.1 Wann ist die Übernahme von Mietschulden möglich?

Alg II, HzL/GSi der Sozialhilfe

„Sofern Leistungen für Unterkunft ... erbracht werden, können auch Schulden übernommen werden, soweit dies zur Sicherung der Unterkunft ... gerechtfertigt ist. Sie sollen übernommen werden, wenn dies gerechtfertigt und notwendig ist und sonst Wohnungslosigkeit einzutreten droht." (§ 22 Abs. 8 SGB II; entsprechend § 36 Abs. 1 SGB XII)

Mietschulden von Alg-II-Beziehenden, Auszubildenden und SchülerInnen, die ergänzende SGB-II-Leistungen beziehen, werden vom **Jobcenter** übernommen (§ 22 Abs. 8 SGB II).

Für erwerbsfähige Personen, die **keine** Alg-II-Ansprüche haben, weil ihr Einkommen geringfügig oberhalb des Alg-II-Bedarfs liegt (§ 21 Satz 2 SGB XII), für voll Erwerbsgeminderte und AltersrentnerInnen mit Renteneinkommen knapp oberhalb des Sozialhilfebedarfs sowie für Beziehende von HzL/ GSi der Sozialhilfe ist das **Sozialamt** zuständig (§ 36 SGB XII).
Auch für Auszubildende, SchülerInnen und Studierende, die keine laufenden Leistungen nach dem SGB II beziehen ist seit 1.8.2016 das Sozialamt für die Mietschuldenübernahme zuständig (in Folge der Streichung von § 27 Abs. 5 SGB II).

3.2 Schon⇨vermögen vorrangig einsetzen?

Bei Bezug von **Alg II** müssen Sie seit 2011 Ihr komplettes Schonvermögen von 150 € pro Lebensjahr, den **Ansparbetrag** (750 € pro Person in der Bedarfsgemeinschaft) und nach dem Wortlaut des Gesetzes sogar das Kinderschonvermögen vorrangig für die Mietschulden einsetzen (§ 22 Abs. 8, Satz 3 i.V. mit § 42a Abs. 1 SGB II; ⇨Darlehen).

Tipp Mietschulden werden vom Jobcenter darlehensweise übernommen. Das BSG hat entschieden, dass nur der/ die mietvertraglich verantwortliche/n Schuldner Darlehensnehmer für diese Leistung ist/ sind (BSG 18.11.2014 - B 4 AS 3/14 R; ⇨4.3), jedoch andere Mitglieder der Bedarfsgemeinschaft, allen voran die Kinder, nicht als Darlehensnehmer herangezogen werden können. Folglich ist nur das Schonvermögen des Darlehensnehmers einzusetzen, das der restlichen Bedarfsgemeinschaft bleibt geschützt.

Wenn das **Sozialamt** Ihre Mietschulden übernimmt, weil Sie sozialhilfeberechtigt oder Geringverdiener **ohne** Alg-II-Anspruch sind, müssen Sie Ihr Vermögen erst ab dem Freibetrag von 1.600 € einsetzen.

3.3 Wann ist die Übernahme gerechtfertigt?

Voraussetzung für die Schuldenübernahme ist, dass Wohnungsgröße und Miete **angemessen** sind (⇨Miete 2.).

Die Schuldenübernahme ist gerechtfertigt, wenn sie einen **wichtigen Grund** dafür vorweisen können, z.B.

- bei Einkommensarmut oder einer akuten Überschuldungsituation,
- wenn besondere Problemlagen vorliegen, z.B. *„Isolation, psychische Störungen, Suchtproblematik, Krankheit, schwieriges häusliches Umfeld...“* (Empfehlungen des Deutschen Vereins (DV) zur Übernahme von Mietschulden und Energiekostenrückständen im SGB II und SGB XII, 11.3.2015, 11, im Folgenden: DV 17/14),
- wenn Sie eine Familie mit (kleinen) **Kindern** haben,
- wenn Ihnen aufgrund von **Krankheit, Behinderung** oder wegen des hohen **Alters** ein Umzug in eine andere Wohnung nicht zuzumuten ist,
- wenn die Verschuldungssituation auf eine vorübergehende (ggf. krankheitsbedingte) Krisensituation zurückzuführen ist oder
- wenn aufgrund einer ⇨Sanktion Mietschulden aufgelaufen sind.

Nicht gerechtfertigt ist dagegen die Schuldenübernahme,

- sind bereits **wiederholt Mietschulden** entstanden, reduziert das zumindest die Aussichten auf Schuldenübernahme durch die Behörde (OVG NRW, FEVS 35, 28). In diesem Fall könnte man Ihnen *„sozialwidriges Verhalten“* unterstellen. Um das zu widerlegen, müssten Sie schon plausible Gründe dafür anführen, warum es künftig zu keinem weiteren Mietrückstand mehr kommt (z.B. Therapie gegen Spielsucht, laufende Budgetberatung im Rahmen der Schuldnerberatung usw.).
- wenn Sie z.B. ausreichende Einkünfte hatten, um die Miete zu zahlen, sie aber dennoch nicht gezahlt haben (OVG Hamburg, FEVS 41, 327).

Beim **Alg-II-Bezug** ist die Übernahme nicht gerechtfertigt,

- wenn es um die Sicherung einer unangemessen teuren Wohnung geht (LSG Berlin-Brandenburg 22.4.2008 - L 5 B 510/08 AS ER).

3.4 Notwendig ist die Übernahme,

solange die Räumung des Vermieters noch abgewendet werden kann (LSG Hessen 26.10.2005 - L 7 AS 65705 ER) bei deren Vollziehung **jedoch** Wohnungslosigkeit entstehen würde, d.h.

- wenn eine Räumungsklage eingereicht ist oder konkret beabsichtigt ist bzw.
- wenn die Räumung vollstreckt werden soll.

„Wegen der erheblichen Folgen eines drohenden Wohnungsverlustes ist das gesetzlich eingeräumte Ermessen des Leistungsträgers in diesen Fällen regelmäßig ***auf Null*** *reduziert; eine Schuldenübernahme kann nur in atypischen Ausnahmefällen abgelehnt werden."* (DV 17/14, 23; vgl. BSG 17.6.2010 - B 14 AS 58/09 R)

Nicht notwendig wäre die Übernahme, wenn Sie die Wohnung schon **verloren** haben oder wenn die Wohnung durch die Schuldenübernahme nicht **dauerhaft gesichert** werden kann (z.B. bei Abriss des Wohnhauses; eine zulässige fristgerechte Kündigung wurde parallel zur fristlosen Kündigung eingereicht und der Vermieter verzichtet nicht darauf).

M

3.5 Verpflichtung zur Übernahme?

Wenn die Übernahme „nur" **gerechtfertigt** ist, ***„können"*** Mietschulden übernommen werden. Hierüber hat die Behörde nach pflichtgemäßem ⇨Ermessen zu entscheiden und dies schriftlich zu begründen.

Wenn sie **gerechtfertigt und** es **zur Vermeidung der Wohnungslosigkeit notwendig** ist, ***„sollen"*** Mietschulden übernommen werden.

Das ⇨Ermessen ist also im letzteren Fall regelmäßig *„auf Null"* reduziert, d.h. nur in begründeten Ausnahmen, z.B. bei „sozialwidrigem Verhaltenen" kann die Übernahme der Schulden abgelehnt werden.

„Die Möglichkeit zur Unterbringung in einer Not- oder Obdachlosenunterkunft lässt das Tatbestandsmerkmal der drohenden Wohnungslosigkeit nicht entfallen." (DV 17/14, 21)

Tipp 1 Wenn Sie Ihre Miete nicht mehr zahlen können, bzw. Mietschulden anfallen, sollten Sie sofort zur zuständigen Behörde gehen. Mietschulden *„können"* auch schon übernommen werden, **bevor** die fristlose Kündigung ausgesprochen bzw. die Räumungsklage eingereicht wird. Lassen Sie es lieber nicht darauf ankommen.

Tipp 2 Wenn die **Kosten** für Umzug und ggf. Neueinrichtung einer neuen Wohnung **höher** sind als die Übernahme der Mietschulden, ist das ein gewichtiges Argument für die Übernahme.

Tipp 3 Legen Sie dar, warum die Übernahme der Mietschulden zur **dauerhaften Sicherung** der Unterkunft gerechtfertigt ist und kurzfristig die Anmietung einer anderen Wohnung z.B. aufgrund des angespannten Wohnungsmarktes oder eines negativen SCHUFA-Eintrages für Sie nicht möglich ist.

3.6 Unterrichtung der zuständigen Behörde über den Eingang einer Räumungsklage

Geht bei einem Amtsgericht eine Räumungsklage ein, teilt dieses dem zuständigen Träger (Jobcenter/ Sozialamt) oder der beauftragten kommunalen Stelle, i.d.R. die **Wohnungssicherungsstelle**, den Eingang der Klage, die Namen und die Anschrift der beteiligten Parteien, die Höhe der laufenden Miete und der Mietschulden sowie den Termin der mündlichen Verhandlung mit (§ 22 Abs. 9. SGB II, § 36 Abs. 2 SGB XII).

Dass die Voraussetzungen für die Übernahme von Mietschulden vorliegen, kann nach einer Unterrichtung durch das Amtsgericht von der Behörde selbst festgestellt werden. Es ist daher nicht zulässig, Sie wegen nicht nachgewiesener Notlage abzuweisen oder zusätzliche Nachweise zu verlangen, dass Ihre Wohnungslosigkeit tatsächlich einzutreten droht. Vielmehr eröffnet die Meldepflicht für die Behörden die Option, präventiv tätig zu werden, betroffene Personen anzuschreiben und über eine mögliche Antragstellung auf Übernahme der Mietschulden aufzuklären (DV 17/14, 17).

4.1 Beihilfe oder ⇨Darlehen

Für Alg-II-Beziehende

sollen Mietschulden als Darlehen übernommen werden (§ 22 Abs. 8 Satz 4 SGB II). Erwerbslose werden vorrangig auf Darlehen verwiesen. Beihilfen sind aber z.B. in Härtefällen nicht völlig ausgeschlossen.

Für HzL-/GSi-BezieherInnen dagegen **können** Mietschulden als Beihilfe **oder** als Darlehen übernommen werden (§ 36 Abs. 1 Satz 3 SGB XII). In der Praxis bewilligen Sozialämter regelmäßig Darlehen und üben bei der Entscheidung immer seltener ihr Ermessen pflichtgemäß aus. Dabei ist zu beachten:

*„Eine Darlehensvergabe ist in der Regel **nur** bei einer realistischen Rückzahlungsperspektive ermessensgerecht. Das zentrale Ziel der Sozialhilfe, von ihr unabhängig leben zu können (§ 1 Satz 2 SGB XII), darf durch die Darlehensgewährung nicht gefährdet sein."* Bei der Entscheidung ist demnach zu berücksichtigen, *„ob den Leistungsberechtigten die Rückzahlung in absehbarer Zeit nach Darlehensvergabe und innerhalb eines überschaubaren Zeitraumes tatsächlich möglich sein wird"*. (DV 17/14, 25)

Tipp Legen Sie ⇨Widerspruch ein, wenn das Sozialamt Ihnen ohne weitere Begründung zur Begleichung der Mietschulden ein Darlehen statt einer Beihilfe gewährt. Ziel dieses Verfahrens ist die Umwandlung des Darlehens in eine Beihilfe, wenn die Wohnung bereits gesichert ist.

4.2 Aufrechnung von Mietschulden-Darlehen mit HzL/GSi der Sozialhilfe?

Wenn Sie die laufende Miete vom **Sozialamt** bekommen haben, sie aber nicht an den Vermieter weitergeleitet haben, **können** vom Sozialamt übernommene Mietschulden mit den laufenden Leistungen aufgerechnet, d.h. verrechnet werden (§ 26 Abs. 3 SGB XII; ⇨Ermessen). Das wäre aber nur dann gerechtfertigt, wenn Sie eine zweckwidrige Verwendung der Unterkunftskosten tatsächlich durch vorsätzliches oder grob fahrlässiges Handeln vereitelt, d.h. die Mietschulden schuldhaft herbeigeführt hätten. Besondere Problemlagen (z.B. Spielsucht oder andere Suchterkrankungen) sind bei der Entscheidung zu berücksichtigen. Außerdem muss in Betracht gezogen werden, dass das Sozialamt selbst das Auflaufen von Mietschulden durch Direktüberweisung an den Vermieter hätte verhindern sollen, wenn aufgrund besonderer Umstände Zweifel an der zweckentsprechenden Verwendung der Unterkunftskosten bestehen (§ 35 Abs. 1 Satz 3 u. 4 SGB XII; ⇨Miete 6.2).

Liegt schuldhaftes Verhalten vor, soll die Sozialhilfe bis auf das *„zum Lebensunterhalt Unerlässliche"* gekürzt werden (§ 26 Abs. 2 SGB XII). Als unerlässlich wird i.d.R. ein um bis zu 25% geminderter Regelsatz angesehen. Was jedoch im Einzelfall für den Lebensunterhalt unerlässlich ist, ist unter Berücksichtigung der besonderen Lebenslage zu überprüfen. Bei alten, kranken oder behinderten Menschen kann dies auch bedeuten, dass gar nichts oder nur 10 € einbehalten werden.

4.3 Aufrechnung von Mietschuldendarlehen mit Alg II?

Bei Alg-II-Bezug sind jegliche Darlehen seit 2011 mit **10% des Regelsatzes** aufzurechnen (§ 42a Abs. 2 SGB II). Das gilt auch für Darlehen zur Übernahme von Mietschulden. Zuvor gab es dafür im SGB II keine gesetzliche Grundlage.

Allerdings ist die Aufrechnung des Darlehens **nicht** bei allen Personen der Bedarfsgemeinschaft vorzunehmen, sondern nur bei der Person/ den Personen, die aus dem Mietvertrag gegenüber dem Vermieter zu Mietzahlung verpflichtet ist/ sind (BSG 18.11.2014 - B 4 AS 3/14 R). Mit dem Regelsatz der Kinder einer Bedarfsgemeinschaft darf ein solches Darlehen folglich nicht aufgerechnet werden (⇨Darlehen 1.4 f.).

5.1 Direktüberweisung der Miete durch die Behörde

Näheres unter ⇨Miete 6.2

5.2 Mietschulden, verursacht durch die Behörde?

Hat ein Mietschuldner rechtzeitig einen Antrag auf Übernahme der Unterkunftskosten bei beim zuständigen Träger gestellt und sind die zur Mietzahlung erforderlichen Unterkunftskosten nicht rechtzeitig bewilligt worden, kann der Vermieter dennoch einen Mietvertrag wirksam kündigen. Der Bundesgerichtshof hat entscheiden, dass bei einem Zahlungsverzug von 6 Monatsmieten eine

Kündigung selbst dann rechtmäßig ist, wenn der Mieter den Sozialhilfeträger bereits auf dem Wege einer ⇨einstweiligen Anordnung zur Zahlung hat verpflichten lassen. Demnach befreien bei Geldschulden die wirtschaftlichen Schwierigkeiten des Schuldners auch dann nicht von den Folgen verspäteter Zahlung, wenn sie der Schuldner selbst nicht zu verantworten hat. (BGH 4.2.2015 - VIII ZR 175/14)
Liegt allerdings bereits eine Zusicherung der Mietschuldenübernahme durch das Sozialamt vor, muss sich der Vermieter bei Zahlungsverzug zunächst an das Sozialamt wenden und darf nicht den Mieter haftbar machen (LG Karlsruhe 14.7.1989, ZfF 1991, 108 f.; gilt auch im SGB II).

Eine fristlose Kündigung ist nicht zulässig, wenn das Jobcenter die Miete mehrmals einige Tage zu spät direkt an den Vermieter überwiesen hat, obwohl sie mit maximaler Verspätung von 3 Werktagen auf dem Konto eingehen muss (BGH 21.10.2009 - VIII ZR 64/09).

M

6. Kosten einer ⇨Räumung
Wenn Sie sich nicht um die Begleichung der Mietschulden in der Zweimonatsfrist kümmern, kommen erhebliche Kosten auf Sie zu (⇨Räumung 4.1). Gesamtforderungen von 3.000 bis 5.000 € sind keine Seltenheit.

Kritik
Mietrückstände sind unfreiwillige Schulden des Mieters beim Wohnungsbesitzer. Nirgendwo gibt es so schnell eine so hohe Sanktionierung (die drohende Wohnungslosigkeit) für das Nichterfüllen einer Zahlungsverpflichtung.

Die Verhinderung der Wohnungslosigkeit von einem Antrag beim Jobcenter/ Sozialamt abhängig zu machen, ist in der Realität problematisch. Einige der Gekündigten erreicht diese Hilfe nicht, weil sie nichts davon wissen. Ein anderer Teil der Betroffenen dringt mit dem Antrag auf Mietschuldenübernahme beim Amt gar nicht, nicht rechtzeitig oder nur mit anwaltlicher Unterstützung durch. Solange viele Behörden mauern, sich taub stellen oder freihändig Obergrenzen setzen, bis zu denen Mietschulden überhaupt übernommen werden, läuft sozialstaatlicher Schutz vor Wohnungslosigkeit ins Leere.

Forderungen
Verbesserung des Kündigungsschutzes von Mietern statt Erweiterung der Kündigungsrechte von Vermietern!
Einheitliche Mindeststandards zur schnelleren Übernahme von Mietschulden durch Jobcenter und Sozialämter!

Nothelfer

Alle Leistungen der Sozialhilfe

1. Erstattungsanspruch gegenüber dem Amt

„Hat jemand in einem Eilfall einem anderen Leistungen erbracht, die bei rechtzeitigem Einsetzen von Sozialhilfe nicht zu erbringen gewesen wären, sind ihm die Aufwendungen in gebotenem Umfang zu erstatten..." (§ 25 SGB XII). Diese Person wird als Nothelfer bezeichnet.

Da Sozialhilfe einsetzt, *„sobald dem Träger der Sozialhilfe oder den von ihm beauftragten Stellen bekannt wird, dass die Voraussetzungen für Leistungen vorliegen"* (§ 18 Abs. 1 SGB XII), bezieht sich der Erstattungsanspruch nur auf den **Zeitraum vor Bekanntwerden der Notlage** beim Amt (bei ⇨GSi vor Antragstellung).

Bekannte oder Freunde könnten als Nothelfer mit Erstattungsanspruch gegenüber dem Amt einspringen, wenn z.B. am Wochenende oder wegen anderer Gründe eine Notlage nicht den zuständigen Behörden angezeigt werden kann. Einen Erstattungsanspruch gegenüber dem Amt kann auch ein Krankenhaus haben, das eine Notbehandlung durchführt (BSG 19.5.2009 - B 8 SO 4/08 R).

Weitere Voraussetzungen:

a) Der Helfer sollte mit dem Hilfeempfänger nicht verwandt oder verschwägert sein. Sonst könnte eine *„rechtliche oder sittliche Verpflichtung"* behauptet werden, die den Erstattungsanspruch ausschließt (§ 25 SGB XII).

b) Der Nothelfer muss die Erstattung rechtzeitig beantragen.

c) Quittungen müssen vorgelegt werden.

d) Nur der Nothelfer, nicht der Sozialhilfeberechtigte hat einen Anspruch auf Rückerstattung seiner Ausgaben durch das Sozialamt (BVerWG 2.12.1992, ZfSH/SGB 1993, 254).

2. Leistungsanspruch gegenüber dem Amt

„Einsetzen von Sozialhilfe" heißt allerdings nicht, dass tatsächlich schon Leistungen erbracht werden müssen, um die Notlage abzuwenden (s.o.).

Sobald nämlich Sozialhilfe einsetzt, hat der **Hilfebedürftige** selbst den **Anspruch auf Leistungen** gegenüber der Behörde (LPK SGB XII, § 25 Rz. 16). Ein Nothelfer müsste sich in diesem Fall die Aufwendungen vom Betroffenen erstatten lassen, egal wann dieser die Leistung vom Amt erhält.

Das ist der Fall, wenn das Sozialamt

- Zahlungen verzögert, die es schon bewilligt hat oder
- einen Antrag nicht bearbeitet, obwohl es ihn bei einer Bearbeitung positiv entscheiden müsste.

Tipp Egal, ob der Anspruch letztendlich gegenüber der Behörde oder gegenüber dem Hilfebedürftigen geltend gemacht werden muss, der Nothelfer trägt ein gewisses Risiko, ob seine Aufwendungen tatsächlich und in voller Höhe erstattet werden. Er trägt in jedem Fall die Beweislast für den Anspruch.

Alg II

Im SGB II gibt es keine Nothelferregelung. Da aber das SGB XII für Fälle einspringt, in denen Personen grundsätzlich keinen Anspruch auf Alg II haben (hier Krankenbehandlungskosten für einen Nichtversicherten, weil kein SGB-II-Antrag gestellt werden konnte), bleibt die Auffangfunktion der Sozialhilfe erhalten (BSG 19.5.2009 - B 8 SO 4/08 R; LPK SGB XII, § 25 Rz. 14).

Ortsabwesenheit

Beziehen Sie Alg II, unterliegen Sie einer Art Residenzpflicht. Sie müssen sich im *„zeit- und ortsnahen Bereich"* aufhalten und dürfen nur mit Genehmigung Ihres Jobcenters verreisen. Für Bezieher/innen von HzL und GSi der Sozialhilfe sind die Regelungen zur Erreichbarkeit weniger streng.

Inhaltsübersicht:

Alg II

1. Verfügbarkeit bei Alg-II-Bezug

BezieherInnen von Alg II dürfen wie Alg-I-BezieherInnen 21 Kalendertage im Jahr in den „Urlaub" fahren. Genauer gesagt, heißt das *„Freistellung von der Verfügbarkeit"*. 21 Kalendertage schließen auch Sonntage, Feiertage und Samstage mit ein. Geregelt ist das in der **Erreichbarkeits-Anordnung (EAO)** der BA vom 16.11.2001 (ANBA 2001, 1476). Die gilt seit 1.8.2006 auch im SGB II:

„Leistungen nach diesem Buch erhält nicht, wer sich ohne Zustimmung des persönlichen Ansprechpartners außerhalb des in der Erreichbarkeitsanordnung ... definierten zeit- und ortsnahen Bereichs aufhält; die übrigen Bestimmungen dieser Anordnung gelten entsprechend." (§ 7 Abs. 4a SGB II alt)

Diese Regelung ist bereits zum 1.4.2011 durch eine neue ersetzt worden. **Sie gilt aber so lange**, bis das BMAS in einer **Rechtsverordnung** *„nähere Bestimmungen zum zeit- und ortsnahen Bereich"* erlässt und dort regelt *„wie lange unter welchen Voraussetzungen sich ... Leistungsberechtigte außerhalb des zeit- und ortsnahen Bereichs aufhalten dürfen, ohne den Anspruch auf Leistungen ... zu verlieren."* (§ 13 Abs. 3 i.V. mit § 77 Abs. 1 SGB II)

Wenn das Ministerium die Verordnung erlassen hat, gilt: *„Erwerbsfähige Leistungsberechtigte erhalten keine Leistungen, wenn sie sich ohne Zustimmung des zuständigen Trägers nach diesem Buch außerhalb des zeit- und ortsnahen Bereichs aufhalten und deshalb nicht für die Eingliederung in Arbeit zur Verfügung stehen."* (§ 7 Abs. 4a SGB II)
Es wird wohl in Zukunft vor allem auf den Inhalt der Verordnung ankommen, wenn sie denn kommt. Auch fünf Jahre später im Rahmen der Debatten um das Neunte SGB-II-Änderungsgesetz ist die Verordnung zu § 7 Abs. 4a SGB II noch nicht in Sicht.

1.1 Pflichten nach der EAO

Nach bisheriger Auffassung der BA muss das Jobcenter Sie werktags täglich per Post erreichen können. Die an einem Samstag oder vor einem Feiertag eingehende Post müsste demnach am Tag vor dem nächsten Werktag zur Kenntnis genommen werden (§ 1 Abs. 2 EAO). Ein Kontakt über eine Mittelsperson ist nicht ausreichend (BSG 9.8.2001 - B 11 AC 17/01 R).
Es reicht aber aus, wenn Sie bis zum Ende des Tages Ihre Wohnung aufsuchen, um die „zahlreichen" Vermittlungsangebote der BA zu sichten (Gagel SGB III, § 119 Rz. 243; Winkler, info also 2007, 3 ff.).

Sie sollen durch die Anordnung der Erreichbarkeit in der Lage sein, *„unverzüglich"*
- Mitteilungen der Behörde zu empfangen,
- sie aufzusuchen,
- mit einem möglichen Arbeitgeber Kontakt aufzunehmen und ihn aufzusuchen und
- eine vorgeschlagene Arbeit anzunehmen oder
- an einer beruflichen Eingliederungsmaß-

O

nahme teilzunehmen (§ 1 Abs. 1 EAO, BA 7.127).

Die *„Residenzpflicht"* soll fördern, dass Leistungsberechtigte *„ohne Verzug jede zumutbare Beschäftigung aufnehmen können"* (BA 7.111). Die Erreichbarkeitsanordnung soll die Arbeitsvermittlung verbessern, sonst nichts.

Die Anwendung des § 1 Abs. 1 EAO auf das SGB II ist allerdings **umstritten**. *„Auf Grund des eingeschränkten Verweises in § 7 Abs. 4a SGB II, der sich nicht auf § 1 EAO erstreckt, muss der Grundsicherungsempfänger also nicht sicherstellen, dass der Träger ihn persönlich an jedem Werktag an seinem Wohnsitz oder gewöhnlichen Aufenthaltsort durch Briefpost erreichen kann."* Zweck der Regelung im SGB II sei nämlich „nur" einem **Leistungsmissbrauch** bei ungenehmigter Ortsabwesenheit vorzubeugen. (LSG NRW 12.1.2009 - L 20 B 135/08 AS; Eicher, § 7 Rz. 148)

Tipp Wenn Sie also Ihren gewöhnlichen Aufenthaltsort gar nicht verlassen haben, kann man Ihnen die Leistung nicht komplett streichen. Wenn Sie sich nicht um die Post gekümmert haben und deshalb einen Meldetermin versäumen, kommt allenfalls eine 10%ige ⇨Sanktionen in Frage.

Um den Anforderungen des § 7 Abs. 4a SGB II zu genügen, dürfen Sie sich von Ihrem *„Wohnsitz oder gewöhnlichen Aufenthalt"* **nur** entfernen,

- wenn Sie der Behörde *„rechtzeitig ... [Ihre] Anschrift für die Dauer der Abwesenheit mitgeteilt"* haben,
- Sie auch an diesem Aufenthaltsort die obigen Anforderungen erfüllen können und
- sich im Nahbereich der Behörde aufhalten. *„Zum Nahbereich gehören alle Orte in der Umgebung ..., von denen aus der Arbeitslose erforderlichenfalls in der Lage wäre, die Agentur für Arbeit [den Leistungsträger] täglich ohne unzumutbaren Aufwand zu erreichen."* (§ 2 EAO; BA 7.114)

1.2 Freistellung nach Genehmigung durch den Arbeitsvermittler

Sie sind für 21 Kalendertage (drei Wochen) von diesen Verpflichtungen freigestellt, wenn das Jobcenter vorher seine Zustimmung erteilt hat.

Diese wird nur erteilt, wenn Ihre berufliche Eingliederung dadurch nicht beeinträchtigt wird.

- Sie soll in den ersten drei Monaten der Arbeitslosigkeit nur *„in begründeten Ausnahmefällen"* erteilt werden (§ 3 Abs. 1 Satz 2 EAO, ist in der alten Fassung vom 16.11.2001 für das SGB II gültig). Wohlgemerkt: der Arbeitslosigkeit, nicht des Alg-II-Bezugs. Wenn Sie aus dem Alg-I-Bezug kommen, gilt die Urlaubssperre nicht.
  Ausnahmen sind möglich, z.B.: Schulferien Ihrer Kinder, Urlaubsplanung des Partners, bereits gebuchte Reisen, auch insgesamt die individuelle und familiäre Situation.
- Sie soll auch nicht erteilt werden in Zeiten des Arbeitskräftemangels aufgrund saisonaler Nachfrage (z.B. in der Spargelstechsaison) oder von Großereignissen, z.B. Messen, wenn *„der Hilfebedürftige für eine Vermittlung in Betracht kommt"* (BA 7.119).
- Auch nicht, wenn die Zuweisung in eine ⇨Arbeitsgelegenheit beabsichtigt ist.

1.2.1 Verlängerung der Freistellung

Die Zeit erlaubter Ortsabwesenheit kann um 21 Kalendertage verlängert werden, wenn

- Sie an ärztlich verordneten Vorsorge- oder Reha-Maßnahmen teilnehmen (§ 3 Abs. 2 Nr. 1 EAO) oder
- an Veranstaltungen, die staatspolitischen, kirchlichen, gewerkschaftlichen Zwecken oder der Fortbildung dienen oder sonst im öffentlichen Interesse liegen. Sie müssen allerdings auch hier werktags persönlich unter der neuen Anschrift erreichbar sein und die Teilnahme jederzeit abbrechen können (§ 3 Abs. 2 Nr. 2 EAO).
- Sie eine ehrenamtliche Tätigkeit ausüben (§ 3 Abs. 2 Nr. 3 EAO).
- Wenn Sie ortsabwesend sind, weil Sie sich im In- und Ausland um eine Arbeit bemühen oder eine Beschäftigung auf Probe mit unklarer Einstellungsaussicht begonnen haben.
- Wenn Sie Ihr Kind für einen längeren Zeitraum (hier 6 Wochen) zu einer stationären Kinderrehabilitation begleiten (LSG Sachsen-Anhalt 17.9.2012 - L 5 AS 378/10 B ER).

- In außergewöhnlichen, unvorhersehbaren und unvermeidbaren Härtefällen, kann die 21-Tage-Frist um 3 Tage verlängert werden (§ 3 Abs. 3 EAO), z.B. bei einem Motorschaden Ihres Kfz im Urlaub. Krankheitstage verlängern die Freistellung von der Verfügbarkeit laut BA nicht, es sei denn, Sie sind nachweislich nicht transportfähig (BA 7.125).

1.2.2 Daraus folgt

- Sie dürfen sich ohne Erlaubnis des Jobcenters im **Nahbereich** bewegen (damit ist mit heutigen Verkehrsmitteln durchaus ein Großraum, z.B. das Ruhrgebiet oder größer gemeint). Wenn Sie Konflikte vermeiden wollen, sollten Sie täglich nach Ihrer Post sehen.
- Wenn Sie in den **Nachbarort** zum Einkaufen fahren, müssen Sie die Behörde nicht darüber informieren.
- Es gibt keinen vernünftigen Grund warum Sie nicht samstags auch ohne Erlaubnis wegfahren können, wenn Sie Sonntagabend wieder zurück sind und in den Briefkasten schauen. Warum sollen Alg-II-Beziehende nicht am **Wochenende** in die Bundeshauptstadt fahren dürfen, um z.B. gegen Hartz IV zu demonstrieren. Die Wahrnehmung staatsbürgerlicher Rechte hat nichts mit *„missbräuchlicher Inanspruchnahme“* von Fürsorgeleistungen (BT-Drs. 16/1696) während der Ortsabwesenheit zu tun (LPK SGB II, § 7 Rz. 106).

1.3 Was bedeutet zeit- und ortsnah?

Die BA meint damit in der Regel einen Bereich, der innerhalb der zumutbaren **Pendelzeit von 2,5 Stunden** für Hin- und Rückweg zum Amt abzudecken ist (BA 7.116). Je nach Verkehrsverbindungen kann das ein Radius von 250 km sein (Gagel, SGB III, § 119 Rz. 266). Eine gesetzliche Grundlage *„für diese Daumenregel ist allerdings nicht erkennbar“* (Eicher, § 7 Rz. 147).

In der EAO ist von *„ortsnahem Bereich“* die Rede, nicht von Ort. Wenn Sie in einem 500-Seelen-Dorf wohnen, müssen Sie nicht jedes Verlassen des Dorfs vorher genehmigen lassen. Es gibt immer noch viele Sachbearbeiter, die meinen, ein Aufenthalt außerhalb Ihres Wohnortes wäre zu melden.

Die EAO soll dazu dienen, Sie mit unsinnigen Auflagen zu schikanieren. Am **Wochenende** können Sie z.B. im gesamten Bundesgebiet (oder benachbarten Ausland) unterwegs sein, ohne dass Ihre Vermittlungsfähigkeit an Werktagen einschränkt wäre. Was soll diese Einschränkung der grundgesetzlich garantierten Freizügigkeit? (Art. 11 GG)

1.4 Für wen gilt die EAO?

„Nach dem Wortlaut des § 7 Abs. 4a gilt die Regelung für alle Mitglieder der Bedarfsgemeinschaft. Somit ist die EAO grundsätzlich auf alle Leistungsberechtigte nach dem SGB II ... anzuwenden.“ (BA 7.112) Das hält selbst die BA für widersinnig. In den ⇨Bedarfsgemeinschaften leben nämlich fast 5,9 Mio. Menschen, darunter rd. 4,3 Mio. Alg-II-BezieherInnen und 1,6 Mio. Sozialgeldbeziehende. Nur 1,8 Mio. Alg-II-BezieherInnen stehen dem Arbeitsmarkt überhaupt zur Verfügung, d.h. nur rd. 30% derjenigen, die *„Leistungen nach diesem Buch“*, dem SGB II beziehen. (BA Monatsbericht, Juni 2016) Allenfalls auf sie könnte sich die Förderung der Vermittlung beziehen. Daher schränkt die BA den Personenkreis ein.

- Sie nimmt alle **Personen unter 15 Jahren** von der Bewegungsmeldepflicht aus (so auch das LSG Baden-Württemberg 14.7.2010 - L 3 AS 3552/09).
- **Schüler über 15 Jahre** dagegen brauchen die amtliche Zustimmung zur Ortsabwesenheit. Warum, wo doch Schule Vorrang vor der Arbeitspflicht hat? Die Ortsabwesenheit soll Ihnen aber zumindest, z.B. bei längerer Abwesenheit in den Ferien, nicht verweigert werden (BA 7.112).
- Selbst bei **Personen**, denen **Arbeit nicht zumutbar** ist oder die vorübergehend nicht *„eingliederbar“* sind, soll im Einzelfall entschieden werden, ob die Zustimmung erforderlich ist oder nicht. *„Dies kann im Interesse der Vermeidung von Leistungsmissbrauch zu bejahen sein.“* (BA 7.112) Damit würde die Regelung vollends zum Schikaneinstrument.
- ***„Erwerbstätige Hilfebedürftige“***, die sozialversichert beschäftigt oder selbständig sind oder an Beschäftigungsförderungsmaßnahmen teilnehmen (z.B. Ein€Jobber), müssen sich **nicht mehr** bei Ortsabwesenheit abmelden. Bei Ein€JobberInnen

O

hält die BA es aber für zweckmäßig, *„die voraussichtliche Dauer der Abwesenheit zu erheben“* (BA 7.113). Bei Selbständigen könnte es Probleme geben, wenn deren mtl. Einkommen die 400-€-Grenze unterschreitet.
- Personen, die in Ausübung des **Umgangsrechts** mit ihren getrennt lebenden Kindern von Freitagsmittag bis Sonntagsabend ortsabwesend sind, müssen sich nicht abmelden (BA 7.122).

Vollzeit-Beschäftigte mussten sich bis Mai 2007 außerhalb ihrer Urlaubszeit einen Besuch bei den 200 km entfernt wohnenden Eltern genehmigen lassen. Diese weltfremde Position war für die BA nicht mehr haltbar. In manchem Jobcenter lebt sie allerdings weiter.

Selbst *„alle erwerbsfähigen Mitglieder der Bedarfsgemeinschaft“*, die von der BA von der Meldepflicht bei Ortsabwesenheit befreit sind, sollen dennoch verpflichtet sein, **täglich per Post erreichbar** zu sein (BA 7.126). Das würde also auch für SchülerInnen ab 15 gelten. Diese Regelung ist allerdings aufgrund unklarer Gesetzeslage umstritten (⇨1.1).

O

1.5 Wie die Abwesenheit melden?
Die Notwendigkeit einer Ortsabwesenheit kann sich auch plötzlich ergeben. Wenn Sie telefonisch nicht durchkommen, keine Zeit haben, sich einen Termin zu holen oder stundenlang auf eine Vorsprache zu warten, haben sie einen wichtigen Grund ohne Zustimmung abzureisen. Ist die Behörde nicht erreichbar, können Sie Ihre Abwesenheit auch nicht vorher beantragen.

Tipp Wenn Sie allerdings **Probleme** mit dem Jobcenter **vermeiden** wollen, sollten Sie das schikanöse Abmeldespiel lieber mitspielen. Lassen Sie sich Ihre Ortsabwesenheit **schriftlich** bestätigen.

1.6 Folgen unerlaubter Abwesenheit
Wer die jeweils genehmigte Ortsabwesenheit von i.d.R. längstens drei Wochen überschreitet, hat **keinen Anspruch** mehr **auf Alg II** (BA 7.128, Ausnahmen ⇨1.2.1).
Wenn Sie eine Ortsabwesenheit nicht gemeldet haben **und** dabei erwischt werden, wird die Leistung für die gesamte Zeit der Ortsabwesenheit gestrichen (BA 7.127). Das gleiche gilt für die Zeit, in der Sie länger vom Ort abwesend sind, als erlaubt, bzw. wenn Sie sich trotz verweigerter Zustimmung des Arbeitsvermittlers aus Ihrem Ort entfernen. Sie müssen die für diese Tage **gezahlten Beträge** (Regelsatz, Kosten der Unterkunft, Heizung, Mehrbedarf usw.) wegen unerlaubten Fehlens **zurückzahlen**.

Für diese Zeit entfällt rückwirkend auch der normale ⇨**Krankenversicherungs**schutz. Nach Einstellung der Leistung haben Sie allerdings noch einen Monat Anspruch auf Leistungen der Krankenkasse (§ 19 Abs. 2 S. 1 SGB V). Danach wird nur eine Notversorgung, z.B. lebenserhaltende Maßnahmen und zur Linderung akuter Schmerzzustände, erbracht. Bei Wiedereintritt in die Krankenversicherung müssen Sie die säumigen Beiträge nachzahlen (§ 186 Abs. 11 SGB V). Solange Sie wieder Alg II beziehen, ist die Forderung allerdings zu stunden und voller Krankenversicherungsschutz zu gewähren (§ 16 Abs. 3a Satz 2 u. Satz 3 SGB V).

Ab dem Zeitpunkt, an dem Sie sich wieder an Ihrem gewöhnlichen Aufenthaltsort befinden, haben Sie wieder Anspruch auf **alle** SGB-II-Leistungen.

Tipp 1 Sie sollten sich **schnellstmöglich** beim Jobcenter persönlich **zurückmelden**, damit Sie nachweisen können, ab wann Sie wieder Anspruch auf Leistungen haben.

Tipp 2 Auch wenn Sie sich später beim Jobcenter melden, können Sie Ihre Rückreise und Erreichbarkeit am Wohnort ggf. mit einem Flug- oder Bahnticket belegen.

Tipp 3 Haben Sie während Ihrer Abwesenheit Post vom Jobcenter erhalten, schauen Sie nach, ob Sie Meldetermine beim Amt wahrnehmen müssen.

Die nicht genehmigte Ortsabwesenheit wird ohne Vorwarnung mit einer **100%-Kürzung** für den Zeitraum der Abwesenheit bestraft. Die Höhe der Strafe hängt demnach von der Dauer der **bekannt gewordenen** ungenehmigten Abwesenheit ab.

Tipp Sind **nicht alle Personen** einer Bedarfsgemeinschaft ungenehmigt ortsabwesend, müssen die Bedarfsanteile der Abwesenden an den **Unterkunftskosten** auf die zu Hause verbleibenden Personen umgelegt werden, da (zumindest vorübergehend) deren eigener Wohnbedarf in voller Höhe gedeckt werden muss (BSG 19.10.2010 - B 14 AS 50/10 R).

Da die Leistung i.d.R. bereits ausgezahlt wurde, wird die die Ortsabwesenheit im Nachhinein durch einen **Aufhebungsbescheid** sanktioniert. Der überzahlte Betrag wird dann mit der laufenden Alg-II-Zahlungen **in Höhe von 30%** der maßgebenden Regelleistung **aufgerechnet** (§ 43 Abs. 2 Satz 1 SGB II). Wird eine längere Ortsabwesenheit bekannt, können auch bereits bewilligte laufende Leistungen eingestellt werden.

1.7 Sanktionen?

Wenn Sie aufgrund einer Ortsabwesenheit einen Meldetermin, die Bewerbung auf eine angebotene Stelle usw. verpassen, greifen die üblichen ⇨Sanktionen (BA 7.131).

Es gibt aber im § 7 Abs. 4a SGB II, der die Ortsanwesenheit regelt, keinen Verweis auf die Sanktionen nach § 31 SGB II und in diesem Paragrafen wiederum keinen Hinweis, dass Sanktionen bei unerlaubter Ortsabwesenheit in Kraft treten.
Wenn die ohnehin gesetzlich vorgeschriebene Ortsanwesenheit als Pflicht in Ihrer ⇨**Eingliederungsvereinbarung** (EinV) festgeschrieben ist, darf es bei Nichterfüllung keine zusätzliche Sanktion geben. Eine Doppelbestrafung wäre rechtswidrig.
Das hat inzwischen auch die BA erkannt. Die gesetzlichen Regelungen für *„Ortsabwesenheiten dürfen nicht durch eine abweichende Regelung in der Eingliederungsvereinbarung umgangen und durch Sanktionierung nach § 31 Abs. 1 Satz 1 Nr. 1b ersetzt werden"* (BA Wissensdatenbank, § 15 Nr. 150003).

Tipp Bestehen Sie deshalb darauf, dass die Erreichbarkeit nicht noch einmal als Pflicht in Ihrer EinV aufgenommen wird. Sie steht schon im SGB II selbst und gilt bereits für Sie. Sollten Sie aufgrund einer Ortsabwesenheit doppelt bestraft werden, müssen Sie ⇨Widerspruch und ⇨Klage erheben.

HzL/GSi der Sozialhilfe

2. Keine Verfügbarkeit bei Sozialhilfebezug

BezieherInnen von HzL und GSi können wegfahren, wie sie wollen und können. Sie müssen keine Ortsabwesenheit anmelden. Sie stehen dem Arbeitsmarkt nicht voll, sondern allenfalls nur eingeschränkt zur Verfügung (⇨ Erwerbsfähigkeit).

HzL

Das Bundesverwaltungsgericht geht *„entsprechend der üblichen Sozialhilfepraxis davon aus, dass kurzfristige Abwesenheiten während des Bewilligungszeitraums von regelmäßig **einem Monat** die Zuständigkeit des Sozialhilfeträgers unberührt lassen"* (BVerwG 22.12.1998, FEVS 51, 147; auch BVerwG - NDV 1995, 170). Diese *„übliche Sozialhilfepraxis"* wurde von manchen Trägern auf drei Wochen verkürzt.
Bei einer längeren Abwesenheit als einem Monat endet der zugestandene Urlaubs- und Erholungsbedarf. Dann **entfällt die Zuständigkeit** des bisherigen Sozialhilfeträgers. *„Für die Sozialhilfe örtlich zuständig ist der Träger der Sozialhilfe, in dessen Bereich sich die Leistungsberechtigten tatsächlich aufhalten."* (§ 98 Abs. 1 SGB XII) Das Sozialamt an Ihrem Wohnort kann dann von Ihnen den Ersatz seiner Kosten fordern (OVG NRW 15.3.2004 - 12 A 3993/02).
Wenn Sie sich zu lange vorübergehend im Bereich eines anderen Trägers oder im Ausland aufhalten, kann nur der Regelsatz gestrichen werden. Das bisherige Sozialamt bleibt weiterhin für die Kosten der Unterkunft zuständig. Allerdings nur, wenn die Wohnung unter Abwägung der bei Verlust der Wohnung entstehenden Kosten erhalten werden muss. Auch Krankenversicherungsbeiträge sind zunächst weiterzuzahlen. Bei Auslandsaufenthalten aber nur, wenn auch Krankheitskosten im Ausland übernommen werden oder durch die Beitragsübernahme der Anspruch auf Weiterversicherung in der gesetzlichen KV gesichert wird (BVerwG 22.12.1998 - 5 C 21/97).

GSi

Anspruch auf Grundsicherung haben Personen *„mit **gewöhnlichem Aufenthalt** im Inland“* (§ 41 Abs. 1 SGB XII). Sie können demnach auch länger und im Ausland abwesend sein, wenn Sie Ihren gewöhnlichen Aufenthalt an Ihrem Wohnort behalten wollen. Wie lange im Einzelfall eine solche Abwesenheit dauern kann, ist gesetzlich nicht festgelegt. Ausschlaggebend ist, dass Sie nicht nur formal Ihren **Wohnsitz** beim Träger der Grundsicherung haben, sondern dass *„die Umstände fortbestehen, die darauf schließen lassen, dass er beibehalten und (selbst) benutzt wird“* (LPK SGB XII, § 41 Rz. 10). Das ist z.B. bei einem achtwöchigem Auslandsaufenthalt der Fall (LSG NRW 3.2.2010 - L 12 (20) SO 3/09).

2.1. GSi: Landesrechtliche Zuständigkeitsregelungen oft unzureichend

Dass für die GSi der örtliche Sozialhilfeträger **zuständig** ist, *„in dessen Bereich der gewöhnliche Aufenthaltsort des Leistungsberechtigten liegt“ (§ 98 Abs. 1 Satz 2SGB XII alt)*, ist aus dem SGB XII gestrichen worden. Seit dem 1.1.2013 soll dies in den Landesausführungsgesetzen zum SGB XII geregelt werden (§ 46b Abs. 1 SGB XII). Die meisten Bundesländer haben eine sinngleiche Regelung in ihr SGB-XII-Ausführungsgesetz aufgenommen.

In Berlin, Bremen, Hamburg, Rheinland-Pfalz, Sachsen, Sachsen Anhalt und Thüringen fehlt jedoch bei der Zuweisung der Zuständigkeit an den örtlichen Sozialhilfeträger der Zusatz am *„gewöhnlichen Aufenthaltsort des Leistungsberechtigten“*. Hieraus entsteht eine Regelungslücke: Bei längerer Ortsabwesenheit kann das zur Folge haben, dass der örtliche Sozialhilfeträger am **gewöhnlichen** Aufenthaltsort sich nicht mehr zuständig fühlt, da wie bei der HzL der **tatsächliche** Aufenthaltsort für die Zuständigkeit ausschlaggebend sei. Schlimmstenfalls könnten die Leistungen eingestellt werden.

Tipp: Hiergegen müssen Sie sich mit Widerspruch und ggf. Klage wehren. Unklare Landesregelungen müssen so ausgelegt werden, dass der gewöhnliche Aufenthaltsort für die Zuständigkeit ausschlaggebend ist.

Kritik

Die Bundesregierung wollte mit der EAO *eine „missbräuchliche Inanspruchnahme von Fürsorgeleistungen bei einem nicht genehmigten vorübergehenden auswärtigen Aufenthalt innerhalb und außerhalb der Bundesrepublik ... vermeiden“* (BT-Drs. 16/1696, 26 zu Nr.3 b). § 7 Abs. 4a SGB II bezieht sich lediglich auf den Verlust des Anspruchs auf Alg II bei Aufenthalt außerhalb des orts- und zeitnahen Bereichs. Die Regelungen der postalischen Erreichbarkeit im SGB III greifen daher im SGB II nicht (Eicher, § 7 Rz. 148).

Aufgrund der Kritik u.a. des Bundesrechnungshofs an der Vermittlungspraxis der Jobcenter kehrt die BA aber die Erreichbarkeit der Alg-II-BezieherInnen für die Eingliederung in Arbeit oder Beschäftigung in den Vordergrund und verordnet sogar die uneingeschränkte postalische Erreichbarkeit jedes erwerbsfähigen Mitglieds der Bedarfsgemeinschaft (BA 7.126).

Den Hartz-Parteien ging aber es gar nicht um Erreichbarkeit zur Vermittlung. Warum sollten Alg-II-Beziehende schnell auf nicht vorhandene Vermittlungsvorschläge reagieren? Die Regierung wollte schärfere Waffen gegen Leistungsmissbrauch. Die EAO macht es unabhängig von der Notwendigkeit der Arbeitsvermittlung möglich, einfach nur zu kontrollieren, ob Leistungsbezieher den Nahbereich verlassen oder nicht. Damit wird die Regelung zum Selbstzweck. Sie schafft im Wesentlichen Vorwände, Alg II zu streichen und das Missbrauchsklima gegen Arbeitslose anzuheizen, die sich mit Fürsorgeleistungen im Ausland „tummeln“.

Im Gegensatz zum Arbeitslosengeld hat Alg II zu einem bedeutenden Teil die Funktion, als Kombilohn für knapp 1,2 Million erwerbstätige „Aufstocker“ den Lebensunterhalt zu sichern (BA Monatsbericht, Juni 2016). Die EAO und die Schikane mit der Erreichbarkeit soll diesen Menschen mit Armutslöhnen das Aufstocken ihrer Einkommen auf das Existenzminimum verleiden.

3.1 Urlaub als Leistung von Alg II/ Sozialhilfe?

Urlaub, bezahlt durch die Behörde, gibt es für „normale” Beziehende von Alg II, HzL/

O

GSi der Sozialhilfe nicht. Urlaubsreisen sind Luxus (z.B. VGH HE 26.10.1993, FEVS 1995, 25).

Wenn Ihnen die Abwesenheit erlaubt ist und Sie in Urlaub fahren, kann die Behörde misstrauisch werden. Es können nicht angegebene Einkommen vermutet werden.
Wenn Sie aber z.B. bei Freunden oder Verwandten gewohnt haben oder von ihnen irgendwohin mitgenommen worden sind, können Sie das zerstreuen. So wie Sie an Ihrem Heimatort leben, können Sie auch an jedem anderen Ort leben, vielleicht sogar billiger.

3.2 Urlaub für alte und behinderte Menschen?

Für ⇨alte Menschen können die Kosten einer Seniorenfahrt oder eines Besuchs nahestehender Verwandten im Rahmen der Altenhilfe übernommen werden (§ 71 Abs. 2 Nr. 5 und 6 SGB XII).
Für ⇨behinderte Menschen sind Ferienaufenthalte als Hilfe zur Teilhabe am Leben in der Gemeinschaft im Rahmen der Eingliederungshilfe möglich.

3.3 Familienerholung

Jedes Bundesland hat eigene Richtlinien zur Förderung der Familienerholung, sofern die Zuschüsse noch nicht gestrichen sind.
www.urlaub-mit-der-familie.de (⇨Zuschüsse) informiert über Landesförderungen sowie Angebote.
Ferienfreizeiten können ebenfalls bezuschusst werden (⇨Kinder).

Forderungen

Streichung der Erreichbarkeitsanordnung im SGB II!
Postalische Erreichbarkeit nur für arbeitssuchende Leistungsbeziehende!
Erhöhung des „Jahresurlaubs“ bei Bezug von Leistungen nach SGB II und SGB III!

Pfändung/P-Konto

Wenn ein Gläubiger einen **Vollstreckungstitel** – meist einen Vollstreckungsbescheid, ein Urteil oder ein notarielles Schuldanerkenntnis – gegen Sie hat, kann er beim Vollstreckungsgericht beantragen, dass Ihr Einkommen gepfändet wird.

Inhaltsübersicht:

1. Pfändung von Sozialleistungen direkt beim Sozialleistungsträger

Die Pfändbarkeit von Sozialleistungen ist stark eingeschränkt, weil sie regelmäßig der Sicherung des Lebensunterhalts dienen. Wurden Ihre Sozialleistungen bereits auf Ihr Konto überwiesen, sind Sie nur noch **auf einem P-Konto geschützt** (⇨2.). Ein Gläubiger kann jedoch schon vorher, direkt beim Leistungsträger, pfänden.

1.1 Unpfändbar sind

der Anspruch auf **Sozialhilfe**, insbesondere die Hilfe zum Lebensunterhalt sowie der Anspruch auf Grundsicherung im Alter und bei Erwerbsminderung (§ 17 Abs. 1 Satz 2 SGB XII). D.h. das Sozialamt darf Ihre laufende Sozialhilfe nicht an einen pfändenden Gläubiger abführen.
Beim **Alg II** gibt es diesen gesetzlich geregelten Pfändungsschutz von Leistungen zum Lebensunterhalt erst seit dem 1.8.2016 (§ 42 Abs. 4 SGB II neu).
Allerdings kann ein pfändbarer Betrag bei Bezug von HzL/ GSi und Alg II regelmäßig nicht entstehen, da diese Leistungen **unter den Pfändungsfreigrenzen** (⇨3.1) liegen.

Weitere unpfändbare Sozialleistungen sind:
- Grundrenten nach dem Bundesversorgungsgesetz,
- Erziehungsgeld und Elterngeld (bis max. 300 € mtl./ 150 € mtl. bei verlängertem Bezug) sowie das Betreuungsgeld (soweit es in Zukunft noch gezahlt wird),
- Kindergeld (Ausnahme: bei gesetzlichen Unterhaltsansprüchen),
- Mutterschaftsgeld,
- Pflegegeld und
- Wohngeld (Ausnahme: bei aktuellen Miet-forderungen des gegenwärtigen Vermieters).

1.2 Pfändbar sind

laufende Sozialleistungen, wie z.B. Arbeitslosengeld, Krankengeld, Unterhaltsgeld, Renten usw. Hierbei sind jedoch von dem Sozialleistungsträger automatisch die **Pfändungsfreigrenzen** der aktuellen Pfändungstabelle zu berücksichtigen (⇨3.1). D.h. nur der oberhalb des persönlichen Pfändungsfreibetrages liegende Anteil der Sozialleistung darf an den pfändenden Gläubiger abgeführt werden.

2. Pfändungsschutz auf dem Konto nur noch mit P-Konto

Mit der Einführung des **Pfändungsschutzkontos/ P-Kontos** zum Juli 2010 ist der Schutz vor Kontenpfändung verbessert worden. Seit **1.1.2012** ist der Schutz von **Kontoguthaben** vor Pfändungen sowie der Schutz vor Aufrechnungen durch die kontoführende Bank mit eingehenden **Sozialleistungen** und **Kindergeld** nur noch mit einem P-Konto möglich.

Achtung! Das P-Konto schützt nicht grundsätzlich vor Verrechnung mit **Überziehungskrediten** bzw. **bei Sollstand**.
Sozialleistungen und Kindergeld sind nur auf einem P-Konto und nur **14 Tage** nach Eingang auf Ihrem Girokonto **vor Verrechnung** mit einem Überziehungskredit

P

geschützt. Lediglich das Entgelt für die Kontoführung darf von der Bank einbehalten werden. (§ 850k Abs. 6 ZPO)

Alg II und Hzl/ GSi der Sozialhilfe müssen Ihnen also innerhalb von 14 Tagen auch ausgezahlt werden, wenn Ihr Konto im Soll ist oder Sie Ihren Dispo überschritten haben. Achten Sie darauf, dass Sie in diesem Zeitraum alle wichtigen Überweisungen tätigen.

Tipp 1 Falls die Bank trotzdem verrechnet, kann die Androhung rechtlicher Schritte oder ein Anruf Ihrer Behörde bzw. der Schuldnerberatung bei der Bank helfen. Helfen diese Schritte nicht, müssen Sie beim Amtsgericht Leistungsklage auf Auszahlung erheben.
Der Verrechnungsschutz gilt allerdings **nicht für Lohn** und andere Gutschriften.

Tipp 2 Deshalb sollten P-Konten möglichst im Guthaben geführt werden. Bei einem Sollstand gilt es, mit der Bank eine Umschuldung verbindlich zu vereinbaren, damit Lohngutschriften nicht zu 100% einbehalten und verrechnet werden.

P

Tipp 3 Unter Umständen ist auch ein neues Guthabenkonto bei einer anderen Bank ein Ausweg. Dabei sollte die P-Konto-Eigenschaft bei der alten Bank umgehend rückgängig gemacht werden, damit anschließend das neue Guthabenkonto in Ihr (einziges!) P-Konto umgewandelt werden kann (⇨Konto).

2.1 Wer kann ein P-Konto nach § 850 k ZPO einrichten?

Jede natürliche **Person**, d.h. jeder geschäftsfähige Mensch darf jeweils ein P-Konto führen, Gemeinschaftskonten müssen also in Einzelkonten **unterteilt** werden. Jeder Kontoinhaber hat **Anspruch** auf die **Umwandlung** seines Kontos in ein P-Konto. Die Bank hat die Umwandlung innerhalb von 3 Geschäftstagen zu vollziehen.

Wenn Sie **kein eigenes Konto** führen, haben Sie seit dem 18.06.2016 einen Rechtsanspruch auf ein **Basiskonto**. Das Basiskonto ist ein Guthabenkonto für jedermann, das Sie bei einer Privatkundenbank Ihrer Wahl beantragen können. Die Bank hat innerhalb von 10 Tagen über Ihren Antrag zu entscheiden. Wenn Sie kein weiteres aktives Konto führen, wird die Bank Ihrem Antrag entsprechen und Ihnen ein Guthabenkonto einrichten müssen.
Ein Basiskonto kann auf Antrag jederzeit kostenlos **in ein P-Konto umgewandelt** werden (§ 850 k Abs. 7 ZPO). Sie können auch gleich mit dem Antrag auf ein Basiskonto die Führung als P-Konto beantragen, sodass Ihr Basiskonto von Anfang an als P-Konto geführt wird (§ 33 Abs. 1 Satz 3 ZKG).
Näheres zum Basiskonto ⇨**Konto**

Auch **bereits gepfändete Konten** können umgewandelt werden. Der Pfändungsschutz besteht dann auch rückwirkend, wenn die Umwandlung in ein P-Konto innerhalb einer Frist von **4 Wochen** ab Zustellung der Pfändung bei der Bank (Moratorium) vollzogen wird (§ 835 Abs. 3 ZPO). Erst nach Ablauf des Moratoriums würde das Kontoguthaben an den pfändenden Gläubiger abgeführt.

Tipp Hierbei müssen Sie 3 Bearbeitungstage berücksichtigen, d.h. Ihr Konto ist ab dem 4.Tag nach dem Antrag auf Umwandlung geschützt.

2.2 Was ist auf dem P-Konto geschützt?

- Der gesetzliche **Sockelfreibetrag** von 1.073,88 € (bis zum 30.6.2017) ist automatisch geschützt, egal wie sich das Guthaben zusammensetzt.
- Zusätzliche **Freibeträge** gibt es für höchstens fünf gesetzlich unterhaltsberechtigte Personen, denen der Kontoinhaber Unterhalt leistet bzw. für höchstens fünf Mitglieder der Bedarfsgemeinschaft, für die der Kontoinhaber Leistungen nach SGB II oder SGB XII bezieht.

2.2.1 Freibeträge ab 1.7.2015 in Zahlen

- **1.073,88 €** Gesetzlicher **Sockelfreibetrag**
- **1.478,04 €** bei **einer** Unterhaltspflicht
- **1.703,21 €** bei **zwei** Unterhaltspflichten
- **1.928,38 €** bei **drei** Unterhaltspflichten
- **2.153,55 €** bei **vier** Unterhaltspflichten
- **2.378,72 €** bei **fünf/ mehr** Unterhaltspflichten

(gültig bis zum 30.6.2017)

Die **Freibeträge** werden **erhöht**, wenn auf dem gepfändeten Konto eingehen:
- **Kindergeld**,
- **Kinderzuschlag** (§ 6a BKGG),
- Sozialleistungen **bei Körper**- oder **Gesundheitsschaden** (Schwerstbeschädigtenzulage, Pflegegeld) oder
- **einmalige** Sozialleistungen, z.B. **Nachzahlung** vorenthaltener Leistungen, Kosten für eine **Klassenfahrt**, **Erstausstattung** und Umgangskosten. (§ 850k Abs. 2 ZPO)

Diese geschützten Gutschriften werden vom Geldinstitut aber **nur ausgezahlt**, wenn die Voraussetzungen
- durch **Bescheinigungen bestimmter Stellen** oder **Personen** belegt werden können, z.B.
  - *Arbeitgeber (aussagekräftige Lohnabrechnung),
  - *Familienkassen (Kindergeldbescheid),
  - *Sozialleistungsträger (Leistungsbescheid oder P-Konto-Bescheinigung nach § 850k Abs. 5 ZPO)
  - *Rechtsanwalt/ Steuerberater (verlangt i.d.R. eine Vergütung dafür) und
  - *anerkannte Schuldnerberatungsstellen nach § 305 Abs. 1 Nr. 1 InsO (Bescheinigung nach § 850k Abs. 5 ZPO) oder hilfsweise
- durch das **Vollstreckungsgericht** auf Antrag des Schuldners festgestellt werden (§ 850k Abs. 5 Satz 4 ZPO). Letzteres ist allerdings in der Praxis schwer durchzusetzen, da viele Gerichte „mauern".

2.2.2 Abweichende individuelle Bestimmung des „P-Konto-Freibetrages"

Zudem kann beim Vollstreckungsgericht beantragt werden,
- den **Pfändungsfreibetrag** auf dem Konto **individuell** nach der Pfändungsfreigrenze **laut Pfändungstabelle** zu bestimmen (⇨Beispiel),
- dem Schuldner wegen besonderer **persönlicher Bedürfnisse** zusätzliche Anteile des eigentlich pfändbaren Betrages zu belassen (z.B. bei kostenaufwändiger Ernährung, Kosten für Wahrnehmung des Umgangsrechts)

oder den Freibetrag individuell zu erhöhen,
- wegen besonderer **beruflicher Bedürfnisse** (z.B. Kinderbetreuungskosten, hohe Fahrtkosten zur Arbeitsstelle),
- bei **mehr als 5 Unterhaltspflichten** oder
- wenn die **Nachzahlung einer Sozialleistung** eingegangen ist bzw. erwartet wird (§ 850k Abs. 4 ZPO).

Beispiel: individuelle Bestimmung der Pfändungsfreigrenze laut Pfändungstabelle
Ein alleinstehender Arbeitnehmer verdient mtl. 1300 € netto. Ein Antrag auf einen individuellen Freigabeantrag ist notwendig, wenn
a. der Lohn bereits an der Quelle gepfändet wurde (Lohnpfändung) und nur der laut Tabelle unpfändbare Lohnrest von 1.141,72 € gutgeschrieben wird, denn auf dem P-Konto ist nur der Sockelbetrag von 1073,88 € geschützt;
b. nur das Konto gepfändet ist und die 1.300 € dort eingehen. Auch hier muss das Vollstreckungsgericht die laut Pfändungstabelle unpfändbaren 1.141,72 € individuell freigeben, damit der volle Betrag geschützt ist.

2.3 Was ist auf dem P-Konto verfügbar?

Wird das Konto im Guthaben geführt, besteht ein Auszahlungsanspruch automatisch in Höhe des **Sockelfreibetrags** oder aufgrund von Bescheinigungen in Höhe der **zusätzlichen Freibeträge** oder in Höhe des durch das Vollstreckungsgericht für jede Kontopfändung wieder neu zu beschließenden **individuellen Freibetrags**. Bei den auszuzahlenden Freibeträgen wird stets auf den Kalendermonat abgestellt. Dabei ist es egal, woher das Geld kommt und wann es zufließt.

Zusätzlich ist ein Anspar-Guthaben maximal in Höhe Ihres Freibetrages **bis zum Ablauf** des auf den Zufluss **folgenden Kalendermonats** auf dem Konto **geschützt**. Sie können also unverbrauchtes Guthaben **einmal** als Rücklage in den nächsten Monat mitnehmen. Dies geht auch, wenn am Monatsende Alg II/ Sozialhilfe für den Folgemonat ausgezahlt wird (BGH 4.12.2014 - IX ZR 115/14).

Tipp Im Folgemonat muss mindestens über den Übertrag aus dem letzten Monat verfügt werden. Allerdings wird der verfügbare (Anspar-)Betrag nicht separat ausgewiesen (z.B. auf dem Kontoauszug), so dass es an Transparenz fehlt.

P

2.4 Was kostet das P-Konto?

Die **Gebühren** für das P-Konto sind nicht gesetzlich geregelt, dürfen jedoch nach aktueller Rechtsprechung **nicht höher** sein, als für das entsprechende Girokonto ohne P-Konto-Funktion (BGH 13.11.2012 - XI ZR 500/11 und XI ZR 145/12, vom 16.7.2013 - XI ZR 260/12 und vom 10.2.2015 - XI ZR 187/13). Regeln die Geschäftsbedingungen Ihrer Bank zum Pfändungsschutzkonto höhere Kontoführungsgebühren, sind diese unwirksam.

Erstattet Ihre Bank zu Unrecht geltend gemachte Extragebühren für ein P-Konto, darf der Erstattungsbetrag nicht auf Ihre Sozialleistung angerechnet werden, weil Sie die Gebühren aus der Regelleistung gezahlt haben (§ 82 Abs. 1 Satz 2 SGB XII). Das gilt auch im SGB II.

Das **reguläre Kontoführungsentgelt** darf die Bank allerdings von den auf Ihrem P-Konto eingehenden Sozialleistungen bzw. vom Freibetrag **einbehalten**.

Tipp Musterschreiben zur Rückforderung erhöhter Entgelte beim P-Konto sowie Widerspruch gegen Leistungseinschränkungen finden Sie auf der Seite der Verbraucherzentrale (www.vz-nrw.de/p-konto#wievielkostetdaspkonto).

P

2.5 Befristete Unpfändbarkeit des Kontos durch Anordnung des Gerichts

Das Vollstreckungsgericht *„kann"* eine befristete Unpfändbarkeit des Kontoguthabens für bis zu 12 Monate anordnen. Das ist möglich, wenn der Schuldner nachweist, *„dass dem Konto in den letzten sechs Monaten vor Antragstellung ganz überwiegend nur unpfändbare Beträge gutgeschrieben worden sind"*, und er glaubhaft macht, *„dass auch innerhalb der nächsten zwölf Monate nur ganz überwiegend nicht pfändbare Beträge zu erwarten sind"* (§ 850i ZPO). Diese Anordnung entlastet Sie als Schuldner aber auch Ihre Bank und das Gericht.

3. Pfändung von Arbeitseinkommen direkt beim Arbeitgeber

3.1 Unpfändbare Anteile des Arbeitseinkommens sind (nach § 850a ZPO)

- Urlaubsgeld,
- 50% der Netto-Überstundenvergütung,
- Weihnachtsgeld (bis max. 500 €),
- Auslöse, Reisekostenerstattungen, Aufwandsentschädigungen, Erschwerniszulagen usw.

3.2. Pfändbar sind

grundsätzlich alle anderen Formen von Arbeitseinkommen. Allerdings hat der Arbeitgeber dabei „automatisch" die Pfändungsfreigrenze (§ 850c ZPO) zu beachten. Demnach ist nur das Einkommen oberhalb der laut Pfändungstabelle zu 100% unpfändbaren Beträge pfändbar.

Die Pfändungsfreigrenzen für **Nettoarbeitseinkommen** betragen seit dem 1.7.2015 (gemäß Anlage zu § 850c Abs. 3 ZPO):

bis 1.079,99 €	für eine Person ohne Unterhaltspflicht
bis 1.479,99 €	bei Unterhaltspflicht für eine Person
bis 1.709,99 €	bei Unterhaltspflicht für zwei Personen
bis 1.929,99 €	bei Unterhaltspflicht für drei Personen
bis 2.159,99 €	bei Unterhaltspflicht für vier Personen
bis 2.379,99 €	bei Unterhaltspflicht für fünf Personen

Die Pfändungsfreigrenzen werden alle zwei Jahre entsprechend der Steigerung des Grundfreibetrags bei der Einkommensteuer erhöht. Die nächste Erhöhung erfolgt zum **1.7.2017**.

Übersteigt Ihr Nettoeinkommen den Pfändungsfreibetrag, wird der pfändbare Einkommensanteil nicht vollständig an den Gläubiger abgeführt, sondern zwischen Ihnen und dem Gläubiger **aufgeteilt**. Dabei **erhöht** sich **Ihr Anteil** am pfändbaren Einkommensanteil von **30%** auf **50% bei Unterhaltspflicht** für eine Person und dann um jeweils **10%** für jede weitere Person, der Sie zum Unterhalt verpflichtet sind (§ 850c Abs. 2 Satz 1 ZPO). Je nach Aufteilung des pfändbaren Einkommensanteils kann es also durchaus lohnend sein, ein höheres Einkommen zu erzielen. Den tatsächlich pfändbaren Einkommensanteil können Sie der Pfändungstabelle entnehmen (www.infodienst-schuldnerberatung.de).

3.3 Erhöhung der Pfändungsfreigrenzen auf den Bedarf von Alg II/Sozialhilfe?

Wegen der Dynamisierung der Pfändungstabelle ist eine Erhöhung der Pfändungsfreigrenzen auf den sozialhilferechtlichen Bedarf nach SGB II/ SGB XII in der Praxis kaum noch relevant, weil dieser regelmäßig niedriger ist als die Pfändungsfreibeträge.

Sollte jedoch z.B. aufgrund von krankheitsbedingtem Mehrbedarf, bei hohen Mietbelastungen, Unterhaltsverpflichtungen gegenüber getrennt lebenden Kindern oder bei hohen Aufwendungen infolge eines ⇨Härtefalles ggf. ein entsprechend erhöhter Alg-II-/ Sozialhilfebedarf bestehen, müssen Sie das mit Hilfe einer ⇨Bedarfsberechnung überprüfen. **Nur** wenn Ihr Bedarf Ihre Pfändungsfreigrenzen tatsächlich **übersteigt**, können Sie sich vom Jobcenter/ Sozialamt oder einer Schuldnerberatungsstelle eine entsprechende **Bescheinigung über Ihr Existenzminimum** ausstellen lassen und eine Erhöhung der Pfändungsfreigrenzen bei Gericht beantragen.

3.4 Individuelle Erhöhung der Pfändungsfreigrenzen

In der Praxis ist es allerdings i.d.R. **einfacher**, direkt eine **individuelle Erhöhung** der Pfändungsfreigrenzen beim Vollstreckungsgericht zu beantragen. Diese können Sie mit den ***„besonderen persönlichen Bedürfnissen“*** (z.B. außergewöhnlich hohe Mietbelastung, hohe Nebenkostennachzahlung, besondere Krankheitskosten, Kosten des Umgangsrechts usw.) ***oder „besonderen beruflichen Bedürfnissen“*** (z.B. Hortkosten, hohe Fahrtkosten, doppelte Haushaltsführung, notwendige Fortbildungskosten usw.) begründen (§ 850f Abs. 1 b ZPO). Nur damit und beim Nachweis von mehr als 5 gesetzlichen Unterhaltspflichten (§ 850f Abs. 1 c ZPO) werden Sie letztlich einen Erhöhungsbedarf durchsetzen können.

Tipp 1 Vor einer rechtskräftigen Entscheidung des Amtsgerichts sollten Sie beim Rechtspfleger die einstweilige Einstellung der Zwangsvollstreckung und die vorläufige Auszahlung z.B. des Lohns in Höhe des Alg-II-Bedarfs beantragen.

Tipp 2 Sind Sie mit der Entscheidung des Amtsgerichts nicht einverstanden, können Sie – ohne Rechtsanwalt – beim Amtsgericht das Rechtsmittel der „sofortigen Beschwerde“ einlegen, über die das Landgericht entscheiden wird.

3.5 Pfändung unter den Alg II/Sozialhilfebedarf

Sollte Ihr Einkommen unter den Alg II/ Sozialhilfebedarf gepfändet sein, können Sie beim Jobcenter/ Sozialamt ergänzend Alg II oder Sozialhilfe beantragen. Gepfändetes Einkommen ist nicht verfügbar und darf deshalb vom Amt nicht angerechnet werden (BVerwG 15.12.1977, FEVS 1978, 99 ff.). Das gilt natürlich nur solange die Erhöhung der Pfändungsfreigrenzen (⇨3.3 f.) noch nicht bewilligt ist.

3.6 Abtretung

Bei einer Lohn- und Gehaltsabtretung gelten zwar auch die gesetzlichen Pfändungsfreigrenzen, Sie können aber **keinen** Antrag auf individuelle Erhöhung der Pfändungsfreigrenze aufgrund besonderer persönlicher oder beruflicher Bedürfnisse stellen (ohne Pfändung ist kein Vollstreckungsgericht zuständig). Aber Sie können beim zuständigen Amtsgericht am Wohnsitz des pfändenden Gläubigers mit einer **negativen Feststellungsklage** gegen den Gläubiger klären lassen, in welcher Höhe Ihr Einkommen vor Abtretungen geschützt ist. Auch Eilverfahren sind möglich. Da nur pfändbare Beträge abgetreten werden dürfen, wird das Gericht den pfändbaren Betrag um Ihre notwendigen Bedürfnisse reduzieren (⇨3.3 f.).

Bei einer **Gehaltsabtretung** und gleichzeitigem Antrag auf Alg II geht das Jobcenter davon aus, dass Ihr Nettoeinkommen verfügbar ist, obwohl es abgetreten wurde. Der abgetretene Lohnanteil wird Ihnen dann ggf. vom Jobcenter als ⇨**Einkommen** auf die Leistung angerechnet, und steht für den Lebensunterhalt nicht mehr zur Verfügung.

„Von der grundsätzlichen Berücksichtigung der ... gepfändeten Anteile des Einkommens ist aber dann eine Ausnahme zu machen, wenn der im laufenden SGB-II-Bezug stehende Berechtigte die Rückgängigmachung

P

der Pfändung aus Rechtsgründen überhaupt nicht oder nicht ohne Weiteres realisieren kann ..., weil ihm dann bereite Mittel zur Bedarfsdeckung nicht zur Verfügung stehen." Nur wenn sich die Abtretung z.B. durch eine negative Feststellungsklage nicht mehr rückgängig machen lässt, sind *„die gepfändeten Anteile des Einkommens ... in gleicher Weise wie die Aufwendungen zur Erfüllung gesetzlicher Unterhaltsverpflichtungen ... vom Einkommen abzusetzen."* (BSG 10.5.2011 - B 4 KG 1/10 R, Rz. 19, zur Berücksichtigung von gepfändeten Einkommensanteilen bei Unterhaltsschulden) Auch in anderen Fällen wird es darauf ankommen, dass Einkommen tatsächlich als *„bereite Mittel"* zu Verfügung stehen.

4. Pfändung von Arbeitseinkommen auf Ihrem Konto?

Ihr Arbeitseinkommen ist nur auf dem P-Konto geschützt und auch zunächst nur in Höhe des Sockelfreibetrages von 1073,88 € bzw. des erhöhten Pfändungsschutzes auf Grundlage von Bescheinigungen/ Bescheiden (⇨2. ff.).

Liegt Ihr Arbeitseinkommen **über** den Pfändungsfreibeträgen (⇨ 3.2), müssen Sie einen **individuellen Freigabeantrag** an das Vollstreckungsgericht stellen, damit Ihnen im Fall einer **Doppelpfändung** von Lohn und Konto der auf dem P-Konto eingehende **unpfändbare Lohnanteil** zu 100% verbleibt bzw. wenn allein das Konto gepfändet ist, von Ihrem Lohn genau so viel vom Vollstreckungsgericht freigegeben wird, wie Ihnen auch bei der Pfändung an der Quelle (beim Arbeitgeber) laut Pfändungstabelle verbleiben würde.

Tipp Der Arbeitgeber muss die Pfändungstabelle automatisch zur Anwendung bringen, aber bei der Lohnpfändung auf Ihrem P-Konto müssen Sie aktiv werden und den **individuellen Freigabeantrag** beim Vollstreckungsgericht nach § 850k Abs. 4 ZPO stellen (⇨2.2.2 mit Beispiel).

5. Pfändungs- und Überweisungsverfügung durch eine Behörde

Wird eine z.B. vom Finanzamt, Ordnungsamt oder vom Jobcenter verfügte Zwangsvollstreckung, von der Vollstreckungsstelle, der Stadtkasse oder von dem Hauptzollamt vollzogen, müssen Sie Ihren Antrag auf Vollstreckungsschutz direkt an die Vollstreckungsbehörde (Vollstreckungsstelle, Stadtkasse, Hauptzollamt) richten, die die Pfändungsverfügung erlassen hat, nicht an die Stelle/ Behörde, die den Bescheid erlassen hat. Für die individuelle P-Konto-Freigabe ist ebenfalls die Vollstreckungsstelle und nicht das Vollstreckungsgericht zuständig.

Beratung

Sind Sie von einer Pfändung betroffen, wenden Sie sich umgehend an eine Schuldnerberatungsstelle, eine Verbraucherzentrale oder (mit ⇨**Beratungshilfe**schein) an einen Anwalt.

Adressen und Information

⇨Schulden

Forderung

Gesetzlicher Pfändungsschutz ohne zusätzlichen Antrag auch für nachgezahlte SGB-II-/ SGB-XII-Leistungen!

Pflegebedürftige

Informationen

- Bei den örtlichen Pflegestützpunkten
- Leitfaden Sozialhilfe für Menschen mit Behinderungen und bei Pflegebedürftigkeit von A-Z, AG TuWas (Hrg.), 9. Aufl., Frankfurt 2011, ⇨Bestellung s. Anhang
- Weitere Infos über Pflegebedürftigkeit, Hilfe zur Pflege, Pflegegeld, Pflegekräfte, Pflegeversicherung erhalten Sie unter http://www.bmg.bund.de/themen/pflege.html
  http://www.bmfsfj.de/BMFSFJ/Aeltere-Menschen/hilfe-und-pflege.html

Pflegeversicherung

Alg-II-Beziehende sind 2016 mit 14,83 € mtl. gesetzlich pflegeversichert.

Bei **BezieherInnen von HzL und GSi der Sozialhilfe** werden ebenfalls Beiträge der Pflegeversicherung gezahlt, aber nur, wenn sie in der Krankenversicherung pflichtversichert, freiwillig weiterversichert oder Mitglied einer privaten Krankenversicherung sind (⇨ Krankheit 3.1).

Der **Beitragssatz** der gesetzlichen Pflegeversicherung beträgt 2,35%. Kinderlose, die über 23 Jahre alt sind, müssen ab 2005 0,25% mehr an die Pflegeversicherung zahlen, (kinderlose) Arbeitgeber nicht. Kinderlose Alg-II-Beziehende sind (noch) von der Beitragserhöhung ausgenommen.

Räumung

Wenn beim Amtsgericht eine Räumungsklage eingeht, muss dieses dem Jobcenter bzw. dem Sozialamt oder einer von diesen Behörden beauftragten Stelle *„unverzüglich"* Mitteilung machen (§ 22 Abs. 9 SGB II; § 36 Abs. 2 SGB XII). Das Gericht muss den Tag des Eingangs der Klage, den Namen des Mietschuldners und des Vermieters, die Höhe der Miete und der Mietrückstände sowie den Termin der Verhandlung mitteilen. Die Behörde ist verpflichtet, Kontakt zu den von Wohnungsverlust bedrohten Haushalten aufzunehmen, um zu prüfen, ob die Räumung durch die **Übernahme der Mietschulden** abgewendet werden kann (ausführlich ⇨Mietschulden).

1.1 Mietrechtsänderung schwächt Mieterposition

Die im Mai 2013 in Kraft getretene Änderung erleichtert **fristlose Kündigungen** (⇨Mietschulden) und Räumungen.

1.2 Räumung per einstweiliger Verfügung

Streiten sich Mieter und Vermieter in einem Räumungsprozess über Mieten, Mietrückstände oder Mietminderungen, kann das Gericht auf Antrag des Vermieters anordnen, dass der Mieter strittige Forderungen bzw. eine entsprechende Nutzungsentschädigung (⇨4.1) hinterlegt, die bis zur gerichtlichen Klärung anfallen. Zahlt oder reagiert der Mieter auf diese **Sicherungsanordnung** nicht, kann das Gericht die Räumung der Wohnung per einstweiliger Verfügung anordnen. Die Wohnung wäre dann verloren, noch bevor das Gericht über die eigentliche Räumungsklage entschieden hat.

2. Möglichkeiten, die Räumung aufzuschieben

2.1 Räumungsfrist beantragen

Sie können beim Amtsgericht einen Antrag stellen, die Räumung aufzuschieben (§ 721 ZPO). Sie sollten ausführlich erklären, warum Sie bisher **keine Ersatzwohnung** finden konnten. Üblicherweise beträgt die vom Gericht zugestandene Räumungsfrist 3 bis 6 Monate. Die Frist kann bis zwei Wochen vor Ablauf auf Antrag **verlängert** werden, darf aber insgesamt ein Jahr nicht überschreiten.

Eine Räumungsfrist zu bewilligen, liegt im Ermessen des Gerichtes. Voraussetzung ist, dass Sie sich nachweisbar hinreichend um Ersatzwohnraum bemüht haben und die Zahlung der laufenden Nutzungsentschädigung gewährleistet ist. Zudem wird vorausgesetzt, dass in absehbarer Zeit Wohnraum zur Verfügung steht oder eine Härte vorliegt (⇨2.2).

2.2 Vollstreckungsschutz

Wenn Sie keine Räumungsfrist erhalten oder die Frist abgelaufen ist, beauftragt der Vermieter den Gerichtsvollzieher mit der Zwangsräumung. Diesen Räumungstermin kündigt der Gerichtsvollzieher Ihnen gegenüber an.

Jetzt können Sie nur noch Vollstreckungsschutz (§ 765a ZPO) beantragen. Der Antrag muss in der Regel spätestens zwei Wochen vor dem Räumungstermin bei Gericht vorliegen.

Ausnahme: Ein Härtefall tritt kurzfristig auf, z.B. eine akute Erkrankung. Das Vollstreckungsgericht kann die Räumung ausnahmsweise untersagen, wenn sie *„unter voller Würdigung des Schutzbedürfnisses des Gläubigers wegen ganz besonderer Umstände eine Härte"* bedeuten würde, *„die mit den guten Sitten nicht vereinbar ist"*. Das ist z.B. der Fall, wenn Sie kurz vor der Entbindung stehen, schwer krank sind oder eine akute Suizidgefahr droht. Der Vollstreckungsschutz schützt auch diejenigen, die schon einen Mietvertrag für eine neue Wohnung haben, aber durch die Räumung vorübergehend obdachlos würden.

Allein die Tatsache, dass Ersatzwohnraum fehlt, ist aber **kein** Grund für Vollstreckungsschutz.

2.3 Nach einvernehmlicher Lösung suchen

Auch während des Vollstreckungsverfahrens sind einvernehmliche Lösungen noch möglich. Wohnungsbaugesellschaften sind mitunter bereit, das Mietverhältnis fortzuführen, wenn Mietschulden und Verfahrenskosten

R

nachträglich von der Behörde (Wohnungssicherungsstelle) übernommen werden.
Die Kooperationsbereitschaft steigt, wenn kostspielige Renovierungsmaßnahmen anstehen, die der Altmieter nicht zahlen kann oder wenn eine Stabilisierung der persönlichen oder sozialen Verhältnisse des Altmieters zu erwarten ist (laufende Sozialberatung/Therapie, Zahlungen rückständiger Miete usw.).
Vermieter haben auch Interesse an einer einvernehmlichen Lösung, weil sie die Kosten des Räumungsverfahrens vorstrecken müssen. Mit Räumungskosten, Gerichtskosten, ggf. Einlagerungskosten usw. kommen schnell Beträge von bis zu 5.000 € zusammen.
Solange aber der alte Mietvertrag nicht wieder in Kraft gesetzt bzw. kein neuer abgeschlossen wurde, nutzen Sie die Wohnung ohne mietrechtliche Grundlage und können bei der geringsten Regelwidrigkeit erneut geräumt werden.

Tipp Achten Sie darauf, dass die mit dem Vermieter getroffene einvernehmliche Lösung auch eine Regelung über das Wiederaufleben des alten Mietvertrages enthält oder dass ein neuer Mietvertrag abgeschlossen wird!

R

3. Welche Unterkunftsangebote sind zumutbar?

3.1 Billigste Wohnung oder Unterkunft?

Wenn Sie auf Übernahme der künftigen Unterkunftskosten durch das Jobcenter/ Sozialamt angewiesen sind, müssen Sie sich bereits bei der Wohnungssuche auf eine nach den Vorgaben der Behörden „angemessene“ Wohnung beschränken (⇨Miete).

Tipp Informieren Sie sich, welche Höchstmieten durch die Behörden übernommen werden.

Sollten Sie aufgrund der kurzen Zeit, die Ihnen zur Wohnungssuche bleibt, keine zumutbare Wohnung mit einer nach den örtlichen Vorgaben angemessenen Miete finden, kann Ihnen (vorübergehend) auch eine Wohnung mit deutlich geringerem Standard und/ oder wesentlich geringeren Mietkosten zugemutet werden. Unter solchen Umständen kann der Unterkunftsbedarf eines Alleinstehenden schon durch ein möbliertes Zimmer oder ein Zimmer in Untermiete gedeckt sein.

3.2 Unterbringung nach der Räumung

Finden Sie selbst keine Wohnung bzw. keine Aufnahme bei Verwandten oder Bekannten, können Sie in Wohnheimen oder anderen Obdachlosenunterkünften, in anderen kommunalen Notunterkünften oder im Hotel untergebracht werden. Letzteres kommt vor allem für Arbeitende mit Einkommen, Familien oder Personen mit Kindern oder Menschen mit schwerwiegenden Behinderungen oder Erkrankungen in Frage.

3.3 Wohnungsvermittlung

Wenn Sie geräumt werden sollen, können Sie sich beim Wohnungsamt wohnungssuchend melden, wenn Sie sich langfristig am Ort aufhalten und über ein geringes Einkommen verfügen. Hier erhalten Sie ggf. bevorzugt Vermittlungsangebote.

4.1 Kosten der Räumung

Das Räumungsurteil verpflichtet Sie neben der Räumung der gekündigten Wohnung regelmäßig
- zur Zahlung des Mietrückstandes,
- zur Zahlung ausstehender **Nutzungsentschädigungen** (§ 546a BGB),
- zur Erstattung der Verfahrenskosten (u.a. der Gerichts- und Anwaltskosten des Vermieters),
- zur Erstattung der Vollstreckungskosten, z.B. der Kosten für den Gerichtsvollzieher und der Kosten der Räumung durch eine Spedition (für die aber zunächst der Vermieter Vorschuss leisten muss) sowie
- zur Zahlung von Verzugszinsen für die oben genannten Beträge, auch für die, die der Vermieter vorstrecken musste.

4.2 Lagerung und Lagerkosten

Wenn Ihre Habe bei einer Spedition eingelagert werden muss, hat der Vermieter noch die Lagerkosten **für einen Monat** (§ 885 Abs. 4 ZPO) vorzuschießen. Die Lagerfrist kann länger sein, wenn Sie die Gebühren zahlen. Danach werden Ihre Sachen entweder verwertet oder vernichtet. Jedoch müssen Ihnen Ihre eingelagerten unpfändbaren Hausratsgegenstände sowie Ihre **persönlichen Papiere** auf Ihr Verlangen hin ausgehändigt werden und zwar **ohne** dass auf **Kostenersatz** bestanden werden kann. Dies gilt grundsätzlich auch für vom Vermieter im Wege des Vermieterpfandrechtes einbehaltene Sachen.

Tipp Sie sollten versuchen, vor der Räumung den Auszug selbst zu organisieren oder zumindest möglichst viele **Sachen anderswo unterzustellen.** Vor allem sollten Sie **Ihre Papiere** und **wichtigen Unterlagen** sichern.

Lagerkosten können vorübergehend vom Jobcenter/ Sozialamt übernommen werden, entweder als Leistungen für Unterkunft (§ 22 Abs. 1 SGB II; § 35 Abs. 1 SGB XII) oder im Rahmen der Wohnraumsicherung. Auch Inhaftierte haben einen Anspruch darauf (⇨Strafgefangene 2.5).

4.3 *„Berliner Räumung"*

Hat ein Vermieter die Räumung vor Gericht durchgesetzt, kann er dem Gerichtsvollzieher einen beschränkten Vollstreckungsauftrag erteilen. Der muss dann nur noch die **Rückgabe der Wohnung** veranlassen, also den Mieter vor die Tür setzen.

Der Vermieter ist in diesem Fall verpflichtet, das Räumungsgut für einen Monat zu verwahren. Auch in diesem Fall hat der Eigentümer einen Herausgabeanspruch auf alle seine unpfändbaren Gegenstände ohne Kostenerstattungspflicht (⇨4.2).

Beratung

Bei Mietschulden oder drohender Zwangsräumung sollten Sie sich umgehend an eine Beratungsstelle oder einen ⇨Anwalt (⇨Beratungshilfe) wenden.

Näheres unter ⇨Adressen

Regelsätze

(Regelbedarf)

Regelsätze heißen seit 2011 *„Regelbedarfe"*, so das Regelbedarfsermittlungsgesetz (RBEG) der damaligen schwarz-gelben Bundesregierung. Dabei ist Regelbedarf eine Beschönigung. Es handelt sich nicht um Bedarfe, sondern um Ausgaben von Armutshaushalten – und nicht einmal die werden voll beim Regelbedarf berücksichtigt. Das SGB XII verwendet zum Teil noch den alten Begriff Regelsatz (§§ 27a, 29 SGB XII). Auch wir bleiben dabei.

R

Tab. 1 SGB-II-/SGB-XII-Regelsätze ab 01.01.2015 in €

Rbs* 1	Rbs 2	Rbs 3	Rbs 4	Rbs 5	Rbs 6
Allein stehende	Ehe-/ Lebens-/ Partner	Kinder ab 18 Jahren	Kinder 14-17 Jahre	Kinder 6-13 Jahre	Kinder unter 6 Jahren
404	364	324	306	270	237

(*Rbs = Regelbedarfsstufe)

Inhaltsübersicht:

5.1ff. Kritik an der Festsetzung und Fortschreibung der Regelsätze
darunter:
5.4 Regelsätze verfassungswidrig?
6.1 Individuelle Erhöhung der Regelsätze
darunter: atypische Bedarfslagen/ Härtefallregelung
6.2 Individuelle Senkung der Regelsätze
darunter:
Alg II: Absenkung bei anerkannten Flüchtlingen, die in Gemeinschaftsunterkünften untergebracht sind
HzL/GSi: Senkung der Regelsätze bei Unterbringung in stationären Einrichtungen
Kritik
Forderungen
Information/Literatur

1. Eckregelsatz (Rbs 1) 404 €

Alg II
Der Begriff Eckregelsatz ist durch den Begriff *„Regelbedarfsstufe 1"* (Rbs 1) ersetzt worden. Wir verwenden ihn weiter. Der Regelsatz eines Alleinstehenden hat immer noch die Wirkung eines Eckregelsatzes. Die Regelsätze von PartnerInnen leiten sich mit 90% und die Regelsätze von volljährigen Haushaltsangehörigen, die keinen eigenen Haushalt führen, leiten sich mit 80% von ihm ab. Die Regelsätze für minderjährige Kinder werden jedoch nicht mehr mit Prozentsätzen vom Eckregelsatz abgeleitet.
Der Eckregelsatz wird an Alleinstehende und Alleinerziehende gezahlt, ferner auch an Personen, deren Partner(in) minderjährig ist (§ 20 Abs. 2 SGB II). Leben Ehegatten, Lebenspartner und eheähnliche Partner (⇨Eheähnliche Gemeinschaft) zusammen, bekommt jeder Ehegatte oder Partner je 90% des Eckregelsatzes, also **364 €** (Rbs 2; § 20 Abs. 4 SGB II).
Seit dem 1.7.2006 erhalten volljährige Kinder unter 25 Jahren, die im Haushalt ihrer Eltern oder eines Elternteils wohnen und keinen eigenen Haushalt führen, nicht mehr den Eckregelsatz, sondern nur noch 80% davon, also **324 €** (Rbs 3). Leben volljährige Kinder allerdings im Haushalt der Eltern oder eines Elternteils mit einem minderjährigen Lebenspartner zusammen oder sind alleinerziehend, erhalten sie weiterhin den Regelsatz von 404 €. Kinder über 25, die noch im Haushalt der Eltern wohnen, erhalten ebenfalls den Regelsatz von 404 €, da sie nicht mehr zur ⇨Bedarfsgemeinschaft der Eltern gehören (§ 7 Abs. 3 Nr. 4 SGB II).

HzL/GSi der Sozialhilfe
1.1 Regelsatz für behinderte und erwerbsgeminderte Menschen
die mit anderen zusammen wohnen.
Das SGB XII hat dieselben Regelsatzstufen wie das SGB II. In der Anlage zu § 28 SGB XII wird die **Regelbedarfsstufe 3** mit 324 € allerdings auf alle *„erwachsenen leistungsberechtigten Personen"* erweitert, die weder einen eigenen, noch als Ehegatten, Lebens- oder eheähnliche Partner einen gemeinsamen Haushalt führen. Auch alle Personen über 25 sollen im Gegensatz zum SGB II den Regelsatz von 324 € bekommen. Das stand sinngemäß bereits in der alten Regelsatzverordnung: *„Die Regelsätze für sonstige Haushaltsangehörige betragen ... ab Vollendung des 14. Lebensjahres 80 von Hundert des Eckregelsatzes."* (D.h. 324 €; § 3 Abs. 2 RSV alt) Aus der Gesetzesbegründung zum RBEG geht nicht hervor, dass die Bundesregierung diesen Sachverhalt neu bewertet und neu geregelt hat (BT-Drs. 17/3404, 130 f.).

Nach gefestigter Rechtsprechung des BSG ist die alte wie die neue Regelung aber völkerrechts- und verfassungswidrig, weil sie gegen den **Gleichbehandlungsgrundsatz** (Art. 3 Abs. 1 GG) verstößt. *„... bezogen auf die Minderung des Regelsatzes ... wegen Annahme einer Haushaltsersparnis [sind] für eine unterschiedliche Behandlung zwischen der Personengruppe der SGB-XII- und SGB-II-Leistungsempfänger im Hinblick auf die identische sozialrechtliche Funktion beider Leistungen (Sicherstellung des Existenzminimums) keine sachlichen Gründe erkennbar."* (BSG 9.6.2011 - B 8 SO 11/10 R; entsprechend: B 8 SO 1/10 R; 23.3.2010 - B 8 SO 17/09 R; 19.5.2009 - B 8 SO 8/08 R). Das gilt im SGB XII für alle Volljährigen, die im Haushalt mit Angehörigen wohnen, und betrifft häufig behinderte und pflegebedürftige Menschen, die bei Ihren Eltern leben.

Bezogen auf die neue Gesetzeslage nach Verabschiedung des RBEG hat das BSG

R

diese Rechtsprechung in fünf Urteilen weiterentwickelt. So sei es für den Anspruch auf den Eckregelsatz (Rbs 1) nicht entscheidend, dass ein eigener Haushalt vollständig oder teilweise geführt wird. Es genügt, wenn eine leistungsberechtigte Person einen eigenen Haushalt gemeinsam mit weiteren Personen – ggf. mit Eltern, einem Elternteil oder Mitbewohnern in einer Wohngemeinschaft – führt, die nicht ihr Partner sind. Nur wenn *„keinerlei eigene Haushaltsführung"* beim Zusammenleben festgestellt werden kann, sei die Anwendung der Regelbedarfsstufe 3 denkbar. (23.7.2014 - B 8 SO 14/13 R; B 8 SO 31/12 R; B 8 SO 12/13 R). Beim Zusammenleben einer behinderten Person mit den Eltern oder einem Elternteil bestehe aber eine gesetzliche Vermutung einer gemeinsamen und damit auch **eigenen**, nicht fremden **Haushaltsführung**. Demnach können Träger nur mittels *„qualifiziertem Sachvortrag"*, dass keine eigene Haushaltführung vorliege, die vermutete Haushaltsführung widerlegen. (BSG 24.3.2015 - B 8 SO 5/14 R und B 8 SO 9/14 R)

Das Bundesministerium für Arbeit und Soziales (BMAS) hat mit Weisung vom 31.3.2015 die Umsetzung der Urteile des Bundessozialgerichts zur Regelbedarfsstufe 3 bei der **GSi** nach dem vierten Kapitel SGB XII angeordnet. Demnach werden erwachsene Leistungsberechtigte, die außerhalb von stationären Einrichtungen bei ihren Angehörigen oder in einer WG leben, zwar weiterhin formell der Regelbedarfsstufe 3 zugeordnet, der **Regelsatz** soll aber **abweichend nach Stufe 1** festgesetzt werden. Auch die **Mehrbedarfe** sollen nach dem erhöhten Betrag bemessen werden. Die Regelsatzerhöhung gilt **rückwirkend zum 1.1.2013** und die Schonvermögensgrenze wird ab Auszahlung für 24 Monate um den Nachzahlungsbetrag erhöht, damit genug Zeit ist, den das Schonvermögen übersteigenden Betrag auszugeben. Die Nachzahlung erfolgt ohne Antrag und für die Rückwirkung sind Widerspruch und Klage nicht erforderlich. Allerdings sollen nach Weisung des BMAS die höheren Regelsätze nur **vorübergehend** bis zum Inkrafttreten einer gesetzlichen Neuermittlung der Regelbedarfe gelten, die nunmehr ab Januar 2017 in Kraft treten soll.

Das muss auch für die **HzL** nach dem dritten Kapitel SGB XII gelten, für deren Umsetzung die kommunalen Träger zuständig sind. Allerdings gibt es rückwirkende Leistungen hier nur für diejenigen, die Widersprüche eingelegt oder Überprüfungsanträge gestellt haben. Die kommunalen Träger können natürlich auch auf freiwilliger Basis rückwirkend Leistungen erbringen, damit HzL- und GSi-Beziehende gleich behandelt werden.

2.1 Wie wird der Eckregelsatz (Rbs 1) festgesetzt?

Grundlage sind Sonderauswertungen der Einkommens- und Verbrauchsstichprobe (§ 1 RBEG). Die Einkommens- und Verbrauchsstichprobe (EVS) umfasst etwa 60.000 Personen. Diese dokumentieren auf freiwilliger Basis ihre gesamten Einnahmen und Ausgaben, jeweils ein Viertel der Haushalte für jeweils drei Monate. Die EVS wird alle fünf Jahre erhoben. Die vorletzte stammt aus dem Jahre 2008. Sie ist die Grundlage des Regelsatzes ab 2011 bis 2016. Zugrunde gelegt werden die Verbrauchsausgaben einer Bezugsgruppe aus den untersten Verbrauchergruppen der Einpersonenhaushalte (⇨3.1).

Ursprünglich sollten ab 2016 die Regelsätze auf Grundlage der EVS aus dem Jahr 2013 neu festgesetzt werden. Da nach Angaben des BMAS die vom Statistischen Bundesamt aufbereitete Datengrundlage zur Regelsatzbemessung auf Grundlage der neuen EVS nicht rechtzeitig vorlag, wurde die Neufestsetzung voraussichtlich auf den 1.1.2017 verschoben (Schreiben des BMAS an das SG Ulm vom 30.03.2016).

2.2 Was soll mit dem Eckregelsatz abgedeckt sein?

Von 404 € müssen Sie alle Ausgaben insbesondere für Ernährung, Körperpflege, Haushaltsenergie (ohne ⇨Heizung und ⇨Warmwasser) und Bedarfe des täglichen Lebens bestreiten. Dazu gehört *„in vertretbarem Umfang eine Teilnahme am sozialen und kulturellen Leben in der Gemeinschaft"* (§ 27a Abs. 1 SGB XII; § 20 Abs. 1 SGB II). Ausgaben für ⇨Kleidung und ⇨Hausrat sind seit 2005 im Regelsatz enthalten, mit Ausnahme der Erstausstattungen für Wohnung und Bekleidung.

R

Tab. 2 Verbrauchspositionen der EVS im Eckregelsatz (Rbs 1)
EVS = Einkommens- und Verbrauchsstichprobe; die aktuellen Beträge wurden ausgehend von der EVS 2008 auf 2016 hochgerechnet, d.h. beim Eckregelsatz um jeweils 11,66% erhöht; im Vergleich 2008 und 2005, nach der Hartz-IV-„Reform“

	RS 2015 EVS 2008 404,00 €	RS 2008 EVS 2003 351,00 € (nur West)	RS 2005 EVS 1998 345,00 €
Abteilung			
Ernährung gesamt	**151,43 €**	**137,72 €**	**142,54 €**
01 Nahrungsmittel/Getränke	143,44 €	115,44 €	126,96 €
davon *Nahrungsmittel*	*125,19 €*	*103,22 €*	
alkoholfreie Getränke	*14,91 €*	*12,22 €*	
12 Liter Mineralwasser statt	*3,34 €*	-	-
alkoholischer Getränke	-	7,62 € (incl. alk. Getränke)	
Tabakwaren	-	6,34 €	5,52 €
11 Verpflegungsdienstl. (früher: Verzehr außer Haus)	7,99 €	8,30 €	10,06 €
03 Bekleidung und Schuhe	**33,94 €**	**34,80 €**	**34,26 €**
darunter: Bekleidung	25,10 €	24,96 €	25,82 €
Reinigung, Änd., Reparat. und Miete von Bekleidung	0,41 €	1,67 €	1,70 €
Schuhe	7,93 €	7,72 €	6,09 €
Schuhreparatur	0,50 €	0,48 €	0,64 €
04 Wohnen, Energie, Wohnungsinstandhaltung	**33,77 €**	**24,90 €**	**25,93 €**
Strom	31,40 €	22,11 €	20,74 €
davon *Strom Mieter*	*29,93 €*	*22,11 €*	*20,74 €*
Strom Eigentümer	*1,47 €*	-	-
Instandhaltung Wohnung, Reparaturen und Schönheitsreparaturen	2,15 € (Fehlbetrag)	2,79 € (ohne Schönheitsreparaturen)	5,19 €
05 Innenausstattung Haushaltsgeräte und -gegenstände	**30,61 €**	**25,08 €**	**27,70 €**
darunter:			
Möbel/Einrichtungsgeg.	11,29 €	5,28 €	5,95 €
Lieferung u. Installation	0,13 €	0,17 €	0,30 €
Teppiche/Bodenbeläge	1,34 €	1,44 €	1,36 €
Kühl- und Gefriergeräte	1,24 €	1,40 €	1,58 €
Waschmaschinen etc.	1,30 €	1,56 €	2,10 €
Andere Haush.-großgeräte	1,61 €	0,78 €	2,83 €
Reparat. Haush.-geräte	-	0,60 €	0,72 €
Rest (2015 incl. Reparat.)	13,70 €	13,85 €	12,81 €
06 Gesundheitspflege	**17,36 €**	**12,82 €**	**13,17 €**
darunter:			
Pharmazeut. Erzeugnisse	9,53 €	5,35 €	6,98 €
davon mit Rezept	*3,87 €*	*2,57 €*	
ohne Rezept	*5,66 €*	*2,78 €*	
Andere med. Erzeugnisse	2,36 €	1,81 €	2,05 €
Therapeut. Mittel u. Geräte	2,52 €	5,66 €	4,14 €
Praxisgebühren	2,95 €		

R

07 Verkehr	**25,44 €**	**15,97 €**	**19,20 €**
darunter:			
Fahrräder u. Zubehör	2,01 €	1,71 €	1,09 €
Fahrräder: Wartung/Reparatur	0,64 €		
Fremde Verkehrsdienstleistung	22,79 €	14,26 €	18,11 €
davon Öffentlicher Nahverkehr	*20,56 €*		
Reisen	*2,23 €*		
08 Nachrichtenübermittlung	**35,69 €**	**30,83 €**	**22,37 €**
Post- und Kurierdienstl.	3,86 €	3,19 €	3,82 €
Telefon/Fax/Anrufbeantworter	1,31 €	0,88 €	0,70 €
Internet/Onlinedienste	2,55 €	3,16 €	-
Telefon und Fax	27,97 €	23,60 €	17,85 €
09 Freizeit, Unterh., Kultur	**44,62 €**	**39,80 €**	**39,48 €**
darunter:			
Radio-, Fernsehgeräte	3,45 €	3,19 €	2,48 €
Datenverarbeitung inkl. Software	3,84 €	2,61 €	1,83 €
Bild-, Daten- und Tonträger	2,89 €	-	-
Sportartikel, Spielwaren und Hobbys	2,79 €	2,33 €	2,53 €
Sonstige Gebrauchsgüter für Freizeit u. Reparat.	2,96 €	2,37 €	3,30 €
Gartenpflege, Blumen	-	3,70 €	3,56 €
Sport-, Freizeitveranst.	8,58 €	6,37 €	4,63 €
Zeitungen/Zeitschriften	7,29 €	7,72 €	10,24 €
Bücher, Broschüren	5,74 €	5,56 €	5,98 €
Schreibwaren	2,69 €	2,76 €	2,21 €
Sonstige Freizeitdienstl.	3,45 €	2,58 €	2,71 €
Ausleihgebühren	0,95 €	0,61 €	-
10 Bildungswesen	**1,53 €**	**-**	**-**
Kursgebühren	1,53 €		
11 Beherbergungs- und Gaststättendienstl.		**unter Abteilung 01**	
12 Andere Waren und Dienstleistungen	**29,59 €**	**27,23 €**	**20,13 €**
darunter:			
Körperpflege zusammen	24,93 €	24,50 €	17,94 €
davon Friseur und andere Dienstl. f. Körperpfl.		*10,08 €*	*9,90 €*
Artikel f. Körperpfl.		*14,42 €*	*8,04 €*
Finanzdienstleistungen	2,21 €	1,04 €	0,37 €
Sonst. Dienstl./Personalausweis	0,28 €	-	-
Mitgliedsbeitr., Uhren/Schmuck	2,16 €	1,69 €	1,82 €
	403,98 €	**349,15 €**	**344,80 €**

(**Regelsatz 2005**: eigene Umrechnung der Prozentsätze der EVS 1998 aus der Tabelle „Errechnung des ‚Ausgangswertes' 1998 (info also 2004, 189) auf die Ausgabenpositionen des Regelsatzes 2005; Der Paritätische 2004, 22 ff.; **Regelsatz 2008:** Auswertung der Einkommens- und Verbrauchsstichprobe (EVS) 2003, Deutscher Bundestag, Ausschuss-Drs. 16(11)286, 15.6.2006; Der Paritätische Wohlfahrtsverband, Zum Leben zu wenig, Neue Regelsatzberechnung 2006; Berechnung: Rainer Roth; **Regelsatz 2016:** Der Paritätische 2010; Dt. Bundestag 2010, 139 ff., eigene Berechnung, Rundungsdifferenzen möglich; Kontrollbeträge: Bernd-Güter Schwabe, Einzelbeträge aus den Regelbedarfsstufen ab dem 1.1.2016 – Teil 1, Zeitschrift für das Fürsorgewesen 1/2016, 1 ff.)

2.3 Regelsatzrelevante Ausgaben (relevant = wichtig)

Die Bezugsgruppe (⇨3.1) der EVS 2008 besteht aus 1.678 Einpersonenhaushalten (EVS 2003: 2.791 Haushalte). Sie hatte insgesamt folgende Verbrauchsausgaben.

Tab. 3	Verbrauchsausgaben der Bezugsgruppe			
	2011 (EVS 2008)	**2006** (EVS 2003)	**2005** (EVS 1998)	
	843,09 €	794,46 €	809,57 €	
Minus	340,01 €	291,43 €	309,01 €	für Miete/Heizung
	503,08 €	503,03 €	500,56 €	

(Der Paritätische 2004, 13, hochgerechnet mit der Steigerung des Rentenwerts in Höhe von 7,23% auf 2005; Der Paritätische 2006, 15, Deutscher Bundestag, Ausschuss-Drs. 16(11)286, 20-1; BT-Drs. 17/3404, 139, Der Paritätische 2010, 34, 43,)

Die Verbraucherpreise sind von 2005 bis 2010 um 8,2% gestiegen. Die Einkommen der Bezugsgruppe jedoch nur um 4,1% und Verbrauchsausgaben ohne Warmmiete nur um 0,5%. Einkommen und Ausgaben sinken also real.

Nur die *„regelsatzrelevanten"*, nicht die gesamten Verbrauchsausgaben der Bezugsgruppe gehen in den Eckregelsatz ein. Als relevant gelten in erster Linie nur Ausgaben, die „existenzsichernd" sind, nur die Existenz sichern, nicht das soziokulturelle Existenzminimum. Miete und Heizung werden gesondert übernommen. Die Konsumausgaben von 503 € wurden 2011 auf den Eckregelsatz von 364 € herunter gerechnet. Dieses Werk verrichten unbekannte Vertreter aus Regierung, Wirtschaft, Wohlfahrtsverbänden usw. in nichtöffentlichen Sitzungen. Sie stützen sich auf Sonderauswertungen des Statistischen Bundesamtes, die nicht vollständig veröffentlicht werden.

R

Die folgenden Angaben der EVS 2008 sind um 11,66% auf 2016 hochgerechnet (⇨Tab. 2). Die Ziffern 01 bis 12 kennzeichnen die Abteilungen, in die sich die Verbrauchsausgaben gliedern.

01/02 Nahrungsmittel/Getränke/Tabak

Die Regelbedarfsanteile für Nahrungsmittel und nicht alkoholische Getränke sind 2016 um 13 € höher als 2004 im Regelsatz des Jahres vor Hartz IV (130,44 €). Die Preise für Nahrungsmittel sind von Juni 2004 bis Juni 2012 um 25,5 % gestiegen. Ein Alleinstehender müsste heute 163,70 € mtl. für Nahrungsmittel ausgeben, um sich das leisten zu können, was man ihm 2004 zugestand, hat dafür aber nur 143,44 €. Die Bundesregierung hat Hartz-IV-BezieherInnen in elf Jahren rund 14% der Mittel für Nahrung entzogen.

1990 gingen noch zwei Drittel der Ausgaben für Tabakwaren in den Eckregelsatz ein, seit Einführung von Hartz IV noch 50%, ab 2011 nichts mehr. Die Armutspädagogen der Bundesregierung haben 5,54 € aus dem Regelsatz gestrichen. Dabei raucht nur jeder Vierte der untersten Verbrauchergruppen. (Dt. Bundestag 2010, 139) Dafür fallen 41,88 € pro Monat an. Durch den Wegfall von 5,54 € lässt sich niemand vom Rauchen abhalten. Den Nichtrauchern jedoch entzieht man einfach nur Geld zum Leben, damit sie gesund bleiben.

Ausgaben für alkoholische Getränke gingen früher zu 100% in den Regelsatz ein, seit 2011 nicht mehr. 40% der Personen der Bezugsgruppe trinken gar keinen Alkohol. 60% „versaufen" pro Tag 46 Cent (8,11 € mtl.). Alkohol hat als *„gesundheitsgefährdendes Genussgift"* (ebenda, 53) ihre Gesundheit erheblich gefährdet. Die *„Pauschale fürs Saufen"* (FTD 10.2.2010) muss gestrichen werden. Die Armutsforscher der Bundesregierung unterstellen, dass man mit 8,56 € 24 Flaschen 0,5er Bier für je 0,35 € kaufen kann. Diesen Flüssigkeitsbedarf von 12 l erkennen sie jetzt in Form von Mineralwasser für 3,34 € mtl. an.

4,78 € stehen einem Alleinstehenden pro Tag für Essen und Trinken zu. Je 40% davon entfallen auf Mittag- bzw. Abendessen (je 1,91 €). 20% oder 0,96 € entfallen auf Frühstück. Zwischenmahlzeiten wie Obst, Kaffee und Kuchen entfallen.

„Verzehr außer Haus" (⇨Abteilung 11)

Kritik: Mangelernährung mit Hartz IV – 75 € fehlen (vgl. auch ⇨4.4)

Erwachsene im Alter von 19 bis 64 Jahren brauchen im Schnitt 2.550 kcal pro Tag, um ihren Energiebedarf zu decken. Dieser besteht aus dem Grundumsatz, mit dem alle körperlichen Funktionen im Ruhezustand aufrechterhalten werden, und dem Energiebedarf für körperliche Aktivitäten.

Der Grundumsatz, bezogen auf heutige Durchschnittsmenschen, beträgt 1.700 kcal. Der Energiebedarf für ausreichende körperliche Aktivitäten auf der Grundlage des tatsächlichen Durchschnittsgewichts wird mit 50% des Grundumsatzes bewertet oder 850 kcal (Näheres Roth 2009, 15-18). Minderjährige Kinder verschiedener Altersstufen haben einen jeweils verschiedenen Kalorienbedarf.

Das Forschungsinstitut für Kinderernährung (FKE) in Dortmund hat ausgerechnet, wie viel Geld ein Mensch pro 1.000 kcal braucht, um sich gesund zu ernähren. Es kam auf der Basis von Mittelwerten für Preise bei Discountern und Supermärkten (ohne Bioläden) für Mai 2007 auf einen Wert von 2,16 € pro 1.000 kcal, der für alle Altersgruppen gilt (Kersting, Clausen 2007, 509 f.). Vom Mai 2007 bis Mai 2016 sind die Preise für Nahrungsmittel um 22,5% gestiegen. Pro 1.000 kcal mussten also im Mai 2016 2,65 € aufgewandt werden.

Das FKE unterstellte, dass der Energiewert der Lebensmittel zu 100% verwertet wird. Das entspricht nicht der Realität. Nehmen wir, wie in der Sozialhilfe der 80er Jahre, für *„Schwund und Verderb"* 8% an, braucht man ab Juni 2016 bei gesunder Ernährung für 1.000 kcal 2,86 € oder 7,29 € pro Tag. Im Eckregelsatz sind aber nur 4,78 € pro Tag enthalten. Davon kann man 1.671 kcal mit gesunder Ernährung bestreiten, gegenüber dem Bedarf von 2.550 kcal rund 880 kcal zu wenig. Tag für Tag fehlen also 2,51 €, im Monat rund 75 €. Weil zur gesunden Ernährung aber eine Erhöhung des Anteils um 52,5% nötig wäre, bedeutet Hartz IV Mangelernährung.

Silvia Peul hat für 2005 als Normalkosten einer gesunden Ernährung für Erwachsene ab dem Alter von 19 Jahren 195 € angegeben (S. Peul, Monatsschrift Kinderheilkunde 12/2004, 137), ebenfalls rund 50% mehr als die damals im Regelsatz enthaltenen 130 €. Eine deutliche Erhöhung des Regelsatzanteils für Ernährung ist deshalb notwendig. Mit der EVS geht das aber nicht.

03 Bekleidung und Schuhe

2005 wurden nur 90% der Ausgaben anerkannt, um bei Hartz-IV-Bezug den Kauf von Pelzmänteln und Maßkleidung zu unterbinden. Ab 2006 sind wieder 100% relevant. Dafür gibt es 2016 mit 33,94 € mtl. etwa genauso viel wie 2005 mit einem um 90% gekürzten Regelsatzanteil. Übrigens: Alleinstehende Bundesbürger gaben 2008 im Schnitt rund 60 € im Monat für Kleidung aus. (Destatis Fachserie 15, Heft 4, Wiesbaden 2011, 28), knapp doppelt so viel wie heute Alg-II-Beziehenden per Gesetz zusteht.

04 Wohnung, Strom

Die Ausgaben für ⇨Strom werden ab 2011 zu 100% anerkannt statt nur zu 85%. Das Bundesverfassungsgericht (BVerfG) hatte den Abschlag von 15% für Stromheizung für *„nicht empirisch belegt"* erklärt (BVerfG 2010, Rz. 177). Jetzt werden nur die Stromausgaben der Haushalte zugrunde gelegt, die nicht mit Strom heizen. So wurden 2 € mehr für Strom als regelsatzrelevant anerkannt. Auch Eigentümerhaushalte werden jetzt im Gegensatz zu früher als Strom verbrauchende Haushalte anerkannt (Dt. Bundestag 2010, 55 f.). Zum Ausgleich sanken die anerkannten Ausgaben für Instandhaltung und Schönheitsreparaturen um über einen Euro mtl.

Kritik: 1998 waren im Regelsatz 26,31 € für Strom enthalten (Helga Spindler, info also 2007, 61). Allerdings waren hier die Kosten für Warmwasser noch inklusive. 2016 sind es 31,40 € für Haushaltsstrom plus 9,29 € für Warmwasserbereitung. Von 1998 bis 2016 sind die durchschnittlichen Strompreise für Haushalte nach Angaben des Bundverbands für Energie- und Wasserwirtschaft um 67,7% von 17,11 auf 28,69 Cent/kWh gestiegen. Im Regelsatz müssten 34,83 € enthalten sein, um zusammen mit der Warmwasserpauschale das Niveau von 1998 zu halten.

2016 gesteht der Hartz-IV-Regelsatz Alleinstehenden 376,80 € für Strom zu. Bei einem kWh-Preis von 28,69 Cent (inkl. Grundge-

R

bühren) ist ein Jahresverbrauch von 1.313 kWh möglich. Das liegt knapp ein Drittel unter dem Durchschnitt eines Einpersonenhaushalts von 1.800 kWh (ohne Warmwasserbereitung; Energieagentur NRW). Diese Bedarfsunterdeckung führt in vielen Fällen zu einer erheblichen indirekten Regelsatzsenkung und nicht selten zu Energieschulden und -sperren.

Ausgaben für die Instandhaltung der Wohnung sind seit 2005 im Regelsatz enthalten, inzwischen auch noch die Schönheitsreparaturen, obwohl es sich hier unserer Meinung nach um Unterkunftskosten handelt (⇨Renovierung).

05 Möbel, Einrichtungsgegenstände und Haushaltsgeräte

Die Ausgaben für Möbel werden zu 100 % anerkannt, nicht mehr nur zu 80%. 63 Cent für Werkzeuge und Geräte für Haus und Garten werden nicht anerkannt, da *„die Unterhaltung eines Gartens nicht als existenzsichernd zu bewerten ist"* (Dt. Bundestag 2010, 57).

06 Gesundheitspflege

Ausgaben für Gesundheitspflege werden zu 59% statt wie vorher zu 71% anerkannt. Hochgerechnet auf 2016 fallen 7,35 € für medizinische Versorgung durch Ärzte und Krankenhäuser flach. Leistungen, die die Kassen seit der „Gesundheitsreform" 2004 nicht oder nicht mehr anerkennen, gelten nicht mehr als regelsatzrelevant. Überdurchschnittlich viele Hartz-IV-BezieherInnen sind aber gesundheitlich angeschlagen. Das führt zu einer realen Senkung ihres Regelsatzes. Brillen und Brillengläser, Hörgeräte usw. müssen arme Leute nach wie vor selbst zahlen, ⇨Verhütungsmittel auch.

Andererseits wurden Praxisgebühren (2,95 € mtl., obwohl inzwischen abgeschafft) und höhere Zahlungen für nicht verschreibungspflichtige Medikamente (z.B. Schmerzmittel) sowie für andere medizinische Erzeugnisse (zusammen 7,27 €) in den Regelsatz aufgenommen.

07 Verkehr

Pkw sind nicht *„existenzsichernd"* und damit kein regelsatzrelevanter Grundbedarf (Dt. Bundestag 2010, 59). Erwerbslose dürfen seit Hartz IV zwar ein angemessenes Kfz behalten, zwecks Eingliederung in Arbeit. Alle Pkw-Kosten müssen sie aber eigenverantwortlich selber tragen. Sie können ihren Pkw nur nutzen, wenn sie z.B. bei der Ernährung sparen.

Die Bezugsgruppe der EVS 2008 deckt ihren Mobilitätsbedarf von den Kosten her überwiegend mit Pkw. Der Pkw ersetzt bis zu einem gewissen Grad die *„fremden Verkehrsdienstleistungen"*. Deshalb legt die Bundesregierung jetzt als regelsatzrelevant nur die Verbrauchsausgaben der Personen zugrunde, die keine Ausgaben für Kraftstoffe und Schmiermittel haben. Dadurch steigen die anerkannten Ausgaben für öffentlichen Nahverkehr auf 20,56 € oder 0,69 € pro Tag. Hätte man die Haushalte ohne PKW zugrunde gelegt, wären es 21,99 € gewesen. Fast jeder Dritte der Bezugsgruppe hat allerdings überhaupt keine Ausgaben für Mobilität. Würde man auch sie herausrechnen, käme man auf über 30 € mtl. für öffentlichen Nahverkehr. 20,56 € liegen unter dem Niveau von 2005, weil die Preise für öffentliche Verkehrsmittel laut Statistischem Bundesamt von 2005 bis 2014 um ca. 34% gestiegen sind. Mit 20,56 € ist es unmöglich, irgendwo ein „Sozialticket" zu kaufen (⇨Sozialpass).

08 Nachrichtenübermittlung

Ausgaben für Telefon und Fax werden seit 2006 zu 100% anerkannt, vorher zu 60%. Ausgaben für Mobilfunk werden nicht berücksichtigt, obwohl weit mehr als die Hälfte des Telefonverkehrs über Mobilfunk läuft. Im Regelsatz 2015 sind mit 27,97 € nur die Telefonkosten der Haushalte berücksichtigt, die nicht über Mobilfunk telefonieren. Die Nichtanerkennung der Mobilfunkausgaben senkt dennoch den Eckregelsatz um etwa 7,80 €. Dafür sind 2,55 € mtl. für Internet vorgesehen.

09 Freizeit, Unterhaltung, Kultur

Die Ausgaben unterer Verbrauchergruppen für Freizeit, Unterhaltung und Kultur sind seit 2005 um fast 20% auf 75,42 € gesunken. Die regelsatzrelevanten Ausgaben konnten deshalb ab der EVS 2008 zu 100% anerkannt werden, der Anteil betrug 2016 44,62 € gegenüber 39,48 € im Jahr 2005.

Die Gartenpflege (1,67 €) wurde aus dem Regelsatz gestrichen. Ab 2011 sind auch Zimmerpflanzen und Schnittblumen (3,62 €) als nicht *„existenzsichernd"* (Dt. Bundestag 2010, 62) herausgefallen. Die vormals nicht relevanten Bild-, Daten- und Tonträger (2,89 €) gelten jedoch jetzt als *„existenzsichernd"*. Computer ohne Datenträger? Das ließ sich nicht aufrechterhalten. Fotoapparate sind nach wie vor nicht relevant.

Ausgaben für Haustiere (5,66 €) sind nicht notwendig. Einsamkeit muss man anders ertragen. Pauschalreisen (11,32 €) sind nicht lebensnotwendig, Ortsabwesenheit nicht erwünscht. Glücksspiele (Lotto) (4,02 €) sind nicht relevant, da Hartz IV von Hause aus glücklich macht! Ausgaben für Datenverarbeitungsgeräte und Software in Höhe von 3,84 € sind jetzt zu 100% *„existenzsichernd"* statt wie 2005 nur zu 40%.

10 Bildungswesen

Immerhin werden jetzt 1,53 € für Kursgebühren als relevant anerkannt; Studien- und Prüfungsgebühren an Schulen und Universitäten (7,19 €) natürlich nicht. In der Abteilung 09 wurden ferner 1,80 € für außerschulischen Unterricht und Hobbykurse aufgenommen.

11 Verzehr außer Haus

wird grundsätzlich nicht gefördert, da *„auswärtige Verpflegung ... nicht zum physischen Existenzminimum zählt"* (Dt. Bundestag 2010, 63). Dass Hartz-IV-BezieherInnen in Cafés herumsitzen, an Imbissbuden stehen oder sich in Kneipen herumtreiben, geht zu weit. Sie sollen gefälligst zu Hause bleiben. Dort dürfen sie den Gegenwert oder auch *„Wareneinsatz"* der Produkte konsumieren, die die Bezugsgruppe in Kneipen, Cafés usw. zu sich nimmt.

Das Statistische Bundesamt geht im Gastgewerbe von einem *„Wareneinsatz"* von 28,5% aus. So kommt man auf 7,99 € oder 0,27 € pro Tag.

12 Andere Waren und Dienstleistungen

Ausgaben für Uhren, früher *„erkennbar nicht regelsatzrelevant"*, sind es auf einmal doch. Macht 0,65 € mtl. Schmuck (1,66 € mtl.) dagegen brauchen arme Menschen nicht.

Ausgaben für Finanzdienstleistungen werden jetzt zu 100 % statt zu 25% anerkannt. Von den 2,21 € kann man aber meistens nicht einmal die Kontoführungsgebühren zahlen. Die Jobcenter/ Sozialämter setzen den Besitz eines Kontos voraus. Kontogebühren für Einkommensbezieher unter 1.000 € betragen bei der Postbank 5,90 €. In Berlin konnte bislang jeder zehnte Alg-II-Bezieher kein Konto eröffnen (⇨Konto, Basiskonto). Barüberweisungen für Miete, Strom, Telefon, GEZ usw. schlagen mit über 5 € zu Buche (Postbank 5 € auf ein Postbankkonto; 8 € auf andere Bankkonten). Wer kein Konto hat, hat einen gekürzten Regelsatz, wer eins hat, kommt mit dem Betrag auch nicht hin. Haftpflicht- und Hausratversicherung in Höhe von 6,81 € mtl. gehören nicht mehr wie vor 2005 zum anzuerkennenden Bedarf. Zahlen Sie dafür Beiträge, führt das zur direkten Senkung des Regelsatzes.

2.4 EVS – ungeeignet für die Festsetzung des sozialen Existenzminimums

a. Durchschnittsausgaben statt Grundbedarf

Die Regelsätze orientieren sich daran, was sich arme Leute bei real sinkenden Ausgaben noch leisten können. Was sich arme Leute nicht mehr leisten können, zählt nicht mehr zum Existenzminimum.

Statt eines Grundbedarfs zählen die Durchschnittsausgaben. Für öffentlichen Nahverkehr z.B. stehen in der EVS 2008 18,41 € zur Verfügung (hochgerechnet auf 2016 ergibt das 20,56 €). Das entspricht den Durchschnittsausgaben von 1.398 Einpersonenhaushalten. Die 780 Personen jedoch, die tatsächlich Ausgaben für den ÖPNV hatten, gaben 34,40 € mtl. dafür aus. Da diese Ausgaben aber auf alle 1.398 Haushalte bezogen werden, hat jeder Haushalt im Schnitt nur noch 18,41 €. Wären die rund 700 Haushalte, die Ausgaben für Kraftstoffe hatten, nicht in einer Sonderauswertung ausgeklammert worden, wäre der Durchschnittsverbrauch auf nur noch 14,81 € gesunken.

Wer ausschließlich öffentliche Verkehrsmittel nutzt, kann auch mit 18,41 € seine realen Ausgaben nicht decken. Der reale Regelsatz ist faktisch um 10 € zu niedrig, um selbst das günstigste Sozialticket mit Begrenzung auf ein Tarifgebiet zu finanzieren. Würden Grundbedürfnisse zählen, müsste ein Durchschnittsbetrag für eine Monatskarte im Eckregelsatz enthalten sein plus Zuschläge für Fahrten ins benachbarte Tarifgebiet. Eine Feststellung des Grundbedarfs mit der EVS-Methode nach dem Prinzip „Ausgaben gleich Bedarf" ist ausgeschlossen.

- 14% der Haushalte kauften 2008 weder Kleidung noch Schuhe. Das reduziert die Durchschnittsausgaben um rund 5 €.
- 8% der Haushalte hatten keine Ausgaben für Strom. Wie das? Die Durchschnittsausgaben sinken um 4-5 €.
- 21% hatten keinerlei Ausgaben für Möbel, Hausrat und Gebrauchsgüter der Haushaltsführung. Macht 8 € weniger.
- 15,7% nahmen keine Freizeit- und Kulturdienstleistungen in Anspruch. Macht 4,50 € weniger.
- 25,5% saßen nie im Café oder einer Kneipe. Das macht beim Wareneinsatz, der in den Regelsatz eingeht, 2,42 € weniger.
- Unglaubliche 9,4% gaben für Körperpflegemittel und -geräte keinen Cent aus. Macht 1 € weniger usw.

R

Verzicht aus Armut, z.T. auch aus Gründen des Alters, ist die Grundlage der Festsetzung des Alg-II-*„Regelbedarfs"*. Mit diesem Verfahren können Grundbedarfe nicht gedeckt werden. Der Hartz-IV-Satz liegt deshalb weit unter dem soziokulturellen Existenzminimum.

Die Ausgaben für Telefon und Internet, für öffentliche Verkehrsmittel bzw. Fahrräder und Strom wurden zum ersten Mal durch Sonderauswertungen ermittelt, in denen nur die Haushalte berücksichtigt wurden, die keine Ausgaben für Mobilfunk, für Benzin/ Öl bzw. Stromheizung hatten. Da sich dadurch die Bezugsgruppe verkleinerte, erhöhten sich die Durchschnittsausgaben. Ohne die Sonderauswertungen wäre der Eckregelsatz noch niedriger ausgefallen. Warum werden nicht bei allen Verbrauchsabteilungen die Haushalte herausgenommen, die Ausgaben für nicht regelsatzrelevante Dinge haben wie Alkohol, Tabak, bestimmte medizinische Leistungen, Pauschalreisen, Haustiere, Glücksspiele, Studiengebühren usw.?

b. Durchschnittsausgaben, gedeckt durch „Vermögen" und Kredite

Die Bundesregierung hält die Einkommen der für den Regelsatz maßgeblichen Bezugsgruppe geheim. Ein nicht unwesentlicher Teil der regelsatzrelevanten Ausgaben dürfte nur möglich sein, weil Ersparnisse aufgelöst oder Kredite aufgenommen wurden. *„Die Einbeziehung .... von Personen, die ihre Ausgaben nicht nur aus eigenem Einkommen, sondern auch durch Auflösung von Vermögen und Zuwendungen Dritter tätigen („versteckte Armut") in das unterste Quintil würde in der Tat die Datenbasis verfälschen."* (BVerfG 2010, Rz. 169)

Haushalte Alleinlebender in der EVS 2008 mit einem Nettoeinkommen zwischen 500 und 900 € mtl. hatten im Schnitt ein Haushaltsnettoeinkommen von 705 €. Ihre Konsumausgaben in den Abteilungen 01 bis 12 jedoch betrugen 799 €, ein Betrag ähnlich dem der Einpersonenhaushalte der untersten 15% der Einpersonenhaushalte in der Sonderauswertung der EVS 2008. Die Differenz beträgt 94 € oder fast 12%. Sie wird gedeckt u.a. durch Einnahmen aus der Auflösung von Geldvermögen und Aufnahme von Krediten (Statistisches Bundesamt 2010, 128-9). Wären die Reserven aufgelöst, würden alle Verbrauchsausgaben um über zehn Prozent fallen. Die Datenbasis ist also erheblich verfälscht. Was folgt daraus? Müssten nicht alle Haushalte, deren Einkommen nicht ausreicht, die Ausgaben zu finanzieren, aus der Bezugsgruppe herausgerechnet werden?

2.5 Alg-II-BezieherInnen leben schlechter als die untersten 20%

Grundprinzip der Regelsatzfestsetzung soll sein, dass Alg-II-/ SozialhilfebezieherInnen ähnlich leben wie Nicht-Sozialhilfebeziehende der untersten Verbrauchergruppen. Warum werden dann 27,6% oder etwa 140 € der Konsumausgaben dieser Bezugsgruppe nicht als regelsatzrelevant eingestuft? Alg-II-/ SozialhilfebezieherInnen leben nicht *„ähnlich"* wie die untersten Verbrauchergruppen, sondern erheblich schlechter. 2008 betrug die Armutsschwelle von Einpersonen-Haushalten 925 € (DIW Wochenbericht 7/2010, 4). Die EVS-Bezugsgruppe liegt mit ihren 843 € weit darunter.

Wenn man die Freiheit armer Leute akzeptieren könnte, ihr Geld nach ihrem Geschmack auszugeben, könnten 488 € der 503,08 € für Konsumausgaben als regelsatzrelevant eingestuft werden. Rund 15 € wären als *„zwingende Abschläge"* herauszurechnen, da sie über Gebührenbefreiung bzw. andere Leistungen gedeckt werden könnten (DIE LINKE 2010, 14). Darunter fallen 10,66 € für Rundfunk- und Fernsehgebühren, Ausgaben für Haushaltshilfe, orthopädische Schuhe, Materialkosten Zahnarzt, Reparatur und Miete therapeutischer Geräte sowie Nachhilfe. Auch Irene Becker kommt in einer Expertise für die Diakonie Mitteldeutschland bei einer vorläufigen Auswertung der EVS 2008 auf 480 Euro für den Regelsatz eines Alleinstehenden (http://www.harald-thome.de/media/files/projektbericht---PK.pdf).

3.1 Bezugsgruppe (lateinisch: Referenzgruppe): unterste 15% oder 20%?

Rechtliche Grundlage für die Bestimmung der Bezugsgruppe war bis Ende 2010 die Regelsatzverordnung (RSV). *„Zu Grunde zu legen sind die Verbrauchsausgaben der untersten 20 vom Hundert der nach ihrem Nettoeinkommen geschichteten Haushalte der Einkommens- und Verbrauchsstichprobe* ***nach*** *Herausnahme der Empfänger von Leistungen der Sozialhilfe."* (§ 2 Abs. 3 RSV vom 2.3.2009)

Mit Haushalten sind Einpersonenhaushalte gemeint, da der Eckregelsatz der Regelsatz von Alleinstehenden ist (BVerfG 2010, Rz. 168). Das Sozialhilfeniveau auf der Basis von Sozialhilfe-Haushalten festzusetzen, wäre ein „Zirkelschluss".

Frage ist nur, ob Sozialhilfebezieher vor oder nach der Bildung der Bezugsgruppe der untersten 20% herausgenommen werden müssen? *„Aus der gesetzlichen Formulierung ergibt sich ... (das) nicht eindeutig, ... "* (Becker 2006, 3). Bei Einführung von Hartz IV galt: *„Die untersten 20% der ... Haushalte werden aus der EVS separiert, in einem zweiten Schritt werden aus dieser Gruppe die Sozialhilfebezieher herausgenommen – die verbleibenden Personen bilden dann die zu betrachtende Referenzgruppe."* (Der Paritätische 2004, 11) Das BVerfG stellt mit Bezug darauf fest: *„Die Auswahl der Referenzgruppe ist verfassungsrechtlich nicht zu beanstanden."* (BVerfG 2010, Rz. 168) Es spricht davon, dass die untersten 20% *„mit Ausnahme der Einpersonenhaushalte im Sozialhilfebezug heranzuziehen"* seien (BVerfG 2010, Rz. 55). Die LeistungsbezieherInnen sind laut BVerfG eindeutig nach Bestimmung der untersten 20% herauszunehmen.

In der Auswertung der EVS 2003 wurden aus den untersten 20,4% der Einpersonenhaushalte 0,5% SozialhilfebezieherInnen herausgenommen. In der Auswertung der EVS 2008 wurden aus 22,3% der Einpersonenhaushalte 8,6% Alg-II- und Sozialhilfe-Beziehende herausgenommen. Es verblieben 13,7% der Bezugsgruppe von 22,3%. Sie wurden auf die untersten 15% hochgerechnet. Deshalb ist im neuen RBEG mit den untersten 15% der Einpersonenhaushalte der Prozentsatz nach, nicht mehr der vor Herausnahme von Alg-II- und HzL-/ GSi-BezieherInnen festgeschrieben worden (§ 4 Nr. 1 RBEG).

Diese Vorgehensweise der Bundesregierung bei der Festsetzung der Bezugsgruppe ist vom BVerfG gedeckt. Nur der Umfang der herausgerechneten Alg-II- und Sozialhilfehaushalte ist erheblich höher als früher, u.a. wegen der Verwandlung von ArbeitslosenhilfebezieherInnen, die früher nicht herausgerechnet wurden, in Alg-II-Beziehende, die heute herauszurechnen sind.

Der Vorgabe des BVerfG, dass die verbleibenden Haushalte *„zuverlässig über der Sozialhilfeschwelle"* liegen müssen, ist bei Alg-II-/ Sozialhilfe-BezieherInnen mit Einkommen aus Erwerbstätigkeit erfüllt. Sie wurden nicht aus der Bezugsgruppe der Haushalte der EVS 2008 herausgenommen (§ 3 Abs. 2 RBEG). Sie liegen wegen ihrer nicht angerechneten Einkommen oberhalb der Sozialhilfeschwelle.

Die untersten 15% der Einpersonenhaushalte der EVS 2008 haben ein Durchschnittseinkommen von 843,09 €, die untersten 20% von 875,47 €. Ihre Konsumausgaben sind höher, folglich auch die regelsatzrelevanten Ausgaben.

Wären entgegen des BVerfG die Ausgaben der untersten 20% herangezogen worden, hätte der Eckregelsatz schon 2011 382 € statt 364 € betragen müssen (Der Paritätische 2010, 11).

3.2 Bezugsgruppe mit oder ohne „Dunkelziffer"

Das BVerfG hat im Februar 2010 in Bezug auf das Regelsatzniveau von 2005 erklärt, der Verzicht auf die Schätzung der Dunkelziffer sei damals vertretbar gewesen. Aber: *„Der Gesetzgeber bleibt freilich .... verpflichtet, bei der Auswertung künftiger Einkommens- und Verbrauchsstichproben darauf zu achten, dass Haushalte, deren Nettoeinkommen unter dem Niveau der Leistungen nach dem Sozialgesetzbuch Zweites Buch und dem Sozialgesetzbuch Zwölftes Buch inklusive der Leistungen für Unterkunft und Heizung liegt, aus der Referenzgruppe ausgeschieden werden."* (BVerfG 2010, Rz. 169) Die EVS 2008 ist bezogen auf 2005 eine *„künftige"* Einkommens- und Verbrauchsprobe. Die Bundesregierung hat diese Verpflichtung missachtet.

In der Bezugsgruppe befinden sich Personen, die einen Anspruch auf Alg II bzw. HzL/ GSi der Sozialhilfe haben, ohne ihn geltend zu machen. Die sogenannte „Dunkelziffer" ist erheblich. 2007 nahmen laut einer Untersuchung von Irene Becker 5,9 Millionen Personen ihre Ansprüche nicht wahr, nahezu jeder Zweite. Alle Haushalte mit einem Einkommen unterhalb ihres Hartz-IV-Niveaus hätten herausgerechnet werden müssen, um die regelsatzrelevanten Ausgaben der Bezugsgruppe zu erhöhen. Mit der Festlegung einer Mindesteinkommensgrenze oberhalb des Hartz-IV-Niveaus kann man nicht realisierte Ansprüche feststellen. Daran hatte die Bundesregierung kein Interesse.

R

3.3 Bezugsgruppe: überwiegend RentnerInnen

Nach wie vor hält die Bundesregierung detaillierte Angaben über Einkommen, soziale Zusammensetzung, Altersklassen usw. der Bezugsgruppe geheim. Sie ließ sich jedoch entlocken, dass 37,7% RentnerInnen seien, 18,3% Nicht-Erwerbstätige, 20,2% Erwerbslose, 19,6% Beschäftigte und 4,1% Selbstständige (DIE LINKE 2010, 4).

Drei Viertel der Einkommen von Einpersonenhaushalten Nicht-Erwerbstätiger mit einem Einkommen unter 900 € sind laut EVS 2008 Renten (Statistisches Bundesamt 2010, 112). Da Rentner ebenfalls erwerbstätig sein können, könnte die Mehrheit der Bezugsgruppe aus RentnerInnen bestehen. Der Eckregelsatz ist, salopp gesagt, ein Senioren-Regelsatz. Das ist er schon seit die EVS 1990 Grundlage der Regelsatzbemessung wurde. Die EVS 1983 wies damals den Anteil über 65jähriger an der Bezugsgruppe mit über 60% aus (Statistisches Bundesamt, Fachserie 15, EVS 1983, Heft 5, Tab. 1.4.01.03). Die Fachhochschulprofessoren Hanesch, Stahlmann und Weth schlossen deshalb damals auf *„die grundsätzliche Ungeeignetheit des vorgeschlagenen Statistikmodells für die Regelsatzbemessung"* (info also 1/88, 5). Das gilt noch heute.

Die Ausgaben von RentnerInnen sind in wichtigen Ausgabenbereichen bei gleichem Einkommen niedriger als die von erwerbsfähigen Personen. Das drückt den Eckregelsatz nach unten. Daten über das unterschiedliche Ausgabeverhalten werden geheim gehalten.

4.1 Kinderregelsätze (⇨Sozialgeld)

Das BVerfG beklagte, dass nicht schon bei Einführung von Hartz IV eine Sonderauswertung der EVS 1998 über die Verbrauchsausgaben von minderjährigen Kindern vorgenommen wurde (BVerfG 2010, Rz. 198). Ein entsprechender Verteilungsschlüssel (⇨4.3, Münnich 2002) habe vorgelegen. Dieses Versäumnis habe seit 2005 zu überhöhten Kinderregelsätzen geführt.

2008 nahm die Bundesregierung die geforderte Sonderauswertung der EVS 2003 vor. Sie ergab einen Regelsatz von 191,23 € für Kinder unter 6 Jahren statt 207 €, 240 € für Kinder zwischen 6 und 13 statt 207 € und 257,66 € statt 276 € für Kinder von 14 bis 17 Jahren (BVerfG 2010, Rz. 74). Die Regelsätze waren also ab 1.7.2006 für zwei Altersgruppen erheblich höher.

Die Sonderauswertung zeigte, dass Kinder von 6-13 Jahren erheblich mehr brauchen als Vorschulkinder. Eine Binsenweisheit, die SPD/ Grüne und CDU/ CSU/ FDP jahrelang abgestritten hatten. Hatten sie doch ab 2005 Schulkindern gemeinschaftlich sowohl den Wachstums- und Entwicklungsbedarf als auch jeglichen Schulbedarf aberkannt. Zu diesem Zweck senkten sie den Regelsatz von Schulkindern unter 14 auf das Niveau des Regelsatzes für Kinder im Vorschulalter ab (60%), den von Jugendlichen von 14 bis 17 auf das Niveau von erwachsenen Haushaltsangehörigen (80% statt bisheriger 90% des Eckregelsatzes).

Das stieß auf erheblichen Widerstand (z.B. www.kinderarmut-durch-hartz4.de). Ohne den vielfältigen Druck zur Erhöhung der Kinderregelsätze und zur Wiederanerkennung des Schulbedarfs wäre es weder zur Sonderauswertung noch ab 1.7.2009 zur Rücknahme der Kürzung des Regelsatzes für Kinder von 6 bis 13 gekommen. Ab da erhielten diese 251 statt 215 € (bzw. 70% statt 60% des Eckregelsatzes).

Das höchste Gericht sah zwar ein, dass *„sich der Bedarf eines schulpflichtigen Kindes in der Pubertät offensichtlich von dem Bedarf eines Säuglings oder eines Kleinkindes unterscheidet“* (BVerfG 2010, Rz.196). Es verteidigte aber zäh das Gegenteil. Es *„ist nicht ersichtlich, dass der Betrag von 207 € nicht ausreicht, um das physische Existenzminimum, insbesondere den Ernährungsbedarf, von Kindern im Alter von 7 bis zur Vollendung des 14. Lebensjahres zu decken. In Anbetracht des weiten gesetzgeberischen Gestaltungsspielraums hinsichtlich der Frage, in welchem Umfang Leistungen zur Sicherung des Existenzminimums eine Teilhabe am gesellschaftlichen Leben ermöglichen müssen, kann deshalb nicht festgestellt werden, dass der Gesamtbetrag von 207 € das zur Sicherung des Existenzminimums Notwendige offensichtlich unterschreitet.“* (ebenda, Rz. 157)

13jährige vom Geldbedarf mit Säuglingen gleichzusetzen, ist nicht *„offensichtlich unzureichend“*? Beiden standen 78 € für Essen und Trinken zu, obwohl 7 bis 13jährige für gesunde Ernährung und Bewegung mit 2.045 kcal doppelt so viele Kilokalorien brauchen wie Vorschulkinder (Roth 2008, 16). Das BVerfG legte das physische Existenzminimum als Maßstab an. So war wirklich *„nicht ersichtlich“*, dass Schulkinder mit diesem Betrag nicht mehr physisch existieren können. Folge dieses Urteils: der kinderfeindliche Regelsatz von 211 € musste nicht rückwirkend aufgehoben werden.

Die Kritik des BVerfG zeigte Wirkung. Die Kinderregelsätze wurden abgesenkt. 213 € statt 215 €, 242 € statt 251 € und 275 € statt 287 € sollten sie ab 2011 betragen (§ 8 Abs. 1 RBEG). Die Bundesregierung hatte aber ein Einsehen. Die Kürzung wurde schrittweise umgesetzt. Solange sich durch die Fortschreibung ab 1.1.2012 kein höherer Regelsatz ergab, blieben die alten Regelsätze bestehen (§ 77 Abs. 4 SGB II). Inzwischen wurden alle Kinderregelsätze über den Stand von 2011 fortgeschrieben.

Tab. 4	**Regelsätze/Leistungsniveau in €**				
	2016	**2011**	**2010**	**2008**	**2005**
Kinder	RS*	Deutschland			West/Ost
unter 6 Jahren	237	215 (213)	215	211	207/199
6-13 Jahre	270	251 (242)	251	211	207/199
14-17 Jahre	306	287 (275)	287	281	276/265

*RS = Regelsatz

4.2 *„Kinder sind keine kleinen Erwachsenen“*

Eine Weisheit von überwältigender Schlichtheit. Das BVerfG kritisierte damit den Abschlag von 40% beim Regelsatz für Kinder unter 14, der *„auf einer freihändigen Setzung ohne irgendeine empirische und methodische Fundierung“* beruhe (BVerfG 2010, Rz. 191).

In der Tat hatte die Kürzung des Bedarfs von Schulkindern auf den von Vorschulkindern, die 4½ Jahre galt, keinerlei *„empirische Fundierung“*. Ebenso wenig die Aberkennung des Schulbedarfs.

Die seit 1990 geltenden früheren Prozentsätze der Kinderregelsätze waren jedoch keineswegs ohne empirische Fundierung. Sie beruhten aber noch nicht auf den untersten 20% der Haushalte der EVS. Grundlage war eine fiktive „Sozialhilfeschwelle“ (Regelsätze plus 15% für einmalige Beihilfen

R

plus Mehrbedarf und Warmmiete). Diese Schwelle konnte von den Referenzhaushalten bis zu 25% überschritten werden. Auf dieser Basis wurden mit Daten der EVS 1983 zwei Bezugsgruppen gebildet, eine von Paarhaushalten ohne, und eine von Paarhaushalten mit einem Kind unter 18 Jahren. Die Differenz der Ausgaben wurde den Kindern zugerechnet. Mit Ausnahme des Verzehrs außer Haus wurden sie zu 100% anerkannt. Kinder mit relativ gleichen Ausgaben wurden in Altersgruppen zusammengefasst. Daraus entstanden die Prozentsätze im Verhältnis zum Eckregelsatz, die bis 2004 beibehalten wurden. (Zur Entwicklung der Kinderregelsätze: Rainer Roth, Hartz IV: Sechster Anlauf zur Senkung der Regelsätze für Kinder seit 1990, 2008)

Tab. 5 „Kindesbedarf" 2016 in €

(EVS 2008-Abteilungen jeweils um die entsprechenden Prozentwerte der Fortschreibung angepasst; ***kursiv***: Abteilungen errechnet auf der Basis der früheren Prozentanteile vom Eckregelsatz, gerundet)

Abteilung	Kinder						
	unter 6		6-13		14-17		
		60%		*70%*		*80%*	*90%*
1 Nahrungsmittel/ alkoholfreie Getränke	88,08	*86*	108,47	*100*	138,70	*115*	*129*
3 Bekleidung/Schuhe	34,91	*20*	37,44	*24*	41,61	*27*	*31*
4 Wohnen, Energie, Wohnungsinstandhaltung	7,88	*20*	12,44	*24*	17,16	*27*	*30*
5 Innenausstattung/ Haushaltsgeräte usw.	15,27	*18*	13,22	*21*	16,46	*24*	*28*
6 Gesundheitspflege	6,82	*10*	5,56	*12*	7,34	*14*	*16*
7 Verkehr	13,20	*15*	15,73	*18*	14,11	*20*	*23*
8 Nachrichtenüberm.	17,63	*21*	17,25	*25*	17,66	*29*	*32*
9 Freizeit, Unterhaltung, Kultur	40,23	*27*	46,43	*31*	35,13	*36*	*40*
10 Bildung	1,10	*1*	1,30	*1*	0,32	*1*	*1*
11 Beherb. /Gaststätten-dienstleistungen	1,61	*5*	3,94	*6*	5,35	*6*	*7*
12 Andere Dienstl. (Körperpflege, Friseur u.a.)	10,28	*18*	8,21	*21*	12,17	*24*	*27*
Regelsatz	**237,01**	*241*	**269,99**	*283*	**306,01**	*323*	*364*

Auch nach der Neuberechnung des *„Kindesbedarfs"* wird Kindern faktisch ein Prozentsatz des Alleinstehenden-Regelsatzes zugestanden, nur eben ein geringerer (59% statt 60%; 67% statt 70% und 76% statt 80%). Kinder bleiben (formal) *„kleine Erwachsene"*, nur eben kleinere als vorher.

In den neuen Regelsätzen ist mehr für Ernährung, Kleidung und Schuhe sowie Freizeit und Unterhaltung vorgesehen (zusammen je nach Altersstufe ca. 30 €, 37 € und 37,50 € mehr), dafür in allen anderen Positionen weniger (zusammen rund 34 €, 52 € und 54 € weniger). Die Unterschiede sind nicht bedeutend.

Ausgaben für Schulbesuch sind nach wie vor nicht im Regelsatz enthalten, obwohl sie von der Einschulung bis zum Schulabschluss regelmäßig anfallen und nicht nur einmalig sind. Das BVerfG kritisiert, die einmalige Beihilfe für Schulbedarf von 100 € sei nicht empirisch ermittelt, sondern nur als *„sozialpolitisch angemessen"* begründet worden (BVerfG, Rz. 80). Die Bundesregierung kümmert das nicht. Das Gericht erklärt: *„Notwendige Aufwendungen zur Erfüllung schulischer Pflichten gehören zu ihrem [der Kinder] existentiellen Bedarf."* (BVerfG 2010, Rz. 192). Es erklärt aber nicht, dass dieser Bedarf über den Regelsatz abzudecken sei, sondern verwies auf das Sozialgeld. Der Regelsatz stellt nur einen Teil des Alg II/ Sozialgeldes dar (§ 19 Abs. 1 SGB II). Alg II und Sozialgeld sind jetzt um die *„Leistungen für Bildung und Teilhabe"* ergänzt worden (§ 19 Abs. 2 SGB II; Näheres ⇨SchülerInnen). Wir meinen dagegen, dass der normale Schulbedarf in den Regelsatz gehört und dieser laut BVerfG empirisch ermittelt werden muss.

Ausgaben für Klassenausflüge, mehrtägige Klassenfahrten, Nachhilfe, Lernmittelbedarf, wenn die Lernmittelfreiheit nicht umgesetzt wird, atypische Fahrtkosten, Mehraufwendungen für Schulmittagessen, Vereinsbeiträge, Musikunterricht usw. werden ab 1.1.2011 gesondert erbracht – vor allem in Form von Gutscheinen und Direktzahlungen an den Erbringer der Leistungen. Bundesregierung und die damalige Ministerin von der Leyen wehrten sich mit Händen und Füßen dagegen, den Bedarf konkret zu beziffern und in Form höherer Regelleistungen an die Kinder bzw. deren Eltern auszuzahlen, damit diese die Mittel eigenverantwortlich einsetzen können.

Die Regelsatzbeträge für Kinder der drei Altersstufen wurden aus den privaten Konsumausgaben von Dreipersonenhaushalten (Paare mit einem Kind) der untersten 20% der Verbrauchergruppen herausgerechnet. Die 20%-Bezugsgruppe verminderte sich um die 2% bis 2,6% der SGB-II- und SGB-XII-Haushalte.

Tab. 6 Ausgaben der untersten 20% der Dreipersonenhaushalte mit einem Kind EVS 2008 in €

	unter 6	6-13	14-17
Private Konsumausgaben	1.733	1.843	1.869
davon Warmmiete	506	552	596
Konsumausgaben Kinder	343	410	489
Konsumausgaben Eltern	1.390	1.423	1.380

(Anlage zu Artikel 1 des RBEG – Entwurf vom 26.10.2010)

Mit der Geburt von Kindern erhöht sich das Einkommen nicht im selben Maße wie die Ausgaben. *„Damit bleibt die Möglichkeit, dass Erwachsene nach der Geburt von Kindern ihr Konsumniveau beibehalten können, eher die Ausnahme."* (Münnich 2006, 646)

Je älter die Kinder werden, desto mehr steigen ihre Kosten. Vor allem die Ausgaben für 14 bis 17jährige werden mit Konsumverzicht der Eltern bezahlt (⇨Tab. 6). *„Dass Mütter und Väter bei den Ausgaben für den privaten Konsum zuerst an ihrer eigenen Lebenshaltung Abstriche machen und Wohlstandsverluste hinnehmen, ehe sie Ausgaben für ihre Kinder reduzieren"*, (ebenda, 666) trifft am meisten auf die untersten Verbrauchergruppen zu.

4.3 „Verteilungsschlüssel" – höhere Abschläge bei Kindern als bei Alleinstehenden

Aus den Konsumausgaben von Dreipersonenhaushalten werden die Ausgaben für jeweils ein Kind der drei Altersstufen herausgeschätzt und in Prozentsätzen der Gütergruppen der 12 Abteilungen der EVS zusammengefasst. Diese Prozentsätze sind der Schlüssel für die Verteilung der Konsumausgaben auf Kinder (Verteilungsschlüssel; Münnich, Krebs 2002). Grundlage dafür war das Durchschnittsnettoeinkommen von Dreipersonenhaushalten, nicht das der untersten 20%. Es belief sich auf der Basis der EVS 2003 auf netto 3.308 €, 3.553 € und 3.632 €, je nach Alter des Kindes. Etwa 75% machten private Konsumausgaben aus (2.465 €; 2.660 € und 2.731 €). Der Rest entfiel auf Versicherungen, Vorsorge, Schuldendienst usw. Der Verteilungsschlüssel kürzt die Konsumausgaben für Kinder erheblich stärker als es die Abschläge beim Eckregelsatz tun.

Tab. 7 Abschläge bei Kindern

	private Konsumausgaben	Regelsatz*	Abschlag
Kinder u. 6	343 €	213 €	37,9%
6-13	410 €	242 €	41,0%
14-17	489 €	275 €	43,8%
Alleinstehende	503 €	364 €	27,6%

(*Regelsatz EVS 2008 nach § 8 Abs. 1 RBEG)

R

Die Abschläge steigen mit dem Alter der Kinder. Die im Regelsatz anerkannten Ausgaben von 14 bis 17jährigen für Freizeit oder Bildung sind niedriger als die der Vorschulkinder, die für Telefon und Verkehr nur etwa gleich hoch. Der Regelsatz der 14 bis 17jährigen ist um 68 € höher als der von Vorschulkindern, vor allem weil ihnen 50 € mehr für Ernährung zugeschrieben werden (Tab. 5). Salopp gesagt leben 14 bis 17jährige auf dem Niveau von Kleinkindern, bekommen aber über 50% mehr für Essen und Trinken. Bei Jugendlichen macht sich die in der EVS eingebaute „Steigerungsbremse" am deutlichsten bemerkbar. Das Haushaltseinkommen hält nicht Schritt mit ihren gestiegenen Bedürfnissen.
Ausgaben für Haustiere werden nicht anerkannt, obwohl 60% der Paare mit Kindern Haustiere halten. Ausgaben für Kinderbetreuung (z.B. Kita-Gebühren) bei unter 6jährigen in Höhe von 16,27 € und 6,44 € bei 6 bis 13jährigen werden nicht anerkannt. Haftpflicht- und Hausratversicherung spielen ebenfalls keine Rolle.

Die EVS ist als Grundlage der Festsetzung des Existenzminimums untauglich.

R

- Familien der untersten Verbrauchergruppen decken in starkem Maße private Konsumausgaben mit Schulden. Für die untersten 10% gibt Münnich auf der Basis der EVS 2003 ein Haushaltsnettoeinkommen von 1.357 € und private Konsumausgaben von 1.555 € an. Die Differenz wurde nicht aus Vermögen gedeckt, da keins vorhanden war. Bei den unteren 20% dürfte es ähnlich sein (⇨2.4 b). Das ist eine „*Verfälschung der Datenbasis*" (BVerfG 2010).
- Je höher der Anteil der Niedriglöhner, deren Nettoeinkommen sinkt, desto größer der Druck auf die Regelsätze der Kinder.
- Haushalte, die Ansprüche auf Hartz IV haben, ohne sie wahrzunehmen, sind entgegen dem Urteil des BVerfG nicht aus der Bezugsgruppe herausgerechnet worden (⇨3.2).
- Je höher Ausgaben für private Altersvorsorge, Versicherungen, Schuldendienst usw. sind, desto geringer sind private Konsumausgaben und damit die Ausgaben, die in die Kinderregelsätze eingehen können.
- Je höher die Kosten für Miete und Heizung sind, desto weniger kann für anderen privaten Konsum wie Ernährung, Kleidung, Freizeit usw. ausgegeben werden (Münnich 2006, 651). Die höheren „Konsum"-ausgaben für Kinder entstehen aber überwiegend durch gestiegene Warmmieten.
- Die 20% Stichprobe umfasst nur eine sehr geringe Zahl an Haushalten. Bei Dreipersonenhaushalten mit einem Kind unter 6 sind es 237, 184 bei einem Kind zwischen 6 und 13 und 115 bei einem Kind von 14 bis 17 Jahren. Die Beträge für 42% der Ausgabepositionen, die in die Regelsätze eingehen, werden nicht einmal veröffentlicht, da sie aus Ausgaben von weniger als 25 Personen ermittelt wurden. Was im Einzelnen in den Regelsätzen enthalten ist, ist häufig unbekannt. Z.B. gibt es bei Kindern von 6 bis 17 keine Angaben über die Ausgaben für Fahrräder und öffentliche Verkehrsmittel.

Irene Becker errechnete mit einer modifizierten Auswertung auf der Grundlage der EVS 2008 neben einem Alleinstehenden-Regelsatz von 480 € einen Regelsatz für Kinder unter 6 Jahren von 245 €, für Kinder von 6 bis 13 Jahren von 315 € und für Kinder von 14 bis 17 Jahren 344 € (http://www.harald-thome.de/media/files/projektbericht---PK.pdf).
Der Paritätische kommt für 2008 auf Beträge von 276 €, 332 € und 358 € (Expertise, Was Kinder brauchen, 09/2008, 37).

4.4 Mangelernährung bei Kindern

Tab. 8 Tagesbedarf für Essen und Trinken im Regelsatz 2016 in €
Angaben zu den erwünschten Mengen an Kilokalorien von Mathilde Kersting (eigene Umrechnung auf aktuelles Preisniveau, entsprechend der Berechnung unter ⇨**2.3**)

		Essen	Trinken	**für gesunde Ernährung sind notwendig**
Kinder unter 6				
Monatsbedarf	88,08	76,95	11,13	**103,80 €**
Tagesbedarf	2,94	2,57	0,37	**3,46 € für 1.210 kcal**
Frühstück	0,59	0,51	0,07	
Mittag/Abendessen	je 1,18	1,03	0,15	
Kinder von 6 bis 13				
Monatsbedarf	108,47	97,03	11,45	**168,90 €**
Tagesbedarf	3,62	3,23	0,38	**5,63 € für 1.968 kcal**
Frühstück	0,72	0,64	0,08	
Mittag/Abendessen	je 1,45	1,29	0,15	
Kinder von 14 bis 17				
Monatsbedarf	138,70	120,37	18,33	**231,60 €**
Tagesbedarf	4,62	4,01	0,61	**7,72 € für 2.700 kcal**
Frühstück	0,92	0,80	0,12	
Mittag/Abendessen	je 1,85	1,60	0,24	

Schulkindern wird kein Vormittagssnack oder Pausenbrot zugestanden. Die von Ernährungsexperten vorgeschlagenen 5 Mahlzeiten am Tag gibt es nicht. 5 Mahlzeiten würden den im Regelsatz enthaltenen Anteil fürs Mittagessen senken.

5.1 Festsetzung der Regelsätze

Die Höhe der Regelsätze wird durch die Bundesregierung festgesetzt. Es sei denn, einzelne Bundesländer weichen davon ab, indem sie auf der Basis der bundeseinheitlichen Vorgaben eigene regionale Auswertungen der EVS vornehmen. Die Länder können regionale Sozialhilfeträger ermächtigen, regionale Regelsätze aufgrund regionaler Auswertungen der EVS vorzunehmen (§ 29 Abs.1-3 SGB XII). Das ist allerdings nur noch für die HzL der Sozialhilfe möglich, da für die GSi ab 2013 wie beim Alg II bundeseinheitliche Regelsätze gelten (§ 42 Nr. 1 i.V. mit § 29 Abs.1 Satz 1 SGB XII).

München ist die einzige Stadt, die von der Reglung Gebrauch macht. HzL-Beziehende erhalten dort einen Regelsatz von 425 €, GSi-Beziehenden stockt die Stadt freiwillig 21 € auf den Eckregelsatz von 404 € auf.

5.2 Fortschreibung der Regelsätze

Die Regelsätze werden jeweils zum 1.1. des Jahres neu festgesetzt.

Sie werden ab 1.1.2012 mit einem „***Mischindex***" fortgeschrieben, der sich zu 70% aus der Entwicklung der Durchschnittspreise der regelsatzrelevanten Verbrauchsausgaben und zu 30% aus der Entwicklung des durchschnittlichen Nettolohns je beschäftigtem Arbeitnehmer ergibt (§ 28 a Abs. 2 SGB XII).

Der durchschnittliche Nettolohn je beschäftigtem Arbeitnehmer stieg von 2007 bis 2014 um 10,1%. Er lag in diesem Zeitraum unter der Inflationsrate von 10,9%.

Dennoch ist der *„Mischindex"* ein Fortschritt gegenüber der Regelung von 1993 bis 2010, durch die die Regelsätze mit dem Prozentsatz erhöht wurden, in dem sich der Rentenwert erhöht. Der Rentenwert ist die Monatsrente, die ein Versicherter mit einem durchschnittlichen Bruttojahresentgelt nach einem Jahr Beitragszahlung erhält. Die Riester-Rente und das Verhältnis zwischen Beitragszahlern und RentnerInnen vermindern den Rentenwert. Das BVerfG stellte fest, dass der Rentenwert *„keinen Bezug zum Existenzminimum auf[weist]. ... Er ist deshalb zur realitätsgerechten Fort-*

schreibung des Existenzminimums nicht tauglich". (BVerfG 2010, Rz. 184)
Seit der Regelsatz 1990 zum ersten Mal auf der Basis der EVS festgesetzt wurde, lag der Anstieg der Verbraucherpreise bis 2010 10 bis 15 Prozentpunkte über der Anpassung des Leistungsniveaus (Regelsatz plus einmalige Beihilfen). Hartz-IV-Beziehende haben heute real weniger als 1990. Wären ausgehend vom Eckregelsatz von 345 € (2005) die Preissteigerungen von 2004 bis 2015 berücksichtigt worden, müsste der Regelsatz 2016 409 € statt 404 € betragen.

5.3 Regelsatzkürzungen durch Erhöhung indirekter Steuern

Wenn indirekte Steuern steigen, vor allem die Mehrwertsteuer, sinkt die Kaufkraft der Regelsätze. Familien müssen dann laut BVerfG (1 BvR 2164/98) einen Ausgleich bekommen, weil dadurch das Existenzminimum sinke. Davon kann bis heute keine Rede sein. 1998 wurden bei Haushalten mit niedrigem Einkommen (Erwerbslose, RentnerInnen usw.) etwa 10% der Verbrauchsausgaben allein von der Mehrwertsteuer aufgefressen (DIW Wochenberichte 14/1998). Damals war der Satz 16%, ermäßigt 7%. Heute ist er 19%. Stromsteuern, Mineralölsteuern, Kaffeesteuern kommen dazu. Mehr als 50 € des Regelsatzes von 399 € dürften über indirekte Steuern wieder einkassiert werden. 404 € sind nur ein Bruttobetrag.

R

5.4 Regelsätze verfassungswidrig?

Das BVerfG hat die Regelsätze von 1982 bis 1984 als verfassungs- und sozialstaatsgemäß eingestuft, obwohl sie real gesenkt worden waren (BVerfG 3.6.1986 - 1BvR 1124/85), ebenso die Regelsätze von 1986 bis 1988 (BVerfG 25.9.1992, NJW 1992, 3153). Das Bundesverwaltungsgericht stellte die Rechtmäßigkeit der Regelsatzfestsetzung mit Hilfe des Statistikmodells zum 1.7.1990 fest (NDV 1997, 196). 2010 urteilte das BVerfG über Hartz IV: *„Der Gesetzgeber hat ... durch die Regelleistung zur Sicherung des Lebensunterhalts ... das Ziel, ein menschenwürdiges Existenzminimum zu gewährleisten, dem Grunde nach zutreffend definiert."* (BVerfG 2010, Rz. 146) Auch die Aberkennung des Wachstumsbedarfs von Schulkindern war menschenwürdig. Die Regelsätze seien nicht *„evident unzureichend"*. Nur das Verfahren zu ihrer Festsetzung wurde wegen mangelhafter Ermittlungen als verfassungswidrig bezeichnet (vgl. Roth 2010). Die reale bzw. absolute Senkung von Armutsunterstützungen befindet sich in voller Übereinstimmung mit dem Grundgesetz. Die Verfassungswidrigkeit der Regelsätze kann nicht daraus abgeleitet werden, dass die Höhe der Regelsätze mit den jeweils eigenen Vorstellungen von *„Menschenwürde"* nicht übereinstimmt. Was verfassungswidrig ist und was nicht, entscheidet laut Grundgesetz letztlich nur das BVerfG (§§ 93 ff. GG), das aus von CDU und SPD bestellten Richtern besteht. Aus dem Urteil des BVerfG ergab sich keineswegs die Notwendigkeit einer deutlichen Anhebung.
Über den ab 2011 geltenden, nach dem RBEG festgesetzten Regelsatz befand das BVerfG 2014, dass dessen Festsetzung *„verfassungsrechtlich nicht zu beanstanden"*, also mit dem Grundgesetz *„derzeit noch vereinbar"* ist (23.7.2014 - 1 BvL 10/12; Rz. 89/92 u. 73) Allerdings käme *„der Gesetzgeber jedoch an die Grenze dessen, was zur Sicherung des Existenzminimums verfassungsrechtlich gefordert ist"* (ebenda, Rz. 121). Zwar sieht das BVerfG Prüfungsbedarf in den Bereichen Mobilität, Preisentwicklung beim Strom, einmaligen Ersatzbeschaffungen von höherem Wert (z.B. Brille, Waschmaschine, Kühlschrank), der Bedarfsdeckung bei Familien mit Kindern und bei Fahrtkosten im Zusammenhang mit Teilhabeleistungen für Kinder (⇨SchülerInnen 5.1.3), es lasse sich trotzdem *„nicht feststellen, dass die Leistungen evident unzureichend festgesetzt sind"* (ebenda, Rz. 86). Die Regelsätze stellen das sozialrechtliche Existenzminimum dar, das immerhin eine menschenwürdige Existenz sicherstellen muss. Die „Vier minus", die der Gesetzgeber vom BVerfG für die Ermittlung der Regelsätze erhalten hat, enthält gleichzeitig die Aufforderung, die Bedarfsermittlung mittels EVS, orientiert am Ausgabenverhalten von Armutshaushalten fortzusetzen. Mit der EVS stütze dieser sich *„auf geeignete empirische Daten"*. Auch wenn *„durch die Herausnahme und durch Kürzungen einzelner Positionen abgewichen*

wird, bestehen ... keine durchgreifenden verfassungsrechtlichen Bedenken." Lediglich die *„damit einhergehenden spezifischen Risiken der Unterdeckung müssen ... im Rahmen der nächsten Aktualisierung der Regelbedarfe bewältigt werden."* (Ebenda, Rz 89) Diese nächste Aktualisierung wurde nun von Januar 2016 auf Januar 2017 „vertagt".

6.1 Individuelle Erhöhung der Regelsätze

Alg II

Im SGB II ist eine solche Erhöhung des Regelsatzes nicht möglich. *„Die nach diesem Buch vorgesehenen Leistungen decken den Bedarf...".*

31,40 € für Strom decken den Bedarf, auch wenn damit nur 1.313 kWh Verbrauch im Jahr möglich sind usw.

Wenn ein ***„unabweisbarer"* Bedarf** auftritt, der zwar im Regelsatz enthalten ist, für den Sie aber nicht genug Rücklagen aus dem Regelsatz gebildet haben, wird ein ⇨**Darlehen** zugestanden und von den folgenden Regelsatzzahlungen wieder abgezogen. *„Weitergehende Leistungen sind ausgeschlossen."* (§ 24 Abs.1 Satz 3 SGB II) Um die Kritik des BVerfG am starren Regelsatz auszuräumen, wurde der ⇨**Mehrbedarf** für im Einzelfall unabweisbare, laufende, nicht nur einmalige **besondere Bedarfslagen** geschaffen, der *„seiner Höhe nach erheblich von einem durchschnittlichen Bedarf abweicht"* (§ 21 Abs. 6 SGB II). Erheblich sind mehr als 5% vom Regelsatz, zurzeit knapp 20 € (BVerwG 30.12.1996, FEVS 47, 337). Das BSG hat allerdings klargestellt, dass es **keine** allgemeingültige **Geringfügigkeitsgrenze** gibt, um einen solchen Anspruch auszulösen (BSG 4.6.2014 - B 14 AS 30/13 R). D.h. die Entscheidung hat unter Berücksichtigung der Besonderheiten des Einzelfalles zu erfolgen.

Näheres unter ⇨**Härtefall**regelung, ⇨Umgangskosten

HzL/GSi der Sozialhilfe

Im alten BSHG waren Regelsätze zu erhöhen, *„soweit dies nach der Besonderheit des Einzelfalles geboten"* war (§ 22 Abs. 1 Satz 2 BSHG). Heute muss der **Bedarf** unabweisbar sein und **erheblich vom Durchschnitt abweichen** (§ 27a Abs. 4 SGB XII). Das kann z.B. zutreffen bei ⇨AIDS-Kranken 1.1, alten oder behinderten Menschen (⇨Haushaltshilfe 3.1), regelmäßig notwendigen Fahrtkosten, unabweisbar hohen Stromkosten, ⇨Umgangskosten, Hörgerätebatterien oder sonstigen ⇨Härtefällen. Solche Regelsatzerhöhungen dürfen nicht auf Darlehensbasis vergeben werden.

6.2 Individuelle Senkung der Regelsätze bei geringerem Bedarf

HzL/GSi der Sozialhilfe

„Im Einzelfall wird der individuelle Bedarf abweichend vom Regelsatz festgelegt, wenn ein Bedarf ganz oder teilweise anderweitig gedeckt ist." (§ 27a Abs. 4 SGB XII) Wenn Sie z.B. in einem Hotel/ Wohnheim leben und die Stromkosten dadurch abgedeckt sind oder Sie vorübergehend im Krankenhaus sind und dort keine Verpflegungskosten haben, können die Regelsätze um entsprechende Anteile vermindert werden (⇨Krankheit 2.3).

Alg II

Im SGB II gab es bislang keinen Paragrafen, der im Einzelfall eine Regelsatzkürzung zulässt, wenn der Bedarf anderweitig gedeckt ist. Verpflegung während eines Krankenhausaufenthalts und einer Kur usw. darf nicht als Einkommen angerechnet werden. Das Gleiche gilt für Verpflegung durch Eltern, Verwandte oder Freunde (§ 1 Nr. 11 Alg II-V). Das BSG hatte am 18.6.2008 in zwei Urteilen (B 14 AS 22/07 ER und B 14 AS 46/07 ER) die Rechtswidrigkeit der jahrelangen Anrechnungspraxis festgestellt.

Das soll sich zum 1.8.2016 ändern. Mit dem Neunten SGB-II-Änderungsgesetz wird erstmals eine **Regelsatzkürzung** für Personen **zugelassen**, die in einer Gemeinschaftsunterkunft untergebracht sind. Diese Regelung ist bis zum 31.12.2018 begrenzt und zielt auf anerkannte Flüchtlinge ab, die im SGB-II-Leistungsbezug stehen, jedoch noch keine eigene Wohnung bezogen haben. Die in der Einrichtung gewährte Ernährung und Haushaltsenergie wird als Sachleistung definiert, deren Wert die Auszahlung des Regelsatzes mindert. Die Jobcenter müssen

R

die Aufwendungen jedoch dem Träger der Einrichtung erstatten.

Der Wert der Schachleistungen beträgt
- bei alleinstehenden Erwachsenen und Alleinerziehenden 156 €,
- bei allen anderen Erwachsenen 140 €,
- bei 0 bis 5jährigen Kindern 83 €,
- bei 6 bis 13 jährigen Kindern 106 € und
- bei 14 bis 17jährigen Jugendlichen 137 €.

(§ 65 Abs. 1 SGB II neu)

6.2.1 Dispositionsfreiheit (Verfügungsfreiheit)

Ihnen steht frei, wie Sie den Regelsatz verwenden (§ 20 Abs. 1 SGB II). Sie müssen nur *„das Eintreten unregelmäßig anfallender Bedarfe ... berücksichtigen"*. Der Regelsatz kann nicht gekürzt werden, wenn Sie Geld für Dinge ausgeben, die die Bundesregierung nicht für notwendig hält, z.B. für Zigaretten, Bier, Blumen, ein Haustier, ein Handy, ein Kfz, Urlaub usw. Ebenfalls nicht, wenn Sie weniger Strom verbrauchen als im Regelsatz vorgesehen, kein Geld für Fahrtkosten aufwenden usw.

Kritik

R

Die Festsetzung der Höhe der Regelsätze wird oft als willkürlich bzw. freihändig bezeichnet oder als politisch gewollt. Das trifft nicht den Kern. Alle Bundesregierungen folgten dem ökonomischen Interesse der Unternehmer, das Leistungsniveau für Erwachsene und vor allem für Kinder möglichst niedrig anzusetzen, um Arbeit für Armutslöhne *„attraktiver"* zu machen.

Hartz IV erkennt immerhin noch Unterhaltskosten für Kinder an. Deshalb ist das gegenwärtige Hartz-IV-Niveau den Arbeitgebern ein Dorn im Auge. Deren Vertreter beschweren sich bitter darüber, dass der Hartz-IV-Bedarf von Paaren mit zwei Kindern vielfach höher ist als das Lohnniveau eines Alleinverdieners plus Kindergeld. Millionenfach werden Löhne gezahlt, die keinerlei oder zu wenig Kosten für den Nachwuchs an Arbeitskräften enthalten. Arbeitgeberverbände, ihre Wissenschaftler (z.B. der Sachverständigenrat der Bundesregierung) und Politiker fordern seit langem eine deutliche Senkung der Regelsätze um 25% bis 30%, die Halbierung oder sogar die völlige Streichung, wie z.B. die Bertelsmann-Stiftung und Hans-Werner Sinn. Nur so würde sich Arbeit (für Löhne unterhalb des Existenzminimums) wieder lohnen. Ansonsten säßen Erwerbslose, vor allem die mit Kindern, in der „Hartz-IV-Falle", aus der sie nie wieder herauskämen. Dass mehr als ein Viertel der erwerbsfähigen BezieherInnen arbeitet, Eltern mit Kindern häufiger noch als Alleinstehende, wird gerne verschwiegen.

Für das Unternehmerlager ist die von Angebot und Nachfrage nach Arbeitskraft abhängige Lohnhöhe der absolute Maßstab für die Höhe des Hartz-IV-Existenzminimums. LohnarbeiterInnen jedoch messen das offizielle Existenzminimum daran, ob damit Grundbedürfnisse von Alleinstehenden und Familien befriedigt werden können. Sie halten in der Regel Hartz IV für viel zu niedrig.

Alle Bundesregierungen stehen in der Zwickmühle, diese entgegengesetzten Interessen zu *„versöhnen"*, um nicht bei Wahlen abgestraft zu werden. Sie handeln nach der taktischen Richtlinie der Deutschen Bank: *„Das Niveau der Lohnersatzleistungen muss reduziert oder es müssen die Bedingungen für den Anspruch auf diese Leistungen verschärft werden."* (Chefvolkswirt der Deutschen Bank Walter in Passauer Neue Presse 2.8.2006) Am besten beides. Minimalziel ist, das Regelsatzniveau wenigstens real zu senken. *„Politisch lässt sich eine solche versteckte Kürzung leichter durchsetzen."* (FAZ 17.10.2006)

- Wenn 2005 das 1990 angewandte Verfahren beibehalten worden wäre, fast alle regelsatzrelevanten Ausgabepositionen zu 100% anzuerkennen, hätte der Eckregelsatz 2005 nicht 345 €, sondern 398 € betragen müssen (eigene Berechnung nach Der Paritätische 2004, 22-27). Mit Hartz IV wurde eine Erhöhung verhindert und damit der Eckregelsatz indirekt gesenkt. Die Abschaffung der Arbeitslosenhilfe war dagegen eine direkte Kürzung, ebenso die Kürzung der Regelsätze für Kinder von 7 bis 17.
- 2006 wurde auf der Basis der EVS 2003 ein gesamtdeutscher Eckregelsatz eingeführt. Einkommen und damit auch Ausgaben waren in Ostdeutschland niedriger als in Westdeutschland. Wären die regelsatzrelevanten Ausgaben nach den Kriterien

der Auswertung der EVS 1998 festgesetzt worden, hätte der gesamtdeutsche Regelsatz auf 331 € festgesetzt, der westdeutsche Regelsatz also gekürzt werden müssen. Um das zu vermeiden, wurden verschiedene Abschläge reduziert. So ergab sich ein neues statistisches Wunder. 345 € blieben 345 €. In Ostdeutschland wurde der Eckregelsatz erhöht, in Westdeutschland real gesenkt.

- 2011 wurde der Eckregelsatz auf der Basis der EVS 2008 erneut real gesenkt. Eine direkte Kürzung wurde vermieden. Nur die Regelsätze der Kinder wurden absolut gesenkt. Leistungen für Bildung, die mit Hartz IV 2005 komplett abgeschafft worden waren, wurden mit dem Bildungspaket nach jahrelanger erbitterter Verweigerung wieder eingeführt. Nachhilfeunterricht, Schulbedarf (seit 1.7.2009), Mittagessen in Kitas und Schulen sowie atypische Fahrtkosten von ⇨SchülerInnen müssen ab 1.1.2011 nicht mehr aus dem Regelsatz beglichen werden. Auch eintägige Schulausflüge werden jetzt gesondert bezahlt. Was arme Kinder vor 8 Jahren verloren haben, bekommen sie wieder. Ein bedeutender Teil der wieder eingeführten Leistungen hätte jedoch in Form höherer Regelsätze für Kinder gezahlt werden müssen. Das aber hätte den Druck auf Lohnerhöhungen verstärkt. Das Interesse an Regelsatzsenkungen für Kinder wird beim Bildungspaket besonders deutlich.
- 2016 sollte die nächste Regelsatzbemessung anhand der EVS 2013 erfolgen. Hierbei hätten die Vorgaben des BVerfG-Urteils von 2014 eingelöst werden müssen, um den *„derzeit noch“* mit dem Grundgesetz zu vereinbarenden Regelsatz dauerhaft verfassungsgemäß auszugestalten (23.7.2014 - 1 BvL 10/12; ⇨5.4). Die Neufestsetzung wurde allerdings auf Januar 2017 verschoben, weil das Datenmaterial nicht rechtzeitig vorlag.

Das Alg-II-Leistungsniveau hat die Funktion eines Mindestlohns. Je niedriger es ist, desto eher scheinen Armutslöhne gerechtfertigt.

Alg II ist eine Armutslohnmaschine. Deshalb haben LohnarbeiterInnen ein objektives Interesse an einer deutlichen Erhöhung des Eckregelsatzes. Das Kapital dagegen versucht, ihnen ein Interesse an der Senkung des offiziellen Existenzminimums und damit der Regelsätze schmackhaft zu machen. Fürs *„Nichtstun“* dürfe es nicht mehr geben als für Lohnarbeit. Alles andere sei ungerecht. Als ungerecht gilt dagegen nicht, dass man von seinem Lohn nicht leben kann.

Die EVS, die das Existenzminimum daran koppelt, was sich arme Leute leisten können, ist für die Bestimmung des soziokulturellen Existenzminimums untauglich, auch wenn alle Verbrauchsausgaben zu 100 % in den Eckregelsatz einfließen. Das zeigt sich deutlich, wenn z.B. bei der Ernährung der wirkliche Bedarf für gesunde Ernährung ermittelt wird. Das soziokulturelle Existenzminimum von Erwachsenen und Kindern muss es im Durchschnitt möglich machen, Grundbedürfnisse ausreichend zu befriedigen. Die Warenkorb-Methode, die sich am realen Bedarf orientiert, muss das „Statistikmodell“, das die Ausgaben der Armutsbevölkerung abbildet, vollständig ersetzen. Diese Aufgabe steht an. Die Unterversorgung z.B. beim Grundbedarf für Ernährung, Strom und Mobilität muss deshalb als Schritt dahin mehr in das Bewusstsein gerückt werden.

Große Teile der sozialen Bewegung und in ihrem Gefolge auch Teile der Partei DIE LINKE haben sich auf einen Eckregelsatz von **mindestens** 500 € geeinigt und auf dieser Basis auf die Forderung nach einem gesetzlichen Mindestlohn von 10 € (lohnsteuerfrei). Es lohnt sich, für diese äußerst bescheidenen Forderungen zu kämpfen. (www.500-euro-eckregelsatz.de)

R

Forderungen

Eckregelsatz von mindestens 500 €!
Deutliche Erhöhung der Kinderregelsätze!
Wiederanerkennung des Wachstumsbedarfs von 14 bis 17jährigen!
Aufnahme des durchschnittlichen Schul- und Teilhabebedarfs von Kindern, Jugendlichen und jungen Erwachsenen in die Regelsätze!
Voller Regelsatz für volljährige Kinder!
Regelsatzbemessung anhand der Warenkorb-Methode!
Fortschreibung der Regelsätze nur mit der Steigerung der Lebenshaltungskosten!

Information/Literatur

- Irene Becker, Bedarfsgerechtigkeit und soziokulturelles Existenzminimum, Der gegenwärtige Eckregelsatz vor dem Hin-

tergrund aktueller Daten, Arbeitspapier Frankfurt
- BVerfG, 1 BvL 1/09 vom 9.2.2010, zitiert als BVerfG 2010
- Der Paritätische Wohlfahrtsverband, „Zum Leben zu wenig ...“ Berlin Dezember 2004
- Der Paritätische Wohlfahrtsverband, „Zum Leben zu wenig ...“ Neue Regelsatzberechnung 2006, Berlin Mai 2006
- Der Paritätische, Die Regelsatzberechnungen der Bundesregierung sowie der Vorschlag des Paritätischen Gesamtverbandes für bedarfsdeckende Regelsätze, Berlin 22.10.2010
- Deutscher Bundestag, Ausschuss für Arbeit und Soziales, Unterrichtung durch das Bundesministerium für Arbeit und Soziales, Auswertung der Einkommens- und Verbrauchsstichprobe (EVS) 2003, Ausschussdrucksache 16(11)286 vom 15.Juni 2006
- Deutscher Bundestag, Entwurf eines Gesetzes zur Ermittlung von Regelbedarfen und zur Änderung des Zweiten und Zwölften Buches Sozialgesetzbuch vom 26.10.2010, BT-Drs. 17/3404
- DIE LINKE, Existenzminimum kleingerechnet, Alternative Berechnungen zu Hartz-IV-Regelsätzen, 2010 http://dokumente.linksfraktion.de/inhalt/20101129-alternative-berechnungen-hartz-regelsatz.pdf
- Mathilde Kersting und Kerstin Clausen, Wie teuer ist eine gesunde Ernährung für Kinder und Jugendliche? Die Lebensmittelkosten der Optimierten Mischkost als Referenz für sozialpolitische Regelleistungen, Ernährungs-Umschau 9/2007
- Margot Münnich, Thomas Krebs, Ausgaben für Kinder in Deutschland, Wirtschaft und Statistik 12/2002, 1080-1100
- Margot Münnich, Einkommensverhältnisse von Familienhaushalten und ihre Ausgaben für Kinder, Wirtschaft und Statistik 6/2006, 644-670
- Rainer Roth, Hartz IV: „Fördern“ durch Mangelernährung, Warum der Eckregelsatz mindestens 500 € und der gesetzliche Mindestlohn mindestens zehn € betragen muss, Frankfurt 2009 (Bestellung über info@klartext-info.de)
- Rainer Roth, „Fördern“ durch Kürzen, Zur Aberkennung des Wachstumsbedarfs von Schulkindern und Jugendlichen mit Einführung von Hartz IV, Frankfurt 2008
- Rainer Roth, Hartz IV: Sechster Anlauf zur Senkung der Regelsätze für Kinder seit 1990, Frankfurt September 2008; http://www.klartext-info.de/artikel/HartzIV_Kuerzung_sechster_anlauf.pdf)
- Rainer Roth, Ist das Urteil des Bundesverfassungsgerichts zu begrüßen? Nein! 13.2.2010 http://www.klartext-info.de/artikel/urteil_des_bvg20100213htm.htm
- Bernd-Güter Schwabe, Einzelbeträge aus den Regelbedarfsstufen ab dem 1.1.2016 – Teil 1, Zeitschrift für das Fürsorgewesen 1/2016, 1 ff.)
- Helga Spindler, Die neue Regelsatzverordnung – Das Existenzminimum stirbt in Prozentschritten, info also 4/2004, 147-151
- Helga Spindler, Allein der notwendige Anteil für Energiekosten im Regelsatz für 2006 war um ca. 150 € zu niedrig, info also 2/2007, 61-64
- Statistisches Bundesamt, Wirtschaftsrechnungen, Einkommens- und Verbrauchsstichprobe 2003, Fachserie 15, Heft 4 Einnahmen und Ausgaben privater Haushalte, Wiesbaden 2005
- Statistisches Bundesamt, Einkommens- und Verbrauchsstichprobe, Einnahmen und Ausgaben privater Haushalte, Fachserie 15, Heft 4, Wiesbaden 2011
- Angaben über Lohn- und Preisentwicklung wurden dem Angebot von www.destatis.de entnommen (falls keine abweichenden Angaben vorliegen)

R

Renovierung

1. Schönheitsreparaturen

umfassen Tapezieren, Streichen von Wänden und Decken, Fußböden, Heizkörpern, Innentüren, Fenstern und Außentüren von innen (§ 28 Abs. 4 Satz 2 Berechnungsverordnung), also das, was man im Volksmund als Renovierung bezeichnet.

Die Kosten für mietvertraglich vereinbarte Schönheitsreparaturen **gehörten** bis 2010 wie die Miete und die Betriebskostenzahlung zu den *„Leistungen für Unterkunft"* nach § 22 Abs. 1 SGB II und § 35 Abs. 1 SGB XII (BSG 19.3.2008 - B 11b AS 31/06 R).

In der zum Januar 2005 in Kraft getretenen Regelsatzverordnung kommen Schönheitsreparaturen nicht vor. In ihrer Begründung ist lediglich die Rede von *„Ausgaben für Reparatur und Instandhaltung der Wohnung"*, die im Regelsatz *„voll anerkannt"* wären (BR-Drs. 206/04, 7 f.). Und zwar damals im Umfang von 5,19 €.

Ab 2011 sollen Schönheitsreparaturen **im ⇨Regelsatz berücksichtigt** sein. In der Begründung zum Regelbedarfs-Ermittlungsgesetz (RBEG) vom 26.10.2010 ist in der Bedarfsposition 04 *„Wohnen, Energie und Wohnungsinstandhaltung"* von *„Ausgaben für Instandhaltung **und** Schönheitsreparaturen"* die Rede (BT-Drs. 17/3404, 55). **2016** steht dafür hochgerechnet ein Betrag von mtl. **2,15 €** zur Verfügung. Das ist eine direkte Kürzung des Regelsatzes gegenüber 2005 (5,19 €) und 2010 (2,85 €).

Instandhaltung umfasst das Beheben kleinerer Schäden an den Installationsgeräten für Elektrizität, Wasser und Gas, Heiz- und Kocheinrichtungen sowie Verschlüssen von Fenstern, Türen und Fensterläden (§ 28 Abs. 3 Satz 2 Berechnungsverordnung).

Da solche Reparaturen vom Regelsatz umfasst sind, kommt zur Übernahme dieser Kosten bestenfalls ein Darlehen in Frage (§ 24 Abs. 1 SGB II; §37 Abs. 1 SGB XII; LSG Baden Württemberg 20.1.2009 - L 7 SO 5864/08; SG Köln 29.7.2010 - S 32 AS 2091/10).

Ob **Schönheitsreparaturen** künftig als Unterkunftskosten von den Behörden oder von Alg-II-/ Sozialhilfebeziehenden zu übernehmen sind, wird von der **Rechtsprechung** abhängen. Für eine Übernahme durch die Ämter sprechen die mickrigen Beträge und die unzureichend begründete Bemessung der Bedarfsposition im Regelbedarfs-Ermittlungsgesetz. Der ermittelte Bedarfsanteil von 1,92 € (2011) stützt sich auf zweifelhaftes Datenmaterial, weil zu wenige Haushalte über ihre Ausgaben für Instandhaltung und Schönheitsreparaturen Angaben gemacht haben.

Demgegenüber befand das BSG in einem Urteil über die Verfassungsmäßigkeit der Regelsätze ab 1.1.2011, dass bei der Abteilung 4 ‚Wohnen, Energie und Wohnungsinstandhaltung' *„unzutreffende Ermittlungen ... insoweit nicht zu erkennen [sind]."* (12.7.2012 - B 14 AS 153/11 R, Rz. 68) Ob das auch in Zukunft Bestand hat, werden Sie nur über den Klageweg herausfinden.

Tipp Wenn eine Schönheitsreparatur/ Renovierung Ihrer Wohnung **dringend notwendig** ist, beantragen Sie einfach schriftlich die Übernahme der Kosten als Beihilfe und begründen Sie deren Notwendigkeit. Manche Jobcenter/ Sozialämter übernehmen die Kosten noch immer. Wird der Antrag abgelehnt oder ein Darlehen bewilligt, müssen Sie ggf. ⇨Widerspruch einlegen.

2.1 Renovierungskosten bei Ein- und Auszug

dienen weder der Instandhaltung einer bestehenden Wohnung, noch sind es Kosten, die dem Wortlaut nach der Wohnungsbeschaffung oder dem Umzug (§ 22 Abs. 6 SGB II) zuzuordnen sind. Sie *„sind vielmehr Bestandteil der Kosten der Unterkunft nach § 22 Abs. 1 SGB II"* (ebenso: § 35 Abs. 1 SGB XII). Da **Einzugsrenovierungen** nicht von der Regelleistung umfasst sind, ist weder eine Übernahme als Darlehen (§ 24 Abs. 1 SGB II; § 37 Abs. 1 SGB XII) noch eine Übernahme im Rahmen der Erstausstattung (§ 24 Abs. 3 Nr. 1 SGB II; § 31 Abs. 1 Nr. 1 SGB XII) möglich. (BSG 16.12.2008 - B 4 AS 49/07 R, Rz. 11) Die Kosten sind als Beihilfe zu übernehmen.

Das gilt genauso für mietvertraglich geregelte **und** erforderliche **Auszugsrenovierungen** (BSG 6.10.2011 - B 14 AS 66/11 R). Allerdings gelten allgemeine Klauseln in Standardmietverträgen, die eine Auszugsrenovierung vorschreiben, nur, wenn die Wohnung vom Mieter komplett renoviert übernommen wurde. Verpflichtend ist eine Auszugsrenovierung zudem, wenn sie ausdrücklich mietvertraglich vereinbart wurde – kein Standardtext! (BGH 18.03.2015 - VIII ZR 185/14, VIII 242/13)

Wenn die Kosten der Einzugsrenovierung nach § 22 Abs. 1 SGB II (§ 35 Abs. 1 SGB XII) übernommen werden, entfällt die Notwendigkeit, die vorherige **Zusicherung** vom Leistungsträger einzuholen.

„Angemessene" Kosten müssen demnach anerkannt werden, wenn der ⇨Umzug notwendig (BVerwG 30.4.1992, FEVS 1993, 95) und die Miete der neuen Wohnung angemessen ist.

R

Unabhängig davon müssen die Kosten der Renovierung auf ihre **Angemessenheit** hin überprüft werden:

„Angemessen sind die Kosten einer Einzugsrenovierung dann,

a) wenn die Maßnahme/ Renovierung erforderlich ist, um die Bewohnbarkeit der Wohnung herzustellen,

b) die Einzugsrenovierung ortsüblich ist, weil keine renovierten Wohnungen im unteren Wohnsegment in nennenswertem Umfang zur Verfügung stehen und

c) soweit sie der Höhe nach zur Herstellung des Standards einer Wohnung im unteren Wohnsegment erforderlich ist." Treffen diese Kriterien im konkreten Fall zu, ist auch ein Fußbodenbelag zu übernehmen (BSG 16.12.2008 - B 4 AS 49/07 R, Rz. 28 ff.).

Zuständig für die Renovierungskosten bei Umzug waren nach bisheriger Auffassung bei Alg II das bisherige Jobcenter (§ 22 Abs. 3 Satz 1 SGB II) und bei HzL-/ GSi-Bezug das Sozialamt, in dessen Zuständigkeitsbereich Sie sich zum Zeitpunkt der Antragstellung befinden (LSG Baden-Württemberg 23.11.2006 - L7 SO 4415/05).

Werden die Kosten der Umzugsrenovierung gemäß der BSG-Entscheidung vom 16.12.2008 allerdings nicht mehr als Wohnungsbeschaffungskosten angesehen, sondern als **laufende Kosten der Unterkunft** (s.o.), ist auch beim Alg II künftig das Jobcenter zuständig sein, welches zum Zeitpunkt der Entstehung der Kosten für Ihre Leistungen zuständig ist. Dort müssen Sie den Antrag stellen.

R

2.2 Renovierungskosten in welcher Höhe?

Renovierungskosten sind in tatsächlicher Höhe zu übernehmen.

Dazu gehören die Materialkosten. Es empfiehlt sich, den Bedarf möglichst umfassend zu beantragen. Tapete, Kleister, Farbe, Abdeckfolie, Kreppband, Schmirgelpapier, Farbrollen, Pinsel, Bürste, Zollstock, Spachtel, Abstreichgitter usw.

Die Behörde kann Ihnen eine Quadratmeterpauschale anbieten. Hier sollten Sie genau nachrechnen. Reicht die Pauschale nicht aus, müssen die notwendigen tatsächlichen nachgewiesenen Kosten für eine „angemessene" Renovierung bewilligt werden.

Es ist zulässig, Sie beim Renovieren auf **Selbsthilfe** zu verweisen. Sind Sie aus persönlichen Gründen (Krankheit, Behinderung, Alter usw.) dazu nicht in der Lage und können auch Freunde, Bekannte oder Verwandte diese Arbeiten nicht übernehmen, müssen auch Entgelte für nachbarschaftliche Hilfe bezahlt werden. Möglich sind Aufwandsentschädigungen bis zu 7,50 € die Stunde. Möglich sind aber auch private oder gewerbliche Anbieter. Dann müssten Sie vor der Bewilligung Kostenvoranschläge vorlegen. Wie der Renovierungsbedarf befriedigt wird, **hängt vom Einzelfall ab**. Pauschale Regelungen der Behörde sind nicht zulässig, wenn sie keine Ausnahmen vorsehen.

Tipp Beantragen Sie die Übernahme von Renovierungskosten immer **bevor** die Kosten entstehen.

Rentenversicherung

1. Alg II

1.1 Wer begründet Rentenansprüche?

BezieherInnen von Alg II waren bis Ende 2010 in der der gesetzlichen Rentenversicherung pflichtversichert. Auch wenn sie mit den geringen Beitragszahlungen, die für sie abgeführt wurden, nach einem Jahr Leistungsbezug nur einen Anspruch auf eine Mini-Rente von 2,09 € mtl. erwarben, galt der Alg-II-Bezug wenigstens als **Beitragszeit**.

Zum 1. Januar **2011** wurden für Alg-II-BeziehrInnen die Rentenzahlungen ersatzlos gestrichen. Der Mini-Rentenanspruch fällt weg und Leistungsbezug begründet fortan nur noch eine **Anrechnungszeit** in der gesetzlichen Rentenversicherung (§ 58 Abs. 6 SGB VI).

D.h. während des Alg-II-Bezugs bleiben bestehende Ansprüche auf

- Rehabilitationsleistungen der Rentenversicherung (§ 11 SGB VI; ⇨5.) und auf
- Erwerbsminderungsrente (§ 43 Abs. 4 SGB VI; ⇨4.)

erhalten.

- Bei der **Regelaltersrente** werden Ansprüche nur aufgrund von mindesten 5 Beitragsjahren innerhalb des Erwerbslebens begründet (allgemeine Wartezeit). Alg-II-Bezugszeiten bringen hier nichts mehr.

- Bei der (Alters-)**Rente für langjährig Versicherte** und **für schwerbehinderte Menschen** werden die Zeiten des Alg-II-Bezuges lediglich auf die **Wartezeiten** (Mindestversicherungszeiten) angerechnet, die einen Anspruch auf eine Rente begründen. Das Beitragskonto füllt sich nicht mehr.

Alle, die keinen bestehenden Anspruch auf Leistungen der Rentenversicherung haben, können fortan durch den Alg-II-Bezug keinen neuen Anspruch mehr begründen.

Achtung: Wenn Sie nur noch aufgrund von Anrechnungszeiten Ihren Anspruch aufrecht erhalten, müssen Sie darauf achten, dass diese nicht unterbrochen werden, z.B. weil Sie Ihren Folgeantrag zu spät eingereicht haben. Selbst wenn Sie nur vorübergehend aus dem Bezug fallen und damit keine Anrechnungszeit mehr begründen, kann unter Umständen nicht mehr auf die anspruchsbegründenden früheren Beitragszeiten zurückgegriffen werden.

1.2 Rentenansprüche neben dem Alg II begründen

Prüfen Sie, ob Beitragszeiten für die Rentenversicherung bestehen, die neben dem Bezug von Alg II möglich sind. Hierzu zählen

- Zeiten der **Kindererziehung** ab Geburt des Kindes 3 Jahre lang,
- Zeiten als **Pflegeperson**, in denen Sie Angehörige nicht erwerbsmäßig pflegen,
- Zeiten in denen Sie neben dem Leistungsbezug eine sozialversicherungspflichtige **Beschäftigung** ausüben und
- Zeiten, in denen Sie einen **Minijob** ausüben, der versicherungspflichtig ist (ab 01.01.2013) oder bei dem sie auf die Versicherungsfreiheit verzichten (gilt für Minijobs nach altem Recht, die bis zum 31.12.2012. begonnen wurden).

1.2.1 Minijob und Rentenansprüche

Sind Sie MinijobberIn und haben Sie bereits Rentenansprüche aus früherer Beschäftigung erworben oder wollen Sie Ansprüche auf Erwerbsminderungsrente oder Rehabilitationsleistungen neu erwerben, können Sie bei Jobs, die **vor dem 1.1.2013** begonnen haben, durch **Verzicht auf die Versicherungsfreiheit** für kleines Geld Rentenbeitragszeiten neu begründen.

Minijobs, die **ab dem 1.1.2013** begonnen werden, sind **generell rentenversicherungspflichtig**. Ebenso zuvor begonnene Minijobs, deren regelmäßiges monatliches Entgelt jetzt mehr als 400 € und weniger als 450,01€ beträgt (Ausnahmen gibt es für Altersrentner und Pensionäre).

Ab 2013 müssen Sie als MinijobberIn einen **Antrag** stellen, wenn Sie sich von der Rentenversicherungspflicht **befreien** lassen wollen.

Haben Sie einen Minijob bzw. haben Sie bei vor 2013 begründeten Minijobverhältnissen auf die Versicherungsfreiheit verzichtet, gilt bei der **Beitragszahlung** Folgendes zu beachten:

- Üben Sie eine geringfügig entlohnte Beschäftigung aus, zahlt Ihr Arbeitgeber Rentenbeiträge in Höhe von 15% des Arbeitsentgelts und der Aufstockungsbeitrag beträgt für Arbeitnehmer zurzeit 3,7% (allgemeiner Beitragssatz 2016: 18,7%).
- Bei einer geringfügigen Beschäftigung in Privathaushalten profitiert der Arbeitgeber vom sogenannten „HaushälterInnen-Bonus". Er zahlt Rentenbeiträge nur in Höhe von 5% des Arbeitsentgelts. Der Arbeitnehmer-Aufstockungsbeitrag beträgt somit zurzeit 13,7%.
- Bei einem niedrigen Arbeitsentgelt von mtl. unter 175 € muss ein Mindestzahlbetrag von 32,73 € bei der Rentenversicherung erreicht werden. Sie müssen demnach als MinijobberIn nicht die 3,7% bzw. 13,7% aufbringen, sondern den Differenzbetrag zwischen 32,73 € und dem tatsächlichen Arbeitgeberanteil.
- Durch Beitragsaufstockung können auch MinijobberInnen mit Altverträgen jederzeit vollwertige Ansprüche in der Rentenversicherung erwerben.

Tipp 1 Wenn Sie unsicher sind, ob es sich für Sie lohnt, in Ihrem Minijob Beiträge zur Rentenversicherung zu leisten, sollten Sie sich durch die Rentenversicherung beraten lassen.

R

Die Beitragszahlungen können sich sehr unterschiedlich auf ihre spätere Rentenhöhe auswirken. Liegt die voraussichtliche Rente ohnehin unter dem Niveau der ⇨Grundsicherung im Alter, lohnt es sich für Sie nicht, die freiwilligen Beiträge zu entrichten. Ihre höhere Rente mindert dann lediglich Ihren Grundsicherungsanspruch.

Tipp 2 Sollten Sie sich jedoch die Möglichkeit der Rehabilitation durch die Rentenversicherung aufbauen wollen, lohnt es sich unter Umständen die Beiträge zu entrichten.

1.3 Von der Versicherungspflicht in der gesetzlichen Rentenversicherung befreite Alg-II-Bezieher

z.B. Selbstständige, bekamen den Zuschuss zu ihren freiwilligen Beiträgen ebenfalls ab Januar 2011 gestrichen (§ 26 SGB II). Freiwillig zu zahlende Beiträge für die Altersvorsorge können ⇨Selbständige nur noch von ihrem Einkommen absetzen (§ 11b Abs. 1 Nr. 3 b SGB II; ⇨Einkommensbereinigung 1.3).

1.4 Zwangsweise in die Frührente?

Ab dem 63. Lebensjahr kann der Arbeitsvermittler Sie auffordern, die vorzeitige Rente mit Abschlägen zu beantragen. Näheres zur Zwangsverrentung von Alg-II-BezieherInnen unter ⇨Ältere Menschen.

R

1.5 Übergang Alg II in die Rente

Zur Bedarfsdeckungslücke beim Übergang zur Rente ⇨Ältere Menschen

2. Arbeitslose ohne Anspruch auf Arbeitslosengeld

die zudem **keinen Alg-II-Anspruch** haben, weil sie aufgrund von eigenem Einkommen, Partnereinkommen oder Vermögen oberhalb der Freibeträge nicht bedürftig sind, sollten sich bei der Bundesagentur für Arbeit **arbeitslos melden**. Auch wenn Sie kein Arbeitslosengeld/ Alg II mehr beziehen, zählen Zeiten der gemeldeten Arbeitslosigkeit (gem. § 16 SGB III) als Anrechnungszeiten für Ihre Rente.

3. HzL/GSi der Sozialhilfe

Nichterwerbsfähige HzL- und GSi-BezieherInnen sind nach wie vor **nicht** pflichtversichert.

Aber: *„Um die Voraussetzungen eines Anspruchs auf eine angemessene Alterssicherung ... zu erfüllen, können die erforderlichen Kosten übernommen werden."* (§ 33 SGB XII) Diese Regelung hat das Ziel, durch Beitragszahlungen Sozialhilfebedürftigkeit im Alter zu vermeiden oder zu verringern. Die Übernahme von Renten- und privaten Altersvorsorgebeiträgen durch das Amt ist aber nur dann zu erwarten, wenn entsprechende Wartezeiten bzw. Versicherungsverträge kurz vor der Erfüllung stehen und der zu erwartende Ertrag künftige Aufwendungen des Sozialhilfeträgers voraussichtlich mindert.

Seit 2003 haben arme RentnerInnen Anspruch auf ⇨**Grundsicherung** im Alter in Höhe der Sozialhilfe. Das reicht der Bundesregierung als Schutz vor Altersarmut.

4. Erwerbsminderungsrente (EM-Rente)

Sind Sie gesundheitlich eingeschränkt und liegt ihr „Restleistungsvermögen" unter 6 Stunden Arbeitsleistung unter den Bedingungen des Arbeitsmarktes (⇨Erwerbsminderung), haben Sie ggf. einen Anspruch auf EM-Rente. Bei einem Restleistungsvermögen von unter 3 Stunden am Tag ist dies die volle EM-Rente (volle Rentenhöhe) und bei einem Restleistungsvermögen von 3 bis unter 6 Stunden ist dies die teilweise EM-Rente (halbe Rentenhöhe). Bei einem Restleistungsvermögen von 6 und mehr Stunden gibt es einige Ausnahmetatbestände für eine teilweise Erwerbsminderung bei Berufsunfähigkeit für vor 1961 geborene Versicherte.

Voraussetzung für EM-Rente ist,

- dass Sie die **allgemeine Wartezeit** (§ 50 SGB VI) von **5 Beitragsjahren** erfüllen **und**
- dass Sie in den letzten 5 Jahren vor dem Eintritt der Erwerbsminderung **3 Jahre** mit **Pflichtbeitragszeiten** der Rentenversicherung belegt haben. Falls innerhalb der letzten 5 Jahre nicht 3 Jahre mit Pflichtbeiträgen belegt sind, kann sich der Fünfjahreszeitraum um bestimmte Zeiten verlängern, z.B. um **Anrechnungszeiten** durch Alg-II-Bezug oder Kindererziehungszeiten. Der **Mindestversicherungszeitraum** von 5 Jahren kann auch **unterschritten** werden, wenn die Erwerbsminderung auf einen Ar-

beitsunfall oder eine Berufskrankheit, auf eine Wehrdienst- oder Zivildienstbeschädigung oder auf den Gewahrsam im Sinne des Häftlingsgesetzes zurückzuführen ist.
- dass – ohne Vorliegen der anderen Voraussetzungen – eine volle Erwerbsminderung innerhalb von **6 Jahren nach** Beendigung einer **Ausbildung** eingetreten ist.
(§§ 43 i.V. mit 53 SGB VI)

Einen **Antrag** auf EM-Rente müssen Sie ggf. auch stellen, weil Sie vom Jobcenter, der Bundesagentur oder der Krankenkasse usw. dazu aufgefordert werden. Hier dient die Entscheidung der Rentenversicherung über Ihre Arbeits- und Leistungsfähigkeit zur Feststellung, welcher Träger für die Erbringung einer Sozialleistung zuständig ist. EM-Rente ist eine vorrangige Leistung gegenüber dem Alg II und der Sozialhilfe und entlastet deren Träger.

Lediglich 53,3% der Anträge auf EM-Rente wurden 2014 bewilligt. Die durchschnittliche Rentenhöhe aller neu bewilligten EM-Renten betrug im gleichen Jahr mtl. 628 €. Bei voller Erwerbsminderung beträgt der Durchschnitt mtl. 664 € und liegt unter dem Existenzminimum. Etwa die Hälfte der EM-Renten wurde befristet für 1 bis 3 Jahre bewilligt. (Deutsche Rentenversicherung, Indikatoren zu Erwerbsminderungsrenten im Zeitablauf, Stand: 2015)

5. Rehabilitation

5.1 Medizinische Rehabilitation (Reha)

nach § 9 SGB VI soll Ihnen helfen, wenn chronische Erkrankungen von mehr als sechsmonatiger Dauer Ihre Teilhabe am gesellschaftlichen Leben einschränken. Außerdem sollen drohende Einschränkungen der Erwerbsfähigkeit und Pflegebedürftigkeit vermieden, überwunden oder gemindert werden. Letztlich soll mit der Reha auch der Bezug von Sozialleistungen vermieden oder reduziert werden (§ 26 Abs. 1 Nr. 2 SGB IX).

Anspruch auf Reha haben Sie u.a., wenn Sie eine **Wartezeit** von **15 Versicherungsjahren** erfüllt haben, oder eine EM-Rente beziehen **oder**
- in den letzten **2 Jahren vor Antragstellung 6 Monate Pflichtbeiträge** im Rahmen einer sozialversicherungspflichtigen **Beschäftigung** gezahlt wurden,
- wenn innerhalb von **2 Jahren nach einer Ausbildung** bis zur Antragstellung eine sozialversicherungspflichtigen **Beschäftigung** oder Selbständigkeit **ausgeübt** wurde oder wenn man nach dieser Beschäftigung arbeitsunfähig oder arbeitslos war oder
- wenn eine Wartezeit von **5 Jahren** erfüllt wurde und eine **Erwerbsminderung** (nicht unbedingt eine EM-Rente) vorliegt oder dieser Zustand einzutreten droht (§ 11 SGB VI).

Die Zweijahresfrist, innerhalb derer Pflichtbeiträge für mindestens 6 Monaten gezahlt sein müssen, verlängert sich durch die Anrechnungszeit beim Bezug von Alg II. Haben Sie also bereits Anspruch auf eine Reha erworben, bleibt dieser erhalten, wenn Sie nahtlos ins Alg II fallen.

Als **Formen medizinischer Reha** kommen in Betracht:
- Reha stationär in einer Klinik (⇨Kur) oder ambulant in Wohnortnähe,
- Anschlussheilbehandlung (AHB) nach einer Krankenhaus-Akutbehandlung,
- Leistungen wegen psychischer Erkrankungen oder
- Entwöhnungsbehandlung bei Suchterkrankungen.

Tipp Erfüllen Sie nicht die rentenversicherungsrechtlichen Voraussetzungen für eine medizinische Reha, soll die Leistung von der gesetzlichen Krankenversicherung erbracht werden, wenn die Maßnahme medizinisch notwendig ist. Stellen Sie einen entsprechenden Antrag bei der Krankenkasse.

5.2 Berufliche Rehabilitation (Reha)

Leistungen zur Teilhabe am Arbeitsleben (berufliche Reha) können aus medizinischen Gründen durch den Rentenversicherungsträger erbracht werden. Diese umfassen alle Hilfen, die erforderlich sind, um Ihre Erwerbsfähigkeit zu bessern oder wiederherzustellen und eine berufliche Wiedereingliederung auf Dauer zu ermöglichen. Der Erhalt eines bestehenden Arbeitsplatzes hat dabei Vorrang.
Als **Leistungen** kommen u.a. in Betracht (§ 33 SGB IX):

- Hilfen zur Erhaltung oder Erlangung eines Arbeitsplatzes inkl. Kraftfahrzeughilfen, um trotz Einschränkungen den Arbeitsplatz erreichen zu können,
- Berufsvorbereitung einschließlich der wegen Behinderung notwendigen Grundausbildung,
- berufliche Anpassung, Ausbildung und Weiterbildung, wie z.B. Umschulungen,
- Gründungszuschuss bei Aufnahme einer selbständigen Tätigkeit,
- Eingliederungszuschüsse an Arbeitgeber usw.

Die **persönlichen Voraussetzungen** für eine berufliche Reha bestehen, wenn
- bei erheblich gefährdeter Erwerbsfähigkeit eine drohende Erwerbsminderung abgewendet werden kann,
- die bereits geminderte Erwerbsfähigkeit wesentlich gebessert, wiederhergestellt oder eine wesentliche Verschlechterung abgewendet werden kann oder
- bei teilweise geminderter Erwerbsfähigkeit ohne Aussicht auf wesentliche Besserung der Arbeitsplatz erhalten werden kann (§ 33 SGB IX, § 9 SGB VI).

R

Als **versicherungsrechtliche** Voraussetzung gilt, dass ohne berufliche Reha eine EM-Rente gezahlt werden müsste **oder** eine Wartezeit von mind. 15 Versicherungsjahren erfüllt wurde.
Außerdem kann eine berufliche Reha auch bewilligt werden, wenn sie für den erfolgreichen Abschluss der medizinischen Reha notwendig ist. Aus einer medizinischen Rehabilitation heraus kann demnach eine berufliche Reha angeregt werden, wenn die versicherungsrechtliche Wartezeit noch nicht erfüllt worden ist (§11 SGB VI). So kann die Wartezeit für berufliche Reha auf 6 Monate Pflichtbeitragszeiten in den letzten 2 Jahren reduziert werden. Das gilt aber nur, wenn die berufliche Reha ebenfalls in Trägerschaft der Rentenversicherung erfolgt.

6. Beratung/Information

Um Ihren Rentenverlauf prüfen oder sich z.B. bei drohender Erwerbsminderung über Rehabilitationsansprüche aufklären zu lassen, sollten Sie wegen der schwierigen Materie, die hier nicht abschließend dargestellt wird, möglichst eine kompetente Beratungsstelle aufsuchen. Um einschätzen zu können, wie hoch Ihre künftige Rente sein wird, können Sie einen Antrag auf „Kontenklärung" direkt beim zuständigen Rentenversicherungsträger stellen.
Trägerinfos: Deutsche Rentenversicherung, www.deutsche-rentenversicherung.de (hier finden Sie auch die Anschriften der anderen RV-Träger), kostenloses Servicetelefon: **0800-100048070** (Mo bis Do 7.30 bis 19.30 h, Fr 7.30 bis 15.30 h), bei Fragen zur Reha über www.reha-servicestellen.de
⇨Altersvorsorge

Kritik

Frühere Bezieher von Arbeitslosenhilfe waren bis 1999 noch auf der Basis von 80% ihres letzten Nettogehaltes rentenversichert, seit 2000 nur noch auf der Basis ihrer Arbeitslosenhilfe.
Bei früheren erwerbsfähigen SozialhilfebezieherInnen galten bis zum Jahr 2000 Zeiten der Arbeitslosigkeit als beitragsfreie Zeiten, in denen sie Rentenansprüche in Höhe der durchschnittlichen Rentenansprüche (Entgeltpunkte) erwarben, die sie im bisherigen Erwerbsleben erarbeitet hatten. Das wurde auf Wunsch der Arbeitgeberverbände zum 1.1.2001 abgeschafft. Rentenzahlungen sollten gebremst werden, damit die Arbeitgeberbeiträge sinken und die Gewinne steigen können.
Ab 2005 wurde die Rentenversicherung bei Alg-II-Bezug auch für die früheren SozialhilfebezieherInnen wieder eingeführt, aber auf niedrigerem Niveau als noch im Jahr 2000. Für ehemalige Arbeitslosenhilfebezieher wurden mit Hartz IV die Beitragszahlungen erneut gesenkt. Die minimale Rücknahme einer deutlichen Verschlechterung bei der Sozialhilfe wurde als großartige Verbesserung verkauft. Ein Fall von politischer Bilanzfälschung.
Doch dieser Zustand war nur von kurzer Dauer: 2007 wurden die Rentenbeiträge für Alg-II-BeziehrInnen halbiert und zum Januar 2011 ersatzlos gestrichen. Insgesamt sollte der Wegfall der Rentenversicherung beim Alg II zu Einsparungen von über 1,8 Mrd. € pro Jahr führen – Einnahmeausfälle, die die Rentenver-

sicherung zu verkraften hat. Ein propagandistisches Lockmittel für die *„Hartz-IV-Reform“* wurde nach 6 Jahren abgeschafft.

Durch die Bewertung von Alg-II-Bezugszeiten als Anrechnungszeiten bei der gesetzlichen Rentenversicherung können BezieherInnen von SGB-II-Leistungen zumindest bereits erworbene Ansprüche auf Erwerbsminderungsrente und Rehabilitation, z.B. Kuren, erhalten. Neue Ansprüche können i.d.R. während des Leistungsbezugs allerdings nicht mehr erworben werden. Es bleibt abzuwarten, wann diese letzte Verbindung zur Rentenversicherung für einen kleiner werdenden Kreis von Alg-II-Beziehenden ganz gekappt wird.

Rundfunk- und Fernsehgebühren

1. Rundfunkgeräte und Fernseher

Ihre Kosten sind ab Januar 2016 mit 3,45 € mtl. im Regelsatz enthalten.

2.1 Befreiung und Ermäßigung von Rundfunk- und Fernsehgebühren

ist keine Leistung der Sozialbehörde, sondern der Rundfunkanstalten. Die Rundfunk- und Fernsehgebühr macht 17,50 € im Monat aus und ist ab 2013 pro Haushalt zu entrichten. Fast 9% der Nutzer von Rundfunk- und Fernsehgeräten sind von der Gebührenzahlung befreit (19. KEF Bericht, 02/2014, 147).

Die Rundfunk- und Fernsehgebühren und die Befreiung bzw. Ermäßigung wurden zum Januar 2013 neu im Rundfunkbeitragsstaatsvertrag (RBeiStV) geregelt.

Auf Antrag sind u.a. zu befreien (**§ 4 Abs. 1 RBeiStV**):

- BezieherInnen von HzL/ GSi der Sozialhilfe,
- Berechtigte von Alg II/ Sozialgeld einschließlich der Leistungen nach § 22 SGB II,
- Beziehende von Leistungen nach dem AsylblG,
- BezieherInnen von Hilfe zur Pflege,
- Auszubildende, die nicht bei ihren Eltern wohnen **und** BAföG, BAB oder Ausbildungsgeld für behinderte Menschen beziehen,
- taubblinde Menschen und Berechtigte von Blindenhilfe nach § 72 SGB XII.

Einen ermäßigten Beitrag von mtl. 5,99 € können behinderte Personen beantragen, denen das Merkzeichen „RF“ zuerkannt wurde (§ 4 Abs. 2 RBeiStV). Das sind

- blinde oder dauerhaft wesentlich sehbehinderte Menschen, mit einem Grad der Behinderung von wenigstens 60 allein wegen der Sehbehinderung,
- gehörlose oder schwer hörgeschädigte Menschen, denen eine ausreichende Verständigung über das Gehör auch mit Hörhilfen nicht möglich ist und
- behinderte Menschen mit einem Grad der Behinderung von wenigstens 80, die deswegen ständig nicht an öffentlichen Veranstaltungen teilnehmen können

Diese Personengruppe war vor 2013 noch von den Gebühren befreit.

Härtefallregelung

Wer keine der oben genannten Sozialleistungen erhält, die eine Befreiung ermöglichen, weil seine Einkünfte die jeweilige Bedarfsgrenze überschreiten, kann eine Befreiung als Härtefall beantragen (§ 4 Abs. 6 RBeiStV; ⇨ Bedarfsberechnung). Voraussetzung ist, dass der Überschreitungsbetrag geringer ist als die Höhe des Rundfunkbeitrags (17,50 €).

2.2 Antragstellung

Sie müssen den Antrag auf Befreiung beim **„Beitragsservice“** von ARD/ ZDF/ Deutschlandradio (der früheren GEZ) stellen. Das Antragsformular sollten Sie in den jeweiligen Sozialbehörden oder in der Stadt-/ Gemeindeverwaltung erhalten oder Sie füllen es online aus (http://service.rundfunkbeitrag.de) und lassen es ausdrucken. Den Antrag senden Sie mit entsprechenden Nachweisen an: ARD ZDF Deutschlandradio, Beitragsservice, 50656 Köln.

Den **Nachweis** über die Befreiungsberechtigung erbringen Sie

- durch eine Bescheinigung der leistungsgewährenden Behörde. In den Alg-II-Bewilligungsbescheiden finden Sie mittlerweile einen entsprechenden Vordruck zur Gebührenbefreiung.

R

- einen aktuellen Bewilligungsbescheid in beglaubigter Kopie (die Beglaubigung beim Amt muss kostenlos sein),
- den Schwerbehindertenausweis (Vorder- und Rückseite) in beglaubigter Kopie oder
- ein aktuelles fachärztliches Attest oder eine amtliche Bescheinigung im Original über die Taubblindheit.

Tipp Schicken Sie der GEZ niemals einen Originalbescheid. Wenn Sie den aus der Hand geben, können Sie schlechter ⇨Widerspruch einlegen. Eine vom Amt beglaubigte Kopie genügt.

2.3 Wann beginnt die Befreiung/ Ermäßigung?

Sie beginnt – auch rückwirkend – mit dem auf dem Bewilligungsbescheid/ der Bescheinigung genannten Leistungsbeginn und **reicht für den gesamten Bewilligungszeitraum**. Das gilt nur, wenn der Antrag innerhalb von **zwei Monaten nach Erlass des Bescheides** eingeht. Reichen Sie den Antrag später ein, beginnt die Befreiung am Ersten des auf den Antrag folgenden Monats.

Tipp Denken Sie daran, bei Erhalt eines Bescheides für jeden neuen Bewilligungszeitraum erneut einen Befreiungsantrag zu stellen.

R

Forderung

Anhebung der Einkommensgrenze für die Gebührenbefreiung auf den 1 1/2fachen Regelsatz!

3. Gebühren für Kabelfernsehen

sind ihr Privatvergnügen. Sie zählen nicht zum notwendigen Lebensunterhalt (BSG 19.2.2009 - B 4 AS 48/08 R, 414; OVG Lüneburg 26.11.1997 - NDV-RD 1998, 59).

Ausnahme:

Sie werden im Einzelfall übernommen,
- wenn am Wohnsitz keine normalen Bedingungen für den Empfang über Antennen bestehen (s.o., OVG Lüneburg ebenda),
- wenn Sie **mietvertraglich** zur Zahlung **verpflichtet** sind und die Gebühren unabhängig vom Willen des Alg-II-/ Sozialhilfebeziehenden entstehen. Z.B., weil der Vermieter nicht bereit ist, den Anschluss durch den Einbau einer Sperrdose stillzulegen. In solchen Fällen gehören Kabelgebühren zu den laufenden Kosten der Unterkunft (BSG ebenda; BVerwG 28.11.2001, info also 2002, 127 f.). Das gilt auch für Alg-II-Bezieher.

Tipp Wenn die Gebühren für Kabelfernsehen aus den Kosten der Unterkunft herausgerechnet werden, obwohl Sie diese Kosten nicht vermeiden können, sollten Sie ⇨Widerspruch einlegen.

Kosten für Kabel-TV können aber nur übernommen werden, wenn die Unterkunftskosten einschließlich der Grundgebühr für den Kabelanschluss angemessen sind (BVerwG ebenda; ⇨Miete 2.).

Sanktionen

Man sollte meinen, bei den Regelsätzen gäbe es nichts mehr zu kürzen – Irrtum. 2012 wurden erstmals infolge von Sanktionen über eine Mio. Mal die Leistungen gekürzt. 2015 lag die Zahl der Sanktionierten mit 980.115 erstmals wieder knapp unter der Millionengrenze.

Inhaltsübersicht:

Alg II

Beim Alg II gibt es im Gegensatz zur früheren Arbeitslosenhilfe keine Sperrzeiten, sondern „nur" Kürzungen und Streichung bzw. „Absenkung und Wegfall" der Leistung.
Die Strafen sind abgestuft nach Alter. Sie sind am härtesten bei Personen unter 25 Jahren (⇨2.).
Wenn Alg II gekürzt oder gestrichen wird, haben Sie **keinen** Anspruch auf ergänzende Sozialhilfe (§ 31b Abs. 2 SGB II).

Tipp Wenn wegen der Sanktionen ⇨Mietschulden auflaufen und ggf. ein Verlust der Wohnung droht, **kann** ein Anspruch auf Mietschuldenübernahme durch das Jobcenter entstehen (LPK SGB II, § 31a Rz. 25). Die Mietschulden **sollen** übernommen werden, wenn *„sonst Wohnungslosigkeit einzutreten droht"* (§ 22 Abs. 8 SGB II). Das wäre der Fall, wenn der Vermieter bereits Räumungsklage eingelegt hat. Reagiert das Amt nicht darauf, ist der Anspruch mit einer ⇨einstweiligen Anordnung vor Gericht durchzusetzen.

Zum **1.4.2011** wurde der unübersichtliche alte Sanktionsparagraph 31 SGB II geändert und in vier Paragraphen neu gegliedert:
- Der Sanktionsparagraf 31 SGB II beschreibt die **Pflichtverletzungen,**
- § 31a SGB II die **Sanktionsfolgen** und
- § 31b SGB II regelt deren **Dauer**.
- In § 32 SGB II sind separat die **Meldeverstöße** geregelt.

1. Strafenkatalog für Personen über 25 Jahre

1.1 Erste Stufe bei einmaligem Verstoß

Der Regelsatz wird in einer ersten Stufe um **30%** gekürzt (§31a Abs. 1 Satz 1 SGB II), wenn Sie *„trotz **schriftlicher Belehrung** über die Rechtsfolgen oder deren **Kenntnis**"*
- die in der ⇨**Eingliederungsvereinbarung** (EinV) oder einem entsprechenden Eingliederungsverwaltungsakt festgelegten Pflichten nicht erfüllen, z.B. ausreichende Eigenbemühungen (⇨ Bewerbungen) nachzuweisen, einen darin festgelegten Ein€Job oder eine andere „Eingliederungsmaßnahme" anzutreten,

S

- sich weigern, eine **zumutbare Arbeit**, Ausbildung, Arbeitsgelegenheit oder eine geförderte Arbeitsstelle *„aufzunehmen, fortzuführen oder deren Anbahnung durch Ihr Verhalten verhindern“*; oder wenn Sie
- eine zumutbare **Eingliederungsmaßnahme** *„nicht antreten, abbrechen oder Anlass für den Abbruch gegeben haben“*.

(§ 31 Abs. 1 Satz 1 SGB II)

30% von 404 € sind 121,20 €. Sie bekommen dann nur noch 282,80 € Lebensunterhalt für den Monat.

Eine Sanktion ist **nicht** zulässig, wenn Sie einen *„**wichtigen Grund**“* für Ihr Verhalten nachweisen (§ 31 Abs. 1 Satz 2 SGB II). An die Prüfung, ob ein wichtiger Grund besteht, soll ein *„strenger Maßstab“* angelegt werden (BA 31.17; ⇨3.2).

1.1.1 Kürzung der Leistung für Unterkunft und Heizung bzw. des Mehrbedarfs in der ersten Stufe?

Mit der 30%igen Kürzung des Regelsatzes dürfen schon in der ersten Stufe alle Alg-II-Leistungen, auch die für Unterkunft und Heizung sowie Mehrbedarfe gekürzt bzw. gestrichen werden. Das ist der Fall, wenn Sie z.B. Einkommen erzielen, Alg II aufstocken und keinen oder nur einen geringen Regelsatz beziehen.

S

1.1.2 Dauer der Kürzung/Streichung

Die Kürzung oder Streichung des Regelsatzes dauert **immer drei Monate**, *„unabhängig davon, ob die Pflichtverletzung zwischenzeitlich beendet wurde“* (BT Drs. 15/1516, 61). Sie sollen eben bestraft werden. Das kann bedeuten, dass Sie mit einem Regelsatz von 282,80 € leben müssen, obwohl Sie in der Zwischenzeit den Ein€Job doch angenommen haben, den Sie vorher abgelehnt hatten. Warum sollten Sie dann nachgeben, wenn die Strafe sowieso nicht aufgehoben wird?

Kritik

Sanktionen haben den Zweck, eine Verhaltensänderung herbeizuführen. Ähnlich wie die Streichung der Unterstützung, wenn Sie Ihren ⇨Mitwirkungspflichten nicht nachkommen. Wenn Sie die Mitwirkung nachholen, muss die Streichung der Leistung sofort aufgehoben werden. Wenn Sie sich nach einer Sanktion den Anforderungen unterwerfen, müsste die Sanktion ebenfalls sofort aufgehoben werden. Die Hartz-Parteien nutzen Ihre *„Pflichtverletzung“* aus, um ihr Ziel, die Regelsätze um 30% oder mehr zu senken, wenigstens zeitweise durchzusetzen.

1.1.3 Beginn der Sanktion

Eine Sanktion beginnt mit dem Monat, der dem Monat folgt, in dem Ihnen der Sanktionsbescheid zugeht (§ 31 Abs. 6 Satz 2 SGB II). Wirksam wird der Bescheid, wenn er Ihnen mit der Zustellung bekannt wird.

Beispiel

Am 15. Februar wird die Kürzung verfügt, am 18. Februar wird sie Ihnen bekannt. Die Strafe beginnt am 1. März und dauert bis 31. Mai.

Eine sofortige Sanktion noch im Februar ist also ebenso rechtswidrig wie eine Sanktion ohne **Sanktionsbescheid**.

Ein Sanktionsbescheid muss seit 2011 **innerhalb von 6 Monaten** ab dem Zeitpunkt der Pflichtverletzung erlassen werden. Diese lange Frist schützt Jobcenter davor, dass zu spät verhängte Sanktionen von den Gerichten einkassiert werden. In mehreren Entscheidungen hatten Sozialgerichte gefordert, dass der Sanktionsbescheid innerhalb einer Frist von **drei Monaten** nach Bekanntwerden der Pflichtverletzung erlassen werden muss (u.a. SG Hamburg 09.11.2007 - S 62 AS 1701/06; SG Freiburg 27.11.2007 - S 4 AS 151/07). Rechtsverstöße der Behörden werden durch einseitige Gesetzgebung der Bundesregierung legalisiert.

Wurde durch einen Sanktionsbescheid die Kürzung kalendermäßig festgelegt, darf Ihre Leistung erst abgesenkt werden, wenn der laufende **Bewilligungsbescheid** aufgehoben und ein neuer Bescheid, der die Leistungskürzung umsetzt, erlassen wird (LSG Hessen 24.4.2015 - L 9 AS 828/14; BSG 17.12.2009 - B 4 AS 30/09 R).

Mehrere zeitgleiche Pflichtverletzungen berechtigen das Jobcenter **nicht** zu mehreren Kürzungen. Auch wenn Sie mehrere Angebote gleichzeitig ablehnen, ist allenfalls eine 30%-Kürzung gerechtfertigt (LSG Berlin-Brandenburg 12.05.2006 - L 10 B 191/06 AS ER). Erneute Kürzungen in der nächst höheren Stufe kann es erst nach einem Sanktionsbescheid geben (BSG 9.11.2010 - B 4 AS 27/10 R). Der Gesetzgeber hat verstanden: „*Eine wiederholte Pflichtverletzung liegt nur vor, wenn bereits zuvor eine Minderung festgestellt wurde.*“ (§ 31a Abs. 1 Satz 4 SGB II)

1.2 Zweite Stufe beim zweiten Verstoß

Aufgrund der „*Fortentwicklung*“ von Hartz IV gilt seit 2007:
Wenn Sie **innerhalb eines Jahres nach dem Beginn einer Sanktion** zum zweiten Mal eine der in ⇨1.1 genannten Auflagen der Behörde nicht befolgen, werden **60%** des jeweiligen Regelsatzes gekürzt (§ 31a Abs. 1 Satz 2 SGB II).
Von dieser Erhöhung in der zweiten Stufe sind Meldeverstöße ausgenommen (⇨1.4).

Beispiel
Sie können bei einem Termin mit dem Arbeitsvermittler am 14. Mai nicht die in der EinV festgelegten Bewerbungsnachweise erbringen. Ihr Alg II wird für Juni, Juli und August um 30% Ihres Regelsatzes gekürzt. Am 12. September lehnen Sie einen Ein€Job ab. Ihr Alg II wird ab dem 1. Oktober bis Ende Dezember um 60% Ihres Regelsatzes gekürzt.

Kritik
Die Begründung für die Verdopplung der Geldstrafe ist entlarvend. Die SPD/ CDU-Bundesregierung beklagt, „*dass kaum erhöhte Sanktionen eintreten, weil aufgrund nicht vorhandener [Personal-] Kapazitäten oder wegen der schlechten Lage auf dem Arbeitsmarkt dem Hilfebedürftigen selten innerhalb von drei Monaten ein weiteres Eingliederungs-angebot unterbreitet werden kann, dessen Ablehnung eine Sanktion zur Folge hat*“ (BT Drs. 16/1410, Gesetzesbegründung vom 9.5.2006, 25).
Die Hartz-Parteien wollen unbedingt Regelsätze kürzen. Weil sie aber am Personal sparen und es zu wenige Stellen gibt, deren Ablehnung sie sanktionieren können, erhöhen sie einfach die Strafen, um ihr Sparziel zu erreichen.
Wenn **mehr als 30%** des Regelsatzes gekürzt wird, kann Ihnen der „Sozialstaat“ lediglich „*auf Antrag in angemessenem Umfang ergänzende **Sachleistungen** oder geldwerte Leistungen [z.B. Lebensmittelgutscheine] erbringen*“ (§ 31a Abs. 3 Satz 1 SGB II; ⇨3.3).

1.3 Dritte Stufe beim dritten Verstoß

Beim dritten Verstoß gegen die in ⇨1.1 genannten Auflagen **innerhalb eines Jahres** wird das gesamte Alg II um **100%** gekürzt (§ 31b Abs. 1 Satz 3 SGB II).
Sanktion auf null bedeutet keine Leistung, d.h. auch keine Leistungen für Unterkunft und Heizung, keinen Mehrbedarf und keine Krankenversicherungsbeiträge (⇨1.3.1).

Bei einer Minderung der Alg-II-Leistung um 100% „*kann der zuständige Träger die Minderung der Leistung ... ab diesem Zeitpunkt auf 60 Prozent der ... maßgebenden Regelleistung begrenzen*“, wenn der Sanktionierte sich nachträglich bereit erklärt, seinen Pflichten nachzukommen (§ 31a Abs. 1 Satz 6 SGB II). Ein gewaltiger Anreiz, statt gar nichts, immerhin Leistungen für etwas zu essen und zu trinken zu bekommen.

Sanktionen über 30% des Regelsatzes bis auf null sind auch bei Richtern sehr umstritten, denn der durch das Grundgesetz garantierte Schutz der Menschenwürde (Art. 1 Abs. 1 GG) und das Recht auf Leben und körperliche Unversehrtheit (Art. 2 Abs. 2 GG) werden verletzt. Das versucht der Gesetzgeber durch die Gewährung von Sachleistungen zu umgehen, die das physische Existenzminimum angeblich sicherstellen sollen.
Das Sozialgericht Gotha hat am 26.5.2015 einen Vorlagebeschluss beim **Bundesverfassungsgericht** (BVerfG) eingereicht, um dort prüfen zu lassen, ob die Sanktionsregelungen u.a. mit dem „*Grundrecht auf Gewährleistung eines menschenwürdigen Existenzminimums*“ „*vereinbar*“ sind, wenn die Leistung um 30%, 60% oder gar auf null gekürzt wird (S 15 AS 5157/14; a.A.: SG Leipzig 16.6.2015 - S 24 AS 2264/14; SG Aachen 16.6.2015 - S 14 AS 513/15 ER: beide Gerichte halten die Kürzung des Regelsatzes um 100% für nicht verfassungswidrig).
Die Klage wurde am 6.5.2016 vom BVerfG wegen formeller Gründe abgewiesen. Eine inhaltliche Prüfung fand nicht statt.
Im Rahmen einer weiteren Sanktionsklage hat das SG Gotha jedoch am 2.8.2016 dem BVerfG erneut die Frage der Verfassungsmäßigkeit der Sanktionsregelungen zur Entscheidung vorgelegt. Nach Angaben des Gerichts sei den formalen Einwendungen

S

des BVerfG diesmal Rechnung getragen worden. (Medieninformation des SG Gotha, 2.8.2016, http://tinyurl.com/j5q4mta)

Tipp 1 Um etwaige Rückzahlungsansprüche zu wahren, können Sie gegen eine Sanktion über 30% ⇨Widerspruch einlegen und beantragen, das Verfahren bis zur Entscheidung des BVerfG ruhend zu stellen. Allerdings sollten Sie sich auf eine mehrjährige Wartezeit einrichten, bis die Entscheidung dort getroffen ist. Wenn das jedoch viele tun, wird das BVerfG unter Umständen zügiger entscheiden.

Tipp2 Besonders wenn Mitglieder der Bedarfsgemeinschaft von Ihrer Sanktion mit betroffen sind (⇨3.4) oder Sie nicht auf die Möglichkeit Sachleistungen zu beantragen hingewiesen wurden (⇨3.3), können Sie gegen die unverhältnismäßige Kürzung ⇨Widerspruch und ⇨Klage erheben.

1.3.1 Verlust der Krankenversicherung?

Sollten Sie aufgrund von Sanktionen **weder Geldleistungen noch Sachleistungen** vom Jobcenter erhalten, sind Sie für die entsprechende Zeit auch nicht mehr kranken- und pflegeversichert. Wenn Sie allerdings noch Lebensmittelgutscheine bekommen, sind Sie nach wie vor Alg-II-Bezieher und damit sozialversichert (BA 31.50; ⇨Krankenversicherung).

S

Tipp Wenn Sie bei einer 100%-Sanktion nicht mehr krankenversichert sind, können Sie Sachleistungen beantragen. Damit kann die Beitragszahlung wiederhergestellt werden. Wenn die Behörde das ablehnt, müssen Sie eine ⇨einstweilige Anordnung beim Sozialgericht beantragen, denn: *„In der Regel sind im Falle der Vollsanktion ergänzende Sachleistungen zu gewähren“* (BA 31.50).

1.4 Meldeverstöße: Der Regelsatz wird um 10% gekürzt

wenn Sie sich ohne *„wichtigen Grund“ „trotz **schriftlicher Belehrung** über die Rechtsfolgen oder deren **Kenntnis**“* nicht bei Ihrer Behörde melden oder nicht zu einem ärztlichen oder psychologischen Untersuchungstermin erscheinen (§ 32 Abs. 1 SGB II).
10% von 404 € sind 40,40 €.
Dass Sie *„schriftlich“* belehrt worden sind, hat die Behörde nachzuweisen (LSG Berlin-Brandenburg 12.3.2007 - L 28 B 153/07 AS ER). Das ist aber durch den neuen Zusatz, dass Sie lediglich Kenntnis der Rechtsfolgen haben müssen, von der Bundesregierung ausgehöhlt worden.

Achtung: Seit 1.4.2011 wurde die stufenweise Verschärfung der Sanktionshöhe (10%, 20%, 30% usw.) bei wiederholten Meldeverstößen abgeschafft. Achten Sie darauf, dass sich das Jobcenter daran hält.

2. Strafenkatalog bei ⇨Jugendlichen und jungen Erwachsenen unter 25

2.1 Erste Stufe beim ersten Verstoß

„Bei erwerbsfähigen Hilfebedürftigen, die das 25. Lebensjahr noch nicht vollendet haben, wird das Arbeitslosengeld II bei einer Pflichtverletzung nach § 31 auf die für die Bedarfe nach § 22 zu erbringenden Leistungen beschränkt.“ (§ 31a Abs. 2 Satz 1 SGB II)
Leistungen nach § 22 sind die Kosten für Unterkunft und Heizung.
Das bedeutet: unter 25jährigen Erwerbsfähigen werden sofort **100% des Regelsatzes** und evtl. Mehrbedarfszuschläge für Schwangere, Alleinerziehende oder Krankenkost und alle Ansprüche auf einmalige Leistungen gestrichen, wenn sie nicht spuren.
Die in § 31 genannten Voraussetzungen, unter denen der Regelsatz versagt wird, werden unter ⇨1.1 und ⇨4.1 f. erläutert.

Damit die verbleibenden Zahlungen für Miete und Heizung nicht für den Lebensunterhalt ausgegeben werden können, **sollen** sie **direkt an den Vermieter**, den Energieversorger oder andere Empfangsberechtigte überwiesen werden, z.B. an die Eltern (§ 31a Abs. 3 Satz 3 SGB II).

Der Regelsatz muss in der ersten Stufe letztlich nicht völlig gestrichen werden. Das Jobcenter **kann** Jugendlichen und jungen Erwachsenen nämlich ergänzende ⇨**Sachleistungen** oder geldwerte *Leistungen „in angemessenem Umfang“* austeilen (§ 31a Abs. 3 Satz 1 SGB II). Sie müssen diese jedoch **beantragen** (⇨3.3).

Das Jobcenter *„**kann** die Minderung des Auszahlungsanspruchs ... unter Berücksichtigung aller Umstände des Einzelfalls auf sechs Wochen verkürzen“* (§ 31b Abs. 1 Satz 4 SGB II).

Tipp Machen Sie Ihren Arbeitsvermittler/ Fallmanager darauf aufmerksam.

2.2 Zweite Stufe beim zweiten Verstoß

Weil *„die erzieherische Wirkung"* der 100%igen Kürzung des Regelsatzes *„häufig nicht erreicht"* wurde (BT Drs. 16/1696, Ausschuss für Arbeit und Soziales, 31.5.2006, 27), werden seit 2007 bei der zweiten Weigerung innerhalb eines Jahres, einem „Angebot" bzw. einer Auflage nachzukommen, neben der Regelleistung auch die **Leistungen für Unterkunft und Heizung** völlig eingestellt (Null-Sanktion).

Hunger und Obdachlosigkeit sollen scheinbar die Erziehung junger Menschen übernehmen.

„Erklären sich erwerbsfähige Leistungsberechtigte, die das 25. Lebensjahr noch nicht vollendet haben, nachträglich bereit, ihren Pflichten nachzukommen", **können** im Einzelfall Miete und Heizung wieder übernommen werden (§ 31a Abs. 2 Satz 4 SGB II).

Ebenso **können** auf Antrag auch im Wiederholungsfall wenigstens Sachleistungen oder geldwerte Leistungen erbracht werden (§ 31a Abs. 3 Satz 1 SGB II). Bei Null-Sanktionen gibt es für die Behörde jedoch **null Ermessenspielraum**, solche Sachleistungen abzulehnen (⇨3.3).

2.3 Meldeverstöße

Melden sich unter 25jährige nicht bei der Behörde bzw. versäumen sie Untersuchungstermine, sind die Kürzungen identisch mit denen bei über 25jährigen, nämlich 10% des Regelsatzes (⇨1.4).

3. Bei allen Alg-II-Sanktionen zu beachten!

3.1 Belehrung und Anhörung muss sein

Voraussetzung einer Kürzung des Regelsatzes ist, dass Sie **vorher** in **schriftlicher**, bei Bedarf zusätzlich in **mündlicher** Form über die Rechtsfolgen **belehrt** wurden **oder** – seit dem 1.4.2011 – dass Sie ***„Kenntnis"*** der Rechtsfolgen **hatten** (§ 31 Abs. 1 Satz 1 SGB II).

Die Belehrung muss Ihnen zeitlich vor der Sanktion ***„konkret, verständlich, richtig und vollständig"*** erläutern, was von Ihnen verlangt wird und welche Auswirkungen abweichendes Verhalten ggf. nach sich ziehen kann (BSG 15.12.2010 - B 14 AS 92/09 R; LSG Niedersachsen-Bremen 31.7.2007 - L8 AS 605/06 ER).

Bei jedem Beschäftigungsangebot muss die Behörde Sie **einzeln** darüber belehren, welche Folgen eine Ablehnung des Angebots hat, oder die Belehrung muss zumindest in einem **engen zeitlichen Zusammenhang** zu dem geforderten Verhalten stehen. Sie können **nicht** auf eine allgemeine Rechtsfolgenbelehrung in einer zuvor abgeschlossenen Eingliederungsvereinbarung verwiesen werden (LSG Hessen 26.3.2007 - L 9 AS 38/07 ER; zur Rechtslage ab 1.4.2011: SG Landshut 16.8.2011 - S 10 AS 536/11 ER).

Eine schriftliche Rechtsfolgenbelehrung allein reicht jedoch nicht aus, wenn davon auszugehen ist, dass Sie z.B. aufgrund von Sprachschwierigkeiten oder Analphabetismus deren Inhalt nicht verstanden haben (Berlit, info also, 2/2011, 55).

Eine zeitnah erfolgte schriftliche Rechtsfolgenbelehrung ist nur zulässig, wenn die konkrete **Pflichtverletzung**, der exakte **Minderungssatz** (auch bei wiederholter Pflichtverletzung) und der **Zeitraum** der Sanktion genannt wird. Sie ist bereits rechtswidrig, wenn statt auf eine 60% Minderung der Leistung auf den Wegfall des Alg II hingewiesen wird (LSG Bayern 23.4.2014 - L 11 AS 512/13).

Die seit 1.4.2011 geltende Regelung, dass eine ***„Kenntnis"*** **der Rechtsfolgen** genügt, um von einer Pflichtverletzung auszugehen, wirft viele Fragen auf. Aufgrund ihrer Warn- und Signalfunktion muss die Rechtsfolgenbelehrung einzelfallbezogen auf einen bestimmten möglichen Pflichtverstoß hin erfolgen, damit eine *„positive, aktuelle Kenntnis"* der Folgen beim Betroffenen vorausgesetzt werden kann (Berlit, ebenda). Ein bloßes „Kennenmüssen" oder „Kennenkönnen" reicht hier nicht aus.

Es genügt unserer Ansicht nach nicht, wenn

- man Ihnen zum Leistungsbeginn eine (abstrakt gefasste) Infobroschüre in die Hand drückt, wo alles drinstehen soll (BSG 18.2.2010 - B 14 AS 53/08 R),
- Sie vor Jahren schon einmal wegen eines ähnlichen Pflichtverstoßes sanktioniert wurden,

S

- der Arbeitsvermittler Sie beim Verabschieden zwischen Tür und Angel mündlich auf die Folgen einer Pflichtverletzung hinweist oder
- alle möglichen Sanktionstatbestände kleingedruckt, in Form von Gesetzestexten an eine Eingliederungsvereinbarung angehängt werden (BSG, ebenda).

Bei der Prüfung, ob eine Kenntnis der jeweiligen Rechtfolgen vorgelegen hat, kommt es auf den Einzelfall an. *„Die – differenzierte – Kenntnis ist vom Leistungsträger nachzuweisen und ggf. zu beweisen."* (Berlit, ebenda, 56)

Tipp Entspricht die Rechtsfolgenbelehrung nicht den hier genannten Voraussetzungen, können Sie gegen einen Sanktionsbescheid Widerspruch einlegen und klagen. Das Jobcenter muss die Rechtmäßigkeit der Belehrung nachweisen (SG Gießen 14.1.2013 - S 29 AS 676/11). Sie müssen allerdings die Einsetzung der aufschiebenden Wirkung des ⇨Widerspruchs (5.2) beantragen.

Außerdem müssen Sie vor dem Erlass des Kürzungsbescheides **angehört** werden. Das ist nach § 24 SGB X zwingend notwendig. Wird dies nicht eingehalten, ist die Kürzung rechtswidrig (SG Berlin 27.3.2006 - S 104 AS 2272/06; SG Osnabrück 22.6.2005 - S 10 AS 68/05 ER).

S

Die Sanktion *„gilt nicht, wenn der erwerbsfähige Hilfebedürftige einen* ***wichtigen Grund*** *für sein Verhalten nachweist."* (§ 31 Abs. 1 Satz 2 SGB II) Sie müssen vor Erlass eines Sanktionsbescheids angehört werden, ob Sie einen wichtigen Grund vortragen können.

Tipp 1 Legen Sie Widerspruch ein, wenn Sie ohne Anhörung sanktioniert werden.

Tipp 2 Sanktionsbescheide können auch nach Ablauf der Widerspruchsfrist mit einem Überprüfungsantrag (⇨Nachzahlung 3.1) angegriffen werden (SG Berlin 14.7.2008 - S 37 AS 19402/08 ER).

3.2 Wichtiger Grund

Eine Strafe ist rechtswidrig, wenn Sie einen wichtigen Grund für Ihr Verhalten, das die Sanktion begründet, nachweisen können. Das ist z.B. der Fall, wenn

- Sie einen Ein€Job abgebrochen haben, weil die *„Maßnahme"* nicht zumutbar war (⇨Arbeitsgelegenheiten 3.2), oder weil Sie stattdessen einen Minijob angefangen haben, selbst wenn dieser nur eine ungewisse Aussicht auf eine sozialversicherungspflichtige Beschäftigung bietet (VG Bremen 12.6.2008 - S 3 V 1605/08),
- Sie sich weigern, einen Job anzunehmen, dessen Bezahlung sittenwidrig ist (SG Düsseldorf 2.2.2009 - S 31 AS 317/07; ⇨Arbeit 1.3.3 f.),
- Sie die Bewerbungs- und Fahrtkosten für auferlegte Bewerbungen nicht zahlen können und das Jobcenter hierzu keine Übernahmeregelung angeboten hat (LSG NRW 5.12.2011 - L 19 AS 1870/11),
- Sie eine Eingliederungsmaßnahme ablehnen, für die Ihnen das Jobcenter nicht einmal die Übernahme der damit verbundenen Kosten zugesichert hat (LSG Niedersachsen-Bremen 17.6.2013 - L 7 AS 332/13 B ER),
- Sie die in Ihrer Eingliederungsvereinbarung festgelegten Bewerbungsbemühungen nicht erfüllen, weil das Jobcenter Ihnen darin keine Bewerbungskostenerstattung angeboten hat und Ihre Pflichten in einem unangemessenen Verhältnis zu den Leistungsverpflichtungen der Behörde stehen (BSG 23.6.2016 - B 14 AS 30/15 R),
- überzogene Bewerbungsbemühungen von Ihnen verlangt werden (⇨ Bewerbungen),
- Sie alleinerziehend sind und ein Job/ eine Maßnahme die Erziehung und Betreuung Ihrer Kinder gefährden würde (SG Bremen 07.01.2013 - S 21 AS 2221/12 ER; ⇨Arbeit 1.3.6),
- Sie eine Sanktion erhalten, weil Sie sich nicht auf ein Arbeitsangebot des Jobcenters gemeldet haben, dass Sie postalisch niemals erreicht hat,
- Sie gesundheitlich nicht in der Lage sind, eine angebotene Arbeit oder Maßnahme auszuführen oder
- dem familiäre oder persönliche Gründe (z.B. religiöse oder Gewissensgründe) entgegenstehen.

Weitere wichtige Gründe, die der **Arbeitsaufnahme** entgegenstehen, finden Sie unter ⇨Arbeit 1.3.8 (außerdem Geiger 2014, *„Wichtiger Grund von A – Z"*, 767).

Wenn Sie einen wichtigen Grund vorbringen, tragen Sie dafür die **Beweislast**, wenn dieser auf persönlichen, familiären und gesundheitlichen Gründen beruht oder sonst in Ihren Verantwortungsbereich fällt, z.B. ein Hinderungsgrund für die Wahrnehmung eines Termins.

Das Jobcenter trägt die Beweislast für Tatsachen, die in seinen Verantwortungsbereich fallen, z.B. den postalischen **Zugang von Schreiben** (BSG 3.6.2003 - B 11 AL 71/03R, in Bezug auf Alg I).

Wenn Sie die in der EinV festgelegten Bewerbungsauflagen nicht erfüllt haben, tragen Sie die Beweislast für den wichtigen Grund, der dies rechtfertigt (LSG NRW 18.6.2008 - L 7 B 12 1/08 AS ER; nach Geiger 2014, 726). Es sei denn, die Übernahme der Bewerbungskosten wurde nicht darin vereinbart (BSG 23.6.2016 - B 14 AS 30/15 R).

Tipp Wenn Sie eine Maßnahme/ ein Arbeitsangebot des Jobcenters aus wichtigem Grund ablehnen bzw. abbrechen, sollten Sie diesen immer unaufgefordert und zeitnah dem Fallmanager (schriftlich) erläutern. Je länger ein Sachverhalt zurückliegt, desto schwerer lässt er sich im Nachhinein beweisen.

3.3 Sachleistungen nur auf Antrag?

Wenn der Regelsatz um **mehr als 30%** gekürzt wird, kann das Jobcenter Ihnen *„auf Antrag in angemessenem Umfang ergänzende Sachleistungen oder geldwerte Leistungen [z.B. Lebensmittelgutscheine] erbringen"* (§ 31a Abs. 3 Satz 1 SGB II).

Seit 1.4.2011 müssen Sie also mindestens einen mündlichen **Antrag auf Sachleistungen** stellen – ein schriftlicher ist allerdings sicherer.

Auf den Antrag hin hat Ihr Arbeitsvermittler/ Fallmanager bei Sanktionen von mehr als 30% des Regelsatzes **von Amts wegen** im Rahmen einer **Ermessensentscheidung** über die Gewährung von Sachleistungen zu entscheiden (LSG Niedersachsen-Bremen 21.4.2010 - L 13 AS 100/10 B ER; LSG NRW 9.9.2009 - L 7 B 211/09 AS ER). Bei einer 100%igen Sanktion und dem Entzug jeglicher Mittel zum Lebensunterhalt schrumpft dieses Ermessen **auf null** (LSG Berlin-Brandenburg 16.12.2008 - L 10 B 2154/08 AS).

Bei einer Entscheidung über Sachleistungen ist ebenfalls nach dem **Einzelfall** zu berücksichtigen, ob z.B. besondere Belastungen vorliegen oder Aufrechnungen von Darlehen und Überzahlungen.

*„Der Träger **hat** ... [Sachleistungen] zu erbringen, wenn Leistungsberechtigte mit minderjährigen Kindern in einem Haushalt leben."* (§ 31a Abs. 3 Satz 2 SGB II)

Wenn Sie einen Antrag stellen und mit einem oder mehreren Kindern im Haushalt leben, **müssen** Ihnen in aller Regel Sachleistungen erbracht werden. Der Träger hat hier keinen Ermessenspielraum mehr (LSG Berlin-Brandenburg 4.3.2014 - L 20 AS 3422/13 B). Die Höhe dieser Leistungen ist jedoch nicht gesetzlich festgelegt.

Sachleistungen in Form von **Gutscheinen** werden laut BA i.d.R. orientiert am halben Regelsatz bemessen – bei einem Regelsatz von 404 € also etwa **200 €**. Davon will die BA aber nur den Prozentanteil der Kürzung als Sachleistung anerkennen, der den **30%-Minderungsbetrag** übersteigt (BA 31.48). Bei einer 60%-Kürzung liegen 30% über dem 30%-Minderungsbetrag, was eine Sachleistung in Höhe von 60 € ergäbe (30% von 200 €). Bei einer 100%-Kürzung müssten Sachleistungen in Höhe 140 € erbracht werden (70% von 200 €).

Eine generelle Beschränkung auf einen derart ermittelten Prozentbetrag ist allerdings nicht zulässig, da immer nach der Besonderheit des Einzelfalles zu entscheiden ist, z.B. bei Familien mit Kindern (Berlit, ebenda, 57).

Nach unserer Meinung, **müssen** Sie **vor Eintritt** einer Sanktion vom Jobcenter über die Möglichkeit der Sachleistungsgewährung **informiert werden**, um überhaupt einen entsprechenden Antrag stellen zu können. Das gilt im Übrigen auch für die Möglichkeit der Minderung bzw. Verkürzung einer Sanktion bei Wohlverhalten (⇨1.3; ⇨2.1 f.). Der Hinweis sollte **schriftlich** auf dem Sanktionsbescheid erfolgen.

Tipp Unterbleibt er, können Sie eine Sanktion mit Widerspruch und nachträglich mit einem Überprüfungsantrag angreifen. Hierüber wäre es z.B. möglich, bei Null-Sanktionen nachträglich auch den Krankenversicherungsschutz wiederherzustellen.

3.4 Mehr als 30%ige Kürzung des Regelsatzes – Strafe auch für Kinder und PartnerInnen

Wenn der Regelsatz um mehr als 30% gekürzt oder sogar völlig gestrichen wird, werden

S

faktisch auch die Regelsätze aller Mitglieder der Bedarfsgemeinschaft abgesenkt. Denn im Rahmen einer Bedarfsgemeinschaft steht bekanntlich **jeder für jeden** ein, also auch die, die noch Leistungen beziehen, für denjenigen, dem sie gestrichen wurden. Daher leuchtet es ein, dass Familienmitglieder, die Sanktionierte mitversorgen, auch zu wenig zum Leben haben (OVG Bremen - FEVS 37, 471, 477).

Um das zu verhindern, steht im SGB XII: *„Soweit wie möglich ist zu verhüten, dass die unterhaltsberechtigten Angehörigen oder andere mit ihnen in Haushaltsgemeinschaft lebende Leistungsberechtigte durch die Versagung oder Einschränkung der Leistung mitbetroffen werden."* (§ 26 Abs. 1 Satz 2 SGB XII)

Das Bundesverwaltungsgericht urteilte schon am 31.1.1968 in Bezug auf die Kürzung des Regelsatzes wegen Verweigerung zumutbarer Arbeit. *„Daneben ist jedoch ... zu berücksichtigen, ob die wirtschaftlichen Folgen einer Kürzung der Hilfe zum Lebensunterhalt auf die Angehörigen des Hilfesuchenden unangemessen übergreifen."* (V C 109.66, in Bezug auf das BSHG) Das wurde dadurch verhütet, dass der Person, die sich weigerte, zumutbare Arbeit zu leisten, wenigstens das zum Lebensunterhalt Unerlässliche (also 75% des Regelsatzes) bleiben musste (BVerwG, ebenda, im Falle eines Alleinerziehenden mit einem sechsjährigen Kind; ebenso VHG Baden-Württemberg 11.10.1999 - 7 S 1755/99). Die volle Härte des Gesetzes traf damals nur Alleinstehende, deren Ansprüche stufenweise bis zur Streichung versagt werden konnten.

S

Die Hartz-Parteien gehen mit dem SGB II weit darüber hinaus. Bei einer Kürzung, die über 30% hinausgeht, **können** auf Antrag in angemessenem Umfang ⇨**Sachleistungen** oder geldwerte Leistungen erbracht werden. Wenn **minderjährige Kinder** in der Bedarfsgemeinschaft leben, **müssen** Sie Gutscheine oder Sachleistungen bekommen (§ 31a Abs. 3 Satz 2 SGB II).

Leben **keine minderjährigen Kinder** im Haushalt, könnten die Kürzungen voll durchzogen werden, damit auch die Partner darunter zu leiden haben oder volljährige Kinder unter 25 Jahren. Damit werden familiäre Spannungen provoziert, die sich auf Angehörige auswirken. Deshalb wird der Ermessenspielraum bei der Gewährung von Sachleistungen sehr stark eingeschränkt, sobald sanktionierte Personen zusammen mit Volljährigen in einer Bedarfsgemeinschaft leben.

3.4.1 Gewährung der vollen Unterkunftskosten in einer Bedarfsgemeinschaft

Wird Ihnen im Fall einer 100%-Kürzung der Unterkunftsanteil nicht mehr gezahlt, kann entweder die Miete für die ganze Bedarfsgemeinschaft nicht mehr aufgebracht werden oder sie müsste durch die Kürzung der Regelsätze Ihrer Angehörigen entsprechend aufgestockt werden. Diese Sippenhaftung ist unverhältnismäßig und widerspricht dem Grundsatz der familiengerechten Hilfe (§ 1 Abs. 4 Satz 4 Nr. 4 SGB II).

Daher wurde in der Rechtsprechung die Auffassung entwickelt, dass für den Zeitraum einer Null-Sanktion bei der Übernahme der Unterkunftskosten einer Bedarfsgemeinschaft vom „Kopfanteilprinzip" abgewichen wird und die **vollen angemessenen Kosten der Unterkunft** zu übernehmen sind (BSG 23.5.2013 - B 4 AS 67/12 R; LSG Niedersachsen-Bremen 8.7.2009 - L 6 AS 335/09 B ER; LPK SGB II, § 31a Rz. 23).

Tipp Legen Sie im Fall einer Null-Sanktion Widerspruch ein und beantragen Sie die Einsetzung der aufschiebenden Wirkung (⇨Widerspruch 5.2), damit die Miete gesichert ist.

Aber: Eine Abweichung vom Kopfteilprinzip wegen einer Sanktion gegenüber einem Mitglied der Bedarfsgemeinschaft ist nur dann gerechtfertigt, wenn dieses Mitglied seinen Kopfteil der Unterkunftskosten oder Teile davon nicht aus eigenem Einkommen oder Vermögen decken kann (BSG 2.12.2014 - B 14 AS 50/13 R).

3.4.2 Sanktionen von 30% und mehr treffen auf Aufrechnungen

Seit **1.8.2016** gilt: *„Eine Aufrechnung ist nicht zulässig für Zeiträume, in denen der Auszahlungsanspruch ... [aufgrund von Sanktionen] um mindestens 30 Prozent des maßgebenden Regelbedarfs gemindert ist. Ist* *die Minderung des Auszahlungsanspruchs geringer, ist die Höhe der Aufrechnung auf die Differenz zwischen dem Minderungsbetrag und 30 Prozent des maßgebenden Regelbedarfs begrenzt."* (§ 43 Abs. 3 SGB II neu) Auch wenn Ihnen mit Sanktionen Ihr Alg II ganz entzogen werden kann, führt das Zusammentreffen einer Aufrechnung überzahlter Leistungen mit dem Regelsatz **und** Sanktionen dazu, dass die Aufrechnung entsprechend abgesenkt bzw. ab einer 30%-Sanktion für die Dauer der Kürzung ganz ausgesetzt wird.

Das gilt auch für die Aufrechnungen von Darlehen (§ 42 a Abs. 2 Satz 2 SGB II neu). Selbstverständlich verlängert sich die verbleibende Aufrechnung um den Zeitraum der Aussetzung, Sie kriegen als Sanktionierter nichts geschenkt. Dennoch ist die Neuregelung eine Verbesserung gegenüber dem vorherigen (Kürzungs-)Zustand.

Tipp Machen Sie Ihren Sachbearbeiter ggf. auf die Beschränkung bzw. Aussetzung der Aufrechnung aufmerksam.

3.5 Direktüberweisung der Miete an den Vermieter

„Bei einer Minderung des Arbeitslosengeldes II um mindestens 60 Prozent des ... maßgebenden Regelbedarfs soll das Arbeitslosengeld II, soweit es für den Bedarf für Unterkunft und Heizung nach § 22 Absatz 1 erbracht wird, an den Vermieter oder andere Empfangsberechtigte gezahlt werden." (§ 31a Abs. 3 Satz 3 SGB II)

Diese Regelung gab es zuvor **nur bei unter 25jährigen**, deren Regelsatz um 100% gekürzt wurde. Sie jetzt pauschal bei 60%-plus-Sanktionen **auf alle** Betroffenen **auszuweiten**, egal, ob sie in einer Bedarfsgemeinschaft leben oder nicht, ist wenig hilfreich.

- Werden jetzt auch die Mieten, und Energieabschläge der Rest-Bedarfsgemeinschaft gegen deren Willen an den Vermieter usw. gezahlt? Dafür gibt es keine Rechtsgrundlage.
- Wenn doch, werden die Haushaltsmitglieder zumindest rechtzeitig darüber informiert, welche Beträge direkt für die Unterkunftskosten des Sanktionierten an Vermieter usw. gezahlt werden? Nur so können sie ihre Zahlungen entsprechend anpassen.

Der bevormundende „Sozialstaat" mischt sich immer tiefer in die Belange von Erwerbslosen und ihren Familien ein, egal ob sie das nötig haben oder nicht.

Tipp Verlangen Sie ggf. vom Jobcenter eine Aufstellung der Beträge, die direkt an andere Empfangsberechtigte bezahlt werden, damit Sie wissen, was noch zu begleichen ist.

Alg II, HzL/GSi der Sozialhilfe

4. Weitere Gründe für Strafen

Der Regelsatz kann in SGB II und SGB XII auch noch gekürzt werden, wenn Sie

4.1 Ihr Einkommen oder Vermögen vermindern,

„in der Absicht, die Voraussetzungen für die Gewährung oder Erhöhung der Leistung herbeizuführen." (§ 26 Abs. 1 Nr. 1 SGB XII; sinngleich § 31 Abs. 2 Nr. 1 SGB II)

Das wäre der Fall,

- wenn Sie z.B. ein Erbe, einen Lottogewinn o.ä. absichtlich **„verjubeln"**, um möglichst bald wieder in den Leistungsbezug zu kommen,
- wenn Sie ein Erbe für die Begleichung von **Altschulden** verwenden (LSG Schleswig-Holstein 25.8.2005 - L 6 B 200/05 AS ER, unter bestimmten Voraussetzungen ist das jedoch möglich ⇨Vermögen 8.),
- wenn Sie Ihr Vermögen (Auto, Geld, Haus usw.) **verschenken**, um Alg II/ Sozialhilfe zu bekommen, aber auch,
- wenn Sie eine **Arbeit aufgeben** oder
- einen **Minijob aufgeben**, der sich wegen der hohen Abzüge nicht rechnet.

Es muss ein ***„unmittelbarer Vorsatz"*** vorhanden gewesen sein, grobe Fahrlässigkeit reicht nicht aus (BA 31.20). Und dieser Vorsatz muss vom Amt nachgewiesen werden.

oder wenn Sie

4.2 unwirtschaftliches Verhalten

an den Tag legen und *„trotz Belehrung ihr unwirtschaftliches Verhalten fortsetzen"* (§ 26 Abs. 1 Nr. 2 SGB XII; sinngleich § 31 Abs. 2 Nr. 2 SGB II).

S

Alg II

Die BA versteht darunter, dass jemand *„bei allen oder einzelnen seiner Handlungen jede wirtschaftlich vernünftige Betrachtungsweise vermissen lässt und dadurch weitere Hilfebedürftigkeit auslöst"* (BA 31.23).

Fragt sich nur, wann das der Fall ist?

- Wenn Ihre Telefonrechnung doppelt so hoch ist wie im Regelsatz vorgesehen?
- Wenn Sie ein Kfz fahren, obwohl die Benzinkosten im Regelsatz nicht berücksichtigt sind?

Das kann **kein Grund** für eine Sanktion sein, solange Sie dadurch nicht offensichtlich weitere Hilfebedürftigkeit auslösen. Einen solchen Grund müsste das Jobcenter erst einmal finden und begründen.

Sind Sucht-, psychische Erkrankungen oder sonstige persönliche Gründe Ursache für *„unwirtschaftliches Verhalten"*, wäre eine Kürzung der Leistung durch das Jobcenter jedenfalls unzulässig und als „Hilfsangebot" fehl am Platz.

HzL/GSi der Sozialhilfe

Unter dem Verdacht des *„unwirtschaftlichen Verhaltens"* stehen Sie insbesondere, wenn Sie ein Kfz besitzen und fahren (ausführlich ⇨Kfz 3.).

S

Ansonsten müssen klare Nachweise für ein solches Verhalten vorliegen. Krankhafte Ursachen z.B. müssen ausgeschlossen sein, bevor eine Strafe verhängt wird.

4.3 Umfang der Strafen

Alg II

Das Jobcenter **muss** *„in einer ersten Stufe um 30 Prozent"* (§ 31a Abs. 1 SGB II) kürzen.

Für **Erwachsene über 25 Jahren** wird die Geldstrafe bei wiederholter „Unwirtschaftlichkeit" innerhalb eines Jahres verdoppelt usw. (wie unter ⇨1.2 f. beschrieben).

Bei **über 18jährigen** bis zum Alter von 25 Jahren dagegen führt schon der **erste** Vorfall von „Unwirtschaftlichkeit" zu einer kompletten Streichung des Regelsatzes. Das Gleiche trifft auf den ersten Versuch zu, sein Einkommen oder Vermögen zu vermindern, um die Voraussetzungen für die Gewährung oder Erhöhung der Leistung herbeizuführen. In beiden Fällen sollen nur noch die Kosten von Unterkunft und Heizung direkt an den Vermieter bzw. andere Empfangsberechtigte gezahlt werden.

Sachleistungen **können** erbracht werden, allerdings wäre bei einer 100%-Kürzung der Regelleistung das Ermessen des Sachbearbeiters eingeschränkt, d.h. die Sachleistungen müssten im Regelfall erbracht werden.

Bei **wiederholtem** Versuch, die Voraussetzungen für Alg-II-Bezug durch Einkommens- oder Vermögensminderung herbeizuführen, werden auch die Unterkunfts- und Heizkosten gestrichen. Das Gleiche gilt bei wiederholter „Unwirtschaftlichkeit" (wie unter ⇨2.1 f.).

Unter 18jährige Erwerbsfähige werden vom Strafkatalog für unwirtschaftliches Verhalten noch nicht erfasst. Hier haften Eltern für ihre Kinder, wie gnädig.

Die Strafen gelten jeweils **für drei Monate.**

HzL/GSi der Sozialhilfe

Das Sozialamt **soll** (§ 26 Abs. 1 SGB XII) den Regelsatz um *„auf das zum Lebensunterhalt Unerlässliche"* kürzen. In der Praxis bedeutet das i.d.R. eine **25%ige Kürzung** (Grube/Wahrendorf SGB XII, § 26 Rz. 4) In der Rechtsprechung und Kommentarliteratur werden für das zum Lebensunterhalt Unerlässliche 70 bis 80% des Regelsatzes genannt.

Die Dauer der Sanktionen ist in diesem Fall nicht ausdrücklich begrenzt. Hier **muss** eine Ermessensentscheidung unter Berücksichtigung der Besonderheiten des Einzelfalles getroffen werden. Zeigt die Sanktion keine Wirkung auf das Verhalten der betroffenen Person, muss ggf. zu anderen Mitteln (z.B. wöchentliche Auszahlung der Leistung etc.) gegriffen werden. In jedem Fall sollte eine Leistungskürzung auch in der Sozialhilfe auf **höchstens drei Monate** befristet werden (LPK SGB XII, § 26 Rz. 10; wie in § 31b SGB II vorgesehen).

5. Weiterer Strafkatalog bei HzL der Sozialhilfe

Die Strafen sind bei nicht-erwerbsfähigen Leistungsbeziehern nicht so hart wie bei Erwerbsfähigen.

*„Lehnen Leistungsberechtigte entgegen ihrer Verpflichtung die **Aufnahme einer Tätigkeit***

*oder die Teilnahme an einer erforderlichen **Vorbereitung** ab, vermindert sich der maßgebende Regelsatz in einer ersten Stufe um bis zu 25 vom Hundert, bei wiederholter Ablehnung in weiteren Stufen um jeweils bis zu 25 vom Hundert. Die Leistungsberechtigten sind vorher entsprechend zu belehren."*
(§ 39a Abs. 1 SGB XII)

- **Bis zu 25%** bedeutet, dass es auch **weniger** sein kann. Bei Alg II sind es sofort 30%.
- Dasselbe gilt für die weiteren Stufen.

In der in der **Sozialhilfepraxis** (HzL) haben Sanktionen nach § 39a SGB XII eine geringe Bedeutung, weil die Leistungsberechtigten entweder voll erwerbsgemindert sind oder das Regelrentenalter erreicht haben. Unter Umständen könnten Sanktionen bei **behinderten Menschen** verhängt werden, die die Aufnahme einer **zumutbaren** Tätigkeit in einer Werkstatt für behinderte Menschen ablehnen. Hier kommen pro Stufe allerdings deutlich mildere Strafen, z.B. 5 bis 10%, in Betracht, über die im Rahmen einer Ermessensentscheidung unter Berücksichtigung der Besonderheit des Einzelfalles zu entscheiden ist.
Häufigere Anwendung kann die Sanktionsregelung bei erwerbsfähigen Personen finden, die nach 2 Abs. 1 AsylbLG Leistungen entsprechend dem Dritten Kapitel SGB XII beanspruchen können (⇨Asylbewerber).
Bei Beziehern von **GSi der Sozialhilfe** können Sanktionen nach § 39a Abs. 1 nicht angewendet werden (LPK SGB XII, § 39a Rz. 1).

Grenze nach unten:
„So weit wie möglich ist zu verhüten, dass die unterhaltsberechtigten Angehörigen oder andere mit ihnen in Haushaltsgemeinschaft lebende Angehörige durch die Einschränkung der Leistung mitbetroffen werden."
(§ 26 Abs. 1 Satz 2 i.V. mit § 39a Abs. 2 SGB XII)
Sie werden aber auf jeden Fall mitbetroffen, wenn der Regelsatz um die Hälfte gekürzt werden sollte. Sanktionen können also allenfalls bei Alleinstehenden zur Senkung unter das zum Lebensunterhalt Unerlässliche (70 bis 80% des Regelsatzes) führen.

Auch hier ist die **Dauer** der Sanktionen nicht durch das Gesetz begrenzt (⇨4.3).

6. Strafkatalog bei nicht erwerbsfähigen Sozialgeldbeziehern (§ 31a Abs. 4 SGB II)

Bei Meldeverstößen usw. (⇨1.4) oder „Unwirtschaftlichkeit" und selbst verursachtem Leistungsbezug (⇨4. ff.) gilt derselbe Strafkatalog wie bei **über** 25jährigen Alg-II-Beziehern (1. Stufe: 30%, 2. Stufe: 60%, 3.Stufe: Null-Sanktion).
Das gilt natürlich **nicht** für minderjährige Sozialgeldbezieher.

7. Sperrzeiten bei Alg-I-Bezug

- Während einer Sperrzeit bei Alg I, können Sie **auf Antrag** zur Sicherung des Lebensunterhalts Alg II beziehen, aber zur Strafe ebenfalls um 30% gekürzt. Bei unter 25jährigen wird entsprechend der 1. Sanktionsstufe der Regelsatz ganz gestrichen, d.h. es werden vom Jobcenter nur die Unterkunftskosten übernommen.
- Als **Alg-II-Aufstocker** im Bezug von Alg I nehmen Sie Ihre SGB III-Sperrzeit genauso ins SGB II mit, wie bei einem Alg-II-Bezug, der direkt **nach** Ablauf des Alg-I-Anspruchs folgt.

(§ 31 Abs. 2 Nr. 3 u. 4 SGB II; ⇨Arbeitslose 2.2)

8. Sich gegen Sanktionen wehren

Gegen einen Sanktionsbescheid können Sie ⇨Widerspruch einlegen und ggf. klagen (⇨Klage) wenn,

- die unter 1.1.3 und 3.1 ff. beschriebenen **Mindestvoraussetzungen** für den Vollzug einer Sanktion **nicht erfüllt** sind,
- die **Pflichtverletzungen**, mit denen die Sanktion begründet wird, **nicht zutreffen** bzw. die Umstände verzerrt/ einseitig dargestellt werden oder
- Sie einen **wichtigen Grund** für Ihr Verhalten hatten, das vom Amt als Sanktionstatbestand gewertet wird (⇨3.2).

Alg II

Da Widerspruch und Klage gegen einen Bescheid *„der die Pflichtverletzung und die Minderung des Auszahlungsanspruchs feststellt"*, keine aufschiebende Wirkung haben (§ 39 Abs. 1 Nr. 1 SGB II), sollten Sie bereits in Ihrem Widerspruch beantragen, die aufschiebende Wirkung desselben durch das Jobcenter anordnen zu lassen. Hierauf wird jedoch i.d.R. keine Reaktion erfolgen.

S

Wollen Sie den sofortigen Vollzug der Kürzung wirksam vermeiden, müssen Sie die **Einsetzung der aufschiebenden Wirkung** von Widerspruch und Klage im Rahmen einer ⇨**einstweiligen Anordnung** beim Sozialgericht beantragen. Im Eilverfahren kann das Gericht anordnen, den Vollzug der Sanktion auszusetzen.
Eine einstweilige Anordnung ist allerdings nur erfolgversprechend, wenn die Existenz durch die gekürzte Alg-II-Leistung nicht mehr ausreichend sichergestellt werden kann. Diese Vorrausetzung ist bei einer **30%-Sanktion** erfüllt (LSG NRW 25.3.2015 - L 6 AS 332/15 B ER, L 6 AS 332/15 B).

HzL/GSi der Sozialhilfe

Hier entfalten Widerspruch und Klage gegen einen Sanktionsbescheid **noch** aufschiebende Wirkung. Diese soll nach dem Willen der schwarz-roten Bundesregierung aber infolge der nächsten Kürzungsrunde auch bei der Sozialhilfe abgeschafft werden.

Kritik

Nach einer erheblichen Verschärfung des Strafkatalogs in 2007 hat man die Zügel im April 2011 ein zweites Mal angezogen. Als für 2007 das erste Mal eine aufs Jahr bezogene SGB-II-Sanktionsstatistik vorgelegt wurde, waren es „noch" 785.000 Leistungskürzungen. Seit dem ist die Zahl der Sanktionierten um über 31% auf 1,03 Mio. zwischen Mai 2013 und April 2014 angestiegen – und das, obwohl die Zahl der erwerbsfähigen „Leistungsberechtigten" im selben Zeitraum um knapp 800.000 Personen zurückgegangen ist. Trotz Aufschwungs gelingt es den Jobcentern offensichtlich nicht, Langzeitarbeitslose dauerhaft in größerem Umfang in den ersten Arbeitsmarkt zu vermitteln. Da hoffen die Hartz-IV-Parteien wenigstens mit Strafmaßnahmen etwas Boden gut zu machen.

Am deutlichsten wird die Verwandlung des **S**ozial**G**esetz**B**uch II (SGB II) in ein **S**traf**G**esetz**B**uch II bei Jugendlichen und jungen Erwachsenen. Je weniger Chancen sie haben, desto mehr werden junge Erwachsene mit drakonischen Strafen überzogen. Die wichtigsten Hebel dafür sind Eingliederungsvereinbarungen, das Angebot an schlechten „Maßnahmen" (⇨Jugendliche 2. ff.), Vermittlung in Leiharbeit sowie die Erhöhung von Meldeterminen und Bewerbungsauflagen.

Die rechtswidrige Kürzungspraxis der Jobcenter wird an der Zahl von 51.099 Widersprüchen im Jahr 2015 gegen Sanktionen deutlich. Die Sanktionsbehörden selbst haben über 36% dieser Widersprüche ganz oder teilweise abgeholfen. Bei den 5.867 Klagen, die 2015 gegen Sanktionen eingelegt wurden, lag die Erfolgsquote bei knapp 40%. (Antwort des BMAS vom 6.4.2016 auf eine kleine Anfrage der Fraktion DIE LINKE. im Bundestag). Das ist aber nur die Spitze des Eisberges. Nur ein kleiner Teil der Betroffenen setzt sich mit Rechtsmitteln gegen Sanktionen zur Wehr, obwohl sich die Erfolgsaussichten durchaus sehen lassen können.

Auch wenn der Vorlagebeschluss des Sozialgerichts Gotha, zur Prüfung, ob die Sanktionen gegen das Grundgesetz verstoßen, vom BVerfG aus formalen Gründen abgewiesen wurde, bestehen weiterhin erhebliche Verfassungsbedenken. Die Kritik an den Hartz-IV-Strafen von Gewerkschaften, Erwerbslosengruppen, Wohlfahrts- und Sozialverbänden aber auch von Juristen und aus den Behörden selbst reißt nicht ab. Zum Neunten SGB-II-Änderungsgesetz gab es kaum eine Stellungnahme, die sich nicht kritisch mit Sanktionen auseinandersetzte. Auch der Bundesrat forderte im Laufe des Gesetzgebungsverfahrens eine Abschaffung der verschärften Strafen gegen unter 25Jährige und eine allgemeine Herabsenkung der Strafen. Nicht zuletzt, weil der Entzug der Unterkunftskosten bei Sanktionierten oft in die Wohnungslosigkeit führt. Doch in der Bundesregierung scheiterte 2016 eine Entschärfung am Widerstand der CSU und die von Hartz-IV-Parteien dominierte Länderkammer hat das hingenommen.

Die Summe der Leistungen, die man in 2015 mit 980.115 Sanktionen den 416.292 sanktionierten Alg-II-Beziehenden und ihren Familien abgetrotzt hat (BAIJ, Hartz IV: Sanktionen und davon betroffene Leistungsberechtigte 2015, 22.4.2016), ist zwar mit

170 Mio. € noch ganz beträchtlich (Antwort BAMS auf eine Anfrage der MDB Katja Kipping v. April 2016), doch dürfte die Entlastung des Bundes und der kommunalen Träger dabei nur zweitrangig sein. Hohe Sanktionsquoten dienen vielmehr dazu, Druck auf Erwerbslose und die Kontrollen aufrecht zu halten und mit Verweis auf das hohe Niveau der Strafen dem Mythos von der mangelnden Arbeitswilligkeit von Arbeitslosen und dem um sich greifenden „Sozialmissbrauch" Nahrung zu geben. Der Öffentlichkeit soll weisgemacht werden, viele Alg-II-Bezieher würden ihre Leistungen zu Unrecht beziehen. Die Hetze gegen Arbeitslose dient vor allem dazu, die Beschäftigten gegen sie aufzubringen, um die nächste SGB-II-Verschärfung propagandistisch vorzubereiten.

Forderungen

Ersatzlose Streichung der Sanktionsparagrafen §§ 31 ff. SGB II!

Sinnvolle Qualifizierungs- und Arbeitsangebote statt existenzvernichtender Strafen!

Keine Sippenhaftung für Haushaltsangehörige!

Schenkungen

1.1 Was ist eine Schenkung?

„Eine Zuwendung, durch die jemand aus seinem Vermögen einen anderen bereichert, ist Schenkung, wenn beide Teile darüber einig sind, dass die Zuwendung unentgeltlich erfolgt." (§ 516 BGB)

Ebenfalls als Schenkung zählen u.a.
- der Verzicht auf eine Forderung (Schuldenerlass) oder die Ausübung eines Rechtes (z.B. Wohnrecht),
- ein Scheingeschäft (BFH 7.11.2006 - IX R 4/06) und
- ein Scheindarlehen (SG Aachen 10.9.2013 - S 11 AS 481/13; nach Geiger 2014, 530).

Eine Schenkung kann auch dann bestehen, wenn ein extremes Missverhältnis zwischen Leistung und Gegenleistung bei einem Kaufvertrag oder bei einer Vermögensübertragung besteht. Wenn also z.B. ein Haus erheblich unter Wert verkauft wurde oder der Schenkung eines Hauses nicht vergleichbare Pflegeleistungen bzw. Werte von Wohnrechten gegenüberstehen.

Sie können
- selbst der **Schenker** sein (⇨1.2 - 4.) oder
- als **Beschenkter** Schenkungen erhalten (⇨5.).

Wenn Sie **keine** Leistungen wie Alg II, Hilfe zum Lebensunterhalt (HzL) oder GSi der Sozialhilfe beziehen, können Sie Ihr Haus, Geldbeträge und vieles mehr verschenken, spenden oder auf andere Personen übertragen, wie Sie es wollen.

1.2 Rückforderung einer Schenkung

Probleme gibt es jedoch, wenn Sie innerhalb von zehn Jahren nach der Schenkung Alg-II-, HzL-, oder GSi-BezieherIn werden. Für Ihre Behörde sind Sie dann ein „verarmter Schenker". Sie kann von Ihnen verlangen, die Schenkung rückgängig zu machen.

Dabei stört sich niemand daran, dass nach Meinung der Bundesregierung jemand, der Alg II, HzL oder GSi der Sozialhilfe bezieht, gar nicht arm ist, weil *„der Sozialstaat wirkt"* (Pressemitteilung BMAS, 25.6.2008).

„Soweit der Schenker nach Vollziehung der Schenkung außerstande ist, seinen angemessenen Unterhalt zu bestreiten ..., kann er von den Beschenkten die Herausgabe des Geschenkes nach den Vorschriften über die Herausgabe einer ungerechtfertigten Bereicherung fordern." (§ 528 BGB)

Die Behörde kann den **Rückforderungsanspruch**, den Sie gegenüber dem Beschenkten haben, **auf sich überleiten**.

Wenn Sie über eigenes Einkommen Ihren Lebensunterhalt decken können und nur aufgrund der Angehörigen in ihrer ⇨Bedarfsgemeinschaft auf Alg II, HzL oder GSi der Sozialhilfe angewiesen sind, gelten Sie als arm. Sie können dann Ihren bzw. den Unterhalt Ihrer Angehöriger nicht mehr bestreiten und es wird verlangt, dass Sie Geschenke der letzten zehn Jahre zurückfordern.

Die Herausgabe des Geschenks wird selbst dann verlangt,
- wenn der Beschenkte das Geschenk schon an einen Dritten weiterverschenkt hat (BGH 10.2.2004; NJW 2004, 314),

- wenn der *„verarmte Schenker"* verstirbt (BGH 16.9.1993, IDAS 1/94, I.2.1) oder
- wenn der Beschenkte Erbe des verstorbenen *„Schenkers"* geworden ist (BGH 4.10.1995, IDAS 1995, I 2.1).

Den **Nachweis** der Schenkung hat die Behörde zu führen (OLG Köln 12.1.2001 - 19 U 134/00 FamRZ 2002, 27).

1.3 Rückforderung sofort durchsetzbar?

Wenn der Rückforderungsanspruch einer Schenkung nicht sofort durchsetzbar ist, fehlen Ihnen die bereiten Mittel, um Ihren Lebensunterhalt zu bestreiten. Die Behörde muss dann in Vorleistung treten (LSG Berlin-Brandenburg 10.10.2007 - L 23 B 146/07 SO ER; LSG NRW 17.7.2008 - L 20 B 32/08 AS ER; nach Geiger 2014, 529). Wurden bereits Leistungen erbracht, kann der Träger den Rückforderungsanspruch beim Beschenkten selbst eintreiben (LSG Thüringen 30.7.2009 - L 9 AS 1159/08 ER; nach Geiger, ebenda).

2. Ein Geschenk darf nicht zurückverlangt werden...

2.1. Geringfügigkeit

wenn es vereinzelte Geschenke sind, die die **Höhe des Regelsatzes** von 399 € nicht überschreiten. Das gilt nur bei Alg II-Bezug (BA 12.3). Sie können also gelegentlich mal 300 € verschenkt haben, ohne dass zurückgefordert werden kann.

2.2 Verjährung

wenn vom Zeitpunkt der Schenkung bis zum „Eintritt der Bedürftigkeit" zehn Jahre verstrichen sind (§ 529 BGB Abs. 1). Die Bedürftigkeit tritt ein, wenn Sie Alg II/ HzL/ GSi beantragen.

Niemand kann Sie zwingen, auf zehn Jahre rückwirkend Ihre gesamten Kontobewegungen offen zulegen oder die Sparbücher der letzten zehn Jahre zugänglich zu machen. *„Nur wenn eine Schenkung bejaht oder Anhaltspunkte dafür vorliegen, dass die Angaben unvollständig oder gar falsch sind, sollten entsprechende Nachweise gefordert werden."* (Gutachten Deutscher Verein 4.8.1992, NDV 1992, 302)

2.3 Schenkungen sind geschütztes ⇨Vermögen,

wenn Ihre frühere Schenkung sich im Rahmen Ihrer heutigen Vermögensfreibeträge hält. Wenn Sie z.B. ein als Vermögen geschütztes selbst bewohntes Haus (mit Nießbrauchrecht; ⇨Vermögen 1.3) oder Geld oder ein Auto im Rahmen der Freibeträge verschenkt haben, kann das Geschenk nicht zurückgefordert werden. Die Rückforderung würde an Ihrer Hilfsbedürftigkeit nichts ändern. (LPK SGB II, § 33 Rz. 29, a.A. Eicher SGB II, § 33 Rz. 33, bei Abwendung der Rückforderung in Form von Unterhaltszahlung, ⇨3.)

2.4 Das Geschenk ist futsch

wenn *„die Verpflichtung zur Herausgabe oder zum Ersatz des Wertes ... ausgeschlossen [ist], soweit der Empfänger nicht mehr bereichert ist"* (§ 818 Abs. 3 BGB zum Umfang des Bereicherungsanspruchs).

Wenn der Beschenkte z.B. das Geschenk verkauft und den Geldbetrag für Dinge **ausgegeben** hat, die er sich normalerweise nicht hätte leisten können (Weltreise, Luxusausgaben, Hebung seines Lebensstandards), kann das Geschenk nicht zurückverlangt werden.

Es kann nur zurückverlangt werden, wenn es in Form eines Geldbetrages oder in anderer Form (z.B. als Immobilie) noch existiert, wenn also der Beschenkte entsprechend „reicher" ist als vor der Schenkung. Ist es noch vorhanden, kann der Beschenkte die Herausgabe durch Zahlung des für den Unterhalt erforderlichen Betrages abwenden (§ 528 Abs. 1 BGB).

Tipp Nur Grundstücksgeschenke werden notariell beurkundet.

2.5 Selbstbehalt

„Der Anspruch auf Herausgabe des Geschenks ist ausgeschlossen, ... soweit der Beschenkte bei Berücksichtigung seiner sonstigen Verpflichtungen außerstande ist, das Geschenk herauszugeben, ohne dass sein standesgemäßer Unterhalt oder die Erfüllung der ihm kraft Gesetzes obliegenden Unterhaltspflichten gefährdet wird." (§ 529 Abs. 2 BGB)

Der standesgemäße Unterhalt ist auf jeden Fall nicht gegeben, wenn Sie durch die

Herausgabe selbst Alg-II- oder sozialhilfebedürftig würden. Je nach Lebensstandard ist das Standesgemäße aber auch höher anzusetzen.
Die Gefährdung der Unterhaltspflicht liegt immer dann vor, wenn Sie durch die Herausgabe einer ⇨Unterhaltspflicht gemäß Düsseldorfer Tabelle nicht mehr nachkommen könnten (BGH NJW 2000, 3488).

2.6 Sittliche Verpflichtung
„Schenkungen, durch die einer sittlichen Pflicht oder einer auf den Anstand zu nehmenden Rücksicht entsprochen wird, unterliegen nicht der Rückforderung." (§ 534 BGB)
Eine sittliche Pflicht besteht dann, wenn es **anstößig** wäre, nichts zu schenken. Z.B. als Ausgleich dafür, dass eine Pflegeperson schwere persönliche Opfer gebracht hat und dadurch in eine Notlage geraten ist (BGH 9.4.1986, NJW 1986, 1926). Wenn aber die Pflegeperson in geordneten wirtschaftlichen Verhältnissen lebt, entspringt die Schenkung an sie nur einer verwandtschaftlichen Verbundenheit, nicht einer sittlichen Pflicht, so der BGH.
Schenkungen an Kinder beruhen in der Regel nicht auf einer sittlichen Pflicht. Sie gelten als *„belohnende Schenkung"*, die rückforderbar ist.

2.7 Nach Trennung
Schenkungen zwischen **Ehegatten**, Lebenspartnern oder eheähnlichen Partnern können nach einer Trennung nicht von der Behörde zurückverlangt werden.

2.8 Gegenleistung
Wenn die Schenkung mit der **Verpflichtung zu Gegenleistungen** verbunden ist, kann sie nur in Höhe des Teils zurückgefordert werden, der keiner Gegenleistung entspricht.
Wenn die Beschenkten Pflege- oder Unterhaltsleistungen (z.B. ein lebenslanges Wohnrecht, das in Geld bewertet werden muss) oder Umbauten, Schuldentilgung, Sanierungen als volle Gegenleistung erbracht haben, handelt es sich nicht um eine Schenkung, die zurückgefordert werden kann (VGH Hessen 28.8.1990, IDAS 2/92, I.2.1 und 24.10.1995, IDAS 1/96, I.2.1).

2.9 Anstand
Anstandsschenkungen sind **gebräuchliche** Geburtstags-, Weihnachts- oder Hochzeitsgeschenke. Sie sind nicht rückforderbar.

2.10 Eine besondere Härte
liegt z.B. vor, wenn der Beschenkte nicht bereit ist, die Schenkung zurückzugeben und es dem Schenker aufgrund familiärer Nähe nicht zugemutet werden kann, den Rückforderungsanspruch über eine Klage gegen den Beschenkten durchzusetzen (OVG NRW 14.10.2008 - 16 A 1409/07, nach Geiger 2014, 538).

2.11 Fehlverhalten
*„Der Anspruch auf Herausgabe des Geschenkes ist ausgeschlossen, wenn der Schenker seine Bedürftigkeit **vorsätzlich** oder durch **grobe Fahrlässigkeit** herbeigeführt hat."* (§ 529 Abs. 1 BGB)
Ein Beschenkter soll nicht für späteres Fehlverhalten des Schenkers büßen müssen.

3. Höhe des Herausgabeanspruchs
Der Beschenkte muss „nur" die benötigten Mittel für den **Unterhalts**bedarf des Schenkers und der mit diesem in einer Bedarfsgemeinschaft Lebenden herausgeben. Bei laufendem Unterhaltsbedarf so lange, bis der **Wert** des Geschenks **erschöpft** ist.

4. Geldstrafen und Kostenersatz
Wenn Sie mit der Schenkung die Absicht hatten, *„die Voraussetzungen für die Gewährung"* von Alg II oder HzL/ GSi der Sozialhilfe herbeizuführen, wird Ihr Regelsatz durch eine ⇨**Sanktion** um 30% bzw. 25% gekürzt.

Wenn Sie „vorsätzlich oder grob fahrlässig" die Voraussetzungen für die eigene oder die Hilfebedürftigkeit von anderen herbeigeführt haben, sind Sie gleichzeitig auch zum **Kostenersatz** verpflichtet (⇨ Rückforderung).

Voraussetzung von Sanktion und Kostenersatz ist, dass Ihnen vom Amt Absicht, Vorsatz oder wenigstens grobe Fahrlässigkeit nachgewiesen werden kann. Das ist umso schwieriger, je länger die Schenkung zurückliegt.

S

Für die **Grundsicherung im Alter und bei Erwerbsminderung** (GSi) gilt,
„wer in den letzten zehn Jahren die Bedürftigkeit vorsätzlich oder grob fahrlässig herbeigeführt hat" hat **keinen Anspruch** (§ 41 Abs. 4 SGB XII).
Hier sind vor allem Schenkungen von Vermögen gemeint, das bei der Grundsicherung einzusetzen wäre, z.B. ein Grundstück, ein nicht selbst bewohntes Haus, eine Ferienwohnung, Geldvermögen usw.
Die Betreffenden können auf HzL der Sozialhilfe verwiesen werden, weil es hier eine allgemeine **Unterhaltspflicht** Angehöriger gibt, die für die ⇨Grundsicherung abgeschafft wurde. Das Amt kann den Kostenersatz so bei den Angehörigen eintreiben.

5. Wenn Sie als Bezieher von Leistungen eine Schenkung erhalten

wird diese als einmaliges ⇨**Einkommen** an Ihre Leistung angerechnet. Der Schenker sollte sich das vorher gut überlegen. Für kleine Geschenke und Zuwendungen Dritter gibt es Ausnahmen (⇨Einkommen 2.9.3).

Alg II

Hier gilt seit dem **1.8.2016**, dass Sachgeschenke als ***„Einnahmen in Geldeswert"*** nicht als Einkommen angerechnet werden (§ 11 Abs. 1 Satz 1 SGB II neu; Streichung der Wörter *„oder Geldeswert"*). Das trifft auch auf eine Schenkung in Geldeswert zu, etwa eine Immobilie oder ein Kfz. Eine Einnahme in Geldeswert ist im Folgemonat ⇨**Vermögen** und muss dann ggf. verwertet und vorrangig zum Lebensunterhalt eingesetzt werden. Gehört das Geschenk aber als selbst genutztes ⇨**Eigenheim** oder ⇨**Kraftfahrzeug** zu Ihrem **Schonvermögen**, ist es vor dem Zugriff des Jobcenters geschützt. Auch **Hausrat** können Sie künftig im üblichen Rahmen geschenkt bekommen, ohne dass dies leistungsrechtliche Probleme aufwirft.

Kritik

Inhaber von Unternehmen können ohne Sorgen ihr Vermögen auf Frau und Kinder übertragen. Im Konkursfall müssen die Schenkungen nicht rückgängig gemacht werden, auch wenn sie die Pleite vorsätzlich herbeigeführt haben. Das gibt es nur bei Alg II, HzL und GSi der Sozialhilfe.

Forderung

Reduzierung der Rückforderungsfrist von Schenkungen auf ein Jahr vor dem Leistungsbezug!

Schmerzensgeld

... als Einkommen

Wird Entschädigung **nicht** für den Ausgleich eines Vermögensschadens, sondern als Schmerzensgeld *„wegen einer Verletzung des Körpers, der Gesundheit, der Freiheit oder der sexuellen Selbstbestimmung"* (§ 253 Abs. 2 BGB) gezahlt, ist es bei Sozialhilfe-/ Alg-II-BezieherInnen grundsätzlich *„nicht als Einkommen zu berücksichtigen"* (§ 83 Abs. 2 SGB XII; § 11a Abs. 2 SGB II).

... als Vermögen

Das Schmerzensgeld ist – unabhängig von seiner Höhe – auch als Vermögen geschützt. Die Verwertung bei Sozialhilfe-/ Alg-II-Bezug gilt immer als Härtefall. (BVerwG 18.05.1995 - FEVS 1996, 57; BSG 15.04.2008 - B 14/7b AS 6/07 R)
Diese Härtefallregelungen gibt es in § 90 Abs. 3 SGB XII und § 12 Abs. 3 Nr. 6 SGB II. Wenn Schmerzensgeld als Einkommen geschützt ist, gilt das auch beim Vermögen!

Schulden

Etwa **34.500 €** oder das 34-fache ihres durchschnittlichen monatlichen Einkommens, betrugen im Schnitt die Schulden derjenigen Personen, die 2014 eine Schuldnerberatungsstelle aufsuchten. Noch immer häufigste Ursache für Überschuldung ist die **Arbeitslosigkeit**. Aber auch Trennung, Scheidung oder Tod des Partners, Krankheit, Sucht oder Unfall, unwirtschaftliche Haushaltsführung oder gescheiterte Selbstständigkeit sind häufige Auslöser – Niedrigeinkommen sind verbunden mit all diesen Ursachen (Statistik zur Überschuldung privater Personen, 2014, www.destatis.de).
Im Jahr 1999 gab es ca. 1.600 **Verbraucherinsolvenzen**, 2005 waren es 67.000, 2010 gab es mit über 106.000 die bislang meisten Verbraucherpleiten und 2015 waren

S

es noch knapp 78.500. Seit Einführung des Verbraucherinsolvenzverfahrens 1999 bis 2015 wurden etwa **1.131.700** Privatinsolvenzverfahren eröffnet (www.destatis.de, eigene Berechnung).

1.1 Schulden vor dem Alg-II-/Sozialhilfebezug

Wenn Sie **vor dem Bezug** von Alg II/ Sozialhilfe mit Ihrem Vermögen Schulden abzahlen, tun Sie das nicht, um in den „Genuss" von Alg II/ Sozialhilfe zu kommen. Wenn Sie z.B. fälligen Zahlungsverpflichtungen nachkommen und damit Pfändungsbeschlüssen vorbeugen, können Sie Vermögen immer zur Schuldentilgung verwenden (BSG 21.11.2002 - B 11 AL 10/02 R; OVG Lüneburg 29.8.2003 - 12 LA 93/03).

Tipp 1 Wenn Sie vor der Antragstellung Ihr Einkommen oder Vermögen schmälern, *„um die von [Ihnen] eingegangenen rechtlichen Verpflichtungen zu erfüllen"*, darf deshalb später der **Regelsatz** nicht gekürzt werden (VG Sigmaringen 7.12.2001 - 7 K 1647/01; ⇨Sanktionen).

Tipp 2 Sollten Sie bis auf Miete, Energie und ggf. Telekommunikation Ihre Tilgungsraten nicht mehr aufbringen können, stellen Sie diese Zahlungen ein. Wenn es dann noch immer nicht zum Leben reicht, können Sie Alg II oder HzL/ GSi der Sozialhilfe beantragen.

Tipp 3 Wenn Ihre Gläubiger Forderungen eintreiben, indem sie Ihr Konto pfänden, müssen Sie ein ⇨**P-Konto** einrichten, um den Pfändungsfreibetrag auf Ihrem Konto zu schützen.

Näheres zur **Kontenpfändung** ⇨Pfändung/ P-Konto 2. ff.
Näheres zur **Lohnpfändung** ⇨Pfändung/P-Konto 3. ff.

1.2 Schulden während des Alg-II-/Sozialhilfebezugs

Wenn Sie Alg II/ Sozialhilfe beziehen, können und dürfen Sie in aller Regel Ihre Schulden nicht mehr bedienen. Sozialhilfe-Leistungen dürfen nicht gepfändet werden (§ 17 Abs. 1 Satz 2 SGB XII). Das gilt neuerdings auch für Alg II (§ 42 Abs. 4 SGB II neu). Beide Leistungen sind i.d.R. so niedrig, dass sie unter den ⇨**Pfändung**sschutz fallen.

Auch wenn Sie während des Leistungsbezuges ein einmaliges ⇨Einkommen (Steuererstattung, Erbe usw.) erzielen, dürfen Sie dies **nicht** zur Schuldentilgung verwenden. Bezieher/innen von Alg II bzw. HzL/ GSi der Sozialhilfe müssen Einkommen immer zuerst für den **Lebensunterhalt** einsetzen. Schulden können selbst dann nicht getilgt werden, wenn hierzu eine rechtliche Verpflichtung besteht. (BSG 30.9.2008 - B 4 AS 29/07 R)

1.2.1 Schulden, weil die Behörde nicht geleistet hat

Sie haben Schulden gemacht, weil die Behörde eine notwendige Leistung nicht oder nicht rechtzeitig erbracht hat, obwohl sie die Notlage kannte (BVerwG NDV 1992, 337).

Beispiel
Ein Antrag auf Bewilligung von Umzugskosten wird genehmigt. Das Geld wird aber vor dem Umzug nicht rechtzeitig ausgezahlt und Sie müssen es sich deshalb von Bekannten leihen. Die Behörde darf nicht damit argumentieren, es bestünde kein Bedarf mehr, da Sie die Umzugskosten in Selbsthilfe mit einem Notdarlehen gedeckt hätten.

Tipp 1 Sie haben **Anspruch** auf Erstattung der Kosten und können davon das Notdarlehen zurückzahlen (⇨Nothelfer).

Tipp 2 Schließen Sie für ein Notdarlehen einen **Darlehensvertrag** ab, in dem die Zweckbindung des Darlehens geregelt ist (z.B. hilfsweise und vorübergehende Finanzierung der Umzugskosten) sowie die Rückzahlung nach Erhalt der beantragten und zustehenden Leistungen (in unserem Beispiel: für die Umzugskosten).

1.2.2 Miet- und Stromschulden

Näheres unter ⇨Mietschulden und ⇨Strom 3.1

1.2.3 Schulden auf Eigenheimen/Eigentumswohnungen

Wenn Sie ein Eigenheim besitzen, auf dem Grundschulden bzw. Hypotheken liegen, erkennt die Behörde die **Schuldzinsen** als notwendige Kosten der Unterkunft an, in der Regel aber nicht die Tilgung (⇨Eigenheim 2.1).

2.1 Entschuldung – wie?

Seit 1999 gibt es für zahlungsunfähige und von Zahlungsunfähigkeit bedrohte Privatpersonen sowie aktive und ehemalige Selbstständige ein Verbraucherinsolvenzrecht.
Seit 1.12.2001 können sämtliche anfallenden Kosten des Verfahrens auf Antrag gestundet werden, wenn das Vermögen des Schuldners *„voraussichtlich nicht ausreichen wird, um diese Kosten zu decken"* (§ 4a Abs. 1 Insolvenzordnung). Damit ist eine wichtige Zugangshürde gefallen.

Auch Alg-II-/ SozialhilfebezieherInnen können am Insolvenzverfahren teilnehmen und eine **Restschuldbefreiung** erhalten. Die Insolvenzordnung schreibt keine Mindestquote zur Befriedigung der Gläubiger vor. Auch wenn Sie kein Geld haben, um Gläubigern etwas zu zahlen, können Sie **6 Jahre** nach Verfahrenseröffnung schuldenfrei sein - vorausgesetzt, Sie halten sich an die Spielregeln des Insolvenzverfahrens. Sie müssen sich z.B. aktiv bemühen, eine Arbeitsstelle zu finden, dürfen keine zumutbare Arbeit ablehnen und müssen das nachweisen. Sie müssen Ihre Einkommens- und Vermögensverhältnisse offen legen und mitteilen, wenn sich Ihre Einkommenssituation ändert. Auch einen Umzug oder Wechsel Ihres Beschäftigungsverhältnisses müssen Sie dem Insolvenzverwalter/Treuhänder und dem „Insolvenzgericht" (dem örtlichen Amtsgericht) melden.

S

2.1.1 Nachhaftung für Kosten

Nach der Restschuldbefreiung haften Sie allerdings noch weitere 48 Monate für die gestundeten Verfahrenskosten nach den Grundsätzen der ⇨Prozesskostenhilfe.

2.1.2 Verkürzung auf 5 Jahre

Wurde der Insolvenzantrag **nach dem** 1.7.2014 gestellt, verkürzt sich die Wohlverhaltensphase auf **5 Jahre**, falls zumindest die zunächst gestundeten **Verfahrenskosten** (ca. 2.000 €, abhängig insbesondere von der Anzahl der Gläubiger) bis zum Ende des 5. Jahres nach der Insolvenzeröffnung **beglichen** sind.

2.2 Schuldnerberatung

Wollen Sie Ihre Schulden über ein Insolvenzverfahren regeln, dann sollten Sie sich wegen der vielen Fallstricke des Verfahrens vorher fachkundigen Rat von einer anerkannten Schuldner- und Insolvenzberatungsstelle einholen. Sie kann Ihnen bei der Aufarbeitung Ihrer Verschuldungssituation helfen.
Seriöse und soziale Schuldnerberatung ist in der Regel **kostenlos** und wird von Wohlfahrtsverbänden, Kommunen oder auch Verbraucherzentralen getragen. Manche Stellen verlangen eine Beratungsgebühr; fragen Sie vorher danach.

Alg II

Wenn Sie Alg II beziehen, kann das Jobcenter die Schuldnerberatung selbst leisten bzw. Sie an eine Schuldnerberatungsstelle verweisen, wenn es *„für die Eingliederung der oder des erwerbsfähigen Leistungsberechtigten in das Erwerbsleben erforderlich ist"* (§ 16a Nr. 2 SGB II).
Auch wenn Sie z.B. als Alleinerziehende mit zwei Kindern dem Arbeitsmarkt momentan nicht zur Verfügung stehen, dient eine Entschuldung ihrer langfristigen beruflichen Eingliederung. Im Gesetz steht nichts davon, dass Schuldnerberatung nur bei kurzfristig möglicher Eingliederung gefördert wird.
Schulden und ⇨Pfändungen erschweren die (Wieder-)Einstellung von Arbeitslosen.

HzL/GSi der Sozialhilfe

„Ist die weitere Beratung durch eine Schuldnerberatungsstelle ... geboten, ist auf Ihre Inanspruchnahme hinzuwirken. Angemessene Kosten einer Beratung ... sollen übernommen werden, wenn eine Lebenslage, die Leistungen der Hilfe zum Lebensunterhalt erforderlich macht oder erwarten lässt, sonst nicht überwunden werden kann." (§ 11 Abs. 5 SGB XII)
Fragen Sie beim Sozialamt nach entsprechenden Hilfsangeboten.

Tipp Hüten Sie sich vor gewerblichen „Schuldenregulierern", die aus Ihrer Notlage Profit schlagen wollen, und vor Umschuldungen, insbesondere durch „Kredithaie" sowie vor SCHUFA-freien Krediten.

Adressen von Schuldnerberatungen erfahren Sie über die Bundesarbeitsgemeinschaft Schuldnerberatung e.V., Friedrichsplatz 10, 34117 Kassel, Tel. 0561/77 10 93, www.forum-schuldnerberatung.de

Information
BAG-Schuldnerberatung, Online-Ratgeber: Was mache ich mit meinen Schulden?, www.meine-schulden.de
für BeraterInnen: www.infodienst-schuldnerberatung.de
Bundesministerium für Justiz und Verbraucherschutz, Restschuldbefreiung – eine Chance für redliche Schuldner, 1.7.2014, http://www.bmjv.de/DE/Verbraucherportal/KonsumImAlltag/Restschuldbefreiung/Restschuldbefreiung_node.html (als Broschüre oder als PDF-Datei)

Kritik
Es gibt in Deutschland nicht genügend Schuldnerberatungsstellen. Sie sollten sich daher frühzeitig um einen Erstberatungstermin bei einer Schuldnerberatung bemühen und haben nicht selten mit monatelangen Wartezeiten bis zum Beginn der Schuldenbestandsaufnahme/ -regulierung zu rechnen. In existenziellen **Krisen** (z.B. bei Kontosperre, Haftandrohung oder fristloser Kündigung wegen Mietschulden) kann aber meist auf Akutsprechstunden/ Notfallberatung zurückgegriffen werden.
Jobcenter und Sozialämter sollen sich vermehrt um die Entschuldung von Leistungsbeziehern kümmern, aber die zur Verfügung stehenden Mittel sind unzureichend. Gleichzeitig werden die Mittel für Schuldnerberatungen gekürzt. Gerichte sind personell unterversorgt, so dass sich die Verfahren in die Länge ziehen.
Im Interesse von Banken, Versand- und Onlinehandel soll es anscheinend nicht so einfach sein, seine Schulden loszuwerden.

Forderungen
- Unkompliziertes und kostenfreies Insolvenzverfahren für arme Leute!
- Ausbau der unabhängigen und kostenfreien Schuldnerberatung!

Schülerinnen Schüler

SchülerInnen sind mit Vollendung des 15. Lebensjahrs in der Regel ⇨erwerbsfähig. Als solche haben sie Anspruch auf Alg II (§ 7 Abs. 1 Nr. 1 SGB II).
Sind SchülerInnen nicht erwerbsfähig, haben sie entweder Anspruch auf ⇨Sozialgeld oder Sozialhilfe. Sind sie volljährig, besteht möglicherweise ein Anspruch auf Grundsicherung für dauerhaft voll Erwerbsgeminderte.
SchülerInnen **unter** 15 Jahren haben
- Anspruch auf Sozialhilfe, wenn ihre Eltern Anspruch auf Sozialhilfe haben oder
- Anspruch auf Sozialgeld, wenn ihre Eltern Anspruch auf Alg II haben.

Hartz IV macht alles nicht einfacher.

SchülerInnen, die das 15. Lebensjahr vollendet haben, haben aber regelmäßig **nur dann** Anspruch auf Alg II, wenn Sie *„dem Grunde nach"* **keinen Anspruch auf BAföG** haben. Allerdings gibt es immer mehr Ausnahmen von dieser Regel (⇨1. ff.).
Ab 2011 haben SchülerInnen und minderjährige Kinder Anspruch auf **Leistungen für Bildung und Teilhabe** (⇨5.).

S

Inhaltsübersicht:

4. Pflichten bei Alg-II-Bezug
   darunter: Arbeitsverpflichtung für Schüler-Innen ab 15 Jahre? Ortsabwesenheit während der Ferien, Vorlage der Schulzeugnisse verpflichtend?
5. Leistungen für Bildung und Teilhabe
   darunter: Bildungs- und Teilhabebedarfe nicht vom Regelsatz umfasst, Wer hat Anspruch? Welche Leistungen für Bildung? Was sind Leistungen für Teilhabe? Regelung bei Erstattung und Antragstellung

Kritik
5.2 Schulkosten auf andere Weise decken
5.3 Schülerbeförderung
5.4 Einmalige Beihilfen
6. Schularbeitenhilfe
Forderungen

1. Ansprüche der SchülerInnen, die eine dem Grunde nach BAföG-förderfähige Ausbildung absolvieren

Mit dem Neunten SGB-II-Änderungsgesetz wurde **ab dem 1.8.2016** der Anspruch für SchülerInnen auf SGB-II-Leistungen neu geregelt. Dadurch ist manches komplizierter aber auch einiges besser geworden.
Zwar heißt es weiterhin:
„Auszubildende, deren Ausbildung im Rahmen des Bundesausbildungsförderungsgesetzes dem Grunde nach förderungsfähig ist, haben über die Leistungen nach § 27 hinaus keinen Anspruch auf Leistungen zur Sicherung des Lebensunterhalts.“ (§ 7 Abs. 5 Satz 1 SGB II neu)

- Was genau ***„dem Grunde nach förderungsfähig“*** bedeutet, finden Sie unter ⇨Studierende 1.
- Welche ***„Leistungen nach § 27“*** SGB II Schülerinnen regelmäßig zustehen, lesen Sie unter ⇨1.3 ff.

Dieser Ausschluss von SchülerInnen und Studierenden von SGB-II-Leistungen wird durch drei sogenannte „Rückausnahmen“ eingeschränkt, d.h. „durch die Hintertür“ wird ihnen der SGB-II-Leistungsbezug doch ermöglicht:
„Absatz 5 Satz 1 ***ist nicht anzuwenden*** *auf Auszubildende*

- *1. die aufgrund von § 2 Absatz 1a des Bundesausbildungsförderungsgesetzes keinen Anspruch auf Ausbildungsförderung haben,“* – diese **erste Rückausnahme** galt schon nach altem Recht und betrifft SchülerInnen, die in begründeten Fällen nicht auf die Wohnung der Eltern verwiesen werden können (⇨1.2) –
- *„2. deren Bedarf sich nach §§ 12, 13 Absatz 1 in Verbindung mit Absatz 2 Nummer 1 oder nach § 13 Absatz 1 Nummer 1 in Verbindung mit Absatz 2 Nummer 2 des Bundesausbildungsförderungsgesetzes bemisst und die Leistungen nach dem Bundesausbildungsförderungsgesetz a) erhalten oder nur wegen der Vorschriften zur Berücksichtigung von Einkommen und Vermögen nicht erhalten oder b) beantragt haben und über deren Antrag das zuständige Amt für Ausbildungsförderung noch nicht entschieden hat; lehnt das zuständige Amt für Ausbildungsförderung die Leistungen ab, findet Absatz 5 mit Beginn des folgenden Monats Anwendung, ...“*
  – diese neue und gegenüber der Vorgängerreglung weitreichende **zweite Rückausnahme** ermöglicht es SchülerInnen, die eine dem Grunde nach eine BAföG-förderfähige Ausbildung absolvieren, regelmäßig aufstockend SGB-II-Leistungen zu beanspruchen (Einschränkungen gelten fortan noch für ⇨Studierende) – *„oder*
- *3. die eine Abendhauptschule, eine Abendrealschule oder ein Abendgymnasium besuchen, sofern sie aufgrund von § 10 Absatz 3 des Bundesausbildungsförderungsgesetzes keinen Anspruch auf Ausbildungsförderung haben.“* – diese **dritte Rückausnahme** galt bereits nach altem Recht für SchülerInnen, die eine Abendschule besuchen und wegen ihres Alters i.d.R. keinen Anspruch auf BAföG haben (⇨1.1.4).

(§ 7 Abs. 6 SGB II neu)

Die **erweiterte zweite Rückausnahme** ermöglicht SchülerInnen, die nach § 7 Abs. 5 Satz 1 eigentlich von SGB-II-Leistungen ausgeschlossen sind regelmäßig,

- **SGB-II-Leistungen aufstockend** in Anspruch zu nehmen, wenn deren Bedarf zum Lebensunterhalt nicht durch BAföG, Kindergeld oder andere Einkommen gedeckt ist, oder
- auch „nur“ **übergangsweise Alg II zu beziehen**, wenn sie BAföG zwar beantragt

haben, aber über den Antrag noch nicht entscheiden ist.

Die **Neuregelung** ersetzt den alten *„Zuschuss zu den Unterkunftskosten"* (§ 27 Abs. 3 SGB II alt) und schließt eine bis zum 31.7.2016 bestehende Bedarfsdeckungslücke.

Näheres unter ⇨2.1

1.1 Dem Grunde nach Anspruch auf BAföG haben SchülerInnen

- von Berufsfachschulklassen und Fachschulklassen, deren Besuch keine abgeschlossene Berufsausbildung voraussetzt und die in einem mindestens zweijährigen Bildungsgang einen berufsqualifizierenden Abschluss vermitteln,
- von Fach- und Fachoberschulklassen, deren Besuch eine abgeschlossene Berufsausbildung voraussetzt,
- von Abendhauptschulen, Berufsaufbauschulen, Abendrealschulen, Abendgymnasien und Kollegs,
- von Höheren Fachschulen und Akademien sowie
- ⇨Studierende an Hochschulen.

(§ 2 Abs. 1 Nr.2-6 BAföG)

1.1.1 „Kleines" BAföG

Bereits nach altem Recht existierte für das sogenannte „kleine" BAföG eine Rückausnahme. Sie wurden **ab dem 1.8.2016** in die erweiterte **zweite Rückausnahme** aufgenommen.

SchülerInnen,

- die **bei ihren Eltern** wohnen und
- eine Berufsfachschule oder **Fachschule** besuchen, deren Besuch keine abgeschlossene Berufsausbildung voraussetzt (§ 12 Abs. 1 Nr. 1 BAföG),

haben Anspruch auf das *„kleine"* BAföG in Höhe von **231 € und** können zusätzlich **SGB-II-Leistungen** beanspruchen (§ 7 Abs. 6 Nr. 2 SGB II neu). 231 € liegen deutlich unterhalb des Existenzminimums, weshalb das „kleine" BAföG schon immer mit Alg II/ Sozialgeld aufgestockt werden musste (⇨2.1).

1.1.2 Höhe des BAföG in den anderen unter 1.1 genannten Fällen

a. SchülerInnen, die
eine Berufsfachschule, Fach- oder Fachoberschule besuchen, deren Besuch **keine** abgeschlossene Berufsausbildung voraussetzt **und die nicht bei ihren Eltern wohnen**, haben einen BAföG-Anspruch von **504 €** (§ 12 Abs. 2 Nr. 1 BAföG).

b. SchülerInnen, die
eine Abendhauptschule, Berufsaufbauschule, Abendrealschule oder Fachoberschule besuchen, deren Besuch eine abgeschlossene Berufsausbildung voraussetzt, und

- die **bei ihren Eltern wohnen**, haben einen BAföG-Anspruch von **418 €** (§ 12 Abs. 1 Nr. 2 BAföG);
- die **nicht bei Ihren Eltern wohnen**, haben einen BAföG-Anspruch von **587 €** (§ 12 Abs. 2 Nr. 2 BAföG).

c. SchülerInnen/ Studierende, die
eine Fachschulklasse, deren Besuch eine abgeschlossene Berufsausbildung voraussetzt, ein Abendgymnasium oder ein Kolleg besuchen, und

- die **bei ihren Eltern wohnen**, haben einen Anspruch auf BAföG von **372 € plus 52 €** für die Unterkunftskosten (§ 13 Abs. 1 Nr. 1 u. Abs. 2 Nr. 1 BAföG);
- die **nicht bei ihren Eltern wohnen**, haben einen Anspruch auf BAföG von **372 € plus 250 €** für die Unterkunftskosten (§ 13 Abs. 1 Nr. 1 u. Abs. 2 Nr. 2 BAföG).

d. Studierende/ SchülerInnen, die
eine Höhere Fachschule, Akademie oder Hochschule besuchen, **und**

- die **bei ihren Eltern wohnen**, haben einen Anspruch auf BAföG von **399 € plus 52 €** für die Unterkunftskosten (§ 13 Abs. 1 Nr. 2 u. Abs. 2 Nr. 1 BAföG);
- die **nicht bei ihren Eltern wohnen**, haben einen Anspruch auf BAföG von **399 € plus 250 €** für die Unterkunftskosten (§ 13 Abs. 1 Nr. 2 u. Abs. 2 Nr. 2 BAföG).

Sind SchülerInnen/ Studierende in der **Kranken- und Pflegeversicherung** pflichtversichert, kommen mtl. **71 €** für Versicherungsbeiträge hinzu. Sind sie lediglich in der gesetzlichen oder privaten Pflegeversicherung beitragspflichtig, weil die Krankenversicherung noch über die Familienversicherung möglich ist, erhöht sich der Bedarf um **15 €**. (§ 13a BAföG)

Diese BAföG-Beträge liegen in vielen Fällen unterhalb des Existenzminimums von Alg II/ Sozialhilfe. Deshalb musste die Bundesregierung **ab 1.8.2016** die zweite Rückaus-

S

nahme des § 7 Abs. 6 Nr. 2 SGB II deutlich erweitern. Das ermöglicht SchülerInnen in BAföG-förderfähigen Ausbildungen regelmäßig, aufstockende SGB-II-Leistungen zu beantragen, wenn ihr Bedarf zum Lebensunterhalt nicht gedeckt ist (⇨2.).

1.1.4 „Ältere" SchülerInnen in einer Abendschule

Schon nach altem Recht galt die **dritte Rückausnahme** für SchülerInnen, *„die eine Abendhauptschule, eine Abendrealschule oder ein Abendgymnasium besuchen, sofern sie aufgrund von § 10 Absatz 3 des Bundesausbildungsförderungsgesetzes keinen Anspruch auf Ausbildungsförderung haben"* (§ 7 Abs. 6 Nr. 3 SGB II). Sie hatten und haben weiterhin Anspruch auf SGB-II-Leistungen, weil für SchülerInnen, die das 30. Lebensjahr vollendet haben i.d.R. kein Anspruch auf Leistungen nach dem BAföG besteht (⇨2.1).

1.2 SchülerInnen, die in begründeten Fällen nicht auf die Wohnung der Eltern verwiesen werden können

Schülerinnen
- von weiterführenden allgemeinbildenden Schulen (z.B. Realschule, Gesamtschule, Gymnasium) ab Klasse 10,
- von Schulen beruflicher Grundbildung ab Klasse 10,
- von Berufsfachschulen ab Klasse 10 und
- von Fach- und Fachoberschulen, deren Besuch keine abgeschlossene Berufsausbildung voraussetzt; (§ 2 Abs. 1 Nr. 1 BAföG)

die **nicht bei ihren Eltern wohnen und**
- deren Ausbildungsstätte von der Wohnung der Eltern aus nicht erreichbar ist (d.h., eine tägliche Hin- und Rückfahrt von zusammen mehr als zwei Stunden) **oder**
- die einen eigenen Haushalt führen und verheiratet sind **oder**
- einen eigenen Haushalt führen und mit mindestens einem Kind zusammenleben (§ 2 Abs. 1a BAföG).

1.2.1 Höhe des BAföG in diesen Fällen

Wohnen die genannten SchülerInnen in begründeten Fällen nicht bei ihren Eltern, haben sie einen BAföG-Anspruch von **504 €** inkl. Miete und Nebenkosten (§ 12 Abs. 2 Nr. 1 BAföG).

Bereits nach altem Recht galt für SchülerInnen, die nicht auf die Wohnung der Eltern verwiesen werden können, die **erste Rückausnahme** (§ 7 Abs. 6 Nr. 1 SGB II). Zur Deckung ihres Lebensunterhalts einschließlich der Unterkunftskosten werden diese SchülerInnen regelmäßig auf aufstockende SGB-II-Leistungen vom Jobcenter angewiesen sein (⇨2.1).

1.3 *„Leistungen für Auszubildende"* nach § 27 SGB II

SchülerInnen, die keinen Anspruch auf aufstockendes Alg II haben, können nach § 27 SGB II **zusätzliche Leistungen** nach dem SGB II für **nicht ausbildungsgeprägte Bedarfe** beanspruchen, die nicht in den BAföG-Sätzen berücksichtigt sind. Darüber hinaus stehen unter Umständen Härtefall- und Überbrückungsdarlehen zur Verfügung.

Alle SGB-II-Leistungen für SchülerInnen, die eine *„dem Grunde nach"* BAföG-förderfähige Ausbildung absolvieren, *„gelten nicht als Arbeitslosengeld II"* (§ 27 Abs. 1 Satz 2 SGB II). Sie begründen demnach u.a. keinen Krankenversicherungsschutz und keinen Anspruch auf Miet- und Energieschuldenübernahme durch das Jobcenter.
Das gilt auch für alle SchülerInnen, die aufgrund der *„Rückausnahmen"* Anspruch auf Alg II haben (⇨2.1).

1.3.1 Anspruch auf ⇨Mehrbedarfszuschläge

für ⇨Schwangere, ⇨Alleinerziehende, bei kostenaufwendiger ⇨Krankenkost und in ⇨Härtefällen (§ 27 Abs. 2 SGB II); Näheres unter ⇨Studierende 3.1

1.3.2 Anspruch auf ⇨einmalige Beihilfen

für **Erstausstattungen** für Bekleidung sowie bei ⇨Schwangerschaft und Geburt (§ 27 Abs. 2 SGB II); Näheres unter ⇨Studierende 3.2

1.3.3 Anspruch auf Darlehen bei Härtefällen

SGB-II-Leistungen (Regelsatz, Unterkunftskosten, Kranken- und Pflegeversicherungsbeiträge, Leistungen für Bildung und Teilhabe)

S

können für SchülerInnen, Auszubildende oder Studierende **als Darlehen** erbracht werden, *„sofern der Leistungsausschluss ... eine besondere Härte bedeutet“* (§ 27 Abs. 3 SGB II neu).
Das dürfte bei SchülerInnen nur auf wenige Ausnahmesituationen beschränkt sein, da wegen der oben beschriebenen *„Rückausnahmen“*, die Möglichkeit besteht, SGB-II-Leistungen aufzustocken.

Allerdings gilt **ab dem 1.8.2016** ein gesetzlich definierter neuer **Härtefalltatbestand** für alle SchülerInnen – **nicht** jedoch für Studierende –, die eine unter 1.1 und 1.2 aufgeführte Ausbildung absolvieren und die aufgrund der **Vollendung des 30. Lebensjahres keinen Anspruch auf BAföG** haben, wenn deren *„Ausbildung im Einzelfall für die Eingliederung der oder des Auszubildenden in das Erwerbsleben zwingend erforderlich ist und ohne die Erbringung von Leistungen zum Lebensunterhalt der Abbruch der Ausbildung droht: in diesem Fall sind Leistungen als Zuschuss zu erbringen“* (§ 27 Abs. 3 Satz 2 SGB II neu). Dieser Härtefalltatbestand, der eine Darlehensgewährung **ausdrücklich ausschließt**, *„gilt nur für Ausbildungen, die vor dem 31. Dezember 2020 begonnen wurden.“* (§ 27 Abs. 3 Satz 3 SGB II neu)
Näheres zum Härtefalldarlehen unter ⇨Studierende 3.3 ff.

1.3.4 Alg-II-Darlehen bei Ausbildungsaufnahme

„Für den Monat der Aufnahme einer Ausbildung können Leistungen ... [als Darlehen] erbracht werden.“ (§ 27 Abs. 3 Satz 4 SGB II neu)
Dieses Darlehen können SchülerInnen **zur Überbrückung** bei Beginn der Ausbildung beantragen, wenn am Monatsende voraussichtlich ein Einkommen zu erwarten ist und der Bedarf zum Lebensunterhalt damit gedeckt ist.

Tipp Wenn Sie nicht genau wissen, ob Ihre Einkünfte am Monatsende zufließen und ausreichen, um den Alg-II-Bedarf tatsächlich zu decken, können Sie als Schüler/in zur Überbrückung ab dem 1.8.2016 **vorsorglich** aufstockendes Alg II beantragen. Zufließende Einkommen werden dann im Zuflussmonat angerechnet.
Näheres unter ⇨Studierende ⇨3.4 f.

1.4 Weitere zusätzliche Leistungen für SchülerInnen

1.4.1 Schuldenübernahme zur Wohnraumsicherung

Bei SchülerInnen, die kein aufstockendes Alg II beziehen, ist die Übernahme von **Miet- und Energieschulden** unter bestimmten Voraussetzungen durch das Sozialamt möglich (§ 36 SGB XII).
Bei SchülerInnen, die aufstockend Leistungen nach dem SGB II beziehen (⇨2.), kommt eine Übernahme von Miet- und Energieschulden durch das Jobcenter in Betracht; aber nur, wenn es sich nicht um die Schulden der Eltern handelt.
Näheres unter ⇨Auszubildende 2.4

1.4.2 Anspruch auf Sozialhilfe in besonderen Lebenslagen

SchülerInnen sind bei der Sozialhilfe nur von Leistungen zur Sicherung des Lebensunterhalts ausgeschlossen, nicht aber von Eingliederungshilfen für behinderte Menschen, Hilfe zur Pflege, Hilfe zur Weiterführung des Haushalts, Blindenhilfe usw. (Fünftes bis Neuntes Kapitel SGB XII).

2. Anspruch auf Alg II/Sozialgeld

2.1 Für SchülerInnen, die unter die *„Rückausnahmen“* fallen

Die unter 1., 1.1.1, 1.1.4 und 1.2 genannten SchülerInnen bilden die Gruppe der Rückausnahmen aus dem SGB-II-Leistungsausschluss und können (aufstockend) **Alg II beanspruchen**, wenn ihr Bedarf zum Lebensunterhalt nicht durch BAföG, Kindergeld, ggf. Unterhaltszahlungen der Eltern, Stipendien oder zusätzlichem Erwerbseinkommen gedeckt ist.

Tipp Bevor BAföG, Kindergeld und andere Einkünfte an den Alg-II-Bedarf des/ der Schüler/in angerechnet werden, muss das ⇨Einkommen bereinigt werden (⇨Einkommensbereinigung).

Schulgeld für eine private Schule ist allerdings nicht als ausbildungsgeprägter Bedarf vom BAföG abzusetzen (BSG 17.3.2009 - B 14 AS 61/07 R; 62/07R und 63/07 R). Die Verfassungsbeschwerde gegen diese BSG-Entscheidungen wurde abgewiesen (BVerfG 7.7.2010 - 1 BvR 2556/09).

Näheres zur Bedarfsberechnung, Einkommensanrechnung und Anspruchsvoraussetzungen lesen Sie unter ⇨**Auszubildende 2.2.1** (Dabei ist BAföG der Berufsausbildungsbeihilfe/ BAB geleichzusetzen)

2.2 Für SchülerInnen, weil kein Anspruch auf BAföG besteht

SchülerInnen auf
- weiterführenden allgemeinbildenden Schulen (z.B. Realschule, Gesamtschule, Gymnasium) ab Klasse 10,
- Schulen beruflicher Grundbildung ab Klasse 10,
- Berufsfachschulen ab Klasse 10 und
- Fach- und Fachoberschulen, deren Besuch keine abgeschlossene Berufsausbildung voraussetzt; (§ 2 Abs. 1 Nr. 1 BAföG),

haben Anspruch auf Alg II, wenn sie
- **bei den Eltern wohnen** oder
- **nicht** bei den Eltern wohnen, aufgrund der Entfernung des Elternhauses zur Schule jedoch **bei ihnen wohnen könnten** (tägliche Hin- und Rückfahrt unter zwei Stunden) **aber** aufgrund des **gestörten Verhältnisses** nicht auf die Wohnung der Eltern oder eines Elternteils verwiesen werden können.

S

Im letztgenannten Fall ist die Zuständigkeit (BAföG/ SGB II) umstritten. Hier muss das Jobcenter Alg II gewähren und ggf. selbst den BAföG-Anspruch durchsetzen (Geiger 2014, 144).

3. Leistungen bei Bezug von Alg II/ Sozialgeld

3.1 Höhe des Alg II/Sozialgeldes

SchülerInnen, die **bei den Eltern wohnen** erhalten
- im Alter von **6 bis 13** Jahren **270 €**,
- im Alter von **14 bis 18** Jahren **306 €** und
- im Alter von **18 bis 24** Jahren **324 €**

⇨Regelsatz.

Wohnen SchülerInnen **nicht bei ihren Eltern** und sind alleinstehend, erhalten sie i.d.R. **404 €**.

Zusätzlich wird der Anteil der **Kosten für Unterkunft und Heizung** übernommen, der auf den/ die SchülerIn entfällt (⇨Miete; ⇨Mietnebenkosten; ⇨Heizkosten).

Näheres über den Anspruch auf Leistungen von SchülerInnen, die „ungenehmigt" **aus dem Elternhaus ausgezogen** sind, lesen Sie unter Jugendliche ⇨1.3

3.2 Anspruch auf ⇨Mehrbedarf

Hier bestehen dieselben Ansprüche wie unter ⇨1.3.1 beschrieben; hinzu kommt ggf. ein Anspruch auf einen Mehrbedarf für die Bereitung von ⇨Warmwasser.

4. Pflichten bei Alg-II-Bezug

Dieses Kapitel betrifft **nur** die **unter 2.2** genannten SchülerInnen, mit Anspruch auf Alg II, weil sie **keine** *„dem Grunde nach"* BAföG-förderfähige Ausbildung absolvieren.

4.1 Arbeitsverpflichtung für SchülerInnen die das 15. Lebensjahr vollendet haben?

Alg II nennt sich Grundsicherung für Arbeitssuchende. Jedem erwerbsfähigen Hilfebedürftigen ist demzufolge *„jede Arbeit zumutbar"* (§ 10 Abs. 1 SGB II).

Sie ist allerdings nicht zumutbar, wenn *„der Ausübung der Arbeit ein sonstiger wichtiger Grund entgegensteht"* (§ 10 Abs. 1 Nr. 5 SGB II, ⇨Arbeit 1.3.8). Das wird von der BA bei Schülerinnen und Schülern anerkannt:

„Bei Vollzeitschulpflicht ist nach dem Jugendarbeitsschutzgesetz Kindern und Jugendlichen eine Arbeit im Sinne des SGB II grundsätzlich nicht zumutbar. Nach Beendigung der Schulpflicht, die nach den Schulgesetzen der Länder 9 oder 10 Jahre beträgt, unterliegen die Jugendlichen bis zur Vollendung des 18. Lebensjahres der Berufsschulpflicht." Allerdings ist Berufsschulpflicht eine Teilschulpflicht, die z.B. Jugendliche verpflichtet, einmal pro Woche für 6 Stunden eine Berufsschule zu besuchen. Nach Ansicht der BA ist *„eine Arbeit ... zumutbar, wenn sie der Berufsschulpflicht nicht entgegensteht"* (BA 10.23).

4.2 ⇨Ortsabwesenheit während der Ferien

SchülerInnen unter 15 Jahren sind nicht erwerbsfähig. *„Deshalb ist die Erteilung* *einer Zustimmung zu Ortsabwesenheiten von Personen, die das 15. Lebensjahr noch nicht vollendet haben, entbehrlich.*" (BA 7.58) Wie gnädig!

„Einem erwerbsfähigen Schüler beispielsweise eine längere Ortsabwesenheit während der Sommerferien zu verweigern, entspräche nicht dem Grundsatz der Verhältnismäßigkeit und wäre rechtswidrig." (Ebenda) Deswegen sollte auch die Ortsabwesenheit von 15jährigen und älteren SchülerInnen nicht von der Genehmigung durch das Jobcenter abhängig gemacht werden.
Wenn die Verweigerung *„rechtswidrig"* wäre, muss man das Jobcenter überhaupt um Erlaubnis zu bitten? Pro Forma ja. Lassen Sie aber nicht zu, dass der Arbeitsvermittler ihrem (erwerbsfähigen) Schulkind zeitliche Einschränkungen auferlegt.

4.3 Vorlage der Schulzeugnisse verpflichtend?

Weil SchülerInnen frühzeitig vor der Schulentlassung durch den Fallmanager bei Berufsorientierung und -beratung sowie Bewerbungs- und Vermittlungsbemühungen unterstützt werden sollen, möchten diese oft Zeugnisse sehen. Das gehört zwar zu den Mitwirkungspflichten des § 38 Abs. 2 III, kann aber im SGB II nicht durch ⇨Sanktionen bestraft werden. Daher kann die Vorlage der Zeugnisse auch nicht verpflichtend in einer ⇨Eingliederungsvereinbarung (1.2.1) festgehalten werden. Bestenfalls als einvernehmlicher „Hilfeplan". (BA Wissensdatenbank SGB II, § 15)
Aber Achtung: Wer nicht zur „freiwilligen" Selbstauskunft bereit ist, dem droht Schikane durch den Psychologischen Dienst. Das versteht die BA unter Freiwilligkeit.

5. Leistungen für Bildung und Teilhabe

5.1 Bildungs- und Teilhabebedarfe nicht vom Regelsatz umfasst

Mit seinem Urteil zur Verfassungsmäßigkeit der Regelsätze hat das BVerfG im Februar 2010 den Gesetzgeber aufgefordert, die Regelsätze für Kinder ab 2011 anhand einer eigenen, geeigneten Verbrauchserhebung zu ermitteln. Zuvor waren die Kinderregelsätze prozentual vom ⇨Eckregelsatz der Erwachsenen abgeleitet. Näheres unter ⇨Regelsätze 4.1
Bei den seit 2011 geltenden Regelsätzen für Kinder sind Ausgaben für (Schul-)Bildung minimal und für gesellschaftliche Teilhabe nur zum Teil berücksichtigt worden. Um diese Bedarfe abzudecken, hat die Bundesregierung ein neues Leistungspaket für Bildung und Teilhabe geschnürt. Diese Leistungen werden im Bedarfsfall i.d.R. auf Antrag und in Form von Gutscheinen oder Direktzahlungen an die jeweiligen Anbieter erbracht.
Statt höhere Kinderregelsätze auszuzahlen, damit Eltern die Mittel für ihre Kinder eigenverantwortlich und individuell einsetzen können, wurde mit dem Bildungs- und Teilhabepaket ein kostenaufwendiges, bürokratisches und für Kinder und Eltern diskriminierendes Leistungssystem geschaffen, das wenig Gebrauchswert hat.

5.1.1 Wer hat Anspruch?

Anspruchsberechtigt sind Kinder, Jugendliche und junge Erwachsene in Haushalten von BezieherInnen von **Alg II** (§§ 28 f. SGB II), **HzL/GSi der Sozialhilfe** (§§ 34 ff. SGB XII), **⇨Wohngeld** und **⇨Kinderzuschlag** (beides nach § 7b BKGG; nachfolgend werden Gesetzesstellen nur für das SGB II angegeben) sowie Leistungsberechtigten nach den **AsylbLG** (§ 3 Abs. 3 AsylbLG i.V. mit §§ 34 ff. SGB XII).
„Bedarfe für Bildung und Teilhabe" sollen auch bei Auszubildenden, SchülerInnen und Studierenden berücksichtigt werden, die keinen Anspruch auf Alg II haben und ein **Härtefalldarlehen** des Jobcenters in Anspruch nehmen (§ 7 Abs. 3 Satz 1 SGB II neu).

Die Leistungen für **Bildung** stehen insbesondere allen **unter 25jährigen SchülerInnen** zu, die eine allgemein- oder berufsbildende Schule besuchen und keine Ausbildungsvergütung erhalten (§ 28 Abs. 1 SGB II).
Leistungen für **Mittagsverpflegung** und **Ausflüge** stehen außerdem Vorschulkindern in Kindertagesstätten zu.
Die Leistungen für ***„Teilhabe** am sozialen und kulturellen Leben in der Gemeinschaft"* stehen **allen minderjährigen** Leistungsberechtigten zu (§ 28 Abs. 7 SGB II).

S

Bis auf den *„persönlichen Schulbedarf"* müssen Leistungen für Bildung und Teilhabe einzeln und für jedes Kind gesondert **beantragt** werden (§ 37 Abs. 1 SGB II; ⇨5.1.4).

„Im begründeten Einzelfall ***kann*** *ein* ***Nachweis*** *über die zweckentsprechende Verwendung der Leistung verlangt werden."* (§ 29 Abs. 4 SGB II) Wenn Sie den nicht erbringen können, **soll** die Bewilligungsentscheidung widerrufen werden.

5.1.2 Welche Leistungen für Bildung?

a. Für SchülerInnen und Kinder in Kindertageseinrichtungen (Kitas) werden die **tatsächlichen** Aufwendungen für

- (Schul-)**Ausflüge** und
- mehrtägige **Klassenfahrten** im Rahmen der schulrechtlichen Bestimmungen bzw. Fahrten für Kitakinder übernommen (§ 28 Abs. 2 SGB II).

Die Aufwendungen dürfen nicht durch das Jobcenter/ Sozialamt auf bestimmte Beträge begrenzt oder pauschaliert werden. Auch höhere Kosten einer Abschlussfahrt ins Ausland, die mit den schulrechtlichen Bestimmungen in Einklang steht, sind angemessen.

Das SGB II sieht als Altersbegrenzung für eine Kostenübernahme die Vollendung des 25. Lebensjahres vor. Die volle Übernahme von Ausflügen und Klassenfahrten dient dazu, dass Kinder von Erwerbslosen und Armen nicht von gemeinsamen Klassenfahrten ausgeschlossen werden und Bildungsreisen nicht vom Geldbeutel abhängig sind. Das hat das BSG im Zusammenhang mit mehrtägigen Klassenfahrten inzwischen entschieden (13.11.2008 - B 14 AS 36/07 R).

S

Auch die Kosten für einen dreiwöchigen **Schüleraustausch** in die USA können im Rahmen der Bildungsleistungen in voller Höhe übernommen werden, wenn die Fahrt pädagogisch sinnvoll ist, außerhalb der Schule stattfindet und mehrere SchülerInnen daran beteiligt sind. Voraussetzung ist jedoch, dass der Austausch nach landesrechtlichen Schulbestimmungen einer Klassenfahrt gleichgesetzt werden kann. (BSG 22.11.2011 - B 4 AS 204/10 R; hier zutreffend für Baden-Württemberg)

Die **Vorschriften der Bundesländer** sind maßgeblich. Als Klassenfahrten gelten demnach auch *„Veranstaltungen zu einzelnen Unterrichtsbereichen - z. B. religiöse Freizeiten, Seminare zur Sucht- und Drogenvorbeugung, Schulorchesterfreizeiten, Veranstaltungen zur Berufsorientierung, Schullandheimaufenthalte mit sportlichem Schwerpunkt ... Dabei ist es für ein Schulorchester geradezu charakteristisch, dass dieses sich nicht aus Schülern eines bestimmten Klassen- oder Kursverbandes zusammensetzt."* (SG Dortmund 9.6.2010 - S 29 AS 209/08; NRW-Richtlinien für Schulwanderungen und Schulfahrten).

Solche weiter ausgelegten Regelungen zur Erstattung der Kosten für Schulausflüge sind auch auf entsprechende **Angebote von Kindertageseinrichtungen** anzuwenden, z.B. einer mehrtägigen Ferienfreizeit des Hortes während der Schulferien, die allen Hortkindern angeboten wurde (SG Speyer 23.2.2016 - S 15 AS 857/15).

Die **Aufwendungen** für Ausflüge und Klassenfahrten sollen regelmäßig **direkt** an die Schule/ Kita **gezahlt** werden. Sie können aber auch **in bar an die Eltern** ausgezahlt werden, wenn die Kommune/ der Kreis diese Möglichkeit vorsieht (§ 29 Abs. 1 Satz 2 SGB II).

b. Für **persönlichen Schulbedarf** der SchülerInnen werden jeweils zum Schuljahresbeginn im August **70 €** und zum Halbjahresbeginn im Februar **30 €** bewilligt (§ 28 Abs. 3 Satz 1 SGB II). Diese Leistung muss **nicht** gesondert beantragt werden. Sie steht allen Schulkindern zu, deren Eltern jeweils zu den Stichtagen 1. August und 1. Februar in Leistungsbezug sind.

Ab dem 1.8.2016 gilt eine Ausnahmeregelung für SchülerInnen *„die im jeweiligen Schuljahr nach den ... Stichtagen erstmalig oder aufgrund einer Unterbrechung ihres Schulbesuches erneut in eine Schule aufgenommen werden"*; sie bekommen im Aufnahmemonat während des ersten Schulhabjahres 70 € und während des zweiten Schulhalbjahres 100 € ausgezahlt (§ 28 Abs. 3 Satz 2 SGB II neu). Damit soll vor allem den Bedürfnissen von geflüchteten Schulkindern Rechnung getragen werden, die aufgrund ihrer Flucht i.d.R. nicht zu den regulären Terminen ein- bzw. umgeschult werden können (BT-Drs. 18/8909, 31 f.).

Mit diesen Beträgen ist nach Ansicht der Bundesregierung der regelmäßig anfallende Schulbedarf gedeckt (mit Ausnahme der unter c. bis e. aufgeführten Leistungen). Die 2016 veröffentlichte Studie des Sozialwissenschaftlichen Instituts der EKD *„Schulbedarfskosten in Niedersachsen"* kommt zu einem anderen Befund: Demnach liegen die durchschnittlichen Schulbedarfskosten pro Schuljahr zwischen 208 € in Förderschulen und 302 € in Gymnasien und damit weit über der 100-€-Pauschalleistung. Daneben gibt es Schuljahre mit abweichenden, besonderes hohen finanziellen Belastungen, z.B. bei der Einschulung oder in der 5. Klasse (Ev.-luth. Landeskirche Hannover, Schulbedarfe Bildungs- und Teilhabegerechtigkeit für Kinder und Jugendliche, Rote Reihe 6, 22 f.). Die niedrige, einheitliche und starre Pauschale kann den Anforderungen nicht gerecht werden.

Die Bundesregierung hat eine Erhöhung der Leistung nach der Besonderheit des Einzelfalles nicht gesetzlich vorgesehen. Damit besteht die Möglichkeit, **erhebliche und belegte Mehrausgaben** für die Schule, die dauerhaft sind und vom Bedarf her unabweisbar, in besonderen Ausnahmefällen im Rahmen der ⇨ **„Härtefallregelung"** zu beantragen und notfalls vor Gericht durchzusetzen. Das Sozialgericht Hildesheim (22.12.2015 - S 37 AS 1175/15) hat einem Alg-II-beziehenden Schüler in Rahmen eines solchen Mehrbedarfs (§ 21 Abs. 6 SGB II) eine Beihilfe für die Anschaffung von Schulbüchern in Höhe von 470,90 € zugesprochen. Zwar sei nicht geklärt, ob es sich bei dem Bedarf von Schulbüchern um einen laufenden Bedarf handele, aber die Regelung müsse mit Blick auf die Rechtsprechung des BVerfG (9.2.2010 - 1 BvL 1/09, 1 BvL 3/09 und 1 BvL 4/09) verfassungskonform ausgelegt werden. Die Chancen vor Gericht hängen immer vom Einzelfall ab. Wir rechnen aber damit, dass die Hürden für mit dem Schulbesuch zusammenhängende Bedarfe nach der „Härtefallregelung" eher höher werden. (Eine Hilfestellung und Musterschreiben zu Beantragung und Durchsetzung von überdurchschnittlichen Schulbedarfskosten finden Sie unter tacheles-sozialhilfe.de/startseite/aktuelles/d/n/2015/.)

*„Im begründeten Einzelfall kann ein Nachweis über eine **zweckentsprechende Verwendung** der Leistung verlangt werden."* (§ 29 Abs. 4 Satz 1 SGB II) Können Sie den Nachweis nicht erbringen, soll das Jobcenter/ Sozialamt die Bewilligungsentscheidung widerrufen und das Geld zurückfordern. Eine routinemäßige und unbegründete Nachweisforderung eines Jobcenters gegenüber allen Antragstellenden wäre allerdings rechtswidrig, weil Leistungsberechtigte hierdurch pauschal diskriminiert würden.

c. Schülerbeförderungskosten zur nächstgelegenen Schule des gewählten Schulzweigs werden auf Antrag nur übernommen, wenn die Distanz zur Schule dies erfordert und die Nutzung regulärer Schülerbeförderung oder durch die Schulbehörde (teil-)finanzierter Schülermonatskarten für den ÖPNV nicht möglich ist (§ 28 Abs. 4 SGB II). Leistungen Dritter gehen den Leistungen für Bildung und Teilhabe regelmäßig vor. **Eigenanteile** für eine Schülermonatskarte in Höhe von 11,60 € sind in diesem Fall aus dem Regelsatz des Schülers zu tragen. Da hier mtl. ca. 14 € für den Nahverkehr vorgesehen seien, käme eine Übernahme im Rahmen von Bildungs- und Teilhabeleistungen nicht in Betracht. (LSG NRW 10.10.2012 - L 12 AS 172/12).

Ob Fahrtkosten übernommen werden, hängt von den entsprechenden schulrechtlichen Bestimmungen der Bundesländer ab (⇨5.3).

d. Ergänzend zu schulischen Angeboten können SchülerInnen auf Antrag eine **angemessene Lernförderung** erhalten, wenn diese geeignet und zusätzlich erforderlich ist (§ 28 Abs. 5 SGB II). Erforderlich **soll** diese Nachhilfe **nur** sein, wenn das in den schulrechtlichen Bestimmungen festgelegte Lernziel, die Versetzung, gefährdet ist. Darüber benötigt Ihr Kind einen geeigneten Nachweis, z.B. eine entsprechende Bescheinigung der Lehrkraft/ Schule. Die Nachhilfe wird von speziellen Anbietern erbracht, die von der Kommune/ dem Kreis beauftragt sind. Sie wird mit Gutscheinen oder Direktzahlungen an den Anbieter vergütet. Auch freiberufliche Anbieter können beauftragt werden, insbesondere wenn Ihr Kind oder Sie diese bevorzugen.

Der Nachhilfeunterricht muss im Einzelfall **geeignet** sein, die **Leistungen** des Schülers

zu verbessern. Die Freiwilligkeit des Förderangebots dürfte dafür die Voraussetzung sein. Wenn zwar die Versetzung gefährdet ist, sich jedoch trotz Lernförderung die Noten des Schülers weiter verschlechtern, ist eine Übernahme der Nachhilfekosten nicht erforderlich (SG Frankfurt/M 5.5.2011 - S 26 AS 463/11 ER).

Strittig ist die Frage, ob eine Nachhilfe nur erforderlich ist, wenn die Versetzung gefährdet ist, oder ob auch eine Förderung in Betracht kommt, um z.B. den Wechsel von der Realschule auf das Gymnasium zu ermöglichen. Vielerorts werden die Voraussetzungen bei der Lernförderung auf Grundlage der neuer Rechtsprechung dahingehend gelockert, dass eine **Versetzungsgefährdung nicht** mehr zwingend **gefordert** wird und die **Förderung** auch **von Dauer** sein kann (LSG Sachsen 18.12.2014 - L 2 AS 1285/14 B ER; LSG Schleswig-Holstein 26.3.2014 - L 6 AS 31/14 B ER; LSG Niedersachsen-Bremen 28.3.2013 - L 15 AS 62/13 B ER und 28.2.2012 - L 7 AS 43/12 B ER).
In **NRW** soll im Einzelfall entschieden werden. Beschränkungen bei Maßnahmen zur Herstellung der Sprachfähigkeit und zur Unterstützung bei Lese-/ Rechtschreibschwäche und Dyskalkulie fallen genauso weg wie die Einschränkungen im Zusammenhang mit Lernförderung bei Gesamtschulen, Förderschulen und in der Schuleingangsphase. Gefördert werden darf auch, wenn das Lernniveau der SchülerInnen dadurch gesteigert werden kann. Ziel dieser erweiterten Auslegung ist es, die Chancen auf dem Ausbildungsmarkt und bei der weiteren Entwicklung im Beruf zu verbessern. Damit käme auch eine Lernförderung in Betracht, wenn eine Empfehlung zum Wechsel in eine höhere Schulform angestrebt wird. (Erlass des Ministerium für Arbeit, Integration Gesundheit und Soziales NRW vom 18.7.2012, Umsetzung des Bildungs- und Teilhabepakets in NRW)

e. Mehraufwendungen für gemeinschaftliche **Mittagsverpflegung** in Schulen und Kitas werden ebenfalls auf Antrag erstattet (§ 28 Abs. 6 SGB II). Pro Kind und Mahlzeit müssen Sie aber einen **Eigenanteil von 1 €** zahlen. Das ist in etwa der Betrag, der im Kinderregelsatz fürs Mittagessen vorgesehen ist.
Die Vergütung der Mehraufwendung wird kommunal geregelt und entweder über ein Gutscheinsystem oder über Direktzahlungen an die Schule/ Kita sichergestellt. Damit soll die zweckentsprechende Verwendung der Mittel sichergestellt werden.

Erhält ein Kind Leistungen für Mittagsverpflegung, das in einer **Gemeinschaftsunterkunft** ohne Selbstversorgungsmöglichkeit **untergebracht** ist, werden **ab dem 1.8.2016** die Kosten für das Mittagessen **ohne Abzug** des Eigenanteils erstattet (§ 65 Abs. 1 Satz 5 SGB II neu). Leistungsberechtigte, die in solchen Einrichtungen untergebracht sind, bekommen die Sachleistungswerte für Ernährung und Haushaltsenergie schon vom Regelsatz abgezogen. Das gilt auch für Kinder. Diese Reglung läuft bis zum 31.12.2018.

5.1.3 Was sind Leistungen für Teilhabe?

Zur Teilhabe am sozialen und kulturellen Leben in der Gemeinschaft wird für minderjährige Kinder ein Betrag von mtl. **10 €** berücksichtigt (§ 28 Abs. 7 SGB II). Dieser mickrige Betrag wird nicht etwa in bar ausgezahlt, sondern nur in Gutscheinen ausgegeben oder in Form von Direktzahlungen an Vereine und andere Leistungserbringer erbracht.
Damit sollen

- **Mitgliedsbeiträge** in Sport-, Musik- oder kulturellen Vereinen gezahlt werden,
- Musik**unterricht** oder **Kurse** der künstlerischen bzw. kulturellen Bildung i.d.R. bei öffentlichen Anbietern (z.B. VHS),
- aber auch **Ferienfreizeiten** etc., die von der Kommune, Wohlfahrtsverbänden oder Kirchengemeinden angeboten werden. Dafür dürfen Sie 10 € mtl. **ansparen**.

Außerdem sollen ab 1.8.2013 *„weitere **tatsächliche Aufwendungen** berücksichtigt werden, wenn sie im Zusammenhang mit der Teilnahme ... entstehen und es den Leistungsberechtigten im **begründeten Ausnahmefall** nicht zugemutet werden kann“* diese zu zahlen (§ 28 Abs. 7 Satz 2 SGB II; § 34 Abs. 7 Satz 2 SGB XII). Die zusätzliche Kosten sollen laut Bundesregierung nur dann übernommen werden, wenn das Mitmachen bei einem Angebot daran scheitert, *„dass die nötige Ausrüstung fehlt (zum Beispiel Musikinstrumente, Schutzkleidung für bestimmte Sportarten)“* (BT-Drs. 17/12036, 7). Wie das in

S

der Praxis aussehen soll, ist noch immer unklar. Einerseits sind hier viele Bedarfslagen denkbar, andererseits schränkt die Regierung die Anwendung von vornherein stark ein, weil *„eine Mehrzahl der hierfür in Frage kommenden Bedarfe"* vom Kinderregelsatz umfasst sein sollen (ebenda).

Nach alter Rechtslage kamen **Leihgebühren** für Instrumente, z.B. ein Cello, nicht als SGB-II-Leistungen für Schüler in Frage (BSG 10.9.2013 - B 4 AS 12/13 R, hier nach § 21 Abs. 6 SGB II). Das gilt nicht mehr: Tatsächliche Aufwendungen können berücksichtigt werden, wenn sie im Zusammenhang mit Musikunterricht oder Sport entstehen und im begründeten Ausnahmefall die Bestreitung aus dem Regelsatz nicht zugemutet werden kann.

Tipp Weil bei dieser Regelung restriktive Bewilligung vorprogrammiert ist, müssen Sie bei Ablehnung von Instrumenten, Sportausrüstungen usw. ggf. ⇨Widerspruch einlegen und klagen.

Werden die Leistungen als Gutschein erbracht, haben Sie zumindest die Möglichkeit, sie z.B. für Ferienangebote **anzusparen**. Anderenfalls sollten Kommunen/ Kreise die Möglichkeit anbieten, mtl. Beträge für solche Ferienangebote anzusparen.

Das Abrufen von höheren Beträgen hängt immer davon ab, ob Sie zuvor genug Zeit hatten, für ein bestimmtes Angebot (z.B. in den Sommerferien) anzusparen. Ist das nicht der Fall, kann das Jobcenter/ Sozialamt im Rahmen einer Ermessensentscheidung auch Leistungen im Voraus erbringen, damit Ihr Kind ein geeignetes Angebot zur Teilhabe in den Sommerferien auch tatsächlich nutzen kann. Neue Regeln für die Antragstellung kommen Ihnen hier entgegen (⇨5.1.4).

Wenn die Teilhabeleistung selbst nur 10 € beträgt, stellt sich die Frage, wie **Fahrtkosten** bestritten werden sollen, die unmittelbar im Zusammenhang mit der Teilhabe entstehen. Das BVerfG hat mit einer verfassungskonformen Auslegung der Reglung vorgegeben, dass auch solche Kosten im Einzelfall in tatsächlicher Höhe übernommen werden müssen (23.7.2014 - 1 BvL 10/12). Stellen Sie bei Bedarf einen Antrag!

5.1.4 Neue Regelung bei Erstattung und Antragstellung

„Berechtigte Selbsthilfe"

Stellen Sie einen berechtigten **Antrag** auf Bildung und Teilhabe, der nicht rechtzeitig bewilligt wird, und waren Sie **gezwungen** für die Leistung in **Vorkasse** zu treten, ist der Träger *„zur Übernahme der berücksichtigungsfähigen Aufwendungen verpflichtet..."* Das gilt auch, wenn es Ihnen *„nicht möglich [war], rechtzeitig einen Antrag zu stellen"*. (§ 30 SGB II; § 34b SGB XII). Ein Antrag ist demnach in diesem **besonderen** Fall nicht mehr nötig, er gilt fiktiv als gestellt, wenn Sie die Leistung in berechtigten Fällen vorstrecken mussten.

Der **Antrag** auf Leistungen für **Teilhabe** (§ 28 Abs. 7 SGB II; ⇨5.1.3) wirkt bei laufendem Leistungsbezug grundsätzlich auf den Beginn des **Bewilligungsabschnitts zurück** (§ 37 Abs. 2 Satz 3 SGB II). Das erleichtert z.B. das Ansparen für Freizeiten oder die Übernahme von in der Vergangenheit liegenden Beiträgen für Sportvereine usw. Diese Regelung gilt **nicht** für SGB-XII-Beziehende.

Kritik

Bei der Gewährung der Bildungs- und Teilhabeleistungen müssen sich „Hartz-IV-Kinder" oft in ihrem sozialen Umfeld outen. Leistungen als Gutschein oder Sachleistung (Direktzahlung) sind tendenziell diskriminierend und schränken die Verfügungsfreiheit ein. Daher ist der Gebrauchswert dieser Leistungen für Kinder sehr begrenzt und hängt stark von der Qualität des örtlichen Angebots ab. Ein Jahr nach der Einführung des „Bildungs- und Teilhabe-Pakets" wurde in NRW im ersten Halbjahr 2012 gerade mal die Hälfte der dafür vorgesehenen Bundesmittel ausgeschöpft (Schreiben des MAIGS-NRW vom 19.11.2012 an den Ausschuss für Arbeit, Gesundheit und Soziales, Anlage 1). Nicht gerade eine Erfolgsstory, doch die setzt sich fort: Der deutsche Kinderschutzbund (DKSB) und der Paritätische Wohlfahrtsverband sehen das Bildungs- und Teilhabepaket fünf Jahre nach seiner Einführung als gescheitert an, weil *„die Leistungen ... in ihrer Höhe unzureichend und in der bestehenden Form nicht geeignet [seien], Bildung und Teilhabe für* *benachteiligte Kinder und Jugendliche zu ermöglichen"* (gemeinsame Pressemitteilung DKSB und der Paritätische, 7.4.2016).

100 € pro Jahr pauschal für Schulbedarf vom Ranzen über den Malkasten bis zur Sportbekleidung: Das reicht schon nicht aus, wenn keine Grundausstattung zur Einschulung, keine Ersatzbeschaffung der Sportsachen nach einem Wachstumsschub oder keine teure Anschaffung von Schulbüchern fällig ist. Der Betrag ist erst recht unzureichend, wenn ein besonderer Schulbedarf notwendig ist, weil Kinder musisch gefördert werden oder in einer privaten Einrichtung besser aufgehoben wären. Eine Schulerstausstattung, die der Deutsche Kinderschutzbund (DKSB) anhand von Informationsblättern mehrerer Schulen zusammengestellt hat, kostete bereits 200 € (Pressemitteilung ebenda). Hier sind die während des Schuljahrs anfallenden Kosten nicht einmal berücksichtigt.

Der Leistungsinhalt des „Teilhabepakets" ist zynisch und erfüllt vor allem die Aufgabe, Ausgaben zu begrenzen. Arme Kinder werden zum Spartarif von mtl. 10 € mit Sachleistungen abgespeist. Was ist mit der nötigen Sport- bzw. Freizeitausrüstung, den Kostümen, der Literatur oder einem Musikinstrument? Wie kommen die Kids überhaupt zum Teilhabeangebot, wenn die Fahrtkosten zur Teilhabe beim Paket einfach „vergessen" wurden? Die oben geschilderte Nachbesserung, dass tatsächliche Aufwendungen übernommen werden **können**, oder die Vorgaben des BVerfG, im **Einzelfall** Fahrtkosten zu bewilligen, sind Notreparaturen ohne Gebrauchswert für die Praxis. Selbst wenn all diese Klippen umschifft sind, bleibt immer noch die Gefahr, mit einem Gutschein in der Hand als Leistungsbezieher ertappt zu werden oder ihn gar nicht einlösen zu können, weil keine passenden Angebote vor Ort verfügbar sind.

Um das Bildungs- und Teilhabepaket öffentlich vorzubereiten, hat man sich der üblichen Vorurteile bedient: Arbeitslose Eltern würden die Leistungen ihrer Kinder für Alkohol und Konsum verpulvern. Nur in Form von Gutscheinen und Chipkarten könne der Missbrauch verhindert werden, würde die Leistung überhaupt bei den Kindern ankommen.

Um den Vorgaben des BVerfG für den 2011 entwickelten Kinderregelsatz zu genügen, hat die Bundesregierung ein „Bürokratiemonster" geschaffen. Bedarfe für Bildung und Teilhabe wurden kurzerhand ausgelagert. Das Ergebnis kann sich sehen lassen: Für einen €, der in „Bildung und Teilhabe" gesteckt wird, gehen allein 30 Cent für die Verwaltung des „Pakets" drauf (SZ, 12.12.2012). Diese Kosten und das angerichtete Verwaltungschaos werden gerne in Kauf genommen, weil die Kinderregelsätze insgesamt nicht wegen des Bildungs- und Teilhabebedarfs steigen dürfen. Damit soll der Erhöhung des Hartz-IV-Niveaus bei Familien mit Kindern entgegen gewirkt werden. Nur so kann der Anstieg von Familien, die „Hartz IV" aufstocken, gebremst werden.

5.2 Schulkosten auf andere Weise decken

Schulmaterialien im kleineren Rahmen können **zur Not** auch als **Darlehen** bewilligt werden (§ 24 Abs. 1 SGB II). Voraussetzung dafür ist, dass ein vom Regelsatz *„umfasster Bedarf"* nicht ausreichend befriedigt und unabweisbar ist. Man muss also froh sein, dass auch nach der Einführung der *„neuen"* Kinderregelsätze und der Leistungen für Bildung und Teilhabe noch ein kleiner Rest der Bildungskosten im Regelsatz erhalten geblieben ist.

Tipp Wenn Sie ein **Darlehen** beantragen müssen, beantragen Sie gleichzeitig, dass Ihnen die Einziehung des Darlehens **erlassen** werden soll, weil das unbillig wäre (§ 44 SGB II). Es ist mit Sicherheit unbillig, Eltern und Kindern mit Regelsatzsenkungen dafür zu strafen, dass die Kinder schulpflichtig sind.

Aufwendungen für **besondere Bedarfslagen** können unter Umständen im Rahmen der ⇨*„Härtefallregelung"* erbracht werden (⇨5.1.2 b.).

Freiwillige kommunale Leistungen

Tipp 1 Alg-II-/ Sozialhilfe-Bezieher sind meist **von Zahlungen** bei der entgeltlichen Ausleihe von Lernmitteln **befreit**. Das sollten Sie in Anspruch nehmen. Es nützt aber nichts, wenn die verlangten Lernmittel, z.B. Atlanten, gar nicht ausgeliehen werden können.

Tipp 2 In vielen Städten werden **Lernmittel** auf Antrag beim zuständigen Schulamt **erstattet** oder bezuschusst.

Einige Städte, darunter Wuppertal, haben diese freiwillige Leistung 2012 mit Verweis auf Bildungs- und Teilhabeleistungen ersatzlos gestrichen. Die betroffenen Familien stehen jetzt schlechter da als 2010, vor der Einführung.

5.3 Schülerbeförderung

wird von den jeweiligen Bundesländern gefördert und ist regelmäßig gegenüber der Schülerbeförderung im Rahmen von Bildung und Teilhabe vorrangig. SchülerInnen der Klassen 1 bis 4 haben i.d.R. Anspruch auf Fahrtkostenerstattung, wenn der Schulweg bis zur zuständigen Grundschule länger ist als 2 km. Bei den Klassen 5 bis 10 dürfen es 3 oder 3,5 km bis zur nächstgelegenen aufnahmefähigen Schule sein. Ab der 11. Klasse und bei Berufsschulen müssen je nach Landesregelung auch weitere Schulwege bis 5 km in Kauf genommen werden.
Die Anträge sind beim Schulamt oder über die Schule zu stellen.

5.4 ⇨Einmalige Beihilfen

die SchülerInnen früher über Sozialhilfe zuerkannt wurden, wurden 2005 in den Regelsatz aufgenommen und „verstecken“ sich seit 2011 gut getarnt im Paket für Bildung und Teilhabe.
Um einen Eindruck über Bedarfe zu vermitteln, die jetzt größtenteils aus der jährlichen 70 plus 30 €-Pauschale für persönlichen Schulbedarf gedeckt werden müssen, dokumentieren wir frühere Leistungen:

- Beihilfen bei **Einschulung** z.B. für Schulranzen (mindestens 25 €), Schultüte (13 € - BVerWG 1989), Lernmittel (72 € - BVerwG 1996) und Turnbeutel (8 € - VG Hannover).
- **Fahrtkosten**, die notwendig sind und nicht von Schulämtern über Schülerfahrkarten übernommen wurden
- **Besondere Lernmittel** wie Atlanten, Duden, Wörterbücher, Computer, Formelsammlungen, Schulbücher usw. Hierunter fiel mehr und mehr auch ein Computer. Das OVG Lüneburg hatte den Computer als notwendiges Lernmittel anerkannt, wenn die Schule die Nutzung eines PCs erwartet und die schulischen PC-Angebote nicht ausreichen (OVG Lüneburg - 4LB 279/02, FR 21.6.2003).
- **Möbel** für Schulaufgaben,
- Kleiderbedarf bei Einschulung, Schulwechsel oder -entlassung,
- Kosten einer **eintägigen Klassenfahrt**,
- **Nachhilfeunterricht** sowie
- **Schulmaterialien** bei Beginn des Schuljahres (bewilligt wurden zwischen 31 € und 100 € pro Schuljahr).

Aber: Das SG Berlin hat am 15.2.2012 eine einmalige Beihilfe für die Erstbeschaffung eines gebrauchten Schülerschreibtisches (Wert 70 €) im Rahmen der Erstausstattung für die Wohnung anerkannt (§ 24 Abs. 3 Nr. 1 SGB II). In der Wohnung gäbe es keinen anderen Platz, wo die Schülerin in Ruhe ihre Aufgaben erledigen könne. (S 174 AS 28285/11 WA)

Tipp Der Einzelfall zählt. Versuchen Sie es mit einem entsprechenden Antrag.

In einigen Kommunen und Kreisen wurden 2007/ 2008 freiwillige Beihilfen für Schulmaterialien zur Einschulung oder zum Beginn des Schuljahres wieder eingeführt. Das erfolgte regelmäßig, weil örtliche Gruppen oder Bündnisse öffentlichen **Druck auf die Kommunalpolitik** ausgeübt hatten. Wir hoffen auch hier, dass die Kommunen diese Leistungen nicht alle wieder kassiert haben, weil sie mit der Einführung von Bildungs- und Teilhabeleistungen entbehrlich wurden.

6. Schularbeitenhilfe

läuft als Hilfe zur Erziehung über die Jugendhilfe. Sie dient überwiegend dazu, das Sozialverhalten der Kinder und ihre individuelle Entwicklung zu fördern. Sie ist mit Hausaufgabenhilfe und sozialpädagogischer Betreuung verbunden, beschränkt sich aber nicht darauf. Die Schularbeitenhilfe kann einkommensunabhängig in Anspruch genommen werden.
Kinder mit **Legasthenie** (Lese- und Rechtschreibschwäche) können in diesem Rahmen gefördert werden.

Infos: Bundesverband Legasthenie und Dyskalkulie e.V., PF 1107, 30175 Hannover www.bvl-legasthenie.de

Forderungen
BAföG immer in Höhe des Alg-II-Existenzminimums plus Lernmittel und Fahrtkosten!
Tatsächliche Lernmittelfreiheit in allen Bundesländern!
Kostenloses Schul- und Kitamittagessen für alle!
Abschaffung der Bildungs- und Teilhabeleistungen und Erhöhung der Kinderregelsätze plus individuelle Leistungen!

Schwangerschaft (Geburt)

1. Mehrbedarfszuschlag
Werdende Mütter, die Alg II oder HzL/ GSi der Sozialhilfe beziehen, bekommen vom Beginn der 13. Schwangerschaftswoche an einen Mehrbedarfszuschlag von **17%** des jeweiligen ⇨**Regelsatzes** (§ 21 Abs. 2 SGB II; § 30 Abs. 2 SGB XII). Die 13. Schwangerschaftswoche ist mit dem 85. Tag der Schwangerschaft erreicht.

S

17% vom Eckregelsatz sind **68,68 €**, bei einer Bedarfsgemeinschaft mit einem Ehepartner/ eheähnlichen Partner 17% von 364 € oder **61,88 €**. Schwangeren ⇨ Studierenden, Auszubildenden oder Schülerinnen steht der Mehrbedarf ebenfalls zu.

Bei Empfängerinnen von Sozialhilfe kann der Mehrbedarf *„im Einzelfall"* erhöht oder gesenkt werden, wenn individuell *„ein abweichender Bedarf besteht"* (§ 30 Abs. 2 SGB XII), bei Bezug von Alg II nicht.

Die Schwangerschaft ist von einem Arzt oder einer Hebamme zu bestätigen. Der Mehrbedarf fällt mit der Entbindung weg.

2.1 Schwangerschaftskleidung
Bezieherinnen von Alg II oder HzL/ GSi der Sozialhilfe haben Anspruch auf *„Erstausstattungen bei Schwangerschaft ..."* (§ 24 Abs. 3 Nr. 2 SGB II; § 31 Abs. 1 Nr. 2 SGB XII).
Der Deutsche Verein hat 1990 als Bedarf an Schwangerschaftskleidung empfohlen:
1 Mantel/Jacke, 1 Umstandskleid, 1 Freizeit/ Jogging-Anzug, 2 Umstandshosen, 2 Umstandsblusen, 2 Pullover/ Sweatshirts, 1 Paar Schuhe. Ferner 2 Unterhemden, 7 Schlüpfer, 1 Umstandsmieder, 2 Umstands-Büstenhalter, 2 Still-Büstenhalter, 2 Umstands-Strumpfhosen, 4 Nachthemden sowie 1 Bademantel/ Morgenrock, 1 Gymnastik-Anzug, 1 Umstands-Badeanzug sowie sechsmal Reinigungsbedarf (Günter Bäumerich und Lore Blosser-Reisen, Bekleidungs- und Heizungsbeihilfen Kl. Schriften des DV, Bd. 60, Frankfurt 1990, 29).

Der Bedarf muss nach der **Besonderheit des Einzelfalles** befriedigt werden (z.B. Übergrößen, erhöhter Wäsche- und Bekleidungsbedarf, Schuhe usw.).
In Frankfurt wird nach Vorlage des Mutterpasses eine einmalige Beihilfe in Höhe von 190 € gezahlt. Im Landkreis Dahme-Spreewald sind es (einschließlich Klinikbedarf) 300 €, der Landkreis Potsdam-Mittelmark zahlt im Sommer 248 € und im Winter 278 €, in Berlin sind es ganzjährig 206 €, in Wuppertal und im Landkreis Rügen 160 €, in den schleswig-holsteinischen Landkreisen einheitlich 135 €, in Bochum und Hannover sind es 130 €, gefolgt von München mit *„mindestens 128 €"* und in Bremen sind es ganze 100 €. (Die hier und unter 2.2 aufgeführten Beträge sind den jeweiligen örtlichen Verwaltungsrichtlinien zu Erstausstattung der Wohnung mit Hausrat, Bekleidung und bei Bedarfen bei Schwangerschaft und Geburt zu entnehmen, unter www.harald-thome.de/oertliche-richtlinien.html.)

150 € Bekleidungspauschale führen laut SG Wiesbaden zur strukturellen Bedarfsunterdeckung (19.10.2006 - S 12 AS 427/06). Das SG Oldenburg kommt für 1 Umstandskleid, 2 Umstandshosen, 2 Umstandsblusen und 2 Still-BH auf 158,93 € (14.3.2008 - S 44 AS 1419/07). Fallen nicht handelsübliche Übergrößen an, sind die Beträge entsprechend anzupassen. Das LSG Bayern hielt einen zusätzlichen Betrag von 250 € (zur Pauschale von 128,- €) für bedarfsgerecht, der aber nur

als Darlehen gewährt wurde (19.10.2006 - L 7 AS 94/05 ER). Das LSG Mecklenburg Vorpommern hielt eine Pauschale von 100 € für ausreichend, da auf gebrauchte Ware verwiesen werden könne (21.12.2007 - L 8 B 301/07ER).

Bei einer **zweiten Schwangerschaft** innerhalb kürzerer Zeit werden die Pauschalen ggf. herabgesetzt oder halbiert (SG Bremen 27.02.2009 - S 23 AS 255/09 ER: auf 30%, wenn die vorherige Geburt nicht mehr als 2 Jahre zurückliegt; auf 50%, wenn die vorherige Geburt nicht mehr als 3 Jahre zurückliegt).

Darüber hinaus bewilligt der Landkreis Dahme-Spreewald für die Teilnahme und Fahrtkosten des **Volkshochschulkurses** *„Starke Eltern, Starke Kinder"* eine Beihilfe von 50 € je Teilnehmer bei Vorlage der Anmeldebestätigung. *„Das Jobcenter soll auf die Inanspruchnahme des Angebots durch möglichst beide Elternteile hinwirken."* (Verwaltungsrichtlinien ebenda)

Kritik

Wenn der notwendige schwangerschaftsbedingte Bedarf nicht mit der Pauschale abgedeckt werden kann, müssen die weiteren Kosten ebenfalls als Beihilfe übernommen werden. Dass der Bedarf nicht durch gebrauchte Bekleidung gedeckt werden kann, müssen Sie ggf. glaubhaft machen. Außerdem hängt der Bedarf auch von der Jahreszeit ab. Der Verweis auf den Ansparbetrag im Regelsatz ist rechtswidrig, weil er nur für im Regelsatz enthaltene Bedarfe in Anspruch genommen werden muss.

Die Reduzierung des Betrags bei einer erneuten Schwangerschaft innerhalb von zwei Jahren setzt voraus, dass die Schwangerschaftskleidung noch vorhanden bzw. noch funktionstüchtig ist. Ist das nicht der Fall, sollten Sie das begründen und ⇨Widerspruch einlegen. Wurden Sie z.B. bereits bei der ersten Schwangerschaft auf gebrauchte Bekleidung verwiesen, muss von einer eher begrenzten Haltbarkeit ausgegangen werden.

2.2 Erstausstattungen bei Geburt

„Erstausstattungen bei ... Geburt" (§ 24 Abs. 3 Nr. 2 SGB II bzw. § 31 Abs. 1 Nr. 2 SGB XII) sind ebenfalls zusätzlich zum Regelsatz zu zahlen.

Hierzu gehört die Erstlingsausstattung an Bekleidung sowie die Erstausstattung mit Möbeln (Kinderbett, Schrank usw.) und Gebrauchsgegenständen für Kleinkinder (Wickeltisch, Wickelauflage, Hygienebedarf, Kinderwagen usw.).

Die Hilfe muss **vor der Geburt** geleistet werden (BVerwG 18.10.1990, FEVS 41, 309), etwa 8 bis 12 Wochen vorher (OVG Rheinland-Pfalz 30.3.2000, FEVS 2001, 15).

Tipp Stellen Sie den Antrag rechtzeitig vor der Geburt Ihres Kindes, damit Sie sich die Sachen in Ruhe kaufen können. Lassen Sie sich nicht mit der Unverschämtheit abwimmeln, Ihr Kind könne ja tot zur Welt kommen.

In Frankfurt gibt es ca. einen Monat vor der Geburt des Kindes eine Pauschale von 250 € für die Bekleidungserstausstattung, für einen gebrauchten Kinderwagen 75 €, ein komplettes Kleinkinderbett 100 €, einen 2-türigen Kleiderschrank 100 € und eine Wickelauflage 25 €, zusammen 550 €. In Hamburg gibt es dafür eine Pauschale von 500 €. In Wuppertal sind Beihilfen für Bekleidung, Hygiene- und Gebrauchsgegenstände und Einrichtung in Höhe von insgesamt 445 € vorgesehen, in Würzburg sind es gerade mal 387 €. Damit sollen alle erforderlichen Anschaffungen abgedeckt sein? In München werden dafür eine Pauschale von 700 € gewährt, im Landkreis Potsdam-Mittelmark sind es 550 €, in Berlin immerhin 526 € und die schleswig-holsteinischen Landkreise gewähren dafür 480 €. (Beträge ebenda)

Das LSG Berlin-Brandenburg hält ca. 500 € für ausreichend (3.3.2006 - L 10 B 106/06 AS ER), das SG Oldenburg kommt auf 468,57 € (14.3.2008 - S 44 AS 1419/07, mit detaillierter Auflistung).

Werden **weitere Bedarfe** angemeldet, werden Sie auf Ansparen aus dem Regelsatz bzw. geschütztes Vermögen und Elterngeld verwiesen. Was ist mit Bettwäsche, Kopfkissen und Bettdecke (⇨Hausrat)? Früher wurden auch noch 1 Gummiunterlage für Kinderbett/Kinderwagen, 1 Wolldecke, 4 Frottiertücher oder 2 Badetücher, 1 Topf mit Deckel zum Auskochen der Flaschen, und 1 Plastikbadewanne für notwendig gehalten. Ist das jetzt alles im ⇨Regelsatz (2.1) enthalten?

Wenn die Geburt des vorherigen Kindes nicht länger als zwei Jahre zurückliegt, werden z.B. in Frankfurt nur noch 275 € gezahlt. Die schleswig-holsteinischen Landkreise zahlen sogar *„bei nachfolgenden Kindern – bis zu einem Zeitraum von drei Jahren"* nur 240 €. Sie müssen alles aufheben. (Beträge ebenda)

Die Formulierung *„Erstausstattung bei Geburt"* bedeutet, dass Anschaffungen, die nicht direkt nach der Geburt benötigt werden, nicht zur Erstausstattung zählen, sondern als *„Ersatzbeschaffung"* aus dem Regelsatz zu bestreiten sind, z.B. Laufstall, Kinderhochstuhl, das nächst größere Kinderbett usw. In einigen kommunalen Erstausstattungspauschalen sind die hier genannten Bedarfe teilweise schon berücksichtigt (z.B. 15 € für einen Hochstuhl im Betrag von 526 € in Berlin; 88,98 € für eine *„Säuglingszweitausstattung"* im Betrag von 500 € in Dortmund; Beträge ebenda).

Tipp Reichen die Pauschalen nicht aus, müssen Sie das begründen und die Erhöhung der Pauschale im Rahmen einer Einzelfallentscheidung beantragen.

3. Hilfe bei Schwangerschaft und Mutterschaft (§ 50 SGB XII)

Während der Schwangerschaft haben **Sozialhilfebezieherinnen**, die nicht krankenversichert sind, Anspruch auf alle Kassenleistungen wie ärztliche Behandlung und Betreuung sowie Hebammenhilfe, Versorgung mit Arznei-, Verband- und Heilmitteln, Pflege in einer stationären Einrichtung und häusliche Pflegeleistungen (§ 50 SGB XII).

4. Schwangere, die bei ihren Eltern wohnen

Sind Sie schwanger und wohnen bei Ihren Eltern, müssen Ihnen Leistungen bewilligt werden, ohne das Einkommen und Vermögen der Eltern zu berücksichtigen. Das gilt auch, wenn Sie Ihr Kind im Haushalt der Eltern betreuen (⇨Bedarfsgemeinschaft).

Schwangerschaft kann bei **unter 25jährigen** neben familiären oder sozialen Problemlagen auch ein **Auszug** aus der elterlichen Wohnung begründen. Weil Eltern *„aus familienpolitischen Gründen"* aus der Unterhaltsverpflichtung herausgenommen werden, können Schwangere frei entscheiden, ob sie bei den Eltern wohnen wollen oder nicht (SG Gießen 15.5.2009 - S 26 AS 490/09 ER; nach Geiger 2014, 118). Auch **beengte Verhältnisse** und (nach der Geburt) Säuglingslärm können Auszugsgründe sein (OVG Bremen 27.7.2007 - S 2 B 299/07).

Bei **Konfliktsituationen** reicht es aus, an Eides statt zu versichern, dass ein Vater/ Mutter-Kind-Konflikt vorliegt. Die Anforderungen an eine Glaubhaftmachung werden überspannt, *„wenn man nur handfeste Beweise in Form von tätlichen Auseinandersetzungen bis hin zu Polizeieinsätzen gelten ließe"*. (LSG Hamburg 2.5.2006 - L 5 B 160/06 ER AS; ⇨Jugendliche/junge Erwachsene)

Tipp Das Jobcenter (Sozialamt) muss zuvor dem Auszug zustimmen und neben den künftigen laufenden Kosten für die eigene Wohnung auch die ⇨**Umzug**skosten und Erstausstattung (⇨Hausrat) übernehmen.

5. Mutter und Kind Stiftung

Die Bundesstiftung *„Mutter und Kind - Schutz des ungeborenen Lebens"* gibt schwangeren Frauen Geld, damit sie nicht aufgrund finanzieller Notlagen abtreiben. Auf Zuteilung und Höhe der Mittel aus dem Stiftungstopf haben Sie **keinen Rechtsanspruch**.

Frauen bzw. Familien mit einem Einkommen in Höhe von Alg II/ Sozialhilfe sind immer berechtigt. Gelder der Mutter-und-Kind-Stiftung werden nicht auf Alg II/ Sozialhilfe angerechnet (§ 5 Abs. 2 Stiftungsgesetz i.V. mit § 11 Abs. 3 Nr.1a SGB II; SG Magdeburg 17.3.2015 - S 21 AS 3987/11).

Sie können Beihilfen für die Erstausstattung Ihres Kindes, die Weiterführung des Haushalts, für Wohnung und Einrichtung und die Betreuung Ihres Kindes bekommen, wenn Sie keine ausreichenden Mittel dafür haben. *„Leistungen aus Mitteln der Stiftung dürfen nur gewährt ... werden, wenn die Hilfe auf andere Weise nicht oder nicht rechtzeitig möglich ist oder nicht ausreicht."* (§ 4 Abs. 2 des Gesetzes zur Errichtung einer Stiftung Mutter und Kind) Das dürfte mit den mickrigen Pauschalen bei Alg II/ Sozialhilfe heute häufiger der Fall sein.

Sie dürfen jedoch nicht von Jobcentern/ Sozialämtern darauf verwiesen werden, zuerst die Stiftungsgelder in Anspruch zu nehmen.

Anträge stellen Sie z.B. bei Schwangerschaftskonfliktberatungsstellen, beim Diakonischen Werk, der Caritas oder dem Sozialdienst Katholischer Frauen. Die Konfession spielt keine Rolle.

Information
www.bundesstiftung-mutter-und-kind.de

Schwangerschafts-abbruch

2015 gab es 99.220 registrierte Schwangerschaftsabbrüche (www.destatis.de). Nach wie vor ist ein Schwangerschaftsabbruch nach § 218 Strafgesetzbuch strafbar.

1. Ärztliche Indikation
Ein Abbruch ist nur rechtmäßig,
- wenn medizinische Gründe vorliegen, d.h. Gefahr für das Leben oder für die körperliche oder seelische Gesundheit besteht oder
- wenn Sie sexuell missbraucht, genötigt oder vergewaltigt wurden (kriminologische Indikation).

In diesem Fall zahlen die Kassen die Kosten für die bei ihnen Versicherten. Das traf auf 4% der Abbrüche zu.

2. Fristenlösung
Ein Abbruch ist rechtswidrig, aber **straffrei**,
- wenn Sie sich für Abtreibung entscheiden, weil es Sie in unzumutbarer Weise belasten würde, das Kind auszutragen und zur Welt zu bringen. Die Entscheidung darüber treffen **nur Sie**.
- wenn Sie sich von einer anerkannten **Beratungsstelle** mindestens vier Tage vor dem Eingriff beraten lassen. Darüber müssen Sie dem Arzt, der den Abbruch vornimmt, eine schriftliche Bestätigung vorlegen.
- **und** wenn der Abbruch bis zum Ende der **zwölften Woche** nach der Empfängnis von einer Ärztin/einem Arzt vorgenommen wird.

Das betraf ca. 96% der registrierten Schwangerschaftsabbrüche.

3. Schwangerschaftsabbruch über die Krankenkasse?
Bei strafffreien Abbrüchen nach der Fristenlösung müssen „normal verdienende" Frauen den Eingriff **selbst zahlen**. Die Kasse kommt nur für ärztliche Beratung und die Behandlungskosten aufgrund von Komplikationen auf (§ 24b SGB V). Diese Leistungen werden bei Bedarf auch durch die Hilfe zur Gesundheit der Sozialhilfe übernommen. Privat Krankenversicherte müssen die Kosten des Abbruchs selbst tragen.

Frauen mit **geringem** oder **ohne eigenes Einkommen** bekommen die Kosten des Schwangerschaftsabbruchs **erstattet** (§ 19 Gesetz zur Vermeidung und Bewältigung von Schwangerschaftskonflikten/ SchKG).
Das gilt immer für **Alg-II-/ Sozialhilfe**bezieherinnen, Bezieherinnen von BAföG, BAB, Arbeits- und Berufsförderungsleistungen für behinderte Menschen, Leistungen nach dem AsylbLG und Frauen in Einrichtungen, die von der Sozial- oder der Jugendhilfe getragen werden.
Erzielen Sie Einkommen, ist die Übernahme der Kosten an eine **Einkommensgrenze** gebunden. Dabei wird das Einkommen oder Vermögen des Ehepartners oder der Eltern **nicht** berücksichtigt.
Die **Grenze** ist an den Rentenwert der gesetzlichen Rentenversicherung gekoppelt und beträgt **1.121 €** für Sie plus **265 €** für **jedes** minderjährige **Kind**. Zusätzlich werden für den Teil der **Unterkunftskosten**, der 328 € übersteigt, max. 328 € aufgeschlagen (Stand: 1.7.2016).
Es wird geprüft, ob Sie kurzfristig verwertbares Vermögen haben.

Erfüllen Sie diese Voraussetzungen und sind Sie krankenversichert, übernimmt Ihre Krankenkasse die Kosten. Sind Sie nicht gesetzlich krankenversichert, müssen Sie eine Kasse am Ort Ihres Wohnsitzes wählen und dort einen Antrag auf Übernahme der Kosten für Abbruch, Beratung und Behandlung stellen. Die Kasse schießt dann die Kosten vor und bekommt sie von den Bundesländern erstattet.

S

4. Unterhaltspflicht
der Familienangehörigen und des Vaters des Kindes für einen Schwangerschaftsabbruch wurde 1992 abgeschafft.

Beratung/Information
Bundesverband Pro Familia, Stresemannallee 3, 60596 Frankfurt, Tel. 069/63 90 02
bundesweite Beratungsstellen über www.profamilia.de
Broschüre (in div. Sprachen): www.profamilia.de/fileadmin/publikationen/Reihe_Koerper_und_Sexualtitaet/schwangerschaftsabbruch.pdf

„Schwarzarbeit"

Die Tatsache, dass Alg II oder HzL/ GSi der Sozialhilfe nicht bis zum Monatsende reicht, und die kleinlichen Anrechnungsvorschriften bei Erwerbstätigkeit begünstigen Schwarzarbeit.
Wenn Sie arbeiten, ohne Ihr Einkommen oder Ihr volles Einkommen anzugeben, fordert die Behörde bei Bekanntwerden die überzahlte Summe zurück (§ 50 SGB X). Sie haben vorsätzlich falsche Angaben über Ihr Einkommen gemacht.
Die ⇨Rückforderung darf mit der Alg-II- bzw. Sozialhilfeleistung aufgerechnet werden, allerdings nur bis zu 30% des Regelsatzes bei Alg II (§ 43 Abs. 2 SGB II) bzw. mit etwa 20% bis 30% bei Sozialhilfe (§ 26 Abs. 2 SGB XII; LPK SGB XII, § 26 Rz. 9; 20% Schellhorn, § 26 Rz. 15) und maximal für drei Jahre (⇨Aufrechnung).

Wenn Sie Ihr Einkommen nicht angegeben haben, kann ein **Bußgeld** wegen fehlender Mitwirkung verhängt werden. Die Verletzung der ⇨Mitwirkungspflichten ist eine Ordnungswidrigkeit.
Wenn die nicht angegebenen Einnahmen eine bestimmte Höhe überschreiten, kann es zu einem **Strafverfahren** kommen. Das kann bei sehr hohen Beträgen auch mit einer Gefängnisstrafe enden.

Um die Höhe der Rückforderung festzustellen, muss nachträglich eine Neuberechnung gemacht werden, als ob Ihr Arbeitslohn bekannt gewesen wäre. Der Arbeitslohn muss um Freibetrag, Werbungskosten usw. bereinigt werden.

Tipp Achten Sie darauf, dass nur Alg II/ Sozialhilfe nur in Höhe Ihres tatsächlich anzurechnenden Einkommens zurückgefordert wird.

⇨Datenabgleich
Über einen automatisierten Datenabgleich wird spätestens alle drei Monate überprüft, ob Sie geringfügig oder versicherungspflichtig beschäftigt sind (§ 52 Abs. 1 Satz 1 Nr. 2 SGB II; § 118 Abs. 1 Nr. 2 SGB XII). Beim Alg II **können** Jobcenter seit 1.8.2016 den Datenabgleich auch mtl. durchführen, wenn ihnen der Dreimonatszeitraum nicht genügt (§ 52 Abs. 1 Satz 3 SGB II neu). Arbeitgeber müssen geringfügige und versicherungspflichtige Beschäftigungsverhältnisse bei der Minijob-Zentrale (Knappschaft) melden. Sie können **nicht** davon ausgehen, dass die Behörde „das schon nicht mitbekommen wird".

Arbeitgeber haben eine **Auskunftspflicht** (§ 60 SGB II), ebenso die **Finanzbehörden**, soweit Behörden es verlangen (§ 21 Abs. 4 SGB X).
„Die für die Bekämpfung von Leistungsmissbrauch und illegaler Beschäftigung zuständigen Stellen" sollen Daten an die Alg-II-Behörden übermitteln (§ 50 Abs. 1 SGB II). Damit ist vor allem die Zollverwaltung gemeint, die dafür zuständig ist, Schwarzarbeit aufzudecken. Umgekehrt sollen die Alg-II-Behörden im Bedarfsfall ebenfalls Daten an die Zollverwaltung übermitteln.

Kritik
Wenn es keine Unternehmen geben würden, die aus Profitgründen Schwarzarbeiter einsetzen und keine Auftraggeber (Unternehmen und Behörden), die mit Dumpingpreisen Unternehmen zum Einsatz von Schwarzarbeitern zwingen, gäbe es den Großteil der Schwarzarbeit nicht. Alle bisherigen Ergebnisse von Datenabgleichen zeigten, dass allenfalls 1-2% der Sozialhilfehaushalte nicht angegebene Arbeitseinkommen hatten, meist mit einem Zusatzeinkommen von etwa 100 € im Monat. Das entspricht der Summe, um die der ⇨Regelsatz unseres Erachtens mindestens erhöht werden müsste. Ursachen waren

nach Auskunft von SachbearbeiterInnen in der Mehrheit dieser Fälle Unkenntnis und fehlender Überblick. Bewusster Missbrauch wurde nur für ein Viertel der Fälle als Grund genannt. (Rainer Roth, Sozialhilfemissbrauch, Wer missbraucht hier eigentlich wen?, Frankfurt 2004, 19)

Selbständige

Selbständige haben, entgegen einer weit verbreiteten Meinung, genauso wie Lohnabhängige Anspruch auf Alg II, wenn ihr Einkommen und Vermögen nicht ausreichen, um ihren Lebensunterhalt zu bestreiten (§ 9 Abs. 1 SGB II). Sie können also, auch wenn Sie zehn Stunden am Tag arbeiten, ergänzendes Alg II in Anspruch nehmen. Voraussetzung für Alg-II-Bezug ist nicht, dem Arbeitsmarkt zur Verfügung zu stehen, sondern lediglich ⇨**Erwerbsfähigkeit** und **Hilfebedürftigkeit**.

Inhaltsübersicht:

1. Einkommen Selbständiger

Die Alg II-Verordnung (Alg II-V) setzt bei der Behandlung des Einkommens Selbständiger eigene Regeln und richtet sich **nicht** nach dem Steuerrecht.

„Zur Berechnung des Einkommens sind von den Betriebseinnahmen die im Bewilligungszeitraum tatsächlich geleisteten notwendigen Ausgaben mit Ausnahme der nach § 11b ... abzusetzenden Beträge ohne Rücksicht auf steuerrechtliche Vorschriften abzusetzen.“ (§3 Abs. 2 Satz 1 Alg II-V)

1.1 Gewinnermittlung

Voraussichtliche Betriebseinnahmen in Geld oder Geldeswert werden regelmäßig für den Bewilligungszeitraum von **6 Monaten** geschätzt (§3 Abs. 1 Alg II-V).

Bei **unregelmäßigen, stark schwankenden Einnahmen** – nicht nur bei Saisonbetrieben – kann auch eine Einnahmenberechnung für **12 Monate** vorgenommen werden (LSG Rheinland-Pfalz 19.12.2012 - L 6 AS 611/11).

Von den voraussichtlichen Einnahmen werden zur Gewinnermittlung die *„tatsächlich geleisteten notwendigen“* **Betriebsausgaben**, von denen man anfangs ebenfalls nicht weiß, wie hoch sie tatsächlich sein werden, *„ohne Rücksicht auf steuerrechtliche Vorschriften“* abgezogen. Dabei sind die Absetzbeträge nach § 11b SGB II nicht zu berücksichtigen, die werden erst **nach der Gewinnermittlung** vom Erwerbseinkommen abgezogen. (§3 Abs. 2 Alg II-V)

Haben Sie allerdings **zwei Gewerbebetriebe**, ist es bei der Alg-II-Gewinnermittlung nicht möglich, die Gewinne des einen mit den Verlusten des anderen Betriebs zu verrechnen (BSG 17.2.2016 - B 4 AS 17/15 R). Ein Betrieb im Minus kann somit nicht durch Alg-II-Leistungen aufgefangen werden.

Indem der errechnete Gewinn gleichmäßig auf den Berechnungs- bzw. Bewilligungszeitraum verteilt wird, ermittelt man den **durchschnittlichen Monatsgewinn**, der als **fiktives Erwerbseinkommen** zur Berechnung des Alg-II-Bedarfs herangezogen wird. Dieses Einkommen ist dann mtl. **um** die weiteren **Absetzbeträge** nach § 11b SGB II **zu bereinigen.** (§3 Abs. 4 Alg II-V)

Da *„ein Anspruch auf Geldleistungen dem Grunde nach besteht und zur Feststellung seiner Höhe voraussichtlich längere Zeit erforderlich ist“*, ist *„über die Erbringung von Geld- und Sachleistungen ...* ***vorläufig zu entscheiden***“ (§ 41a Abs. 1 Satz 1 Nr. 2 SGB II neu).

S

Merke: Die Alg-II-Leistung wird also auf Grundlage von Schätzungen ermittelt und vorläufig, ins Blaue hinein, bewilligt.

1.2 Berechnungszeitraum

ist i.d.R. der Bewilligungszeitraum von **sechs Monaten**. In besonderen Fällen kann der Betriebsgewinn anhand mtl. Durchschnittseinnahmen und -ausgaben ausgehend von einem Bewilligungszeitraum über zwölf Monate ermittelt werden (⇨1.1).

Als monatliches Einkommen eines Selbständigen gilt demnach ein Sechstel bzw. ein Zwölftel des bereinigten Gewinns – je nach Berechnungszeitraum. Wird die Erwerbstätigkeit nur **in einem Teil** des Bewilligungszeitraums ausgeübt, ist nur dieser Zeitraum zugrunde zu legen (§ 3 Abs. 1 Satz 3 Alg II-V).

Die gleichmäßige Verteilung der Einkommen auf einen längeren Zeitraum unterstellt, dass Sie Einkommen in Monaten ansparen, in denen es über Ihrem Bedarf liegt, und in Monaten ausgeben, in denen Ihr Einkommen unter Ihrem Bedarf liegt. Es zwingt Sie dazu, halb- bzw. ganzjährig wie ein Alg-II-Beziehender zu leben, auch wenn Sie nur einen Teil der Monate hilfebedürftig sind.

Das ist **nur dann sinnvoll**, wenn Sie mit Ihrem Halbjahreseinkommen tatsächlich im Durchschnitt nicht Ihren Bedarf zum Lebensunterhalt plus Kranken- und Pflegeversicherungsbeitrag decken können. Kurzzeitige Einkommenseinbrüche können unter Umständen nicht durch Alg-II-Bezug abgefangen werden. Eine Antragstellung ist mühsam und Sie müssen auf Grundlage von Schätzungen glaubhaft machen, dass Sie über den Halbjahres- bzw. Jahreszeitraum hinweg Ihren Lebensunterhalt nicht bestreiten können.

Das stellt Selbständige schlechter als Lohnabhängige. Von diesen wird nicht erwartet, dass sie Einkommen in Monaten, in denen sie über dem Alg-II-Bedarf liegen, für Monate unterhalb des Alg-II-Bedarfs ansparen.

1.3 Wie wird der voraussichtliche Gewinn ermittelt?

Das Erwerbseinkommen (Gewinn) wird auf der Grundlage

- der Einnahmenberechnung bzw. der nachgewiesenen Einnahmen des vorangegangenen Bewilligungszeitraums (wenn vorhanden),
- der Einnahmenüberschussrechnung des Vorjahres und
- der aktuellen betriebswirtschaftliche Auswertungen

ermittelt.

Anhand dieser Daten, der **zu erwartenden** Einnahmen und der **voraussichtlichen** notwendigen Ausgaben (⇨1.5) wird der Gewinn **geschätzt**. Das nennt sich „prospektive Gewinnermittlung“. Um zu prüfen, ob diese Schätzung plausibel ist, verlangt das Jobcenter, dass Sie Ihre Selbsteinschätzung im Formular *„Angaben zum voraussichtlichen Einkommen aus selbständiger Tätigkeit“* über den Sechsmonatszeitraum detailliert darlegen. Das gehört zum (Antrags-) Vordruck EKS (**Ein**kommen aus **S**elbständigkeit), den Sie Ihrem Alg-II-Antrag nachreichen müssen. (BA 11.45)

Tipp Für die Zukunft Gewinnprognosen zu stellen, ist schwierig. Deshalb sollten Sie mit Ihrer prospektiven (Selbstein-)Schätzung zurückhaltend sein.

Bei Selbständigen wird über den Alg-II-Anspruch *„vorläufig entschieden“* (⇨1.1; Näheres dazu ⇨Einkommen 3.1; ⇨Bescheid 3.5). **Nach** Ablauf des Bewilligungszeitraums muss im Rahmen einer abschließenden Entscheidung der von Ihnen **nachgewiesene tatsächliche Gewinn** berücksichtigt werden. War der Gewinn **höher** als Ihre Schätzung, kommt es zur ⇨Rückforderung von Leistungen. Darauf müssen Sie sich ggf. einstellen. War er **niedriger**, hat die Behörde nachzuzahlen (§ 41b Abs. 6 SGB II neu).

Ab dem 1.8.2016 gelten verschärfte Regelungen für die vorläufige Bewilligung von Leistungen: Wenn Sie nach Ablauf des Bewilligungszeitraums Ihrer Mitwirkungspflicht *„nicht vollständig oder trotz angemessener Fristsetzung und schriftlicher Belehrung über die Rechtsfolgen nicht fristgemäß nach[kommen], setzen die Träger ... den Leistungsanspruch für diejenigen Kalendermonate nur in der Höhe abschließend fest, in welcher seine Voraussetzungen* *ganz oder teilweise nachgewiesen wurden. Für die übrigen Kalendermonate wird festgestellt, dass ein Leistungsanspruch* ***nicht bestand****."* Das bedeutet, wenn Sie die Belege über Betriebseinnahmen und -ausgaben nicht rechtzeitig vorlegen (können), werden bereits bewilligte Leistungen für die entsprechenden Monate zurückgefordert. Lassen Sie es besser nicht darauf ankommen.

Ist die Abgabe einer Einnahmenüberschussrechnung nicht möglich, weil Sie pleite sind und bei Ihrem Steuerberater in der Kreide stehen, darf die Behörde Alg-II-Leistungen nicht von einer qualifizierten Gewinnermittlung abhängig machen. Sie können die Belege auch selbst in anderer Weise erbringen.

1.4 Was sind Einnahmen?

Entnahmen von Geld, Waren usw. des Selbständigen für sich bzw. seinen Haushalt sind wie Privatanteile für die **Nutzung von Betriebsmitteln** (z.B. private Kfz- oder Telefonnutzung) als Einnahmen zu berücksichtigen.

Beispiel Kfz

Wird ein Kfz ***„überwiegend betrieblich genutzt****, sind die tatsächlich geleisteten notwendigen Ausgaben für dieses Kraftfahrzeug als betriebliche Ausgabe abzusetzen"* (§ 3 Abs. 7 Satz 1 Alg II-V). Das ist der Fall, wenn Sie es mindestens zur Hälfte betrieblich nutzen. Für **private** Fahrten müssen diese Ausgaben um **10 Cent** pro Kilometer reduziert werden, sie gelten als **Einnahmen**.

Umgekehrt gilt bei **überwiegend privat genutzten Kfz**, dass Sie für jeden betrieblich gefahrenen Kilometer nur 10 Cent als **Ausgabe** absetzen können (§ 3 Abs. 7 Satz 4 u. 5 Alg II-V).

Wenn Sie aber ein lückenloses **Fahrtenbuch** aufweisen können, in dem private und betriebliche Fahrten dokumentiert sind, können Sie auch bei überwiegend privater Kfz-Nutzung die tatsächlichen Anteile für die betriebliche Kfz-Nutzung als Ausgaben absetzen.

Tipp Dokumentieren Sie Ihre Kfz-Kosten und gefahrenen Kilometer. Die BA will Ihnen bei *„ausschließlicher"* betrieblicher Kfz-Nutzung eines **privaten Kfz** die Kosten nur *„mit 0,10 Euro für jeden gefahrenen Kilometer pauschaliert"* anerkennen. Höhere Kosten werden nur anerkannt, *„wenn die leistungsberechtigte Person dies nachweist"*. (BA 11.32)

Weitere Einnahmen sind z.B.:

- der Betriebsumsatz,
- betriebliche **Zinseinnahmen**,
- einbehaltene oder vom Finanzamt erstattete **Umsatzsteuer** (BSG 22.8.2013 - B 14 AS 1/13 R),
- **Werbegeschenke** für den Betrieb in Höhe des Verkehrswerts,
- betriebliche **Einlagen** und
- zurückerstattete Betriebsausgaben.

Forderungen gegenüber Kunden, die im Bewilligungszeitraum entstehen, sind dagegen **keine** Einnahmen, solange sie nicht beglichen wurden.

Achtung: Betriebliche **Einlagen** sind Bareinzahlungen und sonstige Wirtschaftsgüter, die dem Betrieb zugeführt wurden. Sie erhöhen Ihre Betriebseinnahmen und mindern damit die Alg-II-Leistung.

Tipp Bedenken Sie das, bevor Sie ihr privates Sparbuch plündern oder für den Betrieb ein Darlehen aufnehmen.

1.5 Zu den Betriebsausgaben zählen

- belegte und **notwendige** betriebliche Aufwendungen ohne Rücksicht auf steuerrechtliche Vorschriften,
- die tatsächlichen Kfz-Kosten (Versicherung, Steuer, Betriebsstoffe, Reparaturen) bei nachgewiesen überwiegend betrieblich genutztem Kfz (BA 11.31) **oder**
- 10 Cent für jeden gefahrenen Kilometer für nachgewiesene betriebliche Fahrten bei überwiegend privat genutztem Kfz (BA 11.32) bzw. tatsächliche Kosten bei Fahrtenbuch (⇨1.4).
- Vorauszahlung und Nachzahlungen von **Umsatzsteuer** sind im SGB II im jeweiligen Bewilligungszeitraum Betriebsausgaben, auch wenn sie steuerrechtlich nur ein durchlaufender Posten sind (⇨2.1).

Notwendige betriebliche Aufwendungen können sein:

- Sachanschaffungen,
- Personalkosten,
- Werbungskosten,

S

- Kosten des Steuerberaters,
- Investitionen,
- Materialkosten,
- Mietkosten für Gewerberäume und gewerbliche genutzte Dinge,
- Berufshaftpflichtversicherung,
- Beiträge für berufsständige Vereinigungen
- IT-Kosten und Telefonkosten,
- Weiterbildungskosten, Fachliteratur usw.

Sie müssen „nur" das Jobcenter davon überzeugen, dass diese **angemessen** und für die Betriebsführung auch wirklich **notwendig** sind.

Rückstellungen für Betriebsausgaben, z.B. Umsatzsteuernachzahlungen, die nicht in den Bewilligungszeitraum fallen, werden nicht als Betriebsausgaben anerkannt (BSG, ebenda).

Tipp Verteilen Sie regelmäßige Betriebsausgaben, z.B. Wareneinkauf, Gewerbe- bzw. Umsatzsteuervorauszahlungen und betriebliche Versicherungsbeiträge, auf einen möglichst kurzen Zeitraum. Fallen solche Ausgaben nicht während des Alg-II-Bezugszeitraums an, können Sie diese nicht als Betriebsausgaben absetzen. Sie müssen diese am Ende aus eigener Tasche bestreiten, wenn Sie aus dem Leistungsbezug ausscheiden, weil Ihre Selbständigkeit Sie trägt.

S

Notwendige Betriebsausgaben sind **immer in tatsächlicher Höhe** von den Betriebseinnahmen abzuziehen, auch wenn diese Einnahmen 400 € nicht überschreiten. Diese Grenze nach § 11 Abs. 2 Satz 2 SGB II, die Absetzbeträge auf pauschal 100 € begrenzt, gilt **nicht** für die betriebliche Gewinnermittlung, sondern lediglich für die Bereinigung des Erwerbseinkommens (⇨ 2.1). (BSG 5.6.2014 - B 4 AS 31/13 R)

1.6 Nicht zu den Betriebsausgaben zählen Aufwendungen,

- *„soweit diese ganz oder teilweise vermeidbar sind oder*
- *offensichtlich nicht den Lebensumständen während des Bezuges der Leistungen ... entsprechen."*

Sie müssen Ihre *„Hilfebedürftigkeit auch durch die Möglichkeit der Kostenvermeidung und -optimierung ... vermindern"* (BA 11.33).

Außerdem:
- *„soweit das Verhältnis der Ausgaben zu den jeweiligen Erträgen in einem auffälligen Missverhältnis steht"* und
- soweit Sie Ausgaben tätigen, für die Sie einen Zuschuss oder Darlehen vom Jobcenter zur Förderung Ihrer Existenzgründung erhalten haben. (§ 3 Abs. 3 Alg II-V)

Tipp Überzeugen Sie Ihren Sachbearbeiter, der i.d.R. keine Ahnung von Ihrem Betrieb hat, dass vorgesehene Ausgaben für Ihren Betrieb erforderlich sind. Lassen Sie sich nicht auf zermürbende Diskussionen ein. Das behindert Ihre selbständige Tätigkeit. Reden Sie ggf. mit dem Vorgesetzten.

1.7 Niedrigeres Einkommen als geschätzt

Ist Ihr tatsächliches Einkommen, über den Bewilligungszeitraum verteilt, niedriger als geschätzt, bekommen Sie nach dessen Ablauf, wenn die tatsächlichen Einkommensverhältnisse der vergangenen sechs, ggf. zwölf Monate nachgewiesen sind, das Ihnen zustehende Alg II **nachgezahlt**. In diesem Fall sollten Sie von sich aus eine abschließende Entscheidung über die Leistung **beantragen** (§ 41a Abs. 3 Satz 1 SGB II neu).

Wenn Sie aber während des Bewilligungszeitraums merken, dass Sie **erheblich niedrigere Einnahmen** haben, als Ihnen aufgrund der Schätzung fiktiv angerechnet werden, haben Sie ein Problem: Wie wollen Sie die mtl. Betriebskosten tragen und Ihren Lebensunterhalt decken? Sie können dadurch in eine Notlage geraten. Verlangen Sie dann sofort eine Korrektur des Bescheids und eine Erhöhung der Alg-II-Leistungen, die Ihren tatsächlichen Einkommensverhältnissen entspricht. *„Die vorläufige Leistung ist so zu bemessen, dass der monatliche Bedarf der Leistungsberechtigten zur Sicherung des Lebensunterhalts gedeckt wird"* (§ 41a Abs. 2 Satz 1 SGB II neu) Das sollte auch gelten, wenn der tatsächliche Betriebsgewinn nicht Ihren Prognosen entspricht. Dann muss erneut entscheiden werden (§ 48 Abs. 1 SGB X).

Tipp Falls die Behörde nicht darauf eingeht, sind Sie gezwungen eine ⇨einstweilige Anordnung beim Sozialgericht zu beantragen.

Nur ein realistisches Einkommen darf angerechnet werden, nicht ein zu hoch angesetztes fiktives Einkommen (⇨Einkommen 1.3).

1.8 Höheres Einkommen als geschätzt

Erzielen Sie innerhalb des Bewilligungszeitraums Einnahmen, die das im Voraus geschätzte mtl. Einkommen überschreiten, müssen Sie nach dessen Ablauf mit einer ⇨**Rückforderung** von Leistungen rechnen. Sind die Geschäftssausichten gut, können Sie den Bewilligungszeitraum verstreichen lassen und auf einen Fortzahlungsantrag verzichten. Sie müssen die Krankenkasse dann natürlich selbst zahlen. In diesem Fall wäre es günstig, wenn Ihre Auftraggeber Sie aber erst bezahlen, wenn Sie nicht mehr Alg II beziehen. Wenn Ihre Einkommenslage Sie innerhalb kürzerer Zeit zu einem **Neuantrag** zwingt, werden diese Einnahmen allerdings zur prospektiven, vorläufigen Bemessung des künftigen Alg II herangezogen.

2.1 Bereinigung des Einkommens

Auch als Selbständiger sind Sie erwerbstätig. Nach Gewinnermittlung muss Ihr **Bruttoeinkommen** um

- **Steuern**,
- **Beiträge** für **Sozialversicherung**,
- **Fahrten zur Betriebsstätte** (diese zählen nicht zu den Betriebsausgaben; BSG, ebenda),
- private Versicherung,
- **Altersvorsorge**, Riesterrente,
- **Verpflegung** bei längerer Abwesenheit vom Wohn- und Arbeitsort,
- ggf. Unterhaltsverpflichtungen usw.

bereinigt werden (§ 11b Abs. 1 SGB II; BA 11.29; ⇨Einkommensbereinigung).

Liegt die Summe dieser nachgewiesenen Absetzbeträge über dem **Grundfreibetrag** von **100 €** und liegen Ihre mtl. Betriebseinnahmen über **400 €**, können Sie sie in tatsächlicher Höhe vom Einkommen absetzen (§ 11b Abs. 2 Satz 1 u. 2 SGB II).

Auch der **Freibetrag für Erwerbstätige** wird für den Teil der Betriebseinnahmen, die den 100-€-Grundfreibetrag überschreiten ermittelt und zusätzlich abgezogen (§ 11b Abs. 3 SGB II). Näheres unter ⇨Erwerbstätige 2.3 ff.

2.2 Vorsorge-/Versicherungsbeiträge

für Krankheit und Pflegebedürftigkeit oder zur Altersvorsorge sind in *„nachgewiesener Höhe"* vom Einkommen abzusetzen, wenn Sie nicht in der gesetzlichen Krankenversicherung (KV) versicherungspflichtig oder von der Versicherungspflicht in der gesetzlichen Rentenversicherung befreit sind (BA 11.136).

Dazu gehört ggf. auch die Differenz des von der Behörde für die **private KV** erstatteten Basis-Beitrages zum tatsächlichen KV-Beitrag.

Näheres unter ⇨Krankenversicherung 1.3, ⇨Rentenversicherung bzw. ⇨Einkommensbereinigung 1.3

2.3 Kosten einer Kfz-Reparatur

können vom Jobcenter übernommen werden, wenn nur auf diese Weise die Fortsetzung der selbständigen Tätigkeit gesichert werden kann (BSG 1.6.2010 - B 4 AS 63/09 R). Je nach Einkommenssituation und voraussichtlicher Geschäftsentwicklung kann die Leistung als Beihilfe oder als Darlehen erbracht werden.

3. Hilfen bei Krankheit (§ 48 SGB XII)

Wenn Sie kein Alg II beziehen und weder gesetzlich noch privat krankenversichert sind, haben Sie unter Umständen Anspruch auf Krankenhilfe nach dem SGB XII. Behandlungskosten werden aber nur übernommen, wenn Sie in akuten Notfällen, bei akuten Schmerzzuständen oder bei lebensbedrohlichen Erkrankungen behandelt werden müssen.

4.1 Gewerbe abmelden?

Das Gewerbe abzumelden ist keine Voraussetzung für den Alg-II-Bezug. Der Gewerbeschein ermöglicht Ihnen ggf. Einnahmen und steht der Aufnahme einer lohnabhängigen Beschäftigung nicht im Wege. Entstehen Ihnen durch Ihr Gewerbe Kosten, die Sie durch gewerbliche Einnahmen nicht hereinholen können, kommt das Jobcenter allerdings nicht dafür auf (LSG Bayern 14.6.2005 - L 11 B 218/05 AS).

4.2 Selbständigkeit aufgeben?

Sie können verpflichtet werden, eine **lohnabhängige Beschäftigung** anzunehmen, wenn Sie sich als Selbständige(r) nicht in baldiger Zukunft unabhängig von Alg II machen können (in Bezug auf Sozialhilfe OVG Lüneburg - ZfF 1997, 130).

Der Wind hat sich insoweit gedreht, als im SGB II die Verringerung der Hilfebedürftigkeit höchste Priorität hat. Daher ist Ihnen i.d.R. jede Arbeit oder Eingliederungsmaßnahme zumutbar, wenn dem kein wichtiger Grund entgegensteht (§ 10 SGB II). Geringe Einkommen durch Selbständigkeit zu erzielen hat jedoch Vorrang vor Maßnahmen, die die Behörde noch mehr Geld kosten, z.B. Ein€Jobs. Wenn Sie allerdings Aussicht auf einen Vollzeitjob hätten, würde dieser im Regelfall vorgehen.

Bestehen begründete Zweifel an der Tragfähigkeit Ihrer Selbständigkeit und der Aussicht, Ihre Hilfebedürftigkeit innerhalb eines angemessenen Zeitraums zu beenden, *„sind mit der erwerbsfähigen leistungsberechtigten Person alle erforderlichen Leistungen zur Eingliederung in eine andere Tätigkeit (insbesondere Eigenbemühungen und das Vermittlungsangebot ...) in einer EinV [⇨Eingliederungsvereinbarung] aufzunehmen“* (BA 15.22b).

5.1 Geringfügige freiberufliche Tätigkeit

Wenn Sie nur **zeitweise** und **geringfügige** Einnahmen z.B. aus Honoraren haben, achten Sie darauf, dass diese auch tatsächlich gleichmäßig auf den Bewilligungszeitraum verteilt werden, damit Sie in jedem Monat den Grundfreibetrag von 100 € **plus** Erwerbstätigenfreibetrag ausschöpfen.

5.2 „Übungsleiterpauschale“

Bis zum Umsatz von 2.400 € jährlich sind Einnahmen steuerfrei, die selbständig **oder** nebenberuflich durch **Unterricht**, als Künstler, mit Pflege und Betreuung für öffentlich-rechtliche oder gemeinnützige Träger erzielt werden.

Diese sogenannte Übungsleiterpauschale wird zwar als Einkommen auf das Alg II angerechnet, zuvor ist Sie jedoch um einen mtl. **Freibetrag** in Höhe des Einkommens bis max. **200 €** zu bereinigen (§ 11b Abs. 2 Satz 3 SGB II). Wenn Sie also 2.400 € Einkommen gleichmäßig aufs Jahr verteilt verdienen, bleibt beim Alg-II-Bezug die komplette Pauschale anrechnungsfrei.

Tipp Erhalten Sie die Pauschale als einmalige Auszahlung, sollten Sie darauf achten, dass der Auszahlbetrag 1.200 € innerhalb von sechs Monaten nicht übersteigt. Wenn dieses einmalige Einkommen auf sechs Monate verteilt angerechnet wird, ist es um den mtl. Freibetrag von 200 € zu bereinigen und somit anrechnungsfrei.

Wie das Einkommen bereinigt wird, wenn Sie neben der Übungsleiterpauschale weitere Einnahmen erzielen, erfahren Sie unter ⇨Erwerbstätige 3.1.

5.3 Selbständige KünstlerInnen im Alg-II-Bezug

werden oft mit besonderen Problemen konfrontiert. Wenn beispielsweise das Einkommen über einen längeren Zeitraum nicht reicht, um Hilfebedürftigkeit zu verringern (⇨4.2), oder bei der Frage, welche Ausgaben als Betriebsausgaben zu berücksichtigen sind (⇨1.5 f.).

Tipp Lassen Sie sich Auflagen, Entscheidungen usw. des Jobcenters immer schriftlich aushändigen, damit Sie prüfen können, ob diese hinreichend begründet sind.

Ist eine (vorübergehende) Übernahme von Mietkosten für Arbeitsräume zur Beendigung der Hilfebedürftigkeit erforderlich, können diese grundsätzlich als Eingliederungsleistungen übernommen werden (BSG 23.11.2006 - B 11b AS 3/05 R, hier Übernahme der Miete für ein Maleratelier).

Informationen zu den besonderen Regelungen der **Künstlerkrankenkasse** erhalten Sie unter www.kuenstlersozialkasse.de (⇨Künstler und Publizisten) und beim Berufsverband bildender Künstler Berlin, http://www.bbk-berlin.de/con/bbk/front_content.php (⇨FAQ Soziales)

6. Mittel zur Existenzgründung

a. Zur Unterstützung Ihrer Existenzgründung können Sie i.d.R. bis zu einem Jahr **Einstiegsgeld** nach § 16b SGB II in Höhe von max. 75% des Regelsatzes (303 €) erhalten. Einstiegsgeld soll Ihre Liquidität für laufende Betriebsausgaben erhöhen und dient nicht zum Lebensunterhalt. Es wird **nicht** als Einkommen auf das Alg II angerechnet. Näheres unter ⇨Arbeit 2.1.2

b. Zur Aufnahme einer selbständigen, hauptberuflichen Tätigkeit können unter bestimmten Voraussetzungen **Leistungen für Betriebsinvestitionen** in Form von **Darlehen** und **Zuschüssen** bis 5.000 € gewährt werden (§ 16c Abs. 1 SGB II). Näheres unter ⇨Arbeit 2.1.3

c. Außerdem können hauptberuflich Selbständige oder solche, die es werden wollen, *„durch geeignete Dritte durch Beratung oder* ***Vermittlung von Kenntnissen und Fertigkeiten*** *gefördert werden“* (§ 16c Abs. 1 SGB II). Hierunter fallen z.B. Buchhaltungs-, Existenzgründungskurse usw. (⇨Arbeit 2.1.3).

d. Wenn Sie eine Existenzgründung vorbereiten, können Sie beim Jobcenter eine **Trainingsmaßnahme** zur *„Heranführung an eine selbständige Tätigkeit“* beantragen (§ 16 Abs. 1 SGB II i.V. mit § 45 Abs. 1 Satz 1 Nr. 4 SGB III). Ob eine solche Maßnahme überhaupt angeboten wird, und wie die Qualität der Leistung ist, hängt ganz von der örtlichen Angebotsstruktur ab. Wichtige Grundlagen und Tipps sollten Sie aber immer mitnehmen, bevor Sie einen solchen Sprung ins kalte Wasser wagen.

e. Der **Gründungszuschuss**, den Alg-I-BezieherInnen erhalten können, die sich aus der Arbeitslosigkeit selbständig machen, wird als Einkommen **voll** auf das Alg II angerechnet (BSG 1.6.2010 – B 4 AS 67/09 R).

Kritik

Die oben beschriebenen SGB-II-Regeln zum Umgang mit Selbständigen mutieren bei einer auf Leistungsversagung getrimmten Behördenpraxis zum Instrument, Selbständige früher oder später zur Aufgabe zwingen zu können. Den Unternehmensverbänden und ihrem Hausinstitut DIW sind die selbständigen Alg-II-Aufstocker schon lange ein Dorn im Auge (vgl. u.a. Wochenbericht des DIW Berlin Nr. 04/2008). Die rot-schwarze Bundesregierung ist den Rufen gefolgt und hat 2008 u.a. mit der Verschärfung der Alg-II-Verordnung die entsprechenden Weichen gestellt.

Seitdem wurden in vielen Jobcentern eigene Abteilungen geschaffen, um Selbständige im Alg II zu betreuen. Das war zum einen nötig geworden, weil Regelungen, z.B. der Gewinneinschätzung und -ermittlung, so kompliziert geworden sind, dass sie nur noch von Fachleuten beherrscht werden. Zum anderen verfügen die ExpertInnen vom Jobcenter über Wissen und Mittel, um Selbständigen das Leben und vor allem den Alg-II-Bezug schwer zu machen. Von der Anerkennung der „prospektiven Gewinneinschätzung“, über die Bewertung *„notwendiger“*, *„den Lebensumständen entsprechenden“* Betriebsausgaben, bis zum Nachweismarathon bei der Vorlage der Betriebsergebnisse: Selbständige Alg-II-Beziehende sind auf Gedeih und Verderb ihren Sachbearbeitern ausgeliefert, wenn sie ihre Buchhaltung und die gesetzlichen Vorgaben nicht voll im Griff haben. Einige wenige nur, die auf dem allgemeinen Arbeitsmarkt keine Chance mehr haben, schaffen es, durch geringe regelmäßige Einnahmen ihre Hilfebedürftigkeit zumindest etwas zu verringern und werden deshalb vom Jobcenter in Ruhe gelassen.

110.000 Selbständige bezogen im März 2016 Alg II (BA Monatsbericht 7/2016, 25). Das sind knapp 3% aller erwerbsfähigen Alg-II-Beziehenden. Ihr Anteil ist in den vergangenen 4 Jahren aufgrund der beschriebenen Praxis der Jobcenter nur leicht zurückgegangen. Zuvor war die Zahl selbständiger Alg-II-Beziehender allerdings stark angestiegen, von 72.000 Mitte 2007 (ifm-Bonn, Working Paper 2/2011, 22) auf 126.000 im Februar 2011 (BA Monatsbericht 6/2011, 22). Grund dafür waren die konjunkturelle Entwicklung und das wachsende Wissen, dass Selbständige überhaupt Anspruch auf Alg II haben.

Viele sozialversicherungspflichtige Beschäftigte verdienen so wenig, dass Sie auf aufstockendes Alg II angewiesen sind. Die Zahl der Selbständigen in prekären Lebensverhältnissen ist seit Jahren auf hohem Niveau. Beide Gruppen haben gleichermaßen Anspruch auf Alg II, dessen Hauptzweck die Existenzsicherung ist. Trotzdem gibt es offensichtlich weniger Probleme mit Niedriglöhnen der großen Unternehmen, die im großen Stil durch staatliche Leistungen subventioniert werden, als mit Kleinstunternehmern, die mit Harz IV überleben müssen. Vertreter der Bundesregierung und der BA wettern seit geraumer Zeit immer wieder regelmäßig öffentlich gegen selbständige Alg-II-Beziehende (BA-Chef Weise, SZ 27.12.2012 u.a.). Die neuen Regelungen zur vorläufigen Entscheidung über Leistungen, die im Zuge des Neunten SGB-II-Änderungsgesetz zum 1.8.2016 eingeführt wurden, treffen nicht zuletzt Selbständige, die Ihre Buchhaltung nicht hundertprozentig in Griff haben. Hier deutet sich die nächste Kürzungsrunde an.

Information

BA, Arbeitshilfe: Feststellung von Einkommen aus selbständiger Tätigkeit nach den Vorschriften der Grundsicherung für Arbeitsuchende, 12/2014, www.harald-thome.de/media/files/Arbeitshilfe-Selbstaendige-2014-12.pdf

Beratungsservice von ver.di für Solo-Selbstständige, www.mediafon.net

Sozialgeld

„Nicht erwerbsfähige Leistungsberechtigte, die mit erwerbsfähigen Leistungsberechtigten in einer Bedarfsgemeinschaft leben, erhalten Sozialgeld, soweit sie keinen Anspruch nach dem Vierten Kapitel des Zwölften Buches [d.h. auf ⇨Grundsicherung im Alter und bei Erwerbsminderung/ GSi] haben." (§ 19 Abs. 1 Satz 2 SGB II)

S

Leben nicht erwerbsfähige Personen im Alter ab 15 Jahren mit erwerbsfähigen Personen zusammen, erhalten sie **Sozialgeld**. Sind sie alleinstehend, bekommen sie **Hilfe zum Lebensunterhalt** (HzL) der Sozialhilfe. Sind volljährige Personen im Haushalt **dauerhaft** nicht erwerbsfähig, erhalten sie **⇨Grundsicherung** (GSi). Das nennt sich „Hilfe aus einer Hand". Näheres unter ⇨Erwerbsminderung

Der Bund zahlt demnach im Rahmen der SGB-II-Leistungen nicht nur die Kosten für Regelsätze und Mehrbedarf von Erwerbsfähigen, sondern auch die Kosten ihrer nicht erwerbsfähigen Haushaltsangehörigen, die mit ihnen in einer Bedarfsgemeinschaft leben.

Das sind z.B.

- Kinder bis 14 Jahre,
- dauerhaft voll erwerbsgeminderte Jugendliche von 15 bis 17 Jahren,
- vorübergehend voll erwerbsgeminderte Partner im Alter von 18 Jahren bis zur Rente,
- vorübergehend voll erwerbsgeminderte Kinder im Haushalt der Eltern ab 15 Jahren bis zur Vollendung des 25. Lebensjahres,
- vorübergehend voll erwerbsgeminderte Eltern, die mit einem 15 bis 25jährigen erwerbsfähigen Kind in einer Bedarfsgemeinschaft leben oder
- unter Umständen Ausländer/innen ohne Arbeitserlaubnis.

Bei über 18jährigen erwerbsgeminderten Personen ist der Anspruch auf **GSi vorrangig** vor dem Anspruch auf Sozialgeld.

Nicht erwerbsfähige über 25jährige Kinder, die im Haushalt der Eltern wohnen, gehören nicht mehr zur Bedarfsgemeinschaft, erhalten also kein Sozialgeld, sondern ggf. HzL/ GSi der Sozialhilfe.

Das Sozialgeld ist gleich hoch wie die entsprechenden ⇨**Regelsätze** für Alg II/ Sozialhilfe. Es beträgt

- bei Kindern unter 6 Jahren 237 €,
- bei 6 bis 13jährigen Kindern 270 €,
- bei 14 bis 17jährigen Jugendlichen 306 €,
- bei 18 bis 24jährigen erwerbsgeminderten „*Kindern*" 324 € (80% Regelbedarf)
- bei Ehepaaren/ PartnerInnen 364 € (90%) und
- bei Alleinerziehenden 404 € (100%; Stand 2016).

Erwerbsgeminderte und **gehbehinderte** BezieherInnen von Sozialgeld bekommen einen **Mehrbedarf**, wenn Sie einen Schwerbehindertenausweis mit dem Merkzeichen „G" oder „aG" besitzen (⇨Behinderte 3.).

Sozialpass

In einigen Städten gibt es Sozialpässe, mit denen man **Ermäßigungen** bei Eintrittspreisen für städtische Einrichtungen bzw. das Recht auf **kostenlose** Benutzung bekommt. Erkundigen Sie sich danach bei Ihrer Stadt- oder Gemeindeverwaltung, beim Sozialamt oder Jobcenter.

Die Vergünstigungen können gelten z.B. für Museen, Theater, kommunale Kinos, Zoos, botanische Gärten, Ausstellungen, Schwimmbäder, Volkshochschulen usw. Für ⇨**Kinder** gibt es ggf. zusätzliche Freizeit-, Sport- oder Bildungsangebote u.a. für die Ferien.

Außerdem erhalten Sie vielerorts ein ermäßigtes, regelmäßig nicht übertragbares Sozialticket für den öffentlichen **Personennahverkehr** (ÖPNV).

Das Anfang 2008 in Dortmund eingeführte Sozialticket für 15 € war für kurze Zeit das einzige Ticket bundesweit, das sich annähernd an dem im ⇨Regelsatz (2.3) enthaltenen Anteil für *„fremde Verkehrsdienstleistungen"* von 14,26 € (Stand: 2008) orientierte. Mittlerweile ist der Anteil für öffentliche Verkehrsmittel im Regelsatz auf **20,56 €** angehoben worden und der Preis für das in Dortmund geltende „Sozialticket" des Verkehrsverbunds Rhein-Ruhr auf stolze 34,75 €. Nach der Verdopplung des Preises sind über ein Drittel der Nutzer abgesprungen.

Auch andernorts werden solche Tickets zu unterschiedlichen Preisen angeboten. Das Sozialticket kostet für Erwachsene z.B. im VRS im Kölner Raum 37,60 €, in Berlin 36 € oder als teuerstes Angebot in Frankfurt/M 61,20 € (Stand: 2016). Selbst mit einem Sozialpass müssen sich Leistungsbeziehende Mobilität noch vom Munde absparen.

Anspruchsberechtigt

sind in jedem Fall BezieherInnen von **Alg II** und **Hzl/ GSi** der Sozialhilfe sowie BezieherInenn von Leistungen nach dem Bundesversorgungsgesetz, AsylbLG und i.d.R. der „wirtschaftlichen Jugendhilfe". In manchen Städten werden auch Personen einbezogen, deren Einkommen oberhalb des Sozialhilfe-/ Alg-II-Bedarfs liegt, z.B. BezieherInnen von Wohngeld. In Frankfurt sind Einpersonenhaushalte mit pauschal bis zu 912 € Nettoeinkommen anspruchsberechtigt. Für jede weitere Person im Haushalt erhöht sich das Einkommen zusätzlich um 269 € (Kindergeld gehört nicht zum anzurechnenden Einkommen).

Durchsetzung

Gerade weil von vielen Kommunen und Landkreisen die Angebote für Sozialpässe/ Sozialtickets drastisch zusammengestrichen wurden oder Ermäßigungen so gering sind, dass sie keinen Gebrauchswert bieten, kämpft eine Reihe von kommunalpolitischen Initiativen und Bündnissen für Sozialpässe/ Sozialtickets, deren Erhalt oder Verbesserung.

Infos unter http://agora.free.de/sofodo/themen/do-spez-1/sozialticket

Forderungen

Bundesweit Sozialpässe für alle Menschen mit geringem Einkommen!

Orientierung an der Einkommensgrenze des Pfändungsschutzkontos, d.h. 1.073,88 € netto plus 404,16 € für die zweite und 225,17 € für jede weitere unterhaltsberechtigte Person!

Orientierung des Preises für Sozialtickets an den Bedarfssätzen für ÖPNV im Regelsatz!

Mindestens 50%-Ermäßigung auf alle Eintrittspreise im Bildungs-, Kultur- und Sportbereich!

Sterbegeldversicherung

Bestattungsvorsorge

S

In der gesetzlichen Krankenversicherung wird seit 1.1.2004 kein Sterbegeld mehr gezahlt. Der Tod ist ja keine Krankheit. Geld für Tote ist eine „versicherungsfremde" Leistung.

1. Übernahme der Beiträge

HzL/GSi der Sozialhilfe

Damit Sie ein *„angemessenes Sterbegeld"* haben, *„können"* Sozialämter die erforderlichen Kosten für eine Bestattungsvorsorge übernehmen (§ 33 Abs. 2 SGB XII; bei der GSi i.V. mit § 42 Nr. 2 SGB XII, ab 1.1.2009).

Angemessen müsste ein Sterbegeld immer sein, wenn es die ortsüblichen Kosten für eine einfache aber würdige Bestattung nicht übersteigt. Obere Richtschnur sind wohl aber die im Bundesschnitt liegenden Kosten (OVG NRW 16.11.2009 - 12 A 1363/09), laut Stiftung Warentest etwa 7.000 €.

Beiträge zu einer Sterbegeldversicherung werden am ehesten übernommen, wenn die zur Übernahme der ⇨Bestattungskosten Verpflichteten diese nicht zahlen können, wenn das Sozialamt also ohnehin zahlen müsste. Nach Meinung des OVG NRW (11.7.2001, info also 2002, 132) sind Beiträge nur in Ausnahmefällen zu übernehmen, wenn Sie die Versicherung während des Sozialhilfebezugs abschließen. Derjenige, der es in besseren Tagen versäumt habe, eine solche Versicherung abzuschließen, dürfe in schlechteren Tagen nicht besser gestellt werden. Die Regelung ist also regelmäßig auf bereits bestehende Verträge anzuwenden.

Alg II
Im Rahmen des Alg II werden solche Beiträge nicht übernommen.

2. Abzug der Beiträge vom Einkommen

(⇨Einkommensbereinigung 1.1)

3. Vermögen als Rücklage für den Todesfall

Sozialhilfe
Laut Bundesverwaltungsgericht ist eine angemessene finanzielle Vorsorge für den Todesfall im Rahmen der Härtefallregelung als Vermögen geschützt (11.12.2003 - FEVS 56, 302 ff.). Selbst wenn ein Sozialhilfebezieher einen Grabpflegevertrag kündigen kann, muss wenigstens eine angemessene **Grabpflege** erhalten bleiben (BVerwG ebenda).

S

„Die Sozialhilfe darf ferner nicht vom Einsatz oder der Verwertung von Vermögen abhängig gemacht werden, soweit dies für den ... (Betroffenen und) seine unterhaltsberechtigten Angehörigen eine Härte bedeuten würde.“ (§ 90 Abs. 3 Satz 1 SGB XII)

„Dem Wunsch des Menschen für die Zeit nach seinem Tode durch eine angemessene Bestattung und Grabpflege vorzusorgen“, hat das BVerwG Rechnung getragen *„und Vermögen aus einem Bestattungsvorsorgevertrag sowohl für eine angemessene Bestattung als auch für eine angemessene Grabpflege als Schonvermögen in Sinne der Härtefallregelung angesehen“* (BSG 18.03.2008 - B 8/9 b SO 9/06 R; vgl. BT-Drs. 16/239, 10, 15, 17).

Das verfassungsrechtlich geschützte allgemeine Persönlichkeitsrecht umfasst auch das Recht, über die eigene Bestattung zu bestimmen (Art. 2 Abs. 1 GG; LPK SGB XII, § 90 Rz. 85).

Damit eine **Zweckbindung** des Vermögens sichergestellt ist, ist regelmäßig ein Bestattungsvorsorgevertrag einer allgemein verwertbaren Sterbegeldversicherung vorzuziehen. Solche Vermögensverträge *„sind auch dann geschützt, wenn die Zweckbindung erst kurz vor Entstehen des Sozialhilfebedarfs vorgenommen wurde“* (LPK SGB XII ebenda; vgl. BSG ebenda).

Für die Vorsorge sind auch Beträge **angemessen**, die über den Kosten einer *„Sozialamtsbestattung“* liegen. Das SG Düsseldorf hat zusammengestellt, was *„instanzgerichtlich“* als angemessenes Bestattungsvorsorgevermögen anerkannt wurde: Die Beträge liegen zwischen 3.200 € und 7.000 €. (23.3.2011 - S 17 SO 57/10) Das OVG NRW (19.12.2003 - 16 B 2078/03) wertete z.B. Bestattungsvorsorgeverträge in Höhe von 7.000 € für ein Familiengrab, das LSG Sachsen (7.9.2006 - L 3 AS 11/06) eine Versicherungssumme von 5.000 € und das LSG Bayern (25.9.2008 - L 11 SO 32/07) 3.200 € *„jedenfalls“* als angemessenen.

Alg II
Vermögensrückstellungen für eine würdige Beerdigung und für Grabpflege (Bestattungssparbuch, Treuhandvermögen oder Dauerpflegevertrag) können *„kurz vor dem Rentenalter“* als *„besondere Härte“* geschützt sein (BA 12.36; § 12 Abs. 3 Nr. 6 SGB II). Das Rentenalter beginnt für die BA schon mit 60 Jahren (BA 12.19).

Tipp Die Ämter behandeln Vorsorgebeträge für den Todesfall meist als normales ⇨Vermögen und kassieren es ein. Achten Sie darauf, dass es als „Härtefall“ gesondert freigestellt ist.

Information
Aeternitas - Verbraucherinitiative Bestattungskultur, Torsten Schmitt, Finanzielle Bestattungsvorsorge – Wie weit reicht der Schutz vor dem Zugriff des Sozialhilfeträgers?, 2015, http://www.aeternitas.de/inhalt/downloads ⇨Bestattungsvorsorge und Sozialamt (Nennung weiterer Urteile)

Forderung
Angemessene Rücklagen für Beerdigungen müssen immer geschütztes Vermögen sein!

Sterbegeldversicherung

Strafgefangene

Inhaltsübersicht:

1. Regelmäßig kein Alg-II-Anspruch

Strafgefangene und **Untersuchungshäftlinge** sind vom Bezug von Alg-II-Leistungen ausgeschlossen, da sie im Gefängnis untergebracht sind. *„Dem Aufenthalt in einer stationären Einrichtung ist der Aufenthalt in einer Einrichtung zum Vollzug richterlich angeordneter Freiheitsentziehung gleichgestellt.“* (§ 7 Abs. 4 Satz 2 SGB II; zum Einrichtungsbegriff und der zugehörigen Rechtsprechung ⇨Wohnungslose 6.1 f.).

Das gilt auch bei Ersatzzwanghaft (§ 890 ZPO), Beugehaft (§ 70 StPO), Maßregelvollzug (§§ 63, 64 StGB), einstweilige Unterbringung im Krankenhaus (§ 126a StPO) und Ersatzfreiheitsstrafe (§ 43 StGB; LSG Niedersachsen-Bremen 17.6.2010 - L 15 AS 96/1).

Inhaftierte sind aber auch bei längerer Haftdauer noch immer **Teil der Bedarfsgemeinschaft**, wenn an einer Ehe oder Lebenspartnerschaft festgehalten wird. Sie müssen also mit ihrem Einkommen und Vermögen voll für zurückbleibende Partner und ggf. Kinder im Leistungsbezug aufkommen (BSG 18.2.2010 - B 4 AS 49/09). Allerdings sind die Geldbeträge, die Inhaftierten im Gefängnis zur Verfügung stehen (Hausgeld/ Taschengeld) kein anrechenbares Einkommen. Zudem sind aus dem **Arbeitseinkommen** in einer Haftanstalt vorrangig der **Haftkostenbeitrag** (§ 50 StVollzG), der Ansparbetrag für das **Überbrückungsgeld** (§ 51 StVollzG) und ggf. titulierte **Unterhaltsansprüche** zu leisten. Erst wenn darüber hinaus noch Einkommen übrig bleibt, steht es der Bedarfsgemeinschaft zur Verfügung und kann auf deren Leistung angerechnet werden.

Da während der Haft **keine Wirtschaftsgemeinschaft** mit den früheren Haushaltsangehörigen mehr besteht, müssten allein lebende bzw. alleinerziehende PartnerInnen Inhaftierter immer den vollen Regelsatz von 404 € bekommen, nicht den von Paaren in einer Bedarfsgemeinschaft. Bei Freigängern ist der Mischregelsatz von 364 € zulässig (SG Berlin 4.7.2005 - S 37 AS 4325/05 ER).

1.1 Freigänger in Arbeit

sind **nicht** von Alg-II-Leistungen ausgeschlossen, wenn sie mindestens **15 Wochenstunden** in einem Beschäftigungsverhältnis auf dem **allgemeinen Arbeitsmarkt** stehen oder als Selbständige außerhalb der Anstalt tätig sind (§ 7 Abs. 4 Satz 3 Nr. 2 SGB II). Davon ausgenommen sind Arbeiten außerhalb der Vollzugsanstalt, die unter besonderer Aufsicht stehen, oder auswärtige gemeinnützige Arbeiten, da diese nicht unter den Bedingungen des allgemeinen Arbeitsmarktes erbracht werden.

Verfügt ein Freigänger über eine eigene Wohnung, sind auch die angemessenen Unterkunftskosten zu übernehmen (LSG Berlin-Brandenburg 2.2.2006 - L 14 B 1307/05 AS ER).

Wird der Regelsatz allerdings um den Verpflegungsanteil gemindert, der von der Haftanstalt geleistet wird (SG Berlin 4.7.2005 - S 37 AS 4325/05 ER), hat das im SGB II keine gesetzliche Grundlage (⇨Regelsatz 6.2).

1.2 Arbeitslose Freigänger, die **ohne Auflagen** einer Beschäftigung auf dem allgemeinen Arbeitsmarkt nachgehen **können**, sind zwar arbeitsuchend, haben aber **keinen** Anspruch auf Grundsicherung für Arbeitssuchende (Alg II).

Das BSG befand, der Gesetzgeber verfolge das Ziel, Inhaftierte *„generalisiert"* vom Alg-II-Bezug auszuschließen (BT-Drs. 16/1410, 20). *„Es kommt folglich bei den Einrichtungen zum Vollzug richterlich angeordneter Freiheitsentziehungen nicht mehr darauf an, ob sie nach ihrer Art die Aufnahme einer mindestens dreistündigen täglichen Erwerbstätigkeit auf dem allgemeinen Arbeitsmarkt von vornherein ausschließen."* (24.2.2011 - B 14 AS 81/09 R; Korrektur der vertretenen Meinung vom 7.5.2009 - B 14 AS 16/08).

Arbeitsuchenden Freigängern stehen demzufolge **keine Leistungen zur Eingliederung** in Arbeit nach dem SGB II zur Verfügung, was sich nachteilig auf die Chancen einer Integration auf dem Arbeitsmarkt auswirkt.

2. Während der Haft: i.d.R. Sozialhilfeanspruch

Strafgefangene und Untersuchungshäftlinge haben Anspruch auf Sozialhilfe. Sie gehören seit 2006 nicht mehr zu den *„Personen, die nach dem Zweiten Buch als Erwerbsfähige oder als Angehörige dem Grunde nach leistungsberechtigt sind..."* und erhalten daher **bei Bedarf** Hilfe zum Lebensunterhalt der Sozialhilfe (§ 21 Satz 1 SGB XII).

Da der Lebensunterhalt, die Unterkunft und auch die medizinische Versorgung in Haft i.d.R. durch die Justizvollzugsanstalt abgedeckt werden, kommen nur noch bestimmte Leistungen der Sozialhilfe in Frage.

S

2.1 Taschengeld

Untersuchungshäftlinge haben Anspruch auf Taschengeld (LSG Schleswig-Holstein 14.11.2005 - L 9 B 260/05 ER). Das müssen Sie beim Sozialamt beantragen, wenn Sie während der U-Haft mittellos sind. Nehmen Sie für die Antragstellung ggf. Hilfe des Sozialdiensts der Haftanstalt in Anspruch. Sie bekommen dann einen i.d.R. geminderten *„Barbetrag zur persönlichen Verfügung"* ausgezahlt (§ 27b Abs. 2 Satz 1 SGB XII).

In Hamburg werden mtl. 34,74 € oder 8,6% der Regelleistung gezahlt, und in Baden-Württemberg sind es 10% (40,40 €). In NRW wurden einem U-Häftling 65 € und einmalig 40 € für Sportbekleidung zugestanden (SG Düsseldorf 23.6.2008 - S 22 SO 13/08 ER).

2.2 Übernahme der Unterkunftskosten während der Haft

2.2.1 Nach welcher Rechtsnorm kann die Wohnung gesichert werden?

Mietkosten während der Inhaftierung können **nicht** als laufende Unterkunftskosten nach § 35 SGB XII übernommen werden, da die Wohnung von dem Strafgefangenen nicht selbst bewohnt werden kann (BSG 12.12.2013 - B 8 SO 24/12 R, Rz. 21).

Daher kommt zur Sicherung des Wohnraums eine vorübergehende Übernahme der Unterkunftskosten im Rahmen der ***„Hilfe zur Überwindung besonderer sozialer Schwierigkeiten"*** in Betracht (§§ 67 ff. SGB XII). Der *„drohende Wohnungsverlust nach der Haftentlassung gehört danach im Grundsatz zu den ‚besonderen Lebensumständen mit sozialen Schwierigkeiten' im Sinne des § 67 SGB XII, weil der Verlust der Wohnung ... für einen Haftentlassenen deutlich schwerer zu kompensieren ist als für andere Bürger..."* (BSG, ebenda, Rz. 17).

Da die Leistung bereits *„vor Eintritt der Notlage"* gewährt werden muss, handelt es sich um eine **vorbeugende** Hilfeart (LSG NRW 30.6.2005 - L 20 B 2/05 SO ER).

2.2.2 Für welche Haftdauer?

Die Miete **kann** regelmäßig nur bei einer **begrenzten Haftdauer** übergangsweise vom Sozialamt übernommen werden. Viele Sozialämter erkennen den Anspruch nur an, wenn die Dauer der Haft **6 Monate** nicht überschreitet. Diese starre Auffassung wurde inzwischen von der Rechtsprechung klar zurückgewiesen. So kommt die Übernahme der Miete im **Einzelfall** auch für einen längeren Zeitraum in Betracht, z.B. für 8 Monate (LSG Niedersachsen-Bremen 22.9.2005 - L 8 AS 196/05 ER; ebenso LSG Bayern 17.9.2009 - L 18 SO 111/09.B.ER, Übernahme der Unterkunftskosten für 8 Monate bei zusätzlichen familiären Problemlagen).

„Ein möglicher Anspruch scheitert jedenfalls nicht von vornherein an der Haftdauer" – eine Dauer z.B. von einem Jahr etwa, bildet rechtlich beurteilt **keine Obergrenze** für die Übernahmefähigkeit der Kosten. *„Je näher [aber] die Haftentlassung bevorsteht, desto konkreter kann sich die Notwendigkeit von Geldleistungen anstelle sonstiger Hilfen ergeben"* (BSG, ebenda, Rz. 19).
Die Rechtsprechung bleibt allerdings bei der Beurteilung der Haftdauer als Voraussetzung für den Anspruch auf Leistungen eher vage. Letztendlich müssen nämlich **weitere Kriterien** erfüllt sein, die für die Überwindung besonderer sozialer Schwierigkeiten zusätzlich von Bedeutung sind, und es müssen **alle Aspekte** zusammengenommen bei der Einzelfallentscheidung abgewogen werden.

Tipp Mit Blick auf eine eher restriktive Praxis der Sozialämter sollten Sie bei voraussehbar **deutlich längerer** Haftdauer als 6 Monate möglichst Ihre Wohnung sofort kündigen. Eine Übernahme der Kosten durch das Sozialamt wird immer unwahrscheinlicher, je länger die Haft dauert. Nur so können hohe Mietschulden effektiv vermeiden werden.

2.2.3 In welchen Lebenslagen?

Über die Übernahme der Unterkunftskosen muss immer unter Berücksichtigung der **Besonderheiten des Einzelfalles** entschieden werden, wobei sich die Entscheidung *„insbesondere nach der Art des Bedarfs, den örtlichen Verhältnissen, den eigenen Kräften und Mitteln der Person"* zu richten hat (§ 9 Abs. 1 SGB XII).

„Personen, bei denen besondere Lebensverhältnisse mit sozialen Schwierigkeiten verbunden sind, sind Leistungen zur Überwindung dieser Schwierigkeiten zu erbringen, wenn sie ***aus eigener Kraft*** *hierzu nicht fähig sind."* (LSG NRW 30.6.2005 - L 20 B 2/05 SO ER; Übernahme der Unterkunftskosten bei Haftstrafen unter sechs Monaten; zur Anwendbarkeit von §§ 67 ff. SGB XII:).
Im Rahmen einer **Prognose** muss im Einzelfall *„im Hinblick auf die zu erwartende Situation bei Haftentlassung"* entschieden werden, *„ob besondere Lebensumstände' verbunden mit ‚sozialen Schwierigkeiten'"* vorliegen (BSG; ebenda, Rz. 19).

Folgende Aspekte werden bei einer solchen **Ermessensentscheidung** zu berücksichtigen sein:
- die Gesundheit, vor allem die psychische Konstitution des Inhaftierten,
- das soziale Umfeld (familiäre/ partnerschaftliche Beziehungen, existierende Beschäftigungsaussichten nach der Haft) und die damit verbundenen Selbsthilfemöglichkeiten,
- der Status und die Ausstattung der bestehenden Wohnung, z.B. ob diese bereits aus Sozialleistungen finanziert wurde,
- die Einlagerungsmöglichkeiten des existierenden, erhaltungswürdigen Hausrats und
- die mit einer Wohnungssuche, Neuanmietung und Ausstattung einer angemessenen Wohnung nach der Inhaftierung verbunden Kosten **im Verhältnis** zu den Kosten, die bei einer Sicherung der Unterkunft während der Haft entstehen (vgl. Manfred Hammel, Wohnraumverlust während der Haft verhindern, BAG-S Informationsdienst Straffälligenhilfe, 1/2015, 12).

Weitere wichtige Argumente für eine Sicherung der Wohnung während der Haft können sein:
- eine unsichere Sozialprognose,
- die Verschuldungssituation des Inhaftierten (z.B. negativer SCHUFA-Eintrag), die seine Akzeptanz auf dem Wohnungsmarkt beeinträchtigt, und
- eine angespannte Situation auf dem örtlichen Wohnungsmarkt, welche den mit der Wohnungssuche und Neuanmietung verbundenen Unterstützungsbedarf und die voraussichtlich entstehenden Kosten entscheidend beeinflusst.

Tipp 1 Beantragen Sie die Übernahme der Kosten frühzeitig **zu Beginn der Inhaftierung** und legen Sie die Gründe für eine Kostenübernahme in Bezug auf Ihre *„besonderen Lebensumstände"* nach der Haftentlassung schriftlich und möglichst ausführlich dar. Nehmen Sie dabei ggf. Hilfe des Sozialdiensts der Haftanstalt in Anspruch.

Tipp 2 Bringen Sie frühzeitig Belege bei, dass die Wohnung tatsächlich gefährdet ist (z.B. Mahn- bzw. Kündigungsschreiben des Vermieters) und **nicht** durch darlehensweise Übernahme der Kosten, etwa durch

S

Verwandte oder Bekannte, für die Dauer der Haft gesichert werden kann.

2.2.4 Als Beihilfe oder Darlehen?

Wird die Unterkunft im Rahmen der *„Hilfe zu Überwindung besonderer sozialer Schwierigkeiten"* (§ 67 SGB XII) gesichert, hat das Sozialamt die Kosten i.d.R. als **Beihilfe** zu übernehmen. Schulden beim Amt würden schließlich zusätzliche *„Schwierigkeiten"* mit sich bringen.

Viele Sozialhilfeträger bearbeiten **Anträge** auf Übernahme der Unterkunftskosten während der Haft nur schleppend oder lehnen sie zunächst ab. Sie versuchen die Leistungsgewährung **bis zum Ende der Haft auszusitzen**. Wenn die Wohnung bis dahin noch nicht geräumt wurde, hat sich diese Strategie bewährt: Die Wohnung kann nämlich fortan durch Übernahme der ⇨Mietschulden (⇨2.4) zur Vermeidung von Wohnungslosigkeit (§ 22 Abs. 8 SGB II; § 36 SGB XII) gesichert werden. Dies erfolgt regelmäßig als **Darlehen**.

Tipp Bei Ablehnung des Antrages müssen Sie ⇨Widerspruch einlegen. Droht die Räumung der Wohnung während der Haft, können Sie die rechtzeitige Übernahme der Unterkunftskosten als Beihilfe nur noch mit einer ⇨einstweiligen Anordnung beim Sozialgericht durchsetzen.

S

Kritik

Das BSG erkennt an, dass der Wohnungsverlust für Haftentlassene *„deutlich schwerer zu kompensieren ist als für andere Bürger"* (BSG, ebenda, Rz. 19). Dennoch liegen in der Praxis die Hürden für die Anerkennung „besonderer sozialer Schwierigkeiten" zum Zeitpunkt der Haftentlassung sehr hoch.

Neben dem absehbar **bevorstehenden Entlassungstermin** muss die **Wohnung** nachweislich **gefährdet** sein und es muss prognostisch plausibel dargelegt werdenden, dass bei der Entlassung voraussichtlich **„besondere soziale Schwierigkeiten"** vorliegen werden. Das stellt hohe Anforderungen an die Antragsbegründung und die Nachweise, die der Antragsteller aus der Haft heraus erbringen muss. In einer solchen Situation kann die Gewährung von Leistungen bereits durch das Verhalten Dritter beeinträchtigt werden, wenn diese z.B. die Kontaktaufnahme verweigern oder benötigte Nachweise nur zögerlich erbringen. Auch sind einige der oben genannten Kriterien i.d.R. durch handfeste Belege nicht nachzuweisen.

Das eröffnet dem Sozialhilfeträger wiederum zahlreiche Einfallstore, eine Entscheidung ggf. zu verzögern und im Fall eines zwischenzeitlich eingetretenen Wohnungsverlusts Fakten zu schaffen. Tatsächlich werden hohe Anforderungen auch an die Ermessensentscheidung der Behörde gestellt, die gefordert ist, eine individuelle Prognose zu treffen und sensibel zu sein für die Folgen eines Wohnungsverlusts für den noch Inhaftierten zum Zeitpunkt der Haftentlassung. Mit Blick auf die eher restriktive Gewährungspraxis der Sozialämter, wird es Betroffenen regelmäßig schwerfallen, bestehende Ansprüche ohne kompetente Unterstützung von außen oder durch den Sozialdienst der Haftanstalt, ggf. auch durch das Mittel einer ⇨einstweiligen Anordnung vor Gericht durchzusetzen.

2.3 Lagerkosten von Hausrat während der Haft

Wenn Sie Ihre Wohnung verloren haben und zeitweise Möbel und Hausrat einlagern müssen, wertete das BVerwG das als *„Kosten der Unterkunft"* (BVerwG - FEVS 46, 311), die das Sozialamt zu übernehmen habe. *„Zur Sicherung der Unterkunft gehört ... auch eine Sicherstellung von Einrichtungsgegenständen und sonstiger Habe des Häftlings (in angemessenem Umfang) während der Haft."* (OVG NI 04.12.2000 - FEVS 52, 275) Das gilt auch im Fall der Wohnungslosigkeit (VGH Bayern 14.05.2004, info also 6/2004, 266).

„Allerdings muss die Höhe der Einlagerungskosten gemessen an den eingelagerten Gegenständen wirtschaftlich und angemessen sein." (BSG 16.12.2008 - B 4 AS1/08 R)

Als Anspruchsgrundlage für die Übernahme der Lagerkosten *„kommt neben § 34 [jetzt 36] Abs. 1 SGB XII ... auch ein unmittelbarer Rückgriff auf § 29 [jetzt 35] SGB XII ... in Betracht, sofern man die Einlagerung von Haushaltsgegenständen unmittelbar den Unterkunftskosten zuordnet ... Daneben ist ...*

ein Anspruch nach §§ 67ff. SGB XII i. V. mit § 1 Abs. 2, § 4 der ‚Verordnung zur Durchführung der Hilfe zur Überwindung besonderer sozialer Schwierigkeiten' in Betracht zu ziehen." (LSG NRW 11.9.2006 - L 20 SO 36/06)

Wir vertreten die Auffassung, dass auch die Einlagerungskosten entsprechend der Übernahme von Unterkunftskosten während der Haft als „Hilfen zur Überwindung besonderer sozialer Schwierigkeiten" nach § 67 SGB XII zu übernehmen sind. Zur Antragsbegründung und zu Problemen, die im Rahmen der Leistungsgewährung auftreten können, lesen Sie bitte ⇨2.2 ff.

Alg II, GSi der Sozialhilfe

2.4 Angemessenheit der Unterkunftskosten

Wenn Sie in einer **Bedarfsgemeinschaft mit Partner und Kindern** Leistungen bezogen haben, vermindert sich mit Ihrer Inhaftierung die Zahl der Haushaltsangehörigen. Dadurch können die Unterkunftskosten für den **Rest-Haushalt** unangemessen hoch werden (⇨Miete 4. ff.).

Sind Sie lediglich für einen Zeitraum von unter **6 Monaten** inhaftiert, ändert sich nichts, denn die Aufforderung, eine Wohnung mit angemessener Miete zu suchen, lässt Ihrer Familie eine Frist von 6 Monaten (BSG 19.10.2010 - 14 AS 50/10 R).

Diese **Frist** kann mit Blick auf die besonderen Umstände **verlängert** werden. Es wäre unsinnig, wenn Ihre Familie 6 Monate nach Ihrem Strafantritt in eine kleinere Wohnung umzieht, Sie aber 6 Monate später entlassen werden und dann wieder eine größere Wohnung suchen dürfen. Die Absenkung der Unterkunftskosten *„muss nicht gefordert werden, wenn diese unter Berücksichtigung der bei einem Wohnungswechsel zu erbringenden Leistungen unwirtschaftlich wäre"* (§ 22 Abs. 1 Satz 4 SGB II).

Tipp Liegt Ihre Haftstrafe zwischen 6 bis 18 Monaten sollte Ihr Partner schriftlich eine Verlängerung der Frist zur Kostensenkung beantragen, weil ein Umzug unter Berücksichtigung des Einzelfalles unwirtschaftlich und i.d.R. der Familie nicht zuzumuten ist.

2.5 ⇨Mietschulden

Wenn Mietschulden während der Haft aufgelaufen sind und der **Verlust der Wohnung** droht, können Sie die Übernahme der Mietschulden beim zuständigen **Sozialamt** beantragen. Mietschuldenübernahme nach § 36 SGB XII ist als **Darlehen oder** als **Beihilfe** möglich. Schuldenübernahme kommt besonders bei kurzer Haftdauer in Frage, wenn der Wohnungsverlust dadurch noch abgewendet werden kann.

Ist Ihre **Haft** bereits **beendet und** beziehen Sie **Alg II** beim Jobcenter, müssen Sie die Übernahme der Mitschulden dort beantragen (§ 22 Abs. 8 SGB II). In diesem Fall gibt es nur ein **Darlehen**.

2.6 Übernahme der Besuchskosten Angehöriger

Beim regelmäßigen Besuch **Alg-II**-leistungsberechtigter Angehöriger in entfernt gelegenen Haftanstalten, können erhebliche **Fahrtkosten** anfallen, die aus deren ⇨Regelsätzen nicht mehr gedeckt werden können. In diesem Fall sollte die Übernahme der Besuchskosten im Rahmen der ⇨**Härtefall**regelung beantragt werden, da ein *„unabweisbarer, laufender, nicht nur einmaliger besonderer Bedarf besteht"* (§ 21 Abs. 6 SGB II).

Das SG Braunschweig hat den Bedarf anerkannt und sah die Besuchsfahrten der Eltern zu Ihrem in Jungenhaft genommenen Sohn zwei Mal mtl. als erforderlich an, *„um den Familienzusammenhalt aufrecht zu erhalten und für die soziale Integration nach Ende der Haft vorzusorgen"* (9.4.2014 - S 49 AS 2184/12).

Das gilt auch für den regelmäßigen Besuch von (Ehe-)Partnern und von Kindern Strafgefangener in der Haftanstalt.

Für Beziehende von **HzL und GSi** der Sozialhilfe können die entsprechenden Besuchskosten durch die individuelle Erhöhung des Regelsatzes gedeckt werden, da der Bedarf *„unabweisbar seiner Höhe nach erheblich von einem durchschnittlichen Bedarf abweicht"* (§ 27a Abs. 4 Satz 1 SGB XII).

3. Nach der Haftentlassung

Alg II und Sozialhilfe

3.1 ⇨Wohnungsbeschaffungskosten

Kurz vor Haftende bzw. nach der Haftentlassung können Sie die Übernahme der *„Wohnungsbeschaffungskosten"* für eine

S

neue Wohnung beantragen. Ein Antrag ist allerdings nur möglich, wenn Sie beim Jobcenter ein **konkretes Wohnungsangebot** vorlegen. Der Mietvertrag sollte dann noch **nicht** abgeschlossen sein.
Unter Wohnungsbeschaffungskosten fallen
- ⇨**Kaution**, evtl. Genossenschaftsanteile,
- Kosten für den ⇨**Umzug** und
- Kosten für die ⇨**Renovierung** (nach Haftentlassung: LSG Sachsen Anhalt 14.2.2007 - L 2 B 261/06 AS ER).

3.2 Erstausstattung

3.2.1 der Wohnung

Außerdem können Kosten für eine Erstausstattung der Wohnung übernommen werden, wenn Möbel während der Haft nicht eingelagert werden konnten (BSG 11.4.2011 - B 14 AS 53/10 R; SG Bremen 2.7.2009 - S 23 AS 894/09 ER).
Näheres unter ⇨Hausrat

Tipp Erkundigen Sie sich, welche Behörde nach der Haft für Sie zuständig ist. Bei Personen ohne Anspruch auf Arbeitslosengeld I (zuständig ist Arbeitsagentur) ist das regelmäßig das **örtliche** oder bei einem **Umzug** an einen anderen Ort das **dortige** Jobcenter bzw. das Sozialamt.

3.2.2.für Bekleidung

S

Fehlen einem Haftentlassenen wesentliche Elemente der **Bekleidungsgrundausstattung** kann eine Erstausstattung für Bekleidung beantragt werden. Das ist auch noch 9 Monate nach Haftentlassung möglich. *„Die Grundausstattung an Bekleidung muss dem Hilfebedürftigen ein mehrfaches Wechseln der Kleidung innerhalb einer Woche und zwar entsprechend der Witterungsverhältnisse ermöglichen."* (SG Chemnitz 20.9.2012 - S 29 AS 3229/12 ER, hier fehlten Winter- und Übergangskleidung sowie Leibwäsche).
Näheres unter ⇨Kleidung

3.3 Überbrückungsgeld (Entlassungsgeld)

Überbrückungsgeld/ **Ü-Geld** soll den notwendigen Lebensunterhalt für Sie und Ihre unterhaltsberechtigten Angehörigen für die ersten **4 Wochen** nach der Entlassung sichern (§ 51 Abs. 1 Strafvollzugsgesetz).

3.3.1 Ü-Geld: Einkommen oder Vermögen?

Beantragen Sie aber nach der Haft Alg II, HzL oder GSi der Sozialhilfe, kann das Ü-Geld nach dem sogenannten Zuflussprinzip entweder als ⇨**Einkommen** gewertet und auf Ihre Leistung angerechnet werden **oder** es kann als ⇨**Vermögen** gewertet und im Rahmen der Vermögensfreigrenzen anrechnungsfrei gestellt werden. Maßgeblich dafür sind immer der **Zeitpunkt des Zuflusses** und der **Zeitpunkt der Antragstellung** (BSG 6.10.2011 - B 14 AS 94/10 R; ⇨Einkommen 3.2).

Der für die Abgrenzung zwischen Einkommen und Vermögen entscheidende **Antrag** auf Leistungen zur Sicherung des Lebensunterhalts wirkt sowohl beim **Alg II** als auch bei der **GSi** auf den **ersten Tag des Antragsmonats** zurück; auch wenn Sie für den Zeitraum, in dem Sie noch inhaftiert waren, zumindest auf Leistungen nach dem SGB II keinen Anspruch hatten (BSG 28.10.2014 - B 14 AS 36/13 R; ⇨1.). Aufgrund der **Rückwirkung des Antrages** auf den Monatsersten stellt das im Monat der Antragstellung **zugeflossene** Ü-geld Einkommen dar und ist demzufolge leistungsmindernd anzurechnen (BSG, ebenda).

Bei **HzL** der Sozialhilfe entsteht der Anspruch auf Leistungen erst mit dem Tag des Bekanntwerdens der Hilfebedürftigkeit – der Antrag wirkt **nicht** auf den Monatsersten zurück. Auch hier gilt das Zuflussprinzip, wonach Einnahmen zum Zeitpunkt des Zuflusses als Einkommen zu bewerten sind. Da aber das Ü-Geld immer **vor** dem Bedarfszeitraum zufließt, ist es, wenn der Antrag auf HzL erst am Tag **nach** der Entlassung gestellt wird, kein Einkommen sondern Vermögen. Als Einkommen ist eine Einnahme zu bewerten, wenn sie **innerhalb** des Bedarfszeitraums zufließt (BVerwG 18.2.1999 - 5 C 35/97, Rz. 14, 15).

Alg II, GSi der Sozialhilfe

Fließt das Überbrückungsgeld aber **im Monat vor der Antragstellung** zu, ist es zum Zeitpunkt der Antragstellung **Vermögen** (BSG 6.10.2011 - B 14 AS 94/10 R).

Tipp 1 Wenn Ihr Ü-Geld vollständig im Rahmen des Schonvermögens anrechnungsfrei gestellt werden soll, müssen Sie Ihren Antrag auf Leistungen **im Monat nach der Entlassung** stellen. In diesem Fall müssen Sie sich **freiwillig krankenversichern** (⇨3.4) und ihren Lebensunterhalt aus dem Ü-Geld bestreiten. Das ist regelmäßig von Vorteil, wenn der Tag der Haftentlassung am Monatsende liegt.

Tipp 2 Übersteigt das Ü-Geld Ihren Bedarf zum Lebensunterhalt für den Restmonat zuzüglich Ihrer Beiträge für die freiwillige ⇨Krankenversicherung, kann es ebenfalls sinnvoll sein, den Antrag erst im Folgemonat zu stellen.

Aber Achtung! Die Verschiebung der Antragstellung auf den Folgemonat macht nur Sinn, wenn Sie nicht auf Übernahme der Kosten durch das Jobcenter/ Sozialamt angewiesen sind, die in Verbindung mit der **Anmietung und Bezug** einer neuen **Wohnung** stehen (⇨3.1 f.). Hier ist es oft günstiger die Unterstützung der Behörde bereits im Entlassungsmonat in Anspruch zu nehmen.

3.3.2 Nachträglicher Verzicht auf Antragstellung möglich?

Nein. Haben Sie in Unkenntnis der Anrechnungsregelungen von Ü-Geld einen Antrag auf Leistungen nach dem SGB II gestellt, können Sie diesen Antrag nicht mehr zurücknehmen und auf den Folgemonat verschieben. Nachdem er einmal gestellt ist, liegt die Verschiebung der Wirkung des Antrages nicht mehr in Ihrer rechtlichen Gestaltungsmöglichkeit. (BSG 24.4.2015 - B 4 AS 22/14 R). Das wird auch für **HzL/ GSi** der Sozialhilfe gelten.

3.3.3 Für wie lange wird Ü-Geld angerechnet?

Alg II

Ab dem 1.8.2016 gilt: *„Überbrückungsgeld ... oder vergleichbare Leistungen nach landesrechtlichen Regelungen sind nicht als Einkommen zu berücksichtigen, soweit sie **den Bedarf** der leistungsberechtigten Person für 28 Tage **übersteigen**."* (§ 11 Abs. 6 Satz 1 SGB II neu)

Ist Ihr Ü-Geld **höher** als der Betrag, der Ihren **Bedarf für 28 Tage** deckt, dürfen Sie den **Rest** als **Vermögen** behalten. Der Tag der Anrechnung beginnt am **Tag nach der Haftentlassung** und läuft genau 28 Tage.

Weil in diesem Fall Ihr Bedarf für 28 Tage durch das Ü-Geld gedeckt ist, und Sie deshalb **keinen Anspruch auf Alg II hätten**, wird das anzurechnende Ü-Geld als einmalige Einnahme **auf sechs Monate verteilt angerechnet** (§ 11 Abs. 6 Satz 2 SGB II neu). Es wird also nur zu einem Sechstel pro Monat berücksichtigt und mindert sechs Monate lang Ihren Anspruch auf Alg II. Diese Regelung soll sicherstellen, dass Sie mit dem Tag der Antragstellung auch tatsächlich Anspruch auf SGB-II-Leistungen haben und darüber Krankenversicherungsschutz „genießen". Sie müssen dann den entsprechenden Teil des Ü-Geldes aufteilen und zurücklegen, damit er zur Bestreitung des Lebensunterhalts für sechs Monate zur Verfügung steht.

Kritik

Kaum praxistauglich ist die Regelung deshalb, weil das Ü-Geld für jegliche Bedarfe eingesetzt werden muss, die 28 Tage nach der Haftentlassung anfallen. Das sind nicht nur die laufenden Leistungen zum Lebensunterhalt wie Regelsatz, Kosten der Unterkunft und Beiträge für die Krankenversicherung, sondern auch alle in den ersten 28 Tagen anfallende Bedarfe für die **Beschaffung der Wohnung** (einschließlich Kaution) und für **Erstausstattung** (BT-Drs. 18/8041, 33). Das wird entweder dazu führen, dass beim Bezug einer Wohnung und bei Inanspruchnahme von Erstausstattungen regelmäßig das Ü-Geld **voll für den Bedarf eingesetzt werden muss** oder dass **Anreize** geschaffen werden, **Bedarfe** für die Beschaffung der Wohnung und Erstausstattungen erst **nach Ablauf von 28 Tagen geltend zu machen**. Für die Resozialisierung nach der Entlassung werden damit erste Hürden aufgebaut. *„Die Reglung soll den Zugang zum SGB II im Anschluss an die Haftentlassung verbessern"*, so die Bundesregierung in der Gesetzesbegründung (ebenda). Allerdings müsste dann der Einsatz des Ü-Geldes auf die laufenden Leistungen zum Lebensunterhalt beschränkt sein.

S

Reicht das Ü-Geld **nicht aus**, um den Bedarf für 28 Tage voll zu decken, wird Alg II anteilig **aufgestockt**.
Auch Ü-Geld als Einkommen muss **bereinigt** werden (⇨Einkommensbereinigung).

HzL und GSi der Sozialhilfe
Nicht nur nach dem SGB II sondern auch nach der Rechtsprechung des BSG zum Alg II ist Ü-Geld für den **Zeitraum von 4 Wochen** nach der Haftentlassung anzurechnen, falls es Einkommen und nicht Vermögen ist. Das leitet das BSG aus der Zweckbindung des Ü-Geldes gemäß § 51 Abs. 1 Strafvollzugsgesetz ab. (BSG 28.10.2014 - B 14 AS 36/13 R). Das sollte auch bei HzL und GSi gelten. Allerdings fehlt im Sozialhilferecht die Regelung für die Verteilung des Ü-Geldes auf sechs Monate, wenn der Anspruch auf Leistungen durch das Ü-Geld ganz entfällt.

3.3.4 Ü-Geld verbraucht – Anspruch auf Leistungen?

Wenn Sie Alg II/ Sozialhilfe im Monat der Haftentlassung beantragen müssen, weil Sie Ihr **Überbrückungsgeld ausgegeben** haben, kommt es darauf an, wofür Sie es ausgegeben haben und ob Sie wissen konnten, dass Sie es **vorrangig** zum Lebensunterhalt hätten verwenden müssen. Grundsätzlich müssen Ihnen Leistungen zum Lebensunterhalt gewährt werden, wenn **keine bereiten Mittel zum Leben** mehr vorhanden sind (BSG 12.12.2013 B14 AS 76/12 R, in Bezug auf eine vorzeitig verbrauchte Erbschaft).

S

Will das Jobcenter Ihnen **ab dem 1.1.2017** in solchen Fällen ein **Darlehen** gewähren, weil Sie eine einmalige Einnahme (das Ü-Geld) vorzeitig verbraucht haben (§ 24 Abs. 4 Satz 2 SGB II neu), dürfte dies rechtswidrig sein, weil Ihnen zuvor niemand gesagt hat, wie lange Ihr Ü-Geld hätte reichen müssen und wann es vorzeitig verbraucht wäre (⇨Einkommen 3.2.1).

Einen **vollen Leistungsanspruch** habe Sie allerdings nur, wenn Sie mit dem Überbrückungsgeld **gutgläubig** z.B. Schulden getilgt, als gehbehinderter Haftentlassener eine Kfz-Reparatur gezahlt (LSG NRW 23.12.2009 - L 12 B 147/09 AS ER) oder andere wirtschaftlich sinnvollen Ausgaben getätigt haben. Sie müssen dann nachweisen, dass Sie das Geld nicht unwirtschaftlich „verprasst" haben.

Haben Sie das Geld **vorsätzlich** oder **grob fahrlässig** unwirtschaftlich ausgegeben, um den **Alg-II**-Bezug herbeizuführen, kann das Jobcenter **Kostenersatz** fordern (⇨Rückforderung 3.1.). Sie haben zwar Anspruch auf Sicherung der Existenz, müssen aber die „zu Unrecht" erhaltenen Leistungen durch ⇨**Aufrechnung** von 30% des Regelsatzes zurückzahlen. Zudem kann die Behörde Ihre Leistungen mit einer ⇨**Sanktion** für 3 Monate kürzen.

Das gilt auch für **HzL/ GSi** der Sozialhilfe, jedoch mit abweichenden Aufrechnungs- und Sanktionsregelungen.

3.4 Krankenversicherungsschutz nach der Entlassung

Waren Sie vor der Haft pflichtversichert und beziehen Sie nach der Haft nahtlos Alg II/ Sozialhilfe, werden Sie wieder in die ⇨Krankenversicherung aufgenommen (für Sozialhilfebezug: SG Lübeck 9.2.2009 - S 14 KR 1006/08 ER; SG Augsburg 2.6.2009 - S 12 KR 161/09 ER). Das ist auch der Fall, wenn Sie unter dieser Voraussetzung nahtlos in eine sozialversicherungspflichtige Beschäftigung übergehen. Sie genießen dann ebenfalls den Schutz der gesetzlichen Kranken- und Pflegeversicherung.

Wenn Sie keinen Antrag auf Leistungen stellen, müssen Sie direkt nach der Entlassung bei einer Krankenkasse Ihrer Wahl (am besten Ihre alte KV) eine freiwillige Weiterversicherung beantragen.

Achtung! Wenn Haftentlassene bei einer Kasse um Krankenversicherungsschutz nachsuchen, kommt es vor, dass deren **Aufnahme verweigert** wird, da das Versicherungsverhältnis durch die Haft für einen längeren Zeitraum unterbrochen war. Das ist rechtswidrig. Das Tatbestandsmerkmal *„zuletzt gesetzlich krankenversichert"* als Voraussetzung für die Wiederaufnahme in die gesetzliche Krankenversicherung ist erfüllt, wenn Sie vor der Inhaftierung bei einer Kasse versichert waren. Die zwangsweise Unterbrechung durch die Gesundheitsfürsorge im Strafvollzug ist für diese Voraussetzung unschädlich. (LSG Baden-Württemberg 25.2.2009 - L 11 KR 497/09 ER-B; SG Aachen 15.5.2009 - S 13 KR 71/09 ER)

Die Regelung für den Krankenversicherungsschutz gilt entsprechend für Personen, die vor der Haft bei einer privaten Kasse krankenversichert waren.

3.5 Strafhaft: kein Kostenersatz wegen sozialwidrigen Verhaltens

Nur weil Sie straffällig geworden sind und aufgrund der Haftstrafe für sich und ggf. Ihre Bedarfsgemeinschaft auf Sozialleistungen angewiesen sind, darf das Jobcenter keinen Kostenersatz von Ihnen fordern. Die Erstattungspflicht (§ 34 SGB II) erfasst *„nur ein Verhalten mit spezifischem Bezug, d.h. ‚innerem Zusammenhang', zur Herbeiführung der Hilfebedürftigkeit bzw. Leistungserbringung"*. Das mit einer Straftat und Inhaftierung verbundene Verhalten ist in seiner Handlungstendenz aber regelmäßig nicht *„auf die Einschränkung bzw. den Wegfall der Erwerbsfähigkeit oder -möglichkeit bzw. die Herbeiführung von Bedürftigkeit gerichtet…"* (BSG 2.11.2012 - B 4 AS 39/12 R). Eine Kostenersatzforderung der Behörde wäre demnach rechtswidrig.

Information

BAG für Straffälligenhilfe e.V., Wegweiser für Inhaftierte, Haftentlassene und deren Angehörige, 17. Aufl. 2015, www.bag-s.de/aktuelles/aktuelles0/article/aktuelle-auflage-wegweiser-fuer-inhaftierte/ (als Broschüre dort zu bestellen oder als PDF-Datei zum Herunterladen)

Strom

„Der Regelbedarf … umfasst insbesondere … Haushaltsenergie ohne die auf die Heizung und Erzeugung von Warmwasser entfallenden Anteile..." (§ 20 Abs. 1 Satz 1 SGB II). Dasselbe gilt für Beziehende von Hilfe zum Lebensunterhalt (HzL) und Grundsicherung (GSi) der Sozialhilfe (§ 27a Abs. 1 Satz 1 SGB XII).

Haushaltsenergie, d.h. Strom für Beleuchtung, elektrische Geräte und Gas für Kochfeuerung sind also im Regelsatz enthalten. Die Kosten für die Bereitung von ⇨Warmwasser sind seit Januar 2011 nicht mehr vom Regelsatz umfasst und werden im Rahmen der Kosten für Unterkunft und Heizung übernommen.

Nachzahlungen für Strom aufgrund einer Endabrechnung sind folglich ebenfalls im Regelsatz enthalten, ob Sie das Geld haben oder nicht. Aufgelaufene Stromschulden (⇨3.1) sollen Sie möglichst eigenverantwortlich durch Ratenzahlung an den Energieversorger abtragen (LSG Niedersachsen-Bremen 19.8.2005 - L 7 AS 182/05 ER).

Tipp Achten Sie darauf, dass die Kosten für Haushaltsenergie und Heizung/ Warmwasserbereitung sauber getrennt werden. ⇨Heizkosten und ⇨Warmwasserkosten sind von der Behörde zu übernehmen, auch als Nachzahlungen.

Inhaltsübersicht:

1. Haushaltsenergie im Regelsatz

Im Eckregelsatz von 1998 waren 26,31 € für Haushaltsenergie enthalten, in dem von 2016 sind es 31,40 € (⇨Regelsatz 2.3, 04 Wohnung, Strom). Zum Januar 2011 ist der Stromanteil für **Erwachsene** verhältnismäßig stark angehoben worden. Er lag bis 2010 noch bei 22,58 € und erhielt sogar noch die Kosten für Warmwasserbereitung.

S

Mit dem Regelsatzanteil für Haushaltsenergie sollen auch der Grundpreis für Gas und der Gasverbrauch für Kochfeuerung gedeckt sein. Der Grundpreis für Gas allerdings nur, wenn nicht gleichzeitig mit Gas geheizt wird (⇨Heizkosten).

Wenn Sie **Warmwasser mit Strom** bereiten, bekommen Sie zusätzlich zum Regelsatz einen ⇨Mehrbedarf für dezentrale Warmwasserbereitung (§ 21 Abs. 7 SGB II; § 30 Abs. 7 SGB XII; ⇨Warmwasser 2.2 f.).

Anteil für Haushaltsenergie pro Person			
	2016	2008	1998
Alleinstehende, Alleinerziehende	**31,40 €**	22,11 €	26,31 €
PartnerInnen	**28,29 €***	19,90 €*	23,68 €*
Haushaltsangehöriger ab 18	**25,18 €***	17,69 €*	21,05 €*
14 bis 17jährige „Kinder“	**14,79 €**	17,69 €*	23,68 €*
6 bis 13jährige Kinder	**11,42 €**	13,27 €*	18,42 €*
0 bis 5jährige Kinder	**6,48 €**	13,27 €*	15,78 €*

*Energieanteil Eckregelsatz an die jeweils geltenden Regelsatzstufen 90%, 80%, 70% und 60% angeglichen.

Bei der Tabelle ist zu beachten, dass die Regelsatzanteile für Haushaltsenergie von 1998 und 2008 noch den Bedarf für Warmwasserbereitung erhielten.

Die **Kinderregelsätze** von 2011 wurden erstmalig anhand der separierten Verbrauchsausgaben für Dreipersonenhaushalte (Paar mit Kind der jeweiligen Altersstufe) aus der EVS 2008 ermittelt. Bei den Ausgaben für Wohnungsinstandhaltung und Strom wurden die Haushaltsausgaben anhand eines Verteilungsschlüssels aufgeteilt. Auf das Kind entfallen demnach die Stromkosten auf der Basis des Anteils eines Kinderzimmers an der gesamten Wohnfläche des Haushalts. (BT-Drs. 17/3404, 64 ff.) Das erklärt, warum trotz Erhöhung des Stromanteils im Regelsatz der Anteil der Kinder in den Keller gefallen ist. Bedarfsgerecht sieht anders aus!

Wenn Sie als Alg-II-BezieherIn eine Warmmiete **inklusive Strom** zahlen, darf Ihnen das Jobcenter die Stromkosten **nicht** pauschal vom Regelsatz abziehen (BSG 24.11.2011 - B 14 AS 151/10 R). Bei Sozialhilfebeziehenden ist ein solcher Abzug in Höhe von mtl. 31,40 € (Alleinstehende) noch möglich.

2.1 Stromkosten oberhalb der Regelsatzanteile

HzL und GSi der Sozialhilfe

„Im Einzelfall wird der individuelle Bedarf abweichend vom Regelsatz festgelegt, wenn ein Bedarf ... unabweisbar seiner Höhe nach erheblich von einem durchschnittlichen Bedarf abweicht.“ (§ 27a Abs. 4 Satz 1 SGB XII)
Wenn Ihr erhöhter Strombedarf unabweisbar ist und erheblich von Ihrem im Regelsatz anerkannten Bedarf abweicht, sollten Sie eine Regelsatzerhöhung beantragen. Das ist nur bei Sozialhilfebezug möglich.
Ein erheblicher vom Durchschnitt abweichender Bedarf kann unter besonderen Umständen vorliegen, vor allem bei krankheitsbedingtem Stromverbrauch, z.B. aufgrund medizinischer Apparaturen und Hilfsmittel wie E-Rollstuhl etc.

Tipp In solchen Fällen müssen Sie **vorrangig** einen Zuschuss zu den Stromkosten bei der **Krankenkasse** beantragen. In den meisten Fällen werden hier mtl. Pauschalen, bei höherem nachweislichem Verbrauch auch höhere tatsächliche Kosten erstattet. Erst wenn das nicht reichen sollte, kommt die Übernahme der Stromkosten durch das Sozialamt in Betracht.

Alg II

Wenn Ihr Strombedarf aus oben genannten Gründen erheblich vom Regelsatzanteil für Haushaltsenergie abweicht und eine Kostenübernahme durch die Krankenkasse nicht möglich ist, bzw. den Bedarf nicht deckt, können Sie einen ⇨**Mehrbedarf** nach § 21 Abs. 6 SGB II beantragen. Diese Leistungen für unabweisbare, laufende besondere

Bedarfe werden jedoch sehr eingeschränkt bei ⇨Härtefällen gewährt. Ein Bedarf für erhöhte Stromkosten ist in der Härtefallliste der BA nicht aufgeführt (BA 21.37).

2.2 Stromkosten unterhalb der Regelsatzanteile – Regelsatzsenkung?

Es ist unzulässig, Ihnen den Regelsatz zu kürzen, weil sie weniger Strom verbrauchen als vorgesehen (⇨Regelsatz 6.2).

Nur wenn Sie HzL oder GSi der Sozialhilfe z.B. in einer **Einrichtung** beziehen und dort keine Stromkosten haben, kann der Regelsatz entsprechend gekürzt werden (*„Barbetrag"* nach § 27b Abs. 2 Satz 1 SGB XII), nicht aber bei Alg-II-Bezug.

2.3 Nachforderung nach Endabrechnung

Wenn Sie am Ende der Jahresabrechnung eine Nachforderung für Stromkosten erhalten, müssen Sie diese aus dem Regelsatz oder vorhandenem ⇨Vermögen zahlen. Wenn Sie den Betrag nicht aufbringen können, müssen Sie ein **Darlehen** beantragen (⇨einmalige Beihilfe). Es handelt sich hier um einen *„vom Regelbedarf umfassten und nach den Umständen unabweisbaren Bedarf"* (§ 24 Abs. 1 SGB II; sinngleich: § 37 Abs. 1 SGB XII).

Das ⇨Darlehen wird beim Alg II mit **10%** (§ 42a Abs. 2 SGB II), bei HzL/ GSi der Sozialhilfe mit **bis zu 5%** (§ 37 Abs. 4 SGB XII) mit dem künftigen Regelsatz aufgerechnet.

2.4 Guthaben nach Endabrechnung

Alg II

Ist nach dem Abrechnungszeitraum aus den Vorauszahlungen für Strom ein Guthaben entstanden, darf dieses nicht als ⇨Einkommen angerechnet werden. Sie haben es schließlich aus dem Regelsatz bezahlt. *„Rückzahlungen, die sich auf die Kosten für Haushaltsenergie ... beziehen, bleiben außer Betracht."* (§ 22 Abs. 3 2. Halbsatz SGB II neu)

HzL und GSi der Sozialhilfe

Hier gilt erst seit dem **1.4.2011**: *„Einkünfte aus Rückerstattungen, die auf Vorauszahlungen beruhen, die Leistungsberechtigte aus dem Regelsatz erbracht haben, sind* ***kein*** *Einkommen."* (§ 82 Abs. 1 Satz 2 SGB XII). Den Sozialämtern müsste mittlerweile bekannt sein, dass Stromguthaben nicht mehr angerechnet werden dürfen.

3. Stromschulden (Energieschulden)

2014 wurde aufgrund von Zahlungsrückständen 351.802 Haushalten oder rund 0,75% der Abnehmerstellen der Strom gesperrt (Bundesnetzagentur, Monitoringbericht 2015, 192).

Mahngebühren, Inkasso-Gebühren, Gebühren für die Stromsperre selbst und Wiederaufnahmegebühren werden auf die reinen Stromschulden aufgeschlagen.

Nach der Stromgrundversorgungsverordnung (StomGVV), die für alle nach dem 12.7.2005 abgeschlossene Versorgungsverträge gilt, darf die **Stromlieferung gesperrt** werden, wenn

- es eine Zahlungsaufforderung gegeben hat (§ 17 StromGVV),
- frühestens **zwei Wochen** danach die Zahlung angemahnt wurde,
- die Liefersperre angedroht wurde (das erfolgt i.d.R. mit der Mahnung),
- eine Nachfrist von **4 Wochen** nach Zugang der Sperrandrohung verstrichen ist, ohne dass die Forderung beglichen wurde,
- **drei Wochentage** vor der Sperre eine schriftliche Ankündigung zugeht,
- die Stromsperre keine **unverhältnismäßigen Folgen** hat und
- die Stromforderung **mindestens 100 €** beträgt.

(§19 StromGVV; für Gas gilt entsprechend die GasGVV)

Für Versorgungsverträge, die vor dem 12.7.2005 abgeschlossen wurden, gelten die Allgemeinen Versorgungsbedingungen Elektrizität (AVBEltV) mit entsprechendem Inhalt. Die Nachfrist nach Zugang der Sperrandrohung ist hier allerdings auf **zwei Wochen** begrenzt (§ 33 Abs. 2 Satz 1 AVBV). Für Fernwärme gilt entsprechend die AVBFernwämeV.

Ist die Strom-/ Energiesperre angedroht, gibt es mehrere Möglichkeiten diese abzuwenden:

3.1 Rückzahlungsvereinbarung mit dem Energieversorger

Sie können die Sperre verhindern, wenn **hinreichende Aussicht** besteht, dass Sie Ihren Verpflichtungen nachkommen, z.B. indem Sie

S

- dem Energieversorger eine plausible Ratenzahlungen anbieten,
- eine möglichst zinslose Stundung und die Zahlung aus einer zukünftigen Einnahme (Steuererstattung usw.) vereinbaren,
- die Abschlagszahlungen per Dauerauftrag sicherstellen; eventuell auch höhere Abschlagszahlungen, um den Rückstand aufzuholen bzw. erneute Nachforderungen zu vermeiden oder
- auf Drittmittel wie Verwandten- oder Arbeitgeberdarlehen zurückgreifen.

Tipp Achten Sie bei Ihrem Rückzahlungsangebot darauf, dass Energieschulden mit Ratenzahlungen üblicherweise vor der nächsten Jahresverbrauchsabrechnung beglichen sein müssen, sonst lässt sich der Energieversorger nicht darauf ein.

3.1.1 Zweiter Versuch: Darlehen für einen unabweisbaren vom Regelsatz umfassten Bedarf

Kommt eine Zahlungsvereinbarung nicht zustande, können Sie immer noch versuchen, bei der Behörde ein ⇨**Darlehen** (⇨Einmalige Beihilfe 3.) für einen unabweisbaren Bedarf zu beantragen. Unabweisbar ist ein Bedarf z.B., wenn die Stromsperre in einem Haushalt mit Kindern droht und ein Ansparen während des Leistungsbezugs nicht möglich war (§ 24 Abs. 1 SGB II i.V. mit § 42a SGB II; § 37 Abs. 1 SGB XII).

S

„Voraussetzung hierfür ist, dass ein im Einzelfall unabweisbarer Bedarf nicht auf andere Weise (z.B. durch eine Ratenzahlungsvereinbarung mit dem Energieversorgungsunternehmen) gedeckt werden kann. Die Unabweisbarkeit des Bedarfs ist bei einer drohenden Stromsperre gegeben.“ (DV, Empfehlungen des Deutschen Vereins (DV) zur Übernahme von Mietschulden und Energiekostenrückständen im SGB II und SGB XII, 11.3.2015, 9, im Folgenden: DV 17/14)

3.1.2 Wann liegt ein vom Regelsatz umfasster Bedarf vor, wann sind es Stromschulden?

Für die Übernahme der Energieforderungen als Darlehen nach § 24 Abs. 1 SGB II oder 37 Abs. 1 SGB XII ist **Voraussetzung**, dass es sich hier um einen **vom Regelsatz umfassten, unabweisbaren Bedarf** handelt und **nicht** um **Altschulden**. *„Monatliche Abschläge sind ebenso wie aufgrund der Jahresabrechnung erforderliche Nachzahlungen grundsätzlich aus dem laufenden Regelbedarf zu zahlen. Schulden, die während des Bezugs von Arbeitslosengeld II oder Sozialhilfe neu entstehen, können nicht nach § 22 Abs. 8 SGB II bzw. § 36 Abs. 1 SGB XII übernommen werden.“* (DV 17/14, 7).

Folgt man dieser Auffassung, fallen sämtliche während des laufenden Bezugs von SGB-II-/SGB-XII-Leistungen entstandenen Energieforderungen unter diese Darlehensreglung für den vom Regelsatz umfassten, unabweisbaren Bedarf. Das ist von Bedeutung, da hier die Schwelle zur Leistungsgewährung niedriger liegt, als bei der Übernahme von Energieschulden zur Wohnraumsicherung (§ 22 Abs. 8 SGB II; § 36 Abs. 1 SGB XII).

Lediglich für Energieforderungen, die **vor dem Bezug** von Leistungen **entstanden** sind, kommt demnach die Schuldenübernahme *„zur Sicherung der Unterkunft“* in Betracht (⇨3.3).

Tipp Auch wenn diese Auffassung umstritten ist, sollten Sie sich bei der Antragstellung auf die Empfehlungen des Deutschen Vereins beziehen und die richtigen Paragraphen nennen (§ 24 Abs. 1 SGB II oder 37 Abs. 1 SGB XII).

3.2 Unverhältnismäßigkeit der Sperre

Sie können die Sperre auch verhindern, wenn sie unverhältnismäßig zur Schwere der *„Zuwiderhandlung“* wäre (§ 19 Abs. 2 Satz 2 StromGVV).

Das kann der Fall sein, wenn Sie zum ersten Mal in Verzug sind, die ausstehenden Zahlungen gering sind und Sie die glaubhaft machen können, die Schuld zu tilgen.

Das kann auch der Fall sein, wenn die Sperre für Kleinkinder, Kranke, Behinderte, alte Menschen usw. schwerwiegende Folgen hätte, z.B. drohende Gesundheitsschäden mangels Heizung oder wegen fehlender Versorgung durch elektrische Geräte. Unverhältnismäßig wäre eine Sperre auch, wenn dadurch die Einkommenserzielung durch Heimarbeit unmöglich gemacht würde oder erhebliche Einbußen durch Verderb des Tiefkühltruheninhalts entstünden.

Sie können beim **Amtsgericht** eine **einst-**

weilige Anordnung auf Weiterversorgung beantragen, wenn die Stromsperre unverhältnismäßig ist. Das Amtsgericht kann die Sperre verbieten oder aufheben.

Das hat Aussicht auf Erfolg,

- wenn die Forderung anerkannt, um Stundung gebeten wurde und bereits regelmäßige Zahlungen eingehen (AG München 19.9.2007 - 242 C 4590/07; AG Bad Homburg 26.4.1996 - 2 C 4116/95-15),
- wenn zumutbare Schritte zur Begleichung der Schulden, z.B. durch Klage gegenüber dem Sozialleistungsträger auf ein Darlehen, bereits unternommen wurden (LG Düsseldorf 11.1.1995 -313 C 93/04 23 S 286/94),
- wenn eine Alleinerziehende mit Kleinkindern vor dem Insolvenzverfahren steht und keine Aussicht besteht, dass die Stromrückstände beglichen werden können (AG Darmstadt 29.4.2004 -313 C 93/04) oder
- wenn die Forderung eher niedrig ist (hier: 284 €) und eine geordnete Haushaltsführung von Mutter und Kleinkindern praktisch unmöglich gemacht wird (AG Würzburg 13.2.2007).
- bei drohenden schweren gesundheitlichen Schäden (SG Berlin 8.10.2009 - S 121AS 32195/09 ER; hier vorrangig gegenüber der Schuldenübernahme durch den Träger; ⇨3.1.3).

Ob eine Sperre unverhältnismäßig ist, hängt immer von der persönlichen Situation der Betroffenen **und** der Höhe der Forderungen ab. Die **Chancen**, eine Stromsperre mit einer Eilentscheidung vom Amtsgericht abzuwenden sind aber eher bescheiden. Die Materie ist für Laien schwer verständlich und die Erfolgsaussichten sind kaum abzuschätzen. Häufig scheitern solche einstweiligen Anordnungen schon daran, dass die Rechtspfleger beim Amtsgericht sich weigern, entsprechende Anträge aufzunehmen.

Tipp Schalten Sie über Beratungs- und ⇨Prozesskostenhilfe einen ⇨Anwalt ein und lassen Sie sich über die Erfolgsaussichten einer einstweiligen Anordnung beraten. Verlieren Sie, tragen Sie im Zivilverfahren ein beträchtliches **Kostenrisiko**.

3.3 Übernahme von Stromschulden zur *„Sicherung der Unterkunft"*

Die Übernahme der Stromschulden nach § 22 Abs. 8 SGB II/ § 36 SGB XII kommt nur in Betracht, wenn die Sperre nicht durch **Selbsthilfe** vermieden werden kann. Dabei darf das Jobcenter/ Sozialamt nur auf Hilfemöglichkeiten verweisen, die dazu geeignet und zumutbar sind, die Sperre zu verhindern (Gotzen, ZfF 2099, 107).

3.3.1 Vorrangige Selbsthilfemöglichkeiten

„Solange die konkrete Aussicht besteht, dass aufgrund des zwischen dem Hilfesuchenden und dem Energielieferanten bestehenden Vertragsverhältnisses eine drohende Stromsperre möglicherweise abgewendet wird, kommt eine Übernahme der rückständigen Stromkosten im Wege der Sozialhilfe nicht in Betracht." (VG Kassel 01.08.1989 - ZfF 1991, 228 f.)

Alg-II-Beziehende müssen vorrangig ihr **Schonvermögen** (150 € pro Lebensjahr), das Kinderschonvermögen und den **Ansparbetrag** (750 € pro Person) zur Begleichung der Stromschulden verwenden (§ 22 Abs. 8 Satz 3 i.V. mit § 42a Abs. 1 Satz 1 SGB II).

BezieherInnen von HzL und GSi der Sozialhilfe müssen das nicht (⇨Darlehen).

Solange Sie die Forderung in **Raten zurückzahlen** können (⇨3.1), übernimmt das Sozialamt/ Jobcenter nichts, sondern nur dann, wenn Sie die Schulden nicht aufbringen können (OVG Münster 28.4.1999, FEVS 51, 89). I.d.R. halten die Behörden Ratenzahlungen von **bis zu 20%** des Regelsatzes für zumutbar. Wenn Sie dazu nicht bereit sind, wird auch die Übernahme der Stromschulden verweigert. Besondere Lebenssituationen, z.B. Krankheiten müssen allerdings berücksichtigt werden.

Nur selten bestehen reelle Chancen eine Sperre mit Hilfe einer **einstweiligen Anordnung beim Amtsgericht** abzuwenden (⇨3.2). Als vorrangige Selbsthilfemöglichkeit wird ein Eilverfahren gegen den Energieversorger daher regelmäßig nicht zumutbar sein.

Ist eine Sperre jedoch offensichtlich unverhältnismäßig und verweist der Sozialleistungsträger auf zivilrechtlichen Eilrechtschutz, hat er den Antragsteller bei der gerichtlichen Durchsetzung durch *„flankierende Beratung"* zu unterstützen (LSG NRW 2.4.2008 - L 7 B 251/07 AS ER).

S

Es ist jedoch fraglich, ob das in der Praxis tatsächlich funktioniert. Nach Meinung des LSG Berlin-Brandenburg ist die *„vorrangige Anstrengung eines solchen Verfahrens vor Inanspruchnahme möglicher darlehensweiser Leistungen durch den Grundsicherungsträger im Regelfall nicht zumutbar“* (14.9.2012 - L 18 AS 2308/12 B ER). Das Jobcenter darf nämlich nur die Mitwirkung abverlangen, *„die objektiv und subjektiv zumutbar ist“*. Deshalb dürfen Leistungsbeziehende, denen es *„regelmäßig an Erfahrung auf dem Gebiet des zivilgerichtlichen Eilrechtsschutzes fehlt, [nicht] pauschal und ohne das Angebot von (ggf. auch rechtsanwaltlicher) Beratung und Hilfestellung auf diese besondere Form des gerichtlichen Rechtsschutzes ... verweisen“* werden. (LSG NRW 15.10.2012 - L 7 AS 1730/12 B ER, L 7 AS 1731/12 B)

Ein einmaliger **Anbieterwechsel** kommt als vorrangige Selbsthilfemöglichkeit eher selten in Betracht. Meist wird der Wechsel schon dadurch vereitelt, weil nicht genug Zeit bis zur Sperre verbleibt. Außerdem werden **verschuldete Energiekunden** vom neuen Anbieter meist nicht angenommen.
Eine entsprechende Klausel findet sich bestimmt auch in dem Versorgungsvertrag, den Sie mit dem neuen Energieversorger abschließen müssen. Schon deshalb ist von (wiederholtem) „Lieferanten-Hopping“ abzuraten, weil bei bestehenden Energieschulden aufgrund des Verdachts auf *„Eingehungsbetrugs“* strafrechtliche Verfolgung droht.

S

3.3.2 Selbsthilfemöglichkeiten ausgeschöpft – Stromschuldenübernahme durch die Behörde

Alg II, HzL und GSi der Sozialhilfe

„Schulden können nur übernommen werden, wenn dies zur Sicherung der Unterkunft oder zur Behebung einer vergleichbaren Notlage gerechtfertigt ist.“ (§ 36 Abs. 1 SGB XII; sinngleich mit Einschränkung auf BezieherInnen von Alg-II-Leistungen und Auszubildende: § 22 Abs. 8 SGB II).
„Die Nichtversorgung mit Energie stellt eine der Obdachlosigkeit vergleichbare Notlage dar.“ (SG Köln 15.11.2005, info also 1/2006, 35)

Stromschulden können also übernommen werden, wenn sie zur Stromsperre führen würden (LSG Niedersachsen-Bremen 28.5.2009 - L 7 AS 546/09 B ER, LSG NRW 12.12.2008 - L 7 B 384/08 AS; LSG Bayern 7.12.2005 - L 11 B 530/05 SO ER).

„Die Entscheidung, ob Schulden übernommen werden, liegt regelmäßig im pflichtgemäßen Ermessen der Verwaltung. ... Bei der Ermessensentscheidung sind die „besonderen Umstände des Einzelfalls in Betracht zu ziehen“ sowie *„alle entscheidungserheblichen Belange in eine[r] umfassende[n] Gesamtschau.“* (DV 17/14, 22)
Hierbei ist z.B. zu berücksichtigen, *„ob besonders schutzbedürftige Personen (z.B. Kleinkinder, Menschen mit körperlichen Einschränkungen) von einer etwaigen ... Energiesperre mit betroffen wären. Zu erwägen ist auch, ob Zahlungsrückstände erstmals oder wiederholt aufgetreten sind, ob ein Wille zur Verhaltensänderung erkennbar ist und welche Bemühungen zum Ausgleich der Rückstände gezeigt werden.“* (DV, ebenda)

Bei Familien mit minderjährigen Kindern, bei Schwangeren oder bei alten bzw. bettlägerigen Menschen sowie bei erstmaligen Stromschulden dürfte die Übernahme immer dann gerechtfertigt sein, wenn eine einstweilige Anordnung gegen den Energieversorger nicht zuzumuten ist (⇨3.2). Dann geht das ⇨Ermessen auf Null.

Stromschulden müssen auch übernommen werden, *„**um eine Stromsperre zu beenden**“* (SG Köln, ebenda). Mit der Stromsperre wird die Wohnung *„faktisch unbewohnbar“*, erklärt das Gericht. Damit sei *„eine dem sozialhilferechtlichen Mindeststandard genügende Unterkunft nicht mehr vorhanden“* (ebenda, 36; ebenso SG Aachen 14.6.2005 - S 20 SO 53/05 ER).

Allerdings scheidet eine Übernahme *„von Schulden ... grundsätzlich auch dann als **nicht gerechtfertigt** aus, wenn es wiederholt zu Rückständen gekommen und ein Wille des Hilfebedürftigen, sein Verhalten zu ändern, nicht erkennbar sei“* (LSG Baden-Württemberg 30.4.2009 - L 12 AS 2296/09 ER B; ansonsten bejahend). Ebenso bei ***„sozialwidrigem Verhalten“***, wenn im Vertrauen auf ein späteres Darlehen die Abschläge an den Energieversorger nicht gezahlt wurden (LSG Rheinland-Pfalz 27.12.2010 - L 3 AS 557/10 B ER).

3.3.3 Wer hat wo Anspruch auf Übernahme der Energieschulden?

Der Sozialhilfeträger übernimmt die Schulden nach § 36 SGB XII

- bei Leistungsbeziehenden von **HzL und GSi der Sozialhilfe,**
- bei erwerbsfähigen Personen mit niedrigem Einkommen, **die keinen Anspruch auf Alg II** haben (§ 21 Satz 2 SGB XII),
- bei nicht erwerbsfähigen Personen, deren Einkommen knapp **über** der Sozialhilfegrenze liegt und die deshalb **keinen Anspruch auf HzL/ GSi** haben und
- bei **Auszubildenden, SchülerInnen** und **Studierenden,** da kein Alg-II-Bezug *„für den Bedarf für Unterkunft und Heizung"* (§ 22 Abs. 8 Satz 1 SGB II) vorliegt.

Das Jobcenter ist für die Übernahme der Stromschulden nach § 22 Abs. 8 SGB II zuständig

- bei BezieherInnen von Alg II „für den Bedarf für Unterkunft und Heizung" (ebenda).

Tipp In vielen Städten/ Landkreisen gibt es gemeinsame Stellen für Wohnungssicherung. Diese sind i.d.R. bei drohender Sperre auch für die Übernahme der Energieschulden zuständig bzw. **beratungspflichtig**.

3.3.4 Beihilfe oder Darlehen?

*„Geldleistungen **können** als **Beihilfe oder** als **Darlehen** erbracht werden."* (§ 36 Abs. 1 Satz 3 SGB XII). In der **Sozialhilfe** waren bis 1993 Darlehen nur bei vorübergehender Notlage statthaft. Das gilt vom Grundsatz noch immer: *„Eine Darlehensvergabe ist in der Regel nur bei einer realistischen Rückzahlungsperspektive ermessensgerecht. Das zentrale Ziel der Sozialhilfe, von ihr unabhängig leben zu können (§ 1 Satz 2 SGB XII), darf durch die Darlehensgewährung nicht gefährdet sein."* Bei der Entscheidung ist demnach zu berücksichtigen, *„ob den Leistungsberechtigten die Rückzahlung in absehbarer Zeit nach Darlehensvergabe und innerhalb eines überschaubaren Zeitraumes tatsächlich möglich sein wird"*. (DV 17/14, 25)

In der Sozialhilfepraxis werden **Beihilfen** jedoch **nur noch selten** gewährt. Das ist rechtswidrig, eine Ermessensausübung muss bei der Entscheidung klar erkennbar sein. Auch die teilweise Gewährung von Darlehen wäre z.B. möglich (DV, ebenda).

Tipp Legen Sie ⇨Widerspruch ein, wenn das Amt Ihnen pauschal ein Darlehen andrehen will.

Energieschulden **erwerbsfähiger Personen**, die keine Alg-II-Ansprüche haben, weil ihr Einkommen geringfügig oberhalb des Alg-II-Bedarfs liegt, *„können"* nach § 36 SGB XII ebenfalls vom Sozialamt als Beihilfe oder Darlehen übernommen werden (§ 21 Satz 2 SGB XII i.V. mit § 36 Abs. 1 Satz 3 SGB XII). Darlehensvergabe ist hier jedoch die Regel.

Die Energieschulden von **Alg-II-Beziehern sollen** als Darlehen übernommen werden (§ 22 Abs. 8 Satz 4 SGB II). Eine Beihilfe oder ein Erlass der Schulden kommt nur in atypischen Fällen in Betracht.

3.4 ⇨Aufrechnung von ⇨Darlehen

Mit den Stromschulden übernimmt das **Sozialamt** einen Bedarf, der schon mit dem im Regelsatz enthaltenen Anteil für Strom abgedeckt gewesen sein soll. Weil es gewissermaßen zweimal für ein und denselben Bedarf zahlt, kann es Stromdarlehen mit der laufenden HzL/ GSi aufrechnen (§ 26 Abs. 3 SGB XII).

Tipp Vereinbaren Sie möglichst eine mtl. Aufrechnung, die max. 5% des Regelsatzes (20,20 €) beträgt.

Bei **Alg-II**-Beziehenden ist die Aufrechnung von Darlehen für Energieschulden (§ 22 Abs. 8 SGB II) in Höhe von **10%** des maßgebenden Regelsatzes festgelegt (§ 42a Abs. 2 SGB II). Auch Darlehen für einen vom Regelsatz umfassten, unabweisbaren Bedarf werden in Höhe von 10% mit dem Regelsatz aufgerechnet (⇨2.3).

3.5 Direktüberweisungen von Stromkosten an Energieunternehmen

Um zukünftige Stromschulden und Finanzierungsengpässe zu vermeiden, kann die Behörde mit Ihrem Einverständnis Vorauszahlungen für Strom von Ihren Leistungen abzweigen und direkt an das Energieunternehmen überweisen.

S

Tipp Sprechen Sie diese bei Bedarf darauf an.

4.1 Stromschulden beglichen

Werden die Stromschulden inklusive Ein- und Ausschaltkosten vom Jobcenter/ Sozialamt übernommen, **muss** der Energieversorger eine Stromsperre aufheben (LSG NRW 15.7.2005 - L 1B 7/05 SO ER).

Um künftige Stromschulden zu vermeiden, werden von einigen Stromversorgern Vorauskasse-Automaten eingebaut. Diese sogenannten **„Prepaid"-Zähler** liefern nur den Strom, den Sie vorher bezahlt haben. Das Verbrauchsguthaben ist zwar jederzeit ablesbar und teures Sperren und Wiedereinschalten wird so vermieden, aber Energiearmut, Verschuldung bzw. Mangel an anderer Stelle und soziale Ausgrenzung bleiben erhalten. Letztendlich sperren die Energiekunden sich damit ihren Strom bei Mittellosigkeit eigenverantwortlich ab.

4.2 Wann darf der Energieversorger kündigen?

Bei **schweren Verstößen** gegen die Nutzungsbedingungen, besonders bei Manipulation und Umgehung von Energiezählern, kann der Versorger den Strom sofort sperren und im Wiederholungsfall den Versorgungsvertrag fristlos kündigen.

S

Bei **wiederholtem Zahlungsverzug** kann der Vertrag innerhalb von zwei Wochen gekündigt werden, wenn dies zuvor schriftlich angedroht wurde. (§ 21 StromGVV)

Kritik

Manipulation an den statistischen Daten, unzureichende Anpassung an die Preisentwicklung und mehrjährige Deckelung der Sozialhilfe führten zwischen 1998 und 2008 zu einer Kürzung des Energieanteils im Regelsatz um 4,20 €. Im selben Zeitraum sind die Strompreise um ca. 30% gestiegen. Diese krasse Unterdeckung ist aufgeflogen. Mit der Neufestsetzung der Regelleistung zum Januar 2011 war die Bundesregierung erstmals gezwungen gegenzusteuern. Das Ergebnis ist allerdings reine Bedarfskosmetik. Von den im Eckregelsatz vorgesehenen 1.575 kWh pro Jahr konnte man sich 2012 gerade mal 1.380 kWh einkaufen. 2016 sind für Haushaltsenergie 31,40 € im Eckregelsatz enthalten. Der durchschnittliche Strompreis eines Haushalts in Deutschland betrug im Mai 2016 28,73 Cent pro kWh (Bundverband für Energie- und Wasserwirtschaft). Demnach können Alleinstehende im Durchschnitt mtl. 109 kWh für Haushaltsenergie verbrauchen (ohne Warmwasserbereitung). Von dem Regelsatzanteil für Haushaltsenergie muss zudem bei Bedarf noch das Gas für die Kochfeuerung gezahlt werden. Der Erhöhung von 2011 zum Trotz liegt die Strommenge, die aus dem Eckregelsatz finanziert werden kann, noch immer deutlich unter dem durchschnittlichen Strombedarf eines Ein-Personen-Haushalts von 143 kWh im Monat (ohne Warmwasserbereitung; Energieagentur NRW, Tab. 1 „Jahresstromverbrauch nach Haushaltsgrößen", 11/2015).

Forderung

Mindestens 500 € Regelsatz, um erhöhte Energiepreise zahlen zu können, ohne sich als Leistungsbezieher outen zu müssen!

Erhöhung des Stromanteils im Regelsatz und der Warmwasserpauschale sowie zeitnahe Anpassung an gestiegene Strompreise!

Rechtsansprüche zur Übernahme von Energieforderungen nach dem SGB II und SGB XII stärken!

Gesetzliche Maßnahmen zur Vermeidung von Stromsperren!

Einführung einer garantierten Grundenergiemenge für jeden Verbraucher!

Information

DV, Empfehlungen des Deutschen Vereins zur Übernahme von Mietschulden und Energiekostenrückständen im SGB II und SGB XII, (DV 17/14), 11.3.2015, www.deutscher-verein.de/de/empfehlungenstellungnahmen-2015-1859.html

Bündnis für ein menschenwürdiges Existenzminimum, Bezahlbare Energie für alle!, www.menschenwuerdiges-existenzminimum.org/wp-content/uploads/forderung_bezahlbare_energie.pdf

Studierende

„Auszubildende, deren Ausbildung im Rahmen des Bundesausbildungsförderungsgesetzes [BAföG] dem Grunde nach förderungsfähig ist, haben über die Leistungen nach § 27 hinaus keinen Anspruch auf Leistungen zur Sicherung des Lebensunterhalts." (§ 7 Abs. 5 Satz 1 SGB II neu)

Inhaltsübersicht:

1. Dem Grunde nach förderungsfähig?

bedeutet nicht, dass Studierende tatsächlich gefördert werden, sondern nur, dass das Studium grundsätzlich gefördert werden **könnte** (BVerwG NDV 1994, 313). Das Bundesverwaltungsgericht sah den allgemeinen Ausschluss von Studierenden aus der Sozialhilfe als verfassungsgemäß an, weil Studierende Selbsthilfemöglichkeiten durch Nebentätigkeiten hätten. Sie sind auch heute i.d.R. von Alg II ausgeschlossen; dabei kommt es auf die *„abstrakte Förderfähigkeit"* an (BSG 6.9.2007 - B 14/7b AS 36/06 R).

Nur in den Fällen, in denen das Studium **nicht förderfähig** ist, besteht grundsätzlich ein Alg-II-Anspruch.

Aber: Ein Studium/ eine Ausbildung an einer (privaten) Ausbildungsstätte, das nicht BAföG-förderfähig ist, gilt als **„abstrakt" förderfähig**, wenn die gleiche Ausbildung an einer anderen (öffentlichen) Ausbildungsstätte BAföG-förderungsfähig wäre (LSG Berlin-Brandenburg 6.5.2008 - L 14 B 571/08 AS ER; LSG Sachsen 22.3.2011 - L 7 AS 217/09 B ER). Die Flucht an eine private Hochschule ist keine Lösung.

1.1 Die Höhe des BAföG

können Sie nachlesen unter ⇨Schüler/ Schülerinnen 1.1.2

1.2 Urlaubssemester

Wenn Sie ein Urlaubssemester nehmen und Ihr Studium damit für länger als drei Monate unterbrechen, haben Sie dem Grunde nach **keinen** Anspruch auf BAföG und deswegen Anspruch auf Alg II (BA 7.142; in Bezug auf Sozialhilfe: BVerwG 25.8.1999 - FEVS 51, 151; in Bezug auf Alg II: LSG Berlin-Brandenburg 5.2.2008 - L 25 B 146/08 AS ER). Anderer Ansicht ist das LSG Sachsen, das auf das Sächsische Hochschulgesetz verweist. Der Status der Studierenden und die Möglichkeit Studien- und Prüfungsleistungen zu erbringen würden in Sachsen während der Beurlaubung fortbestehen. Daher seien Leistungen für beurlaubte Studierende nur im Rahmen der Härtefallregelung als Darlehen möglich (30.11.2010 - L 3 AS 649/10 B ER; ⇨3.3).

Nach Ansicht des BSG besteht während des Urlaubssemesters nur dann kein Anspruch auf Leistungen nach dem SGB II, wenn das Studium weiterbetrieben oder die Urlaubszeit kurz vor Studienabschluss für intensive häusliche Prüfungsvorbereitungen genutzt wird (22.3.2012 - B 4 AS 102/11 R).

1.3 Teilzeitstudium

Wenn Sie z.B. aufgrund von Kinderbetreuung und Nebenjobs offiziell ein Teilzeitstudium von weniger als 20 Wochenstunden absolvieren, haben Sie **Anspruch** auf Alg II, denn es handelt sich *„nicht um eine Ausbildung, die im Rahmen des BAföG dem Grunde nach förderungsfähig ist"* (LSG Thüringen, 15.1.2007 - L 7 AS 1130/06 ER; BA 7.142).

1.4 Promotionsstudiengänge

„...gehören grundsätzlich nicht zu den BAföG förderungsfähigen Ausbildungen, da sie nicht zu einem berufsqualifizierenden Abschluss führen." Sie haben den Alg-

S

II-Anspruch, unabhängig davon ob Sie immatrikuliert sind oder nicht. (BA 7.143; LSG Sachsen-Anhalt 3.4.2008 - L 2 AS 71/06)
Das gilt auch während der Vorbereitung auf eine **Wiederholungsprüfung** zur Notenverbesserung (LSG Berlin-Brandenburg 24.6.2008 - L 14 AS 117/07).

1.5 Endes des Studiums – Beginn des Alg-II-Anspruchs

Ab dem 1.8.2016 endet ein Studium mit Ablauf des Monats, in dem die Abschlussprüfung erfolgreich bestanden wurde. Dass ist i.d.R. der Fall, wenn das Gesamtergebnis bekanntgegeben oder ein Zeugnis erteilt wurde, spätestens jedoch zwei Monat nach Ablegen der letzten Prüfung. Ist im Studiengang keine Abschlussprüfung vorgesehen, endet das Studium, wenn der Ausbildungsabschnitt tatsächlich planmäßig geendet hat. (§ 15b Abs. 3 BAföG neu; BA 7.154)

2. Wer hat Anspruch auf Alg II?

Keinen Anspruch auf Alg II oder Sozialgeld bedeutet: Ansprüche auf *„Leistungen zur Sicherung des Lebensunterhalt"*, also auf Regelsätze, einmalige Beihilfen und Kosten der Unterkunft bestehen für Studierende in einem nach dem BAföG förderungsfähigen Studiengang **im Regelfall** nicht.

S

Dieser Leistungsausschluss ist allerdings **ab dem 1.8.2016 nicht mehr anzuwenden auf Studierende, die bei ihren Eltern wohnen** (§ 7 Abs. 6 Nr. 2 SGB II neu). Diese **neue Ausnahme** gilt außerdem uneingeschränkt für ⇨SchülerInnen, die eine nach dem BAföG förderfähige Ausbildung absolvieren, unabhängig davon, ob sie im Haushalt der Eltern oder im eigenen Haushalt wohnen. Beide genannten Gruppen können (aufstockend) **Alg II beanspruchen**, wenn ihr Bedarf zum Lebensunterhalt nicht durch BAföG, Kindergeld, ggf. Unterhaltszahlungen der Eltern, Stipendien oder zusätzlichem Erwerbseinkommen gedeckt ist.
Näheres zur Bedarfsberechnung, Einkommensanrechnung und Anspruchsvoraussetzungen lesen Sie unter ⇨**Auszubildende 2.2.1** (Dabei ist BAföG der Berufsausbildungsbeihilfe/ BAB gleichzusetzen)

3. Leistungen für Studierende und Auszubildende

nach dem SGB II sind seit 2011 in § 27 SGB II zusammengefasst. Dieser Paragraph wurde ebenfalls **mit Wirkung zum 1.8.2016** weitgehend geändert.
Alg II kann Studierenden nur für die Leistungen versagt werden, bei denen ein *„ausschließlich ausbildungsgeprägter Bedarf"* (BVerwG 17.1.1985 - FEVS 33, 12 ff.) vorliegt. Das sind alle Leistungen, mit denen ausschließlich der Lebensunterhalt von Studierenden bestritten wird.
Nicht ausbildungsgeprägte Leistungen für Auszubildende nach § 27 SGB II und neuerdings auch die aufstockenden Leistungen zum Lebensunterhalt nach dem SGB II (Ausnahme ⇨2.) *„gelten nicht als Arbeitslosengeld II"* (§ 27 Abs. 1 Satz 2 SGB II). Sie begründen demnach u.a. keinen Krankenversicherungsschutz und keinen Anspruch auf Miet- und Energieschuldenübernahme durch das Jobcenter.

3.1 Anspruch auf ⇨Mehrbedarfszuschläge

„Leistungen werden in Höhe der Mehrbedarfe nach § 21 Absätze 2, 3, 5 und 6 ... erbracht, soweit die Mehrbedarfe nicht durch zu berücksichtigendes Einkommen oder Vermögen gedeckt sind" (§ 27 Abs. 2 Satz 1 SGB II).
Studierende haben deshalb Anspruch auf ⇨Mehrbedarfe für
- ⇨Alleinerziehende
- ⇨Schwangere
- ⇨Krankenkostzulage und
- einen nach dem Einzelfall unabweisbaren, laufenden, besonderen Bedarf (⇨Härtefallregelung).

Diese Mehrbedarfe sind nicht durch den Lebensunterhalt für die Ausbildung hervorgerufen, also nicht ausbildungsgeprägt. Studierende erhalten sie, wenn sie hilfebedürftig sind. Um das festzustellen wird eine ⇨Bedarfsberechnung vorgenommen und das Einkommen angerechnet (BA 27.6).

3.2 Anspruch auf ⇨einmalige Beihilfen

Erstausstattungen für Bekleidung sowie bei **Schwangerschaft** und **Geburt** (§ 24 Abs. 3 Nr. 2 SGB II) sind ebenfalls nicht ausbildungsgeprägt und werden ab 2011 auf Antrag erbracht, wenn Sie hilfebedürftig sind (§ 27 Abs. 2 SGB II; ⇨Einmalige Beihilfen 6.1).

Warum die schwarz-gelbe Bundesregierung Auszubildenden und Studierenden nicht andere einmaligen Beihilfen z.B. für Erstausstattung der Wohnung oder für Anschaffung und Reparaturen von orthopädischen Schuhen, Reparaturen von therapeutischen Geräten usw. zugesteht, geht aus der Gesetzesbegründung nicht hervor (vgl. BT-Drs. 17/3404, 103). Auch diese sind **nicht** ausbildungsgeprägt.

3.3 Anspruch auf Alg II bei besonderen Härtefällen

„Leistungen können für Regelbedarfe, den Mehrbedarf nach § 21 Absatz 7, Bedarfe für Unterkunft und Heizung, Bedarfe für Bildung und Teilhabe und notwendige Beiträge zur Kranken- und Pflegeversicherung ***als Darlehen*** *erbracht werden, sofern der Leistungsausschluss ... besondere Härte bedeutet."* (§ 27 Abs. 4 Satz 1 SGB II)

Ein Härtefall besteht **nicht** schon darin, dass das Studium abgebrochen werden müsste oder Studierende unterhalb des Sozialhilfebedarfs leben müssten (BVerwG 20.1.1988 - NDV 1991, 35). Auch die BA geht davon aus, *„dass z.B. die bloße Unterschreitung des Lebensniveaus eines Beziehers von Leistungen nach dem SGB II/ SGB XII ... noch keine besondere Härte in diesem Sinne darstellt."* Jungen, belastbaren Menschen ohne einengende persönliche Verpflichtungen sei regelmäßig ein Nebenjob zumutbar. (BA 27.10)

Eine besondere Härte ist nur bei atypischen Fällen gegeben. Dabei ist aufgrund der Zielsetzung des SGB II zu beachten, dass alle Entscheidungen unter dem Gesichtspunkt getroffen werden müssen, ob sie die Eingliederung in Arbeit fördern. Insofern sind die Härten im Verhältnis zur alten Sozialhilfe etwas gelockert worden.

Sich mit Arbeit die notwendigen Lebenshaltungskosten zu verdienen, ist *denen „nicht eröffnet, denen eine Arbeit nicht zumutbar ist. ... Es bestehen keine Bedenken, in diesen Fällen das Vorliegen eines Härtefalls anzunehmen."* (BA 27.13)

Das ist z.B. der Fall bei

3.3.1 Alleinerziehenden...

Nach Auffassung der BA *„wird Alleinerziehenden neben dem Studium eine Erwerbstätigkeit in der Regel nicht möglich sein, ohne ihr Kind zu vernachlässigen"* (BA 27.13; SG Oldenburg 15.2.2005 - S 46 AS 44/05 ER).

3.3.2 ...oder Erziehung eines Kindes unter drei Jahren

da Arbeit hier nicht zumutbar ist (OVG Lüneburg 29.9.1995 - FEVS 46, 422).

Das kann der Fall sein z.B. bei

3.3.3 unmittelbar bevorstehendem Abschluss der Ausbildung...

Im Prüfungssemester ist Studierenden Arbeit nicht mehr zumutbar, da sie sich auf die Abschlussarbeit bzw. die Abschlussprüfungen konzentrieren müssen (vgl. LSG Sachsen-Anhalt 21.12.2005 - L 2 B 72/05 AS ER; SG Hamburg 6.6.2005 - S 51 AS 312/05 ER; OVG Berlin - FEVS 31, 364 ff).

3.3.4 ...und Wegfall

einer zuvor gesicherten **finanziellen Grundlage**, ohne dass dies vom Hilfesuchenden zu vertreten ist, die Ausbildung schon fortgeschritten ist **und** der Hilfesuchende begründete Aussicht hat, danach eine Erwerbstätigkeit ausüben zu können (LSG Hessen 11.8.2005 - L 9 AS 14/05 ER 1/6; LSG Sachsen-Anhalt 15.4.2005 - L 2 B 7/05 AS ER; LSG Hamburg 24.11.2005 - L 5 256/05 ER AS).

Eine Voraussetzung genügt nicht!

Nach dem BSG gilt ein drohender Abbruch der Ausbildung dann als Härte, wenn **nachweislich** Aussichten bestehen, dass der Abschluss der Ausbildung **in absehbarer Zeit** erfolgt **und** *„wenn der Lebensunterhalt während der Ausbildung durch ... BAföG/ SGB III-Leistungen oder [mit] anderen finanziellen Mittel[n] ... gesichert war, die kurz vor Abschluss der Ausbildung entfallen"* (*BSG 6.9.2007 - B 14/7b AS 28/06 R*). Wenn also z.B. BAföG ausläuft, ein Nebenjob aufgegeben werden muss, Lebenspartner oder Eltern keinen Unterhalt mehr zahlen können.

Besondere Härtefälle liegen weiterhin vor bei

3.3.5 Schwerbehinderten

denen es bei Abbruch der Ausbildung langfristig nicht möglich wäre, ihren Lebensun-

terhalt durch Erwerbstätigkeit ausreichend zu sichern (VGH Hessen 4.6.1992 - FEVS 1993, 74f.; OVG Lüneburg 29.9.1995, info also 1996, 137 ff.; LSG NRW 3.8.2005 - L20 B5/05 SO ER; LSG Hamburg 31.8.2005 - L 5 B 185/05 ER AS).
Das trifft auch auf erheblich psychisch Erkrankte zu (SG Hamburg 6.6.2005 - S 51 AS 312/05 ER).

3.3.6 Personen

deren Studium sich wegen **Krankheit** oder **Behinderung** oder wegen der **Geburt eines Kindes** über die Förderhöchstdauer von BAföG verlängert hat (*BSG 6.9.2007 - B 14/7b AS 28/06 R*, LSG Berlin-Brandenburg 26.1.2006 - L 5 B 1351/05 AS ER).

3.3.7 Alg II für Studierende nur noch als ⇨Darlehen?

Bei besonderen Härtefällen kann Alg II nur noch als Darlehen gezahlt werden, nicht mehr als Beihilfe. Das Darlehen kann aber unter besonders widrigen Umständen erlassen werden (⇨Darlehen 7.).

3.3.8 Erwerbsunfähige Studierende

können dagegen in Härtefällen **Sozialhilfe** zum Lebensunterhalt als Beihilfe **oder** als Darlehen bekommen (§ 22 Abs. 1 Satz 2 SGB XII). Der Sozialhilfeträger hat das Auswahlermessen im Einzelfall zu begründen.

S

3.4 Alg-II-Darlehen zu Beginn des Studiums

bekommen Studierende im ersten Ausbildungsmonat **nur**, wenn bis zum Monatsende noch eigenes Einkommen zu erwarten ist (§ 27 Abs. 4 Satz 2 SGB II). Für den Fall, dass Sie BAföG beantragt haben und auf die erste Zahlung warten, kommt ein solches Darlehen aber meistens nicht in Betracht. Bis neu beantragtes BAföG ausgezahlt wird, vergehen meist acht bis zwölf Wochen. Für einen solchen Zeitraum besteht kein regulärer Anspruch auf ein überbrückendes Alg-II-Darlehen.

Tipp 1 Ist über den ersten BAföG-Antrag 6 Kalenderwochen nach Antragstellung noch nicht entschieden oder kann die Leistung nicht binnen 10 Kalenderwochen gezahlt werden, hat die BAföG-Stelle einen **Vorschuss** in Höhe von bis zu vier Fünftel des zustehenden BAföG-Satzes auszuzahlen. Ausgehend vom Höchstsatz für Studierende beträgt der mtl. Vorschuss bis zu 519,20 € (§ 51 Abs. 2 BAföG).

Tipp 2 Stehen zu Beginn des Studiums keine Mittel zum Lebensunterhalt zur Verfügung und kann der Vorschuss durch die BAföG-Stelle aufgrund der Fristen noch nicht beansprucht werden, *„kann in Einzelfällen das Vorliegen eines besonderen Härtefalles anerkannt werden"* (BA. 27.11, ⇨3.3). Ist Ihr Studium aufgrund von Mittellosigkeit gefährdet, beantragen Sie beim Jobcenter ein Darlehen für Regelbedarfe, Unterkunftskosten und Beiträge zur Kranken- und Pflegeversicherung. Die Härtefallregelung darf nicht erst am Ende der Ausbildung greifen!

3.5 Überbrückungsleistung für Studierende mit Alg-II-Anspruch

Wohnen Studierende aber bei den Eltern und beginnen ein BAföG-förderfähiges Studium, haben Sie Anspruch auf **aufstockendes Alg II** (⇨2.). In diesem Fall kann das **Jobcenter** problemlos **in Vorleistung treten**, wenn das BAföG noch nicht bewilligt und ausgezahlt ist. Das Jobcenter kann dann einen Anspruch auf das zu erwartende BAföG beim Amt für Ausbildungsförderung auf sich überleiten. Das nachgezahlte BAföG wird dann direkt an das Jobcenter gezahlt (⇨Auszubildende 2.2.2).
Keinen Anspruch auf die Überbrückungsleistung haben Studierende, die **nicht** bei ihren Eltern wohnen.

3.6 Schuldenübernahme zur Wohnraumsicherung

für Studierende ist möglich, wenn Mietschulden aufgelaufen sind und der Verlust der Wohnung droht oder unter bestimmten Voraussetzungen bei Energieschulden und einer bevorstehenden Energiesperre. Die Schulden werden i.d.R. darlehensweise übernommen. Zuständig hierfür ist bei den meisten Studierenden **ab dem 1.8.2016** nicht mehr das Jobcenter sondern das Sozialamt (§ 36 SGB XII).
Lediglich für Studierende, die bei ihren Eltern wohnen **und** aufstockende Leistungen nach dem SGB II beziehen (⇨2.), kommt eine Übernahme von Miet- und Energie-

schulden durch das Jobcenter in Betracht; aber nur, wenn es sich nicht um die Schulden der Eltern handelt.
Näheres unter ⇨Auszubildende 2., ⇨Mietschulden und ⇨Strom

3.7 Anspruch auf Sozialhilfe in besonderen Lebenslagen

Studierende sind bei der Sozialhilfe nur von Leistungen zur Sicherung des Lebensunterhalts ausgeschlossen, nicht aber von Eingliederungshilfen für behinderte Menschen, Hilfe zur Pflege, Hilfe zur Weiterführung des Haushalts, Blindenhilfe usw. (Fünftes bis Neuntes Kapitel SGB XII).

4. SGB-II-Leistungen für Familienangehörige Studierender

Da Studierende in der Regel erwerbsfähig sind, fallen sie mitsamt ihrer Kinder unter den Geltungsbereich des SGB II (SG Oldenburg 24.1.2005 - S 46 AS 24/05 ER). **Kinder von Studierenden** haben Anspruch auf ⇨**Sozialgeld**, einmalige Beihilfen und anteilige Kosten für Unterkunft und Heizung (BA 7.155). Neu hinzugekommen sind 2011 Leistungen für Bildung und Teilhabe für unter 25jährige Kinder Studierender (§ 28 SGB II; ⇨SchülerInnen 5.1).
⇨Kindergeld für minderjährige Kinder ist i.d.R. kein Einkommen des studierenden Elternteils, sondern Einkommen des Kindes, soweit es zur Sicherung dessen Lebensunterhalts benötigt wird (§ 11 Abs. 1 Satz 4 SGB II).

5. BAföG als Einkommen?

Wenn geprüft wird, ob Sie (und ggf. Ihre Familie) Anspruch auf Leistungen nach dem SGB II haben, wird eine fiktive ⇨**Bedarfsberechnung** durchgeführt (BSG 22.3.2010 - B 4 AS 69/09 R). Dabei wird auch Ihr Kindergeld und das BAföG als ⇨**Einkommen** sowie ggf. ein vorhandenes Erwerbseinkommen an den fiktiven Bedarf zum Lebensunterhalt angerechnet. Falls Sie aufgrund von **Elternunterhalt** kein BAföG erhalten, wird bei der Prüfung der Anspruchsvoraussetzungen statt des BAföG der Elternunterhalt als Einkommen angerechnet. (⇨Auszubildende 2.2.1)

Vor BAföG-/ Unterhalts-Anrechnung ist jedoch eine ⇨**Einkommensbereinigung** durchzuführen.

Vom BAföG/ Unterhalt ist **ab dem 1.8.2016** ein Betrag von ***„mindestens“*** **100 €** für Versicherungsbeiträge, geförderte Altersvorsorge und ausbildungsgeprägte Kosten abzusetzen. Nachgewiesene höhere Kosten können in tatsächlicher Höhe berücksichtigt werden. (§ 11b Abs. 2 Satz 4 SGB II neu) Allerdings werden beim Nachweis höherer Ausbildungskosten **Studiengebühren** nach bisheriger BSG-Rechtsprechung nicht anerkannt.
Erzielen Studierende zusätzlich Erwerbseinkommen, werden die o.g. Absetzbeträge stattdessen vom Erwerbseinkommen abgesetzt (⇨Erwerbstätige 2.2 ff., 2.3 ff.).

Der neue **100-€-Pauschbetrag** reduziert die möglichen Absetzbeträge Studierender gegenüber der bis zum 31.7.2016 geltenden 20%-Absetzregelung erheblich. Diese Schlechterstellung Studierender, SchülerInnen und Auszubildender begründet die Bundesregierung mit der Vereinfachung des Rechts für die Jobcenter.

Der Anteil für die **Krankenversicherung** in Höhe von **71 € und Pflegeversicherung** in Höhe von **15 €** mtl. (§ 13a BAföG) wird nicht als Einkommen angerechnet.
Der **Kinderbetreuungszuschlag** (§ 14b BAföG) in Höhe des Kostenbeitrags, der für eine Kindertagesbetreuung an Wochentagen während der regulären Betreuungszeiten erhoben wird, ist ebenfalls nicht zu berücksichtigen.
Wer ausschließlich **BAföG** bezieht, liegt nach Abzug der Absetzbeträge regelmäßig **unter dem fiktiven Alg-II-Bedarf**. Sie haben, wohnen Sie bei den Eltern, ggf. Anspruch auf aufstockendes Alg II oder müssen mit Ihrem BAföG nicht für Ihren Partner oder Ihre Kinder aufkommen, wenn diese SGB-II-Leistungen beziehen.

6. Wohngeld

Studierende, die *„dem Grunde nach“* Anspruch auf BAföG haben, sind von Wohngeld ausgeschlossen (§ 20 Abs. 2 WoGG). Diese Wohngeldnorm ist allerdings nicht so umfassend auszulegen, wie der entsprechende Leistungsausschluss für Auszubildende im SGB II, der kaum Ausnahmen zulässt.
Deshalb können Studierende für die **eigene** Wohnung Wohngeld erhalten, wenn kein

Anspruch auf BAföG vorliegt, z.B. wenn
- keine nach dem BAföG **förderungsfähige** Ausbildung absolviert wird,
- die **Regelförderzeit** des BAföG abgelaufen ist,
- der BAföG-Anspruch aufgrund des **Abbruchs der Ausbildung** oder eines **Fachrichtungswechsels** ohne wichtigen Grund entfallen ist,
- die entsprechenden **Leistungsnachweise** im Studium nicht erbracht wurden,
- die **Altersgrenze** für den BAföG-Anspruch überschritten wurde,
- wegen eines Stipendiums kein BAföG-Anspruch besteht,
- „Ausbildungsförderung" ausschließlich als **Bankdarlehen** gewährt wird oder
- bei **Ausländern** die Leistungsvoraussetzungen (§ 8 BAföG) nicht erfüllt werden.

In diesen Fällen könnten Sie sich z.B. mit einem Minijob und Wohngeld durchschlagen.

Wohngeld können Studierende auch bekommen, wenn sie **in einem Haushalt** leben, **der nicht nur aus Auszubildenden besteht**. In § 20 Abs. 2 WoGG wird der Ausschluss von der Bedingung abhängig gemacht, dass alle Haushaltsmitglieder in einer Ausbildung sind, für die es BAföG oder Berufsausbildungsbeihilfe geben kann. Ist nur eine Person ohne Ausbildungsstatus, ist der gesamte Wohngeldhaushalt von der Ausschlussregelung des § 20 Abs. 2 WoGG nicht erfasst. Das betrifft
- Auszubildende mit Kindern,
- Auszubildende, die mit Verwandten zusammen wohnen, die selbst nicht Auszubildende sind (z.B. Eltern oder Geschwister), und
- Auszubildende, die mit Ehegatten, eingetragenen Lebenspartnern oder eheähnlichen Partnern zusammen wohnen, die selbst nicht Auszubildende sind.

Kritik

1976 wurden Studierende vom Sozialhilfebezug ausgeschlossen, 1982 vom Bezug von Ausbildungshilfe. Seither müssen sie zusehen, wie sie mit den traurigen BAföG-Sätzen zurechtkommen, die unter dem Alg-II-Bedarf liegen. Auch nach der letzten Anhebung der BAföG-Sätze zum 1.8.2016 wird das Existenzminimum deutlich unterschritten, weil darin die Ausbildungskosten bereits vollständig enthalten sein sollen und im Höchstsatz nur 250 € für die Unterkunftskosten berücksichtigt wurden. Studierende, die im Haushalt der Eltern wohnen, können immerhin ab dem 1.8.2016 aufstockend Alg II beziehen, wenn das Bafög nicht reicht. Studierende mit eigenem Haushalt sind weiterhin von dieser Möglichkeit ausgeschlossen.

Lange BAföG-Bewilligungszeiten sowie straffe und verschulte Studiengänge mit kurzen Zeitvorgaben führen dazu, dass immer mehr Studierende am Anfang und am Ende der Studienzeit ohne BAföG-Mittel dastehen. Die wenigsten von ihnen können als Alg-II-Aufstocker überbrücken oder im Rahmen der Härtefallregelung beim Jobcenter ein Alg-II-Darlehen ergattern. Ohne zusätzliches Geld von Eltern, Bekannten oder mit Hilfe eines Privatkredits sind aber für viele die Übergänge kaum zu schultern.

Ein Schuldenberg am Ende des Studiums schafft heute scheinbar die richtige Einstellung für den erfolgreichen Einstieg ins Berufsleben. Auch Studiengebühren tragen dazu bei, noch mehr Kinder aus Familien von Arbeitern und einfachen Angestellten vom Studium auszuschließen und die Hochschulen für die Kinder der Besserverdienenden zu reservieren. Zumal die Gebühren nicht einmal bei der SGB-II-Einkommensbereinigung als ausbildungsgeprägte Bedarfe vom Einkommen BAföG abzusetzen sind. Bildung für alle ist schon lange out, aber nicht einmal „Chancengleichheit" ist erwünscht.

Forderungen
- Kein Ausschluss von Studierenden von Alg II/ Sozialhilfe, solange es keine existenzsichernde Ausbildungsförderung gibt!
- BAföG-Höchstsatz mindestens in Höhe des Alg-II-Bedarfs plus Ausbildungsbedarf!

Telefon

1.1 Kosten für Kommunikation

Im Alg-II-/ Sozialhilfe-Regelsatz eines alleinstehenden Erwachsenen sind 2015 27,97 € für die Nutzung von Telefon und Fax enthalten. Die niedrigste Grundgebühr bei der Telekom kostet 19,95 €, hinzu kommen 2,9 Cent je Einheit bei Telefonaten ins Festnetz usw.

Die Kosten des Telefons (plus Fax und Anrufbeantworter) sind mit 1,31 € im Monat drin. Damit sollen Anschlusskosten (70 €) oder Übernahmekosten bei Umzug (30 €) bzw. Kauf oder Reparatur der Geräte gezahlt werden? Zusätzlich werden 2,55 € für die Nutzung des Internets gewährt. Die Kosten eines Handys sind im ⇨Regelsatz nicht berücksichtigt.

1.2 Ausnahmen:

Kosten eines speziellen Telefons können im Rahmen der **Eingliederungshilfe** für behinderte Menschen übernommen werden (z.B. Schreibtelefon für Gehörlose: VGH Hessen 10.12.1991, FEVS 42, 273 f.), um Ihnen die Verbindung mit nahe stehenden Personen und soziale Kontakte zu ermöglichen.

Sind Sie auf Aufforderung des Amtes umgezogen und hat dieses der Anmietung Ihrer neuen Wohnung zugestimmt, haben Sie Anspruch auf die Übernahme der ⇨**Umzugskosten**. Darunter fallen auch Telefonanschlusskosten (LSG Niedersachsen-Bremen 6.10.2015 - L 6 AS 1349/13; SG Dresden 6.6.2006 - S 23 AS 838/06 ER; LPK SGB II, § 22 Rz. 172; LPK SGB XII, § 35 Rz. 101).

2 Sozialtarif der Telekom

Die Telekom hat einen Sozialtarif. Er ist keine Alg-II-/ Sozialhilfe-Leistung, sondern eine **freiwillige Leistung** des Konzerns.

Die Telekom erlässt
- 6,94 €, wenn Sie von der Rundfunkgebührenpflicht befreit sind oder BAföG beziehen,
- 8,72 €, wenn Sie als blinder, gehörloser oder sprachbehinderter Mensch, mindestens einen Grad der Behinderung von 90 nachweisen.

Es gibt keinen Nachlass bei den Telefongrundgebühren, sondern nur noch Freieinheiten bei den Netzverbindungen. Das gilt auch für ISDN-Verbindungen.

Tipp Voraussetzung für die Freieinheiten: Sie nutzen das Telekomnetz (keine Flatrate, keine Billigvorwahlen). Freieinheiten sind nicht auf den nächsten Monat übertragbar.

Den Sozialtarif können Sie in einer T-Com-Niederlassung beantragen, wenn Sie einen Bescheid über die Rundfunkgebührenbefreiung oder Ihren Schwerbehindertenausweis vorlegen.

Da die GEZ meist 2-3 Monate braucht, um die Rundfunkgebührenbefreiung zu erteilen, zieht die Telekom trotz amtlich anerkannter Hilfebedürftigkeit auch für diesen Zeitraum noch die vollen Telefongebühren ein. Eine Beschwerde beim Vorstandsvorsitzenden der Telekom brachte 2006 in einem uns bekannten Fall eine Rückerstattung ein.

Kritik

Fast 100% aller Haushalte unterer Verbrauchergruppen, also auch von Alg-II- und Sozialhilfebeziehern, haben ein Telefon. Telefonieren über ein privates Telefon wird von Alg II/ Sozialhilfe nicht mehr als Luxus betrachtet. Es wird aber zum Luxus, da seine realen Kosten nicht voll anerkannt werden (⇨1.1). Die geringen Beträge werden u.a. erreicht, weil Mobiltelefonie gar nicht und Internetnutzung nur unzureichend berücksichtigt wurden.

Forderungen

- Gewährung des Sozialtarifs unter Vorlage der Originalbescheide oder ab Datum des Antrags auf Rundfunkgebührenbefreiung!
- Bedarfsdeckende Regelsatzanteile für Kommunikation!

Umgangskosten

Laut Bundesverwaltungsgericht sind *„die Ausübung des Umgangsrechts durch den nicht-sorgeberechtigten Elternteil ein persönliches Grundbedürfnis seines täglichen Lebens ... und hieraus entstehende Kosten ... **Teil des notwendigen Lebensunterhalts**"* (22.8.1995 - FEVS 1996, 92).

Laut Bundesverfassungsgericht ist die Ausübung des Umgangsrechts ein **Grundrecht**. *„Pflege und Erziehung der Kinder sind das natürliche Recht der Eltern und die zuvörderst ihnen obliegende Pflicht."* (Art. 6 Abs. 2 Satz 1 GG). Das zu verhindern, ist verfassungswidrig. (BVerfG 25.10.1994, NDV 1995, 262 ff.)

Selbst wenn die **Eltern** verheiratet sind, jedoch **dauernd getrennt** leben, ist die Übernahme der Umgangskosten nicht von vornherein ausgeschlossen, wenn für die Bildung getrennter Wohnsitze ein wichtiger Grund besteht, z.B. die Aufnahme einer Beschäftigung im Ausland, dem Heimatland des betreffenden Elternteils (BSG 11.2.2015 - B 4 AS 27/14 R; beantragt war die Übernahme der Reisekosten zum Besuch der zehnjährigen Tochter in Rumänien).

1. Fahrtkosten zum Besuch Ihrer Kinder

Alg II

Wenn Sie Alg II beziehen und Ihre Kinder besuchen wollen, die nach Ihrer Scheidung/Trennung beim anderen Elternteil wohnen, fallen Fahrtkosten an. Diese sind nicht in den 22,79 € des Regelsatzes enthalten, die für *„fremde Verkehrsdienstleistungen"* (ÖPNV, Reisen) vorgesehen sind. Im Regelsatz sind nur **typische** Ausgaben erfasst, und die nicht einmal in voller Höhe.

Vor Hartz IV war die Übernahme der Fahrtkosten über die Sozialhilfe als einmalige Beihilfe üblich. Das SGB II jedoch sieht einmalige Beihilfen, die als Zuschuss gezahlt werden, für solche Sonderbedarfe nicht mehr vor (§ 24 Abs. 3 SGB II).

Bis zum Urteil des **Bundesverfassungsgerichts** über die Verfassungsmäßigkeit des Regelsatzes vom 9.2.2010 (BVerfG - 1 BvL 1/09, 1 BvL 3/09 und 1 BvL 4/09) herrschte Unklarheit darüber, wie die Kosten für die Wahrnehmung des Umgangsrechts im SGB II abgedeckt werden können. Die Verfassungsrichter ordneten deshalb an:

*„Der Gesetzgeber hat bei der Neuregelung [des SGB II] auch einen Anspruch auf Leistungen zur Sicherung eines unabweisbaren, laufenden, nicht nur einmaligen **besonderen Bedarfs** für die nach § 7 SGB II Leistungsberechtigten vorzusehen, der bisher nicht von den Leistungen nach § 20 ff. SGB II erfasst wird, zur Gewährleistung eines menschenwürdigen Existenzminimums jedoch zwingend zu decken ist."* (BVerfG, ebenda)

Unter diese vom Regelsatz nicht erfassten Bedarfe fallen auch die Umgangskosten. Die Bundesregierung ist der Aufforderung des BVerfG gefolgt und hat u.a. die Erstattung der mit dem Umgangsrecht verbundenen Kosten ab Juli 2010 in Form eines ⇨**Mehrbedarfs**zuschlags in § 21 Abs. 6 SGB II geregelt (⇨Härtefallregelung).

Werden die Fahrtkosten der Kinder nicht durch das Einkommen des anderen Elternteils bestritten, muss für diese ein **Antrag** auf Übernahme beim Jobcenter der umgangsberechtigten Person gestellt werden.

*„Bei Nutzung **öffentlicher Verkehrsmittel** können die tatsächlich entstandenen Aufwendungen bis zu den in der niedrigsten Klasse anfallenden Kosten übernommen werden; Fahrpreisermäßigungen (z.B. Spartarife der DB) sind möglichst in Anspruch zu nehmen."* (BA 21.37)

Nutzen Sie Ihr **privates Kfz**, können 0,20 € **für jeden gefahrenen Kilometer** (§ 5 BRKG) übernommen werden (BSG 4.6.2014 - B 14 AS 30/13 R).

Tipp Stellen Sie die Anträge auf Fahrtkostenübernahme frühzeitig.

Zur Vermeidung von Fahrtkosten kann unter Umständen geprüft werden, ob z.B. *„das Kind alt genug ist, um den umgangsberechtigten Elternteil ohne (dessen) Begleitung besuchen zu können."* (BA 21.37) Ob eine unbegleitete Bahnfahrt des Kindes allerdings möglich ist, hängt auch von der Zustimmung des sorgeberechtigten Elternteils ab.

U

Keine Bagatellgrenze: Es gibt bei der Übernahme von Leistungen im Rahmen der ⇨**Härtefallregelung** im Allgemeinen und der Umgangskosten im Besonderen **keine** allgemeine Geringfügigkeitsgrenze in Höhe von 10% des Regelsatzes, die erst überschritten werden muss, um überhaupt einen Anspruch auf Leistungen auszulösen. 27,20 € Fahrtkosten mit dem Kfz, die nach einer Kilometerpauschale nach dem Bundesreisekostengesetz ermittelt wurden, sind zu übernehmen. (BSG 4.6.2014 - B 14 AS 30/13 R).

HzL/GSi der Sozialhilfe

Für nicht erwerbsfähige Beziehende von HzL und GSi wurde im SGB XII die rechtliche Grundlage beibehalten, die Umgangskosten durch Anpassung der Regelleistung zu übernehmen.
Hier ist eine individuelle Erhöhung des Regelsatzes möglich, wenn ein Bedarf unabweisbar erheblich von einem durchschnittlichen Bedarf abweicht (§ 27a Abs. 4 Satz 2 SGB XII neu). Das ist bei Fahrtkosten im Rahmen des Umgangsrechts meist der Fall (LSG Baden-Württemberg 17.8.2005 - L 7 SO 2117/05 ER-B).

2. Verpflegungskosten Ihrer Kinder

Alg II

Zu den Umgangskosten gehören außer Fahrtkosten vor allem Verpflegungskosten für die Kinder. Diese werden z.B. auf 4,50 € pro Tag und Kind eingestuft (SG Duisburg 11.7.2005 - S 27 AS 233/05 ER; LSG Baden-Württemberg, ebenda). Die Bedürfnisse eines Kindes lassen sich aber nicht auf Essen und Trinken beschränken.

U

Tipp Beantragen Sie deshalb rechtzeitig die Übernahme des **anteiligen Regelsatzes** für Ihr Kind beim Jobcenter. Sie bilden mit dem Kind nämlich eine sogenannte **„temporäre** (zeitweise) **Bedarfsgemeinschaft“**.

Das BSG hat mit seinem Urteil vom 7.11.2006 deutlich gemacht, dass auch die zusätzlichen Lebenshaltungskosten während der Besuche der Kinder zu übernehmen sind. Deshalb ist *„die Annahme einer zeitweisen Bedarfsgemeinschaft im Sinne des § 7 Abs. 3 Nr. 4 SGB II ... gerechtfertigt“*. D.h., dass dieser Teil der Umgangskosten **durch die Behörde** zu übernehmen ist. Auch hierbei ist zu beachten, dass die Kinder selbst Anspruchsinhaber der Leistungen sind, selbst wenn diese nur tageweise dem Haushalt des Alg-II-beziehenden Elternteils angehören. (BSG - B 7b AS 14/06 R, Rz. 8; SG Aachen 19.11.2007 - S 14 AS 80/07)
Die temporäre Bedarfsgemeinschaft besteht für jeden Tag, an dem das Kind sich länger als 12 Stunden beim umgangsberechtigten Elternteil aufhält (BSG 2.7.2009 - B 14 AS 75/08 R).
„Für Leistungen an Kinder im Rahmen der Ausübung des Umgangsrechts hat die umgangsberechtigte Person die Befugnis, Leistungen nach diesem Buch zu beantragen und entgegenzunehmen, soweit das Kind dem Haushalt angehört.“ (§ 38 Abs. 2 SGB II)

Wird der anteilige Regelsatz des Kindes für die zeitweise Bedarfsgemeinschaft gewährt, darf das anteilige ⇨**Kindergeld** nicht in Abzug gebracht werden. Dies steht i.d.R. dem anderen Elternteil als kindergeldberechtigter Person zu. (BSG, ebenda)

Ob der anteilige ⇨**Unterhaltsvorschuss** nach Unterhaltsvorschussgesetz (UVG), den der Elternteil bei dem das Kind wohnt ggf. ausgezahlt bekommt, als Einkommen vom Regelsatz des Kindes abgezogen werden kann, ist umstritten. Das BSG sagt ja, Zahlungen nach dem UVG seien Einkommen des Kindes (BSG 2.7.2009 - B 14 AS 54/08 R). Das SG Mainz sagt nein – zu Recht! Denn Geld nach dem UVG sei zwar Einkommen des Kindes, stehe aber zur Bedarfsdeckung während der Umgangszeit tatsächlich gar nicht zur Verfügung. (5.4.2012 - S 3 AS 321/11) Es wäre wünschenswert, das BSG würde seine Auffassung dahingehend korrigieren.

Näheres zur temporären Bedarfsgemeinschaft ⇨5.2, ⇨Kritik

HzL/GSi der Sozialhilfe

Hält sich Ihr Kind nach einer Trennung oder Scheidung an Wochenenden oder in den Ferien vorübergehend in Ihrer Wohnung auf, muss der anteilige Regelsatz des Kindes auf Tagessätze umgerechnet und an Sie ausgezahlt werden. Zuständig ist das Sozialamt des Ortes, an dem Sie wohnen. (BVerwG 18.2.1993 - NDV 1993, 349) Das gilt noch heute.

3.1 Größere Wohnung ist erforderlich

wenn Sie regelmäßig Ihr Umgangsrecht wahrnehmen und Ihr/e Kind/er häufiger bei Ihnen übernachten. Die Alg-II-Behörde kann Sie dann nicht mehr auf die Wohnungsgröße für Alleinstehende (45-50 m²) verweisen. Bei mehreren Kindern hielt das SG Aachen z.B. 60 m² statt 45 m² für angemessen (ebenda).

„In der Satzung [die Kommunen/ Kreise für die Regelung der Unterkunftskosten erlassen können] soll für Personen mit einem besonderen Bedarf für die Unterkunft und Heizung eine Sonderregelung getroffen werden. Dies gilt ... für Personen, die einen erhöhten Raumbedarf haben wegen ... der Ausübung des Umgangsrechts." (§ 22b Abs. 3 SGB II) D.h., eine größere Wohnung hat der Gesetzgeber in diesem Fall ausdrücklich vorgesehen.

Da es **keine** konkreten **gesetzlichen Vorgaben** für erhöhten Wohnraumbedarf von umgangsberechtigten Eltern gibt, kann davon ausgegangen werden, dass ein zusätzliches (Kinder-)Zimmer benötigt wird. Dessen Größe richtet sich nach der Anzahl der Kinder, die regelmäßig gemeinsam zu Besuch kommen. Ihre Wohnung muss für die zeitweise Unterbringung Ihrer Kinder **geeignet** sein.

Tipp Ist ein Umzug erforderlich, um das Umgangsrecht zu ermöglichen, müssen Sie der Behörde nach Größe und Aufteilung geeignete Wohnungsangebote vorlegen und die Kostenübernahme aushandeln. Jobcenter/ Sozialamt haben nach den Besonderheiten des Einzelfalles zu entscheiden.

Besteht bei SchülerInnen, Studierenden und Auszubildenden aufgrund der Wahrnehmung des Umgangsrechts ein zusätzlicher Wohnraumbedarf, kann auch dieser im Rahmen höherer Bedarfe für Unterkunfts- und Heizkosten bei aufstockenden SGB-II-Leistungen (§ 7 Abs. 5 und 6 SGB II neu) oder beim Härtefalldarlehen (§ 27 Abs. 3 SGB II neu) berücksichtigt werden (BSG 17.2.2016- B 4 AS 2/15 R, zu den entsprechenden Leistungen nach § 27 Abs. 3 und 4 SGB II alt).

3.2 Übernachtungskosten müssen getragen werden

wenn der umgangsberechtigte Elternteil sein Kind andernfalls nicht besuchen kann (SG Stuttgart 22.9.2005 - S 17 AS 5846/05 ER).

4. Zahl der Besuche

Das Bundesverfassungsgericht hält die Einschränkung der Besuche auf ein Wochenende im Monat für verfassungswidrig. Die Grenze sei erst da zu ziehen, wo *„konkrete Anhaltspunkte"* dafür vorliegen, dass Unterhaltskosten missbräuchlich auf das Sozialamt abgeschoben werden (BVerfG 25.10.1994 - NDV 1995, 262 ff.). Die Zahl der zu finanzierenden Besuche hängt vom *„Alter, Entwicklung und Zahl der Kinder, Intensität ihrer Bindung zum Umgangsberechtigten, Einstellung des anderen Elternteils zum Umgangsrecht, insoweit vom Vorliegen und Inhalt einverständlicher Regelungen, Entfernung der jeweiligen Wohnorte und Art der Verkehrsverbindungen ab"* (BVerwG 22.8.1995, ebenda, 93 f.). Das gilt auch bei Alg-II-Bezug.

Besuche an jedem zweiten Wochenende sollten **im Inland** regelmäßig angemessen sein.

Das Sozialgericht Bremen hat einem Alg-II-Bezieher zugestanden, seine Tochter einmal im Jahr für 7 Tage in Australien zu besuchen, und dafür 1.362 € als angemessen angesehen (13.5.2013 - S 23 AS 612/13 ER).

5.1 Heranziehung des anderen Elternteils?

Fahrt- und Übernachtungskosten **der Kinder** werden nur übernommen, wenn *„diese nicht aus evtl. vorhandenem Einkommen, der Regelleistung oder Leistungen Dritter bestritten werden"* können (BA 21.37).

Daraus folgt, dass geprüft werden kann, ob der andere Elternteil über seine ⇨**Unterhaltspflicht** für die Erstattung der Kosten herangezogen werden kann, wenn er über ein entsprechendes Einkommen verfügt.

Das heißt aber nicht, dass Jobcenter die Leistungen für Kinder einfach versagen können, wenn unklar ist, ob der andere Elternteil *„leistungsfähig"* ist. Sollten Unterhaltsansprüche bestehen, gehen sie nach § 33 SGB II automatisch auf den SGB-II-Träger über (BSG 2.7.2009 - B 14 AS 75/08 R, Rz. 22), und der kann sie später eintreiben. Um den Übergang der Ansprüche zu bewirken, muss das Jobcenter den anderen Elternteil lediglich über etwaige Unterhaltsansprüche informieren. Da der Elternteil, bei dem sich das Kind überwiegend aufhält, jedoch seiner

Unterhaltsverpflichtung gegenüber dem Kind bereits nachkommt, wird ein vom Jobcenter geltend gemachter Anspruch im Regelfall ins Leere laufen.

5.2 Beide Elternteile beziehen Leistungen nach SGB II/SGB XII

Dann wird dem Elternteil, bei dem sich das Kind überwiegend aufhält, der **Regelsatz** der Kinder **anteilig** für den Zeitraum **gekürzt**, in dem sich diese beim umgangsberechtigten Elternteil in einer **temporären Bedarfsgemeinschaft** aufhalten und dort Leistungen beziehen. Denn bei den Leistungen nach dem SGB II handelt es sich um einen individuellen Anspruch jedes Kindes (BSG 7.11.2006 - B 7b AS 14/06 R). Und der Regelsatz einer Person kann für einen Zeitraum nur einmal ausgezahlt werden.
Mit der Bildung einer zeitweisen Bedarfsgemeinschaft und Leistungskürzungen beim anderen Elternhaushalt sind Spannungen vorprogrammiert, weil im Regelsatz z.B. Anteile für Kleidung oder Hausrat enthalten sind, die vom Elternteil angespart werden müssen, bei dem sich das Kind für gewöhnlich aufhält.

Um solche Konfliktsituationen zu vermeiden und den Elternteil, bei dem sich das Kind überwiegend aufhält, nicht zu benachteiligen, hat das Sozialgericht Dresden entgegen der Rechtsprechung des BSG entscheiden, dass trotz temporärer Bedarfsgemeinschaft beim Vater, die sorgeberechtigte Mutter **Anspruch auf** den **ungekürzten Regelsatz der Kinder** hat. Denn die zeitweise Bedarfsgemeinschaft beim Vater führt nicht dazu, *„dass es im Haushalt der Mutter ... zu entsprechenden Einsparungen kommen würde"*. (26.3.2012 - S 20 AS 5508/10; ⇨Kritik)

5.3 Finanzierung des Umgangs durch Reduzierung des Unterhalts?

„Sofern das Kind bzw. der mit ihm in Bedarfsgemeinschaft lebende Elternteil keine Leistungen nach dem SGB II bezieht und die umgangsberechtigte Person aufgrund eines Unterhaltstitels Unterhalt zahlt, kann zur Eigenfinanzierung der Fahrtkosten auch eine Aufforderung zur Abänderung des Unterhaltstitels (Erhöhung des Selbstbehalts bzw. Minderung des unterhaltsrechtlich relevanten Einkommens) in Betracht kommen." (BA 21.37) Sollten Sie als Alg-II-Aufstocker tatsächlich titulierte Unterhaltszahlungen von Ihrem Erwerbseinkommen absetzen, könnte das Jobcenter Sie auffordern, Ihre Zahlungen zu kürzen, weil die umgangsbedingten Kosten Ihren Selbstbehalt vom Einkommen erhöhen würden.
Durch eine solche Kürzung werden jedoch Konflikte mit dem anderen Elternteil provoziert und die im Zusammenhang mit dem Umgang nötigen Vereinbarungen und Absprachen erschwert. Angesicht zweifelhafter Einsparpotenziale und unverhältnismäßiger negativer Auswirkungen auf die Ausübung des Umgangsrechts halten wir solche Vorgaben für unzumutbar.

Tipp Werden Sie vom Jobcenter zur Abänderung des Unterhaltstitels aufgefordert, legen Sie schriftlich dar, warum diese Maßnahme für Sie unverhältnismäßig und nicht zumutbar ist.

6. Ungenehmigte Ortsabwesenheit bei Ausübung des Umgangsrechts unschädlich

Halten sich Alg-II-Beziehende *„zur Ausübung des Umgangsrechts ... in der Zeit von Freitagmittag bis Sonntagabend außerhalb des zeit- und ortsnahen Bereiches auf, ist dieser Aufenthalt ... in der Regel nicht genehmigungspflichtig"* (BA 7.122). Wie gnädig! Wochenendtage, an denen Sie Ihre Kinder besuchen, werden Ihnen auch nicht von Ihrem 21-tägigen Anspruch auf ⇨Ortsabwesenheit abgezogen.

7. Mehrbedarfszuschlag für ⇨Alleinerziehende

Kritik

Die Wahrnehmung des Umgangsrechts ist in Bezug auf den Bedarf des Kindes kein Nullsummenspiel. Es liegt auf der Hand, dass mit der tagesgenauen Aufteilung des Kinderregelsatzes auf zwei Bedarfsgemeinschaften der Lebensunterhalt des Kindes in den Haushalten der getrennt lebenden Eltern nicht sichergestellt werden kann. Die Notlösung der „temporären Bedarfsgemeinschaft" ist mit großem Nachweis- und Prüfaufwand verbun-

den und provoziert familiäre Spannungen, die die Wahrnehmung des Umgangsrechts mit dem getrennt lebenden Kind insgesamt beeinträchtigen können.
Eine unbürokratische und realitätsgerechte Lösung wäre, dem alleinerziehenden Elternteil, bei dem sich das Kind überwiegend aufhält, den vollen Kinderregelsatz weiterhin auszuzahlen und dem umgangsberechtigten Elternteil – soweit SGB-II-hilfebedürftig – einen zusätzlichen Mehrbedarf für die Wahrnehmung des Umgangsrechts zu gewähren. Die tagesgenaue, das Umgangsrecht hemmende Aufteilung des Regelsatzes würde entfallen und der tatsächliche Mehrbedarf des Kindes, der durch den Aufenthalt in zwei Haushalten entsteht, wäre bei entsprechender Ausgestaltung der Leistung gedeckt.
Bei der Ausübung des sogenannten Wechselmodells und der Aufteilung des Sorgerechts könnten Kinderregelsatz und Mehrbedarfszuschlag hälftig auf beide hilfebedürftigen Elternhaushalte aufgeteilt werden.

Forderungen
- Einführung eines bedarfsdeckenden Mehrbedarfs für das Umgangsrecht statt Bildung von temporären Bedarfsgemeinschaften!
- Anerkennung der angemessenen Fahrt- und Unterhaltskosten ohne Heranziehung des anderen Elternteils!
- Keine Anrechnung der anteiligen UVG-Zahlungen für die Umgangszeit auf den Bedarf des Kindes!

Umzug

1.1 Werden nach einem Umzug Unterkunftskosten gezahlt?

BezieherInnen von Alg II und HzL/ GSi der Sozialhilfe können grundsätzlich umziehen, wohin Sie wollen - unabhängig davon, ob eine Behörde den Umzug als notwendig abgesegnet hat.

Alg II
Wenn ein Umzug **vom Amt nicht als notwendig anerkannt** und die Kostenübernahme der neuen Wohnung **nicht zugesichert** wurde, müssen beim Alg-II-Bezug Unterkunftskosten nur **in bisheriger Höhe** übernommen werden (§ 22 Abs. 1 Satz 2 SGB II neu). Das bezieht sich auf die Summe der Kosten, gilt also auch, wenn die Kostensteigerung lediglich durch höhere **Heizkosten** verursacht wird (LPK SGB II, § 22 Rz. 75). Die Unterkunftskosten dürfen dann aber nicht dauerhaft auf diesem Niveau gedeckelt werden, das Jobcenter muss sie zumindest entsprechend der Mietpreissteigerung anpassen. Maßstab hierfür *„ist die Dynamisierung der nach dem schlüssigen Konzept ermittelten Angemessenheitsgrenzen“* (BSG 17.2.2016 - B 4 AS 12/15 R; ⇨Miete).

Eine solche Deckelung der Unterkunftskosten trifft diejenigen am härtesten, die vor dem Umzug in einer billigen und oft schlechten Unterkunft gewohnt haben. Wenn nämlich die Kosten der alten Wohnung **deutlich unter** den Unterkunftskosten liegen, die das Jobcenter im Normalfall als **angemessen** anerkennt. Der Fehlbetrag muss folglich aus dem Regelsatz finanziert werden.

Ziehen Sie in einen **anderen Wohnort**, müssen dort die neuen Unterkunftskosten vom Jobcenter anerkannt werden, wenn sie innerhalb der **dort gültigen** Angemessenheitsgrenzen liegen (BSG 1.6.2010 - B 4 AS 60/09 R).
Wann die Begrenzung der Unterkunftskosten noch **entfällt**, lesen Sie unter ⇨Miete 8.1; Näheres zur Zuständigkeit unter ⇨3.

HzL/ GSi der Sozialhilfe
Bei Sozialhilfebezug sind nach einem Umzug **immer** die **angemessenen** Kosten der Unterkunft zu übernehmen (§ 35 Abs. 2 Satz 4 SGB XII).

Tipp Holen Sie vor dem Umzug zur Sicherheit die vorherige schriftliche **Genehmigung** mit Kostenzusage ein, wenn Sie nicht auf Kosten sitzen bleiben oder der Kostenübernahme hinterherlaufen wollen.

1.2 Wann werden Umzugskosten übernommen?

Werden die neuen Unterkunftskosten nicht als angemessen anerkannt, trägt die Behörde **im Normalfall** auch nicht die Umzugskosten. Ist der Umzug nicht erforderlich, gilt

U

das ebenso. In beiden Fällen **können** aber die Kosten durchaus übernommen werden. Das ist durch kein Gesetz ausgeschlossen.

*„Umzugskosten können **bei vorheriger Zusicherung** durch den **bis zum Umzug zuständigen** kommunalen Träger als Bedarf anerkannt werden. ... Die Zusicherung **soll** erteilt werden, wenn der Umzug durch den kommunalen Träger **veranlasst** oder aus anderen Gründen **notwendig** ist und wenn ohne die Zusicherung eine Unterkunft in einem angemessenen Zeitraum nicht gefunden werden kann."* (§ 22 Abs. 6 SGB II; sinngleich § 35 Abs. 2 S. 4 und 5 SGB XII)

Beim Alg II wird es bei der ⇨**Kaution** konkreter:

*„eine Mietkaution kann bei vorheriger Zusicherung durch den am Ort **der neuen Unterkunft** zuständigen kommunalen Träger als Bedarf anerkannt werden."* (§ 22 Abs. 6 Satz 1 SGB II)

1.2.1 Die Behörde muss die Umzugskosten nur übernehmen, wenn

- der Umzug notwendig (erforderlich) ist,
- die ⇨Miete angemessen ist **und**
- die Behörde der Anmietung der neuen Wohnung zustimmt (Alg II) bzw. Sie die Behörde vor der Anmietung *„in Kenntnis"* gesetzt haben (HzL/ GSi der Sozialhilfe).

Ist ein Umzug **notwendig**, die neue Miete aber **unangemessen**, werden viele Behörden die Übernahme der Umzugskosten einfach verweigern (so auch VGH Hessen 19.3.1991, FEVS 41, 422; VGH Mannheim, FEVS 39, 73). Die Angemessenheit der neuen Wohnung ist aber **keine** zwingende **Voraussetzung** für die Übernahme der Umzugskosten, sondern nur die Notwendigkeit des Umzuges. Die Umzugskosten können z.B. übernommen werden, wenn die/ der Betroffene sich zuvor bereit erklärt, die überschießenden Unterkunftskosten selbst zu tragen (SG Duisburg 12.10.2007 - S 7 AS 77/05).

Ist ein Umzug **nicht notwendig**, die neue Miete aber **angemessen**, **kann** die Behörde die Umzugskosten dennoch übernehmen. Sie muss auch in einem solchen Fall einen Antrag prüfen und bescheiden (SG Schleswig 21.2.2005 - S 6 AS 30/05 ER). Je gewichtiger die Gründe sind (z.B. schlechte sanitäre Verhältnisse, mangelnde Heizbarkeit, schlechter Zuschnitt usw.) und je geringer die Mehrkosten bei einem Umzug sind, desto eher muss die Entscheidung positiv ausfallen.

Umzugskosten gehören zu den Kosten der Unterkunft (LPK SGB II, § 22 Rz. 160). Sie sind also **nicht** im Regelsatz enthalten.

1.2.2 Ein Umzug ist erforderlich,

- *„wenn der Umzug durch den kommunalen Träger [bzw. Träger der Sozialhilfe] veranlasst wird..."* (§ 22 Abs. 6 Satz 2 SGB II; § 35 Abs. 2 Satz 5 SGB XII), um die Unterkunftskosten zu senken bzw.
- *„wenn der Umzug ... aus anderen Gründen notwendig ist"* (SGB II ebenda; SGB XII ebenda).

Das liegt u.a. vor,

- wenn ein rechtskräftiges **Räumungsurteil** vorliegt (LPK SGB II § 22 Rz. 135); bei selbst verschuldeter Kündigung können die neuen Unterkunftskosten allerdings auf die Höhe der bisherigen Kosten begrenzt werden (SG Berlin 16.7.2010 - S 82 AS 7352/09),
- wenn Ihre bisherige Wohnung **zu klein** ist, u.a. weil Sie ein **Kind** bekommen haben (LSG Berlin Brandenburg 20.3.2014 - L 25 AS 2038/10; LSG Mecklenburg-Vorpommern 7.5.2009 - L 8 AS 87/08; weitere Nennungen: Geiger, Unterkunfts- und Heizkosten nach dem SGB II, 2015, 263 f.) oder weil sie das ⇨**Umgangsrecht** mit einem getrennt lebenden Kind wahrnehmen wollen (SG Bremen, 31.5.2010 - S 23 AS 987/10 ER),
- wenn Ihre bisherige Wohnung **zu groß** ist,
- wenn ihre bisherige Wohnung **zu klein** ist, z.B. 19,38 m² für einen Alleinstehenden (SG Stade 8.10.2010 - S 28 AS 724/10 ER; LSG Hessen 12.3.2007 - L 9 AS 260/06, deutet an, dass weniger als 35 m² für eine Person unzumutbar ist; zitiert nach: Geiger, ebenda, 262),
- wenn die Wohnung **bauliche Mängel** hat, z.B. zu feucht ist und die Mängel nicht in angemessener Frist zu beheben sind (OVG Lüneburg, FEVS 36, 332),
- wenn die Wohnung im **gesundheitsgefährdend**en Ausmaß mit Schimmel befallen ist (SG Bremen 19.3.2009 - S 23AS 485/09 ER, ein Abwarten, ob die Mängel durch den Vermieter beseitigt werden, ist dann nicht hinnehmbar; weitere Nennungen: Geiger, ebenda, 273 f.),
- wenn die Wohnung **keine Badewanne** hat, obwohl ein Kleinkind im Haushalt lebt (OVG Lüneburg, FEVS 36, 291),

- wenn die **sanitären Verhältnisse** schlecht sind (LSG Sachsen Anhalt 31.3.2011 - L 5 AS 359/10 B ER; SG Dortmund 22.12.2005 -S 31 AS 562/05 ER, SG Berlin 4.11.2005 - S 37 AS 10013/05 ER),
- wenn **Anschlüsse** für Licht, Herd oder Heizung fehlen,
- wenn **Wasserversorgung**, Abort, Schallschutz, ausreichender **Wärmeschutz**, ausreichendes **Tageslicht** oder ausreichende Luftzufuhr **fehlen** oder Aufenthaltsräume weniger als 2 m hoch sind (FRL SGB XII-29-B-27.04.2006, 3),
- wenn Ihre Wohnung **nicht behinderten-, gesundheits- oder altersgerecht** ist (z.B. kein Aufzug usw.),
- wenn Sie **gehbehindert** sind und die Treppen in Ihre Wohnung nicht mehr bewältigen können (SG Gießen 10.1.2013 - S 25 AS 832/12 ER),
- wenn das **Wohnumfeld** z.B. aufgrund von Bedrohung, Verwahrlosung, Lärmbelästigung usw. unzumutbar ist (LSG Sachsen 21.6.2012 - L 3 AS 828/11 und 24.2.2009 - L 3 B 650/08 AS PKH; LSG Berlin-Brandenburg 31.3.2008 - L 29 B 296/08 AS ER),
- wenn die Wohnung **ungünstig geschnitten** und schlecht beheizbar ist (LSG Baden-Württemberg 11.8.2011 - L 12 AS 3144/11 ER-B; SG Berlin 16.12.2005 - S 37 AS 11501/05 ER),
- wenn Beheizung mit Kohle aus **gesundheitlichen Gründen** unzumutbar ist (LSG Berlin-Brandenburg 25.3.2009 - L 25 AS 470/09 B ER),
- wenn sich Eheleute oder unverheiratete Paare **trennen** (LSG Mecklenburg-Vorpommern 30.4.2008 - L 10 B 134/07, bei gescheiterter Ehe bereits vor Ablauf des Trennungsjahres erforderlich, zitiert nach: Geiger, ebenda, 259),
- wenn Sie mit einem Partner **zusammenziehen** oder ihn heiraten wollen,
- wenn es **Konflikte** in einer WG gibt (SG Lüneburg 19.8.2005 - S 24 AS 472/05 ER),
- wenn Sie durch geringere Unterkunftskosten **von Unterstützung unabhängig** werden können (FRL SGB XII-29-B-27.04.2006, 2) oder
- wenn Sie einen anderen **wichtigen Grund** haben.

1.2.3 Wenn Sie Alg II beziehen,

gilt zudem, dass der Umzug notwendig ist,
- wenn Sie den **Arbeitsplatz wechseln**,
- der bisherige Wohnort **zu weit von** Ihrer **Arbeitsstelle** entfernt war oder
- wenn Sie an einen Ort ziehen, an dem Sie **Arbeit gefunden** haben oder eher **Arbeit finden** können.

Je weiter die neue Unterkunft von der alten entfernt ist, desto höher werden die Umzugskosten sein. Solange aber der Umzug notwendig ist bzw. die Mehrkosten nicht unverhältnismäßig sind, oder wenn Sie den überhöhten Teil der Umzugskosten selbst zahlen, müssen die Behörden Ihren **Wünschen** entsprechen (§ 9 Abs. 2 Satz 3 SGB XII; auch BVerwG 26.3.1999, FEVS 51, 49).

2. Umzugskosten

Zu den notwendigen Umzugskosten gehören Kosten, die im Zusammenhang mit dem Umzug und wegen des Umzugs anfallen.
Darunter fallen z.B.
- die Kosten fürs **Packen** (Umzugskartons; LSG Niedersachsen-Bremen 28.1.2008),
- **Transport**, Versicherungen, Benzin, die Anmietung eines vollkaskoversicherten Fahrzeugs (BSG 6.10.2011 - B 14 AS 152/10 R; zu Pauschalen s.u.), **nicht aber** die **Schadensersatzforderungen** des Autovermieters aufgrund einer Beschädigung des Mietfahrzeugs (BSG, ebenda),
- die Aufwendungen für die erforderliche **Versorgung der Umzugshelfer** (übliche Getränke- und Verpflegungskosten; LSG Sachsen 26.10.2010 - L 3 B 768/08 SO ER; SG Dresden 15.8.2005 - S 23 AS 692/05 ER). Sie können schlecht verlangen, dass Ihre ansonsten unbezahlten Umzugshelfer sich selbst verköstigen.
- eine **Haftpflichtversicherung** bei privaten Umzugshelfern. Diese ist notwendig, weil diese nicht für die Beschädigung oder den Verlust Ihrer Wohnungseinrichtung und Ihrer Besitztümer haften (SG Düsseldorf 18.5.2005 - S 3 SO 118/05 ER),
- **Sperrmüll**gebühren (SG Hamburg 29.3.2006 - S 59 AS 503/06 ER) und
- **Wiederbeschaffung**skosten von Hausrat und Möbeln, die aufgrund des Umzugs funktionsuntüchtig geworden sind (BSG 1.7.2009 - B 4 AS 77/08 R; LSG Niedersachsen-Bremen 21.2.2006 - L 9 B 37/06 AS).

Umzugspauschalen für den Umzugswagen, Helfer etc. sind i.d.R. zulässig, z.B.
- 200 € für einen Zweipersonenhaushalt (LSG Berlin-Brandenburg 5.2.2008 - L 10 B 2193/07 AS ER),
- 381 € für einen Dreipersonenhaushalt (LSG Sachsen 10.12.2008 - L 2 AS 93/07).

U

Sie sollen den Umzug grundsätzlich in **Selbsthilfe** mit Freunden, Bekannten oder Verwandten organisieren (OVG Berlin 26.11.2004 – 6S 426/04).
Wenn Sie das nicht können, weil sie z.B. zu **alt, behindert oder krank** sind und keine Helfer vorhanden sind, müssen die Kosten für ein **gewerbliches Unternehmen** übernommen werden (BSG 6.5.2010 - B 14 AS 7/09 R; LSG Hamburg 29.3.2006 - L 5 B 111/06 ER AS; SG Dresden s.o.) bzw. für gewerbliche Helfer (OVG Berlin s.o.). Sie müssen vor dem Umzug mit einer Spedition mindestens zwei **Kostenvoranschläge** beibringen (LSG NRW 11.2.2010 L 12 B 94/09 AS NZB).

Die angemessenen Kosten für **Räumung und Entsorgung von Möbeln und Gebrauchsgütern** können auch bei einem **Umzug in ein Pflegeheim** übernommen werden (BSG 15.11.2012 - B 8 SO 25/11 R, wenn der Hausrat nicht vollständig mitgenommen werden kann).

3. Zuständigkeit

Zuständig für die Übernahme der Umzugskosten ist die Alg-II-Behörde **des Orts, aus dem Sie wegziehen** (§ 22 Abs. 6 SGB II). Im SGB XII (§ 35 Abs. 2 Sätze 4 und 5 SGB XII) ist das noch nicht entsprechend geregelt, muss aber so gehandhabt werden wie im SGB II (LSG Baden-Württemberg 23.11.2006 - L 7 SO 4415/05).
Für die darlehensweise Übernahme einer ⇨**Kaution** bzw. von **Genossenschaftsanteilen** ist das Jobcenter **am Ort der neuen Unterkunft** zuständig (§ 22 Abs. 6 Satz 1 SGB II neu). Dort bekommen Sie auch Auskunft darüber, ob Ihre neue Wohnung angemessen ist. Das Gleiche gilt für die Sozialhilfe.

U

4. Weitere Umzugskosten

Wenn Sie umziehen, können eine Abschlussrenovierung in der alten sowie eine Einzugsrenovierung in der neuen Wohnung anfallen. Näheres unter ⇨**Renovierung**
Wenn Sie umziehen müssen, fallen ⇨**Wohnungsbeschaffungskosten** an, um die neue Wohnung zu suchen und anmieten zu können. Schlagen Sie dort nach.
Wenn Sie umziehen, fallen auch Telefoneinrichtungskosten an. Näheres unter ⇨**Telefon**
Wenn Sie umziehen müssen, brauchen Sie die Zusicherung der künftig zuständigen Behörde für die Übernahme der Kosten der neuen Wohnung. Näheres unter ⇨**Miete**

Tipp Alle Aufwendungen müssen **im Voraus beantragt** werden. Unterschreiben Sie einen Mietvertrag möglichst erst **nach** schriftlicher Kostenzusage der Behörde!

Unterhalt für Kinder

Wenn Sie Unterhalt an Kinder zahlen und zum Bezieher von Alg II/ Sozialhilfe werden, können Sie i.d.R. den Unterhalt nicht mehr aufbringen.
Es gibt **zwei** Möglichkeiten:
- Sie setzen den Unterhalt aus (1.1) **oder**
- Sie zahlen den Unterhalt weiter, weil Sie Einkommen erzielen. Dieses wird dann um den Unterhalt bereinigt, bevor es an die Alg-II-Leistung angerechnet wird (1.2).

1.1 Unterhaltszahlungen bei Alg II/ Sozialhilfebedürftigkeit aussetzen

„Unterhaltspflichtig ist nicht, wer bei Berücksichtigung seiner sonstigen Verpflichtungen außerstande ist, ohne Gefährdung seines angemessenen Unterhalts den Unterhalt zu gewähren." (§ 1603 BGB)
Unterhaltszahlungen sind i.d.R. nicht zuzumuten, wenn man dadurch zum Sozialhilfebezieher wird (BVerwG 27.1.1965, FEVS 12, 81).

Sie können beim Familiengericht einen **Antrag auf Herabsetzung des Unterhalts** oder **Aussetzen der Unterhaltspflicht** stellen, wenn Sie durch den Unterhalt unter die Bedarfsgrenze von Alg II/ Sozialhilfe rutschen. Laufende Unterhaltsverpflichtungen können dann mangels Einkünften auf Null reduziert werden. Besteht allerdings ein **Unterhaltstitel** und wird dieser nicht abgeändert, laufen in der Zeit der Reduzierung der Unterhaltszahlungen **Schulden** auf.

1.2 Unterhaltszahlungen vom Einkommen absetzbar?

Alg II

„Vom Einkommen abzusetzen sind ... 7. Aufwendungen zur Erfüllung gesetzlicher Unterhaltsverpflichtungen bis zu dem in einem Unterhaltstitel oder in einer notariell bekundeten Unterhaltsvereinbarung festgelegten Betrag." (§ 11b Abs. 1 Nr. 7 SGB II)

Tipp Beschaffen Sie sich einen Unterhaltstitel, kostenfrei z.B. beim Jugendamt.

Sozialhilfe

Bei **Hilfe zum Lebensunterhalt** (HzL) und **Grundsicherung** (GSi) der Sozialhilfe können Unterhaltszahlungen nicht vom Einkommen abgesetzt werden (BVerwG 2.7.1993 - 5 B 158.92). **Ausnahme:** Der Unterhalt wird gepfändet. Dann muss der Unterhalt vom Einkommen abgezogen werden (BVerwG 15.12.1977, FEVS 1978, 99 ff; VGH Baden-Württemberg 12.6.1996, FEVS 1997, 364 ff.). Das Sozialamt fordert Sie jedoch auf, beim zuständigen Gericht Einwendung gegen die Art und Weise der Zwangsvollstreckung zu erheben (§ 766 ZPO), denn Sozialhilfe darf nicht gepfändet werden (⇨Pfändung).

Mehr und mehr verbreitet sich die Auffassung, dass der „notwendige Unterhalt" (§ 850d Abs. 1 Satz 2 ZPO), der Ihnen verbleiben soll, von vornherein mit dem sozialhilferechtlichen Bedarf gleichzusetzen ist. Bei Pfändung wegen Unterhaltsansprüchen muss Ihnen dann wenigstens der Sozialhilfebedarf bleiben.

Wenn Ihr Unterhalt nicht gepfändet wird und Ihr Einkommen durch den Unterhalt unter Ihren Sozialhilfebedarf fällt, verlangt das Sozialamt von Ihnen, die Unterhaltszahlungen einzustellen oder zu reduzieren (⇨1.1).

Beziehen Sie oder ein Mitglied der im Haushalt lebenden Familie jedoch Leistungen nach dem **fünften bis neunten Kapitel SGB XII** („Sozialhilfe in unterschiedlichen Lebenslagen"), können Unterhaltsverpflichtungen als besondere Belastungen vom Einkommen abgesetzt werden (§ 87 Abs. 1 SGB XII; Empfehlungen des DV für den Einsatz von Einkommen und Vermögen, 2007, Rz. 103).

2.1 Höhe des Selbstbehalts

Nach der **Düsseldorfer Tabelle** (Stand: 1.8.2016, gültig für alle Bundesländer) müssen einem Nichterwerbstätigen mit einem Einkommen bis zu 1.500 € netto nach Erfüllung der Unterhaltspflicht für minderjährige Kinder wenigstens 880 € bleiben, einem Erwerbstätigen 1.080 €. Darin sind 380 € für die warmen Unterkunftskosten enthalten.

Unterhaltsverpflichtete gegenüber minderjährigen und privilegiert volljährigen Kindern unterliegen jedoch einer **gesteigerten Erwerbsobliegenheit**. D.h., sie sind ggf. zu Mehrarbeit verpflichtet, um den Unterhalt aufzubringen, und bei Arbeitslosen werden hohe Anforderungen an die Eigenbemühungen (Bewerbungen) gestellt.

Näheres unter gesteigerte ⇨Unterhaltspflicht

2.2 Halbes ⇨Kindergeld abziehen

Sie können das halbe Kindergeld von Ihren Unterhaltzahlungen abziehen (§ 1612b BGB). Das ist bei dem ab 2008 geltenden Unterhaltsrecht für alle Einkommensstufen möglich.

D.h. der zu leistende Unterhalt vermindert sich bei 1 und 2 unterhaltsberechtigten Kindern um das hälftige Kindergeld in Höhe von **95 €**, bei 3 Kindern um **96 €** und bei 4 Kindern um **99,63 € pro Kind** (Stand: 2016).

2.3. Verteilung der Unterhaltszahlung auf mehrere Kinder

Übersteigt der Kindesunterhalt die Differenz von bereinigtem Nettoeinkommen und Selbstbehalt, muss nur bis zur Höhe des Selbstbehalts Unterhalt gezahlt werden, wenn ein Einkommensverlust nicht schuldhaft herbeigeführt wurde. Trifft dies zu, kann der **Selbstbehalt** auch **unterschritten** werden.

Ist der Unterhalt auf mehrere unterhaltsberechtigte Kinder zu verteilen, wird der verbleibende Verteilungsbetrag gleichmäßig auf jedes Kind im Verhältnis des nach der Altersstufe zustehenden Betrages verteilt, die sogenannte ***„Mangelfallberechnung"***.

Kritik

Die gegenwärtige Höhe des Selbstbehalts führt zu „Unterhaltsflüchtlingen". Unterhaltszahlungen drücken zahlreiche Menschen unter das Alg-II-/ Sozialhilfeniveau, auch wenn sie arbeiten. Unterhalt für Kinder ist steuerlich nicht abzugsfähig, ein Geschäftswagen schon.

Forderungen

- Volle Abzugsfähigkeit der Unterhaltszahlungen vom Einkommen, auch wenn der Unterhalt nicht tituliert ist!
- Unterstützungsangebote außerhalb von SGB II/ SGB XII, wenn Unterhaltszahlungen ausbleiben!

Information
Christian Müller/ Maria Wersig, Der Rückgriff gegen Angehörige von Sozialleistungsempfängern, 7. Aufl., Baden-Baden 2016
Düsseldorfer Tabelle mit Leitlinien: www.olg-duesseldorf.nrw.de/infos/Duesseldorfer_tabelle/index.php

Unterhaltspflicht

Unterhaltspflichten können aufgrund unterschiedlicher Rechtsgrundlagen entstehen. Die häufigste Grundlage für Unterhaltspflichten ist das **BGB** (Bürgerliches Gesetzbuch). Abweichend davon können Angehörige oder **Mitglieder einer ⇨Bedarfs- bzw. ⇨Haushaltsgemeinschaft** auch über das SGB II und SGB XII zum sozialrechtlichen Unterhalt herangezogen werden. Hier werden Art und Umfang der Verpflichtung i.d.R. orientiert an entsprechenden Vorschriften des BGB festgelegt.
Richtwerte zur Ermittlung von Unterhaltspflichten findet man in der *„Düsseldorfer Tabelle"*. Das sind Empfehlungen des Oberlandesgerichts Düsseldorf, die keine rechtliche Bindung haben, aber bundesweit als **Orientierung** zur Ermittlung des Unterhaltsanspruchs bzw. der -verpflichtung herangezogen werden. Das bedeutet, dass die Höhe von Unterhaltszahlungen nach dem BGB i.d.R. immer **individuell ermittelt** werden muss und nicht einfach aus der Tabelle abgelesen werden kann.

U

Unterhaltspflichten, die auf Grundlage des BGB bestehen, sind **vorrangig** gegenüber Unterhaltspflichten auf Grundlage des SGBII/ SGB XII.

Inhaltsübersicht:

1.1 Unterhaltspflichtig nach dem BGB sind

a. Ehegatten untereinander, ebenso gleichgeschlechtliche PartnerInnen in einer eingetragenen Lebenspartnerschaft und
b. Eltern im Verhältnis zu ihren minderjährigen und volljährigen Kindern **und** umgekehrt.
c. Väter gegenüber den nichtehelichen Müttern ihrer Kinder in der Zeit von 4 Monaten vor und bis zu drei Jahren nach der Geburt, wenn die Mutter wegen Pflege und Erziehung des Kindes nicht erwerbstätig ist, und umgekehrt (⇨7.2).

1.2 Nicht unterhaltspflichtig nach dem BGB sind

a. Geschwister untereinander,
b. Großeltern gegenüber ihren Enkeln und umgekehrt (seit 1974),
c. Tanten/ Onkel gegenüber Nichten und Neffen und umgekehrt,
d. nicht eingetragene Lebenspartner,
e. Partner ⇨eheähnlicher Gemeinschaften,
f. Schwiegereltern gegenüber Schwiegerkindern und umgekehrt sowie

g. Stiefeltern gegenüber Stiefkindern und umgekehrt.

1.3 Unterhaltspflicht nach dem SGBII und SGB XII

a. wie unter 1.1,

b. Partner, die länger als 1 Jahr zusammenleben und eine ⇨eheähnliche Gemeinschaft bilden (keine konkrete Fristsetzung im SGB XII) und

c. Stiefeltern gegenüber Stiefkindern (nur SGB II; ⇨Bedarfsgemeinschaft; ⇨Haushaltsgemeinschaft).

Zahlungen von nicht unterhaltspflichtigen Personen, die mit Hilfebedürftigen in einem Haushalt zusammenleben, hängen im Wesentlichen von deren Bereitschaft zum Unterhalt ab und sind nicht verpflichtend oder einklagbar (⇨Haushaltsgemeinschaft).

2.1 Gesteigerte Unterhaltspflicht nach dem BGB

Gesteigert unterhaltspflichtig sind **Ehegatten** und eingetragene Lebenspartner untereinander sowie **Eltern** im Verhältnis zu ihren **minderjährigen Kindern**. Sie müssen sich mehr, also gesteigert, darum bemühen Unterhalt zu zahlen.

Eltern, die in einem Haushalt mit **volljährigen Kindern unter 21 Jahren** zusammenleben, die sich in der allgemeinen Schulausbildung befinden, sind ebenfalls gesteigert unterhaltspflichtig (§ 1603 Abs. 2 BGB; ⇨2.2).

Eine **besondere Rolle** nimmt die **Unterhaltspflicht gegenüber minderjährigen und privilegierten volljährigen Kindern** ein. Hier gelten durch die gesteigerte Unterhaltspflicht **strengere Regeln**. Zur Erfüllung ihrer Unterhaltspflichten unterliegen Verpflichtete einer *„gesteigerten Erwerbsobliegenheit"* (Arbeitsverpflichtung). Verpflichtete werden dazu angehalten ihre Unterhaltspflicht entweder durch **Mehrarbeit** (bis zu 48 Stunden/Woche) oder durch erhöhte Bewerbungsauflagen zu erfüllen.

Kommen Verpflichtete der *„gesteigerten Erwerbsobliegenheit"* nicht nach, können Unterhaltsverpflichtungen nach einem fiktiven Einkommen berechnet werden. Außerdem kann eine **Strafanzeige** gestellt werden (§170 StGB).

Die festgelegte Unterhaltspflicht ändert sich nicht automatisch. Haben sich Ihre **Verhältnisse geändert** und können Sie den Unterhalt nicht mehr in voller Höhe zahlen, müssen Sie mit der zuständigen Behörde oder dem Unterhaltsberechtigten Kontakt aufnehmen und eine Herabsetzung bzw. Stundung vereinbaren oder es muss eine Herabsetzungsklage angestrebt werden. Wenn Sie **Unterhaltszahlungen** einfach **herabsetzen/ einstellen**, verletzen Sie Ihre Unterhaltspflicht und es laufen **Schulden** auf.

2.2 Gesteigerte Unterhaltspflicht SGB II/ SGB XII bei Zusammenlebenden

Leben Ehegatten, eingetragene Lebenspartner bzw. eheähnliche Partner, die Leistungen beziehen, mit minderjährigen (beim Alg II unter 25jährigen) Kindern zusammen, wird ihre Unterhaltspflicht über den Einsatz von Einkommen und Vermögen im Rahmen der ⇨Bedarfsgemeinschaft/ Einstandsgemeinschaft erfüllt (§ 33 Abs. 2 Nr. 1 SGB II; entsprechend für HzL/ GSi der Sozialhilfe § 94 Abs. 1 i.V. mit § 19 SGB XII).

Sie müssen Ihr gesamtes ⇨**Einkommen und** ⇨**Vermögen** oberhalb Ihres Bedarfs an Alg II, HzL/ GSi der Sozialhilfe bzw. oberhalb der jeweiligen Vermögensfreigrenzen einsetzen. Das gilt aber nur für die **Partner untereinander** und für die **Eltern** und ihre Partner **gegenüber den Kindern**, nicht aber umgekehrt.

Diese Regelung trifft vor allem diejenigen, die **nach einer Trennung** vom Partner mit einem leiblichen Kind zusammenleben, das aus dieser Partnerschaft hervorgegangen ist. Beide Elternteile haften gemeinschaftlich für die Unterhaltsansprüche des Kindes. Während dem vom Kind getrennt lebendem Elternteil aber ein ***„Selbstbehalt"*** zugestanden wird (⇨2.3 ff.), haftet derjenige, der mit dem Kind zusammenlebt mit seinem gesamten Einkommen und Vermögen. Beim unterschreiten des sozialhilferechtlichen Existenzminimums kann er Alg II/ HzL oder GSi beantragen. Da die die ⇨Regelsätze für Kinder jedoch nicht bedarfsdeckend sind, wird der mit dem Kind zusammenlebende Elternteil darüber hinaus aus seinem Regelsatz Deckungslücken zu kompensieren haben.

2.3 Gesteigerte Unterhaltspflicht bei Getrenntlebenden

„Unterhaltspflichtig ist nicht, wer bei Berücksichtigung seiner sonstigen Verpflichtungen außerstande ist, ohne Gefährdung seines angemessenen Unterhalts den Unterhalt zu gewähren." (§ 1603 BGB)

Unterhaltspflichtigen wird ein *„Selbstbehalt"* zugestanden. Die Höhe des Unterhalts hängt ab

- von der Höhe des Selbstbehalts (⇨2.3.1) und
- der Höhe des anzurechnenden Einkommens (⇨2.3.2).

2.3.1 Unterhaltsrechtlicher Selbstbehalt

Das BGB macht keine Angaben über den angemessenen Selbstbehalt. Deshalb haben Oberlandesgerichte unterhaltsrechtliche Leitlinien entwickelt, insbesondere das OLG Düsseldorf (⇨Düsseldorfer Tabelle/DT 1/2016). Diese wird seit 2008 im gesamten Bundesgebiet als Orientierung verwendet.

Danach gilt beim Kindesunterhalt für Erwerbstätige ein **Mindestselbstbehalt** (notwendiger Eigenbedarf) von **1080 €** und für Nicht-Erwerbstätige von **880 €**. Darin enthalten sind **380 €** für die Bruttowarmmiete. *„Der Selbstbehalt soll erhöht werden, wenn die Wohnkosten (Warmmiete) den ausgewiesenen Betrag überschreiten und nicht unangemessen sind"* (DT 1/2016, A. 5.)

U

Die **Düsseldorfer Tabelle** und die *„Leitlinien zum Unterhalt"* finden Sie unter www.olg-duesseldorf.nrw.de/infos/Duesseldorfer_tabelle/index.php.

Achtung: Die Düsseldorfer Tabelle hat **keine rechtliche Bindung**, sondern ist nur ein **Richtwert** für individuell zu ermittelnde Verpflichtungen oder Bedarfe. So kann der Selbstbehalt im Einzelfall (z.B. bei besonderen Belastungen) angehoben oder gesenkt werden.

Tipp Wenn sich mit der jährlichen Angleichung der Düsseldorfer Tabelle Ihr Selbstbehalt erhöht, sollten Sie eine Neuberechnung des Unterhalts beantragen. Behörden berücksichtigen das nicht automatisch.

2.3.2 Unterhaltsrechtlich anzurechnendes Einkommen

Ob bei gesteigertem oder nicht gesteigertem Unterhalt:

Einkommen im Sinne des Unterhaltsrechts ist so gut wie alles. Im Folgenden werden die bei beiden Unterhaltsformen gleichen Bestimmungen aufgeführt. Bei der nicht gesteigerten Unterhaltspflicht ist die Einkommensanrechnung weniger scharf (⇨3.3.1).

Zu den anzurechnenden Einkommen gehören z.B.

- **Nettoerwerbseinkommen**,
  außerdem Lohnsteuerjahresausgleich, Einkünfte aus Nebentätigkeiten, Krankengeld, Lohnfortzahlung, Arbeitslosengeld, Wohngeld (soweit es nicht Aufwendungen oberhalb des Betrags im Selbstbehalt abdeckt), Miet- und Pachteinnahmen, Pensionen, Renten, Vermögenserträge usw.

- **Fiktive Einkünfte**
  Kommt eine zu Unterhalt verpflichtete Person ihrer Arbeitsverpflichtung (Erwerbsobliegenheit) nicht nach, wird ihr Einkommen danach ermittelt, was sie verdienen könnte, wenn sie einer Erwerbstätigkeit nachgehen würde, die ihrer Ausbildung oder Erwerbsmöglichkeit entspricht.

- **Wohnwert von Wohneigentum**
  Wenn Sie mietfrei in Ihrem Eigenheim wohnen, wird der Wohnwert abzüglich der Belastungen und umlagefähigen Kosten als Einkommen zugrunde gelegt. Bei gesteigerter Unterhaltspflicht wird nach der Scheidung der objektive Wohnwert herangezogen, d.h. der auf dem Markt zu erzielende Mietpreis für das Eigenheim. Vor der Scheidung ist es der relative Wohnwert, d.h. die in Bezug auf die Einkommensverhältnisse angemessene Miete. Der relative Wohnwert ist natürlich niedriger. Bei nicht gesteigerter Unterhaltspflicht (Elternunterhalt) wird nur der relative Wohnwert zugrunde gelegt. Bei den Belastungen werden beim gesteigerten Unterhalt nur die Zinszahlungen anerkannt (BGH - FamRZ 2000, 950), die Tilgungsleistungen dagegen nur im Einzelfall. Bei nicht gesteigerter Unterhaltspflicht (Elternunterhalt) auch die Tilgungsbeiträge (BGH - FamRZ 2003, 1179).

- **Ersparnis aufgrund gemeinsamer Haushaltsführung**
  Der Bundesgerichtshof begründet die höheren **Eigenbedarfssätze** von Alleinstehenden gegenüber in Haushaltsgemeinschaft lebenden Unterhaltsverpflichteten mit einer *„Ersparnis"* aufgrund gemeinsamer Haushaltsführung, die das Einkommen erhöht und somit zu berücksichtigen ist (BGH - FamRZ 2010, 1535 ff.; Müller 2012, 107 ff.).
  Diese Ersparnis beträgt laut Düsseldorfer Tabelle (DT) **240 €**. Das ist beim nicht gesteigerten Unterhalt die Differenz zwischen den **Selbstbehalten** des Unterhaltsverpflichteten (1.200 €; DT 1/2016, B. IV.) und dem in der Haushaltsgemeinschaft lebenden *„neuen"* Ehegatten (960 €; B. VI.).

2.3.2.1 Bereinigung des Nettoeinkommens um

- **Berufsbedingte Aufwendungen**
  in Höhe von 5% des Nettoerwerbseinkommens sind ohne Nachweis abzusetzen (mindestens 50 €, höchstens 150 €), bei höheren Aufwendungen mit Nachweis (z.B. 0,30 € pro gefahrenem Kilometer bei beruflicher Nutzung des Autos; ab dem 31. km nur noch 0,20 €/km).
- **Kinderbetreuungskosten**
  sind abzuziehen, soweit wegen Berufstätigkeit erforderlich.
- **Schulden**
  können nach den Umständen des Einzelfalls als *„sonstige Verpflichtung"* (§ 1603 BGB) geltend gemacht werden, d.h. nicht alle Schulden sind anrechnungsfähig.
- **Unterhaltszahlungen**
  an nicht im Haushalt lebende Unterhaltsberechtigte werden abgezogen.
- Mit der Ausübung des **Umgangsrechts** verbundene Kosten.

(OLG Düsseldorf, Leitlinien zum Unterhalt, 1.8.2015, 10.7)

Bei **nicht** gesteigertem Unterhalt ist die Einkommensbereinigung etwas großzügiger gestaltet (⇨3.3.4).

2.3.2.2 Nicht zum Einkommen zählen

Elterngeld (bis 300 €), Pflegegeld (nach § 13 Abs. 6 SGB XI), Sozialhilfe, Unterhaltsvorschuss, Schmerzensgeld und Kindergeld (⇨Unterhalt für Kinder 2.2).
(OLG Düsseldorf, ebenda, 2. ff., 3.)

2.3.3 Höhe des gesteigerten Unterhalts nach bürgerlichem Recht

Übersteigt das anzurechnende Einkommen den Selbstbehalt laut (DT 1/2016, A.), wird die Differenz in voller Höhe herangezogen.

2.3.4 Rangfolge der Unterhaltspflicht

Wenn wegen mangelnder Leistungsfähigkeit nicht allen Unterhaltsberechtigten Unterhalt gezahlt werden kann, gilt ab 1.1.2008 folgende Rangfolge:

„1. minderjährige unverheiratete Kinder und Kinder im Sinne des § 1603 Abs. 2 Satz 2 [d.h. Kinder bis zur Vollendung des 21. Lebensjahres, wenn sie im Haushalt der Eltern/ eines Elternteils leben und sich in der allgemeinen Schulausbildung befinden],
2. Elternteile, die wegen der Betreuung eines Kindes unterhaltsberechtigt sind oder im Fall einer Scheidung wären, sowie Ehegatten und geschiedene Ehegatten bei einer Ehe von langer Dauer ...,
3. Ehegatten und geschiedene Ehegatten, die nicht unter Nummer 2 fallen,
4. Kinder, die nicht unter Nummer 1 fallen,
5. Enkelkinder und weitere Abkömmlinge,
6. Eltern,
7. weitere Verwandte der aufsteigenden Linie; unter ihnen gehen die Näheren den Entfernteren vor."
(§ 1609 BGB)

Wenn der Unterhaltspflichtige zwar Unterhalt zahlen kann, dieser aber nicht ausreicht, wird der Unterhalt, der geleistet werden kann, im Verhältnis des jeweiligen Unterhaltsbedarfs auf die Unterhaltsberechtigten der jeweiligen Stufe aufgeteilt *(„Mangelfallberechnung")*.

2.3.5 *„Sozialhilferechtlicher"* Eigenbedarf – Untergrenze

Grundsätzlich kann nur der Unterhaltsanspruch übergehen, der nach dem BGB besteht, d.h. beim Einkommen müssen die dort festgelegten **Selbstbehalte** berücksichtigt werden. Allerdings ist die Einkommensberechnung im Unterhaltsrecht anders als im Sozialrecht. Deshalb sind Fälle denkbar, bei denen Nichtleistungsbeziehern aufgrund der ungünstigeren Berücksichtigung von

U

Einkommen weniger bleibt, als Beziehern von Alg II, HzL/ GSi der Sozialhilfe. Dieser Bedarf gilt letztlich als notwendiger Lebensunterhalt, der nicht unterschritten werden darf (§ 33 Abs. 2 Satz 2 SGB II; § 94 Abs. 3 Satz Nr. 1 SGB XII). *„Unterhaltsrechtlich leistungsfähig ist nicht, wer selbst sozialhilfebedürftig ist oder es durch Erfüllung des Unterhaltsanspruchs werden würde."* (Deutscher Verein für öffentliche und private Fürsorge *„Empfehlungen für die Heranziehung Unterhaltspflichtiger in der Sozialhilfe"*, März 2014, im Folgenden: DV 35/13 AF III, Rz. 80; entsprechend: BA 33.31).

Der **Vergleich** des unterhaltsrechtlichen Selbstbehalts mit dem Alg-II-/ Sozialhilfebedarf soll sicherstellen, dass das sozialhilferechtliche Existenzminimum durch Unterhaltszahlungen **nicht** unterschritten wird.

2.3.6 Kein Unterhalt bei Unterhaltsverzicht?

Ehegatten können seit 1977 für die Zeit nach der Scheidung auf gegenseitige Unterhaltsansprüche verzichten (§ 1585c BGB).

Der Verzicht ist unwirksam, wenn ein Ehegatte verzichtet, obwohl abzusehen war, dass dies zur Hilfebedürftigkeit nach dem SGB II/ SGB XII führen würde (§ 138 Abs. 1 BGB). Das verstößt gegen *„die guten Sitten"*.

Der Verzicht wird auch unwirksam, wenn gemeinsame, minderjährige Kinder zu versorgen sind und der geschiedene Ehegatte den Unterhalt braucht, um das Kind betreuen zu können (BVerfG 6.2.2001, NJW 2001, 957). Er wird nach der neuen Rechtsprechung des BGH teilweise unwirksam, wenn ein Partner gemeinsame Kinder betreut und deshalb den eigenen Beruf zeitweise oder ganz aufgegeben hat (FR 30.12.2004).

Nur wenn nicht abzusehen war, dass ein Ehegatte nach der Scheidung hilfebedürftig wird, ist der vereinbarte Unterhaltsverzicht i.d.R. wirksam.

Allerdings kann auch bei Einkommen oberhalb des sozialhilferechtlichen Bedarfs ein unwirksamer Unterhaltsverzicht vorliegen, wenn z.B. von beiden Partnern einvernehmlich ein Höchstbetrag für den Trennungsunterhalt vereinbart wurde, der in der zweijährigen Trennungszeit den gesetzlich vorgesehenen Unterhalt um mehr als ein Drittel unterschreitet (BGH 30.9.2015 - XII ZB 1/15).

U

3. Nicht gesteigert unterhaltspflichtig

- sind Eltern gegenüber ihren volljährigen Kindern (Ausnahme: Kinder bis zu 21 Jahren in Schulausbildung, dort gilt die gesteigerte Unterhaltspflicht) **und** umgekehrt, außerdem
- Eltern gegenüber minderjährigen verheirateten Kindern (DV 35/13 AF III, Rz. 18) oder
- Unterhaltsverpflichtete gegenüber ihren **nachrangig** geschiedenen/ getrennt lebenden Ehegatten (§ 1609 BGB Nr.3; ⇨2.2.4; Näheres zum nicht gesteigerten Unterhalt bei nichtehelicher Vaterschaft ⇨6.2).

Die Heranziehung nicht gesteigert Unterhaltsverpflichteter bei Sozialleistungen ist in den letzten Jahren stark eingeschränkt worden. Sie wirkt im Wesentlichen noch in der Sozialhilfe, seltener bei Alg II und GSi. Die Unterhaltspflicht besteht hier zwar noch weiter, eine Reihe von Ansprüchen darf aber nicht mehr auf die Behörde übergehen.

Alg II

3.1.1 Das Jobcenter darf keinen Unterhalt fordern

- von Eltern, deren Alg-II-bedürftige Kinder **über** 25 Jahre alt sind,
- von Eltern, deren Alg-II-bedürftige Kinder **unter** 25 Jahre alt sind, die nicht in der Bedarfsgemeinschaft leben **und**
  * entweder eine **Erstausbildung** schon abgeschlossen
  * oder sie selbstverschuldet abgebrochen, mithin ihre Ausbildungsobliegenheit *„nachhaltig verletzt"* haben (Eicher, SGB II, § 33 Rz. 47)
  * oder die aller Voraussicht nach **keine** Erstausbildung schulischer Art oder nach dem Berufsbildungsgesetz absolvieren werden (§ 33 Abs. 2 Nr. 2 b SGB II; LPK SGB II, § 33 Rz. 34, zur Art der Ausbildung),
- von Eltern, deren Tochter **schwanger** ist oder die ihr *„leibliches Kind"* bis zur Vollendung des sechsten Lebensjahres betreut (§ 33 Abs. 2 Nr. 3 und 4 SGB II). Das gilt auch für minderjährige Töchter, letzteres sogar für Söhne.

Aber auch nicht

- von Kindern, deren Eltern **selbst** Alg II beziehen, wenn diese nicht mit ihnen zusammen in einer ⇨Haushaltsgemeinschaft wohnen.

Tipp Wenn Sie einen Unterhaltsanspruch nach dem BGB gegen einen Unterhaltsverpflichteten in den oben genannten Fällen nicht geltend machen, kann das Jobcenter Sie **nicht** dazu verpflichten (§33 Abs. 2 Nr. 2 SGB II). Haben Sie aber in einem oben genannten Fall Ansprüche „freiwillig" **geltend gemacht**, dann kann das Jobcenter diesen Unterhalt vom Verpflichteten einfordern.

Allerdings sind auch Fälle bekannt geworden, bei denen Leistungsberechtigte vom Jobcenter **unter Druck gesetzt** wurden, damit sie „freiwillig" Unterhaltsansprüche bei Verwandten geltend machen. Lassen Sie sich nicht darauf ein!

3.1.2 Umgekehrt darf das Jobcenter Unterhalt nur fordern

- von Eltern gegenüber minderjährigen Kindern, die nicht in der Bedarfsgemeinschaft, z.B. bei Pflegeeltern leben (gesteigert),
- von Eltern gegenüber volljährigen Kindern unter 25 Jahren, die die Erstausbildung (s.o.) noch nicht abgeschlossen haben (nicht gesteigert),
- von Eltern gegenüber volljährigen Kindern unter 21 Jahren, die im Haushalt der Eltern oder eines Elternteils leben und sich in allgemeiner Schulausbildung befinden (§ 1603 Abs. 2 BGB, gesteigert) und
- von Verwandten, denen gegenüber „freiwillig" Unterhaltsansprüche geltend gemacht wurden (nicht gesteigert).

(§ 33 Abs. 2 SGB II)

Bei **über 25jährigen Personen** in SGB-II-Leistungsbezug werden nicht gesteigert Unterhaltspflichtige (⇨3.3 f.) **nicht** zum Unterhalt herangezogen.

Grundsicherung (GSi)

3.2 Unterhaltspflicht stark eingeschränkt

„Unterhaltsansprüche der Leistungsberechtigten gegenüber ihren Kindern und Eltern bleiben unberücksichtigt, sofern deren jährliches Gesamteinkommen[*] im Sinne des § 16 des Vierten Buches unter einem Betrag von 100.000 € liegt. Es wird vermutet, dass das Einkommen der Unterhaltspflichtigen nach Satz 1 die dort genannte Grenze nicht überschreitet." (§ 43 Abs. 2 SGB XII)

*„*Gesamteinkommen*" ist die Summe der Einkünfte im Sinne des Einkommensteuerrechts. Es umfasst insbesondere das Arbeitsentgelt und das Arbeitseinkommen." (§ 16 SGB IV)

Gesamteinkommen ist wegen des Verweises auf das SGB IV das Bruttoeinkommen abzüglich berufsbedingter Aufwendungen, nicht das Nettoeinkommen.

Der Begriff des *„Gesamteinkommens"* bezieht sich auf die Summe aller Einkünfte, die eine **Einzelperson** bezieht (Müller 2012, 182 f.).

Das Sozialamt darf keinen Unterhalt fordern

- von **Kindern**, deren Gesamteinkommen **jeweils unter 100.000 €** liegt, wenn deren Vater und/ oder Mutter Grundsicherung beziehen,
- von **Elternteilen**, deren Gesamteinkommen **jeweils unter 100.000 €** liegt (BSG 25.4.2013 - B 8 SO 21/11 R), wenn dauerhaft voll erwerbsgeminderte Kinder Grundsicherung beziehen,
- von **getrennt lebenden** Ehegatten oder eingetragenen Lebenspartnern, wenn ihre Partner Grundsicherung beziehen (§ 43 Abs. 1 SGB XII).

Das **Vermögen** von Kindern und Eltern spielt **keine** Rolle.

Das Sozialamt vermutet, dass Eltern oder Kinder jeweils ein bereinigtes Gesamteinkommen **unter** 100.000 € brutto haben.

*„Zur Widerlegung der Vermutung nach Satz 2 kann der zuständige Träger der Sozialhilfe von den Leistungsberechtigten Angaben verlangen, die Rückschlüsse auf die Einkommensverhältnisse der Unterhaltspflichtigen nach Satz 1 zulassen. Liegen im Einzelfall **hinreichende Anhaltspunkte** für ein Überschreiten der in Satz 1 genannten Einkommensgrenze vor, sind die Kinder oder Eltern der Leistungsberechtigten gegenüber dem Träger der Sozialhilfe verpflichtet, über ihre Einkommensverhältnisse Auskunft zu geben, soweit die Durchführung dieses Buches es erfordert."* (§ 43 Abs. 2 Satz 3 ff. SGB XII)

Rückschlüsse können sich ergeben, wenn zum Beispiel nach der beruflichen Stellung der Unterhaltsverpflichteten gefragt wird oder der Quelle ihrer Einkommen. Ist Ihr Sohn z.B. Chefarzt, liegt ein Anhaltspunkt

U

vor, der dazu führen kann, dass das Sozialamt Auskunft über die Einkommensverhältnisse verlangt. Andererseits werden potentiell unterhaltsverpflichtete Personen i.d.R. darüber **informiert**, dass sie bei hohen Einkünften zum Unterhalt herangezogen werden. Diese wären dann **verpflichtet**, dem Sozialamt zu melden, wenn ihr Gesamteinkommen 100.000 € vor Steuern überschreitet.

Tipp Sie sind nicht verpflichtet, Auskunft über die Einkommensverhältnisse Ihrer unterhaltspflichtigen Angehörigen zu geben. Sie kennen diese auch in aller Regel nicht. Schreiben Sie, falls im Antrag danach gefragt wird, dass Sie es nicht wissen.

Erreicht das jährliche bereinigte Gesamteinkommen **eines** Unterhaltspflichtigen 100.000 € brutto, haben Sie **keinen Anspruch** mehr **auf Grundsicherung** (BGH 8.7.2015 - XII ZB 56/14). Dann geht das Sozialamt davon aus, dass Sie von Ihrem Kind/ Kindern oder von Vater und/ oder Mutter mit entsprechendem Einkommen unterhalten werden. Leistet die unterhaltsverpflichtete Person dennoch keinen Unterhalt, haben Sie nur noch die Möglichkeit, Ihren Lebensunterhalt durch einen Antrag auf **HzL** der Sozialhilfe sicherzustellen.
Bei Bezug von HzL und außerdem, wenn Sie Sozialhilfe z.B. in Form von Hilfe zur Pflege beanspruchen, lebt die nicht gesteigerte Unterhaltspflicht der Angehörigen wieder auf (⇨3.3 ff.).

U

HzL der Sozialhilfe

3.3 Das Sozialamt darf keinen Unterhalt fordern

- von Verwandten zweiten Grades (§ 94 Abs. 1 Satz 3 SGB XII; seit 1974) und
- von Eltern, deren Tochter schwanger ist oder ihr leibliches Kind bis zur Vollendung des sechsten Lebensjahres betreut (§ 94 Abs. 1 Satz 4 SGB XII).

Ansonsten erstrahlt die nicht gesteigerte Unterhaltspflicht in der Sozialhilfe noch im rückständigen alten Glanz. Sie wirkt besonders bei der Unterhaltspflicht gegenüber Angehörigen, die Leistungen der Hilfe zum Lebensunterhalt (HzL), **Eingliederungshilfe** für behinderte Menschen oder **Hilfe zur Pflege** beanspruchen. Prinzipiell gilt sie bei allen *„Hilfen in besonderen Lebenslagen"*, den Leistungen nach dem Fünften bis Neunten Kapitel SGB XII, soweit keine abweichenden gesetzlichen Regelungen bestehen.

3.3.1 Selbstbehalt bei nicht gesteigerter Unterhaltspflicht

Die Selbstbehalte sind höher als bei gesteigerter Unterhaltspflicht. Dabei wird Eltern gegenüber ihren volljährigen Kindern eine stärkere Pflicht zum Unterhalt auferlegt als umgekehrt. U.a. deswegen, weil erwachsene Kinder die Generation der Eltern schon über ihre Rentenversicherungsbeiträge versorgen.
Auch die Bereinigung des Einkommens ist bei der nicht gesteigerten Unterhaltspflicht *„großzügiger"*. So wird die Differenz zwischen bereinigtem Einkommen und Selbstbehalt **nur zur Hälfte** bzw. bei nicht getrennt lebenden Paaren **zu 55 %** in Anspruch genommen.

3.3.2 Selbstbehalt von Eltern gegenüber ihren volljährigen Kindern

In der Regel mindestens **1.300 €** mtl., unabhängig davon, ob man erwerbstätig ist oder nicht (DT 1/2016, B. VI.). In den 1.300 € sind bis 480 € Warmmiete enthalten.
Plus
1140 € für den Ehegatten
plus
Wohnkosten, die den Anteil im Selbstbehalt erheblich überschreiten und nicht vermeidbar sind.
Der Selbstbehalt darf nicht gesenkt werden, wenn Ihre Mietkosten geringer sind (BGH - FamRZ 2004, 186).

Leben **gesteigert unterhaltsberechtigte** minderjährige, unverheiratete **Kinder** oder volljährige Kinder in Schulausbildung (bis zum Alter von 21) im Haushalt der unterhaltspflichtigen Eltern, sind diese **vorrangigen** Unterhaltsansprüche **zuerst** vom Einkommen abzusetzen.
Für unterhaltsberechtigte **studierende Kinder** mit eigenem Haushalt kann ein Betrag in Höhe von 735 € (darunter 300 € für die Unterkunftskosten) vorrangig abgesetzt werden (DT 1/2016, A. 7.).

Erst vom **Restbetrag** wird der Selbstbehalt der Eltern gebildet. Bleibt dann noch etwas von deren Einkommen übrig, kann es zur Hälfte bzw. bei Paarhaushalten zu 55% zum Unterhalt für das volljährige Kind herangezogen werden.
(Die Berücksichtigung vorrangiger Unterhaltspflichten ist unter ⇨3.3.3 dargestellt.)

3.3.3 Selbstbehalt volljähriger Kinder gegenüber ihren Eltern

I.d.R. mindestens **1.800 €** mtl. (einschließlich 480 € Warmmiete) **zuzüglich der Hälfte** des darüber hinausgehenden Einkommens.
Wohnen Sie allerdings mit einem **nicht getrennt lebenden Partner** zusammen, soll wegen der *„Vorteile des Zusammenlebens"* der Selbstbehalt auf **45 %** des darüber liegenden Einkommens beschränkt werden (DT 1/2016, B. VI., D. I.). **55%** des über dem Selbstbehalt liegenden Einkommens werden dann zum Unterhalt herangezogen.

Der Selbstbehalt erhöht sich um
mindestens **1440 €** (einschließlich 380 € Warmmiete) für den **Ehegatten**, wenn Sie in Haushaltsgemeinschaft mit ihm leben,
plus
Wohnkosten (inkl. Heizung), die den Anteil im Selbstbehalt überschreiten, aber nur, *„wenn dieser Betrag im Einzelfall erheblich überschritten wird und dies nicht vermeidbar ist"* (DT 1/2016, A. 5.).
Plus ggf. vorrangige Unterhaltsansprüche der Kinder (die zuerst vom Einkommen abgesetzt werden müssen, ⇨3.3.2):
- den jeweiligen Betrag der Düsseldorfer Tabelle für minderjährige, unverheiratete Kinder,
- mindestens 516 € (lt. DT) für volljährige Kinder in Schulausbildung (bis zum Alter von 21), die im Haushalt wohnen und
- 735 € für volljährige unterhaltsberechtigte studierende Kinder mit eigenem Haushalt (DT 1/2016, A. 7.).

  Das auf das jeweilige Kind entfallende **Kindergeld** ist auf den Unterhaltsbetrag des Kindes anzurechnen (DT 1/2016, A. 10.).

Der Selbstbehalt von 1.800 € ist eine untere Grenze (OLG Hamm 27.5.1999, FamRZ 1999, 1533f.). Er muss mit steigendem Einkommen erhöht werden. Bei höherem Einkommen besteht ein höherer Eigenbedarf, was durch die hälftige bzw. 45prozentige Freistellung des darüber liegenden Einkommens berücksichtigt werden soll. Der Selbstbehalt muss auch in Großstädten allein wegen durchschnittlich höherer Mieten höher sein. Das AG Frankfurt hielt schon 1997 2.500 DM (1.279 €) Selbstbehalt für das Minimum in Großstädten (10/97 - 34 C 130/97-88).
Allgemein gilt, dass der Unterhaltspflichtige beim Unterhalt für seine Eltern keine *„spürbare und dauerhafte Senkung seines berufs- und einkommenstypischen Unterhaltsniveaus"* hinnehmen muss (BGH - FamRZ 2003, 1179).

3.3.4 Einkommen bei nicht gesteigerter Unterhaltspflicht

Ihr Einkommen wird berechnet und bereinigt wie bei gesteigerter Unterhaltspflicht (⇨2.3.2).
Aber: Sie können Ihr Einkommen in höherem Umfang um **besondere Belastungen** bereinigen.

3.3.4.1 Bereinigung des Einkommens um besondere Belastungen

„Hier müssten als angemessen grundsätzlich alle Ausgaben anerkannt werden, die sich bei dem zur Verfügung stehenden Familieneinkommen im Rahmen einer objektiv vernünftigen Lebensführung hielten." (BGH 26.2.1992, FamRZ 1992, 796)
Das sind z.B. folgende Ausgaben:

U

3.3.4.2 Schuldverpflichtungen, auch Tilgung für Hypotheken

„Schulden können je nach den Umständen des Einzelfalls (Art, Grund und Zeitpunkt des Entstehens) das anrechenbare Einkommen vermindern." (OLG Düsseldorf, Leitlinien zum Unterhalt, 1.8.2015, 10.4) *„In Fällen des Kindes- und Ehegattenunterhalts kann es angemessen sein, Schulden nur im Verhältnis zum Ehegatten oder zum ... [nicht-gesteigert] Unterhaltsberechtigten anzuerkennen, nicht aber gegenüber [gesteigert unterhaltsberechtigten] minderjährigen Kindern".* (DV 35/13 AF III, Rz. 93)
Die mit *„Anschaffungen wie dem Erwerb eines Eigenheims oder eines Kraftfahrzeugs*

verbundenen langfristigen Belastungen" gelten als angemessen (BGH, ebenda). Das gilt besonders für bereits bestehende Belastungen: *„Schuldverpflichtungen, die vor Kenntnis der Unterhaltsbedürftigkeit des Berechtigten eingegangen worden sind, sind i.d.R. vom unterhaltsrelevanten Einkommen abzusetzen"* (DV 35/13 AF III, Rz. 94).

3.3.4.3 Bildung von Rücklagen

Rücklagen, die der Aufrechterhaltung des bisherigen Lebensstandards dienen, sind geschützt wie z.B. Rücklagen für Reparaturen am Eigenheim, Ersatzbeschaffung für langlebige Konsumgüter einschließlich eines Kfz, Aufwendungen für eine zusätzliche Altersvorsorge, Rücklagen für Notlagen, übliche Familienausgaben wie die Kosten eines Urlaubs (BGH, ebenda, 795-797). Wenn Sie keine Rücklagen bilden dürften, wären Sie gezwungen, sich im Bedarfsfall zu verschulden. Auch Rücklagen für eventuelle Notlagen sind anzuerkennen.

3.3.4.4 Ausgaben für den Lebensbedarf

z.B. *„für größere einmalige Anschaffungen oder ... den Familienurlaub"* (BGH, ebenda). Wenn Schulden bzw. Rücklagen für solche Zwecke anerkannt werden, dann auch die entsprechenden Ausgaben, die nicht aus abzugsfähigen Rücklagen oder Schulden getätigt wurden.

U

3.3.4.5 Kosten für Fort- und Weiterbildung

als nachgewiesene berufsbedingte Ausgaben, wenn dadurch die Pauschale von höchstens 150 € mtl. überschritten wird (DT 1/2016, A. 3.).

3.3.4.6 Ausgaben für Familienereignisse

(Geburt, Kommunion/ Konfirmation/ Jugendweihe, Heirat, Tod usw.).

3.3.4.7 Besondere Belastungen

Was vor 1995 laut § 84 BSHG dazu gehörte, ist auch heute noch ein Anhaltspunkt:
- Fahrtkosten für den Besuch von Angehörigen in Heimen usw.,
- Aufwendungen für Kranke, Pflegebedürftige und Behinderte,
- vorrangige Unterhaltsleistungen,
- Aufwendungen für die Sicherung der Wohnung (Mietschulden, Umzug, Renovierung, Tilgungsbeträge, Baukostenzuschüsse) oder
- Anwalts- und Gerichtskosten (DV NDV 1992, 37).

Ferner:
- Schul- und Kindergartenbeiträge (VGH Hessen 18.2.1992, ZfSH/SGB 1992, 360),
- Versicherungen, die bei der Bereinigung des Einkommens nicht anerkannt wurden, z.B. eine Rechtsschutzversicherung (OVG Lüneburg 29.11.1989, FEVS 42, 110),
- Kfz-Versicherung (BVerwGE 62, 261) und Kfz-Steuer (OVG Lüneburg 29.11.1989, FEVS 42, 110), wenn das Auto für den Weg zur Arbeit notwendig ist.

3.3.4.8 Angemessene Altersvorsorge

Der BGH hat beim Elternunterhalt (Unterhalt gegenüber Eltern) 5% des Bruttoeinkommens für zusätzliche Altersvorsorge als absetzfähig anerkannt (BGH FamRZ 2004, 792). In anderen Fällen sind es 4% des Bruttoeinkommens. Bei Personen, die von der gesetzlichen Rentenversicherungspflicht befreit sind, können 20% des Bruttoeinkommens für Altersvorsorgeaufwendungen abgesetzt werden. Die eigene Altersvorsorge hat Vorrang vor dem (Eltern-)Unterhalt.

3.3.4.9 Erhöhte Unterkunftskosten, die beim Selbstbehalt nicht berücksichtigt sind

Da mit steigendem Einkommen auch mehr für die Miete ausgegeben werden kann, hält sich eine Warmmiete von 850 € bei einem Alleinstehenden mit einem Nettoeinkommen von 3.000 € noch im Rahmen einer *„objektiv vernünftigen Lebensführung"*. Im Selbstbehalt werden aber unabhängig vom Einkommen nur 440 € für die Warmmiete anerkannt.

3.3.5 Höhe der Unterhaltspflicht nach Selbstbehalt

Nur **50%** des den Selbstbehalt übersteigenden bereinigten Einkommens dürfen als Unterhalt herangezogen gezogen werden (BGH NJW 2003, 128). Bis zum 1.9.1987 war es nur ein Drittel. Leben Sie mit einem unverheirateten Partner zusammen (dessen Einkommen nicht berücksichtigt wird), werden aufgrund der Ersparnis bei gemeinsamer Haushaltsführung **55%** des über ihrem Selbstbehalt liegenden Einkommens herangezogen.

Drei Beispiele zum nicht gesteigerten Unterhalt

Um den Rechenweg zu verdeutlichen, geht es bei allen **vereinfachten** Beispielen um Unterhalt erwachsener Kinder für ihre Eltern. Die Berechnungsmethode stützt sich lediglich auf Vorgaben der Düsseldorfer Tabelle (DT). Sie ist **nur eine Orientierungshilfe**; verschiedene Ämter und Familiengerichte nutzen unterschiedliche Leitlinien und werden ggf. zu unterschiedlichen Ergebnissen im Einzelfall kommen. Fundstelle im Internet für die DT und Leitlinien der Oberlandesgerichte finden Sie am Ende des Stichworts.

Der Einfachheit halber wurde bei Einkommensanteilen oberhalb des Selbstbehalts die „Haushaltsersparnis" von Zusammenlebenden nicht berücksichtigt. Außerdem wurde auf die Ermittlung des anteiligen Selbstbehalts der unterhaltsverpflichteten Person gemessen am „Familienselbstbehalt" sowie deren Einkommensanteil am Familieneinkommen verzichtet. Auf diese Weise kann sich ergeben, dass ein Partnereinkommen im Rahmen der Umverteilung zwischen den Eheleuten indirekt zum Unterhalt der Schwiegereltern herangezogen werden kann (⇨7.1).

Näheres zur detaillierten Berechnungsmethode siehe AG TuWas, Leitfaden für Menschen mit Behinderung und bei Pflegebedürftigkeit von A-Z, 148 ff (im Folgenden: AG TuWas, Leitfaden); ⇨Literatur

Beispiel I: Verpflichteter Sohn
Ehefrau ohne Einkommen, ein Kind

Frau Müller lebt in einem **Pflege**heim. Das Sozialamt zahlt mtl. 1.100 € zu. Ihr 40-jähriger Sohn Erwin ist verheiratet und hat einen Sohn im Alter von 16 Jahren, der noch zur Schule geht. Erwin Müller verdient 2.200 € netto. Die Miete inkl. Nebenkosten beträgt 650 €. Die Heizungskosten betragen 60 € monatlich.

Ermittlung des Selbstbehalts von Erwin Müller

	1.800 €	von Erwin
plus	1.440 €	von seiner Frau
plus	305 €*	für seinen Sohn (Unterhalt laut DT 1/2016)
	3.545 €	

*495 € abzügl. Kindergeld (190 €)

Einkommen	2.200 €	netto
minus	110 €	(5% für berufsbedingte Aufwendungen)
	2.090 €	(bereinigt)

Herr Müller liegt mit dem Selbstbehalt seiner Familie über seinem bereinigten Einkommen und muss deshalb **keinen** Unterhalt zahlen. Wäre er **alleinstehend**, läge sein bereinigtes Einkommen um **290 €** über seinem Selbstbehalt. Er müsste die Hälfte davon, **145 €**, als Unterhalt zahlen.

Beispiel II: Verpflichteter Sohn
Ehefrau mit Arbeitseinkommen unterhalb des Selbstbehalts, ein Kind.

Erwin Müllers Frau verdient 950 € netto. Frau Müller ist ihrer Schwiegermutter gegenüber nicht unterhaltspflichtig. Ihr Einkommen vermindert aber

a. den Selbstbehalt, den Herr Müller für ihren Unterhalt beanspruchen kann,
b. den Selbstbehalt des Kindes, da sie diesem gegenüber gemeinschaftlich mit ihrem Mann unterhaltspflichtig ist und
c. den Umfang der besonderen Belastungen, sofern diese von beiden in gleichen Teilen getragen werden.

Frau Müller arbeitet mehr als *„geringfügig"* und kann ihren Lohn um *„mindestens"* 50 € für berufsbedingte Aufwendungen bereinigen (vgl. DT 1/2016, A. 3.).

	Herr Müller	Frau Müller
Einkommen	2.200 €	950 €
- berufsbed. Aufwendungen	110 €	50 €
A	2.090 €	900 €

U

- **Selbst-behalt**	1.800 €	1.440 €
	+ 290 €	- 540 €

Rest Selbstbehalt Frau M. 540 €
Unterhaltsbetrag Sohn 305 €
(lt. DT 1/2016, abzügl. Kindergeld)

B	
verbleibender Selbstbehalt	**845 €**

Da das bereinigte Einkommen von Herrn Müller in Höhe von 2.090 € **unter** seinem Selbstbehalt (1.800 €) **plus** den verbleibenden Selbstbehalten seiner Familienmitglieder in Höhe von 836 € liegt, muss er trotz des Einkommens seiner Frau keinen Unterhalt für seine Mutter zahlen.

Würde Frau Müller mit ihrem bereinigten Einkommen **über** ihrem Selbstbehalt liegen, könnte dieser nicht mehr von Ihrem Ehemann (540 €) beansprucht werden. Je mehr ihr Einkommen über ihrem Selbstbehalt liegt, desto mehr kann sie zum Unterhalt gegenüber ihrem Kind herangezogen werden (bis zu 50% des entsprechenden Satzes). Herrn Müller wird auf jeden Fall 50% des Selbstbehalts seines Kindes (152,50 €) zugerechnet.

Liegt das Einkommen von Frau Müller über den Selbstbehalten für sich (1.440 €) **und** ihrem Kind (50% von 305 €), kann sie dieses Einkommen i.d.R. behalten, denn sie ist gegenüber ihrer Schwiegermutter **nicht** unterhaltsverpflichtet. **Abweichungen** ergeben sich bei Ehegatten mit hohen Einkünften (⇨7.1).

Beispiel III: Verpflichtete Tochter Ehemann mit Arbeitseinkommen oberhalb des Selbstbehalts, kein Kind

U

Der alleinstehende Vater von Frau Klein ist nicht erwerbsfähig, er wurde von Alg II in die Sozialhilfe abgeschoben. Das Sozialamt zahlt monatlich 675 € Hilfe zum Lebensunterhalt. Frau Klein und ihr Ehemann haben beide Einkommen. Sie tilgt einen Kredit für ihr neues Kfz, mit dem sie zur Arbeit fährt, mit monatlich 200 €.

	Frau Klein	Herr Klein
Einkommen	2.300 €	1.600 €
- berufsbed. Aufwendungen	115 €	80 €
- **besondere Belastungen**	200 €	(mtl. Tilgung)
	50 €	(Kfz-Kosten)
A	1.935 €	1.520 €
- **Selbst-behalt**	1.800 €	1.440 €
B	+ 135 €	+ 80 €
C als Unterhalt einzusetzendes Einkommen (50%):	**67,50 €**	0 €

Frau Klein muss **50%** des den Selbstbehalt übersteigenden Einkommens, also 67,50 € an das Sozialamt zahlen. Ihr Ehemann muss mit seinem übersteigenden Einkommen **nicht** für den Schwiegervater aufkommen. Ggf. können weitere Belastungen für eine aufwendige Lebensführung (z.B. höhere Mietzahlungen usw.) geltend gemacht werden.

4. Unterhaltspflicht von Eltern gegenüber volljährigen behinderten oder pflegebedürftigen Kindern

Wenn Kinder Eingliederungshilfe für behinderte Menschen (nach § 53 SGB XII) oder Hilfe zur Pflege (nach § 61 SGB XII) bekommen, ist die Unterhaltspflicht der Eltern erheblich eingeschränkt.

Für Leistungen der Eingliederungshilfe und Hilfe zur Pflege müssen unabhängig von Einkommen und Vermögen nur bis zu 32,08 € mtl. gezahlt werden. Für Hilfe zum Lebensunterhalt nur bis zu 24,68 € mtl. (§ 94 Abs. 2 SGB XII; Fortschreibung der Beträge seit 2005, Stand: 2016).

Die Beträge erhöhen sich um den Prozentsatz, um den das Kindergeld erhöht wird (§ 94 Abs. 2 Satz 2 SGB XII).

Dabei **vermutet** das Sozialamt, dass Sie die Beträge zahlen können.

Tipp Haben Sie nur ein niedriges Einkommen, rechnen Sie nach, ob Sie damit unter dem für Sie maßgeblichen Selbstbehalt der nicht gesteigerten Unterhaltspflicht liegen. Wenn ja, beantragen Sie, dass der pauschale Unterhaltsbeitrag nicht erhoben wird.

5. Keine Unterhaltspflicht bei *„unbilliger Härte"*

Unterhaltsansprüche können nicht auf das Sozialamt übergehen, wenn dies *„eine unbillige Härte bedeuten würde"* (§ 94 Abs. 3 Nr. 2 SGB XII). Nicht einfach nur Härte, sondern *„unbillige Härte"*.

Eine *„unbillige Härte"* liegt z.B. vor,

- wenn Sie für Eltern bzw. Kinder zahlen sollen, denen Sie völlig entfremdet sind (BVerwG, FEVS 21, 86),
- wenn Sie durch sie vernachlässigt, missbraucht oder grob schlecht behandelt wurden (das müssen Sie allerdings glaubhaft machen),
- wenn Sie als Kind im Heim aufgewachsen sind oder
- wenn Ihre Eltern ihrer Unterhaltspflicht gegenüber Ihnen als minderjähriges Kind nicht nachgekommen sind,
- wenn die Höhe der Unterhaltszahlung in keinem Verhältnis zu einer *„zu befürchtenden nachhaltigen Störung des Familienfriedens"* steht (DV 35/13 AF III, Rz. 13) oder Ihren Verbleib im Haushalt des Unterhaltspflichtigen gefährden könnte,
- wenn die Unterhaltspflicht *„mit Rücksicht auf die Höhe und Dauer des Bedarfs zu einer nachhaltigen und unzumutbaren Beeinträchtigung des Unterhaltspflichtigen und der übrigen Familienmitglieder führen würde"* (DV ebenda),
- wenn Sie *„vor Eintreten der Sozialhilfe über das Maß ... [Ihrer] zumutbaren Unterhaltsverpflichtung hinaus die leistungsberechtigte Person gepflegt und betreut"* haben (ebenda; BVerwG, FamRZ 2003, 1468) oder noch immer *„einen wesentlichen Teil des Pflege- und sonstigen Unterhaltsbedarfs ... in Natur leisten"* (DV ebenda) oder
- wenn die Zielsetzung der Leistungen in einem Frauenhaus durch die Heranziehung des gewalttätigen Partners gefährdet ist oder eine von der schutzsuchenden Frau angestrebte Versöhnung dadurch vereitelt würde (DV ebenda).

Allerdings hat der Bundesgerichtshof zuletzt 2014 klargestellt, dass nur bei einer **schweren Verfehlung** des unterhaltsberechtigten Elternteils eine teilweise oder völlige Verwirkung von Unterhaltsansprüchen in Betracht kommt. Ein **lang anhaltender Kontaktbruch** stelle zwar eine Verfehlung dar, jedoch führe nur ausnahmsweise das Hinzukommen weiterer erschwerender Umstände dazu, dass eine Unterhaltsleistung eine unbillige Härte darstellen würde. (BGH 12.2.2014 - XII ZB 607/12)

6. Einsatz des Vermögens der Unterhaltsverpflichteten

Unterhaltsverpflichtete werden auch mit ihrem Vermögen zum Unterhalt herangezogen, wenn ihr Einkommen nicht zur Abdeckung der Unterhaltspflichten ausreicht. Das Vermögen ist dabei *„bis zur vollen Deckung des monatlichen Unterhaltsbedarfs des Berechtigten einzusetzen ..."* (DV 35/13 AF III, Rz. 99).

Aber: *„Unterhaltspflichtig ist nicht, wer bei Berücksichtigung seiner sonstigen Verpflichtungen außerstande ist, ohne Gefährdung seines angemessenen Unterhalts den Unterhalt zu gewähren."* (§ 1603 Abs. 1 BGB; OLG Karlsruhe, NJW 2004, 296)

Von Vermögensschutz ist hier nicht die Rede. Der Vermögenseinsatz wird nur dadurch eingeschränkt, dass er den *„angemessenen Unterhalt"* nicht gefährden soll.

Wenn Sie fortlaufende Einkommen aus Vermögen zur Bestreitung Ihres eigenen Unterhalts brauchen, bleibt das Vermögen verschont. Nur die verfügbaren Vermögenserträge werden angerechnet (DV 35/13 AF III, Rz. 98).

6.1.1 Barvermögen bei gesteigerter Unterhaltspflicht

Als angemessener Unterhalt wird beim Barvermögen zumindest ein „Notgroschen" als Vermögensreserve gewertet. Der Notgroschen entspricht in der Regel dem Schonvermögen nach SGB XII, das zurzeit 2.600 € beträgt (BGH NJW 2004, 678 in Bezug auf das Schonvermögen nach dem alten BSHG; DV 2008, Rz. 102). Übersteigendes Vermögen muss voll eingesetzt werden.

6.1.2 Barvermögen bei nicht gesteigerter Unterhaltspflicht

Nicht gesteigert Unterhaltspflichtige müssen zwar grundsätzlich auch ihren Vermögensstamm einsetzen (§ 1603 Abs. 1 BGB). Bei nicht gesteigerter Unterhaltspflicht muss der Unterhaltsverpflichtete den Stamm seines Vermögens jedoch nicht einsetzen, wenn er das Vermögen und die daraus erzielten Einkünfte für seinen *„Lebensbedarf einschließlich seiner Altersversorgung"* für sich, seinen Ehegatten sowie *„zur Erfüllung berücksichtigungsfähiger Verbindlichkeiten einschließlich seiner*

U

[weiteren] Unterhaltspflichten" benötigt. Die Heranziehung des Vermögens erfolgt *„unter Berücksichtigung seiner voraussichtlichen Lebensdauer"*, *„seiner künftigen Erwerbsmöglichkeiten"* und seiner *„Lebensstellung"*. (DV 35/13 AF III, 100)

Diese neuere Empfehlung des Deutschen Vereins, der es an konkreten Maßstäben fehlt und die mehr verwirrt als leitet, macht deutlich, dass für die Heranziehung von Vermögen zum Unterhalt keine festen Größen und zitierfähige Vorgaben (mehr) gemacht werden. Tatsächlich hat die Rechtsprechung bisher keine einheitlichen Selbstbehalte beim Barvermögen entwickelt (Müller 2012, 123).

Der Deutsche Verein gab in seinen **alten Empfehlungen** von **2005** noch folgende **Hinweise**, die eine gewisse Orientierung bieten können:

Wenn Sie weder ein Eigenheim noch eine Eigentumswohnung selbst bewohnen, soll beim Elternunterhalt ein Barvermögen *„bis zu einem Wert von 75.000 €"* geschützt sein (DV 2005, Rz. 95 Nr. 5; Müller 2012, 124).

Wenn Sie ein Eigenheim oder eine Eigentumswohnung besitzen, sollen

- bei Unterhaltspflicht gegenüber volljährigen Kindern *„mindestens 12.500 €"* geschützt sein (Rz. 95 Nr. 4),
- bei Unterhaltspflicht von Kindern gegenüber ihren Eltern (Elternunterhalt) sollen *„bis zu 25.000 € ... angemessen"* sein (ebenda).

U

Der höhere Wert bei Mietern geht zwingend daraus hervor, dass ein Eigenheim als geschütztes Vermögen anerkannt wird (⇨6.2).

Dass in den Empfehlungen des Deutschen Vereins von 2014 keine konkreten Angaben mehr über ein angemessenes Schonvermögen zu finden sind, hängt damit zusammen, dass nach neuerer Rechtsprechung immer häufiger von festen Grenzen abgewichen und nach den Umständen des Einzelfalls entschieden wird. Das richtet sich auch nach den bisherigen Einkommens- und Vermögensverhältnissen der unterhaltspflichtigen Personen und nach deren Leistungsfähigkeit. Wer z.B. aufgrund eines hohen Einkommens zu einer entsprechend hohen Unterhaltsleistung imstande ist, bekommt eine höheres geschütztes Vermögen zugestanden. Bei einem kinderlosen alleinstehenden Unterhaltsverpflichteten, dessen Einkommen noch unterhalb seines Selbstbehalts liegt, kann dagegen ein Vermögen von „nur" 10.000 € als angemessen gewertet werden. (BGH 7.8.2013 - XII ZB 269/12)

Aber auch die hier genannten Beträge sind mit Blick auf Vermögensrückstellungen für eine angemessene **Altersvorsorge** kaum ausreichend. Gehaltsteile, die vermögenswirksam angelegt sind, bleiben ebenso verschont wie Vermögen, das in angemessenem Umfang für die eigene Altersvorsorge des Unterhaltspflichtigen bestimmt ist. Das trifft u.a. auf ⇨Lebensversicherungen zu, es kann sich aber auch um normales Sparvermögen handeln.

Der BGH hält zu diesem Zweck ein Vermögen für geschützt, das aus bis zu 5% des jährlichen Bruttoeinkommens besteht oder bestehen könnte (nach Arbeitsjahren angelegt und mit 4 % verzinst). Die eigene private Altersvorsorge hat (neben der gesetzlichen Rente) in dieser Höhe Vorrang vor dem Unterhalt für die Eltern (BGH, ebenda und - XII ZR 98/04, FamRZ 2004, 792).

6.2 Sachvermögen: Hausbesitz

Auch bei gesteigerter Unterhaltspflicht darf in der Regel die Veräußerung eines selbst genutzten Familienheims nicht verlangt werden (DV 35/13 AF III, Rz. 100).

Bei nicht gesteigerter Unterhaltspflicht ist ein selbstbewohntes Haus mit nicht mehr als zwei Wohnungen oder eine selbstbewohnte Eigentumswohnung geschützt (DV ebenda). Eine Obergrenze hat der DV nicht angegeben. Das Bundesverfassungsgericht hat entschieden, dass erwachsene Kinder für die Begleichung der Sozialhilfekosten ihrer pflegebedürftigen Eltern kein Darlehen auf ihr selbstbewohntes Haus aufnehmen müssen (BverfG 1 - BvR 1508/96, FTD 8.6.2005).

Wenn Sie unterhaltspflichtig sind und den Besitz eines Hauses angeben, das Sie **nicht** selbst bewohnen, kann die Verwertung im Rahmen der Unterhaltspflicht verlangt werden (in Bezug auf ein Ferienhaus: BGH 23.10.1985, ZfF 1986, 181). Bei nicht selbst genutzten, vermieteten Eigentumswohnungen oder Einfamilienhäusern können die Mieteinnahmen bzw. das Vermögen aber auch als angemessene Alterssicherung betrachtet werden (VGH Bayern 4.12.1992, FEVS 1993, 229).

6.3 Kraftfahrzeug

Selbstgenutzte Kfz sind bei nicht gesteigerter Unterhaltspflicht geschützt (Müller 2012, 124).

6.4 Keine Unterhaltspflicht, wenn der Unterhaltsberechtigte Vermögen hat, das nach Alg II/ Sozialhilfe geschützt ist, nicht aber nach dem BGB

Die Unterhaltspflicht ist im Bürgerlichen Gesetzbuch von 1900 geregelt. *„Unterhaltsberechtigt ist nur, wer außerstande ist, sich selbst zu unterhalten."* (§ 1602) Ein Unterhaltsberechtigter muss also sein gesamtes Vermögen ohne Einschränkungen einsetzen, bevor er einen Anspruch auf Unterhalt hat. *„Im Unterschied zum SGB XII gibt es im bürgerlichen Recht beim Berechtigten keine Schutzvorschriften zugunsten bestimmter Vermögensteile. Das kann zur Folge haben, dass der Unterhaltsberechtigte zwar Anspruch auf Sozialhilfe hat, aber nicht oder nicht voll bedürftig im Sinne des BGB ist."* (DV 35/13 AF III, Rz. 74) Das Gleiche gilt auch für sein Einkommen und seine Arbeitskraft.

SGB XII und SGB II kennen aber anrechnungsfreies Vermögen und Einkommen und schränken auch die Zumutbarkeit der Arbeit ein.
Wenn also Unterhaltsberechtigte Vermögen besitzen, das bei Alg II/ Sozialhilfe geschützt ist, aber nach den bürgerlich-rechtlichen Unterhaltsbestimmungen nicht, muss die Unterhaltspflicht entfallen. Das erkennt auch der Deutsche Verein an: *„Grundsätzlich hat ein dem Grunde nach Unterhaltsberechtigter auch den Stamm seines Vermögens, unabhängig von dessen Art, für seinen eigenen Unterhalt einzusetzen, bevor er von einem ihm dem Grunde nach Unterhaltsverpflichteten Unterhalt verlangen kann."* (DV ebenda, Rz. 72) *„Diese Möglichkeit kann z.B. bestehen, wenn der Berechtigte nach § 90 Abs. 2 SGB XII geschütztes Vermögen besitzt."* (DV ebenda, Rz. 74)
Die Unterhaltspflicht entfiel schon vor der Einführung des SGB II, wenn BezieherInnen von Arbeitslosenhilfe **Schonvermögen** besaßen (BSG, FEVS 38, 164ff). Das geschützte Vermögen in der ehemaligen Arbeitslosenhilfe und jetzt im SGB II liegt deutlich über dem, was als „Notgroschen" (Vermögensstamm) anerkannt ist (⇨Vermögen).
Auch ein nach SGB II/ SGB XII geschütztes Eigenheim eines Unterhaltsberechtigten müsste demnach zuerst verwertet werden, bevor die Unterhaltspflicht nach dem BGB greift (Müller 2012, 89).

Ob eine Verwertung des Vermögens unterhalb des sozialhilferechtlichen Schonvermögens zuzumuten ist, damit der Anspruch auf Unterhalt überhaupt erst entsteht, muss der Sozialhilfeträger **im Einzelfall prüfen**. Dabei sind dem Unterhaltsberechtigten i.d.R. ein Barbetrag in Höhe von 1.600 €/ 2.600 € sowie *„geringwertige Gegenstände"* freizustellen. (DV ebenda)

6.5 Aufrechnung von Unterhalt mit Darlehensforderungen

Ein Unterhaltspflichtiger darf die vom Sozialamt festgesetzten Unterhaltszahlungen mit Darlehen aufrechnen, die er den Unterhaltsberechtigten gegeben hat. Die Unterhaltspflicht entfällt bis zur Höhe des Darlehens (LG Heilbronn 21.9.1989, ZfF 1991, 115).

7.1 Unterhalt vom Unterhalt?
„verdeckte Schwiegerkindhaftung"

Beispiel:
Frau K. hat ein Einkommen von 400 €, ihr Mann von 4.600 €. Die Mutter von Frau K. wird pflegebedürftig und das Sozialamt muss 900 € zuzahlen.
Frau K. ist für sich genommen nicht leistungsfähig. Das **Gesamteinkommen** des Ehepaars liegt aber deutlich über ihrem Selbstbehalt von 2880 €.

Der BGH hat entschieden, dass der Unterhalt, den Frau K. faktisch aus dem *„auskömmlichen"* Einkommen Ihres Mannes erhält, als ihr Einkommen zu werten ist, mit dem sie den Unterhalt für ihre Mutter bestreiten muss (BGH 15.10.2003, NJW 2004, 674). Faktisch leistet also der Schwiegersohn den Unterhalt für die Schwiegermutter.

U

Das soll für alle Familienverhältnisse mit hohem Gesamteinkommen gelten, das erheblich über dem offiziellen „Mindestselbstbehalt" liegt. (Näheres zur komplizierten Berechnung: Müller 2012, 111 f.; AG TuWas, Leitfaden, 148 ff.; nach anderen Maßstäben: DV 35/13 AF III, Rz. 188 ff.)

Tipp 1 Setzen Sie sich für eine deutliche Erhöhung Ihres Mindestselbstbehalts ein. Er muss mit steigendem Gesamteinkommen steigen. Überlegen Sie ferner, welche Beträge vom Einkommen abgesetzt werden können (⇨3.3.4 ff.) und machen Sie sie geltend.

Tipp 2 Unterhaltspflichten stellen oft dauerhafte, hohe Belastungen dar und die Berechnungsschritte der Behörde werden regelmäßig nicht nachvollziehbar dargelegt. Daher ist es ratsam, die Heranziehungsmitteilung von einem Familienanwalt prüfen zu lassen und ggf. Rechtsmittel einzulegen (⇨8.2).

7.2 Unterhaltspflicht gegenüber der Mutter eines nichtehelichen Kindes

Die Mutter eines nichtehelichen Kindes hat seit 1995 gegenüber dem Vater des Kindes einen Unterhaltsanspruch für die Dauer von 6 Wochen vor und 8 Wochen nach der Geburt. Auch die Kosten infolge Entbindung und Schwangerschaft sind vom Vater zu übernehmen (§ 1615 l Abs. 1 BGB).
Wenn die Mutter infolge der Schwangerschaft nicht erwerbstätig ist und nach der Geburt wegen **Pflege und Erziehung** des Kindes keine Erwerbstätigkeit erwartet werden kann, muss der Vater ihr vier Monate vor bis zu drei Jahre nach der Entbindung Unterhalt zahlen (§ 1615 l Abs. 2 BGB). Für eine Verlängerung dieses Betreuungsunterhalts über drei Jahre hinaus können neben Gründen des Kindeswohls (§ 1615 l Abs. 2 Satz 4 u. 5 BGB neu) *„auch elternbezogene Gründe"* ausschlaggebend sein. Das ist umso eher der Fall, je mehr die Beziehung der Eltern mit *„einer Ehe vergleichbar war"* (BGH 16.7.2008 - XII ZR 109/05).
Der **Selbstbehalt** des Vaters beträgt 1.200 €, unabhängig davon, ob er erwerbstätig ist oder nicht (DT 1/2016, D. II.).

Wenn der **Vater** wegen Erziehung und Pflege seines nichtehelichen Kindes nicht erwerbstätig sein kann, hat auch er umgekehrt gegen die Mutter einen Unterhaltsanspruch von bis zu drei Jahren nach der Geburt (§ 1615 l Abs. 4 BGB).

8. Darf eine Behörde Sie abweisen, wenn Ihnen Unterhalt zusteht?

Nein, denn Sie haben einen unmittelbaren Bedarf in der Gegenwart, der nicht durch den Verweis auf eine zukünftige Bedarfsdeckung abgewiesen werden darf. Die Behörde muss also **vorleisten**. Nur wenn der Unterhaltsanspruch **sofort** realisiert werden kann, ist es zulässig, vorrangig auf Unterhaltspflichtige zu verweisen.

8.1 Automatischer Übergang des Unterhaltsanspruchs auf die Behörde

Alg II/HzL der Sozialhilfe

„Hat die leistungsberechtigte Person für die Zeit, für die Leistungen erbracht werden, nach bürgerlichem Recht einen Unterhaltsanspruch, geht dieser bis zur Höhe der geleisteten Aufwendungen ... auf den Träger der Sozialhilfe über." (§ 94 Abs. 1 Satz 1 SGB XII; sinngleich: § 33 Abs. 1 SGB II) Auch Unterhaltsansprüche von Alg-II-Beziehenden gehen jetzt automatisch auf die Behörde über.
Allerdings muss die unterhaltspflichtige Person vom Sozialamt/ Jobcenter **schriftlich** auf ihre mögliche Unterhaltspflicht hingewiesen werden (⇨10.).

Bleiben Unterhaltszahlungen trotz Verpflichtung aus, muss sich die Behörde darum kümmern.
Im Einvernehmen kann die Behörde Unterhaltsansprüche aber auf Sie **rückübertragen** (§ 94 Abs. 5, Satz 1 SGB XII; sinngleich: § 33 Abs. 4 SGB II). Dies hat zur Folge, dass die gerichtlichen Auseinandersetzungen nicht mehr durch die Behörde geführt werden, sondern durch den Unterhaltsberechtigten selbst. Allerdings geht das nur *„im Einvernehmen mit dem Empfänger der Leistungen"* (ebenda). Einer Rückübertragung müssen Sie **nicht zustimmen**, denn es können erhebliche Kosten und Mühen entstehen und der erstrittene Unterhalt wird Ihnen ohnehin als Einkommen angerechnet.
Sollten Sie sich trotzdem darauf einlassen, gilt: *„Kosten, mit denen die leistungsberechtigte Person dadurch selbst belastet wird, sind zu übernehmen."* (§ 94 Abs.5 Satz 2 SGB XII; sinngleich § 33 Abs. 4 Satz 2 SGB II)

GSi

Da die Unterhaltspflicht bei GSi weitgehend entfallen ist, geht auch der Unterhaltsanspruch **nicht** automatisch auf die Behörde über (DV 35/13 AF III, Rz. 8).

8.2 Widerspruch und Klage?

Alg-II-/ SozialhilfebezieherInnen können sich aufgrund des gesetzlichen Anspruchsübergangs nicht mehr mit Widerspruch und Klage gegen die Unterhaltspflicht von Angehörigen wehren. Es handelt sich beim Anspruchsübergang nicht um einen Verwaltungsakt. Auch die Unterhaltspflichtigen können weder Widerspruch einlegen noch klagen. Sie können aber zu den Unterhaltsberechnungen **Stellung nehmen** (DV 35/13 AF III, Rz. 228) und sollten das auch tun. Gegebenenfalls können sie auch eine **Herabsetzungsklage** beim Familiengericht anstreben. **Achtung**, dieses Verfahren ist anders als beim Sozialgericht kostenpflichtig!

Wenn Sie den festgesetzten Unterhalt nicht zahlen wollen oder können, dann zahlen Sie einfach nur das, was Sie für richtig halten. Sie lassen es dann darauf ankommen, dass die Behörde einen Mahnbescheid schickt und die Zwangsvollstreckung betreibt. Wenn Sie dem Mahnbescheid widersprechen, kommt es zum Prozess vor dem Familiengericht, bei dem die tatsächlichen Unterhaltsverpflichtungen geklärt werden (§ 94 Abs. 5 Satz 3 SGB XII). Hier tragen Sie allerdings das Risiko, auf den **Kosten des Mahn- und Zwangsvollstreckungsverfahrens** sitzen zu bleiben, wenn Sie vor Gericht verlieren.

Tipp Lassen Sie sich vorher von einem Anwalt beraten.

9. Auskunftspflicht

„Verwandte in gerader Linie sind einander verpflichtet, auf Verlangen über ihre Einkünfte und ihr Vermögen Auskunft zu erteilen, soweit dies zur Feststellung eines Unterhaltsanspruchs oder einer Unterhaltsverpflichtung erforderlich ist." (§ 1605 Abs. 1 BGB) Mit dem Unterhaltsanspruch leitet die Behörde auch den Auskunftsanspruch auf sich über (§ 94 Abs. 1 Satz 1 SGB XII). Der Auskunftsanspruch schließt auch die Vorlage von **Beweisurkunden** ein.

Wenn Sie also Alg II/ Sozialhilfe beantragen, werden Sie nach den Adressen unterhaltspflichtiger Eltern, Kinder, Ehegatten usw. gefragt bzw. nach der Anschrift von deren Arbeitgebern. Sie sind zwar zur Auskunft verpflichtet, aber **nicht** gezwungen über alle gewünschten Informationen zu verfügen. Was Sie nicht wissen, können Sie nicht weitergeben. Bei Alg II sind Sie **nicht** zur Auskunft über Personen verpflichtet, die nach dem SGB II gar nicht zum Unterhalt für Sie herangezogen werden können.
Sie sind außerdem **nicht** zur Auskunft über die Einkommens- und Vermögensverhältnisse Ihrer unterhaltspflichtigen Angehörigen verpflichtet (⇨Datenschutz 2.2 ff.).

Tipp Wenn allerdings bei Unterhaltspflichtigen offensichtlich nichts zu holen ist, sollten Sie das glaubhaft machen, um ein Anschreiben des Amts an die Angehörigen zu vermeiden.

9.1 Auskunftspflicht des Unterhaltspflichtigen

Der Unterhaltspflichtige ist zur Auskunft und zur Vorlage von **Belegen** verpflichtet (§ 60 Abs. 2 SGB II; § 117 Abs. 1 SGB XII), allerdings nur dann, wenn Unterhaltszahlungen **nicht** offensichtlich **ausgeschlossen** sind (BVerwG 21.1.1993, NDV 1993, 346). Das wäre der Fall, wenn der Verpflichtete selbst Alg II/ Sozialhilfe bezieht.
Wenn Unterhalt in Betracht kommt, besteht die Auskunftspflicht unabhängig davon, ob am Ende tatsächlich Unterhalt gezahlt werden muss. *„Die Rechtmäßigkeit des Auskunftsverlangens ... setzt nicht voraus, dass der ... Unterhaltsanspruch besteht."* (BVerwG, ebenda)
Weigern sich unterhaltspflichtige Ehegatten, Eltern oder Kinder Angaben zu machen bzw. Unterhalt zu zahlen, **muss** Alg II/ Sozialhilfe **weitergezahlt werden**. Die Behörde muss sich dann selbst mit dem Unterhaltsverpflichteten herumärgern.

9.2 Auskunftspflicht der nicht unterhaltspflichtigen Personen

Auch *„nicht getrennt lebende Ehegatten"*, die nicht unterhaltspflichtig sind (z.B. gegenüber der Schwiegermutter), müssen Auskünf-

U

te über ihre Einkommens- und Vermögensverhältnisse geben (§ 117 Abs. 1 SGB XII). Hat der Ehegatte eigenes Einkommen, dann könnte er damit ggf. nicht nur sich selbst, sondern auch die unterhaltspflichtige Person und die gemeinsamen Kinder unterhalten. Das kann zu höheren Unterhaltszahlungen der unterhaltspflichtigen Person führen (⇨7.1).

Die Unterhaltspflichtigen selbst sind **nicht** zur Auskunft über die Einkommens- und Vermögensverhältnisse ihrer (nicht unterhaltspflichtigen) Ehegatten verpflichtet, nur diese selbst (BVerwG 21.1.1993, NDV 1993, 346 f.).

9.3 Auskunftspflicht des Arbeitgebers

Arbeitgeber sind verpflichtet, Auskunft über Art und Dauer der Beschäftigung und den Arbeitsverdienst von Unterhaltspflichtigen und deren nicht getrennt lebenden Ehegatten oder Lebenspartnern zu geben (§ 117 Abs. 4 SGB XII; § 60 Abs. 3 SGB II).

9.4 Auskunftspflicht der Finanzämter

Diese sind zur Auskunft über die Einkommensverhältnisse von Unterhaltspflichtigen (aber auch von Hilfebeziehenden) verpflichtet, **soweit es erforderlich ist** (§ 21 Abs. 4 SGB X).

9.5 Wenn Sie keine Auskunft geben – was dann?

Die Behörde kann **vor dem Familiengericht** auf Auskunft **klagen**. Einen solchen Prozess werden Sie höchstwahrscheinlich verlieren. Und Sie zahlen noch Gerichts- und Anwaltskosten.

Der Auskunftsanspruch der Behörde kann auch im Rahmen eines **Verwaltungszwangsverfahrens** durchgesetzt werden. Das Auskunftsverlangen ist ein Verwaltungsakt (BVerwG 21.1.1993, NDV 1993, 347). Das Sozialamt/ Jobcenter kann dann ein **Zwangsgeld** androhen, festsetzen und beitreiben; bei Erfolglosigkeit kann ein Amtsgericht sogar auf Antrag **Ersatzzwanghaft** anordnen. Zwangsgelder können auch mehrfach festgesetzt werden. Sie sind nicht mit Bußgeldern aufgrund einer Ordnungswidrigkeit gleichzusetzen.

10. Ab wann müssen Unterhaltsverpflichtete Unterhalt zahlen?

Alg II/HzL der Sozialhilfe

„Für die Vergangenheit kann der Träger der Sozialhilfe den übergegangenen Unterhalt ... nur von der Zeit an fordern, zu welcher er dem Unterhaltspflichtigen die Erbringung der Leistung schriftlich mitgeteilt hat." (§ 94 Abs. 4 SGB XII; ähnlich § 33 Abs. 3 SGB II).

Die Unterhaltspflicht setzt nicht mit dem Tag ein, an dem Alg II/ Sozialhilfe gezahlt wird, sondern mit dem Tag, an dem Ihnen die Behörde **schriftlich anzeigt**, dass eine unterhaltsberechtigte Person Sozialleistungen erhält, und Sie ggf. unterhaltspflichtig sind.

10.1 Verjährung und Verwirkung

Laufende Unterhaltsansprüche verjähren drei Jahre nach dem Ende des Jahres, in dem der Anspruch entstanden ist und der Gläubiger vom Anspruch Kenntnis erlangt hat (§ 197 Abs. 2 BGB).

Die Unterhaltsansprüche können verwirkt werden, wenn der Unterhaltsberechtigte (hier stellvertretend die Behörde) den Unterhaltsanspruch längere Zeit nicht geltend gemacht hat und der Verpflichtete sich darauf einrichten konnte, dass das auch so bleibt. Laut Deutschem Verein ist das bei mehr als einjähriger Untätigkeit der Fall (DV 35/13 AF III, Rz. 36).

Da Unterhaltsrückstände immer höher werden, wenn der Anspruch nicht verfolgt wird, verfällt der Anspruch für Zeiträume, die länger als ein Jahr zurückliegen. Wenn auch auf eine Rückfrage nicht geantwortet wurde, konnten Sie auf jeden Fall darauf vertrauen, dass Sie nicht in Anspruch genommen werden (BGH, FamRZ 2002, 1698).

Ausnahme: Sollten Sie aufgrund eines gerichtlichen **Vergleichs** oder **Urteils** zu Unterhaltszahlungen verpflichtet worden sein, dann verlängert sich die Frist auf 30 Jahre (§ 197 Abs. 3 u. 4 BGB).

Kritik

Nur in Belgien und Deutschland gibt es eine Unterhaltspflicht zwischen volljährigen Kindern und ihren Eltern und umgekehrt. Sie stammt aus dem 19. Jahrhundert und stellt auf eine generationsübergreifende Arbeits-,

Lebens- und Unterhaltsgemeinschaft ab. Aufgrund des gesellschaftlichen Wandels und veränderter Arbeitsbedingungen sind Unterhaltspflichten inzwischen gänzlich überholt. Auch wenn die Pflichten z.B. bei Alg II und GSi der Sozialhilfe gelockert wurden, stehen sie noch immer sinkenden Reallöhnen, steigendem Druck zur privaten Altersvorsorge und einem zunehmenden Pflegerisiko bei steigender Lebenserwartung entgegen.
Dabei sind Unterhaltsleistungen, die Unterhaltsverpflichtete im Einzelfall stark belasten können, für die öffentlichen Kassen alles andere als eine Goldgrube. 2007 kamen über den Elternunterhalt gerade mal 23 Mio. € in die Kassen – inzwischen sollen es nach Schätzungen 5 bis 10 Mio. € mehr sein. Um den Unterhalt zu berechnen und einzutreiben sind allerdings 150 Sachbearbeiterstellen notwendig – und die kosten rund 11 Mio. € im Jahr. (SZ, 11.7.2015)

Je weiter die „nicht gesteigerte" Unterhaltspflicht zurückgenommen wird, desto offener treten sozialrechtlich konstruierte „gesteigerte" Unterhaltsverpflichtungen zwischen Ehegatten, Partnern, Freunden und ihren volljährigen Kindern an ihre Stelle. Die Risiken der Existenzsicherung werden zunehmend auf Beziehungen von Menschen übertragen, die in einem Haushalt zusammenleben. Diese Form der Zwangshaftung schafft neuartige Unterhaltspflichten, die es nach der Logik des BGB nicht gibt. Mit Hilfe angeblicher ⇨Bedarfsgemeinschaften sollen im SGB II Personen voll füreinander einstehen, auch wenn sie es zivilrechtlich gar nicht müssen und im richtigen Leben gar nicht tun.

Forderungen
- Vollständige Abschaffung der Unterhaltspflicht zwischen volljährigen Kindern und ihren Eltern!
- Keine Anrechnung fiktiver Einkommen als Grundlage für Unterhaltszahlungen!
- Unterhaltspflicht des Kapitals für die von ihm Freigesetzten!
- Erhöhung der Regelsätze für Arbeitslose, Erwerbsgeminderte und RentnerInnen auf mindestens 500 € plus „angemessener" Miete!

Information
AG TuWas, Leitfaden für Menschen mit Behinderung und bei Pflegebedürftigkeit von A-Z, 9. Aufl. 2011; ⇨Literatur
Christian Müller, Der Rückgriff gegen Angehörige von Sozialleistungsempfängern, 6. Aufl., Baden-Baden 2012
Düsseldorfer Tabelle mit Erläuterungen: www.olg-duesseldorf.nrw.de/infos/Duesseldorfer_tabelle/index.php
Die Leitlinien der Oberlandesgerichte zur Bemessung des Unterhalts und weiterführende Infos finden Sie beim Deutschen Familiengerichtstag unter www.dfgt.de ⇨Leitlinien
Deutscher Verein (DV), Empfehlungen für die Heranziehung Unterhaltspflichtiger in der Sozialhilfe, DV 3AF III, Berlin März 2014, www.deutscer.verein.de

Unterhaltsvorschuss

Zahlt der Vater Ihres Kindes nach Trennung/ Scheidung zu wenig oder keinen Unterhalt, können Sie als ⇨Alleinerziehende einen Unterhaltsvorschuss bei der Unterhaltsvorschusskasse des Jugendamtes bekommen. Anspruch haben Sie auch, wenn sie verwitwet oder ledig sind. Wenn Sie wieder heiraten, entfällt der Anspruch.

Anspruch haben deutsche und ausländische nichteheliche und eheliche Kinder, unabhängig von Einkommen und Vermögen.
Der Unterhaltsvorschuss wird **bis zu sechs Jahren** gezahlt und nur für Kinder, die das **12. Lebensjahr** nicht vollendet haben.

U

1.1 Unterhaltsvorschuss: vorrangiges Einkommen

Bei BezieherInnen von Alg II und HzL/ GSi der Sozialhilfe wird der Unterhaltsvorschuss **als Einkommen** des Kindes **angerechnet**. Deshalb sind Sie verpflichtet einen Antrag zu stellen.
Wenn Sie den Antrag auf den vorrangigen Unterhaltsvorschuss nicht stellen, kann das Jobcenter den Antrag für Sie stellen. Wenn Sie dann gegenüber dem Jugendamt Ihren **Mitwirkungspflichten** nicht nachkommen

und Angaben z.B. über den Vater des Kindes verweigern und deswegen den Vorschuss versagt bekommen, kann Ihnen das Jobcenter **ab dem 1.1.2017** Ihre Leistungen ganz oder teilweise versagen. (§ 5 Abs. 3 SGB II neu) Allerdings dürfen die Leistungen nur in Höhe des zu erwartenden Unterhaltsvorschusses versagt werden und müssen bei Nachholung der Mitwirkung wieder gewährt werden.
Die Beantragung von vorrangigen Leistungen konnte nur **bis zum 31.7.2016** als Verpflichtung in die ⇨Eingliederungsvereinbarung aufgenommen werden (§ 15 Abs. 1 Nr. 3 SGB II alt). Das ist danach nicht mehr zulässig.

1.2 Höhe des Vorschusses

Kinder alleinstehender Mütter und Väter erhalten einen Vorschuss gemäß der untersten Stufe der ⇨Düsseldorfer Tabelle, abzüglich des Kindergelds (§ 2 Abs. 1 und 2 Unterhaltsvorschussgesetz).
Für Kinder unter 6 Jahren werden **145 €**, für Kinder von 6 bis 11 Jahren **194 €** mtl. gezahlt (www.bmfsfj.de; Stand: 2016).

2.1 Die Rückzahlung des Vorschusses

Die **Unterhaltspflichtigen** müssen den Vorschuss zurückzahlen. Deshalb will das Jugendamt den Namen des Vaters wissen und Sie haben eine entsprechende Auskunftspflicht (§ 6 UVG).
Durch das *„Unterhaltsvorschussentbürokratisierungsgesetz“* wurde im Zuge eines erweiterten Datenabgleichs den Jugendämtern ab dem 1.7.2013 der Rückgriff auf Unterhaltsschuldner erleichtert.

2.2 Den Namen des Vaters nicht nennen – was dann?

Wenn Sie den Vater nicht kennen, können Sie auch seinen Namen nicht angeben. Das VG Gelsenkirchen meinte, es sei im Zeitalter der *„One-Night-Stands“* nicht unüblich, dass sich Partner nach einer gemeinsam verbrachten Nacht trennen, ohne Adressen auszutauschen und sich jemals wieder zu begegnen (5.1.2004 - 19 K 3731/02).

Wenn Sie den Vater kennen, sind Sie nur dann berechtigt, den Namen **nicht** mitzuteilen, wenn Sie eine *„beachtliche anerkennenswerte Konfliktlage“* schildern (BVerwG 26.6.1968, FEVS 16, 201; OVG NW, FEVS 33, 420; VGH Baden-Württemberg 15.4.1992, IDAS 2/93, I.2.1).
Das kann z.B. die Furcht vor Gewaltübergriffen oder anderen Repressalien sein. Eine Konfliktlage besteht auch dann, wenn der Vater des Kindes z.B. von Scheidung bedroht wäre, selbst noch minderjährige Kinder hat und sowieso wahrscheinlich nichts zahlen könnte (VGH Baden-Württemberg, s.o.).
Das Bundesverfassungsgericht hat erklärt, die Mutter habe ein Grundrecht auf Schutz ihrer Intimsphäre. Dieser müsse gegenüber dem Recht des Kindes auf Kenntnis über seinen Vater abgewogen werden (FR 23.5.1997).

Wenn Sie den Vater kennen, seinen Namen nicht nennen und **kein** glaubhafter Konflikt vorliegt, **entfällt der Anspruch** auf Unterhaltsvorschuss.
Das Jobcenter kann dann bis zur **Nachholung der Mitwirkung** Leistungen versagen (⇨1.1). Zur Nachholung müssten Sie den Antrag beim Jugendamt erneut stellen und den Vater angeben.
Alternativ wäre es möglich, Sie zum Ersatz der Kosten zu verpflichten, da Sie Ihr Kind bzw. sich selbst vorsätzlich hilfebedürftig gemacht haben (⇨Rückforderung 3.1).

Kritik

2009 wurde für rund 490.000 Kinder Unterhaltsvorschuss gezahlt. Bei 70-80% dieser Kinder wird der Vorschuss mit immensem Verwaltungsaufwand an SGB-II-Leistungen angerechnet, ohne dass die Kinder davon etwas haben (Bundesrechnungshof, BT-Drs. 17/10322, 4). Lediglich die Statistik der Kinderarmut wird dadurch frisiert.

⇨Unterhalt bleibt aus, weil nichts zu holen ist (ein Drittel), weil die Unterhaltspflichtigen unauffindbar sind (ein weiteres Drittel) oder weil sie Zahlungen verweigern (ein Fünftel). Die Zahlungsbereitschaft hängt auch von der Höhe des Selbstbehalts ab. Der liegt bei Einkommen bis 1.500 € bei 1080 € bzw. 880 € bei Erwerbstätigen bzw. Nichterwerbstätigen. Nur 18% der Unterhaltsvorschüsse wurden 2010 zurückgezahlt.
Der Unterhaltsvorschuss läuft als Schuld des Unterhaltspflichtigen auf, auch wenn dieser aktuell nicht zahlungsfähig ist. Aber die Schuld verjährt erst nach 30 Jahren, und die Bundesregierung arbeitet daran, solche Schulden in Zukunft verstärkt einzutreiben.

Information

Bundesministerium für Familie, Senioren, Frauen und Jugend (BMFSFJ), Der Unterhaltsvorschuss, September 2015, bestellen online oder: BMFSFJ, 11018 Berlin (herunterladen unter: www.bmfsfj.de ⇨Familie ⇨Leistung und Förderung)

U

Verhütungsmittel

1. Verhütungsmittel für Frauen

„Die Kosten für empfängnisverhütende Mittel werden übernommen, wenn diese ärztlich verordnet worden sind." (§ 49 SGB XII) Aber nur entsprechend den Bestimmungen der Krankenkassen (§ 52 Abs. S.1 SGB XII). Und die sehen vor, dass Verhütungsmittel nur noch bis zum 20. Lebensjahr finanziert werden (§ 24a Abs. 2 SGB V). Bis 2004 gab es keine Altersbegrenzung.

In **besonderen Fällen**, z.B. bei geistig behinderten Menschen, müssen Sozialämter auch bei über 20jährigen noch für Verhütungsmittel aufkommen (SG Duisburg 9.9.2008 - S 7 SO 10/07).

Sozialämter/ Jobcenter können weiterhin die Pille, aber auch die Spirale als **freiwillige Leistung** zahlen. Berlin und München sehen z.B. die Kostenübernahme von Verhütungsmitteln für über 20jährige in Bezug von SGB-II-/ SGB-XII-Leistungen vor, ebenso eine Reihe von Kommunen und Kreisen, Tendenz steigend.

Auch das VG Gelsenkirchen befürwortet eine Übernahme (16.3.2004, info also 5/2004, 229).

Tipp Fragen Sie nach, ob Ihr Sozialamt die Kosten für Verhütungsmittel übernimmt.

1.2 Kondome

können von der Kasse nur bei Männern unter 20 Jahren übernommen werden, wenn sie *„ärztlich verordnet"* sind (§ 24a SGB V). Vereinzelt gibt es sie auf Gesundheitsämtern zur kostenlosen Mitnahme.

1.3 … bei Gefahr einer HIV-Infektion

⇨AIDS

2. Sterilisation

Bis 2004 wurden alle nicht rechtswidrigen Sterilisationen vom Sozialamt getragen. Jetzt werden in Anlehnung an die Leistungen der gesetzlichen Krankenkassen nur noch Kosten für eine Sterilisation übernommen, die aufgrund einer Krankheit medizinisch notwendig ist (§ 51 SGB XII).

Kritik

Das Europäische Parlament forderte die Regierungen der Mitgliedsstaaten auf, darauf hinzuwirken, *„dass kostenlose oder kostengünstige Verhütungsmittel ... für unterversorgte Gruppen ... bereitgestellt werden"* (pro familia laut BAG-SHI Rundbrief Dezember 2004, 32). Die SPD/ Grüne Bundesregierung verfrachtete jedoch die Verhütungsmittel in einen Regelsatz, in dem sie gar nicht drin sein können, u.a. weil die Verbrauchsausgaben von RentnerInnen eine wesentliche Grundlage für die Festsetzung des ⇨Regelsatzes bilden.

Die Streichung von Verhütungsmitteln ist eine Form der indirekten Regelsatzsenkung, hier um mtl. 10 bis 16 €. Nach einer Umfrage von pro familia aus Köln ist die Zahl der regelmäßig verhütenden Alg-II-Bezieherinnen dort seit 2005 von 67% auf 30% gesunken (SZ, 23.12.2010).

Wenn Länder und Kommunen, wie Berlin, München oder Flensburg einspringen, dann nicht aus Nächstenliebe. Werden Verhütungsmittel nicht mehr bezahlt, drohen kostspielige Folgen. Berlin ließ sich die Übernahme der Verhütungsmittel 2008 allein 2,6 Mio. € kosten. Dafür sank die Zahl der Abtreibungen im Vorjahr um 4%. Jeder Schwangerschaftsabbruch kostet ca. 500 €. (Ebenda)

Forderung

Übernahme der Kosten von Verhütungsmitteln für Alg-II-/ Sozialhilfebezieherinnen!

Information

www.profamilia.de

Vermögen

V

Vermögen, das über die jeweiligen Vermögensfreigrenzen hinausgeht und verfügbar ist, muss vorrangig vor Alg II bzw. Hilfe zum Lebensunterhalt (HzL) und Grundsicherung (GSi) der Sozialhilfe für den Lebensunterhalt verwertet werden. Vorher besteht kein Leistungsanspruch.

Inhaltsübersicht:

2.1 Was gehört zum Vermögen?
2.2 Wie wird Vermögen bewertet?
2.3 Was bedeutet „verwertbar"?
3 Vermögen nicht geschützt und nicht verwertbar?
4. Verkauf eines geschützten Sachvermögens
5. Barvermögen
5.1 Geschützes Barvermögen
5.2 Barvermögen über der Freigrenze von Alg II/Sozialhilfe
darunter: Unwirtschaftlichkeit der Verwertung, die Verwertung stellt eine besondere Härte dar, Verwertung des nicht geschützten Vermögens
5.3 Ansparungen über die Schongrenzen während des Bezugs
5.4 Nachforschungen über Ihr Geldvermögen
5.5 Konto
6. Sachvermögen
7. Vermögen verschleudert?
7.1 Kostenersatz
7.2 Sanktion wegen Vermögensverminderung?
8. Vermögen zur Schuldentilgung verwenden?
9. Fiktiver Verbrauch von Vermögen?
Kritik
Forderungen

1. Unterschied zwischen Vermögen und Einkommen

Nach der Rechtsprechung des Bundesverwaltungsgerichts ist Einkommen *„alles, was jemand in der Bedarfszeit wertmäßig dazu erhält, und Vermögen das, was er in der Bedarfszeit bereits hat"* (BVerwG 18.2.1999, FEVS 51, 1; BA 12.2).

V

Als ⇨Einkommen gelten alle Beträge in Geld oder Geldeswert, die im Bedarfszeitraum zufließen; auch ein Lottogewinn. Seit dem **1.8.2016** werden allerdings beim **Alg II geldwerte Sacheinnahmen** nicht mehr als Einkommen angerechnet und wie Vermögen behandelt (⇨1.1.1).

Einmalige Einnahmen, die **vor** dem *„Bedarfszeitraum"* eingegangen sind, zählen als Vermögen (BSG 30.7.2008 - B 14/7b AS 12/07). Das sind z.B. Steuerrückerstattungen, Erbschaften (⇨Erbe 2.1.1), ⇨Schenkungen usw.

Der *„Bedarfszeitraum"* beginnt mit der ⇨**Antragstellung**. Der Antrag auf Alg II und auf GSi der Sozialhilfe geht auf den **Ersten des Monats** zurück. Das gilt auch, wenn Sie aufgrund der Unterbringung in einer stationären Einrichtung oder Haftanstalt unmittelbar vor der Antragstellung gar keinen Anspruch auf Alg II gehabt haben (BSG 28.10.2014 - B 14 AS 36/13 R, Rz. 28; ⇨Strafgefangene).
Demnach sind bei Alg II und GSi alle einmaligen Einnahmen *„für den Monat, in dem sie zufließen, zu berücksichtigen"* (§ 11 Abs. 3 SGB II).

Bei **laufenden Einnahmen**, z.B. Löhne, Einkommen Selbstständiger, auch die letzte Alg-I-Zahlung, ist für die Bewertung als Vermögen oder Einkommen ebenfalls der **Monat des Zuflusses** maßgebend, nicht der Monat, in dem das Einkommen *„erarbeitet"*, d.h. ein Anspruch begründet wurde (BSG 30.9.2008 - B 4 AS 57/07 R, Rz. 18). *„Laufende Einnahmen sind für den Monat, in dem sie zufließen, zu berücksichtigen."* (§ 11 Abs. 2 SGB II).

Der Bedarfs- bzw. Bewilligungszeitraum beginnt also – mit Ausnahme der HzL der Sozialhilfe – immer am Ersten des Monats der Antragstellung, **nicht** am Tag der Antragstellung. Hier muss analog der **Gesamtbedarf** des Monats, z.B. bereits gezahlte ⇨Miete und der volle ⇨Regelsatz, berücksichtigt werden (⇨Bedarfsberechnung).

Tipp Es kann also sinnvoll sein, den Antrag einen Monat später zu stellen,
- wenn kurzfristig eine größere Zahlung (z.B. Gehaltsnachzahlung, Lohnsteuerrückzahlung usw.) erwartet wird, die den Rahmen des Schonvermögens nicht übersteigt oder
- wenn Sie knapp über Ihrem Vermögensfreibetrag liegen.

1.1. Alg II: Einnahmen in Geldeswert – kein Einkommen sondern Vermögen

Mit dem Neunten SGB-II-Änderungsgesetz wurden die Einnahmen in Geldeswert mit Wirkung zum **1.8.2016** aus dem Katalog der als Einkommen anzurechnenden Einnahmen gestrichen (§ 11 Abs. 1 Satz 1 SGB II neu). Das gilt **nur** für SGB-II-Beziehende und ist eine deutliche Verbesserung.

Sacheinnahmen, die nicht mehr im Zuflussmonat wertmäßig als Einkommen angerechnet werden, können demnach wie Vermögen behandelt werden und sind im Rahmen des Schonvermögens anrechnungsfrei zu stellen.
Das gilt beispielsweise für
- ein angemessenes **Kfz**, als Geschenk/ Erbe eines Verwandten,
- eine angemessene **selbstgenutzte Eigentumswohnung**, als Geschenk/Erbe der Eltern,
- ein **Sportfahrrad**, als Geschenk eines Freundes, der es nicht mehr benötigt oder
- eine **Waschmaschine**, als Geschenk von Bekannten, weil die alte kaputt gegangen ist.

Zur Anrechnung einer geldwerten Einnahmen als Vermögen ⇨2. ff., 6.

Die Anrechnung von Sacheinnahmen bereitete Jobcentern in der Vergangenheit viel Mühe, da es oft schwierig und aufwendig ist, den Verkehrswert einer Einnahme in Geldeswert zu ermitteln. Die Nichtberücksichtigung von Sacheinnahmen als Einkommen entspricht der Lebenswelt von Leistungsberechtigten und ist als Maßnahme zum Bürokratieabbau zu begrüßen. Schade nur, dass diese „Rechtsvereinfachung" nicht auch für die HzL und GSi der Sozialhilfe gilt.

Ausgenommen von dieser Regelung sind „Einnahmen in Geldeswert, die im Rahmen einer Erwerbstätigkeit, des Bundesfreiwilligendienstes oder des Jugendfreiwilligendienstes zufließen" (§ 11 Abs. 1 Satz 2 SGB II neu). Näheres unter ⇨Einkommen 1.1.2

2. Einsatz des gesamten verwertbaren Vermögens

„Einzusetzen ist das gesamte verwertbare Vermögen." (§ 90 Abs. 1 SGB XII) Und: *„Als Vermögen sind alle verwertbaren Vermögensgegenstände zu berücksichtigen."* (§ 12 Abs. 1 SGB II)

2.1 Was gehört zum Vermögen?

Zum Vermögen gehört alles, was sich zu Geld machen lassen könnte, also *„verwertbar"* ist oder schon Geldvermögen ist. Unabhängig davon, ob es im Inland oder im Ausland existiert.

Zum **Geldvermögen** gehören u.a. Bargeld und Kontoguthaben (allerdings nur soweit sie es nicht zur Bestreitung ihres Lebensunterhalts benötigen), Sparbücher oder Bausparvermögen, ⇨Lebensversicherungen und andere Formen der ⇨Altersvorsorge, Forderungen an andere, angespartes ⇨Schmerzensgeld (geschützt) sowie Wertpapiere.

Zum **Sachvermögen** zählen z.B. Wohneigentum (⇨Eigenheim), Hausrat, Erbstücke, ⇨Kfz, Schmuck, ein Grundstück usw.

Es wird sogar erforscht, ob Sie Vermögen in den letzten zehn Jahren verschenkt haben, denn auch verschenktes Vermögen kann einzusetzendes Vermögen sein (⇨Schenkungen).

2.2 Wie wird Vermögen bewertet?

„Das Vermögen ist mit seinem Verkehrswert zu berücksichtigen." (§ 12 Abs. 4 SGB II) Und zwar zum Zeitpunkt des Antrags bzw. des Fortzahlungsantrags.
Verkehrswert ist der Geldbetrag, der zu diesem Zeitpunkt beim Verkauf auf dem freien Markt erzielt werden kann.
Wenn Sie allerdings gegen die Anrechnung Ihres Pkw Widerspruch einlegen und einen Prozess führen, kann **nach** 1-2 Jahren nicht der Ursprungswert einsetzbar sein, sondern nur noch der aktuelle. Kann ein Vermögen erst später verwertet werden, ist der spätere Zeitpunkt also maßgebend.
In diesem Fall müssen Sie aber bei Alg-II-Verfahren einen Antrag auf Einsetzung der aufschiebenden Wirkung von Widerspruch und Klage stellen (⇨Widerspruch 5.2).

2.3 Was bedeutet *„verwertbar"*?

Vermögen ist nur verwertbar, wenn Sie darüber verfügen können (BVerwG 19.12.1997, NDV-RD 1998, 54; BA 12.5).
Nicht verwertbar sind z.B.
- Ansprüche auf **Betriebsrenten** (SG Leipzig 14.2.2007 - S 6 AS 283/05; BA 12.6),
- **Sparbücher**, die z.B. von Großeltern unter ihrem Namen für Enkel eingerichtet werden, sodass diese erst z.B. bei Volljährigkeit darüber verfügen können (LSG Hamburg 25.8.2011 - L 5 AS 33/08) oder
- durch die Eltern auf den Namen minderjähriger Kinder eingerichtete Sparbücher,

V

solange das Guthaben nicht auf die Kinder abgetreten ist (OVG Niedersachsen 24.2.2004, ZfSH/SGB 2004, 294 f.; Eicher, SGB II, § 12 Rz. 39),
- Geldbeträge, die durch den Geldgeber **zu treuen Händen übergeben** wurden und mit einer Verfügungsbeschränkung versehen sind (z.B. Verwendung für den Todesfall),
- Grundstücksübertragung mit lebenslangem Nutzungs- bzw. **Nießbrauchrecht**,
- Abtretung von Vermögen z.B. an eine Bank **vor** dem Leistungsbezug oder
- das gesamte Vermögen eines Schuldners **nach Eröffnung des Insolvenzverfahrens** sowie das Vermögen, das während des Verfahrens hinzukommt.

2.4 Verwertbar: Nur Vermögen abzüglich Ihrer ⇨Schulden?

Schulden sind grundsätzlich Ihr Privatproblem. Sie können nur bei ⇨**Miet**- oder ⇨**Strom**schulden übernommen werden.
Sie können deshalb Schulden **nicht** mit Ihrem Vermögen verrechnen.

Ausnahmen:
- Als Wert Ihres Wohneigentums wird nur der Verkehrswert abzüglich der Hypotheken gerechnet (⇨Eigenheim).
- Als Wert Ihres ⇨Kfz wird nur der Verkehrswert abzüglich des Autokredits gerechnet.
- Ihre Lebensversicherung wird nicht als Vermögen gewertet, wenn Sie sie zur Tilgung eines Baudarlehens verbindlich abgetreten haben.
- Ansprüche z.B. auf Lohnsteuer- oder Rentennachzahlungen oder der Rückkaufswert einer Lebensversicherung werden ebenfalls nicht als Vermögen gewertet, wenn Sie sie an einen Gläubiger abgetreten haben.

Eine **Abtretung** darf allerdings **nicht** zu dem Zweck abgeschossen werden, um die Anrechnung Ihres Vermögens durch die Behörde zu vermeiden.
Wenn Sie keine Leistungen beziehen, können Sie Ihr Vermögen selbstverständlich zur Begleichung Ihrer Schulden verwenden (⇨8.).

3 Vermögen nicht geschützt und nicht verwertbar?

Wenn Vermögen nicht geschützt, aber **zurzeit nicht verwertbar** ist, **muss** Alg II als ⇨**Darlehen** (4.) vergeben werden; Sozialhilfe **soll** als Darlehen vergeben werden.

Wenn dagegen Vermögen nicht geschützt, aber **auf absehbare Zeit nicht verwertbar** ist, darf Alg II/ Sozialhilfe **nicht** als Darlehen gewährt werden. Das wäre der Fall, wenn Sie nicht selbst genutztes Wohneigentum in einem strukturschwachen Gebiet besitzen, für das sich aufgrund schlechter Bausubstanz 2 Jahre lang kein Käufer gefunden hat (BSG 30.8.2010 - B 4 AS 70/09 R). Oder wenn Ihr Wohneigentum von den Eltern bewohnt wird, die lebenslanges **Nießbrauchrecht** genießen. Hier ist die Verwertung auf absehbare Zeit ausgeschlossen (BSG 6.12.2007 - B14/7b AS 46/06 R).
„Maßgebend für die Prognose, dass ein ... Verwertungshindernis wegfällt, ist im Regelfall der Zeitraum, für den die Leistungen bewilligt werden, also regelmäßig der sechsmonatige Bewilligungszeitraum.“ (BSG 27.1.2009 - B 14 AS 42/07 R, in Bezug auf Alg II)
Der **Bewilligungszeitraum** beträgt allerdings bei der GSi der Sozialhilfe zwölf Monate und auch beim Alg II wurde mit Wirkung zum **1.8.2016** der Regelbewilligungszeitraum von sechs auf zwölf Monate verlängert. Ob sich damit auch automatisch der Maßstab für die „Verwertung auf absehbare Zeit“ verlängert, muss durch die Rechtsprechung geklärt werden.

Tipp Ist eine Vermögensverwertung auf absehbare Zeit bzw. innerhalb des Bewilligungszeitraums nicht möglich, muss Ihnen die Leistung als Beihilfe gewährt werden. Legen Sie gegen Bescheide, mit denen Leistungen darlehensweise bewilligt werden, ggf. ⇨Widerspruch ein.

4. Verkauf eines geschützten Sachvermögens

Ist Barvermögen geschützt (⇨5), können Sie frei darüber verfügen. Sie können es ausgeben bzw. wieder ansparen, wie Sie es für richtig halten. Sie können es auch verschenken, denn durch die Schenkung werden Sie nicht *„hilfebedürftig“*.
Erlöse aus dem **Verkauf von geschütztem Sachvermögen** (⇨2.1) während des Bezugs gelten weiterhin als (umgewandeltes) Ver-

mögen, **nicht** als Einkommen (BSG 25.4.2002 - B 11 AL 69/01 R).

Verwandelt sich geschütztes Sachvermögen (z.B. ein Kfz) jedoch in Barvermögen, das den Freibetrag übersteigt, scheiden Sie so lange aus dem Alg-II-Bezug aus, bis der Vermögensfreibetrag wieder unterschritten ist (LSG Hessen 3.11.2005 - L 7 AS 49/05).

Das gilt auch für den Verkauf eines geschützten Eigenheims, wenn Sie sich mit dem Verkaufserlös ein anderes (geschütztes) Eigenheim kaufen wollen.

Sie können Ihr geschütztes Eigenheim nur verkaufen, um sich damit ein neues (geschütztes) Eigenheim zu kaufen, wenn Sie nicht im Bezug von Leistungen stehen. Wenn Sie keinen Fortzahlungsantrag stellen und Ihren Lebensunterhalt vorübergehend aus einem Teil des Verkaufserlöses decken, sind Sie kein Hilfebezieher mehr. Während des Bewilligungszeitraums können Sie nicht einfach auf Alg II verzichten, wenn dadurch zufließendes Einkommen oder verwertbares Vermögen von der Anrechnung verschont wird, Sie aber im Folgemonat erneut Leistungen beantragen (§ 46 Abs. 2 SGB I). Auch nicht, wenn Sie es machen, um den Verkaufserlös des ehemals geschützten Eigenheims zu schützen.

5. Barvermögen

5.1 Geschütztes Barvermögen

Alg II

Erwerbsfähige volljährige Hilfebedürftige und ihre Partner

haben jeder einen Grundfreibetrag von **150 €** je vollendetem Lebensjahr, mindestens **3.100 €**. Da Erwerbsfähige spätestens im Rentenalter aus dem Alg-II-Bezug ausscheiden, ist die Höchstgrenze des Freibetrags für jeden Hilfebedürftigen und seinen Partner jeweils Rentenalter x 150 € oder 9.750 € bis 10.050 € (§ 12 Abs. 2 Satz 2 Nr. 1 SGB II; Regelrentenalter 65 ansteigend auf 67 Jahre).

Der Vermögensfreibetrag für **volljährige Kinder in der Bedarfsgemeinschaft** beträgt pro Lebensjahr **150 €**, mindestens aber **3.100 €** (entsprechend § 12 Abs. 2 Nr. 1 SGB II).

Was an **Riester-Rente**, Rürup-Rente, zusätzlichem **Alterssicherungsvermögen** usw. noch alles geschützt ist, finden Sie unter ⇨**Altersvorsorge**.

Minderjährige Kinder

haben einen Grundfreibetrag von **3.100 €**.

Freibetrag für notwendige Anschaffungen

Zusätzlich haben Sie einen *„Freibetrag für notwendige Anschaffungen"*, der sogenannte *„Ansparbetrag"*, in Höhe von jeweils **750 €** für **jedes** Mitglied der Bedarfsgemeinschaft (§12 Abs. 2 Nr. 4 SGB II; ⇨einmalige Beihilfen 2. ff.).

Gemeinsamer Vermögensfreibetrag der Bedarfsgemeinschaft?

Zwischen Ihnen und Ihrem **Partner** wird ein gemeinsamer Vermögensfreibetrag gebildet und dem vorhandenen Gesamtvermögen gegenübergestellt, *„unabhängig davon, wer von den beiden Inhaberin/ Inhaber dieses Vermögens/ Vermögenswertes ist"* (BA 12.10).

Eine Übertragung nicht ausgeschöpfter Vermögensfreibeträge der **Eltern** auf minderjährige **Kinder** und umgekehrt wird von den Jobcentern nicht anerkannt. Das BSG hat sich dieser Auffassung angeschlossen (13.5.2009 - B 4 AS 58/08 R).

Im Gegensatz dazu wird der **Freibetrag** für notwendige Anschaffungen von 750 € für **alle** Mitglieder der Bedarfsgemeinschaft addiert und ihrem Gesamtvermögen gegenübergestellt (BA 12.10).

Auch dann, wenn Sie mit Ihrem Partner eine sog. **„Mischbedarfsgemeinschaft"** bilden, also einer von Ihnen Alg II und der andere **GSi** bezieht, wird ein **gemeinsamer** Vermögensfreibetrag gebildet. (BSG 20.9.2012 - B 8 SO 13/11 R)

Näheres hierzu unter ⇨Grundsicherung 1.5

Sozialhilfe

Nichterwerbsfähige Arme dürfen im Gegensatz zu erwerbsfähigen Armen nur *„kleinere Barbeträge oder sonstige Geldwerte"* behalten (§ 90 Abs. 2 Nr. 9 SGB XII).

Geschütztes Barvermögen

- bei Hilfe zum Lebensunterhalt (HzL)/ Grundsicherung (GSi)

(VO zur Durchführung von § 90 SGB XII)

V

Hilfesuchender **1.600 €**
Über 60jährige **oder** voll erwerbsgeminderte Hilfe suchende **2.600 €**
Ehepartner: **614 €**
Überwiegend vom Hilfesuchenden unterhaltene Personen: **256 €**
(**Überwiegend unterhalten** bedeutet, dass das Einkommen dieser Personen zu mehr als 50% von Ihnen stammt.)

Beispiele:
- Ein nicht getrennt lebendes Ehepaar hat ein Schonvermögen von zusammen 2.214 € bzw. 3.214 €, wenn der Hilfesuchende über 60 Jahre alt oder erwerbsgemindert ist.
- Ein unter 60jähriges Ehepaar mit einem Kind hat ein Schonvermögen von 2.470 €, mit zwei Kindern 2.726 € usw.
- **bei Leistungen nach dem Fünften bis Neunten Kapitel SGB XII, d.h. Hilfe zur Gesundheit**, **Pflege**, Überwindung besonderer sozialer Schwierigkeiten und Weiterführung des Haushalts, **Altenhilfe**, **Blindenhilfe**, sonstigen Lebenslagen und **Bestattungskosten**:
  Hilfesuchende/r **2.600 €**
  Ehepartnern und Kindern werden dieselben Freibeträge wie bei der HzL/ GSi (s.o.) zugestanden.
- **bei Eingliederungshilfe für behinderte Menschen**
  dürfen Sie Ihr Vermögen bei **einigen** Leistungen in voller Höhe behalten. Das gilt z.B., wenn Sie in einer Werkstatt für behinderte Menschen arbeiten (§ 92 Abs. 2 SGB XII). Ansonsten gelten die o.g. Beträge für das Fünfte bis Neunte Kapitel SGB XII.

V

5.2 Barvermögen über der Freigrenze von Alg II/Sozialhilfe

Wenn das angegebene Barvermögen Ihren Vermögensfreibetrag übersteigt, müssen Sie es bis zu diesem Betrag aufbrauchen.

Ausnahme: Es liegt ein **Härtefall** vor, die Verwertung wäre **unwirtschaftlich** oder es handelt sich um **Bausparvermögen** zur Schaffung von Wohnraum von behinderten oder pflegebedürftige Menschen (⇨Behinderte Menschen 7.).

5.2.1 Unwirtschaftlichkeit der Verwertung

Alg II

„Sachen und Rechte, soweit ihre Verwertung offensichtlich unwirtschaftlich ist oder für den Betroffenen eine besondere Härte bedeuten würde" (§ 12 Abs. 3 Nr. 6 SGB II), sind als Vermögen nicht zu berücksichtigen.

Unwirtschaftlichkeit liegt vor, wenn der zu erzielende Verkaufserlös (Verkehrswert) eines nicht geschützten Vermögens (Kraftfahrzeug, Lebensversicherung, Hausrat, Hauseigentum, Grundstück usw.) nach Abzug aller Kosten der Verwertung *„mehr als geringfügig"*, d.h. i.d.R. **mehr als 10%** unter dem Substanzwert liegt (BA 12.34). Der Substanzwert besteht entweder in den eingezahlten Beträgen (z.B. bei Lebensversicherungen) oder dem *„ursprünglichen Kaufpreis und/ oder Herstellungskosten"* (Eicher, SGB II, § 12 Rz. 114). Das Vermögen bleibt dann geschützt.

Ob eine Vermögensverwertung unwirtschaftlich ist oder eine Härte bedeutet, hängt beim **Alg II** von der Art des Vermögens und der der Besonderheit des Einzelfalles ab. Hier einige Beispiele:
- **Aktien** und Wertpapiere, deren Kurs durch die *„Finanzkrise"* verfallen ist, sind z.B. unter dem ursprünglichen Kaufwert zu verwerten (BA 12.35; LSG Berlin-Brandenburg 16.7.2009 - L 25 AS 769/09 B ER).
- Bei **Lebensversicherungen** hat das BSG eine Verwertung bei einem Verlust von 26,9% als **unwirtschaftlich** (15.4.2008 - B 14/7b AS 6/07 R) und eine Verwertung bei einem Verlust von 12,9% als **zumutbar** (6.9.2007 - B 14/7b AS 66/06 R) eingestuft. Bei der ersten Entscheidung hat das BSG zudem angedeutet, dass eine Verwertung unter Einbeziehung der Renditeerwartung bei einem Verlust von **18,5%** unwirtschaftlich wäre. Allerdings hängt die Verwertung einer Lebensversicherung auch von der Dauer ab, bis die Verwertung konkret realisierbar ist, der voraussichtlichen Dauer des Leistungsbezuges (bei absehbarer Beschäftigungsaufnahme) und der zu erwartenden Rentenansprüche, z.B. bei atypischer Erwerbsbiographie (BSG 20.2.2014 - B 14 AS 10/13 R).

- Bei **Bausparverträgen** finden die vom BSG entwickelten Maßstäbe für Lebensversicherungen Anwendung (LSG NRW 29.6.2009 - L 7 B 169/09).
- Bei **Immobilien** ist eine Verwertung offensichtlich unzumutbar, wenn ein *„deutliches Missverhältnis"* zwischen dem Grundstücks- und Erbbauungspreis und dem aktuell zu erzielenden Marktwert vorliegt. Dabei müssten mit Blick auf veränderte Marktpreise jedoch gewisse Verluste in Kauf genommen werden. (BSG 16.5.2007 - B 11 b AS 37/06 R)

HzL GSi der Sozialhilfe

Wenn bei einer Lebensversicherung der Rückkaufswert um 11% hinter der Summe der eingezahlten Beiträge zurückliegt, ist der Verlust **nicht** offensichtlich **unwirtschaftlich** (BSG 25.8.2011 - B 8 SO 19/10 R). I.d.R. können vergleichbare Maßstäbe herangezogen werden, wie beim Alg II.

5.2.2 Verwertung stellt eine besondere Härte dar

Alg II

Eine **besondere Härte** könnte z.B. der Verkauf von Familien- oder Erbstücken sein oder die Auflösung von Vermögensrücklagen für eine würdevolle **Bestattung** oder die **Altersvorsorge**.

Eine Härte liegt ebenfalls vor, wenn ein Vermögen aus angespartem **Schmerzensgeld** das Schonvermögen deutlich übersteigt (BSG 15.4.2008 - B 14/7b AS 6/07 R).

Sozialhilfe

Härtefälle liegen vor allem vor, wenn bei Leistungen nach dem **Fünften bis Neunten Kapitel** (den früheren Hilfen in besonderen Lebenslagen) *„eine angemessene Lebensführung oder die Aufrechterhaltung einer angemessenen Alterssicherung wesentlich erschwert würde."* (§ 90 Abs. 3 Satz 2 SGB XII)

Letzteres ist vor allem der Fall, wenn die spätere Rente in wesentlichem Umfang aus dem Vermögen bestritten werden muss.

Eine Härte kann bei **HzL und GSi** auch vorliegen, wenn ein Vermögen das Schonvermögen deutlich übersteigt, aber aus anrechnungsfreiem Einkommen gebildet wurde, z.B.

- bei vorübergehendem Bezug von Sozialhilfe (SG Düsseldorf 4.8.2008 - S 28 (23) SO 132/05)
- aus der Nachzahlung einer Grundrente nach dem Bundesversorgungsgesetz (BVerwGE 45, 135),
- aus angesparter Blindenhilfe (VGH BW, FEVS 9, 219),
- angespartem Schmerzensgeld oder
- aus Nachzahlungen vom Sozialamt (VG Kassel 07.12.1994, info also 1995, 97).

Eine Härte liegt dagegen **nicht** vor, wenn BezieherInnen von Sozialhilfe eine private Renten- oder Lebensversicherung besitzen, die weit über dem Freibetrag liegt. Sogar dann, wenn sie mit einem Verwertungsausschluss belegt ist, muss geprüft werden, ob es Möglichkeiten der Verwertung gibt, die von dem Verwertungsausschluss nicht erfasst sind, wie etwa eine **Beleihung**. (BSG 25.8.2011 - B 8 SO 19/10 R)

5.2.3 Verwertung des nicht geschützten Geldvermögens

Sie müssen den Betrag, der das geschützte Vermögen übersteigt, erst aufbrauchen, bevor Sie wieder Alg II/ Sozialhilfe beantragen können.

Beispiel

Otto Krass, 35 Jahre, ist alleinstehend. Er gibt bei der Alg-II-Antragstellung an, dass er Ersparnisse in Höhe von 14.500 € auf dem Sparbuch hat.

	14.500 €	Ersparnisse
-	5.250 €	Freibetrag (35 Jahre x 150 €)
-	750 €	Freibetrag für Anschaffungen
=	**8.500 €**	**übersteigendes Vermögen**

Otto Krass hat keinen Anspruch auf Alg II. Er muss zuerst 8.500 € aufbrauchen.

„Potentiellen Sozialhilfeempfängern sind Verfügungen über ihr Vermögen grundsätzlich unbegrenzt erlaubt." (VG Sigmaringen 16.03.1998, 7 K 1284/96 nach Rechtsdienst der Lebenshilfe 4/99, 161) Das gilt auch für potentielle Alg-II-Bezieher.

Jemand, der kein Alg II/ Sozialhilfe bezieht, darf all das mit seinem Geld machen, was normalerweise „Nichtempfänger" auch machen.

Wenn Sie z.B. beschließen, für „kleines Geld" zwei Wochen nach Italien in **Urlaub** zu fahren, kann Ihnen das keiner verübeln,

V

solange Sie Ihr Geld nicht unwirtschaftlich verschleudern.

Sie können Ihr Geld auch für neue, Strom sparende Haushaltsgeräte, für Fernseher, Computer, Fahrrad, (Kfz-)Reparaturen, Kleidung, eine notwendige Zahnsanierung (sehr empfehlenswert!) usw. aufbrauchen. Also für all das, wofür Sie während des Leistungsbezugs garantiert nichts mehr übrig hätten. Wichtig ist nur, dass Sie unter dem Gesichtspunkt der **Wirtschaftlichkeit** handeln.

Sie können auch ein **Hausgrundstück** damit kaufen, sofern dieses unter das Schonvermögen fällt (OVG Niedersachsen, FEVS 37, 456). Sie können ein klappriges Auto durch ein „angemessenes", weniger anfälliges Kfz ersetzen.

Sie können auch ⇨**Schulden** damit zurückzahlen (⇨8.) oder mit einem Sparbuch einen Kredit für eine notwendige Anschaffung absichern.

Otto Krass hat genug Gründe, um ohne weiteres nach einer gewissen Zeit wieder beim Jobcenter vorsprechen zu können. Ärger bekäme er nur, wenn er sein Vermögen verprasst hat, um Alg II/ Sozialhilfe beziehen zu können (⇨7.).

Tipp Wenn Ihr Vermögen die Schongrenzen übersteigt, verlangt die Behörde oft von Ihnen, dass Sie das ungeschützte Vermögen wie ein Hilfeempfänger zu verbrauchen hätten. Sie nennt Ihnen dann einen entsprechenden Termin, zu dem Sie frühestens wiederkommen dürften. Das ist rechtswidrig.

Nur tatsächlich vorhandenes Vermögen kann angerechnet werden, nicht aber fiktiv unterstelltes Vermögen (Eicher, SGB II, § 12 Rz. 26).

V

Selbst wenn Sie Ihr Vermögen grob fahrlässig verschleudern und hilfebedürftig werden, haben Sie einen Leistungsanspruch, allerdings nur einen gekürzten und nur einen mit Verpflichtung zum Ersatz der Kosten (⇨7.1 f.).

5.3 Ansparungen über die Schongrenzen während des Bezugs

Wenn Sie während des Bezugs von **HzL/ GSi der Sozialhilfe** Vermögen über die Freigrenzen hinaus ansparen, müssen Sie das zur Senkung der Kosten einsetzen. Es gibt keinen Paragrafen, der das ausschließt (LSG NRW 28.7.2008 - L 20 SO 17/08, für Ansparungen aus Grundsicherung; OVG Bautzen 30.10.1997 - FEVS 1998, 199 für angespartes Pflegegeld; VG Mainz - 2 L 146/04 MZ für angespartes Erziehungsgeld einer Sozialhilfebezieherin, die sich davon ein Auto für 7.000 € gekauft hat; OVG Niedersachsen 28.4.2004 - 4 LA 595/02 für angesparte Barbeträge in stationären Einrichtungen).

Das gilt natürlich nicht, wenn die Verwertung des Vermögens eine Härte darstellen würde (⇨5.2.2).

Ob das auch bei **Alg-II-Bezug** gilt, ist umstritten. Wenn *„Leistungen nach diesem Buch"* – nämlich Alg II – *„nicht als Einkommen zu berücksichtigen sind"* (§ 11a Abs. 1 Nr. 1 SGB II), wäre es ein Wertungswiderspruch, dieselben Leistungen als Vermögen angespart anzurechnen (Geiger, 2014, 514).

Tipp Lassen Sie es aber lieber nicht darauf ankommen: „Gönnen" Sie sich also lieber etwas, statt für Behörden zu sparen.

5.4 Nachforschungen über Ihr Geldvermögen

Auf Zinsen, die höher sind als im Jahr 801 € bzw. 1.602 € für Paare, muss ab 2009 Abgeltungssteuer (zuvor: Zinsabschlagssteuer) gezahlt werden.

Sie können sich in Höhe dieses *„Sparerpauschbetrages"* von Steuerzahlungen freistellen lassen (Freistellungsauftrag). Ihre Bank muss Freistellungsaufträge dem Bundesamt für Finanzen (BfF) mitteilen.

Die Behörde ruft über einen automatisierten Datenabgleich beim BfF ab, für welche Zinserträge Sie im Vorjahr Freistellungsaufträge erteilt haben (§ 52 Abs. 1 Nr. 3 SGB II; § 118 Abs. 1 Nr. 3 SGB XII).

Das lässt Rückschlüsse auf Ihr Vermögen zu.

Ab 1.4.2005 können Sozialbehörden über das Bundesamt für Finanzen abfragen, welche Konten im Inland Sie unterhalten. Ab 1.8.2006 kann die Alg-II-Behörde über das Bundeszentralamt für Steuern auch Daten über ausländische Zinserträge im Rahmen der EU abfragen.

In der Regel kommt über den automatisierten Datenabgleich mit einem Freistellungsauftrag belegtes Vermögen zutage, das deutlich **vor der Antragstellung** auf Ihrem Konto war und durch den Nachweis der Kontoauszüge nicht mehr erfasst wird. Wenn ein konkreter Verdacht des Jobcenters besteht, z.B. weil höhere Zinserträge auf ihr Konto eingehen, gehen die Möglichkeiten, Ihr Vermögen zu durchleuchten, noch viel weiter (⇨Datenabgleich).

5.5 ⇨Konto
Näheres zu Ihren Nachweispflichten auch unter ⇨Kontoauszüge

6. Sachvermögen
Zum Sachvermögen gehören u.a.
- angemessener Hausrat,
- Gegenstände, die für Berufsausbildung oder Erwerbstätigkeit benötigt werden,
- Familien- oder Erbstücke, deren Verwertung eine Härte (⇨5.2.2) darstellen würde,
- Gegenstände, die zur Befriedigung geistiger, wissenschaftlicher und künstlerischer Betätigung dienen und deren Besitz keinen Luxus darstellt,
- ⇨Eigenheim/ Eigentumswohnung und
- ⇨Kraftfahrzeug/ Motorrad.

Unter letztgenannten Stichworten finden Sie, wann selbstgenutztes Wohneigentum bzw. ein Kfz als Vermögen geschützt ist.

7. Vermögen verschleudert?

7.1 Kostenersatz
„Wer nach Vollendung des 18. Lebensjahres vorsätzlich oder grob fahrlässig die Voraussetzungen für die Gewährung von Leistungen ... an sich oder an Personen, die mit ihr oder ihm in einer Bedarfsgemeinschaft leben, ohne wichtigen Grund herbeigeführt hat, ist zum Ersatz der deswegen erbrachten Geld- oder Sachleistungen verpflichtet" (§ 34 Abs. 1 SGB II neu; sinngleich § 103 Abs. 1 SGB XII). Der **Ersatzanspruch** erlischt drei Jahre nach dem Ablauf des Jahres, für das die Leistung erbracht wurde (§ 34 Abs. 3 SGB II neu; § 103 Abs. 3 SGB XII).
Vom Kostenersatz abzusehen, wenn die Heranziehung eine Härte bedeuten würde, ist sowohl im SGB XII (§ 103 Abs. 1 Satz 3 SGB XII) als auch seit dem 1.8.2016 im SGB II (§ 34 Abs. 1 Satz 6 SGB II neu) vorgesehen.
Näheres unter ⇨Rückforderung 3.

7.2 Sanktion wegen Vermögensverminderung?
Einem volljährigen erwerbsfähigen Hilfebedürftigen, der sein *„Einkommen oder Vermögen in der Absicht vermindert hat, die Voraussetzung für die Gewährung oder Erhöhung des Arbeitslosengelds II herbeizuführen"* (§ 31 Abs. 2 Nr. 1 SGB II), wird das Alg II in einer ersten Stufe um **30%** gekürzt und zwar für drei Monate (§ 31a Abs. 1 Satz 1 SGB II; bei unter 25jährigen erfolgt sofort eine 100%-Kürzung).
In der Sozialhilfe zum Lebensunterhalt (HzL) kann unter denselben Bedingungen der Regelsatz auf das *„zum Lebensunterhalt Unerlässliche"* gekürzt werden (§ 26 Abs. 1 SGB XII; i.d.R. 25%-Kürzung). Näheres unter ⇨**Sanktionen**

Oft wird Vermögen durch ⇨**Schenkungen** vermindert (hier werden Sie gezwungen sein, das Geschenk zurückfordern). Wenn Sie plausible Gründe dafür haben, dürfte jedoch schwer nachzuweisen sein, dass Sie das mit dem **Vorsatz** bzw. der **Absicht** getan haben, die **Gewährung von Leistungen** zum Lebensunterhalt **herbeizuführen**. Die Behörde muss die Absicht **nachweisen** (LPK SGB II, § 31 Rz. 89). Auch wenn Jobcenter oder Sozialamt das Geld als Kostenersatz zurückfordern können, kommen zusätzliche Sanktionen meist nicht in Frage. Wenn Sie viele Jahre vor Eintritt einer Bedürftigkeit, die Sie nicht voraussehen konnten, Vermögen verschenkt haben, kann man Ihnen nicht vorhalten, Ihre Bedürftigkeit vorsätzlich herbeigeführt zu haben.

Das Gleiche gilt für **Geld**, das Sie **ohne Rücksicht** auf die Zukunft **ausgegeben** haben, weil Sie auch mal ein „schönes Leben" genießen wollten. Das bedeutet doch nicht, dass Sie zielgerichtet den Bezug von Leistungen angestrebt haben.
Wenn Sie z.B. **vor** Eintritt der Bedürftigkeit Vermögen verwenden, um Ihre **Schulden** zu **tilgen**, haben Sie das nicht getan, um Alg II oder Leistungen der Sozialhilfe zu beziehen, sondern um Ihre Schulden loszuwerden (⇨8.).

GSi
„Keinen Anspruch auf Leistungen (der Grundsicherung) ... haben Personen, die in den letzten zehn Jahren ihre Bedürftigkeit vorsätzlich oder grob fahrlässig herbeigeführt haben." (§ 41 Abs. 3 SGB XII), z.B. durch eine Schenkung oder unwirtschaftliches Verhalten.

V

Hier ist die Strafandrohung besonders hart: Sie verlieren den Anspruch auf Grundsicherung und bekommen nur noch HzL der Sozialhilfe (⇨Grundsicherung 3.).

8. Vermögen zur Schuldentilgung verwenden?

Wenn Sie Vermögen oberhalb Ihrer Freibeträge haben, sollten Sie prüfen, ob es **wirtschaftlich sinnvoll und möglich** ist, es vor der Antragstellung zur Schuldentilgung zu verwenden.

Dafür kann es gute Gründe geben:

- Wenn Sie Konsumentenkredite ratenweise abzahlen, können Sie bei Alg II/ Sozialhilfebezug die Raten nicht mehr tragen. Ratsam wäre dann, den Kredit vorher zu tilgen.
- Wenn Sie Grund- oder Hypothekenschulden haben, wird die Tilgung dieser Schulden nicht als notwendige Ausgabe für die Unterkunftskosten anerkannt, nur die Zinsen. Daher kann es sinnvoll sein, die Schulden mit überschüssigem Vermögen zu tilgen, soweit es geht.
- Wenn Sie einen Autokredit laufen haben, mindert dieser zwar den anzurechnenden Vermögenswert des Autos, Sie können aber die laufenden Raten nicht mehr zahlen. Eine vorzeitige Tilgung ist zu überlegen.

Schulden zu tilgen wird i.d.R. nur akzeptiert, wenn die Schulden auch bedient werden müssen bzw. wenn die Rückzahlung zu einem bestimmten Zeitpunkt vertraglich fixiert war oder gefordert wird. Zinslose Darlehen von Freunden/ Verwandten werden hier nicht akzeptiert. Ist die Tilgung von Schulden gestundet bzw. der Kredit nicht fällig, kann unterstellt werden, dass Sie die Schulden zum Zweck des Alg-II-Bezugs zurückgezahlt haben (LSG Schleswig-Holstein 25.8.2005 - L 6 B 200/05 ER).

Hatten Sie allerdings **vor der Antragstellung** gutgläubig Schulden aus Ihrem Vermögen getilgt, um Ihre Schulden loszuwerden, ist fraglich ob ein Kostenersatz (§ 34 Abs. 1 Satz 1 SGB II neu; § 103 Abs. 1 Satz 1 SGB XII; ⇨7.1) überhaupt gefordert werden kann. Das ist nur möglich, wenn Sie – ggf. aus vorangegangenem Leistungsbezug – **Kenntnis** hatten, dass Sie Ihr Vermögen vorrangig für den Lebensunterhalt hätten einsetzen müssen.

9. Fiktiver Verbrauch von Vermögen?

Wenn Sie verwertbares Vermögen besitzen, z.B. ein Kfz, es aber nicht verwerten, verlieren Sie Ihren Sozialleistungsanspruch solange, wie Sie das zu verwertende Vermögen besitzen. Sie können es nicht durch einen zeitweiligen Verzicht auf Sozialleistungen „fiktiv aufbrauchen“ und danach wieder Sozialhilfe beziehen, obwohl das „verwertbare Vermögen” noch da ist (BVerwG 19.12.1997, NDV-RD 1998, 55). Das gilt auch für Alg II.

Kritik

Vom Standpunkt früherer BezieherInnen von Arbeitslosenhilfe sind die jetzigen 150 € pro Lebensjahr Schonvermögen die Fortsetzung der Kürzungen. Ihnen wurden früher einmal 520 € pro Lebensjahr zugestanden, und zwar unabhängig davon, ob sie der Alterssicherung dienten oder nicht.

Für erwerbsfähige ehemalige SozialhilfebezieherInnen, die 2005 ins Alg II kamen, hatte die Erhöhung des Freibetrags keine Bedeutung, da Sie sowieso schon bis auf Hemd ausgezogen waren.

Die unteren 25% der Einkommenspyramide haben im Durchschnitt Schulden. In solchen Fällen nützen Vermögensfreibeträge natürlich nichts.

Die Vermögensfreibeträge der Sozialhilfe für voll Erwerbsgeminderte und RentnerInnen, die seit 1988 unverändert waren, wurden 2005 nur um rund 300 € aufgestockt; die ihrer Familienangehörigen sind gleich geblieben. Die Vermögensfreibeträge der Blinden und Schwerstpflegebedürftigen wurden sogar erheblich zusammengestrichen.

Personen, deren Arbeitskraft nicht mehr oder nur eingeschränkt verwertbar ist, müssen ihr „Vermögen” in wesentlich höherem Ausmaß verwerten als Personen, deren Arbeitskraft vom Kapital noch genutzt werden kann. Sie sollen weniger kosten, weil sie als unproduktiv abgeschrieben sind.

Forderungen

- Erhöhung der Vermögensfreibeträge bei HzL/ GSi der Sozialhilfe auf die Alg-II-Freibeträge!
- Besser: Erhöhung der gekürzten Alg-II-Freibeträge auf die Freibeträge der Arbeitslosenhilfe von 2002 für **alle** BezieherInnen von Leistungen!

Warmwasser

1. Warmwasser zählt zu den Unterkunftskosten

*„Leistungen für Heizung und **zentrale Warmwasserversorgung** werden in tatsächlicher Höhe erbracht, soweit sie angemessen sind.“* (§ 35 Abs. 4 Satz 1 SGB XII)

Das trat zum 1. April 2011 mit dem *„Regelbedarfsermittlungsgesetz“* in Kraft und gilt rückwirkend zum 1.1.2011. Die Kosten für Warmwasserbereitung sind also seit 2011 nicht mehr im Regelsatz enthalten. Sie werden im Rahmen der Unterkunftskosten gesondert erbracht.

Das **gilt auch** beim Alg II, obwohl es die entsprechende Regelung aufgrund des hektischen Gesetzgebungsverfahrens nicht mehr rechtzeitig in den § 22 SGB II *„Bedarfe für Unterkunft“* geschafft hat und dies seit dem nicht nachgeholt wurde. Im SGB II finden wir an anderer Stelle zwei deutliche Hinweise für die Übernahme der Warmwasserkosten:

- In § 20 Abs. Satz 1 SGB II steht, dass der Regelsatz *„... Haushaltsenergie **ohne** die auf Heizung und auf die Erzeugung von Warmwasser entfallenden Anteile ...“* umfasst.
- In § 21 Abs. 7 SGB II wird ein **Mehrbedarf** für dezentrale Warmwassererzeugung anerkannt, *„... soweit Warmwasser durch in der Unterkunft installierte Vorrichtungen erzeugt wird ... und deshalb keine Bedarfe für zentral bereitgestelltes Warmwasser **nach § 22 anerkannt** werden“* (ebenso: § 30 Abs. 7 SGB XII; zur Bedeutung der Regelung ⇨2.2).

Die Neuregelung ist eine deutliche Verbesserung, wirft allerdings etliche Fragen auf.

Tipp Prüfen Sie, ob die Kosten für Warmwasser bei Ihren Leistungen entweder bei den Unterkunftskosten oder als Mehrbedarf „Warmwasser“ berücksichtigt wurden. Mittels Überprüfungsantrag (⇨Nachzahlung 3.1) können Sie vergangene Leistungszeiträume überprüfen, rückwirkend korrigieren und vorenthaltene Leistungen nachzahlen lassen.

2.1 Warmwasser in den Heizungskosten

Wenn Warmwasserkosten in den ⇨Heizkosten enthalten sind, werden sie *„in tatsächlicher Höhe erbracht, soweit sie angemessen sind“* (§ 35 ebenda). Das ist bei *„zentraler Warmwasserversorgung“* natürlich der Fall. Wenn Warmwasser also durch eine **zentrale Heizanlage** bereitet wird und Sie die Kosten der Warmwasserbereitung in Form von mtl. Vorauszahlung und ggf. Nachzahlungen an den Vermieter oder Energieerzeuger zahlen, sind sie als Unterkunftskosten zu übernehmen.

Das trifft erst recht auf größere Wohnhäuser mit Zentralheizung/ Fernwärme zu, in denen die Warmwasserkosten pro Wohneinheit häufig getrennt abgelesen und berechnet werden.

Auch wenn die Bundesregierung nur *„zentral bereitgestelltes Warmwasser“* im Gesetzestext erwähnt hat, gilt die neue Regelung auch, wenn **Warmwasser mittels Heizenergie** „zentral“ in Ihrer Wohnung bereitet wird. Das ist i.d.R. der Fall, wenn Sie z.B. eine **Gasetagenheizung** mit einem integrierten Durchlauferhitzer betreiben. Aufgrund der Neuregelung ist es nicht mehr nötig, die Kosten für Heizung und Warmwasser getrennt zu berechnen. Die Gesamtkosten für Heizgas müssen nun im Rahmen der Unterkunftskosten vollständig übernommen werden.

2.1.1 Was sind angemessene Warmwasserkosten?

Nach der gesetzlichen Regelung zur Erstattung der Unterkunftskosten sind zunächst die **tatsächlichen** Warmwasserkosten zu berücksichtigen, soweit sie angemessen sind. Im Regelfall muss die Behörde also tatsächliche Vorauszahlungen und ggf. Nachzahlungen für Warmwasserkosten übernehmen.

Viele Landkreise/ Kommunen haben bereits eigene Richtlinien mit sehr niedrigen Obergrenzen für „angemessene“ Warmwasserkosten erlassen.

- Rechtswidrig, aber oft praktiziert, ist es, die unter ⇨2.2 aufgeführten mtl. **Pauschalbeträge** für den **Mehrbedarfszuschlag** bei dezentraler Warmwasserbereitung (§ 21 Abs. 7 SGB II; § 30 Abs. 7 SGB XII) **als Obergrenze** für angemessene Kosten zentraler Warmwasserbereitung heranzuziehen (LSG NRW 28.5.2013 - L9 AS 541/13 B).
- Ebenfalls unzulässig ist es, den **Pauschalaufschlag** des **Bundesweiten Heizspiegels** für Haushalte ohne zentrale Warmwasser-

W

bereitung (die Angaben im Heizspiegel sind inkl. Warmwasserbereitungskosten) **als Obergrenze** für angemessene Warmwasserkosten heranzuziehen. Dieser Pauschalaufschlag lag beim Heizspiegel 2015 bei 1,90 € bzw. 24 kWh pro m² Wohnungsfläche pro Jahr. Im Heizspiegel selbst ist angegeben (5 f.): *„Der Heizspiegel stellt kein geeignetes Instrument für Einzelfallentscheidungen nach SGB dar."* Die Stadt **Nürnberg** z.B. verweist in den Richtlinien *„Kommunale Leistungen SGB II – Kosen der Unterkunft SGB II/ SGB XII"* (Stand: 4/2014) auf entsprechende Werte des Bundesweiten Heizspiegels 2011.

- Auch die **Durchschnittswerte des Betriebskostenspiegels** des Deutschen Mieterbundes dürfen nicht **als Obergrenze** für angemessene Warmwasserkosten herangezogen werden. Diese lagen für das Abrechnungsjahr 2013 bei 0,27 € pro m² Wohnungsfläche pro Jahr. Das Jobcenter **Wuppertal** orientiert sich in den Richtlinien *„Bedarfe für Unterkunft und Heizung § 22 SGB II"* (Stand: 01/2016, 28) am entsprechenden Wert aus dem Abrechnungsjahr 2011: *„Warmwasserkosten sind in der Regel angemessen, wenn ein Betrag von 0,25 €/qm ... monatlich nicht überschritten wird."*
- In **München** gelten für die erste Person einer Bedarfsgemeinschaft **je nach Heizenergie** die folgenden **Prüfgrenzen** für Warmwasserbereitungskosten bei Sammelheizungen **pro Jahr** (erst bei Überschreitung der Prüfgrenzen erfolgt eine Einzelfallprüfung):
  350 € bei Fernwärme; 400 € bei Heizöl; 260 € bei Erdgas
  Für jede weitere Person:
  250 € bei Fernwärme; 290 € bei Heizöl; 190 € bei Erdgas. (Leistungen für Unterkunft und Heizung § 22 SGB II, 22-2, 9, www.muenchen.de/rathaus/Stadtverwaltung/Sozialreferat/Sozialamt/Kosten_Unterkunft.html)

Lediglich die Münchener Prüfgrenzen für „angemessene" Jahreskosten bei zentraler Warmwasserbereitung erscheinen gestützt auf Erfahrungswerte aus der Sozialberatung bedarfsgerecht.

Da noch immer keine einschlägige Rechtsprechung zu diesem Sachverhalt existiert, können noch keine Vorgaben für eine bundeseinheitliche Behördenpraxis genannt werden. Warmwasserpauschalen, die den Bedarf nicht annähernd decken, sind aber genauso unzulässig wie feste Obergrenzen. In atypischen Fällen (z.B. bei bestimmten Erkrankungen) muss eine Entscheidung **nach der Besonderheit des Einzelfalles** immer möglich sein.

Ab 2011 dürfen Landkreise und Kommunen unter bestimmten Voraussetzungen ***„Satzungen"*** erlassen (§§ 22a - 22c SGB II), in den u.a. regionale **Pauschalen und Höchstwerte** für Unterkunftskosten festgelegt werden. Hierunter fallen auch die Warmwasserkosten. Alle hier festgelegten Werte müssen auf qualifizierten Datenerhebungen basieren und regelmäßig überprüft werden. Näheres unter ⇨Miete

Tipp Fallen die örtlichen Verbrauchsgrenzen in den kommunalen Satzungen zu niedrig aus, können Sie diese im Rahmen einer Normenkontrollklage vor dem LSG überprüfen lassen.

2.2 Warmwasserbereitung dezentral

2.2.1 Warmwasser dezentral mit Strom

Wird Warmwasser dezentral mittels elektrischem Durchlauferhitzer oder Boiler erwärmt, sind die tatsächlichen Kosten für die Warmwasserbereitung kaum zu beziffern. Sie zahlen diese versteckten Kosten mit der monatlichen Stromrechnung aus dem Regelsatz. In diesem Fall wird ein ⇨**Mehrbedarf**zuschlag für Warmwasserkosten anerkannt, der nach Art und Anzahl der Personen Ihrer Bedarfsgemeinschaft berechnet wird (§ 21 Abs. 7 SGB II; § 30 Abs. 7 SGB XII). Mit dieser Pauschale **soll** Ihr Warmwasserbedarf gedeckt sein, es sei denn Sie können **höhere Kosten** oder einen besonderen Bedarf **nachweisen** (⇨2.2.2 f.).

Mehrbedarf: Kosten der Warmwasserbereitung

Stand: 2016	Zahlbetrag in €	Prozentanteil der RS-Stufe*
Alleinstehende, Alleinerziehende	9,29	2,3%
PartnerInnen	8,37	2,3%
Haushaltsangehöriger ab 18 Jahren	7,45	2,3%
14 bis 18jährige „Kinder"	4,28	1,4%
6 bis 13jährige Kinder	3,24	1,2%
0 bis 5jährige Kinder	1,90	0,8%
* ergibt 30% des Haushaltsenergieanteils der jeweiligen RegelSatz-Stufe		

Die Pauschalen für Warmwasser gehen auf eine Empfehlung des Deutschen Vereins für öffentliche und private Fürsorge aus dem Jahr 1991 zurück. Hiernach entfallen in Haushalten mit dezentraler Warmwasserversorgung 30% der Haushaltsenergie (Strom) auf die Warmwasserversorgung. Den 30%-Anteil haben die Armutsforscher der Bundesregierung aus den in der jeweiligen Regelbedarfsstufe enthaltenen Beträgen für Haushaltsenergie gebildet. Das Ergebnis wurde schließlich als Prozentanteil des jeweiligen Regelsatzes in § 21 Abs. 7 SGB II bzw. § 30 Abs. 7 SGB XII dargestellt (siehe Tabelle letzte Spalte).

Kritik

a. Auf der Grundlage der Sonderauswertung für Familienhaushalte der Einkommens- und Verbrauchsstichprobe (EVS) 2008 ergeben sich vor allem für Kinder sehr niedrige Haushaltsenergieanteile (⇨Strom 1.). Daraus werden mit dem 30%-Anteil sehr niedrige Beträge für Warmwasserenergie errechnet (s. Tabelle), die durch Erfahrungswerte nicht bestätigt werden. In allen drei Kategorien liegen allein die bei der Körperhygiene anfallenden Energiekosten zur Warmwasserbereitung deutlich über den Pauschbeträgen.
In einer internen Erläuterung des Vermittlungsausschusses zu den Änderungen bei den Warmwasserkosten werden, um die Validität des 30%-Warmwasseranteils zu belegen, als aktuelle Datengrundlage nur Haushaltsenergiekosten von Einpersonenhaushalten herangezogen (Anlage 3, Regelungsvorschlag für den Vermittlungsausschuss, 6.2.2011, S 4). Nach dem Urteil des BVerfG vom 9.2.2010 darf der Kinderbedarf jedoch nicht einfach vom Erwachsenenbedarf abgeleitet werden. Das gilt auch für den Energieanteil für Warmwasserbereitung.

b. Die „Regelbedarfsermittler" der Bundesregierung haben die Bedarfsanteile für Warmwasserenergie als 30%-Anteile aus eben den Positionen für Haushaltsenergie gebildet, aus denen sie zuvor die Warmwasserkosten schon herausgerechnet hatten. Wenn im Eckregelsatz ein Betrag von 31,40 € für Haushaltsenergie vorgesehen ist (EVS 2008, Fortschreibung für das Jahr 2016), in dem Kosten für Warmwasserbereitung gar nicht mehr berücksichtigt sind (ebenda, S 3), kann dieser Betrag nicht für die Berechnung des Mehrbedarfszuschlags für Warmwasser zugrunde gelegt werden. Vielmehr müssen die Kosten für Haushaltsenergie von Haushalten zugrunde gelegt werden, die ihr Warmwasser dezentral mit Strom bereiten. Daraus muss der 30%-Anteil für Warmwasser berechnet werden.
Nach den Ausführungen der Bundesregierung betragen die um Warmwasserbereitung bereinigten Kosten für Haushaltsenergie nur 70% der Energiekosten, die die Warmwasserkosten enthalten. Der Energiebetrag, der zur Ermittlung der Warmwasserkosten bei Alleinstehenden und Alleinerziehenden zugrunde gelegt werden müsste, müsste auf 2016 hochgerechnet demnach 40,82 € statt 31,40 € betragen. Daraus ergibt sich ein 30%-Anteil für Warmwasser von 12,24 € statt 9,29 € und ein Prozentanteil vom Eckregelsatz von 3,0% statt 2,3%.

2.2.1.1 Wie der Mehrbedarf für Warmwasser richtig berechnet werden müsste

erfahren Sie in dem Artikel *„Neuregelung der Warmwasserkosten: Pleiten, Pech und*

Pannen“ (http://www.tacheles-sozialhilfe.de/aktuelles/2011/Warmwasser.aspx; Berechnung auf Grundlage der Werte der EVS 2008).

2.2.1.2 Kaum Konsequenzen für die Praxis

Bei der gesetzlichen Festsetzung der Warmwasserpauschale wurden gravierende Berechnungsfehler gemacht, die aber nicht einfach durch Gerichtsbeschluss korrigiert werden können. Um eine gesetzliche Regelung zu kassieren, müsste ein Sozialgericht verfassungsrechtliche Zweifel anmelden und einen Vorlagebeschluss erlassen zur Überprüfung des Warmwassermehrbedarfs beim Bundesverfassungsgericht (BVerfG). Das ist bislang noch nicht geschehen. Und selbst wenn es geschehen sollte, dürften nicht allzu große Erwartungen in das BVerfG gesetzt werden. Beim Regelsatzurteil vom 23.7.2014 hatte das höchste Gericht die Bemessungsmethoden der Regelsätze (auch des Energieanteils) auf dem Prüfstand und befand, dass der Gesetzgeber zwar *„an die Grenze dessen [komme], was zur Sicherung des Existenzminimums verfassungsrechtlich gefordert ist“*, aber im Ergebnis sei die Höhe der Regelsätze *„nicht zu beanstanden“* und mit dem Grundgesetz *„derzeit noch vereinbar“*. An dieser Auffassung wird sich unserer Einschätzung nach so bald nichts ändern.

2.2.2 Dezentrale Warmwasserbereitung mit anderer Energie

Bereiten Sie Warmwasser z.B. über einen mit Gas betriebenen Durchlauferhitzer, der **ausschließlich** der Warmwasserbereitung dient, können Sie die hier entstehenden Kosten für Gas in voller, nachgewiesener Höhe geltend machen. Das wäre der Fall, wenn Warmwasser mit Gas und die Heizung mit einem anderen Brennstoff, z.B. Kohle oder Öl betrieben wird.

2.2.3 Nachgewiesene höhere Kosten

Können Sie tatsächliche Kosten der dezentralen Warmwasserbereitung, die über den o.g. Pauschalbeträgen liegen, aufgrund gesonderter Zählung und Abrechnung nachweisen, müssen diese in voller Höhe übernommen werden. Es ist allerdings gerichtlich nicht geklärt, ob es genügt, wenn Sie einen handelsüblichen Stromzähler vor dem Durchlauferhitzer installieren, oder ob es ein Zähler des Energieversorgers sein muss. Letzteres wäre mit erheblichen Gebühren verbunden und wahrscheinlich unrentabel.

2.3 Dezentrale und zentrale Warmwasserbereitung

Wird ein Teil der Warmwasserversorgung dezentral bereitet, z.B. in der Küche durch einen Wasserboiler/ Durchlauferhitzer, und der andere Teil (z.B. im Bad) durch zentrale Warmwasserbereitung, *„sind die Anteile beider Warmwasserquellen zu ermitteln und entsprechend die Kosten auf Nebenkosten [für Unterkunft] ... und Mehrbedarf aufzuteilen“* (Anlage 3, Regelungsvorschlag für den Vermittlungsausschuss, 6.2.2011, S 5).

Tipp Hier kann nur geschätzt werden. Achten Sie darauf, dass das Jobcenter die Ermittlung auf der Grundlage realistischer Verbrauchsangaben vornimmt, sonst legen Sie drauf.

3.1 Nachzahlungen aufgrund von Warmwasserverbrauch

sind seit im Rahmen der Unterkunftskosten zu übernehmen, wenn die Gesamtkosten angemessen sind (⇨2.1.1).

3.2 Guthaben aufgrund von Vorauszahlungen für Warmwasserbereitung

sind i.d.R. als Einkommen an die Unterkunftskosten des Folgemonats anzurechnen. Näheres unter ⇨Heizkosten 1.3

4. Wartung von Gasboilern

Die Wartung von Gasboilern oder -durchlauferhitzern gehört, wenn der Mieter sie laut Mietvertrag selbst zu zahlen hat, zu den Kosten der Unterkunft und Heizung. Weil sie im Regelsatz nicht enthalten sind, sind solche Wartungskosten **auf Antrag** vom Jobcenter/ Sozialamt zu übernehmen.

Forderungen

- Keine Deckelung der Kosten für zentrale Warmwasserbereitung!
- Ein bedarfsgerechtes und transparentes Verfahren zur Ermittlung von Warmwasserpauschalen bei dezentraler Bereitung mit Strom!

Weiterbildung (berufliche)

Bei Alg-II-BezieherInnen **kann** die berufliche Weiterbildung (früher Umschulung) gefördert werden (Vierter Abschnitt des Dritten Kapitels SGB III - §§ 81-87). Sie haben **keinen** Rechtsanspruch darauf (§ 16 SGB II; ⇨Arbeit 2.).

1.1 Voraussetzungen, die Sie erfüllen müssen

Die Weiterbildung muss notwendig sein,
- um Sie bei **Arbeitslosigkeit** beruflich einzugliedern,
- um eine **drohende** Arbeitslosigkeit zu verhindern, z.B. weil Sie schon gekündigt sind oder Ihr Arbeitsverhältnis befristet ist, oder
- um Ihnen überhaupt zu einem Berufsabschluss zu verhelfen, wenn dies **notwendig** ist.
- Zudem müssen Sie vor Beginn der Maßnahme ein Beratungsgespräch führen.

(§ 81 Abs. 1 Nr.1 und 2 SGB III)

Bei **fehlendem Berufsabschluss** wird die Notwendigkeit der Weiterbildung nur anerkannt,
- wenn Sie nach einer abgeschlossenen Ausbildung vier Jahre un- oder angelernt tätig waren und Ihren gelernten Beruf voraussichtlich nicht mehr ausüben können,
- wenn Sie nicht über eine mindestens zweijährige berufliche Ausbildung verfügen, aber mindestens drei Jahre (ungelernt) beschäftigt waren oder
- wenn Sie ohne Berufsabschluss sind und eine dreijährige berufliche Tätigkeit oder der Abschluss einer berufsvorbereitenden Bildungsmaßnahme aus in Ihrer Person liegenden Gründen nicht möglich oder nicht zumutbar war (§ 81 Abs. 2 SGB III).

Unter berufliche Tätigkeit fallen auch Wehr- und Zivildienst, abgebrochene Lehren, Hausfrauen- oder Hausmanntätigkeit, berufsvorbereitende Maßnahmen usw.

1.2 Welche Weiterbildung kann gefördert werden?

Die Maßnahmenträger müssen zuverlässig sein, die nötige Unterstützung bei der Eingliederung bieten, über geeignetes Lehrpersonal und Qualitätssicherung verfügen sowie angemessene Teilnahmebedingungen sicherstellen (§ 178 SGB III).

Die Maßnahmen müssen u.a.
- durch Inhalt, Methode, Lehrmaterialien und -organisation eine erfolgreiche Teilnahme erwarten lassen und *„nach Lage und Entwicklung des Arbeitsmarktes zweckmäßig"* sein,
- wirtschaftlich und sparsam (d.h. schnell) durchgeführt werden,
- berufliche Fertigkeiten, Kenntnisse und Fähigkeiten erhalten, erweitern, der technischen Entwicklung anpassen oder einen beruflichen Aufstieg ermöglichen,
- einen beruflichen Abschluss vermitteln oder *„zu einer anderen beruflichen Tätigkeit"* befähigen und
- mit einem Zeugnis abschließen.

(§§ 179 Abs. 1 und 180 Abs. 2 SGB III)

Maßnahmen können nur gefördert werden, wenn sie als Weiterbildung/ **Umschulung** eingestuft sind. Was alles als Weiterbildung gewertet wird, hängt oft von der Haltung der örtlichen Arbeitslosenverwaltung ab und ist nicht immer nachvollziehbar.

Alle **Ausbildung**sgänge, auch im Fall einer Zweitausbildung, sind dagegen nach dem SGB II nicht förderungsfähig (⇨Auszubildende).

1.2.1 Anspruch auf Förderung des Hauptschulabschlusses

Arbeitslose oder von der Arbeitslosigkeit Bedrohte ohne Schulabschluss, die die o.g. Voraussetzungen für Weiterbildung erfüllen, haben einen **Rechtsanspruch** auf Übernahme der Kosten für den Erwerb des Hauptschulabschlusses, wenn eine erfolgreiche Teilnahme an der Maßnahme zu erwarten ist (§ 81 Abs. 3 SGB III). Auch hier werden die Erfolgsaussichten überprüft.

1.3 Beratung vor Beginn der Maßnahme

Um zu gewährleisten, dass eine Weiterbildungsmaßnahme geeignet ist, **muss** vor Beginn der Weiterbildung eine Beratung durch den Arbeitsvermittler erfolgen (§ 81 Abs. 1 Nr. 2 SGB III). Im Rahmen dieser Beratungsverpflichtung durch die Behörde wird häufiger der ärztliche oder psychologische Dienst der BA eingeschaltet, insbesondere um die Motivation der Teilnehmenden für die jeweilige Maßnahme zu überprüfen.

1.4 Bildungsgutschein

Ist die Notwendigkeit der Weiterbildung und der Maßnahme anerkannt, bekommen Sie einen „Bildungsgutschein", mit dem Sie sich innerhalb einer bestimmten Frist einen zugelassenen Bildungsträger frei auswählen können. Dies ist aber eine sehr zweifelhafte Freiheit. Denn oft besteht mit Blick auf das Bildungsziel keine Auswahl und es ist kaum möglich zu beurteilen, welcher Bildungsträger eine gute Qualität bietet. Gut qualifizierte Personen können den Bildungsgutschein i.d.R. gezielter einsetzen. Nur 80% der Gutscheine werden überhaupt fristgerecht eingelöst.

Tipp Wenn Sie eine ⇨Eingliederungsvereinbarung unterschrieben haben, in der die von Ihnen gewünschte Weiterbildung nicht genehmigt wurde, können Sie unabhängig davon immer einen **Antrag** auf Weiterbildung stellen.

Bei Ablehnung ist die Behörde zumindest verpflichtet, die pflichtgemäße Ausübung des ⇨Ermessens ausführlich zu begründen (35 Abs. 1 Satz 3 SGB X). Es genügt z.B. nicht, mit dem pauschalen Hinweis auf das fortgeschrittene Alter des Antragstellers eine Maßnahme abzulehnen (SG Koblenz 30.8.2005 - S 3 RJ 131/04).

Tipp Sie können in solchen Fällen ⇨Widerspruch einlegen und klagen.

1.5 Förderung

Während der beruflichen Weiterbildung wird Ihr Alg II weitergezahlt. Kosten, die Ihnen durch die Teilnahme an der Weiterbildung entstehen (Weiterbildungskosten), können übernommen werden. Dazu gehören:

- als **Lehrgangskosten** Prüfungsgebühren plus Lernmittel/ Materialkosten, Arbeitskleidung, Kosten für eine Eignungsfeststellung usw. (§ 84 Abs. 1 SGB III),
- Kosten für öffentliche Verkehrsmittel 2. Klasse oder 0,20 € pro tatsächlich gefahrener Kilometer zur Bildungsstätte und zurück gemäß § 5 Abs. 1 Bundesreisekostengesetz (§ 85 SGB III i.V. mit § 63 Abs. 1 und 3 SGB III). Eine Ungleichbehandlung von Alg I- und Alg II-Beziehenden ist hier nicht gestattet (BSG 6.4.2011 - B4 AS 117/10 R).
- Kosten einer auswärtigen **Unterbringung** in Höhe von 31 € pro Tag, bis zu 340 € im Monat und in diesem Fall **Verpflegung** in Höhe von 18 € pro Tag, bis zu 136 € im Monat (§ 86 SGB III) und
- **Kinderbetreuungskosten** in Höhe von 130 € pro aufsichtsbedürftigem Kind und Monat (§ 87 SGB III).

Kritik

Weiterbildung ist meist ganztätig. Früher stand Umschülern bei erhöhtem Aufwand für Ernährung, Kleidung, Körperpflege und Reinigung eine Erhöhung des Regelsatzes zu (BVerwG 21.07.1994, FEVS 45, 177). Für die Zeit, in der Sie in einem Betrieb produktiv arbeiteten, wurde Ihnen auch ein Freibetrag wegen Erwerbstätigkeit zuerkannt (OVG Berlin FEVS 1985, 247; OVG NI 26.09.1990, info also 1992, 35).
Heute **soll** ein konkreter Mehrbedarf für Ernährung, Kleidung, Körperpflege und Reinigung, möglicherweise auch Arbeitskleidung schon in Ihrem ⇨Regelsatz enthalten sein. Das ist eine indirekte Regelsatzsenkung. Bei Ein€Jobs wird ein Mehraufwand anerkannt, ebenso bei Azubis. Warum nicht bei ganztägiger Weiterbildung?

1.6 Schadensersatz bei Abbruch

Wenn **bis zum 31.7.2016** in der ⇨Eingliederungsvereinbarung (EinV) eine Bildungsmaßnahme vereinbart wurde, musste auch geregelt werden, in welchem *„Umfang und unter welchen Voraussetzungen die oder der erwerbsfähige Leistungsberechtigte schadenersatzpflichtig ist, wenn sie oder er die Maßnahme aus einem von ihr oder ihm zu vertretenden Grund nicht zu Ende führt"* (§ 15 Abs. 3 SGB II alt).
Schadenersatz soll bei **Altfällen** „nur" bis zu 30% der Lehrgangskosten (nach § 83 SGB III) gefordert und muss mit Blick auf den Einzelfall (finanzielle Situation, Familie usw.) so festgesetzt werden, dass die Forderung innerhalb von 2 Jahren zurückgezahlt werden kann. Dabei ist zu berücksichtigen, dass Betroffene zusätzlich mit einer dreimonatigen ⇨Sanktion wegen des Abbruchs der Maßnahme zu rechnen haben. (BA 15.47)

Grundsätzlich kann nach der alten Regelung der Schadensersatz von allen tatsächlich entstandenen Weiterbildungskosten erhoben werden. Ist nur geringer Schaden entstanden, kann wenig gefordert werden. Wenn die abgebrochene Maßnahme sofort mit einem anderen Teilnehmer besetzt werden konnte, ist kein Schadensersatz für die Maßnahmenkosten erforderlich (BA 15.45).

Tipp Wurde eine EinV nicht abgeschlossen, sondern durch den Arbeitsvermittler als Verwaltungsakt erlassen, darf **keine** Schadensersatzregelung getroffen werden. In diesen Fällen entfällt die Schadenersatzpflicht bei Abbruch der Maßnahme. (§ 15 Abs. 1 Satz 6 SGB II; der Verwaltungsakt bezieht sich nicht auf die in § 15 Abs. 3 SGB II geregelte Schadensersatzpflicht)

Seit dem 1.8.2016 dürfen Schadensersatzregelungen nicht mehr in einer EinV getroffen werden, das wurde aus dem Gesetz gestrichen (§ 15 SGB II neu). Der **Schadensersatz** bei Abbruch der Maßnahme **entfällt** damit vollends. Das ist eine Verbesserung.

2. Meister-BAföG

schließt Alg II nicht aus; demnach besteht Anspruch. Die Zahlungen für die **Maßnahmenkosten** im Rahmen des Meister-BAföG und der Zuschuss zu den Kosten der Kinderbetreuung sind zweckgebunden und deshalb nicht als Einkommen anrechenbar. Der **Unterhaltsbetrag** des Meister-BAföG, der für Auszubildende und deren Familie teils als Beihilfe, teils als Darlehen erbracht wird, wird als Einkommen angerechnet. Der Darlehensteil ist vorrangig in Anspruch zu nehmen, allerdings muss das Jobcenter Sie darüber aufklären. Werbungskosten und Freibeträge für Erwerbstätige können nicht vom Einkommen abgezogen werden, da die Fortbildung nicht als Erwerbstätigkeit gilt. (BA 11.68) Andere Absetzbeträge müssen bei der ⇨Einkommensbereinigung berücksichtigt werden.

Kritik

Berufliche Weiterbildung ist seit Hartz IV auch allen arbeitsfähigen ehemaligen SozialhilfebezieherInnen zugänglich. Das wurde vor Einführung von Hartz IV von SPD und DGB-Führung als neue Chance für Langzeitarbeitslose gepriesen.
2014 gab es durchschnittlich 4,35 Mio. erwerbsfähige Alg-II-BezieherInnen von denen rund 2,35 Mio. als arbeitslos gemeldet waren **oder** eine Eingliederungsmaßnahme durchführten. Gleichzeitig absolvierten durchschnittlich 65.293 Alg-II-Beziehende eine berufliche Weiterbildung. (BA, Arbeitsmarkt 2014, Nürnberg 2015, 129). Jedem 36ten wurde demnach die Chance geboten, sich weiterzubilden.
Die von der BA insgesamt finanzierten Maßnahmen zur beruflichen Weiterbildung wurden von 185.447 im Jahr 2005 auf 264.215 in 2009 hochgefahren und lagen 2014 bei 161.329 (ebenda, 135). Für den Anstieg ist vor allem die Konzentration auf kürzere Maßnahmen verantwortlich. 401.000 berufliche Weiterbildungen wurden übrigens noch im Jahre 1999 durchgeführt. Mit einer Eingliederung durch berufliche Qualifizierung wird inzwischen kaum mehr gerechnet.
„Weiterbildung halte Arbeitslose davon ab, einen Job zu finden, lautet die neue Politik der BA." (E&W 3/2006, 29)

Insgesamt sind die Ausgaben für Eingliederungsmittel beim Alg II stark rückläufig. 2007 wurde mit 6,5 Mrd. € für alle Hartz-IV-Bezieher etwa genauso viel ausgegeben wie 2004 nur für Bezieher von Arbeitslosenhilfe. 2015 wurden die SGB-II-Eingliederungsmittel auf 3.5 Mrd. € heruntergefahren. Im Jahr 2010 waren es immerhin noch 6,35 Mrd. € (BIAJ-Materialien, 2.6.2012, 3; 29.12.2015, 1).
„Eingliederung über Hartz IV" ist vor allem Propaganda. Rein rechnerisch wurden 2015 für jeden arbeitslosen oder in Maßnahmen befindlichen Alg II-Beziehenden (ca. 2,3 Mio. Personen) noch 127 € im Monat für die Eingliederung in Arbeit ausgegeben. Selbst Ein€Jobs kosten gut das Doppelte. Kein Wunder, dass für eine Perspektiven schaffende Weiterbildung von Erwerbslosen nichts mehr übrig bleibt.

Forderungen

Drastische Erhöhung des Eingliederungtitels!
Anerkennung eines Mehrbedarfs bei Weiterbildung!
Sinnvolle berufliche Weiterbildung statt Ein€Jobs und Trainingsmaßnahmen!

Wohngeld

„Das Wohngeld dient der wirtschaftlichen Sicherung angemessenen und familiengerechten Wohnens." (§ 1 Abs. 1 WoGG)
Es wird gezahlt als Mietzuschuss für **Mieter** von Wohnungen/ Zimmern (unter Umständen auch als *„Pflegewohngeld"* für Heimbewohner) oder
als Lastenzuschuss für **Eigentümer** von ⇨Eigenheimen/Eigentumswohnungen.
Aufgrund gestiegener Heizenergiekosten hatte die Bundesregierung 2009 einen Zuschuss für Heizkosten im Wohngeld eingeführt. Zum Januar 2011 wurde der wieder abgeschafft. Haushaltskonsolidierung ist offenbar wichtiger als Unterstützung armer Haushalte. Zum **1.1.2016** wurde das Wohngeld nach sieben Jahren erstmalig erhöht (⇨Kritik).

1. Die Höhe des Wohngeldes

Die Berechnung des Wohngeldes erfolgt nach einer komplizierten Formel (§ 19 WoGG). Die Höhe hängt ab von der **Anzahl der Haushaltsmitglieder**, der Höhe des zu berücksichtigenden **Einkommens** und der Höhe der zu berücksichtigenden angemessenen **Miete** bzw. Belastung.
Das Einkommen wird als Jahreseinkommen aus dem Gesamteinkommen aller Haushaltsmitglieder berechnet und nach den besonderen Regeln des WoGG um *„Abzugsbeträge"* und *„Freibeträge"* bereinigt (§§ 13 ff. WoGG).
Der durchschnittliche monatliche Wohngeldanspruch lag 2014 bei **reinen** Wohngeldhaushalten in den alten Bundesländern bei **122 €** pro Person und in den neuen Ländern mit Berlin bei **95 €**. Bei wohngeldrechtlichen **Teilhaushalten** lag der Durschnitt in den alten Bundesländern bei **135 €** und in den neuen Ländern mit Berlin bei **121 €**. (www.destatis.de)

W

Nach Angaben des Bundesministeriums für Umwelt, Naturschutz, Bau und Reaktorsicherheit (BMUB) wurde mit der *„Wohngeldreform"* **ab Januar 2016** *„das Wohngeldleistungsniveau, abgebildet durch die so genannten Tabellenwerte"* um durchschnittlich 39% erhöht. (BMUB; Broschüre: Wohngeldreform zum 1. Januar 2016, 8). Außerdem wurden die Werte der Wohngeldtabelle (§ 12 WoGG; ⇨Miete 2.2.3), nach der die bezuschussungsfähige Miethöchstgrenze ermittelt wird, angehoben sowie Gemeinden und Kreise abhängig vom örtlichen Mietpreisniveau den Mietstufen neu zugeordnet. Von der Erhöhung sollen *„rund 870.000 Haushalte profitieren. Darunter sind mehr als 320.000 Haushalte, die neu oder wieder wohngeldberechtigt werden."* (Pressemitteilung BMUB, 28.12.2015).

Tipp Eine recht einfache und relativ genaue Berechnung Ihres Wohngeldanspruchs können Sie mit Hilfe von Wohngeldrechnern im Internet durchführen.

2.1 Leistungsausschluss oder nicht?

BezieherInnen von Alg II, HzL/ GSi der Sozialhilfe sind i.d.R. vom Wohngeld ausgeschlossen (§ 7 Abs. 1 WoGG).
Beziehen Sie aber Alg II oder HzL-Leistungen als **Darlehen**, haben Sie Anspruch auf Wohngeld (§ 7 Abs. 1 Satz 3). Das reduziert zumindest Ihre Darlehenslast.

Sobald Sie Alg II oder HzL/ GSi der Sozialhilfe beantragen, gilt der Wohngeld**ausschluss**. Nehmen Sie Ihren Antrag auf Leistungen zurück, wird er abgelehnt oder wird eine bereits bewilligte Leistung versagt, entzogen oder nur noch als Darlehen gewährt, *„gilt der Ausschluss als nicht erfolgt"* (§ 8 Abs. 1 Satz 3 WoGG). D.h. Sie haben **rückwirkend Anspruch** auf Wohngeld, wenn Sie den **Antrag** innerhalb von 6 Monaten nach Ablauf des Monats stellen, in dem die andere Leistung rechtskräftig abgelehnt wurde. Die Antragsfrist verlängert sich um das Widerspruchsverfahren (§ 28 SGB X; ⇨Antragstellung 1.9).

Tipp Wohngeld wird nur auf Antrag erbracht. Stellen Sie **im Zweifel** den Wohngeldantrag parallel oder beantragen Sie es rechtzeitig nach Ablehnung der anderen Leistung.

2.2 Alg II, HzL/GSi der Sozialhilfe oder Wohngeldanspruch?

Haben Sie einen Anspruch auf Leistungen nach SGB II oder XII, der geringer ist, als die Summe aus Ihrem anzurechnenden Einkommen **plus** dem zustehenden Wohngeld, dann **müssen** Sie Wohngeld beantragen, weil es **vorrangig** ist. Wohngeldstelle bzw. Wohnungsamt dürfen Sie dann nicht wegschicken und auf den anderen Sozialleistungsträger verweisen.

Tipp Lassen Sie sich Ihren Anspruch am besten von beiden infrage kommenden Behörden ausrechnen.

Wenn Sie den Antrag auf vorrangiges Wohngeld stellen, müssen Ihre **Alg-II-, HzL-/ GSi-Leistungen** so lange **weitergezahlt** werden, bis das Wohngeld rückwirkend bewilligt und ausgezahlt wird. Der Leistungsausschluss gilt nicht, solange *„die Leistung ... nachträglich durch den Übergang eines Anspruchs in vollem Umfang erstattet wird“* (§ 8 Abs. 1 Satz 3 Nr. 5 WoGG). Das Jobcenter/ Sozialamt muss dann für den Zeitraum, in dem es in Vorleistung tritt, einen **Erstattungsanspruch** beim Wohngeldamt geltend machen (§ 40a SGB II; § 104 SGB X). Dadurch soll der nahtlose Leistungsbezug beim Wechsel in den Wohngeldbezug sichergestellt werden, denn es dauert nicht selten acht bis zwölf Wochen, bis das beantragte Wohngeld bewilligt wird.

Tipp Um zu vermeiden, dass das Jobcenter/ Sozialamt Ihre Leistungen vorzeitig einstellt, sollten Sie die Behörde auf die entsprechenden Vorschriften hinweisen (⇨2.3 Tipp).

Der ⇨**Kinderzuschlag** ist vorrangig gegenüber Wohngeld, wird aber i.d.R. einen Wohngeldanspruch nicht ausschließen. Kombinieren Familien mit Kindern beide Leistungen, erhöht sich das Familieneinkommen ggf. deutlich über Alg-II-Niveau.
Andererseits können Sie auch **freiwillig auf ergänzendes Alg II verzichten**, wenn Ihr Einkommen plus Wohngeld nur geringfügig unter dem Alg-II-Bedarf liegt (§ 8 Abs. 2 WoGG). Dann haben Sie zwar ein paar Euro weniger zum Leben, wären aber wenigstens die Betreuung durch das Jobcenter und die „Alg-II-Mühle“ los.

2.3 Wohngeld für Personen im Haushalt, die keinen Anspruch auf Alg II und HzL/GSi der Sozialhilfe haben

Wenn Sie keine dieser Leistungen beziehen, haben Sie auch dann einen Wohngeldanspruch, wenn Sie mit BezieherInnen von Alg II und GSi/ HzL der Sozialhilfe zusammen in einer angemessenen Wohnung wohnen. Als Miete gilt dann Ihre anteilige Miete. Die anteilige Miete besteht aus der **Kaltmiete** plus Nebenkosten, geteilt durch die Zahl der Personen, die im Haushalt leben (§ 11 Abs. 3 WoGG).

Seit 2008 prüfen Jobcenter, ob unter 25jährige „Kinder“ in einer Bedarfsgemeinschaft mit **eigenem Einkommen**, nämlich Unterhaltsleistungen, Kindergeld und dem ggf. zustehenden Wohngeld aus dem Leistungsbezug herausfallen könnten. Das betrifft vor allem Kinder von ⇨**Alleinerziehenden**. Auf diese Weise werden deutlich über 100.000 Kinder und junge Erwachsene aus dem SGB-II- in den Wohngeldbezug verschoben, das verschönert die Hartz-IV-Statistik.
In diesem Fall können Eltern (ggf. erwachsene Kinder) aufgefordert werden, vorrangiges Wohngeld zu beantragen. Bei Weigerung kann die Behörde das Wohngeld auch anstelle der Eltern beantragen (§ 5 Abs. 3 Satz 1 SGB II). Kommen die Eltern dann gegenüber dem Wohngeldamt ihren Mitwirkungspflichten nicht nach, z.B. weil sie geforderte Unterlagen nicht einreichen, und wird deshalb Wohngeld abgelehnt, kann auch das Jobcenter wegen fehlender Mitwirkung Leistungen solange entziehen oder versagen, bis die Eltern ihre Mitwirkung bei der Beantragung von Wohngeld nachholen (§ 5 Abs. 3 Sätze 3 bis 5 SGB II neu). Das gilt ab 1.1.2017.

Es ist nicht zulässig, Eltern zur Antragstellung zur Wohngeldstelle zu schicken und gleichzeitig die SGB-II-Leistungen ihrer Kinder einzustellen. Das Jobcenter hat die Leistung so lange zu erbringen, bis die Wohngeldstelle zahlt. Da Wohngeld ab Antragstellung erbracht wird, leitet das Jobcenter Wohngeldansprüche für den zurückliegenden Zeitraum auf sich über (⇨2.2).

Tipp Lassen Sie sich über den übergeleiteten und nachträglich angerechneten Wohngeldbetrag vom Jobcenter einen Bescheid ausstellen. Nur so können Sie überprüfen (lassen), ob das Jobcenter die Wohngeldnachzahlung richtig angerechnet hat oder Ihnen ggf. noch ein Rest davon zusteht.

2.4 Wohngeld in Haushaltsgemeinschaften

Seit 2008 kann nach dem Muster von Hartz IV das Einkommen aller im Haushalt lebenden **verwandten** oder **verschwägerten** Personen sowie der **eheähnlichen Partner** herangezogen werden, um den Wohngeldanspruch zu reduzieren oder zu versagen.
Auch **Pflegekinder** bilden mit ihren Pflegeeltern eine Haushaltsgemeinschaft.
Voraussetzung ist, dass die Personen zusammen mit dem Antragsteller eine **Wirtschaftsgemeinschaft** bilden. *„Eine Wirtschaftsgemeinschaft liegt vor, wenn Personen sich ganz oder teilweise gemeinsam mit dem täglichen Lebensbedarf versorgen. Sie wird vermutet, wenn Personen in einer Wohngemeinschaft leben.“* (§ 5 Abs. 4 WoGG)
Den restriktiven Begriff der *„Einstehensgemeinschaft“* hat man 1:1 aus dem SGB II ins WoGG übernommen (⇨eheähnliche Gemeinschaft 1. ff.). Ebenso die Übertragung von Unterhaltsverpflichtungen innerhalb der ⇨Haushaltsgemeinschaft.

Tipp Sie müssen die Vermutung widerlegen, dass eine Wirtschaftsgemeinschaft vorliegt. Das sollte bei reinen Wohngemeinschaften unter Verwandten oder nicht verwandten Personen kein Problem sein. Eine entsprechende Erklärung der Mitbewohner, dass keine Bereitschaft besteht, den anderen finanziell zu unterstützen, und der Nachweis, dass getrennte finanzielle Verhältnisse vorliegen, sollten hierfür genügen.

2.5 Wohngeld für Studierende und Auszubildende,

die *„dem Grunde nach“* Anspruch auf BAB und BAföG haben, bekommen **kein** Wohngeld (§ 20 Abs. 2 WoGG). Das gilt auch für SchülerInnen und Azubis, die einen Anspruch auf aufstockende Leistungen nach dem SGB II haben (⇨Auszubildende). Die Kosten für die Wohnung sollen mit diesen Leistungen abgedeckt sein.
Der Begriff *„dem Grunde nach“* ist allerdings nicht so umfassend auszulegen wie der entsprechende Leistungsausschluss für Auszubildende im SGB II, der kaum Ausnahmen zulässt.
SchülerInnen, Azubis und Studierende, die BAföG/ BAB als Darlehen beziehen und solche, die z.B. wegen Überschreiten der Altershöchstgrenze oder absolvieren einer Zweitausbildung **keinen** Anspruch auf oben genannte Leistungen haben, können unter Umständen Wohngeld beantragen. Anspruchs**voraussetzung** ist, dass sie eine eigene Wohnung haben **und** nicht nur vorübergehend, d.h. für die Zeit der Ausbildung, vom Haushalt der Eltern abwesend sind.

Tipp Sollte die Wohngeldstelle anderes vermuten, müssen Sie dies glaubhaft widerlegen.

Wohngeld können SchülerInnen, Azubis und Studierende außerdem beanspruchen,
- wenn sie im Haushalt zusammen mit ihren Alg II/ Sozialhilfe beziehenden Eltern oder einem Elternteil wohnen **und** kein BAföG/ BAB mehr erhalten oder
- wenn sie mit anderen Personen zusammen im Haushalt wohnen, die keinen Anspruch auf BAföG/ BAB haben. So können z.B. studierende Paare, die mit ihren Kindern zusammen im Haushalt wohnen, ggf. Wohngeld für diese beantragen.

Zu den weiteren Ausnahmen ⇨**Studierende** (6.)

2.6 Zusätzliche Leistungen für Kinder und SchülerInnen

Für Kinder von WohngeldbezieherInnen **und** Kinder, die Wohngeld beziehen und zusammen mit Alg II und HzL/ GSi beziehenden Elternteilen wohnen, werden ab 2011 *„Leistungen für Bildung und Teilhabe“* erbracht (§ 6b Abs. 1 Nr. 2 BKGG). Näheres zum Leistungskatalog unter ⇨SchülerInnen.

Tipp Diese Leistungen müssen gesondert **beantragt** werden. Fragen Sie beim Wohngeldamt oder Rathaus nach, welche Behörde vor Ort zuständig ist.

3. „Wohngeldrabatt“ bei Rückforderung von Alg II oder HzL/GSi der Sozialhilfe

Müssen zu Unrecht erbrachte Leistungen erstattet werden, weil sich nachträglich herausgestellt hat, dass z.B. wegen des verfügbaren Einkommens kein Leistungsanspruch bestand, durfte für den Zeitraum **bis zum**

31.12.2016 ein **fiktiver Wohngeldanspruch** nicht zurückgefordert werden. Diese Regelung berücksichtigte, dass statt der zurückgeforderten Leistung ein Anspruch auf Wohngeld bestanden hätte. Der „Wohngeldrabatt", den Sie behalten durften, betrug **56%** der Kosten für Unterkunft und Heizung.

Ab dem 1.1.2017 wird diese Regelung ersatzlos gestrichen, weil es (bereits seit 1.1.2016) möglich ist, den Wohngeldanspruch rückwirkend geltend zu machen, wenn die Bewilligung von SGB-II-/ SGB-XII-Leistungen zum Lebensunterhalt zurückgenommen wurde (§ 8 Abs. 1 Satz 3 WoGG; ⇨2.1).

Kritik

Mit Hilfe des Wohngelds sollen Mieten bezahlt werden, die im Verhältnis zum Einkommen aus Löhnen oder Renten zu hoch sind. Es ist eine indirekte Subvention für Unternehmen, die Armutslöhne zahlen, denen Armutsrenten folgen und sorgt zunehmend dafür, Personen mit geringen Einkommen knapp über Hartz-IV-Niveau zu halten. Dennoch bekommen Sie Wohngeld als Alleinstehender, wenn Sie in der „teuersten" Mietstufe VI wohnen, nur bis zu einem bereinigten Nettoeinkommen von 995 € netto (Stand: 2016). Das ist ein Einkommen weit unterhalb des Pfändungsfreibetrages.

Eine Erhöhung des Wohngelds 2009 ging einher mit der Herabstufung vieler Gemeinden in die nächstniedrigere Mietstufe der Wohngeldtabelle. Für davon betroffene Haushalte wurde das Wohngeld faktisch gesenkt. Etwaige Erhöhungen wurden durch die Streichung des Heizkostenzuschusses 2011 weitgehend zurückgenommen. Im Zuge der Änderung 2009 wurde der Einkommenseinsatz im Haushalt auf Verwandte, eheähnliche Partner und sogar WG-MitbewohnerInnen ausgeweitet und der automatische Datenabgleich eingeführt. Hartz IV lässt grüßen!

Die für **Januar 2016** beschlossene Wohngelderhöhung soll nach Angaben des Bauministeriums 90.000 Haushalte aus Alg II, HzL und GSi der Sozialhilfe herausholen, die ihren Bedarf zum Lebensunterhalt fortan mit eigenem Einkommen **plus** Wohngeld decken sollen. Ministerin Hendricks rechnet vor, dass der durchschnittliche Wohngeldbetrag für einen Zweipersonenhaushalt von mtl. 115 € in 2013 auf 184 € in 2016 steigen soll. (Pressemitteilung BMUB, 2.7.2015)

Dass der Großteil der „zusätzlichen" Leistungen an anderer Stelle eingespart und in einem Abwasch die (Hartz-IV-)**Armutsstatistik geschönt** wird, verschweigt die Ministerin. Viele Haushalte stehen nach der *„Wohngeldreform"* sogar schlechter da, wenn sie mit Wohngeld zwar Einkommen knapp oberhalb des Hartz-IV-Bedarfs erzielen, ihnen durch den Wegfall von Vergünstigungen, wie Rundfunkgebührenbefreiung, Anspruch auf ⇨Sozialpass und -ticket sowie höhere Zuzahlungen im Krankheitsfall am Ende weniger Geld übrigbleibt, als im Alg-II-/ Sozialhilfebezug.

Um solche finanziellen Nachteile zu vermeiden, brauchen Leistungsberechtigte ein **Wahlrecht**, mit dem sie auf vorrangiges Wohngeld verzichten und „freiwillig" Alg II oder Sozialhilfe beanspruchen können.

Forderungen

- Wiedereinführung des Heizkostenzuschusses!
- Deutliche Anhebung der Einkommensgrenzen!
- Jährliche Anpassung der Wohngeldtabellenwerte!
- Wahlrecht zum Verzicht auf Wohngeld, wenn Alg II/ Sozialhilfe plus weitere Vergünstigungen höher sind, als das zustehende Wohngeld!

Information

Die Tabelle mit Mietobergrenzen nach § 12 WoGG vor und nach der Wohngeldreform finden Sie unter ⇨Miete 2.2.3

Broschüre des BMUB: Wohngeld 2016/2017 – Ratschläge und Hinweise, www.bmub.bund.de/fileadmin/Daten_BMU/Pools/Broschueren/wohngeld_2016_2017_bf.pdf

Wohngemeinschaft

Leben Sie als Bezieher von **Hilfe zum Lebensunterhalt** (HzL) der Sozialhilfe in einer Wohngemeinschaft (WG) mit anderen Personen, vermutet das Sozialamt, dass Sie als ⇨**Haushaltsgemeinschaft** gemeinsam wirtschaften und von Ihren Mitbewohnern unterstützt werden (§ 39 Satz 1 SGB XII).

Beziehen Sie **Alg II**, darf sich diese Vermutung **nur** auf Verwandte und Verschwägerte in einer Haushaltsgemeinschaft erstrecken (§ 9 Abs. 5 SGB II), nicht auf weitere Personen. Haushaltsgemeinschaft bedeutet, dass man nicht nur zusammen wohnt, sondern auch **zusammen wirtschaftet.**

Bekommen Sie **Grundsicherung** (GSi), darf ein solche Vermutung nicht angestellt werden, egal wie und mit wem Sie in einer WG wohnen (§ 43 Abs. 1 SGB XII), es besteht i.d.R. keine Haushaltsgemeinschaft.

1. Was ist eine Wohngemeinschaft?

HzL der Sozialhilfe

Eine Wohngemeinschaft setzt voraus, dass jeder einen Raum hat und die Zusammenlebenden *„mindestens einen Raum gemeinsam benutzen"*, z.B. Küche oder Bad (OVG Mannheim 14.04.1997, NDV-RD 1998, 36).

Eine reine Wohngemeinschaft setzt voraus, dass die Bewohner selbständig und **getrennt wirtschaften**. Jeder kocht i.d.R. für sich, kauft seine Lebensmittel selbst und hat ein eigenes Konto.

Auch wenn Sie nur **eine** Küche haben und gelegentlich gemeinsam kochen, können Sie trotzdem getrennt wirtschaften und einen eigenen Haushalt führen. Nur wenn Sie gemeinsam „aus einem (Haushalts-)Topf" wirtschaften, liegt keine WG sondern eine Haushaltsgemeinschaft vor.

Dass alle Mieter einer Wohngemeinschaft im Mietvertrag eingetragen sind, bedeutet nicht automatisch, dass sie gemeinsam wirtschaften. Sie haben die Wohnung gemeinsam gemietet, um gemeinsam wohnen zu können und haften dem Vermieter gegenüber gegenseitig für alle Verpflichtungen aus dem Mietverhältnis. Mehr nicht.

Alg II

Hier hat es keine Bedeutung, ob Sie zusammen kochen, putzen, waschen, einkaufen und sich gegenseitig unterstützen, also eine Haushalts- und Wirtschaftsgemeinschaft (⇨1.2) bilden. Vorausgesetzt, Sie sind nicht **verwandt oder verschwägert**. Erst dann ist die Vermutung zulässig, dass Ihnen als Alg-II-Bezieher von Ihren verwandten oder verschwägerten Mitbewohnern Leistungen zum Lebensunterhalt erbracht werden. Das können Sie widerlegen. *„Der Begriff ist [auch bei Verwandten und Verschwägerten] eng auszulegen. Eine Haushaltsgemeinschaft liegt **nicht** vor, wenn zwar eine Wohnung gemeinsam bewohnt, jedoch selbständig und getrennt gewirtschaftet wird."* (BA 9.9)
„Bei Untermietverhältnissen ... wird in der Regel keine Haushaltsgemeinschaft bestehen." (BA, ebenda) Sondern nur eine WG mit Angehörigen.

Wohnen zwei Personen zusammen, könnte das allerdings als Partnerschaft oder *„eheähnliche Gemeinschaft"* oder gleichgeschlechtliche *„lebenspartnerschaftsähnliche Gemeinschaft"* gewertet werden. *Wenn „Partner länger als ein Jahr **zusammenleben**"* (§ 7 Abs. 3a SGB II), **vermuten** Jobcenter **oft** eine ⇨Bedarfsgemeinschaft (3.1), in der jeder sein gesamtes Einkommen und Vermögen für den anderen einsetzen muss (§ 7 Abs. 3 Nr. 3c und Abs. 3a SGB II). Das müssen Sie dann widerlegen.

Aber: Allein die Nutzung einer gemeinsamen Wohnung berechtigt nicht dazu, die Privatsphäre der Mitbewohner auszuforschen (BVerfG 2.9.2004 - 1 BvR 1962/04).

Bedeutet Zusammenwohnen auch Zusammenleben? Das LSG Niedersachsen-Bremen meint nein (3.8.2006 - L9 AS 349/06).

Zusammenleben setzt **Wirtschaften aus einem Topf** voraus.

Näheres unter ⇨eheähnliche Gemeinschaft.

2. ⇨ Haushalts- und Wirtschaftsgemeinschaft

„Zur Wirtschaftsgemeinschaft führen [Unterstützungsleistungen] ... dann, wenn sie über die Bedeutung einer bloßen Aushilfe hinausgehen und dem beiderseitigen Einsatz für das gemeinsame Leben dienen." (VGH Mannheim 28.4.1993 - IDAS 1/1994, I.2.1).

Einsparungen beim hauswirtschaftlichen Bedarf müssen tatsächlich und in wesentlichem Umfang vorhanden sein (VGH Hessen 30.11.1993 - FEVS 1995, 79f.). Eine Wirtschaftsgemeinschaft besteht nur dann, wenn *„aus einem Topf gewirtschaftet wird"* (BVerwG 20.1.1977 - FEVS 25, 278).

Wenn also der Eine dem Anderen mal etwas mitbringt oder für ihn mitkocht, ist das noch lange kein gemeinsames Wirtschaften. Auch eine gelegentliche finanzielle Unterstützung in geringem Umfang in Erwartung der Rückzahlung führt nicht zu einer Wirtschaftsgemeinschaft und damit auch nicht zu einer Haushalts- oder gar Einstandsgemeinschaft. Es liegt dann nur eine WG vor (SG Freiburg 21.7.2006 - S 9 AS 3120/06 ER).

Für das Vorliegen einer Haushalts- und Wirtschaftsgemeinschaft mit Verwandten und Verschwägerten **trägt das Jobcenter die Beweislast** (BSG 27.1.2009 - B 14 AS 6/08 R).

Tipp Zum Nachweis, dass **keine** Haushaltsgemeinschaft vorliegt *„reicht eine entsprechende schriftliche Erklärung des Angehörigen ... aus"*, wenn keine anderweitigen Erkenntnisse bestehen (BA 9.35).

2.1 Höhe der Leistungen

Mitglieder einer WG gelten als alleinstehend und bekommen den vollen ⇨**Regelsatz** von 404 €.

Die ⇨**Miete** wird anteilig **nach Kopfzahl aufgeteilt**. Dabei hat jede Person Anspruch auf die „angemessenen" **Unterkunftskosten für Alleinstehende**. Es ist rechtswidrig, von den Angemessenheitskriterien für Mehrpersonenhaushalte auszugehen (BSG 18.6.2008 - B 14/11b AS 61/06 R).

Es ist möglich bei der Aufteilung der Unterkunftskosten einer WG vom *„Kopfteilprinzip"* abzuweichen, wenn es eine wirksame **vertragliche Vereinbarung** über eine andere, ungleiche Aufteilung der Wohnung gibt (BSG 22.8.2013 - B14 AS 85/12 R).

⇨**Alleinerziehende** erziehen ihr Kind alleine und haben Anspruch auf einen Mehrbedarfszuschlag. Das gilt auch, wenn sie in einer Wohn- oder Haushaltsgemeinschaft leben (BSG 23.8.2012 - B 4 AS 167/11 R).

Tipp Im Antrag müssen Sie keinerlei Angaben über die nichthilfebedürftigen Mitbewohner Ihrer Wohngemeinschaft (*„andere im Haushalt lebende Personen"*) machen, nur Angaben über deren Mietanteil bzw. die Höhe der Untermiete (BVerfG 2.9.2004 - 1 BVR 1962/04). So sieht es auch die BA in ihren Ausfüllhinweisen zum Alg-II-Antrag (S. 3).

Wohnungsbeschaffungskosten

können für Alg-II- und HzL-/ GSi-Beziehende durch die Behörde übernommen werden. Sie **müssen** die Kostenübernahme jedoch vorher beantragen und die Übernahme entsprechender Kosten sollte **vor** dem Entstehen vom Amt **zugesichert** worden sein.

Wohnungsbeschaffungskosten **sollen** übernommen werden,

- wenn ein Umzug durch die Behörde veranlasst ist,
- wenn ein Umzug aus anderen Gründen notwendig ist, z.B. wegen Arbeitsaufnahme oder drohendem Wohnungsverlust **und**
- wenn ohne Zusicherung eine Wohnung in einem angemessenen Zeitraum nicht gefunden werden kann

(§ 22 Abs. 6 SGB II; entsprechend § 35 Abs. 2 Sätze 5 und 6 SGB XII, für GSi i.V. mit § 42 Nr. 4 SGB XII).

Was ein angemessener Zeitraum ist, hängt vor allem davon ab, wie dringlich eine Wohnung beschafft werden muss. Bei drohender Obdachlosigkeit ist die Dringlichkeit am größten.

Wichtige Gründe für einen notwendigen ⇨Umzug 1.2.2

Zu den Wohnungsbeschaffungskosten zählen insbesondere

1. Maklergebühren

Vor allem in Ballungszentren ist es oft unmöglich, Wohnungen zu bekommen, die nicht von Maklern vermittelt werden. Bei angespanntem Wohnungsmarkt gehört daher auch die Übernahme der Maklerkosten zu den Unterkunftskosten (BSG 18.2.2010 - B 4 AS 28/09 R; LSG NRW 2.4.2009 - L 7 B 33/09 AS ER).

Wenn Maklergebühren nicht zugesichert werden, ist Leistungsbeziehenden ein bedeutender Teil des Wohnungsmarkts verschlossen. Deswegen ist es in diesem Fall nicht zulässig, nach sechs Monaten eine unangemessene Miete auf das als angemessen betrachtete Niveau zu senken (SG Frankfurt 31.3.2006 - S 48 AS 123/06 ER). Die Zusicherung zur Übernahme dieser Kosten kommt aber nur in Betracht, wenn ein konkretes Wohnungsangebot von einem Makler vorliegt (LSG Baden-Württemberg 30.7.2008 - L 7 AS 2809/08 ER-B).
Sind genug Wohnungen ohne Makler verfügbar, besteht **kein Anspruch**. Die Behörde muss das nachweisen.

Ab 1.6.2015 gilt auf dem Wohnungsmarkt das **Bestellprinzip**: Derjenige, der den Makler beauftragt, muss für die Gebühren aufkommen. Wohnungssuchende können demnach bei Anmietung der Wohnung nicht mehr die Maklergebühren für die neue Wohnung auferlegt bekommen. Ob aber umgekehrt auf angespannten Wohnungsmärkten vom Leistungsberechtigten selbst ein Makler eingeschaltet und bezahlt werden muss, um überhaupt eine Chance auf eine angemessenen Wohnung zu erhalten, wird sich dort in naher Zukunft zeigen. Sollte das der Fall sein, sind die Maklerkosten weiterhin als Wohnungsbeschaffungskosten anzuerkennen.

2. Doppelte Mietzahlungen

Wenn Umzüge notwendig sind, entstehen nicht selten doppelte Mietzahlungen.
Mieter können seit dem 1.9.2001 unbefristete Mietverträge immer mit einer Frist von drei Monaten kündigen, es sei denn, eine andere Kündigungsfrist ist wirksam vereinbart worden. Sie können aber erst dann kündigen, wenn Ihnen eine neue Wohnung sicher ist und wenn die Behörde deren Anmietung zugestimmt hat.
Dabei kommt es vor, dass Sie schon in die neue Wohnung einziehen müssen, obwohl Sie für die alte Wohnung noch (i.d.R. max. für einen Monat) Miete zahlen müssen. Auch eine mietvertraglich vereinbarte Schlussrenovierung nach Auszug kann zu einer doppelten Mietzahlung führen.

Wenn doppelte Mieten hinreichend begründet und unvermeidbar sind, gehören sie zu den Wohnungsbeschaffungskosten und sind zu übernehmen (SG Berlin 30.11.2007 - S 102 AS 26026/07 ER; LSG Berlin-Brandenburg 16.6.2006 - L 10 488/06 AS ER; SG Frankfurt 19.1.2006 - S 48 AS 21/06).

Allerdings liegen die Hürden für die Übernahme einer Doppelmiete hoch, weil die reguläre Suchfrist für die Vermeidung von Doppelmieten i.d.R. als ausreichend angesehen wird (SG Aachen 1.2.2008 - S 6 AS 12/08 ER). Außerdem sind alle Möglichkeiten auszuschöpfen, um die Mietkosten der alten Wohnung zu reduzieren, z.B. durch die Suche eines Nachmieters (LSG NRW 18.2.2010 - L 9 SO 6/08) oder indem Sie beim neuen bzw. alten Vermieter um die Gewährung einer mietfreien Übergangsfrist bitten.

Tipp Sie sollten frühzeitig die Übernahme doppelter Mieten bei der Behörde als Wohnungsbeschaffungskosten beantragen und gut begründen. Ist diese nicht damit einverstanden, ist die Anmietung der in Aussicht stehenden Wohnung für Sie nicht zumutbar. Sie können sich das nicht leisten. Unter Umständen muss Ihnen dadurch die Frist zur Wohnungssuche verlängert werden.

Sie brauchen regelmäßig die Zustimmung, **bevor** Sie den Mietvertrag unterschreiben und kündigen, sonst bleiben Sie eventuell auf den Kosten sitzen.

3. Kosten der Wohnungssuche

Wenn die Behörde Sie auffordert, in eine billigere Wohnung umzuziehen, zwingt sie Sie, eine neue Wohnung zu suchen. Das aber kostet Sie ggf. zusätzliches Geld. Sie müssen Zeitungen kaufen, telefonieren, geben eine Anzeige auf, haben Fahrtkosten zu Wohnungsbesichtigungen usw. Wenn Sie zehn Wohnungen im Monat besichtigen, können schnell 50 € Zusatzkosten zusammenkommen. Das alles sind Wohnungsbeschaffungskosten.

Tipp Beantragen Sie die Kostenübernahme **vorher**. Dokumentieren und begründen Sie entstandene Kosten und stellen Sie sie der Behörde in Rechnung.

4. Genossenschaftsanteile

Seit Inkrafttreten des Neunten SGB-II-Änderungsgesetzes zum 1.8.2016 werden Genossenschaftsanteile einer **Mietkaution** rechtlich gelichgestellt. Diese soll nach vorheriger Zusicherung durch den **am Ort der neuen Unterkunft zuständigen** Träger **als Darlehen** erbracht werden (§ 22 Abs. 6 Satz 1 und 3 SGB II neu).
Näheres finden Sie deshalb unter ⇨Kaution

Auch in der Sozialhilfe werden Genossenschaftsanteile den Wohnungsbeschaffungskosten zugeordnet (OVG Niedersachsen 25.7.2002 - 4 LA 145/02). Hier gibt es jedoch keine gesetzliche Vorgabe der Zuständigkeit (⇨8; ⇨Kaution).

5. Einzugsrenovierungen

können zu den Wohnungsbeschaffungskosten zählen (⇨Renovierung 2.1), ebenso wie

6. Abstandszahlungen

an den Vormieter (VGH Mannheim 8.11.1995, FEVS 46, 287). Allerdings werden diese i.d.R. nur dann übernommen, wenn der Wohnungsmarkt angespannt und keine alternative Wohnung ohne Abstandszahlungen anmietbar ist.

7. Reisekosten

Wollen oder müssen Sie in eine andere Stadt umziehen (z.B. wegen Arbeitsaufnahme) und hat die Behörde dem Umzug zugestimmt, haben Sie Anspruch auf Reise- und ggf. Übernachtungskosten für Wohnungsbesichtigungen.

8. Zuständigkeit

Bei **Alg-II**-Bezug hängt die Übernahme von Wohnungsbeschaffungskosten i.d.R. von der vorherigen Zusicherung durch **den bis zum Umzug zuständigen Träger** ab, der sie dann auch zu übernehmen hat. Bei ⇨Kautionen oder Genossenschaftsanteilen müssen Sie allerdings das am Ort der neuen Unterkunft zuständige Jobcenter zwecks Zusicherung anfragen. (§ 22 Abs. 6 Satz 1 SGB II neu)

Bei **HzL/ GSi der Sozialhilfe** sieht das LSG Baden-Württemberg die Verteilung der Zuständigkeiten wie beim Alg II (23.11.2006 - L7 SO 4415/05), obwohl es hierzu keine gesetzliche Regelung gibt.

Vorsicht! Mieten Sie eine neue Wohnung **ohne vorherige Zustimmung** der Behörde an, verlieren Sie i.d.R. den Anspruch auf die Übernahme von Wohnungsbeschaffungskosten.

Wohnungslose

Wenn Sie erwerbsfähig sind, haben Sie Anspruch auf Alg II. Wenn Sie nicht erwerbsfähig sind, entweder auf Hilfe zum Lebensunterhalt (HzL) oder ⇨Grundsicherung (GSi) der Sozialhilfe.

1.1 ⇨Regelsatz

Obwohl Sie kein Telefon, keine Möbel und Haushaltsgeräte, eventuell keine Stromkosten usw. haben, haben Sie Anspruch auf den vollen Regelsatz von 404 €. Der Regelsatz darf nicht gekürzt werden, weil Sie bestimmte Ausgaben nicht haben. Dafür haben Sie andere Ausgaben (SG Berlin 31.3.2005 - S 37 AS 919/05 ER; SG Kassel 1.2.2005 - S 20 AS 3/05 ER).
Eine generelle Kürzung des Regelsatzes wegen Minderausgaben ist beim Alg II bei Wohnungslosen nicht vorgesehen.

Wenn Sie nur auf der Durchreise sind, haben Sie beim Alg II und der Sozialhilfe Anspruch auf die entsprechenden ungekürzten Tagessätze (13 € pro Tag).

Tipp Sollte die Behörde Ihnen nicht den vollen Regelsatz/ Tagessatz auszahlen, wenden Sie sich an eine Beratungsstelle.

1.2 Kürzung des Regelsatzes möglich?

In der **Sozialhilfe** darf der Regelsatz nur gekürzt werden, *„wenn der Bedarf ganz oder teilweise anderweitig gedeckt ist oder unabweisbar seiner Höhe nach erheblich von einem durchschnittlichen Bedarf abweicht“* (§ 27a Abs. 4 SGB XII). Das wäre bei Wohnungslosen nur der Fall, wenn sie **im Wohnheim kostenlos verköstigt** würden (⇨6.1 f.).

Auch beim **Alg II** gibt es **seit 1.8.2016** eine **bis zum 31.12.2018** befristete Regelung, die es ermöglichen soll, den Regelsatz abzusenken, wenn Bedarfe für Ernährung und Haushaltsenergie in einer Gemeinschaftsunterkunft als Sachleistungen erbracht werden. Der gekürzte Betrag wird dann dem Träger der Einrichtung direkt erstattet (§ 65 Abs. 1 SGB II neu).

Nach der Gesetzesbegründung gehören *„zu den ‚Gemeinschaftsunterkünften' ... nicht nur Gemeinschaftsunterkünfte im Sinne des § 53 Asylgesetz, sondern u. a. auch (Erst) Aufnahmeeinrichtungen nach dem Asylgesetz sowie* ***Einrichtungen der Obdachlosenhilfe****.“* (Änderungsantrag der Fraktionen der CDU/CSU und der SPD zur BT-Drs. 18/8041, 17) Es ist dennoch fraglich, ob diese Regelung überhaupt auf Wohnungslose anzuwenden ist, die diese Bedarfe in der Einrichtung gedeckt bekommen, da in der Gesetzesbegründung explizit auf die Situation von Geflüchteten abgestellt wird – und in Wohnungslosenunterkünften bei Bedarf bereits andere Erstattungsmodelle angewendet werden (⇨6.3). *„Es handelt sich um eine bis zum Ablauf des 31. Dezember 2018 befristete Übergangsregelung,* ***die allein*** *mit der derzeitigen besonderen Unterbringungssituation der Flüchtlinge zusammenhängt.“* (Ebenda, 18)

Der Wert der zu kürzenden Sachleistung würde bei alleinstehenden Erwachsenen und Alleinerziehenden mtl. 156 € betragen (§ 65 Abs. 1 Satz 2 SGB II neu; ⇨Regelsatz 6.2).

2. ⇨Einmalige Beihilfen

fallen weitgehend weg.

Ausnahmen:

- ⇨**Darlehen** bei unabweisbarem Bedarf.
- Wenn Sie eine Wohnung finden und beziehen, haben Sie Anspruch auf eine Erstausstattung mit ⇨**Hausrat** und Möbeln. Dafür gibt es regelmäßig eine Pauschale von ca. 1.200 € (+/- 300 € ggf. weniger, für einen Einpersonenhaushalt), wenn Sie aus der Wohnungslosigkeit dort einziehen. Sie wird reduziert, sollten noch eigene Möbel vorhanden sein.

W

3. Kosten der Unterkunft

Wenn Sie wohnungslos geworden sind, können dennoch Kosten der Unterkunft anfallen, die von der Behörde übernommen werden müssen (⇨Miete).

Z.B.,

- wenn Sie bei Freunden oder Bekannten übernachten und diesen dadurch Kosten entstehen, die sie von Ihnen einfordern,
- wenn Sie vorübergehend in einer Pension/ einem „Hostel“ leben müssen (SG Reutlingen 13.12.2007 - S 3 AS 3532/07),
- wenn Sie auf einem Campingplatz wohnen oder in einem Wohnwagen,
- wenn Sie in einer Obdachlosenunterkunft unterkommen usw.

4.1 Gewöhnlicher Aufenthalt

Einen Wohnsitz zu haben, ist keine Voraussetzung für den Bezug von Alg II/ HzL der Sozialhilfe. Sie müssen sich nur gewöhnlich in Deutschland aufhalten, um Anspruch zu haben (§ 7 Abs. 1 Nr. 4 SGB II). Nur für die GSi der Sozialhilfe benötigen Sie einen *„gewöhnlichen Aufenthalt im Inland“* (§ 41 Abs. 1 SGB XII). Ihren örtlichen Aufenthalt haben Sie immer dann nachgewiesen, wenn Sie über eine Betreuungs- oder Beratungseinrichtung für die Behörde erreichbar sind. Wenn ein gewöhnlicher Aufenthalt nicht festzustellen ist, ist immer das Jobcenter zuständig, in dessen Zuständigkeitsbereich Sie sich **tatsächlich** aufhalten (§ 36 Satz 4 SGB II; BA 36.6). Das gilt für die HzL der Sozialhilfe entsprechend (§ 98 Abs. 1 SGB XII).

Entscheidend ist also nicht, wo Sie und ob Sie polizeilich gemeldet sind. Auch eine vorübergehende Unterkunft bei einem Bekannten, auf einem Campingplatz usw. lässt den Bezug von Alg II/ HzL zu.

Lassen Sie sich also nicht abwimmeln, wenn Sie z.B. zur Arbeitssuche aus einem anderen Ort kommen und noch keine neue Wohnung an Ihrem neuen Aufenthaltsort haben.

4.2 Erreichbarkeit

Alg II

Sie müssen täglich auf dem Postweg, z.B. über die Adresse eines Bekannten, erreichbar sein, damit man Ihnen ein Arbeits- oder Maßnahmenangebot unterbreiten kann oder Sie persönlich einladen kann. Für die BA gelten Sie auch als erreichbar, wenn Sie sich **an jedem Werktag** bei einer Einrichtung der

Wohnungslosenhilfe melden (BA 7.135). Dazu müssen Sie ein Formular mit Bestätigung der jeweiligen Einrichtung beim Jobcenter einreichen. Tun Sie das nicht, entfällt ggf. der Leistungsanspruch (⇨Ortsabwesenheit).

Vorsicht! Wenn Ihr Alg-II-Anspruch wegen Nichterreichbarkeit entfällt, haben Sie **keinen** Sozialhilfeanspruch (§ 21 Abs. 1 SGB XII).

HzL und GSi der Sozialhilfe

Eine tägliche Erreichbarkeit wird hier nicht gefordert. Schließlich gelten Sie als nicht erwerbsfähig, denn HzL/ GSi erhalten Sie nur,

- wenn eine volle ⇨Erwerbsminderung vom medizinischen Dienst der Arbeitsagentur oder von der Rentenversicherung festgestellt wurde oder
- unter Umständen, wenn Sie fest in einer stationären Einrichtung leben (zu den Nachteilen ⇨6.1 f.).

5. ⇨Antrag

Auf Alg II/ GSi müssen Sie einen Antrag stellen. Ein formloser Antrag genügt. Der Anspruch wirkt auf den ersten Tag des Monats zurück, indem Sie den Antrag stellen.

Im Gegensatz dazu, setzt HzL der Sozialhilfe ein, wenn die Behörde **Kenntnis** von Ihrer Notlage hat, z.B. weil sie von der Wohnungsloseneinrichtung verständigt wurde.

6.1 Stationärer Aufenthalt

Wohnungslose, die *„in einer stationären Einrichtung untergebracht"* sind (§ 7 Abs. 4 SGB II), hätten nach dem Wortlaut des Gesetzes **keinen Anspruch auf Alg II**. Es bliebe dann nur die HzL der Sozialhilfe.

Leidtragender wären Sie, denn Sie würden als erwerbsfähige Person den Anspruch auf Leistungen zur Eingliederung in Arbeit verlieren. Außerdem bekämen Sie in einer Einrichtung vom Sozialamt unter Umständen den gekürzten Regelsatz ausgezahlt, weil kostenlose, durch die Einrichtung bereitgestellte Verpflegung auf die Sozialhilfe angerechnet werden kann.

Weil Aufenthalte von Wohnungslosen in Einrichtungen oft kürzer als zwei Monate andauern, könnte es sein, dass die Zuständigkeit vom Sozialamt auf das Jobcenter wechselt und umgekehrt. Das darf doch nicht sein, oder?

Kritik

Die Hartz-IV-Parteien unterstellen im Gesetz pauschal, dass erwerbslose Wohnungslose in stationären Einrichtungen nicht erwerbsfähig sind. Aber ausgerechnet diejenigen, die auf der Straße leben, haben als Erwerbsfähige volle Ansprüche auf Alg II. Dabei sind nach Angaben der BAG Wohnungslosenhilfe e.V. 2/3 der 50.000 Wohnungslosen in Heimen genauso erwerbsfähig. Der Grund für diese Haltung ist klar: Die Kosten sollen den Kommunen als Sozialhilfeträger untergejubelt werden und wohnungslose Menschen sollen aus der Arbeitslosenstatistik herausfallen. Deshalb haben weder die schwarz-rote noch die schwarz-gelbe Bundesregierung das Gesetz bis heute nachgebessert, obwohl das Bundessozialgericht (BSG) schon 2007 und wiederholt 2014 andere Vorgaben für den Leistungsausschluss formuliert hat.

6.2 Objektive Möglichkeit zur Erwerbstätigkeit begründet Alg-II-Anspruch

Alg II erhält **nach dem Gesetz**, *„wer in einer stationären Einrichtung untergebracht und unter den üblichen Bedingungen des Arbeitsmarkts mindestens* ***15 Stunden wöchentlich*** *erwerbstätig ist"* (§ 7 Abs. 4 S. 3 Nr. 2 SGB II).

Arbeiten Sie, haben Sie als Bewohner einer Einrichtung den „Erwerbstätigkeitsbeweis" erbracht und bekommen nach dem Gesetz Alg II.

Neben der gesetzlichen Norm **hat das BSG erweiterte Vorgaben entwickelt**, wonach in stationären Einrichtungen **Anspruch auf Alg II** besteht:

Das ist bei Personen der Fall, die zwar in einer Einrichtung stationäre Leistungen erhalten **und** dort auch formell aufgenommen, **jedoch nicht** im „engeren Sinne" untergebracht sind. Eine **stationäre Unterbringung** besteht erst, *„wenn der Träger der Einrichtung nach Maßgabe seines Konzeptes die Gesamtverantwortung für die tägliche Lebensführung und die Integration des Hilfebedürftigen übernimmt"* (BSG 5.6.2014 - B 4 AS 32/13 R, Rz. 28). Das ist i.d.R. bei Einrichtungen für Wohnungslose nicht der Fall.

Eine stationäre Einrichtung begründet den Leistungsausschluss erst, *„wenn diese so*

W

strukturiert und gestaltet ist, dass es dem dort Untergebrachten nicht möglich ist, aus der Einrichtung heraus mindestens drei Stunden täglich erwerbstätig zu sein...“ (BSG 6.9.2007 - B 14/7b AS 16/07 R). Nach den Fachlichen Hinweisen der BA ist im Einzelfall zu prüfen, ob es sich um eine stationäre Einrichtung handelt, die einen Ausschluss aus dem Alg II begründet (7.84).

Das BSG fasst die **neuen Kriterien** wie folgt zusammen:
- *„Steht der Untergebrachte aufgrund einer* ***Gesamtverantwortung*** *des Trägers der Einrichtung* ***für*** *dessen* ***tägliche Lebensführung*** *und seiner* ***Integration*** *dem allgemeinen Arbeitsmarkt nicht zur Verfügung, ist er dem Regelungsbereich des* ***SGB XII*** *zuzuordnen.*
- *Besteht* ***keine*** *derart* ***umfassende Verantwortung*** *mit der Folge, dass der Leistungsberechtigte* ***in den Arbeitsmarkt integriert*** *werden kann, ist er ... entsprechend dem mit dem* ***SGB II*** *verfolgten Leitbild einer auf dem Grundsatz der Eigenverantwortung beruhenden Eingliederung in den Arbeitsmarkt diesem Leistungssystem zuzuordnen...“* (BSG 5.6.2014, ebenda, Rz. 33)

Anspruch auf Alg II (Leistungen nach dem SGB II) bedeutet zum einen Anspruch auf den ungekürzten Regelsatz (ggf. mit Ausnahme ⇨1.2) und Zugang zu Eingliederungsleistungen. Es bedeutet aber auch *„Fördern und Fordern“*, z.B. Bewerbungsbemühungen, Arbeitsangebote und bei „Pflichtverletzungen“ Leistungskürzungen (⇨Sanktionen).

W

6.3 Kostenersatz bei Leistungen in stationären Einrichtungen

Wohnen Sie in einem Wohnheim, in dem Leistungen zum Lebensunterhalt erbracht werden, kann die Einrichtung von Ihnen eine Zahlung aus dem Regelsatz als Kostenersatz verlangen (z.B. Essens- oder Stromgeld). Hierfür gibt es keine bundesgesetzliche Regelung. Diese Praxis beruht oft auf Vereinbarungen, die Träger der Wohnungslosenhilfe mit Kostenträgern in den einzelnen Bundesländern getroffen haben. (⇨Regelsatz 6.2)

7. Anspruch auf SGB II plus Leistungen nach § 67 SGB XII

Leistungen des SGB II und Leistungen der Wohnungslosenhilfe als *„Hilfe zur Überwindung besonderer sozialer Schwierigkeiten“* nach dem Achten Kapitel des SGB XII schließen sich nicht aus. Es handelt sich hierbei nicht um Hilfen zum Lebensunterhalt (SG Stralsund 12.5.2005 - S 9 SO 37/05 ER).
Sie können also Alg II beziehen und zusätzlich über das Sozialamt Leistungen für ein Übergangswohnheim, Unterstützung bei der Wohnungssuche oder „betreutes Wohnen“ erhalten.

Information

Johannes Münder, Stationäre Einrichtungen im Sinne des § 7 Abs. 4 SGB II, 2006, http://www.frank-jaeger.info/fachinformationen/stat-Einrichtung-Gutachten-Muender.pdf

Teil II

Sich wehren von A-Z

Akteneinsicht

Alg II/Sozialhilfe

1. ...zur Geltendmachung rechtlicher Interessen

Sie haben das Recht, Ihre Akte einzusehen, *„soweit deren Kenntnis zur Geltendmachung oder Verteidigung Ihrer rechtlichen Interessen erforderlich ist“* (§ 25 Abs. 1 SGB X). Das ist der Fall, wenn Sie beabsichtigen, Widerspruch einzulegen oder ihn schon eingelegt haben. Sie können die Teile Ihrer Akte einsehen, die zur Wahrung Ihrer rechtlichen Interessen erforderlich sind.
Außerhalb eines Widerspruchsverfahrens steht es im Ermessen der Behörde, ob sie Ihnen Akteneinsicht zugesteht oder nicht (BVerwGE 67, 300). Im Widerspruchsverfahren haben Sie einen Rechtsanspruch auf Akteneinsicht. Der Anspruch auf Akteneinsicht besteht auch bei Überprüfungsanträgen nach § 44 SGB X (von Wulffen, SGB X, § 25 Rz. 19).

Um Ihre Akte einzusehen, müssen Sie schriftlich oder mündlich einen **Antrag** stellen. Die aktenführende Behörde hat Ihnen einen baldigen Termin zu geben. Sie können auch einen ⇨Beistand mitnehmen. Die Akteneinsicht erfolgt i.d.R. bei der Behörde. Sie kann auch in den Räumlichkeiten des Betroffenen durchgeführt werden, wenn dieser aufgrund von Krankheit oder Behinderung die Einsicht nur zu Hause vornehmen kann (LPK SGB X, § 25 Rz. 15) oder aber auch in der jeweiligen örtlichen Gemeindevertretung oder jeder anderen Behörde im Wege der Amtshilfe (juris PK-SGB X, § 25 Rz: 29). Sie können **Abschriften** fertigen oder die Behörde ist verpflichtet, Ihnen auf Wunsch **Kopien** zu fertigen (§ 25 Abs.5 SGB X). Das Abfotografieren der Dokumente mit dem Smartphone ist unserer Auffassung nach durch diese Regelung gedeckt.

1.1 Umfang der Akteneinsicht

Der Anspruch betrifft die Gesamtheit der Schriftstücke, die der Sozialleistungsträger im Original, als Abschrift oder als Kopie für das jeweilige konkrete Verfahren angefertigt oder beigezogen hat, mit Ausnahme von Entscheidungsentwürfen und vorbereitenden Arbeiten: Darunter fallen auch hinzugezogene Gutachten, Zeichnungen, Notizen, Filme, Fotos oder Tonaufzeichnungen, die ggf. notwendig sind, um sich ein vollständiges Bild von der Entscheidungsgrundlage der Behörde zu machen (juris PK SGB X, § 25 Rz. 19). Wird ein Sachverhalt im Zusammenhang mit Kosten der Unterkunft und Heizung geprüft, erstreckt sich das Recht auf Akteneinsicht auch auf Unterlagen, die Aufschluss darüber geben, wie ein schlüssiges Konzept erstellt und begründet wurde (von Wulffen, SGB X, § 25 Rz. 13).

Tipp Wollen Sie feststellen, in welcher Höhe, zu welchem Zeitpunkt Ihre Leistungen vom Amt an wen gezahlt wurden, sollten Sie sich eine „Zahlliste“, auch Horizontal- oder Kontenübersicht genannt, aushändigen lassen. Diese kann mit jedem Computerprogramm der Leistungsabteilung erstellt werden. Der Anspruch auf diese Zahlliste ergibt sich über das Recht auf Akteneinsicht.

1.2 Aktenführungspflicht der Behörde – „Wahrheitspflicht“

Aus dem Recht auf Akteneinsicht folgt, dass die Behörde zu einer sachgerechten Dokumentation ihrer Vorgänge verpflichtet ist, um diesen Anspruch nicht ins Leere laufen zu lassen (LSG Baden Württemberg 5.2.2010 - L8 AL 66/08). Der Beteiligte muss bei der Akteneinsicht davon ausgehen, dass ihm alle relevanten Unterlagen vorgelegt werden, die Akteneinsicht mithin vollständig ist. Die Behörde ist gehalten, sämtliche Unterlagen vorzulegen, auch wenn diese getrennt voneinander aufbewahrt werden (BSG 20.11.2003 - B 13 RJ 41/03 R).
Auch Behördenmitarbeiter unterliegen einer Wahrheitspflicht. Bei der Dokumentation oder Vorlage unwahrer Aussagen unterliegen Behördenbedienstete denselben Strafen wie Privatpersonen (z.B. §§ 153 ff. Strafgesetzbuch (StGB), bei Falschaussagen vor Gericht, §§ 186, 187 StGB bei übler Nachrede und Verleumdung), so die Antwort des Niedersächsischen Innenministeriums bei der Sitzung des Landtages am 13.5.2015 (http://tinyurl.com/qjblele).

1.3 Akteneinsicht auch in die elektronische Akte

Bei Sozialbehörden verbreitet sich zunehmend die **elektronische Aktenführung**.

Bei Vorsprachen werden i.d.R. nur noch elektronische Aktenvermerke angefertigt. Das Recht auf Akteneinsicht im jeweiligen Verfahren schließt also auch das Recht ein, Ihre elektronische Akte beim Jobcenter oder Sozialamt einzusehen.

1.4 Einsicht in medizinische Gutachten

Auch hier haben Sie das Recht auf Akteneinsicht. Die Behörde kann allerdings den Inhalt durch einen Arzt vermitteln lassen, z.B. wenn medizinische Unterlagen dem Laien nicht verständlich sind. Ein Arzt **soll** hinzugezogen werden, wenn ein unverhältnismäßiger gesundheitlicher Nachteil für den Betroffenen zu befürchten ist, falls dieser unvorbereitet Einsicht nimmt (§ 25 Abs. 2 Satz 2 SGB X).

Tipp Durch ärztliche oder psychologische Untersuchungen wird festgestellt, ob Sie als erwerbsfähig oder nicht erwerbsfähig eingestuft werden. Sie können in Ihrem Interesse versuchen, darauf Einfluss zu nehmen, indem Sie die zugrunde liegenden Gutachten prüfen.

1.5 Akteneinsicht in „Profiling"-Daten

Das Recht auf Akteneinsicht bezieht sich auch auf Daten Dritter, z.B. vom Jobcenter beauftragte Träger, die Profiling (Potenzialanalyse), Trainingsmaßnahmen, Qualifizierung oder sonstige Eingliederungsmaßnahmen durchführen.

1.6 Akteneinsicht in die Bewerberangebotskartei

Das Recht auf Akteneinsicht bezieht sich auch auf die Daten, die das JC Arbeitgebern zur Verfügung stellt, wenn es erforderlich ist, Ihre rechtlichen Interessen geltend zu machen. Im Zweifelsfall können Sie vom Amt die Auskunft verlangen, an wen welche Daten gegangen sind (§ 83 Abs. 1 Nr. 2 SGB X). Näheres unter ⇨Auskunftsrecht 2.1

Tipp Wird Ihnen **Akteneinsicht verweigert**, können Sie sich an die jeweiligen ⇨**Datenschutz**beauftragten wenden. Die Ablehnung ist ein ⇨Bescheid, gegen den ⇨Widerspruch und ⇨Klage zulässig sind.

1.7 Kosten

Für Kopien *„kann"* die Behörde *„Ersatz ihrer Aufwendungen in angemessenem Umfang"* verlangen (ebenda). Normalerweise werden 25 Cent pro Seite verlangt. Die Behörde sollte unserer Meinung nach die Kosten bei Beziehenden von Alg II und HzL/ GSi der Sozialhilfe erlassen (§§ 59 Abs. 1 Nr. 1 i.V. mit 105 Abs. 1 Nr. 2 Bundeshaushaltsordnung i.V. mit § 367 Abs. 1 SGB III für SGB II; § 59 Landeshaushaltsordnung für SGB XII). Ansonsten ist die Akteneinsicht kostenfrei.

2. Einsicht in Sozialdaten

Sie können Einsicht in die zu Ihrer Person gespeicherten Sozialdaten nehmen (⇨Auskunftsrecht 2.1).

3. Aufbewahrungsfristen von Akten

Akten sind aus Behördensicht Beweismittel. Sie müssen zu Prüfungszwecken für andere Ämter, Gerichte und andere Institutionen („berechtigte Dritte") aufbewahrt werden. Allerdings nicht ewig. Die Regelfrist beträgt 5 Jahre, bei bestehenden Forderungen (z.B. Darlehen, Rückforderungen, Erstattungsansprüchen usw.) mit Beginn des auf den Eingang der letzten Einnahme folgenden Jahres. Die Aufbewahrungsfrist für medizinische Unterlagen ist längstens 10 Jahre (analog § 304 Abs. 1 Satz 1 i.V. mit. § 292 SGB V).

4. Akteneinsicht in der Behörde

Die Akteneinsicht „soll" in der Behörde erfolgen. Das ist jedoch nicht zwingend. Ist es aus medizinischen Gründen nicht möglich ins Amt zu kommen, kann sie auch in der Wohnung des Betroffenen erfolgen. Im Sozialrecht kann die Akteneinsicht nach § 25 Abs. 4 SGB X auch bei einer anderen Behörde vorgenommen werden, z. B. in ländlichen Regionen nach Übersendung an die Gemeindeverwaltung.

Um Sie zu schikanieren, wird öfters behauptet, dass Sie Akteneinsicht nur im Amt bekommen können. Sie sollten prüfen, inwieweit die Soll-Regel richtig ausgelegt wurde.

5. Denunziantenschutz

Das Akteneinsichtsrecht wird durch § 25 Abs. 3 SGB X eingeschränkt. *„Die personenbezogenen Daten eines Behörden-*

informanten, der einem Sozialhilfeträger unaufgefordert Informationen über einen Leistungsempfänger übermittelt hat, sind durch das Sozialdatengeheimnis geschützt“ (BVerwG 4.9.2003 - 5 C 48/02).

Tipp Diesen Denunziantenschutz kann man durchbrechen, wenn man Akteneinsicht beim Sozialgericht verlangt (§ 120 Abs. 1 SGG).

6. Rechtsweg

Verweigert die Behörde die Akteneinsicht durch einen Bescheid, können Sie dagegen ⇨Widerspruch einlegen und ggf. ⇨Klage erheben. Wird der Antrag nicht bearbeitet ist eine ⇨Beschwerde und Untätigkeits⇨klage möglich. Allerdings ist strittig, ob Akteneinsicht in einem getrennten Verfahren oder nur zusammen mit dem Hauptanliegen gerichtlich durchsetzbar ist. Hier sollte im Zweifelsfall eine Beschwerde bei der Fachaufsichtsbehörde eingelegt werden.

Amtsarzt

Alg II/Sozialhilfe

Für alle Sozialleistungssysteme gilt: *„Wer Sozialleistungen beantragt oder erhält, soll sich auf Verlangen des zuständigen Leistungsträgers ärztlichen und psychologischen Untersuchungsmaßnahmen unterziehen, soweit diese für die Entscheidung über die Leistung erforderlich sind.“* (§ 62 SGB I)

1.1 Erforderlichkeit der ärztlichen Untersuchung

Sie müssen sich nur ärztlich untersuchen lassen, wenn die Untersuchung erforderlich ist. Nicht erforderlich sind unnötige Untersuchungen, z.B. zur Feststellung der Arbeitsfähigkeit wegen eines Bandscheibenvorfalls, eine Stuhlprobe abgeben zu müssen oder sich einer Blutuntersuchung zu unterziehen. Nicht erforderlich sind auch Untersuchungen, die rein vorsorglich oder grundlos vorgenommen werden. Das alles verstößt gegen den Sozialdatenschutz (§ 67a Abs. 1 Satz SGB X; ⇨Datenschutz).

1.1.1 Vorrang von Stellungnahmen der behandelnden Ärzte

Die Behörde bestimmt Art und Umfang der Ermittlungen. Sie ist nicht an Einlassungen des Betroffenen gebunden (§ 20 Abs. 1 Satz 2 SGB X). Sie hat aber die für den Betroffenen günstigen Umstände zu berücksichtigen (§ 20 Abs. 2 SGB X). Leistungsbezieher haben hier kein Mitbestimmungsrecht.

Nicht erforderlich sind Untersuchungen auch, wenn die Behörde die nötigen Kenntnisse *„durch einen geringeren Aufwand als der Antragsteller bzw. Leistungsberechtigte“*, z.B. durch Vorlage einer Stellungnahme des Hausarztes beschaffen kann (§ 65 Abs. 1 Nr. 3 SGB I). Ebenso, wenn beweiskräftige Unterlagen bei einem anderen Leistungsträger zur Verfügung stehen (LPK SGB I, § 56 Rz. 9) und diese im Rahmen der Amtshilfe angefordert werden können (§§ 3 ff SGB X) oder wenn sich der Leistungsträger die nötigen Kenntnisse an anderer Stelle beschaffen kann (LPK SGB I, § 53 Rz. 8), etwa durch Stellungnahmen des behandelnden Arztes oder einer Klinik. In diesem Fall müssten Sie allerdings den Arzt oder die Klinik durch schriftliche Erklärung von Ihrer Schweigepflicht entbinden.

Unserer Auffassung nach sind Untersuchungen erst dann erforderlich, wenn die Behörde an den Attesten Ihres Arztes berechtigte Zweifel hat. Dann sollte der Amtsarzt z.B. die Notwendigkeit einer ⇨Krankenkostzulage überprüfen können. Das Gleiche gilt für Atteste über die Arbeitsfähigkeit für die frühere gemeinnützige Arbeit (OVG NRW 2.3.1988, FEVS 38, 466) – heute Ein€Jobs – den Grad der Pflegebedürftigkeit oder das Vorliegen einer „wesentlichen Behinderung“.

1.2 Pflicht zur Mitwirkung

Die Pflicht, sich ärztlichen oder psychologischen Untersuchungen zu unterziehen, gehört zu den ⇨Mitwirkungspflichten (§§ 60 ff. SGB I). Kommen Sie Ihren Mitwirkungspflichten **nach vorheriger schriftlicher Belehrung** ohne wichtigen Grund nicht nach, kann (nicht muss) die Behörde die Leistungen ganz oder teilweise einstellen. Das aber nur, wenn dadurch die Aufklärung des Sachverhalts **erheblich** erschwert ist und deswegen die Voraussetzungen für den

A

Leistungsbezug nicht nachgewiesen sind (§ 66 Abs. 1 SGB I).

Beispiel: Ihr Umzug steht bevor und ist bereits vom Jobcenter genehmigt. Sie haben wegen eines schweren Rückenleidens die Übernahme der Kosten eines Umzugsunternehmens beantragt, kommen aber der Aufforderung nicht nach, sich einer ärztlichen Untersuchung zu unterziehen, mit der die medizinische Notwendigkeit der Hilfe durch das Umzugsunternehmen festgestellt werden soll. In diesem Fall darf Ihnen nicht die gesamte Leistung gestrichen werden, sondern nur die beantragten Umzugskosten können ganz oder teilweise abgelehnt werden.

Tipp Sie brauchen nicht mitzuwirken, wenn eine behördlich vorgeschriebene Untersuchung nicht *„in einem angemessenen Verhältnis zu der in Anspruch genommenen Sozialleistung steht"* (§ 65 Abs.1 Nr. 1 SGB I). Wenn also z.B. der Geldbetrag, den Sie bekommen, niedriger ist als die Kosten der Untersuchung. Oder wenn diese z.B. mit einer langen Wegstrecke verbunden oder nur unter großer körperlicher Anstrengung zu bewältigen ist.

1.3 Widerspruch gegen Aufforderung nicht möglich

Die Aufforderung zum Amtsarzt zu gehen, ist kein Verwaltungsakt. Sie können also keinen Widerspruch einlegen.
Sie können aber die Behörde bitten darzulegen, warum die ärztliche Untersuchung erforderlich ist, was festgestellt werden soll und welche Untersuchungen dazu vorgenommen werden sollen. Sie können erklären, dass Sie bis zur Klärung des Sachverhalts den Amtsarzttermin nicht wahrnehmen. Da Sie sich nicht weigern mitzuwirken, sondern zunächst nur wissen wollen, was und warum untersucht werden soll, ist eine Leistungskürzung (⇨2.) nicht zulässig.

Tipp Sollte Ihnen die Behörde wegen fehlender Mitwirkung die Leistung versagen oder einfach nicht zahlen, so entfaltet der ⇨Widerspruch gegen den Versagungsbescheid wegen fehlender ⇨Mitwirkung bei SGB-II-Beziehenden **ab dem 1.8.2016** keine aufschiebende Wirkung mehr (⇨2.).

1.4 Unmöglichkeit einer Untersuchung

Wenn die Mitwirkung – aus welchen Gründen auch immer – nicht möglich ist, sollten Sie das dem Amt gegenüber schriftlich erklären. Das Amt darf Leistungen wegen fehlender Mitwirkung nicht versagen, wenn ein wichtiger Grund vorliegt (§ 65 Abs. 1 Nr. 2 SGB I). *„Unter einem wichtigen Grund sind die die Willensbildung bestimmenden Umstände zu verstehen, die die Weigerung bzw. die Nichterfüllung der Mitwirkungshandlung entschuldigen und sie als berechtigt erscheinen lassen. Dabei sind auch Umstände seelischer, familiärer und sozialer Art zu berücksichtigen"* (LSG Berlin-Brandenburg 5.11.2008 - L 34 B 1982/08 AS ER).

Nicht immer ist bei Betroffenen die Einsicht vorhanden, dass sie unter einer Erkrankung, insbesondere einer psychischen, leiden oder dass eine von Amts wegen angeordnete Untersuchung erforderlich ist. Liegen Anhaltspunkte für Krankheitsuneinsichtigkeit vor, muss die Behörde persönlich beraten (§ 14 SGB I) und im Rahmen des Verhältnismäßigkeitsgrundsatzes prüfen, ob sie nicht auf anderem Weg an die gewünschten Informationen kommen kann. Z.B. kann sie medizinische Berichte bei einem anderen Leistungsträger anfordern (§§ 3 ff. SGB X), den Sachverhalt durch einen Hausbesuch klären oder ggf. gänzlich von der Untersuchung Abstand nehmen. Bei Vorliegen einer psychischen Erkrankung und Krankheitsuneinsichtigkeit darf wegen fehlender Bereitschaft, sich untersuchen zu lassen, **niemals** die Leistung teilweise oder ganz versagt werden.

1.5 Beistand

Auch bei ärztlichen Untersuchungen haben Sie das Recht, einen ⇨Beistand mitzunehmen, und zwar nicht nur bis vor die Tür, sondern auch ins Untersuchungszimmer. Der Arzt entscheidet über Sachverhalte, die Einfluss auf die Leistungen der Behörde haben und arbeitet im Auftrag der Behörde.

1.6 Medizinische Akten und Stellungnahmen

Über medizinische Sachverhalte entscheiden die medizinischen Dienste, nicht Ihr

Sachbearbeiter. Er kann Prüfungsaufträge nur veranlassen. Alle Stellungnahmen von Ärzten oder Krankenhäusern, insbesondere psychologische Stellungnahmen, gehen daher den Sachbearbeiter nichts an. Sie können entsprechende Stellungnahmen direkt an den medizinischen Dienst weitergeben oder in einem verschlossenen Umschlag weitergeben lassen. Der medizinische Dienst kann sich auch Vollmachten geben lassen, die notwendigen Informationen direkt bei den behandelnden Ärzten einzuholen. Auch Sie selbst können sich dort Einsicht in medizinische Gutachten verschaffen (⇨Akteneinsicht).

1.7 Widerspruch gegen Untersuchungsbefunde?

Wenn Sie mit Untersuchungsergebnissen nicht einverstanden sind, können Sie dagegen **keinen** ⇨Widerspruch einlegen, da diese keine Verwaltungsakte sind. Erst wenn es aufgrund der Untersuchungsbefunde zu einer Entscheidung der Behörde kommt, können Sie im Rahmen eines Widerspruchs dagegen vorgehen.

Beispiel: Auf Grundlage einer amtsärztlichen Begutachtung werden bestimmte Tätigkeiten für Sie und Ihre Gesundheit für zumutbar gehalten. Das Jobcenter macht Ihnen entsprechende Arbeitsangebote, die Sie ablehnen, weil Sie Ihrer Ansicht nach körperlich nicht in der Lage sind, diese Tätigkeiten dauerhaft auszuführen. Wenn Sie daraufhin vom Jobcenter sanktioniert werden, können Sie dagegen Widerspruch einlegen und ggf. klagen. Im Rahmen des Widerspruchs haben Sie das Recht auf ⇨Akteneinsicht in das amtsärztliche Gutachten. Im Rahme eines Klageverfahrens kann unter Umständen ein alternatives medizinisches Gutachten gefordert werden. Ein gewichtiges Argument kann dabei die mangelnde fachliche Qualifikation des Amtsarztes sein. So kann ein Allgemeinmediziner ohne Zusatzausbildung psychische, orthopädische, chirurgische, gynäkologische oder geriatrische Sachverhalte in vielen Fällen nicht ausreichend beurteilen.

2. Leistungsversagung, wenn Sie Untersuchungen nicht wahrnehmen

Das Nichterscheinen zu einem angeordneten Untersuchungstermin ist ein Verstoß gegen die ⇨Mitwirkungspflicht (§ 62 SGB I), sofern kein wichtiger Grund vorliegt. Die **Leistung** kann dann **ganz oder teilweise versagt** werden (§§ 66 und 67 SGB I). Wenn Sie die Mitwirkung nachholen, muss die Leistung wieder erbracht werden. Nur die jeweils beantragte Leistung darf bei fehlender Mitwirkung versagt werden, nicht die Gesamtheit der Leistungen. Eine Leistung zu versagen ist nur zulässig, wenn durch die fehlende Mitwirkung *„die* ***Aufklärung des Sachverhaltes erheblich erschwert****"* wird (§ 66 Abs. 1 Satz 1 SGB I). Die Aufklärung nur leicht zu erschweren, darf also nicht zu einer Leistungsversagung führen.

Tipp Ein Widerspruch gegen einen Versagungsbescheid wegen fehlender Mitwirkung entfaltet bei BezieherInnen von Sozialhilfe aufschiebende Wirkung (§ 86a Abs. 1 Satz 1 SGG) bei Beziehenden von Alg II **ab dem 1.8.2016** nicht mehr (§ 39 Satz 1 Nr. 1 SGB II neu). Letztere müssen die aufschiebende Wirkung des ⇨Widerspruchs mit einem Antrag auf ⇨einstweilige Anordnung vom Sozialgericht anordnen lassen.

Alg II

Wenn Alg-II-Beziehende zu einem durch eine **Meldeaufforderung** angeordneten ärztlichen oder psychologischen Untersuchungstermin ohne wichtigen Grund nicht erscheinen, wird der Regelsatz für drei Monate **um 10% gekürzt** (§ 32 Abs.1 SGB II). Das Nichterscheinen gilt als Verstoß gegen die *„allgemeine Meldepflicht"* (§ 59 SGB II i.V. mit § 309 SGB III) Näheres dazu unter ⇨Sanktionen

Tipp Prüfen Sie immer, ob es sich um eine Meldeaufforderung nach § 59 SGB II oder um eine Aufforderung zur Mitwirkung nach § 62 SGB I handelt. Die Rechtsfolgen unterscheiden sich deutlich.

3.1 Erstattung notwendiger Kosten

Werden Sie zu Untersuchungen aufgefordert, hat Ihnen die Behörde die „notwendigen

A

Auslagen" auf Antrag zu ersetzen (§ 65a Abs. 1 SGB I). Darunter fallen vor allem die notwendigen **Reise-** und ⇨**Fahrtkosten** (in der Regel öffentliche Verkehrsmittel), aber auch notwendige Kosten von **Begleitpersonen** (§ 309 Abs. 4 SGB III), **Kinderbetreuungskosten** oder **Dolmetscherkosten**. Aufgrund einer Entscheidung des BSG (6.12.2007 - B 14/7b AS 50/06 R), die zum Kostenersatz bei Meldeaufforderungen nach § 59 SGB II erfolgte, dürfte es nicht länger haltbar sein, kleinere Fahrtkostenbeträge nicht zu übernehmen. Auch diese sind für SGB-II/ SGB-XII-Bezieher erheblich.
Näheres unter ⇨Kostenerstattung

3.2 Kosten für Atteste und Gutachten

Wenn Sie von Ihrer Behörde aufgefordert werden, *„Beweisurkunden"*, z.B. ärztliche Atteste über Ihren Gesundheitszustand oder Gutachten über Erkrankungen etc. vorzulegen, sind Ihnen bzw. den Gutachtern die notwendigen Auslagen für diese Atteste und Gutachten zu erstatten: *„Falls die Behörde Zeugen, Sachverständige und Dritte herangezogen hat, erhalten sie auf Antrag ... eine Entschädigung oder Vergütung; mit Sachverständigen kann die Behörde eine Vergütung vereinbaren."* (§ 21 Abs. 3 Satz 4 SGB X)
Übersteigen die Kosten einer vom Jobcenter geforderten ärztlichen Bescheinigung die Höhe der Attestkosten, die nach der Gebührenordnung für Ärzte regelmäßig übernommen werden, muss das Jobcenter auch für die darüber liegenden Kosten aufkommen (SG Braunschweig 13.1.2016 - S 17 AS 3211/12; Anspruchsgrundlage: § 21 Abs. 3 Satz 4 SGB X i.V. mit § 670 BGB).

Verlangen Jobcenter/ Sozialämter **Übersetzungen** von ausländischen Krankenberichten oder Attesten/ Gutachten, ist zunächst zu prüfen, ob die Übersetzung nicht durch einen Mitarbeiter der Behörde mit Sprachkenntnissen angefertigt werden kann. Ist das nicht der Fall, sind die Übersetzungskosten zu übernehmen. Näheres unter ⇨ Antrag 1.13.1 ff.

Information

Bayerischer Landesbeauftragter für den Datenschutz, Erhebung medizinischer Daten durch Sozialbehörden (www.datenschutz-bayern.de/4/optionskommunen-bericht.html; Zusammenfassung und Pressemitteilung dazu, http://tinyurl.com/jh6f2yn)
Bundesanstalt für Arbeit, Leitfaden für die arbeitsamtsärztliche Begutachtung und Beratung, 2000
GKV-Spitzenverband, Begutachtungsanleitung Arbeitsunfähigkeit (AU), 2011
Beides zu finden auf der Seite des Arbeitskreises sozialmedizinisch interessierter Ärzte e.V. (http://sozialmediziner.de ⇨Arbeitshilfen)

Antragstellung

Inhaltsübersicht:

Eingangsbestätigung auf der Kopie! Keine Originale abgeben!
4. Bewilligung
darunter: Bewilligungszeitraum, Alg II: Weiterbewilligungs- und Folgeantrag, Deckung des Bedarfs erst nach Antragstellung?
5. Antragstellung
darunter: Was müssen Sie mitbringen?
6. Wann darf ein Antrag abgelehnt werden?

Adressen

1. Antrag auf Alg II/Sozialgeld

1.1 Leistungen nur auf Antrag

„Leistungen der Grundsicherung für Arbeitssuchende werden auf Antrag erbracht." (§ 37 Abs. 1 SGB II)

Tipp 1 Aufgepasst beim Ausfüllen des Antragsformulars: Eine Reihe von Fragen müssen Sie gar nicht beantworten. Näheres unter ⇨Datenschutz 2.1.1

Tipp 2 Bevor Ihr Arbeitslosengeld I ausläuft, müssen Sie rechtzeitig einen Antrag auf Alg II stellen, um nahtlos Leistungen zu erhalten. Darauf müssen Sie von der Arbeitsagentur im Rahmen der ⇨**Beratungs**pflicht hingewiesen werden (BA 37.14).

Alg II wird i.d.R. für **12 Monate** bewilligt (§ 41 Abs. 1 S. 4 SGB II). Nach Ablauf des Bewilligungszeitraumes **müssen** Sie einen **Weiterbewilligungsantrag** stellen. Das BSG hat entschieden, dass für jeden Bewilligungszeitraum ein neuer Antrag gestellt werden muss, vorausgesetzt das Jobcenter hat Sie zuvor über die Notwendigkeit eines Weiterbewilligungsantrages **informiert** (18.1.2011 - B 4 AS 99/10 R). Wurde dies versäumt, ist das Jobcenter seinen Beratungs- und Auskunftspflichten nicht nachgekommen (§§ 14 und 15 SGB I). In diesem Fall kann im Rahmen des „sozialrechtlichen Herstellungsanspruchs" ein ⇨**Nachzahlung**sanspruch entstehen (LSG Niedersachen-Bremen 24.2.2015 - L 7 AS 187/14).

Wenn Sie im Haushalt Ihrer Eltern leben, und das **25. Lebensjahr vollendet** haben, müssen Sie einen **eigenen Antrag** auf Alg II **stellen**. Das Jobcenter hat Sie in Rahmen seiner Beratungspflicht darauf hinzuweisen.

1.2 Wer kann Anträge stellen?

Ab dem Alter von 15 Jahren können Personen Anträge auf Sozialleistungen stellen und Sozialleistungen entgegennehmen (§ 36 Abs. 1 Satz 1 SGB I). Der Sozialleistungsträger unterrichtet allerdings die Eltern von Minderjährigen davon (§ 36 Abs. 1 Satz 2 SGB I).

Auch Dritte können für handlungsunfähige Leistungsberechtigte Anträge stellen. Diese sind wirksam, das Amt kann aber die nachträgliche Vorlage einer Vollmacht verlangen (§ 13 Abs. 1 SGB X). Das trifft z.B. zu, wenn Sie akut im Krankenhaus behandelt werden.

1.3 Wo sind Anträge zu stellen?

Informieren Sie sich, bevor Sie einen Antrag stellen, welche Behörde überhaupt **zuständig** ist. In der Regel müssen Sie das über einen Anruf bei der Stadt- oder Kreisverwaltung oder der Arbeitsagentur/ Jobcenter herausfinden. Jede Behörde ist zur Auskunft über die ⇨Zuständigkeit verpflichtet (§ 15 Abs. 2 SGB I).

Haben Sie die zuständige Behörde gefunden darf diese *„die Entgegennahme von Erklärungen oder Anträgen, die in ihren Zuständigkeitsbereich fallen, nicht deshalb verweigern, weil sie die Erklärung oder den Antrag in der Sache für unzulässig oder unbegründet hält"* (§ 20 Abs. 3 SGB X).

Anträge bei unzuständigen Leistungsträgern ⇨1.9

1.4 Wie sind Anträge zu stellen?

Der Antrag ist an keine Form gebunden (§ 9 SGB X, BA 37.1). Als Antrag gilt jede schriftliche, mündliche oder fernmündliche Erklärung, die erkennen lässt, dass Leistungen begehrt werden. Das sollten Sie sich allerdings schriftlich bestätigen lassen. Besser ist es, einen „beweissicheren" schriftlichen Antrag **per Fax** (mit Sendeprotokoll) zu stellen oder ihn **persönlich** gegen **Eingangsbestätigung** bei der Behörde einzureichen. Das ist sicherer, da Sie den Eingang des Antrags bei der Behörde nachweisen müssen, falls er dort verloren geht. Der Antrag gilt mit Eingang beim Amt als gestellt.

Manche SGB-II-Sachbearbeiter meinen, ein Antrag sei erst gestellt, wenn das über 20seitige Antragsformular vollständig ausge-

A

füllt und eingereicht sei. Das ist falsch. Der Eingang des formlos gestellten Antrags gilt als **Datum der Antragstellung**.
Da die Behörde den Sachverhalt von Amts wegen ermitteln muss, ist sie aber berechtigt, von Ihnen im Rahmen Ihrer ⇨**Mitwirkungspflicht** die Verwendung der Antragsformulare zu fordern (§ 60 Abs. 2 SGB I). Hauptzweck der Verwendung von Antragsformularen ist jedoch die Verwaltungsvereinfachung und Erleichterung der Sachverhaltsermittlung. Sind die Antragsformulare **fehlerhaft** oder **unvollständig** ausgefüllt, ist eine Versagen der Leistung wegen fehlender Mitwirkung nicht zulässig (Mrozynski, SGB I, § 60 Rz. 38).
Das SGB I verpflichtet die Behörden zu *„allgemein verständlichen Antragsvordrucken"* (§ 17 Abs. 1 Nr. 3 SGB I). Die Leistungsträger sind auch verpflichtet, den wirklichen Willen des Antragstellers im Rahmen der allgemeinen Beratungspflicht zu erforschen (§ 14 SGB I), den Antrag ggf. entsprechend auszulegen und dafür Sorge zu tragen, dass *„unverzüglich klare und sachdienliche Anträge gestellt und unvollständige Angaben ergänzt werden"* (§ 16 Abs. 3 SGB I; BSG 28.10.2009 - B 14 AS 56/08 ER).

Bei Antragstellenden, die der deutschen Sprache nicht mächtig sind, ist die Verwendung des (deutschen) Antragsformulars nicht erforderlich. Bei dessen Verwendung handelt es sich um eine **Soll**-Vorschrift, von der im Einzelfall abgewichen werden kann (Mrozynski, SGB I, § 60 Rz. 38). Näheres unter ⇨1.13.1

1.5 Rückwirkende Geltung von Anträgen

*„Leistungen der Grundsicherung für Arbeitssuchende werden **nicht** für Zeiten vor der Antragstellung erbracht"* (§ 37 Abs. 2 Satz 1 SGB II), allerdings **wirkt ein Antrag** auf den **Ersten des Monats zurück**, in dem er gestellt wird (§ 37 Abs. 2 S. 2 SGB II).
Von diesem „allgemeinen" Antrag auf SGB-II-Leistungen sind vom Grundsatz her alle weiteren Leistungsansprüche umfasst (Ausnahmen ⇨1.6).

Der **Antrag** auf Leistungen für **Teilhabe** (§ 28 Abs. 7 SGB II; ⇨SchülerInnen 5.1.3) wirkt bei laufendem Leistungsbezug grundsätzlich auf den **Beginn** des **Bewilligungsabschnitts zurück** (§ 37 Abs. 2 Satz 3 SGB II).

1.6 Bestimmte Leistungen müssen extra beantragt werden

Seit 2011 müssen einige Leistungen gesondert beantragt werden. Das betrifft auch die meisten Leistungen für **Bildung und Teilhabe** (§ 37 Abs. 1 SGB II; ⇨SchülerInnen 5.), z.B.
- Ausflüge und mehrtägige Klassenfahrten (§ 28 Abs. 2 SGB II),
- Schülerbeförderungskosten (§ 28 Abs. 4 SGB II),
- Lernförderung (§ 28 Abs. 5 SGB II),
- Mittagsverpflegung (§ 28 Abs. 6 SGB II) und
- Teilhabekosten und Fahrtkosten zur Teilhabe (§ 28 Abs. 7 SGB II),

aber **auch**
- unabweisbarer Bedarf (§ 24 Abs. 1 SGB II; ⇨Einmalige Beihilfen),
- Erstausstattung der Wohnung (⇨Hausrat) und Bekleidung (⇨Kleidung),
- Leistungen bei ⇨Schwangerschaft und Geburt und
- orthopädische Schuhe und Reparatur und Miete von therapeutischen Geräten (§ 24 Abs. 3 SGB II; ⇨Einmalige Beihilfen).
- vorfällige Zahlungen/ Vorschüsse bis 100 € (§ 42 Abs. 2 SGB II neu).

Auch hier wirkt der Antrag i.d.R. auf den Monatsersten zurück.

Sachleistungen bei Sanktionen von mehr als 30% (§ 31a Abs. 3 Satz 1 und 2 SGB II) müssen ebenfalls gesondert beantragt werden. Wenn beim Jobcenter eine Vorsprache mit Hinweis auf akute Mittellosigkeit erfolgt, ist das als Antrag auszulegen.

1.7 Anspruch verwirkt nicht

Ein Antrag auf SGB II gilt auch dann noch, wenn der Anspruch aus dem Grundantrag erst **sechs Monate später** geltend gemacht wird. Die Behörde ist verpflichtet, darauf hinzuwirken, dass klare, sachdienliche Anträge gestellt und unvollständige Angaben ergänzt werden (§ 16 Abs. 3 SGB I). Im Zweifel hat das Jobcenter den Antragsteller über die Mitwirkungspflichten aufzufordern, den Antrag zu vervollständigen (BSG 28.10.2009 - B 14 AS 56/08 R).

1.8 Sozialrechtlicher Herstellungsanspruch ersetzt Antrag

Das Jobcenter hat wie alle anderen Sozialleistungsträger die Pflicht zur ⇨**Beratung** und zur ⇨**Auskunft**. Wird diese Pflicht verletzt und Sie haben in Folge dessen keinen oder keinen vollständigen Antrag gestellt, müssen Sie so gestellt werden, als hätten Sie rechtzeitig einen Antrag gestellt (LSG Niedersachsen-Bremen 24.2.2015 - L 7 AS 187/14). Das entspricht der Rechtsprechung des Bundessozialgerichts. Voraussetzung ist eine Pflichtverletzung (keine Information über offensichtliche Ansprüche), die Rechtswidrigkeit der Pflichtverletzung, eine fehlende gesetzliche Regelung der Rechtsfolgen der Pflichtverletzung, ein Schaden, die Verursachung des Schadens durch die Pflichtverletzung und die Möglichkeit, den Schaden durch eine Korrektur der Amtshandlung zu beheben (SG Augsburg 6.9.2005 - S 1 AS 228/05; vgl. BSG 05.08.1999 - B 7 AL 38/98 R).

Der sozialrechtliche Herstellungsanspruch hat für Alg-II-Beziehende eine große Bedeutung, weil die Beratungsfehler bei den Jobcentern so zahlreich sind wie nie zuvor. Außerdem haben Sachbearbeiter/ Arbeitsvermittler eine weitgehende Beratungs- und Aufklärungspflicht auch über den jeweiligen Anlass der Beratung hinaus (Eicher, § 4 Rz. 8; BSG 27.7.2004 - B 7 SF 1/03 R; LSG Bayern 27.2.2014 - L 7 AS 642/12, zur Pflicht des Leistungsträgers unaufgefordert zu beraten).

Mit dem Neunten SGB-II-Änderungsgesetz wurde **ab 1.8.2016** der Anspruch auf Beratung gestärkt. Die Beratung wurde in den Leistungskatalog der Grundsicherung aufgenommen (§ 1 Abs. 3 Satz 1 Nr. 1 SGB II neu). *„Art und Umfang der Beratung richten sich nach dem Beratungsbedarf der leistungsberechtigten Person“* (§ 14 Abs. 2 SGB II neu) Offensichtlich erkennt der Gesetzgeber an, dass ALG-II-Beziehende in besonderem Maße beratungsbedürftig sind und die Akzeptanz der Rechte und Pflichten von dem Wissen darüber abhängt. Mit diesem gestärkten Beratungsanspruch wird bei fehlerhafter oder unterlassener Beratung auch der sozialrechtliche Herstellungsanspruch an sich gestärkt. Sie müssen ihn „nur“ i.d.R. vor dem Sozialgericht durchsetzen.
Näheres unter ⇨**Nachzahlung 1.**

1.9 Rückwirkende Antragstellung bei Ablehnung einer anderen Sozialleistung

Haben Sie keinen Alg-II-Antrag gestellt, weil Sie eine andere Sozialleistung (z.B. Alg I, ⇨Kinderzuschlag, ⇨Wohngeld usw.) beantragt haben und wird dieser Antrag abgelehnt, wirkt ein Antrag auf Alg II maximal ein Jahr zurück (§ 40 Abs. 7 SGB II neu i.V. mit § 28 Satz 1 SGB X). Voraussetzung dafür ist: Sie stellen den Antrag *„unverzüglich **nach Ablauf des Monats**, in dem die Ablehnung oder Erstattung der anderen Leistung **bindend** geworden ist“* (§ 40 Abs. 7 SGB II neu).

Bei anderen Sozialleistungen gilt nach § 28 SGB X für diese sogenannte *„wiederholte Antragstellung“* eine **Sechsmonatsfrist**.

Beispiel
Sie stellen am 1.6. einen Antrag auf Alg I. Mit Bescheid vom 6.10. wird der Alg-I-Antrag abgelehnt, weil Sie nicht lange genug sozialversicherungspflichtig beschäftigt waren. Die Entscheidung wird am 9.11. bindend, da Sie keinen ⇨Widerspruch eingelegt haben. Wenn Sie **bis Ende November** einen Antrag auf Alg II stellen (das machen Sie besser schon früher), wirkt dieser Antrag auf den 1.6. zurück, d.h. Sie werden so gestellt, als hätten Sie den Antrag auf Alg II schon am 1.6 gestellt.

Das gilt auch, wenn Sie z.B. einen Kinderzuschlag bewilligt bekommen haben, ihn aber wegen nachträglich geänderter Einkommensverhältnisse erstatten müssen und der Bescheid zurückgenommen wurde. Wenn Sie dann rechtzeitig einen Antrag auf Alg II stellen, wirkt dieser ein Jahr zurück (BA 37.28).

Haben Sie anstelle des Antrags auf *„wiederholte Antragstellung“* unwissentlich einen Überprüfungsantrag nach § 44 SGB X gestellt (⇨Nachzahlung 3.1), ist dieser von Amts wegen entsprechend umzudeuten, auch wenn dies ausdrücklich nicht beantragt wurde (BSG 19.10.2010 - B 14 AS 16/09 R).

Tipp Wurde ein Antrag auf andere Sozialleistungen abgelehnt, sollten Sie prüfen, ob Sie nicht einen rückwirkenden Anspruch auf

Alg II haben. Auch wenn die meisten Jobcenter vorgeben, diesen Paragrafen nicht zu kennen, es gibt ihn!

1.10 Grundsatz der „Meistbegünstigung“

Neben der wiederholten Antragstellung gibt es im sozialrechtlichen Verfahren den Grundsatz der Meistbegünstigung. Danach stellt ein Antrag eine einseitige, „empfangsbedürftige“ öffentlich-rechtliche Willenserklärung dar. Auf diese werden mangels speziellerer sozialrechtlicher Regelungen die Vorschriften des Bürgerlichen Gesetzbuches (BGB) angewendet (BSG 17.7.1990 - 12 RK 10/89, Rz. 20). Es ist durch Auslegung zu ermitteln, welche Leistungen der Antragsteller begehrt. Hierbei ist nach dem Grundsatz der Meistbegünstigung zu entscheiden (BSG 21.7.1977 - 7 Rar 132/75, Rz. 24). Es ist davon auszugehen, dass der Hilfebedürftige auch die Leistung beantragt, die ihm nach der Rechtslage zusteht und von der er den größten Nutzen hat, sofern er nicht ausdrücklich anderes zu erkennen gibt (BSG 26.8.2008 - B 8/9b SO 18/07 R; SG Berlin 25.11.2009 - S 160 AS 7256/08; SG Berlin 19.12.2008 - S 37 AS 17404/07).

Allerdings beinhaltet z.B. ein Alg-I-Antrag nicht automatisch einen Alg-II-Antrag (BSG 02.04.2014 - B 4 AS 29/13 R), da es sich um einen *„expliziten Antrag“* auf Alg I handelt. Würde aber auf dem Alg-I-Antrag handschriftlich ergänzt werden, *„es wird diese und jede andere in Frage kommende Sozialleistung beantragt“*, dann schon.

1.11 Antrag bei unzuständigen Leistungsträgern/Gemeinden

Anträge auf Alg II können auch bei unzuständigen Leistungsträgern (nach §§ 18-29 SGB I) gestellt werden. Darunter fallen Träger der Kranken-, Unfall-, Arbeitslosen- oder Rentenversicherung, Wohngeldstellen, Jugendämter, Leistungsträger für Kindergeld, Elterngeld usw. (§ 16 Abs. 2 Satz 1 SGB I).

„Ist die Sozialleistung von einem Antrag abhängig, gilt der Antrag als zu dem Zeitpunkt gestellt, in dem er ... [bei einer unzuständigen Stelle] eingegangen ist.“ (§ 16 Abs. 2 Satz 2 SGB I) Dazu zählen bei Städten und Gemeinden auch der Bürgermeister, das Rathaus/ Bürgerbüro oder kommunale Außenstellen (BSG 20.6.2016 - B 8 SO 5/15 R, Rz. 11).

Die Anträge sind unverzüglich an die zuständige Behörde weiterzuleiten. Wenn Sie z.B. bei der Arbeitsagentur einen Antrag auf die Übernahme von Bestattungskosten stellen, muss diese den Antrag an das Sozialamt weiterleiten und Sie darüber informieren.

Für EU-Bürger und Flüchtlinge in EU-Ländern gilt zudem, das Anträge, Erklärungen oder Rechtsbehelfe bei jeder Behörde, einem Träger oder einem Gericht eines anderen Mitgliedstaats eingereicht werden können (§ 30 Abs. 2 SGB I i.V. mit Art. 81 Satz 1 VO (EG) 883/2004; ⇨1.13.3).

Es ist rechtswidrig, einen Antrag wegen Unzuständigkeit abzulehnen. Genauso rechtswidrig ist es, einen Antrag wegen Unzuständigkeit nicht an die zuständige Behörde weiterzuleiten (SG Düsseldorf 20.4.2006 - S 35 AS 102/06 ER).

Wenn das Jobcenter einen Antrag, für den das Sozialamt zuständig ist, wegen Unzuständigkeit zurückweist und ihn nicht an das Sozialamt weiterleitet, ist es verpflichtet Ihnen *„in diesem Fall als der zuerst angegangene Leistungsträger Leistungen vorläufig zu erbringen“* (SG Düsseldorf, ebenda, mit Verweis auf § 43 Abs. 1 SGB I.).

Allerdings umfasst die Pflicht zur Entgegennahme und Weitergabe bei unzuständigen Leistungsträgern/ Gemeinden **nur Anträge**. Wenn allerdings für den Antrag erforderliche Unterlagen nachgereicht werden, wie Kontoauszüge zum Nachweis der Hilfebedürftigkeit, Unterlagen über Einkommen und Vermögen oder eine Kopie des Personalausweises, dann umfasst die Pflicht zur Entgegennahme und Weiterleitung **auch diese** mit der Antragstellung verbundenen Dokumente.

1.12 Alg-II-Antrag umfasst fast alle Leistungen

Haben Sie Alg-II-Leistungen beantragt, haben Sie Anspruch auf alle Leistungen, die Ihnen nach dem SGB II zustehen. Diese können bis zu einem Jahr rückwirkend geltend gemacht werden (§§ 40 Abs. 1 Satz 2 SGB II; § 48 Abs. 1 Satz 2 Nr. 1 SGB X), gerechnet ab Beginn des Jahres in dem der rückwirkende Anspruch festgestellt wird. Dazu gehören z.B. Betriebs- oder Heizkostennachforderungen die während des Leistungsbezugs entstanden sind (BSG 22.3.2010 - B 4 AS 62/09; 16.5.2007 - B 7b AS 40/06 R), i.d.R. ein Zuschlag für einen ⇨Mehrbedarf oder die Übernahme der tatsächlichen Unterkunftskosten (BA 37.4).

Allerdings entschied das BSG, dass der Mehrbedarf für kostenaufwendige Ernährung nicht rückwirkend geltend gemacht werden kann (BSG 20.2.2014 - B 14 AS 65/12 R).

Tipp Wurden o.g. Leistungen vorenthalten, können Sie einen Überprüfungsantrag stellen und die betreffenden Bescheide überprüfen lassen (§ 44 SGB X; ⇨Nachzahlung 3.1).

Seit 2011 müssen manche Leistungen gesondert beantragt werden (⇨1.6).

1.12.1 Ein Antrag für alle Mitglieder der Bedarfsgemeinschaft – oder auch nicht?

Das Jobcenter vermutet, dass der oder die Antragstellende bevollmächtigt ist, für alle Mitglieder der Bedarfsgemeinschaft SGB-II-Leistungen zu beantragen und entgegenzunehmen (§ 38 Abs. 1 SGB II). Demnach genügt ein Antragsteller für alle.

Diese Vermutung gilt solange, *„soweit dem Anhaltspunkte nicht entgegenstehen“* (§ 38 Abs. 1 Satz 1 SGB II). Sobald ein Mitglied der Bedarfsgemeinschaft sich beim Jobcenter beklagt, dass die ihm zustehenden Leistungen nicht bei ihm ankommen, ergibt sich ein solcher *„Anhaltspunkt“*. Jetzt muss der Sachverhalt ermittelt werden und das Jobcenter muss ggf. anbieten die Leistungen direkt zu zahlen. Betroffene können dies auch beantragen. Ist die Vermutung der Bevollmächtigung widerlegt, sind die Leistungsansprüche für jedes nicht vertretene Mitglied separat zu bescheiden und zu überweisen (BA 38.9).

Wenn das Geld bei einer Person nicht ankommt, hat diese einen Direktzahlungsanspruch, auch wenn Sachbearbeiter dies wegen des damit verbundenen Aufwands nur ungern machen.

1.13 „Amtssprache Deutsch“ – Dolmetscher, Übersetzungen

Mit dem Hinweis auf die *„Amtssprache Deutsch“* wird in deutschen Amtsstuben regelmäßig das Sprechen in anderen Sprachen abgelehnt, selbst wenn sie auf dem Amt gesprochen werden (§19 Abs. 1 Satz 1 SGB X). Diese Norm wird häufig missbräuchlich und rigoros angewendet. Dabei gäbe es durchaus Spielräume:

- Ist ein formloser Antrag auf eine Sozialleistung gestellt worden, hat die Behörde von Amts wegen den Antrag zu vervollständigen (§16 Abs. 3 SGB I). Sind Antragsformulare in anderen Sprachen vorhanden, hat der Leistungsträger darauf zu verweisen. Die BA hält Alg-II-Anträge z.B. in einer Reihe von Sprachen vor.
- Im Rahmen der Beratungs- und Auskunftspflicht (§§14 und 15 SGB I) **darf** ein Behördenmitarbeiter, der über die nötigen Sprachkenntnisse verfügt, jederzeit die Muttersprache des ausländischen Antragstellers verwenden (BSG 24.4.1997 - 11 Rar 89/96; VwVfG Kommentar, § 23 Rz. 34).
- Bei fremdsprachlichen Anträgen und Dokumenten ist eine Übersetzung nur dann zu verlangen *„insofern [die Behörde] nicht in der Lage ist, Anträge und Dokumente zu verstehen“* (§ 19 Abs. 2 Satz 1 SGB X). Diese Norm ist selbstverständlich im Rahmen der weiten Auslegung sozialer Rechte (§ 2 Abs. 2 SGB I) auch auf Gespräche anzuwenden. D.h. die Behörde hat zunächst zu prüfen, ob sie über einen hinreichend qualifizierten Mitarbeiter mit entsprechenden Sprachkenntnissen verfügt. Damit könnte das Mitbringen eines Dolmetschers oder die Anfertigung von Übersetzungen vermieden werden.

Tipp: Viele Wohlfahrtsverbände und Beratungsstellen bieten Behördendolmetscherdienste an, fragen Sie bei den örtlichen Migrationsberatungsstellen an.

1.13.1 Vorlage von Dokumenten

Werden in einer fremden Sprache Anträge, Eingaben, Belege und Urkunden vorgelegt, muss die Behörde diese zunächst entgegen nehmen (§ 20 Abs. 3 SGB X).

Die Behörde soll eine Übersetzung vom Betroffenen einfordern (§ 19 Abs. 2 Satz 1 SGB X). Diese

A

Übersetzung hat im Regelfall nicht über einen beeidigten Dolmetscher zu erfolgen, sie kann auch von einen Bekannten, Freund oder Familienangehörigen angefertigt werden (juris PK-SGB X, § 19 Rz. 31). Das ist für den Antragsteller nicht mit Kosten verbunden.
Wird ein Dokument in einer *„gängigen Fremdsprache"* vorgelegt, dessen Inhalt *„ohne größere Schwierigkeiten les- und verstehbar ist"* soll das Dokument sogar ohne Übersetzung berücksichtigt werden (VG Frankfurt 5.6.1994 - 5G41143/94.A, in Bezug auf Englisch).

1.13.2 Übersetzungen/Dolmetscher bei EU-Bürgern im Rahmen der Arbeitnehmerfreizügigkeit

Im Rahmen der Freizügigkeit innerhalb der EU können Arbeitnehmer in jedem Mitgliedsland eine Beschäftigung ohne Beschränkung aufnehmen. *„Für diesen Personenkreis soll ... der Zugang zu den Beratungs- und Sozialleistungen der BA nicht durch Sprachbarrieren erschwert werden. Daher können Dolmetscher- und Übersetzungsdienste im erforderlichen Umfang in Anspruch genommen werden."* (BA, HEGA 05/11 – 08, zugehörige Information 201511027, 19.11.2015, http://tinyurl.com/zocbpv4)
Sonderregeln des internationalen Rechts haben Vorrang vor nationalem Recht (§ 30 Abs. 2 SGB I). Im EU-Recht gibt es eine Reihe von Regelungen zur Anerkennung der Sprachen eines anderen Mitgliedslandes im jeweiligen Inland. Diese ordnen an, dass der Gebrauch der Sprache in einem anderen Mitgliedsland ohne Nachteil bleiben muss (EWG-VO 1408/71; EG-VO Nr. 883/2004, Abl EU L 166/1).

Weiterhin besteht ein Anspruch auf Übersetzungsdienstleistungen für EU-Bürger, die innerhalb der Gemeinschaft zu- und abwandern. Danach gehört es zu den Aufgaben der Verwaltungskommission der EU, auf Antrag der Bürger kostenlose Übersetzungen aller Unterlagen der zuständigen Behörden, Träger und Gerichte, die sich auf die Anwendung der Verordnung „soziale Sicherheit" beziehen, anzufertigen; insbesondere die Übersetzung der Anträge von Personen, die nach dieser Verordnung anspruchsberechtigt sind (Art. 81 der Verordnung (EWG) Nr. 1048/71 des Rates über die Anwendung der Systeme der sozialen Sicherheit auf Arbeitnehmer und Selbständige sowie deren Familienangehörige; HEGA 05/11 - 08).

Tipp Lassen Sie sich im Jobcenter zu diesem kostenlosen Übersetzungsdienst der EU-Verwaltung beraten.

1.13.3 Übersetzungen/Dolmetscher für Flüchtlinge

Auch *„Staatenlose und Flüchtlinge mit Wohnort in einem Mitgliedstaat ... sowie ... ihre Familienangehörige und Hinterbliebene"* (Art. 2 Abs. 1 der VO (EWG) Nr. 883/2004) haben wie EU-Bürger Anspruch auf Dolmetscher- und Übersetzungsleistungen bzw. die Übernahme der hierdurch entstehenden Kosten.
Manche Jobcenter halten sich bereits daran, wenn glaubhaft gemacht wird, dass Formulare und Informationsschreiben nicht verstanden werden und Selbsthilfemöglichkeiten innerhalb der Familie oder im sozialen Umfeld nicht vorhanden sind. (Näheres unter http://tinyurl.com/gqpocvn)

1.13.4 Übersetzungskosten im Rahmen des Vermittlungsbudgets

Kosten für die Übersetzung von Zeugnissen, Abschlüssen, Arbeitsbescheinigungen können, bei erwerbsfähigen Leistungsberechtigten, auch aus dem ⇨Vermittlungsbudget übernommen werden (§ 16 Abs. 1 SGB II i.V. mit § 44 SGB III), wenn sie der Integration auf dem Arbeitsmarkt dienen.

1.13.5 Übersetzungen/Dolmetscherkosten in anderen Fällen

Dolmetscherkosten können auch in außergewöhnlichen Bedarfslagen entstehen, z.B. im Rahmen von Psychotherapien von traumatisierten Menschen. Als Anspruchsgrundlage für die Übernahme solcher Kosten im SGB II kommt der Mehrbedarf für laufende atypische Bedarfe in Betracht (§ 21 Abs. 6 SGB II; ⇨Härtefallregelung). Im SGB XII könnten diese Kosten über eine individuelle Erhöhung des Regelsatzes gedeckt werden (§ 27a Abs. 4 Satz 1 SGB XII) oder über die Hilfe in sonstigen Lebenslagen (§ 73 SGB XII; SG Hildesheim 1.12.2011 - S 34 SO 217/10).

2. Antrag auf Sozialhilfe

2.1 HzL der Sozialhilfe ab Kenntnis der Notlage

„Die Sozialhilfe ... setzt ein, sobald dem Träger der Sozialhilfe oder der von ihm

beauftragten Stelle bekannt wird, dass die Voraussetzungen für die Gewährung vorliegen." (§ 18 Abs. 1 SGB XII)
Wenn Sie Ihrem Sachbearbeiter von Ihrer Notlage berichten oder dieser von Dritten davon erfährt, ist dem Sozialamt bekannt, dass die Voraussetzungen für die Gewährung vorliegen. Das Sozialamt darf sich nicht damit herausreden, dass kein Antrag gestellt wurde. *„Die Behörde ermittelt den Sachverhalt von Amts wegen."* (§ 20 Abs. 1 SGB X) Ab dem Tag des Bekanntwerdens besteht der Leistungsanspruch. Eine rückwirkende Leistungsgewährung ist ausgeschlossen, da die Prinzipen der Sozialhilfe vorgeben, dass *keine Hilfe für die Vergangenheit* geleistet wird (Grube/Wahrendorf, SGB XII, § 18 Rz. 29.).

Erfolgt die mündliche Mitteilung über die Bedürftigkeit bei einem Sozialarbeiter des kommunalen Sozialdienstes oder des Jugendamtes usw., wird dort *„bekannt"*, dass Sozialhilfe beansprucht wird (§ 18 Abs. 1 SGB XII). Das gilt auch, wenn Sie Sozialhilfe beim Jobcenter, bei einem nicht zuständigen Sozialamt, einer nicht zuständigen Gemeinde oder z.B. der Betreuungsstelle des Kreises (SG Frankfurt/M 27.9.2013 - S 30 SO 138/11) beansprucht haben. Dann *„sind die darüber bekannten Umstände dem zuständigen Träger der Sozialhilfe ... unverzüglich mitzuteilen"* (§ 18 Abs. 2 SGB XII). Das Sozialamt muss von dem Tag an zahlen, an dem einer nicht zuständigen Behörde bekannt wurde, dass Sie Sozialhilfe beansprucht haben (§ 18 Abs. 2 Satz 2 SGB XII).

2.2 Sicherheitshalber immer einen Antrag stellen

Sie sollten sich nicht darauf verlassen, dass Ihre Notlage dem Amt ohne Antrag bekannt wird oder dass der § 18 SGB XII (⇨2.1) dem Amt bekannt ist. Stellen Sie möglichst immer einen Antrag.

Tipp Warten Sie mit der Antragstellung nicht, bis Sie einen Sachbearbeiter erreichen und einen Termin vereinbaren können. Das kann dauern. Stellen Sie den Antrag **schriftlich** (mit Datum) und **formlos** schon vor Ihrem Termin. Geben Sie ihn am besten gegen Eingangsbestätigung beim Pförtner im Beisein eines Zeugen ab oder übersenden Sie diesen per Fax (mit Sendebericht).

2.3 Anspruch auf rückwirkende Sozialhilfeleistung?

Näheres unter ⇨Nachzahlung 3.4

2.4 GSi der Sozialhilfe: Antrag erforderlich

Die Grundsicherung im Alter und bei Erwerbsminderung (GSi) ist als einzige Leistung der Sozialhilfe von einem Antrag abhängig (§ 41 Abs. 1 SGB XII). Der Antrag wirkt auf den **Ersten** des Antragsmonats zurück (§ 44 Abs. 2 Satz 1 SGB XII).
Da GSi antragsabhängig ist, gelten die Regelungen der *„wiederholten Antragstellung"* wie beim Alg II (⇨1.9). Genauso gibt es auch einen sozialrechtlichen Herstellungsanspruch, wenn ein Antrag auf GSi wegen mangelnder Beratung oder falscher Auskünfte nicht gestellt wurde (⇨1.8) und die Möglichkeit, einen ⇨Überprüfungsantrag nach § 44 SGB X zu stellen (⇨Nachzahlung 3.4).

Anders als beim Alg II, muss bei der GSi **kein Weiterbewilligungsantrag** gestellt werden. Der einmal gestellte Grundantrag wirkt über die jeweiligen Bewilligungszeiträume von 12 Monaten hinaus fort (BSG 20.9.2009 - B 8 SO 13/08 R). In der Regel bekommen Sie dennoch einen Antrag zur Weiterbewilligung zugeschickt um abzufragen, ob Änderungen eingetreten sind.

Entstehen innerhalb eines Bewilligungszeitraums die **Anspruchsvoraussetzungen** z.B. auf einen atypischen Bedarf (⇨Härtefall) oder Mehrbedarf wegen ⇨Krankenkost **neu**, müssen Sie dies der Behörde mitteilen. Der Anspruch gilt dann erst ab Kenntnis des Trägers (BSG 20.4.2016 - B 8 SO 5/15 R). Sie können sich in diesem Fall nicht auf die Dauerwirkung Ihres Grundantrages berufen.

3. Antragsverfahren

3.1 Vorleistungspflicht bei Zuständigkeitsstreitigkeiten

Wenn sich Jobcenter, Sozialamt oder andere Ämter über die Zuständigkeit streiten, ist die Behörde, bei der Sie den Antrag zuerst gestellt haben, zur Vorleistung verpflichtet.

Sie erbringt die Leistungen vorläufig, bis die Behörden sich geeinigt haben, wer zuständig ist. Sie müssen dann, wenn beide Sie wegschicken, bei der Behörde, die Sie zuerst angegangen haben, die **Vorleistung beantragen** (§ 43 Abs. 1 Satz 2 SGB I). Lassen Sie sich nicht abwimmeln, die Vorleistungspflicht beginnt ab Antragstellung!
Näheres unter ⇨Zuständigkeit

3.2 Anträge sind schnell zu bearbeiten

*„Die Leistungsträger **sind verpflichtet, darauf hinzuwirken**, dass ... jeder Berechtigte die ihm zustehenden Sozialleistungen in zeitgemäßer Weise, umfassend und **zügig erhält**."* (§ 17 Abs. 1 SGB I) *„Das Verwaltungsverfahren ist einfach, zweckmäßig und zügig durchzuführen."* (§ 9 Satz 2 SGB X)
Zügig heißt nicht, bei Mittellosigkeit zwei, drei Wochen auf Geld zu warten oder, wie es bei den Jobcentern häufiger vorkommt, Monate. *„Die Bearbeitung eines auf die Bewilligung von Regelsatzleistungen gerichteten Hilfeantrags, ..., duldet keinen Aufschub und ist wegen des existentiellen Gewichts einer schnellen und wirksamen Bearbeitung baldmöglichst abzuschließen. ... Dem Hilfesuchenden kann nicht zugemutet werden, bis zum Abschluss der Ermittlungen ... auf das für seinen Lebensunterhalt Notwendige zu verzichten."* (BVerWG 23.6.1994, IDAS 1/95, I.2.1)
Bei einer gegenwärtigen Notlage ist *„**sofort und ohne jeden Aufschub**"* zu zahlen (VGH Hessen, FEVS 57,156).

3.3 Anspruch auf einen Vorschuss

Wenn Sie einen Anspruch auf eine Sozialleistung haben und die Behörde für die Berechnung zu lange braucht, haben Sie Anspruch auf einen Vorschuss. Die Behörde *„hat Vorschüsse ... zu zahlen, wenn der Berechtigte es beantragt"* (§ 42 Abs. 1 Satz 2 SGB I). Der Vorschuss **muss** spätestens einen Kalendermonat nach Eingang Ihres Antrags gezahlt werden. Es **kann** Ihnen aber auch vorher ein Vorschuss gezahlt werden. Es ist unzumutbar, einen Monat ohne Geld auskommen zu müssen. Wenn Sie mittellos sind, reduziert sich das **Ermessen auf null**.
Die Gewährung von ⇨**Sachleistungen** als Vorschuss ist im Rahmen einer Antragstellung nicht zulässig.
Verweise auf ergänzende Angebote der Wohlfahrtsverbände oder Lebensmitteltafeln sind rechtswidrig (SG Bremen 20.3.2009 - S 26 AS 528/09 ER). Der Verweis auf einen Bankkredit ist nicht zumutbar (OVG Hessen, FEVS 57, 156).

Alg II

3.3.1 Anspruch auf Vorschuss abgeschafft?

Mit dem Neunten SGB-II-Änderungsgesetz wurden **ab 1.8.2016** neue Regelungen zur vorläufigen Entscheidung über Leistungen eingeführt (§ 41a SGB II neu; ⇨Bescheid 3.5 ff.). Nach Ansicht der Bundesregierung werden infolge dessen *„Vorschuss und vorläufige Entscheidung ... für den Bereich der Grundsicherung für Arbeitsuchende spezialgesetzlich in einer Vorschrift zusammengefasst."* (BT-Drs. 18/8041, 52). Die BA vertritt deshalb in ihren Fachlichen Hinweisen die Auffassung, die bisherige Vorschussleistung (§ 42 SGB I) sei im SGB II nicht mehr anzuwenden (BA 41a.1).
Allerdings wurde der Vorschuss im SGB II **nicht per Gesetz abgeschafft**. Nach wie vor regelt § 37 Satz 1 SGB II, dass hier das SGB I anzuwenden ist. Deshalb ist unserer Auffassung nach **ein Vorschuss** auch **weiterhin zu gewähren**, insbesondere bei Mittellosigkeit, wenn einen Monat nach Antragstellung weder Leistungen bewilligt noch erbracht wurden (⇨3.3).

3.3.2 *„Vorzeitige"* Erbringung von Leistungen: 100-€-Vorschuss

Ab dem 1.8.2016 wurde ein Anspruch auf einen „Mini-Vorschuss" gesetzlich eingeführt. *„Auf Antrag der leistungsberechtigten Person können durch Bewilligungsbescheid festgesetzte, zum nächsten Zahlungszeitpunkt fällige Leistungsansprüche vorzeitig erbracht werden."* (§ 42 Abs. 2 Satz 1 SGB II neu) In einer Bedarfsgemeinschaft können auf Antrag auch mehrere Personen diese vorläufig Leistung erhalten, der Anspruch ist auf maximal 100 € pro Person begrenzt. Beim Antrag, den jede Person i.d.R. für sich stellen muss, ist eine Notwendigkeit des Vorschusses zu begründen. (BA 42.2)
Der „Mini-Vorschuss" verringert den Auszahlungsanspruch im Folgemonat, ist das nicht mehr möglich, im Monat danach (§ 42 Abs. 2 Satz 3 - 4 SGB II neu).

Die vorzeitige Leistung ist ausgeschlossen, wenn im folgenden Monat bereits eine Aufrechnung zu erwarten ist, der Leistungsanspruch durch eine Sanktion gemindert ist oder der „Mini-Vorschuss“ bereits in einem der vorangegangenen zwei Kalendermonate in Anspruch genommen wurde (§ 42 Abs. 2 Satz 5 Nr. 1 - 3 SGB II neu).

Kritik
Mit dem „Mini-Vorschuss“, der Leistungsberechtigten i.d.R. im Folgemonat in voller Höhe abgezogen wird, ist die Bedarfsunterdeckung vorprogrammiert: Die Notlage wird in die nahe Zukunft verschoben. Die Bundesregierung verfolgt damit offensichtlich das Ziel, Darlehensgewährung vor allem für einen vom Regelsatz umfassten, unabweisbaren Bedarf (§ 24 Abs. 1 SGB II; ⇨einmalige Beihilfe) drastisch einzuschränken. Die bestehenden Darlehensregeln gewährleisten aber immerhin einen gewissen Schutz vor Unterdeckung, weil die Aufrechnung auf 10% des Regelsatzes der darlehensnehmenden Person begrenzt ist.
Die vorzeitige Leistungserbringung ist für Jobcenter attraktiv, weil sie den „Mini-Vorschuss“ zeitnah und ohne Aufrechnung zurückbekommen. Daher ist zu erwarten, dass Leistungsberechtigte vermehrt darauf verwiesen werden und reguläre Darlehen versagt bekommen. Die Neuregelung schließt auch in Zukunft Darlehen nach bestehendem Recht nicht aus, es wird aber schwerer, sie durchzusetzen.

Tipp Beantragen Sie schriftlich ein Darlehen und begründen Sie dies mit dem Schutz vor Bedarfsunterdeckung, sobald der Bedarf, den Sie decken müssen, unabweisbar ist und die monatliche Aufrechnungsrate von 10% des Regelsatzes (ca. 40 € bei Alleinstehenden) deutlich übersteigt.

Alg II, HzL/GSi der Sozialhilfe

3.4 Behörden müssen ausreichendes Personal haben

Die Leistungsträger sind verpflichtet, *„darauf hinzuwirken, dass ... die zur Ausführung von Sozialleistungen erforderlichen Dienste und Einrichtungen rechtzeitig und ausrechend zur Verfügung stehen“* (§ 17 Abs. 1 Nr. 2 SGB I).
Bei vielen Alg-II-Behörden ist das auch zwölf Jahre nach der Einführung von Hartz IV immer noch nicht der Fall. Sie bearbeiten wachsende Fallzahlen mit demselben oder sogar mit weniger Personal. 300 bis 400 Leistungsberechtigte, die ein Sachbearbeiter bearbeiten muss, sind längst keine Ausnahme.

3.5 Ortswechsel: Pflicht zur vorrübergehenden Weiterleistung

„Hat die örtliche Zuständigkeit gewechselt, muss die bisher zuständige Behörde die Leistungen noch solange erbringen, bis sie von der nunmehr zuständigen Behörde fortgesetzt werden.“ (§ 2 Abs. 3 SGB X). Laut BA-Weisungsrecht nur für 30 Tage (BA 36.16). Das wäre allerdings rechtswidrig, wenn der neue Leistungsträger länger zur Leistungsgewährung benötigt.

3.6 Was tun, wenn ein Antrag nicht schnell bearbeitet wird?

Schlagen Sie bei ⇨Untätigkeit nach, beantragen Sie ggf. einen **Vorschuss** (⇨3.3) oder vorläufige Leistungen (§ 43 SGB I). Bringt das alles nichts und sind Sie ohne Mittel, um Ihre Existenz zu sichern, können Sie beim Sozialgericht eine **⇨einstweilige Anordnung** beantragen.

3.7 Anträge schriftlich stellen!

Anträge auf Sozialleistungen können Sie schriftlich oder mündlich stellen; **schriftlich ist sicherer**.
Die SachbearbeiterInnen sind verpflichtet, jeden schriftlichen Antrag zu den Akten zu nehmen und zu bearbeiten (§ 20 Abs. 3 SGB X).

Tipp Verlangen Sie am besten gleich bei der Antragstellung einen schriftlichen ⇨Bescheid.

3.8 Eingangsbestätigung auf der Kopie!

Oft verschwinden Anträge. Wir empfehlen deshalb, von Ihrem Antrag immer eine Kopie oder Abschrift zu machen. Lassen Sie sich auf der Kopie mit Datum und Stempel den Eingang des Antrags von einem Sachbear-

beiter, einem Pförtner oder der Poststelle der Behörde bestätigen. Das ist der sicherste Zugangsnachweis und Sie behalten den Überblick über Ihre Anträge.
Sie können auch einen Zeugen mitnehmen, der bestätigen kann, dass Sie den Antrag gestellt bzw. eingeworfen haben. Von Einschreiben mit Rückschein ist abzuraten, da zu teuer und im Zweifelsfall nutzlos. Besser ist eine Faxübersendung (mit Sendebericht). Das wird als Zugangsbeweis anerkannt (SG Duisburg 3.12.2010 - S 38 AS 676/10). Sicherheitshalber sollten Sie den Antrag parallel noch einmal per Post übersenden.

Eine Umfrage über „Kundenzufriedenheit" bei Wuppertaler Alg-II-Beziehenden im Jahr 2009/ 2010 hat ergeben, dass fast 45% aller Befragten **mehr als drei Mal** Erfahrungen mit dem Verlust von eingereichten Unterlagen gemacht haben (http://www.frank-jaeger.info/fachinformationen/Bericht-Umfrage.pdf/view, 18 ff.). Dieser Befund ist noch heute aktuell. Er macht deutlich, warum es notwendig ist, **Beweise** für den Zugang beim Amt eingereichter Unterlagen zu **sichern**.

Es gibt im Sozialgesetzbuch keinen Paragraphen, der jede Behörde verpflichtet, auf Verlangen eine Eingangsbestätigung herauszugeben.
Aber: *„Soll durch die Anzeige, den Antrag oder die Abgabe einer Willenserklärung eine Frist in Lauf gesetzt werden, innerhalb deren die zuständige Behörde tätig werden muss, stellt die zuständige Behörde eine Empfangsbestätigung aus."* (§ 71b Abs. 3 Satz 1 VwVfG) Bei Sozialleistungsträgern und Kommunen als öffentliche Einrichtungen entsteht demnach ein Anspruch auf eine Eingangsbestätigung, wenn Sie Anträge, Widersprüche, Willenserklärungen, Änderungsmitteilungen oder zu deren Bearbeitung erforderliche Unterlagen einreichen (§ 71b Abs. 3 Satz 1 VwVfG i.V. mit § 71a Abs. 2 VwVfG und § 88 SGG). Die ausgelöste Frist ist die Möglichkeit der Untätigkeitsklage (§ 88 SGG). Dies wird durch die Kommentarliteratur bestätigt (GK-SGB II, Hohm, § 37 Rz. 30). Das BMAS vertritt in einer Stellungnahme vom 22.12.2008 die Auffassung es *„habe die sofortige Erfassung und Versendung einer Eingangsbestätigung zu erfolgen"* (http://tinyurl.com/px8u5bd).

Wir vertreten die Auffassung, dass die Bestätigung des Eingangs von eingereichten Unterlagen zum Anspruch auf ein faires und rechtsstaatliches Verfahren gehört (BVerfG 8.10.1974 - BVerfGE 2BvR 747/73).

Tipp Sollten auch von Ihnen eingereichten Unterlagen regelmäßig verschwinden, können Sie ein Schreiben an den Amtsleiter schicken und ihn bitten, die Vorgänge im Rahmen der Fachaufsicht (⇨Beschwerde) zu prüfen.

3.9 Keine Originale abgeben!

Da so Manches in den Behörden verloren geht, sollten Sie **nur Kopien** und niemals die Dokumente im Original abgeben. Einzelne Jobcenter haben mit der Digitalisierung der Akten bereits begonnen und bitten Sie, keine Originale zu übersenden, da diese ein paar Wochen später **vernichtet** werden.

4. Antragsbewilligung

4.1 Bewilligungszeitraum

Alg II

„Die Leistungen sollen jeweils für zwölf Monate bewilligt und monatlich im Voraus erbracht werden." (§ 41 Abs. 3 SGB II neu). Von diesem Grundsatz kann abgewichen werden und auf **sechs Monate** verkürzt werden, insbesondere wenn **Leistungen vorläufig bewilligt** werden oder eine Kostensenkung der Unterkunftskosten bevorsteht (§ 41 Abs. 3 Satz 2 Nr. 1 und 2 SGB II). In Ausnahmefällen kann der Bewilligungszeitraum auch kürzer als auf sechs Monate festgelegt werden, wenn Ihr Leistungsanspruch früher endet (z.B. wegen Erreichens des Regelrentenalters).
Bei **zu erwartenden Änderungen** sind Leistungen regelmäßig vorläufig zu gewähren (⇨Bescheid 3.5).

HzL der Sozialhilfe

Hier ist der Bewilligungszeitraum nicht gesetzlich geregelt. In der Praxis wird Sozialhilfe für einen Monat bewilligt. Die Bewilligung wirkt fort, solange die Zahlung nicht durch einen Aufhebungsbescheid zurückgenommen wird. *„Ein Verwaltungsakt bleibt wirksam, solange und soweit er nicht*

zurückgenommen, widerrufen, anderweitig aufgehoben ... oder auf andere Weise erledigt ist." (§ 39 Abs. 2 SGB X)
Ändern sich die Verhältnisse, müssen Sie das mitteilen (⇨Mitwirkungspflicht), ohne dass ein neuer Antrag nötig ist.

GSi
Hier beträgt der Bewilligungszeitraum 12 Monate (§ 44 SGB Abs. 3 XII). Es ist rechtswidrig, danach die Zahlung einzustellen, selbst wenn Sie keinen Weiterbewilligungsantrag gestellt haben (BSG 20.9.2009 - B8 SO 13/08 R; ⇨2.4). Liegen die Voraussetzungen für einen weiteren Bezug von GSi vor, muss nahtlos weitergezahlt werden. Das ist i.d.R. der Fall, wenn Sie im Rahmen Ihrer ⇨Mitwirkungspflicht keine Änderungen mitgeteilt haben.

4.2 Alg II: Weiterbewilligungs- und Folgeantrag

Vier Wochen vor Ablauf des Bewilligungszeitraums sollen Sie vom Jobcenter eine schriftliche Aufforderung bekommen, dass Sie den Weiterbewilligungsantrag stellen sollen. Dieser wird im Regelfall zusammen mit einer Einkommenserklärung und -bescheinigung verschickt. (BA 37.15)
Laut BSG **muss** für jeden Bewilligungszeitraum ein neuer Antrag gestellt werden, wenn der SGB-II-Leistungsträger über die Notwendigkeit eines Folgeantrages informiert hat (18.1.2011 - B 4 AS 99/10 R; LSG Niedersachsen-Bremen 24.2.2015 - L 7 AS 187/14).

Durch die **Rückwirkung** des Alg-II-Antrags auf den Ersten des Monats (⇨1.5) gibt es weniger Probleme, wenn Sie den Folgeantrag nicht rechtzeitig stellen. Auch wenn Sie den Antrag erst im Monat **nach Ablauf** des Bewilligungszeitraums stellen, wirkt dieser auf den Ersten des Monats zurück. Sie bekommen die Leistung zwar verspätet, aber immerhin wird sie nachgezahlt.
Wenn Sie den Antrag **über einen Monat** nach Ablauf des alten Bewilligungszeitraums einreichen müssen sie mit einer „Zahlungslücke" rechnen.

Tipp 1 Die Behörde muss im Zweifel den rechtzeitigen postalischen Zugang des Weiterbewilligungsantrages beweisen (§ 37 Abs. 2 Satz 3 SGB X). Nur so erhalten Sie überhaupt die Möglichkeit, den Antrag rechtzeitig zu stellen. Ist das Formular für den Folgeantrag nicht zugegangen, und wurden Sie nicht über die Notwendigkeit des Folgeantrages informiert, müssen Leistungen nahtlos weitergewährt werden.

Tipp 2 Um unnötigen Ärger mit der Behörde zu vermeiden und einen nahtlosen Leistungsbezug sicherzustellen, stellen Sie den geforderten Weiterbewilligungsantrag am besten **rechtzeitig vor Ablauf des Bewilligungszeitraums**.

4.3 Deckung des Bedarf erst nach Antragstellung?

Die Rechtsprechung des BSG stellt klar, dass ein Leistungsanspruch auch rückwirkend besteht, selbst wenn Sie den Bedarf bereits gedeckt haben (⇨1.9). Das gilt nicht, wenn eine gesonderte Beantragung gefordert ist (⇨1.6).
Ist der Anspruch vom Grund- und Folgeantrag umfasst und müssen die Bedarfe **nicht** gesondert beantragt werden, z.B. Nachzahlungen für Betriebs- und Heizkosten, Kosten einer Einzugsrenovierung, Umzugskosten nach Genehmigung des Umzuges usw., kann der Bedarf **notfalls** gedeckt werden, **bevor** er bei der Behörde geltend gemacht wird.
In den Fällen, bei denen eine vorherige Beantragung erforderlich ist, **muss** der Bedarf **zuerst beantragt** werden, bevor er gedeckt wird.

In der Praxis empfehlen wir, möglichst **immer zuerst** den Antrag zu stellen bzw. den Bedarf geltend zu machen und **nach** der Bewilligung der Leistung den Bedarf zu decken. Oft verfügen Leistungsbeziehende nicht über ausreichende finanzielle Mittel, um in Vorleistung zu gehen. Wenn Sie Bedarfe **auf „Pump"** decken, tragen Sie das Risiko, falls der Betrag nicht in voller Höhe vom Amt bewilligt und ausgezahlt wird.
Mussten Sie dennoch in **Vorleistung** treten, um einen Bedarf zeitnah zu befriedigen, ist es nicht zulässig, den Antrag mit der Begründung abzulehnen, der Bedarf sei bereits gedeckt.

A

Tipp: auch bei einmaligen Bedarfen wie Hausrat, Mietkaution usw. besteht weiterhin auf Antrag der Anspruch auf einen Vorschuss (§ 42 Abs. 1 Satz 2 SGB I). Hier muss der Leistungsträger spätestens nach einem Monat Antragstellung Leistungen gewähren. Ist der Bedarf akut **und** haben Sie dies gegenüber dem Leistungsträger begründet, sind Leistungen auch vorher zu bewilligen.

4.4 Nicht auf mündliche Zusagen verlassen!

Die Zusage eines Sachbearbeiters, dies oder jenes bewilligen zu wollen, *„bedarf zu ihrer Wirksamkeit der schriftlichen Form"* (§ 34 Abs. 1 SGB X). Näheres unter ⇨Bescheid 2.1

5. Antragstellung

5.1 Was müssen Sie mitbringen?

Sie ersparen sich Lauferei und Wartezeiten, wenn Sie je nach Bedarf folgende Unterlagen vorlegen:

- Personalausweis oder Meldebescheinigung,
- unter Umständen Aufenthaltsgenehmigung,
- Nachweis über Einkünfte wie Lohnbescheinigung, Bescheide über Arbeitslosengeld, Rente, Wohngeld, Kindergeld etc., Nachweise über Unterhalt usw.,
- Mietvertrag, Mietquittung, Heizkostenabrechnung, Nebenkostenabrechnung, Belege über die Abschlagszahlung beim Energieversorger (Jahresabrechnung),
- Unterlagen über Versicherungsbeiträge (Hausrat, Haftpflicht, Sterbegeld, freiwillige Krankenversicherung, Kfz-Versicherung usw.),
- Nachweis über Unterhaltszahlungen, gepfändete Einkünfte,
- Nachweis über Erwerbsminderung und ggf. Nachweis über die Aussteuerung von Ihrer Krankenkasse,
- Atteste bei Diät oder Pflegebedürftigkeit,
- Heiratsurkunde, Geburtsurkunden der Kinder,
- Unterlagen über Vermögen, Sparbücher, Nachweise über Einzahlsumme und Rückkaufswert einer Lebensversicherung und
- eigentlich den letzten Kontoauszug (um aktuelle Hilfebedürftigkeit nachzuweisen), die Behörde verlangt aber i.d.R. die Auszüge der letzten drei Monate (⇨Konto).

Sie können Unterlagen auch nachreichen. Der Antrag gilt trotzdem als gestellt.

5.2 Laufzettel für den Ämter-Umlauf

Fordern Sie Ihren Sachbearbeiter gleich bei Antragstellung auf, Ihnen einen vollständigen „Laufzettel" zu geben, welche Unterlagen er benötigt und wo Sie überall Nachweise besorgen müssen.

In welchem Umfang Sie mitwirken müssen und welche Daten die Behörde erheben darf, finden Sie unter den Stichworten ⇨Mitwirkungspflicht und ⇨Datenschutz.

6. Wann darf ein Antrag abgelehnt werden?

Eine Leistung darf nur abgelehnt werden,

- wenn tatsächlich kein Bedarf besteht,
- wenn Umstände, die für die Entscheidung wesentlich sind, nicht aufgeklärt werden können oder
- andere Ausschlusstatbestände vorliegen.

Bei der Prüfung des Antrags muss die Behörde den Sachverhalt sorgfältig von Amts wegen untersuchen und alle für den Antragsteller sprechenden Umstände berücksichtigen (§ 20 Abs. 3 SGB X).

Nicht selten werden Antragstellende trotz eines tatsächlichen Bedarfs mit rechtswidrigen Begründungen weggeschickt wie z.B.:

- *„Selbständige haben keinen Anspruch."*
- *„Überziehen Sie erst mal Ihr Girokonto."*
- *„Verkaufen Sie erst mal Ihr Auto."*
- *„Leihen Sie sich irgendwo Geld."*
- *„Ohne polizeiliche Anmeldung gibt's keine Leistungen."*
- *„Ohne Mietbescheinigung Ihres Vermieters wird die Miete nicht übernommen."*
- *„Urteile eines Gerichts gelten bei uns nicht."*
- *„Machen Sie erst mal Unterhaltsansprüche bei Ihren Eltern geltend."*

Und vieles mehr.

Lassen Sie sich in solchen Fällen die Antragstellung bestätigen und bestehen Sie auf einem **schriftlichen ⇨Bescheid,** auf dem

die Ablehnung begründet ist. Die Behörde ist dazu verpflichtet (§ 33 Abs. 2 Satz 2 SGB X).
Es ist unzulässig, AntragstellerInnen abzuweisen und ihnen dann bei erneuter Antragstellung vorzuhalten, sie hätten ja überlebt und dies begründe Zweifel an Ihrer Hilfebedürftigkeit (LSG NRW 1.8.2005 - L 19 AS 14/05 ER; OVG Schleswig 21.3.2003, info also 2004, 226).

Tipp 1 Auch wenn Sie voraussichtlich vorrangige Sozialleistungen oder Unterhaltszahlung erwarten, die Ihnen aber erst mit zeitlicher Verzögerung zufließen, sind Ihnen Alg-II- bzw. HzL-/ GSI-Leistungen zunächst zu bewilligen, um die aktuelle Mittellosigkeit zu überbrücken. Das jeweilige Amt muss dann beim eigentlich zuständen Leistungsträger einen Erstattungsanspruch geltend machen.

Tipp 2 Nur wenn Sie eine falsche Aufklärung und ⇨Beratung bei der Antragstellung **nachweisen** können, haben Sie Anspruch auf ⇨Nachzahlung, wenn Ihnen dadurch ein materieller Nachteil entstanden ist (⇨Beistand).

Adressen

- der örtlichen Jobcenter/ Agenturen für Arbeit erhalten Sie unter www.jobcenter-ge.de
- der Sozialverwaltungen (zuständig für HzL/GSi der Sozialhilfe) finden Sie auf der Internetseite Ihrer Kommune/ Ihres Landkreises oder im örtlichen Telefonbuch

Anwälte

Anders als in der Vergangenheit sind heute viele Anwältinnen und Anwälte bereit, sozialrechtliche Mandate anzunehmen. Dies ist maßgeblich auf den seit 2005 sprunghaft angestiegenen Beratungsbedarf vor allem durch die Einführung von „Hartz IV" zurückzuführen, der sich auch an der Verdoppelung der Fachanwaltschaften für Sozialrecht in den Jahren 2005 bis 2012 ablesen lässt. Viele Kanzleien bieten heute Sozialrecht mit an, einige Anwälte haben sich sogar ausschließlich auf sozialrechtliche Mandate spezialisiert.

Näheres zum Thema ⇨**Beratungshilfe** finden Sie unter dem entsprechenden Stichwort.

1. Wie finde ich den richtigen Anwalt?

Die Möglichkeiten, nach einem Anwalt für Sozialrecht zu suchen, sind heute vielgestaltig. Viele Anwälte inserieren in den örtlichen Telefonbüchern oder lassen sich im Internet über eine Stichworteingabe (etwa: „Rechtsanwalt für Sozialrecht Wuppertal") in den gängigen Suchmaschinen finden.
Nur weil ein Anwalt damit wirbt, im „Sozialrecht" zu vertreten, bedeutet das jedoch noch nicht, dass er auch Fachwissen und Berufserfahrung in diesem Rechtsgebiet mitbringt. Gerade viele junge Rechtsanwälte werben damit, in fast allen Rechtsgebieten zu vertreten – das können aber selbst sehr erfahrene Anwälte nicht leisten. Der Titel **„Fachanwalt für Sozialrecht"** ist ein Hinweis darauf, dass Sie hier mit Ihrem sozialrechtlichen Anliegen richtig liegen könnten, mehr aber auch nicht. In den meisten Städten und Gemeinden haben sich Anwälte in den verschiedenen Rechtsgebieten einen gewissen Ruf erworben. **Soziale Einrichtungen** wie Erwerbsloseninitiativen oder Beratungsstellen der Wohlfahrtsverbände führen oft Listen mit Anwälten, mit denen sie gute Erfahrungen gemacht haben. Auch einige Amtsgerichte führen solche Listen.
Eine gute Informationsmöglichkeit bieten auch die **Internetauftritte** von Rechtsanwälten (Websites, Blogs), in denen Anwälte über ihrer Tätigkeit berichten, sowie einschlägige Adressdateien im Internet (⇨10.; ⇨Adressen). Auch Empfehlungen von Freunden oder Bekannten, die bereits gute Erfahrungen mit einem Anwalt im Sozialrecht gemacht haben, können bei der Anwaltswahl helfen.

Demgegenüber ist vor Anwälten zu warnen, die etwa vor den Jobcentern oder flächendeckend in ganzen Stadtteilen Flyer verteilen, weil sie hier das große Massengeschäft wittern. Erfahrungsgemäß haben diese Anwälte weniger die Interessen ihrer Mandanten als ihren eigenen Geldbeutel im Blick. Entsprechend schlecht und im Ergebnis für Mandanten weniger erfolgversprechend können dann auch ihre anwaltlichen Aktivitäten ausfallen.

A

2. Anwalt vor Ort oder Distanzmandat?
Immer mehr Anwaltskanzleien werben auch im Sozialrecht damit, Mandanten im gesamten Bundesgebiet zu vertreten. In Einzelfällen können über Distanz geführte Mandate sinnvoll sein, etwa dann,

- wenn einzelne Rechtsanwälte über **besondere Expertise** in rechtlich besonders anspruchsvollen Rechtsgebieten verfügen, die kein Anwalt vor Ort besitzt,
- oder wenn vor allem in ländlichen Regionen keine mit sozialrechtlichen Mandaten vertraute Anwälte vor Ort ansässig sind.

I.d.R. ist jedoch von solchen Distanzmandaten eher abzuraten. Denn gerade im Sozialrecht kommt es häufig auf den **persönlichen Kontakt** an. Bescheide müssen gelegentlich vor Ort „per Hand“ mit Einkreisungen und Markierungen erklärt werden. Die für das Sozialrecht typische Papierfülle – schon einzelne Bescheide mit 60 Seiten sind keine Seltenheit – per Post, Fax oder als Emailanhang zu versenden, ist aufwendig und viele Mandanten verfügen auch gar nicht über die technischen Voraussetzungen dafür. Gerade im Sozialrecht kommt es zudem häufig auf die **Kenntnis der Behördenpraxis** und Rechtsprechung vor Ort an, über die in der Regel nur die im Sozialrecht tätigen Rechtsanwälte vor Ort verfügen. Gleiches gilt für den persönlichen Kontakt zu den Behördenmitarbeitern vor Ort, der es nicht selten ermöglicht, für den Mandanten „auf dem kurzen Dienstweg“ vor allem eilige Angelegenheiten kurzfristig zu erledigen.

3. Erste Kontaktaufnahme
Haben Sie einen Anwalt gefunden, kontaktieren Sie ihn per Telefon oder Email und fragen Sie ihn, ob er sich auf SGB-II-/SGB-XII-Mandate **spezialisiert** hat. Das ist wichtig, denn allein das SGB hat 12 Bücher und die wenigsten Sozialrechtsanwälte sind Experten in allen 12 Rechtsgebieten, zu denen auch Spezialgebiete wie Renten- oder Krankenversicherungsrecht gehören.
Haben Sie den richtigen Anwalt gefunden, schildern Sie ihm Ihr Problem und fragen Sie ihn, ob er Sie vertreten kann. Sie sollten jetzt auch schon die **Kostenfrage** ansprechen: Leben Sie von Sozialleistungen, haben Sie in der Regel einen Anspruch auf **Beratungshilfe**. Klären Sie mit dem Anwalt, ob Sie zu dem ersten Beratungstermin einen **Berechtigungsschein** vom Amtsgericht mitbringen sollen oder der Anwalt für Sie die ⇨Beratungshilfe (1.) nachträglich beantragt.

4. Welche Unterlagen werden benötigt?
Das hängt davon ab, ob Sie dem Anwalt einen Berechtigungsschein für Beratungshilfe mitbringen oder er für Sie nachträglich Beratungshilfe beantragen soll. Bringen Sie einen Berechtigungsschein bei, benötigt Ihr Anwalt lediglich alle Unterlagen, die für die Bearbeitung des Mandats erforderlich sind (Bescheide, Abrechnungen, Schriftwechsel mit der Behörde etc.).
Regelmäßig wird Ihnen Ihr Anwalt bei der Terminvereinbarung genau sagen, welche Unterlagen er benötigt und es Ihnen danken, wenn Sie Ihre Unterlagen gut sortiert mitbringen. Für die nachträgliche Beantragung von Beratungshilfe braucht Ihr Rechtsanwalt zudem alle für die Beratungshilfebeantragung erforderlichen Unterlagen (⇨Beratungshilfe 2.).

5. Wie wird der Anwalt bezahlt?
Anwälte müssen von Ihrer Arbeit leben, auch wenn sie im Sozialrecht tätig sind. Vertritt Ihr Rechtsanwalt Sie in einem Widerspruchsverfahren und ist das Widerspruchsverfahren zu 100% erfolgreich, **muss die Behörde die Kosten** Ihres Rechtsanwalts **übernehmen** (§ 63 SGB X). In der Regel erstatten die Behörden die sogenannte Schwellengebühr in Höhe von 380,80 € brutto (bei einer Person; vgl. Nr. 2302 VV RVG), die dem Anwalt im Regelfall eine kostendeckende Bearbeitung ermöglicht.

Für eine Tätigkeit im Verwaltungsverfahren oder dann, wenn der Widerspruch keinen Erfolg hat, haben Sie einen Anspruch auf ⇨Beratungshilfe. Die Gebühren für den Anwalt liegen hier zwischen 41,65 € (Beratung) bis 121,38 € brutto (Vertretung einer Person). Ihr Anwalt kann darüber hinaus nur eine **Selbstbeteiligung von 15,00 €** netto (vgl. Nr. 2500 VV RVG) verlangen (§ 8 Abs. 2 BerHG), die er Ihnen aber auch **erlassen kann**. Wird die Beratungshilfe bei nachträglicher Beantragung durch den Rechtsanwalt (§ 6 Abs. 2 BerHG) allerdings abgelehnt, so hat der Anwalt einen Anspruch auf seine gesetzliche Vergütung in Höhe von im Regelfall 380,80 € bei einer Vertretung, wenn er Sie bei der Mandatsaufnahme hierauf **hingewiesen** hat (§ 8 Abs. 4 BerHG).

Tipp 1 Gerade dann, wenn die Gewährung von Beratungshilfe nicht sicher ist (etwa im Anhörungsverfahren, ⇨Beratungshilfe 3.3.2), sollten Sie sich **vor dem Termin** beim Anwalt einen Berechtigungsschein besorgen, damit Sie bei Ablehnung von Beratungshilfe nicht Gefahr laufen, mit hohen Anwaltskosten konfrontiert zu werden.

Tipp 2 Wird Beratungshilfe abgelehnt, sprechen Sie Ihren Anwalt darauf an. Häufig können Anwälte für Sie den Beratungshilfeanspruch doch noch durchsetzen. Viele Anwälte im Sozialrecht lassen außerdem über die Kosten mit sich reden. Es ist nicht unüblich, für eine Beratung etwa 25,00 € zu vereinbaren, für die viele Anwälte auch Formulierungshilfen (etwa im Rahmen eines Anhörungsverfahrens) geben.

6. Aufrechnung einer Forderung der Behörde gegen Ihren Kostenerstattungsanspruch möglich?

Nach der Rechtsprechung auch des BSG (29.1.2012 - B 14 AS 310/12 B) ist anerkannt, dass die Behörde mit eigenen Forderungen gegenüber dem Leistungsberechtigten gegen die Kostenerstattungsforderung des Leistungsberechtigten aus einem gewonnenen Widerspruchsverfahren aufrechnen darf (§ 389 BGB). Auch wenn das bei Weitem nicht alle Behörden machen, kommt es doch immer wieder vor.

Tipp Hat das Jobcenter noch unstrittige Forderungen gegen Sie, so sollten Sie dies rechtzeitig mit Ihrem Anwalt besprechen. Eine Aufrechnung lässt sich einfach vermeiden, indem Sie Ihren Kostenerstattungsanspruch (§ 63 SGB X) rechtzeitig an Ihren Anwalt abtreten.

Dann macht der Anwalt gegenüber der Behörde nicht mehr Ihre Kostenforderung geltend, sondern die eigene Forderung. Da die Behörde in der Regel gegen den Rechtsanwalt keine Forderungen haben wird, kann sie nicht mehr aufrechnen. Die Abtretung Ihres Kostenerstattungsanspruchs sollte dabei **nicht** in der Vertretungsvollmacht, sondern in einer **gesonderten Vereinbarung** aufgenommen werden, da es sich bei einer Abtretung in einer Vollmacht ggf. um eine **unwirksame Klausel** in einer Formularvereinbarung handeln könnte (§ 305c Abs. 1 BGB).

7. Wann kann der Anwalt ein Beratungshilfemandat ablehnen?

Der Rechtsanwalt kann die Beratungshilfe im Einzelfall aus wichtigem Grund ablehnen oder beenden. Ein wichtiger Grund kann in der Person des Rechtsanwalts selbst oder in der Person oder dem Verhalten des Mandanten liegen. Ein wichtiger Grund kann aber auch darin liegen, dass die Beratungshilfebewilligung nicht den Voraussetzungen des Beratungshilfegesetzes entspricht (⇨Beratungshilfe 3).

Ein **wichtiger Grund** liegt insbesondere vor, wenn der Rechtsanwalt durch Erkrankung oder durch berufliche Überlastung an der Beratung/ Vertretung gehindert ist, der beratungshilfeberechtigte Mandant seine für die Mandatsbearbeitung erforderliche Mitarbeit verweigert, dass Vertrauensverhältnis zwischen Anwalt und Mandant aus Gründen, die im Verhalten oder in der Person des Mandanten liegen, schwer gestört ist oder sich herausstellt, dass die Einkommens- oder Vermögensverhältnisse (⇨Beratungshilfe 3.1) des Mandanten die Bewilligung von Beratungshilfe nicht rechtfertigen (§ 16a Abs. 2 und 3 BORA).

Auch **fehlende Rechtskenntnisse** oder Erfahrungen des Rechtsanwalts in einem Rechtsgebiet können im Einzelfall dann eine Mandatsablehnung rechtfertigen, wenn dem Rechtsanwalt eine kurzfristige Einarbeitung in zumutbarer Weise nicht möglich ist (Bescheid des Bundesministeriums der Justiz vom 13.3.2009, abgedruckt in BRAK-Mitt 2/2009, 66).

In der Praxis gibt es hier tatsächlich selten Probleme, denn Rechtssuchende haben für gewöhnlich kein Interesse daran, irgendeinen Anwalt zu haben, sondern einen guten und engagierten Anwalt. Wenn der Anwalt aber

A

bereits von sich aus erklärt, das Rechtsgebiet nicht zu beherrschen oder einfach auch nur Desinteresse signalisiert, werden Ratsuchende von sich aus einen anderen Anwalt konsultieren.

8. Kann der Rechtsanwalt die Vorlage eines Berechtigungsscheins verlangen?

Nach Auffassung des Bundesministeriums der Justiz kann der Rechtsanwalt die Vorlage eines Beratungshilfe-Berechtigungsscheins nicht verlangen, wenn sich der Rechtsuchende direkt an ihn wendet (Bescheid des Bundesministeriums der Justiz vom 13.3.2009, abgedruckt in BRAK-Mitt 2/2009, 66).

Ob diese Rechtsauffassung nach der Reform des Beratungshilferechts noch Bestand haben kann, erscheint zweifelhaft. Auch spricht der Wortlaut von § 16a Abs. 2 BORA („*Der Rechtsanwalt ist nicht verpflichtet, einen Beratungshilfeantrag zu stellen.*") eher dafür, dass mit dieser Formulierung nicht allein gemeint ist, dass der Rechtsanwalt das Beratungshilfeformular nicht für seinen Mandanten ausfüllen muss, sondern es ihm freisteht, „*den Mandanten auf die Möglichkeit der Inanspruchnahme von Beratungshilfe zu verweisen und die Übernahme des Mandats davon abhängig machen kann, dass der Mandant zunächst selbst den Antrag bei dem zuständigen Amtsgericht stellt und einen Berechtigungsschein beibringt*" (Anwaltskammer München, http://rak-muenchen.de/berufsrecht/pkhberatungshilfe/).

Jedenfalls wird man dem Anwalt dieses Recht zusprechen müssen, wenn er – und sei es nur aufgrund der ihm bekannten Gewährungspraxis des zuständigen Amtsgerichts – **begründete Zweifel** an einer nachträglichen Beratungshilfegewährung hat.

Allerdings gibt es hier in der Praxis wenige Probleme, da die Vorlage eines Berechtigungsscheins im Regelfall im Interesse sowohl des Anwalts als auch des Rechtsuchenden ist (⇨3.; ⇨Beratungshilfe 3.3.2). Lediglich dann, wenn der Rechtsuchende einen **weiten Weg zum Amtsgericht** zurücklegen muss oder etwa gehbehindert ist, stellte der Weg zum Amtsgericht in Einzelfall eine echte Hürde dar. In derartigen Fällen wird jeder vernünftige Anwalt nachträgliche Beratungshilfe gewähren. Gleiches gilt für Fälle, in denen **Fristen** ablaufen oder die sehr eilig sind.

9. Rechte und Pflichten im Mandatsverhältnis

Die Rechte und Pflichten des Rechtsanwalts sind in der Bundesrechtsanwaltsordnung (BRAO) und der Berufsordnung für Rechtsanwälte (BORA) geregelt. Die wichtigsten Rechte und Pflichten sollen hier kurz dargestellt werden.

9.1 Rechtsanwalt als unabhängiges Organ der Rechtspflege

Der Rechtsanwalt ist ein unabhängiges Organ der Rechtspflege und unabhängiger Berater und Vertreter seines Mandanten (§ 1 Abs. 1, § 3 Abs. 1 BRAO). Als solcher ist der Rechtsanwalt nicht an die Rechtsauffassung seines Mandanten gebunden. Der Anwalt ist nicht gezwungen, rechtliche Ausführungen zu machen, welche er selbst für unzutreffend hält. Er ist nicht „verlängerter Schreibarm" seines Mandanten. Über die Gestaltung seiner Schriftsätze, die er mit seiner Unterschrift zu beglaubigen hat, entscheidet er selbst. Lückenhaften Sachvortrag muss er auf Mandantenweisung selbstverständlich vervollständigen.

9.2 Grundpflichten des Rechtsanwalts

Zu den Grundpflichten eines Rechtsanwalts gehört seine Pflicht zu Verschwiegenheit. Diese Pflicht bezieht sich auf alles, was ihm in der Ausübung seines Berufes bekannt geworden ist. Die Verschwiegenheitspflicht gilt allerdings nicht für Tatsachen, die offenkundig sind oder ihrer Bedeutung nach keiner Geheimhaltung bedürfen. Der Rechtsanwalt ist zur Sachlichkeit verpflichtet, d.h. er darf insbesondere keine Unwahrheiten verbreiten oder sich ohne Anlass herabsetzend äußern (§ 43a BRAO).

9.3. Widerstreitende Interessen

Der Rechtsanwalt darf nicht tätig werden, wenn er eine andere Partei in derselben Rechtssache im widerstreitenden Interesse bereits beraten oder vertreten hat oder mit dieser Rechtsache in sonstiger Weise befasst war (§ 3 Abs. 1 BORA, §§ 45, 46 BRAO).

A

9.4 Mitteilung der Ablehnung eines Auftrages

Will der Rechtsanwalt einen Auftrag nicht annehmen, muss er dies unverzüglich erklären. Er hat den Schaden zu ersetzen, der aus einer schuldhaften Verzögerung dieser Erklärung entsteht (§ 44 BRAO).

9.5 Pflicht zur Übernahme der Prozessvertretung

Der auf Prozesskostenhilfebasis beigeordnete Rechtsanwalt muss im gerichtlichen Verfahren die Vertretung einer Partei übernehmen (§ 48 Abs. 1 Nr. 1 BRAO i.V. mit § 121 ZPO). Der Anwalt kann allerdings die Aufhebung der Beiordnung beantragen, wenn hierfür ein wichtiger Grund – etwa eine unüberbrückbare Zerstörung des Vertrauensverhältnisses zum Mandanten – vorliegt (§ 48 Abs. 2 BRAO).

9.6 Pflicht zur Übernahme der Beratungshilfe

(§ 49a BRAO; ⇨7.)

9.7 Anwaltsvergütung bei Selbstzahlern

Liegen die Beratungs- oder Prozesskostenhilfevoraussetzungen nicht vor (⇨Beratungshilfe 3.), müssen Sie ihre Anwaltskosten selbst zahlen. Dem Anwalt ist es grundsätzlich untersagt, geringere Gebühren zu vereinbaren, als es das Rechtsanwaltsvergütungsgesetz vorsieht. Im **Einzelfall** ist es dem Anwalt aber gestattet, **besonderen Umständen** in der Person seines Mandanten – insbesondere dessen Bedürftigkeit – durch Ermäßigung oder Erlass von Gebühren nach Erledigung des Auftrages Rechnung zu tragen (§ 49b BRAO). **In außergerichtlichen Angelegenheiten** kann eine **niedrigere** als die gesetzliche Vergütung vereinbart werden (§ 4 Abs. 1 Satz 1 RVG).

In sozialrechtlichen Angelegenheiten rechnet der Rechtsanwalt **für eine Vertretung** in der Regel die sogenannte **Betragsrahmengebühr** ab. Der Betragsrahmen geht von 50,00 € bis 640 € (Nr. 2302 VV RVG). Innerhalb dieses Rahmens kann der Anwalt seine Gebühr nach Umfang, Schwierigkeit, Bedeutung für den Mandanten sowie dessen Einkommens- und Vermögensverhältnissen bestimmen.

Tipp Sprechen Sie den Anwalt auf die zu erwartenden Gebühren an, er hat hier viel Spielraum, Ihnen entgegenzukommen. Unterstützen Sie Ihren Rechtsanwalt bei seiner Arbeit. Das reduziert seinen Arbeitsumfang und Ihre Kosten.

9.8 Handakten des Rechtsanwalts

Der Rechtsanwalt muss durch Anlegung von Handakten ein geordnetes Bild über die von ihm entfaltete Tätigkeit geben können. Die Handakten hat der Anwalt in der Regel für die Dauer von 5 Jahren nach Beendigung des Auftrages aufzubewahren. Die Herausgabe der Akten kann er verweigern, bis er seine vollständige Vergütung erhalten hat, es sei denn, dass dies nach den Umständen unangemessen wäre (§ 50 BRAO).

9.9 Unterrichtung des Mandanten

Der Anwalt muss Sie über alle, den Fortgang der Sache wesentlichen Vorgänge unverzüglich unterrichten und Ihnen insbesondere alle wesentlichen erhaltenen und versandten Schriftstücke zur Kenntnis geben sowie Ihre Anfragen unverzüglich beantworten (§ 11 BORA).

9.10 Unterrichtung bei Mandatswechsel

Übernimmt der Rechtsanwalt ein Mandat von einem Kollegen, muss er diesen von der Mandatsübernahme unverzüglich unterrichten.

9.11 Hinweis auf Beratungs- und Prozesskostenhilfe

Der Anwalt ist standesrechtlich verpflichtet, bei begründetem Anlass – etwa aufgrund der ihm bekannt gewordenen Einkommensverhältnisse – von sich aus auf die Möglichkeiten von Beratungs- und Prozesskostenhilfe hinzuweisen (§ 16 Abs. 1 BORA). Nach Bewilligung von Prozesskostenhilfe oder Inanspruchnahme von Beratungshilfe darf der Rechtsanwalt von seinem Mandanten oder Dritten Zahlungen oder Leistungen nur annehmen, die freiwillig und in Kenntnis der Tatsache gegeben werden, dass der Mandant oder der Dritte zu einer solchen Leistung nicht verpflichtet ist (§ 16 Abs. 2 BORA).

A

9.12 Akteneinsicht durch den Rechtsanwalt

Die dem Anwalt im Wege der Akteneinsicht in seine Kanzlei übersandte Verwaltungsakte (§ 120 Abs. 2 Satz 2 SGG) darf dieser nur an Mitarbeiter der Kanzlei aushändigen, Mandanten aber Kopien überlassen, soweit das Akteneinsichtsrecht nicht zulässig beschränkt wurde (§ 19 BORA).

10. Adressen von Anwältinnen und Anwälten

die sich mit Alg II/ Sozialhilfe beschäftigen, können Sie im Internet unter www.my-sozialberatung.de (⇨Adressen) abfragen bzw. **als Anwalt** selbst einstellen.

Aufrechnung

(von Erstattungs- und Ersatzansprüchen)

Inhaltsübersicht:

1. Aufrechnung bei Alg II

Grundsätzlich regelt das SGB I, dass das sozialhilferechtliche Existenzminimum in Form von SGB-II-/ SGB-XII-Leistungen auch bei Ansprüchen der Behörden, sei es aufgrund von Darlehen, Beitragsrückständen oder Rückforderungen nicht unterschritten werden darf (§ 51 SGB I). Trotzdem hat die schwarz-gelbe Bundesregierung 2011 beschlossen, dass diese Schutzfunktion des Sozialrechts im SGB II gravierend unterlaufen werden darf. Sie hat eine Vielzahl von Aufrechnungsmöglichkeiten unterhalb des Existenzminimums eingeführt, obwohl das Bundesverfassungsgericht noch 2010 festgestellt hatte, dass das *„verfassungsrechtlich garantierte Existenzminimum"* nicht dauerhaft unterschritten werden darf (BVerfG 9.2.2010 - 1 BvL 1/09).

Aufrechnen bedeutet, dass die Behörde eigene Ansprüche/ Forderungen von der laufenden Leistung abziehen kann, obwohl diese das Existenzminimum abbildet und nicht gepfändet oder abgetreten werden darf (§§ 54 SGB I, § 42 Abs. 4 SGB II). Das Jobcenter **hat Darlehen** in Höhe von **10 %** des maßgeblichen Regelsatzes aufzurechnen (§ 42a Abs. 2 SGB II). **Erstattungsansprüche wegen Überzahlung** oder **Ersatzansprüche können** je nach Grund des Anspruchs in Höhe von **10%** oder **30%** des maßgeblichen Regelsatzes der Person, gegen die der Anspruch besteht, aufgerechnet werden (§ 43 Abs. 2 SGB II). Als Grund für die Erstattungs- und Ersatzansprüche muss nicht einmal ein „Verschulden" eines Leistungsbeziehenden vorliegen. Es wird auch im laufenden Leistungsbezug aufgerechnet, wenn das Jobcenter die Überzahlung verursacht hat.

Näheres über die **Aufrechnung** von **⇨Darlehen** finden Sie dort.
Näheres zum Entstehen von **Ersatz- und Erstattungsansprüchen** finden Sie unter **⇨Rückforderung**

1.1 Voraussetzung: bestandskräftiger Aufhebungs- und Erstattungsbescheid

Voraussetzung für die Aufrechnung ist ein i.d.R. kombinierter Aufhebungs- und Erstattungsbescheid (§§ 45, 48, 50 SGB X), der **bestandskräftig** ist, d.h. die Widerspruchsfrist muss abgelaufen sein. Außerdem muss das Jobcenter die Aufrechnung verfügen. Das kann getrennt vom anderen Bescheid erfolgen

oder in Form einer Kombination von Aufhebungs-, Erstattungs- und aufrechnungsverfügendem Bescheid (§ 43 Abs. 4 Satz 1 SGB II). Der Widerspruch gegen den Erstattungs- und den aufrechnungsverfügenden Bescheid entfaltet jeweils **aufschiebende Wirkung** (§ 86a Abs. 1 SGG). Solange das Widerspruchs- und ggf. Klageverfahren nicht abgeschlossen ist, darf das Jobcenter nicht aufrechnen.
Näheres unter ⇨Darlehen 1.8

1.2 Zehnprozentige Aufrechnung

Folgende Erstattungsansprüche aufgrund von Überzahlungen können in Höhe von **10% der Regelsätze** aller überzahlten Mitglieder einer Bedarfsgemeinschaft aufgerechnet werden (§ 43 Abs. 2 Satz 1 SGB II):

- **Vorläufige Entscheidungen** (§ 41a Abs. 1 SGB II neu); SGB-II-Leistungen können vorläufig gewährt werden, wenn die genaue Einkommenshöhe oder die Voraussetzungen für den Anspruch noch nicht feststehen. Erstattungsansprüche sind durch Rückforderungsbescheide geltend zu machen (⇨Bescheid 3.5).
- **Nachträglicher Zufluss von Einkommen** (§§ 48 Abs. 1 Satz 2 Nr. 3 i.V. mit 50 SGB X); Wurde, nachdem ein Bewilligungsbescheid auf Dauer ergangen ist, Einkommen erzielt bzw. Vermögen verwertbar und dies dem Jobcenter angezeigt, entsteht ein Erstattungsanspruch (⇨Rückforderung 1.2).

1.3 Dreißigprozentige Aufrechnung

Folgende Erstattungsansprüche aufgrund von Überzahlungen können in Höhe von **30% der Regelsätze** aller überzahlten Mitglieder einer Bedarfsgemeinschaft aufgerechnet werden:

- **Überzahlungen aufgrund arglistiger Täuschung, Drohung oder Bestechung oder falscher Angaben** (§ 45 Abs. 2 Satz 3 Nr. 1 und 2 SGB X) oder aufgrund von Angaben, die der Begünstigte **vorsätzlich** oder grob fahrlässig in wesentlicher Beziehung **unrichtig** oder **unvollständig** gemacht hat (§ 45 Abs. 2 Satz 3 Nr. 1 und 2 SGB X).
- **Überzahlungen aufgrund nachträglichen Zuflusses von Einkommen** oder **Verwertbarkeit von Vermögen** (§ 48 Abs. 1 Satz 2 Nr. 2 SGB X), wenn der Leistungsberechtigte das dem Amt nicht unverzüglich mitgeteilt hat oder die Mitteilung nicht nachweisen kann.
- **Jede andere Rückforderung**, die nicht unter die 10%-Regelung fällt (§ 43 Abs. 2 Satz 1 SGB II neu). Darunter fallen z.B. Rückforderungen aufgrund von Verstößen gegen die Erreichbarkeitsanordnung (§ 7 Abs. 4a SGB II; ⇨Ortsabwesenheit).
- **Ersatzansprüche wegen sozialwidrigen Verhaltens** (§ 34 SGB II); hat jemand vorsätzlich oder grob fahrlässig ohne wichtigen Grund seine oder die Hilfebedürftigkeit der Mitglieder der Bedarfsgemeinschaft herbeigeführt, ist er zum Ersatz der daraus entstehenden Leistungen verpflichtet (§ 34 Abs. 1 SGB II; ⇨Rückforderung 3.0 ff.).
- **Ersatzansprüche bei rechtswidrig erbrachten Sozialleistungen** (§ 34a SGB II). Damit sollen Personen, die durch vorsätzliches oder grob fahrlässiges Verhalten die Leistungsgewährung gegenüber Dritten herbeigeführt haben, zum Kostenersatz herangezogen werden und alle von der Überzahlung Begünstigten gesamtschuldnerisch für alle Forderungen haftbar gemacht werden. Damit eröffnet sich für die Behörde die bequeme Möglichkeit, Überzahlungen bei jedem Mitglied der Bedarfsgemeinschaft einzutreiben.
- **Erstattungsansprüche bei Doppelleistungen** (§ 34b SGB II). Diese greifen, wenn ein vorrangig verpflichteter Leistungsträger seine Leistungen zunächst nicht erbringt, während das Jobcenter bereits SGB-II-Leistungen gewährt, für deren Erstattung aber keinen Anspruch beim vorrangig verpflichteten Leistungsträger überleitet (§ 104 SGB X) oder wenn die vorrangige Leistung trotz übergeleitetem Anspruch an den Berechtigten statt an das Jobcenter gezahlt wird (⇨Rückforderung 5.).
- **Rückforderung** wegen abschließender Feststellung des Leistungsanspruchs **nach vorläufiger Entscheidung** (§ 41a Abs. 3 Satz 4 SGB II neu). Wenn abschließend festgestellt wurde, **dass kein Leistungsanspruch besteht**. Das ist der Fall, wenn SGB-II-Leistungen vorläufig gewährt wurden und bei abschließender Feststellung die/ der Leistungsberechtigte die vom Jobcenter nach Rechtsfolgenbelehrung und Fristsetzung geforderten Nachweise über das Bestehen der Hilfebedürftigkeit nicht beibringt oder beibringen kann (⇨Bescheid 3.ff.).

A

- **Überzahlungen,** die das **Jobcenter verursacht** hat, deren Rechtswidrigkeit Sie aber **kannten** oder zumindest **infolge grober Fahrlässigkeit nicht kannten** (§ 45 Abs. 2 Satz 3 Nr. 3 SGB X; § 48 Abs. 1 Satz 2 Nr. 4 SGB X); Ihnen wird vorgeworfen, dass Sie in Kenntnis der rechtswidrigen Überzahlung oder in deren Unkenntnis, weil Sie *„die erforderliche Sorgfalt in besonders schwerem Maße verletzt"* und dem Jobcenter keine Meldung gemacht haben.

Kritik

Mit dem Neunten SGB-II-Änderungsgesetz, der sogenannten ***„Rechtsvereinfachung"***, wurden **ab dem 1.8.2016** die Aufrechnungsregelungen im SGB II erheblich verschärft: Der Katalog der Erstattungs- und Ersatzansprüche wurde ausgeweitet, die dreißigprozentigen Aufrechnungen auch.
Vereinfachen wird sich dadurch nichts, aber die Lage der Leistungsberechtigten wird deutlich verschlechtert. Skandalös ist die 30%-Aufrechnung besonders bei Überzahlungen, die Jobcenter selbst verursacht haben. Betroffene werden durch derart unverhältnismäßige Strafaufrechnung gleichermaßen sanktioniert wie Personen, die in betrügerischer Absicht gehandelt haben.

1.4. Gegen wen darf aufgerechnet werden?

Die Aufrechnungsbefugnis besteht **gegenüber jeder überzahlten Person** in der Bedarfsgemeinschaft, wenn ein entsprechender Aufhebungs- und Erstattungs- und Aufrechnungsbescheid erlassen wurde und **bestandskräftig ist** (§ 43 Abs. 1 SGB II). *„Die Aufrechnung ist gegenüber der leistungsberechtigten Person schriftlich durch Verwaltungsakt zu erklären"* (§ 43 Abs. 4 Satz 1 SGB II).
Dabei ist zu beachten, dass insbesondere **Kinder**, die im Haushalt leben, häufig **nicht zur Bedarfsgemeinschaft gehören**, da sie ihren Lebensunterhalt mit eigenem Einkommen oder Vermögen sicherstellen können (§ 7 Abs. 3 Nr. 4 SGB II). Das ist dann der Fall, wenn die Kinder ihren Bedarf (Regelsatz, ggf. Mehrbedarfe, kopfanteilige Miete und Heizung) mit Kindergeld Unterhalt/ UVG, BAföG/ BAB, Ausbildungsvergütung usw. decken können. Da sie dann keine *„leistungsberechtigte Personen"* sind, kann es gegen sie keine Aufrechnung geben.

1.5 Ermessen ausüben, ob aufgerechnet wird

Die Jobcenter ***„können"*** aufrechnen (§ 43 Abs. 1 Satz 1 SGB II). Sie **müssen** also ⇨Ermessen ausüben, ob überhaupt aufgerechnet werden soll. Kommt ein Jobcenter zu dem Ergebnis, dass es aufrechnen will, ist es an die gesetzlich vorgeschriebenen Aufrechnungsbeträge von 10% bzw. 30% des maßgeblichen Regelsatzes gebunden. In Bezug auf die Höhe gibt es kein Ermessen.

Leben neben der Person, die die Aufrechnung verursacht hat, weitere Personen in einer Bedarfsgemeinschaft, die zwangläufig davon betroffen sind, wird das Jobcenter im Rahmen der **pflichtgemäßen Ermessensausübung** regelmäßig zu dem Ergebnis kommen müssen, dass es aus den folgenden Gründen **nicht aufrechnen** darf:

a. Erfolgt eine Aufrechnung gegen eine Person, die die Aufrechnung nicht verursacht hat, wird deren sozialrechtlicher **Individualanspruch** in unzulässiger Weise eingeschränkt. Hier werden Unbescholtene für das Verhalten eines Dritten in **„Sippenhaftung"** genommen. Um bei einer Null-Sanktion andere Mitglieder der Bedarfsgemeinschaft vor den Auswirkungen einer Kürzung der Unterkunftskosten zu schützen, hat die Rechtsprechung in verfassungskonformer Auslegung der Sanktionsregelungen vorgegeben, bei Verteilung der Unterkunftskosten von der sogenannten Kopfanteilsmethode abzuweichen (BSG 2.12.2014 - B 14 AS 50/13 R; BSG 23.5.2013 - B 4 AS 67/12 R; LSG NRW 22.3.2012 - L 6 AS 1589/10). Dieser Maßstab muss auch bei der Ausübung des Ermessens, ob gegen unschuldige Dritte aufgerechnet wird, zum Tragen kommen.

b. Eine Aufrechnung gegen **minderjährige Kinder**, die im Übrigen die Überzahlung nicht verursacht haben können, ist verfassungsrechtlich bedenklich. Kinder werden zwar von ihren Eltern gesetzlich vertreten und das Handeln des Vertreters wirkt gegen den Vertretenen, mit der rigiden Aufrechnungsvorgabe des § SGB II wird jedoch der auch in der sozialgerichtlichen

Rechtsprechung entwickelte **Minderjährigenschutz** konterkariert. Eine pflichtgemäße Ausübung des Ermessens müsste regelmäßig zum Ergebnis kommen, dass Minderjährigen eine Aufrechnung von Ersatz- und Erstattungsansprüchen nicht zuzumuten ist.

c. Wird gegen mehr als eine Person in Höhe von 30% des Regelsatzes aufgerechnet, tritt eine **Bedarfsunterdeckung** ein, die nicht mehr zu vertreten ist. Sanktionierte Leistungsberechtigte können bei Kürzungen, die 30% übersteigen, ergänzende Sachleistungen beantragen. Sind Minderjährige in der Bedarfsgemeinschaft, **müssen** diese gewährt werden (§ 31a Abs. 3 SGB II). Bei der Aufrechnung von Ansprüchen gegen mehrere Personen in einer Bedarfsgemeinschaft, kann eine entsprechende **Schutzfunktion** nur erzielt werden, wenn die Aufrechnung in Rahmen einer Ermessensentscheidung auf eine Person beschränkt wird.

d. Eine 30%-Kürzung ist nach herrschender Meinung bei **Sanktionen** maximal für eine **Dauer von drei Monaten** möglich. Aufrechnungen enden jedoch *„spätestens"* **nach 36 Monaten** (§ 43 Abs. 4 Satz 2 SGB II). Das Jobcenter wird demnach im Rahmen einer zweiten Ermessensentscheidung zu prüfen haben, wie lange aufgerechnet wird, d.h. wie lange die Aufrechnung im konkreten Einzelfall zumutbar ist (⇨Darlehen 1.12).

e. Laut Art. 1 GG gibt es ein Grundrecht auf Gewährleistung des menschenwürdigen Existenzminimums. Darunter ist nicht nur die Sicherung der physischen Existenz zu verstehen, sondern auch die Gewährung eines Mindestmaßes an gesellschaftlicher Teilhabe. Die menschenwürdige Existenz ist aber aufgrund von Aufrechnungshöhe und -dauer nicht mehr gewährleistet. Auch weitere besondere Belastungen der Bedarfsgemeinschaft müssen bei dieser Ermessensabwägung eine Rolle spielen.

1.6 Weitere Alternative: Aushandlung der Rückzahlung

Das Jobcenter kann, statt aufzurechnen, mit den Betroffenen eine Regelung über die freiwillige Rückzahlung von Erstattungs- und Ersatzansprüchen treffen. Wenn diese Vereinbarungen nicht die gesetzlich vorgeschriebenen Beträge der Aufrechnung beinhalten (10% oder 30% des Regelsatzes), handelt es sich nicht um einen öffentlich-rechtlichen Vertrag, sondern um eine Verzichtserklärung (§ 46 Abs. 1 SGB I), die Sie gegenüber dem Jobcenter abgeben. Hier sind alle Beträge verhandelbar und zulässig.

Ein solcher **Verzicht** kann jederzeit mit Wirkung für die Zukunft widerrufen werden (§ 46 Abs. 2 SGB I). Ferner kann das Jobcenter den Vorgang auch an den Forderungseinzug der Regionaldirektion geben. (⇨Darlehen 10; ⇨öffentlich-rechtlicher Vertrag 2.).

1.7 Aufschiebende Wirkung des Widerspruchs

Aufgerechnet werden darf erst, wenn der Aufrechnungsbescheid bestandskräftig ist (⇨1.1). Der Widerspruch gegen Aufrechnungen entfaltet aufschiebende Wirkung (LSG Bayern 21.6.2013 - L 7 AS 329/13 B ER; LSG Sachsen-Anhalt 27.12.2011 - L 5 AS 473/11 B ER; ⇨Widerspruch 5. f.)

Tipp Legen Sie also ⇨Widerspruch gegen den die Aufrechnung bestimmenden ⇨Bescheid (1.1.8) ein. Sollte das Jobcenter die aufschiebende Wirkung nicht anerkennen, müssen Sie diese über eine ⇨**einstweilige Anordnung** herstellen lassen.

1.8 Wenn die Widerspruchsfrist abgelaufen ist

gibt es noch folgende Möglichkeiten:

- Fehlt ein Aufrechnungsbescheid für jede einzelne Person, können Sie einen **Überprüfungsantrag** (§ 44 SGB X) stellen, mit dem Sie die ungeminderte Höhe der Leistungen beanspruchen. Wird die Überprüfung abgelehnt, können Sie Widerspruch gegen den Bescheid einlegen und dessen aufschiebende Wirkung mit einer einstweiligen Anordnung vom Gericht herstellen lassen. Wird Ihrem Antrag stattgegeben, gilt die aufschiebende Wirkung ab Eingang des Antrags bei Gericht.
- Wurde gegen nicht zur Bedarfsgemeinschaft gehörende Personen aufgerechnet, sollte ebenfalls ein Überprüfungsantrag gestellt (⇨Darlehen 1.5) und dann wie oben verfahren werden.

A

- Stellen Sie einen **Erlass- oder Stundungsantrag**, wenn die Aufrechnung zur existenziellen Notlage führt. Das gilt v.a. dann, wenn das Jobcenter die Kürzung nicht durch Sachleistungen ausgleicht. Sie müssen im Antrag die Notlage glaubhaft darlegen. Wird dieser abgelehnt, können Sie Widerspruch einlegen und die Herstellung der aufschiebenden Wirkung bei Gericht beantragen. Näheres unter ⇨Darlehen 1.12

1.9 Dauer der Aufrechnung

Die Befugnis zur Aufrechnung von Erstattungs- und Ersatzansprüchen endet **spätestens nach drei Jahren** (§ 43 Abs. 4 Satz 2 SGB II). Wenn eine Aufrechnung jedoch **unbillig** ist, kann das Jobcenter sie auch schon nach zwei oder drei Monaten beenden. Das SG Berlin hält eine Unterschreitung des Existenzminimums von 10% des Regelsatzes für einen Zeitraum von mehr als 20 Monaten (aufgrund eines Darlehens) schon für unzulässig (SG Berlin 30.9.2011- S 37 AS 24431/11 ER). Demzufolge werden höhere Aufrechnungsbeträge über kürzere Zeiträume genauso eine unzulässige Unterschreitung des Existenzminimums darstellen.

Das Jobcenter hat hinsichtlich der **Dauer** Ermessen auszuüben. Dabei wird der Grund der Aufrechnung zu würdigen sein, z.B. ob das Jobcenter selbst die Überzahlung verursacht hat. Es wird die Schwere des Verschuldens der Leistungsbeziehenden zu berücksichtigen haben und ob die Überzahlung irrtümlich oder grob fahrlässig herbeigeführt wurde. Auch der spezielle Bedarf des Leistungsbeziehers wird zu berücksichtigen sein, z.B. krankheitsbedingte Mehrkosten. Im Einzelfall kann auch ganz von einer Aufrechnung abgesehen werden (Hohm/Groth, GK SGB II, § 43 Rz. 53, zur alten Rechtslage).
Die Aufrechnungsbescheidung entfaltet, wenn sie mit dem Bewilligungsbescheid ergeht, eine Bindungswirkung für den Bewilligungsabschnitt. Wenn Sie unabhängig davon erfolgt, über diesen hinaus (Hohm/Groth, GK SGB II, § 43 Rz. 49, zur alten Rechtslage bis 3/2011).

Tipp 1 Wurde im Aufrechnungsbescheid kein Aufrechnungszeitraum genannt, können Sie Widerspruch einlegen und diesen hinsichtlich der Dauer umfassend begründen. Ist der Bescheid rechtskräftig, können Sie einen Überprüfungsantrag stellen.

Tipp 2 Bevor ein Aufrechnungsbescheid erlassen wird, der Ihre Leistungen herabsetzt, muss die Behörde Sie anhören (§ 24 SGB X). Nutzen Sie das, um darzulegen, welche besonderen Aspekte bei der Entscheidung über Berechtigung und Dauer der Aufrechnung berücksichtigt werden müssen.

Folgende Aspekte spielen bei einer **sachgerechten Ermessensausübung** eine Rolle:
- Gegen wen richtet sich die Aufrechnung (z.B. Kind, neu in die Bedarfsgemeinschaft aufgenommener Partner)?
- Liegen besondere Bedarfslagen vor, die nicht unter die Härtefallregelung fallen?
- Welche Umstände haben zur Überzahlung geführt (Versäumnisse des Jobcenters, Unbeholfenheit des Leistungsberechtigten)?
- Welche Auswirkungen hat die Aufrechnung? (Wurden Leistungen schon längere Zeit durch Darlehenstilgungen aufgerechnet? Wie viele Personen sind betroffen?)
- Welche Auswirkung hat die Aufrechnung auf das Selbsthilfepotential des Leistungsbeziehers?
- Läuft ein Überprüfungsantrag wegen der Rückforderung?
- Beruht die Rückforderung auf einer zweifelhaften Rechtslage (unterschiedliche Rechtsprechung, angekündigte Änderung, Abhilfeersuchen im Petitionsausschuss)? (⇨1.5 e.)

2. Aufrechnung früherer Sozialhilfe

Auch Erstattungsansprüche aus der Sozialhilfe nach dem BSHG (vor 2005) können im Alg-II-Bezug aufgerechnet werden, wenn es sich nicht um Darlehensforderungen handelt (§ 65e Satz 1 SGB II). Allerdings ist diese Regelung auf die ersten zwei Jahre des SGB-II-Leistungsbezuges beschränkt (§ 65e Satz 2 SGB II). Beziehen Sie schon länger Alg II, wäre eine Aufrechnung rechtswidrig.

3. Aufrechnung bei HzL/GSi der Sozialhilfe

„Die Leistung kann bis auf das jeweils Unerlässliche mit Ansprüchen des Trägers der

Sozialhilfe gegen eine leistungsberechtigte Person aufgerechnet werden, ...“

a. *„wenn es sich um Ansprüche auf Erstattung zu Unrecht erbrachter Leistungen der Sozialhilfe handelt, die die leistungsberechtigte Person durch* ***vorsätzlich oder grob fahrlässig*** *unrichtige oder unvollständige Angaben oder durch* ***pflichtwidriges Unterlassen*** *veranlasst hat, oder wenn es sich um Ansprüche auf Kostenersatz nach den §§ 103 und 104 handelt.“* (§ 26 Abs. 2 SGB XII) Zur Aufrechnung berechtigen Erstattungsansprüche aufgrund *„vorsätzlich oder grob fahrlässig unrichtiger oder unvollständiger Angaben“* (§ 45 Abs. 2 Satz 3 Nr. 2 SGB X), wenn Sie z.B. Arbeitseinkünfte, Zuwendungen durch Partner, Eltern usw. oder Vermögen bei Ihrem Antrag verschwiegen haben oder wenn Erstattungsansprüche bestehen, weil Sie unter Verletzung Ihrer Mitwirkungspflichten eine leistungsrelevante Änderung nicht mitgeteilt haben (§ 48 Abs. 1 Satz 2 Nr. 2 SGB X).

Alle anderen Erstattungsansprüche, insbesondere diejenigen, die aufgrund von vermuteter Kenntnis der Rechtswidrigkeit ergangen sind (§ 45 Abs. 2 Satz 3 Nr. 3 SGB X; § 48 Abs. 1 Satz 2 Nr. 4 SGB X), **dürfen nicht aufgerechnet werden**.

b. wenn das Sozialamt **Schulden** für Dinge übernommen hat, die schon durch Sozialhilfeleistungen gedeckt waren, z.B. ⇨Mietschulden, obwohl die Miete schon bezahlt war, ⇨Stromschulden, obwohl der Strom mit dem Regelsatz schon bezahlt gewesen sein soll (§ 26 Abs. 3 SGB XII). Sind die Miet- oder Energieschulden allerdings **vor** dem Leistungsbezug entstanden, ist eine Aufrechnung des dafür gewährten Darlehens im Leistungsbezug rechtswidrig. Ein Darlehen darf nur dann aufgerechnet werden, wenn der Bedarf zuvor durch den Sozialhilfeträger erbracht wurde (§ 26 Abs. 3 SGB XII).

Nur in diesen Fällen darf das Sozialamt die Rückforderung über eine Aufrechnung mit laufender Sozialhilfe eintreiben. Voraussetzung ist auch hier ein Aufhebungs- und Erstattungsbescheid (§ 50 SGB X) und ein die Aufrechnung verfügender Bescheid oder ein die Darlehensaufrechnung verfügender Bescheid.

Das Aufrechnungsverbot aus dem Sozialhilfebezug (§ 51 Abs. 1 SGB I) wird durch § 26 SGB XII umgangen. Die Leistung kann **bis auf** das ***„jeweils Unerlässliche“*** gekürzt werden. Nach Kommentarmeinungen können höchstens **20-30%** (Hauck/Noftz, SGB XII, § 26 Rz. 59), bis zu **25%** (Grube/Wahrendorf, SGB XII, § 26 Rz. 4) oder regelmäßig etwa **20%** (Schellhorn/ Schellhorn/Hohn, Kommentar SGB XII, § 26 Rz. 15) der jeweiligen Regelleistung einbehalten werden. Das *„Unerlässliche“* ist nach den **Besonderheiten des Einzelfalls** zu bemessen. 75% des vollen Regelsatzes wären 303 € zum Leben (2016).

3.1 Dauer der Aufrechnung

Aufgrund eines Erstattungsbescheides darf maximal **drei Jahre** lang aufgerechnet werden. Auch hierbei ist ⇨Ermessen auszuüben. Der Zeitraum kann also auch deutlich kürzer sein (⇨1.9). Bei Darlehen für Bedarfe, die bereits durch Sozialhilfeleistungen gedeckt waren, ist keine zeitliche Obergrenze normiert. Hier ist aber auch von einem kürzeren Zeitraum auszugehen, da das *„verfassungsrechtlich garantierten Existenzminimum“* nicht dauerhaft unterschritten werden darf (BVerfG 9.2.2010 - 1 BvL 1/09). Über die Dauer ist im Einzelfall nach Ermessen zu entscheiden.

Der Zeitraum bezieht sich auf die Aufrechnung **einer** Forderung. Bei einer weiteren Aufrechnung fängt die Frist von vorne an.

3.2 Widerspruch entfaltet aufschiebende Wirkung

Legen Sie Widerspruch gegen den Aufhebungs- und Erstattungsbescheid sowie Aufrechnungsbescheid ein, entfaltet dieser bei der HzL/ GSi der Sozialhilfe **immer** aufschiebende Wirkung (§ 86a Abs. 1 SGG). Das Sozialamt darf erst aufrechnen, wenn der Bescheid rechtskräftig ist.

4. Was tun bei rechtswidriger Aufrechnung?

Alg II und HzL/GSi der Sozialhilfe
Wenn die Behörde überzahlte Leistungen aufrechnet, ohne die rechtlichen Voraussetzungen zu beachten, sollten Sie gegen den die Aufrechnung verfügenden Bescheid **Widerspruch** einlegen. Der Widerspruch hat aufschiebende Wirkung (⇨1.8; ⇨3.2). Allerdings kann die aufschiebende Wirkung aufgehoben werden, indem die Behörde die sofortige Vollziehung der Aufrechnung anordnet (§ 86a Abs. 2 Nr. 5 SGG). Dann werden Sie zur ⇨einstweiligen Anordnung gezwungen.

Ist der Aufrechnungsbescheid bereits rechtskräftig, können Sie die **Überprüfung** eines rechtswidrigen, belastenden Verwaltungsaktes beantragen (§ 44 SGB X; ⇨1.8; ⇨Nachzahlung 3.1).

5. Aufrechnung von Kostenersatz bei *„sozialwidrigem Verhalten"*
⇨Rückforderung

Forderung
Keine Aufrechnung unter das Existenzminimum!

Auskunftsrecht und -pflicht

1.1 Allgemeines Recht auf Auskunft der Behörde (§ 15 SGB I)
Zur Auskunft verpflichtet sind die kommunalen Behörden wie Gemeinden, Landkreise und Bezirksämter sowie die Träger von Sozialleistungen wie Sozialämter, Jobcenter, die gesetzlichen Krankenkassen, die Rentenversicherung usw. Sie sind verpflichtet, jedem die zuständigen Leistungsträger zu nennen (§ 15 Abs. 2 Satz 1 SGB I). Angesichts der verwirrenden ⇨**Zuständigkeit**en bei Alg II ist es besonders wichtig zu wissen, wer überhaupt zuständig ist. Die Auskunftspflicht wird ergänzt durch die ⇨**Beratung**spflicht.

Die Behörden müssen Ihnen in allen Sach- und Rechtsfragen Auskunft erteilen, die für Sie *„von Bedeutung sein können"* (§ 15 Abs. 2 SGB I). Es sei denn, sie sind dazu aufgrund ihrer Kompetenzen nicht imstande. Die Behörde ist also verpflichtet, Ihnen z.B. mitzuteilen, wie die Regelung zu den angemessenen Unterkunftskosten aussieht. Sie muss Ihnen auch Auskunft darüber geben, welcher Sachbearbeiter für was zuständig ist.

Personen und Beratungsstellen können bei Behörden auch die Herausgabe von ⇨Verwaltungsrichtlinien, Mitarbeiterlisten, und Informationen über Zuständigkeitsbereiche etc. in Kopie oder elektronischer Form einfordern. Diese Auskunftsersuchen haben aber nichts mit dem Auskunftsrecht nach § 15 SGB I zu tun, sondern stützen sich auf die **Informationsfreiheitsgesetze** (IFG) von Bund und Ländern. Der Auskunftsanspruch nach sonstigen Gesetzen geht dem Anspruch nach dem IFG vor (§ 1 Abs. 3 IFG).
Näheres unter ⇨**Verwaltungsrichtlinien**.

1.2 Anspruch auf Auskunft
haben jede natürliche Person (jeder Mensch), jede juristische Person (z.B. Vereine oder Vereine in Gründung) und Zusammenschlüsse von Betroffenen. Ein eingetragener Verein zu sein, ist keine Voraussetzung. Auskünfte sind kostenfrei (§ 64 SGB X). Sie müssen kurzfristig erteilt werden, denn die *„Leistungsträger sind verpflichtet, darauf hinzuwirken, dass ... jeder Berechtigte die ihm zustehenden Sozialleistungen in zeitgemäßer Weise, umfassend und zügig erhält..."* (§ 17 Abs. 1 Nr. 1 SGB I). Wenn Ihnen Auskünfte verweigert werden, können Sie Dienstaufsichtsbeschwerde (⇨Beschwerde) oder ⇨Widerspruch einlegen und ⇨Klage einreichen (LPK SGB I, § 15 Rz. 12).

1.3 Auskunftspflichtig
sind die nach Landesrecht für Sozialleistungen zuständigen Stellen (§ 15 Abs. 1 SGB I), i.d.R. Kommunen und Landkreise, sowie die Träger der gesetzlichen Kranken- und Rentenversicherung. Die Auskunftsstellen sind verpflichtet, zusammenzuarbeiten, damit Ihnen eine Stelle möglichst umfassend Auskunft erteilen kann (§ 15 Abs.3 SGB I).

1.4 Falsche Auskünfte

Entstehen Ihnen durch fehlerhafte, unvollständige oder verweigerte Auskünfte wirtschaftliche Schäden, haftet die zuständige Behörde dafür. Sie können einfordern, dass Sie so gestellt werden, als hätten Sie aufgrund einer richtigen Auskunft den richtigen Antrag gestellt. Das nennt sich **sozialrechtlicher Herstellungsanspruch** und ist eine von der Sozialgerichtsbarkeit entwickelte Rechtsauffassung, wie eine Amtspflichtverletzung (Art. 34 GG, § 839 BGB) korrigiert werden muss. Näheres dazu ⇨Nachzahlung 1.1 ff.

2. Auskunft über gespeicherte Sozialdaten

„Dem Betroffenen ist auf Antrag Auskunft zu erteilen über 1. die zu seiner Person gespeicherten Sozialdaten, auch soweit sie sich auf Herkunft oder Empfänger dieser Daten beziehen, und 2. den Zweck der Speicherung." (§ 83 Abs. 1 SGB X)

Sozialdaten sind Angaben über *„persönliche oder sachliche Verhältnisse einer bestimmten ... Person [Betroffener]"* (§ 67 Abs. 1 SGB X), die von der Sozialbehörde *„erhoben, verarbeitet oder genutzt werden"* (ebenda). Sozialdaten sind natürlich sowohl in schriftlichen Akten als auch elektronischen Dateien zu finden.
Auskunft ist auch über **Empfänger** zu erteilen, an die der Sozialleistungsträger Sozialdaten weitergeben hat, z.B. andere Leistungsträger, Polizei, Verfassungsschutz usw. (§ 83 Abs. 1 Satz 1 Nr. 2 SGB X).
Die Auskunft sollte innerhalb einer angemessenen Frist von zwei bis drei Wochen nach Antragstellung erfolgen (LPK SGB X, § 83 Rz. 2).

Neben der Einsichtnahme können Sie auch das Recht wahrnehmen, **Daten berichtigen, sperren oder löschen** zu lassen (§ 84 SGB X), oder Schadenersatz verlangen, wenn Ihnen durch fehlerhafte Dateneingabe ein Schaden entstanden ist (§ 82 SGB X).
Anders als bei der ⇨Akteneinsicht brauchen Sie keine Gründe anzugeben, warum Sie Auskunft haben wollen. Sie sollten im Antrag aber möglichst Angaben über die Art der verlangten Sozialdaten machen.

3. Einschränkungen des Auskunftsrechts

Ihr Recht auf Auskunft ist unabdingbar und darf nicht *„durch Rechtsgeschäfte ausgeschlossen oder beschränkt werden"* (§ 84a Abs. 1 SGB X). Nur die *„Form der Auskunftserteilung"* liegt im Ermessen der Behörde (§ 83 Abs. 1 Satz 3 SGB X).
Auskünfte können jedoch abgelehnt werden, wenn z.B. dadurch die Aufgaben der Behörde nicht mehr ordnungsgemäß erfüllt werden könnten oder die öffentliche Sicherheit bzw. das *„Wohl des Bundes oder eines Landes"* gefährdet wäre oder die berechtigten Interessen eines Dritten verletzt würden (§ 83 Abs. 4 SGB X), z.B. eines Denunzianten.

Wenn Ihr Auskunftsantrag nicht oder nur teilweise erfüllt wird, können Sie den **Bundes- oder Landesbeauftragten für Datenschutz und Informationsfreiheit** einschalten und ihn um Prüfung bzw. Unterstützung bitten (§ 83 Abs. 6 SGB X). Diese Prüfung des Sachverhalts durch die „Bürgerbeauftragten" ist für Sie kostenlos, während bei einer Klage je nach Behörde Gerichtskosten auf Sie zukommen können.

4. Kosten

Auskünfte über Sozialdaten sind kostenfrei (§ 83 Abs. 7 SGB X). Ebenso Auskünfte über Zuständigkeiten, sowie Sach- und Rechtsfragen.

Befangenheit von „Amtsträgern“

Hartz-IV-Beziehende werden im „Neusprech“ der BA „Kunden“ genannt. Allerdings fühlen sich „Jobcenter-Kunden“ selten als König. Das liegt z.T. an den Arbeitsbedingungen der MitarbeiterInnen dort und vor allem an den Vorgaben der BA-Zentrale in Nürnberg und der örtlichen Geschäftsführungen. Mehrere Befragungen von Alg-II-Beziehern, die von Erwerbsloseninitiativen oder Wohlfahrtsverbänden durchgeführt wurden, haben ergeben, dass die Atmosphäre auf Jobcentern häufig als unfreundlich und abweisend bezeichnet wurde und der Umgangston zu wünschen übrig lässt. Daran können Sie wenig ändern. Wenn aber Ihr Sachbearbeiter/ Fallmanager Ihnen gegenüber voreingenommen, offen feindlich oder schikanös auftritt oder Sie mit ihm in Ihrem nächsten privaten Umfeld zu tun haben, können Sie ihn wegen Befangenheit ablehnen.

1. Ausschlussgründe per Gesetz
Befangenheit wird per Gesetz angenommen, wenn der Behördenmitarbeiter selbst Beteiligter ist, wenn er Angehöriger eines Beteiligten ist, einen Beteiligten per Vollmacht vertritt oder dessen Beistand ist, wenn er Angehöriger einer Person ist, die einen Beteiligten in dem Verfahren vertritt, einen Beteiligten beschäftigt oder dessen Vorstand ist oder wenn er außerhalb amtlicher Tätigkeiten ein Gutachten abgegeben hat oder sonst wie tätig ist (§ 16 Abs. 1 SGB X). In diesen Fällen ist es unbeachtlich, ob im Einzelfall Anhaltspunkte bestehen, dass der Ausgeschlossene sich von unsachlichen Motiven leiten lässt.

2. Weitere Gründe für Befangenheit
Die Befangenheitsregelungen (§ 17 SGB X) ergänzen die Regelungen des § 16 SGB X. *„Die Besorgnis der Befangenheit verlangt einen gegenständlichen vernünftigen Grund, der die Beteiligten von ihrem Standpunkt aus befürchten lassen kann, dass der Amtsträger nicht unparteiisch sachlich entscheiden werde. Fälle dieser Art können z.B. eine bestehende Freundschaft oder Feindschaft zwischen dem Amtsträger und einem der Beteiligten, die Berührung wirtschaftlicher oder sonstiger persönlicher Belange des Amtsträgers, unsachliche Äußerungen zu Anträgen eines Beteiligten, vorzeitige Festlegung in einer bestimmten Rechtsauffassung, offenbare Voreingenommenheit u.ä. sein.“* (BT-Drs. 7/910, 47, zu § 17 SGB X) Die Gründe müssen objektiv vorliegen und dürfen nicht nur in Ihrer Vorstellung bestehen. Die Gründe sollten zudem gewichtig sein, denn ein Behördenchef wird einem Mitarbeiter ohne wichtigen Grund keine Schwierigkeiten machen.

Gründe können also sein
- eine persönliche oder auf früheren dienstlichen Anlässen beruhende Feindschaft zwischen Ihnen und dem Amtsträger,
- eine private Bekanntschaft oder Abhängigkeit (z.B. Angehörige/r des Vermieters),
- die Möglichkeit, wirtschaftliche Vorteile zu erlangen (von Wulffen SGB X, § 17 Rz. 4),
- beleidigende Äußerungen jeglicher Art; z.B. Unterstellungen, Sie wären *„arbeitsscheu“*, hätten Ihr Kind nur bekommen, um sich vor der Arbeit zu drücken usw.,
- die voreilige und vorschnelle Festlegung bei Sachverhalten, d.h. keine gründliche, unvoreingenommene Prüfung.

Letzteres hat eine große Bedeutung, weil insbesondere in den Jobcentern viel zu viele Mitarbeiter versammelt sind, die ohne genaue Kenntnisse des SGB II falsche Behauptungen aufstellen und diese auch noch gegen Sie durchsetzen wollen. Die Voreingenommenheit kann sich auch in der Art und Weise äußern, wie eine Eingliederungsvereinbarung durchgesetzt wird. Wenn z.B. rechtswidrige Dinge vereinbart werden sollen, willkürliche Auflagen gemacht werden oder keinerlei Eingehen auf Ihre persönliche Situation festzustellen ist. Voreingenommenheit ist die Grundlage dafür, jemanden als befangen zurückzuweisen.

3. Zurückweisung eines Sachbearbeiters
Wenn SachbearbeiterInnen als Amtsträger Ihnen gegenüber Ihr Amt nicht *„unparteiisch“* ausüben, müssen Sie das äußern und begründen. *„ …wird von einem Beteiligten [also von Ihnen] das Vorliegen eines solchen*

Grundes behauptet, hat ... [der Amtsträger] den Leiter der Behörde ... zu unterrichten und sich auf dessen Anordnung der Mitwirkung zu enthalten." (§ 17 Abs. 1 SGB X)

Wir empfehlen, den **Befangenheitsantrag** nicht beim betreffenden Sachbearbeiter zu stellen, sondern direkt bei seinem Vorgesetzten – und zwar **schriftlich**. Das erhöht den Druck. Wenn Sie einen schriftlichen Antrag stellen, bekommen Sie in der Regel auch einen schriftlichen Bescheid. Die Ablehnung, Ihnen einen anderen Sachbearbeiter zuzuweisen, ist ein Verwaltungsakt, gegen den ⇨Widerspruch möglich ist.

Wenn Sie den Amtsleiter selbst der Befangenheit beschuldigen, hat dieser die jeweilige Aufsichtsbehörde (beim Alg II die Bundesagentur oder das zuständige Landesministerium, bei den optierenden Kommunen und der Sozialhilfe den Bürgermeister und den Regierungspräsident) davon in Kenntnis zu setzen (§ 47 Abs. 1 und 2 SGB II).

4. BSG stellt sich gegen Betroffene

In einer Entscheidung stärkt das BSG die Position der Arbeitsvermittler/ Fallmanager im „Eingliederungsprozess". Der Betroffene habe weder Anspruch auf eine bestimmte Eingliederungsmaßnahme noch auf einen unbefangenen und qualifizierten persönlichen Ansprechpartner. Es bestände kein subjektiv-öffentliches Recht, einen anderen Mitarbeiter benannt zu bekommen. Allerdings ist diese Entscheidung zur Wahlfreiheit von Betroffenen beim Abschluss einer ⇨Eingliederungsvereinbarung nicht unmittelbar auf andere Situationen übertragbar. (22.9.2009 - B 4 AS 13/09 R)

Unserer Auffassung nach ist es wichtig, gegen Befangenheit von Behördenmitarbeitern mit Dienstaufsichtsbeschwerden und in besonders gravierenden Fällen mit Befangenheitsanträgen vorzugehen, um Fehlverhalten aktenkundig zu machen.

5. Wahl der Mittel

Sie können in einer ersten Stufe eine **Dienstaufsichtsbeschwerde** stellen. Wenn danach die voreingenommenen Äußerungen und Handlungen des Amtsträgers weitergehen oder sich gar verstärken, sollten Sie einen Befangenheitsantrag stellen. Zu prüfen wäre auch eine **Fachaufsichtsbeschwerde** (⇨Beschwerde).

Ein Befangenheitsantrag kann auch „ganz oben" gestellt werden, z.B. beim Arbeits- und Sozialministerium des jeweiligen Bundeslandes oder bei der Regionaldirektion der BA. Der Antrag wandert dann die Dienstgrade langsam nach unten und alle bekommen den Vorgang mit.

Tipp Verschießen Sie Ihre Munition nicht auf einen Schlag. Das tut vielleicht Ihrem Ego gut, nutzt Ihnen aber in der Sache nichts. Fangen Sie also mit dem leichtesten Mittel an und arbeiten sich bei Bedarf langsam hoch.

6. Befangenheit im Gerichtsverfahren

Haben Sie den Eindruck, dass im sozialgerichtlichen Verfahren ein Richter oder Sachverständiger nicht unparteiisch, sondern unsachlich, voreingenommen oder gar feindlich auftritt, kann auch diese Person wegen der Besorgnis der Befangenheit abgelehnt werden (§ 60 SGG i.V. mit §§ 41 ff. ZPO).

Die Besorgnis der Befangenheit liegt vor, wenn ein Grund vorhanden, der geeignet ist, Misstrauen gegen die unparteiliche Amtsausübung eines Richters (oder Sachverständigen) zu rechtfertigen. Geeignet hierfür sind nur objektive Gründe, die vom Standpunkt des Ablehnenden aus, bei vernünftiger Betrachtungsweise die Befürchtung wecken können, der Richter stehe der Sache nicht unvoreingenommen und unparteiisch gegenüber.

Die bloße unterschiedliche Beurteilung der Sachlage durch den Richter stellt keinen objektiven Befangenheitsgrund dar, auch die Erteilung von gebotenen Verfahrenshinweisen begründet die Besorgnis der Befangenheit nicht (BSG 18.11.2009 - B 1 KR 74/08 B). Auch der Umstand, dass ein Richter bereits in der Vergangenheit eine für den Betroffenen nachteilige Entscheidung getroffen hat, rechtfertigt die Besorgnis der Befangenheit nicht (BSG 2.7.2013 - B 9 SB 2/13 C), ebenso wenig die Teilnahme eines Richters an Tagungen zu aktuellen Rechtsfragen (BSG 18.7.2007 - B 13 R 28/06 R). Hingegen kann eine *„instanzübergreifende Richterehe"* ein Ablehnungsgrund sein (BSG 24.11.2005 - B 9a VG 6/05 B), die

Tätigkeit des Ehegatten des Richters in der Rechtsanwaltskanzlei, welche die Gegenseite vertritt (BGH 15.3.2012 - V ZB 102/11) oder beleidigende Äußerungen des Richters.

Beistand/ „Begleitschutz"

1. Recht auf Beistand

Sie haben das Recht, eine Person Ihres Vertrauens mit auf die Behörde zu nehmen, einen sogenannten Beistand (§ 13 Abs. 4 SGB X). Was der Beistand sagt, muss von der Behörde so behandelt werden, als hätten Sie es selbst gesagt. Es sei denn, Sie widersprechen unverzüglich (§ 13 Abs. 4 SGB X).

Wenn Sie mit einem Beistand auf der Behörde erscheinen, werden Sie in der Regel höflicher behandelt. Der Sachbearbeiter geht korrekter mit Ihnen um, weil Sie nicht alleine sind und Zeugen vorhanden sind. Wenn Sie ängstlich sind oder Konflikte haben, empfiehlt es sich, einen Beistand mitzunehmen.

Ansprechpartner aus Beratungsstellen und Initiativen können Sie im Internet unter anderem unter www.my-sozialberatung.de oder www.elo-forum.org/suche-biete-begleitung-arge-jobcenter finden.

Tipp Bereiten Sie sich vor einem Behördentermin zusammen mit Ihrem Beistand gründlich vor. Besprechen Sie den Sachverhalt und entwickeln Sie eine gemeinsame Gesprächsstrategie.

2.1 Wie weit geht das Recht auf Beistand?

Der Beistand kann **mit Ihnen** an allen notwendigen Verfahrenshandlungen im Rahmen der Beantragung und dem Bezug von Sozialleistungen teilnehmen. Er kann bei jeder Vorsprache anwesend sein. Er darf nicht von Gesprächen ausgeschlossen werden. Das gilt auch für Gespräche über ⇨Eingliederungsvereinbarungen, für Eignungsuntersuchungen im Rahmen eines „Profiling" oder für gesundheitliche Untersuchungen beim ⇨Amtsarzt oder medizinischen Dienst (LSG NRW 2.11.2009 - L 12 B 57/09 SO).

Ein Beistand ist Ihre Vertrauensperson und nicht Ihr Bevollmächtigter. Er tritt **nicht für Sie**, sondern **neben Ihnen** bei Verhandlungen und Besprechungen auf. Die Beistandschaft ist daher auf die mündliche Erörterung beschränkt. Ein Beistand muss nicht vorher angemeldet werden, es genügt, wenn der Beistand zusammen mit Ihnen erscheint (LPK SGB X, § 13, Rz. 23).

Ein Beistand kann nur zurückgewiesen werden, wenn er zum *„sachgemäßen Vortrag"* nicht fähig ist (§ 13 Abs. 6 SGB X), also dummes Zeug redet oder die Amtsmitarbeiter beschimpft oder anschreit.

Er kann auch zurückgewiesen werden, wenn er geschäftsmäßig fremde Rechtsangelegenheiten besorgt, ohne dazu befugt zu sein (§ 13 Abs.5 SGB X). Das liegt aber nur dann vor, *„sobald sie [die Angelegenheit] eine rechtliche Prüfung des Einzelfalls erfordert"* (§ 2 Abs. 1 RDG). Wenn Sie ohne rechtliche Prüfung des Einzelfalls andere begleiten, handelt es sich nicht um Besorgung fremder Rechtsangelegenheiten im Sinne des Rechtsdienstleistungsgesetzes (RDG). Dann ist die Begleitung *„geschäftsmäßig"*, d.h. auch wiederholt oder mit Wiederholungsabsicht zulässig.

2.2 Ein oder mehrere Beistände

Gerade im Zuge von offensiverem Auftreten von Erwerbslosen kommt es immer wieder zum Streit, ob der Begriff *„Beistand"* des § 13 Abs. 4 SGB II sich auf eine Person oder mehrere Personen bezieht. Es darf nicht nur ein Beistand zugelassen werden, sondern nach Sinn und Zweck der Regelung können Betroffene sich durchaus von zwei oder drei Beiständen unterstützen lassen (SG Kassel 12.9.2008 - S 7 AS 554/08 ER; Hauck/Noftz SGB X, § 13 Rz. 20). Die Beistände müssen nur für die Aufgabe geeignet sein. Wobei wir die Auffassung vertreten, dass eine Beistandschaft bestehend aus drei oder mehr Personen i.d.R. nicht geeignet ist, eine ruhige und sachliche Gesprächssituation herbeizuführen.

2.3 Ausweispflicht von Beiständen?

Da Beistände nur neben Betroffenen auftreten dürfen, sie anders als Bevollmächtigte keine Vertretungsvollmacht haben, selbst

B

keine Anträge stellen dürfen und ihnen nur eine vortragende Rolle neben dem Betroffenen zugedacht ist, besteht keine Ausweispflicht eines Beistandes. Die behördliche Ermittlung des Namens eines Beistandes ist erst dann *„erforderlich"* im Sinne des § 67a Abs. 1 Satz 1 SGB X, wenn die Behörde zu dem begründeten Eindruck kommt, dass der Beistand gegen Rechtsvorschriften verstößt bzw. er zurückzuweisen ist. Vorher ist das Verlangen, sich auszuweisen, unzulässig. *„Der Beistand bedarf keiner besonderen Legitimation. Es genügt, dass der Beteiligte mit ihm zu Verhandlungen und Besprechungen erscheint"* (von Wulffen, SGB X, 7. Aufl., § 13 Rz. 12).

In letzter Zeit wird wiederholt nach Ausweisen von Beiständen gefragt. Die Behörden machen das, um Beistände abzuschrecken. Für ein Verlangen, sich auszuweisen, gibt es ohne konkreten Anlass aber keine Rechtsgrundlage und keinen sachlichen Grund. Beistandstätigkeiten werden oft von Leistungsbeziehenden selbst durchgeführt. Wird ihre Tätigkeit aufgrund der Vorlage des Ausweises im Amt bekannt, müssen Sie mit Nachteilen rechnen. Alleine aus diesem Grund ist die Ausweispflicht von Beiständen abzulehnen.

Dennoch hat das SG Stuttgart eine generelle Ausweispflicht bejaht, denn das Jobcenter hätte einen Anspruch zu erfahren, wer sich mit im Amtszimmer aufhält (28.11.2014 - S 4 AS 6236/14 ER). Das kann jedoch im Rahmen gängiger Umgangsformen auch ohne Vorlage des Ausweises in Erfahrung gebracht werden. Eine Feststellung der Personalien, ohne dass dafür ein begründeter Anlass besteht, ist gerade deshalb abzulehnen, weil die „normalen" Umgangsformen im Jobcenter gewahrt bleiben müssen.

3. Folgen rechtswidriger Zurückweiung eines Beistands

Wenn ein Beistand zurückgewiesen wird, muss das Ihnen und ihm schriftlich mitgeteilt werden (§ 13 Abs. 7 SGB X), natürlich mit Begründung. Sie können dagegen gerichtlich vorgehen. Handlungen, die vor der Zurückweisung erfolgten, bleiben weiter wirksam. Wenn Sie einen Termin zum Abschluss einer Eingliederungsvereinbarung oder einen Untersuchungstermin nicht wahrnehmen, weil Ihr Beistand rechtswidrig zurückgewiesen wurde, darf das nicht gegen Sie ausgelegt werden. Es muss als *„wichtiger Grund"* anerkannt werden, der die ⇨Sanktion ausschließt (§ 31 Abs. 1 Satz 2 SGB II).

Auch Ihre ⇨Mitwirkungspflichten haben Sie in diesem Fall nicht verletzt, denn Sie hatten auch hier einen *„wichtigen Grund"* (§ 65 Abs. 1 Nr. 2 SGB I).

4. Begleitschutz

Erwerbslosengruppen und Beratungsstellen organisieren vermehrt Begleitschutz bei Behördengängen. Diese Form solidarischer Unterstützung wird zunehmend gebraucht und ist die passende Antwort auf allseits überhandnehmende „Aktivierung" und „Schikanierung" der Arbeitslosenverwaltung. Begleitschutz ist zudem eine einfache Möglichkeit der Selbstorganisierung und kollektiven Gegenwehr, die schnelle Erfolge verzeichnet. Die Beteiligten benötigen kein besonderes Fachwissen, sondern lediglich Grundkenntnisse und gewisse kommunikative Fähigkeiten im Umgang mit dem Amt. Diese Form der Ämterbegleitung ist keine Vertretung oder Besorgung in fremden Rechtsangelegenheiten und vom neuen Rechtsdienstleistungsgesetz als unentgeltliche Rechtsdienstleistung *„in nachbarschaftlichen oder ähnlichen persönlichen Beziehungen"* gedeckt (§ 6 Abs. 2 Satz 1 RDG).

Tipp Begleitschutz kann mit unterschiedlichen Zielsetzungen durchgeführt werden. Je nachdem, ob der Behördentermin eher klärenden, Ansprüche einfordernden oder demonstrativen Charakter hat, kann die **Zahl der Beistände** von einer Person bis zur aktionsfähigen Kleingruppe variieren. Wichtig ist nur, dass sich die Beteiligten über ihr Ziel und die Rollenverteilung einig sind. (⇨2.2)

Beratung

Inhaltsübersicht:

1. Rechtsanspruch auf Beratung durch die Behörde

„Jeder hat Anspruch auf Beratung über seine Rechte und Pflichten nach diesem Gesetzbuch." (§ 14 SGB I) sowie auf Auskunft über *„alle Sach- und Rechtsfragen, die für die Auskunftssuchenden von Bedeutung sein können"* (§ 15 SGB I ⇨Auskunftspflicht).

Das hört sich gut an, hat aber mit der Realität nur wenig zu tun.

Die Angestellten der Arbeitslosenbehörde sind oft nur befristet eingestellt und berufsfremd. Wer selbst keine ausreichende Ahnung hat, kann kaum richtig beraten. Die wechselnde Anzahl von Arbeitslosen wird nahezu mit derselben Anzahl von Beschäftigten bewältigt. Da muss Beratung auf der Strecke bleiben – und soll es auch. Sie haben in der Regel keinen direkten Zugang zu Ihrem Arbeitsvermittler/Sachbearbeiter, wenn Sie überhaupt wissen, wer es ist. Wenn Sie nicht zu Ihrem Berater vordringen können, entfällt auch die Beratung.

Rechtliche Grundlagen bekommt man häufig nicht genannt oder wenn, dann oft falsch. Man muss seine Rechte schon kennen und dann oft auch noch dafür kämpfen, damit sie überhaupt eingehalten werden. Fordern Sie trotzdem Ihren Sachbearbeiter auf, Sie so ausführlich zu beraten, wie das Sozialgesetzbuch I (SGB I) und neuerdings auch das SGB II (⇨2.) es verlangt.

Tipp Sie können Beratungsanfragen auch schriftlich stellen und um eine schriftliche Auskunft oder einen Termin bei Ihrem Sachbearbeiter bitten.

1.1. Umfang der behördlichen Beratung

Beratung ist die **umfassende** und **gezielte Information** des Einzelnen über seine **Rechte und Pflichten** nach dem Sozialgesetzbuch. Beratung kann sowohl auf Ersuchen des Antragstellers als auch auf Initiative des Leistungsträgers erfolgen. Der Begriff der Beratung umfasst auch **Rechtsberatung**, die Hilfestellung bei der Antragstellung und ggf. beim Anfertigen von Schriftsätzen. Dazu gehört auch, dass das Amt eigeninitiativ bestimmte rechtliche Gestaltungsmöglichkeiten aufzeigt (SG Duisburg 9.6.2006 - S 27 AS 289/05; LSG NRW 20.11.2006 - L 20 AS 89/06).

Die Behörde ist zur ***„Spontanberatung"*** verpflichtet. Voraussetzung hierfür ist ein konkreter, im Rahmen eines Leistungsanspruchs gegebener Anlass (BSGE 58, 283; BSGE 57, 288). Die Pflicht zur Spontanberatung besteht auch dann, wenn die betreffende Information in einer großen Zahl von Fällen Bedeutung hat (BSG SozR § 14 Nr. 13, 16). Beratung heißt auch, die Rechtslage verständlich zu erläutern, auf anhängige Verfahren bei den obersten Gerichten aufmerksam zu machen und ggf. auf bevorstehende Gesetzesänderungen hinzuweisen (BSG SozR 3 - 5750 Art. § 6 Nr. 7).

Die Behörde muss immer dann **spontan beraten**, wenn es sich ihr erschließt, dass ein Beratungsbedarf besteht, z.B. wenn Schwangere keine Erstausstattung bei Schwangerschaft beantragen, diese ihnen aber nur während der Schwangerschaft zusteht oder wenn das Amt nicht rechtzeitig vor Ablauf eines Bewilligungsabschnittes einen Hinweis gegeben hat, dass ein Weiterbewilligungsantrag gestellt werden muss. Solche Versäumnisse stellen schwerwiegende Verstöße gegen die Beratungs- und Auskunftspflichten dar

(§§ 14 und 15 SGB I). Ist Ihnen aufgrund solcher Versäumnisse ein Schaden entstanden, kann im Rahmen des „sozialrechtlichen Herstellungsanspruchs“ ein Anspruch auf Wiedergutmachung bestehen (LSG NSB 24.2.2015 - L 7 AS 187/14; LSG Bayern 27.2.2014 - L 7 AS 642/12; ⇨Nachzahlung 1. ff.; ⇨Antrag 1.8).

Zur Spontanberatung der Behörde kann auch gehören, dass Ausländer, die der deutschen Sprache nicht mächtig sind, in ihrer Muttersprache beraten werden, falls entsprechende Sprachkenntnisse vorhanden sind, oder sie darauf hinzuweisen, dass ein Anspruch auf Übernahme der Kosten für Dolmetscher und Übersetzer bestehen kann (⇨Antrag 1.13. ff.).

Selbst wenn Zweifel an Ihrer Bedürftigkeit bestehen, muss die Behörde Sie beraten, wie Sie diese **Zweifel ausräumen** können. Sie ist nach den §§ 14 und 15 SGB I verpflichtet, *„dem Antragsteller den Weg zur Gewährung der Sozialleistung aufzuzeigen"* (SG Düsseldorf 26.1.2005 - S 35 AS 6/05 ER 1/2). Es ist rechtswidrig, bei Zweifeln dem Hilfebedürftigen die Beweislast darüber aufzubürden, dass er bedürftig ist. *„Diese Sicht der Dinge verkennt die Aufklärungspflichten der Antragsgegnerin. ... Stattdessen ist die Behörde verpflichtet, bestehende Zweifel ... durch geeignete eigene Ermittlungen auszuräumen. ... In diesem Rahmen kann sie den Antragsteller zur Mitwirkung verpflichten."* (Ebenda)

Das SG Düsseldorf folgt *„ausdrücklich nicht der ... Rechtsprechung der Verwaltungsgerichtsbarkeit, wonach allein Zweifel der Behörde an der Hilfebedürftigkeit ... ausreichend sein sollen, um der Antragstellerin die Beweislast für ihre Vermögenslosigkeit aufzuerlegen"* (SG Düsseldorf 1.2.2005 - S 35 SO 9/05 ER 1/2).

Sogar dann, wenn alle von der Behörde verlangten Mitwirkungspflichten erfüllt wurden: *„Die Behörde hat alle für den Einzelfall bedeutsamen, auch die für die Beteiligten günstigen Umstände zu berücksichtigen."* (§ 20 Abs. 2 SGB X, Untersuchungsgrundsatz)

Das Bundesverfassungsgericht hat das bestätigt. Alg II darf nicht verweigert werden, ohne dass dem Antragsteller konkret vorgetragen wird, welche Pflichten er verletzt hat und was er tun muss, um einen Anspruch zu haben (BVerfG 12.5.2005 - 1 BvR 569/05). Das BVerfG hat Urteile von Sozialgerichten als verfassungswidrig aufgehoben, in denen die Verweigerung von Alg II im Jahre 2005 mit ungeklärten Zweifeln an der Sozialhilfebedürftigkeit aus dem Jahre 2004 begründet wurde. Das würde eine lebenslängliche Strafe bedeuten und sei nicht damit zu vereinbaren, dass es eine *„staatliche Pflicht zur Sicherstellung einer menschenwürdigen Existenz"* gebe (ebenda).

1.2 Sozialrechtlicher Herstellungsanspruch bei Beratungsfehlern

Entsteht Ihnen bei Alg-II-/ Sozialhilfebezug durch eine falsche, unzureichende oder missverständliche Beratung oder durch eine unterlassene Beratung ein nachweisbarer Schaden, weil Ihnen Rechtsansprüche vorenthalten wurden, werden Sie so gestellt, als hätten Sie rechtzeitig einen Antrag gestellt. Das nennt man *„sozialrechtlicher Herstellungsanspruch"* (⇨Nachzahlung 1.; ⇨Antragstellung 1.8).

1.3 Aufklärungspflicht

„Die Leistungsträger ... sind verpflichtet, im Rahmen ihrer Zuständigkeit die Bevölkerung über die Rechte und Pflichten nach diesem Gesetzbuch aufzuklären." (§ 13 SGB I)

Aufklärung z.B. über Ratgeber, Merkblätter usw. wäre eine Form der Beratung. Von dieser Verpflichtung merkt man fast nichts. Arbeitslose und Sozialhilfebeziehende kennen häufig ihre Rechte nicht, haben noch nie das SGB II bzw. das SGB XII gesehen, geschweige denn die ⇨Verwaltungsrichtlinien bzw. die Fachlichen Hinweise der BA, nach denen die Behörden Leistungen erbringen sollen.

Kritik

Die Bundesregierung, Hartz-IV-Parteien und Medienkonzerne erzeugen die Stimmung, dass Aufklärung und Beratung über gesetzliche Ansprüche auf Leistungen selbst schon Missbrauch wäre. Das frühere Bundesministerium für Wirtschaft und Arbeit unter dem heutigen Aufsichtsrat Clement klagte uns als Autoren dieses Leitfadens an, wir würden

„Beihilfe zum Betrug" statt Beratung betreiben. Der Spiegel bescheinigte uns, dieser Leitfaden enthalte *„alle Informationen, die für den höchstmöglichen Bezug staatlicher Leistungen von Nöten sind"* (Spiegel 43/2005, 42). Gerade das stört und wird von den Oberen als Betrugsversuch empfunden.

Es ist aber genau umgekehrt: Vielerorts findet massenhafter behördlicher Sozialleistungsbetrug statt: *„Wenn wir die Leute über ihren Anspruch aufklären würden, wären wir schnell pleite. Um überleben zu können, müssen wir gesetzesuntreu sein, und wir sind es auch."* (Aussage eines Trierer Sozialamtsleiters über die Aufklärungspflicht der Behörden nach dem SGB I, zitiert im Spiegel Nr. 52/1976, 52). Das gilt auch heute noch.

Der frühere Arbeitsminister Clement kreidete uns dieses Zitat an. Er sprach von einem *„angeblichen Zitat"*, mit dem wir unter Beweis stellen würden, dass wir die Behörden als *„natürliche Gegner"* ansehen. In der Tat sehen wir Behörden, die Gesetze brechen, als natürliche Gegner an. Clement und sein ehemaliges Ministerium dagegen offensichtlich nicht.

1.4 Beratung durch die Veröffentlichung von Verwaltungsrichtlinien der Sozialämter, der Optionskommunen und die Durchführungshinweise der BA

Nach dem Informationsfreiheitsgesetz des Bundes (IFG) sollen Bundesbehörden ab Januar 2006 ihre Verwaltungsanweisungen veröffentlichen, in der Regel im Internet (§ 1 i.V. mit § 11 IFG). Seit 2011 gilt für alle SGB-II-Leistungen, einschließlich der kommunalen Leistungen (Kosten der Unterkunft, Erstausstattung, Wohnraumsicherung, Bildungs- und Teilhabepaket und kommunale Leistungen nach § 16a SGB II) das Informationsfreiheitsgesetz des Bundes (§ 50 Abs. 4 SGB II).

In Baden-Württemberg, Berlin, Brandenburg, Bremen, Hamburg, Mecklenburg-Vorpommern, NRW, Rheinland-Pfalz, Saarland, Sachsen-Anhalt, Schleswig-Holstein, und Thüringen gibt es inzwischen Landesinformationsfreiheitsgesetze. Zudem gibt es eine Reihe von Kommunen, die „Informationsfreiheitssatzungen" verabschiedet haben, nach denen die kommunalen Behörden zur Auskunftserteilung verpflichtet sind.

Danach hat jeder Bürger Anspruch auf die Herausgabe von landesspezifischen oder kommunalen Informationen, z.B. örtliche Richtlinien zu Kosten der Unterkunft, Listen der Erstausstattungsbedarfe, Berechnungsgrundlagen für Sozialpässe usw. Auch Protokolle von Sozialausschusssitzungen, Trägerversammlungen und Jobcenter-Beiräten sind auf diese Weise einzusehen. Im Bereich der Unterkunftskosten im SGB II sehen entsprechende Landesgesetze eine spezielle Veröffentlichungspflicht vor (solche Gesetze gibt es in Hessen, Schleswig-Holstein und Berlin, Stand: 05/2016).

2. Alg II: Umfang des erweiterten Beratungsauftrags der Jobcenter

Mit dem Neunten SGB-II-Änderungsgesetz wurde **ab 1.8.2016** ein erweiterter Anspruch auf Beratung ins SGB II eingefügt: Die Beratung wurde explizit zur **Leistung der Grundsicherung für Arbeitssuchende** erklärt (§ 1 Abs. 3 Satz 1 Nr. 1 SGB II neu). Zudem wurde der Beratungsauftrag der Jobcenter in § 14 SGB II unter dem *„Grundsatz des Förderns"* konkretisiert: *„Leistungsberechtigte Personen erhalten Beratung. Aufgabe der Beratung ist insbesondere die Erteilung von Auskunft und Rat zu Selbsthilfeobliegenheiten und Mitwirkungspflichten, zur Berechnung der Leistungen zur Sicherung des Lebensunterhalts und zur Auswahl der Leistungen im Rahmen des Eingliederungsprozesses. Art und Umfang der Beratung richten sich nach dem Beratungsbedarf der leistungsberechtigten Person."* (§ 14 Abs. 2 SGB II neu).

Kritik

Schöne Worte. Der Gesetzgeber will damit v.a. *„das Verständnis und die Akzeptanz der leistungsberechtigten Personen für die Grundsicherung für Arbeitsuchende ... verbessern"* (BT-Drs. 18/8041, 36), nicht aber den seit Jahren bestehenden Missstand beheben, dass Beratung durch die Jobcenter in den meisten der oben aufgeführten Bereiche gar nicht stattfindet. Wenn aber die Bundesregierung offensichtlich nicht einmal in der Lage ist, den Beratungsnotstand in Jobcentern kritisch zu benennen, darf man gespannt sein, ob die neue Gesetzeskosmetik überhaupt Auswirkung auf die Praxis haben wird. Bereits nach der alten Rechtslage vertritt das

BSG die Auffassung, dass es im SGB II gesteigerte Beratungs- und Betreuungspflichten des persönlichen Ansprechpartners gibt, die deutlich über die Beratungsintensität der §§ 14 und 15 SGB I hinausgehen (BSG 31.10 2007 - B 14/11b AS 63/06 R). Auch davon war schließlich im rauen Jobcenter-Alltag bisher kaum etwas zu spüren.

2.1 Welche Ansprüche müssten sich aus dem konkretisierten Beratungsauftrag ableiten lassen?

a. Erteilung von Auskunft und Rat zu Selbsthilfeobliegenheiten

Zu den Selbsthilfeobliegenheiten (§§ 2 Abs. 2, 5 Abs. 3 und 12a SGB II) gehört insbesondere die Beantragung vorrangiger Sozialleistungen. Da dies aber mit einer Vielzahl von Hürden verbunden sein kann, besteht nun die Möglichkeit **beratende Unterstützung** durch das Jobcenter in Anspruch zu nehmen. Diese Beratung sollte in der Lage sein, Sie durch den Behördendschungel zu lotsen und die Flut an Nachweisforderungen und auszufüllender Formulare zu bewältigen.

b. Erteilung von Auskunft und Rat bei Mitwirkungspflichten

Sie unterliegen einer Fülle von ⇨Mitwirkungspflichten (§§ 60 ff. SGB I). Diese werden Ihnen in umfangreichen und schwer verständlichen Rechtsfolgenbelehrungen in den Bescheiden oder sonstigen Schreiben des Jobcenters dargelegt. Künftig sollten Sie unaufgefordert in verständlicher und umfassender Weise durch Ihren Sachbearbeiter über Ihre Mitwirkungspflichten aufgeklärt werden. Das können Sie bei Bedarf nutzen, um bei bestehenden Unklarheiten, z.B. in welcher Form geforderte Nachweise zu erbringen sind, zeitnah einen persönlichen Termin zu vereinbaren.

c. Erteilung von Auskunft und Rat zur Berechnung der Leistungen zur Sicherung des Lebensunterhalts

Da Sie Ihre Leistungen zum Lebensunterhalt nicht selbst berechnen müssen, kann damit nur gemeint sein, dass Sie durch das Jobcenter beraten und aufgeklärt werden, wie Ihre Leistungen berechnet und welche Lebensumstände dabei berücksichtigt wurden. Diese *„Information und Erläuterung des Leistungssystems"* können Sie nutzen, indem Sie die Leistungsbewilligung für sich nachvollziehbarer und transparenter machen und damit Ihre *„Akzeptanz ... für die Grundsicherung für Arbeitsuchende ... verbessern"* (BT-Drs. ebenda). Auch hier sollten Sie die Möglichkeit eines zeitnahen persönlichen Termins beim Jobcenter in Betracht ziehen, um Fragen zur Leistungshöhe und anderen Leistungsangelegenheiten zu klären – z.B. warum der im Leistungsbescheid ausgewiesene Geldbetrag nicht in voller Höhe auf Ihrem Konto eingegangen ist.

d. Erteilung von Auskunft und Rat zur Auswahl der Leistungen im Rahmen des Eingliederungsprozesses

Eines der wichtigsten Instrumente des Eingliederungsprozesses ist die ⇨Eingliederungsvereinbarung (EGV). Diese bekommen SGB-II-Beziehende i.d.R. vorgefertigt zur Unterschrift vorgelegt – oft mit der Vorgabe, sie müssten sie sofort unterzeichnen, z.T. ohne sie richtig gelesen zu haben. Verhandeln auf Augenhöhe, wie es sonst beim Abschluss von Vereinbarungen/ Verträgen üblich ist, gibt es im rauen Jobcenter-Alltag eher selten. Der neue Beratungsauftrag an die Jobcenter sollte in diesem Zusammenhang offensiv genutzt werden, um den Aushandlungsprozess zu beeinflussen und eine umfangreiche Aufklärung über alle individuell in Frage kommenden Eingliederungsleistungen einzufordern.

Ob durch die Stärkung des Beratungsanspruch die Beratungspraxis in den Jobcentern maßgeblich beeinflusst werden wird, bleibt abzuwarten. Sie sollten aber nach **individuellen Strategien** suchen, um diese für Ihre eigenen Interessen einzusetzen. Allerdings wird es weiterhin nicht leicht sein, dem Jobcenter eine nicht erfolgte, unzureichende oder fehlerhafte Beratung nachzuweisen und daraus einen Wiedergutmachungsanspruch abzuleiten (⇨ 1.2; ⇨Nachzahlung 1.).

Auch wenn das Jobcenter ab 1.8.2016 zur umfassenderen Beratung verpflichtet ist, wird es nicht gegen die eigenen Interessen beraten. Deshalb schränkt auch der erweiterte Beratungsauftrag der Jobcenter den Anspruch auf ⇨Beratungshilfe nicht ein. Eine Auslegung, *„dass es einem Rechtsuchenden zumutbar sei, selbst kostenlos Widerspruch einzulegen und dabei die Beratung derjenigen Behörde in Anspruch zu nehmen, die zuvor den Ausgangsverwaltungsakt erlassen hatte, wird den verfassungsrechtlichen Anforderungen nicht gerecht"* (BVerfG 11.5.2009 - 1 BvR 1517/08).

3. Von Behörden unabhängige Beratung

Sie sollten sich auch, wenn möglich, behördenunabhängig beraten lassen. Doch nicht überall, wo Behördenunabhängigkeit draufsteht, ist sie auch drin.

Die Beratungsstelle eines Beschäftigungsträgers/ Wohlfahrtsverbandes z.B., der Ein€Jobs nutzt, dürfte kaum geeignet sein, Ihnen eine gute Beratung darüber zu bieten, wie Sie sich gegen diesen wehren können. Das kann – je nach Träger und Personal – auch für Arbeitslosenzentren gelten.

Tipp Erkundigen Sie sich – wenn möglich – vorher über die Qualität des jeweiligen Beratungsangebots und holen Sie bei Bedarf eine „zweite Meinung" bei einer anderen Stelle ein. Das gilt für alle unter 3.2.1 ff. beschriebenen Beratungsmöglichkeiten.

3.1 Vom Rechtsberatungsgesetz zum Rechtsdienstleistungsgesetz

Nach 75 Jahren wurde das aus der Nazizeit stammende Rechtsberatungsgesetz (RBerG) endlich abgeschafft und seit Juli 2008 durch das Rechtsdienstleistungsgesetz (RDG) ersetzt. Das Rechtsberatungsgesetz diente im Dritten Reich dazu, Juden aus der Rechtsberatung auszuschließen. Auch danach wurde es immer wieder benutzt, um unliebsame oder „freche" Sozialhilfe- oder Erwerbslosengruppen und streitbare Einzelpersonen, die Erwerbslose gegen die Ämter unterstützten, wegen angeblicher Verstöße gegen das RBerG einzuschüchtern. Es war eine Art Damoklesschwert über der von Behörden und Anwälten **unabhängigen** Sozialberatung. Damit ist endlich Schluss!

Nach dem RDG sind *„unentgeltliche Rechtsdienstleistungen außerhalb familiärer, nachbarschaftlicher oder ähnlich enger persönlicher Beziehungen"* erlaubnisfrei und zulässig (§ 6 Abs. 2 RDG). Erwerbslosengruppen und -initiativen oder Vereine können nach dieser neuen Regelung Beratungsdienstleistung **für Mitglieder** anbieten. In diesem Rahmen können sie auch ohne Probleme als ⇨Beistand und sogar als Verfahrensbevollmächtigte auftreten (RDG, Beck-Texte im dtv, 1. Aufl. Vorwort v. Prof. Dr. Martin Henssler, Seite XIX).

Eine Erwerbslosengruppe oder -initiative, die nach innen berät, fällt unserer Meinung nach unter die Rubrik *„unentgeltliche Rechtsdienstleistungen"*. Sie braucht somit keinen Anwalt im Hintergrund, der die fachliche Aufsicht führt und rechtliche Standards sicherstellt. Wir empfehlen dennoch, mit Anwälten und erfahrenen Fachleuten aus der Sozialberatung zu kooperieren. Sollte eine Beratung im Rahmen der Aufklärung über Rechte und Pflichten von Ratsuchenden angeboten werden, die keine Prüfung des Einzelfalls erfordert, liegt kein Konflikt mit dem RDG vor (§ 2 Abs. 1 RDG).

Erreicht die anfangs überschaubare, größtenteils auf persönlichen Kontakten basierende Beratungsarbeit eine mengenmäßig und vom Organisationsgrad höhere Stufe, bedarf es eines juristischen *„Anleiters"*. Das ist der Fall, wenn in größerem Stil und nach außen gerichtete Rechtsberatung und -dienstleistung unentgeltlich oder gegen Gebühr erbracht wird. Unentgeltlich meint, nicht gänzlich kostenfrei, sondern nicht auf Gewinnerzielung ausgerichtet. Mitgliedsbeiträge oder Aufwandsentschädigungen in Form von Gebühren stehen der Unentgeltlichkeit nicht entgegen.

Unter Anleitung ist eine Kooperation mit einem Volljuristen zu verstehen. Diese Fachkraft kann durch einen Kooperationsvertrag mit der Gruppe verbunden sein. Sie kann auch auf Landes- oder Bundesebene einer übergeordneten Organisation angehören, muss jedoch einweisen und fortbilden und es muss die Möglichkeit bestehen, im Einzelfall nachzufragen (§ 6 Abs. 2 RDG). Die sozialrechtliche Fortbildung kann aber auch an anderer Stelle durchgeführt werden.

B

Weiter sieht das RDG vor, dass Berufs- und Interessenvereinigungen und Genossenschaften, also auch Vereine und Gewerkschaften, ihre Mitglieder beraten und für diese Rechtsdienstleistungen erbringen dürfen (§ 7 Abs. 1 RDG). Diese müssen zur Erfüllung der Aufgaben über die personelle, fachliche und finanzielle Ausstattung verfügen und die Anleitung durch einen Volljuristen sicherstellen.
Mit *„öffentlichen Mitteln geförderte"*, z.B. durch kommunale-, Landes-, Bundes- oder EU-Mittel unterstützte Einrichtungen gelten als öffentlich anerkannte Stellen. Sie und Wohlfahrtsverbände dürfen auch für Nichtmitglieder Beratungs- und Rechtsdienstleistungen anbieten (§ 8 Abs. 1 Nr. 4 RDG). Auch hier müssen die BeraterInnen qualifiziert sein, unter Anleitung stehen und sich regelmäßig fachlich fortbilden.

Durch das RDG sind der unabhängigen Beratung auf der einen Seite die Fesseln genommen worden, auf der anderen werden von ihr höhere Qualitätsstandards gefordert. Mehr Fachlichkeit, Praxisnähe und engere Kooperation kann aber beiden Seiten, sowohl Anwälten als auch Beratungsanbietern, nicht schaden. Daher sollte die Chance genutzt werden, Kooperationsverbünde zu schaffen, um der Sozialberatung mehr Schlagkraft und Fachkompetenz zu geben.

3.2.1 Beratung durch Erwerbslosen- und Sozialhilfegruppen

Sie sind in der ganzen Bundesrepublik zu finden. Einige haben eigene Räume und Zentren, andere treffen sich in Gaststätten oder Wohnzimmern. Durch die Proteste gegen die Agenda 2010 und Hartz IV haben sich erfreulicherweise bundesweit eine Vielzahl von zumeist kleinen Gruppen und Initiativen gegründet.
Aber Vorsicht: **Neonazis** versuchen zunehmend Hartz-IV-Beratung anzubieten, um ihre braune Propaganda zu verbreiten. Achten Sie darauf und bedenken Sie: **Nazis können nie der richtige Ansprechpartner sein**!
Wie Sie Zugang zu sauberen Adressen bekommen, finden Sie im Anhang.

3.2.2 Zusammenarbeit zum Wohl der Leistungsbeziehenden

Das SGB I verpflichtet im Übrigen die Sozialleistungsträger *„in Zusammenarbeit mit gemeinnützigen und freien Einrichtungen und Organisationen darauf hinzuwirken, dass sich die Tätigkeit der Leistungsträger und die der Einrichtungen und Organisationen zum Wohle der Leistungsempfänger wirksam ergänzen"* (§ 17 Abs. 3 SGB I). Unter die hier genannten Organisationen fallen auch Selbsthilfeorganisationen (LPK SGB I, § 17 Rz. 27). Das kann im Einzelfall die Position unabhängiger Beratung gegenüber der Behörde stärken. Der Leistungsbezieher hat ein **Wunsch- und Wahlrecht** (§ 33 Satz 2 SGB I), ob er sich durch die Behörde oder unabhängige Dritte beraten lassen möchte.

3.2.3 Beratung durch Gewerkschaften und Sozialverbände

Gewerkschaften dürfen Erwerbslose und Sozialhilfebezieher, die Mitglieder sind, rechtlich beraten und vertreten, da sie berufsständische Vereinigungen sind (§ 7 Abs. 1 Nr. 1 RDG). Gleiches gilt für die großen Sozialverbände wie VdK, SoVD oder den Arbeitslosenverband.
Die Kosten für Beratung und rechtliche Vertretung sind mit den Mitgliedsbeiträgen abgedeckt. **Mitgliedsbeiträge** können von jeder Art von Einkommen abgesetzt werden (§ 11b Abs. 12 Nr. 5 SGB II). Sie können aber auch als notwendige Kosten im Rahmen der ⇨Kostenerstattung 1.1 bei Widersprüchen geltend gemacht werden.
Allerdings bieten einige Gewerkschaften ihren Mitgliedern Rechtsberatung im Sozialrecht an, **ohne** über das hierfür erforderliche Fachwissen und entsprechend geschultes Personal zu verfügen.

3.2.4 Beratung durch Amtsgerichte/Anwaltskammern

Amtsgerichte leisten manchmal auch direkt Beratungshilfe. In einigen Städten gibt es auch kostenlose „**Armenberatung**" durch die jeweiligen Anwaltskammern.

3.2.5 Beratung durch Anwälte

Näheres unter ⇨Anwälte, ⇨Beratungshilfe und ⇨Prozesskostenhilfe

3.2.6 Beratung über das ⇨Internet

Beratung und Information über das Internet haben wachsende Bedeutung. Zu fast allen Rechtsgebieten gibt es Anbieter mit umfassenden Informationsangeboten und Diskussionsforen. Zum Thema SGB II und SGB XII sind die Seiten von Tacheles e.V. aus Wuppertal (www.tacheles-sozialhilfe.de) und der Koordinierungsstelle gewerkschaftlicher Erwerbslosengruppen (www.erwerbslos.de) zu empfehlen. Informatives zum Bereich Alg II und Sozialhilfe finden Sie über Suchmaschinen im Internet. Es gibt auch eine Reihe von Diskussionsforen im Netz, in denen sozialrechtliche Fragen gestellt werden können. Hier erhalten Ratsuchende i.d.R. kurzfristig brauchbare Auskünfte und Unterstützung.

Forderungen

Aufstockung und bessere Schulung des Personals der Alg-II-Behörden!
Rechtsanspruch auf öffentliche Finanzierung einer unabhängigen Erwerbslosen- und Sozialhilfeberatung in jeder Kommune/ jedem Kreis über § 17 Abs. 3 SGB I!
Veröffentlichung aller kommunalen Sozialrichtlinien entsprechend § 11 IFG!
Keine Kriminalisierung der Rechtsberatung für Sozialleistungsbeziehende!

Information

Gesetzestexte in aktueller Fassung finden Sie im Internet unter www.gesetze-im-internet.de.
Fachinformationen unter www.harald-thome.de/download.html
Welche Literatur und Ratgeber wir verwendet haben und empfehlen können, finden Sie im Anhang (⇨Literatur).

Beratungshilfe

Haben Sie einen Konflikt mit einem Sozialleistungsträger und verfügen Sie nur über ein geringes Einkommen, können Sie Beratungshilfe bekommen, um sich von einem Rechtsanwalt rechtlich beraten und soweit erforderlich auch vertreten zu lassen. Wird Ihnen Beratungshilfe gewährt, ist der anwaltliche Rat und die anwaltliche Vertretung für Sie kostenlos. Der Anwalt kann lediglich eine **Beratungshilfegebühr von 15 €** von Ihnen verlangen, die er Ihnen aber auch erlassen kann (Nr. 2500 VV RVG) - was viele Anwälte auch machen. Beratungshilfe kann auf allen Rechtsgebieten, also auch im Sozialrecht erteilt werden. Lediglich in Angelegenheiten des Strafrechts und des Ordnungswidrigkeitsrechts wird Beratungshilfe nur für eine Beratung und nicht auch für eine Vertretung gewährt (§ 2 Abs. 2 BerHG). Anwälte sind standesrechtlich zur Übernahme von Beratungshilfemandaten verpflichtet (§ 49a BRAO).

Inhaltsübersicht:

1. Wie bekomme ich Beratungshilfe?

Um Beratungshilfe zu erhalten, müssen Sie einen Antrag auf Beratungshilfe bei dem für Sie zuständigen Amtsgericht stellen. Bei Vor-

B

liegen der Beratungshilfevoraussetzungen stellt Ihnen der Rechtspfleger am Amtsgericht dann einen Berechtigungsschein mit der genauen Bezeichnung der Angelegenheit aus, mit dem Sie einen ⇨Anwalt ihrer Wahl aufsuchen können (§ 6 Abs. 1 BerHG). Sie können sich aber auch direkt an den Rechtsanwalt wenden. Alle Anwälte halten das amtliche Beratungshilfeformular vor und können für Sie den Beratungshilfeantrag auch nachträglich stellen (§ 6 Abs. 2 BerHG). Das Beratungshilfeformular muss in diesem Fall vor der anwaltlichen Beratung ausgefüllt und von Ihnen unterzeichnet werden (BVerfG 16.1.2008 - 1 BvR 2392/07). Der Antrag ist seit Januar 2014 innerhalb von 4 Wochen nach Beginn der Beratungstätigkeit zu stellen (§ 6 Abs. 2 Satz 2 BerHG; bis 31.12.2013 keine zeitliche Befristung; BVerfG 19.12.2007 - 1 BvR 1984/06 u.a.).

Tipp Besorgen Sie sich bei dem für Sie zuständigen Amtsgericht einen Berechtigungsschein, bevor Sie einen Anwalt aufsuchen. Für die Anwälte bedeutet das Ausfüllen des Beratungshilfeantrages sowie das Kopieren der Einkommens- und Vermögensnachweise viel Arbeit. Außerdem ist der Rechtsanwalt bei Vorlage eines Berechtigungsscheins auf der sicheren Seite, dass er später seine Beratungshilfevergütung bekommt und Sie müssen nicht befürchten, im Falle der Ablehnung von Beratungshilfe auf Ihren Anwaltskosten sitzen zu bleiben.

Viele Anwälte nehmen aufgrund zunehmender Streitigkeiten mit den Amtsgerichten um die Bewilligung von Beratungshilfe Beratungshilfemandate ohnehin nur noch gegen Vorlage eines Berechtigungsscheins an (⇨Anwälte 6.).

2. Welche Nachweise muss ich meinem Beratungshilfeantrag beifügen?

Bringen Sie nach Möglichkeit gleich beim ersten Gang zum Amtsgericht alle Unterlagen mit, die der Rechtspfleger benötigt, um über Ihren Antrag auf Beratungshilfe positiv entscheiden zu können (§ 4 Abs. 3 Nr. 1 und Abs. 4 BerHG). Dazu gehören

- Ihr Personalausweis,
- Einkommensnachweise (Gehaltsabrechnungen der letzten drei Monate, Alg II/ Grundsicherungsbescheid, Wohngeldbescheid o.ä.),
- lückenlose Kontoauszüge der letzten 4 Wochen bis aktuell und gegebenenfalls Nachweise über sonstige Konten/ Sparbücher
- soweit Ihre tatsächliche Miete über der vom Grundsicherungsträger anerkannten Miete liegt und sich deswegen nicht aus Ihrem Leistungsbescheid ergibt – auch einen aktuellen Mietnachweis.

Im Einzelfall und nur soweit es erforderlich ist, sollten Sie Nachweise zu **sonstigen Belastungen** (kostenaufwändige Ernährung, Abzahlungsverpflichtungen o.ä.) mitnehmen. **Unbedingt mitnehmen** sollten Sie die Unterlagen (Schreiben, Bescheide der Behörde o.ä.), aus denen sich Ihr Rechtsproblem ergibt.

3. Unter welchen Voraussetzungen erhalte ich Beratungshilfe?

Grundsätzlich wird Beratungshilfe nur für die Wahrnehmung von Rechten **außerhalb eines gerichtlichen Verfahrens** gewährt (§ 1 Abs. 1 BerHG). Für die anwaltliche Vertretung ab Klageerhebung kann Ihnen bei Vorliegen der Voraussetzungen nur noch ⇨**Prozesskostenhilfe** (PKH) bewilligt werden. Deswegen sollten Sie sich vor Erhebung einer Klage überlegen, ob Sie anwaltlichen Rat benötigen. Haben Sie erst einmal selbst Klage erhoben, können Sie sich von einem Anwalt nicht mehr auf Beratungshilfebasis beraten lassen und die Prozesskostenhilfegewährung ist oft langwierig und hängt davon ab, ob das Prozessgericht Ihrer Klage Aussicht auf Erfolg beimisst. Benötigen Sie anwaltlichen Rat außerhalb eines gerichtlichen Verfahrens, hängt die Bewilligung von drei Voraussetzungen ab:

3.1 Die Kosten eines Anwalts können nicht aufgebracht werden

Ihr Einkommen und Vermögen muss so gering sein, dass Ihnen ⇨Prozesskostenhilfe ohne Eigenanteil zusteht (§ 1 Abs. 1 Nr. 1 BerHG). Bei Bezug von GSi, HzL und Alg II liegt das Einkommen regelmäßig innerhalb der Freigrenzen. Alg-II-Bezieher müssen aber auf die **Vermögensfreigrenzen** achten (§ 115 Abs. 3 ZPO i.V. mit § 90 Abs. 2 Nr. 9 SGB XII i.V. mit § 1 Abs. 1 b BarBetrVO): Geschützt sind nach ganz überwiegender Rechtsprechung 2.600 € plus 614 € für den Ehepartner sowie 256 € für jede Person, der Unterhalt gezahlt wird.

3.2 Keine andere zumutbare Hilfsmöglichkeit

Voraussetzung ist weiter, dass Ihnen keine anderen Möglichkeiten für eine Hilfe zur Verfügung stehen, deren Inanspruchnahme Ihnen zumutbar ist (§ 1 Abs. 1 Nr. 2 BerHG).

3.2.1 Mitgliedschaft in einer Beratungsorganisation

Möglichkeiten für eine zumutbare andere Hilfe sind etwa bei einer Mitgliedschaft in einem Mieterverein der Mieterverein für das Rechtsgebiet Mietrecht, bei Mitgliedschaft in einem Sozialverband der entsprechende Verband für das Rechtsgebiet Sozialrecht, bei Mitgliedschaft in einer Gewerkschaft die Gewerkschaft für die Rechtsgebiete Arbeitsrecht und gegebenenfalls Sozialrecht (nachfragen!) oder bei Mitgliedschaft in einem Selbsthilfeverein der Verein (BVerfG 10.1.2014 - 1 BvR 256/14 u.a.). Im Vorfeld einer Rentenantragstellung kann das Amtsgericht einen Ratsuchenden an den beratungspflichtigen Rentenversicherungsträger verweisen (§ 14 SGB I; BVerfG 14.12.2011 - 1 BvR 2735/11), nicht aber, wenn sich der Hilfesuchende mit einem Widerspruch gegen eine Entscheidung des Rentenversicherungsträgers wehren will (BVerfG 29.4.2015 - 1 BvR 1849/11).

Tipp Insbesondere einige Gewerkschaften bieten Ihren Mitgliedern auch Rechtsberatung im Sozialrecht an, ohne über das hierfür erforderliche Fachwissen und entsprechend geschultes Personal zu verfügen. Viele Rechtspfleger an den Amtsgerichten wissen das und gewähren etwa Gewerkschaftsmitgliedern trotzdem Beratungshilfe, weil deren Inanspruchnahme besonders in kompliziert gelagerten Fällen nicht „zumutbar“ ist (§ 1 Abs. 1 Nr. 2 BerHG). Häufig genügt es, den Rechtspflegern glaubhaft zu versichern, dass Sie sich um Rechtsrat bei Ihrer Gewerkschaft bemüht haben, diese Ihnen aber nicht weiterhelfen konnte. Einige Gewerkschaften bescheinigen dies auch schriftlich für die Amtsgerichte. In letzterem Fall ist Ihnen stets Beratungshilfe zu bewilligen.

3.2.2 Rechtschutzversicherungen?

Da Rechtschutzversicherungen im Regelfall nur Rechtsschutz **ab dem gerichtlichen Verfahren** bieten, stellen diese in der Regel keine andere Hilfsmöglichkeit dar. Nur sehr wenige Altverträge decken auch die Kosten einer außergerichtlichen Beratung und Vertretung ab. Bietet Ihnen Ihre Versicherung Kostendeckung auch für außergerichtlichen Rechtschutz, sollten Sie bei Ihrer Versicherung erfragen, ob auch das Rechtsgebiet Sozialrecht abgedeckt ist und wie hoch Ihr Eigenanteil ist. In vielen Versicherungsverträgen ist ein **Eigenanteil** von 150 € vereinbart, der weit über den Beratungshilfegebühren liegt. In diesem Fall steht Ihnen trotz einer Rechtsschutzversicherung für Sozialrecht im vorgerichtlichen Bereich Beratungshilfe zu.

3.2.3 Büros der Bürgerbeauftragten?

Keine andere zumutbare Möglichkeit für eine Rechtsberatung sind die Büros der Bürgerbeauftragten der Bundesländer, denn Bürger, die sich an den Bürgerbeauftragten wenden, führen eine Petition. Das in der Verfassung verankerte Petitionsrecht beruht ausnahmslos auf Freiwilligkeit. Aus diesem Grunde kann das Führen einer Petition nicht Voraussetzung für die Gewährung von Beratungshilfe sein (Stellungnahme der Bürgerbeauftragen des Landes Schleswig-Holstein vom 4.9.2009 sowie vom 25.02.2016).

3.2.4 Öffentliche Rechtsberatung?

In den Stadtstaaten Hamburg und Bremen gibt es eine öffentliche Rechtsberatung für Bürger und Bürgerinnen mit geringem Einkommen. Die hierfür eingerichteten öffentlichen Beratungsstellen (ÖRA) erteilen Rechtsrat und, soweit erforderlich, auch praktische Hilfe und Unterstützung (etwa durch Schreiben an die Gegenseite, Akteneinsicht usw.) unter vergleichbaren Voraussetzungen, unter denen sonst Beratungshilfe gewährt wird. Der Eigenanteil beträgt zwischen 3 € und 10 €. Unter Hinweis auf die öffentlichen Beratungsstellen lehnen die Amtsgerichte in Bremen und Hamburg Beratungshilfe für die anwaltliche Beratung regelmäßig ab. In Berlin haben Ratsuchende ein Wahlrecht zwischen ÖRA-Beratung und beratungshilfefinanziertem anwaltlichem Rechtsrat.

B

3.2.5 Schuldnerberatungsstellen?

Die Gewährung von Beratungshilfe für den außergerichtlichen Schuldenbereinigungsversuch gemäß § 305 Abs. 1 Nr. InsO ist grundsätzlich möglich. Soweit vor Ort für den Schuldner kostenlos arbeitende Schuldnerberatungsstellen existieren, stellen diese aber eine andere Möglichkeit der Hilfe dar, auf die das Amtsgericht verweisen kann. Bei zu langen Wartezeiten kann der Verweis im Einzelfall allerdings unzumutbar sein, so dass Beratungshilfe für einen Anwalt zu gewähren ist (BVerfG 4.9.2006 - 1 BvR 1911/06).

3.2.6 Rechtsanwalt „pro bono" oder gegen Honorar?

Die Möglichkeit, sich durch einen Rechtsanwalt unentgeltlich („pro bono") oder gegen Vereinbarung eines Erfolgshonorars beraten oder vertreten zu lassen, begründet keine andere Hilfemöglichkeit (§ 1 Abs. 2 Satz 2 BerHG).

3.3 Keine mutwillige Inanspruchnahme der Beratungshilfe

Zuletzt darf die Inanspruchnahme der Beratungshilfe nicht mutwillig erscheinen (§ 1 Abs. 1 Nr. 3 BerHG). Mutwilligkeit liegt nach dem Gesetz vor, wenn Beratungshilfe in Anspruch genommen wird, obwohl ein Rechtsuchender, der keine Beratungshilfe beansprucht, bei verständiger Würdigung aller Umstände der Rechtsangelegenheit davon absehen würde, sich auf eigene Kosten rechtlich beraten oder vertreten zu lassen. Bei der Beurteilung der Mutwilligkeit sind die Kenntnisse und Fähigkeiten des Antragstellers sowie seine besondere wirtschaftliche Lage zu berücksichtigen (§ 1 Abs. 1 Nr. 2 BerHG). Mit dieser Formulierung hat der Gesetzgeber zum 1.1.2014 die bisherige Rechtsprechung des BVerfG zur *„zumutbaren Selbsthilfe"* umgesetzt. Das Sozialrecht ist eine Spezialmaterie, die besondere Rechtskenntnisse und Erfahrungen erfordert, so dass **bei sozialrechtlichen Problemen im Regelfall anwaltliche Hilfe notwendig** ist (BVerfG 6.9.2010 - 1 BvR 440/10; 11.5.2009 - 1 BvR 1517/08; zur PKH BT-Drucks. 8/3068, S. 22 f.). Anwaltlicher Rat kann dabei nicht nur bei Rechtsfragen erforderlich sein, sondern auch bei schwierigen **Tatsachenfragen** (BVerfG 7.10.2015 - 1 BvR 1962/11). Gerade um Bürgern in ungünstigen wirtschaftlichen Verhältnissen auch in sozialrechtlichen Fragen eine Beratung durch den „Anwalt des Vertrauens" zu ermöglichen, wurde das Sozialrecht im Jahre 1994 als eines der Gebiete, für das Beratungshilfe gewährt werden kann, in § 2 Abs. 2 BerHG a.F. ausdrücklich aufgeführt (BT-Drucks. 12/7009, 6).

3.3.1 Keine Beratungshilfe für jedes einzelne Mitglied einer Bedarfsgemeinschaft

Legt ein Rechtsanwalt für jedes einzelne Mitglied einer Bedarfsgemeinschaft Widerspruch gegen denselben Bescheid aufgrund der gleichen Rechtsfrage ein, gibt es nur für eines der Bedarfsgemeinschaftsmitglieder Beratungshilfe. Denn ist die Parallelität der Fallgestaltungen offenkundig, ist es den Mitgliedern einer Bedarfsgemeinschaft zuzumuten, sich im Widerspruchsverfahren selbst zu vertreten und in ihren Verfahren auf die Anwaltsschriftsätze des anwaltlich vertretenen Bedarfsgemeinschaftsmitgliedes zu verweisen (BVerfG 8.2.2012 - 1 BvR 1120/11).

3.3.2 Beratungshilfe für eine Vertretung im Verwaltungsverfahren?

Bereits in mehreren Entscheidungen hat das BVerfG die Auffassung vertreten, dass Rechtsuchende im Verwaltungsverfahren sowie im Verfahrensstadium der Anhörung über eine Rückforderung von Leistungen auf die **zur Beratung verpflichtete Behörde** (§ 14 SGB I) verwiesen werden dürfen. Das BVerfG argumentiert, die Behörde habe nach § 2 Abs. 2 SGB I die sozialen Rechte bei der Auslegung der Vorschriften und der Ausübung von Ermessen zu beachten. Von einer Gegnerschaft zwischen Behörde und Rechtsuchendem könne erst im Widerspruchsverfahren gesprochen werden (30.6.2009 - 1 BvR 470/09). Bemittelte Rechtsuchende müssten darüber hinaus die Kosten der Rechtsverfolgung für das Verwaltungsverfahren selbst tragen. Aufwendungen für die Hinzuziehung anwaltlicher Unterstützung würden im Erfolgsfall erst für das Widerspruchsverfahren, nicht aber für das Verwaltungsverfahren erstattet (§ 63 Abs. 2 SGB X). Kosten, die durch eine anwaltliche Vertretung während des Verwaltungsverfahrens bis zur Entscheidung durch einen Verwaltungsakt entstanden sind, würden nicht erstattet. Daher stünde auch Unbemittelten eine solche Kostenerstattung nicht zu (BVerfG 7.2.2012 - 1 BvR 804/11).

Diese Entscheidungen sind zu kritisieren. Aufgabe der Beratungshilfe ist es gerade, rechtliche Auseinandersetzungen zu vermeiden und zu einem frühestmöglichen Zeitpunkt eine Streitbeilegung zu erwirken. Ein Rechtskonflikt kann auch bereits im Verwaltungsverfahren oder im Anhörungsverfahren vorliegen. In keinem anderen Rechtsgebiet wird zudem die Gewährung von Beratungshilfe davon abhängig gemacht, ob im Fall des Obsiegens ein Kostenerstattungsanspruch gegen den Gegner besteht. Letztlich liegt eine möglichst frühzeitige Klärung des Rechtskonfliktes auch im Interesse der Sozialleistungsträger und der Steuerzahler, die bei einem erfolgreichen Widerspruchsverfahren Anwaltskosten tragen müssen, die rund das Dreifache der Beratungshilfegebühr betragen.

Tipp Versuchen Sie in solchen Fällen sich den Berechtigungsschein für die Beratungshilfe zu besorgen. Der Rechtspfleger beim Amtsgericht **kann** Ihnen durchaus Beratungshilfe gewähren, muss es aber nicht.

3.3.3 Beratungshilfe für die Durchführung eines Widerspruchsverfahrens

Grundsätzlich nicht zumutbar ist es einem Rechtsuchenden selbst Widerspruch gegen einen Bescheid einer Behörde einzulegen und dabei die Beratung derjenigen Behörde in Anspruch zu nehmen, die zuvor den Ausgangsverwaltungsakt erlassen hat (grundlegend BVerfG 11.5.2009 - 1 BvR 1517/08; dem folgend: 29.4.2015 - 1 BvR 1849/11; 30.6.2009 - 1 BvR 470/09; 31.8.2010 - 1 BvR 2318/09; 14.9.2009 - 1 BvR 40/09; Beschlüsse vom 6.8.2009 - 1 BvR 1554/08 - 1 BvR 321/09 - 1 BvR 320/09 - 1 BvR 319/09 - 1 BvR 281/09 - 1 BvR 1550/08 - 1 BvR 1551/08 - 1 BvR 1552/08 - 1 BvR 322/09).

3.3.4 Bagatellgrenze

Mutwillig ist i.d.R. die Beantragung von Beratungshilfe bei einer Bagatellforderung von unter **10 €**, weil wegen des Missverhältnisses von Kosten und Nutzen ein Nichtbedürftiger auf die Konsultation eines Rechtsanwaltes verzichten würde (AG Halle 22.8.2011 - 103 II 1513/11). Der Antrag auf Beratungshilfe zur Durchsetzung einer Forderung von **29,84 €** ist **nicht mutwillig** (AG Kiel 14.4.2015 - 7 UR II 11433/14).

3.3.5 Weitere Einzelfälle

- Für die anwaltliche Androhung eines einstweiligen Verfügungsverfahrens zwecks Durchsetzung der **Barauszahlung** von existenzsichernden Sozialleistungen innerhalb der 7-Tage-Frist des § 55 Abs. 1 SGB I (a.F.) ist Beratungshilfe zu gewähren (BVerfG 9.11.2010 - 1 BvR 787/10).
- Der **Verweis** auf eine **Erstberatung** bei der Verbraucherzentrale kann zumutbar sein (BVerfG 20.2.2012 - 1 BvR 2695/11).
- Die Abwehr einer **Sanktion** wegen Vorliegen eines wichtigen Grundes setzt eine juristische Wertung und die Verhängung einer Sanktion auf Grundlage der komplexen Norm des § 31 SGB II eine rechtliche Durchdringung voraus, die von einem juristischen Laien nicht geleistet werden kann, so dass – nicht zuletzt vor dem Hintergrund der Sicherung des Existenzminimums – die Beantragung von Beratungshilfe nicht mutwillig ist (BVerfG 28.9.2010 - 1 BvR 623/10).
- Vor allem bei **Aufhebungs- und Erstattungsbescheiden** stellt sich stets die sowohl in rechtlicher als auch tatsächlicher Hinsicht häufig schwierige Frage, ob die strengen Voraussetzungen für eine rückwirkende Aufhebung eines begünstigenden Verwaltungsaktes vorliegen (BVerfG 8.2.2012 1 BvR 1120/11).
- Das Amtsgericht darf Beratungshilfe nicht mit dem pauschalen Hinweis ablehnen, die bloße *Einlegung* des Widerspruches durch den Rechtsuchenden selbst wahre seine Rechte genauso effektiv wie die Einlegung eines *begründeten* Widerspruches durch einen Rechtsanwalt. Denn regelmäßig führt nicht bereits die bloße Erhebung des Widerspruches zur begehrten Änderung der angefochtenen Entscheidung, sondern erst dessen **sorgfältige Begründung** (BVerfG 7.10.2015 - 1 BvR 1962/11).
- Der undifferenzierte Hinweis des Amtsgerichts auf das angebliche Bestreben des Rechtsuchenden, *„für jegliche Lebenslagen eine anwaltliche Vertretung zu erlangen“*,

B

trägt nicht die Annahme der „Mutwilligkeit“ des Antrags auf Beratungshilfe für ein **konkretes Widerspruchsverfahren** (BVerfG 7.10.2015 - 1 BvR 1962/11).

- Ist für den Rechtsuchenden ohne Schwierigkeiten zu erkennen, dass es in weiteren Bescheiden um **die gleiche rechtliche** und tatsächliche **Problematik** geht, ist es ihm zuzumuten, selbst Widerspruch einzulegen (BVerfG 2.9.2010 - 1 BvR 1974/08; vgl. auch 30.5.2011 - 1 BvR 3151/10 - Abmahnungen).
- Keine Beratungshilfe ist für die Überprüfung sämtlicher Bescheide ab 1.1.2005 *„wegen verfassungsrechtlicher Bedenken“* zu gewähren, denn eine verzögerte Überprüfung ohne konkrete Anhaltspunkte nimmt nur derjenige vor, für den Kosten keine Rolle spielen (BVerfG 19.8.2010 - 1 BvR 465/10).
- Vor Einholung anwaltlicher Hilfe kann zunächst zumutbare **Eigeninitiative** etwa durch Nachfragen bei der Behörde sowie die Beschaffung der wesentlicher Unterlagen bei dieser abverlangt werden (BVerfG 15.7.2010 - 1 BvR 2681/09).
- **Analphabetentum** begründet keinen Anspruch auf Beratungshilfe, weil diese kein Instrument der allgemeinen Lebenshilfe ist (BVerfG 12. 6.2007 - 1 BvR 1014/07).
- Trotz *„der in der Beratungshilfe ohnehin zu niedrigen Gebühren“* ist es *„noch vertretbar“*, wenn das Amtsgericht bei der Beratung über **Kindesunterhalt** und das **Umgangsrecht** des Vaters von einer Angelegenheit ausgeht und deswegen nur einmal Beratungshilfe bewilligt (BVerfG 31.10.2001 - 1 BvR 1720/01).
- Beratungshilfe kann versagt werden, wenn der Rechtsanwalt lediglich **Unterlagen nachreicht** (BVerfG 7.2.2012 - 1 BvR 804/11) **oder**
- wenn das Jobcenter **noch ermittelt**, ohne eine rechtsverbindliche Entscheidung getroffen zu haben (BVerfG 9.1.2012 - 1 BvR 2852/11).

4. Rechtsschutz bei Ablehnung von Beratungshilfe

An vielen Amtsgerichten wird es für Rechtsuchende immer schwieriger, Beratungshilfe zu erhalten. Beratungshilfe ist eine Sozialleistung und wie bei allen Sozialleistungen gilt auch bei der Beratungshilfe, dass Betroffene für ihre Rechte gelegentlich kämpfen müssen.

4.1. Anspruch auf förmlichen Beschluss über den Beratungshilfeantrag

Es kommt immer wieder vor, dass sich Rechtspfleger an Amtsgerichten weigern, Beratungshilfeanträge überhaupt anzunehmen oder über gestellte Beratungshilfeanträge förmlich durch Beschluss zu entscheiden. Stattdessen verweisen sie die Rechtsuchenden in sozialrechtlichen Angelegenheiten an die Behörden oder erteilen selbst Rechtsauskünfte und erklären die Angelegenheit damit für erledigt (§ 6 Abs. 1 BerHG). Diese Praxis ist grob rechtswidrig.

Haben Sie ausdrücklich einen Berechtigungsschein für die Konsultation eines Rechtsanwalts beantragt und haben sich Ihre Fragen durch die Auskunft des Rechtspflegers aus Ihrer Sicht nicht erledigt, haben Sie einen **Anspruch** darauf, dass Ihr Antrag angenommen und über diesen förmlich **durch Beschluss entschieden** wird (BVerfG 29.4.2015 - 1 BvR 1849/11). Zudem entspricht es ständiger Rechtsprechung des BVerfG, dass ein Rechtsuchender jedenfalls für die Beratung über die Erfolgsaussichten eines Widerspruchsverfahrens nicht an dieselbe Behörde verwiesen werden darf, gegen die er sich mit seinem Widerspruch wenden will (⇨3.3.3).

4.2 Erinnerung gegen den Rechtspflegerbeschluss

Gegen den Beschluss des Rechtspflegers, durch den Ihr Antrag auf Bewilligung von Beratungshilfe zurückgewiesen worden ist, ist das **Rechtsmittel** der Erinnerung statthaft (§ 7 BerHG). Über Ihre Erinnerung entscheidet der am Amtsgericht für Beratungshilfesachen zuständige Richter. Die Erinnerung ist **an keine Frist gebunden**. Wollen Sie gegen einen etwaigen ablehnenden Beschluss des Amtsgerichts **Verfassungsbeschwerde** erheben (⇨4.3), müssen Sie den nicht befristeten Rechtsbehelf der Erinnerung allerdings innerhalb der für das Verfassungsbeschwerdeverfahren geltenden Einlegungsfrist von **einem Monat** erheben (BVerfG 25.11.2009 - 1 BvR 2464/09).

4.3 Rechtschutz gegen Richterbeschluss

Gegen Beschlüsse der Amtsgerichte in Beratungshilfesachen ist kein Rechtsmittel zu einem weiteren Fachgericht gegeben.

Allerdings haben Sie die Möglichkeit, sich gegen einen die Beratungshilfegewährung ablehnenden Beschluss an das **Bundesverfassungsgericht** (BVerfG) zu wenden und eine Verletzung Ihres Anspruches auf Rechtswahrnehmungsgleichheit zu rügen (Art. 3 Abs. 1 i.V. mit Art. 20 Abs. 1 und 3 GG).

Der Rechtsanwalt kann bei Ablehnung eines Antrages auf **nachträgliche Bewilligung** von Beratungshilfe nur dann die gesetzliche Vergütung verlangen, wenn er Sie bei der Mandatsaufnahme darauf hingewiesen hat (§ 8a Abs. 4 Satz 1 BerHG). Sie selbst sind deshalb nur dann in Ihrer **Rechtsschutzgleichheit betroffen** und können den Anspruch auf Beratungshilfe geltend machen, wenn der Anwalt Ihnen einen solchen Hinweis tatsächlich erteilt hat (BVerfG 23.3.2016 - 1 BvR 2831/15 usw.). Die Erteilung dieses Hinweises sollte deswegen vom Rechtsanwalt **aktenkundig** gemacht und von Ihnen **schriftlich bestätigt** werden.

Die Gründe für eine Grundrechtsverletzung müssen von Ihnen in der Verfassungsbeschwerde inhaltlich dargelegt werden (§ 23 Abs. 1 Satz 2; § 92 BVerfGG). Der Grundsatz der Subsidiarität der Verfassungsbeschwerde verlangt darüber hinaus, dass Sie die Umstände, die Sie Ihrer Meinung nach in Ihrem Grundrecht auf Rechtswahrnehmungsgleichheit verletzen, auch schon beim Amtsgericht vorgetragen haben.

Waren Sie im Beratungshilfe-Bewilligungsverfahren nicht anwaltlich vertreten, darf die Darlegungslast dabei allerdings nicht zu hoch angesetzt werden (BVerfG 30.5.2011 - 1 BvR 3151/19). Vor dem BVerfG besteht **kein Anwaltszwang**, d.h. Sie können sich selbst vertreten. Das Verfahren ist grundsätzlich **gerichtskostenfrei**. Nur in sehr seltenen Ausnahmefällen gewährt das BVerfG ⇨Prozesskostenhilfe und ordnet einen Rechtsanwalt bei. Steht die Höhe der Vergütung im Streit – etwa weil das Amtsgericht mehrere Angelegenheiten gebührenrechtlich zu einer Angelegenheit zusammenfasst – sind nicht Sie beschwert, sondern allein Ihr Rechtsanwalt. Der Rechtsanwalt kann in diesem Fall Verfassungsbeschwerde erheben und einen Eingriff in seine Berufsausübungsfreiheit (Art. 12 GG) rügen (BVerfG 11.4.2011 - 1 BvR 2390/10; 31.10.2001 - 1 BvR 1720/01).

Tipp: Sollten Sie erwägen, sich gegen einen etwaigen ablehnenden Beschluss des Amtsgerichts vor dem BVerfG zur Wehr zu setzen, sollten Sie bereits die Erinnerung gegen den ablehnenden Rechtspflegerbschluss sehr gewissenhaft begründen und schon an dieser Stelle darauf hinweisen, dass und warum Sie sich durch die Ablehnung von Beratungshilfe durch den Rechtspfleger in Ihrem Grundrecht auf Rechtswahrnehmungsgleichheit verletzt sehen.

5. Anwaltswechsel und Beratungshilfe

Beratungshilfe für eine anwaltliche Beratung wird für dieselbe Angelegenheit i.d.R. **nur einmal gewährt** (§ 4 Abs. 2 Nr. 2 BerHG). Deswegen sollten Sie im Vorfeld einer Mandatierung genau erfragen, ob der von Ihnen ins Auge gefasste Rechtsanwalt der richtige für Sie ist. Sind Sie mit der Arbeit Ihres Anwalts trotz sorgfältiger Auswahl nicht zufrieden, können Sie diesen nur unter der Maßgabe wechseln, dass Sie den zweiten Anwalt aus eigener Tasche bezahlen.

Sind Ihrem Rechtsanwalt nachweislich **schwere Fehler** wie etwa Fristversäumnisse oder Verfahrensfehler **unterlaufen**, so dass Sie das Vertrauen zu ihm verloren haben, sollten Sie das Gespräch mit Ihrem Anwalt suchen. Die meisten Rechtsanwälte werden in diesem Fall Verständnis für Ihren Wunsch nach einem Anwaltswechsel haben und Ihrem neuen Anwalt die Beratungshilfegebühren überlassen. Ein Druckmittel in Ihrer Hand wäre die Meldung eklatanter Fehler bei der zuständigen Anwaltskammer.

Bescheid

Inhaltsübersicht:

3.4 Umdeutung von fehlerhaften Verwaltungsakten
3.5 Alg II: vorläufiger Bescheid über Leistungen
darunter: Wann wird er angewendet? Unter welchen Voraussetzungen? Zeitraum der vorläufigen Entscheidung, formale Anforderungen, Höhe der vorläufig bewilligten Leistung, abschließende Entscheidung, Nachweis- und Auskunftspflicht bei abschließender Entscheidung, keine Nachholung der Mitwirkung, Rechtsschutz und Aufrechnung, vorläufige Entscheidung bei KdU-Satzungen
4. Ein Bescheid für alle?
5. Wann gilt ein Bescheid als bekanntgegeben?
6. Widerspruchsfrist
Forderung

1. Was ist ein Verwaltungsakt?

Beim Alg II und bei der GSi der Sozialhilfe leitet die Behörde **auf Antrag** (§ 37 Abs. 1 SGB II; § 44 Abs. 1 SGB XII) ein Verwaltungsverfahren ein, bei HzL der Sozialhilfe besteht wie bei den Leistungen nach dem Fünften bis Neunten Kapitel SGB XII ein Anspruch **ab Kenntnis** der Notlage (§ 18 Abs. 1 SGB XII). Der Verwaltungsakt schließt das Verwaltungsverfahren ab. Ein Verwaltungsakt ist jede **hoheitliche Entscheidung** oder Maßnahme, die eine Behörde zur **Regelung des Einzelfalls** auf dem Gebiet des öffentlichen Rechtes mit unmittelbarer **Rechtswirkung** nach außen trifft (§ 31 SGB X).
Ein Verwaltungsakt kann darin bestehen, dass Leistungen ganz, teilweise oder gar nicht erbracht werden. Auch die Einstellung von Leistungen, auf die ein Anspruch besteht, ist ein Verwaltungsakt. Die gesetzlichen Regelungen zum Thema Verwaltungsakt finden Sie in den §§ 31 bis 50 des SGB X.

„Ein Verwaltungsakt kann schriftlich, elektronisch, mündlich oder in anderer Weise erlassen werden." (§ 33 Abs. 2 Satz 1 SGB X)
Verwaltungsakte werden in der Regel schriftlich erlassen. Die schriftliche Bekanntgabe eines Aktes der Verwaltung ist der **Bescheid**.
Den Zugang eines Bescheides muss im Zweifel die Behörde nachweisen (§ 37 Abs. 2 SGB X).

2. Schriftlichkeit des Verfahrens

2.1 Anspruch auf einen schriftlichen Bescheid

Grundsätzlich ist der Verwaltungsakt nicht an eine bestimmte Form gebunden (§ 33 Abs. 2 Satz 1 SGB X). Wegen seiner Verbindlichkeit ist die Schriftform aber die Regel. Ergeht ein Verwaltungsakt nur mündlich, muss die Behörde ihn **schriftlich bestätigen**, wenn der Betroffene es **unverzüglich verlangt** und ein berechtigtes Interesse hat (§ 33 Abs. 2 Satz 2 SGB X). Oft sind Sachbearbeiter nicht bereit, mündliche Ablehnungen schriftlich zu bestätigen. Sie sollten im diesem Fall darauf bestehen und Ihrem Sachbearbeiter den Paragraphen nennen. Die Weigerung, einen schriftlichen Bescheid zu erteilen, stellt ein Dienstvergehen dar. Sie können Ihrem Sachbearbeiter mit einer ⇨Dienstaufsichtsbeschwerde drohen. **Unverzüglich** bedeutet in diesem Fall innerhalb von vier Wochen.
Berechtigt ist Ihr Interesse, wenn Sie prüfen wollen, ob der Verwaltungsakt korrekt ist oder ob Sie ⇨Widerspruch einlegen sollen.
Gibt es nur einen mündlichen oder einen *„auf andere Weise"* erlassenen Verwaltungsakt (z.B. Alg-II-Zahlung ohne Bescheid) und fehlt ein Bescheid mit **Rechtsmittelbelehrung** beträgt die **Widerspruchsfrist ein Jahr** (§ 66 Abs. 2 SGG).

Tipp Auch gegen einen Verwaltungsakt, der mündlich erlassen wurde oder einfach nur in Form der Einstellung von Leistungen ergeht, können Sie ⇨Widerspruch einlegen.

2.2 Zusicherungen – Vorstufe eines Verwaltungsaktes – immer schriftlich!

Wenn Ihr Sachbearbeiter Ihnen eine mündliche Zusicherung gibt (z.B.: *die Unterkunftskosten sind angemessen; Sie können die Wohnung anmieten, wir übernehmen die Umzugskosten* usw.), hat das **keine** bindende Wirkung. Denn *„eine von der zuständigen Behörde erteilte Zusage ... bedarf zu ihrer Wirksamkeit der schriftlichen Form"* (§ 34 Abs. 1 SGB X). Schriftliche Zusicherungen dürfen nur nach einer entsprechenden **Änderung** der Sach- oder Rechtslage wieder zurückgenommen werden (§ 34 Abs. 3 SGB X).

D.h., ohne Änderung ist die Behörde an ihre schriftlich erteilte Zusicherung gebunden. Zusicherungen gibt es beim SGB II/ SGB XII in Bezug auf Unterkunftskosten, die Anmietung von Wohnungen (§ 22 Abs. 4 SGB II), den Auszug unter 25jähriger (§ 22 Abs. 5 SGB II), der Übernahme von Wohnungsbeschaffungs-, Umzugskosten und von Kaution bzw. Genossenschaftsanteilen (§ 22 Abs. 6 SGB II) sowie bei der Genehmigung einer ⇨Ortsabwesenheit (§ 7 Abs. 4a SGB II).

Tipp Fordern Sie Ihren Sachbearbeiter zu Ihrer eigenen Sicherheit auf, die Zusage schriftlich zu bestätigen. Eine Verweigerung wäre ein Dienstrechtsverstoß, weswegen Sie mit dem Vorgesetzten reden oder eine ⇨Dienstaufsichtsbeschwerde einlegen können.

3. Anforderungen an den Bescheid

3.1 Hinreichende Bestimmtheit des Bescheides

Bescheide müssen hinreichend bestimmt sein (§ 33 Abs. 1 SGB X). Voraussetzung für einen wirksamen Bescheid (Verwaltungsakt) ist, dass er eine vollständige und eindeutige Regelung trifft, die den Beteiligten erkennen lässt, was die Behörde regelt (BSG 30.8.2011 - B 4 RA 114/00 R; BSG 15.12. 2010 - B 14 AS 92/09 R; BSG 17.12.2009 - B 4 AS 30/09R). Der Bescheid muss in sich widerspruchsfrei sein. Unklarheiten bezüglich der Bestimmtheit gehen zu Lasten der Behörde.

Es reicht jedoch aus, wenn sich der Regelungsinhalt eines Bescheides aus den Umständen oder dem Zusammenhang ergibt.

Maßgebender Zeitpunkt der Bestimmtheit ist der Zugang des Bescheides. Umstände, die erst nach Bekanntgabe des Bescheides hinzutreten, können nicht zu dessen Verständnis herangezogen werden (⇨Rückforderung).

Aufhebungsbescheide (§ 48 SGB X) und Rücknahmebescheide (§ 45 SGB X) müssen erkennen lassen, wer Adressat des Bescheides ist, welche Leistungsbewilligung für welchen Zeitraum und in welchem Umfang aufgehoben wird (LSG Sachsen 24.05.2012 - L 3 AS 208/11).

Tipp Ist der Bescheid nicht hinreichend bestimmt, ist er rechtswidrig. Sie können ⇨Widerspruch einlegen, weil Sie Anspruch auf eine eindeutige Regelung haben.

3.2 Wirksamkeit eines Verwaltungsaktes

Ein Verwaltungsakt wird **gegenüber** demjenigen wirksam, für den er bestimmt oder der von ihm betroffen ist. Er wird wirksam zum **Zeitpunkt**, an dem er Ihnen zugeht (§ 39 Abs. 1 Satz 1 SGB X). Der Verwaltungsakt wird **mit dem Inhalt wirksam**, mit dem er bekannt gegeben wird (§ 39 Abs. 1 Satz 2 SGB X). Er **bleibt so lange** wirksam, wie er nicht zurückgenommen, widerrufen oder aufgehoben wird (§ 39 Abs. 2 SGB X).

Die Beweispflicht des **Zugangs** des Bescheides trifft die Behörde (§ 37 Abs. 2 Satz 3 SGB X).

3.3 Bescheide müssen begründet sein

Im Bescheid müssen die *„wesentlichen tatsächlichen und rechtlichen Gründe"* dargelegt werden, *„die die Behörde zu ihrer Entscheidung bewogen haben"* (§ 35 Abs. 1 SGB X). Ferner müssen Bescheide die Rechtsgrundlagen enthalten.

Bei Ermessensentscheidungen (d.h. bei „Kann-", „Soll-" oder „Darf-Leistungen") müssen die Maßstäbe der Ausübung des ⇨Ermessens dargelegt werden.

Ist das nicht der Fall, ist der Bescheid formell rechtswidrig, aber dennoch nicht etwa unwirksam. Nichtig, also nicht gültig, ist ein Bescheid nur dann, wenn er *„an einem besonders schwerwiegenden Fehler"* leidet (§ 40 Abs. 1 SGB X). Dazu zählen Formfehler, wie z.B. fehlende Begründung in der Regel nicht. Die Behörde kann Formfehler, z.B. die fehlende Begründung, nachträglich korrigieren und zwar noch bis zum Ende des Gerichtsverfahrens der zweiten Instanz (§ 41 Abs. 2 SGB X).

Sie können nur dann einen Bescheid wegen Formfehlern anfechten, wenn auch eine andere Entscheidung in der Sache hätte getroffen werden können (§ 42 SGB X) bzw. müssen.

3.4 Umdeutung von fehlerhaften Verwaltungsakten

Ein fehlerhafter Verwaltungsakt kann nur umgedeutet werden, wenn er auf das gleiche Ziel gerichtet ist und die Behörde ihn so rechtmäßig hätte erlassen können (§ 43 Abs. 1 SGB X).

Das ist nicht möglich, wenn der Verwaltungsakt eine erkennbar andere Absicht hatte oder die Rechtsfolgen für den Betroffenen ungünstiger sind (§ 43 Abs. 2 SGB X). Eine durch ein Gesetz gebundene Entscheidung darf nicht in eine Ermessensentscheidung umgedeutet werden (§ 43 Abs. 3 SGB X).

3.5 Alg II: vorläufiger Bescheid über Leistungen

„Über die Erbringung von Geld- und Sachleistungen ist vorläufig zu entscheiden, wenn
1. zur Feststellung der Voraussetzungen des Anspruchs auf Geldleistungen voraussichtlich längere Zeit erforderlich ist und die Voraussetzungen für den Anspruch mit hinreichender Wahrscheinlichkeit vorliegen oder
2. ein Anspruch auf Geldleistungen dem Grunde nach besteht und zur Feststellung seiner Höhe voraussichtlich längere Zeit erforderlich ist." (§ 41a Abs.1 Nr. 1 und 2 SGB II neu).

Die vorläufige Entscheidung stellt eine **Ausnahme** von der grundsätzlichen Verpflichtung dar, die Sach- und Rechtslage vollständig zu klären, bevor der Verwaltungsakt erlassen wird. Diese Regelung ist zur Verfahrensbeschleunigung sinnvoll, weil Alg-II-Leistungen die Existenz sichern und bei Bedarf möglichst schnell erbracht werden müssen.
Aus dem Verfügungssatz des Bescheides muss deutlich hervorgehen, dass es sich um vorläufige Leistungsgewährung handelt. *„Der Grund der Vorläufigkeit ist anzugeben."* (§ 41a Abs. 2 Satz 1 SGB II neu).

Vorläufige Bescheide haben allerdings den Nachteil, dass sie **keinen Vertrauensschutz** entfalten. Überzahlungen kann das Jobcenter jederzeit ohne Aufhebung des vorläufigen Bescheides zurückfordern. Abschließende Bescheide können dagegen unter bestimmten Voraussetzungen gar nicht mehr aufgehoben werden (§§ 45 Abs. 2 Satz 2, 48 Abs. 1 Satz 1 SGB X).
Die vorläufige Leistungsgewährung soll Jobcentern ermöglichen, schneller akute Bedarfe zu decken, da überzahlte Leistungen jederzeit ohne aufwendiges Verfahren zurückgefordert werden können, ohne dass der Vertrauensschutz dem entgegensteht.

3.5.1 Wann wird eine vorläufige Entscheidung angewendet?

Die **ab 1.8.2016** geltende Regelung bestimmt, dass unter bestimmten Voraussetzungen über die Erbringung von Leistungen **vorläufig zu entscheiden ist** (§41a Abs. 1 Satz 1 SGB II neu). Die von der alten Regelung eingeräumte Ermessensentscheidung wurde in Bezug auf die folgenden Fallkonstellationen abgeschafft.
Vorläufig zu entscheiden „ist",
- wenn für die Antragsbearbeitung voraussichtlich längere Zeit benötigt wird,
- gegenwärtig noch keine abschließende Entscheidung über den Antrag möglich ist, weil noch Unterlagen nachgereicht werden müssen,
- Sie bei Antragstellung einen Vorschuss geltend machen, weil Sie mittellos sind (⇨Antragstellung 3.3.3),
- bei wechselnden (Erwerbs-)Einkünften (BA 41a.15),
- bei Selbstständigen, da hier die Höhe des Einkommens und damit der Leistungsanspruch an sich bzw. die Höhe des Anspruchs nicht vorab festgestellt werden kann (BA 41a.15) und
- wenn ein Kind sich zeitweise beim anderen Elternteil aufhält (BA 41a.15).

Dagegen **„kann" vorläufig entschieden** werden,
- wenn die Vereinbarkeit einer SGB-II-Vorschrift beim BVerfG oder EuGH anhängig oder
- eine entscheidungserhebliche und grundsätzliche Rechtsfrage beim BSG anhängig ist

(§ 41a Abs. 7 SGB II neu).

3.5.2 Wann liegen die Voraussetzungen zu vorläufigen Leistungsgewährung vor?

a. Der Leistungsanspruch soll mit hinreichender Wahrscheinlichkeit bestehen
Die BA vertritt die Auffassung, *„die bloße Möglichkeit des Bestehens eines Anspruchs ist nicht ausreichend. Vielmehr muss bei vernünftiger Abwägung und objektiver Betrachtung aller Umstände des Einzelfalls ein deutliches Übergewicht für das Bestehen eines Leistungsanspruchs vorliegen."* (BA 41a.12) Daraus folgt, dass

bei Ablehnung der Leistung gewichtige Gründe, die gegen das Bestehen eines Leistungsanspruchs vorliegen, nachvollziehbar dargelegt werden.

b. Längere Zeit bis zur Klärung des Leistungsanspruchs
Damit meint die BA, *„dass zeitaufwendige Nachforschungen und/ oder eventuell eine umfangreichere Berechnung erforderlich ist, als im Regelfall“*. Das ist der Fall, *„wenn eine abschließende Bewilligung nicht spätestens nach Ablauf des Kalendermonates, in dem der Antrag gestellt wurde, erfolgen kann.“* (BA 41a.13)

3.5.3 Entscheidungsverweigerung per Gesetz

„Eine vorläufige Entscheidung ergeht nicht, wenn Leistungsberechtigte die Umstände, die einer sofortigen abschließenden Entscheidung entgegenstehen, zu vertreten haben“ (§ 41a Abs. 1 Satz 3 SGB II neu). Demnach wäre über einen Antrag auf Leistungen auch bei Mittellosigkeit des Antragstellers nicht zu entscheiden, wenn dieser sich nicht ausreichend um die Klärung des Sachverhalts bemüht. Diese Vorschrift öffnet Behördenwillkür Tür und Tor, weil Umstände die einer Entscheidung entgegenstehen, sehr subjektiv ausgelegt werden können und es kein maßvolles Verfahren zur Durchsetzung der Pflichten des Leistungsberechtigten gibt, wie etwa bei der Mitwirkung nach §§ 60 ff. SGB I. Wenn der Leistungsberechtigte die Umstände zu vertreten hat, hat das Jobcenter bei der Bewilligung von Leistungen **kein Ermessen**; eine *„Entscheidung ergeht nicht“*.

In ihren Weisungen relativiert die BA das **Entscheidungsverweigerungsrecht**: *„Kann wegen fehlender Mitwirkung der Leistungsanspruch nicht oder nur teilweise festgestellt werden, ist der Antrag nach den §§ 60, 66 SGB I ganz oder teilweise zu versagen“* (BA 41a.6). Auch wir vertreten die Auffassung, dass Leistungsberechtigte weiterhin im Rahmen der Mitwirkungspflichten innerhalb angemessener Fristen zur Angabe von Tatsachen und Vorlage von Belegen bzw. Beweisurkunden aufgefordert werden müssen. Werden die Leistungen dann wegen fehlender Mitwirkung ganz oder teilweise versagt (§ 66 SGB I), können Antragstellende sich gegen die Entscheidung des Jobcenters mit Widerspruch und Klage wehren. Erfolgt hingegen keine Entscheidung, werden Rechtsmittel erschwert.

Tipp Verweigert die Behörde die Entscheidung über Ihren Antrag auf Leistungen, können Sie einen Vorschuss beantragen (⇨Antragstellung 3.3) und dem Jobcenter eine Frist setzen. Nach Ablauf der Frist können Sie eine ⇨einstweilige Anordnung beim zuständigen Sozialgericht beantragen.

3.5.4 Zeitraum der vorläufigen Entscheidung

Die Vorläufigkeit erstreckt sich auf den gesamten Bewilligungszeitraum. Wird Alg II vorläufig gewährt, soll der Bewilligungszeitraum *„regelmäßig auf* ***sechs Monate verkürzt*** *werden“* (§ 41 Abs. 3 Satz 2 Nr. 1 SGB II neu). Eine Abweichung von dieser Regeldauer ist bei atypischer Fallgestaltung möglich.

3.5.5 Formale Anforderungen an vorläufige Leistungsgewährung

Die vorläufige Entscheidung ist ein Verwaltungsakt (§ 31 SGB X) in Form eines Bescheides. Der Grund der Vorläufigkeit und die Berechnung der bewilligten Leistung müssen in dem Bescheid nachvollziehbar dargelegt werden.
Nach Auffassung der BA muss nicht begründet werden, ob *„ein Durchschnittseinkommen zu Grunde gelegt wurde oder nicht“* (BA 41a.16). Da die vorläufig bewilligten Leistungen jedoch den mtl. Bedarf zur Sicherung des Lebensunterhalts decken müssen (§ 41a Abs. 2 Satz 2 SGB II neu) ist es unserer Meinung nach erforderlich, die Höhe des im ganzen Bewilligungszeitraum zu Grunde gelegten Einkommens zu begründen (§ 35 SGB X; ⇨3.5.6). Anderenfalls wäre der Bescheid rechtswidrig und Rechtsmittel zulässig.

3.5.6 Höhe der vorläufig bewilligten Leistung

„Die vorläufige Leistung ist so zu bemessen, dass der monatliche Bedarf der Leistungsberechtigten zur Sicherung des Lebensunterhalts gedeckt wird …“ (§ 41a Abs. 2 Satz 2

B

SGB II neu) Dabei muss das Jobcenter das **voraussichtliche ⇨Einkommen** (3.1) der Bedarfsgemeinschaft berücksichtigen und bei **Erwerbseinkommen** den **100-€-Grundfreibetrag** oder die tatsächlichen Absetzbeträge für Fahrtkosten, gesetzlich vorgeschriebene Versicherungen, Versicherungspauschale sowie titulierte Unterhaltszahlungen vom Einkommen abziehen (§ 11b Abs. 1 SGB II); der Erwerbstätigenfreibetrag ***„kann"*** dabei ganz oder teilweise unberücksichtigt bleiben (⇨Erwerbstätige 2.3 f.). Diese Ermessensentscheidung ist zu begründen.

„Hierbei sind ***die im Zeitpunkt der Entscheidung bekannten und prognostizierten Verhältnisse*** *zugrunde zu legen."* (§ 41a Abs. 2 Satz 2 SGB II neu).

Bei sozialversicherungspflichtig Beschäftigten und bei ⇨Selbständigen wird bei der vorläufigen Bewilligung i.d.R. ein **Durchschnittseinkommen** zugrunde zu legen sein. Als Orientierung dafür kann das durchschnittliche Einkommen des letzten Bewilligungszeitraums oder das erste Einkommen im Bewilligungszeitraum dienen. *„Größere Einkommensschwankungen sind jedoch zu berücksichtigen. Ein Durchschnittseinkommen würde in diesen Fällen in Monaten mit deutlich geringerem Einkommen zu einer Bedarfsunterdeckung führen."* (BA 41a.19)

3.5.7 Abschließende Entscheidung über den vorläufigen Bescheid

Das Jobcenter **entscheidet abschließend** über den Bewilligungszeitraum *„sofern die vorläufig bewilligte Leistung nicht der abschließend festzustellenden entspricht oder die leistungsberechtigte Person eine abschließende Entscheidung beantragt"* (§ 41 Abs. 3 Nr. 1 SGB II neu) Das sollte von Amts wegen erfolgen, sobald sich die Einkommensverhältnisse sowohl zu Ihren Gunsten als auch zu Ihren Ungunsten verändert haben. Je nachdem, ob Ihr Einkommen über oder unter der vorläufigen Prognose liegt, wird Alg II zurückgefordert oder nachgezahlt.

Zwar ist eine *„abschließende Entscheidung ... zwingend erforderlich, wenn der endgültige Leistungsanspruch von den vorläufig bewilligten Leistungen abweicht. Dies gilt sowohl bei Nach- als auch bei Überzahlungen"* (BA 41a.29). Allerdings sollten Sie sich nicht darauf verlassen, dass das Jobcenter eine abschließende Entscheidung tatsächlich trifft; vor allem dann, wenn Ihnen eine **Nachzahlung** zusteht, z.B. weil Ihr Einkommen unterhalb der prognostizierten Einkünfte lag oder der Erwerbstätigenfreibetrag bei der vorläufigen Entscheidung ganz oder teilweise unberücksichtigt geblieben ist. Sie haben nämlich das Recht die **abschließende Entscheidung selbst** zu **beantragen** (§ 41a Abs. 3 Satz 1 SGB II neu).

Tipp In diesem Fall sollten Sie von Ihrem Recht Gebrauch machen und einen solchen Antrag unverzüglich und schriftlich beim Jobcenter stellen.

Erfolgt **keine abschließende Entscheidung**, weil das Jobcenter nicht von sich aus entscheidet oder Sie keinen entsprechenden Antrag gestellt haben, laufen Sie Gefahr eine Nachzahlung zu verlieren: *„Ergeht innerhalb* ***eines Jahres nach Ablauf des Bewilligungszeitraums*** *keine abschließende Entscheidung ..., gelten die vorläufig bewilligten Leistungen als abschließend festgesetzt"* (§ 41a Abs. 5 Satz 1 SGB II neu). D.h., der vorläufige Bescheid wird **automatisch abschließend** und nach Ablauf der Jahresfrist können Sie keine „normalen" Rechtsmittel mehr einlegen, um Ansprüche geltend zu machen. Allenfalls im Rahmen der Amtshaftung bzw. des sozialrechtlichen Herstellungsanspruchs ist es denkbar, eine ⇨Nachzahlung (1.1) durchzusetzen. Das wäre möglich, wenn das Jobcenter seiner ⇨**Beratung**spflicht nicht nachgekommen ist und versäumt hat Sie darauf hinzuweisen, dass es zu Ihrem Vorteil ist, eine abschließende Entscheidung zu beantragen. Das müssen Sie aber erst einmal nachweisen.

Bei der abschließenden Entscheidung sind die Ihnen vorläufig erbrachten Leistungen auf die Ihnen tatsächlich zustehenden anzurechnen. **Überzahlungen**, die in einzelnen Monaten entstanden sind, können **mit Nachzahlungen** aus anderen Monaten **verrechnet** werden. (§ 41a Abs. 6 SGB II neu)

3.5.8 Nachweis- und Auskunftspflicht bei abschließender Entscheidung

Wenn über eine vorläufig bewilligte Leistung abschließend entschieden wird, sind Leistungsberechtigte und die in der Bedarfsgemeinschaft lebenden Personen nach Ablauf des Bewilligungszeitraums verpflichtet, die vom Jobcenter *„geforderten leistungserheblichen Tatsachen nachzuweisen“* (§ 41a Abs. 3 Satz 2 SGB II) – i.d.R. durch lückenlose Vorlage der Lohnabrechnungen oder sonstiger Einkommensnachweise.

„Kommen die leistungsberechtigte Person oder die mit ihr in Bedarfsgemeinschaft lebenden Personen ihrer Nachweis- oder Auskunftspflicht bis zur abschließenden Entscheidung nicht, nicht vollständig oder trotz angemessener Fristsetzung und schriftlicher Belehrung über die Rechtsfolgen nicht fristgemäß nach, setzen die Träger der Grundsicherung für Arbeitsuchende den Leistungsanspruch für diejenigen Kalendermonate nur in der Höhe abschließend fest, in welcher seine Voraussetzungen ganz oder teilweise nachgewiesen wurden. Für die übrigen Kalendermonate ***wird festgestellt, dass ein Leistungsanspruch nicht bestand***“ (§41a Abs. 3 Satz 3 SGB II).

Das bedeutet, dass im Rahmen der abschließenden Entscheidung nur Leistungen für Monate bewilligt werden, in denen Sie die erforderlichen Einkommensnachweise erbringen können. Für alle anderen Monate, für die keine entsprechenden Nachweise über das Einkommen vorgelegt werden können, wird festgestellt, dass Sie **keinen Anspruch** auf Leistungen haben, und die vorläufig bewilligten **Leistungen** werden **zurückgefordert** (⇨Rückforderung). Aus dem abschließenden Bescheid muss jedoch genau hervorgehen, für welche Zeiträume welche Einkommensverhältnisse nachgewiesen bzw. nicht nachgewiesen wurden und welche Rückzahlungsansprüche sich daraus ergeben, anderenfalls wäre er rechtswidrig.

Tipp Lassen Sie es nicht zur Rückforderung kommen! Heben Sie alle Einkommensnachweise auf und reichen Sie sie rechtzeitig ein.

In Bezug auf die Nachweis- und Auskunftspflicht gelten auch bei der abschließenden Entscheidung die allgemeinen ⇨ **Mitwirkungspflichten** nach §§ 60 ff. SGB I (§41a Abs. 3 Satz 2 SGB II neu). Z.B. muss eine schriftliche Aufforderung zur Mitwirkung mit **Belehrung** und **angemessener Fristsetzung erfolgen,** deren Zugang das Jobcenter zu beweisen hat (§ 37 Abs. 2 Satz 3 SGB X). Eine angemessene Frist beträgt mindestens zwei Wochen.

Außerdem müssen Sie vom Jobcenter über Ihre Mitwirkungspflichten beraten werden (⇨Beratung 2.1) und die Nachweisforderungen müssen an die Personen gerichtet sein, die für ihre Erbringung verantwortlich sind (⇨Datenschutz 2.2).

Tipp Wenn Sie Unterlagen nicht beibringen können, weil diese nicht mehr vorhanden sind oder ein Dritter entsprechende Bescheinigungen nicht vorlegt, sollten Sie dies dem Jobcenter schriftlich mitteilen. Wenn Sie einen **wichtigen Grund** für die fehlende Mitwirkung hatten (§ 65 Abs. 1 Nr. 2 SGB I), darf das Jobcenter den Leistungsanspruch nicht zurücknehmen.

3.5.9 Keine Nachholung der Mitwirkung

Die Anwendung der allgemeinen Mitwirkungspflichten (§§ 60 ff. SGB I) bei der abschließenden Entscheidung **umfasst nicht** die Regelung zur Nachholung der Mitwirkung und der Möglichkeit der nachträglichen Erbringung von Leistungen nach § 67 SGB I (§ 41a Abs. 3 Satz 2 SGB II). Wer also innerhalb der von Jobcenter gesetzten Frist die geforderten Einkommensnachweise nicht erbringt erhält später **keine Gelegenheit** mehr **die Entziehung der Leistungen ganz oder teilweise rückgängig zu machen**.

3.5.10 Rechtsschutz und Aufrechnung

Der **Widerspruch** gegen einen Bescheid, der feststellt, dass ein Leistungsanspruch nicht bestand, hat keine aufschiebende Wirkung (§ 39 Nr. 1 SGB II neu). Werden jedoch im selben Bescheid Leistungen zurückgefordert, handelt es sich um einen Rückforderungsbescheid (§ 50 SGB X), bei dem der Widerspruch **aufschiebende Wirkung** entfaltet (§ 86a Abs. 1 SGG; ⇨Widerspruch 5. f.).

Ist ein Bescheid, der feststellt, dass ein Leistungsanspruch nicht bestand, bestandskräftig geworden, kann mit Hilfe eines

Überprüfungsantrags nach § 44 SGB X lediglich geklärt werden, ob die abschließende Festsetzung der Leistung rechtmäßig erfolgte, die Voraussetzungen hierfür vorlagen und ob der Rückforderungsbescheid aus formalen Gründen rechtswidrig war (BA 41a.24; ⇨Nachzahlung 3.1). Eine Nachholung der Mitwirkung ist in diesem Verfahren nicht mehr möglich.

Hat der Leistungsberechtigte die **Umstände** einer ausbleibenden, fristgerechten Mitwirkung **nicht zu vertreten**, z.B. aufgrund längerer Erkrankung, sollte er innerhalb von zwei Wochen nach Wegfall des Hinderungsgrundes die **Wiedereinsetzung in den vorherigen Stand** beantragen und die Vorlage der Einkommensnachweise nachholen (BA 41a.24).
Stellt sich nachträglich heraus, dass es **wesentliche Gründe** für die fehlende Mitwirkung gab, der Betroffene diese aber nicht zeitnah vortragen konnte, weil er z.B. psychisch erkrankt oder Suchtkrank ist, kann nur noch mit Hilfe eines **Härtefallantrags** der Erlass der Forderung begehrt werden (§ 44 SGB II). Eine Unbilligkeit des Forderungseinzugs dürfte bei entsprechenden Fällen insbesondere deshalb gegeben sein, weil der Gesetzgeber entgegen sozialrechtlicher Prinzipien eine rückwirkende Korrektur der Entscheidung ausgeschlossen hat.

Aufrechnung: Wurde über SGB-II-Leistungen vorläufig entschieden, **können** sowohl **Überzahlungen**, die entstanden sind, weil ein höheres Einkommen erzielt wurde als angenommen, als auch **Forderungen**, weil festgestellt wurde, dass ein Leistungsanspruch **nicht** bestand, in Höhe von **10%** des Regelsatzes **aller begünstigten Personen** mit der mtl. Leistung aufgerechnet werden (§ 43 Abs. 2 SGB II). Der Widerspruch gegen den aufrechnungsverfügenden Bescheid entfaltet aufschiebende Wirkung (⇨Aufrechnung 1.3).

3.5.11 Vorläufige Entscheidung bei KdU-Satzungen

Werden die Kosten für Unterkunft und Heizung auf der Grundlage einer kommunalen Satzung bewilligt, kann deren Rechtmäßigkeit über eine **Normenkontrollklage** beim LSG oder BSG überprüft werden (das ist derzeit aufgrund entsprechender Landesgesetze in Berlin, Hessen und Schleswig-Holstein möglich). Ist eine solche Normenkontrollklage **beim BSG** anhängig, sollten Sie als Alg-II-Beziehender, dessen Unterkunftskosten nicht in voller Höhe übernommen werden, die **vorläufige Entscheidung** über Ihre Leistungen **beantragen**. Bei vorläufiger Bewilligung können Leistungen für den Zeitraum **vor** der Normenkontrollentscheidung nachgezahlt werden, falls die Unterkunftskosten unzureichend waren und erhöht wurden. Das Jobcenter **kann** vorläufig entscheiden, wenn eine Rechtsfrage beim BSG anhängig ist, muss aber nicht (§ 41a Abs. 7 S. 1 Nr. 2 SGB II). Wenn nicht, bleibt Ihnen die Möglichkeit **Widerspruch** einzulegen oder einen **Überprüfungsantrag** zu stellen (⇨Nachzahlung 3.1) und zu beantragen, das Verfahren bis zur Normenkontrollentscheidung ruhen zu stellen. Den Überprüfungsantrag müssen Sie **vor** der Entscheidung des BSG stellen.

4. Ein Bescheid für alle?

Das Jobcenter geht davon aus, dass die Person, die Leistungen für eine Bedarfsgemeinschaft beantragt, befugt ist, den Antrag für alle Mitglieder zu stellen, *„soweit Anhaltspunkte dem nicht entgegenstehen"* (§ 38 SGB II). Der Bescheid wird dann i.d.R. für die ganze Bedarfsgemeinschaft erlassen. Die Fiktion zur Bevollmächtigung für die Antragsstellung reicht bis zum Abschluss eines ⇨**Widerspruch**sverfahrens gegen einen Verwaltungsakt.
Einen Einzelantrag sollten Sie insbesondere dann stellen, wenn Sie
- ein Darlehen beantragen, um die Tilgungsleistung zu reduzieren (⇨Darlehen 1.4 ff) oder
- die Gewährung einer vorzeitigen Leistung (§ 42 Abs. 2 SGB II neu) beantragen, einen „Mini-Vorschuss" bis 100 €, der individuell für jede Person erbracht wird (⇨Antragstellung 3.3.2).

Auch beim ⇨**Klage**verfahren tritt jede Person einzeln auf, da jede einen individuellen Anspruch auf Leistungen verfolgt (§ 9 Abs. 1 SGB II).

5. Wann gilt ein Bescheid als bekanntgegeben?

Ein schriftlicher Verwaltungsakt gilt am dritten Tag nach der Aufgabe zur Post als bekannt gegeben (§ 37 Abs. 2 Satz 1 SGB X). Das nennt man **Zugangsfiktion**. Der Tag, an dem der Brief zur Post gegeben wird, wird hier nicht mitgezählt (§ 26 Abs. 1 SGB X). Die Fiktion des Zugangs greift auch dann, wenn der für die Bekanntgabe maßgebende dritte Tag nach der Aufgabe zur Post auf einen Samstag, Sonntag oder Feiertag fällt (BSG 6.5.2010 - B 14 AS 12/09 R).

Allerdings gilt das nur, wenn Ihnen der Bescheid tatsächlich zugegangen ist. Ist er später zugegangen, sollten Sie das dokumentieren und bei Bedarf glaubhaft machen. Im Zweifel muss die Behörde beweisen, dass der Bescheid zugegangen ist und, wenn ja, wann (§ 37 Abs. 2 Satz 3 SGB X). Die Zugangsfiktion gilt im Übrigen für alle Behördenschreiben, die z.B. Fristen auslösen. Auch hier liegt die Beweislast für den Zugang bei der Behörde.

Tipp Bei zentral gedruckten Alg-II-Bewilligungsbescheiden gibt es oft neben dem normalen Datum oben rechts, an dem der Bescheid erstellt wurde, ein zweites Datum unten links hochgestellt, an dem der Bescheid gedruckt und verschickt wurde. Beide Daten können bis zu einer Woche voneinander abweichen. Das i.d.R. spätere Datum unten links gilt als Tag der Postaufgabe zuzüglich der drei Tage Postlaufzeit.

6. Widerspruchsfrist

Ausgehend von der Zugangsfiktion ergibt sich die **„Rechtsmittelfrist“**, innerhalb der Sie ⇨Widerspruch gegen einen Bescheid einlegen können. Diese beträgt bei Sozialleistungsbescheiden regelmäßig **einen Monat** (§ 84 Abs. 1 SGG).

Fehlt bei einem Bescheid die Rechtsmittelbelehrung, ist diese unrichtig oder handelt es sich um einen mündlichen Verwaltungsakt (z.B. eine Ablehnung) verlängert sich die Widerspruchsfrist auf ein Jahr (§ 66 Abs. 2 SGG).

Tipp Beachten Sie, dass ein Widerspruch gegen einen Bescheid immer nur für den entsprechenden **Bewilligungszeitraum** gilt. Beginnt ein neuer Bewilligungsabschnitt, muss, sofern es sich um den gleichen Sachverhalt handelt, **erneut** Widerspruch gegen den **neuen** Bewilligungsbescheid eingelegt werden.

Forderung

Automatische Erteilung eines schriftlichen Bescheides!

SGB-II-/SGB-XII-Bescheide müssen transparent und nachvollziehbar sein!

Einführung sozialrechtlicher Mindeststandards bei der vorläufigen Entscheidung über Leistungen!

Beschwerde

(Dienstaufsichts- und Fachaufsichtsbeschwerde)

„Jedermann hat das Recht, sich ... schriftlich mit ... Beschwerden an die zuständigen Stellen ... zu wenden“, heißt es im Grundgesetz (Art. 17 GG). Natürlich auch mündlich. Man nennt dieses Grundrecht auf behördendeutsch *„Petitionsrecht“*.

1. Die Dienstaufsichtsbeschwerde

ist eine besondere Form des Petitionsrechts. Wenn SachbearbeiterInnen

- Ihnen gegenüber abfällige oder beleidigende Äußerungen ablassen,
- Ihnen unbegründet Leistungen vorenthalten oder
- einfach untätig sind bzw.
- schlampig arbeiten,

können Sie oder z.B. eine Erwerbslosen- oder Sozialhilfeinitiative über eine Dienstaufsichtsbeschwerde Vorgesetzte des Sachbearbeiters darüber informieren. Vorgesetzte müssen das dienstliche Verhalten oder Benehmen des Sachbearbeiters überprüfen und ggf. einschreiten.

Dienstaufsichtsbeschwerden sind **keine** Widersprüche und ersetzen diese nicht. Sie können aber neben einem Widerspruch betrieben werden. Vergessen Sie also über Ihre Beschwerde nicht, fristgemäß ⇨Widerspruch einzulegen. Die Beschwerde muss in angemessener Frist beschieden werden. Die Angemessenheit ergibt sich aus dem Einzelfall.

B

Tipp Wenn die Behörde nicht auf ihre Beschwerde reagiert, haken Sie schriftlich nach, ggf. beim Vorgesetzten. Wenn Sie nach drei Monaten immer noch keine schriftliche Antwort haben, können Sie ⇨Untätigkeitsklage einreichen (§ 75 VwGO).

2. Fachaufsichtsbeschwerde

Die Fachaufsichtsbeschwerde wendet sich gegen den sachlichen Inhalt von Entscheidungen, aber auch gegen fachlich zweifelhafte Praktiken eines Mitarbeiters oder gar einer Behörde. Auch sie gehört zum Petitionsrecht. Kommen z.B. Bescheide wiederholt zwei Wochen zu spät an (Differenz zwischen dem Datum auf dem Bescheid und dem Umschlag), kann das Anlass für eine solche Beschwerde sein.
Fachaufsichtsbeschwerden sind gerade dann sinnvoll, wenn in einer Behörde häufig und über den Einzelfall hinaus das gleiche Problem auftritt. Wird z.B. bei allen Antragstellenden auf Erstausstattung bei der Geburt eines Kindes ein Hausbesuch durchgeführt, ist dies ein nicht zu rechtfertigender rechtswidriger Generalverdacht, es würde an der Bedürftigkeit fehlen. In solchen Konstellationen kann eine Fachaufsichtsbeschwerde durchaus Abhilfe schaffen.

3.1 Wie sich beschweren?

Sie sollten für beide Formen von Beschwerden alle Vorkommnisse möglichst genau aufschreiben, immer mit Datum, Gesprächsinhalt und Zeugenangabe (⇨Beistand).

Dienst- und Fachaufsichtsbeschwerden können mündlich oder schriftlich, als Brief, Fax oder Email erhoben werden. Schriftliche werden aber eher ernst genommen. Schließen Sie die schriftliche Beschwerde am besten mit dem Vermerk ab: *„Setzen Sie mich bitte unaufgefordert über Ergebnisse der Beschwerde in Kenntnis."*

3.2 Anspruch auf Beantwortung einer Beschwerde

Die Behörde muss Beschwerden prüfen und dem Beschwerdeführer in einer angemessenen Frist die Art der Erledigung schriftlich mitteilen (BVerfGE 2, 225; BVerwG NJW 76, 637). Das könnten Sie sogar einklagen. Sie haben jedoch keinen Anspruch darauf, dass eine Behörde dienstrechtliche Maßnahmen gegen einen Verwaltungsbediensteten einleitet.

4. Auch Erwerbslosen- und Sozialhilfeinitiativen sowie Beratungsstellen können Beschwerdeführer sein

Um das Beschwerderecht auszuüben, muss man laut Grundgesetz nicht selbst betroffen sein. Auch juristische Personen sind Grundrechtsträger (Art. 19 Abs. 3 GG). Wenn Initiativen das Beschwerderecht wahrnehmen, fällt das nicht unter unerlaubte Rechtsberatung (⇨Beratung), sondern unter den Schutz des Grundgesetzes.

5. An wen richten Sie die Beschwerde?

Wenn Sie Alg II von einem Jobcenter beziehen, können Adressaten sein:

a. die direkten Vorgesetzten (Abteilungsleiter, Leiter des Jobcenters),
dann:
*für die Jobcenter als **gemeinsame Einrichtungen** von BA und Kommune/ Landkreis (das sind bundesweit 335)
b. die jeweilige Regionaldirektion der BA,
c. die Zentrale der BA in Nürnberg und
d. das Bundarbeitsministerium (§ 47 Abs. 1 SGB II),
*für die Jobcenter bei einem **zugelassenen kommunalen Träger** (Optionskommunen; das sind bundesweit 110)
e. der Oberbürgermeister/ Landrat,
f. das jeweilige Landesministerium für Arbeit und Soziales und
g. das Bundesarbeitsministerium (§ 48 Abs.1 SGB II).

Wenn Sie **HzL/ GSi der Sozialhilfe** beziehen, können Adressaten sein:

a. die direkten Vorgesetzen (Abteilungsleiter, Dienststellenleiter),
b. die Amtsleitung,
c. der Dezernent/ Beigeordnete für Soziales,
d. der Oberbürgermeister/ Landrat,
e. die Fachaufsicht beim Regierungspräsidenten,
f. das jeweilige Landesministerium für Arbeit und Soziales.

Eine Beschwerde über den Rahmen der kommunalen Verwaltung hinaus kann sehr wirkungsvoll sein, da sich der Bearbeiter der Beschwerde und die Person, gegen die sich die Beschwerde richtet, nicht kennen und i.d.R. genauer geprüft wird.

Tipp Erkundigen Sie sich z.B. bei Beratungsstellen, Wohlfahrtsverbänden, Stadtverordneten, Journalisten, Parteien usw., wer der geeignete Ansprechpartner für die Beschwerde ist. Eine richtig platzierte Beschwerde bringt am meisten. Über die zentrale Telefonvermittlung der Stadt/ des Landkreises können Sie die Namen der jeweiligen Vorgesetzten des Sozialamts erfragen. Bei den Jobcentern dürfte das schwieriger sein. Sie können auch Ihren Sachbearbeiter nach seinem Vorgesetzten fragen und sich dort erkundigen. Es besteht ein Rechtsanspruch auf Auskunft über die zuständige Stelle (⇨Auskunftsrecht).
Weitere Quellen sind Telefonlisten auf Internetseiten der Kommunen/ Kreise.

5.1 Wirkung von Beschwerden

Dass Vorgesetzte und Aufsichtsbehörden eingeschaltet werden, empfinden die SachbearbeiterInnen, gegen die sich die Beschwerde richtet, in der Regel als unangenehm. Sie verändern häufig das beanstandete Verhalten bzw. werden zumindest vorsichtiger. Beschwerden können amtsinterne Rügen bzw. Vermerke in der Personalakte auslösen. Einige Behördenleiter achten sehr genau darauf, wie oft Beschwerden über Mitarbeiter eingehen. Sie wollen schließlich den Eindruck einer *„bürgerfreundlichen Verwaltung"* erwecken. Gehäuftes Auftreten von Beschwerden kann zu höherer Aufmerksamkeit und ggf. auch zu Konsequenzen führen.

6. Kundenreaktionsmanagement

Für den Bereich des SGB II und des SGB III gibt es ein „Kundenreaktionsmanagement" (KrM), also eine Beschwerdestelle. Sie existiert in jedem größeren Jobcenter, auf Landesebene und in Nürnberg auf Bundesebene. Im Einzelfall ist es sinnvoll, sich an das KrM in Nürnberg zu wenden. Das prüft Ihre Beschwerde und greift ein, wenn die Verwaltungspraxis zu bemängeln ist. Wir hören immer wieder von Fällen, in denen der Einsatz des KrM zu einem Erfolg im Sinne der Petenten geführt hat. Das bundesweite KrM ist zu erreichen unter:
Bundesagentur für Arbeit
BA-Service-Haus
Kundenreaktionsmanagement
Regensburger Str. 104
90478 Nürnberg
Tel.: 0911/ 179-0, Fax: 0911/ 179-2123,
E-Mail: Service-Haus.Kundenreaktionsmanagement@arbeitsagentur.de

7. Bürgerbeauftragte, Beschwerdestelle/ Ombudsmenschen

Bei den Jobcentern gibt es örtlich oft sehr unterschiedliche Beschwerdestellen. Manchmal sind es ins Jobcenter integrierte Stellen, die mehr oder weniger abhängig dort ihre Tätigkeit verrichten. Beim Jobcenter Wuppertal, einem zugelassenen kommunalen Träger, ist das Beschwerdemanagement im Vorzimmer des Chefs (Vorstandsvorsitzenden) angesiedelt. Beim Jobcenter in Duisburg gab es einen Ombudsmann, der vom dortigen Geschäftsführer einen Maulkorb verhängt bekommen hat und daraufhin hinwarf usw.
Erkundigen Sie sich vor Ort, vielleicht können die jeweiligen Beschwerdestellen Ihnen weiterhelfen.

8. Andere Möglichkeiten

Wie Sie sich sonst noch wehren können, ohne den Rechtsweg einzuschlagen, können Sie unter dem Stichwort ⇨Wehren ohne Rechtsweg nachlesen.

Bevollmächtigte

Sie können sich bei Behördengängen auch von anderen vertreten lassen, auch von Vertretern von Wohlfahrts- oder Sozialverbänden oder Erwerbslosengruppen. Dazu müssen Sie eine Vollmacht ausstellen. Die Vollmacht ermächtigt zu allen Handlungen, die das Verfahren betreffen, sofern sich aus dem Inhalt der Vollmacht nichts anderes ergibt (§ 13 Abs. 1 SGB X).
In der Vollmacht müssen Name und Anschrift des/ der Bevollmächtigenden (also Sie) und Name und Anschrift des/ der Bevollmäch-

B

tigten genannt sein. Wenn der Bevollmächtigte statt Ihnen zum Amt geht, muss er sich ausweisen.

Beispiel
"Hiermit bevollmächtige ich ... Name ... Straße ... Wohnort ...
Herrn/Frau X ... Straße ... Wohnort ..., mich in meinen Alg II-/ Sozialhilfe-/ Grundsicherungsangelegenheiten gegenüber der Behörde Y der Stadt Z ... zu vertreten.
Die Vollmacht bezieht sich auf folgende Sachverhalte .... Sie umfasst die Übersendung der Schriftstücke an die Adresse des Bevollmächtigten.
Die Behörde ist gegenüber dem Bevollmächtigten von allen datenschutzrechtlichen Bestimmungen entbunden. Die Vollmacht gilt bis zu ihrem Widerruf.
Ort, Datum und Unterschrift"

1. Grenzen der Bevollmächtigung
Wenn Sie als Bevollmächtigter Familienangehörigen oder auch Nachbarn helfen, ist das nach dem neuen Rechtsdienstleistungsgesetz in der Regel kein Problem. Wenn Sie aber für verschiedene Personen Verfahrensbevollmächtigter werden sollten, könnte die Behörde Ihnen unerlaubte Rechtsberatung vorwerfen (⇨Beratung 2.1). Daher sollten Sie nur in begrenztem Umfang als Bevollmächtigter bei der Behörde in Erscheinung treten.

2. Bevollmächtigte bei Bedarfsgemeinschaften (BG) im SGB II
Das Gesetz geht davon aus, dass die Person, die den Antrag auf Alg II stellt, Bevollmächtigter der restlichen Mitglieder der Bedarfsgemeinschaft ist (§ 38 SGB II). Die Vertretungsbefugnis gilt auch für die Entgegennahme von Leistungen. Die BA will aus Gründen der Verwaltungsökonomie verhindern, dass sie es mit einer Vielzahl von Ansprechpartnern zu tun hat.
Diese Bevollmächtigungsfiktion gilt, solange dem Amt keine Anhaltspunkte vorliegen (ihre mündliche oder schriftliche Mitteilung), dass diese ungültig ist. Z.B. muss der Hinweis, dass Leistungen an andere BG-Mitglieder überwiesen werden sollen, das Jobcenter veranlassen, die Leistungen entsprechend auszuzahlen (§ 38 Satz 1 SGB II).

Sozialrechtliche Handlungsfähigkeit besteht für die Beantragung und die Verfolgung einer Sozialleistung und deren Entgegennahme **ab dem 15. Lebensjahr** (§ 36 SGB I). Alle, die das 15. Lebensjahr vollendet haben, können demnach die Vertretung der BG übernehmen. Das ist unter Umständen wichtig, wenn ein alleinerziehendes Elternteil dauerhaft erkrankt ist oder wenn bei MigrantInnen Sprachbarrieren bestehen. In solchen Fällen kann ein jugendliches Kind die Beantragung von Sozialleistungen und den Kontakt mit der Behörde übernehmen.

3. Antragsbevollmächtigung = Widerspruchsbevollmächtigung?
Die gesetzlich vorgesehene Antragsbevollmächtigung (einer für alle) beinhaltet streng genommen nicht die Bevollmächtigung, Widersprüche für alle zu stellen. Sind von der Entscheidung einer Behörde alle Mitglieder der BG betroffen, müsste theoretisch jedes BG-Mitglied einzeln Widerspruch einlegen. In neueren Bescheiden sichern SGB-II-Leistungsträger allerdings zu, dass der Widerspruch einer Einzelperson für alle Mitglieder der Bedarfsgemeinschaft gilt. Sie sollten sich nicht darauf verlassen. Wichtig ist, dass Sie in Ihrem Namen und im Namen aller BG-Mitglieder ⇨Widerspruch einlegen. Sie können sich natürlich auch bevollmächtigen lassen.

4. Darlehensbevollmächtigte im SGB II
Aufpassen müssen Sie, wenn Sie ein **Darlehen** beantragen. Hier gilt die gleiche Regel: Das Jobcenter nimmt an, dass Sie das Darlehen **für alle** beantragen (§ 38 SGB II), wenn Sie dem nicht widersprechen. Das bedeutet, das Schonvermögen **jedes** Darlehensnehmers muss vorrangig eingesetzt werden und das Darlehen muss in Höhe von 10% des Regelsatzes **aller** Darlehensnehmer getilgt werden.

Allerdings scheiden minderjährige Kinder als Darlehensnehmer generell aus, denn damit würde der **Minderjährigenschutz** umgangen.
Zudem kann bei Darlehen für bestimmte Zwecke nur derjenige Darlehensnehmer sein, der in Bezug auf die Darlehensursache **zivilrechtlich verantwortlich** ist: für ein

Darlehen zur Übernahme von Energieschulden nur die Person, die den Energieversorgungsvertrag abgeschlossen hat; für ein Darlehen zur Übernahme von Mietschulden oder einer Mietkaution nur die Person, die den Mietvertrag abgeschlossen hat usw. Näheres unter ⇨Darlehen

Tipp Widersprechen Sie der Vertretungsvermutung für die gesamte Bedarfsgemeinschaft und beantragen Sie das Darlehen für sich alleine. Dann müssen nur Sie als „DarlehensnehmerIn" Ihr Schonvermögen einsetzen und nur Ihr Regelsatz kann zu 10% zur Tilgung aufgerechnet werden.

Darlehen

Alg II und HzL/ GSi der Sozialhilfe müssen Sie vom Grundsatz her nicht zurückzahlen. Leistungen zum Lebensunterhalt sind keine Darlehen, sondern **Zuschüsse**. Es ist nicht zulässig, nachträglich eine Zahlung in ein Darlehen umzuwandeln.

Unter bestimmten Voraussetzungen ist es möglich, Alg II und HzL/ GSi der Sozialhilfe für **bestimmte Bedarfe** als Darlehen zu vergeben. Diese Darlehen durften **früher** nur in wenigen Ausnahmen während des Leistungsbezugs aus dem Regelsatz getilgt werden. Diese Tilgung nennt man ⇨**Aufrechnung**.

Mit dem „Regelbedarfsermittlungsgesetz" wurden **2011** die Regelungen zur Darlehensgewährung im **SGB II** erheblich verschlechtert. Seitdem ist vor der Gewährung eines Darlehens das **Schonvermögen** vorrangig einzusetzen. Früher wurden lediglich Darlehen aufgrund eines vom Regelsatz umfassten, unabweisbaren Bedarfs in Höhe von **bis zu 10%** des zu zahlenden Regelsatzes getilgt. Seit 2011 sind **fast alle** Darlehen **starr mit 10%** der Regelsätze der Mitglieder einer Bedarfsgemeinschaft aufzurechnen, die das Darlehen beantragt haben – aber nur, wenn sie volljährig sind.

Bei der **HzL/ GSi** der Sozialhilfe gelten (noch) „erleichterte" Regelungen zur Darlehensgewährung.

Inhaltsübersicht:

1. Darlehen während des Alg-II-Bezugs

1.1 Viele Möglichkeiten der Darlehensgewährung

Folgende Leistungen werden beim Alg II als Darlehen erbracht (mit Übersicht über die Regelung zur Aufrechnung):

- Darlehen für **Miet**⇨ **kaution** und seit 1.8.2016 auch für **Genossenschaftsanteile** (§ 22 Abs. 6 Satz 3 SGB II neu), Aufrechnung während des Leistungsbezugs (§42a Abs. 2 SGB II);

D

- Darlehen für ⇨**Miet- und Energieschulden** (§ 22 Abs. 8 SGB II; ⇨Strom 3.), Aufrechnung während des Leistungsbezugs (§42a Abs. 2 SGB II);
- Darlehen für **unabweisbaren, vom Regelsatz umfassten Bedarf** (§ 24 Abs. 1 SGB II; ⇨Einmalige Beihilfen 3.), Aufrechnung während des Leistungsbezugs (§42a Abs. 2 SGB II);
- Darlehen bei im Leistungsmonat **zu erwartendem ⇨Einkommen** (§ 24 Abs. 4 Satz 1 SGB II), Aufrechnung während des Leistungsbezugs (§42a Abs. 2 SGB II);
- Darlehen wenn Sie eine **einmalige Einnahme**, z.B. ein Erbe, **vorzeitig verbraucht** haben (§ 24 Abs. 4 Satz 2 SGB II neu), Aufrechnung während des Leistungsbezugs (§42a Abs. 2 SGB II);
- Darlehen, wenn der sofortige Verbrauch oder die **Verwertung von ⇨Vermögen nicht möglich** ist oder eine besondere Härte bedeuten würde (§ 24 Abs. 5 SGB II), Fälligkeit nach erfolgter Vermögensverwertung (§ 42a Abs. 3 Satz 1 SGB II);
- Darlehen für **Instandhaltung und Reparatur** bei ⇨**Eigenheimen** (§ 22 Abs. 2 Satz 2 SGB II), Aufrechnung während des Leistungsbezugs (§42a Abs. 2 SGB II);
- „**Härtefall**darlehen" für **Auszubildende** oder **Überbrückungs**darlehen für den Monat der Ausbildungsaufnahme (§ 27 Abs. 3 SGB II neu; ⇨Auszubildende 2.2.3), Fälligkeit nach Abschluss der Ausbildung (§ 42a Abs. 5 SGB II);
- Darlehen zur Eingliederung von ⇨**Selbstständigen** (§ 16e Abs. 2 SGB II), Aufrechnung während des Leistungsbezugs (§42a Abs. 2 SGB II);

In der Praxis sind die Darlehen für Mietkaution, für Miet- und Energieschulden, bei unabweisbarem, vom Regelsatz umfassten Bedarf und bei zu erwartendem Einkommen im Leistungsmonat am häufigsten. Im Jahr 2014 gab es pro Monat im Schnitt 18.700 Darlehen bei Hartz-IV-Beziehern (Welt, 29.4.2015). Ein deutliches Zeichen dafür, dass die Regelleistungen zu niedrig sind.

1.2 Vermögenseinsatz vor Anspruch auf Darlehen

Bevor ein Anspruch auf ein Darlehen besteht, muss das gesamte verfügbare Barvermögen des jeweiligen Darlehensnehmers eingesetzt werden (§ 42a Abs.1 S. 1 SGB II). Damit ist gemeint:

- der **altersabhängige Grundfreibetrag** von 150 € pro Lebensjahr, mindestens 3.100 €, des Anspruchsberechtigten und dessen PartnerIn (§ 12 Abs. 2 Satz 1 Nr. 1 SGB II),
- der **Grundfreibetrag für minderjährige Kinder** in Höhe von bis zu 3.100 € (§ 12 Abs. 2 Satz 1 Nr. 1a SGB II) – wir halten Darlehen für minderjährige Kinder jedoch nicht für zulässig, damit kommt der Einsatz von Kindervermögen auch nicht in Betracht (⇨1.5) – und
- **der Ansparfreibetrag** in Höhe von 750 € für jede Person der Bedarfsgemeinschaft (§ 12 Abs. 2 Satz 1 Nr. 4 SGB II).

Allerdings darf die Regelung, dass **Kinder** ihr Vermögen einzusetzen haben, in der Praxis nicht zur Anwendung kommen, weil der in der Rechtsprechung entwickelte **Schutz Minderjähriger** greift. Diese **kommen als Darlehensnehmer** grundsätzlich **nicht in Betracht** (⇨1.5).

1.3 Vermögenseinsatz bei Darlehen zur Wohnraumsicherung

Handelt es sich um ein Darlehen wegen Miet- und Energieschulden (§ 22 Abs. 8 SGB II), ist lediglich der altersabhängige Grundfreibetrag (150 € pro Lebensjahr) der Erwachsenen einzusetzen (§ 22 Abs. 8 Satz 3 SGB II). Diese spezielle Norm geht der allgemeinen Regelung zur Vermögensverwertung (§ 42a Abs. 1 Satz 1 SGB II) vor. Als Darlehensnehmer, deren Vermögen einzusetzen ist, kommen zudem ausschließlich die Personen in Frage, die als Vertragspartner den Mietvertrag unterschrieben bzw. den Versorgungsvertrag beim Energieversorger abgeschlossen haben (⇨1.4).

1.4 Ein oder mehrere Darlehensnehmer?

„Darlehen können an einzelne Mitglieder von Bedarfsgemeinschaften oder an mehrere gemeinsam vergeben werden." (§ 42a Abs. 1 Satz 2 SGB II)

Die gesetzliche Regelung enthält **keine Ermächtigung** für das Jobcenter, zu bestimmen, ob das Darlehen **gegen den Willen** einzelner Mitglieder der Bedarfsgemeinschaft **an alle** oder nur **an eine Person** vergeben wird.

Ein Darlehen zur Begleichung von Stromschulden ist allein der **zivilrechtlichen Vertragspartei** zu gewähren (LSG Sachsen 24.2.2015 - L 2 AS 1444/14 B ER). In Bezug auf ein Darlehen zur Begleichung von Mietschulden argumentiert das BSG entsprechend (18.11.2014 - B 4 AS 3/14 R). Das Jobcenter kann demnach nicht nach Belieben die Darlehensnehmer bestimmen, sondern die oder der Darlehensnehmer ergeben sich aus den konkreten Umständen des Einzelfalls. Ausschlaggebend ist also:

- bei Mietkautionsdarlehen, wer den Mietvertrag abgeschlossen hat;
- bei Darlehen zur Begleichung von Energieforderungen, wer den Vertrag mit dem Energieversorgungsunternehmen abgeschlossen hat;
- bei einem Darlehen für Ersatzbeschaffung, wer z.B. die Waschmaschine anschaffen wird, usw.

Ein Zwangsdarlehen an minderjährige Kinder wäre unter diesen Voraussetzungen gar nicht zulässig (Minderjährigenschutz ⇨1.5.)

An einer gemeinsamen Vergabe eines Darlehens **an alle** Mitglieder der Bedarfsgemeinschaft dürfte das Jobcenter allerdings Interesse haben, weil damit vorrangig das Vermögen **aller Darlehensnehmer** einzusetzen wäre und bei mehreren Personen das Darlehen in Höhe von 10% **aller** Regelleistungen schneller getilgt wäre. Eine entsprechende Weisung der BA ist allerdings nach unserer Auffassung rechtswidrig und die Rechtsprechung sieht das immer häufiger genauso.

Tipp Da die antragstellende Person i.d.R. die Bedarfsgemeinschaft vertritt und stellvertretend Leistungen für alle beantragt (§ 38 Abs. 1 SGB II), müssen Sie **ausdrücklich erklären**, dass Sie das Darlehen nur als Einzelperson bzw. als Eltern beantragen.

1.5 Minderjährigenschutz bei der Darlehensvergabe

Ein Darlehen ist allein mit der zivilrechtlichen Vertragspartei zulässig. In der Rechtsprechung setzt sich folgende Auffassung durch: Wird ein Darlehen auf alle Mitglieder der Bedarfsgemeinschaft verteilt, folgt daraus eine **faktische Mithaftung** der nicht am jeweiligen Vertrag Beteiligten für unerfüllte Vertragsschulden. Das träfe insbesondere auch die **minderjährigen Kinder**. Es wird daher als sachgerecht angesehen, nur die durch den Vertrag zivilrechtlich verpflichteten Personen als Darlehensnehmer anzusehen (BSG, ebenda).

Zudem ist die Erweiterung der Darlehensgewährung auf minderjährige Mitglieder einer Bedarfsgemeinschaft auch deshalb ermessensfehlerhaft und damit rechtswidrig, weil sie den gesetzlichen Minderjährigenschutz umgeht (LSG Sachsen, ebenda; LSG NRW 17.9.2013 - L 19 AS 1501/13 B; zum Minderjährigenschutz allgemein: BSG 7.7.2011 - B 14 AS 153/10 R). Sorgeberechtigte Eltern dürfen ohne Zustimmung des Familiengerichts **keine Verträge zu Lasten ihrer Kinder** abschließen (§§ 1643 Abs. 1 BGB i.V. mit § 1822 Nr. 8 BGB). Das gilt auch für Darlehensverträge.

Tipp Mit dem Hinweis auf Minderjährigenschutz können bestehende Aufrechnungsverfügungen durch einen Überprüfungsantrag angegriffen werden (§ 40 Abs. 1 Satz 1 SGB II i.V. mit § 44 Abs. 1 SGB X) und eine Erklärung, mit der einer Darlehenstilgung zugestimmt wurde, kann mit Verweis auf Unwirksamkeit aufgrund der „Umgehung von Rechtsvorschriften“ als unwirksam erklärt werden (§ 46 Abs. 2 SGB I).

1.6 Verfahren der Darlehenstilgung

Im Leistungsbezug **ist** das Darlehen ab dem Monat, der auf die Auszahlung folgt, durch mtl. Aufrechnung **zu tilgen**. Die Aufrechnung ist vorher gegenüber den Darlehensnehmern schriftlich durch **Verwaltungsakt** zu erklären (§ 42a Abs. 2 Satz 1 SGB II).

Das Jobcenter hat also **keine** Wahl der Mittel, wie es die Schulden wieder eintreibt. Es gibt im Leistungsbezug **ausschließlich** den Weg der Aufrechnung. Ein Vertrag über eine freiwillige Herabsetzung des Regelsatzes um 100 €, damit das Darlehen schnellstmöglich abgezahlt ist, wäre genauso **rechtswidrig** wie die Beauftragung des Forderungseinzugs der Regionaldirektion oder der Stadtkasse.

1.7 Aufrechnungshöhe auf 10% des maßgeblichen Regelsatzes begrenzt

Darlehen im SGB II, egal welcher Art, sind in Höhe von **10%** des maßgeblichen Regel-

D

satzes **des Darlehensnehmers** aufzurechnen. Maßgeblich sind nur die Regelsätze, nicht aber Mehrbedarfe, Miete und Heizung. Den Jobcentern steht bei Festlegung der Tilgungsrate, im Gegensatz zu früher, kein **Ermessenspielraum** nach unten mehr zu. *„Um dem Betroffenen ausreichend Mittel zur Bestreitung des Lebensunterhaltes zu belassen, ist die Tilgung für **mehrere** Darlehen insgesamt auf 10 Prozent des maßgebenden Regelbedarfs begrenzt“* (BT-Drs. 17/3982, S. 24). Auch wenn mehrere Darlehen parallel anfallen, ist die Aufrechnung von **10%** des Regelsatzes die **Obergrenze**.

Die BA hat **bis März 2016** in ihren Fachlichen Hinweisen vertreten, *„bei mehreren Darlehen nach § 42a ergibt sich mithin eine Gesamtbegrenzung der Aufrechnung entsprechend § 43 Abs. 2 Satz 2 auf 30% des maßgeblichen Regelbedarfs“* (BA 42a.13 gültig bis März 2016). Aufgrund ständiger Rechtsprechung und nicht zuletzt des anhaltenden Drucks durch Tacheles e.V., musste die BA diese Rechtsauslegung zurücknehmen (Schreiben an den Verein Tacheles vom 12.1.2016, http://tinyurl.com/gq7gh3w) und ihre **Weisungen korrigieren**: *„Die Höhe der Tilgung beträgt 10 Prozent des maßgebenden Regelbedarfes (§ 42a Absatz 2 Satz 1). Eine abweichende Aufrechnung ist unzulässig. Auch bei mehreren Darlehen ist die Tilgung durch Aufrechnung auf insgesamt 10 Prozent des maßgebenden Regelbedarfs begrenzt.“* (BA 42a.13)

1.8 Aufschiebende Wirkung des Widerspruchs

Ein Widerspruch gegen den die Aufrechnung feststellenden Bescheid bei Darlehen (§ 42a Abs. 2 Satz 1 SGB II) entfaltet aufschiebende Wirkung (§ 86a Abs. 1 SGG). Zwar entfalten Widersprüche im „Hartz-IV-Sonderrecht“ in den meisten Fällen keine aufschiebende Wirkung (§ 39 SGB II), aber Widersprüche gegen einen die Aufrechnung verfügenden Bescheid entfalten (noch) aufschiebende Wirkung (LSG Bayern 21.6.2013 - L 7 AS 329/13 B ER; LSG Sachsen Anhalt 27.12.2011 - L 5 AS 473/11 B ER; ⇨Widerspruch 5. ff.). Das ist z.B. bei der Aufrechnung von Darlehen oder Erstattungs- und Ersatzansprüchen der Fall.

Eine Aufrechnungsverfügung muss allerdings nach Auffassung des LSG Bayern nicht für jeden Bewilligungszeitraum neu festgesetzt werden, denn es handele sich lediglich um eine wiederholende Verfügung (LSG Bayern, ebenda). Eine Aufrechnung kann demnach im nächsten Bewilligungsabschnitt fortgesetzt werden, ohne dass ein Widerspruch zulässig wäre. In diesem Fall muss ein Überprüfungsantrag gestellt werden (⇨1.9).

1.9 Wie verfahren bei Bestandskraft des Bescheides?

Ist der Aufrechnungsbescheid bestandskräftig, gibt es folgende Möglichkeiten:

- einen **Überprüfungsantrag** stellen (§ 40 Abs. 1 Satz 1 SGB II i.V. mit § 44 Abs. 1 SGB X; ⇨Nachzahlung 3. ff.), wenn die Aufrechnung rechtswidrig war. Der Bescheid kann z.B. rechtswidrig sein, wenn
  * der Darlehensnehmer nicht der zivilrechtliche Schuldner ist (⇨1.4),
  * gegen minderjährige Kinder aufgerechnet wird (⇨1.5),
  * mehr als 10% des Regelsatzes des Darlehensnehmers aufgerechnet werden (⇨1.7) oder
  * die Leistung nur auf Zuschussbasis hätte gewährt werden dürfen (z.B. Finanzierung eines Kfz zur Aufnahme oder zum Erhalt einer Beschäftigung, Finanzierung eines Führerscheins, wiederholter Erstausstattungsbedarf wegen besonderer Umstände usw.; ⇨1.11);
- der Darlehensnehmer einen **Antrag auf Erlass** stellt, z.B. wenn schon länger als ein Jahr getilgt wurde (⇨1.12).

1.10 Aufrechnung des Darlehens auf Grundlage einer Erklärung

Obwohl die Aufrechnung von Darlehen per Bescheid im SGB II zwingend vorgeschrieben ist (§ 42a Abs. 2 SGB II), übergeben einige Jobcenter die Forderung stattdessen dem Forderungseinzug der Regionaldirektion der BA oder einer kommunalen Einzugsstelle (⇨9.). Hier wird i.d.R. zuvor eine Ratenvereinbarung oder eine Aufrechnungserklärung abgeschlossen. Oft wird das Darlehen nur gewährt, wenn Sie zuvor „freiwillig“ erklärt haben, dass Sie mit der Ratenzahlung/ Aufrechnung einverstanden sind.

Diese Erklärung bzw. Vereinbarung ist ein ⇨**öffentlich-rechtlicher Vertrag.** Der ist allerdings nur zulässig, wenn er nicht gegen geltendes Recht verstößt (§ 53 Abs. 1 SGB X). Da Darlehen im Leistungsbezug **ausschließlich** durch einen die Aufrechnung verfügenden Bescheid aufzurechnen sind, ist eine vertragliche Regelung über die Tilgung **immer rechtswidrig** und **unwirksam** (BSG 22.3.2012 - B 4 AS 26/10 R). Sie sollten diese Erklärung trotzdem widerrufen und mitteilen, dass die Erklärung nicht nur widerrufen wird, sondern auch für die Vergangenheit unwirksam war.

1.11 Darlehenstilgung bei illegaler Darlehensgewährung?

Wurden Ihnen zu Unrecht Leistungen als Darlehen gewährt, die von Rechts wegen als Zuschuss hätten gewährt werden müssen, ist das rechtswidrig. Das ist z.B. der Fall bei

- der Finanzierung eines Kfz oder eines Führerscheins zur Aufnahme oder zum Erhalt einer Beschäftigung auf Darlehensbasis,
- bei wiederholtem Erstausstattungsbedarf wegen besonderer Umstände, der als Darlehen gewährt wird oder
- bei Nachforderungen vom Vermieter/ Energieversorger, die den Bedarf der Unterkunftskosten betreffen und nur darlehensweise übernommen werden.

Tipp Beantragen Sie mit der Begründung, es wurden Rechtsvorschriften umgangen, die Aufhebung des Darlehensbescheides, des die Aufrechnung verfügenden Bescheides und in Folge die Rückerstattung aller aufgrund dieser rechtswidrigen Bescheide geleisteten Zahlungen. Wurden die zu Unrecht erhobenen Zahlungen an den Forderungseinzug der Regionaldirektion oder die Stadt- bzw. Kreiskasse gezahlt, haben Sie dort einen Rückerstattungsanspruch. Erfolgte die Zahlung an das Jobcenter, müssen Sie sich dorthin wenden.

1.12 Dauerhafte Unterschreitung des Existenzminimums: Schuldenerlass

Darlehen sind nach dem Gesetzeswortlaut ohne Ausnahme aufzurechnen. Sind mehrere Darlehen hintereinander gewährt worden, kann über Jahre aufgerechnet werden, weil es **kein** gesetzliches **Limit** bei der Dauer der Aufrechnung gibt. Dies führt zu einer dauerhaften Unterschreitung des verfassungsrechtlich garantierten Existenzminimums.

Das BVerfG hat mit Urteil vom 9.2.2010 (1 BvL 1/09) vorgegeben, dass das Existenzminimum zwar vorübergehend unterschritten werden darf, jedoch **nicht dauerhaft**. Bei Erstattungs- und Ersatzansprüchen sind Aufrechnungen deshalb auf einen Zeitraum von **höchstens 3 Jahren** beschränkt. Werden gleichzeitig zur Darlehensaufrechnung Erstattungsansprüche aufgerechnet oder Leistungen aufgrund von ⇨Sanktionen gekürzt, reduziert dies das Existenzminimum zusätzlich.

Bei **Sanktionen** muss daher **ab 1.8.2016** die Darlehens- (und sonstige) **Aufrechnung** sofort **ausgesetzt** werden, sobald Ihr Regelsatz **um mehr als 30% unterschritten** wird (§§ 42a Abs. 2 Satz 2 i.V. mit 43 Abs. 3 Satz 1 SGB II neu).

Können Darlehensnehmer die dauerhafte Tilgung durch zehnprozentige Aufrechnung nicht mehr leisten, kann nur über einen **Erlass** der Darlehensforderungen Abhilfe geschaffen werden (§ 44 SGB II). Diesen Erlass müssen Sie **beantragen**.

So ist z.B. eine regelmäßige Unterschreitung des Existenzminimums über einen Zeitraum von mehr als 20 Monaten nicht vertretbar und daher rechtswidrig (SG Berlin 30.9.2011- S 37 AS 24431/11 ER; Tilgung einer Mietkaution). Ältere Entscheidungen bewerten eine laufende Unterdeckung aufgrund von Darlehenstilgung ab etwa einem Jahr als unzumutbar (LSG Niedersachsen-Bremen 28.4.2005 - L 8 AS 57/05 ER; LSG Hamburg 16.9.2005 - L 5 B 167/05 ER AS; SG Lüneburg 11.8.2005 - S 30 AS 328/05 ER; SG Dresden 5.11.2005 - S 23 AS 982/05 ER; SG Berlin 17.11.2006 - S 37 AS 8519/05; SG Oldenburg 13.1.2006 - S 48 AS 11.28/05 ER).

Auch wenn diese Gerichtsentscheidungen Zeiträume vor Inkrafttreten des *„Regelbedarfsermittlungsgesetzes“* betreffen, vertreten die Autoren die Auffassung, dass auch nach heutiger Rechtslage bei einer dauerhaften Unterschreitung des Existenzminimums ein Erlass der Schulden gerechtfertigt ist und einem Erlassantrag deshalb i.d.R. entsprochen werden muss.

Der Erlass einer Darlehensforderung kommt außerdem in Betracht, wenn zusätzlich zur dauerhaften Belastung durch die Auf-

rechnung weitere **besondere Belastungen** auftreten.
Diese können vorliegen, wenn
- Sie erhebliche Anteile der Unterkunftskosten aus dem Regelsatz zahlen,
- deutlich höhere Stromkosten anfallen, als im Regelsatz vorgesehen sind,
- Zahnbehandlungskosten anfallen, die nicht übernommen werden,
- eine notwendige Ersatzbeschaffung bevorsteht (z.B. eine Waschmaschine),
- besondere Belastungen aufgrund einer chronischen Erkrankung vorliegen usw.

D

Tipp Sie müssen Ihre Gründe im **Antrag** auf einen Schuldenerlass glaubhaft machen. Bei Ablehnung durch das Jobcenter müssen Sie gegen den Ablehnungsbescheid Widerspruch einlegen und die Anordnung der aufschiebenden Wirkung beim Sozialgericht beantragen.

1.13 Aufrechnung von Darlehen, die vor 2011 entstanden sind?

Die oben dargestellte starre Aufrechnungsregelung von SGB-II-Darlehen **gilt ab 1.4.2011**. Alle **davor** entstandenen Darlehensforderungen dürfen im SGB-II-Bezug **nicht** nach diesen Regeln aufgerechnet werden.

Tipp Beantragen Sie die Überprüfung des Bescheides, der die Aufrechnung verfügt (⇨1.9).

2. Darlehen bei HzL/GSi der Sozialhilfe

Im SGB XII sind die Darlehensregeln (noch) nicht so hart wie beim Alg II. *„Kann im Einzelfall ein von den Regelbedarfen umfasster Bedarf auf keine andere Weise gedeckt werden ... sollen hierfür Darlehen gewährt werden."* (§ 37 Abs. 1 SGB XII) Das Darlehen kann *„**bis zur Höhe von** jeweils **5%**"* des Eckregelsatzes der Darlehensnehmer einbehalten werden (§ 37 Abs. 4 SGB XII). Das Gleiche gilt für BezieherInnen von Grundsicherung (§ 42 Satz 2 Nr. 5 SGB XII).

2.1 Darlehensgewährung bei HzL/GSi der Sozialhilfe

Hier können die folgenden Leistungen als Darlehen erbracht werden:
- Darlehen bei besonderen **Härtefällen von ⇨Auszubildenden**. Hier **können** die Leistungen als Zuschuss **oder** als Darlehen erbracht werden (§ 22 Abs. 1 Satz 2 SGB XII); keine Aufrechnung während des Leistungsbezugs;
- Darlehen für **Miet⇨kaution** (§ 35 Abs. 2 Satz 5 SGB XII), keine Aufrechnung während des Leistungsbezugs;
- Darlehen für **⇨Miet- und Energieschulden** können als Zuschuss **oder** Darlehen erbracht werden (§ 36 Abs. 1 Satz 3 SGB XII; ⇨Strom), keine Aufrechnung während des Leistungsbezugs;
- **Ergänzende Darlehen** für vom Regelsatz umfasste, unabweisbare Bedarfe (§ 37 Abs. 1 SGB XII, § 42 Satz 1 Nr. 5 SGB XII; ⇨Einmalige Beihilfen), Aufrechnung während des Leistungsbezugs;
- Darlehen zur Vorauszahlung der **Zuzahlungen bei der Krankenkasse** (§ 37 Abs. 2 SGB XII; ⇨Krankheit 5.2), Aufrechnung während des Leistungsbezugs auf 12 Monate verteilt (§ 37 Abs. 4 Satz 2 SGB XII);
- Darlehen bei **vorrübergehender Notlage** (§ 38 Abs. 1 Satz 1 SGB XII), keine Aufrechnung während des Leistungsbezugs;
- Leistungen in **sonstigen Lebenslagen** auf Darlehen (§ 73 Satz 1 SGB XII), keine Aufrechnung während des Leistungsbezugs;
- Darlehen bei **nicht verwertbarem ⇨Vermögen** (§ 91 Satz 1 SGB XII), keine Aufrechnung während des Leistungsbezugs, aber ggf. dingliche Sicherung.

2.2 Unabweisbarer Bedarf: ⇨Sachleistung oder Geldleistung?

Gilt auch für Alg II.
Bei **Alg**-II-Bezug **kann** das Darlehen als Sach- **oder** Geldleistung gewährt werden (§ 24 Abs. 1 Satz 1 SGB II). Die Behörde könnte Ihnen also z.B. einen Wintermantel oder eine Waschmaschine zukommen lassen, Ihnen den Anschaffungswert in Rechnung stellen und in Raten vom Regelsatz abziehen.
Im **SGB XII** sollen die *„notwendigen Leistungen"* erbracht werden (§ 37 Abs. 1 SGB XII). Die Form bleibt zunächst offen. Allerdings haben **Geldleistungen Vorrang** vor Gutscheinen und Sachleistungen (§ 10 Abs. 3 SGB XII).

2.3 Tilgungserklärung/Verzicht auf Leistungen

Weil Sozialämter nicht generell im Leistungsbezug aufrechnen dürfen wie Jobcenter beim Alg II, wird oft zu Lasten der Betroffenen getrickst. Wird Ihnen bei **HzL/ GSi** ein Darlehen für eine Kaution, die Übernahme von Energieschulden oder bei vorübergehender Notlage angeboten, wird häufig eine Tilgungserklärung vorgelegt und Sie erhalten das Darlehen nur dann, wenn Sie sich „freiwillig“ bereit erklären, die Forderung während des Leistungsbezugs zurückzuzahlen. In diesem Fall haben Sie oft keine andere Wahl, wenn Sie einen Bedarf mit einem Darlehen decken müssen. Und vielleicht denken Sie, Sie könnten aus der Tilgungsvereinbarung nicht mehr aussteigen. **Das stimmt nicht.**

Forderungen der Behörde aufgrund von Darlehen dürfen **nicht** im Leistungsbezug aufgerechnet werden (§ 51 Abs. 1 SGB I), wenn im jeweiligen Gesetz nichts anderes bestimmt ist (§ 37 Satz 1 SGB I). Beim Alg II ist seit April 2011 in den meisten Fällen die Aufrechnung während des Leistungsbezugs zulässig (⇨1.1), bei HzL/ GSi der Sozialhilfe nur bei unabweisbarem Bedarf (§ 37 Abs. 4 SGB XII) und bei der Übernahme der Zuzahlung der Krankenkasse (§ 37 Abs. 2 SGB XII). In **allen** anderen Fällen darf bei HzL/ GSi ein Darlehen **nicht** im Leistungsbezug aufgerechnet werden.

Haben Sie eine solche Tilgungserklärung zur Aufrechnung eines Darlehens im Leistungsbezug unterschrieben, ist dies **kein** ⇨öffentlich-rechtlicher Vertrag, da dieser gegen geltendes Recht verstößt und deswegen unwirksam ist (§ 53 Abs. 1 Satz 1 SGB X).

Eine solche Tilgungserklärung stellt einen **Verzicht auf Sozialleistungen** dar (§ 46 Abs. 1 SGB I), kann jederzeit mit Wirkung **für die Zukunft wiederrufen** werden (§ 46 Abs. 1 Satz 2 SGB I) und ist, *„soweit ... Rechtsvorschriften umgangen werden“* **unwirksam** – auch für die Vergangenheit (§ 46 Abs. 2 SGB I; BSG 22.3.2012 - B 4 AS 26/10 R, in Bezug auf SGB II; ⇨1.10).

3. Darlehen bei nicht sofort verwertbarem Vermögen

Alg II

„Soweit Leistungsberechtigten der sofortige Verbrauch oder die sofortige Verwertung von zu berücksichtigendem Vermögen nicht möglich ist oder für sie eine besondere Härte bedeuten würde, sind Leistungen als Darlehen zu erbringen. Die Leistungen können davon abhängig gemacht werden, dass der Anspruch auf Rückzahlung dinglich oder in anderer Weise gesichert wird.“ (§ 24 Abs. 5 Satz 1 SGB II)

HzL/GSi der Sozialhilfe

„Soweit nach § 90 für den Bedarf der nachfragenden Person Vermögen einzusetzen ist, jedoch der sofortige Verbrauch oder die sofortige Verwertung des Vermögens nicht möglich ist oder für die, die es einzusetzen hat, eine Härte bedeuten würde, soll die Sozialhilfe als Darlehen geleistet werden.“ (§ 91 SGB XII)

Gutachterkosten und die Kosten der dinglichen Sicherung hat die jeweilige Behörde zu erbringen (⇨Kostenerstattung 4.).

Alg II und HzL/GSi der Sozialhilfe

Nicht möglich ist z.B.

- die sofortige Verwertung eines Erbes, wenn Sie aufgrund von Streitigkeiten der Erbengemeinschaft keinen Zugriff auf das Erbe haben oder
- die Verwertung einer Immobilie, die Sie nicht selbst bewohnen, wenn Sie Miteigentümer haben, die nicht verkaufen wollen usw.

Mit der Darlehensregelung wird die Verwertung des nicht geschützten Vermögens auf die Zukunft verschoben.

In welchem Zeitraum muss Vermögen verwertbar sein?

Wenn beim **Alg II** die Verwertung **innerhalb von 6 Monaten**, also dem Bewilligungszeitraum, nicht möglich ist, muss die Leistung als **Zuschuss** gezahlt werden. Allerdings müssen auch weiterhin zumutbare Schritte unternommen werden, um das Vermögen in Zukunft zu verwerten und damit künftig Alg-II-Bezug zu beenden oder zu verringern. (BSG 27.1.2009 - B 14 AS 42/07 R)

In der **Sozialhilfe** gilt ebenfalls die Verwertungsfrist von maximal **6 Monaten** (Hauck/ Noftz, SGB XII, § 38 Rz. 2).

Wenn sich nach 6 Monaten herausstellt, dass das Vermögen nicht verwertbar war, muss die Darlehensgewährung rückwirkend aufgehoben werden und in einen Zuschuss umgewandelt werden (BA 24.36).

D

Wenn die Verwertung einer Immobilie aufgrund von **Nießbrauch** in absehbarer Zeit unmöglich ist, stellt sie kein verwertbares Vermögen dar (BSG 6.12.2007 - B 14/7b AS 46/06 R).

Eine **Härte** kann bei **HzL/ GSi der Sozialhilfe** z.B. vorliegen, wenn sie eine Lebensversicherung mit Verlusten von 10% auflösen sollen, obwohl diese in absehbarer Zeit ausbezahlt wird. Oder wenn Sie chronisch krank sind und ein nicht geschütztes Kfz haben, das Sie regelmäßig für Arztbesuche und Einkäufe benötigen.
Von **Alg-II**-Beziehenden verlangt der Gesetzgeber mehr als von Nichterwerbsfähigen. Nur bei **besonderer Härte** *„sind Leistungen als Darlehen zu erbringen"*. Was auch immer eine besondere Härte bedeutet, liegt sie vor, gibt es bei der Entscheidung **kein ⇨Ermessen** mehr. Man gesteht Arbeitslosen zwar ein höheres Vermögen zu, verlangt aber auch schneller seine Verwertung (⇨Vermögen 3.1.1).

Das Darlehen kann bei Alg II und HzL/ GSi der Sozialhilfe von einer **dinglichen Sicherung** abhängig gemacht werden, d.h. von der Eintragung einer Grundschuld oder Hypothek oder von der Sicherungsabtretung einer Lebensversicherung oder eines Bausparvertrags bzw. von einer Bürgschaft (§ 24 Abs. 5 SGB II, § 91 Satz 2 SGB XII).

Tipp Werden Ihre Leistungen komplett als Darlehen gewährt, haben Sie Anspruch auf Wohngeld (⇨4.1).

4. Darlehen, wenn Einkommen zu erwarten ist oder vorzeitig verbraucht wurde

Alg II

4.1 Überbrückungsdarlehen, wenn im selben Monat Einkommen zu erwarten ist

„Leistungen zur Sicherung des Lebensunterhalts können als Darlehen erbracht werden, soweit in dem Monat, für den die Leistungen erbracht werden, voraussichtlich Einnahmen anfallen." (§ 24 Abs. 4 SGB II)

Einnahmen werden im Monat des Zugangs als ⇨Einkommen gerechnet, auch wenn sie erst am Monatsende zufließen (§ 11 Abs. 2 Satz 1 SGB II). Da Alg II mtl. im Voraus zu erbringen ist, entsteht eine Bedarfsdeckungslücke, bis Sie Ihr Gehalt bekommen. In solchen Fällen können Darlehen erbracht werden. Seit April 2011 besteht der Anspruch nur noch, wenn Sie kein bereites Vermögen mehr besitzen (⇨1.2).
Voraussetzung für die darlehensweise Gewährung von Leistungen ist, dass der Zufluss des Einkommens bereits **feststeht**. Vorbeugend ein Darlehen zu gewähren, weil Sie **möglicherweise** Einkommen erzielen könnten, ist rechtswidrig.
Im Regelfall ist auch bei einer Arbeitsaufnahme davon auszugehen, dass Ihre Alg-II-Leistung weitergezahlt wird. Sollten Sie dann tatsächlich im selben Monat Einkommen erzielen, können der Bescheid immer noch rückwirkend aufgehoben und überzahlte Leistungen zurückgefordert werden (⇨Rückforderung).

Tipp 1 Sollte das Einkommen wider Erwarten nicht am Monatsende, sondern am Ersten des **Folgemonats** oder später eingehen, oder der Arbeitgeber das Gehalt verspätet oder auf ein falsches Konto überwiesen haben, muss das Darlehen in einen **Zuschuss** umgewandelt werden. Stellen Sie einen entsprechenden Antrag.

Tipp 2 Wird Ihnen Alg II oder HzL/ GSi auf Darlehensbasis gewährt, haben Sie während der Zeit Anspruch auf **Wohngeld**, ansonsten wäre es im Alg-II-/ HzL-/ GSi-Bezug ausgeschlossen (§ 7 Abs. 1 Satz 3 Nr. 1 WoGG). Bei der Berechnung des Wohngeldanspruchs werden die Leistungen, die Sie als Darlehen erhalten, nicht berücksichtigt.

Durch den Bezug von ⇨**Wohngeld** können Sie Ihre Rückzahlungsverpflichtungen deutlich reduzieren. Darauf weisen die Jobcenter und Sozialämter Sie i.d.R. aber nicht hin.

Tipp Hat die Behörde Sie nicht darauf hingewiesen, dass ein Anspruch auf Wohngeld besteht, hat sie ihre ⇨**Beratungs**pflicht verletzt. Es besteht unter Umständen ein sozialrechtlicher Herstellungsanspruch (⇨Nachzahlung 1.).

Wohngeld über wiederholte Antragstellung:

Andererseits besteht die Möglichkeit, innerhalb von **sechs Monaten** nach Aufhebung des ursprünglichen Alg-II-/ Sozialhilfebescheides im Rahmen der *„wiederholten Antragstellung"* rückwirkend einen Wohngeldantrag zu stellen und das entgangene Wohngeld geltend zu machen (§ 28 SGB X; ⇨Antragstellung 1.9). Das sollte auch gelten, wenn Ihre Alg-II-/Sozialhilfeleistung aufgehoben und nur noch darlehensweise gewährt wird.

4.2 Darlehen bei vorzeitigem Verbrauch einer einmaligen Einnahme

(§ 24 Abs. 4 Satz 2 SGB II neu) Näheres unter ⇨Einkommen 3.2 f.

5. Darlehen bei kurzer Dauer des Hilfebezugs

HzL/GSi der Sozialhilfe

„Sind Leistungen nach § 27a Absatz 3 und 4 [Regelsatz], der Barbetrag nach § 27b Absatz 2 sowie nach den §§ 30 [Mehrbedarfe], 32 [Kranken- und Pflegeversicherung], 33 [Vorsorgebeiträge] und 35 [Kosten der Unterkunft und Heizung] voraussichtlich nur für kurze Dauer zu erbringen, können Geldleistungen als Darlehen gewährt werden." (§ 38 Satz 1 SGB XII)

Es können nur laufende Geldleistungen als Darlehen vergeben werden, Leistungen nach § 31 SGB XII, z.B. Erstausstattung für die Wohnung, sind hier nicht vorgesehen.

Im SGB XII ist mit *„kurzer Dauer"* ein **Zeitraum bis 6 Monate** gemeint, was allerdings hier als *„äußerste Grenze"* zu verstehen ist. Das Sozialamt muss hierüber eine Ermessensentscheidung treffen, wobei die Dauer des darlehnsweisen Leistungsbezugs auch von Ihren Selbsthilfemöglichkeiten abhängt und bei älteren oder kranken Menschen eher niedriger ausfallen wird als bei jungen. (LPK SGB XII, § 38 Rz. 6.).

Die kurze Dauer des Leistungsbezuges **muss** bei Antragstellung klar erkennbar sein. Wenn die Prüfung ergibt, dass Sie voraussichtlich länger Sozialhilfe erhalten und dann doch vor Ablauf von sechs Monaten aus der Sozialhilfe ausscheiden, darf ebenfalls nicht in ein Darlehen umgewandelt werden (§ 47 Abs. 2 Satz 2 SGB X).

Wenn die Voraussicht **nicht** eingetroffen ist, dass Sie nur für kurze Dauer Sozialhilfe beziehen, **muss** das Darlehen in eine Beihilfe umgewandelt werden. Sozialhilfebeziehende, bei denen sich erst nachträglich herausstellt, dass sie langfristig auf Leistungen angewiesen sind, dürfen nicht schlechter gestellt werden, als diejenigen, bei denen es von vornherein feststeht.

Tipp Auch hier haben Sie bei Darlehensgewährung Anspruch auf Wohngeld (⇨4.)

5.1 Ermessen ausüben

Nach §38 SGB XII **können** Leistungen bei voraussichtlich kurzer Dauer des Leistungsbezugs als Darlehen vergeben werden, müssen aber nicht. Es ist also rechtswidrig, automatisch Darlehen zu bewilligen. Dabei spielt auch eine Rolle, ob Sie das Darlehen überhaupt zurückzahlen können.

Wenn bei Antragstellung feststeht, dass Ihr **Einkommen** in absehbarer Zeit so **gering** sein wird, dass Sie ein Darlehen nicht zurückzahlen können, ohne wieder hilfebedürftig zu werden, darf kein Darlehen vergeben werden (BVerwGE 111, 328). Selbst dann nicht, wenn Sie voraussichtlich nur für kurze Dauer Sozialhilfe beziehen (OVG Bremen 23.9.1985, FEVS 35, 48 ff.). Das gilt auch, wenn Sie **besondere Belastungen** haben, z.B. aufgrund von Krankheit, Schulden, Unterhaltspflichten, Versicherungen usw.

6. Darlehen bei Miet- und Energieschulden

⇨Mietschulden von Alg-II- und HzL-/ GSi-BezieherInnen können übernommen werden (§ 22 Abs. 8 SGB II, § 36 Abs. 1 SGB XII). Ebenso Ener-gieschulden, die zu einer *„vergleichbaren Notlage"* führen (⇨Strom 3.1). Schlagen Sie unter den entsprechenden Stichworten nach.

„Geldleistungen können als Beihilfe oder als Darlehen erbracht werden." (§ 36 Abs. 1

D

Satz 3 SGB XII) In der **Sozialhilfe** muss Ermessen ausgeübt werden. Wenn trotz der Kann-Bestimmung kein Ermessen ausgeübt wurde, war die Darlehensgabe rechtswidrig (OVG Bremen, FEVS 35, 36). Dann können Sie bei Aufforderung zur Rückzahlung ⇨Widerspruch einlegen. Bei vorübergehenden Notlagen werden Schulden eher als Darlehen übernommen. Wenn Sie das Darlehen voraussichtlich nicht zurückzahlen können, ist eine Beihilfe sinnvoll.

Bei **Alg-II**-Bezug *„sollen"* Miet- und Stromschulden als Darlehen übernommen werden (§ 22 Abs. 8 Satz 4 SGB II). Beihilfen sind also nur in außergewöhnlichen Fällen möglich.

7. Darlehen für Auszubildende, SchülerInnen und Studierende

7.1 Härtefalldarlehen

In *„besonderen **Härtefällen**"* ist es möglich, ⇨Auszubildenden, ⇨SchülerInnen oder ⇨Studierenden ein Darlehen zu zahlen, auch wenn sie keinen Anspruch auf Leistungen zum Lebensunterhalt nach SGB II/ SGB XII haben. Dies betrifft im Wesentlichen folgende Fallgruppen:

a. Studierende, die nicht bei den Eltern wohnen, die bei Ausbildungsbeginn mittellos sind, weil das BAföG-Amt zu viel Zeit für die Bearbeitung des Antrags benötigt,

b. Studierende während des Abschlusssemesters, wenn aufgrund von Abschlussarbeit und Prüfungen eine zusätzliche Arbeit nicht zumutbar ist,

c. alleinerziehende Studierende, bei denen i.d.R. neben Studium und Erziehung eine zusätzliche Arbeit nicht zuzumuten ist,

d. sonstige Härtefälle, z.B. der einkommenserzielende Partner ist verstorben und Fremdfinanzierung nicht möglich,

e. besonderer Bedarf von Studierenden/ SchülerInnen, z.B. für die Übernahme einer Mietkaution oder der Kosten für die Wohnungserstausstattung bei notwendigem Auszug aus dem Elternhaus,

f. Studierende mit Behinderung, die voll erwerbsgemindert sind und aufgrund ihrer Behinderung das Studium nicht innerhalb der BAföG-Förderungshöchstdauer abschließen können (i.d.R. SGB-XII-Anspruch),

g Auszubildende mit Behinderung mit Anspruch auf Ausbildungsgeld, die in einem Wohnheim oder Internat untergebracht sind und eine eigene Wohnung bewohnen, zur Finanzierung derselben oder

h. Geflüchtete, die eine Schulausbildung oder ein Studium absolvieren, ohne Anspruch auf BAföG, weil sie noch nicht lange genug in Deutschland sind (der Anspruch entsteht erst nach 15 Monaten Aufenthalt), und die keine anderen Ansprüche auf Leistungen zum Lebensunterhalt haben.

Wenn Auszubildende, SchülerInnen oder Studierende nicht erwerbsfähig sind, d.h. Sozialhilfe beziehen können, kann die Leistung *„als Beihilfe **oder** Darlehen gewährt werden"* (§ 22 Abs. 1 Satz 2 SGB XII).

Bei Erwerbsfähigen wird **nur** ein Darlehen gezahlt (§ 27 Abs. 3 Satz 1 SGB II neu).

7.2 Darlehen bei Ausbildungsbeginn

Auszubildende, die aus dem Alg-II-Bezug heraus eine Berufsausbildung beginnen und deren bedarfsdeckende Ausbildungsvergütung erst **am Ende des Monats** zufließt, können zur Überbrückung ein Darlehen beantragen (§ 27 Abs. 3 S. 4 SGB II neu).

7.3 Darlehen zur Sicherung der Unterkunft

Die Übernahme von ⇨**Miet- und Energieschulden** (⇨Strom) von ⇨Auszubildenden, ⇨SchülerInnen und ⇨Studierenden ist als eigenständiger Anspruch **ab 1.8.2016** aus dem SGB II **gestrichen worden**.

Beziehen diese jedoch aufstockend SGB-II-Leistungen, ist eine darlehensweise Übernahme der Mietschulden nach § 22 Abs. 8 SGB II durch das Jobcenter möglich.

Haben sie keinen Anspruch auf aufstockende SGB-II-Leistungen, ist das Sozialamt für die Übernahme von Mietschulden zuständig (§ 36 SGB XII).

Näheres dazu erfahren Sie unter den jeweiligen Stichwörtern.

8. Die Beschränkung der Haftung Minderjähriger

Einer Darlehensforderung des Jobcenters oder Sozialamts, die während der Minderjährigkeit entstanden ist, steht die *„Beschränkung der Minderjährigenhaftung“* entgegen (§ 1629a BGB). Danach ist die Haftung eines Volljährigen für Verbindlichkeiten, die während der Minderjährigkeit entstanden sind, beschränkt auf den Vermögensbestand des Minderjährigen bei Eintritt der Volljährigkeit.

Diese Haftungsbeschränkung ist auf Forderungen gegenüber dem Volljährigen, die infolge der Deckung seines Existenzminimums als Minderjähriger durch Leistungen nach dem SGB II entstanden sind, uneingeschränkt anzuwenden (BSG 7.7.2011 - B 14 AS 153/10 R). Das gilt auch für das SGB XII.

Tipp Ist die Haftung auf das **Vermögen** beschränkt, welches **bei Eintritt** in die Volljährigkeit beim Schuldner vorhanden ist, können **davor** aus dem ggf. vorhandenen Schonvermögen längst fällige Investitionen getätigt werden.

Mit Eintritt der Volljährigkeit ist eine **„Änderung zugunsten“** des Betroffenen eingetreten (§ 48 Abs. 1 Satz 2 Nr. 1 SGB X). Das Jobcenter/ Sozialamt hat in diesem Fall die Aufrechnung von Amts wegen einzustellen (BSG, ebenda), wenn kein Vermögen vorhanden oder das einzusetzende Vermögen verbraucht ist.

Haben Jobcenter, Sozialamt, Regionaldirektion der BA usw. weiterhin Leistungen aufgerechnet oder Forderungen eingezogen, um alte Darlehen zu tilgen, besteht ein **Rückzahlungsanspruch**. Den können Sie geltend machen, auch wenn die Tilgungszahlungen schon ein paar Jahre zurückliegen.

Durch die **Verkürzung der Rücknahmefrist** bei Überprüfungsanträgen bei Alg II, HzL/ GSi der Sozialhilfe und beim AsylbLG muss **ab 1.8.2016** der Antrag auf Überprüfung und Korrektur innerhalb von vier Jahren gestellt werden (§ 40 Abs. 1 Satz 2 Nr. 1 SGB II neu; § 116a Satz 1 Nr. 1 SGB XII neu; § 9 Abs. 4 Satz 2 AsylbLG; ⇨Rückforderung 2.1.1).

Tipp Sie sollten das Jobcenter auf die *„Beschränkung der Minderjährigenhaftung“* hinweisen und nachfolgende Einrede ans Amt zu schicken.

Einrede (Muster)

Sehr geehrte Damen und Herren,

Sie machen gegen mich eine Forderung von XXX € geltend. Ich habe am XX.XX. XX das 18. Lebensjahr vollendet und lege hiermit eine Einrede mit dem Zweck der Beschränkung der Minderjährigenhaftung gemäß § 1629a BGB ein. Ich verfüge über keinerlei Vermögen. Aus diesem Grund bitte ich Sie, die Forderung gegen mich nicht weiter zu verfolgen und mir eine entsprechende Bestätigung auszustellen.

Ich fordere Sie zudem auf, Zahlungen, die von mir nach Vollendung des 18. Lebensjahrs geleistet, bzw. Forderungen, die seitdem mit meiner Leistung aufgerechnet wurden, an mich zurückzuzahlen.

MfG

9. Das Darlehen wird durch Forderungseinzug eingetrieben

Alg II

Obwohl die Aufrechnung von Darlehen im SGB II verbindlich vorgeschrieben ist, geben manche Jobcenter die Forderungen an die Regionaldirektionen bzw. kommunale Kassen (Stadt- oder Kreiskasse) weiter, die den Forderungseinzug betreiben. Das ist zwar rechtswidrig, im Prinzip für Sie aber günstiger, weil damit die Möglichkeit der Aufrechnung im Leistungsbezug (§ 42a SGB II) entfällt.

Die **Regionaldirektion/ Stadt- oder Kreiskasse** ist wie ein normaler Gläubiger, nur dass er öffentlich-rechtlicher Natur ist. Beim Einzug der Forderung gilt die ⇨**Pfändungs**freigrenze (§ 42 Abs. 4 SGB II neu), was i.d.R. im Leistungsbezug dazu führen wird, dass Sie gar nichts zahlen müssten, weil die Forderung bei Ihnen nicht gepfändet werden kann.

Regionaldirektion/ Stadt- oder Kreiskasse sollten mit sozialen Belangen vertraut sein und **können** Ihnen verträgliche und geeignete Möglichkeiten der Tilgung, Stundung bis hin zum Erlass der Forderung anbieten, die Ihrer Leistungsfähigkeit und persönlichen Situation entsprechen.

Auch wenn sich entsprechende **Zahlungsaufforderungen** nicht immer freundlich anhören und Ihnen eine 14tägige Frist zur Begleichung der Forderung setzen, läuft das Verfahren regelmäßig glimpflicher ab. Diese Aufforderung an sich stellt keinen Verwaltungsakt dar, gegen den Sie Widerspruch einlegen können (BSG 26.5.2011 - B 14 AS 54/10 R). Die Regionaldirektion/ Stadt- oder Kreiskasse ist nicht befugt Mahngebühren zu erheben (BSG, ebenda, in Bezug auf das SGB II). Das kann nur das Jobcenter selbst, ist aber nicht üblich.

Wenn Sie zahlen können, wird die Forderung nicht in einer Summe fällig, auch wenn das häufig dem ersten Scheiben zu entnehmen ist. Der Forderungseinzug „weiß", dass bei Ihnen nichts zu holen ist und man nur mit Geduld und „sozialverträglichen" Lösungen bei Ihnen Geld eintreiben kann. Im Umgang mit diesen Stellen ist in den meisten Fällen zu empfehlen, auf Schreiben zu **reagieren** und z.B. Tilgungsangebote zu machen oder Stundung, Niederschlagung bzw. Erlass zu beantragen (⇨9.1) und das Vorliegen einer **Härte** mit Ihrer wirtschaftlichen und persönlichen Situation zu begründen.

Was die **Tilgung** angeht, gibt es folgende Alternativen:

- Sie können die Darlehensforderung in kleinen Raten abstottern, z.B. auch in Kleinbeträgen von 5, 10 oder 20 €. In diesem Fall sollten Sie innerhalb der gesetzten Frist ein entsprechendes **Tilgungsangebot** unterbreiten, weil sonst Verzugszinsen anfallen. Wird mit Ratenzahlung getilgt, fallen regelmäßig **keine Zinsen** an.
- Wenn Sie in ein **Insolvenz**verfahren gehen, ist es unter Umständen sinnvoll, die Forderungen auflaufen zu lassen und im Vorfeld des Verfahrens keine Gläubiger mehr zu bedienen. Klären Sie das mit Ihrer Schuldnerberatung ab (⇨Schulden).

HzL/GSi der Sozialhilfe

Forderungen gehen hier nur an die **Stadt- oder Kreiskasse**. Es gelten aber prinzipiell die gleichen Regeln, wie beim Alg II, die Pfändungsfreiheit ergibt sich aus § 54 SGB I.

Alg II und HzL/GSi der Sozialhilfe

9.1 Stundung und Erlass von Forderungen

Die Regionaldirektionen oder kommunalen Einzugsstellen sind seit Einführung von Hartz IV erheblich mit SGB-II-/ SGB-XII-Forderungen beschäftigt. Sie sind mit der Realität der Armut konfrontiert, und deren Mitarbeiter sollten wissen, dass Alg-II- und Sozialhilfebeziehende mit Ihren Leistungen regelmäßig nur eingeschränkt oder gar keine Forderungen begleichen können.

Aus diesem Grund gibt es Vorschriften zur **Veränderung von Ansprüchen**, die entsprechenden Gestaltungsspielraum bieten (§§ 34 Abs. 1 und 59 Abs. 1 BHO; LHO und § 76 Abs. 2 SGB IV, bei Forderungen nach dem SGB II entsprechend anzuwenden):

- die Forderung darf **gestundet** werden, *„wenn die Einziehung mit erheblichen Härten ... verbunden wäre* ***und*** *der Anspruch durch die Stundung nicht gefährdet wird"* (§ 59 Abs. Nr. 1 BHO),
- sie darf **niedergeschlagen** werden, *„wenn feststeht, dass die Einziehung keinen Erfolg haben wird ..."* oder der Behörde dadurch unverhältnismäßige Kosten entstehen (§ 59 Abs. 1 Nr. 2 BHO) und
- die Forderung darf **erlassen** werden, wenn die Einziehung nach Lage des einzelnen Falles ... eine besondere Härte bedeuten würde (§ 59 Abs. 1 Nr. 3 BHO).

Erlassen bedeutet auch teilerlassen. Erfahrungsgemäß sind einige Regionaldirektionen durchaus bereit, Teilerlasse gegen Ratenzahlungsangebote durchzuführen, oder gar Vergleiche: Der Gläubiger zahlt in einer Summe einen Teil der Forderung – i.d.R. 1/3 bis 1/2 der Forderung – der Rest wird danach erlassen.

Tipp Wichtig ist, dass Sie die **Gründe**, die eine solche besondere Härte darstellen können, der Regionaldirektion darlegen und glaubhaft machen (⇨1.12).

Informationen

BA, Bestimmungen über die Veränderung von Ansprüchen (VABest), http://tinyurl.com/brcpc4s

Erlassregelungen eines kommunalen Jobcenters (Wuppertal) finden Sie hier: http://wuppertal.tacheles-sozialhilfe.de/dienstanweisungen/forderungseinzug/#c122

9.2 Regelungen mit den Forderungseinzugsstellen sind wirksame Verträge

Vereinbarungen, die Sie mit der Regionaldirektion usw. über Rückzahlung eines Darlehens oder sonstigen Forderung treffen, sind öffentlich-rechtliche Verträge (§ 53 ff SGB X). Diese sind zunächst für beide Seiten bindend.

Bei Unzumutbarkeit oder Änderung der Verhältnisse können Sie eine **Anpassung** verlangen. Ist diese nicht möglich, können Sie **kündigen** (§ 59 Abs. 1 SGB X).

Näheres unter ⇨1.12 und ⇨öffentlich-rechtlicher Vertrag

10. Verjährung von Darlehensforderungen

Es gibt bei Darlehensforderungen verschiedene **Verjährungsfristen**. Ist die Verjährung eingetreten, kann der Anspruch durch die Behörde nicht mehr durchgesetzt werden, auch wenn die Anspruchsgrundlage an sich noch besteht. *„Nach Eintritt der Verjährung ist der Schuldner berechtigt, die Leistung zu verweigern."* (§ 214 Abs. 1 BGB) Allerdings beginnt die Verjährungsfrist von neuem zu laufen, wenn ein Darlehen getilgt oder aufgerechnet wird, weil dadurch der Anspruch des Gläubigers anerkannt wird (§ 212 BGB).

Die Verjährungsfrist wird gehemmt, wenn bestimmte Gründe vorliegen. Die **Hemmung der Verjährung** bewirkt, dass die Frist nicht weiterläuft. Das ist bei Darlehensforderungen z.B. der Fall, während zwischen Gläubiger und Schuldner über die Rückzahlungskonditionen verhandelt wird (§ 203 BGB) oder bei „Rechtsverfolgung" (§ 204 BGB), u.a. wenn ein Mahn- und Vollstreckungsverfahren eingeleitet wird. Die Fristhemmung wirkt, solange das Verfahren betrieben wird.

10.1 Forderungsanspruch auf Grundlage eines öffentlich-rechtlichen Vertrages

Ist die Forderung durch einen Vertrag festgestellt worden, weil Sie beim Amt eine Darlehens- und Aufrechnungserklärung unterschrieben haben (z.B. bei einer Mietkaution), gibt es keine eindeutige Rechtslage zur Verjährung und zwei Meinungen:

- Eine vertretene Meinung erklärt, dass eine Verjährung nach **vier Jahren** eintritt (entsprechend § 45 Abs. 1 SGB I; BSG 17.6.1999 - B 3 KR 12/06 R, Rz. 25).
- Die andere vertretene Meinung besagt, dass entsprechend der BGB-Regelung (§ 195 BGB) eine Verjährung nach **drei Jahren** eintritt (VG Frankfurt 27.1.2005 - 3 E 2596/03, Rz. 19).

Besteht eine Darlehensforderung lediglich aufgrund eines öffentlich-rechtlichen Vertrages, ohne dass die Behörde sie später durch Rückforderungsbescheid festgesetzt hat, ist diese **nach Ablauf von drei Jahren** verjährt. Die Frist beginnt mit dem ersten Tag des Folgejahres, indem der Anspruch entstanden ist.

Tipp Sind die Voraussetzungen für die Verjährung erfüllt, können Sie der Behörde schriftlich mitteilen, dass Sie die Rückzahlung verweigern.

10.2 Forderungsanspruch auf Grundlage eines Bescheides

Wird die Forderung aufgrund eines Bescheides geltend gemacht, kommt es zunächst darauf an, welche Regelung der Bescheid trifft.

- Wird in dem Bescheid über die Gewährung eines Darlehens mitgeteilt, dass über die Tilgung des Darlehns ein gesonderter Verwaltungsakt ergeht (z.B. nach Abschluss einer Ausbildung, Aufnahme einer Arbeit, Auszug aus einer Wohnung) dann gilt die **dreijährige Verjährungsfrist** des BGB (⇨10.1). Fristbeginn ist (immer) der erste Tag des Folgejahres, nachdem die Aufrechnung eingestellt wurde.
- Wird in dem Verwaltungsakt die Darlehensforderung der Behörde in Form eines **Rückforderungs**bescheides festgestellt, dann beträgt die **Verjährungsfrist regelmäßig 30** Jahre (§ 52 Abs. 2 SGB X; LSG NRW 22.5.2014 - L 9 SO 185/13).

10.2.1 Darlehnsforderung per Rückforderungsbescheid

Wenn Darlehen nicht mit dem Regelsatz aufgerechnet werden dürfen, müssen Sie mit einem ⇨**Rückforderungs**bescheid eingetrieben werden. Vor dem Erlass dieses Bescheids müssen Sie angehört werden (§ 24 SGB X).

Nach Erhalt des Rückforderungsbescheids können Sie

- ⇨**Widerspruch** einlegen, wenn die Forderung rechtswidrig erhoben wurde, oder
- die **Umwandlung** in eine Beihilfe oder **Erlass** beantragen (z.B. nach § 44 SGB II), wenn die Forderung für Sie eine besondere Härte darstellt.

Tipp Solange ein Widerspruchs- und ⇨**Klage**verfahren gegen einen Rückforderungsbescheid läuft, ist der Bescheid nicht bestandskräftig und Sie müssen die Forderung nicht zurückzahlen.

Forderungen

Keine Rückzahlung von Darlehen während des Bezugs von Alg II und Sozialhilfe!

Einmalige Beihilfen für größere Anschaffungen als Beihilfe, nicht als Darlehen!

Abschaffung der Darlehensvergabe bei kurzer Bezugsdauer von Sozialhilfe!

Datenabgleich

Grundsätzlich sollen Sozialdaten beim Betroffenen erhoben werden. Ausnahmen sind in SGB X und SGB I nur unter engen Voraussetzungen vorgesehen. Dennoch: die Jobcenter/ Sozialämter haben weitreichende Möglichkeiten, Daten automatisch mit anderen Stellen abzugleichen. Daten werden dann weder beim Betroffenen erhoben, noch muss die Datenerhebung erforderlich sein. Angeblicher Zweck: Eindämmung des missbräuchlichen Bezugs von Sozialleistungen.

1. Automatisierter Datenabgleich

Alg II/Sozialhilfe

Ab 1.8.2006 überprüfen die **Alg II**-Behörden automatisch alle drei Monate zum 1.1., 1.4., 1.7. und 1.10. die entsprechenden Datenbestände (§ 52 Abs. 1 SGB II). **Ab dem 1.8.2016 „können“** Jobcenter sogar **jeden Monat** überprüfen. Auch wenn das Gesetz den Jobcentern die Wahl lässt, monatlich zu prüfen, hat die BA Jobcenter in gemeinsamer Regie von Kommune und Arbeitsagentur angewiesen, den Datenabgleich monatlich durchzuführen. Jobcenter würden *„dadurch früher über die Aufnahme einer Beschäftigung informiert werden und damit [können] Überzahlungen vermieden oder reduziert werden“* (BA 52.3).

Die Sozialhilfe-Behörde dagegen muss es nicht, sondern **kann** es (§ 118 Abs. 1 SGB XII).

Daten dürfen nur bei Personen abgeglichen werden, die Leistungen beziehen, nicht bei Personen, die einen Antrag stellen oder keine Leistungen mehr beziehen. Das galt bis zum 31.7.2016 auch beim **Alg II**.

Ab 1.8.2016 dürfen Jobcenter auch Daten von Personen abgleichen, die **selbst nicht leistungsberechtigt** sind aber mit Personen, die SGB-II-Leistungen beziehen, **in einer Bedarfsgemeinschaft** leben (§ 52 Abs. 1 Satz 2 SGB II). Das können z.B. Partner bzw. Elternteile von Leistungsberechtigten sein, die das Regelrentenalter erreicht haben oder dauerhaft voll erwerbsgemindert sind.

Das **gilt nicht** für Personen, die **nicht** zur Bedarfsgemeinschaft aber zum **Haushalt** gehören, z.B. Kinder, Jugendliche und junge Erwachsene, die mit eigenem Einkommen oder Vermögen ihren Lebensunterhalt sicherstellen können (§ 7 Abs. 3 Nr. 4 SGB II).

Tipp Sollte das Jobcenter bei diesen Personen rechtswidrig Daten abfragen, können Sie den Beauftragten für ⇨Datenschutz einschalten.

Arbeitslosenbehörden müssen und Sozialämter können Daten abgleichen, um festzustellen,

- ob in welcher Höhe und wann Sie Leistungen der gesetzlichen **Unfall- oder Rentenversicherung** beziehen oder bezogen haben,
- ob und in welchem Umfang Sie während des Leistungsbezugs sozialversicherungspflichtig oder geringfügig **beschäftigt** sind bzw. waren (Abgleich mit der Datenstelle der Rentenversicherungsträger; ⇨Schwarzarbeit),
- ob und in welcher Höhe Freistellungsaufträge beim Bundesamt für Finanzen und ausländische **Zinserträge** auf **Konten und Depots** innerhalb der **EU** bei der Bundeszentrale für Steuern registriert sind,
- ob die als Vermögen geschützte **Riester-Rente** noch dem Zweck der Altersvorsorge dient,

- ob in welcher Höhe und wann Sie **Leistungen der BA** nach dem **SGB III** beziehen oder bezogen haben (§ 52 Abs. 1 Nr. 1 bis 5 SGB II; § 118 Abs. 1 Nr. 1 bis 4 SGB XII),
- ob in welcher Höhe und wann Sie **Leistungen bei einem anderen Träger der Sozialhilfe** beziehen oder bezogen haben (§ 118 Abs. 2 SGB XII); Letzteres kann nur das **Sozialamt** überprüfen und
- ob in welcher Höhe und wann Sie von **anderen** Jobcentern Leistungen nach dem **SGB II** beziehen oder bezogen haben (§ 52 Abs. Nr. 6 SGB II); Letzteres überprüfen nur die Jobcenter.

Das Jobcenter darf an die entsprechenden Stellen nur übermitteln:
- Name und Vorname,
- Geburtsdatum und -ort,
- Anschrift und
- Versicherungsnummer (§ 52 Abs. 2 SGB II).

Das Sozialamt darf darüber hinaus noch
- Nationalität und
- Geschlecht übermitteln (§ 118 Abs. 1 Satz 2 SGB XII).

Alle Daten, die das Jobcenter über Sie und Ihre Bedarfsgemeinschaften erhebt, können seit 1.8.2006 auch *„bei der Durchführung des automatisierten Datenabgleichs nach § 52 sowie bei der Bekämpfung von Leistungsmissbrauch"* (§ 51b Abs.4 Nr. 4 und 5 SGB II) genutzt werden.

1.1 Abgleichzeiträume Alg II

Beim Alg II dürfen nur die Daten des **vorangegangenen Kalendervierteljahres** abgeglichen werden (§ 1 Abs. 1 Satz 1 Verordnung über den automatisierten Datenabgleich bei Leistungen der Grundsicherung für Arbeitsuchende [GrSiDAV] zu § 52 Abs. 4 SGB II). Davon abweichend dürfen Daten für Freistellungsaufträge und Zinserträge auch für das vorausgegangene Jahr abgefragt werden (§ 1 Abs. 1 Satz 2 GrSiDAV).
Immer wieder wird bekannt, dass Jobcenter Daten aus Zeiträumen ermitteln, die mehrere Jahre vor dem Leistungsbezug liegen. Diese Daten werden **rechtswidrig erhoben**, ihre Weitergabe ist unzulässig und sie dürfen aufgrund unzulässiger Erhebung nicht verwendet werden. Hier gilt das **Beweisverwertungsverbot**.

1.2 Abgleichzeiträume Sozialhilfe

In der Sozialhilfe dürfen nur die Daten des vorangegangenen Kalendervierteljahres abgeglichen werden (§ 2 Abs. 2 Nr. 1 SozhiDAV zu § 118 SGB XII).

Die Sozialämter wollen *„zur Vermeidung rechtswidriger Inanspruchnahme von Sozialhilfe"* (§ 118 Abs. 4 SGB XII) mehr wissen als die Jobcenter.
Sie können mit den entsprechenden Stellen auch regelmäßig abgleichen,
- wann und wo Sie geboren sind,
- welchen Personen- und Familienstand Sie haben,
- wie lange, mit welcher Miete und wo Sie wohnen,
- seit wann und in welcher Höhe Sie Strom, Gas, Wasser, Fernwärme und Leistungen der Abfallentsorgung beziehen und
- ob Sie Kfz-Halter sind (§ 118 Abs. 4 Nr. 1 bis 6 SGB XII).

Grundsicherung der Sozialhilfe

Bei GSi-Beziehern ist ein automatisierter Datenabgleich nicht zulässig (§ 118 Abs. 1 Satz 1 SGB XII).

2. Überprüfung von Kfz-Haltern

Sozialhilfe

Da die Sozialämter in der Regel die Verwertung eines Kfz als Vermögen verlangen, können sie auch im Wege des automatisierten Datenabgleichs mit dem Kraftfahrt-Bundesamt Daten über *„die Eigenschaft als Kraftfahrzeughalter"* abrufen. Das Bundesamt übermittelt bis zu einem Jahr vor dem Datum des Abgleichs Angaben darüber, ob Sie Fahrzeughalter waren oder sind bzw. ein Kfz stillgelegt oder abgemeldet haben. Fahrzeugtyp, Kennzeichen, Baujahr, Erstzulassung oder andere Daten, aus denen sich eine Vermutung über den Wert des Autos ableiten ließe, werden nicht übermittelt.
Auch abgemeldete Kfz sind Vermögen. Bei Anmeldung eines Kfz bzw. fehlender Angabe eines Kfz, wird verschwiegenes Einkommen bzw. Vermögen unterstellt.
Wenn der Besitz eines nicht angegebenen Kfz bekannt wird, kann es zu Rückforderungen von Sozialhilfe kommen, falls die Prüfung

ergibt, dass der Wert des Kfz-Vermögens über den ⇨Vermögensfreibeträgen lag.

Alg II

Hier ist der automatisierte Datenabgleich mit den Kfz-Zulassungsstellen abgeschafft. Neu eingeführt wurde die Möglichkeit, *„zur Bekämpfung von Leistungsmissbrauch"* beim Kraftfahrt-Bundesamt *„Daten über ein Fahrzeug, für das die Person als Halter eingetragen ist"*, einzuholen, wenn es dazu erforderlich ist (§ 52a Abs. 1 Nr. 1 SGB II). Es können Daten über Halter Art, Hersteller und Typ des Fahrzeugs sowie das Kfz-Kennzeichen eingeholt werden (§ 39 Abs. 1 Nr. 5 und 11 Straßenverkehrsgesetz). Um jedoch einen regelmäßigen, automatisierten Datenabgleich beim Kraftfahrt-Bundesamt vorzunehmen, hat das Jobcenter keine Ermächtigung. Die Abfrage ist nur dann zulässig, wenn sie zur Bekämpfung von Leistungsmissbrauch erforderlich ist (§ 52 Abs. 1 SGB II).

3. Sonstige Anfragen

„Sozialbehörden" dürfen außerdem, soweit dies *„zur Bekämpfung von Leistungsmissbrauch erforderlich ist"* (§ 52a Abs. 1 SGB II, entsprechend § 118 Abs. 4 SGB XII s.o.), Daten bei den **Melderegistern** abfragen. Das sind neben den durch die oben genannten Abfragen ohnehin schon bekannten Daten, z.B. die früheren Adressen, Tag des Ein- und Auszugs, Vor- und Familiennamen sowie Anschrift des (getrennt lebenden) Ehegatten/ Lebenspartners usw.

Das Jobcenter „darf" bei Personen, die Leistungen nach diesem Buch beantragt haben, beziehen oder bezogen haben, Auskünfte beim Ausländerzentralregister einholen (§ 52a Abs. 1 Satz 1 Nr. 2 SGB II). Das dürfen fällt auch hier unter den Grundsatz, dass dies erforderlich sein muss. Dazu gehören die Grunddaten nach § 14 AZRG und die abweichenden Daten nach § 18a AZRG. Eine solche Datenabfrage ist bei EU-Bürgern unzulässig (FH 52a.23).

4.1 Kontenabruf

Ab April 2005 können nicht nur Finanzämter, sondern auch Sozialbehörden auf eine Datenbank beim Bundesamt für Finanzen (BfF) zugreifen. Aus dieser ist ersichtlich, welcher Kontoinhaber (mit Geburtsdatum) welche Konten (oder Depots) mit welchen Kontonummern im Inland bei welcher Bank unterhält. Der Tag der Einrichtung bzw. Auflösung eines Kontos (Depots) kann ebenso abgefragt werden wie Name und Anschrift von Kontobevollmächtigten. Die Behörde kann drei Jahre rückwirkend prüfen, im SGB II bis sechs Monate vor dem Leistungsbezug (Geschäftsanweisung BA 27/2007, Rz. 5). Kontostände können nicht abgefragt werden.

4.2 Kontenabruf auch bei Alg-II-Bezug möglich

Kontenabruf war früher nur bei BezieherInnen von HzL/ GSi der Sozialhilfe möglich. Im August 2007 wurde er auch beim Alg II eingeführt (§ 93 Abs. 8 AO). Der Kontenabruf durch die jeweiligen Ämter muss aber geeignet, erforderlich und verhältnismäßig sein. Voraussetzung dafür ist, dass ein vorheriges Auskunftsersuchen der Behörde nicht zum Ziel geführt hat oder keinen Erfolg verspricht. Ebenso müssen Betroffene zuvor über die Möglichkeit des Kontenabrufs hingewiesen worden sein, wozu ein Hinweis auf Vordrucken oder Merkblättern ausreichen soll. Nach dem Kontenabruf **müssen Betroffene** über den Abruf und das Ergebnis **informiert werden** (§ 93 Abs. 9 AO). Die Rechtmäßigkeit eines Kontenabrufs kann vom Sozialgericht überprüft werden (BVerfG 4.2.2005 - 2 BvR 308/04, Abs. Nr. 19).

Ergibt der Kontenabruf, dass Sie über zwei oder drei Konten verfügen, obwohl Sie nur ein Konto angegeben haben, kann die Behörde von Ihnen verlangen, den Kontostand im Rahmen der Mitwirkungspflichten offen zu legen, um möglicherweise nicht angegebene Einnahmen oder Vermögen festzustellen. Das Kontenabrufverfahren bezieht sich auch auf Paypal, Prepaid-Kreditkarten und vergleichbare Bezahldienstkonten, denn diese müssen eine Bankzulassung haben und sind dadurch automatisch beim BfF erfasst.

4.3 Kontenabruf durch andere Sozialbehörden

Kontenabruf ist außerdem den Trägern der Kranken-, Renten- und Unfallversicherung erlaubt, bei Bezug von BAföG, Wohngeld, Erziehungsgeld, Unterhalt für Wehrdienstpflichtige und Leistungen der sozialen Wohnraumförderung, sonst nicht.

5. Routinemäßige Datenabfrage ist verfassungswidrig

Die routinemäßige und *„anlasslose"* Überprüfung aller Finanzdaten von Erwerbslosen im In- und EU-Ausland verstößt unserer Auffassung nach gegen das Grundrecht auf informationelle Selbstbestimmung (Art. 2 Abs. 1 i.V. mit Art. 1 Abs. 1 GG). Es handelt sich nicht um eine Einzelfallprüfung zur Ermittlung von rechtsmissbräuchlichem Leistungsbezug, sondern um eine grundlose Regelüberprüfung. Es bestehen erhebliche Zweifel an der Angemessenheit und der Verfassungsmäßigkeit dieser Maßnahme (Eicher, SGB II, § 52 Rz. 6 f.; LPK SGB II, § 52, Rz. 5 ff.).

Datenschutz

Laut Bundesverfassungsgericht gehört das **Recht auf informationelle Selbstbestimmung** zu den Grundrechten eines jeden Bürgers dieses Landes (BVerfGE 65, 1). Es besagt, dass jeder grundsätzlich selbst entscheiden kann, wann und innerhalb welcher Grenzen er persönliche Sachverhalte offenbart. Das Bundesverfassungsgericht erklärt es für verfassungswidrig, *„wenn der Staat das Recht für sich in Anspruch nehmen könnte, den Menschen zwangsweise in seiner ganzen Persönlichkeit zu registrieren und zu katalogisieren ... und ihn damit wie eine Sache zu behandeln, die einer Bestandsaufnahme in jeder Beziehung zugänglich ist"* (BVerfGE 27, 1 und 6).

Datenschutz ist der Sammelbegriff für alle allgemeinen gesetzlichen Regelungen, die das Recht auf informationelle Selbstbestimmung sichern sollen (§ 35 SGB I; §§ 67 bis 85a SGB X).

Inhaltsübersicht:

1. Sozialgeheimnis

Sozialdaten sind alle *„Einzelangaben über persönliche und sachliche Verhältnisse einer bestimmten ... Person"*, die von einer öffentlichen Stelle zur Erfüllung ihrer Aufgaben nach dem Sozialgesetzbuch *„erhoben, verarbeitet oder genutzt werden"* (§ 67 Abs. 1 Satz 1 SGB X).

Im Rahmen des Datenschutzes gilt: *„Jeder hat Anspruch darauf, dass die ihn betreffenden Sozialdaten ... von den Leistungsträgern [BA/Jobcenter/Sozialamt] nicht unbefugt erhoben, verarbeitet oder genutzt werden."* (§ 35 SGB I) Das ist das sogenannte Sozialgeheimnis.

Schutzwürdig sind also alle Angaben über Sie, nicht nur medizinische Gutachten, sondern z.B. auch Name, Anschrift oder der Umstand, dass Sie Alg II oder HzL/ GSi der Sozialhilfe beziehen.

Behörden verstoßen dann nicht gegen den Datenschutz, wenn sie

- nur Sozialdaten erheben, die erforderlich sind,
- die Sozialdaten nur beim Betroffenen selbst erheben,

- den Zweck der Erhebung angeben oder
- die Erhebung nicht erforderlicher Daten auf einer Rechtsgrundlage beruht.

D

2. Erhebung von Sozialdaten muss erforderlich sein

„Das Erheben von Sozialdaten ... ist zulässig, wenn ihre Kenntnis zur Erfüllung einer Aufgabe der erhebenden Stelle erforderlich ist.“ (§ 67a Abs. 1 SGB X)

Wenn Sie keine Nachweise über Ihr Vermögen oder keinen Nachweis über Mietzahlungen vorlegen würden, könnte die Behörde ihre Aufgabe, die Leistung zu berechnen, nicht erfüllen. Sie sind verpflichtet, entsprechende Angaben zu machen, wenn Sie Alg II oder HzL/ GSi der Sozialhilfe bekommen wollen (§ 60 SGB I; ⇨Mitwirkungspflicht).

2.1 Das berüchtigte Antragsformular bei Alg II

Die Bundesagentur für Arbeit verwendet für den Erstantrag auf Alg II einen bis zu 30seitigen Antragsbogen, der nach wie vor erheblich mehr Daten erfragt, als für die Berechnung von Alg II erforderlich ist. Die Arbeitslosenverwaltung will u.a. nicht nur Ihr Einkommen und Vermögen und das Ihres nicht getrennt lebenden Ehegatten/ Lebenspartners sowie des eheähnlichen Partners erfassen, sondern auch Einkommen und Vermögen aller *„im Haushalt lebenden weiteren Personen“*, also auch der Oma, des Onkels, eines Mitmieters der Wohngemeinschaft, eines Bruders usw., obwohl solche Angaben nur für Mitglieder einer ⇨Bedarfsgemeinschaft erfasst werden dürfen. Selbstverständlich werden auch Nachweise über Einkommen und Vermögen aller Haushaltsangehörigen verlangt, obwohl eine Auskunftspflicht nur bei den *„weiteren Personen“* selbst besteht, nicht beim Antragsteller. Der Antrag umgeht das.

Es wird nach allen unterhaltspflichtigen Angehörigen außerhalb der Haushaltsgemeinschaft gefragt (mit Geburtsdatum versteht sich), obwohl die Unterhaltspflicht sich allenfalls auf Haushaltsangehörige bis 25 Jahren bezieht und sonst nur noch besteht, wenn sie eingefordert wird.

Die BA will auch wissen, seit wann Sie verheiratet sind, sich in einer (nicht näher erklärten) eheähnlichen Gemeinschaft befinden oder ledig sind, ob Sie oder andere im Haushalt lebende Personen schon früher Alg oder Sozialhilfe bezogen haben, ob Sie früher Sperrzeiten hatten, welche Bankverbindung der Vermieter hat, wie er heißt und wo er wohnt usw.

Dass das Bundesverfassungsgericht untersagt hat, Daten *„auf Vorrat“* zu unbestimmten Zwecken zu sammeln (BVerfGE 65,1), stört die BA nicht.

Dieses unglaubliche Antragsformular wird jetzt mittlerweile in der 9. Generation aufgelegt. Es wurde gegenüber der ersten Auflage mit Ausfüllhinweisen ergänzt und es wurden aufgrund von heftigen Protesten tatsächlich einige Dinge korrigiert. Es werden aber noch immer massenhaft nicht erforderliche Daten erhoben.

Die Ausfüllhinweise zum Antrag erhält nicht jeder. Das Formular wird z.T. mit von örtlichen Jobcentern selbstgestrickten Zusatzformularen ergänzt, wie z.B. dem *„Antrag auf einen Antrag“*, die rechtlich keinen Bestand haben. Solche „Formulare“ werden regelmäßig von Aufsichtsbehörden und Datenschutzbeauftragten „kassiert“, wie ein Fragebogen des Jobcenter Krefeld zur „Einstandsgemeinschaft“ im Januar 2015.

Tipp Wenn Daten zur Erfüllung der Aufgaben der Behörde nicht erforderlich sind, *„besteht keine Auskunftspflicht ... und keine Pflicht zur Vorlegung oder Auslieferung von Schriftstücken, Akten und Dateien“* (§ 35 Abs. 3 SGB I). Lesen Sie zuerst die Ausfüllhinweise und streichen dann die entsprechenden Zeilen durch oder versehen Sie sie mit einem Fragezeichen. Antragsformulare, die der Ergänzung durch Hinweise bedürfen, sind rechtswidrig (u.a. § 17 Abs. 1 Nr. 3 SGB I, § 35 SGB I und § 67a Abs. 1 SGB X).

2.2 *„Sozialdaten sind beim Betroffenen zu erheben“*

steht in § 67a Abs. 2 SGB X.

Es ist unzulässig, wenn sich die Behörde an den Vertreter der Bedarfsgemeinschaft oder einen sogenannten „Haushaltsvorstand“ wendet und Dokumente des Partners oder der volljährigen jungen Erwachsenen anfordert, egal ob diese Leistungen beziehen oder nicht.

2.2.1 Erhebung von Sozialdaten bei Dritten?

Bei Dritten dürfen Ihre Sozialdaten ohne Ihre Mitwirkung/ Zustimmung nur erhoben werden, wenn eine Rechtsvorschrift das zulässt (§ 67a Abs. 2 Nr. 2a SGB X). Anrufe der Jobcenter bei Ihrem Arbeitgeber, bei Ihrem (ehemaligen) Vermieter (BSG 25.1.2012 - B 14 AS 65/11 R) oder bei den Stadtwerken sind genauso wenig von einer Rechtsvorschrift gedeckt, wie das Ausforschen von Nachbarn (SG Düsseldorf 23.11.2005 - S 35 AS 343/05 ER, bezüglich der Befragung von Vermietern). Rechtswidrige Ermittlung von Sozialdaten ist ordnungswidrig und kann mit einem Bußgeld gegen die Behörde bis zu 300.000 € bestraft werden (§ 85 Abs. 3 SGB X; Näheres unter ⇨5.2 und ⇨Hausbesuche 2.3).

2.2.2 Gehaltsnachweis nur durch Bescheinigung der Arbeitgeber?

Die Höhe des Einkommens von Arbeitnehmern oder der Zahlungszeitpunkt kann ohne Probleme durch Verdienstbescheinigungen/ Arbeitsverträge/ Kontoauszüge durch den Betroffenen nachgewiesen werden. Das schreibt das SGB X vor (⇨2.2).
Die Praxis der Jobcenter ist weit davon entfernt. Die können sich dabei sogar auf das SGB II berufen, mit dem das Prinzip des SGB X, Sozialdaten bei den Betroffenen zu erheben, bei Lohn- und Gehaltsnachweisen abgeschafft wurde.
Das SGB II verpflichtet Sie, ein entsprechendes Formular der BA dem Arbeitgeber zum Ausfüllen vorzulegen und bedroht Sie andernfalls mit einer Geldbuße von bis zu 2.000 € (§ 58 Abs. 2 SGB II i.V. mit § 63 Abs. 1 Nr. 3 SGB II).
Das Jobcenter will Arbeitgeber offensichtlich unbedingt darüber informieren, wenn sie Alg-II-Beziehende beschäftigen. Dieses Verlangen verstößt gegen den Datenschutz. Es dürfte allenfalls zulässig sein, wenn es begründete Zweifel an Ihren Angaben gibt.

Das Verlangen, Bescheinigungen von Arbeitgebern vorlegen zu müssen, verstößt auch gegen § 37 Satz 2 SGB I. Der bestimmt, dass Änderungen beim Sozialdatenschutz nicht in anderen Gesetzen (z.B. im SGB II), sondern nur im SGB X und SGB I selbst vorgenommen werden dürfen. § 58 Abs. 1 u. 2 SGB II sind demnach allenfalls als **„Kann"-Vorschriften** auszulegen. Das Ermessen darf aber nur zu Lasten des Betroffenen fallen, wenn die Ermittlung der Daten nur auf diesem Weg möglich ist, wenn also zunächst versucht wurde, die Daten über den Leistungsbeziehenden zu erhalten (§ 67a Abs. 2 SGB X).

Tipp Sie sollten sich gegen das Verlangen, Vordrucke von Arbeitgebern ausfüllen zu lassen, mit Hilfe von Datenschutzbeauftragten und Beratungsstellen zur Wehr setzen.

Kritik
Nach öffentlichen Protesten wurde die Pflicht von Selbstständigen, von den Auftraggebern Formulare über Ihre Aufträge ausfüllen zu lassen, abgeschafft. Dasselbe muss auch bei Lohnabhängigen geschehen. Die Lohnbestätigung durch den Arbeitgeber ist für die Leistung nicht erforderlich, da Sie die Höhe Ihres Lohns auch selber nachweisen können. Die Ausdehnung der Mitwirkungspflicht per Gesetz dient lediglich der Abschreckung und Einschüchterung.

2.3 Information über den Zweck der Datenerhebung

„Werden Sozialdaten beim Betroffenen mit seiner Kenntnis erhoben, so ist der Erhebungszweck ihm gegenüber anzugeben." (§ 67a Abs. 3 SGB X) Sie müssen über den Zweck der Fragen, die Ihnen gestellt werden, informiert werden. Fragen Sie also nach, welchem Zweck es dient, dass Sie Ihren Alg-II-Bezug Ihrem Arbeitgeber offenbaren müssen.

3. Schutz von personenbezogenen Daten (Sozialgeheimnis)

„Die Wahrung des Sozialgeheimnisses umfasst die Verpflichtung, auch innerhalb des Leistungsträgers sicherzustellen, dass die Sozialdaten nur Befugten zugänglich sind oder nur an diese weitergegeben werden." (§ 35 Abs. 1 Satz 2 SGB I) Die Realität ist weit davon entfernt: Im März 2015 war bekannt geworden, das SGB-II-Leistungsakten des Jobcenter des Kreises Steinfurt im öffentlichen Müll eines nahegelegen Einkaufszentrums entsorgt wurden (www.hartziv.org, 4.3.2015).

Weder darf der Name eines Erwerbslosen öffentlich aufgerufen werden, wenn er zur Vorsprache gebeten wird, noch dürfen unbefugte Personen im selben Raum das Gespräch mithören, wenn Sie das nicht möchten. Der Bundesdatenschutzbeauftragte (Bfdi) hat sogar die Verwendung des Jobcenterlogos auf Briefumschlägen des Jobcenters für unzulässig erachtet, da so unbefugten Dritten der Leistungsbezug bekannt wird (Bfdi 27.5.2014 - II-302-2 II#1743).

Das Sozialgeheimnis innerhalb des *„Leistungsträgers"* ist mit Hartz IV entgegen dem SGB I/ SGB X völlig aufgehoben worden. Auf ein Gesetz mehr oder weniger, dass von den Jobcentern umgangen wird, kommt es nicht an. Mit der Alg-II-Software A2LL und deren Nachfolger ALLEGRO wurde ein riesiger Datenpool geschaffen, auf den sämtliche Sachbearbeiter von Flensburg bis Konstanz zugreifen können, die Alg II bearbeiten. Zentral kann auch auf die Dateien der kommunalen Träger oder der Jobcenter zugegriffen werden. Es gibt weder eine Zugangsbeschränkung noch werden Zugriffe auf die Dateien protokolliert. Das beklagte die 70. Konferenz der Datenschutzbeauftragten von Bund und Ländern schon 2005 (www.bfdi.de). Sozialgeheimnis ade!

Die Behörde darf ferner weder Ihrem **Vermieter** noch Nachbarn und Verwandten mitteilen, dass Sie Leistungsempfänger sind. Sie darf auch die **Bank** auf dem Überweisungsbeleg nicht darüber informieren, dass Sie Sozialhilfe beziehen (BVerwGE 96, 147). Das Gleiche gilt für Alg II/ GSi (BSG 25.1.2012 - B 14 AS 65/11 R).

3.1 Ausnahmeregelung: Direktzahlung von Unterkunftskosten

2011 wurde die Ausnahme geschaffen, dass unter bestimmten Voraussetzungen Leistungen für Miete und Heizung direkt an den Vermieter und Energieversorger zu zahlen sind. Das ist insbesondere der Fall, wenn bereits **Miet- oder Energierückstände** aufgelaufen sind oder wenn konkrete Anhaltspunkte für ein **krankheits- oder suchtbedingtes Unvermögen** vorliegen, die Mittel zweckentsprechend zu verwenden (§ 22 Abs. 7 SGB II).

Wurden schon einmal Miet- und Energieschulden übernommen, weil bereits eine Kündigung oder Stromsperre drohte, soll zur Vermeidung eines erneuten Zahlungsverzugs direkt an Empfangsberechtigte gezahlt werden. Rechtsprechung und Datenschutzbeauftragte werden zu klären haben, wie lange eine solche behördliche Entmündigung wirken darf. Wir sind der Auffassung, dass eine Direktzahlung nur zulässig ist, solange konkrete Anhaltspunkte bestehen, dass die Gefahr einer nicht dem Zweck entsprechenden Verwendung der Mittel weiterhin vorhanden ist.

Es soll außerdem direkt gezahlt werden, wenn *„konkrete Anhaltspunkte dafür bestehen, dass die im* ***Schuldnerverzeichnis eingetragene*** *leistungsberechtigte Personen die Mittel nicht zweckentsprechend verwendet"* (§ 22 Abs. 7 Satz 3 Nr. 4 SGB II). Die Gesetzesbegründung sagt dazu: *„Die Eintragung in das Schuldnerverzeichnis in Verbindung mit einer in der Vergangenheit wiederholt zweckwidrigen Verwendung begründen die konkrete Gefahr einer künftig missbräuchlichen Verwendung. Die Interessen Leistungsberechtigter sind durch die Regelungen zur Löschung der Eintragung (§ 915a ZPO) hinreichend gewahrt"* (Kabinettsentwurf, Stand: 20.10.2010, 164).

Die Jobcenter dürfen allerdings nicht bei jedem Hartz-IV-Beziehenden oder Antragstellenden die Vorlage eines Auszugs aus dem Schuldnerverzeichnis verlangen. Das kommt nur dann in Frage, wenn eine Entscheidung über die Frage „Direktzahlung ja oder nein?" getroffen werden muss. Erklärt sich der Betroffene z.B. „freiwillig" mit einer Direktzahlung einverstanden, ist die Vorlage eines Eintrages im Schuldnerverzeichnis nicht erforderlich.

Das Amt kann den Schuldnerlisteneintrag auch selbst beim Amtsgericht anfordern. Das kann jeder. Aber auch hier gilt, dass die Behörde nicht per se ermitteln darf, sondern nur in Fällen, in denen konkrete Anhaltspunkte für eine nicht zweckentsprechende Verwendung der Mittel vorliegen.

Das Jobcenter soll ferner die Unterkunfts- und Heizkosten bei Personen direkt zahlen, denen aufgrund von ⇨ **Sanktionen** der Regelsatz um mehr als 60% gekürzt wurde (§ 31a Abs. 3 Satz 2 SGB II).

4. Erhebung medizinischer Daten durch Sozialbehörden

Näheres unter ⇨ Amtsarzt 1.6, Information

5. Datenverarbeitung und -nutzung, datenschutzrechtliche Verantwortung

5.1 Öffnung des Datenpools der BA für private Unternehmen/Träger

„Die Träger der Leistungen nach diesem Buch dürfen abweichend von § 80 Abs. 5 des Zehnten Buches zur Erfüllung ihrer Aufgaben nach diesem Buch einschließlich der Erbringung von Leistungen zur Eingliederung in Arbeit und Bekämpfung von Leistungsmissbrauch nichtöffentliche Stellen mit der Erhebung, Verarbeitung und Nutzung von Sozialdaten beauftragen, auch soweit die Speicherung der Daten den gesamten Datenbestand umfasst." (§ 51 SGB II; sinngleich § 395 Abs. 2 SGB III)

Nicht öffentliche Stellen sind private Arbeitsmakler, private Maßnahmenträger bzw. von Arbeitsagentur und Sozialamt gemeinsam gebildete private Stellen, aber auch Telefonbefragungen durch Call-Center, die damit Hoheitsaufgaben zugewiesen bekommen, Sozialdetektive, die für Jobcenter beschatten, oder Rechtsanwaltskanzleien, die Jobcenter im Widerspruchsverfahren oder vor Gericht vertreten.

Die Erhebung und Verarbeitung von Sozialdaten im Auftrag durch nichtöffentliche Stellen ist aber **nur zulässig**, *„wenn 1. beim Auftraggeber sonst Störungen im Betriebsablauf auftreten können oder 2. die übertragenen Aufgaben beim Auftragnehmer erheblich kostengünstiger besorgt werden können"* (§ 80 Abs. 5 SGB X).

Die Nutzung von Call-Centern ist eine Entscheidung der jeweiligen Jobcenter-Trägerversammlung. Ob und, wenn ja, welche vertragliche Regelungen zwischen Jobcenter und Call-Center in Bezug auf den Datenschutz bestehen, können Sie mit Hilfe eines Antrags nach dem Informationsfreiheitsgesetz herauskriegen (⇨ Verwaltungsrichtlinien).

5.2 Strafen bei Verstößen gegen den Datenschutz

Die Hartz-IV-Parteien haben der Behörde einen Freifahrtschein zur Verletzung des Sozialgeheimnisses ausgestellt.

Werden Sozialdaten unbefugt erhoben oder verarbeitet bzw. zum Abruf bereitgehalten (d.h. nicht gelöscht), können Sie die Behörde anzeigen. Im Fall eines Verstoßes kann eine Geldbuße bis zu 300.000 € verhängt werden (§ 85 Abs. 3 SGB X). Klingt gut. Bisher gab es aber kein Verfahren gegen die BA oder eines der 445 Jobcenter.

Um ein solches Ordnungswidrigkeitsverfahren einzuleiten, müssen Sie die Staatsanwaltschaft einschalten. Geben Sie dort Datenschutzverstöße so konkret wie möglich an und informieren Sie den zuständigen Bundes- oder Landesdatenschutzbeauftragten.

5.3 Löschung unbefugt erhobener Daten

Um festzustellen, ob Daten unbefugt gespeichert werden, haben Sie das Recht auf ⇨ Akteneinsicht bzw. Einsicht in Ihre Dateien (§ 83 SGB X). *„Dem Betroffenen ist auf Antrag Auskunft zu erteilen über ... die zu seiner Person gespeicherten Sozialdaten..."* (§ 83 Abs. 1 SGB X). Sie können verlangen, dass rechtswidrig von Ihnen erhobene Daten gelöscht werden. *„Sozialdaten sind zu löschen, wenn ihre Speicherung unzulässig ist."* (§ 84 Abs. 2 SGB X) Sie können einen Nachweis verlangen, dass gelöscht wurde, in dem Sie z.B. erneut Einsicht in Ihre Daten nehmen.

5.4 Informationspflicht bei Datenschutzpannen

Wenn die Sozialleistungsbehörde feststellt, dass *„besondere Arten personenbezogener Daten (§ 67 Absatz 12) unrechtmäßig übermittelt oder auf sonstige Weise Dritten unrechtmäßig zur Kenntnis gelangt sind und ... schwerwiegende Beeinträchtigungen für die Rechte oder schutzwürdigen Interessen der Betroffenen [drohen], hat sie dies unverzüglich der ... zuständigen Aufsichtsbehörde, der zuständigen Datenschutzaufsichtsbehörde sowie den Betroffenen mitzuteilen"* (§ 83a SGB X). Bei den personenbezogenen Daten

„besondere[r] Arten" handelt es sich um *„Angaben über die rassische und ethnische Herkunft, politische Meinungen, religiöse oder philosophische Überzeugungen, Gewerkschaftszugehörigkeit, Gesundheit oder Sexualleben"* (§ 67 Abs. 12 SGB X).

D

Sollte so eine solche Panne überhaupt öffentlich werden, sind die unter ⇨5.2 genannten Strafen fällig, wenn sich überhaupt eine Staatsanwaltschaft findet, die sich dafür interessiert.

6. Datenschutzbeauftragte

Alg II

Wenn die Behörde unzulässige Daten von Ihnen erheben will oder erhebt, haben Sie das Recht, sich an den zuständigen Datenschutzbeauftragten des Bundes zu wenden (§ 81 SGB X). Damit können Sie Druck auf die Behörden ausüben, sich an die Gesetze zu halten.

Für die 335 Jobcenter, die als gemeinsame Einrichtung von BA und kommunalen Trägern organisiert sind, ist der Bundesdatenschutzbeauftragte zuständig (§ 50 Abs. 4 Satz 1 SGB II).

Für 110 Jobcenter, die unter der alleiniger Verantwortung der Kommune stehen (Optionskommunen) ist der jeweilige Landesdatenschutzbeauftragte zuständig (§ 6a SGB II).

Allerdings hat die christlich-soziale Koalition *„kafkaeske Zustände"* geschaffen, mit denen die gesetzlich vorgeschriebene Kontrolle durch die Datenschutzbeauftragten ausgehebelt wird (Unabhängiges Landeszentrum für Datenschutz Schleswig-Holstein/ULD). Jobcenter, Kommunen und BA schieben die Schuld für Verstöße gegen den Datenschutz jeweils auf den anderen, sodass sich keiner für zuständig erklärt. Das ULD formulierte vorsichtig: *„Ein Schelm könnte den Eindruck haben, hier würden bürokratische Abläufe aufgebaut, um die Arbeitslosen daran zu hindern, ihre Rechte wahrzunehmen. Die aktuellen Verhältnisse führen tatsächlich dazu."*

Falls Sie auch an anderer Stelle ⇨Beschwerde einreichen wollen: Für den Teil des Jobcenters in gemeinsamer Trägerschaft, der der BA unterliegt, wird die **Fachaufsicht** an die Regionaldirektionen der BA delegiert (§ 47 Abs. 1 SGB II). Für den kommunalen Teil des Jobcenters und bei den zugelassenen kommunalen Trägern (Optionskommunen) obliegt die Fachaufsicht den jeweiligen Landesbehörden (§ 47 Abs. 2 SGB II).

Tipp Wenn Sie sich zur Überprüfung möglicher Datenschutzverstöße der Jobcenter an den falschen Datenschutzbeauftragten oder die falsche Fachaufsicht gewendet haben, wird dieser/ diese Ihre Anfrage gewiss an die richtige Stelle weiterleiten.

HzL/GSi der Sozialhilfe

Hier sind die Landesbeauftragten für Ihre Datenschutzeingaben zuständig. Die Fachaufsicht liegt bei der Bezirksregierung.

Tipp Datenschutzbeauftragte haben sich in einer Reihe von Fragen positiv für die Rechte von Leistungsbeziehenden engagiert. Viele leistungsrelevante Sachverhalte betreffen den Datenschutz. Eine Unterstützung durch Datenschutzbeauftragte ist kostenlos. Nehmen Sie sie ruhig in Anspruch!

Wenn sich Datenschutzbeauftragte zu Ihrer Eingabe äußern, übersenden Sie die Stellungnahme bitte an Tacheles e.V., damit sie ggf. weiter veröffentlicht werden kann.

Kritik

Die illegale Sammelwut der BA und der Jobcenter, von allen, die mit Arbeitslosen zusammenwohnen, persönliche Verhältnisse, Einkommen und Vermögen erfassen zu wollen, ist der Zeit weit voraus. Das Antragsformular nimmt Zustände vorweg, die sich der Staat wünscht: Jeder, der sich mit Arbeitslosen einlässt, soll überprüft werden, ob er für sie aufkommt. Die Definition der ⇨Bedarfsgemeinschaft, die das BGB außer Kraft setzt, geht ebenfalls in diese Richtung.

Das ULD Schleswig-Holstein hat bei einer Prüfung des Jobcenter Lübeck bei acht von zehn Vorgängen schwere datenschutzrechtliche Mängel festgestellt. Jobcenter und SGB II brechen unverfroren das Recht auf informationelle Selbstbestimmung, obwohl dieses Verfassungsrang hat. Der Zweck heiligt die Mittel. Zweck des Ganzen ist, mit allen Mitteln die Kosten der Arbeitslosigkeit zu drücken, um letztlich Lohnkosten und Gewinnsteuern für die Unternehmen weiter senken zu können und ihre Renditen zu erhöhen.

Denn:

- Je mehr Belege und Nachweise die Jobcenter von den Betroffenen und ihrem persönlichen Umfeld verlangen, desto schwerer machen sie es, Anträge zu stellen. Konflikte werden provoziert, die abschrecken. Das spart Geld.
- Jobs, von deren Lohn man nicht leben kann, erscheinen so als erholsame Alternative zur alltäglichen Alg-II-Schikane. Das steigert den Profit.

Das SGB II schützt „seine“ Daten, in dem das Gesetz dermaßen unverständlich, wirr und kompliziert ist, dass die auf seiner Grundlage gehorteten Daten vor der Masse der arbeitslosen Menschen gut geschützt sind, weil die das Gesetz nicht verstehen können.

Forderungen

Sofortige Ausgabe eines Antragsformulars, mit dem die verfassungswidrige Datensammelei der Arbeitslosenbehörde beendet wird!

Konsequente Anwendung des Ordnungsrechtes bei Verstößen gegen den Sozialdatenschutz!

Verwendung der Ordnungsgelder für die Finanzierung von Erwerbslosenarbeit!

Information

Kontaktadressen von Datenschutzinstitutionen in Deutschland: www.datenschutz.de/institutionen/adressen.

Viele Informationen zu Hartz IV finden sich in den Veröffentlichungen der Landesdatenschutzbeauftragten, die bis 2011 auch für Hartz IV zuständig waren.

BA, VerBIS Arbeitshilfe vom 18.9.2009: Sozialdatenschutz im Zusammenhang mit der Erfassung sensibler Daten und Veröffentlichung von Bewerberdaten in der *JOBBÖRSE*, www.harald-thome.de/media/files/E-Mail-Info-2009-09-22-Anlage-1.pdf

Landesbeauftragte für den Datenschutz und für das Recht auf Akteneinsicht Brandenburg, Ratgeber zu Hartz IV, Mai 2014, www.lda.brandenburg.de/media_fast/4055/Ratgeber_Hartz_IV_2014.pdf

Einstweilige Anordnung

Es ist bei Alg-II- und Sozialhilfeangelegenheiten häufig nicht zumutbar, Entscheidungen im normalen ⇨**Klage**verfahren abzuwarten. Bis eine Entscheidung in der ersten Instanz ergeht, können durchaus schon mal 1-2 Jahre ins Land ziehen. Bis ein Rechtsstreit vom Bundessozialgericht entschieden wird, können durchaus drei, vier Jahre vergehen. Deshalb wird über einen beträchtlichen Teil der bei Sozialgerichten anhängigen Verfahren vorläufig, d.h. „einstweilig", im Eilverfahren entschieden.

Inhaltsübersicht:

Einstweilige Anordnungen (EA) sind Anträge auf Eilverfahren oder auch „vorläufigen Rechtsschutz". Es geht schneller, weil es keine Klagen sind. D.h. das Gericht prüft „summarisch", ob auf die begehrte Leistung **ein Anspruch besteht** (Anordnungsanspruch) und ob eine **besondere Dringlichkeit** (Anordnungsgrund) vorliegt. Wenn die Richter zu dem Ergebnis kommen, dass sie in einem normalen Klageverfahren mit überwiegender Wahrscheinlichkeit zu dem gleichen Ergebnis kommen würden, wird der EA stattgegeben.

Wenn im Eilverfahren eine vollständige Aufklärung nicht möglich ist, ist die Entscheidung so abzuwägen, dass *„die Gerichte ... sich schützend und fördernd vor die Grundrechte des Einzelnen stellen"* (vgl. BVerfG NJW, 1236; BVerfG 12.5.2005 - 1 BvR 569/05). Hört sich gut an.

In der Regel ist ein Eilverfahren in zwei bis sechs Wochen abgeschlossen. In besonders dringenden Fällen auch erheblich schneller. Im Eilverfahren sind Sie nicht Kläger, sondern Antragsteller. Es gibt auch kein Urteil, sondern einen Beschluss, häufig aber auch einen Vergleich, mit dem Ihnen zumindest ein Teil der Leistungen zuerkannt wird. Der Antrag auf EA ersetzt nicht die Klage in der Hauptsache. Die ⇨Klage muss gesondert innerhalb der Klagefrist erhoben werden. Hier ist es möglich, dass sowohl eine positive als auch eine negative Entscheidung des Eilverfahrens aufgehoben wird. Die Entscheidung ist also nur vorläufig.

Tipp Wenn Sie feststellen, dass die Behörde vermutlich rechtswidrig entschieden hat, lohnt es oft nicht, lange zu verhandeln oder die Entscheidung im Widerspruchsverfahren abzuwarten. Stellen Sie, wenn die Voraussetzungen für eine EA vorliegen, möglichst früh einen Antrag. Der Beschluss des Gerichts regelt nämlich immer **nur** die Leistungsansprüche für den Zeitraum **ab** dem Eingang des EA-Antrags bei Gericht bis zum Ende des jeweiligen Bewilligungsabschnitts.

Wenn die **Leistung** gänzlich **versagt** wurde, kommt eine Begrenzung auf den jeweiligen Bewilligungszeitraum nicht in Betracht (BSG 6.9.2007 - B 14/7b AS 16/07 R, Rz. 12). Gleiches dürfte auch für HzL/ GSi der Sozialhilfe gelten.

1. Voraussetzungen für den Antrag auf einstweilige Anordnung (EA)

1.1 Begründeter Rechtsanspruch (Anordnungsanspruch)

Wenn ein Verstoß gegen Rechtsansprüche glaubhaft gemacht werden kann, hat die EA

Aussicht auf Erfolg (§ 86b Abs. 2 Satz 1 SGG), z.B. wenn die Behörde
- bei einem Erstantrag nicht die tatsächliche Miete zahlt,
- Ihnen ein Einkommen unterstellt, das Sie nicht haben,
- Ihnen eine eheähnliche Gemeinschaft unterstellt, die nicht besteht,
- Sie sanktioniert, obwohl Sie einen *„wichtigen Grund"* für Ihr Verhalten hatten,
- Sie sanktioniert, ohne dass Sie Sachleistungen vom Amt erhalten,
- die Kaution einer Wohnung nicht zahlt, obwohl sie der Anmietung zugestimmt hat,
- Kühlschrank, Herd und Waschmaschine als Erstausstattung verweigert oder
- Ihnen mit Verweis auf ein nicht zur Verfügung stehendes Einkommen oder Vermögen Leistungen verweigert.

Bei **„Kann-Vorschriften"**, d.h. bei Ermessensentscheidungen, werden Sie im Eilverfahren nur Erfolg haben, wenn das ⇨Ermessen auf Null reduziert ist und die beantragte Leistung die einzige Möglichkeit der behördlichen Entscheidung sein kann.

1.2 Dringende Notlage (Anordnungsgrund)

Sie können eine einstweilige Anordnung nur beantragen,

„wenn sie zur Abwendung wesentlicher Nachteile nötig erscheint" (§ 86b Abs. 2 Satz 2 SGG), Sie also in einer *„dringenden Notlage"* sind.

Sie müssen daher darlegen, dass es keine Möglichkeit gibt, sich anderweitig zu behelfen.

Wenn Sie nicht in einer aktuellen Notlage sind und „nur" Fehler aus vergangenen Zeiträumen angreifen, ist eine EA i.d.R. nicht zulässig und Sie werden auf das normale Klageverfahren verwiesen (LSG Sachsen 21.11.2005 - L 3 B 152/05 AS ER).

Ausnahme: Es geht um die Geltendmachung eines konkreten *„Nachholbedarfes"*, der aus dem rechtswidrigen Handeln entstanden ist (LSB Berlin-Brandenburg 6.2.2006 - L 14 B 1177/05 AS ER).

Dringenden Bedarf haben Sie beispielsweise immer, wenn Sie
- überhaupt keine oder deutlich zu wenig Leistungen bekommen, obwohl Sie mittellos sind,
- notwendigen Hausrat dringend benötigen, die Behörde Ihnen diesen aber verweigert,
- nicht krankenversichert sind, aber behandelt werden müssen,
- eine Stromsperre droht (LSG Berlin-Brandenburg 22.6.2006 - L 25 B 459/06 AS ER; LSG NRW 20.10.2006 - L 9 B 103/06 AS ER) oder schon eingetreten ist,
- eine Kündigung des Vermieters ausgesprochen wurde (LSG NRW 25.3.2015 - L 6 AS 419/15 B ER; LSG Berlin-Brandenburg 27.5. 2014 - L 34 AS 1150/14 B ER).

1.2.1 Dringende Notlage auch bei Eingliederungsleistungen

Eine dringende Notlage könnte auch vorliegen, wenn Sie z.B. einen Arbeitsplatz deshalb nicht bekommen, weil Ihnen Leistungen aus dem Vermittlungsbudget verweigert werden (⇨Arbeit 2.), z.B. Fahrtkosten, Vermittlungsgutschein usw. oder wenn Reparaturkosten für Ihr Auto abgelehnt werden, Sie es aber dringend benötigen, um zur Arbeit zu kommen. Dies wiegt genauso schwer wie der drohende Verlust eines Arbeitsplatzes, was eine Klärung von Ermessensentscheidungen im Eilverfahren rechtfertigt (Uwe Berlit, info also 2005, 11).

1.2.2 Dringende Notlage – ab welchem Einkommen

Es ist immer wieder strittig, ab welcher Unterschreitung des Regelsatzes ein Anordnungsgrund besteht. Es gibt zumindest keine Rechtsgrundlage, dass ein Anordnungsgrund erst ab **30%** Unterschreitung des Regelsatzes besteht (LSG Niedersachsen-Bremen 4.6.2008 - L 13 B 177/07 AS). Das kann schon bei einer Unterschreitung von 12,90 € wegen nicht übernommener Heizkostenabschlagszahlung der Fall sein (LSG NRW 23.5.2007 - L 20 B 77/07 AS ER) oder bei einer Unterschreitung von **mehr als 10%** des jeweiligen Regelsatzes (SG Lüneburg 10.12.2007 - S 25 AS 1585/07 ER). Dagegen hält das SG Duisburg eine Unterschreitung von **14%** noch für **zumutbar** (21.10.2007 - S 32 AS 334/07 ER).

„Eine dauerhafte Unterschreitung des verfassungsrechtlich garantierten Existenzminimums ist unzulässig" (BVerfG 9.2.2010 - 1 BvL 1/09, 1 BvL 3/09, 1 BvL 4/09, Rz. 136). Das BSG

hat in Bezug auf einen Mehrbedarfszuschlag (§ 21 Abs. 6 SGB II) entschieden, dass auch geringere Beträge als 10% des Regelsatzes *„unabweisbar"* sind (BSG 4.6.2014 - B 14 AS 30/13 R; ebenso SG Berlin 22.2.2013 - S 37 AS 25006/12; SG Mainz 12.12.2014 - S 3 AS 130/14, Vorlagebeschluss zur Prüfung der Verfassungskonformität einer Absenkung der Unterkunftskosten).

Klar ist, je gravierender die rechtswidrige Entscheidung einer Behörde von der allgemein anerkannten Auslegung einer Norm abweicht, desto eher sind die Gerichte bereit, auch bei geringfügiger Unterschreitung einen Anordnungsgrund anzuerkennen.

Unserer Meinung nach muss jede Unterschreitung des Leistungsniveaus von Alg II, HzL/ GSi der Sozialhilfe zu einer einstweiligen Anordnung berechtigen (⇨Kritik). Das ergibt sich auch aus § 51 Abs. 2 SGB I, der regelt, dass bei der Erstattung von Ansprüchen das sozialhilferechtliche Existenzminimum nicht unterschritten werden darf.

1.2.3 – ab welchem Vermögen?

Eine ganze Palette von geschütztem ⇨Vermögen (z.B. von Rücklagen für Altersvorsorge, Eigenheim, Kfz usw.) ist gar **nicht verwertbar**. Geschütztes, nicht verwertbares Vermögen muss auch geschützt bleiben, wenn man es wagt, gegen die Behörde zu klagen, die einem den Schutz dieses Vermögens zugesteht.

Der allgemeine **Grundfreibetrag** von 150 € pro Lebensjahr, mindestens 3.100 € ist genauso wenig als Verfügungsmasse gedacht, um Rechtsstreitigkeiten zu überstehen, wie der **Ansparbetrag** für notwendige Anschaffungen (§ 12 Abs. 2 Nr. 1 und 4 SGB II).

Dennoch werden Anträge auf einstweiligen Rechtsschutz von Gerichten i.d.R. abgelehnt, weil Schonvermögen zur vorrangigen Sicherung der Existenz **bereit steht**. Ist Vermögen verwertbar liegt demnach kein Anordnungsgrund vor. Ob der Einsatz von Vermögen zuzumuten ist, hängt mithin vom Einzelfall und der Einzelmeinung des jeweiligen Richters ab.

1.2.4 Nur 80% des Leistungsniveaus zuerkennen?

Vielerorts erkennen Gerichte den Antragstellern auch bei „gewonnener" EA nur 80% der Regelleistung zu (SG Düsseldorf 26.1.2005 - S 35 AS 6/05 ER). Das wird mit dem *„vorläufige[n] Charakter"* des EA-Verfahrens begründet. Das Bundesverfassungsgericht hat das bestätigt. *„Diese besonderen Anforderungen an Eilverfahren [gemeint ist der Schutz der Grundrechte und der Würde des Menschen] schließen andererseits nicht aus, dass die Gerichte den Grundsatz der unzulässigen Vorwegnahme der Hauptsache vermeiden, indem sie zum Beispiel Leistungen nur mit einem Abschlag zusprechen."* (BVerfG 12.5.2005 - 1 BvR 569/05 Rz. 26) Die Würde des Menschen ist also trotz eines (höchstwahrscheinlichen) Rechtsverstoßes einer Behörde auch mit 324 € statt mit 404 € gewahrt. Das ist untragbar (⇨Kritik).

Diese höchstrichterliche Meinung wird glücklicherweise von immer mehr Gerichten nicht mehr geteilt. Im einstweiligen Rechtsschutzverfahren sind **in der Regel 100%** des Regelsatzes zuzusprechen (LSG NRW 31.3.2011 - L 6 B 86/09 AS mit weiteren Nachweisen). Alg II ist so knapp, dass es wegen der langen Dauer eines Hauptsacheverfahrens nicht zumutbar ist, in diesem Zeitraum nur einen abgesenkten Leistungssatz zuzubilligen (ebenda; LSG Niedersachsen-Bremen 13.2.2008 - L 13 AS 237/07 ER). Der elementare Lebensbedarf eines Menschen kann nur in dem Augenblick befriedigt werden, in dem er entsteht (Gegenwärtigkeitsprinzip). Deshalb kann die durch eine (generelle) Leistungskürzung verursachte Beeinträchtigung nachträglich nicht mehr ausgeglichen werden (BVerfG 12.5.2005 - 1 BvR 569/05 Rz. 19).

1.3 ⇨Widerspruch als Voraussetzung der EA

Bevor Sie einen Antrag auf einstweilige Anordnung stellen, müssen Sie Widerspruch gegen den Ablehnungsbescheid bei der Behörde einlegen. Ein EA-Verfahren ersetzt nicht den normalen Rechtsweg. Es ist auch möglich, den Widerspruch über das Gericht an die Behörde weiterleiten zu lassen.

1.4 EA erst, wenn das Amt nicht handelt

Die Sozialgerichte sind mit Hartz IV-Verfahren völlig überlastet. Daher versuchen die Gerichte massiv, Klagen und EA abzuwimmeln. Sie sollten daher zunächst immer versuchen, Ihre Ansprüche gegenüber dem Amt direkt geltend zu machen. Erst wenn das Amt nicht oder nicht zeitnah genug reagiert und es Ihnen nicht mehr zumutbar ist, weiterhin zu warten, sollten Sie zum Gericht gehen. Andererseits ist es keine Voraussetzung für eine EA, dass sich ein Antragsteller zunächst an den Leistungsträger zu wenden hat (LSG NRW 23.11.2009 - L 19 B 262/09 AS).

„Nur bei besonderen Umständen kann ... das Recht abgesprochen werden, zur Existenzsicherung gerichtlichen Rechtsschutz in Anspruch zu nehmen.“ (LSG NRW 11.1.2011 - L 6 AS 1602/10 B) *„Solange er [der Antragsteller] die ihm zumutbaren Möglichkeiten nicht ausgeschöpft hat, das erstrebte Ziel auch ohne Einschaltung des Gerichts zu erlangen, fehlt es an der Notwendigkeit gerichtlichen Eingreifens“* (LSG NRW 19.4.2011 - L 6 AS 399/11 B ER; ebenso LSG NRW 31.03.2011 - L 6 B 86/09 AS).

Daher gilt: **nicht zu früh,** aber auch **nicht zu spät** zum Sozialgericht gehen.

Tipp Setzen Sie der Behörde schriftlich eine kurze Frist (z.B. 7 Tage), um Ihnen Leistungen zu gewähren und kündigen Sie an, dass Sie nach Ablauf der Frist eine EA beantragen werden.

2. Wie den Antrag auf einstweilige Anordnung stellen?

2.1 Wo den Antrag stellen?

Stellen Sie ihn direkt bei der Geschäftsstelle/ Rechtsantragsstelle des Sozialgerichts. Nehmen Sie Ihren Personalausweis mit. Rufen Sie vorher an und fragen nach den Öffnungszeiten (meist von 8 bis 12h).

Sie können den Antrag mündlich zur Niederschrift vortragen. Die RechtspflegerInnen des SG helfen Ihnen kostenlos beim Formulieren des Antrags und schreiben ihn nieder. Sie achten auch darauf, dass alle Formalien erfüllt werden. Sie erhalten dort eine Durchschrift des Antrags.

Tipp Bringen Sie sämtliche Nachweise und Beweise mit, die Ihre Notlage belegen. Insbesondere die letzten Kontoauszüge. Das SG Düsseldorf hat deutlich gemacht, dass mit der Vorlage des letzten Kontoauszugs die Notlage zunächst ausreichend belegt sei (26.1.2005, s.o. und 1.2.2005 - S 35 SO 9/05 ER). Ggf. sollten Sie auch entsprechende eidesstattliche Versicherungen von Zeugen mitbringen. Je besser Ihre „Beweisführung“ ist, desto eher kann das Gericht den Sachverhalt nachvollziehen und sich Ihnen anschließen. Lieber zu viele Beweise vorbringen als zu wenig.

2.2 Antrag selbst stellen?

Wenn Sie sich das zutrauen, können Sie sich selbst vertreten.

Stellen Sie den Antrag **schriftlich** von zu Hause, müssen Sie die Voraussetzungen für die EA erfüllen. Z.B. gehört unter die Antragsschrift die eidesstattliche Versicherung: *„Die in der Antragsschrift gemachten Angaben werden hiermit im Wissen der strafrechtlichen Folgen falscher eidesstattlicher Versicherungen eidesstattlich versichert.“*

Die Antragsschrift und alle Dokumente (auch um die dringende Notlage zu belegen ⇨1.2 ff.) sollten in zweifacher Ausfertigung übersandt werden. Um den Vorgang zu beschleunigen können Sie den Schriftsatz **vorab per Fax** senden (lassen).

In den ersten beiden Instanzen gibt es keinen Anwaltszwang. Der beginnt erst beim Bundessozialgericht.

Wenn Sie einen ⇨**Anwalt** nehmen und die EA trotz Ablehnung der ⇨Prozesskostenhilfe weiterverfolgen, bleiben Sie auf den Anwaltskosten sitzen, wenn Sie **verlieren**.

Tipp Erkundigen Sie sich bei Bedarf bei örtlichen Erwerbslosen- und Sozialhilfegruppen über im SGB II/ SGB XII erfahrene Anwälte oder schauen Sie nach bei www.my-sozialberatung.de.

2.3 Zwei Varianten der EA

sind im Existenzsicherungsrecht des SGB II und SGB XII von Bedeutung.

2.3.1. Antrag auf Anordnung der aufschiebenden Wirkung

Das Sozialgericht kann auf Antrag *„in den Fällen, in denen Widerspruch oder Anfechtungsklage keine aufschiebende Wirkung haben, die aufschiebende Wirkung ganz oder teilweise anordnen“* (§ 86b Abs. 1 Satz 1 Nr. 2 SGG).

Die EA ist also dann statthaft, wenn bereits Widerspruch gegen einen Bescheid des Jobcenters eingelegt bzw. Klage erhoben wurde und – wie im SGB II – Widerspruch und Klage gegen einen Bescheid, der u.a. Leistungen aufhebt, zurücknimmt, widerruft, entzieht oder mindert, keine aufschiebende Wirkung entfalten (§ 39 SGB II). Der Antrag auf Anordnung der aufschiebenden Wirkung ist dann begründet, wenn das Gericht Ihr Klärungsinteresse höhergewichtig anerkennt, als das Vollzugsinteresse der Behörde oder ernsthafte Zweifel an der Rechtmäßigkeit des Bescheides bestehen. Schließlich kann eine Güter- und Folgenabwägung den Ausschlag für die Anordnung der aufschiebenden Wirkung geben, wenn der Vollzug sonst mit wesentlichen Nachteilen für den Antragsteller verbunden wäre.

Ignoriert ein Jobcenter die aufschiebende Wirkung von Widerspruch und Anfechtungsklage in den Fällen, in denen diese im SGB II **noch** existiert, wird diese i.d.R. deklaratorisch durch das Sozialgericht angeordnet (LSG Sachsen-Anhalt 25.7.2013 - L 5 AS 711/13 B ER; LSG Sachsen 15.1.2013 - L 3 AS 1010/12 B PKH).

2.3.2 Antrag auf Anordnung der vorläufigen Leistungsgewährung:

Das Sozialgericht kann im Eilverfahren auch eine einstweilige Anordnung *„in Bezug auf den Streitgegenstand treffen, wenn die Gefahr besteht, dass durch eine Veränderung des bestehenden Zustands die Verwirklichung eines Rechts des Antragstellers vereitelt oder wesentlich erschwert werden könnte"* (§ 86b Abs. 2 Satz 1 SGG).

Ein Antrag auf Erlass einer einstweiligen Anordnung hat dann Aussicht auf Erfolg, wenn bei Vorliegen eines Anordnungsanspruchs und Anordnungsgrundes dem Antragsteller nicht zugemutet werden kann, die Hauptsacheentscheidung, also die Entscheidung über Widerspruch und Klage, abzuwarten; wenn z.B. Mittellosigkeit vorliegt und das Jobcenter einen Vorschussantrag nicht bearbeitet, einen Umzug nicht bewilligt, die Übernahme von Mietschulden verweigert, obwohl der Vermieter bereits Räumungsklage eingelegt hat oder sich bei der Gewährung einer Erstausstattung für die Wohnung unendlich Zeit lässt.

3. Gang des Verfahrens

Das Gericht faxt der jeweiligen Behörde den Antrag zu und fordert sie auf, sich innerhalb einer kurzen Frist zum Sachverhalt zu äußern und die Akten zu übersenden.

Wenn der Antragsgegner (die Behörde) die begehrte Leistung teilweise zusagt, werden Sie oft gefragt, ob die EA damit für Sie erledigt sei. Das Gericht will natürlich möglichst viele Klagen durch „Einigung" vom Tisch bekommen, um nicht in einer Flut von Klagen zu ersticken.

Prüfen Sie, ob das „Angebot" der Behörde auch das ist, was Sie wollen. Wenn ja, können Sie die Sache für erledigt erklären. Sie können aber auch sagen, dass Sie die Klage in den Punkten aufrechterhalten, in denen es keine Zugeständnisse gab.

Es gehört zur Taktik von Sozialleistungsträgern, die begehrte Leistung zu bewilligen, um zu verhindern, dass ein Beschluss ergeht. Die Behörde stellt die EA dann „klaglos" ein. Ein Beschluss hätte nämlich in allen vergleichbaren Fällen bindende Wirkung für das Amt.

Um Sie zu **zermürben**, gibt die gegnerische Behörde in ihrer Stellungnahme oft unverschämte Äußerungen von sich und stellt den Sachverhalt andersherum dar. Lassen Sie sich davon nicht einschüchtern. Verdrehungen, Übertreibungen und Abstreitung gehören zum Geschäft.

Wenn die Behörde nachweislich die Unwahrheit sagt, müssen Sie das dem Gericht aufzeigen. Sie sollten **in jedem Fall erwidern**, die strittigen Punkte klarstellen und Ihre Position untermauern. Sie können das wieder über die Geschäftsstelle/ Rechtsantragsstelle mündlich erledigen oder schriftlich mit der Post (ggf. vorab per Fax).

3.1 ⇨Akteneinsicht

Sie haben das Recht, Ihre Akte einzusehen, soweit die übersendende Behörde das nicht ausschließt (§ 120 Abs. 1 SGG). Ein Ausschluss ist nur möglich, wenn ansonsten anderen Personen, z.B. Denunzianten, unzumutbare Nachteile entstehen würden.

Gegen eine Gebühr können Sie sich ggf. auch auf der Geschäftsstelle des Gerichts Abschriften/ Kopien von der Gerichtsakte machen lassen (§ 120 Abs. 2 SGG). Unter den Anspruch auf Abschriften fällt auch das Fotografieren mit dem Handy.

E

3.2 Beschluss

Wenn das Verfahren nicht durch das Nachgeben der gegnerischen Behörde endet, ergeht ein Beschluss.

Auch wenn die einstweilige Anordnung abgelehnt wird (z.B. wegen fehlendem Anordnungsgrund ⇨1.2 ff.), kann der Beschluss entscheidende Hinweise enthalten, dass der Bedarf in einer normalen ⇨**Klage** anerkannt würde. Oder er kann die Bedingungen nennen, unter denen das Gericht einen Anspruch auf einstweilige Anordnung anerkennen würde. Lesen Sie also den Beschluss genau durch und nutzen Sie ihn ggf., um Ihre Ansprüche weiter zu verfolgen.

Wenn der Beschluss für Sie positiv ist, muss die Behörde zahlen. In diesem Fall können Sie auch Ihre **Kosten** (Fahrtkosten, Porto, Fotokopien usw.) geltend machen. **Alle Belege aufheben!**

Haben Sie einen ⇨Anwalt eingeschaltet, wird dieser seine Kosten selbst beim Antragsgegner geltend machen. Eine **Verrechnung** des Anspruchs auf Erstattung des Anwaltshonorars mit Forderungen des Jobcenters gegen den Leistungsberechtigten ist **rechtswidrig** (LSG Rheinland-Pfalz 6.5.15 - L 6 AS 288/13 und L 6 AS 34/15).

Wenn die Behörde nach einem für Sie positiven Vergleich oder Beschluss **nicht** unverzüglich **zahlt**, müssen Sie **innerhalb eines Monats** die **Vollstreckung** des Beschlusses beim Sozialgericht beantragen, andernfalls besteht kein Anspruch mehr auf die Leistung (LSG Rheinland-Pfalz 26.1.2011 - L 6 AS 616/10 ER). Dasselbe gilt für Vergleiche, die Sie auf dem mündlichen Erörterungstermin vereinbart haben. Hier gelten die Grundsätze des ⇨öffentlich-rechtlichen Vertrags (§§ 53-61 SGB X). Eine Niederschrift des Vergleichs oder ein EA-Beschluss ist vorläufig, d.h. sofort vollstreckbar. Sie sollten dem Amt eine kurze Frist zur Zahlung einräumen.

3.2.1 Zwangsgeld gegen Jobcenter

Fordern Sie am besten die Behörde eine Woche nach Zugang des Gerichtsbeschlusses mit Durchschrift an das Gericht zur **Zahlung** auf. Setzen Sie eine **Frist** von einer weiteren Woche. Kommt die Behörde dem nicht nach, sollten Sie als nächsten Schritt bei Gericht einen Antrag auf Androhung und **Festsetzung eines Zwangsgeldes** nach § 201 SGG stellen. Ihnen ist nicht länger zuzumuten, auf das Geld zu warten.

Folgt das Gericht dem Antrag, setzt es der Behörde eine Frist zur Zahlung der Leistung. Zahlt die Behörde nicht innerhalb der Frist, kann das Gericht ein Zwangsgeld von bis zu 1.000 € erlassen (SG Berlin 23.10.2012 - S 37 AS 23126/12 ER; SG Fulda 5.9.2012 - S 4 U 8/06; SG Düsseldorf 27.9.2012 - S 37 AS 1564/11, 500 € oder SG Düsseldorf 27.4.2016 - S 35 AS 159/15, 150 € jeweils gegen das Jobcenter Wuppertal; info also 2007, S. 243).

Behalten Sie dabei die **Monatsfrist** im Auge. Wenn nach drei Wochen nichts passiert ist, sollten Sie als nächsten Schritt den Pfändungsbeschluss beantragen.

3.2.2 Jobcenter Pfändung

Hier müssen Sie zunächst einen **Zwangsvollstreckungsauftrag** beim Amtsgericht beantragen. Allerdings fallen dafür Gebühren an, die Sie vorleisten müssen. Daher sollten Sie beim Amtsgericht auch einen Antrag auf ⇨**Prozesskostenhilfe** (PKH) stellen. Wird PKH bewilligt, werden Ihnen die Gebühren wieder erlassen. Erhalten Sie keine PKH müssen Sie die Gebühren dem Jobcenter in Rechnung stellen.

Im Juni 2012 hat ein Alg-II-Bezieher gegen das JC Leipzig medienwirksam eine Zwangsvollstreckung durchgesetzt. Das Jobcenter Leipzig erlitt dadurch einen beträchtlichen Imageverlust und sah sich genötigt, öffentlich Stellung zu nehmen.

Überlegen Sie sich Ihre **Strategie** und nehmen Sie für diese Schritte ggf. anwaltliche Hilfe in Anspruch. Hat allerdings die Behörde die Leistung versprochen und das Versprechen nicht gehalten oder haben Sie als rechtsunkundiger Bürger die Notwendigkeit der Vollstreckung nicht erkannt und dadurch die **Monatsfrist versäumt**, ist eine Wiedereinsetzung in den vorherigen Stand möglich (§ 67 SGG; Meyer-Ladewig, SGG, 9. Aufl., § 86b Rz. 46).

3.3 Beschwerde

Sie können **innerhalb eines Monats** nach Bekanntgabe gegen den ablehnenden EA-Beschluss schriftlich oder mündlich (zur Niederschrift) Beschwerde beim Sozialgericht oder direkt beim Landessozialgericht einlegen. In der zweiten Instanz besteht (noch) kein Anwaltszwang. Seit 2008 ist für die zweite Instanz aber ein **Mindeststreitwert** von 750 € erforderlich oder dem Verfahren muss eine grundlegende Bedeutung beigemessen werden (§ 144 SGG) **und** das SG hat aus diesem Grund die Berufung zugelassen. Damit liegen die Hürden vor den LSG ziemlich hoch. Über die Beschwerde entscheidet das LSG durch Beschluss (§ 176 SGG).

4. Kosten der einstweiligen Anordnung

Es entstehen Ihnen **keine Gerichtskosten** oder Gebühren. Solche Verfahren sind grundsätzlich (noch) kostenfrei (§ 183 SGG). Selbst wenn Sie verlieren, fallen keine gegnerischen Anwaltskosten an, da die Behörde zwar einen Anwalt beauftragen kann, jedoch keinen Anspruch auf Kostenersatz hat (§ 193 Abs. 4 i.V. mit § 184 Abs. 1 SGG). Nur Ihre eigenen ⇨**Anwalt**skosten müssen Sie im Falle einer Niederlage tragen, es sei denn, Sie haben PKH bewilligt bekommen.

5. Wie das zuständige Gericht finden?

Für SGB-II-/ SGB-XII-Verfahren sind die Sozialgerichte zuständig (§ 51 Abs. 1 Nr. 4a und 6a SGG). Sie können sich über die Stadtverwaltung nach dem zuständigen Gericht erkundigen oder im Internet unter www.justiz.de/OrtsGerichtsverzeichnis/index.php

6. Überlange EA-Verfahren

Auch eine EA kann unzumutbar in die Länge gezogen werden. Der 2011 eigeführte *„Rechtsschutz bei überlangen Gerichtsverfahren ...“*, ist auch auf EA-Verfahren anzuwenden (§ 198 Abs. 6 Nr. 1 GVG). Näheres unter ⇨Klage 3.

Forderungen

Jede Unterschreitung des Existenzminimums muss als Anordnungsgrund für einstweilige Anordnungen anerkannt werden!
Keine Regelsatzsenkung bei gewonnenen Eilverfahren!
Zurücknahme der Hürden vor der zweiten Instanz!

Information

Uwe Berlit, Vorläufiger gerichtlicher Rechtsschutz im Leistungsrecht der Grundsicherung für Arbeitslose – ein Überblick, info also 1/2005, 3-12
Hamburger Justiz, Die Klage, http://justiz.hamburg.de/die-klage/1291562/klage.html
BA, Praxishandbuch für das Verfahren nach dem Sozialgerichtsgesetz, 1.11.2013, www.harald-thome.de/media/files/ah-ba/HB-Verfahren-SGG-11-2013.pdf (Anmerkung: Tipps und Hinweise zum Rechtsmittelverfahren)
Eilrechtsschutz und Klageverfahren in der Sozialen Arbeit, Walhalla Verlag, 2011 (inkl. CD mit Formulierungshilfen

Ermessen

1. „Kann“-Leistungen

Viele Bestimmungen des SGB II/ SGB XII sind Kann-Bestimmungen. Man nennt sie auch Ermessensleistungen. Auf Kann-Leistungen selbst haben Sie keinen Rechtsanspruch, wohl aber darauf, dass Ermessen ausgeübt wird. *„Auf pflichtgemäße Ausübung des Ermessens besteht ein Anspruch“* (§ 39 Abs. 1 Satz 2 SGB I) Ermessen bedeutet nicht, dass völlig willkürlich entschieden oder von vornherein eine Leistung ausgeschlossen werden kann. Bei der Ausübung des Ermessens gibt es keinen rechtsfreien Raum, es *„ist vielmehr im Interesse des Bürgers vorgesehen und soll keinesfalls dessen Rechte einschränken“* (juris PK SGB I, § 39 Rz. 9). Es muss eine dem Einzelfall entsprechende, angemessene und sachgerechte Lösung gefunden werden.

Das Ermessen räumt dem Leistungsträger die Befugnis ein, zwischen mehreren Rechtsfolgen zu wählen, wobei jede von ihnen rechtmäßig ist, sofern § 39 SGB I beachtet wurde. Ermessen ist nie frei, sondern immer pflichtgemäß, d.h. es darf nur in strenger Bindung an die Ziele des jeweiligen Gesetzes angewendet werden, das die Verwaltung vollzieht. Das Ausmaß des Gestaltungsspielraums hängt von der Ausgestaltung der Ermessensnorm und damit vom Zweck der Ermächtigungsnorm ab (Mrozynski SGB I, § 39 Rz. 2).

Bei **„Soll"-Bestimmungen** ist im Regelfall kein Ermessen mehr auszuüben. Nur in atypischen Fällen kann davon abgewichen werden (BSG 6.11.1985 - 10 RKg 3/84). Bei **„Muss"-Bestimmungen** (z.B. *„ist zu gewähren"*; *„hat zu leisten"*) gibt es kein Ermessen.

E

2.1 Grundsätzliches zur Ermessensausübung

Ist der Sozialleistungsträger befugt, Ermessen auszuüben, muss er davon Gebrauch machen. Er muss also zunächst von Amts wegen (§ 20 SGB X) die Voraussetzungen für die Ausübung des Ermessens klären. Er muss ermitteln, ob ihm überhaupt ein Ermessensspielraum zusteht und welchen Rahmen der Gesetzgeber ihm dafür einräumt.

Es wird dabei zwischen **Entschließungs-** und **Auswahlermessen** unterschieden. Das **Entschließungsermessen** bezieht sich auf die Entscheidung der Behörde, ob sie eine in ihr Ermessen gestellte Maßnahme ergreifen bzw. Leistung erbringt oder nicht. Das **Auswahlermessen** gilt, wenn eine leistungsrechtliche Norm von mehreren Möglichkeiten ausgeht, unter denen der Leistungsträger eine Wahl zu treffen hat.

Verwaltungsrichtlinien können vorbestimmen, wie Ermessen auszuüben ist. Sie sind eine **Selbstbindung der Verwaltung**, die über den Gleichbehandlungsgrundsatz (Art. 3 Abs. 1 GG) nach außen verbindlich wird und dem Bürger einen Rechtsanspruch auf eine bestimmte Entscheidung der Verwaltung verschafft (Mrozynski SGB I, § 39 Rz. 53). Die Richtlinie einer Verwaltung ist allerdings kein Gesetz, sie kann sogar dagegen verstoßen.

Ab 2011 haben Sie bei allen Jobcentern einen Anspruch auf Herausgabe der kommunalen Richtlinien (u.a. für Kosten der Unterkunft und Erstausstattung, ⇨Verwaltungsrichtlinien). Viele Richtlinien finden Sie unter www.harald-thome.de/oertliche-richtlinien.html.

2.2 Ermessensausübung muss im Einzelfall begründet sein

Besteht ein Anspruch auf die pflichtgemäße Ermessensausübung, muss der Leistungsberechtigte (und die Sozialgerichtsbarkeit) diese Entscheidung nachvollziehen und überprüfen können. *„Der Leistungsträger muss daher seine Gründe für [die Entscheidung] darlegen. Wie bei einer gebundenen Entscheidung (§ 35 Abs. 1 Satz 1 SGB X) muss die Begründung dieser Ermessensentscheidung die erforderlichen **wesentlichen tatsächlichen und rechtlichen Gründe anführen** sowie die Gründe für die Ausübung des Ermessens, also die maßgebenden Erwägungen zur Zweckmäßigkeit der getroffenen Entscheidung und deren Gewichtung, erkennen lassen. **Formelhafte Wendungen**, etwa dass ‚keine Besonderheiten gegeben' seien oder ‚hinsichtlich der Umstände nichts Besonderes ersichtlich' sei, **reichen** für die vorgeschriebene Begründung von Ermessensentscheidungen **nicht aus**, weil bei derartigen ‚**Leerformeln**' nicht nachgeprüft werden kann, ob der Leistungsträger von seinem Ermessen überhaupt und ggf. in einer dem Zweck der ihm erteilten Ermächtigung entsprechenden Weise Gebrauch gemacht hat. Erforderlich ist eine **auf den Einzelfall** eingehende Darlegung, dass und welche Abwägung der einander gegenüberstehenden Interessen stattgefunden hat und welchen Erwägungen dabei die tragende Bedeutung zugekommen ist, damit dem Betroffenen bzw. dem Gericht die Prüfung ermöglicht wird, ob die Ermessensausübung den gesetzlichen Vorgaben entspricht."* (LSG NRW 12.1.2015 - L 19 AS 2211/14 B ER)

2.3 Ermessen ist gerichtlich überprüfbar

„Sind die Leistungsträger ermächtigt, bei der Entscheidung über Sozialleistungen nach ihrem Ermessen zu handeln, haben sie ihr Ermessen ... auszuüben und die gesetzlichen Grenzen des Ermessens einzuhalten." (§ 39 Abs. 1 SGB I). In den ⇨Bescheiden muss deutlich werden, ob das Ermessen bei Kann-Leistungen rechtmäßig ausgeübt wurde (⇨2.2). Legen Sie dagegen Widerspruch ein und klagen Sie, hat das Sozialgericht festzustellen, ob ein Ermessen ausgeübt wurde, und wenn ja, ob es fehlerfrei ausgeübt wurde.

Gerichte kassieren oft Entscheidungen der Jobcenter, weil kein Ermessen ausgeübt wurde. *„Die Rechtswidrigkeit der Behördenentscheidung ... ergibt sich schon allein daraus, dass kein Ermessen ausgeübt wurde.“* (SG Düsseldorf 24.8.2007 - S 43 AS 217/07 ER) *„Die Behörde hat keine Möglichkeit der Umdeutung ..., da es eine Ermessensentscheidung ist“*, sie aber kein Ermessen ausgeübt hat (§ 43 Abs. 3 SGB X; LSG NRW 9.11.2007 - L 20 B 189/07 AS ER). Für eine Ermessensentscheidung reicht es eben nicht aus, das Wort „Ermessen“ im Bescheid zu erwähnen.

E

Tipp Bei Aufhebungsbescheiden gibt es oft Ermessensfehler, auf die Sie sich beziehen können, um sich gegen eine ⇨Rückforderung von Leistungen zu wehren.

3. Wachsende Bedeutung von Ermessen

Besonders Leistungen und Pflichten im Zusammenhang mit der Eingliederung in Arbeit hängen für Alg-II-Beziehende oft vom Ermessen des Arbeitsvermittlers/ Fallmanagers ab. Ermessen spielt bei ⇨Eingliederungsvereinbarungen eine große Rolle. Vom Ermessen Ihres Fallmanagers hängt es z.B. ab, welche *„Leistungen der Eingliederung in Arbeit“* Ihnen angeboten werden. Ermessen entscheidet auch darüber, wie viele Bewerbungen Sie monatlich vorlegen müssen, ob Sie zu einem Ein€Job verpflichtet werden oder Ihnen eine versicherungspflichtige Tätigkeit angeboten wird.

Auch bei der Übernahme von Miet- bzw. Energieschulden, der Rückforderung von Leistungen oder der Frage, ob und gegen wen in der Bedarfsgemeinschaft aufgerechnet wird, ist Ermessen auszuüben, nur um ein paar Beispiele zu nennen.

Tipp Achten Sie auf die Begründung und fordern Sie diese bei Bedarf ein (§ 35 Abs. 1 SGB X).

Hausbesuch

Immer öfter werden von den Jobcentern Hausbesuche durchgeführt, um angeblich zu klären, ob die Angaben aus dem Antrag korrekt sind. In der Absicht, Ausgaben zu senken, haben die Hartz-IV-Parteien beschlossen, dass die Arbeitslosenbehörden *„einen Außendienst zur Bekämpfung von Leistungsmissbrauch einrichten [sollen]"* (§ 6 Abs. 1 Satz 2 SGB II). Weder das SGB II noch das SGB XII sehen Hausbesuche als zu erduldende (Mitwirkungs-)Pflicht vor (LSG NRW 19.12.2007 - L 7 B 284/07 AS ER). Dem Grundgesetz zufolge ist die Wohnung sogar unverletzlich (Art. 13 Abs. 1 GG). Zudem gibt es das Recht auf informationelle Selbstbestimmung. Die Privat-, Geheim- und Intimsphäre des Menschen wird dadurch geschützt (Art. 1 Abs. 1 i.V. mit Art. 2 Abs. 2 GG). Ein Hausbesuch darf weder routinemäßig noch zur bloßen Ausforschung durchgeführt werden (LSG Bayern 23.7.2009 - L 8 AL 337/06). Genau das aber machen Jobcenter massenhaft.

In das Grundrecht auf Unverletzlichkeit der Wohnung darf nur durch richterliche Anordnung eingegriffen werden. Selbst die Polizei darf nur mit einer richterlichen Anordnung „Hausbesuche" machen, es sei denn, es ist „Gefahr im Verzug".

Inhaltsübersicht:

1. Hausbesuch gehört nicht zur Mitwirkungspflicht

In den Paragrafen, die die ⇨Mitwirkungspflichten regeln, (§§ 60-64 SGB I) gibt es keine Pflicht, Hausbesuche zuzulassen (LSG Hessen 30.1.2006 - L 7AS 1/06 ER; LSG NRW 19.12.2007 - L 7 B 284/07 AS ER; LSG Baden-Württemberg 22.1.2008 - L 7 B 284/07 AS ER). Auch für den Landesdatenschutzbeauftragten von NRW *„ist [im SGB I] eine Mitwirkungspflicht der betroffenen SozialhilfeempfängerInnen, einen ... Wohnungsbesuch dulden zu müssen, nicht enthalten"* (Stellungnahme vom 7.8.2000, http://tacheles-sozialhilfe.de/startseite/aktuelles/d/n/1261/). Das sieht auch die BA so (BA, Leitfaden Außendienst, 01/2007, 7).

Zudem dürfen *„Pflichten nur begründet, festgestellt, geändert oder aufgehoben werden, soweit ein Gesetz es vorschreibt oder zulässt"* (§ 31 SGB I).

1.1 Hausbesuch nur, wenn erforderlich

Zwar kann ein Sozialleistungsträger *„den Augenschein einnehmen"* (§ 21 Abs. 1 Nr. 4 SGB X). Eine allgemeine Erlaubnis zum Hausbesuch bedeutet das aber nicht (Brühl, info also 1998, 203 ff.). Zudem muss die Augenscheinnahme in Form eines Hausbesuchs *„zur Ermittlung des Sachverhalts ... erforderlich"* sein (§ 21 Abs. 1 Satz1 SGB X), d.h. nach dem Grundsatz der Verhältnismäßigkeit (Art. 1 Abs. 3, Art. 20 Abs. 3 GG) das geeignete Mittel sein, einen Sachverhalt zu ermitteln.

Erforderlich **könnte** ein Hausbesuch sein, um z.B. Folgendes zu klären:

- den tatsächlichen Aufenthalt,
- ob und in welchem Umfang eine Erstausstattung für die Wohnung benötigt wird,
- die Aufteilung selbstgenutzten Wohneigentums,
- die Aufteilung der Wohnbereiche in einer ⇨Wohngemeinschaft, falls dies nicht durch einen Untermietvertrag geregelt ist,
- die Vermutung (nicht aber die Feststellung) einer ⇨eheähnlichen Einstandsgemeinschaft oder
- den Umfang der Übernahme von ⇨Renovierungskosten.

H

Er könnte auch erforderlich sein, um Zweifel auszuräumen, z.B. ob verwertbare Vermögensgegenstände vorhanden sind.
Hausbesuche sind erforderlich, *„wenn im konkreten Einzelfall bereits tatsächliche Anhaltspunkte für Leistungsmissbrauch vorliegen"* (der Landesdatenschutzbeauftragte von NRW in einer unveröffentlichten Stellungnahme vom 2.4.2001) **und** der Sachverhalt nicht anders ermittelt werden kann, z.B. durch Anhörung (§ 24 SGB X) oder Aufforderung zur Beweismittelvorlage (§ 60 Abs. 1 Nr. 3 SGB I).

H

„Ein Hausbesuch stellt immer einen tiefgehenden Eingriff in die Rechte der Betroffenen dar. Aus diesem Grunde sollte der Hausbesuch nur als letztes Mittel der Sachverhaltsermittlung eingesetzt werden. Die Ziele des Hausbesuches sind hierbei vor der Durchführung zu definieren und zu dokumentieren. Während des Hausbesuchs haben sich die Mitarbeiter auf die nach dem SGB II erforderlichen Aufgaben und zuvor definierten Erkenntnisse zu beschränken. Die während des Hausbesuches erhobenen Daten sind in einem Protokoll festzuhalten. Den Betroffenen sollte am Ende des Hausbesuches eine Durchschrift des Protokolls ausgehändigt werden." (unveröffentlichte Stellungnahme der Bundesbeauftragten für den Datenschutz und die Informationsfreiheit vom 23.1.2015 anlässlich eines Hausbesuchs des Jobcenter Krefeld).

1.2 Kein Hausbesuch, wenn nicht erforderlich

Wenn ein Sachverhalt auch ohne Hausbesuch durch Antragsformulare, Beweisdokumente, Nachfragen, Erklärungen oder eine Anhörung des Betroffenen aufgeklärt werden kann, ist ein Hausbesuch nicht erforderlich (SG Koblenz 30.5.2007 - S 2 AS 595/06). Hausbesuche dürfen von der Behörde nur als **letztes Mittel** eingesetzt werden.

Beispiele:

- Zweifel, ob jemand eine selbstständige Tätigkeit aufgegeben hat, lassen sich nicht durch einen Hausbesuch klären (LSG Hessen 30.1.2006 - L 7 AS 1/06 ER).
- Es ist unmöglich, durch einen Hausbesuch eine eheähnliche Gemeinschaft festzustellen (LSG Sachsen-Anhalt 22.4.2005 - L2 B 9/05 AS ER; LSG Hessen 21.7.2005 - L 7 AS 1/05 ER; SG Düsseldorf 6.2.2006 - S 35 AS 25/06). Die Anwesenheit einer Zahnbürste oder eines Rasierpinsels erlaubt keine Aussage darüber, ob jemand seine Bedürfnisse hinter die des Partners zurückstellt und wie ein Ehepartner zum Unterhalt bereit ist.
- Um Unterlagen über Vermögen zu bekommen oder die Arbeitsfähigkeit zu überprüfen, sind Hausbesuche nicht erforderlich (VGH Hessen 6.1.2004 - 10 TG 3103/03). Das stört die Hartz-IV-Parteien nicht. Ihrer Meinung nach soll der Außendienst auch überprüfen, ob bei Alg-II-Beziehenden *„eigenes Einkommen und Vermögen oder Einkommen und Vermögen von Mitgliedern der Bedarfsgemeinschaft vorhanden ist"* (Begründung zum Gesetzesentwurf des *„Fortentwicklungsgesetzes"*, BT-Drs. 16/1410 vom 9.6.2006, 18).
- Bei Zweifeln, ob z.B. ein Bezieher von Alg II, HzL/ GSi der Sozialhilfe in der angegebenen Wohnung lebt, ist ein Hausbesuch nicht erforderlich, wenn zum Beweis Mietvertrag, Meldebescheinigung oder die Gasrechnung vorgelegt wird und darüber hinaus ein Vertreter der Behörde den Hilfesuchenden telefonisch in der Wohnung erreicht hat (VG Braunschweig 23.4.1985 - 4 VG D 34/85).

Tipp Sozialdaten, z.B. auch Informationen über persönliche Verhältnisse, sind zunächst immer bei den Betroffenen selbst zu erheben (§ 67a Abs. 2 SGB X; ⇨3.2).

1.3 Hausbesuche ohne Anlass nicht zulässig

Sie haben nur die *„Pflicht zur Angabe von Tatsachen, die für die Leistung erheblich sind"* (§ 60 Abs. 1 Nr. 1 SGB I ⇨Mitwirkungspflicht). Sie brauchen also einen Hausbesuch nicht zu dulden, der damit begründet wird, man wolle sich Ihre Wohnung eben mal anschauen und Sie hätten dazu eine Mitwirkungspflicht. Wenn es nur um die Sammlung von Daten zu einem Zweck geht, den der Ermittler noch gar nicht kennt, ist ein Hausbesuch unzulässig. Vorbeugendes Schnüffeln ist nicht erforderlich.
Ein Hausbesuch zur allgemeinen Überprüfung des Antrags auf Alg II ist ebenfalls nicht zulässig, da Sie schon alle Tatsachen angegeben haben, die für die Leistung erheblich sind. *„Anlassunabhängige oder flächendeckende Nachforschungen, die*

erst zur Verdachtsschöpfung führen, sind ... unzulässig", so der Landesdatenschutzbeauftrage von NRW in einer (unveröffentlichten) Stellungnahme vom 2.4.2001.

Hausbesuche damit zu begründen, dass mit Steuergeldern sparsam umgegangen werden müsse, reicht auch nicht (BVerfG 3.7.2006 - 2 BvR 2030/04).

„Vor Durchführung eines Hausbesuchs ist also grundsätzlich ... zu verlangen, dass er [der Träger] seine berechtigten Zweifel an den jeweiligen Angaben in jedem Einzelfall dem Betroffenen darlegt und auch in Abhängigkeit von den Umständen des jeweiligen Einzelfalls beurteilt, ob der Hausbesuch ein taugliches Mittel zur Feststellung des begehrten Bedarfs ist." (LSG Hessen 30.1.2006 - L 7 AS 1/06 ER; ebenso BVerwG 30.7.1991 - 5 ER 657/91; SG Düsseldorf 22.4.2005 - S 35 AS 119/05) Es muss konkret begründet werden, warum eine bestimmte Mitwirkungshandlung geboten ist (LSG Niedersachsen-Bremen 29.6.2006 - L 9 AS 239/06 ER).

Tipp 1 Wenn ein Hausbesuch verlangt wird, fragen Sie nach den Sachverhalten, die angeblich durch *„Inaugenscheinnahme"* erforscht werden müssen. *„Werden Sozialdaten beim Betroffenen erhoben, ist er ... über die Zweckbestimmungen der Erhebung ... zu unterrichten."* (§ 67a Abs. 3 SGB X) Dann können Sie beurteilen, ob ein Hausbesuch erforderlich ist.

Tipp 2 Beschweren Sie sich bei Ihrem jeweiligen ⇨**Datenschutz**beauftragten, wenn ein Hausbesuch verlangt wird, obwohl er nicht erforderlich ist.

1.4 Bundesweiter Rechtsbruch

Bundesweit wird uns davon berichtet, dass die Arbeitslosenbehörden (aber auch so manches Sozialamt) insbesondere bei der Beantragung von Erstausstattung für die Wohnung oder bei Babyerstausstattung Hausbesuche durchführen. Es soll geprüft werden, ob die beantragten Einrichtungsgegenstände nicht doch vorhanden sind. Indirekt bezichtigen die Arbeitslosenbehörden Sie hier des Betruges. Sie unterstellen Ihnen, ohne Anhaltspunkte zu haben, falsche Angaben und führen auf Grundlage eines Generalverdachts den Hausbesuch durch. Die Arbeitslosenverwaltung weiß genau, dass diese Praxis nicht zulässig ist. Sie verstößt damit gegen die Vorgaben in den Fachlichen Hinweisen der BA:

„Eine routinemäßige Durchführung von Hausbesuchen zur Feststellung von Leistungsmissbrauch ohne vorherige Indizien ist nicht zulässig." (BA, Leitfaden Außendienst, 01/2007, 6)

Wir empfehlen eine solche Praxis öffentlich zu machen, die **Fachaufsicht** (⇨Beschwerde) oder den zuständigen ⇨**Datenschutz**beauftragten einzuschalten.

Es gäbe auch gute Gründe, die Staatsanwaltschaft einzuschalten wegen des Verdachts des Hausfriedensbruches (§ 123 StGB), der Nötigung (§ 240 StGB) und falscher Verdächtigung (§ 164 StGB). Aber nach unserer Erfahrung werden in Deutschland solche Verfahren gegen eine Sozialbehörde ganz schnell niedergeschlagen.

2. Streichung der Leistung bei Ablehnung eines Hausbesuchs

In den überwiegenden Fällen stellt das Amt Sozialleistungen wegen fehlender Mitwirkung ein (§ 66 SGB I), wenn Sie einen Hausbesuch ablehnen. Und das, obwohl die Erduldung eines Hausbesuches nicht zu den Mitwirkungspflichten gehört und folglich Leistungen auch nicht wegen unterlassener Mitwirkung ganz oder teilweise versagt werden dürfen.

Tipp Sie sollten gegen einen Bescheid, der die Leistung wegen fehlender Mitwirkung versagt, ⇨Widerspruch einlegen.

Solche Widersprüche entfalten im Bereich des SGB II **keine aufschiebende Wirkung** (§ 39 SGB II neu). Sie müssen die Anordnung der aufschiebenden Wirkung durch das Sozialgericht im Rahmen einer ⇨einstweiligen Anordnung beantragen. Im Bereich des SGB XII entfalten sie (noch) aufschiebende Wirkung (§ 86a Abs. 1 SGG).

Näheres dazu unter ⇨Mitwirkung 5.3 und ⇨Widerspruch 5.

Wenn Sie einen Hausbesuch verweigern, darf die Behörde Ihnen nur dann die Leistung streichen, wenn die Tatsachen, zu deren Feststellung der Hausbesuch dienen sollte, anders nicht festgestellt **und** ohne deren Feststellung der Bedarf an Leistungen nicht ermittelt werden kann (BVerwG FEVS 34, 309; VGH Hessen, info also 1986, 34; VG Braunschweig 23.4.85, info also 1985, 53). Diese Entscheidungen sind auf Alg II übertragbar (LSG Hessen 30.1.2006, ebenda; SG Wiesbaden 21.3.2005 - S 16 AS 16/05 ER).

Tipp Ist Letztes nicht der Fall, sollten Sie Widerspruch einlegen, der Behörde eine Frist von wenigen Tagen einräumen und danach Ihre Ansprüche auf dem Weg einer ⇨einstweiligen Anordnung durchsetzen.

H

Falls Sie einen **erforderlichen** Hausbesuch abgelehnt haben und Ihnen das Geld wegen fehlender Mitwirkung gestrichen wurde, *„kann der Leistungsträger Sozialleistungen, die er nach § 66 [fehlende Mitwirkung] versagt oder entzogen hat, nachträglich ganz oder teilweise erbringen"* (§ 67 SGB I), wenn Sie die von der Behörde verlangte **Mitwirkung** später noch **nachholen**. Weil SGB-II-/ SGB-XII-Leistungen das Existenzminimum darstellen, wird immer nachzuzahlen sein, wenn die Leistungsvoraussetzungen weiter vorliegen.

All das bedeutet:
Hausbesuche sind und bleiben **regelmäßig rechtswidrig**. Sachbearbeiter dürfen sie nur im Ausnahmefall einfordern. Keinesfalls dürfen Sie über eine ⇨Eingliederungsvereinbarung dazu gezwungen werden, Ihr generelles Einverständnis zur Erduldung von Hausbesuchen zu erklären. Eine solche Erklärung ist unwirksam (§§ 32 i.V. mit 31 SGB I).

3. Durchführung eines Hausbesuchs

3.1 Ein Behördenmitarbeiter/Sozialdetektiv steht ohne Anmeldung vor der Tür

Wenn ein „Ermittler" klingelt, fragen Sie zunächst, warum er ohne Anmeldung kommt. Wenn ein Hausbesuch unangemeldet oder zu einer nicht vereinbarten Zeit erfolgt, brauchen Sie i.d.R. nicht einzuwilligen.
Sozialdetektive *„müssen eindeutig klarstellen, dass er [der Hilfeempfänger]* ***nicht*** *verpflichtet ist, ihnen Einlass zu gewähren"* (Landesdatenschutzbeauftragter Baden Württemberg in: info also 1998, 53 f.).

Fragen Sie immer nach den Gründen, die einen Hausbesuch erforderlich machen. Die Ermittler haben Sie zunächst über die Rechtslage beim Hausbesuch zu informieren, Sie über Ihre **Rechte** und **Pflichten** aufzuklären und den **Zweck** der Ermittlungen mitzuteilen (§ 67a Abs. 3 Nr. 1 - 3 SGB X). Sie müssen darüber aufgeklärt werden, dass Sie das Recht haben, einen Hausbesuch jederzeit abzubrechen und dass das Amt keine Befugnisse hat, gegen den Willen des Betroffenen Türen oder Schränke zu öffnen (BA 6.21).

Tipp 1 Wenn der Hausbesuch erforderlich sein sollte und Sie in diesem Moment keinen Hausbesuch zulassen wollen, können Sie angeben, dass Sie einen Freund/ eine Freundin oder eine/n NachbarIn als ⇨Beistand hinzuziehen möchten (§ 13 Abs. 4 SGB X). Das ist Ihr gutes Recht. Dann muss der Hausbesuch verschoben werden.

Tipp 2 Natürlich kann es auch sein, dass Sie einen Termin haben, es Ihnen nicht so gut geht, Sie krank sind usw.

Wenn Sie einen erforderlichen Hausbesuch zulassen, haben Ermittler **keine Befugnis**, auch nur irgendein Behältnis, einen Schrank, Kühlschrank oder eine Zimmertür ohne Ihre Erlaubnis zu öffnen. Andernfalls kann das Grund für eine ⇨Dienstaufsichtsbeschwerde und eine Beschwerde beim Datenschutzbeauftragten sein.
Die Ermittler dürfen sich auch **nicht** in der ganzen Wohnung umschauen, wenn es nur um das einsturzgefährdete Bett geht, dessen Neuanschaffung Sie nicht aus Ihrem Regelsatz zahlen können. Es dürfen **nur** Sachverhalte ermittelt werden, die für eine beantragte Leistung erheblich sind.
Ermittler dürfen auch vorhandenen Hausrat nicht schriftlich in Inventarlisten dokumentieren. Für solche Ermittlungen gibt es keine Mitwirkungspflicht.

3.2 Daten sind beim Betroffenen zu erheben

Die Behörde hat sich zunächst an den Betroffenen zu wenden (§ 67a Abs. 2 Satz 1 SGB X). Im SGB II dürfte das der Antragsteller sein. Ist der Antragsteller bei einem unangemeldeten Hausbesuch nicht zugegen, darf das Amt nicht die Kinder (⇨3.3) oder Mitbewohnende bitten, *„mal eben reinschauen"* zu dürfen. Hier werden die Ermittler noch einmal kommen müssen.

Die Erhebung von Sozialdaten ist vom Grundsatz her auch bei Dritten (Mitbewohnende, Nachbarn, Bekannte, Vermieter, Hausmeister usw.) möglich. Dies aber **nur**, wenn die Erhebung beim Betroffenen einen **unverhältnismäßigen Aufwand** erfordern würde und **keine Anhaltspunkte** dafür bestehen, dass überwiegende **schutzwürdige Interessen** des Betroffenen beeinträchtigt werden (§ 67a Abs. 2 Satz 2 Nr. 2 b SGB X). Ohne Ihre **Zustimmung** besteht unserer Auffassung nach immer die Gefahr, dass Ihre schutzwürdigen Interessen beeinträchtigt werden.

„Wer Sozialleistungen beantragt oder erhält, hat ... der Erteilung der ***erforderlichen*** *Auskünfte durch Dritte zuzustimmen."* (§ 60 Abs. 1 Nr. 1 SGB I). Dies ist gegenüber der SGB-X-Vorschrift *„soweit keine Anhaltspunkte dafür bestehen, dass überwiegende schutzwürdige Interessen des Betroffenen beeinträchtigt werden"* vorrangig.

Sie können also mit der Behörde darüber reden, was erforderlich ist und wie das Amt unter Wahrung des Sozialgeheimnisses zu den gewünschten Informationen kommt. Es gehört ggf. zu Ihren *„schutzwürdigen Interessen"*, dass Ihre Hilfebedürftigkeit nicht bekannt wird, weil dadurch Ihr Ruf beeinträchtigt werden könnte, Sie gegenüber dem Vermieter/ Arbeitgeber erpressbar werden könnten oder Ihre Kreditwürdigkeit in Frage gestellt würde.

3.3 Keine Befragung Minderjähriger

Eine Befragung Minderjähriger über die persönlichen Verhältnisse eines Dritten ist grundsätzlich unzulässig. Minderjährige dürfen nur befragt werden, wenn sie unmittelbar betroffen sind und das Einverständnis des gesetzlichen Vertreters vorliegt (BA 6.14).

3.4 Kein Erschleichen des Zugang zur Wohnung

Grundsätzlich unzulässig ist es, sich den Zugang zur Wohnung unter Vorspiegelung falscher Tatsachen zu verschaffen oder über Dritte, z.B. Hausmeister oder über eine im Haushalt lebende Personen, die nicht Vertreterin der Bedarfsgemeinschaft ist.

3.5 Angemeldete oder unangemeldete Hausbesuche?

Oft wird behauptet, Behörden dürften nur angemeldete Hausbesuche durchführen. Das ist **nicht richtig.**

„Hausbesuche sind grundsätzlich im Vorfeld anzukündigen, es sei denn, die Ankündigung würde den Zweck des Hausbesuches vereiteln." (BA 6.20a)

Wenn ein Hausbesuch erforderlich ist und alle anderen Ermittlungsmethoden der Behörde ausgeschöpft wurden, muss diese prüfen, ob sie einen angemeldeten oder unangemeldeten Hausbesuch durchführt. Da ein unangemeldeter Hausbesuch weiter in das Selbstbestimmungsrecht des Leistungsbeziehers eingreift, darf es dazu nur kommen, wenn die Behörde mit überwiegender Wahrscheinlichkeit davon ausgehen kann, dass sie mit einem angemeldeten Besuch den realen Sachverhalt nicht ermitteln kann. Hätte sie aber den Sachverhalt mit einem angemeldeten Hausbesuch ermitteln können und bestand nicht die begründete Gefahr, dass eine Verfälschung der Sachlage vorgenommen wird, ist der unangemeldete Hausbesuch rechtswidrig.

Tipp Die Rechtswidrigkeit eines Hausbesuchs kann der ⇨**Datenschutz**beauftragte, die **Fachaufsicht** (⇨1.5) oder das Sozialgericht im Rahmen einer Feststellungs⇨**klage** (§ 55 Abs. 1 SGG) ermitteln.

3.6 Einsicht in das Protokoll?

„Während des Hausbesuches ist der Betroffene über die Verfahrensabläufe zu informieren. Er hat das Recht, während des Hausbesuches Einsicht in das Prüfprotokoll zu nehmen." (BA, Leitfaden Außendienst, 01/2007, 6) Die Bundesdatenschutzbeauftragte sagt, *„eine Durchschrift des Protokolls"* **sollte** ausgehändigt werden (⇨1.2); ebenso die BA: *„Dem Betroffenen ist auf Wunsch eine Abschrift des Prüfprotokolls zu überlassen."* (BA 6.23) Dieses Recht sollten Sie nutzen. Wenn im Prüfprotokoll falsche Angaben gemacht werden, sollten

Sie darauf bestehen, dass diese korrigiert werden oder zumindest Ihr Einwand dagegen festgehalten wird.
Sie müssen sich davor schützen, dass der Sachverhalt hinterher von den Ermittlern ganz anders oder verzerrt dargestellt wird. Stimmen Sie nicht mit dem Protokoll überein, haben Sie das Recht *„nach Abschluss des Hausbesuches eine Gegendarstellung [zu] erstellen"* (BA 6.23).

3.7. Fotografieren beim Hausbesuch

H

Foto- bzw. Videoaufnahmen stellen eine besondere Form der Datenerhebung bzw. Datenspeicherung dar. Auch hier muss der Grundsatz der Erforderlichkeit beachtet werden. Beides führt zur Dokumentation einer Vielzahl von Informationen über den Betroffenen. In den wenigsten Fällen dürfte eine visuelle Datenerhebung bzw. -speicherung erforderlich sein. Es kann daher nur in begründeten Einzelfällen erforderlich und damit zulässig sein (Hinweise des Unabhängiges Landeszentrum für Datenschutz Schleswig-Holstein zur datenschutzgerechten Ausgestaltung von Hausbesuchen, Stand: 1.9.2007).
Werden in Ihrer Wohnung Fotos **ohne Ihre Zustimmung** angefertigt, ist das unzulässig und stellt einen Straftatbestand dar: *„Verletzung des höchstpersönlichen Lebensbereichs durch Bildaufnahmen"* (§ 201a Abs. 1 StGB, Strafmaß: bis zu einem Jahr Haft).

3.8 Beweisverwertungsverbot illegal ermittelter Daten

Illegal ermittelte Sozialdaten dürfen nicht gegen den Ausgeforschten verwendet werden (SG Düsseldorf 23.11.2005 - S 35 AS 343/05 ER; LSG Bayern 25.1.2008 - L 7 AS 72/07 oder LSG Bayern 23.7.2009 - L 8 AL 337/06).
Einen informativen Aufsatz zum Beweisverwertungsverbot im Sozialrecht hat Karl Friedrich Köhler geschrieben (ZFSH/SGB 08/2009, 451 ff).

3.9 Observation und richtige Detektive

„Die Durchführung von Observationen durch Behördenmitarbeiter ist unzulässig. Observationen sind zielgerichtete Überwachungen von Personen oder Immobilien unabhängig von der Dauer der Überwachung. Die Sachverhaltsaufklärung hat vielmehr durch Inaugenscheinnahme von Beweismitteln zu erfolgen, z.B. durch Hausbesuche, Prüfung von Versicherungsunterlagen (gegenseitige Begünstigung in einer Lebensversicherung), Prüfung von Kontoauszügen, Einsichtnahme in Geschäftsunterlagen u. ä." (BA 6.11)
Leider halten sich Jobcenter (aber auch Sozialämter) oft nicht an diese verbindliche Weisung.

Die BA bestimmt ferner: *„Mit der Durchführung von Außendiensten können grundsätzlich andere Leistungsträger (§ 12 SGB I) gemäß §§ 88 ff. SGB X beauftragt werden. Die Beauftragung einer nicht-öffentlichen Stelle ist unzulässig"* (BA 6.4). Demnach ist es nicht zulässig, Detekteien einzuschalten.

Tipp Was (Sozial-)Detektive über Sie zu Protokoll gegeben haben, können Sie über Ihr Recht auf ⇨Akteneinsicht herausfinden.

4. Richtlinien für Hausbesuche

Es gibt mittlerweile verschiedene Richtlinien zu Hausbesuchen, z.B. von Datenschutzbeauftragten zur datenschutzgerechten Ausgestaltung von Hausbesuchen. Zu finden unter www.datenschutzzentrum.de/sozialdatenschutz/hausbesuche.htm
Zudem gibt es die Weisungen der BA zu § 6 SGB II und den hier zitierten BA-Leitfaden Außendienst, 01/2007 unter www.harald-thome.de/sgb-ii---hinweise.html

Information

www.datenschutz.de
Unabhängiges Landeszentrum für Datenschutz Schleswig-Holstein, Hinweise zur datenschutzrechtlichen Ausgestaltung von Hausbesuchen, April 2006
Manfred Hammel, Möglichkeiten, Grenzen und Wirkungen des Einsatzes von Sozial(hilfe)detektiven durch Sozialämter, Starnberg 2000, Verlag R.S.Schulz

Klage

Wird Ihr Widerspruch von der Behörde mit einem Widerspruchsbescheid abgelehnt, bleibt Ihnen als nächster Schritt nur eine Klage vor dem Sozialgericht.
Aber immerhin wurden 2011 schon 36% der rund 741.000 bearbeiteten Widersprüche von den Jobcentern selbst ganz oder teilweise abgewickelt. Von den 138.000 Klagen, die im gleichen Jahr erledigt wurden, waren über 44% erfolgreich. (BT-Drs. 17/9335, 5) Sich wehren lohnt sich durchaus. Die meisten Klagen und ⇨einstweiligen Anordnungen wurden übrigens über außergerichtliche Vergleiche erledigt (⇨2.2.2); diese gehen nicht in die offizielle Statistik ein.

Für Angelegenheiten bei Alg II und HzL/ GSi der Sozialhilfe ist das Sozialgericht zuständig (§ 51 Abs. 1 Nr. 4a und 6a SGG).

1. Welche Gerichte und Stellen sind zuständig?

Örtlich zuständig ist in der Regel das Sozialgericht, in dessen Bezirk der Kläger zur Zeit der Klageerhebung seinen Sitz oder Wohnsitz oder seinen Aufenthaltsort hat.
Die Gerichtsadressen finden Sie unter www.justiz.de/OrtsGerichtsverzeichnis/index.php

Um die Klagefrist zu wahren, können Sie die Klageschrift innerhalb der Frist statt beim zuständigen Sozialgericht auch bei einer anderen inländischen Behörde oder bei einem Sozialversicherungsträger einreichen. Die Klageschrift ist dann unverzüglich an das zuständige Gericht weiterzuleiten.
Bürger aus Staaten der EU, Staaten der EWR und des EU-Wirtschaftsraumes sowie Flüchtlinge in diesen Staaten können Klagen bei einer entsprechenden Behörde, einem Träger oder einem Gericht eines anderen EU-Mitgliedstaats einreichen (§ 30 Abs. 2 SGB I i.V. mit Art. 81 Satz 1 VO (EG) 883/2004; ⇨Antragstellung 1.13.2 f.).

1.1 Verschiedene Formen von Klagen

a. **Anfechtungsklage** heißt die Klage, wenn Sie die Aufhebung eines Bescheids durchsetzen wollen, mit dem Ihnen eine Leistung ganz oder teilweise entzogen wird. Sie wendet sich z.B. gegen Aufrechnungen, Rückforderungen von Darlehen, Kürzungen, Erstattung zu Unrecht erbrachter Leistungen usw.

b. **Verpflichtungsklage,** oft **Untätigkeitsklage** genannt, legen Sie ein, wenn die Behörde einen Antrag oder Widerspruch nicht bearbeitet. Eine Verpflichtungsklage ist bei Anträgen nach sechs Monaten Untätigkeit möglich (§ 88 Abs. 1 SGG) bei Widersprüchen nach drei (§ 88 Abs. 2 SGG).

c. **Leistungsklage** heißt die Klage, wenn Sie die Behörde zu einer Leistung verpflichten wollen, die sie rechtswidrig abgelehnt, in zu geringer Höhe oder für zu kurze Zeit bewilligt hat. Die einfachste Form der Leistungsklage wendet sich gegen die Einstellung einer bereits bewilligten Leistung, ohne dass ein entsprechender Aufhebungsbescheid erlassen wurde. In diesem Fall brauchen Sie keinen Widerspruch einzulegen.

d. **Feststellungsklage** heißt die Klage, wenn Sie feststellen lassen wollen, welches Rechtsverhältnis besteht: ob Sie z.B. erwerbsfähig sind oder nicht, ob Sozialamt oder Jobcenter zuständig ist, ob der in einer ⇨Eingliederungsvereinbarung geregelte Inhalt zulässig ist usw. Hier brauchen Sie ebenfalls keinen Widerspruch einzulegen.

e. Ein Antrag auf **Androhung und Festsetzung eines Zwangsgeldes** kommt in Frage, wenn Ihnen aufgrund eines Gerichtsbeschlusses, -urteils oder -vergleichs eine Zahlung der Behörde zusteht, dieses aber die Auszahlung verweigert. Näheres unter ⇨einstweilige Anordnung 3.2.1

Die meisten Klagen sind **kombinierte Klagen**. Häufig sind Anfechtungs- und Leistungsklagen (§ 54 Abs. 4 SGG), aber auch Anfechtungs- und Verpflichtungsklagen (§ 54 Abs. 1 SGG).
Sie verlangen hier sowohl die Rücknahme eines Bescheides als auch die Erbringung einer bestimmten Leistung bzw. eine bestimmte Handlung der Behörde.

Tipp Klagen Sie ohne Anwalt, müssen Sie die Art der Klage nicht angeben. Das Gericht ist verpflichtet, Sie bei der Ausgestaltung von Klagen zu beraten. Sie müssen nur deutlich machen, gegen was Sie klagen wollen und ob Sie mit Ihrer Klage einen Widerspruchsbescheid anfechten und/ oder eine einstweilige Anordnung beantragen. Das Gericht muss Ihre Klage sachgerecht auslegen.

1.2 Voraussetzungen für eine Klage

a) Ihre Klage muss folgende **Angaben** enthalten:
- Wer ist der Kläger? Unbedingt alle Mitglieder der Bedarfsgemeinschaft angeben!
- Gegen wen klagen Sie? (Jobcenter, AA, Sozialamt)
- Gegen was klagen Sie? (Bescheid vom xx.xx.xx in der Fassung des Widerspruchsbescheids vom xx.xx.xx mit Aktenzeichen)
- Was beantragen Sie?
- Unterschrift, Ort und Datum
- die zur Begründung der Klage erforderlichen Beweismittel sollen angegeben und in Kopie beigefügt werden.

b) Wenn Sie die Klage nicht selbst schreiben wollen, können Sie zur **Rechtsantragsstelle** beim Sozialgericht gehen. Dort nehmen RechtspflegerInnen die Klage zusammen mit Ihnen auf. Alles Weitere finden Sie unter ⇨einstweilige Anordnung 2.1.

c) In den ersten beiden Instanzen herrscht **kein** Anwaltszwang.

d) Ihre Klage muss innerhalb einer **Frist von einem Monat** nach Zustellung des Widerspruchsbescheides beim Gericht oder bei einer inländischen (§ 91 Abs. 1 SGG) oder EU-Behörde (⇨1.) eingegangen sein. Näheres zu den Fristen unter ⇨Widerspruch 3.

Tipp 1 Um die **Frist zu wahren**, können Sie die Klage auch ohne Begründung einreichen. Begründungen müssen Sie innerhalb von drei Monaten nachreichen oder wenn das Gericht Sie dazu auffordert, sonst gilt die Klage als zurückgenommen. Sie haben also Zeit, sich Informationen bei Beratungsstellen, einem ⇨**Anwalt** usw. zu holen (§ 102 Abs. 2 SGG).

Tipp 2 Die Klage soll in **zweifacher Ausfertigung** eingereicht werden. Legen Sie immer eine Kopie des entsprechenden Widerspruchsbescheids bei. Für sich selbst brauchen Sie auch eine Kopie.

Sie können jederzeit ohne besondere Formalien oder Begründungen eine eingereichte Klage zurückziehen. Es entstehen keine Kosten.

1.3 Ziel der Klage

Sie müssen kein Klageziel angeben. Die Klage soll zwar einen bestimmten Antrag enthalten (§ 92 SGG), muss aber nicht zwingend. Sie müssen also auch noch nicht genau beziffern, in welcher Höhe Sie Geld nachgezahlt bekommen wollen.
Das Gericht soll darauf hinwirken (§§ 106, 112 SGG), dass spätestens bis zur letzten mündlichen Erörterung geklärt ist, welche Klageziele Sie konkret verfolgen.

1.4 Gegenstand des Gerichtsverfarens

Im Klageverfahren geht es **nur** um den **Ursprungsbescheid**. Die Einbeziehung nachfolgender Bescheide ist nur dann möglich, wenn diese den angefochtenen Verwaltungsakt abändern oder ersetzen (§ 96 Abs. 1 SGG). D.h., Sie **müssen** gegen jeden nachfolgenden neuen Bescheid (z.B. nach Beginn eines neuen Bewilligungszeitraums) **erneut Widerspruch und Klage** einlegen, damit er in die laufende Klage einbezogen wird.
Handelt es sich bei dem angefochtenen Bescheid **nicht** um eine Einzelentscheidung (z.B. eine Sanktion), kann ein mit dem Klageverfahren verbundener Sachverhalt nur über den **jeweiligen Bewilligungszeitraum** geklärt werden.

1.5 Wer darf klagen?

Diejenigen sind *„befugt“* zu klagen, die in ihren Rechten verletzt sind. Bei einer Bedarfsgemeinschaft **müssen** also **alle betroffenen** Mitglieder klagen. Minderjährige Kinder werden dabei von ihren sorgeberechtigten Eltern vertreten. Wenn der Widerspruchsbescheid nur an die Person gerichtet ist, die in Vertretung der Bedarfsgemeinschaft den Widerspruch eingelegt hat (§ 38 SGB II), reicht es zunächst aus, wenn diese die Klage einreicht. Das Gericht soll Sie beraten, wie Sie die Klage form- und sachgerecht stellen (§ 106 Abs. 1 SGG).

2.1 Gang des Verfahrens

Näheres unter ⇨einstweilige Anordnung 3. f.

2.2. Mündliche Verhandlung

Bis zur Verhandlung dauert es im Schnitt gut ein Jahr. Es kann aber auch erheblich länger dauern. Wie lange es dauert, hängt u.a. davon ab, wie viele Verfahren das zuständige Gericht abarbeiten muss.

2.2.1 Beistand

Zur Verhandlung müssen Sie in der Regel persönlich erscheinen. Sie können einen ⇨Beistand oder **Bevollmächtigten** mitbringen und sich von ihm vertreten lassen (§ 73 Abs. 5 SGG). Was der Beistand sagt, gilt als hätten Sie es gesagt, solange Sie dem nicht widersprechen.

Die Zurückweisung eines Beistandes aus einer Beratungseinrichtung wird nach dem seit 2008 geltenden Rechtsdienstleistungsgesetz nicht mehr erfolgen, da eine Beistandschaft keine unerlaubte Rechtsdienstleistung mehr darstellt (⇨Beratung).

Findet in dem Verfahren ein **Erörterungstermin** mit dem Richter statt, um Sachverhalte zu klären oder die Beweisaufnahme zu besprechen und zu konkretisieren, sind diese Termine nicht öffentlich. Wollen Sie dort mit Beistand erscheinen, sollten Sie das Gericht darüber informieren. Handelt es sich um einen freundschaftlichen Beistand, darf dieser nicht abgelehnt werden.

Tipp Sollte der Beistand dennoch wegen unerlaubter Rechtsberatung zurückgewiesen werden, können Sie ihn im Flur warten lassen und die Unterbrechungen des Verfahrens beantragen, damit Sie sich mit ihm beraten können. Dann wird das Gericht vielleicht von selbst anregen, dass Sie den Beistand offiziell hinzuziehen.

2.2.2 Ablauf der mündlichen Verhandlung

Wenn ohne mündliche Verhandlung entschieden werden soll, sollten Sie widersprechen. Denn dann fehlt Ihnen eine Möglichkeit, dem Gericht Ihre Sicht der Dinge darzulegen.

In der mündlichen Verhandlung hat der vorsitzende Richter, der das Verfahren leitet, darauf hinzuwirken, dass die für den Sachverhalt erheblichen Tatsachen vollständig geklärt sowie angemessene und sachdienliche Anträge gestellt werden (§ 112 SGG).

Das Gericht wird den Sachverhalt vortragen und Ihnen nahe legen, sich außergerichtlich mit der Behörde auf einen **Vergleich** zu einigen. Es sei denn, es will die Klage abweisen.

Oft heißt ein Vergleich auch, dass nur ein Teil Ihrer Forderungen anerkannt wird.

Manche Gerichte wollen auf diesem Weg die Klage vom Tisch haben, damit sie kein Urteil schreiben müssen. Es kommt vor, dass Richter Ihnen sogar mit der Abweisung der Klage drohen, um Sie zur Annahme eines Vergleichs zu bewegen. Es kann aber auch sein, dass das Gericht mit einem Vergleich das Bestmögliche für Sie herausholen und eine Zurückweisung der Klage vermeiden will.

Lässt das Gericht erkennen, dass es zu Ihren Gunsten entscheiden wird, wird die Behörde ebenfalls versuchen, sich mit Ihnen im Vergleich zu einigen. Urteile zu Ungunsten der Behörde sind nämlich in deren Zuständigkeitsbereich für sie bindend. Lieber also ein „freiwilliges" Zugeständnis ohne Urteil, das das Amt nicht in anderen Fällen bindet, als ein erzwungenes „Zugeständnis" mit Urteil, das es in vergleichbaren Fällen bindet.

Tipp Lassen Sie sich auf eine außergerichtliche Einigung nur ein, wenn Sie meinen, kein besseres Ergebnis erzielen zu können.

2.2.3 Beweisaufnahme/Gutachter

Das Gericht entscheidet in der Regel schon vor der Verhandlung, welche Beweise aufgenommen werden müssen. Es kann z.B. von Amts wegen ein Sachverständigengutachten einholen, wenn es um ungeklärte Gesundheitsfragen geht. Sie können auch selbst einen Gutachter Ihrer Wahl benennen. Allerdings müssen Sie die Kosten für den Gutachter vorlegen, wenn das Gericht die Hinzuziehung eines Gutachters nicht für notwendig erachtet. Gewinnen Sie das Verfahren, sind die Kosten vom Gericht zu übernehmen. In der Verhandlung können Sie Beweisanträge stellen bzw. Zeugen mitbringen.

Wenn die Leistungsträger erkennbare und notwendige Ermittlungen unterlassen haben und diese nun im gerichtlichen Verfahren nachgeholt werden müssen, kann das Gericht der Behörde die Kosten ganz oder teilweise auferlegen (§ 192 Abs. 4 SGG).

2.2.4 Protokoll

Sachverhalte, die nicht durch die Klageschrift oder den Schriftverkehr dokumentiert sind bzw. die nicht in der mündlichen Verhandlung ins Protokoll aufgenommen wurden, gelten im Zweifelsfall als nicht vorgetragen.
Achten Sie also darauf, dass alle für das Verfahren wichtigen Sachverhalte ins Protokoll aufgenommen werden. Sie können einen entsprechenden Antrag stellen.

2.3 Urteil

Das Verfahren kann abgeschlossen werden,
- indem ein Vergleich geschlossen wird; dann ergeht kein Urteil (→2.2.2),
- indem Sie die Klage zurücknehmen; dann ergeht auch kein Urteil oder
- indem das Gericht ein Urteil verkündet, wenn Sie an der Klage festgehalten und sich nicht mit der Behörde geeinigt haben.

2.4 Berufung

Wenn Sie mit dem Urteil nicht einverstanden sind, können Sie Berufung beim Landessozialgericht einlegen (§ 143 SGG). Wenn der Wert des *„Beschwerdegegenstandes"* unter 750 € liegt, muss die Berufung vom Sozialgericht zugelassen werden. Bei Beträgen darüber oder wenn es sich um eine wiederkehrende oder laufende Leistung für mehr als ein Jahr handelt oder es um eine Sache von grundsätzlicher Bedeutung geht, bedarf es keiner Zulassung (§ 144 SGG).

Tipp Wenn Sie in Berufung gehen wollen, müssen Sie in der mündlichen Verhandlung anregen, dass das Sozialgericht die Berufung im Urteil zulässt.

2.5 Kein Anwaltszwang

Anders als im Verwaltungsrecht besteht auch in der zweiten Instanz vor dem Landessozialgericht kein Zwang, einen ⇨Anwalt zu einzuschalten. Sie können sich daher auch dort selbst vertreten oder durch einen Beistand oder den Rechtssekretär Ihrer Gewerkschaft vertreten lassen.

3. Überlange Verfahren

Nachdem Deutschland vor dem Europäischen Gerichtshofes für Menschrechte immer wieder wegen überlanger Verfahrensdauer verurteilt wurde, wurde Ende 2011das *„Gesetz über den Rechtsschutz bei überlangen Gerichtsverfahren"* erlassen (§§ 198-201 GVB), das in mehrere bestehende Gesetze eingefügt wurde.

Es normiert einen Entschädigungsanspruch in Höhe von 1.200 € für jedes Jahr überlanger Gerichtsverfahrensdauer (§ 198 Abs. 2 GVB). Dieser Betrag kann abweichend festgesetzt werden. Ein Anspruch auf Entschädigung besteht aber nur, wenn das Gericht zuvor eine Verzögerungsrüge erhalten hat; diese ist frühestens nach sechs Monaten nach Eingang der Klage möglich (§ 198 Abs. 3 Satz 1 GVG). Dann hat das Gericht weitere sechs Monate Zeit, die Klage abschließend zu bearbeiten. Frühestens sechs Monate nach Erhebung der Verfahrensrüge kann die Entschädigungsklage eingelegt werden (§ 198 Abs. 5 GVG).
Der Entschädigungsanspruch ist verschuldensunabhängig. Es kommt also nicht darauf an, ob den Richtern, den Gerichts- oder Landesjustizverwaltungen ein Vorwurf zu machen ist. Neben der neuen Entschädigung sind zusätzlich – wie bisher – Amtshaftungsansprüche denkbar, wenn die Verzögerung auf einer schuldhaften Amtspflichtverletzung beruht. Dann kann umfassend Schadensersatz verlangt werden.
Anwendbar sind die Vorschriften in allen Gerichtsbarkeiten, auch in Verfahren auf Beantragung von Prozesskosten- oder Verfahrenskostenhilfe und in einstweiligen Rechtsschutzsachen. Ausgenommen sind lediglich eröffnete Insolvenzverfahren (§ 198 Abs. 6 Nr. 1 GVG).
Die Entschädigungszahlung kann bei einer solchen Klage durchaus höher sein als der Streitwert des Ausgangsverfahrens (BSG 12.2.2015 - B 10 ÜG 11/13 R). Sie sind bei Alg II und HzL/ GSi der Sozialhilfe immer anrechnungsfrei (§ 11a Abs. 2 SGB II, § 83 Abs. 2 SGB XII).

4. Kosten einer Klage

a. Gerichtskosten entstehen für Beziehende von Alg II und HzL/ GSi der Sozialhilfe keine, selbst wenn sie den Prozess verlieren. Das gilt für alle Sozialgerichtsverfahren (§ 183 SGG).

b. Anwaltskosten der Behörde haben Sie nicht zu tragen (§ 193 Abs. 4 i.V. mit § 184 Abs. 1 SGG).

c. Eigene Anwaltskosten

Überlegen Sie sich sehr genau, ob Sie einen Anwalt einschalten wollen. Sie können ⇨Prozesskostenhilfe (PKH) beantragen, also die Übernahme Ihrer Anwaltskosten durch die Justizbehörden. Bekommen Sie **keine** PKH und verlieren Sie die Klage, fallen Kosten von mehreren Hundert € für den Anwalt an. Näheres unter ⇨Anwalt

Eine Verrechnung des Anspruchs auf Erstattung des Anwaltshonorars mit Forderungen des Jobcenters gegen den Leistungsberechtigten ist rechtswidrig (LSG Rheinland-Pfalz 6.5.2015 - L 6 AS 288/13 und L 6 AS 34/15). Das gilt auch für die Sozialhilfe. Die BA hatte eine solche Verrechnungsmöglichkeit in ihren Fachlichen Hinweisen empfohlen.

5. Wenn das Jobcenter/Sozialamt trotz Urteils nicht zahlt,

schlagen Sie nach unter ⇨einstweilige Anordnung 3.2.1

Forderung

Keine Einführung von Sozialgerichtsgebühren!

Erhebung von Missbrauchsgebühren von den Leistungsträgern, wenn diese Verfahren mutwillig herbeiführen!

Einführung einer Verpflichtungsklage nach sechs Monaten Untätigkeit des Gerichts!

Informationen:

Hamburger Justiz, Die Klage, http://justiz.hamburg.de/die-klage/1291562/klage.html

BA, Praxishandbuch für das Verfahren nach dem Sozialgerichtsgesetz, 1.11.2013, www.harald-thome.de/media/files/ah-ba/HB-Verfahren-SGG-11-2013.pdf (Anmerkung: gute Tipps und Hinweise zum Rechtsmittelverfahren)

Eilrechtsschutz und Klageverfahren in der Sozialen Arbeit, Walhalla Verlag, 2011 (inkl. CD, mit Formulierungshilfen)

Kontoauszüge

(Kontenabfrage)

Stellen Sie einen Erstantrag auf Alg II oder HzL/ GSi der Sozialhilfe, werden Sie meist aufgefordert, die Kontoauszüge der letzten Monate vorzulegen.

Wenn Sie das ablehnen, droht man Ihnen, Alg II/ Sozialhilfe wegen **„fehlender Mitwirkung"** zu versagen.

K

1.1 Einsicht in die Kontoauszüge der letzten drei Monate vor Antragstellung

Ihre ⇨Mitwirkungspflicht besteht darin, alle Tatsachen anzugeben, die für die Leistung *„erheblich"* sind. Sie sind auch verpflichtet, *„auf Verlangen ... Beweisurkunden vorzulegen oder ihrer Vorlage zuzustimmen"* (§ 60 Abs. 1 Nr. 1 und Nr. 3 SGB I). Kontoauszüge sind zweifellos Beweisurkunden. Sie geben Auskunft darüber, ob Sie mittellos sind. Ihre Vorlage kann also für die Leistung erheblich sein.

Das BSG hat jedoch die Pflicht, Kontoauszüge für die **letzten drei Monate** vor der Antragstellung vorzulegen, für zulässig erklärt (19.9.2008 - B 14 AS 45/07 R). Die Vorlage von Kontoauszügen zur Einsicht ist eine rechtmäßige Datenerhebung, um **„Leistungsmissbrauch"** vorzubeugen, eine konkrete Begründung der Behörde sei nicht notwendig (LSG Bayern 21.5.2014 - L 7 AS 347/14 B ER).

Auch bei jedem neuen **Weiterbewilligungs- bzw. Folgeantrag** darf die Vorlage der Kontoauszüge der vorherigen drei Monate gefordert werden (BSG 19.2.2009 - B 4 AS 10/98 R). In dieser Entscheidung hat das BSG die Möglichkeit **Schwärzungen vorzunehmen** für zulässig erklärt.

Tipp *„Werden Sozialdaten beim Betroffenen erhoben, ist er ... über die Zweckbestimmungen der Erhebungen ... zu unterrichten."* (§ 67a SGB X). Fragen Sie also, worin die Zweifel des Amtes bestehen.

Kritik

Das BSG schafft mit dieser Rechtsprechung einen Generalverdacht gegen alle Hartz-IV-

Beziehenden. Das Recht auf informationelle Selbstbestimmung wird damit eingeschränkt. Trotz BSG-Entscheidung ist es unserer Meinung nach aufgrund der Vorgaben des ⇨Datenschutzes nicht zulässig, auf einen allgemeinen Verdacht hin unverhältnismäßig Daten zu erheben. Wozu gibt es dann den erheblich ausgebauten ⇨Datenabgleich? Wozu gibt es die Regel, dass bei verschwiegenem Einkommen und Vermögen, wenn es aufgedeckt wird, überzahlte Leistungen zurückgefordert und aufgerechnet werden und sogar Strafverfolgung möglich ist? Wozu gibt es ferner die Verpflichtung, alle für die Leistung wesentlichen Tatsachen mitzuteilen?

K

Das BSG hält die Vorlage von lückenlosen Kontoauszügen von sechs Monaten für zulässig, davon für drei Monate rückwirkend. Für Ihren Anspruch auf Leistungen ist allerdings nur Ihre finanzielle Lage zum Zeitpunkt der Antragstellung relevant.

Unserer Meinung nach ist die verdachtslose Aufforderung, in erheblichem Umfang Kontoauszüge vorzulegen, trotz der BSG-Entscheidungen rechtswidrig. *„Das Zweite Kapitel des Zehnten Buches geht dessen Erstem Kapitel vor, soweit sich die Ermittlung des Sachverhaltes auf Sozialdaten erstreckt."* (§ 37 Satz 3 SGB I) Hier wird der Vorrang der datenschutzrechtlichen Vorschriften (§ 35 SGB I und §§ 67 - 85a SGB X) vor den Ermittlungsbefugnissen der Behörde (§ 20 und 21 SGB X) bestimmt. Damit ist der Schutz der Sozialdaten von Betroffenen höherrangig als das Ermittlungsinteresse der Behörde. Sozialdatenschutz darf nur in begründeten Fällen eingeschränkt werden. Generalverdacht gegen Erwerbslose bei routinemäßigen Abfragen ist nicht begründet.

1.2 Direkterhebungsgrundsatz

Sozialdaten sind beim Betroffen zu erheben (§ 67a Abs. 2 Satz 1 SGB X). „Betroffene" ist die leistungsberechtigte oder antragstellende Person. Eine Ausnahme besteht bei der gesetzlichen Vertretung von minderjährigen Kindern durch ihre Eltern. Möchte eine Behörde von einer Person die Kontoauszüge sehen, hat die Behörde sich an die jeweilige Person zu wenden. Das Jobcenter darf sich nicht an das antragsbevollmächtigte Mitglied einer **Bedarfsgemeinschaft** wenden, wenn es Daten anderer volljähriger Mitglieder anfordert.

Der **Partner** eines Antragstellers ist selbst auskunftspflichtig (§ 60 Abs. 4 SGB II). Deshalb muss sich das Jobcenter an den Partner selbst wenden, eine ggf. bestehende Mitwirkungspflicht durch einen Verwaltungsakt feststellen und diese Mitwirkung auf dem Weg einer Zwangsvollstreckung durchsetzen (BSG 25.6.2015 - B 14 AS 30/14 R; LSG Schleswig-Holstein 13.6.2013 - L 13 AS 83/10). Vom Partner, der selbst keine Leistungen beantragt hat (⇨eheähnliche Gemeinschaft), kann lediglich die Erteilung von Auskünften verlangt werden, nicht aber die Vorlage von Belegen über das Einkommen und Vermögen (§ 60 Abs. 4 Satz 1 Nr. 1 SGB II; BSG 24.2.2011 - B 14 AS 87/09 R).

1.3 Konten bei Bezahldienstleistern

Zu den Konteninformationen, die Sie angeben müssen, gehören auch Auszüge von **PayPal, Prepaid-Kreditkarten** und vergleichbaren Bezahldienstkonten. Keinesfalls darf das Jobcenter verlangen, dass Sie Ihr PayPal-Passwort oder dergleichen angeben. Da bei PayPal die Emailadresse einer Kontonummer gleichgestellt ist, wird diese statt der Kontonummer anzugeben sein. Die Mitteilungspflicht ergibt sich aus der Notwendigkeit, Ihr Einkommen und Vermögen zu überprüfen, um über Ihren Anspruch auf Leistungen zu entscheiden (§ 60 Abs. 1 Nr. 2 SGB I).

Auch bei diesen Zahlungsmitteln können i.d.R. Angaben bis drei Monate vor der Antragstellung gefordert werden.

1.4 Kontoauszüge schwärzen?

SGB-II-Leistungsträger sind verpflichtet, auf die Möglichkeit hinzuweisen, Angaben zu schwärzen (BSG. 19.9.2008 - B 14 AS 45/07 R und 19.2.2009 - B 4 AS 10/98 R). Hierzu zählen Angaben, die Hinweise über die **ethnische Herkunft, politische Meinungen, religiöse oder philosophische Überzeugungen, Gewerkschaftszugehörigkeit** oder das **Sexualleben** geben können. Das BSG gesteht hier eine Schwärzung des **Zahlungsempfängers** und des **Verwendungszwecks** zu. Der Betrag selbst muss aber fürs Amt ersichtlich bleiben. *„Geschützt ist mithin nur die Geheimhaltung*

des Verwendungszwecks bzw. des Empfängers der Überweisung, nicht deren Höhe. Würde sich aus den insoweit geschwärzten Kontoauszügen eines Leistungsempfängers ergeben, dass in auffälliger Häufung oder Höhe Beträge überwiesen werden, so ist im Nachfolgenden jeweils im Einzelfall zu entscheiden, inwieweit ausnahmsweise nicht doch eine Offenlegung auch des bislang geschwärzten Adressaten gefordert werden kann" (BSG 19.9.2008 - B 14 AS 45/07 R, Rz. 25, 26).
Obwohl das Amt laut BSG auf die Möglichkeit hinweisen muss, Angaben zu schwärzen, ist diese Aussage offensichtlich noch nicht bei den Jobcentern angekommen.

Kontoauszüge sind nicht nur diejenigen, die Sie am Automaten oder von der Bank ausgedruckt bekommen, sondern auch die per **Onlinebanking** ausgedruckten Auszüge. Diese nicht zu akzeptieren und zu behaupten, sie könnten gefälscht sein, ist Blödsinn. Gefälscht werden kann alles. Wenn Hartz-IV-Beziehende Onlinebanking als geeignetes Verfahren wählen, ist das ihr gutes Recht. Sie sparen damit wenigstens ein paar Euro.

Die Aufforderung von Behörden, generell ungeschwärzte Auszüge vorzulegen, ist ein Verstoß gegen das Grundrecht auf informationelle Selbstbestimmung (⇨Datenschutz). Der Landesbeauftragte für Datenschutz Bremen hat klargestellt: *„Festzustellen ist, dass die Forderung nach Vorlage lückenlos ungeschwärzter Kontoauszüge grundsätzlich nur dann erforderlich und datenschutzrechtlich zulässig ist, wenn eine konkrete Frage zur Einkommens- und Vermögenssituation nicht anders geklärt werden kann."* (Schreiben vom 25.2.2004 - Az. 45-040-99.04/4; so auch SG Nürnberg 15.2.2006 - S 20 AS 75/06 ER)

Tipp Auch wenn Sie es für Ihr gutes Recht halten: Es bringt nichts, Kontoauszüge zu schwärzen und gegenüber der Behörde darauf zu beharren. Sie wird Ihnen die Leistung versagen. Bis Sie den Anspruch per Klage durchgesetzt haben, kann einige Zeit vergehen. Daher schalten Sie bei überzogenen Nachweisforderungen lieber die **Datenschutzbeauftragten** der Länder/ des Bundes ein oder klagen Sie **nachträglich**.

Eine Feststellungs⇨**klage** kann geführt werden, um zu klären, ob das Verlangen, ungeschwärzte Kontoauszüge vorzulegen, rechtmäßig ist (§ 55 Abs.1 Nr.1 SGG).

2. Blankovollmachten unzulässig
Jobcenter und Sozialämter verlangen bei Antragstellung manchmal Blankovollmachten, über die sie Ihre Kontobewegungen bei Banken direkt einsehen wollen. Sie sind verpflichtet, der *„Erteilung der **erforderlichen** Auskünfte durch Dritte zuzustimmen"* (§ 60 Abs. 1 Nr.1 SGB I). Eine Blankovollmacht gegenüber Ihrer Bank gehört **nicht** dazu, weil sie **nicht erforderlich** ist. Erstens sind Sozialdaten beim Betroffenen zu erheben (§ 67a Abs. 2 SGB X), Sie können die Kontoauszüge also selbst vorlegen. Zweitens gilt für die Bankauskünfte ebenfalls das, was schon unter 1.1 ausgeführt wurde. Die Blankovollmacht zur Erteilung von Bankauskünften darf also im Regelfall gar nicht von Ihnen verlangt werden. Liegt ein konkreter Betrugsverdachtsfall vor, muss der Sozialleistungsträger den Fall sowieso an die Strafverfolgungsbehörden abgeben. Der Bank auf diese Weise zu offenbaren, dass Sie Alg II/ Sozialhilfe beziehen, verstößt zudem gegen den ⇨Datenschutz.

Tipp Sollten Behörden solche Blankovollmachten in Anträgen von Ihnen verlangen, können Sie diese bedenkenlos durchstreichen. Sie sollten solche Vorgänge der Öffentlichkeit bekannt machen oder dem Bundesdatenschutzbeauftragten melden. Am besten entsprechende Formulare in Kopie als Nachweis beilegen.

3. Kostenerstattung für Kontoauszüge?
Vom Grundsatz her sind Sie nicht verpflichtet, Kontoauszüge zu sammeln. Sie sollten es aber trotzdem tun. Wenn Sie sich aufgrund der Aufforderung der Behörde bei Ihrer Bank Kontoauszüge nachträglich besorgen müssen, werden oft höhere Gebühren fällig.

Ihre Bank darf aber **keine** 15 € für die wiederholte Herausgabe der Kontoauszügen verlangen (BGH 17.12.2013 - XI ZR 66/13). Wenn sie es dennoch tut, sollten Sie auf das Urteil des Bundesgerichtshofs hinweisen und mit der Einschaltung der Bundesanstalt für Finanzdienstleistungsaufsicht (BaFin) oder eines Anwaltes drohen.

3.1. Kosten von Mitwirkungshandlungen

⇨Mitwirkung 8.

4. Kostenfreie und anonymisierte Auszahlung

⇨Konto 2.1 f.

5. P-Konto

⇨Pfändung (P-Konto) 2.

6. Kontenabruf bei in- und ausländischen Banken

K

⇨Datenabgleich 3.1 ff.

Forderungen

Keine regelmäßige Vorlage der Kontoauszüge der letzten drei Monate!
Entfernung aller Blankovollmachten aus Antragsformularen!
Kostenlose Barauszahlung auch bei Alg-II-Bezug!

Kostenerstattung

1.1 Kostenerstattung von Aufwendungen bei gewonnenen Widersprüchen

Wenn Ihr ⇨Widerspruch gegen einen Bescheid der Behörde erfolgreich war, können Sie Kostenersatz geltend machen. *„Soweit der Widerspruch erfolgreich ist, hat der Rechtsträger, dessen Behörde den angefochtenen Verwaltungsakt erlassen hat, demjenigen, der Widerspruch erhoben hat, die zur zweckentsprechenden Rechtsverfolgung ... notwendigen Aufwendungen zu erstatten."* (§ 63 Abs. 1 SGB X)
Aufwendungen sind insbesondere Kosten im Zusammenhang mit Widersprüchen, z.B. Kosten zur Urkundenbeschaffung, für ärztliche Atteste, für Beschäftigungsnachweise, für Briefverkehr, für Porto, Abschriften, Fotokopien, Zuzahlungen bei Beratungshilfe, aber auch für Dolmetscher (von Wulffen SGB X, § 63 Rz. 14 f.) sowie für Fahrten zum Amt, zu Ärzten, zu einer Ortsbesichtigung oder zu einem Bevollmächtigten (Hauck/Noftz SGB X, § 63 Rz. 66), aber auch für Telefon (ebenda, § 63 Rz. 65) und sonstige notwendige Aufwendungen.

Beratungsstellen verlangen teilweise für ihre Unterstützung Gebühren oder Beiträge, z.B. die Verbraucherzentrale oder Sozialverbände. Auch diese Kosten sind, wenn notwendig, als Aufwendungen im Widerspruchsverfahren zu übernehmen. Angesichts der Komplexität des Sozialrechtes ist die Hinzuziehung einer Beratungsstelle in der Regel auch bei einem einfachen Widerspruch notwendig.
Eigentlich müsste die Behörde bei Abhilfe eines Widerspruches gleich über die Aufwendungskosten mitentscheiden. Sie müsste erklären, dass geltend gemachte Aufwendungen übernommen werden.

Tipp Gegen einen Abhilfebescheid, bei dem die Kostenentscheidung fehlt, können Sie Widerspruch einlegen. Falls Sie tatsächlich Aufwendungen hatten, sollten Sie diese dann gleich belegen.

1.2 Übernahme der Kosten Bevollmächtigter

„Die Gebühren und Auslagen eines Rechtsanwalts oder eines sonstigen Bevollmächtigten im Vorverfahren sind erstattungsfähig, wenn die Zuziehung eines Bevollmächtigten notwendig war." (§ 63 Abs. 2 SGB X) Vorverfahren nennt man das dem Gerichtsverfahren vorgelagerte Widerspruchsverfahren. Einen Rechtsanwalt hinzuziehen kann notwendig sein, wenn es nicht nur darum geht, Sachverhalte richtig zu stellen, sondern auch darum, Sachverhalte rechtlich zu bewerten (LPK SGB II, Anhang Verfahren Rz. 55). Angesichts der Komplexität des Sozialrechtes ist die Hinzuziehung eines Anwalts auch bei einem einfachen Widerspruch im Regelfall notwendig (Hauck/Noftz SGB X, § 63 Rz. 50).
Auch Vertreter von Gewerkschaften, Sozialverbänden, Rentenberatungen, Wohlfahrtsverbänden, Verbraucherorganisationen und ähnlichen Stellen können Kosten verursachen. Wenn diese als Ihre Bevollmächtigte Gebühren und Auslagen geltend machen, sind sie zu übernehmen (§ 63 Abs. 2 SGB X).

Über die Notwendigkeit und die Höhe der Kostenerstattung entscheidet die Behörde. Ist der Widerspruch nur teilweise erfolgreich, sind Ihre Kosten auch nur teilweise zu erstatten.

1.3 ...bei gewonnenen Einstweiligen Anordnungen und Klagen

Auch hier haben Sie Anspruch auf Ersatz der Kosten der Rechtsverfolgung, z.B. der Anwaltskosten und der notwendigen Aufwendungen der Beteiligten (Fahrtkosten, Zeugengelder, Kopien usw.; § 193 SGG).

1.4 Kostenerstattungsanspruch bei Formfehlern der Behörde

Die Behörde ist beim Erlass von Verwaltungsakten an eine Reihe von formalen Vorschriften gebunden. Enthält der Bescheid Formfehler, ist dieser rechtswidrig und im Widerspruchsverfahren aufzuheben. Dabei ist es unerheblich, ob diese Formfehler im Laufe des Verfahrens korrigiert werden können und dadurch unbeachtlich sind (§ 41 Abs. 1 SGB X).

Solche Fehler können z.B. vorliegen, wenn
- eine erforderliche Begründung fehlt oder
- die erforderliche Anhörung versäumt wurde

(§ 41 Abs. 1 Satz 1 Nr. 1 - 6 SGB X).

Im Falle der Nachholung ist der Mangel zwar geheilt, die Behörde muss Ihnen aber trotzdem die mit dem Widerspruch verbundenen Kosten erstatten (§ 63 Abs. 1 Satz 2 SGB X).

1.5 Notwendige Aufwendungen bei Gericht

Werden entsprechend ⇨1.1 übernommen. Hinzu kommen ggf. auch Verdienstausfall und Fahrtkosten, besonders wenn persönliches Erscheinen angeordnet wurde. Sie müssen die Erstattung der Kosten bei der Gegenseite beantragen und Belege einreichen.

2. Aufwendungsersatz auch bei Kleinbeträgen

Nach einer Entscheidung des BSG sind auch Fahrtkosten in Höhe von 1,72 € für einen Leistungsbezieher **erhebliche Beträge**, die bei einer Meldeaufforderung nach § 59 SGB II zu übernehmen sind. Der Verweis auf Bagatellgrenzen von 6 € (die es im SGB III gegeben hat) ist rechtswidrig (BSG 6.12.2007 - B 14/7 b AS 50/06 R). Diese Entscheidung betrifft zwar nicht den Aufwendungsersatz, ist aber richtungweisend dafür, dass grundsätzlich auch kleinere Beträge zu übernehmen sind. Das dürfte auch für die Sozialhilfe gelten.

3.1 Aufwendungsersatz bei Mitwirkungspflichten

„Wer einem Verlangen des zuständigen Leistungsträgers nach den §§ 61 [persönliches Erscheinen] oder 62 [ärztliche oder psychologische Untersuchungen] nachkommt, kann auf Antrag Ersatz seiner notwendigen Auslagen in angemessenem Umfang erhalten. Bei einem Verlangen des zuständigen Leistungsträgers nach § 61 sollen Aufwendungen nur in Härtefällen ersetzt werden." (§ 65a SGB I)

Wenn Sie also wegen eines Antrags auf Krankenkostzulage zur Untersuchung in das nächstgelegene Gesundheitsamt fahren müssen, können Sie beim Amt einen Antrag auf Übernahme der entsprechenden Fahrtkosten stellen.

Das gilt auch, wenn die Behörde mit Verweis auf Ihre Mitwirkungspflichten verlangt, dass Sie wegen der Antragsstellung oder sonstiger Leistungsangelegenheiten persönlich erscheinen. Da solche Fahrtkosten nur in Härtefällen übernommen werden sollen, ist die BSG-Entscheidung (⇨2.) hilfreich, nach der auch kleine Beträge erhebliche Beträge sind (⇨Amtsarzt 3.1).

Die Kosten können auch nachträglich übernommen werden, *„wenn ein persönliches Erscheinen oder Untersuchen nachträglich als notwendig"* erachtet wird (§ 65a Abs. 2 SGB I). Scheuen Sie sich nicht, Kosten, die im Rahmen der Mitwirkungspflichten entstehen, geltend zu machen.

3.2 Übersetzungen

Die Amtssprache ist deutsch (§ 19 Abs. 2 SGB X). Werden Belege, Urkunden und sonstige Dokumente in fremder Sprache vorgelegt, **soll** die Behörde von Ihnen eine Übersetzung verlangen (§ 19 Abs. 2 Satz 1 SGB X).

Wie Sie am besten damit umgehen und welche Kosten übernommen werden, lesen Sie unter ⇨Antrag 1.13 ff.

K

4. Kostenfreiheit

„Geschäfte und Verhandlungen, die aus Anlass der Beantragung, Erbringung oder der Erstattung einer Sozialleistung nötig werden, sind kostenfrei. Von Beurkundungs- und Beglaubigungskosten sind befreit Urkunden, die ... im Sozialhilferecht, im Recht der Grundsicherung für Arbeitssuchende, im Recht der Grundsicherung im Alter und bei Erwerbsminderung ... aus Anlass der Beantragung, Erbringung oder Erstattung einer nach dem Zwölften, dem Zweiten (Buch) ... vorgesehenen Leistung benötigt werden..." (§ 64 Abs. 2 SGB X) Im Gegensatz zum allgemeinen Verwaltungsrecht sind Verfahren im Sozialrecht kostenfrei.

K

Kostenfrei sind also z.B.
- Gutachten über den Verkehrswert Ihres Hauses oder Grundstücks (BA 12.4) bzw.
- alle Gutachten über Vermögenswerte, deren Einsatz die Behörde verlangt (BVerwG - NVwZ 87, 1070 f.).

Kosten, die Sie selbst anlässlich der Beantragung von Sozialleistungen haben, z.B. für Kontoauszüge, Kopien oder Übersetzungen (⇨ 3.2) müssen Sie selber tragen, wenn Sie diese Dokumente ohne Aufforderung des Amts beschaffen. Wurden Sie aber vom Jobcenter/ Sozialamt zur Vorlage von Beweisdokumenten aufgefordert und sind Ihnen dadurch Kosten entstanden (Fahrtkosten, Beiträge, Gebühren, Kosten für Begleitpersonen, Fotokopieren ...) dann muss die Behörde die Kosten tragen. Denn auch für Behörden gilt das Prinzip „Wer bestellt, der bezahlt".
Wen das Jobcenter die Vorlage von kostenintensiven Beweismitteln fordert, ist es zum Ersatz der damit verbundenen Kosten verpflichtet (SG Braunschweig 13.1.2016 - S 17 AS 3211/12; Anspruchsgrundlage: § 21 Abs. 3 Satz 4 SGB X i.V. mit § 670 BGB).

Tipp 1 Machen Sie solche Kosten möglichst vorher geltend. Verweigert das Amt die Kostenübernahme, lassen Sie sich die Ablehnung schriftlich geben. Sie werden dann in Vorleistung treten und im Rechtsmittelverfahren die Kostenerstattung erstreiten müssen.

Tipp 2 Zahlt die Behörde nicht im Voraus und können Sie die Kosten nicht vorstrecken, liegt ein *„wichtiger Grund"* für die versäumte Mitwirkung vor. Dann muss entweder ohne Ihre Mitwirkung entscheiden werden oder die Kosten sind zu übernehmen. Den wichtigen Grund, für die ausbleibende Mitwirkung sollten Sie der Behörde möglichst schriftlich darlegen und darauf verweisen, dass sich die betreffende Mitwirkungsaufforderung erledigt hat (§ 65 Abs. 1 Nr. 2 SGB I).

5. Kostenvoranschlag

Die Behörde kann bei größeren Ausgaben, z.B. bei Umzügen oder Renovierungen durch ein Unternehmen zwei bis drei Kostenvoranschläge verlangen. Sollten für die Erstellung solcher Kostenvoranschläge Gebühren erhoben werden, sind diese nicht im Regelsatz enthalten. Sie müssen deshalb auf Ihren Antrag hin erstattet werden (§ 64 Abs. 2 Satz 1 SGB X; BVerwG - NVwZ 87, 1070 - 1071).

6. Passkosten

Behörden verlangen bei der Beantragung von Alg II/ Sozialhilfe einen gültigen Personalausweis. Wenn Sie **mittellos** sind und Leistungen beantragen, ohne in Besitz eines gültigen Ausweises zu sein, sollte man Ihnen zunächst vorläufig die Leistung gewähren oder einen Vorschuss auszahlen und Ihnen für die Vorlage des Ausweises im Rahmen der Mitwirkungspflichten eine angemessene Frist einräumen. Falls **Zweifel an Ihrer Identität** bestehen, können diese ggf. mit einer eidesstattliche Versicherung eines Dritten vorläufig ausgeräumt werden.
Das Sozialgericht Berlin hat ein **Darlehen** in Höhe von 10 € für die Ausstellung eines vorläufigen Personalausweises zuerkannt, da der Antragstellende in einer derartigen Situation nicht vollkommen schutzlos belassen werden könne (28.3.2013 - S 149 AS 30511/12 ER).

Erlass von Ausweisgebühren ⇨Einmalige Beihilfen 1.2

Mitwirkungspflichten

Als Erstes gilt: *„Die Behörde ermittelt den Sachverhalt von Amts wegen."* (§ 20 SGB X) Dabei muss sie *„alle für den Einzelfall bedeutsamen, auch die für die Beteiligten günstigen Umstände"* berücksichtigen (§ 20 Abs. 2 SGB X). Sie kann Auskünfte einholen, andere Personen anhören, Urkunden und Akten beiziehen und den Augenschein einnehmen (§ 21 Abs. 1 SGB X). Sie bestimmt dabei Art und Umfang der Ermittlungen und ist nicht an die Beweisanträge der Beteiligten gebunden (§ 20 Abs. 1 Satz 2 SGB X). Das gehört zu den **Mitwirkungspflichten der Behörde**.

Die Behörde hat im Rahmen des *„Untersuchungsgrundsatzes"* (§ 20 SGB X) den Sachverhalt von Amts wegen zu ermitteln und Ihnen im Rahmen der Beratungspflichten detailliert aufzuzeigen, welche Sachverhalte Sie aufklären müssen, damit Alg II oder HzL/ GSi der Sozialhilfe geleistet werden kann (auch BVerfG 12.5.2005 - 1 BvR 569/05).

Sie darf Ihnen also die Leistung nicht bloß deswegen streichen, weil sie meint, dass Sie nicht die Wahrheit sagen oder Dinge verschweigen (OVG Berlin 28.3.1990 - FEVS 1991, 57; in Bezug auf Alg II: SG Düsseldorf 1.2.2005 - SA 35 SO 9/05 ER 1/2).

Ab 1.8.2016 *„erhalten"* **Alg-II-Beziehende** vom Jobcenter *„Auskunft und Rat [insbesondere] zu Selbsthilfeobliegenheiten und Mitwirkungspflichten ..."* (§ 14 Abs. 2 SGB II neu). Diese Beratungspflicht hat sich in *„Art und Umfang der Beratung ... nach dem Beratungsbedarf der leistungsberechtigten Person"* zu richten (§ 14 Abs. 2 Satz 3 SGB II). Eine Beratung über Ihre Mitwirkungspflichten gehört also zu den Mitwirkungspflichten des Jobcenters: Diese Beratung hat auf Antrag zu erfolgen, aber auch dann, wenn sich dem Jobcenter aus sonstigen Gründen erschließt, dass ein Beratungsbedarf besteht. Näheres unter ⇨Beratung 2. f.

Inhaltsübersicht:

1. Mitwirkungspflichten der Leistungsberechtigten

Die Mitwirkungspflichten derjenigen, die Sozialleistungen erhalten oder beantragen, beinhalten, alle leistungsrelevanten Sachverhalte unverzüglich mitzuteilen, Beweisdokumente zu bezeichnen und auf Verlangen vorzulegen, Befragungen Dritter zuzustimmen, persönlich zu erscheinen, sich untersuchen zu lassen, Heilbehandlungen durchzuführen und bei Leistungen zur Teilhabe am Arbeitsleben mitzuwirken. Die Mitwirkungspflichten sollen Sie dazu anhalten, die Behörde bei der Ermittlung des Sachverhalts von Amts wegen zu unterstützen. Nicht mehr, aber auch nicht weniger. *„Die Beteiligten sollen bei der Ermittlung des Sachverhalts mitwirken. Sie sollen insbesondere ihnen bekannte Tatsachen und Beweismittel angeben."* (§ 21 Abs. 2 SGB X). Bei den „Dienstleistungsunternehmen", die Bezieher von Alg II und HzL/ GSi der Sozialhilfe verwalten, kommt es immer wieder vor, dass Mitwirkungspflichten frei erfunden werden und letztlich dazu dienen, Vorwände für Streichungen und Kürzungen zu schaffen.

Die Mitwirkungspflichten werden ***„abschließend"*** in den §§ 60 bis 64 SGB I aufgelistet (Giese/Krahmer 1999, § 60 Rz. 3). Alle Mitwirkungspflichten, die dazu dienen, Informationen über Sie einzuholen, stehen unter dem Vorbehalt, dass die **Erhebung der Daten** ***„erforderlich"*** sein muss (§ 67a Abs. 1 SGB X).

Außer den im Folgenden genannten acht Mitwirkungspflichten haben Sie keine.

M

Die acht Mitwirkungspflichten:

1.1 Pflicht 1

ist, ***„alle Tatsachen anzugeben, die für die Leistung erheblich sind"*** (§ 60 Abs. 1 Nr. 1 SGB I).

Sie müssen also Auskunft über Einkommen, Vermögen, Alter, Familienverhältnisse, unterhaltspflichtige Personen, eheähnliche Gemeinschaften, Haushaltsgemeinschaften usw. geben.

Sie müssen keine Angaben zu Tatsachen machen, die für die Bewilligung der Leistung nicht *„erheblich"* sind.

Nicht erheblich ist i.d.R.

- die Vorlage von ⇨Kontoauszügen, die mehr als drei Monate vor der Antragstellung zurückliegen (BSG 19.9.2008 - B 14 AS 45/07 R).
  Ausnahme: das Amt hat den begründeten Verdacht, dass Vermögen beiseite geschafft wurde.
- die Vorlage einer Vermieterbescheinigung zusätzlich zum Nachweis von aktuellen Mietüberweisungen (BSG 25.1.2012 - B 14 AS 65/11 R; LSG Hessen 22.8.2005 - L 7 AS 32/05 ER)
- die Erlaubnis Ihres Vermieters für die Untervermietung durch den Hauptmieter (LSG Niedersachsen-Bremen 22.6.2006 - L 8 AS 165/06 ER; SG Schleswig 6.10.2011- S 1 AS 137/11 ER),
- Einkommensnachweise der Eltern von Schwangeren oder jungen Eltern, die ihr Kind bis zur Vollendung des sechsten Lebensjahres innerhalb und außerhalb des Elternhauses betreuen (§ 9 Abs. 3 SGB II, § 33 Abs. 2 Nr. 3 SGB II),
- Ihre Telefonnummer oder Email-Adresse usw.

Es besteht also auch keine Pflicht, solche Tatsachen anzugeben.

Die Mitwirkungspflicht *„entfällt, wenn die erstrebte Sachentscheidung - aus anderen Gründen - bereits möglich ist"* (BVerwG 17.1.1985 - NDV 1985, 269).

Sie müssen nicht zulassen, dass die gesamte Einrichtung Ihrer Wohnung mittels Hausbesuch erfasst wird, wenn Ihnen nur ein Kühlschrank fehlt. Sie brauchen keine Lohnbescheinigung vom Arbeitgeber und keinen Arbeitsvertrag vorzulegen, wenn ein Kontoauszug als Beleg ausreicht. Sie müssen sich auch nicht rechtfertigen, warum Sie ein Handy, einen Computer oder Internetzugang haben, um Alg II zu bekommen. Davon hängt die Sachentscheidung nicht ab.

„Eine Pflicht, vorsorglich alles der Behörde mitzuteilen, was möglicherweise irgendwann relevant werden kann, lässt sich aus § 60 Abs. I SGB I nicht entnehmen." (VGH Baden-Württemberg 12.3.1997 - NDV-RD 1998, 124; ⇨Datenschutz)

1.2 Pflicht 2

ist, ***„auf Verlangen des zuständigen Leistungsträgers der Erteilung der erforderlichen Auskünfte durch Dritte zuzustimmen"*** (§ 60 Abs. 1 Nr. 1 2. Halbsatz SGB I).

Beispiele dafür können sein:

- die Entbindung eines Arztes von der Schweigepflicht,
- die Zustimmung zur Weitergabe der Krankenakte oder auch
- die Zustimmung dazu, bei anderen Sozialleistungsträgern Auskünfte einzuholen.

Es gehört nicht zu Ihren Mitwirkungspflichten, Auskunft über Einkommen und Vermögen Dritter, z.B. ⇨Unterhaltspflichtiger, LebenspartnerInnen, Mitwohnender usw. zu geben (BVerfG 2.9.2004 - BvR 1962/04). Ihre Mitwirkungspflicht bezieht sich nur auf Ihre eigenen Einkommens- und Vermögensverhältnisse. Wenn Dritte nicht mitwirken (z.B. eine Bescheinigung nicht ausstellen), darf Ihnen deswegen nicht die Sozialleistung verweigert werden. Es liegt dann ein *„wichtiger Grund"* vor, der die Mitwirkungspflicht aufhebt (§ 65 Abs. 1 Nr. 2 SGB I).

1.3 Pflicht 3

ist, ***„Änderungen in den Verhältnissen, die für die Leistung erheblich sind, ... unverzüglich mitzuteilen"*** (§ 60 Abs.1 Nr. 2 SGB I).

Das bezieht sich z.B. auf den Ein- oder Auszug von Personen in Ihrem Haushalt, auf Änderungen bei Einkommen und Vermögen, auf den Beginn oder das Ende einer Arbeitsunfähigkeit, auf die Aufnahme einer Arbeit und andere leistungsrelevante Sachverhalte.

Es gehört nicht zu den Mitwirkungspflichten, im laufenden Bezug einen neuen Erstantrag oder Fortzahlungsantrag (⇨Antragstellung 4.2) auszufüllen, obwohl es keine Änderung in Ihren Verhältnissen gibt. Wenn sich in den Verhältnissen, die für die Leistung erheblich sind, nichts geändert hat, haben Sie Ihre Mit-

wirkungspflichten erfüllt. Allerdings müssen Sie einen Folgeantrag stellen, um rechtzeitig nach Ablauf eines Bewilligungszeitraumes Ihre Leistungen weiter zu erhalten.
Angaben zu Verhältnissen, die sich erst in Zukunft ändern, gehören nicht zu den Mitwirkungspflichten, da sie für die Leistung nicht erheblich sind. Sie müssen z.B. nicht angeben, dass Sie irgendwann ein Erbe in Aussicht haben. Sie müssen es erst angeben, wenn Sie den Erbschein in den Händen halten.
Ebenso wenig ist es erheblich, Einnahmen anzugeben, wenn Sie innerhalb eines Kalendermonats 10 € nicht übersteigen (§ 1 Abs. 1 Nr. 1 ALG II-V). Es dürfte auch nicht erheblich sein, Erwerbseinkommen unter 100 € mtl. anzugeben, da es anrechnungsfrei ist. Die Nichtangabe stellt dennoch eine Ordnungswidrigkeit dar, die aber laut Weisung der Jobcenter nicht verfolgt werden soll (BA 63.43).

1.4 Pflicht 4

ist, ***„Beweismittel zu bezeichnen und auf Verlangen des zuständigen Leistungsträgers Beweisurkunden vorzulegen oder ihrer Vorlage zuzustimmen"*** (§ 60 Abs. 1 Nr. 3 SGBI I).
Belege über Einkommen, Vermögen, Kosten der Unterkunft, Wohnungsgröße, Heizkosten usw. müssen vorgelegt werden, damit Alg II oder HzL/ GSi der Sozialhilfe berechnet werden kann.
Es ist aber unmöglich, ein Beweismittel vorzulegen, dass man **kein** Einkommen hat oder Nachweise, dass man **keine** Erwerbstätigkeit ausübt. An diesen Negativnachweis dürfen keine überspannten Anforderungen gestellt werden (BVerfG 12.5.2005 - BvR 569/05).
Es ist umgekehrt: Die Behörde muss die Sachverhalte von Amts wegen ermitteln (Untersuchungsgrundsatz nach § 20 SGB X). Wenn Sie erklären, kein Einkommen zu haben und keine Anhaltspunkte dagegen sprechen, ist der Sachverhalt geklärt. Es gibt keine Beweislastumkehr in dem Sinne, dass Ihnen Einkommen unterstellt wird, solange Sie nicht beweisen können, dass Sie kein Einkommen erzielen.

1.5 Pflicht 5

ist, ***„auf Verlangen ... persönlich [zu] erscheinen"*** (§ 61 SGB I).
Im Rahmen der Mitwirkungspflichten kann ein Verstoß gegen die Aufforderung, sich zu melden, nur sanktioniert werden, wenn Sie vorher schriftlich zur Mitwirkung aufgefordert, über die Folgen fehlender Mitwirkung belehrt wurden und der Verstoß die Aufklärung eines Sachverhalts erheblich erschwert hat (⇨4.).
Sind Sie aus medizinischen Gründen nicht in der Lage, persönlich zu erscheinen, liegt ein *„wichtiger Grund"* vor, der die Mitwirkungspflicht aufhebt (§ 65 Abs. 1 Nr. 2 SGB I).

Davon zu unterscheiden ist die Meldeaufforderung unter Androhung von ⇨Sanktionen (§ 32 Abs. 1 SGB II.)

1.6 Pflicht 6

ist, ***„sich auf Verlangen ... ärztlichen und psychologischen Untersuchungen [zu] unterziehen, soweit diese für die Entscheidung über die Leistung erforderlich sind"*** (§ 62 SGB I).
Näheres unter ⇨Amtsarzt 1.4

1.7 Pflicht 7

ist, ***„sich auf Verlangen ... einer Heilbehandlung [zu] unterziehen"*** (§ 63 SGB I).

1.8 Pflicht 8

ist, ***„auf Verlangen ... an berufsfördernden Maßnahmen teil[zu]nehmen"*** (§ 64 SGB I).

2. Grenzen der Mitwirkung (§ 65 SGB I)

Die Mitwirkungspflicht entfällt, wenn

2.1

sie ***„nicht in einem angemessenen Verhältnis zu der in Anspruch genommenen Sozialleistung"*** steht (§ 65 Abs. 1 Nr. 1 SGB I).
Das würde z.B. zutreffen, wenn ein Fortzahlungsantrag davon abhängig gemacht wird, dass Sie die Kontoauszüge der letzten sechs Monate vorlegen (⇨Kontoauszüge). Das BSG hält i.d.R. nur drei Monate für zulässig (⇨1.1).

2.2

sie ***„dem Betroffenen aus einem wichtigen Grund nicht zugemutet werden kann"*** (§ 65 Abs. 1 Nr. 2 SGB I). Wichtige Gründe können sein: Krankheit oder Behinderung, Urlaub,

M

hohes Alter, Inhaftierung, wenn die Mitwirkung von der Bereitschaft Dritter abhängig wäre usw. Deswegen können bestimmte Mitwirkungspflichten jedenfalls für bestimmte Zeit unzumutbar sein.

2.3
„der Leistungsträger sich durch einen geringeren Aufwand als der Antragsteller ... die erforderlichen Kenntnisse selbst beschaffen kann" (§ 65 Abs. 1 Nr. 3 SGB I).
So kann z.B. der Bezug von Kindergeld (mit Ihrer Erlaubnis) auch per Anruf von der Familienkasse der Arbeitsagentur bestätigt werden. Die Familienkasse ist zur Auskunft im Rahmen der Amtshilfe verpflichtet (§§ 3 ff. SGB X). Das wäre *„ein geringerer Aufwand"*.

M

2.4
*„**Behandlungen und Untersuchungen**, 1. bei denen ... ein **Schaden** für Leben oder Gesundheit nicht mit hoher Wahrscheinlichkeit ausgeschlossen werden kann, 2. die mit erheblichen **Schmerzen** verbunden sind oder 3. die einen erheblichen Eingriff in **körperliche Unversehrtheit** bedeuten, **können abgelehnt werden**"* (§ 65 Abs. 2 SGB I).

2.5
*„**Angaben**, die dem Antragsteller, dem Leistungsberechtigten oder ihnen nahestehende Personen (§ 383 Abs. 1 Nr. 1 bis 3 ZPO) die Gefahr zuziehen würde, wegen einer **Straftat** oder einer **Ordnungswidrigkeit** verfolgt zu werden, **können verweigert werden**."* (§ 65 Abs. 3 SGB I)

2.6 Mitwirkungspflicht = Aufklärung des Sachverhalts
Die Mitwirkungspflicht bezieht sich ausschließlich auf die **Aufklärung eines bestimmten Sachverhalts**. Sie umfasst **nicht** ein *„dem Antragsteller aufgegebenes Verhalten"*, z.B. sich beim Arbeitsamt als Arbeitssuchender zu melden und sich ständig um Arbeit zu bemühen (BVerwG 17.05.1995, IDAS 1/96, I.2.4).
⇨**Arbeits**- und ⇨**Bewerbung**spflichten haben nie etwas mit Mitwirkungspflichten zu tun. Wegen fehlender Mitwirkung ist auch keine ⇨**Sanktion** nach §§ 31 ff. SGB II möglich.

Alg II

2.7 Beantragung vorrangiger Sozialleistungen – keine Mitwirkungspflicht
Der Nachweis, dass Sie vorrangige Sozialleistungen beantragt haben, gehört **nicht** zu den Mitwirkungspflichten. Wird dieser Nachweis dennoch unter Androhung der Leistungsversagung von Ihnen verlangt, ist das rechtswidrig. Diese Verpflichtung für Alg-II-Beziehende ergibt sich aus § 12a SGB II, und ist nach derzeitiger Rechtslage ohne Rechtsfolgen, da das Jobcenter vorrangige Sozialleistungen an Ihrer Stelle beantragen kann (§ 5 Abs. 3 Satz 1 SGB II).

2.7.1 Versagung vorrangiger Leistungen aufgrund fehlender Mitwirkung beim vorrangigen Träger
Allerdings darf das Jobcenter **ab 1.1.2017** SGB-II-Leistungen **ganz oder teilweise versagen**, wenn es an Ihrer Stelle einen Antrag gestellt hat, Sie jedoch gegenüber dem **vorrangigen Leistungsträger** Ihren Mitwirkungspflichten **nicht** nachkommen und die vorrangige Leistung deshalb entzogen oder versagt wird. Erst wenn Sie Ihre Mitwirkung beim vorrangigen Träger nachholen, muss das Jobcenter Ihnen wieder Alg II gewähren. Eine Einschränkung der Leistung ist aber nur möglich, wenn Sie von der Behörde im Vorfeld über die Folgen fehlender Mitwirkung aufgeklärt wurden. *„Wird die Mitwirkung gegenüber dem anderen Träger nachgeholt, ist die Versagung oder Entziehung **rückwirkend aufzuheben**."* (§ 5 Abs. 3 Sätze 3 bis 5 SGB II neu; ⇨5. ff.)
Die Befugnis des Jobcenters, Ihr Alg II zu streichen, **gilt nicht** für Mitwirkungspflichten gegenüber dem Rentenversicherungsträger im Rahmen der Beantragung einer **vorzeitigen Altersrente** mit Abschlägen (§ 5 Abs. 3 Satz 6 SGB II neu).

Alg II, HzL und GSi der Sozialhilfe

3. Allgemeine Auskunftsermächtigung
Eine allgemeine Auskunftspflicht verstößt gegen den (Sozial-)⇨**Datenschutz**, ist nirgendwo vorgesehen und gehört nicht zu den Mitwirkungspflichten.

Wenn in einem Antrag ohne konkreten Grund eine allgemeine Auskunftsermächtigung von Ihnen verlangt wird, um im ganzen Stadtgebiet/ Bundesland nach Ihren Konten fahnden zu können, dann ist das aus denselben Gründen rechtswidrig wie eine allgemeine Konteneinsicht (⇨Kontoauszug).

Wenn in Ihrem Antragsformular oder anderen Formularen eine pauschale Aufhebung der ärztlichen Schweigepflicht verlangt wird, können Sie sich beim ⇨**Datenschutz**beauftragten des Bundes oder Ihres jeweiligen Bundeslandes beschweren. Die Aufhebung der ärztlichen Schweigepflicht ist nur *„im Einzelfall"* möglich (§ 100 Abs. 1 SGB X). Sie darf z.B. verlangt werden, wenn dies für die Prüfung der Voraussetzungen einer konkreten Sozialleistung (z.B. Mehrbedarf für Krankenkost) erforderlich ist.

Tipp Dabei sollten Sie darauf achten, dass in der Einwilligung (die übrigens schriftlich erfolgen muss: § 100 Abs. 1 Satz 2 SGB X) der Sachverhalt, wegen dem Auskünfte eingeholt werden sollen, präzise dargestellt wird und die Personen und Stellen, bei denen nachgefragt werden soll, einzeln benannt werden.

4. Telefonabfrage

Seit dem 1.8.2006 ist es privaten Call-Centern erlaubt, Telefonabfragen im Auftrag der Arbeitslosenverwaltung durchzuführen (§ 51 SGB II). Zweck soll natürlich die *„Bekämpfung von Leistungsmissbrauch"* sein (ebenda).

Sie müssen dieser Sorte von „Ermittlern", die Sie zwischen 8 und 20 Uhr zu Hause belästigen, **keine** Auskünfte erteilen. Die Antwort auf deren Fragen gehört nicht zu den Mitwirkungspflichten.

Sie sind sowieso verpflichtet, alle erforderlichen Angaben zu Änderungen zu machen. Dazu braucht es kein Call-Center. Die Telefonabfragen dienen ausschließlich dazu, Ihnen den Bezug von Alg II zu verleiden und Sie zu verunsichern. Den Auftraggebern dienen Telefonabfragen dazu, Phantasiezahlen über „Leistungsmissbrauch" zu verbreiten, z.B. weil Sie die Teilnahme an der Abfrage ablehnen oder nicht zu Hause erreicht wurden.

Tipp Um Belästigungen zu vermeiden, müssen Sie dem Amt im Antrag **keine** Telefonnummer oder Emailadresse angeben. Sie können auch die Löschung dieser Daten beantragen. Auch der ehemalige Bundesbeauftragte für Datenschutz, Peter Schaar hat bestätigt, dass die Angabe der Telefonnummer freiwillig ist.

5. Folgen fehlender Mitwirkung: Versagung der Sozialleistung

*„Kommt derjenige, der eine Sozialleistung beantragt oder erhält, seinen Mitwirkungspflichten ... nicht nach und wird hierdurch die Aufklärung des Sachverhalts erheblich erschwert, kann der Leistungsträger ohne weitere Ermittlungen die Leistung bis zur Nachholung der Mitwirkung **ganz oder teilweise** versagen oder entziehen."* (§ 66 Abs. 1 SGB I)

Alg II und HzL/ GSi der Sozialhilfe kann also nicht wegen jeder Kleinigkeit gestrichen werden. Die Aufklärung eines Sachverhalts muss **erheblich erschwert** werden. Wenn Sie z.B. eine Bescheinigung nicht rechtzeitig beibringen, darf das kein Grund für die Verweigerung der Leistung sein. Die behördliche Maßnahme muss geeignet, erforderlich und verhältnismäßig sein. Es muss genau bezeichnet werden, in welcher Angelegenheit Sie in welcher Weise mitwirken sollen.

„Sozialleistungen dürfen wegen fehlender Mitwirkung nur versagt oder entzogen werden, nachdem der Leistungsberechtigte auf diese Folge schriftlich hingewiesen worden ist und seiner Mitwirkungspflicht nicht innerhalb einer ihm gesetzten angemessenen Frist nachgekommen ist." (§ 66 Abs. 3 SGB I)

Vor jeder Streichung müssen Sie also

a. schriftlich darauf hingewiesen worden sein

Es reicht nicht aus, auf ein allgemeines Merkblatt hinzuweisen, dass Sie irgendwann einmal unterschrieben haben.

und

b. eine Ihnen gesetzte angemessene Frist nicht eingehalten haben.

In der Regel gilt eine Frist von einer Woche als angemessen. Wenn es sich um Materialien handelt, die schwierig zu besorgen sind, auch länger.

M

Werden diese Bedingungen nicht eingehalten, ist die Leistungsversagung rechtswidrig.

Tipp 1 Nicht selten hängt Ihre Mitwirkung von anderen ab, z.B. von einem Arbeitgeber, der einfach keinen Gehaltsnachweis ausstellt, oder davon, dass Ihr Vermieter im Urlaub ist. Teilen Sie das der Behörde mit und kündigen Sie an, dass Sie die Behörde in Kenntnis setzen, wenn sich die Sachlage ändert.

Tipp 2 Haben Sie ein entsprechendes Mitwirkungsschreiben nicht erhalten, muss die Behörde den Zugang beweisen (§ 37 Abs. 2 Satz 3 SGB X). Kann sie das nicht, **fehlt** die schriftliche Belehrung und eine Versagung der Leistungen ist rechtswidrig.

M

Die Leistungsversagung wegen fehlender Mitwirkung stellt einen **Verwaltungsakt** dar (⇨Bescheid).

5.1 Keine Sippenhaftung bei fehlender Mitwirkung

Die Leistungsversagung kann natürlich **nur** gegen die Person erfolgen, die ihren Mitwirkungspflichten nicht nachkommt. Zwar vertreten Eltern ihre **Kinder** als gesetzliche Vertreter, aber der Grundsatz „Vertreterhandeln wirkt gegen den Vertretenen" dürfte im Regelfall nicht gegen minderjährige Kinder anzuwenden sein. Die Versagung der Leistung ist eine Ermessensentscheidung. Bei der pflichtgemäßen Ausübung des Ermessens wird zu berücksichtigen sein, dass Kinder nicht unter den Folgen fehlender Mitwirkung der Eltern zu leiden haben. Gleiches gilt für die Partner nach dem Grundsatz, Sippenhaftung auszuschließen (BSG 2.12.2014 - B 14 AS 50/13 R; LSG NRW 22.3.2012 - L 6 AS 1589/10; BSG 23.5.2013 - B 4 AS 67/12 R in Bezug auf Sanktionen).

5.2 Widerspruch aufschiebende Wirkung? HzL und GSi: ja – Alg II: nein

Der ⇨ Widerspruch gegen einen Entziehungsbescheid wegen fehlender Mitwirkung (§ 66 SGB I) entfaltet **im allgemeinen Sozialrecht**, so auch bei HzL/ GSi der Sozialhilfe, **aufschiebende Wirkung** (§ 86a Abs. 1 SGG).

In Folge des Neunten SGB-II-Änderungsgesetzes ist **ab dem 1.8.2016** die **aufschiebende Wirkung** von Widerspruch und Anfechtungsklage auch bei Entziehungsbescheiden wegen fehlender Mitwirkung **abgeschafft** worden. Die aufschiebende Wirkung des Wiederspruchs kann nur noch über einen Antrag auf ⇨einstweilige Anordnung durch das Gericht angeordnet werden (§ 86b Abs. 1 Nr. 2 SGG, ⇨Widerspruch 5.1).

6. Nachholen der Mitwirkung

„Wird die Mitwirkung nachgeholt und liegen die Leistungsvoraussetzungen vor, kann der Leistungsträger Sozialleistungen, die er nach § 66 versagt oder entzogen hat, nachträglich ganz oder teilweise erbringen." (§ 67 SGB I)
Bei den Sozialleistungen Alg II, HzL/ GSi der Sozialhilfe geht es regelmäßig darum, akute Notlagen zu decken und das soziokulturelle Existenzminimum sicherzustellen. Hier wird die Ermessensentscheidung der Behörde („*kann ... erbringen*") **auf Null** reduziert. Die Leistungsträger müssen daher bei nachgeholter Mitwirkung nachzahlen.

7. Keine Verwirkung eines Antrages

Immer wieder behaupten Behörden, dass ein gestellter Antrag verwirkt sei, wenn die Mitwirkungspflichten innerhalb von drei Wochen, einem Monat oder zwei Monaten nicht erfüllt würden. Das BSG hat das verneint: Es gibt keine Verwirkung eines Antrages (BSG 28.10.2009 - B 14 AS 56/08 R). Das Jobcenter ist zur Entscheidung über einen Antrag verpflichtet.

8. Kosten von Mitwirkungshandlungen

Erstattung von Kosten im Rahmen der ärztlicher Begutachtung ⇨Amtsarzt 3.1 f.
Erstattung von Kosten für Übersetzungen und Dolmetscher ⇨Antragstellung 1.13.1 ff.
Erstattung von sonstigen Auslagen im Rahmen der Mitwirkungspflichten ⇨Kostenerstattung 3.1 ff.

Nachzahlung

(vorenthaltener Leistungen)

Inhaltsübersicht:

1. Sie stellen keinen Antrag, weil die Behörde Sie falsch berät – sozialrechtlicher Herstellungsanspruch

Die Behörde hat eine umfassende ⇨Beratungs-, Informations- und Betreuungspflicht (§§ 13-17 SGB I). *„Die Leistungsträger sind verpflichtet, darauf hinzuwirken, dass unverzüglich klare und sachdienliche Anträge gestellt ... werden."* (§ 16 Abs. 3 SGB I; BSG 28.10.2009 - B 14 AS 56/08 ER)

Die Behörde ist also verpflichtet, entweder **von Amts wegen** einen Antrag zu ergänzen oder Sie auf unvollständige Angaben hinzuweisen und Sie zur Ergänzung aufzufordern. Wenn falsch oder unvollständig beraten wurde, die Behörde nicht auf naheliegende Gestaltungsmöglichkeiten hingewiesen hat und Sie dadurch einen Nachteil haben, ist die Behörde zur Korrektur verpflichtet (Eicher, SGB II, § 4 Rz. 9). Das nennt sich **sozialrechtlicher Herstellungsanspruch**.

Der Nachteil des Betroffenen muss mit der Verletzung der Beratungspflicht in ursächlichem Zusammenhang stehen und durch eine zulässige Amtshandlung beseitigt werden können (BSG 18.1.2011 - B 4 AS 99/10 R).

Wenn Sachbearbeiter Sie mit falschen Auskünften daran hindern, einen Antrag zu stellen, z.B. mit aus der Luft gegriffenen Behauptungen wie:

- *„Gehen Sie arbeiten. Jeder, der arbeiten will, findet Arbeit."*
- *„Ihr Freund muss für Sie aufkommen, nicht wir."*
- *„Erst nach einem Umzug in eine billigere Wohnung werden Leistungen gezahlt."*
- *„Ohne Abmeldung Ihres Gewerbes keine Leistung."*
- *„Für Auszubildende gibt es grundsätzlich kein Hartz IV."*

und vieles andere mehr (⇨Antragstellung 1.8; ⇨Beratung 1.1),

und sich im Nachhinein herausstellt, dass Ihnen dadurch Leistungen vorenthalten wurden, haben Sie einen Anspruch auf Korrektur im Rahmen der normalen Rechtsmittel (Widerspruch und Überprüfungsantrag). Wenn diese jedoch nicht mehr greifen, z.B. weil Sie tatsächlich keinen Antrag gestellt haben, können Sie die Korrektur im Rahmen des sozialrechtlichen Herstellungsanspruchs durchsetzen (BSG 19.10.2010 - B 14 AS 16/09 R).

1.1 Ausbleibende oder fehlerhafte Beratung

Der sozialrechtliche Herstellungsanspruch greift insbesondere, wenn der Verlust eines Anspruchs auf eine Verletzung der sich aus dem Leistungsbezug ergebenden *„Nebenpflicht zur Auskunft, Beratung und verständnisvollen Förderung"* des Leistungsberechtigten (bzw. Versicherten) durch den jeweiligen Leistungsträger zurückzuführen ist; beispielsweise, wenn die Behörde ihre Pflicht, *„obwohl ein konkreter Anlass ... bestand, nicht oder nicht ausrei-*

N

chend erfüllt hat". Das ist typischerweise immer dann der Fall, wenn der (Versicherungs- bzw.) Sozialleistungsträger den Sozialleistungsberechtigten *„nicht auf solche Gestaltungsmöglichkeiten hingewiesen hat, die klar zutage liegen und deren Wahrnehmung offensichtlich zweckmäßig erscheint, dass sie jeder verständige Versicherte [bzw. Leistungsberechtigte] mutmaßlich nutzen würde."* (BSG 29.9.1987 - 7 RAr 23/86)

Die Sozialleistungsträger haben bei der Erfüllung ihrer Aufgaben sicherzustellen, dass die sozialen Rechte möglichst weitgehend verwirklicht werden (§ 2 Abs. 2 SGB I).

Dies gilt besonders für **Alg-II-Beziehende**, weil mit dem Neunten SGB-II-Änderungsgesetz **ab 1.8.2016** der Anspruch auf Beratung deutlich aufgewertet wurde. Zum einen wurde **Beratung** ausdrücklich **zur Leistung** der Grundsicherung für Arbeitssuchende **erklärt** (§ 1 Abs. 3 Satz 1 Nr. 1 SGB II neu) und zudem wurde sie unter § 14 SGB II *„Grundsatz des Förderns"* konkretisiert: *„Leistungsberechtigte Personen erhalten Beratung. Aufgabe der Beratung ist insbesondere die Erteilung von Auskunft und Rat zu Selbsthilfeobliegenheiten und Mitwirkungspflichten, zur Berechnung der Leistungen zur Sicherung des Lebensunterhalts und zur Auswahl der Leistungen im Rahmen des Eingliederungsprozesses. Art und Umfang der Beratung richten sich nach dem Beratungsbedarf der leistungsberechtigten Person."* (§ 14 Abs. 2 SGB II; ⇨Beratung 2.).

Verpflichtung zur Beratung setzt immer voraus, dass dafür nach den Umständen des Einzelfalls besonderer Anlass besteht. Diesen Anlass kann der Leistungsberechtigte durch eine Anfrage bzw. einen Antrag selbst herbeiführen, er kann sich aber auch aus den Umständen ergeben.

Wenn Sie z.B.

- dem Jobcenter mitteilen, dass Ihr Kind in den Sommerferien eine Kinderfreizeit besucht, müssen Sie auf die Möglichkeit der Kostenübernahme im Rahmen des Teilhabepakets (⇨Schüler 5.) hingewiesen werden,
- schwanger sind, muss man Sie darüber aufklären, dass Sie einen Anspruch auf den Mehrbedarf bei ⇨Schwangerschaft und eine Erstausstattung bei Schwangerschaft und Geburt haben;
- SGB-II-Leistungen als Darlehen erhalten, weil Sie ein derzeit nicht verwertbares ⇨Vermögen besitzen, müssen Sie darauf hingewiesen werden, dass Sie ggf. Anspruch auf ⇨Wohngeld haben, mit dem Sie das Darlehen beim Jobcenter deutlich reduzieren können (§ 7 Abs. 1 Satz 3 Nr. 1 WoGG). oder
- von der Arbeitsagentur wissen wollen, bis wann Sie Ihren Antrag auf Alg I stellen müssen, hat diese Sie klar und deutlich auf die gesetzlichen Fristen hinzuweisen (SG Gießen 8.7.2015 - S 14 AL 13/15, Verurteilung der BA zur Zahlung von Alg I trotz verspäteter Antragstellung).

Werden Sie in den genannten und vergleichbaren Fällen gar nicht oder fehlerhaft beraten und aufgeklärt und entstehen Ihnen daraus **Nachteile**, weil Sie versäumt haben, entsprechende Anträge zu stellen, besteht unter Umständen ein Korrekturanspruch im Rahmen des sozialrechtlichen Herstellungsanspruchs. Sie müssen das aber erst einmal nachweisen (⇨1.3).

1.2 Schadensersatz

Vom sozialrechtlichen Herstellungsanspruch sind auch Schadensersatzansprüche umfasst, wenn die Behörde Fehler macht, z.B. weil

- aufgrund einer Computerpanne Leistungen zum Lebensunterhalt nicht rechtzeitig ausgezahlt werden und Ihnen dadurch Mahnkosten, Rückbuchungsgebühren usw. entstehen,
- das Jobcenter eine Woche vor Ablauf einer Mitwirkungsfrist bereits Ihre Leistungen versagt hat und Ihnen dadurch wirtschaftliche Schäden entstehen oder
- weil das Jobcenter nach einem Wohnungswechsel die Miete versehentlich an den alten statt an den neuen Vermieter gezahlt hat und Ihnen dadurch Mahnkosten oder gegnerische Anwaltskosten entstehen. Das gilt natürlich auch für die Korrektur der Fehlbuchung und die unverzügliche Nachzahlung auf das Konto des richtigen Empfängers (SG Koblenz 8.4.2016 - S 1 R 291/16 ER).

In diesen oder ähnlichen Fällen entsteht Ihnen ein Schadensersatzanspruch im Rahmen des sozialrechtlichen Herstellungsanspruchs.

Die herrschende Rechtsmeinung vertritt die Auffassung, dass ein Korrekturanspruch nach dem sozialrechtlichen Herstellungsanspruch vier Jahre rückwirkend, ausgehend vom Beginn des Jahres, in dem der Anspruch geltend gemacht wurde, besteht (analog der Regelung des § 44 Abs. 4 SGB X; juris PK SGB X, § 44, Rz. 126).

1.3 Problem: Nachweis des Herstellungsanspruchs

Sie können nur dann gegen die falsche oder unterlassene Beratung vorgehen, wenn **Sie nachweisen** können, dass die Beratungspflicht durch das Amt verletzt wurde und Ihnen daraus ein wirtschaftlicher Nachteil entstanden ist (BSG 29.10.2002 - B 4 RA 6/02 R). Das ist in der Praxis regelmäßig nur mit Zeugen oder einem schriftlichen Beleg der Behörde möglich.

Tipp 1 Gehen Sie gegenüber Jobcentern und Sozialämtern auf Nummer sicher. Machen Sie von den Gesprächen dort Gesprächsnotizen. Lassen Sie sich die Ablehnung der Antragstellung stets **schriftlich als ⇨Bescheid** begründen, damit Sie dagegen vorgehen können. Sie haben ein Recht darauf (§ 33 Abs. 2 Satz 2 SGB X).

Tipp 2 Gehen Sie möglichst mit einem **⇨Beistand** als Zeugen aufs Amt.

2. Sie stellen einen Antrag und die Behörde zahlt zu wenig – Beschwerde bzw. Widerspruch

Die Bescheide der Behörde, die Alg II oder HzL/ GSi der Sozialhilfe auszahlt, enthalten zahlreiche Fehler, die oft zu Ihren Lasten gehen.

- Mieten, Heizkosten oder Warmwasser werden nicht in voller Höhe übernommen,
- Einkommen oder Vermögen werden angerechnet, die nicht hätten angerechnet werden dürfen,
- Personen, die nicht unterhaltspflichtig sind, werden voll zum Unterhalt herangezogen (⇨Bedarfsgemeinschaft),
- ⇨eheähnliche Gemeinschaften werden unterstellt, die keine sind,
- Mehrbedarfe oder sogar leistungsberechtigte Personen werden vergessen usw.

Mangelnde Schulung, Gesetzes- und Richtlinienchaos und die unüberschaubare Flut von Weisungen, Zeitdruck und verkorkste Datenverarbeitungsprogramme tragen zu diesem Chaos bei.

Tipp Um zu verhindern, dass Ihre Unterstützung unter das offizielle Existenzminimum fällt, sollten Sie alle Ihre ⇨Bescheide sorgfältig prüfen oder überprüfen lassen.

Wenn Sie feststellen, dass die Leistung falsch berechnet wurde, weisen Sie sofort Ihren Sachbearbeiter darauf hin (wenn Sie ihn erreichen). Wenn dieser daraufhin unverzüglich den Bescheid korrigiert, müssen Sie keinen Widerspruch einlegen. Das ist der einfachste Weg und manchmal ist es auch der schnellste.
Wenn er den Bescheid **nicht** korrigiert, legen Sie ⇨**Widerspruch** ein. Beachten Sie dabei unbedingt die **Fristen**. Wenn Sie die Frist einhalten, ist eine Nachzahlung für die entsprechenden Zeiträume möglich, entweder über das Widerspruchsverfahren oder eine ⇨Klage.

N

Wenn eine leistungsrelevante „***Änderung zugunsten des Betroffenen** erfolgt*", soll ein Bescheid rückwirkend zum Zeitpunkt der Änderung gehoben werden (§ 48 Abs. 1 Satz 2 Nr. 1 SGB X). Seit 2011 bei Alg II, HzL/ GSi der Sozialhilfe aber nur noch **ein Jahr rückwirkend**, von Beginn des Jahres an gerechnet, in dem der Antrag auf Korrektur gestellt wird (§ 40 Abs. 1 Satz 2 SGB II neu bzw. § 116a SGB XII i.V. mit § 48 Abs. 4 SGB X i.V. mit § 44 Abs. 4 SGB X). Im allgemeinen Sozialrecht gilt eine Rücknahmefrist von vier Jahren.

3. Rücknahme eines rechtswidrigen Bescheides, der zu Ihrem Nachteil ist

3.1 Der Bescheid ist bestandskräftig und Sie merken, dass Ihnen zu wenig gezahlt wurde

Wenn Sie die Widerspruchsfrist nicht einhalten, wird der Verwaltungsakt *„bestandskräftig"*. Das kann leicht passieren, wenn Ihnen ein Fehler der Behörde erst zu spät auffällt. Dann müssen Sie einen **Überprüfungsantrag** stellen (§ 44 Abs. 1 SGB X; ⇨3.2).

„Soweit sich im Einzelfall ergibt, dass bei Erlass eines Verwaltungsaktes das Recht unrichtig angewandt oder von einem Sachverhalt ausgegangen worden ist, der sich als unrichtig erweist, und soweit deshalb Sozialleistungen zu Unrecht nicht erbracht oder Beiträge zu Unrecht erhoben worden sind, ist der Verwaltungsakt, auch nachdem er unanfechtbar geworden ist, mit Wirkung für die Vergangenheit zurückzunehmen." (§ 44 Abs. 1 SGB X: Rücknahme eines rechtswidrigen, nicht begünstigenden Verwaltungsaktes)

Alg-II-Beziehende haben in diesen Fällen Anspruch auf Nachzahlung, auch wenn ein Bescheid bestandskräftig geworden ist, weil Sie keinen Widerspruch eingelegt haben. Denn: *„Für das Verfahren ... [im SGB II] gilt das Zehnte Buch."* (§ 40 Abs. 1 Satz 1 SGB II; BSG 7.11.2006 - B 7b AS 8/06 R und 19.3.2008 - B 11b AS 23/06 R)

N

3.2 Überprüfungsantrag

Wenn das Recht unrichtig angewandt oder falsche Sachverhalte unterstellt wurden, müssen Sie das Jobcenter mit einem Überprüfungsantrag auffordern, *den „**rechtswidrigen, nicht begünstigenden** Verwaltungsakt"* zurückzunehmen.

Tipp Auch wenn Sie einen Widerspruch zu spät eingelegt haben, hat die Behörde ihn automatisch als Überprüfungsantrag auszulegen. Im Zweifel machen Sie das Jobcenter schriftlich darauf aufmerksam. Der Anspruch auf Überprüfung ist nicht von einem Antrag abhängig, denn im Gesetz steht *„Soweit sich im Einzelfall ergibt... "* (§ 44 Abs. 1 Satz 1 SGB X).

Ein Verwaltungsakt ist **rechtswidrig**,
- wenn die Tatsachen, die ihn rechtfertigen, bei seinem Erlass gar nicht vorgelegen haben (BVerwGE 18, 168),
- oder wenn das Recht **falsch angewendet wurde** und die Behörde einfach anders hätte entscheiden müssen.

Ein Verwaltungsakt ist **nicht begünstigend**, wenn Sie durch ihn benachteiligt werden, z.B. weil
- Sie zu Unrecht **zu wenig bekommen** oder
- die Behörde zu Unrecht **Beiträge** bei Ihnen **erhoben** hat, d.h. zu viel zurückgefordert oder Ihnen anstatt eines Zuschusses ein Darlehen gewährt hat.

Nach Ansicht des Gesetzgebers können Sie von einer Behörde nicht betrogen, sondern nur *„nicht begünstigt"* werden.

Das Jobcenter muss auf Ihren Antrag hin den ursprünglichen Bescheid prüfen.
Wird dem **Antrag stattgegeben**, wird der alte Verwaltungsakt mit einem Rücknahmebescheid zurückgenommen und/ oder mit einem Änderungsbescheid rückwirkend korrigiert. Das gilt dann natürlich auch für die Zukunft, auch wenn der falsche Bescheid für zwölf Monate erlassen wurde. Bei Bedarf müssen auch Bescheide, die davor erlassen wurden, rückwirkend korrigiert werden.
Wird Ihr **Antrag abgelehnt**, muss ein (begründeter) Ablehnungsbescheid ergehen. Gegen diesen können Sie dann ⇨Widerspruch einlegen bzw. klagen.

3.3 Zeitraum für Nachzahlungen

Das SGB X erklärt: *„Ist ein Verwaltungsakt mit Wirkung für die Vergangenheit zurückgenommen worden, werden Sozialleistungen ... längstens für einen Zeitraum bis zu vier Jahren vor der Rücknahme erbracht."* (§ 44 Abs. 4 Satz 1 SGB X)

Für das SGB II und SGB XII wurde 2011 eine **Sonderrecht** eingeführt und der Zeitraum **auf ein Jahr rückwirkend verkürzt**, allerdings rückwirkend **vom Beginn des Jahres** an gerechnet, in dem der Antrag auf Überprüfung gestellt wird (§ 40 Abs. 1 Satz 2 SGB II i.V. mit § 44 Abs. 4 SGB X; § 116a SGB XII i.V. mit § 44 Abs. 4 SGB X).

3.3.1 Ausnahmen für kürzere Zeiträume

Alg II

a. Wenn das Bundesverfassungsgericht oder das Bundessozialgericht eine Rechtsvorschrift oder die Rechtsauslegung **einer Behörde** für rechtswidrig bzw. verfassungswidrig erklärt **oder** dies in „ständiger Rechtsprechung" der Gerichte festgestellt wird, besteht **ab 1.8.2016** nur noch ein Korrekturanspruch für den Zeitraum **ab der Entscheidung** des BVerfG, BSG bzw. ab der Herausbildung der ständigen Rechtsprechung (§ 40 Abs. 3 Satz 1 Nr. 2 SGB II neu). Bisher musste eine von der Rechtsprechung abweichende **Rechtsauslegung von allen Jobcentern vertreten** werden sein (einheitliche Verwaltungspraxis), um Ansprüche Betroffener nach § 44 SGB X auf die Zeiträume nach der korrigierenden Rechtsprechung zu beschränken. Ab 1.8.2016 gilt: Werden SGB-II-Beziehenden zu geringe Leistungen gewährt, gibt es bei Entstehen einer höchstrichterlichen oder ständigen Rechtsprechung nur noch rückwirkend Leistungen nachgezahlt, wenn die Betroffenen vorher bereits Widerspruch eingelegt hatten. Das BSG hatte 2011 noch festgestellt, dass der Ausschluss von rückwirkenden Korrekturen nur gilt, wenn es eine bundeseinheitliche Rechtsauslegung **aller** Jobcenter gibt (21.6.2011 - B 14 AS 118/10 R). Da eine einheitliche Rechtsauslegung aller Jobcenter in strittigen Fragen sehr unwahrscheinlich ist, der Gesetzgeber aber trotzdem Leistungsansprüche von SGB-II-BezieherInnen verkürzen will, reicht nach der neuen Regelung nur noch die abweichende **Rechtsauslegung** des *„zuständigen Trägers der Grundsicherung für Arbeitsuchende“* (§ 40 Abs. 3 Satz 1 Nr. 2 SGB II neu) aus, d.h. **eines einzigen Jobcenters**, um die Rückwirkung des Nachzahlungsanspruchs zu hemmen. Damit wurde das Urteil des BSG zu Lasten der Betroffenen ausgehebelt.

b. Alg-II-Beziehende, die begründet auf eine (anstehende) Gerichtsentscheidung eine Überprüfung der in einer kommunalen Satzung (§§ 22a SGB II ff.) festgesetzten Unterkunfts- und Heizkosten beantragen, sollen erst ab der betreffenden Entscheidung des Landes- oder Bundessozialgerichts höhere Leistungen für Unterkunfts- und Heizkosten rückwirkend erhalten; nicht aber für Zeiten vor dem Gerichtsurteil (§ 40 Abs. 3 Satz 1 Nr. 2 SGB II neu). Durch Überprüfungsanträge durchgesetzte Nachzahlungen für Zeiträume vor der Gerichtsentscheidung werden damit ausgeschlossen.

In beiden Fällen wurde das Recht ab 1.8.2016 deutlich zu Ungunsten der Leistungsberechtigten verschlechtert. Jobcenter können ohne rückwirkende Korrekturmöglichkeit befürchten zu müssen, durch „eigenwillige Rechtsauslegung“ SGB-II-Berechtigten rechtswidrig Leistungen vorenthalten. Diese Ausnahmen gelten (noch) nicht im SGB XII.

Alg II HzL/ GSi der Sozialhilfe

3.3.2 Rückwirkende Korrektur vier Jahre

Die Jahresfrist gilt nur für die rückwirkende Erstattung von Sozialleistungen. Ein Überprüfungsantrag reicht aber weiter zurück.

Beispiel Darlehen:
Sie ziehen 25jährig während des Alg-II-Bezugs aus Ihrem Elternhaus erstmals in eine eigene Wohnung. Das Jobcenter hat Ihnen nach dem Auszug ein **Darlehen** für die Erstausstattung der Wohnung bewilligt. Das Darlehen ist inzwischen bis auf 200 € getilgt. Sie erfahren nach 3 Jahren, dass Ihnen für die Erstausstattung eine **Beihilfe** zugestanden hätte (§ 24 Abs. 3 Nr. 1 SGB II, entsprechend § 31 Abs. 1 Nr. 1 SGB XII). Die **Darlehensgewährung** war demnach **rechtswidrig**.
Wenn Sie jetzt einen Überprüfungsantrag stellen, ist der 3 Jahre alte Bescheid, der die Darlehensgewährung bestimmt hat, durch das Jobcenter zu überprüfen und zu korrigieren. Sie müssen also in Zukunft nichts mehr tilgen. Außerdem bekommen Sie die bereits zu Unrecht getilgten Beträge mit Zinsen zurückerstattet. In diesem Fall der Nachzahlung ist es unerheblich, ob der Vorgang schon ein, zwei oder mehr Jahre zurückliegt. Denn hier handelt es sich **nicht** um zu Unrecht vorenthaltene Leistungen, sondern um **„zu Unrecht erhobene Beiträge“**, also aufgerechnete Tilgungsbeträge.
Gleiches gilt z.B. auch für zu Unrecht erhobene **Rückforderungen** wegen angeblicher Überzahlungen, die es tatsächlich nicht gegeben hat, oder zu Unrecht erhobene **Ersatzansprüche** für angeblich sozialwidriges Verhalten, das sich nachträglich als ganz normal herausstellt, usw. (⇨Rückforderung).

Wären Ihnen stattdessen **Leistungen zu Unrecht vorenthalten** worden, wäre der

N

Zeitraum für die Nachzahlung auf die **Jahresfrist** beschränkt.

Verkürzte Rücknahme- und Korrekturfrist:
Sowohl für BezieherInnen von **Alg II** als auch von **HzL/ GSi der Sozialhilfe** und von Leistungen nach dem **AsylbLG** gilt infolge des Neunten SGB-II-Änderungsgesetzes **ab 1.8.2016** eine Verkürzung der Rücknahme- und Korrekturfrist: Der rückwirkende Zeitraum, innerhalb dem ein rechtswidriger, nicht begünstigender Bescheid zurückgenommen und korrigiert werden muss, wird **auf vier Jahre beschränkt** (§ 40 Abs. 1 Satz 2 Nr. 1 SGB II; § 116a Satz 1 Nr. 1 SGB XII; § 9 Abs. 4 Satz 2 AsylbLG), ebenfalls von Beginn des Jahres an gerechnet, in dem der Überprüfungsantrag gestellt wird.
Die Frist zur Beantragung einer nachträglichen Korrektur und Erstattung zu Unrecht erhobener Beiträge wird damit von 30 Jahre auf vier Jahre verkürzt.

N

Unter dem Motto *„Rechtsvereinfachung“* betreibt die Bundesregierung den Abbau von Korrekturansprüchen von Leistungsberechtigten, damit Jobcenter und Sozialämter es einfacher haben, unrechtmäßige Bescheide zu vollziehen.

3.4 Überprüfungsantrag bei HzL/GSi der Sozialhilfe?

Lange war strittig, ob Überprüfungsanträge nach § 44 SGB X auch bei Sozialhilfeleistungen gestellt werden können. Spätestens mit der Einführung des Sonderrechts, mit dem der Zeitraum für die Nachzahlung auf ein Jahr verkürzt wurde, ist klar, dass auch im SGB XII ein **Anspruch** auf Überprüfung besteht.

3.4.1 Regelungen im 3. Kapitel SGB XII: HzL

Das BSG hat klargestellt, dass das SGB X **ohne Einschränkung** auch auf das SGB XII anzuwenden ist, solange im SGB XII keine abweichenden Regelungen bestimmt sind (§ 37 Satz 1 SGB I; BSG 16.10.2007 - B 8/9b SO 8/06 R, für die GSi). Mit der Entscheidung, dass § 44 SGB X auch auf Leistungen nach dem AsylbLG anzuwenden ist (BSG 29.9.2009 - B 8 SO 16/08 R), waren alle Zweifel beseitigt, ob Überprüfungsanträge auch bei der HzL möglich sind. Für das Verfahren gelten – mit gekennzeichneten Ausnahmen – ebenfalls die unter ⇨**3.1 ff.** erläuterten Regeln.

Bei der HzL setzt der Anspruch auf Leistungen ein, *„sobald dem Träger der Sozialhilfe ... bekannt wird, dass die Voraussetzungen für die Leistung vorliegen“* (§ 18 Abs. 1 SGB XII). Anders als beim Alg II gibt es in der Sozialhilfe das sogenannte **„Gegenwärtigkeitsprinzip“**, nach dem keine Hilfe für die Vergangenheit geleistet wird. Erst ab Kenntnis des Bedarfs/ der Notlage setzt die HzL der Sozialhilfe ein.
Für eine rückwirkende Korrektur und Nachzahlung von Leistungen bedarf es daher
- eines **anspruchsbegründenden Tatbestandes**, z.B. einer Mieterhöhung **und**
- der **Kenntnis des Sozialamts** von der Erhöhung der Unterkunftskosten.

Tipp Zeigen Sie leistungsrelevante Änderungen unverzüglich und beweissicher dem Sozialamt an.

3.4.2 Regelungen im 4. Kapitel SGB XII: GSi

Bei der **Grundsicherung** im Alter und bei Erwerbsminderung ging man schon länger von der Möglichkeit der Überprüfung nach § 44 SGB X aus, da diese Leistung auf Dauer (i.d.R. für ein Jahr) bewilligt wird. Hier gelten die unter ⇨**3.1 ff.** beschriebenen Regeln fürs Alg II, wenn nicht ausdrücklich auf Abweichungen hingewiesen wird.

4. Anspruch auf Verzinsung von Nachzahlungen

War die nachgezahlte Sozialleistung rückwirkend für länger als **sechs Monate fällig** und waren alle für den Antrag auf Leistungen erforderlichen Unterlagen eingereicht, muss der nachzuzahlende Betrag **mit 4% verzinst** werden (§ 44 Abs. 1 SGB I). Das spielt eine Rolle, wenn z.B. für einen längeren Zeitraum Mehrbedarf nachgezahlt wird oder höhere Unterkunftskosten rückwirkend anerkannt werden.

Tipp Die Verzinsung wird von den Behörden gerne vergessen, von den Gerichten ebenfalls. Machen Sie Ihren Anspruch am besten schriftlich beim Amt oder direkt vor Gericht geltend.

Wurden Ihnen Leistungen auf Grundlage eines ⇨**öffentlich-rechtlichen Vertrags** beispielsweise einer ⇨Eingliederungsvereinbarung vorenthalten (z.B. ein Zuschuss bei Existenzgründung), kann im Falle einer Nachzahlung neben der 4% Verzinsung auch ein **Verzugsschaden** gegenüber dem Jobcenter geltend gemacht werden. Die Regelungen des BGB sind in diesem Fall anzuwenden (§ 61 SGB X i.V. mit §§ 288 ff. BGB; Mrozynski, SGB I, § 44 Rz. 1b).

5. Nachzahlungen, auch wenn Sie den falschen Antrag gestellt hatten

können Sie rückwirkend bis zu einem Jahr geltend machen.
Näheres dazu ⇨Antragstellung 1.9

6.1 SGB-II-/SGB-XII-Nachzahlungen sind kein Einkommen

Nachzahlungen sind Leistungen von SGB II/ SGB XII. Sie dürfen deshalb **nicht** auf andere Leistungen des SGB II/ SGB XII angerechnet werden (⇨Einkommen 2.1).

Auch Nachzahlungen aus der jeweils anderen Fürsorgeleistung (Alg II, HzL und GSi), die *„auf der verfassungsrechtlichen Fundierung im Grundrecht auf Gewährleistung eines menschenwürdigen Existenzminimums ... beruhen“* dürfen nicht angerechnet werden. Sonst würde durch die Nachzahlung einer *„rechtswidrige[n] Vorenthaltung von Leistungen“* der jeweils andere Leistungsträger belohnt (BSG 25.6.2015 - B 14 AS 17/14 R, Terminbericht Nr. 27/15). Das gilt auch für eine Nachzahlung für Leistungen nach dem AsylbLG, die während des Alg-II-/ Sozialhilfebezuges zufließt.

6.2 Rückerstattung von Vorauszahlungen

Seit 2011 sind bei HzL/ GSi *„Einkünfte aus Rückerstattungen, die auf* ***Vorauszahlungen*** *beruhen, die Leistungsberechtigte* ***aus dem Regelsatz*** *erbracht haben“*, **kein Einkommen** mehr (§ 82 Abs. 1 Satz 3 SGB XII).

Das ist zwar eine SGB-XII-Regelung, sie kann aber auf das SGB II übertragen werden. Damit sind u.a. ⇨**Strom**rückzahlungen gemeint, die auch beim Alg II nicht angerechnet werden. Erweitert wurde diese Regelung ab 1.8.2016 um *„Rückzahlungen, die sich auf ... nicht anerkannte Aufwendungen für Unterkunft und Heizung beziehen“* (§ 22 Abs. 3 SGB II neu). Damit sind Guthaben aus Vorauszahlungen für Heiz- und Nebenkosten gemeint, die Sie aus dem Regelsatz gezahlt haben, weil das Jobcenter sie nicht anerkennt.

Darunter fallen aber auch Rückerstattungen aus abgeschlossenen Zahnbehandlungsversicherungen oder sogenannten „Cash-statt-Handy-Geschäften“ – anstelle der subventionierten Handy-Kaufoption erfolgt eine Sofortauszahlung bei Abschluss eines Handy-Vertrages (LSG Hessen 15.4.2015 - L 6 AS 828/12).

6.3 Einmalig ausgezahlte Nachzahlungen aus einem laufenden Anspruch

Alg II

Bis 31.7.2016 galt: Nachzahlungen von Einnahmen, die aus einem laufenden Anspruch entstanden sind und im Bewilligungszeitraum ausgezahlt wurden, waren nicht wie einmalige Einnahmen, sondern wie laufendes Einkommen zu behandeln und anzurechnen. Daraus folgte, dass diese Einnahmen nicht auf sechs Monate verteilt angerechnet werden durften. Sie waren wie eine laufende Einnahme ausschließlich im Zuflussmonat anzurechnen. Der nicht verbrauchte Teil der Einnahmen wurde im Folgemonat zu ⇨Vermögen und war im Rahmen der Vermögensfreigrenzen anrechnungsfrei zu stellen (BSG 24.4.2015 - B 4 AS 32/14 R; BSG 21.12.2009 - B 14 AS 46/08 R). Das betraf vor allem Einnahmen aus laufenden Sozialleistungen, die keine SGB-II-, SGB-XII- und AsylbLG-Leistungen waren (z.B. Renten, Arbeitslosen-, Kinder-, Krankengeld usw.), aber auch Lohnnachzahlungen, die während des Alg-II-Bezuges zugeflossen sind (BSG 5.6.2014 - B 4 AS 49/13 R). Voraussetzung für die Auszahlung an die Leistungsberechtigten war, dass das Jobcenter keinen Erstattungsanspruch gegenüber dem betreffenden Sozialleistungsträger geltend gemacht hatte (§§ 102 ff. SGB X).

Mit dem Neunten SGB-II-Änderungsgesetz neutralisiert die Bundesregierung nun die BSG-Rechtsprechung, die Leistungsberechtigten für Einkommensausfälle in der Vergangenheit einen teilweisen Ausgleich geboten hat.
Ab 1.8.2016 gilt: *„Zu den einmaligen Einnahmen gehören auch als Nachzahlung zufließende Einnahmen, die nicht für den Monat des Zuflusses erbracht werden“* (§ 11 Abs. 3 Satz 2 SGB II neu). Nachzahlungen aus einem laufenden Anspruch werden folglich wie einmaliges ⇨Einkommen (3.2) auf sechs Monate verteilt angerechnet, die Anerkennung als Vermögen im Regelfall vereitelt.

Kritik
N
Handelt es sich allerdings bei der Nachzahlung um eine *„rechtswidrige Vorenthaltung von Leistungen“* eines anderen Leistungsträgers, ist die Neuregelung verfassungsrechtlich bedenklich,
- weil durch die Nachzahlung zu Unrecht vorenthaltener Leistungen anderer Sozialleistungsträger das Jobcenter „belohnt“ wird (BSG 25.6.2015 - B 14 AS 17/14 R, Terminbericht Nr. 27/15) und
- aufgrund der Anrechnung von Nachzahlungen aus Rechtsmittelverfahren der Anspruch auf rechtsstaatliche Korrekturen für Alg-II-Beziehende faktisch außer Kraft gesetzt wird.

Diese einseitige Benachteiligung von SGB-II-Leistungsberechtigten muss einer verfassungsgerichtlichen Prüfung unterzogen werden. Ihre Abschaffung gehört ganz oben auf die politische Agenda.

HzL/ GSi der Sozialhilfe
Hier gibt es (noch) keine entsprechenden gesetzlichen Einschränkungen wie beim Alg II. Daher vertreten wir die Auffassung, dass die bis zum 31.7.2016 für das SGB II gültige BSG-Rechtsprechung auch im SGB XII anzuwenden ist.

Forderungen
Abschaffung aller Sonderregelungen für Überprüfungsanträge im SGB II und SGB XII!
Nichtanrechnung zu Unrecht vorenthaltener Sozialleistungen und Löhne, wenn sie im Leistungsbezug nachgezahlt werden!

Öffentlich-rechtlicher Vertrag

1.1 Unterschied Verwaltungsakt und öffentlich-rechtlicher Vertrag

Die Behörde kann ihr Handeln durch Verwaltungsakt (⇨Bescheid) oder durch einen öffentlich-rechtlichen Vertrag regeln. Die Rechtsgrundlage für den öffentlich-rechtlichen Vertrag sind die §§ 53 ff. SGB X.

Voraussetzungen für den öffentlich-rechtlichen Vertrag:

- Regelungen, die in einem öffentlich-rechtlichen Vertrag getroffen werden, müssen **rechtmäßig** sein (§ 53 Abs. 1 SGB X).
- Ein öffentlich-rechtlicher Vertrag kann nur bei ⇨**Ermessen**sentscheidungen geschlossen werden (§ 53 Abs. 2 SGB X).
- Zu seiner Wirksamkeit bedarf es der **Schriftform** (§ 56 SGB X).
- Wenn ein öffentlich-rechtlicher Vertrag in Rechte **Dritter** eingreift, also auch Dinge anderer Mitglieder der Bedarfsgemeinschaft regelt, wird er erst wirksam, wenn diese schriftlich zustimmen (§ 57 Abs. 1 SGB X).

1.2 Welche Inhalte werden geregelt?

Beim **Alg II** wird der öffentlich-rechtliche Vertrag z.B. rechtmäßig angewendet, wenn

- eine ⇨Eingliederungsvereinbarung abgeschlossen wird,
- zwischen Ihnen und der Forderungsabteilung der Behörde eine Vereinbarung über die Rückzahlung von Erstattungsansprüchen getroffen wird (⇨Rückforderung),
- Sie mit dem Forderungseinzug der Behörde, z.B. Regionaldirektion, Zoll oder Stadtkasse, Vereinbarungen über Rückzahlungen treffen,
- zwischen Ihnen und dem jeweiligen Amt vor Gericht Vergleiche geschlossen werden: Die Behörde bietet Ihnen den Betrag X an, wenn Sie sich im Gegenzug bereit erklären, eine Klage zurückzunehmen (§ 101 SGG) oder
- ein Unterhaltsberechtigter aufgrund von ausbleibenden Unterhaltszahlungen hilfebedürftig wird, der Unterhaltsanspruch auf das Jobcenter übergegangen ist (§ 33 Abs. 1 SGB II) und das Jobcenter mit Ihnen eine Vereinbarung trifft, den Unterhaltsanspruch gerichtlich durchzusetzen (§ 33 Abs. 4 SGB II).

Bei **HzL/ GSi der Sozialhilfe** wird der öffentlich-rechtliche Vertrag z.B. angewendet, wenn

- Ansprüche der Behörde bis *„zum Lebensunterhalt Unerlässlichen“* aufgerechnet werden (§ 26 Abs. 1 u. 2 SGB XII),
- Darlehensforderungen vom Sozialamt gegen Sie geltend gemacht werden, mit Ausnahme von Darlehen für einen unabweisbaren vom Regelsatz umfassten Bedarf (§ 37 Abs. 1 SGB XII),
- Vereinbarungen über Rückzahlungsraten, die mit dem Forderungseinzug der örtlichen Stadtverwaltung getroffen werden.

2. Vertragsgrundlagen

Die Behörde darf mit Ihnen, **anstatt** einen **Verwaltungsakt** zu erlassen, auch einen öffentlich-rechtlichen Vertrag abschließen. Dieser ist an die gleichen Adressaten zu richten, an die das Amt sonst den Verwaltungsakt zu richten hat (§ 53 Abs. 1 Satz 2 SGB X). Die Regelungen, die in einem öffentlich-rechtlichen Vertrag getroffen werden, müssen rechtmäßig sein (§ 53 Abs. 1 SGB X).

Ein öffentlich-rechtlicher Vertrag ist nur zulässig, soweit die Erbringung der Sozialleistung im Ermessen des Leistungsträgers steht (§ 53 Abs. 2 SGB X).

Zu seiner **Wirksamkeit** bedarf der Vertrag der Schriftform (§ 56 SGB X). Es muss nicht immer „Vertrag“ darüber stehen. Auch eine Gesprächsnotiz, die festhält, dass z.B. überzahlte Beträge monatlich in Höhe von X € aufgerechnet werden sollen, stellt einen wirksamen öffentlich-rechtlichen Vertrag dar, wenn beide Seiten das **unterschrieben** haben.

Wenn ein öffentlich-rechtlicher Vertrag in **Rechte Dritter** eingreift, wird er erst wirksam, wenn diese schriftlich zustimmen (§ 57 Abs. 1 SGB X). Wurden z.B. Leistungen einer Bedarfsgemeinschaft überzahlt, richtet sich die Rückforderung immer gegen

O

alle Mitglieder der Bedarfsgemeinschaft. Wird eine Aufrechnungserklärung nur von einer Person unterzeichnet, ist der Vertrag unwirksam, weil es sich um einen Anspruch des Jobcenters gegen **alle** Mitglieder der Bedarfsgemeinschaft handelt.

Ab 2011 ist beim Alg II bei einer ⇨**Aufrechnung** überzahlter Leistungen eine vertragliche Regelung nicht mehr zulässig, da die Höhe der Aufrechnung nicht mehr im **Ermessen** der Behörde steht (§ 43 Abs. 2 SGB II). Allerdings kann das Jobcenter statt aufzurechnen auch eine „freiwillige" Rückzahlungsvereinbarung mit Ihnen schließen, das wäre dann eine zulässige **Verzichtserklärung** (§ 46 Abs. 1 SGB I). In diesem Fall können Sie wenigstens eine moderatere Tilgungsrate mit dem Jobcenter vereinbaren oder solche Rückzahlungsvereinbarungen jederzeit **zurückziehen** bzw. die Höhe der Tilgung **ändern**.

O

Im Gegensatz zu einer Verzichtserklärung sind ein rechtmäßig abgeschlossener öffentlich-rechtlicher Vertrag und dessen Inhalte vom Grundsatz **unabänderlich**, auch wenn sie Ihnen später nicht mehr passen.

3. Möglichkeit der Anpassung des Vertrags?

Haben sich nach Vertragsabschluss die Umstände derart geändert, dass Ihnen die **Einhaltung** des Vertrages **nicht mehr zumutbar** ist, können Sie bei der Behörde eine Anpassung beantragen. Verweigert das Amt unter solchen Umständen die Anpassung, können Sie den Vertrag **kündigen** (§ 59 Abs.1 SGB X).

Beispiel: Wenn Sie in der ⇨Eingliederungsvereinbarung zugestimmt haben, 20 Bewerbungen im Monat vorzulegen, und nun einen Halbtagsjob gefunden haben, ist die Vereinbarung nicht mehr zumutbar. Sie müssen nun beim Jobcenter eine Änderung des Vertrages beantragen – am besten schriftlich. Kommt es zum Streit, ob Sie oder das Amt den Vertrag einseitig kündigen können, kann im Zweifel beim Sozialgericht eine **Feststellungs⇨klage** eingereicht werden (§ 55 Abs. 1 Nr. 1 SGG).

Kritik

Mit der Eingliederungsvereinbarung hat sich der öffentlich-rechtliche Vertrag im Sozialrecht breit gemacht. Unter dem Motto *„Stärkung der Eigenverantwortlichkeit"* wird er als Druckmittel ausgebaut. Die Behörden versprechen sich durch die Einbeziehung der Betroffenen eine höhere Akzeptanz bzw. weniger Widerstand gegen einseitige und einschränkende Regelungen. Gerade das Unwissen der meisten Erwerbslosen darüber, was ein öffentlich-rechtlicher Vertrag ist und wie man dagegen vorgehen kann, macht diese Strategie erfolgreich.

Prozesskostenhilfe

Verfügen Sie über ein nur geringes Einkommen und Vermögen, können Sie zur Bestreitung von Prozesskosten Prozesskostenhilfe (PKH) in Anspruch nehmen. Dann werden die Kosten Ihrer Prozessführung ganz oder teilweise vom Staat getragen. Da das Verfahren vor den Sozialgerichten für Leistungsberechtigte u.a. nach dem SGB II, SGB III und SGB XII **gerichtskostenfrei** ist (§ 183 SGG) und sich die Behörde durch ihre eigenen Mitarbeiter vertritt, können Ihnen allenfalls Kosten durch die Beauftragung eines eigenen Rechtsanwalts (⇨Anwälte) entstehen, die über die Prozesskostenhilfe übernommen werden können.

1. Was sollte ich vor einem Prozess überlegen?

Bevor Sie eine ⇨Klage oder eine ⇨einstweilige Anordnung (Eilantrag) bei einem Sozialgericht einreichen, sollten Sie unbedingt prüfen, ob die beabsichtigte Rechtsverfolgung Aussicht auf Erfolg hat. Für die Prüfung der Erfolgsaussichten sollten Sie ggf. einen Anwalt hinzuziehen. Für eine anwaltliche Beratung **vor** Klageerhebung kann Ihnen ⇨**Beratungshilfe** gewährt werden.

2. Wann brauche ich einen Anwalt im Gerichtsverfahren?

Vor dem Sozialgericht und dem Landessozialgericht besteht **kein Anwaltszwang**, d.h. Sie können einen Prozess auch selbst führen (§ 73 Abs. 1 SGG). Trauen Sie sich die Prozessführung selbst zu, müssen Sie deswegen keinen Anwalt beauftragen. Sie sollten aber immer bedenken, dass auf Seiten der Behörden im Regelfall ausgebildete Juristen den Prozess führen. Deswegen kann es jedenfalls in schwieriger gelagerten Fällen sinnvoll sein, wenn Sie sich ebenfalls rechtlichen Beistand suchen. Vor dem Bundessozialgericht (BSG) müssen Sie sich – außer für das Prozesskostenhilfeverfahren – durch einen Prozessbevollmächtigten (Rechtsanwalt) vertreten lassen (§ 73 Abs. 4 SGG).

3. Unter welchen Voraussetzungen kann ich Prozesskostenhilfe bekommen?

Können Sie nach Ihren persönlichen und wirtschaftlichen Verhältnissen die Anwaltskosten nicht aufbringen, können Sie Prozesskostenhilfe erhalten, wenn die beabsichtigte Rechtverfolgung oder Rechtsverteidigung hinreichende **Aussicht auf Erfolg** bietet und nicht mutwillig erscheint (§ 114 Abs. 1 ZPO) sowie die Vertretung durch einen **Anwalt erforderlich** ist (§ 121 Abs. 2 ZPO). Bei Vorliegen der finanziellen Voraussetzungen wird Ihnen ohne weitere Prüfung der Erfolgsaussichten ein Anwalt beigeordnet, wenn eine anwaltliche Vertretung vorgeschrieben ist (vor dem BSG; ⇨2.) oder die Behörde das Rechtsmittel (Berufung, Revision) eingelegt hat (§ 73 a SGG i.V. mit § 119 Abs. 1 Satz 2 ZPO). Entscheiden Sie sich für einen nicht ortsansässigen Rechtsanwalt, müssen Sie dessen Fahrtkosten und ggf. Kosten seiner Ortsabwesenheit selbst tragen (§ 121 Abs. 3 ZPO).

3.1 Geringe Einkommens- und Vermögensverhältnisse

Ob Ihre ⇨**Einkommens**verhältnisse die Bewilligung von Prozesskostenhilfe erlauben, richtet sich nach § 115 Abs. 1 ZPO. Die ⇨**Vermögens**grenzen orientieren sich am Schonvermögen der Sozialhilfe (§ 115 Abs. 3 ZPO i.V. mit § 90 SGB XII). Maßgeblich sind Ihre Einkommens- und Vermögensverhältnisse zum Zeitpunkt der PKH-Bewilligung, nicht der Antragstellung (§ 115 Abs. 1 Satz 4 ZPO). Das Gericht kann von Ihnen verlangen, dass Sie Ihre Angaben durch Vorlage von Urkunden oder die Abgabe einer eidesstattlichen Versicherung glaubhaft machen (§ 118 Abs. 2 Satz 1 ZPO).

3.1.1 Geringe Einkommensverhältnisse

Beziehen Sie lediglich Leistungen nach dem SGB II oder SGB XII, steht die Höhe Ihres Einkommens einer PKH-Bewilligung nicht entgegen. Anders kann es sich verhalten, wenn Sie Alg II aufstocken oder etwa Wohngeld beziehen. In diesem Fall muss eine genaue Berechnung vorgenommen werden. In einem ersten Schritt sind alle Einkünfte (Netto-Arbeitseinkommen, Sozialleistungen, Zinseinkünfte etc.) zu addieren. Von dem **Gesamteinkommen** sind sodann die **Beiträge nach** § 115 Abs. 1 Satz 3 ZPO **abzusetzen**. Hierzu gehören angemessene Prämien zu Versicherungen, Mindestbeiträge zur Riester-Rente, Werbungskosten sowie die

P

Freibeträge nach § 115 Abs. 1 Satz 3 Nr. 1 b und Nr. 2 ZPO (Stand: 2016):

- **468 €** für den Rechtssuchenden, zusätzlich **213 €** bei (ggf. zusätzlicher) Erwerbstätigkeit,
- weitere **468 €** für den Ehepartner oder Lebenspartner,
- **374 €** für jeden erwachsenen Unterhaltspflichtigen, dem Unterhalt - auch Naturalunterhalt - geleistet wird,
- **353 €** für 14 bis 17jährige Unterhaltspflichtige,
- **309 €** für 6 bis 13jährige Unterhaltspflichtige und
- **272 €** für unterhaltspflichtige Kinder bis 5 Jahren.

Abzusetzen sind weiter die Unterkunftskosten einschließlich Neben- und Heizkosten (ohne Strom), Mehrbedarfe (§ 21 SGB II bzw. § 30 SGB XII) sowie besondere Belastungen (i.d.R. 21,33 € je Schüler unter 18 Jahre, Kosten für ein Schülerticket, Nachhilfekosten, Ratenzahlungen aus Abzahlungskäufen, Zuzahlungen beim Arzt etc.).

P

Das Einkommen abzüglich der Absatzbeträge ergibt das sogenannte *„einzusetzende Einkommen"*. Liegt dieses **unter 20 €** (bis 19,99 €), wird Ihnen **ratenfreie Prozesskostenhilfe** bewilligt. Andernfalls werden Raten in Höhe Ihres hälftigen monatlichen Einkommens festgesetzt. Ein guter Rechenbogen wird von Senior-Prof. Dieter Zimmermann von der EH Darmstadt jährlich aktuell im Internet veröffentlicht (zu finden mit den Stichworten „Rechenbogen PKH Zimmermann" mit jeder Suchmaschine).

3.1.2 Geringe Vermögensverhältnisse

Ferner muss auch Ihr Vermögen innerhalb der Vermögensfreigrenzen liegen (§ 115 Abs. 3 ZPO i.V. mit § 90 SGB XII i.V. mit § 1 Abs. 1 BarBetrVO):
Geschützt sind bare Mittel in Höhe von **1.600 €** (bei über 60jährigen **2.600 €**) plus **614 €** für den Ehepartner sowie **256 €** für jede Person, der Unterhalt geleistet wird.

Volle PKH ist auch zu bewilligen, wenn Sie Ihre Anwaltskosten nur zum Teil aus ihrem einzusetzenden Barvermögen aufbringen können (§ 114 Abs. 1 Satz 1 ZPO). Welche Vermögensgegenstände nicht zu berücksichtigen sind, ist in § 90 SGB XII geregelt (⇨Vermögen 3.1 ff., 4.).

3.2 Hinreichende Erfolgsaussicht

Weiter muss für die von Ihnen angestrebte Rechtsverfolgung hinreichende Erfolgsaussicht bestehen. Dies ist nach der Rechtsprechung der Fall, wenn das Gericht Ihren Rechtsstandpunkt aufgrund Ihrer Sachverhaltsschilderung und der vorliegenden Unterlagen für zutreffend oder zumindest für **vertretbar** hält und in tatsächlicher Hinsicht von der Möglichkeit der Beweisführung überzeugt ist.

Aus Gründen der Waffengleichheit zwischen den Beteiligten sind an die Erfolgsaussicht **keine überspannten Anforderungen** zu stellen (BVerfG 7.4.2000 - 1 BvR 81/00). Die Gewährung von PKH kommt jedoch dann nicht in Betracht, wenn ein Erfolg in der Hauptsache zwar nicht gänzlich ausgeschlossen ist, die Erfolgschance aber nur eine entfernte ist (BSG 17.2.1989 - B 13 RJ 83/97 R). In Klageverfahren werden von den Sozialgerichten i.d.R. keine überhöhten Anforderungen an die Erfolgsaussichten gestellt und auch dann PKH bewilligt, wenn die Klage ggf. später abgelehnt wird. Verfolgen Sie mit Ihrer Klage mehrere Anliegen, genügt es, wenn eines Ihrer Anliegen Aussicht auf Erfolg hat. Verschlechtern sich die Erfolgsaussichten während des PKH-Verfahrens durch pflichtwidrige Verzögerung der Bewilligungsentscheidung durch das Gericht, sind die Erfolgsaussichten im Zeitpunkt der PKH-Antragstellung maßgeblich (Philippi in Zöller, ZPO, 22. Aufl., § 119 Rz. 45 f.).

Anders als in Hauptsacheverfahren stellt sich die Praxis der Gerichte in **sozialgerichtlichen Eilverfahren** (⇨einstweilige Anordnung) dar. Regelmäßig wird von den Sozialgerichten im Gleichklang mit der Entscheidung in der Sache auch über den PKH-Antrag entschieden: Hat der Antrag auf einstweilige Anordnung in der Sache Erfolg, wird auch PKH bewilligt, wird der Sachantrag dagegen abgelehnt, ereilt den PKH-Antrag regelmäßig dasselbe Schicksal. Diese Praxis ist zu **kritisieren**. Zur Gewährleistung eines effektiven Rechtsschutzes kann es geboten sein, die Wahrscheinlichkeitsbetrachtung bei der PKH-Bewilligung großzügiger auszugestalten als im Bereich der Sachentscheidung (Groth, NJW 2007, 2294, 2297).

3.3 Keine Mutwilligkeit

Mutwillig ist die Rechtsverfolgung oder Rechtsverteidigung, wenn eine Partei, die keine PKH beanspruchen kann, bei verständiger Würdigung aller Umstände von der Führung eines Prozesses absehen würde, obwohl eine hinreichende Erfolgsaussicht besteht (§ 114 Abs. 2 ZPO). Mutwilligkeit wurde in der Rechtsprechung etwa angenommen, wenn durch ein Urteil für den Kläger keine Vorteile zu erwarten sind, die Nachteile überwogen, es einen kostengünstigeren außergerichtlichen Weg gegeben hätte oder sinnvoller Weise die Entscheidung in einem Parallelfall hätte abgewartet und ein Widerspruchsverfahren solange hätte ruhend gestellt werden können (LSG Schleswig-Holstein 26.11.2014 - L 6 AS 271/14 B PKH).

Tipp Wollen Sie sicher gehen, dass keine Anwaltskosten entstehen, erheben Sie selbst fristwahrend zu Protokoll der Geschäftsstelle des Sozialgerichts Klage, stellen Sie den PKH-Antrag (§ 117 Abs. 1 ZPO) und beantragen Sie die Beiordnung Ihres Rechtsanwalts. Das Gericht wird dann in der Regel kurzfristig über den von Ihnen gestellten PKH-Antrag entscheiden. Bewilligt das Gericht keine PKH und wendet sich weiter an Sie, können Sie dem Gericht mitteilen, dass Sie sich zur Prozessführung nicht in der Lage sehen und an die PKH-Bewilligung erinnern. Sie haben einen Anspruch auf Entscheidung über Ihren PKH-Antrag.

3.4. Keine anderweitige Vertretungsmöglichkeit

Prozesskostenhilfe wird Ihnen auch dann nicht bewilligt, wenn Sie sich anderweitig vertreten lassen können (§ 73a Abs. 2 SGG), etwa als Gewerkschaftsmitglied durch Ihre Gewerkschaft oder die „DGB Rechtschutz GmbH“ oder als Mitglied eines Sozialverbandes durch Ihren Verband (BSG 8.10.2009 - B 8 SO 35/09 B).

4. Nachträgliche Änderung der PKH-Bewilligung

Wurde Ihnen PKH unter Ratenzahlung bewilligt und haben sich Ihre wirtschaftlichen Verhältnisse so **verschlechtert**, dass nunmehr keine Monatsraten mehr zu zahlen sind, kann das Gericht auf Ihren **Antrag** hin die Entscheidung über die zu leistenden Zahlungen ändern (§ 120a Abs. 1 ZPO).

Verbessern sich Ihre wirtschaftlichen Verhältnisse innerhalb von vier Jahren nach Abschluss des Verfahrens, kann das Gericht die PKH-Entscheidung ändern (§ 120a Abs. 1 Satz 4 ZPO). Wesentliche Verbesserungen Ihrer wirtschaftlichen Verhältnisse müssen Sie dem Gericht unverzüglich mitteilen. Einkommenssteigerungen sind „wesentlich“, wenn diese nicht nur einmalig 100 € brutto übersteigen. Gleiches gilt für den Wegfall abzugsfähiger Belastungen (§ 120a Abs. 2 ZPO). Eine wesentliche Verbesserung Ihrer wirtschaftlichen Verhältnisse kann auch dadurch eintreten, dass Sie durch den Gerichtsprozess etwas erlangen. Dies prüft das Gericht von sich aus. Eine Änderung der PKH-Bewilligung ist allerdings ausgeschlossen, soweit Sie bei rechtzeitiger Leistung des durch den Prozess Erlangten ratenfreie PKH erhalten hätten.

Beispiel: Zahlt Ihnen der Grundsicherungsträger über Jahre vorenthaltene Leistungen für die Unterkunft in Höhe von 3.500 € nach, müssen Sie die PKH nicht zurückzahlen, denn bei rechtzeitiger Leistung hätten sie PKH erhalten.

5. Aufhebung der Bewilligung

Das Gericht kann die Bewilligung von PKH auch nachträglich ganz aufheben (§ 124 ZPO). Die Voraussetzungen hierfür sind zum 1.1.2014 erheblich verschärft worden:

- Sie haben durch **unrichtige Darstellung** des Streitverhältnisses die für die PKH-Bewilligung maßgeblichen Voraussetzungen vorgetäuscht (§ 124 Abs. 1 Nr. 1 ZPO).
- Sie haben absichtlich oder aus grober Nachlässigkeit **unrichtige Angaben** zu Ihren persönlichen und wirtschaftlichen Verhältnissen gemacht oder auf Verlangen des Gerichts Änderungen nicht oder ungenügend angegeben (Nr. 2).
- Die PKH-**Voraussetzungen** haben **nicht vorgelegen**. Die Aufhebung ist dann innerhalb der Frist von vier Jahren nach Beendigung des Gerichtsverfahrens möglich (Nr. 3).

P

- Sie haben wesentliche **Verbesserungen** in Ihren Einkommens- oder Vermögensverhältnissen oder Änderungen Ihrer **Anschrift** absichtlich oder aus grober Nachlässigkeit unrichtig oder **nicht unverzüglich mitgeteilt** (Nr. 4).
- Sie befinden sich länger als drei Monate mit der **Zahlung** einer Monatsrate oder eines sonstigen Betrages **im Rückstand** (Nr. 5).
- Sie haben eine Beweiserhebung (Zeugenvernehmung, Anforderung von Beweisurkunden) beantragt, die aus Gründen, die bei der PKH-Bewilligung noch nicht berücksichtig werden konnten, keine hinreichende Erfolgsaussicht bietet oder der Beweisantritt erscheint nachträglich mutwillig (§ 124 Abs. 2 ZPO).

Mit diesen **Verschärfungen** sind den Gerichten Tür und Tor für eine Aufhebung der PKH-Bewilligung geöffnet. So kann schon die fehlerhafte oder nicht unverzügliche (d.h. ohne schuldhaftes Zögern) Mitteilung der **Anschriftsänderung** bis zu **vier Jahre** nach Verfahrensbeendigung die Aufhebung der PKH-Bewilligung nach sich ziehen. Kaum ein Kläger wird – nachdem er Jahre auf seinen Verhandlungstermin bei einem Sozialgericht gewartet hat – vier Jahre nach Beendigung des Gerichtsverfahrens überhaupt noch daran denken, dem Gericht Mitteilungen zu machen, schon gar nicht „unverzüglich" bei Änderung der Anschrift. Es steht zu befürchten, dass einige Gerichte die neuen gesetzlichen Regelungen als Einfallstore für die Aufhebung der PKH-Bewilligung nutzen werden.

Tipp Achten Sie nach einer PKH-Bewilligung darauf, Ihre gesetzlichen Verpflichtungen penibel und für Sie nachweisbar einzuhalten (z.B. per Fax mit Sendebericht).

Rückforderung
(von Leistungen)

Es kommt oft vor, dass die Behörde zu viel gezahlt, im Amtsdeutsch „überzahlt" hat. Bei der Aufhebung von Bescheiden und Rückforderung der überzahlten Leistungen werden häufig Fehler gemacht. Etwa ein Drittel aller Rückforderungsbescheide ist fehlerhaft.
Es lohnt sich also, Rückforderungsansprüche der Behörde genau zu prüfen.

Inhaltsübersicht:

1. Wann und durch wen wurde die „Überzahlung" verursacht?

1.1 Der Bescheid war von Anfang an falsch: „anfängliche Unrichtigkeit"

Hat sich die Behörde zu Ihren Gunsten verrechnet, kann es sein, dass ein Verwaltungsakt (Bescheid) zum Zeitpunkt des Erlasses schon fehlerhaft, d.h. rechtswidrig war. Hier gibt es einen weitreichenden Vertrauensschutz.

„Ein rechtswidriger, begünstigender Verwaltungsakt darf nicht zurückgenommen werden, soweit der Begünstigte auf den Bestand des Verwaltungsaktes vertraut hat und sein Vertrauen unter Abwägung mit dem öffentlichen Interesse an einer Rücknahme schutzwürdig ist. Das Vertrauen ist in der Regel schutzwürdig, wenn der Begünstigte erbrachte Leistungen verbraucht ... hat." (§ 45 Abs. 2 Satz 2 SGB X)

Und wer schafft es schon, im Alg-II- oder Sozialhilfebezug anzusparen?

Die Behörde darf nur dann einen rechtswidrigen, „begünstigenden" Verwaltungsakt für die Vergangenheit zurücknehmen, wenn der Leistungsberechtigte entweder

- „den Verwaltungsakt durch arglistige Täuschung, Drohung oder Bestechung erwirkt hat" (§ 45 Abs. 2 Nr. 1 SGB X),

R

- *„der Verwaltungsakt auf Angaben beruht, die der Begünstigte vorsätzlich oder grob fahrlässig in wesentlicher Beziehung unrichtig oder unvollständig gemacht hat"* (ebenda, Nr. 2) oder
- *„die Rechtswidrigkeit des Verwaltungsaktes kannte oder in Folge grober Fahrlässigkeit nicht kannte"* (ebenda, Nr. 3).

Der letzte Punkt wird von den Behörden gerne als „Totschlagargument" genutzt, um die Voraussetzung für eine Rückforderung herbeizuführen. Wenn Sie nämlich bei Antragstellung alle von Ihnen geforderten Angaben mit den entsprechenden Nachweisen geliefert haben, unterstellt man Ihnen einfach „grobe Fahrlässigkeit" (⇨2.1.4).
Sie müssen sich aber nicht besser auskennen als Ihr Sachbearbeiter. Im Regelfall sind *„die wesentlichen, tatsächlichen Gründe, die die Behörde zu ihrer Entscheidung bewogen haben"* (§ 35 Abs. 1 SGB X) in den Bescheiden nicht nachvollziehbar dargelegt. Eine Überzahlung ist für Sie meist gar nicht erkennbar, es sei denn, es werden auf einen Schlag ein paar hundert € zu viel überwiesen.

R

Tipp Wenn der Bescheid von Beginn an rechtswidrig war, die Behörde die Überzahlung selbst verschuldet hat und das für Sie nicht ersichtlich war, darf der Bescheid nicht zurückgenommen werden. Legen Sie ⇨Widerspruch ein.

1.2 Der Bescheid wurde nach Erlass rechtswidrig: „nachträgliche Unrichtigkeit"

Wird ein Verwaltungsakt durch *„Änderung der Verhältnisse"* rechtswidrig, ist der Vertrauensschutz sehr stark eingeschränkt.
„Soweit in den tatsächlichen oder rechtlichen Verhältnissen, die beim Erlass eines Verwaltungsaktes mit Dauerwirkung vorgelegen haben, eine wesentliche Änderung eintritt, ist der Verwaltungsakt mit Wirkung für die Zukunft aufzuheben." (§ 48 Abs. 1 Satz 1 SGB X)
Der Bescheid darf nach Bekanntwerden der Änderung (z.B. Zuzug, Umzug usw.) nur mit Wirkung für die Zukunft geändert werden.

Mit Wirkung für die Vergangenheit, d.h. rückwirkend, ist der Bescheid aufzuheben, wenn
- *„die Änderungen zugunsten des Betroffenen erfolgt"* (§ 48 Abs. 1 Satz 2 Nr. 1 SGB X),
- der Betroffene *„der Pflicht zur Mitteilung wesentlicher für ihn nachteiliger Änderungen der Verhältnisse vorsätzlich oder grob fahrlässig nicht nachgekommen ist"* (ebenda, Nr. 2),
- Einkommen oder Vermögen erzielt wird (ebenda, Nr. 3) oder
- der Betroffene wusste oder durch besonders schweren Verstoß gegen die Sorgfaltspflicht nicht wusste, dass der Anspruch ganz oder teilweise weggefallen ist (ebenda, Nr. 4).

Der Zeitraum für die Änderung zugunsten des Betroffenen ist beim Alg II und der Sozialhilfe auf ein Jahr begrenzt, gerechnet ab Beginn des Jahres, in dem die Korrektur beantragt oder vorgenommen wird (§ 40 Abs. 1 Satz 2 SGB II, § 116a SGB XII i.V. mit § 48 Abs. 4 Satz 1 SGB X i.V. mit § 44 Abs. 4 SGB X). Sie bekommen demnach maximal für diesen Zeitraum Leistungen nachgezahlt.
Zu Rückforderungen, wenn sich Ihr Einkommen erhöht, lesen Sie ⇨2.4, zum Begriff *„grobe Fahrlässigkeit"* ⇨2.1.4.

Wenn Sie nachweisen können, dass Sie leistungsrelevante Änderungen der Behörde mitgeteilt haben, diese aber nicht beachtet wurden oder verloren gegangen sind, darf der Bescheid nicht rückwirkend aufgehoben werden, wenn das zu Ihren Ungunsten wäre. Das ist z.B. der Fall, wenn sich anteilige Unterkunftskosten reduzieren, weil jemand in Ihre Wohnung eingezogen ist. Da Sie Ihren Mitwirkungspflichten nachgekommen sind, darf nur mit Wirkung für die Zukunft aufgehoben werden.

Tipp Teilen Sie Änderungen Ihrer Verhältnisse umgehend mit und achten Sie darauf, dass Sie den Eingang der Änderungsmitteilungen entweder durch einen Zeugen oder eine Eingangsbestätigung, z.B. einen Eingangsstempel der Behörde nachweisen können. Näheres ⇨Widerspruch 3.3

2. Verfahren der Rückforderung

Nachfolgend finden Sie Prüfschritte, die bei der Aufhebung von Bescheiden zu beachten sind. Werden diese berücksichtigt, können Sie herausfinden, ob ein Aufhebungs- und Erstattungsbescheid ggf. schon aus formellen Gründen angreifbar ist, selbst wenn er inhaltlich richtig ist.

2.1. Aufhebung des rechtswidrigen Bescheides

Zunächst wird ein Verwaltungsakt mit dem Inhalt wirksam, mit dem er bekannt gegeben wurde. Er bleibt solange wirksam, wie er nicht aufgehoben wurde (§ 39 Abs. 1, 2 SGB X). Wird der Verwaltungsakt rechtswidrig, darf/ muss er aufgehoben werden (§§ 45/48 SGB X). Wird er nicht aufgehoben, darf nicht zurückgefordert werden (BVerwG 20.11.1997 - FEVS 1998, 243 f.).
Für die Aufhebung eines Bescheides müssen einige formale Voraussetzungen erfüllt sein. Sind diese nicht erfüllt, ist eine Aufhebung nicht möglich, die Behörde darf überzahlte Leistungen dann nicht zurückfordern.

2.1.1 Falsche Angaben bei „anfänglicher Unrichtigkeit"

Haben Sie bei einem Bescheid, der schon zum Zeitpunkt seines Erlasses fehlerhaft war, falsche Angaben gemacht oder beruht der Bescheid auf Angaben, die durch arglistige Täuschung, Drohung oder Bestechung erwirkt wurden (§ 45 Abs. 2 Nr. 1, Nr. 2 SGB X), ist der Bescheid auch mit Wirkung für die Vergangenheit zurückzunehmen.
Die Aufhebung des Bescheides ist nur möglich, wenn der Antragsteller „gelogen und betrogen" hat oder die Rechtswidrigkeit des Bescheides kannte. Diese Voraussetzung muss individuell bei jedem von der Überzahlung betroffenen Leistungsbezieher vorliegen. Wurden z.B. der Partner des Antragstellers und andere volljährige Mitglieder der Bedarfsgemeinschaft aufgrund von vorsätzlichen Falschangaben des Antragstellers überzahlt, ist i.d.R. keine Aufhebung gegen diese Personen möglich, wenn sie die Überzahlung nicht mit zu verantworten hatten und nichts von ihr wussten.
Minderjährige Kinder werden von ihren Eltern vertreten und das Vertreterhandeln wirkt gegen die vertretenen Kinder. Die Aufhebung gegen minderjährige Kinder ist folglich zulässig. Eine Übertragung der Aufhebung vom Stiefelternteil auf das Stiefkind ist hingegen nicht möglich, es sei denn, das Kind wurde adoptiert. (BA, Arbeitshilfe „Individuelle Ansprüche in der Bedarfsgemeinschaft", 06/2011, 11)
Nach unserer Einschätzung dürfte ein erheblicher Teil der Bescheide, die wegen *„anfänglicher Unrichtigkeit"* aufgehoben werden, zumindest in Bezug auf die Überzahlungen bei Mitgliedern der Bedarfsgemeinschaft rechtswidrig sein.
Allerdings können Jobcenter seit 2011 einen Ersatzanspruch gegen den Verursacher einer Überzahlung, i.d.R. den Antragsteller, geltend machen (§ 34a SGB II; ⇨4.).

Solche rechtswidrigen Rückforderungsbescheide können mit einem Überprüfungsantrag angegriffen und zu Unrecht zurückgeforderte Leistungen müssen Ihnen nachgezahlt werden (§ 44 Abs. 1 SGB X). Näheres unter ⇨Nachzahlung 3. ff.
Bei Alg II, HzL/ GSi der Sozialhilfe und beim AsylbLG gab es wie im Sozialrecht üblich bis 30.7.2016 für die rückwirkende Überprüfung und Korrektur solcher Bescheide keine Begrenzung.
Mit dem Neunten SGB-II-Änderungsgesetz wurde ab 1.8.2016 die Rückwirkung solcher Anträge auf vier Jahre begrenzt (§ 40 Abs. 1 Satz 2 Nr. 1 SGB II; § 116a Satz 1 Nr. 1 SGB XII; § 9 Abs. 4 Satz 2 AsylbLG). Mit dieser Rechtsänderung werden die rechtlichen Mittel für Leistungsberechtigte zur rückwirkenden Korrektur stark eingeschränkt und im System der Fürsorgeleistungen ein Sozialverfahrensrecht zweiter Klasse etabliert.

2.1.2 Fehlende Änderungsmitteilung bei „nachträglicher Unrichtigkeit"

Haben Sie nach Erlass eines Bewilligungsbescheides eine Veränderung, die Ihren Leistungsanspruch mindert, nicht mitgeteilt, ist der Bescheid auch für die Vergangenheit zurückzunehmen (§ 48 Abs. 1 Satz 2 Nr. 2, Nr. 3 SGB X). Das wäre z.B. der Fall, wenn sich Ihre Unterkunftskosten reduzieren, weil Sie einen zusätzlichen Mitbewohner in Ihre WG aufgenommen haben.
Haben Sie aber diese Änderung mitgeteilt und die Behörde hat Ihre Leistungen nicht

R

an die geänderten Verhältnisse angepasst, darf ein Bescheid nur mit Wirkung für die Zukunft aufgehoben werden, weil das Versäumnis vom Amt verursacht wurde (§ 48 Abs. 1 Satz 1 SGB X).
Das ist ein Rest Vertrauensschutz im Bereich des § 48 SGB X.

2.1.3 Jahresfrist

Die jeweilige Behörde kann den rechtswidrigen Bescheid, auch wenn er durch schuldhaftes Verhaltens des Leistungsbeziehers zustande gekommen ist, nur innerhalb eines Jahres aufheben. Ist diese Frist abgelaufen, ist die Aufhebung nicht mehr möglich (§ 45 Abs. 4 SGB X, § 48 Abs. 4 SGB X).

Allerdings beginnt die Frist erst *„seit Kenntnis der Tatsachen ..., welche die Rücknahme ... rechtfertigen"* (§ 45 Abs. 4 Satz 2 SGB X; § 48 Abs. 4 SGB X). Das ist der Zeitpunkt, ab dem alle entscheidungsrelevanten Sachverhalte dem Amt bekannt sind.
Jobcenter/ Sozialämter gehen oft davon aus, dass die Jahresfrist mit der Anhörung (⇨ 2.3) beginnt. Häufig verfügt die Behörde aber schon deutlich früher über alle für den Sachverhalt erheblichen Informationen. Ist diese Jahresfrist abgelaufen, kann ein Bescheid weder bei anfänglicher, noch bei nachträglicher Unrichtigkeit aufgehoben werden. Rückforderungen sind dann nicht mehr möglich.

R

Das spielt z.B. eine Rolle, wenn
- der Aufhebungsbescheid sich nur an eine Person richtet, etwa den Vertreter, nicht aber an alle von der Aufhebung betroffenen Personen in der Bedarfsgemeinschaft,
- der Aufhebungs- und Rückforderungsbescheid nicht hinreichend bestimmt ist,
- über § 48 SGB X aufgehoben wurde (gebundene Entscheidung), obwohl er über § 45 SGB X (mit Ermessen) hätte aufgehoben werden müssen; hier ist eine nachträgliche Ermessensausübung nicht mehr möglich (§ 43 Abs. 3 SGB X; ⇨2.1.6)

und nach Ablauf der Jahresfrist eine Korrektur des Ursprungbescheides durch Erlass neuer Bescheide nicht mehr möglich ist.

Es sollte also zuerst geprüft werden, ob die Jahresfrist bereits abgelaufen ist bzw. wann sie endet. Oft steht in den Aufhebungsbescheiden *„mir ist am XX.XX.XX bekannt geworden..."* Diese Angabe muss nicht stimmen. Sie kann aber ein erster Anhaltspunkt sein. Unter Umständen kann eine ⇨Akteneinsicht hilfreich sein, um anhand der dort vorhandenen Unterlagen den Zeitpunkt der Kenntnisnahme zu prüfen. Schlecht organisierte Jobcenter ohne eigene Rückforderungsstellen machen sehr häufig Fehler im Zusammenhang mit der Jahresfrist.

Tipp 1 Wenn im Aufhebungsbescheid kein Datum der Kenntnisnahme angegeben ist, kann das ein Hinweis dafür sein, dass die Jahresfrist bereits abgelaufen ist. Hier sollten Sie genau prüfen, wann genau die Behörde Kenntnis von den Tatsachen hatte, auf die sich die Rückforderung stützt.

Tipp 2 Bedenken Sie, wenn Sie die Behörde vor Ablauf der Jahresfrist auf einen Fehler aufmerksam machen (z.B. Aufhebung nach § 48 statt nach § 45 SGB X), hat sie eine Möglichkeit zur Korrektur.

Tipp 3 Es kommt immer wieder vor, dass das Amt behauptet, der Aufhebungsbescheid sei innerhalb der Jahresfrist zugegangen. Die Behauptung zählt nicht, im Zweifelsfall muss der Zugang des Bescheides durch die Behörde bewiesen werden (§ 37 Abs. 2 Satz 3 SGB X).

2.1.4 Vertrauensschutz

Wie unter ⇨1. ausgeführt, gibt es einen Vertrauensschutz, wenn sich die Behörde zu Ihren Gunsten verrechnet hat.
Allerdings können Sie sich, auch wenn die überzahlten Leistungen schon ausgegeben sind, nicht darauf berufen, wenn Sie *„die Rechtswidrigkeit des Verwaltungsaktes kannte[n] oder infolge grober Fahrlässigkeit nicht kannte[n]; grobe Fahrlässigkeit liegt vor, wenn der Begünstigte die erforderliche Sorgfalt in besonders schwerem Maße verletzt hat"* (§ 45 Abs. 2 Satz 3 Nr. 3 SGB X). Der Betroffene muss demnach versäumt haben, die einfachsten, nahe liegenden Überlegungen anzustellen. Das ist dann der Fall, wenn nicht beachtet wird, *„was im gegeben Fall jedem einleuchten musste"* (BSG 31.8.1976 - 7 RAr 112/74). Z.B. wenn ungewöhnlich hohe

Leistungen auf das Konto überwiesen wurden. Dabei muss die individuelle Einsichts- und Urteilsfähigkeit des Leistungsempfängers berücksichtigt werden (BSG 8.2.2001 - B 11 AL 21/00 R; von Wulffen, SGB X, § 45 Rz. 24).

Können Alg-II-Beziehende anhand der Bewilligungsbescheide nicht ohne weiteres erkennen, dass Einkommen falsch angerechnet wurde, darf die Behörde Überzahlungen für zurückliegende Zeiträume nicht zurückverlangen (SG Dortmund 22.7.2009 - S 28 AS 228/08).

Wenn Sie bei der Antragstellung richtige Angaben gemacht haben, bestehen zunächst kein Anlass und keine Verpflichtung, einen Bescheid genau auf seine Richtigkeit zu prüfen. Andernfalls würde das Risiko der rechtmäßigen Umsetzung korrekter Angaben in Sozialleistungen von der Behörde auf Sie abgewälzt (BSG 8.2.2001 - B 11 AL 21/00 R).

Bei komplizierten Berechnungen und maschineller Verschlüsselung kann man nur dann von grober Fahrlässigkeit ausgehen, wenn die Berechnungen durch einen erklärenden Text hinreichend verständlich gemacht wurden.

„...Einem Leistungsempfänger, der die fehlerhafte Zuordnung von Tatsachen nicht aus der Bescheidbegründung selbst erkennen kann, [ist] eine grobe Fahrlässigkeit nur dann vorzuwerfen, wenn ihm der Fehler mit seinen subjektiven Erkenntnismöglichkeiten oder aus anderen Gründen geradezu ‚in die Augen springt'." (SG Würzburg 15.11.2006 - S 10 AS 117/06; BSG 8.2.2001 - B 11 AL 21/00 R; von Wulffen SGB X, § 45 Rz. 57, 58).

Im SGB II ist es ab 1.8.2016 die Aufgabe der Jobcenter *„Auskunft und Rat ... zur Berechnung der Leistungen zur Sicherung des Lebensunterhalts"* zu erteilen (§ 14 Abs. 2 SGB II). Diese Beratungsdienstleistung wird es nur auf Antrag geben, da kein Jobcenter von sich aus den Leistungsberechtigten die Erklärung der Bewilligungsbescheide anbieten wird. Zudem werden sie nach unserer Einschätzung dazu auch personell und fachlich nicht in der Lage sein. Aus dem Anspruch auf Beratung ergibt sich andererseits keine Pflicht, diese auch in Anspruch nehmen zu müssen. Sich den Bescheid vom Jobcenter nicht erklären zu lassen, ist gewiss keine „grobe Fahrlässigkeit" (§ 45 Abs. 2 S. 3 Nr. 3 SGB X).

2.1.5 Hinreichende Bestimmtheit des Rückforderungsbescheides

Aufhebungs- und Rückforderungsbescheide müssen hinreichend bestimmt sein (§ 33 Abs. 1 SGB X). *„Hinreichende Bestimmtheit des Verwaltungsaktes ist gegeben, wenn seine Eigenschaft als verbindliche Regelung erkennbar ist. Dies setzt voraus, dass verständlich ist, welcher Sachverhalt durch den Verwaltungsakt geregelt werden soll und wer der Adressat ist. Nimmt der belastende Verwaltungsakt auf mehrere Personen Bezug, so muss deutlich werden, ob sie als Gesamtschuldner oder nach Bruchteilen in Anspruch genommen werden sollen. Aufhebungs- und Erstattungsbescheide genügen dem Bestimmtheitsgebot, wenn aus ihnen eindeutig hervorgeht, wem gegenüber welche Bewilligung in welcher Höhe aufgehoben und wie viel vom einzelnen Mitglied der Bedarfsgemeinschaft zurückverlangt wird"* (LSG Schleswig-Holstein 21.3.2012 - L 6 AS 107/11; entsprechend: LSG Baden-Württemberg 18.10.2007 - L 7 SO 2899/06; LSG NRW 11.1.2007 - L 20 B 312/07 AS ER).

„Gegenstand, Ziel und Regelungsgehalt der Entscheidung müssen für den Adressaten so eindeutig und vollständig sein, dass er sein Handeln danach ausrichten und die rechtlichen Konsequenzen der Entscheidung in vollem Umfange abschätzen kann" (LSG Berlin-Brandenburg 7.5.2009 - L 28 AS 1354/08). *„Ein Rücknahmebescheid ist aufzuheben, wenn er dem Bestimmtheitsgebot nicht genügt, was der Fall ist, wenn die von dem Bescheid ausgehende Regelungswirkung bei verständiger Auslegung ohne weitere Hilfsmittel nicht zu erkennen ist."* (LSG Niedersachsen-Bremen 1.11.2011 - L 9 AS 831/10).

Im SGB II gibt es keinen Anspruch der Bedarfsgemeinschaft. Anspruchsinhaber der Leistungen zum Lebensunterhalt sind auch im Rahmen einer Bedarfsgemeinschaft immer die jeweiligen Mitglieder (BSG 7.11.2006 - B 7b AS 8/06 R, Rz. 12).

Da die Rücknahmeentscheidung letztendlich das Spiegelbild der Leistungsbewilligung darstellt, muss die Rückabwicklung im jeweiligen individuellen Leistungsverhältnis erfolgen (SG Koblenz 16.6.2006 - S 11 AS 305/05). Die Rücknahme kann daher grundsätzlich nur gegenüber dem Begünstigten ergehen. Der Leistungsträger muss demnach die

R

Rücknahme und Erstattung überzahlter Leistungen in Bezug auf die Bedarfsgemeinschaft gegenüber jedem einzelnen Mitglied geltend machen.
Dies gilt auch, wenn Minderjährigen zu Unrecht Leistungen gewährt worden sind. Ein Erstattungsanspruch darf nicht gegen die Eltern gerichtet werden, selbst dann nicht, wenn diese die Überzahlung durch die Verletzung von Mitteilungspflichten verursacht und die überzahlten Beträge ausgegeben haben (BVerfG 21.1.1987 - 5 C 29/88; SG Dortmund 22.7.2009 - S 28 AS 228/08).

Mangelnde Bestimmtheit kann nicht rückwirkend nach § 41 Abs. 2 SGB X geheilt werden (BSG 13.7.2006 - B 7a AL 24/05 R).

Tipp Wenn nicht gegen jeden Leistungsbeziehenden ein Aufhebungs- und Erstattungsbescheid ergangen und die Jahresfrist abgelaufen ist, ist eine Korrektur nicht mehr möglich.

2.1.6 Ausschluss der Umdeutung?

R

HzL/GSi der Sozialhilfe

Aufhebungen nach § 48 SGB X aufgrund von nachträglichen Änderungen sind gebundene Entscheidungen, d.h. der rechtswidrige Bescheid „ist" aufzuheben (§ 48 Abs. 1 Satz 2 SGB X). Von Anfang an falsche, also anfänglich unrichtige Bescheide, „dürfen" aufgehoben werden (§ 45 SGB X). Hier ist eine Ermessensentscheidung notwendig.
Rückwirkend ist die Umdeutung einer „gebundenen" Entscheidung in eine „Ermessensentscheidung" nicht möglich. Wird eine gebundene Entscheidung umgedeutet, kommt es zur nachgeschobenen Ermessensausübung. Das ist nicht zulässig (§ 43 Abs. 3 SGB X).
Die Umdeutung eines fehlerhaften Bescheides ist dem Sozialamt nur dann erlaubt, wenn sie auf das gleiche Ziel ausgerichtet ist, wenn die Behörde den durch Umdeutung korrigierten Bescheid *„in der geschehenen Verfahrensweise und Form rechtmäßig hätte erlassen ... können und ... die Voraussetzungen für den Erlass des Bescheides erfüllt sind"* (§ 43 Abs. 1 SGB X). Daraus folgt, dass eine Ermessensentscheidung nach § 45 SGB X in eine gebundene Entscheidung nach § 48 SGB X umgedeutet werden kann, wenn sie das gleiche Ziel verfolgt, aber nicht umgekehrt.

Alg II

Hier wurde die Ermessensentscheidung bei der Rücknahme eines Bescheides nach § 45 SGB X abgeschafft (§ 40 Abs. 2 Nr. 3 SGB II i.V. mit § 330 Abs. 3 Satz 1 SGB III). Eine Umdeutung ist daher möglich.

2.2.1 Rücknahme/Aufhebung und Erstattung

Wenn bei einer Überzahlung zurück gefordert wird, muss im ersten Schritt der Ursprungsbescheid zurückgenommen (§ 45 SGB X; „anfängliche Unrichtigkeit") bzw. aufgehoben (§ 48 SGB X; „Änderung der Verhältnisse") werden. Wir nennen beide Verwaltungsakte der Einfachheit halber Aufhebungsbescheide. Aufhebungsbescheide müssen alle Sachverhalte benennen, die der Entscheidung zugrunde liegen.
Im zweiten Schritt muss über eine Erstattung der Leistungen entschieden werden (§ 50 SGB X). Der Erstattungsbescheid muss alle Angaben enthalten, von welchem Leistungsbeziehenden welche Leistung zurückgefordert wird. Er muss dementsprechend hinreichend bestimmt sein (⇨2.1.5).

2.2.2 Korrekturbescheid

Die Behörde ist verpflichtet, nicht nur den alten rechtswidrigen Bescheid zurückzunehmen bzw. aufzuheben, sondern ihn auch durch einen rechtmäßigen neuen Bescheid ersetzen. Der Aufhebungs- und Korrekturbescheid wird i.d.R. in Kombination erlassen. In der SGB-II-Praxis heißt die Korrektur Änderungsbescheid. Diesen sollten Sie auf ihre Richtigkeit hin überprüfen.

2.2.3 Aufhebung und Erstattung in Kombination möglich

Ein Aufhebungs- und Erstattungsbescheid soll i.d.R. miteinander verbunden werden (§ 50 Abs. 3 Satz 2 SGB X). Diesen kombinierten Vorgang nennen wir Rückforderung von Leistungen, den kombinierten Bescheid nennen wir folglich Aufhebungs- und Erstat-

tungsbescheid oder vereinfacht *„Rückforderungsbescheid"*.
Sind die Bescheide nicht kombiniert, muss der Erstattungsbescheid innerhalb von vier Jahren nach der Aufhebung gestellt werden, sonst verjährt der Anspruch (§ 50 Abs. 4 SGB X).
Ist der Erstattungsanspruch durch Bescheid geregelt und unanfechtbar, verjährt er erst nach 30 Jahren (§ 52 Abs. 2 SGB X).

Möglich ist auch, dass Jobcenter dreifach kombinierte Aufhebungs-, Erstattungs- und Aufrechnungsbescheide erlassen. Die Behörde regelt so die ⇨Aufrechnung der Rückzahlungsansprüche im laufenden Leistungsbezug. Seit April 2011 sind Jobcenter mit umfassenden Aufrechnungsmöglichkeiten im Leistungsbezug ausgestattet. Die Aufrechnung ist durch Verwaltungsakt der leistungsberechtigten Person zu erklären (§ 43 Abs. 4 Satz 1 SGB II).
Aus dem Verfügungssatz am Anfang des Bescheides muss ersichtlich werden, dass zwei bzw. drei Sachverhalte in einem Bescheid geregelt werden, also die Aufhebung (nach §§ 45, 48 SGB X), die Erstattung (nach § 50 SGB X) und ggf. die Aufrechnung (nach § 43 SGB II).

Bezieht sich die Rückforderung auf alle Mitglieder, muss für jeden einzeln ein Rückforderungsbescheid erlassen werden (BSG 7.11.2006 - B 7b AS 8/06 R).

2.2.4 Abzug von 56% der Unterkunftskosten bei Rückforderungen, wenn der Leistungsanspruch entfallen ist

Näheres unter ⇨Wohngeld 3.

2.3 Anhörungen

Vor der Rücknahme eines begünstigenden Bescheides muss es eine Anhörung geben (§ 24 SGB X). Sie müssen aufgefordert werden, sich zu den Gründen zu äußern, die die Behörde für die Rückforderung anführt. Das bedeutet nicht, dass Sie der Anhörung nachkommen müssen. Eine fehlende Anhörung kann nachgeholt werden (§ 41 Abs. 2 SGB X).

Tipp Bei fehlender Anhörung muss die Behörde immer Anwaltskosten tragen (§ 63 Abs. 1 Satz 2 SGB X), damit kann man nachlässige Ämter ordentlich nerven.

2.4 Widerspruch gegen den Rückforderungsbescheid

Sind die oben dargestellten Voraussetzungen für einen Rückforderungsbescheid nicht erfüllt oder ist er aus sonstigen Gründen rechtswidrig, können Sie ⇨Widerspruch einlegen.

2.4.1 Aufschiebende Wirkung

Ein Widerspruch gegen einen Aufhebungs- und Erstattungsbescheid entfaltet aufschiebende Wirkung (§ 86a Abs. 1 SGG). Die Regelung des Rückforderungsbescheides, gegen den Sie Widerspruch eingelegt haben, darf bis zur endgültigen Bestandskraft des Bescheides vom Leistungsträger nicht vollzogen werden. Das betrifft das SGB II und SGB XII.
Näheres dazu unter ⇨Widerspruch 5.

Tipp 1 Wenn Sie gegen einen Rückforderungsbescheid Widerspruch einlegen, sollten Sie vorsorglich darauf hinweisen, dass der Widerspruch nach § 86a SGG aufschiebende Wirkung entfaltet. Fordern Sie das Jobcenter auf, dies auch der Forderungseinzugsstelle (z.B. Regionaldirektion der BA/ Stadt- bzw. Kreiskasse) mitzuteilen.

Tipp 2 In Schreiben an die Regionaldirektion bzw. Stadt- oder Kreiskasse sollten Sie ebenfalls darauf hinweisen, dass gegen den Rückforderungsbescheid Widerspruch eingelegt wurde und dass dieser aufschiebende Wirkung entfaltet. Bitten Sie darum, bis zur endgültigen Bestandskraft der Forderung von allen Vollstreckungsmaßnahmen Abstand zu nehmen.

Ignoriert die Behörde die aufschiebende Wirkung Ihres Widerspruchs und rechnet rechtswidrig auf, sollten Sie ihr eine Frist von wenigen Tagen setzen (z.B. eine Woche mit konkretem Ablaufdatum). Wird nach Ablauf der Frist weiter aufgerechnet, sollten Sie entweder über einen ⇨Rechtsanwalt oder selbst mit einer ⇨einstweiligen Anordnung vom Sozialgericht die aufschiebende Wirkung des Widerspruchs anordnen lassen.

2.5 Die Beschränkung der Haftung Minderjähriger

Für die volljährig gewordenen Kinder gilt die sogenannte Minderjährigenhaftungsbeschränkung (§ 1629a BGB). Danach ist die

Haftung einer volljährigen Person für Verbindlichkeiten, die die gesetzlichen Vertreter (i.d.R. die Eltern/ ein Elternteil) mit Wirkung für die Person begründet haben, als diese noch minderjährig war, beschränkt auf den Vermögensbestand des Minderjährigen bei Vollendung der Volljährigkeit (§1629a Abs. 1 Satz 1 BGB; BSG 7.7.2011 - B 14 AS 153/10 R). Das gilt auch, wenn die Forderung durch den ehemals Minderjährigen selbst verursacht wurde. Es ist dabei unerheblich, ob das Jobcenter den Rückforderungsbescheid vor oder nach dem Eintritt der Volljährigkeit erlassen hat, es kommt vielmehr darauf an, wann die Forderung durch Überzahlung entstanden ist (BSG 18.11.2014 - B 4 AS 12/14 R).

Tipp Besitzt das Kind vor dem 18. Geburtstag ⇨Vermögen, sollte ggf. darüber nachgedacht werden, welche sinnvollen Investitionen vor Vollendung der Volljährigkeit getätigt werden können. Vermögensverbrauch ist nicht sozialwidrig.

Die Beschränkung der Haftung Minderjähriger wird von den Sozialleistungsträgern systematisch ignoriert. Rechtlich stellt die Vollendung der Volljährigkeit eine „Änderung zu Gunsten des Betroffenen" dar, weswegen das Jobcenter vom Amts wegen die Korrektur durchführen muss (§ 48 Abs. 1 Satz 2 Nr. 1 SGB X). D.h. es müsste feststellen, dass die Forderung aus Zeiten der Minderjährigkeit entsprechend der Vermögensverhältnisse bei Vollendung des 18. Lebensjahres angepasst wird. Eine Aufrechnung müsste storniert werden.

Tipp Hat der Sozialleistungsträger nach Ihrem 18. Geburtstag weiter alte Rückforderungsansprüche aufgerechnet, müssen Sie einen Überprüfungsantrag (§ 44 Abs. 1 SGB X) stellen. Die zu Unrecht zurückgeforderten Leistungen müssen in voller Höhe zurückgezahlt werden. Sie müssen die rückwirkende Korrektur innerhalb von vier Jahren beantragen.
Näheres unter Nachzahlung 3. ff. (v.a. 3.3.2)

3. Kostenersatzanspruch bei „sozialwidrigem Verhalten"

Grundsätzlich sind existenzsichernde und bedarfsabhängige Leistungen, auf die ein Rechtsanspruch besteht, unabhängig von der Ursache der entstandenen Notlage und einem vorwerfbarem Verhalten in der Vergangenheit zu leisten (BVerfG 12.5.2005 - 1 BvR 569/05). Von diesem Grundsatz einer „verschuldensfreien" Deckung des Existenzminimums soll durch die ausgeweitete Ersatzpflicht infolge der Änderungen durch das Neunte SGB-II-Änderungsgesetz ab 1.8.2016 abgewichen werden.

Alg II

3.1 Erweiterter Ersatzanspruch bei „sozialwidrigem Verhalten"

Kostenersatz nach dem „Verursacherprinzip" gab es nur in der alten Sozialhilfe. Statt ihn mit Hartz IV ganz zu streichen, ist er auf das SGB II ausgedehnt worden und im Zuge der Gesetzesänderung ab 1.8.2016 drastisch ausgeweitet worden:

„Wer nach Vollendung des 18. Lebensjahres vorsätzlich oder grob fahrlässig die Voraussetzungen für die Gewährung von Leistungen nach diesem Buch an sich oder an Personen, die mit ihr oder ihm in einer Bedarfsgemeinschaft leben, ohne wichtigen Grund herbeigeführt hat, ist zum Ersatz der deswegen gezahlten Leistungen erbrachten Geld- und Sachleistungen verpflichtet. Als Herbeiführung im Sinne des Satzes 1 gilt auch, wenn die Hilfebedürftigkeit erhöht, aufrechterhalten oder nicht verringert wurde. Wurden Sachleistungen erbracht, sind diese zu ersetzen.". (§ 34 Abs. 1 SGB II neu)

3.2 Voraussetzungen für die Ersatzpflicht

Die Ersatzpflicht nach § 34 ist eine Ausnahme von dem Grundsatz, dass existenzsichernde Leistungen regelmäßig unabhängig von der Ursache der Notlage und dem vorwerfbaren Verhalten in der Vergangenheit zu leisten sind. Um diesen Grundsatz nicht völlig zu ignorieren, ist die Ersatzpflicht nur *„auf begründete und eng zu fassende Ausnahmefälle begrenzt"* (BA 34.1).

Ersatzpflichtig ist „nur", wer:
- nach Vollendung des 18. Lebensjahres,
- durch vorsätzliches oder grob fahrlässiges sozialwidriges Verhalten,
- das Ursache ist für die Gewährung von Leistungen in einer bestimmten Höhe und

- ohne dass es für dieses Verhalten einen wichtigen Grund gibt

die Hilfebedürftigkeit an sich und/ oder an Mitgliedern der Bedarfsgemeinschaft herbeigeführt, erhöht, aufrechterhalten oder nicht verringert hat.

Der Ersatzpflicht unterliegt der Verursacher, der die Hilfebedürftigkeit herbeigeführt hat. Sie umfasst alle verursachten SGB-II-Leistungen für die gesamte Bedarfsgemeinschaft. Deren Fortbestehen ist dafür nicht erforderlich (LSG Bayern 26.4.1012 - L7 AS 453/109). Eine Ersatzpflicht darf dagegen nicht gefordert werden für Leistungen des Partners, mit dem der Verursacher (noch) nicht in einer Bedarfsgemeinschaft sondern in einer Wohngemeinschaft zusammenwohnt (⇨eheähnliche Gemeinschaft).

3.3 Was heißt Sozialwidrigkeit?

In vielen Jobcentern besteht eine Tendenz, dass die Kostenersatzpflicht weit ausgelegt wird, z.B. auf Arbeitnehmer, die ihre Arbeitslosigkeit angeblich selbst verschuldet haben, Personen, die, statt zu arbeiten, eine Ausbildung begonnen oder Schritte unterlassen haben, mit denen die Hilfebedürftigkeit von Familienangehörigen hätte vermieden werden können (z.B. Stellenwechsel usw.).

Nach bisheriger Rechtsprechung des BSG wird ein Ersatzanspruch bei *„sozialwidrigem Verhalten"* nur durch *„ein Verhalten mit spezifischem Bezug, d.h. ‚innerem Zusammenhang', zur Herbeiführung der Hilfebedürftigkeit bzw. Leistungserbringung"* ausgelöst. Es muss in seiner Handlungstendenz *„auf die Einschränkung bzw. den Wegfall der Erwerbsfähigkeit oder -möglichkeit bzw. die Herbeiführung von Bedürftigkeit gerichtet [sein]..."* (BSG 2.11.2012-B 4 AS 39/12 R; BSG 16.4.2013 - B 14 AS 55/12R).

Neben der Ursächlichkeit der Handlung muss immer auch zweistufig geprüft werden, ob noch ein wichtiger Grund für das Verhalten vorlag (Eicher SGB II, § 34 Rz. 25 ff;).

3.3.1 Was heißt Herbeiführung der Hilfebedürftigkeit?

Das könnte nach Ansicht der BA z.B. vorliegen, wenn

- Sie ein Arbeitsverhältnis ohne wichtigen Grund gekündigt haben, der Arbeitsgeber Ihnen aus verhaltensbedingten Gründen kündigt oder wenn Sie ohne Grund und Not einen Aufhebungsvertrag abschließen,
- Ihnen als Berufskraftfahrer in Folge einer besonders schweren Verletzung der Sorgfaltspflicht im Straßenverkehr (z. B. Trunkenheit am Steuer) die Fahrerlaubnis entzogen wird,
- Sie Ihr Vermögen verschenkt oder vergeudet haben, bevor Sie den Antrag stellen oder
- Sie mit Ihrem gewalttätigen Verhalten Ihre Ehefrau zwingen, die gemeinsame Wohnung zu verlassen und in ein Frauenhaus zu ziehen, wodurch Hilfebedürftigkeit ausgelöst wird.

(BA 34.9)

3.3.2 „Sozialwidriges Verhalten", das Hilfebedürftigkeit erhöht, aufrecht erhält oder nicht verringert

ist ab 1.8.2016 als (Straf-)Tatbestand für die Ersatzpflicht aufgenommen worden. Das könnte nach Ansicht der BA z.B. vorliegen, wenn

- Sie sich als Alleinerziehende weigern ohne wichtigen Grund den Vater des Kindes zu nennen und dadurch die Gewährung des Unterhaltsvorschusses verhindert wird,
- Sie trotz Aufforderung in keine andere, einen höheren Lohn einbringende Lohnsteuerklasse wechseln,
- Sie eine einmalige Einnahme, wie Erbschaft, Abfindung oder Steuererstattung unwirtschaftlich verbrauchen,
- Sie während des Leistungsbezuges eine nicht bedarfsdeckende Beschäftigung ohne wichtigen Grund aufgegeben oder
- ein Arbeitsangebot ohne wichtigen Grund abgelehnt wurde usw.

(BA 34.9)

Entgegen des eingangs geschilderten Grundsatzes, dass der Ersatzanspruch *„auf begründete und eng zu fassende Ausnahmefälle"* zu beschränken sei (BA 34.1), macht die BA in ihren Beispielen einen großen Rundumschlag. Der Phantasie des Sachbearbeiters sollen offensichtlich keine Grenzen gesetzt werden. Unserer Ansicht nach dürfte es

R

bei einigen der aufgeführten Beispiele jedoch schwierig sein, ein *„Verhalten mit spezifischem Bezug, d.h. ‚innerem Zusammenhang', zur Herbeiführung der Hilfebedürftigkeit bzw. Leistungserbringung"* (BSG ebenda) nachzuweisen. Hinzu kommt, dass in der Kommentarliteratur die Aufgabe eines Beschäftigungsverhältnisses nicht einvernehmlich als sozialwidriges Verhalten angesehen wird (Hauck/ Noftz SGB II, § 34, Rz. 38 f.).

Die BA vertritt die Auffassung, dass die Aufgabe von geringfügigen Beschäftigungen, soweit sie (bei Zusammenrechnung mehrerer geringfügiger Beschäftigungen) nicht versicherungspflichtig waren, nicht zu einer Sperrzeit führen (GH zu § 159 SGB II, 159.5). Wenn das im SGB III nicht zu einer Sperrzeit führt, darf es erst recht im SGB II nicht zu einem Ersatzanspruch führen.

3.3.3 Prüfung ob ein wichtiger Grund vorliegt

Die Ersatzpflicht tritt nach Ansicht der BA *„nur ein, wenn der verursachenden Person für sein sozialwidriges Verhalten kein objektiv wichtiger Grund zur Seite gestanden hat. ... Ein wichtiger Grund liegt vor, wenn der ... [verursachenden Person] ein anderes Verhalten nicht zuzumuten war (z. B. Arbeitsplatzaufgabe aus gesundheitlichen Gründen). ...*

R

An das Vorliegen eines wichtigen Grundes sind geringere Anforderungen zu stellen, als im Sperrzeitrecht des SGB III. Ein wichtiger Grund im Sinne des § 34 Abs. 1 ist zu bejahen, wenn ... [der verursachenden Person] vernünftige und aus der Sicht eines objektiven Dritten nachvollziehbare Erwägungen zu dem konkreten Verhalten bewogen haben."

Dabei ist unerheblich, *„ob ggf. von der der Agentur für Arbeit erlassener Sperrzeitbescheid recht-mäßig ist oder bestandskräftig geworden ist.*

Ein wichtiger Grund liegt regelmäßig vor, wenn das Verhalten durch andere gesetzliche Vorschriften gebilligt oder gefördert wird (z. B. Inanspruchnahme der Elternzeit nach § 15 Bundeselterngeld- und Elternzeitgesetz)." (BA 34.10)

Tipp Auch der Kauf eines Autos aus zu berücksichtigendem Einkommen, könnte ein en wichtigen Grund darstellen, da ein ⇨Kfz im SGB II als Vermögen geschont ist und zur Ermöglichung der Mobilität sogar gefördert werden kann. Ebenso stellen Investitionen in Hausrat, eine Brille oder Bekleidung einen wichtigen Grund für den Verbrauch von Einkommen oder Vermögen dar.

Das Vorliegen eines wichtigen Grundes ist von Amts wegen zu prüfen (§ 20 Abs. 1 Satz 1 SGB X). Liegt ein für den Leistungsberechtigten günstiger Umstand vor, ist er vom Jobcenter zu berücksichtigen. Anders als im Sanktionsrecht gibt es in den Regelungen zum Ersatzanspruch keine Darlegungs- und Nachweispflichten des Leistungsberechtigten (Eicher SGB II, § 34 Rz. 31).

3.3.4 Was heißt Vorsatz und grobe Fahrlässigkeit?

„Vorsätzlich handelt, wer die durch sein sozialwidriges Handeln entstandene Leistungspflicht entweder mit Wissen oder Wollen herbeigeführt hat (direkter Vorsatz) oder sie für möglich hält und sie billigend in Kauf nimmt (bedingter Vorsatz)." (BA 34.8)

Grobe Fahrlässigkeit liegt dagegen vor, wenn der Leistungsberechtigte „die erforderliche Sorgfalt in besonders schwerem Maße verletzt hat" (§ 45 Abs. 2 Satz 3 Nr. 3 SGB X)

Näheres dazu unter ⇨2.1.4

Fahrlässiges Verhalten führt dagegen nicht zur Ersatzpflicht.

3.4. Höhe und Dauer des Ersatzanspruchs, Verfahren

3.4.1 Ursache bestimmt die Höhe des Anspruchs

Zwischen dem sozialwidrigen Verhalten und dem „Schaden", der für das Jobcenter entstanden ist, muss ein „Kausalzusammenhang" bestehen: *„zum Ersatz der deswegen erbrachten Geld- und Sachleistungen"* (§ 34 Abs. 1 Satz 1 SGB II).

Die Ersatzpflicht darf sich demnach ausschließlich auf die durch das „sozialwidrige Verhalten" verursachten Leistungen nach dem SGB II erstrecken.

Beispiel: Wurde ein 450-€-Job ohne wichtigen Grund abgebrochen, kann sich die Ersatzpflicht – wenn überhaupt – nur auf das anrechenbare, also bereinigte Einkommen im Sinne des SGB II beziehen. Das wären in diesem Fall regelmäßig 280 € mtl.

Wird Alg II ganz oder teilweise auf Darlehensbasis gewährt, entfällt die Ersatzpflicht für das Darlehen (Hohm/Groth GK SGB II, § 34, Rz 13).
Ab 1.8.2016 kann auch für gewährte Sachleistungen ein Ersatzanspruch geltend gemacht werden, z.B. der Lebensmittelgutschein, die an sanktionierte Personen herausgegeben wurden (§ 31a Abs. 3 SGB II). Dies wurde von einigen Jobcentern bereits in der Vergangenheit praktiziert. Wir halten das nach altem und neuem Recht für rechtswidrig.

Macht das Jobcenter einen Kostenersatzanspruch geltend, muss zunächst geklärt werden, ob der Anspruch überhaupt berechtigt ist. Im zweiten Schritt ist zu prüfen ob die Höhe der geltend gemachten Ansprüche zulässig ist. Alle laufenden und einmaligen Leistungen zum Lebensunterhalt können unter den Anspruch fallen: Alg II und Sozialgeld (Regelbedarf, Mehrbedarfe, Bedarfe für Unterkunft und Heizung), Leistungen für Bildung und Teilhabe (§ 28 SGB II), einmalige Leistungen (§ 24 Abs. 3 SGB II), Zuschuss zu den Versicherungsbeiträge (§ 26 SGB II), Leistungen für Auszubildende (§§ 7 Abs. 5, 6 und 27 SGB II) und Beiträge zur Kranken- und Pflegeversicherung.
Darüber hinaus vertritt die BA die Auffassung, auch für Leistungen zur Eingliederung in Arbeit könnten Ersatzansprüche geltend gemacht werden (BA 34.12). Das wird jedoch in der Kommentarliteratur zum Teil ausgeschlossen (Hohm, GK-SGB II, § 34 Rz 13). Wir vertreten die Auffassung, dass Eingliederungsleistungen, die Ihnen unter Androhung von ⇨Sanktionen „gewährt" werden, nicht vom Ersatzanspruch umfasst sein können.

Tipp Die Höhe des Ersatzanspruchs muss begründet sein. Gerade bei abgebrochenen oder nicht aufgenommenen Beschäftigungsverhältnissen, bei denen ein regelmäßiges Einkommen noch nicht vorhersehbar war, wird es dem Jobcenter schwerfallen, fiktive Einkommen nachvollziehbar zu begründen. Legen Sie gegen entsprechende Bescheide ⇨Widerspruch ein.

3.4.2 Dauer des Ersatzanspruchs

„Der Ersatzanspruch ist grundsätzlich weder der Höhe nach noch zeitlich begrenzt". (BA 34.17) Die BA möchte einen Ersatzanspruch so lange geltend machen, bis er nach dem Gesetz erloschen ist. *„Der Ersatzanspruch erlischt drei Jahre nach Ablauf des Jahres, für das die Leistung erbracht worden ist."* (§ 34 Abs. 3 SGB II) Die lange Dauer des Ersatzanspruchs soll offenbar als zusätzlicher Anreiz dienen, die Hilfebedürftigkeit aus eigenen Kräften zu beenden.
Unserer Ansicht nach ist die BA-Auslegung, wonach Ersatzansprüche grundsätzlich bis zu ihrem Erlöschen geltend gemacht werden sollen, unverhältnismäßig und willkürlich. Auch die Laufzeit des Anspruchs muss mit Blick auf seine Ursache festgelegt werden. Haben Sie nur einen auf sechs Monate befristeten Job abgelehnt, kann der Ersatzanspruch nicht für drei Jahre und länger geltend gemacht werden.

3.4.3 Unterbrechung der Hilfebedürftigkeit: Wegfall der Ersatzpflicht

Wird die Hilfebedürftigkeit unterbrochen, für die der Ersatzanspruch geltend gemacht wird, *„entfällt die Ersatzpflicht für Zeiten des Leistungsbezuges nach dem Unterbrechungszeitpunkt".* (BA 31.17) Während der Unterbrechung muss der Bedarf zum Lebensunterhalt mindestens für einen Monat durch eigene Finanzierung (i.d.R. Erwerbseinkommen) und nicht durch Rückgriff auf das Schonvermögen oder Finanzierung Dritter sicher gestellt sein (BSG 30.9.2008 - B4 AS 29/07 R, in Bezug auf Einkommensanrechnung; BSG 9.4.2014 - B 14 AS 23/13 R, in Bezug auf Begrenzung der Unterkunftskosten bei nicht erforderlichen Umzügen).

3.4.4 Keine Ersatzpflicht bei Vorliegen einer Härte

Sind die Voraussetzungen für die Ersatzpflicht erfüllt, ist von Amts wegen zu prüfen, ob die Geltendmachung des Ersatzanspruchs für den Betroffenen eine Härte – „nur" eine einfache, keine besondere Härte – bedeuten würde. Liegt diese vor, ist von der Geltend-

R

machung des Ersatzanspruchs abzusehen. Das Jobcenter hat hier kein Ermessen (§ 34 Abs. 1 Satz 6 SGB II).

„Liegt eine Härte vor, bedeutet das nicht, dass die Ersatzpflicht nicht eingetreten ist oder entfällt. Es ist lediglich für die Zeit, in der die Härte besteht, von der Geltendmachung des Anspruchs abzusehen. ... Bei Wegfall der Härte kann der Ersatzanspruch wieder geltend gemacht werden." (BA 34.20) Das ergibt sich aus der Formulierung *„soweit sie eine Härte bedeuten würde"* (§ 34 Abs. 1 Satz 6 SGB II).

„Ein Härtefall kann in persönlichen und wirtschaftlichen Umständen der ersatzpflichtigen Person begründet sein." (BA 34.19) Solche Härtefallgründe könnten unserer Ansicht nach vorliegen:
- bei besonderer Belastungen der Person/ Familie, wenn die Geltendmachung des Anspruchs Auswirkungen z.B. auf im Haushalt lebende Kinder hätte,
- wenn die ersatzpflichtige Person eine neue Bedarfsgemeinschaft begründet und die neuen Mitglieder der Bedarfsgemeinschaft durch die Höhe der Aufrechnung beeinträchtigt wären,
- bei besonderen medizinischen Belastungen oder Tilgungslasten wegen Zahnersatz,
- bei erforderlichen Schulkosten, die nicht vom Jobcenter übernommen werden,
- bei Gefährdung laufender Schuldentilgung,
- bei hohen Abschlägen oder Schuldentilgung beim Energieversorger,
- bei nicht anerkannten Unterkunftskosten usw.

Ein Härtefall ist ein unbestimmter Rechtsbegriff, dessen Auslegung uneingeschränkt gerichtlicher Kontrolle unterliegt. *„Gemeint sind atypische Fallgestaltungen, in denen die Wiederherstellung der Nachrangigkeit der Leistungen nach dem SGB II unzumutbar oder unbillig erscheint. Das Vorliegen eines Härtefalls ist nach den Umständen des Einzelfalles zu beurteilen. Hierbei ist zu berücksichtigen, dass es vorrangiges Ziel der Härtefallregelung ist, die nachhaltige Integration und Unabhängigkeit von öffentlichen Leistungen nicht zu gefährden."* (BA 34.19)

3.4.5 Verfahren zur Geltendmachung des Ersatzanspruchs

3.4.5.1 Ersatzanspruch kraft Gesetz

Grundsätzlich besteht der Ersatzanspruch kraft Gesetz, denn der Betroffene *„ist zum Ersatz verpflichtet"* (§ 34 Abs. 1 Satz 1 SGB II). Dieser Anspruch muss aber vom Jobcenter mittels Feststellungs- oder Leistungsbescheid geltend gemacht werden. Der Ersatzanspruch erlischt drei Jahre nach Ablauf des Kalenderjahres, in dem die zu ersetzenden Leistungen erbracht worden sind (§ 34 Abs. 3 SGB II).

3.4.5.2 Anhörungspflicht

Werden dem Jobcenter *„Tatsachen bekannt, die einen Ersatzanspruch begründen könnten, ist die oder der vermutlich Ersatzpflichtige zum Sachverhalt anzuhören (§ 24 SGB X)"* (BA 34.32).

Gegen eine solche Anhörung ist kein Widerspruch möglich. Sie sollten aber überlegen, ob das Ihnen vorgeworfene Verhalten wirklich sozialwidrig war, wie vom Jobcenter behauptet. Überlegen Sie, welche Argumente Ihr Verhalten begründen und wie Sie diese belegen können. Solche Belege könnten sein: ärztliche Stellungnahmen, Stundenzettel vom Betrieb, Arbeitsverträge, Stellungnahmen anderer Stellen und Institutionen, Zeugenaussagen Dritter. Schreiben Sie Ihre Sicht der Dinge auf und fügen Sie Belege bei. Fertigen Sie Kopien für Ihre Akten an und reichen Sie die Unterlagen dem Amt ein.

Tipp 1 Wir raten davon ab, die Anhörung mündlich durchzuführen und Ihr Verhalten in der Behörde zu erörtern. Nicht selten werden Sachbearbeiter geschult, solche Kostenersatzansprüche geltend zu machen und Ihre Argumente gegen Sie auszulegen.

Tipp 2 Suchen Sie im Zweifel eine Beratungsstelle auf. Gehen Sie lieber (noch) nicht zum ⇨Anwalt, weil Sie für eine Beratung anlässlich einer Anhörung keine ⇨Beratungshilfe bekommen und auch das Amt den Anwalt nicht bezahlt. Erst wenn das Amt Ihre Ausführungen als nicht relevant abtut und einen Bescheid über den Ersatzanspruch erlässt, ist Widerspruch – ggf. unter Hinzuziehung eines Anwalts – erforderlich.

3.4.5.3 Feststellungs- und Leistungsbescheid

Um einen Kostenersatzanspruch zu erhalten, muss das Jobcenter einen Bescheid zur Feststellung bzw. Geltendmachung von Ersatzansprüchen erlassen. Im ersten Schritt muss ein Feststellungsbescheid über den Kostenersatz und im zweiten ein (Rück-)Leistungsbescheid erlassen werden. Das kann getrennt oder kombiniert erfolgen.
Näheres unter ⇨Bescheid 3.1 ff.

3.4.5.4 Widerspruch und Anfechtungsklage

gegen einen (Rück)Leistungsbescheid entfalten aufschiebende Wirkung (§ 86a Abs. 1 SGG), die Ausnahmeregelungen im Hartz-IV-Sonderecht des § 39 SGB II finden hier keine Anwendung (BA 34.45). Die Forderung kann demnach nicht vollzogen werden. Sollte dies wider Erwarten doch geschehen, müssen Sie das Jobcenter auf die aufschiebende Wirkung des Widerspruchs hinweisen. Wird dies ignoriert, müssen Sie die aufschiebenden Wirkung durch eine ⇨einstweilige Anordnung vom Sozialgericht anordnen zu lassen.

3.4.5.5 Haftung der Erben für den Ersatzanspruch

Eine zu Lebzeiten des Verursachers entstandene Verpflichtung zum Kostenersatz geht auf den Erben über. *„Sie ist auf den Nachlasswert zum Zeitpunkt des Erbfalls begrenzt.“* (§ 34 Abs. 2 SGB II). Bei „sozialwidrigem Verhalten“ wird offensichtlich an der Erbenhaftung festgehalten (⇨Erbe).

3.4.5.6 Überprüfungsantrag bei rechtswidrigem Ersatzanspruch

Aufgrund der vagen, teilweise subjektiven Kriterien, die bei der Feststellung eines Ersatzanspruchs wegen *„sozialwidrigen Verhaltens“* zum Tragen kommen, wird ein erheblicher Anteil der Feststellungsbescheide rechtswidrig sein. In diesem Fall werden Beiträge *„zu Unrecht erhoben“*. Ist die Widerspruchsfrist abgelaufen, sollten Sie einen Überprüfungsantrag stellen (§ 44 Abs. 1 SGB X), um die betreffenden Entscheidungen korrigieren zu lassen.
Näheres unter ⇨Nachzahlung 3. ff.
Ab 1.8.2016 wurde die Frist für die rückwirkende Korrektur bei *„zu Unrecht erhobenen Leistungen“* allerdings auf vier Jahre verkürzt (§ 40 Abs. 1 Satz 2 Nr. 1 SGB II neu).

Kritik

Durch die ausgeweitete Ersatzpflicht im SGB II wird ein weiteres Sanktionsregime eingeführt. Alleine im Jahr 2015 wurden Hartz-IV-Beziehenden die Leistungen durch „normale“ Sanktionen um 170 Mio. € gekürzt, seit 2007 haben sie durch solche Strafen bereits 1,7 Mrd. € eingebüßt (Die Zeit, 2.5.2016). Neben den Leistungskürzungen durch Sanktionen, werden durch die drastische Ausweitung der Ersatzansprüche neue und viel härtere Sanktionsinstrumente in Stellung gebracht. Während der „Sozialstaat“ Sanktionen für Alg-II-Beziehende (noch) auf drei Monate beschränkt, können mittels Kostenersatzanspruch wegen „sozialwidrigen Verhaltens“ und dessen Aufrechnung Leistungen für drei Jahre (und länger) um 30% des Regelsatzes gekürzt werden (§ 43 Abs. 4 Satz 3 SGB II). So werden Arbeitslose durch systematisches Aushungern in den Niedriglohn hineingepresst.

R

HzL/GSi der Sozialhilfe

3.5 Kostenersatzregelungen im SGB XII

3.5.1 Kostenersatz bei „schuldhaftem“ Verhalten

„Zum Ersatz der Kosten der Sozialhilfe ist verpflichtet, wer nach Vollendung des 18. Lebensjahres für sich oder andere durch vorsätzliches oder grob fahrlässiges Verhalten die Voraussetzungen für die Leistungen der Sozialhilfe herbeigeführt hat.“ (§ 103 Abs. 1 SGB XII)

Beim Alg II heißt es *„sozialwidriges Verhalten“*, bei HzL/ GSi *„schuldhaftes Verhalten“*. Gemeint ist ungefähr das Gleiche: In beiden Fällen geht es um die Wiederherstellung des *„Nachrangs“* der Fürsorgeleistungen (BVerwGE 109, 331, 333).
Im Unterschied zum Alg II, bezieht sich die SGB-XII-Regel nicht nur auf Leistungsbeziehende, sondern auch sonstige Dritte, die Verursacher des Leistungsbezuges sind.

Ausgeweitet ist die Regel auch auf Vertreter, d.h. Bevollmächtigte bzw. Betreuer, sofern der Vertreter die Rechtswidrigkeit kannte oder sie infolge grober Fahrlässigkeit nicht kannte (§ 103 Abs. 1 Satz 2 SGB XII).

Der *„Tatvorwurf"* kann sein, dass
- Einkommen oder Vermögen in der Absicht gemindert wurde, die Voraussetzungen der Hilfebedürftigkeit herbeizuführen,
- der Leistungsberechtigte sich fortgesetzt, trotz Belehrung unwirtschaftlich verhält oder
- ein Arbeitsplatzes leichtfertig aufgegeben wurde (OVG Lüneburg ZfF 1998, 62, 63 in Bezug auf das BSHG).

Zwischen dem Handeln des Leistungsberechtigtem und der daraus entstehenden Hilfebedürftigkeit muss ein kausaler Zusammenhang bestehen und es muss „schuldhaftes" Verhalten, d.h. vorsätzliches oder grob fahrlässiges Verhalten vorliegen (⇨2.1.4).

Die Zahlungspflicht ist zunächst unbegrenzt, sie wird aber durch die Härtefallregelung des § 103 Abs. 1 Satz 3 SGB XII als Ermessensentscheidung eingegrenzt. Die Härtefallregelung erfordert „nur" eine (einfache) Härte, keine besondere Härte. Der Ersatzanspruch kann im SGB XII bis auf das *„zum Lebensunterhalt Unerlässliche"* aufgerechnet werden (§ 26 Abs. 2 Satz 1 SGB XII). Allgemein werden 75% vereinzelt auch 70% des Regelatzes als unerlässlich angesehen, die Kürzung beträgt demnach 25 bis 30%. Diese Aufrechnungshöhe ist aber mit Hinweis auf vergleichbare SGB-II-Regeln das Äußerste, mit Blick auf Behinderung, Alter und gesundheitliche Einschränkungen kann sie auch deutlich niedriger ausfallen. Auch die Dauer der Aufrechnung sollte in Anlehnung an das SGB II auf maximal drei Jahre beschränkt sein (§ 43 Abs. 4 SGB II).

Beim Erlass des Bescheids ist zu entscheiden, ob ein Ersatzanspruch in welcher Höhe vorliegt sowie wie lange und in welcher Höhe er aufgerechnet wird. Dabei ist der Sachverhalt insgesamt zu betrachten, die Schwere der vorgeworfenen Verfehlung sowie die individuelle und familiäre Situation.
Der ⇨Widerspruch gegen den die Aufrechnung verfügenden Bescheid entfaltet aufschiebende Wirkung (§ 86a Abs. 1 SGG).

3.5.2 Ersatzpflicht für zu Unrecht erbrachte Leistungen

„Zum Ersatz der Kosten für zu Unrecht erbrachte Leistungen der Sozialhilfe ist ... verpflichtet, wer die Leistungen durch vorsätzliches oder grob fahrlässiges Verhalten herbeigeführt hat." (§ 104 SGB XII)
Mit dieser Vorschrift wird der Ersatzanspruch des § 103 SGB XII dem Grunde nach auf Personen ausgedehnt, die nicht Hilfebedürftig sind bzw. zur Einsatzgemeinschaft des Hilfebedürftigen gehören und auch keine Vertreter der Leistungsberechtigten Person sind. Ansonsten gelten die gleichen Voraussetzungen.

3.5.3. Verfahrensregeln

Für die Kostenersatzregelungen im SGB XII gelten im Wesentlichen die gleichen Regeln zum Verfahren, zum Erlöschen des Anspruchs und zur Härtefallregelung wie im SGB II.
Näheres unter ⇨3.4 ff.

Die Verpflichtung zum Kostenersatz geht auf die Erben über und ist aus dem Nachlass des Leistungsbeziehenden zu bestreiten (§ 103 Abs. 2 SGB XII). Sie ist auf den Wert des zum Zeitpunkt des Erbfalls vorhandenen Nachlasses begrenzt (§§ 103 Abs. 2 Satz 2 i.V. mit 102 Abs. 2 Satz 2 SGB XII).
Näheres unter ⇨Erbe

Alg II

4. Ersatzansprüche für rechtswidrig erbrachte Leistungen

Mit der Vorschrift des § 34a SGB II wird dem Jobcenter ermöglicht, Forderungen gegen die Verursacherin oder den Verursacher von rechtswidrig erbrachten Sozialleistungen geltend zu machen. Das ist z.B. dann für die Behörde von Interesse, wenn ein Leistungsbescheid nicht mehr aufgehoben werden kann.
Während § 34 SGB II die Erstattung rechtmäßig erbrachter Leistungen aufgrund sozialwidrigen Verhaltens regelt, nimmt § 34a die Verursacher rechtswidriger Leistungszahlungen an Dritte in die Verantwortung. Ergänzend zu den Vorschriften des SGB X werden diese zum Ersatz derjenigen Leistungen ver-

pflichtet, die durch ihr Verschulden anderen Personen erbracht wurden.

4.1 Eintritt der Ersatzpflicht

Ersatzpflichtig im Sinne des § 34a ist, wer
- vorsätzlich oder grob fahrlässig, d. h. in schuldhafter Weise
- dafür gesorgt hat, dass
- rechtswidrig Leistungen an Dritte erbracht wurden.

Der Eintritt der Ersatzpflicht steht nicht im Ermessen des Jobcenters.
„Voraussetzung für den Eintritt der Ersatzpflicht ist ein Kausalzusammenhang zwischen der Handlung der Verursacherin/ der des Verursachers und der rechtswidrigen Leistungserbringung. Die Handlung kann ein Tun (z. B. falsche Angaben bei der Antragstellung) oder ein Unterlassen (z.B. Einkommen aus Erwerbstätigkeit wird nicht angezeigt) sein." (BA 34a.5)
Die die Ersatzpflicht auslösende Person muss nicht selbst Leistungsbezieher oder Mitglied der Bedarfsgemeinschaft sein, es kann sich z.B. auch um einen Arbeitgeber, Vermieter, Angehörigen handeln, der falsche Angaben gemacht hat.

Wann vorsätzliches Verhalten oder grobe Fahrlässigkeit vorliegt, lesen Sie unter ⇨3.3.4, ⇨2.1.4.
Lediglich fahrlässiges Handeln führt nicht zur Ersatzpflicht.

4.2 Ersatzanspruch nach § 34a SGB II auch gegen Minderjährige?

Im Gegensatz zum Ersatzanspruch wegen *„sozialwidrigen Verhaltens"* ist der Ersatzanspruch nach § 34a SGB II *„nicht auf Personen begrenzt, die das 18. Lebensjahr vollendet haben"* (BA 34a.9). Ist eine minderjährige Person Verursacher einer rechtswidrigen Leistungsgewährung, die nicht nach dem normalen Verwaltungsrecht zurückgefordert werden kann, ist ein Ersatzanspruch nach § 34a SGB II geltend zu machen.

Tipp Wird die minderjährige Person volljährig, gilt die Haftungsbeschränkung Minderjähriger (§ 1629a BGB; ⇨2.5).

4.3 Umfang des Ersatzanspruchs

Der Ersatzanspruch umfasst alle Leistungen nach dem SGB II. Die Ersatzpflicht beschränkt sich damit nicht auf die gesamten SGB-II-Leistungen zum Lebensunterhalt, sondern umfasst auch Eingliederungsleistungen und die übernommenen Sozialversicherungsbeiträge (BA 34a.13).

4.4 Feststellung und Geltendmachung des Ersatzanspruchs

„Grundsätzlich ist zwischen dem Eintritt und der Geltendmachung des Ersatzanspruchs zu unterscheiden. Ein Ersatzanspruch nach § 34a SGB II entsteht kraft Gesetzes. Die Durchsetzung des Anspruchs erfolgt mittels Leistungsbescheid." (BA 34a.18)
Im zweiten Schritt hat das Jobcenter zu entscheiden, wie der Ersatzanspruch gegenüber dem Ersatzpflichtigen geltend gemacht werden kann. Da § 34a SGB II keine Härtefallregelung enthält, spielen die wirtschaftlichen Verhältnisse des Ersatzpflichtigen keine Rolle (BA 34a.19).

4.5 Aufschiebende Wirkung des Widerspruchs

Ersatzansprüche nach § 34a SGB II können im Leistungsbezug des Verursachers aufgerechnet werden (§ 43 Abs. 1 Satz 1 Nr. 2 SGB II).
„Die Aufrechnung kann erst erfolgen, wenn der Leistungsbescheid bestandskräftig ist". (BA 34a.20) Die Höhe der Aufrechnung beträgt 30 Prozent des maßgebenden Regelsatzes.
Der Widerspruch gegen den Ersatzanspruch festsetzenden Bescheid und den die Aufrechnung verfügenden Bescheid entfaltet jeweils aufschiebende Wirkung (§ 86a Abs. 1 SGG; ⇨Widerspruch 5.)
Näheres zum Vorgehen bei rechtswidrigen aber bestandskräftigen Bescheiden über Ersatzansprüche ⇨3.4.6.5

4.6 Verjährung des Ersatzanspruchs

„Der Anspruch nach § 34a erlischt nicht wie der Ersatzanspruch nach § 34 [nach drei Jahren], sondern unterliegt der Verjährung." (BA 34a.32) Das Jobcenter hat die Verjährung von Amts wegen zu beachten.

Es gibt zwei Stufen:

R

- „Bei Rücknahme bzw. Aufhebung der *Entscheidung verjährt der Ersatzanspruch in vier Jahren nach Ablauf des Kalenderjahres, in dem der Verwaltungsakt, mit dem die Erstattung nach § 50 SGB X festgesetzt worden ist, unanfechtbar geworden ist. Damit gelten für den Ersatzanspruch gegen die verursachende Person die gleichen Verjährungsfristen wie für den Erstattungsanspruch gegen die oder den Leistungsberechtigten nach § 50 SGB X.*" (BA 34a.34)
- *„Ist der Verwaltungsakt, mit dem der Ersatzanspruch nach § 34a SGB II durchgesetzt worden ist, unanfechtbar geworden, beträgt die Verjährungsfrist 30 Jahre (§ 52 Abs. 2 SGB X).*" (BA 34a.36)

Alg II

5. Erstattungsanspruch bei Doppelleistungen

„Hat ein vorrangig verpflichteter Leistungsträger in Unkenntnis der Leistung durch Träger nach diesem Buch an eine leistungsberechtigte Person geleistet, ist diese zur Erstattung der Leistung des vorrangigen Trägers an die Träger nach diesem Buch verpflichtet." (§ 34b SGB II neu; mit „Träger nach diesem Buch" sind Jobcenter gemeint)

Dieser neue „Herausgabeanspruch" des Jobcenters wurde mit dem Neunten SGB-II-Änderungsgesetz geschaffen und gilt ab 1.8.2016. Er greift, wenn ein vorrangiger Leistungsträger Leistungen noch nicht erbracht hat (z.B. weil die Entscheidung über den Antrag ein Jahr oder länger benötigt), während das Jobcenter bereits SGB II-Leistungen gewährte, den Anspruch auf die vorrangige Leistung jedoch nicht übergeleitet hat (§ 104 SGB X) oder wenn trotz übergeleitetem Erstattungsanspruchs der Nachzahlbetrag versehentlich an den Leistungsberechtigten ausgezahlt wurde.

Damit wird eine letzte Lücke für die Geltendmachung von Ersatzansprüchen geschlossen und Jobcenter werden in die Lage versetzt, den Erstattungsanspruch in voller Höhe durchzusetzen, obwohl andere Maßnahmen, den Anspruch geltend zu machen, durch die Sozialverwaltung selbst versäumt bzw. vereitelt wurden.

Der Erstattungsanspruch des Jobcenters kann mit 30% des Regelsatzes mtl. aufgerechnet werden (§ 43 Abs. 2 Satz 1 Nr. 3 SGB II).

Der Widerspruch gegen den Bescheid, der die Erstattung festsetzt, und den Bescheid zur Aufrechnung des Anspruchs entfaltet aufschiebende Wirkung (⇨Widerspruch 5.).

Alg II

6. Rückforderung bei vorläufiger Entscheidung und Verstoß gegen die Mitwirkungspflicht

Im Rahmen des Neunten SGB-II-Änderungsgesetzt ist ab 1.8.2016 ein weiterer neuer Erstattungsanspruch eingeführt worden. Dieser greift, wenn SGB-II-Leistungen auf Grundlage einer „vorläufigen Entscheidung" erbracht wurden und der Leistungsberechtigte vom Jobcenter mit Rechtsfolgenbelehrung und Fristsetzung vergeblich aufgefordert wurde, Nachweise über seine Hilfebedürftigkeit vorzulegen (z.B. über Einkommen und Vermögen; § 41a Abs. 3 SGB II). Werden für bestimmte Zeiträume keine entsprechenden Nachweise vorgelegt, stellt das Jobcenter fest, *„dass ein Leistungsanspruch nicht bestand"* (§ 41a Abs. 3 Satz 4 SGB II). Die vorläufig erbrachten Leistungen werden dann zurückgefordert (§ 50 SGB X) und bei laufendem Leistungsbezug aufgerechnet (§ 43 SGB II).

6.1 Bescheid und Verfahren

Das Jobcenter stellt mit Bescheid fest, dass ein Leistungsanspruch nicht bestand, und erlässt einen Erstattungsbescheid. Der Erstattungsanspruch „kann" mit 10% des Regelbedarfes der Personen, bei denen ein Erstattungsanspruch besteht, aufgerechnet werden (§ 43 Abs. 1 Satz 1 Nr. 4, Abs. 2 Satz 1 SGB II). Ein kombinierter Bescheid ist hier möglich.

Der Widerspruch gegen den Erstattungsbescheid und den die Aufrechnung verfügenden Bescheid entfaltet aufschiebende Wirkung (§ 86a Abs. 1 SGG; ⇨Widerspruch 5.).

Näheres zur vorläufigen Entscheidung (vorläufiger Bescheid) ⇨Bescheid 3.5

Alg II

7. Rückforderung bei Tod des Leistungsberechtigten

Verstirbt ein Mitglied einer Bedarfsgemeinschaft, besteht von Grundsatz her ein

Rückforderungsanspruch gegenüber den Hinterbliebenen für Leistungen, die für den Zeitraum nach dem Tod bereits erbracht wurden. Weil eine Änderung eingetreten ist, wären entsprechende Leistungen zurückzuerstatten. Mit dem Neunten SGB-II-Änderungsgesetz wurde ab 1.8.2016 geregelt, dass für den Sterbemonat keine Leistungen an das Jobcenter zurückerstattet werden müssen (§ 40 Abs. 5 Satz 1 SGB II).

Für den Zeitraum nach dem Monat des Todes gilt, dass *„die für die Zeit nach dem Tod des Berechtigten auf ein Konto bei einem Geldinstitut .... eingehenden Überweisungen ... als unter Vorbehalt erbracht"* gelten (§ 40 Abs. 5 Satz 1 SGB II i.V. mit § 118 Abs. 3 bis 4a SGB IV). Das Geldinstitut hat die Beträge dem Jobcenter zurückzuzahlen, wenn es diese als *„zu Unrecht erbracht"* zurückfordert. Eine Verpflichtung zur Erstattung besteht nicht, soweit über den entsprechenden Betrag bei Eingang der Rückforderung bereits anderweitig verfügt wurde, es sei denn, die Rückforderung kann aus dem Kontoguthaben bestritten werden (§ 118 Abs. 3 SGB IV).

Mit dieser Neuregelung wurde der unsäglichen Rückforderungspraxis für Leistungen im Todesmonat endlich ein Ende gesetzt. Das sollte ebenso für HzL/ GSi und Leistungen nach dem AsylbLG geregelt werden. Außerdem wäre es angezeigt, wenn die Behörden die sogenannte *„Todesfallvergünstigung"* aus dem Wohngeldgesetz anwenden würden, nach der nach dem Tod eines Haushaltsmitglieds für die Dauer von zwölf Monaten die bisherigen Unterkunftskosten zu berücksichtigen sind (§ 6 Abs. 2 WoGG).

Forderungen

Abschaffung des Kostenersatzes für „sozialwidriges" und „schuldhaftes" Verhalten!
Keine Aufrechnung von Forderungen während des Leistungsbezugs!
Keine Rückforderung von Leistungen für den Todesmonat bei HzL/ GSi der Sozialhilfe und bei Leistungen nach dem AsylbLG!

R

Sachleistungen

Sachleistungen sind eine Form von Sozialleistungen (§ 11 SGB I). Es sind Leistungen, die nicht in Geld oder als Dienstleistungen erbracht werden, sondern sie werden als „Sachen" zur Verfügung gestellt. **Gutscheine** gehören zu den Sachleistungen (§ 4 Abs. 1 Nr. 3 SGB II, § 10 Abs. 1Nr. 3 SGB XII).
Neben Gutscheinen (Wertgutscheinen, Lebensmittelgutscheinen, Berechtigungsscheinen) können auch Essensausgabe, Essenspakete im Sanktionsfall sowie zur Verfügung gestellte Hausratsgegenstände, Kleidung, Kinderwagen oder die Bedarfsdeckung über Möbellager, Kleiderkammern usw. zu den Sachleistungen gehören. Die Direktzahlung an Anbieter von Bildungs- und Teilhabeleistungen (§ 29 Abs. 1 SGB II; § 34a Abs. 2 SGB XII) stellt auch eine Form der Sachleistungsgewährung dar.

Mit dem Neunten SGB-II-Änderungsgesetz wurde **ab 1.8.2016** eine bis zum 31.12.2018 befristete Möglichkeit geschaffen, in einer Gemeinschaftsunterkunft ohne Selbstversorgungsmöglichkeit lebende SGB-II-Leistungsberechtigte **Leistungen für Ernährung und Haushaltsenergie** als Sachleistung zu erbringen (§ 65 Abs. 1 SGB II). Diese Regelung betrifft i.d.R. Geflüchtete, die in Heimen untergebracht sind. Näheres unter ⇨Ausländer 4.

Alg II/HzL/GSi der Sozialhilfe

1. Vorrang von Geldleistungen

Sozialleistungen können als Dienstleistungen (z.B. persönliche Hilfe, Beratung), Geldleistung oder als Sachleistung erbracht werden (§ 4 Abs. 1 SGB II; § 10 Abs. 1 SGB XII). Das Bildungs- und Teilhabepaket soll *„insbesondere in Form von personalisierten Gutscheinen und Direktzahlungen"* an die entsprechenden Anbieter erbracht werden (§ 29 Abs. 1 SGB II/§ 34a Abs. 2 SGB XII). Vor dem 1.4.2011 sollten SGB-II-Leistungen, *„insbesondere"* der Lebensunterhalt, mit Geldleistungen erbracht werden. Jetzt stehen Geld- und Sachleistungen gleichberechtigt nebeneinander (§ 4 Abs. 1 SGB II).

Vom Grundsatz her haben Geldleistungen aber Vorrang. Regelsätze müssen in Geld ausgezahlt werden. Im SGB XII wird der Vorrang der Geldleistung sogar ausdrücklich betont. *„Geldleistungen haben Vorrang vor Gutscheinen oder Sachleistungen..."* (§ 10 Abs. 3 SGB XII) Auch im SGB II besteht dieser Vorrang (Eicher, SGB II, § 2 Rz. 60), denn Sachleistungen haben einen *„tendenziell diskriminierenden Charakter"* (LPK SGB II, § 4 Rz. 9).

Vorrang der Geldleistung bedeutet, dass nach pflichtgemäßem Ermessen entschieden werden muss, ob Geld- oder Sachleistungen vergeben werden. *„Über Art und Maß der Leistungserbringung ist nach pflichtgemäßem Ermessen zu entscheiden."* (§ 17 Abs. 2 Satz 1 SGB XII). Wenn Sachleistungen ohne spezielle Rechtsgrundlage vergeben werden, ist das willkürlich und rechtswidrig.

1.1. ... auch bei Mittellosigkeit

Wenn Sie nichts mehr zu essen haben, brauchen Sie sofort Unterstützung. *„Dem Hilfesuchenden kann ... nicht zugemutet werden, bis zum Abschluss der Ermittlungen („vorübergehend") auf das für den Lebensunterhalt Notwendige zu verzichten."* (BVerwG 23.6.1994, IDAS 1/95, I.2.1; ⇨Antragstellung)

Der Regelbedarf muss auch dann im Normalfall über Geld gedeckt werden. Mit Lebensmittelgutscheinen können Sie keine Tabakwaren, Fahrkarten oder Handykarten kaufen und keine Medikamentenzuzahlungen leisten. Restgeld wird nicht ausgezahlt. Sie werden vor anderen Kunden und den Verkäufern als EmpfängerIn von „Stütze" gebrandmarkt. Das verstößt gegen den ⇨Datenschutz (so der Hessische Datenschutzbeauftragte, info also 1989, 134) und verletzt die Menschenwürde (VGH BW, info also 1993, 26).

Tipp Wenn Alg II, HzL/ GSi der Sozialhilfe – aus welchem Grund auch immer – nicht auf Ihrem Konto eingegangen ist, dürfen Sie ebenfalls nicht mit einem Lebensmittelgutschein abgefertigt werden. Die Geldleistung als Vorschuss in Form von Bargeld oder einem Scheck hat Vorrang – sofort und ohne Aufschub (VGH Hessen, FEVS 57, 156; ⇨Antragstellung 3.3).

2. Wann sind beim Alg II Sachleistungen möglich?

Sachleistungen sind im SGB II nur da zulässig, wo sie ausdrücklich gesetzlich bestimmt sind (LPK SGB II, § 4 Rz.7).

2.1 Wenn Sie den Regelsatz nicht bestimmungsgemäß verwenden,

sondern ihn z.B. vertrinken oder für Konsumgüter verbraucht haben.

„Solange sich der Hilfebedürftige, insbesondere bei Drogen- oder Alkoholabhängigkeit sowie im Falle unwirtschaftlichen Verhaltens, als ungeeignet erweist, mit der Regelleistung ... seinen Bedarf zu decken, kann die Regelleistung in voller Höhe oder anteilig als Sachleistung erbracht werden." (§ 24 Abs. 2 SGB II)

Allen Drogenabhängigen deswegen nur noch Sachleistungen „auszuzahlen", ist rechtlich unzulässig (LPK SGB II, § 4 Rz. 9). Es muss immer im Einzelfall entschieden werden und es müssen Erfahrungen vorliegen, die für *„ungeeignetes"* Verwenden der Mittel sprechen.

2.2 Wenn Sie eine Erstausstattung beantragen

Erstausstattungen für die Wohnung einschließlich Haushaltsgeräten, Erstausstattungen für Bekleidung und Erstausstattungen bei Schwangerschaft und Geburt *„können als Sachleistung oder Geldleistung ... erbracht werden"* (§ 24 Abs. 3 S.4 SGB II).

Geld muss auch hier Vorrang vor Sachleistungen haben (Eicher, SGB II § 24 Rz. 60). Denn das SGB II soll ja gerade die Eigenverantwortung fördern (§ 20 Abs. 1 Satz 4 SGB II). Nicht zuletzt deswegen werden die meisten früheren einmaligen Beihilfen pauschal mit dem Regelsatz als Geldleistung abgegolten. Eine Erstausstattung ohne eine auf den Einzelfall bezogene, nachvollziehbare Begründung als Sachleistung zu erbringen wäre reine Schikane.

Tipp Wurde bei der Entscheidung über eine Sachleistung **kein** Ermessen ausgeübt können Sie dagegen mit ⇨Widerspruch und ⇨Klage vorgehen.

Schon zu Zeiten des BSHG wurde überwiegend die Meinung vertreten, dass die Erstausstattung als Geldleistung zu erbringen sei. Neuwertige Ware kaufen zu können ist auch deshalb so wichtig, weil Leistungsbeziehende für die Ersatzbeschaffung dieser Güter aus ihrem Regelsatz ansparen müssen. Je schlechter die Qualität der Erstausstattung, desto eher muss aus dem Regelsatz Ersatz beschafft werden. Das führt indirekt zur Senkung des Regelsatzes.

2.3 Wenn Sie *„unabweisbare"* Bedarfe nicht decken können

Mit wenigen Ausnahmen sind alle früheren ⇨einmaligen Beihilfen im Regelsatz enthalten. Wenn Sie den Bedarf z.B. für größere Anschaffungen nicht decken können, können Sie unter **engen Voraussetzungen** ein ⇨Darlehen auch in Form einer Sachleistung erhalten (§ 24 Abs. 1 Satz und 2 SGB II). Sie können ebenfalls auf Sachleistungen in Möbellagern oder Kleiderkammern verwiesen werden. Näheres unter ⇨einmalige Beihilfen 3.1.3

2.4 Leistungen für Bildung und Teilhabe

Weil „Hartz-IV-Eltern" von Seiten der „Hartz-IV-Parteien" die Verantwortung abgesprochen wird, Leistungen für Bildung, Schule und Kita sowie für gesellschaftliche Teilhabe an ihre Kinder weiterzuleiten, wurde ins **SGB II** aufgenommen, dass diese Leistungen des Bildungs- und Teilhabepakets in Form eines *„personalisierten Gutscheins oder Direktzahlung"* an die entsprechenden Anbieter zu erbringen sind (§ 29 Abs. 1 Satz SGB II).

Analog dazu werden auch für **Sozialhilfebeziehende** (§ 34 f. SGB XII) und für BezieherInnen des ⇨**Kinderzuschlags** und/ oder ⇨**Wohngeld** (§ 6b Abs. 1 BKGG) Bildungs- und Teilhabeleistungen als Gutscheine oder Direktzahlung an den Anbieter gewährt.

Näheres und Ausnahmen dazu unter ⇨SchülerInnen 5. ff.

2.5 Bei Sanktionen

Wenn Ihnen aufgrund von ⇨Sanktionen Alg II um **mehr als 30%** gekürzt wird, können Sie **auf Antrag** Sachleistungen erhalten (§ 31a Abs. 3 Satz 1 SGB II). Sie **müssen** diese auch ohne Antrag **erhalten**, wenn minderjährige Kinder im Haushalt sind (§ 31a Abs. 3 Satz 2 SGB II).

Tipp Schon der Antrag auf Sachleistungen löst bei **Null-Sanktionen** automatisch die Pflichtversicherung in einer Krankenkasse aus. Die Gutscheine müssen Sie nicht einmal beim Amt abholen. Auch Mitglieder der Bedarfsgemeinschaft oder Dritte (Freunde, Sozialarbeiter) können den Antrag stellen, um den Krankenversicherungsschutz herzustellen (§ 4 Abs. 1 SGB II, § 5 Abs. 1 Nr. 2a SGB V).

2.6 Bei vorläufiger Entscheidung über Leistungen

Ab dem 1.8.2016 besteht die Gefahr, dass in Folge des Neunten SGB-II-Änderungsgesetzes Sachleistungen bei den vorläufigen Leistungserbringungen durch die Hintertür ausgeweitet werden. Im Regelfall sind nach wie vor Geldleistungen zu erbringen. Dennoch wird in der Vorschrift zur vorläufigen Entscheidung über Leistungen vorangestellt: „*Über die Erbringung von Geld- und Sachleistungen ist vorläufig zu entscheiden* ... “ (§ 41a Abs. 1 Satz 1 SGB II). Sofern sich das lediglich auf Leistungen für Bildung- und Teilhabe bezieht (§ 28 SGB II), ist die Nennung der Sachleistung rechtlich nicht zu beanstanden. Wenn Jobcenter diese Nennung aber als Aufforderung verstehen, bei vorläufiger Leistungsgewährung zunächst Lebensmittelgutscheine auszugeben, wäre das ebenso **rechtswidrig**, wie in allen anderen Fällen, bei denen nicht ausdrücklich eine Ausnahme geregelt ist (⇨2.1 bis 2.5).

3. Sachleistung zwecks Kostensenkung

HzL/und GSi der Sozialhilfe

„*Geldleistungen haben Vorrang vor Gutscheinen oder Sachleistungen, soweit dieses Buch nicht etwas anderes bestimmt oder mit [...] Sachleistungen das Ziel der Sozialhilfe erheblich besser oder wirtschaftlicher erreicht werden kann oder die Leistungsberechtigten es wünschen.*“ (§ 10 Abs. 3 SGB XII). Das SGB XII stößt die Tür weit auf, Sachleistungen den Geldleistungen dann vorzuziehen, wenn sie billiger sind.

Es kann aber auch ein Eigentor sein. Für Sie selbst kann es zweifellos billiger sein, sich im Möbellager oder in Kleiderkammern zu versorgen, aber nicht unbedingt für das Sozialamt. Die Gesamtkosten für den Betrieb solcher Warenlager, umgelegt auf die Waren, die tatsächlich an Leistungsberechtigte ausgegeben werden, können höher sein, als wenn diese ihren Bedarf im Einzelhandel decken würden. Das Ziel der Sozialhilfe, nämlich den notwendigen Lebensunterhalt sicherzustellen, wäre dann unwirtschaftlicher erreicht, nicht wirtschaftlicher.

Bei der Begründung ihrer Entscheidung müssen die Sozialhilfeträger jetzt **offen legen**, ob die Sachleistung in einem Möbellager tatsächlich „*erheblich wirtschaftlicher*” ist, als wenn Sie sich die Sachen selbst besorgen.

Kleiderkammern und Möbellager halten wir nur dann für sinnvoll, wenn es allen Leuten freigestellt ist, dort billige Kleidung oder Möbel zu kaufen. Die zwangsweise Abordnung ist abzulehnen.

4. Sich wehren gegen Sachleistungen

Werden Ihnen statt Geld- Sachleistungen erbracht, können Sie gegen entsprechende Bescheide ⇨**Widerspruch** einlegen und bei dessen Ablehnung klagen. Sie werden i.d.R. jedoch nicht gegen die Gewährung von Sachleistungen ankommen, weil ein Anordnungsgrund für eine ⇨**einstweilige Anordnung** (Eilentscheidung) nicht vorliegt und eine normale ⇨Klage viel zu lange dauert.

Nur wenn eine Sachleistungsgewährung aus einem **wichtigen Grund** nicht sachdienlich oder zumutbar ist, kann eine einstweilige Anordnung Aussicht auf Erfolg haben.

Außerdem können Sie unabhängig vom Widerspruch vor dem Sozialgericht im Rahmen einer **Feststellungsklage** klären lassen, ob die Sachleistungsgewährung zulässig war (§ 55 SGG).

Untätigkeit der Behörde

1. Langsame Bearbeitung?

Auf die Leistungen zum Lebensunterhalt Alg II und HzL/ GSi der Sozialhilfe besteht ein **Rechtsanspruch** (§ 38 SGB I). In allen drei Bereichen besteht kein Ermessen, ob überhaupt Leistungen gewährt werden. Die Ämter trifft vielmehr eine **unmittelbare Gewährleistungspflicht**, d.h. die Sozialleistungsträger müssen dafür sorgen, dass jeder Berechtigte die ihm zustehenden Leistungen in zeitgemäßer Weise, umfassend und zügig erhält (§ 17 Abs. 1 Nr. 1 SGB I).

Ansprüche auf Sozialleistungen **entstehen mit der Antragstellung** (§ 40 SGB I) und sind **mit der Antragstellung fällig** (§ 41 SGB I).

Häufig jedoch lässt man Ihre Anträge und Anfragen über Monate liegen. Eine 2010 vom Erwerbslosenverein Tacheles in Wuppertal veröffentlichte Untersuchung über die dortige SGB-II-Gewährungspraxis stützt diesen Befund. Die Wuppertaler Erwerbslosen beurteilten die zeitnahe Bearbeitung von Anträgen mit durchschnittlich **4,6** (nach Schulnoten 1-6; die Untersuchung finden Sie unter www.frank-jaeger.info/fachinformationen/Bericht-Umfrage.pdf).

Vergleichbare Umfragen des Sozialbündnisses in Krefeld oder des Diakonischen Werks in Hamburg kommen zu ähnlichen Ergebnissen.

2. Sie haben im Wesentlichen drei Möglichkeiten, zu Ihrem Recht zu kommen

2.1 Rechtliche Mittel

Wenn es sich um einen Erst- oder Folgeantrag handelt, **kann** das Amt Ihnen einen **Vorschuss** zahlen. Im Fall akuter Bedürftigkeit **muss** es sofort, ansonsten spätestens **nach einem Monat** zahlen, vorausgesetzt, Sie machen Ihren Anspruch geltend (§ 42 Abs. 1 Satz 2 SGB I). Beim Alg II soll allerdings **ab 1.8.2016** im Zuge der *„vorläufigen Entscheidung"* zeitnah über Ihren Antrag entschieden werden. Wenn nicht, sollten Sie in Falle akuter Mittellosigkeit auch hier einen Vorschuss beantragen (⇨Antragstellung 3.3 f.).

Die Sozialbehörden müssen ein menschenwürdiges Leben sicherstellen. Das ist eine verfassungsrechtliche Verpflichtung des Staates, die unabhängig von den Gründen der Hilfebedürftigkeit besteht. (BVerfG 12.5.2005 - 1 BvR 569/0) Demnach sichere ein *„**Grundrecht** auf Gewährleistung eines menschenwürdigen Existenzminimums"* jedem Hilfebedürftigen diejenigen materiellen Voraussetzungen zu, *„die für seine physische Existenz und für ein Mindestmaß an Teilhabe am gesellschaftlichen, kulturellen und politischen Leben unerlässlich sind"* (Art. 1 Abs. 1 GG i.V. mit Art. 20 Abs. 1 GG; BVerfG 9.2.2010 - 1 BvL 1/09).

Dieses *„Grundrecht auf Gewährleistung eines menschenwürdigen Existenzminimums"* muss nur noch Einzug in die Amtsstuben halten. SachbearbeiterInnen sollten wissen, dass es für Alg-II-/ Sozialhilfeberechtigte eine Katastrophe darstellt, eine Woche ohne Geld leben zu müssen, und dass sie verpflichtet sind, entsprechend zügig zu reagieren.

Erster Schritt:

Bei akuter Hilfebedürftigkeit sollten Sie bei der HzL/ GSi der Sozialhilfe einen ⇨**Antrag** (3.3) **auf Vorschuss** und bei Alg II die **vorläufige Leistungsgewährung** beantragen. Der Antrag sollte möglichst **schriftlich** gestellt werden. Er kann aber auch im Rahmen einer Vorsprache geltend gemacht werden. In Fällen akuter Bedürftigkeit sollte dies nachweislich – also schriftlich per Brief, Fax oder im Beisein von Zeugen – dem Amt mitgeteilt werden. Legen Sie dem Sachbearbeiter plausibel dar, dass Sie **mittellos** sind, nichts zu essen haben, Miete und Strom nicht zahlen können, während die Mahnungen bereits ins Haus flattern usw. Legen Sie möglichst **Belege** vor, z.B. Kontoauszüge, Mahnschreiben, Sperrandrohungen etc. Es ist zu empfehlen, der Behörde eine kurze **Frist** zur Zahlung des Vorschusses bzw. zur vorläufigen Entscheidung zu setzen und weitere rechtliche Schritte, z.B. eine einstweilige Anordnung beim Sozialgericht anzukündigen.

Zweiter Schritt:

Lässt die Behörde die Frist verstreichen, sollten Sie eine ⇨**einstweilige Anordnung**

U

beim zuständigen Sozialgericht stellen. Dafür müssen Sie gewisse formelle und materielle Voraussetzungen erfüllen.

2.2 Unterstützung durch einen Beistand, Einschalten von Beratungsstellen

Ein anderer Weg kann sein, nicht alleine zum Amt zu gehen, also einen ⇨**Beistand** mitzunehmen. Erfahrungsgemäß verhalten sich SachbearbeiterInnen um ein Vielfaches freundlicher, wenn Sie nicht alleine zum Amt gehen. Fehlverhalten und Missstände werden „öffentlich" und es gibt bei Bedarf einen Zeugen, der gegenüber Vorgesetzten, Richtern etc. bestätigen kann, was dort ab- und ggf. schiefgelaufen ist. Unserer Erfahrung nach ist das ein sehr einfacher und effektiver Weg, Ansprüche durchzusetzen.

Auch das Einschalten von **Beratungsstellen** kann helfen. Allein der Anruf einer Beratungsstelle beim Amt kann Wunder bewirken – falls Ihr Sachbearbeiter überhaupt erreichbar ist. Ebenso die Übersendung des eigenen Schriftstückes über das Faxgerät der Beratungsstelle. Hier wird signalisiert, dass Sie fachkundige Dritte eingeschaltet haben, die hinter Ihrem Anliegen stehen. Eine Beratungsstelle kann auch helfen, Missverständnisse zu vermeiden sowie schnell und zielgerichtet einen Antrag zu formulieren.
Näheres unter ⇨Beratung

U

2.3 Vorgesetzte einschalten, Beschwerdeweg

Um den Konflikt auf eine andere Ebene zu heben, kann es sinnvoll sein, **Vorgesetzte** einzuschalten. Jeder Sachbearbeiter hat einen Dienst- und Fachvorgesetzten. Ein konstruktiver Dialog an dieser Stelle kann neue Lösungswege eröffnen, weil der Vorgesetzte oft mehr Entscheidungsspielraum hat oder ein Fehlverhalten des Sachbearbeiters bereits bekannt ist.

Wenn der Dialog nicht weiterführt, können Sie den offiziellen **Beschwerdeweg** einschlagen und möglichst **schriftlich** eine **Dienst- oder Fachaufsichtsbeschwerde** einlegen.
Näheres unter ⇨Beschwerde

2.4 Weitere Möglichkeiten sich ohne Rechtsmittel durchzusetzen

finden Sie unter dem Stichwort ⇨**Wehren**

2.5 Strategie festlegen – Wahl der Mittel

Sie müssen sich genau überlegen, welche der dargestellten Möglichkeiten der geeignete Weg zur Durchsetzung Ihres Rechtsanspruchs ist. Jedes Mittel hat seine Vor- und Nachteile und die Auswahl hängt von den Gegebenheiten vor Ort ab. Sie sollten auch abwägen, welche Konsequenzen sowohl die Wahl der Mittel als auch Ihr Auftreten auf dem Amt haben können.

Tipp Egal für welche Möglichkeit Sie sich entscheiden, seien Sie im Umgang immer besonnen und lassen Sie sich nicht aus der Reserve locken.

3.1 Untätigkeitsklage bei Nichtbearbeitung eines Antrags

Bei Anträgen können Sie erst nach **sechs (!) Monaten** der Untätigkeit eine Untätigkeitsklage beim zuständigen Sozialgericht einreichen (§ 88 Abs. 1 SGG).
Bei den Verwaltungsgerichten, die früher für Sozialhilfe zuständig waren, ging das immerhin schon nach drei Monaten.
Da Sie bei Mittellosigkeit keine sechs Monate warten können, ist es besser, andere Wege zu nutzen (⇨2. ff). Es lohnt kaum, bei der Verschleppung von Anträgen auf eine Untätigkeitsklage zu setzen. Verlangen Sie lieber einen Vorschuss (⇨Antragstellung 3.3).

3.2 Untätigkeitsklage bei Nichtbearbeitung eines Widerspruchs

Wenn über einen Widerspruch nicht entschieden wird, können Sie „schon" nach **drei Monaten** eine Untätigkeitsklage einreichen (§ 88 Abs. 2 SGG). Sie können die Behörde schon nach zwei Monaten ermahnen, innerhalb der nächsten vier Wochen tätig zu werden. **Drohen** Sie ruhig mir einer Klage, falls die Frist abläuft. Das übt Druck aus. Denn wenn Sie einen Rechtsanwalt beauftragen, die Untätigkeitsklage einzulegen, ist das Amt regelmäßig um 150 € bis 200 € für Ihre Anwaltskosten „ärmer", da solche Klagen meist gewonnen werden. Das beschleunigt i.d.R. auch das künftige Arbeitstempo der Behörde.

Kritik

Es ist paradox, dass ausgerechnet die Arbeitslosenverwaltung, die ja angeblich das Ziel hat, Sie zu „aktivieren", mangels (gut ausgebildetem) Personal selbst nicht „in die Pötte kommt" und von Ihnen aktiviert werden muss.
Alg-II-/ Sozialhilfebeziehenden wird ständig vorgehalten, sie hätten kein Recht auf Faulheit. Arbeitsämter/ Jobcenter/ Sozialämter dagegen können Brutstätten vorsätzlicher oder grob fahrlässiger „Faulheit" sein. Wir meinen das nicht in dem Sinne, dass Ihre SachbearbeiterInnen/ ArbeitsvermittlerInnen oder FallmanagerInnen persönlich faul wären, sondern: Wenn

- zu wenig Personal eingestellt wird und
- das Personal mit immer neuen Gesetzen, Verordnungen und Richtlinien überschüttet wird,
- das Personal nicht ausreichend geschult und
- außerdem vielfach nur befristet eingestellt und schlecht bezahlt wird,
- wenn ständig umorganisiert wird, um die Ineffektivität der Eingliederung von Arbeitslosen in den allgemeinen Arbeitsmarkt zu „verbessern",

ist die Verschleppung und der Verlust von Anträgen und Dokumenten vorprogrammiert. Da können SachbearbeiterInnen usw. noch so fleißig sein und ihren guten Willen zeigen. (Das Gleiche gilt auch für die Gerichte und ihre Richter.)

Die Langsamkeit der Alg-II-Behörden wird durch ein schlechtes Gesetz gefördert, das selbst voller Rechtsbrüche, sinnloser Schikanen und Fehler steckt und damit ständigen Klärungsbedarf, Widersprüche und Gerichtsverfahren provoziert.
Die „kundenunfreundliche" Organisation der Behörde zeigt, dass Arbeitslose trotz allem Gerede von Aktivierung und Eingliederung von Wirtschaft und Staat in Wirklichkeit überwiegend abgeschrieben werden.

Forderungen

Ausreichende Finanzmittel und Personalausstattung für die Sozialbehörden!
Feste gesetzliche Fristen zur Bearbeitung von Anträgen und Widersprüchen!
Förderung unabhängiger Sozialberatung!

U

Verjährung

1. Ihre Ansprüche gegen die Behörde

„Ansprüche auf Sozialleistungen verjähren in vier Jahren nach Ablauf des Kalenderjahres, in dem sie entstanden sind." (§ 45 Abs. 1 SGB I)

Bei **Alg II** und **HzL/ GSi** der Sozialhilfe gilt seit dem **1.4.2011** nicht mal mehr die Vierjahresfrist, wenn es darum geht, rückwirkend **rechtswidrig vorenthaltene Sozialleistungen** mit Hilfe eines Überprüfungsantrags nachgezahlt zu bekommen. Der Zeitraum, für den rückwirkend Leistungen nachgezahlt werden, wurde **auf ein Jahr verkürzt** (§ 40 Abs. 1 Satz 2 SGB II; § 116a SGB XII). Allerdings wird die Jahresfrist immer von Beginn des Jahres an gerechnet, in dem der Überprüfungsantrag gestellt wurde. Näheres unter ⇨Nachzahlung 3.1

2. Ansprüche der Behörde gegen Sie

2.1 Geltendmachung von Erstattungsansprüche der Behörde aufgrund von Überzahlungen

Kommt es während des Bezugs von Sozialleistungen zur Überzahlung, kann die Behörde „zu Unrecht" erbrachte Leistungen per ⇨Bescheid zurückfordern. Hier gib es **unterschiedliche Verjährungsfristen** für die Rücknahme des ursprünglichen Bescheids und den Erlass des Erstattungsbescheides. Näheres unter ⇨Rückforderung

a. Ein von Anfang an unrichtiger **oder** nachträglich unrichtig gewordener Bescheid muss **innerhalb eines Jahres** aufgehoben werden, nachdem die Behörde **Kenntnis von der Rechtswidrigkeit** erlangt hat (§ 39 Abs. 1 SGB X i.V. mit § 45 Abs. 4 SGB X oder § 48 Abs. 4 SGB X).

b. Handelt es sich **schon bei Erlass** um einen rechtswidrigen, begünstigenden Verwaltungsakt mit Dauerwirkung, ist dieser, auch wenn die Behörde keine Kenntnis hatte, nur innerhalb einer Frist von **zwei Jahren** nach **Erlass des Bescheides** zurückzunehmen (§ 45 Abs. 3 Satz 1 SGB X).

c. Wenn nach **a.** und **b.** eine Überzahlung u.a. durch **arglistige Täuschung, vorsätzliche oder grob fahrlässige Falschangaben** entstanden ist, kann der Bescheid i.d.R. innerhalb einer Frist von **zehn Jahren** nach **Erlass des Bescheides** zurückgenommen werden (§ 45 Abs. 2 Satz 3 u. Abs. 3 Satz 3 oder § 48 Abs. 4 SGB X).

2.2 Bereits bestehende Erstattungsansprüche

Wurde die Forderung auf Erstattung von zu Unrecht erhaltenen Sozialleistungen durch einen Rückforderungsbescheid nach § 50 SGB X festgestellt, verjährt diese Forderung erst nach **30 Jahren** (§ 52 Abs. 2 SGB X), wenn keine Gründe für Hemmnisse vorliegen, die die Frist noch weiter verlängern (§ 52 Abs. 1 SGB X).

Die **Verjährungsfrist beginnt** mit dem Zeitpunkt, ab dem die Behörde den unrechtmäßigen Verwaltungsakt zurückgenommen und einen Erstattungsbescheid (§ 50 SGB X) erlassen hat, nicht mit dem Zeitpunkt, ab dem Sie „zu Unrecht" Alg II/ Sozialhilfe bezogen haben.

2.3 Ansprüche auf Kostenersatz bei *„sozialwidrigem Verhalten"*

verjähren **drei Jahre** nach Ablauf des Jahres, in dem die Leistung erbracht wurde (§ 103 Abs. 3 SGB XII; entsprechend § 34 Abs. 3 SGB II). Näheres unter ⇨Rückforderung

2.4 Ersatzansprüche für rechtswidrig erhaltene Leistungen

gegen **Verursacher** von zu Unrecht erbrachten Leistungen an **Dritte** (§ 34a Abs. 1 SGB II) verjähren **vier Jahren** nach Ablauf des Jahres, in dem der Erstattungsbescheid bestandskräftig geworden ist (§ 34a Abs. 2 SGB II; BA 34a.32 ff,). Näheres unter ⇨Rückforderung

V

2.5. Erstattungsanspruch bei Doppelleistungen

Hat ein vorrangig verpflichteter Leistungsträger in Unkenntnis des Alg-II-Bezuges Leistungen an SGB-II-Beziehende erbracht, sind diese zur Erstattung der Leistung des vorrangigen Trägers an das Jobcenter verpflichtet (§ 34b SGB II). Der Anspruch verjährt vier Jahre nach Ablauf des Kalenderjahres, in dem der vorrangig verpflichtete Leistungsträger die Leistung erbracht hat (§ 34b Abs. 3 SGB II).

3. Bei Rückzahlung eines ⇨Darlehens
Ansprüche auf Rückzahlung von Darlehen, die lediglich auf Grundlage eines ⇨**öffentlich-rechtlichen Vertrags** (z.B. einer Darlehens- oder Tilgungserklärung) bestehen, verjähren **drei Jahre** nach dem Ende des Jahres, in dem der Anspruch entstanden ist und das Amt von den Anspruch begründenden Tatsachen Kenntnis erlangt hat oder hätte erlangen müssen (§§ 195, 199 BGB; ⇨Darlehen10.1).

Hat der Sozialleistungsträger seinen Darlehensanspruch **durch Rückforderungsbescheid geltend gemacht**, greift wie bei privaten Krediten die **30jährige Verjährungsfrist** (§ 52 Abs. 1 SGB X; ⇨Darlehen 10.2). Der Rückforderungsanspruch kann allerdings verwirkt werden, wenn die Behörde ihn über längere Zeit nicht ausgeübt hat und man auf den Nichtgebrauch des Rückforderungsrechts vertrauen konnte (Giese/Krahmer 1999, § 52 Rz. 7).

Informationen
für diejenigen, die sich näher mit dem Thema beschäftigen wollen:
- Fachanweisung der Stadt Hamburg zur Forderungsverwaltung (Fassung vom 1.4.2010 unter http://www.harald-thome.de/media/files/Stadt-HH---FH-Forderungs-verwaltung-01.04.2010.pdf
- Weisungen der BA zum SGB X (http://tinyurl.com/mju5jxr)

V

4. Ersatzansprüche gegen ⇨Erben
Mit Wirkung **zum 1.8.2016** ist der Ersatzanspruch gegen Erben von **Alg-II-Beziehenden** ersatzlos gestrichen worden. Zuvor verjährten solche Ansprüche **drei Jahre** nach dem Tode des Leistungsberechtigten (§ 35 Abs. 3 SGB II alt).
Hat jemand **Leistungen der Sozialhilfe** bezogen, beträgt die Verjährungsfrist ebenfalls **drei Jahre**, nachdem dieser bzw. sein Ehegatte/ Lebenspartner gestorben ist (§ 102 Abs. 4 SGB XII).
Bei **GSi der Sozialhilfe** bleiben die Erben von Ersatzansprüchen verschont (§ 102 Abs. 5 SGB XII).

Verwaltungsrichtlinien

1. Anspruch nach dem Informationsfreiheitsgesetz (IFG) des Bundes
Was es in den meisten westeuropäischen Staaten (in Schweden seit 1766, Finnland seit 1919) und in den USA (seit 1966) gibt, gibt es seit 2006 auch im deutschen Obrigkeitsstaat: das Recht der Bürger auf freien Zugang zu den in Behörden des Bundes dokumentierten Informationen, die die Grundlage für Entscheidungen öffentlicher Stellen sind (⇨Beratung 1.4; ⇨Ermessen 2.).

Nach dem IFG-Bund kann jede natürliche oder juristische Person einen **Antrag auf Herausgabe** von behördeninternen Informationen stellen. Der Auskunftsanspruch besteht nicht für Informationen im Entwurfsstadium, für die „Staatssicherheit gefährdende“ Informationen und für persönliche Daten.

2.1 IFG-Bund – gilt seit 2011 für alle SGB-II-Leistungen
Seit 2011 gilt das IFG desBundes i.d.R. für SGB-II-Leistungen, einschließlich kommunaler Leistungen (§ 50 Abs. 4 SGB II). Nach dem Informationsfreiheitsgesetz des Bundes sollen Bundesbehörden ab 2006 ihre Verwaltungsanweisungen veröffentlichen, in der Regel im Internet (§ 1 i.V. mit § 11 IFG).
Da die BA dem nicht nachkam, hat der **Erwerbslosenverein Tacheles** sie in einer Klage dazu gezwungen. Im Juni 2006 hat sich die BA vor Gericht vertraglich verpflichtet, alle **Dienstanweisungen** im Netz zu veröffentlichen. Dem kommt sie allerdings nur begrenzt nach.

Das Verwaltungsgericht Leipzig hat am 10.1.2013 entschieden (5 K 981/1), dass der Informationsanspruch nach dem IFG des Bundes auch den Anspruch auf Herausgabe der internen **Telefonlisten der Jobcenter** umfasst und die dienstlichen Telefonnummern nicht dem persönlichen Datenschutz des einzelnen Mitarbeiters unterliegen. Das Leipziger Urteil wurde mittlerweile von einer Vielzahl von Verwaltungsgerichten bestätigt.
Nach einem Urteil des OVG NRW aus 2015, in dem die Herausgabe von Telefonlisten da-

gegen verneint wurde, ist es ruhig geworden um das Thema. Allerdings ist ein Verfahren beim Bundesverwaltungsgericht dazu anhängig. Die ablehnenden Urteile argumentierten mit dem Persönlichkeitsschutz der Sachbearbeiter, der durch Telekommunikation entstehenden zusätzlichen Arbeitsbelastung der Jobcenter und einer Bedrohungslage für die Sachbearbeiter.

Mittlerweile „verstecken" einige Jobcenter sogar ihre **Faxnummern**: Diese werden von Briefköpfen genommen oder von Webseiten gelöscht, um beweisbare Zugänge von Anträge und Widersprüchen zu erschweren. Solange aber Faxgeräte noch zu den Kommunikationsmitteln von Jobcentern gehören, wird die Herausgabe von Faxnummern im Rahmen von IFG-Anträge möglich sein.

Das IFG des Bundes gilt aber nur für die 335 Jobcenter in gemeinsamen Einrichtungen und nicht für die 110 Jobcenter, die unter der Leitung eines zugelassenen kommunalen Trägers stehen (den sogenannten Optionskommunen). Für diese sind – soweit vorhanden – die Informationsfreiheitsgesetze der Bundesländer gültig (Landes-IFG; ⇨2.2).

Zu begrüßen ist die Ausweitung des IFG des Bund auf SGB-II-Leistungen. Nun kann jede Bürgerin/ jeder Bürger durch IFG-Anträge Licht in den behördlichen Verwaltungsrichtliniendschungel bringen. Auch die Jobcenter der südlichen Bundesländer, die z.T. noch immer nicht über eigene Landes-Informationsfreiheitsgesetze verfügen, sind nun gezwungen, ihre Verwaltungsanweisungen für das SGB II offenzulegen.

Hat eine Kommune oder ein Landkreis im Bereich des SGB II eine **Satzung zu den Unterkunftskosten** erlassen, ist die Verwaltung verpflichtet diese zu veröffentlichen (§ 22b Abs. 2 SGB II).

2.2 Landesinformationsfreiheitsgesetze

In Baden-Württemberg, Berlin, Brandenburg, Bremen, Hamburg, Mecklenburg-Vorpommern, NRW, Rheinland-Pfalz, im Saarland, in Sachsen-Anhalt, Schleswig-Holstein und Thüringen gibt es inzwischen Landesinformationsfreiheitsgesetze (Landes-IFG).
In Ländern ohne eigenes IFG gibt es **in einigen Städten** „Informationsfreiheitssatzungen", nach denen die kommunalen Behörden zur Auskunftserteilung verpflichtet sind.

Danach hat jeder Bürger einen Anspruch auf die Herausgabe von landesspezifischen oder kommunalen Informationen, z.B. örtlichen Richtlinien/ Satzungen zur Gewährung von Unterkunftskosten, Erstausstattung, zum Bildungs- und Teilhabepaket oder Berechnungsgrundlagen für Sozialpässe usw.

Keinen Anspruch auf Informationsweitergabe kommunaler Informationen haben Bürger der Bundesländer, in denen keine Landes-IFG existieren. Allerdings sind für einige SGB-XII-Leistungen die im SGB II entwickelten Maßstäbe relevant. Im Bereich der Unterkunftskosten ist sogar normiert, dass eine Satzung für SGB-II-Unterkunftskosten auch für das SGB XII gilt. So können Sie unter Umständen auch über den Umweg über das Bundes-IFG zu den entsprechenden Informationen gelangen, die für das SGB XII relevant sind.

In bestimmten Fällen kann eine Pflicht zur Herausgabe der begehrten Informationen auch über eine ⇨Akteneinsicht nach § 25 SGB X entstehen.

3. Kosten und Gebühren

Für das Auskunftsersuchen nach den IFG (Land und Bund) können Gebühren erhoben werden. Bagatellauskünfte sind kostenfrei. Für größere Recherchen können Gebühren bis zu 500 € verlangt werden oder Kostenerstattung für Ausdrucke, Kopien etc. Wenn jemand die Herausgabe einer Richtlinie zu den Unterkunftskosten beantragt, wird es sich immer um eine Bagatellsache handeln. Außerdem können solche Gebühren auch erlassen werden, weil deren Zahlung SGB-II-/ SGB-XII-Beziehenden nicht zuzumuten ist. Um Kopierkosten zu vermeiden, können Sie die Herausgabe der begehrten Informationen auch als Datei verlangen.
Oft wird von Behörden versucht, Bürger durch **überhöhte Gebühren** davon abzuschrecken, IFG-Anträge zu stellen. Die Ko-

stenbescheide sind gerichtlich überprüfbar. In einigen Fällen waren solche Gerichtsverfahren bereits erfolgreich.

4. Auskunftserteilung innerhalb eines Monats

Auskunftsanträge nach allen IFG müssen unverzüglich, spätestens nach einem Monat von der Behörde entschieden werden. Bei Schwierigkeiten oder Ablehnung können Sie sich an die Beauftragten für die Informationsfreiheit wenden, die bei den jeweiligen Landesdatenschutzbeauftragten, bzw. auf Bundesebene bei der Bundesdatenschutzbeauftragten angesiedelt sind. Diese beraten und unterstützen Sie kostenlos.

Tipp Den Beauftragten für Datenschutz und Informationsfreiheit einzuschalten, kann das Widerspruchs- oder Klageverfahren nicht ersetzen.

Kritik

Im alten BSHG gab es § 114, nach dem vor dem Erlass allgemeiner Verwaltungsvorschriften sozial erfahrene Personen zu hören waren; besonders aus Vereinigungen, die Bedürftige betreuen, oder aus Vereinigungen von Sozialleistungsbeziehenden. Das ist ersatzlos gestrichen worden. Beteiligung der Betroffenenvertreter ist nicht mehr erwünscht.

V

Forderung

Schaffung von Beiräten, die vor dem Erlass von Verwaltungsrichtlinien zu beteiligen sind!

Information

Die Verwaltungsanweisungen der BA zum SGB II werden von Tacheles e.V. im Internet veröffentlicht unter www.harald-thome.de/sgb-ii---hinweise.html

Die Durchführungshinweise zum SGB III sind außerdem zu finden unter www.arbeitsagentur.de ⇨Veröffentlichungen ⇨Weisungen ⇨Arbeitslosengeld II

Bundesweite kommunale Richtlinien zu Unterkunftskosten, Erstausstattung und Bildung und Teilhabe unter www.harald-thome.de/oertliche-richtlinien.html.

(Sich) Wehren ohne Rechtsweg

Der Rechtsweg (Widerspruch und Klage) ist steinig und viele trauen sich nicht, ihn zu beschreiten. Nur wenige Alg-II-Beziehende und noch viel weniger BezieherInnen von HzL/ GSi der Sozialhilfe legen Widerspruch ein oder klagen vor Gericht. Für die meisten, die es tun, lohnt es sich.

Über 36% der rund 741.000 bearbeiteten SGB-II-Widersprüche wurden 2011 vom Amt selbst ganz oder teilweise abgeholfen und über 44% der ca. 138.000 erledigten SGB-II-Klagen waren im selben Jahr erfolgreich (BT-Drs. 17/9335, 5). Betrachtet man die sogenannten Erledigungen der Sozialgerichte in NRW, d.h. alle Entscheidungen inklusive der Beendigungen ohne Urteil, gehen ca. 70 bis 80% aller Klagen im Sinne der Alg-II-Beziehenden aus (Sozialrichter M. Schillings, SG Düsseldorf, auf der Fachtagung *„Hartz IV und der Wohnungsmarkt“* am 16.4.2008 in Dortmund.)

Wer sich nicht wehrt, lebt verkehrt!

Andere Hartz-IV-Betroffene bemühen nicht die Gerichtsmühlen, sondern üben den Gegendruck auf andere Weise aus. Das geht einfacher und ist oft schneller. Dazu brauchen Sie vor allem die Fähigkeit, Ihre Meinung zu sagen und Ihre Interessen zu vertreten. Hartnäckigkeit kann sich auszahlen, weil sie die Behörde in Bewegung bringt.

Bevor Sie den Rechtsweg einschlagen (⇨Widerspruch, ⇨einstweilige Anordnung, ⇨Klage), **prüfen Sie also zuerst**, ob Sie nicht mit einfacheren Mitteln zum Ziel kommen. Besonders dann, wenn offensichtlich gegen geltendes Recht verstoßen wird, kürzt das das Verfahren ab. Sich nicht wegschicken zu lassen, hilft in diesen Fällen manchmal. Fordern Sie den Behördenvertreter auf, Ihnen die Rechtsgrundlagen darzulegen. Sie haben ein ⇨Auskunftsrecht.

In Bezug auf das SGB II können Sie die internen Dienstanweisungen der BA einsehen (www.harald-thome.de/sgb-ii---hinweise.html; ⇨Durchführungshinweise) oder die örtlichen Richtlinien zu Unterkunftskosten, Erstausstattung (www.harald-thome.de/oertliche-richtlinien.html) und so die Verwaltung anhand ihrer eigenen Vorschriften überprüfen.

Sie können z.B. mit einem ⇨**Beistand** noch mal Ihr Glück bei einer persönlichen Vorsprache versuchen, sei es einem Bekannten, der sich auskennt, oder dem Mitglied einer **Erwerbslosen- oder Sozialhilfegruppe**. Sie können auch eine Beratungsstelle einschalten.

Sie können sich z.B. auch an unmittelbare **Vorgesetzte** wenden bzw. die Teamleitung, die Leitung der Dienststelle oder der jeweiligen Behörde.

Manche Sozial- und Arbeitslosenverwaltungen haben auch ein besonderes **Beschwerdemanagement**. Das können nicht in die Behörde integrierte, „unabhängige“ Bürgerbeauftragte sein, aber auch die behördeninterne Beschwerdestellen. (z.B. *„Kundenreaktionsmanagement“* der BA; ⇨Beschwerde 6. f.)

Sie können sich auch an die jeweilige **Dienst- und Fachaufsicht** wenden (⇨**Beschwerde** 1. ff.). In den Behörden, die die Dienst- und Fachaufsicht durchführen, gibt es meist Mitarbeiter, die die Aufgabe haben, Beschwerden von Bürgern nachzugehen. Das kann man nutzen, auch wenn hier oft abgewiegelt wird.

In vielen Kommunen und Kreisen gibt es **Bürgerbeauftragte**, **Ombudsleute**, **Frauenbeauftragte**, **Ausländerbeiräte** und Beauftragte für **Behinderte** oder ⇨**Datenschutz**, die sich ebenfalls für Sie einsetzen können (⇨Beschwerde 7. f.).

Sie können sich ferner an **Stadt- oder Kreisverordnete** wenden. Diese können sich im Einzelfall einsetzen und die Sozialverwaltung kontrollieren. Stadtverordnete können Akteneinsicht nehmen und SachbearbeiterInnen befragen.

Das Gleiche gilt für **Landtags- und Bundestagsabgeordnete**. Sie beschäftigen meistens Mitarbeiter, die sich auch um Einzelbelange kümmern.

Bei Landtagen und beim Bundestag gibt es **Petitionsausschüsse**, an die Sie sich wenden können. Die arbeiten langsam, so dass Sie sich keine sofortige Abhilfe versprechen können. Dafür sind sie aber oft wirkungsvoll. Sie müssen Ihre Anfragen präzise formulieren und Sachverhalte gut dokumentieren.

Meist ist es nützlich, sich an eine **Beratungsstelle** zu wenden, die sich für Sie einsetzen kann. Adressen können Sie finden unter www.my-sozialberatung.de.

Sie können sich direkt an **örtliche Medien**, Rundfunk oder Fernsehen wenden. Der Anruf eines Journalisten bei Arbeitsagentur/ Jobcenter/ Sozialamt kann Wunder bewirken. Erst recht eine Veröffentlichung. Ämter haben kein Interesse an Negativschlagzeilen, da sie als „kundenfreundlich" dastehen wollen.

Vorsicht vor Medien, die Ihr Schicksal für ihre wirtschaftlichen Zwecke ausschlachten und Sie als Sozialschmarotzer präsentieren wollen.

Sie können aber auch – und das ist **langfristig das Wichtigste** – Ihre Kraft dadurch stärken, dass Sie sich einer **Gruppe von Erwerbslosen und/ oder Sozialhilfebeziehenden** anschließen oder selbst eine gründen. Bei ver.di gibt es lokale Erwerbslosenausschüsse, vereinzelt auch in anderen Gewerkschaften. Häufig sind auch unabhängige Initiativen.
An einigen Orten gibt es Bündnisse gegen Sozial- und Lohnabbau, Sozialforen/ -initiativen oder Ähnliches, die sich für die Interessen von Erwerbslosen und Armen einsetzen. Wenn Sie den Mut und die Geduld aufbringen, in solchen Gruppen mitzuarbeiten, haben Sie mehr Möglichkeiten, Druck zu machen und Ihren Interessen gemeinsam mit anderen Gehör zu verschaffen. Vielleicht können Sie auch mithelfen eine **„Begleitschutz-AG"** aufzubauen, die Erwerbslose bei Ämterterminen unterstützt (⇨Beistand).

All diese Schritte können die Haltung von SachbearbeiterInnen beeinflussen und dazu führen, dass sie sich entschließen, Entscheidungen zu ändern.

Kombination von Rechtsweg und anderen Formen, sich zu wehren
Häufig ist es notwendig, die verschiedenen Ebenen miteinander zu verknüpfen. Sie können mit Widerspruch und einstweiliger Anordnung drohen und gleichzeitig mit den oben genannten Mitteln Druck machen. Das Gleiche ist auch während eines Verfahrens möglich (⇨Untätigkeit der Behörde).

Wie stark Sie in die Konfrontation gehen, hängt von den Kräfteverhältnissen ab. Es ist nicht zweckmäßig, aus einer schwachen Position heraus aufs Ganze zu gehen oder sich in zahllosen Widersprüchen und im behördlichen Kleinkrieg völlig zu verausgaben. Da Erwerbslose und Sozialhilfebeziehende eine **schwache Rechtsposition** haben, müssen Sie notgedrungen auch Niederlagen einstecken oder sich mit Teilerfolgen zufrieden geben. Es ist besser, sich auf die Auseinandersetzungen zu konzentrieren, in denen die Erfolgsaussichten am größten sind. Denn **Erfolge** hat man **bitter nötig**.
Es ist auch sinnvoll, einen Teil seiner Energie darauf zu verwenden, **sich zusammen mit anderen zu organisieren**, statt als Einzelner gegen Windmühlen zu kämpfen, sich abzukapseln und am Ende resigniert aufzugeben.

⇨Adressen im Anhang

Widerspruch

Inhaltsübersicht:

5.1. Ausnahmerecht für Alg-II-Bezieher
5.2 HzL/GSi der Sozialhilfe
5.3 Wiederherstellung der aufschiebenden Wirkung
6. Bearbeitungsfristen von Widersprüchen
7. Widerspruchsbescheid und Klage
8. Kostenerstattung
Forderung
Information

1. Widerspruch gegen Verwaltungsakte

Gegen Verwaltungsakte ist Widerspruch möglich und zulässig (§ 62 SGB X, § 84 SGG). Auch mündliche Ablehnungen sind Verwaltungsakte (§ 31 SGB X; ⇨Bescheid 1.). Um Widerspruch einzulegen, müssen Sie nicht warten, bis Sie einen Bescheid haben.
Sie können auch gegen jede **Handlung** einer Behörde **mit Außenwirkung** Widerspruch einlegen, wenn Sie damit nicht einverstanden sind. ⇨Eingliederungsvereinbarungen und Erklärungen zur ⇨Aufrechnung von Forderungen sind ⇨**öffentlich-rechtliche Verträge**, allerdings keine Verwaltungsakte. Dagegen können Sie keinen Widerspruch einlegen.

Wenn Sie einen Verwaltungsakt der Behörde für falsch halten, sollten Sie Widerspruch einlegen. Richtet sich dieser gegen einen schriftlichen Bescheid, können Sie damit verhindern, dass der Bescheid **bestandskräftig** wird und Bindungswirkung entfaltet (§ 77 SGG). Mit dem Widerspruch fängt der Rechtsweg an. Das Widerspruchsverfahren wird auch **Vorverfahren** genannt, d.h. das Verfahren **vor** der ⇨Klage.
Wenn die Behörde Ihrem Widerspruch „stattgibt", erhalten Sie die zu Unrecht vorenthaltene Leistung nachgezahlt. Die Nachzahlung darf nicht als ⇨Einkommen auf Ihre laufende Leistung angerechnet werden (§ 11a Abs. 1 Nr. 1 SGB II, § 82 Abs. 1 Satz 1 SGB XII).

1.1 Widerspruch gegen die Vorbereitung eines Verwaltungsakts?

Sie müssen trennen zwischen einem Verwaltungsakt, der mit einem ⇨Bescheid abgeschlossen wird und den Handlungen der Behörde, die einen Verwaltungsakt erst vorbereiten.
Wenn Sie z.B. aufgefordert werden, Ihre Unterkunftskosten zu senken (⇨Miete 4.), weil diese angeblich zu hoch sind, oder wenn Ihnen eine unzumutbare Stelle angeboten wird, können Sie dagegen noch keinen Widerspruch einlegen (BSG 7.11.2006 - B 7b AS 10/06 R). Es handele sich noch nicht um einen Verwaltungsakt, weil diese Aufforderungen noch keine Rechtswirkung nach außen entfalten, wie der darauf folgende Bescheid, der dann die Kürzung der Miete oder eine ⇨Sanktion festsetzt.

2. Widerspruchsverfahren

2.1 Wer bearbeitet Widersprüche?

Widersprüche werden im Regelfall zunächst von der gleichen zuständigen Stelle bearbeitet, die den zugrunde liegenden Bescheid erlassen hat. Will der Sachbearbeiter dem Widerspruch nicht stattgeben, muss er i.d.R. die Zustimmung des Vorgesetzten einholen. Will auch dieser nicht stattgeben, kommt der Widerspruch i.d.R. zur Rechts- bzw. Widerspruchsstelle.

Bevor der Widerspruch dorthin weitergeleitet wird, werden Sie oft zu einer schriftlichen **Anhörung** aufgefordert (§ 24 SGB X). Diese dient lediglich dazu, Sie umzustimmen, den **Widerspruch** „freiwillig" **zurückzuziehen**. In vielen Fällen werden Widerspruchsführer sogar zum persönlichen Termin aufs Jobcenter geladen, um sie zu überreden oder unter Druck zu setzen, den Widerspruch zurückzuziehen. Darauf dürfen Sie sich keinesfalls einlassen. Sie haben einen Rechtsanspruch auf einen regulären, begründeten **Widerspruchsbescheid**.
Weil 36% der Widersprüche und 44% der darauf folgenden Klagen erfolgreich sind (BT-Drs. 17/9335, 5, bezogen auf das Jahr 2011), ziehen die Jobcenter sämtliche Register Sie in Ihren Rechtsmitteln einzuschränken, anstatt dafür zu sorgen, dass das Recht richtig umgesetzt wird.

Die Widerspruchsstelle kann den Sachbearbeiter anweisen, den Sachverhalt auf eine bestimmte Weise umzusetzen und dem Widerspruch **ganz oder teilweise stattzugeben**.

W

Bleibt die Behörde bei ihrer Entscheidung, wird mit Erlass des Widerspruchsbescheides das **Vorverfahren abgeschlossen**. Gegen diesen Bescheid können Sie nur noch beim Sozialgericht **klagen**. Dann beginnt das Hauptsacheverfahren.

Da die Widerspruchsstellen Teil der Behörde sind, gegen die sich der Widerspruch richtet, handeln sie oft nach den Vorgaben „von oben". Sie neigen dazu, Widersprüche auch dann abzulehnen, wenn die Verwaltung gegen Gesetze oder herrschende Rechtsprechung verstößt. Überprüfen Sie also auch die Ausführungen der Rechtsstellen!

Tipp 1 Bis über einen abgelehnten Widerspruch in der ersten Gerichtsinstanz entschieden ist, können ein bis zwei Jahre vergehen. Versuchen Sie deshalb, je nach Lage des Falles, den Sachverhalt zuerst im Rahmen eines Gesprächs mit dem Sachbearbeiter zu klären (⇨Wehren ohne Rechtsweg). Das kann schneller gehen.

Tipp 2 Wenn die Behörde nicht von ihrem Standpunkt abweicht, und es sich um eine dringende Notlage handelt, weil Ihnen Leistungen gekürzt oder gestrichen wurden, sollten Sie ggf. beim Sozialgericht einen Antrag auf eine ⇨einstweilige Anordnung stellen. Voraussetzung dafür ist, dass bereits Widerspruch eingelegt wurde.

W

2.2 Wie legen Sie Widerspruch ein?

Sie können bei Ihrem Sachbearbeiter **mündlich** Widerspruch einlegen. Er ist **zur *„Niederschrift"*** verpflichtet (§ 84 Abs. 1 Satz 1 SGG). Sie können ihn auch bei der Widerspruchsstelle der Behörde protokollieren lassen. Wird der Widerspruch so aufgenommen, überprüfen Sie den Text, bevor Sie unterschreiben und lassen Sie sich eine Kopie geben.

Besser ist es allerdings, den Widerspruch selbst zu formulieren und **schriftlich** einzureichen. Es muss klar werden, gegen **welche Entscheidung** Sie sich wehren (Datum des Bescheids; um welchen Sachverhalt geht es) und **welche Gründe** Sie dafür haben.
Wenn Sie sich unsicher sind, wie Sie Ihren Widerspruch begründen wollen, können Sie den Widerspruch zunächst *„fristwahrend"* ohne Begründung einreichen. Teilen Sie der Behörde mit, dass Sie die Begründung nachreichen. Sie gewinnen dann genug Zeit, um sich schlau zu machen oder eine **Beratungsstelle** aufzusuchen. Eine sorgfältige Vorbereitung ist wichtig, denn die richtige Begründung ist für den Erfolg des Widerspruchs entscheidend.

Meistens fordert die Behörde Sie auf, den Widerspruch innerhalb von 2 bis 3 Wochen zu begründen. Nicht zulässig ist es, Sie damit unter Druck zu setzen, dass man davon ausgehe, Sie würden den Widerspruch zurückziehen, wenn bis dahin keine Begründung eingegangen sei. Das ist genauso unzulässig, wie Sie im Rahmen Ihrer ⇨Mitwirkungspflichten zur Widerspruchsbegründung aufzufordern und mit Versagung der Leistungen zu drohen.
Teilen Sie dem Amt bei Bedarf schriftlich mit, dass Sie noch Zeit bräuchten und dass Sie den Widerspruch aufrechterhalten.

2.3 Schriftliche Form notwendig/Verfristung

Widersprüche sind *„schriftlich"* einzulegen (§ 84 Abs. 1 Satz 1 SGG).

Eine E-Mail ohne amtliche Beglaubigung erfüllt die geforderte Schriftform nicht. Die BA ist jedoch großzügig: *„Ein fristgerecht per E-Mail eingehender Widerspruch gilt als formgerecht eingelegt, wenn der Widerspruchsführer seine Urheberschaft auf Anforderung innerhalb angemessener Frist schriftlich bestätigt"* (BA, Praxishandbuch für das Verfahren nach dem Sozialgerichtsgesetzt, 2013, 17, ⇨Informationen, nachfolgend zitiert als BA Praxishandbuch SGG). Darauf können Sie sich im Zweifelsfall berufen.
In der Rechtsprechung wird das aber anders bewertet: *„Ein per einfacher E-Mail eingelegter Widerspruch gegen einen mit einer ordnungsgemäßen Rechtsbehelfsbelehrung versehenen Bescheid genügt den zur Widerspruchseinlegung erforderlichen Formerfordernissen **nicht**."* (LSG Berlin-Brandenburg 28.9.2010 - L 18 AL 76/10).

Tipp: Verlassen Sie sich lieber nicht auf die Aussage des Praxishandbuchs und legen Sie Ihren Widerspruch immer schriftlich per Brief oder Fax ein.

Für den **Zugang** des Widerspruchs bei der Behörde trägt der Widerspruchsführer die Beweislast (Meyer-Ladewig/Keller/Leitherer, 11. Auf. 2014, § 84 Rz. 5b). Ein übersandtes **Fax mit Sendebericht** und Verkleinerung des übersandten Schriftstückes (Faksimile) gilt als **bewiesener Zugang** (BSG 20.10.2009 - B 5 R 84/09 B; SG Duisburg 3.12.2010 - S 38 AS 676/10; SG Dortmund 19.5.2015 - S 27 AS 2651/11).

Lehnt die Behörde ihren Widerspruch **ab**,
- weil er nicht der erforderlichen Schriftform entspricht, ohne Sie darauf hinzuweisen, oder
- wegen einer Verfristung, die Sie nicht zu verantworten haben,

haben Sie eine Frist von **2 Wochen**, um
a. einen Antrag auf Wiedereinsetzung in den vorherigen Stand zu stellen und
b. innerhalb dieser Frist den Widerspruch frist- und formgerecht nachzuholen.
(§ 27 Abs. 2 SGB X; BSG 6.10.2011 - B 14 AS 63/11 B; LSG NRW 20.1.2011 - L 7 AS 887/10 B)

Ansonsten ist ein verfristeter Widerspruch von Amts wegen als **Überprüfungsantrag** auszulegen (⇨4.1 f.; ⇨Nachzahlung 3.1 ff.).

2.4 Wo legen Sie den Widerspruch ein?

Bei der Stelle, die den Verwaltungsakt erlassen hat. Erst wenn diese Stelle dem Widerspruch nicht abhelfen will, wird er von dort an die Widerspruchsstelle weitergeleitet.

Der Widerspruch kann notfalls auch bei jeder *„anderen inländischen Behörde"* in schriftlicher Form abgegeben werden (§ 84 Abs. 2 Satz 1 SGG). Bürger aus Staaten der EU, Staaten der EWR und des EU-Wirtschaftsraumes sowie Flüchtlinge in diesen Staaten können u.a. Widersprüche bei jeder Behörde mit vergleichbarem Aufgabenbereich, einem Träger oder einem Gericht eines anderen EU-Mitgliedstaats einreichen (§ 30 Abs. 2 SGB I i.V. mit Art. 81 Satz 1 VO (EG) 883/2004; ⇨Antragstellung 1.13.2 f.).

Die Widerspruchsfrist gilt dann als gewahrt. Die nicht zuständige Behörde **muss** die *„Widerspruchsschrift"* unverzüglich weiterleiten (§ 84 Abs. 2 Satz 2 SGG).

Tipp Sie können zur fristgerechten Abgabe z.B. zum Amtsgericht, zur Stadtverwaltung oder zur AOK gehen, wenn die Zeit zu knapp wird, um die Frist auf dem Postweg einzuhalten.

3. Fristen

3.1 Bei Bescheiden mit Rechtsmittelbelehrung

muss der Widerspruch innerhalb **eines Monats** nach Zugang des Bescheids bei der zuständigen Behörde eingegangen sein (§ 84 Abs. 1 SGG). Die Frist beginnt nach der Zustellung, der *„Bekanntgabe"*, nicht nach dem Datum des Bescheids. Den genauen Tag der Bekanntgabe kann das Amt konkret nur nachweisen, wenn der Bescheid durch Postzustellungsurkunde verschickt wurde.

Ein schriftlicher Verwaltungsakt gilt i.d.R. **am 3. Tag nach der Aufgabe zur Post** als bekannt gegeben (§ 37 Abs. 2 Satz 1 SGB X); das nennt man **Zugangsfiktion**. Der Tag, an dem der Brief zur Post gegeben wird, wird bei der Frist nicht mitgezählt (§ 26 Abs. 1 SGB X). Die Fiktion der Bekanntgabe greift auch dann, wenn der für die Bekanntgabe maßgebende dritte Tag nach Aufgabe auf einen Samstag, Sonntag oder Feiertag fällt (BSG 6.5.2010 - B 14 AS 12/09 R).

Das gilt allerdings nur, wenn Ihnen der Bescheid **tatsächlich zugegangen** ist. Ist er nicht bei Ihnen angekommen, muss im Zweifel die Behörde den Zugang beweisen. Ohne konkreten Nachweis gilt der von Ihnen behauptete und glaubhaft gemachte Zeitpunkt der Zustellung. (§ 37 Abs.2 Satz 3 SGB X)

Tipp Wenn Sie einen Briefumschlag mit Poststempel erhalten, sollten Sie den Umschlag aufheben.

3.2 Bei Bescheiden ohne Rechtsmittelbelehrung

Bei Bescheiden mit unrichtiger oder fehlender Rechtsmittelbelehrung und bei mündlichen Ablehnungen (Verwaltungsakten) haben Sie **ein Jahr** Zeit, um Widerspruch einzulegen (§ 66 Abs. 2 SGG). Das ist vor allem wichtig bei ⇨Nachzahlungen.

3.3 Zugang des Widerspruchs beweisen

Im Zweifelsfall müssen Sie den fristgerechten Zugang Ihres Widerspruchs bei der Behörde nachweisen. Die Übersendung per Einschreiben mit Rückschein ist reine Geld-

W

verschwendung und beweist im Zweifelsfall nur, dass Sie irgendein Schriftstück zum Amt geschickt haben, aber nicht welches. Eine Email reicht i.d.R. ebenfalls nicht aus, wegen nicht erforderlicher Schriftform. (LSG Hessen 31.7.2007 - L 9 AS 161/07; ⇨2.3).

Tipp 1 Sie können den Widerspruch vorab **per Fax** (mit Sendebericht und Verkleinerung des übersandten Schriftstückes) zur Fristwahrung übersenden und dann (mit Originalunterschrift) mit der Post hinterher senden.

Tipp 2 Sie geben den Widerspruch **persönlich** bei der Behörde ab und lassen sich auf einer Kopie den Eingang des Schreibens gegenzeichnen und abstempeln. Jeder Sozialleistungsträger und jede Behörde ist zur Annahme verpflichtet (§ 20 Abs. 3 SGB X). Weigern sich die Mitarbeiter den Eingang zu bestätigen, können Sie Druck machen und mit den Vorgesetzten reden. Hat das keinen Erfolg, können Sie den Widerspruch zur *„Niederschrift"* vortragen (§ 84 Abs. 1 SGG; ⇨2.2).

Tipp 3 Sie beweisen den Zugang durch einen **Zeugen**, der beim Eintüten des Schreibens und beim Einwurf in den Behördenbriefkasten zugegen war. Machen Sie für Ihre Akten möglichst einen Postzugangsvermerk mit Unterschrift des Zeugen.

3.4 Wiedereinsetzung in den vorherigen Stand

Haben Sie die Frist **unverschuldet versäumt,** können Sie die Wiedereinsetzung in den vorherigen Stand beantragen (§ 27 Abs. 1 SGB X). Diese Regelung bezieht sich nur auf gesetzliche Fristen, wie z.B. Widerspruchs- und Klagefristen.

Sie müssen **innerhalb von zwei Wochen** nach dem Wegfall eines Hinderungsgrundes, der die fristgerechte Einlegung des Rechtsmittels verhindert hat, die Wiedereinsetzung in den vorherigen Stand **beantragen**. Die Gründe dafür müssen Sie gegenüber der Behörde nachweisen. Dann können Sie die Einlegung des Rechtsmittels fristgerecht nachholen.

Gründe für einen Wiedereinsetzungsantrag können sein, wenn zum Fristablauf z.B. ein akuter Krankenhausaufenthalt stattgefunden hat, eine akute Erkrankung mit Bettlägerigkeit vorlag (durch Eidesstattliche Versicherung des Betroffenen oder Pflegers zu beweisen) oder eine Inhaftierung, aber auch, wenn der Zugang des Bescheides und der Fristablauf während einer urlaubsbedingten Abwesenheit erfolge (juris PK-SGB X, § 27 Rz. 20-27).

Ein Wiedereinsetzungsgrund kann auch vorliegen, wenn Sie einen Widerspruch per Email übersandt haben und die Behörde Sie erst nach Ablauf der Widerspruchsfrist darauf hinweist, dass dies wegen fehlender Schriftform unwirksam ist (⇨2.3).

4. Der Bescheid ist bestandskräftig

Nach Ablauf der Widerspruchsfrist sind auch rechtswidrige Bescheide bestandskräftig. Dagegen können Sie sich nur noch mit einem Überprüfungsantrag wehren (§ 44 SGB X; ⇨Nachzahlung 3.1 ff.) an.

4.1 Widerspruch verfristet: Umdeutung als Überprüfungsantrag

Ist der Widerspruch verfristet, ergibt sich regelmäßig bei seiner Durchsicht, dass möglicherweise *„das Recht unrichtig angewandt wurde oder von einem Sachverhalt ausgegangen wurde, der sich als unrichtig erweist"* (§ 44 Abs. 1 Satz 1 SGB X). In diesem Fall hat die Behörde einen verfristeten Widerspruch **von Amts wegen** als Überprüfungsantrag (§ 44 Abs. 1 SGB X) **umzudeuten** (BA Praxishandbuch SGG, 7). Das gilt gleichermaßen für Alg II und HzL/ GSi der Sozialhilfe.

Kommt die Behörde dieser Verpflichtung nicht nach, sollten Sie sie schriftlich auf die Umdeutung des Widerspruchs hinweisen, und auf den Erlass eines „Überprüfungsbescheides" bestehen. Wird der umgedeutete Überprüfungsantrag nicht innerhalb von 6 Monaten bearbeitet, können Sie mit einer **Untätigkeits⇨klage** drohen und diese bei Bedarf einlegen (§ 88 Abs. 1 SGG).

5. Aufschiebende Wirkung eines Widerspruchs

Widerspruch und Anfechtungsklage gegen einen belastenden, für Sie ungünstigen Bescheid haben **grundsätzlich** aufschiebende Wirkung (§ 86a Absatz 1 SGG). Die Behörde

darf dann den angegriffenen Bescheid nicht vollstrecken und Sie müssen ihm nicht Folge leisten.
Wenn es z.B. angeblich eine Überzahlung gab und das Amt Ihnen deshalb mtl. 100 € aufrechnen will, können Sie die Aufrechnung mit einem Widerspruch solange „aufschieben", bis über den Widerspruch entschieden worden ist.

5.1. Ausnahmerecht für Alg-II-Bezieher

„Keine aufschiebende Wirkung haben Widerspruch und Anfechtungsklage gegen einen Verwaltungsakt, der Leistungen der Grundsicherung für Arbeitsuchende aufhebt, zurücknimmt, widerruft, entzieht, die Pflichtverletzung und die Minderung des Auszahlungsanspruchs feststellt oder Leistungen zur Eingliederung in Arbeit oder Pflichten erwerbsfähiger Leistungsberechtigter bei der Eingliederung in Arbeit regelt, ... den Übergang eines Anspruchs bewirkt, ... mit dem zur Beantragung einer vorrangigen Leistung aufgefordert wird oder ... mit dem ... zur persönlichen Meldung ... aufgefordert wird." (§ 39 SGB II neu)

Keine aufschiebende Wirkung haben z.B. Widersprüche gegen
- Bescheide über Anrechnung und Berücksichtigung von Einkommen,
- Kürzungen der Regelsätze durch Sanktionen bei Pflichtverletzungen und Meldeversäumnissen,
- Heranziehungsbescheide zu Arbeitsgelegenheiten usw.,
- den die ⇨ Eingliederungsvereinbarung ersetzenden Verwaltungsakt,
- den Bescheid, mit dem Sie aufgefordert werden, die vorgezogene Altersrente zu beantragen und
- gegen Entziehungsbescheide z.B. wegen fehlender Mitwirkung (neu ab 1.8.2016).

Aufschiebende Wirkung haben z.B. Widersprüche gegen
- ⇨ **Rückforderung**sbescheide wegen zu Unrecht erbrachter Leistungen (§§ 45, 48, 50 SGB X; LSG NRW 29.11.2007 - L 9 B 101/07 AS ER; Geschäftsanweisung der BA Nr. 16/2008) **und** Rückforderungsbescheide aufgrund von Erstattungsansprüchen
  * bei *„sozialwidrigem"* Verhalten (§ 34 SGB II; ⇨Rückforderung 3. ff.),
  * bei *„rechtswidrig erbrachten Leistungen"* (§ 34a SGB II; ⇨Rückforderung 4. ff.),
  * bei *„Doppelleistungen"* (§ 34b SGB II; ⇨Rückforderung 5.),
  * nach *„sonstigen Vorschriften"* (§ 34c SGB II; ⇨Rückforderung 6. f.),
  * nach § 50 SGB X, wenn nach vorläufiger Leistungserbringung festgestellt wurde, dass ein Leistungsanspruch nicht bestand (§ 41a Abs. 3 SGB II, ⇨Bescheid 3.5 ff.),
  * von Beiträgen zur Kranken-, Renten- und Pflegeversicherung (§ 40 Abs. 2 Nr. 5 SGB II) **und**
- **Absenkungsbescheide** wegen ⇨**Aufrechnung** von ⇨**Darlehen** oder **Rückforderungsansprüchen** (§§ 42a, 43 SGB II; LSG Sachsen-Anhalt 27.12.2011 - L 5 AS 473/11 B ER; SG Stuttgart 8.2.2012 - S 14 AS 595/12 ER; SG Berlin 30.9.2011 - S 37 AS 24431/11 ER; LSG Hamburg 8.2.2008 - L 5 B 542/07 ER).

Näheres erfahren Sie unter den entsprechenden Stichworten.

5.2 HzL/GSi der Sozialhilfe

Hier haben Widersprüche und Anfechtungsklagen **grundsätzlich** aufschiebende Wirkung. Einen dem § 39 SGB II vergleichbaren Paragraphen findet man dort nicht.

Ausnahmen gibt es nur *„in Fällen, in denen die sofortige Vollziehung im öffentlichen Interesse oder im überwiegenden Interesse eines der Beteiligten ist und die Stelle, die den Verwaltungsakt erlassen oder über den Widerspruch zu entscheiden hat, die sofortige Vollziehung mit schriftlicher Begründung des besonderen Interesses an der sofortigen Vollziehung anordnet"* (§ 86 Abs. 2 Nr. 5 SGG). Die Anordnung ist kein Bescheid, gegen den man vorgehen kann. Die sofortige Vollziehung muss aber schriftlich begründet sein.

5.3 Wiederherstellung der aufschiebenden Wirkung

Sie können bei der Behörde beantragen, die aufschiebende Wirkung Ihres Widerspruchs wiederherzustellen (§ 86a Abs. 3 Satz 1 SGG). Die Behörde hat sechs Monate Zeit, darüber zu entscheiden. Wird ihr Antrag abgelehnt oder können Sie nicht warten, können Sie beim Sozialgericht eine ⇨**einstweilige Anordnung** zur Herstellung der aufschiebenden

Wirkung beantragen (§ 86b Abs. 1 Nr. 2 SGG). Das Sozialgericht wird positiv entscheiden, wenn *„ernstliche Zweifel an der Rechtmäßigkeit des angegriffenen Verwaltungsaktes bestehen"* oder wenn die *„Vollziehung ... eine unbillige, nicht durch überwiegend öffentliche Interessen gebotene Härte zur Folge hätte"* (§ 86a Abs. 3 SGG).

Tipp Wenn der Widerspruch keine aufschiebende Wirkung hat und die Kürzung bzw. Streichung von Alg II eine dringende **Notlage** erzeugt, sind Sie gezwungen, gleichzeitig mit dem Widerspruch eine ⇨einstweilige Anordnung beim Sozialgericht zu beantragen.

6. Bearbeitungsfristen von Widersprüchen

Die Behörde muss über einen Widerspruch **innerhalb von drei Monaten** entscheiden (§ 88 Abs. 2 SGG). Wenn sich die Behörde nicht daran hält, schlagen Sie unter ⇨Untätigkeit 3.2 nach. Wenn Ihnen die dreimonatige Frist nicht zuzumuten ist und Sie dringend auf Leistungen angewiesen sind, können Sie eine ⇨einstweilige Anordnung beantragen.

7. Widerspruchsbescheid und

Hilft die Behörde Ihrem Widerspruch nicht ab, muss sie einen Widerspruchsbescheid erlassen. Dieser ist umfassend zu begründen und mit einer Rechtsmittelbelehrung zu versehen (§ 85 Abs. 3 SGG). Der Widerspruchsbescheid wird meist per Postzustellungsurkunde zugeschickt.

Wenn die Behörde dem Widerspruch nur zum Teil abhilft oder ihn ablehnt, müssen Sie klagen, um Ihr Recht durchzusetzen. Sie haben dann eine Frist (⇨3.) von einem Monat, um gegen den Widerspruchsbescheid beim zuständigen Gericht ⇨Klage einzureichen.

8. Kostenerstattung

Wird Ihrem Widerspruch ganz oder teilweise stattgegeben, bekommen Sie auf Antrag die notwendigen Aufwendungen erstattet.
Näheres unter ⇨Kostenerstattung

Forderung

Wiederherstellung der aufschiebenden Wirkung von Widersprüchen im SGB II!

Information

BA, Praxishandbuch für das Verfahren nach dem Sozialgerichtsgesetz, 1.11.2013, www.harald-thome.de/media/files/ah-ba/HB-Verfahren-SGG-11-2013.pdf (Anmerkung: Tipps und Hinweise zum Rechtsmittelverfahren)

Zuständigkeit

1. Was tun, wenn keine Behörde zuständig sein will?

„Besteht ein Anspruch auf Sozialleistungen und ist zwischen mehreren Sozialleistungsträgern streitig, wer zur Leistung verpflichtet ist, kann der unter ihnen zuerst angegangene Leistungsträger vorläufig Leistungen erbringen, deren Umfang er nach pflichtmäßigem Ermessen bestimmt. Er hat Leistungen nach Satz 1 zu erbringen, wenn der Berechtigte es beantragt." (§ 43 SGB I)

1.1 Vorläufige Leistungsgewährung

Wenn Jobcenter und Sozialamt Sie hin- und herschieben, haben Sie dem Jobcenter gegenüber einen Anspruch auf *„vorläufige Leistungen"*, wenn Sie den Antrag dort zuerst gestellt und vorläufige Leistungsgewährung beantragt haben (SG Düsseldorf 21.10.2005 - S 35 AS 323/05 ER). Wenn Sie schon ahnen, dass es zu einem Streit um die Zuständigkeit kommen könnte und dem Sozialamt zutrauen, dass Sie dort schneller Leistungen bewilligt bekommen, können Sie auch dort zuerst den Antrag stellen.

Wenn Sie einen vorläufigen Antrag stellen, **muss** der zuerst angegangene Sozialleistungsträger **spätestens** nach einem Monat die Leistungen erbringen (§ 43 Abs. 1 Satz 2 SGB I). Vorher steht die Leistungsgewährung im ⇨Ermessen.

„Klärt der zuerst angegangene Leistungsträger entgegen seiner Beratungspflicht gemäß § 14 SGB I und der Pflicht zur effektiven Leistungsgewährung aus § 17 Abs. 1 Nr. 1 SGB I den Antragsteller nicht darüber auf, dass auf seinen ***Antrag*** *er die [vorläufigen] Leistung nach § 43 Abs. 1 Satz 2 SGB I zu erbringen hat, reduziert sich sein Ermessen nach § 43 Abs. 1 Satz 1 SGB I darauf, auch ohne ausdrücklichen Antrag die [vorläufigen] Leistung zu erbringen..."* (LSG Hessen 9.9.2011 - L 7 SO 190/11 B ER). Das Amt, bei dem zuerst der Antrag gestellt wurde, hat dann keinen Ermessensspielraum mehr, sondern **muss** vorläufig Leistungen erbringen.

2. Gewöhnlicher bzw. tatsächlicher Aufenthalt

Alg II

„Leistungen nach diesem Buch erhalten Personen, die ... ihren gewöhnlichen Aufenthalt in der Bundesrepublik Deutschland haben." (§ 7 Abs. 1 Nr. 4 SGB II) *„Für die Leistung der Grundsicherung ... [ist die Behörde] zuständig, in deren Bezirk der erwerbsfähige Hilfebedürftige seinen gewöhnlichen Aufenthalt hat."* (§ 36 Satz 1 SGB II)

„Den gewöhnlichen Aufenthalt hat jemand dort, wo er sich unter Umständen aufhält, die erkennen lassen, dass er an diesem Ort oder in diesem Gebiet nicht nur vorübergehend verweilt." (§ 30 Abs. 3 SGB I). Kann der gewöhnliche Aufenthalt nicht festgestellt werden, z.B. bei ⇨**Wohnungslosen**, die ständig den Ort wechseln, ist der Träger zuständig, in dessen Bereich sich der Leistungsberechtigte tatsächlich aufhält (§ 36 Satz 4 SGB II).

Wenn Sie in ein ⇨**Frauenhaus** gehen, erstattet der zuständige Träger Ihres bisherigen Aufenthaltsorts dem zuständigen Träger Ihres neuen Aufenthaltsorts die Kosten (§ 36a SGB II; ⇨Frauenhaus 2.1). Müssen während des Aufenthalts im Frauenhaus die Kosten für die Miete der alten Wohnung übernommen werden, ist ebenfalls **das Amt des bisherigen Ortes** dafür zuständig. Es kann aber auch, wie oben, die Miete dem am neuen Aufenthaltsort zuständigen Träger erstatten, falls dieser bereits dafür aufkommt.

Sind Erwerbsfähige in **stationären Einrichtungen** untergebracht, verlieren sie ggf. ihren Alg-II-Anspruch vom ersten Tag an und werden zum Sozialamt verwiesen. Es sei denn, es handelt sich um ein Krankenhaus, eine Kureinrichtung oder um eine Einrichtung, in der Sie mehr als 15 Stunden in der Woche erwerbstätig sind oder es sein könnten.
Näheres unter ⇨Krankheit 4.3, ⇨Strafgefangene, ⇨Wohnungslose 6.1

Leistungsvoraussetzung für Alg II ist ein **tatsächlicher Aufenthalt**. Dafür bedarf es **keiner polizeilichen Meldung**. Ein tatsächlicher Aufenthalt kann auch über Wohnen

Z

bei einem Bekannten begründet werden (LSG Schleswig-Holstein 19.12.2007 - L 11 AS 9/07). Sie müssen allerdings postalisch erreichbar sein (⇨Ortsabwesenheit).

HzL der Sozialhilfe

„Für die Sozialhilfe örtlich zuständig ist der Träger der Sozialhilfe, in dessen Bereich sich die Leistungsberechtigten tatsächlich aufhalten." (§ 98 Abs. 1 Satz 1 SGB XII).

Tatsächlicher und gewöhnlicher Aufenthalt sind etwas völlig Verschiedenes. Menschen haben in der Regel einen Lebensmittelpunkt, d.h. einen gewöhnlichen Aufenthalt, können sich aber tatsächlich an wechselnden Orten aufhalten. Jedes Entfernen vom normalen Wohnort begründet nach dem Gesetzeswortlaut eine neue Zuständigkeit für Sozialhilfe.

Haben Sie einen festen Wohnort, dürfte das Sozialamt Ihnen bei Verlassen des Ortes weder die Miete weiterzahlen noch die Heizkosten. Das würde Sie dazu zwingen, täglich an Ihren Wohnort zurückzukehren.

Gerichte und Ämter sind jedoch vernünftiger als das Gesetz es erlaubt: Wenn die Sozialhilfe schon für den Bedarfsmonat ausgezahlt ist, muss sie bei Auswärtsbesuchen nicht tageweise zurückgezahlt und tageweise anderswo beantragt werden (BVerwG FEVS 21, 328). Aus Gründen der *„Verwaltungsrationalität"* endet die Zuständigkeit des bisherigen Trägers auch bei kurzen **Urlaub**sreisen nicht (BVerwG NDV-RD 1998, 104, 106; ⇨Ortsabwesenheit).

GSi

Für GSi-Berechtigte *„ist der Träger der Sozialhilfe örtlich zuständig, in dessen Bereich der gewöhnliche Aufenthaltsort des Leistungsberechtigten liegt"* (§ 98 Abs. 1 Satz 2 SGB XII alt).

Diese Regelung ist sinnvoller als die für Hilfe zum Lebensunterhalt der Sozialhilfe, leider wurde sie gestrichen.

Seit dem 1.1.2013 sollen in den Landesausführungsgesetzen zum SGB XII entsprechende Regelungen getroffen werden (§ 46b Abs. 1 SGB XII). Das ist allerdings noch nicht in allen Bundesländern ausgeführt worden. Näheres unter ⇨Ortsabwesenheit 2.

HzL/GSi der Sozialhilfe und stationäre Leistungen

„Für die stationäre Leistung ist der Träger der Sozialhilfe örtlich zuständig, in dessen Bereich die Leistungsberechtigten ihren gewöhnlichen Aufenthalt im Zeitpunkt der Aufnahme in die Einrichtung haben oder in zwei Monaten vor der Aufnahme zuletzt gehabt haben." (§ 98 Abs. 2 Satz 1 SGB XII)

3. Zuständigkeit bei Ortswechsel

„Hat die örtliche Zuständigkeit gewechselt, muss die bisher zuständige Behörde die Leistungen noch solange erbringen, bis sie von der nunmehr zuständigen Behörde fortgesetzt werden." (§ 2 Abs. 3 SGB X). *„Mit Blick darauf, dass mit dem Wechsel der örtlichen Zuständigkeit regelmäßig die Gefahr der Unterbrechung des Leistungsbezugs einhergeht, soll die Norm sicherstellen, dass während eines Zuständigkeitswechsels eine Unterbrechung der Leistungen nicht eintritt"* (BT-Drucks 8/2034 S. 30).

Laut Weisungen der BA soll die Zuständigkeit eines Jobcenters bei einem Ortswechsel nur für maximal 30 Tage fortbestehen (FH 36.16). Das ist allerdings rechtswidrig, wenn der neue Leistungsträger länger zur Leistungsgewährung benötigt: Das durch einen Ortswechsel eines Leistungsempfängers unzuständig gewordene Jobcenter hat so lange vorläufig Leistungen nach dem SGB II zu erbringen, bis das örtlich zuständig gewordene Jobcenter Leistungen bewilligt (SG Berlin 11.9.2014 - S 147 AS 20920/14 ER).

Zur Frage, welches Amt bei einem Umzug für die Übernahme der jeweiligen Unterkunftskosten, Umzugskosten, Mietkaution oder ggf. Doppelmieten zuständig ist, schlagen Sie nach unter ⇨Umzug.

4. Zuständig für die Feststellung der ⇨Erwerbsfähigkeit

ist die Arbeitsagentur (§ 44a SGB II). Wenn Übereinstimmung besteht, dass Erwerbsunfähigkeit vorliegt, wechselt die Zuständigkeit zum Sozialamt. Besteht keine Übereinstimmung, ⇨1. (Was tun, wenn keine Behörde zuständig sein will?)

5. Polizeiliche Anmeldung am neuen Aufenthaltsort

Das **ab 1.11.2015** geltende Bundesmeldegesetz (BMG) schreibt vor, dass sich jeder Bürger innerhalb von zwei Wochen an- oder ummelden muss (§ 17 Abs. 1 u. 2 BMG). Wer dieser Verpflichtung nicht nachkommt, handelt ordnungswidrig und das Vergehen kann mit bis zu 1.000 € bestraft werden (§54 Abs. 2 Nr. 2 u. 3 BMG). Um sich anzumelden bedarf es einer **Bescheinigung des Vermieters**, die sogenannte Wohnungsgeberbescheinigung (§19 BMG). Die Bescheinigung muss laut Meldegesetz vom Wohnungsgeber ausgestellt werden. Das muss **nicht** zwangsweise der Vermieter oder eine Immobilienverwaltung sein, sondern kann auch ein Familienmitglied oder ein Freund sein, bei dem jemand eine Unterkunft gefunden hat (§ 19 Abs. 1 Satz BMG). Füllt ein Wohnungsgeber vorsätzlich oder fahrlässig eine falsche Wohnungsgeberbescheinigung aus, kann mit einem Bußgeld von bis zu 50.000 € bestraft werden (§ 54 Abs. 3 BMG).
Bisher konnten sich **Wohnungslose** bei entsprechenden Stellen der Wohlfahrtspflege polizeilich anmelden und ihre postalische Erreichbarkeit sicherstellen (§ 7 Abs. 4a SGB II i.V. mit § 77 Abs. 1 SGB II). Das neue Meldegesetz verbietet Wohnungsloseneinrichtungen, dort verkehrenden Wohnungslosen eine Wohnungsgeberbescheinigung auszuhändigen und somit deren polizeiliche Anmeldung zu ermöglichen.

Viele Jobcenter vertreten nun die Auffassung, **ohne Anmeldung** wären sie **nicht zuständig**. Diese Auffassung ist rechtswidrig. Ein erwerbsfähiger Leistungsberechtigter muss sich gewöhnlich oder tatsächlich an einem Ort aufhalten (§ 36 Satz 3 u. 4 SGB II), damit dort ein Anspruch auf SGB-II-Leistungen entsteht. Er muss jedoch nicht an diesem Ort gemeldet sein. Insbesondere dann nicht, wenn er keinen Wohnungsgeber findet, der die Wohnsitznahme für die polizeiliche Anmeldung beim Einwohnermeldeamt bestätigt. Er **muss** zwar **postalisch erreichbar** sein, das ist aber auch über eine c/o-Adresse bei einem Bekannten, einer Beratungsstelle oder einem Café möglich. Eine Verpflichtung zur polizeilichen Meldung kann aus dem SGB II nicht abgeleitet werden.

Rechtswidrig ist außerdem, wenn Jobcenter die Forderung nach einem **Meldestatus „OFW“** (ohne festen Wohnsitz) stellt. Den Autoren wurde mehrfach berichtet, dass Meldeämter sich häufiger weigern, den OFW-Meldestatus zu vergeben. Nach den bisher gültigen Durchführungsrichtlinien – *„Vorläufige Hinweise zur Durchführung des Personalausweis- und Passgesetzes“* – vom 26.11.2011 war eine solche Meldung ohne Einschränkungen möglich (Ziffer I.15 *„Eintrag des Wohnorts bei Wohnungslosen“*, http://tinyurl.com/jqq2gw4).
Die Weigerung der Einwohnermeldeämter, OFW-Anmeldungen durchzuführen, dürfte rechtswidrig sein. Gegen eine solche Weigerung kann Widerspruch eingelegt werden, hilfreich könnte aber auch ein Gespräch mit Vorgesetzten sein (⇨Beschwerde).

Kritik

Die bereits 2013 beschlossenen und im Herbst 2015 in Kraft getretenen restriktiven Regelungen des Bundesmeldegesetzes haben vor allem das Ziel, Zuwanderung von Arbeits- und Armutsmigranten zu erschweren bzw. zu steuern. Sie treffen aber auch SGB-II-Beziehende, die ihren Wohnsitz wechseln, Wohnungslose und Geflüchtete und machen sie nicht selten zu hilflosen Opfern der Bürokratie, die sich für nicht zuständig erklärt. Freizügigkeit gilt nur noch für diejenigen, die sich den Wechsel des Aufenthaltsortes und den Bezug einer Wohnung leisten können.

Anhang

Alg II/ Sozialhilfe und Recht im Internet

1.1 Allgemeines über Alg II und Sozialhilfe

www.tacheles-sozialhilfe.de - auf der Homepage von Tacheles e.V. finden Sie umfassende Informationen rund um Alg II und Sozialhilfe. U.a. ein Diskussionsforum, ein **Adressverzeichnis** von Initiativen, Beratungsstellen und AnwältInnen, aktuelle Fachveröffentlichungen, interne **Dienstanweisungen** der BA, bundesweite Richtlinien zu Leistungen für Unterkunft und Heizung, Alg-II-Rechner und vieles mehr.

www.erwerbslos.de - die Homepage der Koordinierungsstelle gewerkschaftlicher Arbeitslosengruppen. Sie bietet wichtige Infos über Erwerbslosigkeit und Rechtsdurchsetzung.

www.elo-forum.org, www.erwerbslosenforum.de und **www.elo-forum.net** - verschiedene Internetseiten des Erwerbslosenforums, mit Informationen rund um Hartz IV, Ausgrenzung und sozialem Widerstand

www.harald-thome.de - Harald Thomé bietet auf seiner Homepage neben einem ausführlichen Foliensatz zum SGB II und der Möglichkeit, per Email einen Newsletter mit aktuellen Informationen zum SGB II zu abonnieren, alle möglichen Informationen rund um das SGB II und SGB XII, geplante Gesetzesvorhaben, vertrauliche Dokumente aus den zuständigen Behörden und Ministerien, Fachbeiträge und vieles mehr.

www.sozialrecht-justament.de - eine von Bernd Eckhardt herausgegebene Online-Zeitschrift für existenzsichernde Sozialberatung

www.also-zentrum.de/zeitschrift-quer.html - hier ist die Online-Zeitschrift **„quer“** zu finden, die von (selbst-)organisierten politischen Zusammenhängen Erwerbsloser aus Oldenburg herausgegeben wird.

www.kinderarmut-durch-hartz4.de/index.php - Bündnis für die sofortige Rücknahme der Regelsatzkürzung bei Kindern durch Hartz IV

www.die-soziale-bewegung.de - Infoseite des Aktionsbündnisses Sozialproteste (ABSP)

www.alg-ratgeber.de/index.php - viele wichtige Infos rund um Hartz IV; Hilfe zur Selbsthilfe

http://hartz.info/index.php - Hartz IV-Info-Forum von www.gegen-hartz.de

www.sozialpolitik-aktuell.de - Uni Duisburg-Essen, Institut für Soziologie

www.axelkrueger.info - gute Artikelsammlung zu Hartz IV

www.sozialticker.com - viele Infos rund um Hartz IV

www.gegen-hartz.de - Nachrichten und Informationen

1.2 Gesetze und Gesetzgebungsverfahren

www.aus-portal.de/aus_gesetzgebungsreport.html - Veröffentlichungen zum Gesetzgebungsverfahren

www.buzer.de - gute Gesetzessammlung mit hilfreichen Zusatzfunktionen

www.gesetze-im-internet.de/aktuell.html - alle Bundesgesetze und Verordnungen in aktueller Fassung

1.3 Online-Rechner

Im Internet gibt es eine Reihe von Onlinerechnern zu finden, diese werden in unterschiedlicher Qualität angeboten. Ein Online-Berechnungsprogramm kann nicht eine persönliche Beratung ersetzen, es kann aber einen ersten Überblick geben, ob möglicherweise ein bestimmter Sozialleistungsanspruch besteht.

1.3.1 Alg II

www.sozialhilfe24.de/hartz-4-alg-2/rechner.html

www.harald-thome.de/praxis.html - Excel-Rechner zum Download

1.3.2 Wohngeld
www.wohngeldrechner.nrw.de

1.3.3 Elterngeld Rechner
www.bmfsfj.de/Elterngeldrechner

1.3.4. Bafög Rechner
www.bafoeg-rechner.de/Rechner

1.3.5 Arbeitslosengeldrechner
www.sozialleistungen.info/arbeitslosengeld/arbeitslosengeld-i-rechner.html

1.4 Materialen der BA
- Fachliche Hinweise der BA auf deren Seiten: http://tinyurl.com/huddbj4
- Fachliche Hinweise der BA auf unseren Seiten: www.harald-thome.de/sgb-ii---hinweise.html
- Wissensdatenbank der BA: www.arbeitsagentur.de/web/content/DE/Veroeffentlichungen/WissensdatenbankSGBII/index.htm
- Hinweise zum SGB III: http://tinyurl.com/hm469op
- Weisungen der BA zum Verwaltungsverfahren: http://tinyurl.com/mju5jxr TBAI526443
- BA Arbeitshilfe Selbstständige: www.harald-thome.de/media/files/Arbeitshilfe-Selbstaendige-2014-12.pdf

2. Sozialgerichtsbarkeit
www.sozialgerichtsbarkeit.de - hier finden Sie Entscheidungen der Sozialgerichte
http://tinyurl.com/h4dh7hw - wöchentlicher Rechtsprechungsticker
www.jusline.de/gerichte.html - hier finden Sie das für Sie **zuständige Gericht**

3. Diskussionsforen zu Alg II/ Sozialhilfe
www.tacheles-sozialhilfe.de/forum/default.asp - umfangreiches, moderiertes Forum von Tacheles
www.elo-forum.org - Erwerbslosenforum
www.elo-forum.org/suche-biete-begleitung-arge-jobcenter - Nie mehr alleine zum Jobcenter
www.123recht.net/forum_forum.asp?forum_id=42 - Rechtsforum 123 recht
http://hartz.info - das Forum von gegen-hartz.de

4. Weitere Internetseiten zu Arbeit, Arbeitslosigkeit und Armut
www.labournet.de - Treffpunkt für Ungehorsame, mit und ohne Job, basisnah, gesellschaftskritisch. Informationen zur Einschätzung aktueller Fragen, die die Interessen der ArbeitnehmerInnen betreffen sowie ihren Widerstand gegen Sozialabbau, Lohnkürzungen, Ein€Jobs usw.
www.klartext-info.de - Homepage von klartext e.V. Flugblätter, Vorträge, Aktionen zu Themen wie Hartz IV, Armut und Reichtum, Arbeitslosigkeit, Staatsfinanzen, Steuern usw.
www.soziale-schuldnerberatung-hamburg.de - die Kollegen von der LAG Schuldnerberatung Hamburg geben einen aktuellen, übersichtlichen Infoticker zum Bereich Existenzsicherung, SGB II, Sozialrecht allgemein und Schuldnerberatung heraus.
www.infodienst-schuldnerberatung.de - der Infodienst Schuldnerberatung ist ein Informationsdienst für Schuldnerberater mit aktuellen Meldungen, Arbeitshilfen, Gesetzesmaterialien und Infos zur Rechtsprechung.
www.wohngeld.de - Informationen zum Wohngeld

5. Flüchtlings- und Ausländerrecht
www.fluechtlingsrat-berlin.de/gesetzgebung.php - hier finden Sie zahlreiche Materialien zum Ausländerrecht und über Sozialleistungen für Ausländer.
www.einwanderer.net - Informationen zum Migrations- und Sozialrecht, Übersichten und Arbeitshilfen zum Thema von der GGUA Flüchtlingshilfe e.V.

6. Diskussionsforen zu anderen Rechtsgebieten
In allen hier angegebenen Diskussionsforen können Sie Fragen stellen. Sie werden in der Regel von kompetenten NutzerInnen der Foren beantwortet.
www.forum-schuldnerberatung.de - Forum zum Thema Schuldnerberatung
www.info4alien.de - Forum zum Thema Ausländerrecht
www.bafoeg-rechner.de/Fragen-Brett/list.php3?f=1 - Forum zum Thema BAföG

7. Unabhängige Medien
www.nachdenkenseiten.de - sehr empfehlenswerte Website von kritischen Menschen, die sich fundiert mit dem politischen, sozialen und medialen Zeitgeschehen auseinandersetzt.
https://linksunten.indymedia.org/de - eine Seite, auf der Sie linke, systemkritische und unterdrückte Nachrichten aufstöbern.

8. Öffentlich zugängliche Internetanschlüsse
www.internet.fuer.alle.de - Auskunft über Telefon 01805/38 37 25 (12 ct. pro Minute)

9. Suchmaschinen
Hier nennen wir keine Namen, es gibt genug davon.
Wenn Sie irgendetwas suchen, geben Sie den/ die entsprechenden Suchbegriffe ein. (Das funktioniert sogar mit Aktenzeichen der Sozialgerichte. Oft erhalten Sie einen Link zur entsprechenden Gerichtsentscheidung.)
„Google" ist die umfangreichste und schnellste Suchmaschine. Die Suchergebnisse sind nach der Häufigkeit der Zugriffe geordnet. **Aber:** Die Internetkrake „Google" sammelt von all seinen NutzerInnen riesige Datenmengen. Das gilt auch für Suchanfragen. Was mit den Daten geschieht oder irgendwann mal geschehen wird, ist das Geheimnis von Google. Soviel ist sicher: Man kann damit viel Geld verdienen.

Tipp Über https://startpage.com ist es möglich, anonym und ohne Datenspuren zu googlen.

Adressen: Wo Sie sich hinwenden bzw. mitarbeiten können

In vielen Städten gibt es Erwerbslosengruppen oder Sozial(hilfe)initiativen, lokale oder regionale Bündnisse gegen Sozialabbau, Arbeitslosenzentren und andere Beratungsstellen, Erwerbslosengruppen innerhalb und außerhalb von Gewerkschaften und Wohlfahrtsverbänden.

Adressen von eher unabhängigen Initiativen und Beratungsstellen, Rechtsanwältinnen und -anwälten sowie Initiativen und Personen, die Ämterbegleitung anbieten, finden Sie in der Adressdatenbank von

- **Tacheles e.V.: http://tacheles-sozialhilfe.de/adressverzeichnis**

oder

- in den verschiedenen **Rubriken des Erwerbslosenforums:** www.elo-forum.org,

Adressen von eher unabhängigen Initiativen und Beratungsstellen finden Sie auch

- über die **Koordinierungsstelle gewerkschaftlicher Arbeitslosengruppen** (KOS), Märkisches Ufer. 28-34, 10179 Berlin,
  Tel.030/ 868 767 00, Fax: 030/ 868 76 7021; www.erwerbslos.de
  Hier gibt es ein bundesweites **Adressenverzeichnis** gewerkschaftlicher Arbeitslosengruppen bzw. von Ansprechpersonen für Arbeitslose in den Einzelgewerkschaften und im DGB.
  Das Adressverzeichnis finden Sie unter **www.erwerbslos.de/address.html**.
  Die KOS gibt einen monatlichen Info-Rundbrief heraus.
- über **Wohlfahrtsverbände** wie das Diakonische Werk, die Caritas, den Paritätischen Wohlfahrtsverband, aber auch über den VAMV (⇨Alleinerziehende) auf deren Webseiten,
- über eine **Online Sozialberatung** der Caritas: www.caritas.de/hilfeundberatung/onlineberatung/allgemeine-sozialberatung,
- die Sozialberatung der **Partei DIE LINKE**, mit bundesweiten Adressverzeichnis: www.die-linke.de/nc/politik/beratung/die-linke-hilft oder
- eine bundesweite Datenbank von **Schuldnerberatungsstellen**: www.bag-sb.de/index.php?id=24.

Regional:

- **Beratungsstellen** in **Sachsen** finden Sie im Internet unter http://poolux.psychopool.tu-dresden.de/beratungsverzeichnis
- **Beratungsstellen** im Bereich **Weser-Ems** finden Sie unter www.erwerbslosenberatung-weser-ems.de./stellen/index.html

Oder Sie geben in eine **Internetsuchmaschine** den Begriff *„Sozialberatung"* oder *„Hartz-IV-Beratung"* **und** Ihren Wohnort ein bzw. eine andere geeignete Suchwortkombination. Auch so gelangen Sie unter Umständen zu örtlichen Initiativen/ Beratungsstellen.

Alg II/Sozialhilfe- ⇨Beratung

Erkundigen Sie sich im Internet unter **http://tacheles-sozialhilfe.de/adressverzeichnis** nach einer Beratungsmöglichkeit in Ihrer Nähe

Sozialberatung in Wuppertal durch Tacheles e.V.

- **Mittwoch- und Donnerstagvormittag**
  Rudolfstraße 125 (im ehemaligen Loher Bahnhof)
  42285 Wuppertal
  Telefon 0202/31 84 41

Wegen der starken Nachfrage sollten sich Ratsuchende möglichst **bis spätestens 7:45 Uhr** dort einfinden und in die Beratungsliste eintragen. Unsere Beratungskapazitäten sind leider begrenzt. Bitte haben Sie Verständnis für längere **Wartezeiten**, wenn wir die Liste abarbeiten. Wir vergeben i.d.R. **keine** Beratungstermine!
- **Telefonische Beratung:** Donnerstag zwischen 14:00 und 17:00 Uhr: **0202/31 84 41**
- **Infos** unter http://tacheles-sozialhilfe.de/beratung-und-hilfe/

Sozialberatung in Frankfurt/ Main durch die AG TuWas

Schriftlich
Sie können den Kollegen schreiben, wenn Sie ein Problem mit der Arbeitsagentur, dem Jobcenter oder dem Sozialamt haben. Bitte machen Sie genaue Angaben und schicken Sie ggf. notwendige Unterlagen/ Bescheide in Kopie mit. Geben Sie auch Ihre Telefonnummer für eventuelle Rückfragen an! Mit der Antwort kann es möglicherweise etwas länger dauern, denn die AG TuWas trifft sich nur einmal in der Woche, und in den Semesterferien (Februar bis Mitte März und Juli bis Mitte Oktober) verfügt sie nur über einen Notdienst.
Die Anschrift lautet:
Fachhochschule Frankfurt am Main
Fachbereich 4, AG TuWas
Nibelungenplatz 1
60318 Frankfurt
beratung@agtuwas.de

Persönliche Sozialberatung
Donnerstags von **9-11 Uhr** können Sie uns auch ohne Terminvereinbarung im AWO-Pavillon besuchen (ganzjährig, außer Feiertage):
AWO-Pavillon (im Innenhof)
Eichwaldstr. 71
60385 Frankfurt
Telefon 069/49 95 51
Nach Terminvereinbarung per E-Mail oder über Telefon (nur Donnerstag 9-11 Uhr, **069/49 95 51**) können Sie die AG TuWas Kollegen auch in der Fachhochschule besuchen (Beratungszeit in der Regel am Montag von 17-19 Uhr; allerdings nicht in den Semesterferien von Februar bis Mitte März und von Juli bis Oktober). Sie finden sie hier:
Fachhochschule Frankfurt
Fachbereich 4
Gebäude 2, Raum 138
Nibelungenplatz 1
60318 Frankfurt

Telefonisch
Sie können **donnerstags von 9-11 Uhr** unter der Rufnummer **069/49 95 51** die Beratungsgruppe erreichen. Bitte rufen Sie nicht zu anderen Zeiten dort an.
Sie können die Beratungsgruppe **montags von 17-19 Uhr** unter der Rufnummer **069/1533-2829** erreichen (allerdings nicht in den Semesterferien von Februar bis Mitte März und von Juli bis Oktober).
Wenn viele persönliche Beratungen durchgeführt werden, kommt es vor, dass das Telefon zeitweise nicht besetzt ist.

Beraten werden können Sie auch durch Internetforen, so beispielsweise:

- **Tacheles Diskussionsforum:** www.tacheles-sozialhilfe.de/forum/default.asp
- **Erwerbslosenforum:** www.elo-forum.org
- **Nie mehr alleine zum Jobcenter:** www.elo-forum.org/suche-biete-begleitung-arge-job-center
- **Rechtsforum 123 recht:** www.123recht.net/forum_forum.asp?forum_id=42
- **Forum von Gegen Hartz:** http://hartz.info/index.php?board=24.0

Literatur

Bundesagentur für Arbeit (BA), Fachliche Hinweise zum SGB II, Stand: August 2016, zitiert als **BA** plus Randziffern (z.B. BA 11.23), einzusehen über www.tacheles-sozialhilfe.de ⇨SGB-II-Hinweise

Kommentare

Renate **Bieritz-Harder** u.a. (Hrsg.), Sozialgesetzbuch XII, Lehr- und Praxiskommentar, 10. Aufl., Baden-Baden 2015, zitiert als **LPK SGB XII**

Björn **Diering**/Hinnerk **Timme**/Dirk **Waschull** (Hrsg.), Lehr- und Praxis Kommentar zum SGB X, 3. Aufl. Baden-Baden 2011, zitiert als **LPK SGB X**

Wolfgang **Eicher** (Hrsg.), SGB II - Grundsicherung für Arbeitssuchende, 3. Aufl., München 2013, zitiert als **Eicher, SGB II**

Alexander **Gagel**, Kommentar zum SGB III und SGB II, München, Loseblattsammlung, zitiert als **Gagel, Kom. SGB II**

Dieter **Giese**/Utz **Krahmer**, Sozialgesetzbuch I und X, Köln, Loseblattsammlung

Christian **Grube**/Volker **Wahrendorf** (Hrsg.), SGB XII - Sozialhilfe, 4. Aufl. München 2012, zitiert als **Grube/Wahrendorf, SGB XII**

Karl **Hauck**/Wolfgang **Noftz** (Hrsg.), **SGB II**, Berlin, Loseblattsammlung, zitiert als **Hauck/Noftz SGB II**

Karl **Hauck**/Wolfgang **Noftz** (Hrsg.), **SGB X**, Berlin, Loseblattsammlung, zitiert als **Hauck/Noftz SGB X**

Karl **Hauck**/Wolfgang **Noftz** (Hrsg.), **SGB XII**, Berlin, Loseblattsammlung, zitiert als **Hauck/Noftz SGB XII**

Karl-Heinz **Hohm**, Gemeinschaftskommentar SGB II, Köln, Loseblattsammlung, zitiert als **Hohm/Groth GK SGB II**

Utz **Krahmer**/Peter **Trenk-Hinterberger**, Kommentar zum SGB I, 3. Aufl., Baden-Baden 2014, zitiert als **LPK SGB I**

Jens **Meyer-Ladewig**/Wolfgang **Keller**/Stephan **Leitherer**, 11. Aufl., München 2014 zitiert als **Meyer-Ladewig/Keller/Leitherer**

Peter **Mrozynski** (Hrsg.), Kommentar zum **SGB I**, 5. Aufl., München 2014, zitiert als **Mrozynski, SGB I**

Johannes **Münder** (Hrsg.) Sozialgesetzbuch II, Lehr- und Praxiskommentar, 5. Aufl., Baden-Baden 2013, zitiert als **LPK SGB II**

Ralf **Rothkegel** (Hrsg.), Sozialhilferecht, Existenzsicherung, Grundsicherung, Baden-Baden 2005, zitiert als **Rothkegel 2005**

Helmut **Schellhorn**/Walter **Schellhorn**/Karl-Heinz **Hohm**, Kommentar zum SGB XII, Neuwied 2006

Rainer **Schlegel**/Thomas **Voelzke**, Kommentar zum SGB X, Saarbrücken 2013, zitiert als **juris PK-SGB X**

Matthias **von Wulffen** (Hrsg.), Kommentar zum **SGB X,** 8. Aufl., München 2014, zitiert als **von Wulffen, SGB X**

Leitfadenliteratur

AG TuWas (Hrsg), Leitfaden Sozialhilfe für Menschen mit Behinderungen und bei Pflegebedürftigkeit von A-Z, 9. Aufl., Frankfurt 2011, ⇨Bestellung s. Anhang

Arbeitslosenprojekt TuWas, Leitfaden für Arbeitslose - Der Rechtsratgeber zum SGB III, Stand: 1.8.2015, Frankfurt 2015, zitiert als **Leitfaden für Arbeitslose 2015**

Arbeitslosenprojekt TuWas, Leitfaden zum Arbeitslosengeld II, Stand: Oktober 2014, Frankfurt 2014, zitiert als **Geiger 2014**

Widerspruch e.V., Wie sichere ich meinen Lebensunterhalt - Arbeitslosengeld II / Sozialhilfe / Grundsicherung, 5. Aufl., Stand: Februar 2014, Bielefeld 2014, Bezug: widerspruchev@web.de oder über den Buchhandel

Gesetzestexte
Existenzsicherungs- und Verfahrensrecht, Hrsg. Harald Thomé, Lambertus-Verlag, Stand August 2016, ca. 800 Seiten
www.buzer.de und
www.gesetze-im-internet.de

Zeitschriften
quer - die Online-Zeitschrift für Erwerbslose und alle anderen mit kritischen Beiträgen zur „Sozialpolitik", der Praxis der Arbeitslosenverwaltung, zur Rechtsdurchsetzung, zu Aktionen und zur Rechtsprechung der Sozialgerichte. Die quer erscheint vierteljährlich und kann als PDF-Datei zum Lesen am Computer und Selbstausdrucken heruntergeladen werden.
www.also-zentrum.de/zeitschrift-quer.html
info also, Informationen zum Arbeitslosenrecht und Sozialhilferecht, Fachmagazin (Fachaufsätze, Rechtsprechung und Zeitungsschau), Informationen unter www.info-also.nomos.de

Sozial Info, Fachzeitschrift des Arbeitslosenzentrum Düsseldorf, umfangreiche Infos zum Arbeitslosenrecht, Rechtsprechung, Fachartikel, Informationen unter www.zwd.de/de/dienstleistungen/azd-publikationen.php